中国货币史

彭信威 著

应急管理出版社
·北京·

图书在版编目（CIP）数据

中国货币史／彭信威著． --北京：应急管理出版社，2021

ISBN 978 - 7 - 5020 - 8544 - 5

Ⅰ.①中… Ⅱ.①彭… Ⅲ.①货币史—中国 Ⅳ.①F822.9

中国版本图书馆 CIP 数据核字（2021）第 001393 号

中国货币史

著　　者	彭信威
责任编辑	高红勤
封面设计	主语设计
出版发行	应急管理出版社（北京市朝阳区芍药居 35 号　100029）
电　　话	010 - 84657898（总编室）　010 - 84657880（读者服务部）
网　　址	www.cciph.com.cn
印　　刷	北京楠萍印刷有限公司
经　　销	全国新华书店
开　　本	710mm×1000mm $^1/_{16}$　印张　66　字数　710 千字
版　　次	2021 年 12 月第 1 版　2021 年 12 月第 1 次印刷
社内编号	20192229　　　　　　　　　　定价　228.00 元

版权所有　违者必究

本书如有缺页、倒页、脱页等质量问题，本社负责调换，电话:010 - 84657880

出版说明

《中国货币史》是著名金融学家彭信威的著作,书中考据翔实,体系完整,是了解中国货币历史的重要书籍,书中所附的货币图片更是了解中国货币的珍贵实物资料。

此书1954年由群联出版社出版,1958年修订后改由上海人民出版社出版,1965年再次修改后重版,1987年也曾再版。

本次重版,为方便如今的读者学习、参考,将文字改为简体版,其中个别存在争议的,尊循原著,未做改动;在个别地方,如尺寸等,为方便读者理解,增加了相关注释;对部分标点符号的用法作了校正;在原版的基础上,增加了彩色配图,并对个别图版的大小适当调整以统一版面。

三版序

本书原由群联出版社于 1954 年出版。后来陆续增订，1958 年由上海人民出版社重排。几年来，在再版的基础上，日积月累地又作了一些补充和修改，经过一番整理，作为第三版。

全书的结构和体例基本上没有变动，只有一些小的调整。例如在先秦的一章中，把《黄金和金币》独立成为一目，这样就和后面各章的体例一致了。唐代的一章中，把第一节的《绢帛》移到《金银》的前面。因为在唐代，绢帛的货币职能是有法律根据的，比金银更加正式一些。元代的一章中，把第二节的《元末的通货膨胀》分成《至元钞的贬值》和《元末至正钞的贬值》两目，这一调整的合理性是很明显的。

三版的特点在于内容的补充。在货币制度方面，先秦的铜币、两汉的钱币、晋至隋的钱币、元代的币制等部分，都在改写的形式下增加了内容。汉代一章还添了《三国时的钱币》一目。清代一章中，把第一节的《铜币》扩充成《制钱》《太平天国的钱币》《清末的钱制改革》三目。只有唐、宋、明三章的钱币部分，变动得比较少，因为再版时已改写过了。这一方面，我尽量利用了过去钱币学家的成就，也参考了近年来关于钱币出土的新资料，用钱币学的知识来充实货币制度方面的内容。

在货币购买力方面，各章也都有所补充。特别是汉代一章中，对于三国时期货币贬值的情形，作了比较深入的探讨，使其单独成为一目。明代白银购买力部分，也增加了内容，对于历代的米麦比价、布价、棉价、棉粮比价、铜价、畜价、书价、田价等在这里作了一些叙述和比较。在清代一章中，新设了《清末的货币数量》一目，对清末各种货币的数量作了比较深入的分析，并且同历代和外国作了比较。从这一比较中，可以看出清末的商品生产和流通在中国历史中的地位，也可以看出当时中国在世界各国中的地位，因为本身具有一定价值的货币数量是应当反映商品生产和流通的。

货币理论方面，变动得最大。初版书对于这方面是不大重视的，再版时也没有什么补充。那些年间，主要的精力是用在钱币和货币购买力两部分上，那是货币流通的基础，只有把基础摸清楚之后，才能进行货币理论的研究，否则会流于空洞，而且容易犯错误。现在就全书看来，理论部分还不是重点，字数不到全书的十分之一。这也是合理的，因为中国的货币流通实践是非常丰富的，而货币理论在封建社会中总是比较贫乏的。我原来的计划是简单叙述一下几种典型的货币理论如实物论、金属论、名目论和数量说在中国的发展情况，以理论为主，不以人为主。这一原则没有完全遵守，因为理论同人是分不开的。人文历史除了时间和空间的要素外，总是人物和事件结合在一起的。但我仍旧不愿把历史上每一个有名人物讲过关于货币的每一句话拿来分析，可是也没有彻底搜索可能被埋没的真正有贡献的货币理论家。总之，相对地讲，这一部分是变动最大的，比原来扩大一倍以上。首先是理论部分的内容充实了一些：提到的人数有所增加，原来提到的人，对于他们的理论的分析有的也比较详细或深入一些。其次是节的范围扩大了：节名除第一章外，都改为《货币研究》，包括原有的《货币理论》和新增的《货币史》同《钱币学》。货币理论是对货币实践而言，过去没有专门的著作，也没有人作过比较全面的研究。由于中国历史比较长，历代的士大夫或知识分子曾有意无意地讲过一些值得注意的话。譬如说，纸币在中国出现得最早，因而当时中国学者关于纸币的见解，不论怎样粗浅，都是世界上比较早的。所以中国的货币思想史是值得总结的。好在近来已受到注意，有人在进行研究了。关于货币史的著作，主要见于历代的《食货志》。比起货币理论来，内容要丰富得多，只是不全面，没有完整的体系，大多是些琐碎的资料。对于这些著作，也没有人做过总结工作。我在这里列出《货币史》一目，不能说是中国货币史学史，只是向研究货币史的人指出历代有些什么比较重要的著作。真正的货币史学史，有待于后人来写。至于中国的钱币学，原是相当发达的。它的产生早于欧洲差不多一千年，而且历代都有人研究，没有间断。可是一直没有一部中国钱币学史，甚至连一篇比较全面而有系统的专文也没有。而这工作是重要的，因为历代的钱币学著作，内容已是驳杂。自清代乾嘉以来，研究和收藏钱币的风气很盛，造假钱的人也多了；不仅仿造稀见品，而且假造一些根本没有存在过的钱。一些没有鉴别力而又好奇的钱币学家，有见必录，有闻必录；后人则辗转相抄，以讹传讹。所以旧谱中，很少有不罗列一些假钱的。到现在还有人以为中国有过"重十二朱"这样的钱。这次我试图把历代重要的钱币学著作作一扼要的介绍，略加分析和批判。虽不能把各书中的假钱——指出，但使研究者知所警惕。

所以本书的第三版，比起初版来，内容几乎全部刷新了。只有信用部分补充得最少。一因本书重点在于货币，信用虽是货币的发展，却有它相对的独立性。二因信用方面的资料不多。清末一个阶段资料比较多，但为顾到全书的体例，不宜突出地详论清末一个短时期的情况。应当有这方面的专著。

除了本文的四个方面以外，这次还添了《中国货币史大事年表》。

插图方面也作了一些调整和充实。这次新增的几十页图版，承上海人民美术出版社的同志拍摄，我在这里表示谢意。

1962 年 9 月 1 日作者于上海

绪 论

货币史是历史的一部分，研究货币史，总的目的是为帮助我们理解历史。

中国的货币史，是值得我们研究的，因为中国的货币，有悠久的历史，它发展成为一种独立的货币文化，而且同其他一些国家和民族也有相互影响。

有些国家，如巴比伦和埃及，其文化是比中国早，可是到现在为止，还没有发现远古的货币。近百年来，英法等帝国主义国家的考古家，曾不断在那些地区挖掘，把各种各样的古物都挖出来了，盗劫了出土的古物，并运回他们本国，在不列颠博物馆和罗浮宫博物馆陈列出来，只是没有挖到远古的货币，没有挖到公元前8世纪以前的钱币。而钱币之为物，和其他古物不同：第一它必定是坚固不易毁灭的，这是金属货币的一个优点；第二它必定是数量很多的，因为人人要用它；第三它必定是散布很广的，因为各地都要用它。所以只要古代使用过钱币，一定会被发现。反过来说，如果这么多年来没有发现巴比伦和埃及古代的钱币，我们是否可以认为，它们在公元前8世纪以前还不曾铸造钱币。西方最早的钱币，是公元前7、8世纪时小亚细亚的里底亚所发行的。这是中国周定王的时候，当时中国已经有钱币了。

按照中国的传说，中国货币的起源，已有四五千年的历史。《管子》说："汤以庄山之金铸币，禹以历山之金铸币。"司马迁说："高辛氏以前就有龟贝金钱刀布。"班固说："神农氏的时候，就有金刀龟贝。"郑樵甚至进一步说："太昊氏、高阳氏谓之金，有熊氏、高辛氏谓之货，陶唐氏谓之泉，商人、周人谓之布，齐人、莒人谓之刀。"这些人虽然言之凿凿，却是没有根据的。近代的发掘，使我们知道：在传说中的黄帝和高辛氏的时代，我们的祖先还不会使用金属，哪里会有金属货币？中国最早的货币，的确是贝。这点由中国文字的结构上可以看出来：凡是同价值有关的字汇，绝大部分是从贝：如贫贱等。分贝成贫，贝少为贱。可见在中国文字形成的时候，贝壳已是体现价值的东西。后来由于真贝的数量不够，人们就用仿制品：用蚌壳仿制，用软石仿制，用兽骨仿制，最后用铜来铸造，这种铜贝就可以说是一种金属货币了。用真贝的时候，以朋为单位，一朋原是一串，后来大概是指一个固定的数目。古诗中有"既见君子，锡我百朋"的句子。但铜贝出现以后，可能就不再称朋，而称孚了。近年商墓中有铜贝出土，而且西周彝铭中常有取貴若干孚的句子，如果这貴字或遵字是指铜贝，那就证明中国在公元前10世纪以前就有铸造货币的雏形了。

贝壳在古代是装饰品，也可以说是一种奢侈品，而且常见于记载，大概后来发展成为统治阶级之间的货币。当时的劳动人民，可能是使用主要的生产工具作为价值尺度和流通手段，如铲、刀、纺轮等。这几种用具，似乎分别在各地区或各部族中取得一般等价物的资格，而且逐渐脱离了商品世界，形状也逐渐缩小了。到了春秋战国时期，就演变成为正式的布币、刀币和环钱。布币中有一种没有文字的大型空首布，应当是西周的东西。无论如何，中国铸造货币的起源，并不晚于外国，可能是世界最早的。

中国的货币，不但产生得早，而且货币的魔力，也发生得早。外国有些人说，中国货币虽然产生得早，可是在社会上不产生多大作用，因为流通不广。这是不正确的。当刘邦做泗水亭长的时候，想到上司家里去，撒谎说以万钱为见面礼，吓得他的上司迎到门口来。萧何因为早年多送了刘邦两个钱，后来竟加封二千户。东汉赵壹说："文籍虽满腹，不如一囊钱。"两晋是货币经济比较衰落的一个时代，可是鲁褒的《钱神论》，其措辞的激愤，不亚于千多年后莎士比亚在《雅典的悌蒙》（Timom of Athens）中的黄金颂。南朝时周文郁问卜，卜者告诉他南下可以做到公侯，文郁说，"钱足便可，谁望公侯？"有些人"腰缠十万贯，骑鹤上扬州"。可见货币的拜物教，在中国老早就有其根源。外国学者之所以有那种误解，是由于近代中国史家，在写中国史的时候，只写政治史，忽略经济史，更忽略货币史。古代史家不是这样的。但外国学者很少能直接利用中国的旧史料。

中国的货币，不但产生得早，而且独立发展成为一种货币文化。货币的产生，是具有自发性质的；当交换发展到某种阶段，必然会产生货币。所以货币的起源，原则上都是独立的。但这只限于极原始的阶段。后来生产和交换进一步扩展，当两种文化水平不同的民族发生接触的时候，文化较低的民族，就要受到文化高的民族的影响。我们只要看一看古代和近代各国的货币史，就可以知道：各国的货币很少是独立发展出来的，而是相互采用别国的制度。

从货币的源流上来说，西方的货币，发源于小亚细亚。由小亚细亚向东西两边传播。在东边，当波斯人征服小亚细亚时，他们就学会了铸造并使用货币；而以色列人是从波斯人那里学会使用货币的。在西边，则由小亚细亚的希腊殖民把货币文化带回希腊，并从事铸造。埃及在被亚历山大征服之后，才正式铸造货币，所以它初期的货币，完全属于希腊货币的体系。就是波斯等东方国家的货币，后来也因亚历山大的征服而希腊化了。罗马古代曾用过方铜块，这可以说是它独立发展出来的货币，但不久就全部吸收了希腊的货币文化。至于现代欧美国家的货币，又是承袭罗马的货币制度。英国的镑、先令和便士的体系，便是罗马的体系通过查理大帝传过去的。亚洲伊斯兰教国家的货币，也是脱胎于希腊、罗马的系统。连货币单位的名称也是由希腊、罗马的货币名称所演变出来的。所不同的是希腊、罗马体系的货币，多以人像为图形，而伊斯兰教国家的货币，因伊斯兰教禁止偶像崇拜，不用人像为图形，而是铸上文字和《古兰经》的语句。在其他形制方面，显然是希腊、罗马体系。又如印度，在远古本有独立的货币，但自亚历山大东征以后，北印度一带的货币，就希腊化了。所以世界上，真正独立发展出来而长期保持其独立性的货币文化是极其少见的。

中国货币的发展，脉络很清楚。基本上没有受外国文化的影响。我们不谈贝币，因为全世界各民族，差不多都用过贝壳，所以不能说谁受谁的影响。中国最早的铸造货币，除铜贝外，要算刀、布和环钱。而最重要的则是方孔的圆钱。刀、布和环钱，都是在中国产生出来的。因为布币是由古代的农具演变出来的，这种农具曾有出土，和初期的空首布一模一样。刀币也和殷墟出土的刀一样。这两种的渊源还可以远溯到石器时代去。环钱也是一样，殷墟出土的纺轮，就是这种形状。至于后来的方孔圆钱，也不是突如其来的。秦始皇的半两，可算方孔圆钱中初期的代表。从形式上来说，它是环钱的变形，所不同的是穿孔的方圆，环钱的穿孔是圆的，半两钱的穿孔是方的，这一点当然不会使人疑心它是外来的。外圆内方可能是象征天圆地方，这正是当时中国人的宇宙观。再从名称上来说，它不只是环钱的承继者，而且是布币的承继者，因为环钱中有铸明为重一两十二铢的；布币中的三孔布，也在背面分别铸明一两或十二朱。铢两正是秦的重量单位，二十四铢为两，一两十二铢就是一两半；小型三孔布背后的十二朱和秦始皇的半两钱是同一重量名称。中国钱币以重量为名称的办法，一直继续到唐初。两汉的钱币有半两、三铢、五铢，六朝的货币有四铢、五铢、六铢。到唐武德四年才改称宝，或通宝，或元宝，或重宝等，一直继续到清末。所以中国货币的形制和西方货币截然不同：西方货币上喜用人物禽兽花木为图形；而中国货币上，除文字外无它物。甚至如果中国钱币上发见有飞鸟走马，大家就要研究它到底是不是正用品。因此在中国的钱币上，也反映了中国文字书法演变的痕迹。先秦货币上的文字，可以说是古篆。它和甲骨文不同，因为两者书写的工具不同；它不同于钟鼎文，因为钟鼎文是当时文化水平很高的统治阶级所写的，而钱币上的文字乃各地同铸钱有关的人所写的，可以说是民间的文字。秦半两以后，钱币上是用小篆。但六朝时已有隶楷的出现，唐代则完全用隶书，或所谓八分书。北宋钱上有行、草，太平天国钱上有简体字。

从纸币的发展上也可以看出中国货币文化的久远性和独立性。信用货币在中国起源很早。汉武帝时的皮币已具有信用货币的性质。唐宪宗时的飞钱更为史家所认为纸币的滥觞。正式的兑换券产生于10世纪，这就是北宋的交子。这种交子是分界发行，每两三年兑现一次，换发新交，所以同现代的纸币，稍微有点不同；但南宋的会子到了淳祐七年（1247年）就取消分界的办法，许其永远流通。而北方金人的交钞则在1189年就取消了分界发行的办法，而且不兑现，已经是纯粹的纸币。元初意大利人马可·波罗从当时欧洲货币经济最发达的威尼斯到中国来，看见中国的纸币，大为惊叹。可见中国是使用纸币最早的国家。

中国的社会，自秦汉以下，两千多年没有起本质的变化。自鸦片战争以后，外国资本主义的势力侵入中国，才使中国社会变成半封建半殖民地社会。为表述方便起见，本书不按照社会的发展情形来划分阶段。我也不像一些外国的经济学家一样：把历史分为自然经济时期、货币经济时期、信用经济时期；因为本书是以整个货币经济时期为对象，即自货币的产生一直到现代。而信用制度，其实是货币制度的一种变化。我也不把殷周以前定为货币经济前期，殷周到战国为货币经济初期，秦汉到清为货币经济盛期，民国以后为货币经济晚期。我甚至不根据货币的发展情形把殷周划为实物货币时期，战国到五代或宋初为铸造货币时期，宋以后为纸币时期，民国年间为信用货币时期。因为这些分法都有缺点。

本书沿用通俗的办法，大体上根据朝代来分阶段。这种分法也不完全是为从俗，而有其理由：自从货币的铸造发行权落入统治者的手里以后，货币便成为了统治阶级剥削人民的工具。朝代的更换，对于币制多有所改革；朝代若不更换，则改革属于例外。中国各代帝王，多不愿改变他们祖宗的成法。譬如汉朝的货币，显然和战国时期的货币不同。王莽变制失败后，光武帝就恢复西汉的币制。到唐朝钱制又一变。而宋钱又另具一种风格，制度首尾约略一贯。元明的钱币也各有其独特的体制。清钱更是一望即知。所以依据朝代的分法，也是切合实际的。

至于每一阶段内研究的内容，则分为四方面，或四个部门，第一是货币制度；第二是货币的购买力；第三是货币研究；第四是信用和信用机关。

用现代的眼光来看，中国古代的货币，是没有制度可言的。不过假若放宽尺度来说，那么，历史上的各种措施，无论怎样混乱与不合理，都可以说是一种制度。我们说过去中国的货币制度，就是从这种意义上来看。这样我们可以发现中国的货币制度有几种特点。

第一是货币的各种职能，在中国不集中于一体。金银在中国，自古即是宝藏价值的工具，同时作为国际购买手段，有时也作为价值尺度和价格标准。但中国古代没有铸造金银币，也不用金银为流通手段；流通手段，基本上都是用铜钱。历代虽有金银钱的铸造，但这种金银钱，只具备货币的形式，目的不是为流通。

铜钱在一定程度上，具备了货币的各种职能。可是有些职能，主要不是用铜钱，甚至有时完全不用铜钱。例如宝藏手段，主要是用金银，铜钱只在一定程度上取得这种职能，而且限于合乎标准的铜钱，不合标准的铜钱，人们绝不用作储藏手段。其中基本的原因是因为没有自由铸造的办法，使铜钱的购买力和它的币材价值不符，有时因私铸关系甚至低于币材价值，但一般来说，作为铜钱的价值，高于作为铜块的价值，而且相差很大。所以铜钱不是一种很好的宝藏手段。这就赋予铜钱一种特殊的性质，使它和外国的金银币不同。也就是说，铜钱的购买力所受它的数量的影响，要大于金银币。金银和金银币并不是完全不受数量的影响，不过因为金银币的价值和这些金银币的币材价值约略相等，所以它们是很好的宝藏手段，在使用金银币的地方，这种宝藏手段的职能，对于货币的数量，可以产生一种调节的作用，冲消一部分因通货数量变动所加于货币购买力的压力。使用铜钱就不大有这种调节作用了。尤其在减重或贬值的时候，人们绝不肯把减重或贬值的铜钱储藏起来，他们知道等到将来，这种铜钱根本用不出去，所以不如现在快点用出去，这样会加快货币的流通速度，而减低它的购买力。因此中国的铜钱的性质，从它的购买力的变动一点上来看，是介乎金银币和不兑现的纸币之间的。这是中国古代货币一个重要的特点。只有晓得了这个特点，才能说明中国货币史上的许多现象，比如董卓的小钱，最多减重成五分之一，可是使物价上涨约万倍。梁武帝的铁钱，以价值来说，至少总有铜钱价值的十分之一，可是它使物价上涨几百倍。不过我们也不能完全否认铜钱的自发调节作用，合乎标准的铜钱，多少是有这种调节作用的，它虽然没有自由铸造制度来保证它的名目价值和币材价值的一致，但是私铸和私销在一定程度上发挥了自由铸造的作用。私铸和私销虽然是非法的，但是难以禁止。事实上，历代政府所禁的是私铸，而不是私钱的流通。

由于货币的各种职能，分别由各种物品担任，而这些物品之间又没有一定的关系，所以我们才说：在严格上讲来，古代的货币没有制度可言。既没有主币和辅币的关系，也没有什么本位制度。历代的发言人，喜欢用所谓子母相权一套话，有人说这就是指主币和辅币的关系。这话是不对的。我们不知单旗的原意如何，后来的所谓子母相权，只是指各种大小货币单位，而不是指主币与辅币。古代的各种货币，都是主币。所以如果要谈本位，那么，战国、秦、汉，勉强可以说是金钱平行本位，六朝、隋、唐是钱帛平行本位，宋、金、元至明初是一种钱钞流通制度，明中叶到清末是银钱平行本位。所谓平行本位，就是说各种货币都可以无限地使用，而彼此间没有固定的比率，随市价作盲目的波动。有些朝代，也曾规定比价，但维持不住。

中国货币制度的第二个特点，就是铸造和流通的地方性，这反映了中国社会的封建性。古代钱币的铸造，都是由各地办理。先秦的刀、布，是由各城邑铸造，币面多标明地名。唐会昌年间的开元钱，明朝的大中、洪武等钱，以及整个清朝两百多年的钱币，都是由各州、各省或各局分铸，钱背有州名、省名或局名。就是清末到民国年间的新式货币如银圆、铜元和钞票等，也由各省铸造发行，上面也有地名。中国货币不但在铸造上有地方性，在流通上也有地方性。春秋、战国时期，三晋用布币，燕、齐用刀币，周、秦用环钱，楚国用蚁鼻钱，割据的局面非常明显。在三国、南北朝以及五代十国那些混乱的时期也是这样。就是在统一政府之下，货币流通的地方性还是严重地存在着：例如宋朝，表面上是一个统一的国家，可是币制上是割据的局面：京东、京西十三路行使铜钱，成都等四路行使铁钱，陕西、河东则铜铁钱兼用。再说南宋的纸币吧，东南用会子，四川用川引，两淮用交子，湖广有湖会，河池有银会。这种流通的地方性，到了近代还是存在，拿清末到民国一段时间来说，银圆宝有苏宝银、武昌宝银等；虚银两则上海用规元，天津用行化，汉口用洋例。小额银币则江浙一带用广东的双毫，北方用湖北、江南所造的单毫和双毫，四川用五角银币，湖南、河南、东北则不用小额银币，而广东则专用小额银币，不用大银圆。铜币则江南各省用单铜板，北方各省用双铜板，河南用当五十的铜板，四川则专用当百、当二百的铜板。就是在国民党反动政府实施所谓法币制度之后，一时只能在东南流通，广东仍用毫券，广西用桂币，云南用滇票，至于西藏、新疆、东北，更是用它们自己的货币。一直到解放以前，全国的货币流通，还是不统一，西藏不消说，新疆有新疆的钞票，东北用东北流通券，台湾用台币。

中国货币制度的第三个特点是铸造技术的不进步。中国货币的铸造，一向是用手工，即用范铸，这也是封建社会的特点。用这种原始方法来铸钱，式样就难得精美，成色常有参差，而轻重也不易一律。这不是说手工业不能制造出精美的作品。中国正是以手工业艺术闻名世界的，如殷、周的铜器，宋、明的瓷器，都有极高的艺术价值。而钱币中，也有很精美的，如先秦的刀、布，以及新莽时和宋徽宗时的钱币，都有水平很高的：书法美，制作精，是很好的美术创作。但从事铸钱的人不可能都是美术家，所以一般来说，中国钱币的制作，总是比较粗糙的。钱币学上有些专门名词如流铜、错范、传形、倒书等等，都是在这种原始的铸造方法中产生的，都会损害钱币的整齐美观。至于穿孔有大小、轮郭有阔狭、钱身有厚薄等等，那是连宋徽宗时的钱币也是免不了的。因此中国钱的板别，多得惊人。例如北宋的元丰，只有短短的八年，但铸出的元丰通宝，单是日本出版的《昭和钱谱》所收集到的，就有近三百种。政和、宣和等钱，也各有几百种。这是由于自汉以来，铸钱多用泥范，几乎范范不同。这种原始的铸钱方法，对于私铸非常方便。在封建统治者的横征暴敛之下，许多善良的老百姓也被迫从事私铸。汉武帝时犯私铸罪被判死刑的有几十万人，参加私铸的有几百万人。唐乾元二年单是长安城中因盗寺观铜像和钟来铸钱而被打死的，就有八百多人。

因为铸造方法的不进步，所以钱币的成色就参差得很厉害了。中国古代，分解技术不高，交通亦不便，往往实行所谓即山铸钱。这就是说在铜矿附近用原铜铸钱。铜矿中不但有时含有铅锡，而且可能含有金银。所以古代民间传说某种钱中有白银，那是完全可能的。17世纪初，日本人已经禁止金银出口，荷兰人就输入日本的铜，因为铜中有黄金。当时中国漳州人也炼日本铜取银。所以中国钱币有各种各样的颜色，因为纯铜是红色，若加以铅锡，则变成青白色，铅锡所占比例的大小，决定铜钱的颜色。例如北宋的宣和钱，就有红铜的，有黄铜的，也有白铜的。而且同是黄铜，又有各种颜色深浅程度不同。又如清代的咸丰钱，福建用紫铜，新疆用红铜，而其他各省则用各种程度的青铜。

由于铸造技术的低下，加上私铸的盛行，使钱币的轻重很不一律。秦始皇的半两钱，就是一个典型的例子。现代所见的半两钱，并不都是秦半两，大部分是汉半两。汉半两是有意减重的，我们且不谈。一般钱币学家把钱身厚重、文字高挺的半两钱，认作秦半两；也可以说，大凡在七公分以上的半两钱，都可以算得是秦半两。清末的一位金石学家吴大澂就根据八枚秦半两的平均重量而求出秦的衡法。他的动机是很好的，而且这种事情也很重要；因为中国古代的度量衡若不弄个清楚，则中国的经济史，几乎就无从研究起。历代的耕地面积、出产数量及其价值，都无从比较。不过他所求得的数字是不可靠的。原因就是秦半两的重量，太不一致了。以库平来称：有一钱多的，有两钱多的，有三钱多的，有四钱多的，甚至有重到六钱多的。因此我们可以断言：不但有许多秦半两钱不够标准重量，而且有些钱超过标准重量。所以不要说以八枚钱所求得的平均重量，不足用为标准，就是数目更多的钱所平均出来的重量，也不能作为秦衡的标准。我自己曾称过六十四枚秦半两，求得的秦两重量，就和吴大澂的大不相同，而且我的数字，应当比吴大澂的数字可靠些，但我还是认为不大可用。总之，中国的钱币，轻重很不一律。就是到了清末，还有这种现象。例如光绪钱，照规定最多是一钱重，大部分固然不够这标准，可是也有重到一钱三分的。在近代国家，用新式机器铸造货币，铸造公差通常只容许千分之三。

中国货币制度的第四个特点，是主要钱币的重量，在长期看来，几乎稳定不变。这种情形，在别的国家是少有的。世界货币史上一些有名的货币单位，如罗马的阿斯（as）、法国的里弗（livre）、英国的镑（pound）、俄国的贞葛（деньга）等，都是不断减重或贬值，而且是一去不复返的。这些货币单位使用的时期都很短，不能同中国的制钱相比。能和中国的制钱相比的，只有罗马的银币德纳留斯（denarius）。我们且来看它减重和贬值的情形吧！在共和时期，一枚德纳留斯是一罗马两的六分之一，约合得四公分五五，后来减为一两的七分之一，尼罗（Nero）后期又减为三公分四五三，而且成色由百分之九十九减为百分之八十，这种贬值行为一直继续下去，到3世纪时，只含银百分之二。后来迪奥克勒梯安（Diocletian）和君士坦丁（Constantine）改革币制，只能恢复尼罗时的标准。中世纪查理大帝恢复罗马式的银币，法文名为德涅（denier），每枚只有一公分五五，而且逐渐减重，到13世纪，巴黎的德涅只有四公厘一八重。英国、德国也仿效查理大帝的币制，英国称之为便士，每枚在1066年是一公分四，后来也逐渐减重，到17世纪初减成四公厘九，后来改为铜币，而铜便士也减重，由1797年的二十六公分减为1806年的十九公分，再减为1860年的九公分许。中国的主要货币铜钱怎样呢？自西汉的五铢钱发行以来，历代都想保持这重量。精整的西汉五铢，重约四公分，一般的要稍为轻一点。南北朝的五铢大体上还是这个重量。唐初实行币制改革，发行开元通宝，这开元钱的重量就是以五铢钱为标准，甚至因铜钱的重量而影响到中国的衡法。这又是世界货币史上一件不平常的事。古代各国的货币名称，多是采用重量的名称，如英国的镑，法国的里弗，意大利的里拉，中国的半两、五铢等。可是在中国的唐朝，衡制却受到币制的影响了，在斤两以下，不再计铢、素，而改用十进位，称钱、分、厘了，一钱就是指铜钱一文的重量，十枚开元钱就等于一两。唐以后的铜钱，基本上是维持每文一钱的重量，武德四年（621年）的开元通宝和光绪十五年（1889年）广东用机器所铸的光绪通宝，重量是相等的。千多年间没有变动，若是从西汉五铢算起，两千多年间没有变动。之所以产生这种情形，是由于这样大小轻重的钱币，从实践中证明是比较适当的，加上人们的崇古思想，使得自命有为的统治者，总以恢复这标准为功德。所以西汉的五铢在清末还有流通。这在欧洲是难以想象的。希腊在清末的时候虽然也用德拉克马为货币单位，但是在这些德拉克马中，绝找不出一枚亚历山大时代的德拉克马。意大利的里拉中，若能发现一枚恺撒时期的银币，那将被认为是一件稀有的幸事，实际上这是不会发生的。在英法等国，甚至两三百年前的钱币也已退出流通界了。

中国币制的这一特点，表面看来，是一种很大的优越性。但我们不要为这种现象所迷惑，以为中国几千年来的币制是稳定的，物价也是稳定的。即使货币的重量和成色都不变，物价还是要由于货币金属的价值的变动而变动，并由于商品本身的价值的变动而变动。何况中国铜钱重量的不变，乃是长期的事，短期和临时的变动是很多的，而在币制上看来，短期的变动实比长期的变动还要坏。说得更具体一点，如果一种货币，在百年之间，每十年把重量减成十分之一，然后又把它恢复原来的重量，这实际是双重变动，物价要调整两次，百年间要大变动二十次。反而不如在百年之中使货币重量逐渐减成十分之一而不再恢复原来的重量，这样也有害，但危害比前一种情况要小一点。因为作为一种价格标准，最要紧的是不变，变轻变重都不好。中国钱币的历史正近似前一种情况，不但常常有短期的减重，而且有时甚至把钱的重量加到一钱以上，而结局又恢复一钱的标准。

货币购买力的变动，为本书的主要部分。这一方面的研究，在中国可以说是一种新的尝试，花的时间最多，占的篇幅也最多。前人所研究的多偏重货币的形制。钱币学家研究的对象是钱的形状，钱文的书体，把各代的钱名,像流水账一样抄录下来就算了事,有时连钱的重量和成色都不注意。至于钱的购买力,或为什么发行某种钱,发行后对于人民生活有什么影响,对于政治有什么影响,那是更加不问了。其实古钱的形制只是古代货币的躯壳,它的生命或灵魂是它的流通情形,尤其是它的购买力。它的遗体之值得我们研究,正如化石之值得生物学家研究一样,那是不可否认的。但如果我们能够从鸟类化石的研究而知道某种鸟在古代是怎样飞,发出怎样的叫声,其寿命如何,对于人类生活有什么影响等等,岂不是更好么?另外有些人是研究货币的制度,而且也偏于近代的币制,如银本位,银两的种类,各地银两的成色,钞票的形制等。这些人对于清以前,多是几句话就带过去了。他们比古钱学家自然更加接近货币经济学,但其忽视货币的购买力及其变动的影响,两者是没有分别的。这无疑是资料不易搜集的缘故,也因为中国的货币理论不发达的关系。货币本身就是一种制度,所以制度的研究,自然很重要,可是也不应当过分强调制度的重要性。清末以来,留心货币问题的人,正是犯了这种毛病:他们似乎相信制度万能,以为日本之所以能在短期内富强起来,在于变法,在于货币制度好;所以你上一个条陈,我提一个建议。研究货币学和货币史的人,主要就是致力于搜集一些法令和条例,甚至不问这些条例曾否实行和得到贯彻。似乎只要货币单位定得好,货币种类选择得好,就能算是一种好的货币制度。不知货币制度的善恶成败,既不在于钱形的美观与否,也不在于单位的大小轻重,而要看货币的购买力能否维持,使其不致搅扰人民的经济生活。以往研究货币史的人,多忽略了这一点,对于历史上的一些重要现象,多不加研究和说明,譬如为什么梁武帝铸铁钱使物价上涨,汉武帝铸银币也使物价上涨;为什么董卓铸小钱是通货贬值,蔡京铸大钱也是通货贬值。中国货币的购买力,短期看来,变动得非常激烈。中国自汉以来,物价涨到万倍以上的至少有五六次。至于因天灾人祸所引起的一时的局部的小波动,那是不胜枚举。

而中国历代政府实行货币贬值的方法也是应有尽有,先用减重的方法铸小钱,再用变相的减重方法铸大钱,最后又用纸币来膨胀。用小钱就是尽量减轻钱的分量,汉初的荚钱和董卓的小钱都是属于这一类。但用这种方法,贬值程度还有限,汉初由十二铢重的半两减成三铢重的荚钱,只能膨胀四倍,就是减成一铢,也不过十二倍。董卓将五铢钱改铸一铢重的小钱,也只是膨胀五倍。大钱就比较严重了,例如王莽的错刀,一个钱便当五千,两把刀就能收买人民手中的黄金一斤。三国时孙权的大泉和清咸丰时的大钱都是属于这一类,历代的当十钱还算不得什么。宋以后用纸币来膨胀通货,伸缩性更是无限了。纸币膨胀又有两种方式,一种是一面膨胀一面改发新钞,宋、金、元都是用这种办法;另一种是一直膨胀下去,如明朝的大明宝钞,就是用这种办法。研究中国历史的人,如果不明白币值变动的情形,就容易作出错误的结论。如日本有名的汉学家桑原骘藏,因看见《建炎以来朝野杂记》说宋室南渡时东南岁入不满千万,到淳熙末增到六千五百三十多万缗,就说是因为对外贸易发达的缘故。其实一大部分是通货膨胀的关系。这同中国史家对于唐肃宗晚年岁入的增加归功于刘晏的转运政策一样,同是忽略了货币的因素。

研究货币购买力的重要性是不言而喻的。由于货币是价值尺度,各种财富的价值,都是通过货币表示出来。同时货币又是购买手段,各种商品和劳动,都要通过它才能取得。尽管几千年来自然经济在中国社会中占有重要的地位,但在城市里,货币经济还是主要的。所以历代货币的购买力,可以说是研究经济史的钥匙。譬如历代人民的生活水平,应当是研究历史的人所最关心的问题。我们研究时,就要研究各时代各国家人民的收入,这种收入或全部或一部分是用货币的形式,因此首先必须弄清楚历代货币的购买力,才能计算出人民的真实收入。

中国农民和工人的收入,在两三千年来,并没有什么增加。农户的收入,在太平的时候,平均每户每月不过一公石米上下。在战时或凶年或租税特别重的时候,连这种收入也不能维持,所以"四海无闲田,农夫犹饿死"。工人的工钱,自汉到清末,每人每月随着工作性质的不同,约可买到半公石到两三公石的大米。这虽是个人的劳动所得,实际上也就是一家人的生活费。但官吏的收入就大不相同了。过去史家因为对于历代货币的购买力和度量衡,没有正确的理解,所以对于历代官俸的厚薄,就作出了错误的判断。譬如《清朝文献通考》就说:历代官俸以汉朝为最高,为唐宋所不及。这是不对的。错误的原因是由于历代官吏俸禄有时用实物为标准而用货币支付,有时用货币为标准而用实物支付,或于货币官俸之外,加给各种实物的补贴。兼之历代的度量衡标准不同,所以史书中的记载,若不加一番整理,是看不懂的。中国历代官吏的真实收入,高级官吏的官俸以北宋为最高,低级官吏以盛唐为最高,都超过汉朝甚远。北宋以后,这种收入就一代比一代减少,明清为最低。拿具体数字来说,汉朝三公号称万斛,每月真实收入折合大米在西汉不到一百公石,东汉不到五十公石。盛唐时的一品大员可以拿到一百六十公石,若加上职分田的收入,大概近一百八十公石。北宋盛时的三太三少可以拿到四百公石上下；元代的正一品官，最高时也不过一百一十公石。明初也想维持一百一二十公石，但因通货膨胀，逐渐减少。到了清朝，一品官的收入，最多的时候也不到四十公石。再拿低级官吏的收入来说，汉朝的百石小官每月只可收入两三公石米，唐开元时的九品官的收入则在十一公石以上，若加上职分田的收入，总共当在十四公石以上。北宋元丰时的承务郎每月也可以拿到十公石，甚至元朝的九品官也可以拿到十公石左右，明洪武初是八公石半，清乾隆时是七公石。所以中国士大夫阶级的收入构成一条抛物线，秦汉以后，有上升的趋势，以唐宋为顶点，以后就逐渐下降。这条抛物线，应多少反映了中国国力的消长，因为历代的统治阶级，总是尽可能把自己的俸禄定得很高。但结果由于财力不继，总是维持不住。自然上面这些数字只限于正俸，而不包括帝王的赏赐和官吏自己的贪污所得。到了清末，做官的人，哪里把正俸放在眼里？因为若论正俸，那么，就是一品官的六部尚书，一年也只有一百八十两银子，双俸也不过三百六十两，而实际上有时是"三年清知府，十万雪花银"。

研究中国古代货币的购买力，有一点应当注意：就是变动的局部性。中国是村落式的农业经济国家，像一棵大树，一枚叶子为虫所咬，其他叶子毫不在乎。通货膨胀也差不多；历史上的许多例子，多不是全国性的；受到影响的区域，只限于劣币所流通的区域。董卓的小钱，恐怕不出长安、洛阳一带，其余各地用五铢钱，物价可能完全不受影响。

然而中国货币的购买力，在长期看来，有逐渐减低的趋势。这是中外的通例；也许中国还减低得慢一点。货币购买力降低虽然有许多原因，货币本身跌价，是一大原因。中国币值的变动，是不规则的，不止有短期的不规则变动，而且有长期的不规则变动。拿米价来说，如果都折合成现代的公石，则秦汉间每石只要一百文上下，那时钱币的分量比较重。西汉在昭帝时，每石约值两三百文，元帝时涨成四五百文，哀帝时涨成六七百文。魏晋南北朝时币制混乱，没有一定的标准。但盛唐是一个物价低的时期。那一百多年间，米价每石大约只要两三百文，比西汉的平均米价还要低。安史之乱后，物价增加几倍。宋元两代，物价比较高，北宋米价每石自几百文到千文，南宋及元代用纸币，自然更高。但明代又是一个紧缩期，以制钱计算的米价，每石自两三百文到五六百文。清代物价又渐涨，乾隆以后，每石总是千文以上。中国币值的下跌，从白银的购买力上表示得最为清楚。明清两代，以白银计算的米价，每百年平均要上涨百分之五十。以黄金计算的米价,就平稳得多了。

研究中国的物价,有一种困难。就是明朝以前的记载,大部分是特殊物价:不是特别丰收时的物价,便是水旱天灾或敌兵围城绝粮时的物价,这种物价对于货币购买力的研究,是没有多大帮助的。而且物价数字要同国民货币所得的数字比照,才真正有意义。中国古代的物价数字已经是很难搜集,人民的货币收入更加不容易估定。明朝以后物价纪录渐多,尤其是最重要的米价。而且多以银为标准。自正统元年开放银禁以后,到民国二十四年停止银本位,中国正式用银恰巧是五百年。我在这一期间内,搜集得千多种米价纪录,因此对于那五百年间货币的购买力,有一个比较可靠的认识。外国的物价史资料保存得较多,尚且各人研究的结果不尽相同。本书所搜集的千多种米价,对于五百年那样一个长的期间,并不算多。将来有人从散在各处的故宫档案中,或能找到更多的资料,对本书的数字可以作一个补充。但我相信,本书的数字所表示出来的白银购买力的倾向,是正确的。

物价史、特别是最重要的粮价史的整理工作,有些国家五十年前就已经完成了;但在各种国际统计表中,中国部分,一向是空白点,现在可以填进去了。货币的购买力明确了之后,不但可以研究历代人民的收入和生活水平,而且可以进一步比较一下中国人和外国人的生活水平,以及两者的消长。我初步比较的结果,发现在西汉时,中国劳动人民的收入高于西方世界。欧洲在封建时期,劳动人民的生活水平,还是不如中国的劳动人民。但自14世纪末叶起,欧洲劳动人民的货币收入就比中国劳动人民的货币收入高了。但欧洲物价也高于中国,所以欧洲劳动人民的生活水平的提高还是更近代的事。因为这不是本书的主要研究对象,这里就不多说了。

古代货币经济理论不发达。然而在唐宋以前,中国仍是站在欧洲的前面,有些见解在世界货币思想史上是重要的贡献。可惜多是片段的言论,没有成为一种有系统的学说,后人也少根据前人的到达点出发作进一步的研究思考。归根结底,还是由于在这两三千年中,士大夫阶级基本生活的保障是土地,不是货币;只有商人敢于公开地、没有顾虑地关心货币。但商人不会著书立说,而士大夫看不起商人,更须要表现出不关心货币的样子。

中国的货币理论,有两种主要倾向:第一是汉代法家的国定说,以为货币本身是没有价值的东西,其所以能流通,是因为帝王或政府所倡导或制定。这种说法和近代克纳普(G. F. Knapp)等人的学说很接近。但中国西汉时的名目论有它积极的一方面,因为它的目的是在求得币制的统一,是针对当时的混乱币制而产生出来的一种理论。第二是历代的数量说的理论。这种理论是在反对通货贬值和通货膨胀的斗争中产生出来的，所以在当时是一种进步的理论。但中国讨论货币问题的，多是注重现实的制度问题，汉朝是以铸造权问题为中心，宋以后是以纸币问题为中心；各种关于货币的本质和货币的价值方面的见解，都是在讨论制度问题时偶然讲出来的。

中国人因为所受通货贬值和通货膨胀的祸害多而且深，所以大多数的人，都带紧缩论的色彩。虽然很少直接发为言论，但历代史家每逢物价低便称为太平盛世，这就是紧缩论心理的表现，也是从金属论派生出来的。中国历史上，每有战争就引起通货贬值，在太平的时候，物价常有过低的现象；这种现象，不完全是由于生产技术的进步，而是由于人民的紧缩心理。因为大家受紧缩心理所支配，所以极力减少消费。不过在中国这种自给性很强的农业社会里，通货紧缩在表面上危害很小，生产方面虽难免要受影响，但人民至少可以享受低廉的物价。英国历史上很少有物价突然上涨十倍的通货膨胀，而且他们早就工业化了，所以资本主义国家的一些经济学家把通货紧缩看得比通货膨胀更可怕，他们公开主张膨胀论。这种膨胀论正是资本主义制度下的理论，最有利于资本家，他们希望物价每年上涨，使他们的利润增加，可以进一步扩充生产。但结果往往会因争夺市场而引起战争。过去中国有些人读了英美的书，也有这种错误的见解。

所以关于货币的研究，不是以货币理论为重点，而是以货币史和钱币学为重点。关于货币史并没有专门的著作，只是作为历史的一个部分，如《史记》的《平准书》《汉书》以及历代史中的《食货志》、各种通史书中关于钱币的部分。这是中国古代史学界的一个优良传统。这一优良传统是司马迁所创立的。但由于写通史和断代史的人，不是专门研究货币史的，他们只能依照司马迁和班固的传统将有关货币的资料汇编在一起，除了本朝的一些新资料以外，只是辗转传抄，不但没有把货币史发展成为一门独立的学科，而且在内容、体裁以及分析的方法上，没有什么提高。

钱币学倒是一开始就是作为一门独立的学科而产生的。它在后代被归属到金石学中去，但它的产生却在金石学之前，所以可以说，金石学是以钱币学开始的。历代史中的钱币部分不是钱币学，因为它们是根据文献资料写出来的，钱币学必须是对钱币实物的研究。

钱币学对于历史的研究有一定的贡献。世界历史上有过一些国家，除了钱币以外，没有留下什么东西，它们的历史主要靠从钱币上来考据。例如古代的大夏以及大月氏的贵霜王朝就是这样。就是一度同罗马争雄而且任何方面也不亚于罗马的迦太基,除了美丽的钱币以外,也没有遗下什么。有些大国,虽然有文字上的历史,但在史家看来,钱币的研究,还是一个极其重要的部门。中国是一个史学特别发达的国家,然而文字上的历史还是有许多遗漏和错误,靠钱币来补充和纠正。钱币由于铸造次数的频繁,它的大小轻重最敏感地反映当时的财政、经济状况,所以它是直接史料,是最可靠的史料。

货币文化也是钱币学所要研究的一个重要方面。所谓货币文化,在广义上,是指一个社会发展到使用货币所需要的各种先进的条件,包括生产力和同这种生产力相适应的各种典章制度。在狭义上,是指钱币艺术,即钱币本身的形制、制作、文字和图形等。

从钱币艺术上,我们可以看出中国和欧洲两种文化的特点。欧洲人一向把他们的钱币看成美术品,特别是古代希腊的钱币,在美术品中占有重要的地位。就是在钱币艺术衰退的中世纪,欧洲有些钱币,特别是金币,还是反映了拜占庭美术的风格。中国有些朝代的统治阶级也把钱币当作美术品看待。历代的钱币学家也研究钱币的形制和文字,并指出它们的美点。近代有些钱币学家同时也是画家,这不是偶然的。然而中国钱币的美同欧洲钱币的美是不一样的。这种不一样,也存在于文化的其他领域里;不论是文学方面也好,绘画方面也好,都存在这种差异。乾隆末年,英皇乔治第三的特使马戛尔尼带来几幅肖像画,习惯于白描的中国朝臣看见画中的阴影还以为是画家不小心涂污的。在音乐方面,双方的特点也是显然的。一个欣赏昆剧《游园惊梦》曲调的人,对于欧洲《茶花女》歌剧中的曲调却不一定感动。这是两种不同的音乐,两个不同的境界。中国钱币和欧洲钱币也有这种差别,对中国的刀、布和圆钱欣赏惯了的人,看到欧洲的钱币,可能会觉得索然寡味,反过来也是一样。

钱币学同货币史更是分不开的。货币制度史和物价史的研究,不但要有货币学的基础,而且要有钱币学的基础。换句话说,单是从古籍中去找资料还不够,一定要研究钱币的实物。然而过去研究货币学的和研究钱币学的,完全是两批人,两回事,这也是中外一律的。货币学在中国是一门年轻的学科,古代人虽有关于货币的片段言论,汉代已有关于货币制度的专文;可是作为一门独立的学科作比较全面的研究,却是很近的事。过去研究货币的人所知道的资料,多是外国的资料,能够知道一点中国的史实,已经算是不错,自然谈不上实物的研究。然而单读历代的《食货志》,或甚至广泛地钻研历代的文籍,对于货币史,还是得不到全面的和正确的理解。

特别是对于物价的变动，有时不能彻底了解。因为所谓物价，无非是金属或钱币对其他商品的比价。物价上涨，不一定是由于货币的原因，可能是由于商品本身价值的变动。但在货币价值变动引起物价变动的时候，那就需要了解钱币变质的情形，才能把问题弄清楚，这单凭书本知识就不够了。史书中对于某一种钱的重量和成色，虽然有时也加以记载，但那只是一种标准，物价的变动，往往正是因为钱币的重量、成色不合这标准。到底某一时期的钱币，离开标准重量与成色有多么远，史书中就很少记载了，偶有记载也是不详不尽，这就非从钱币学来研究不可了。例如西汉半两钱的减重，史书只把它形容作像榆荚，称之为荚钱；但这种荚钱到底轻到什么程度，则翻烂《平准书》和《食货志》也找不出来，一定要从实物中去领会。

研究中国货币史，不但要懂得中国钱币学，还要懂得外国钱币学，比如清朝乾隆初年在中国各港埠通行的各种外国银币，史书只说是"马钱""花边钱""十字钱"等。后来的人也是辗转照抄。究竟这些名称指的是什么钱呢？是哪一国的货币呢？却从来没有人能加以解答，因为要解答这些问题，必须要钻研外国的钱币学。而这些问题是必须解决的。因为光是知道那几种钱币的名称，没有什么用处；最多只藉以知道有外国货币在中国流通罢了。一定要知道那些货币是什么货币，是什么国家的货币，这样才能使我们知道当时曾同哪些国家有贸易上的往来，哪些国家在国际贸易上有活动，或哪些国家的货币的流通有世界性。

其实中国的钱币学是世界上产生得最早的。远在南北朝就有《刘氏钱志》和《顾烜钱谱》等专门的著作出现，这比欧洲要早八百多年。虽然那时的著作是很简略的，在字数上还远比不上历代《食货志》中关于钱币的部分，然而《食货志》是一种资料汇编，作者可能完全不懂货币，而钱币学的著作却是直接研究的成果。

在封建社会中，一切学术都是进步很慢的。中国的钱币学也不例外。在五代和两宋才有进一步的发展，可是很大部分还是抄袭前人的著作，创见不多。尤其是明代，可以说没有一部有价值的钱币学著作。一直到清代乾嘉年间，由于考证学的风行，对于研究的方法，有显著的改进，中国钱币学才获得空前的发展。翁树培等人，几乎把一生的精力都花在钱币上，而且除钱币实物外，还广泛地钻研了文献资料。然而过去研究钱币的人，究竟是一些有钱有闲的人，绝大部分是从玩好出发。而且由于时代的限制，没有近代社会科学的基础，方法还不是十分缜密。所以近百年来没有大的进步。而研究货币学和货币史的人都很少同钱币学发生接触，所以成就不大，一定要书本和实物相结合、理论与实际相结合、货币学与钱币学相结合，这样才能了解真实情况。

关于信用和信用机关的演进，也还没有人作过全面的研究。所谓信用机关，就是贷借货币、存放货币或买卖货币的机关，外国有时就称为货币机关。过去经济界对于中国经济史实颇多隔膜。譬如中国的钱庄，不论是专门研究钱庄的人也好，或是钱业中的领袖也好，往往不知道它的历史，动不动就说钱庄有百年的历史，这等于说清朝有五十年历史。中国的信用和信用机关的起源是多元的，最初差不多每种业务有其独立的机构，放款有放款的机构，存款有存款的机构，兑换有兑换的机构，汇兑有汇兑的机构。直到明末清初才有综合的倾向。在这几种最基本的信用业务中，以放款最为发达，不论是私人的信用放款，或质典的抵押放款，都有最长久的历史。其次是兑换，古时是由金银店经营，宋朝有兑坊，明朝钱庄出现后，更证明兑换业务的繁忙。汇兑盛行于唐朝，北宋行用纸币后就停顿，到清朝票号成立，才又转盛。最不发达的是存款，虽然自古即有寄附等办法，唐朝有柜坊，但寄附是否能说是真正的存款，还有问题；而柜坊的性质，至今尚不十分明了，到清朝才有真正的存款业务。封建时代的中国官僚豪富，对于自己的财产，不愿信托别人，而喜欢埋藏在墙壁间或地下，有时连自己的妻子儿女也不令知道。严嵩父子贪污得来的金银，大部分是埋在地窖中。金银如此，铜钱也差不多。大户人家藏金银，小户人家藏铜钱。外国的现金余额说者以为手头有现金，便可以发挥货币的作用；这一说在中国古时便不适用。中国旧时官僚豪富的窖藏，在某种意义上，实可以说是流动性偏好心理的表现，是准备随时应急的。但急变的时候究竟很少，所以原为保持流动性而窖藏的货币，反而变成死的，对于物价只有发生紧缩的作用。这是存款业不发达的结果，同时又是存款业不发达的原因。

彭信威
1954年2月18日于上海

目 次

第一章　货币的发生 ………………………………… 001
第一节　货币经济的萌芽 …………………………… 002
一　产生货币的社会背景 ………………………… 002
货币产生的前提——中国古籍关于交易行为的传说——社会发展的阶段——中国社会发展阶段的划分——殷代社会的情形——中国殷周时代和古希腊罗马的比较——周代社会的情形——封建社会的特点——《诗经》时代的社会——皮币二字的意义——"货币"一词的原始意义——封建社会与货币

二　殷周时代的贝和铜 …………………………… 011
贝在古代赐锡品中的地位——贝在中国文字形成时的意义——古人爱好贝壳的原因——贝壳作为货币的优点——贝朋的单位——金属的使用与重量单位——铜贝——兵器与生产工具——龟和玉

三　贝的种类及其来源 …………………………… 020
贝的品种——贝币使用的普遍性——中国古代所用的贝——甲骨文和金文中贝字的书法——古籍中关于贝的记载——古代贝币的种类——贝的来源——各种仿制贝

第二节　货币经济的确立 …………………………… 026
一　春秋战国时期的铜铸币 ……………………… 026
四大铜币体系——布币体系——空首布和平首布——空首布的种类——空首布的文字——平首布的种类——尖足布——方足

布——圆足布——三孔布——钘布——当乎布——刀币体系——小刀和大刀——针首刀——尖首刀——明刀——圆首刀——齐刀——齐刀的时代——大刀和小刀的先后——环钱体系——环钱的起源——环钱的种类——环钱的时代——蚁鼻钱——中国古代铸币发展的阶段同古希腊的比较——中国钱币上的文字——战国时期钱币的等级——战国时期钱币的铸造与流通

  二 黄金和金币 ·· 052

    黄金的发现——使用黄金的原因——黄金的职能——黄金的单位——黄金的铸造形式——楚国的爰金

  三 秦始皇统一中国的币制 ······································ 060

    秦始皇统一中国币制的重要意义——秦国币制的开始——惠文王行钱的意义——三孔布说——环钱说——始皇统一币制的具体措施——半两的铸造——改革币制前后的其他方孔钱

  四 货币经济确立后的影响 ······································ 067

    春秋战国时期经济的发展——货币流通高潮——战国时的货币单位——战国时期社会的性质——自然经济的地位——当时的物价数字及其意义——货币经济确立后的影响

第三节 货币理论 ··· 074

  货币对于社会的推动作用——古人对经济问题的不重视——儒家和农家对于交换经济的看法——单旗的子母相权说——计然的循环论——白圭——李悝——《管子》中的货币理论——《墨子》中的货币理论

第四节 信用的发生 ·· 083

  借贷行为发生的前提——货币与借贷的关系——《周礼》中泉府的赊贷制度——《国语》和《左传》中的借贷——《管子》中的借贷——实物借贷与货币借贷——借贷与高利贷——借贷利率——战国时期放债的普遍——信用放款

第二章　两汉的货币 …… 089

第一节　货币制度 …… 090

一　钱币 …… 090

西汉的币制——西汉铜钱同罗马铜币的比较——汉初的铸币权——西汉铜钱的种类——半两——三铢——阴文四朱和三朱——武帝时的白金皮币——五铢——五铢钱的成功——汉代的货币经济——秦汉钱币的外流及其影响——新莽的币制——新莽的衡法——刘玄的钱币——公孙述的铁钱——东汉的货币经济——东汉五铢——灵帝的四出五铢——董卓的小钱

二　三国时的钱币 …… 108

三国时期币制的复杂——魏钱——蜀汉钱——吴钱——太平百钱的种类——太平百钱的铸造人——定平一百

三　金银 …… 116

西汉盛行黄金的传说——西汉帝王赐金数——西汉黄金的用途——西汉黄金的周转情形——东汉的黄金——东汉黄金减少的原因——东汉的对外贸易——王莽的黄金国有政策——公元初中国和罗马黄金存储量的比较——东汉以后工艺方面对于黄金的需要——两汉的金价——汉代黄金的铸造形式——白银的货币性——白银的铸造形式

第二节　货币的购买力 …… 132

一　楚汉战争所引起的货币减重 …… 132

货币购买力的意义——楚汉战争对生产的破坏——执政者对于货币的错误看法——汉初货币减重的情形与物价上涨的程度——稳定币值的企图——文帝稳定币值的方法——文景的通货紧缩政策——文景之治

二　武帝时匈奴战争所引起的货币贬值 …… 136

武帝时的财政困难——其他开源方法的无效——白金币的贬值和

私铸——货币贬值的理论根据——铜钱的贬值——租税政策与货币的购买力——昭帝以后物价的回跌——西汉后期的米价

三 王莽时的货币贬值 142

王莽第一次币制改革的意义——第二次币制改革（大小泉）——第三次币制改革（宝货制）——第四次币制改革（货泉和货布）——王莽货币政策的失败——末年的米价

四 东汉的币值 146

光武帝的紧缩政策——章帝时的物价波动——和帝时的粟价——安帝以后的战费和谷价——董卓的货币减重——谷价上涨的程度——董卓死后的货币流通

五 两汉物价小结 151

《九章算术》中的物价——《居延汉简》中的物价——官俸折算标准——东汉延平年间的粮价——两汉官吏月俸的比较——两汉的工钱——两汉的国民财富

六 三国时期的货币贬值 158

曹魏币值的相对稳定及其原因——蜀汉的当百钱——直百钱的减重——太平百钱的减重——孙吴的货币减重

第三节 货币研究 164

一 货币理论 164

秦汉统一以后的思想界——西汉关于铸币权的争论——贾谊的《谏放民私铸疏》——儒家的态度——法家的管理政策——贾山和晁错的名目论——司马迁的货币起源说——贡禹和师丹的实物论——班固对于货币职能的看法——张林的数量说——刘陶的言论——荀悦的反实物论——司马芝的言论

二 货币史 171

历史的含义——货币史的萌芽——司马迁的《史记·平准书》——班固的《汉书·食货志》——《平准书》同《食货志》的比较

第四节　信用 …………………………………………… 173

汉代商人资本和高利贷资本的猖獗——长安的放款市场——政府的救济性放款——汉代的利率同罗马利率的比较——古代反对放款取息的原因——王莽的赊贷制度——东汉的放款——存款的不发达

第三章　晋到隋的货币 ………………………………………… 179

第一节　货币制度 ………………………………………… 180

一　钱币 ……………………………………………… 180

这一历史时期的特点——五铢的盛行——西晋的钱币——北方一些独立政权下的钱币——东晋的钱币——刘宋的钱币——萧齐的钱币——萧梁的钱币——陈钱——北魏的钱币——东魏的钱币——西魏的钱币——北齐的钱币——北周的钱币——隋代的钱币——一些不知所属的钱币——六朝钱币的过渡性——六朝钱币的艺术性

二　金银 ……………………………………………… 193

金价的上涨及其原因——铜钱的跌价——东西贸易对黄金数量的影响——工艺等方面对黄金的需要——黄金生产成本的增加——六朝以前白银的作用——中国银价较高的原因——金银的形式——金银钱的铸造及其由来——西方金银币的流入——金银比价

三　谷帛 ……………………………………………… 201

谷帛在中国的货币性——谷帛通行的原因——谷帛通行的实例——两晋的布帛——北魏的布帛及其定式——北齐的粟帛——北周的布帛——南朝的谷帛——布帛的作价

第二节　货币的购买力 …………………………………… 207

一　两晋的币值 ……………………………………… 207

本期货币购买力变动的特点——两晋货币经济衰落的表现——铜

钱赐与的锐减——救济品内容的分析——墓葬出土物的分析——铜钱铸造的减少——两晋的紧缩政策——货币经济的相对衰退——两晋的物价

二 宋齐币值的变动 ································· 213

宋初币值的稳定——元嘉年间的货币减重——北魏的南侵与通货贬值——米价——币制的整理——萧齐的紧缩——米价和布价的下跌——末年的回涨

三 梁陈币值的变动 ································· 220

对北魏的战争和铁钱的铸造——铁钱的私铸——短陌制的盛行——萧梁末年的货币贬值——萧梁治下的米价——南陈的币制改革

四 北朝的币值 ····································· 223

北魏的社会经济——货币的使用——私钱的减重——北周的货币减重

五 隋的币值 ······································· 227

隋初币值的稳定——炀帝的膨胀政策——私铸的减重——隋末物价

第三节 货币研究 ································· 230

一 货币理论 ······································· 230

几种货币理论的对立（金属论、名目论、实物论）——中国的金属论和欧洲金属论的比较——实物论者的见解——鲁褒的《钱神论》——孔琳之的意见——范泰的意见——刘义恭、沈演之的名目论——何尚之的数量说——周朗的实物论——徐爰、沈庆之的金属论——颜竣的见解——孔觊上《铸钱均货议》——沈约的实物论——高谦之和高恭之

二 钱币学的产生 ··································· 236

货币史的不发达——钱币学的产生——钱币学的内容和性质——钱币学产生的条件——《刘氏钱志》——《顾烜钱谱》

第四节　信用和信用机关 ·· 239
两晋的信用——南北朝的存款（寄存或寄附）——放款（出责和举贷）——南北朝的寺院——北魏的僧祇粟——典质的产生——典质和寺庙的关系——隋的信用

第四章　唐代的货币 ·· 245

第一节　货币制度 ·· 246

一　钱币 ·· 246

唐代币制的概要——唐代货币经济发展的过程——钱名的变革——钱币文字的演变—唐钱的种类——史思明的钱——赵赞铸钱的问题——开元钱的重要性——开元钱的板别——开元钱的种类——开元钱分类的意义——光背开元的时代——开元钱上月文的来源——外国钱币上的月文——西域钱币影响中国钱币的途径——会昌开元的背文——会昌开元的铸造时期——唐钱的成色——唐代铸钱的炉数——唐钱的艺术水平——唐代货币文化的对外影响——开元钱与五铢钱的比较

二　五代十国的钱币 ·· 261

五代的钱币——楚王马殷的钱币——南汉的钱币——闽的钱币——蜀的钱币——南唐的钱币——燕的钱币——五代十国钱币的特点

三　绢帛 ·· 266

绢帛的货币性——绢帛的单位——使用绢帛的原因——使用绢帛的法律根据——自然经济在唐代社会的地位

四　金银 ·· 270

金银在唐代币制上的地位——金银的产区——金银的形式——金银钱——金价——金银比价及其与外国金银比价的关系

第二节　货币的购买力 ·· 279

一　盛唐钱币的购买力 ·· 279

唐初稳定物价的成功——贞观时的米绢价格——战争和私铸——

恶钱问题——乾封年间的货币贬值——恶钱的取缔——开元时的物价——盛唐物价低廉的原因

二 安史之乱与通货贬值 ································· 284
战前府库的盈溢——战时的货币贬值——官吏货币所得的增加——税收的增加——吏治的败坏——物价上涨的程度——战后钱币的购买力——当局开源节流的政策——形势的好转

三 贞元元和间的通货回缩 ································· 289
通货回缩的意义——通货回缩的原因——钱币的销镕——铸钱的减少——用钱区域的推广——租税政策——杨炎的两税法——两税法在中国货币经济史上的意义——紧缩的现象——米价的下跌——绢价的下跌——紧缩期间的物价与战前物价的比较——蓄钱之禁——短陌制

四 晚唐五代的币值 ································· 298
会昌年间的币制改革对通货紧缩的影响——晚唐的币值——五代时的穷困——货币的供应——南唐的货币贬值——各地的铅铁钱——铜钱的购买力

五 唐代物价小结 ································· 305
米价的演变——官吏收入的变动——汉唐官俸的比较——劳动人民的收入

第三节 货币研究 ································· 308

一 货币理论 ································· 308
陈子昂——张九龄的自由铸造论——刘秩的反自由铸造论——杜佑——陆贽的名目论和数量说——韩愈的高物价论——柳宗元的低物价论——杨于陵——李翱——皮日休的名目论——蓄钱禁背后的理论根据

二 货币史 ································· 316
《晋书》和《隋书》的《食货志》——杜佑《通典》的《食货》——《唐书·食货志》

三 钱币学·····318
封演的《续钱谱》——徐氏和敦素——张台的《钱录》

第四节 信用与信用机关·····319

一 商业的发达与长安金融市场之产生·····319
唐代的对外贸易政策——对外贸易实况——国内商业和都市的规模——长安的信用机关

二 放款·····322
信用放款——放款的对象——公廨钱的运用——放款利率——抵押放款——典当

三 存款·····326
资金的存放——柜坊——柜坊的起源——柜坊业务的性质——支票——寄附铺

四 生金银买卖·····332
金银店的演进——唐代的金银市场——金银买卖与兑换

五 汇兑的产生·····334
产生汇兑的原因——承办飞钱的机关——汇兑业务的消长

第五章 两宋的货币·····337

第一节 货币制度·····338

一 钱币·····338
两宋货币的种类——两宋钱币的复杂性——币材种类之多——货币流通的割据性——宋代钱币铸造与流通的割据性同欧洲的比较——钱币的等级——钱名的繁杂——钱文书法的多样性——北宋钱制与南宋的区别——太祖朝的钱币——太宗朝的钱币——真宗朝的钱币——仁宗朝的钱币——英宗朝的钱币——神宗朝的钱币——哲宗朝的钱币——徽宗朝的钱币——宋朝的货币文化——徽宗朝钱币的艺术性——徽宗朝钱文上的瘦金体——宋朝的对钱——钦宗朝的钱币——南宋铸钱额的减少——南宋钱制的

演变——高宗朝的钱币——孝宗朝的钱币——南宋钱的纪年——光宗朝的钱币——宁宗朝的钱币——嘉定铁钱的种类——理宗朝的钱币——度宗朝的钱币——宋钱的重量和成色——蔡京的夹锡钱——临安府的钱牌

二 金银和金银钱 ·········· 353

黄金的地位——白银的职能——金银的形式——金银钱——大观通宝银钱——宣和通宝金钱——乾道元宝金钱——太平通宝金钱与银钱——刘光世的招纳信宝——宋代金银钱的制作

三 纸币的产生 ·········· 362

纸币原则的渊源——产生纸币的经济原因——五代十国时的契券——四川币制的孤立性及铁钱的盛行——关于交子起源的传说——交子发展的三个阶段——自由发行的交子——富商连合发行的交子——交子在文化上的意义——交子铺户的衰败——政府取得发行权的经过——官交子的形制——交子的分界制——交子的发行额和现金准备——钱引的形制——南宋纸币的种类——关子——会子的形制——会子的面额

第二节 货币的购买力 ·········· 373

一 北宋初年的币值 ·········· 373

两宋币值波动的频繁性——两宋币值波动的局部性——宋初钱币的混杂——宋初货币的购买力——西夏元昊叛乱所引起的通货贬值——贬值后的物价

二 熙丰年间的币值 ·········· 381

北宋铸钱额——货币经济飞跃发展对社会的影响——熙丰间频年丰收下的米价——当时对于米价的两种态度——丰收时米价尚高的原因——北宋垦田数——唐宋货币数量的比较——铸额增加与钱荒——铜钱的外流——货币经济的发达——省陌制——宋初的平均米价及其趋势——绢价

三 崇观年间币值的下跌 ·········· 393

铜产的减少——浸铜术——元符年间的米价——蔡京铸崇宁大钱

后的纷扰——大观大钱——夹锡钱之害——川陕交子的膨胀——崇观以后的米价——政府的浪费——宋代官俸与汉唐官俸的比较——劳动人民的收入

四 金人进军中原所引起的通货膨胀 ················· 400

金人的掠夺——铸钱的减少——关子的发行——军费和发行——绍兴年间的米价——绢价——川陕的重要性——川引的膨胀——王之望的货币政策——金人进军中原时的物价和唐代安史乱时物价的比较

五 南宋会子的膨胀 ································· 408

金人的第二次进军中原——会子的发行——乾道四年的币制改革——发行的增加——开禧以后的膨胀——川引的跌价——铜钱的私销——铜钱的输出——南宋的对外贸易——日人输入中国铜钱——南宋当局的对策——铁钱的铸造——南宋的物价——两宋米价上涨的倾向——宋代产铜额——当局增加鼓铸的企图——会子信用的减退——各种地方纸币的膨胀——理宗朝会子的进一步膨胀——金银现钱的使用——末年的物价——两宋纸币分界发行法的作用——南宋纸币膨胀的真相——南宋工农的收入

六 白银的购买力 ··································· 426

白银在两宋时的地位——宋代的银价——宋代以白银计算的米价——绢价——白银购买力变动的倾向及其原因——宋代的金价——金价上涨的原因——金银比价——国内金银的供需关系——国际间的金银移动——以黄金计算的米价

第三节 货币研究 ···································· 439

一 货币理论 ······································· 439

李觏的数量说——司马光的实物论倾向——沈括关于流通速度的论点——苏轼的金属论的观点——苏辙的钱币国定说——罗泌的货币起源观——虞俦——辛弃疾——袁燮——袁甫——叶适——宋代的金属论

二 货币史 ··· 449

《五代史·食货志》——《新唐书·食货志》——郑樵的《通志·食货略》——货币史的资料书——关于货币史的专著——杜镐的《铸钱故事》——张潜的《浸铜要略》

三 钱币学 ··· 451

陶岳的《货泉录》——金光袭的《钱宝录》——董逌的《续钱谱》——李孝美的《历代钱谱》——洪遵的《泉志》——罗泌的《路史》

第四节 信用和信用机关 ··· 455

放款——王安石的市易和青苗法——营田——质库——存款——柜坊——金银铺——兑坊——便换

第六章 金元的货币 ··· 463

第一节 货币制度 ··· 464

一 辽的钱币 ··· 464

契丹人建国前的社会经济——关于铸钱的记载——辽钱的种类——辽钱的制作——辽国的货币经济

二 西夏的钱币 ··· 466

西夏钱的种类——西夏文钱——汉文钱——西夏钱的制作

三 金人的币制 ··· 467

金人币制的特点——铜钱——金钱的文字——白银——交钞——金人纸币的种类——交钞的形制——贞祐宝券的形制——兴定宝泉的形制

四 元代的币制 ··· 472

元代币制的特点——统治中国以前白银的通行——统治中国以后白银的地位——世祖以前的纸币——中统元年的币制改革——至元二十四年的币制改革——至大二年的币制改革——至正十年的币制改革——中国纸币对于外国的影响——元代的钱币——各种至正钱——元代钱制的对外影响——元末张士诚的钱币——韩林

儿的钱币——徐寿辉的钱币——陈友谅的钱币——元代钱币的输出——黄金的使用——边区的货币

第二节　货币的购买力 · 494

一　金人的通货膨胀 · 494

金人货币经济的发展阶段——初年的钱荒——大定初年的币值——章宗时发行的增加——承安宝货的失败——泰和大钱的铸造——蒙古人建国后通货膨胀的恶化——贞祐二年的百贯大钞——贞祐三年的贞祐宝券——贞祐通宝——元光元年的兴定宝泉——银本位的采用——末年纸币的购买力

二　元初中统纱的膨胀 · 499

元初对于宋金货币的收兑——至元初年的物价——发行的增加——卢世荣改革币制的失败——至元钞的发行——元初的纸币发行额——物价上涨的程度

三　至元钞的贬值 · 505

各地的反抗运动——大德年间发行额的大增——至大二年的币制改革——至元以后的纸币发行额——伪钞问题——各种物价上涨的不平衡——运费——米价——盐价——美术品的价格——民间的代用币——政府开支的增加——元代的工钱——元代工钱同当时英国工钱的比较

四　元末至正钞的贬值 · 518

新钞的性质——各地的起义与纸币的增发——马价——至正十五年的情况——至正十六年的情况——至正十七年的情况——末年的物价——元代以金银计算的米价

第三节　货币研究 · 525

一　货币理论 · 525

马亨的见解——许衡对纸币的看法——张之翰——王恽——马端临对纸币的看法

二 货币史 ······ 528
马端临的《文献通考·钱币考》——《宋史·食货志》

三 钱币学 ······ 530
费著的《钱币谱》和《楮币谱》——武祺的《宝钞通考》

第四节 信用和信用机关 ······ 531
金元两代中西信用事业的比较——金人治下的放款利率——金人的质典库和流泉——金人的兑换业——元代的羊羔息——卢世荣的平准周急库——解典库——存款业务的不发达——兑换业和银铺

第七章 明代的货币 ······ 539

第一节 货币制度 ······ 540

一 纸币 ······ 540
明代币制概要——大明宝钞的面额——明代纸币制度的统一性——大明宝钞的形制——历代的倒钞法——崇祯末蒋臣的行钞计划

二 钱币 ······ 544
大中通宝及其作价——洪武间的停铸——洪武钱的成色——洪武钱的重量——永乐通宝的开铸——铜钱流通的禁止——嘉靖时补铸的说法——天启时的三等大钱——天启当十钱——崇祯钱的背文——跑马崇祯——崇祯大钱——大明通宝——福王的钱——唐王的钱——永明王的钱——郑成功的钱——李自成的钱——张献忠的钱——孙可望的钱——明代流通的旧钱——明代铸钱的方法——铸造费——不用钱的地方——云南的海肥——牛币

三 白银 ······ 560
明代禁用白银的失败——正统时白银的通行——炼银术——明代白银通行的原因——白银的形式——元宝的性质——金银豆叶——金银钱——银牌——银块流通的不便——欧洲银圆铸造的开始——西班牙银圆的流入——荷兰马剑的流入

第二节 货币的购买力 569

一 大明宝钞的膨胀 569

明代货币经济的紧缩性——发行纸币的原因——发行的增加与购买力的下跌——铜钱和金银的禁用——户口食盐法——官俸折价的变动——租税政策——用银禁令的取消——钞价的急剧下跌——明代官吏的收入

二 万历以前铜钱的购买力 577

明朝铜钱流通的重要作用——铜钱购买力之高——官钱兑价上涨的原因——钱重的增加——各朝的铸造数额——铜钱的外流——银价下跌同钱价上涨的关系——明代制钱兑价表——制钱对白米的购买力——旧钱在明代的地位——明代的私钱——明初的私铸——弘治正德间私铸的加剧——嘉靖时私铸的猖獗及私钱的兑价——隆庆时疏通钱法的建议

三 晚明的铜钱贬值 589

万历以前钱价问题的性质——万历末年的广开炉局——南北钱价的差异——满人的进攻——天启时鼓铸的增加——王象乾的三等大钱的建议及其意义——当十大钱的贬值——天启小钱的贬值——李自成、张献忠等人的起事——崇祯钱的减重——私钱的猖獗——明末的铜钱物价——明代的工钱

四 白银的购买力 597

明代正式用银的经过——明以前物价数字的意义——中国米价的重要性——中英两国小麦价格的比较——中国的米麦比价——研究白银购买力的困难——困难的克服方法——明代各朝的米价——十年期的米价——五十年期的米价——明初白银购买力特高的原因——中叶以后银价渐跌的原因——万历年间的采矿事件——美洲白银流入中国的开始——明代的绢价——布价与布米比价——棉价与棉粮比价——米盐比价——金银比价——铜价和银铜比价——畜价——书价——中国书价与外国书价的比较——中国和欧洲的知识分子对书籍购买力的比较——田价——明代物价与官吏的生活水平

第三节　货币研究

一　货币理论 ·· 622
夏原吉和陈瑛的数量说——刘定之——邱濬对纸币的意见——谭纶的金属论——靳学颜——陈子龙对纸币的意见——钱秉镫

二　货币史和钱币学 ······································ 631
明代的学风——《元史·食货志》——邱濬——《董遹钱谱》——胡我琨的《钱通》——李元仲的《钱神志》——侯恂的《鼓铸事宜》——徐象梅

第四节　信用和信用机关 ···································· 634

一　高利贷和典当业 ······································ 634
高利贷的盛行——典当的名称——当铺的资本和管理——明代的放款利率——典当的盘剥——借据的形式

二　钱庄的兴起 ·· 639
欧洲银行业的兴起——中国兑换业的发展——钱铺的起源——初期钱铺的业务——明末的钱庄——存款业的不发达——窖藏的风气——明末的汇兑——会票的性质

第八章　清代的货币 ·· 645

第一节　货币制度 ·· 646

一　制钱 ·· 646
清朝的币制——清代铜币的两个阶段——满人入关前的钱币——顺治钱的重量——顺治钱的五种形式——康熙时的炉局——雍正时的炉局——乾隆时的炉局——新疆普尔钱——嘉庆钱的成色——咸丰钱分类表——同治时的钱币——拉锡丁和阿古柏在新疆所铸的钱——光绪时的炉局——宣统钱

二　太平天国的钱币 ······································ 654
太平天国的钱制——三套圣宝钱——太平天国钱币的特点——太平天国钱币的作价——银钱——通宝钱——大成国的钱币——上海小刀会的钱币

三 清末的钱制改革 ··· 659
  清末钱币铸造技术的改革——铸造成本——机器制钱——钱币形制的改革——铜元的铸造——当十铜元的板别——钱制变革的意义

四 白银和银币 ··· 665
  清代白银的重要——清代用银的三个阶段——白银的名称和形式——各种秤法——银两的成色——宝银——纹银——上海的规元——成色参差的不便——外国银圆流入对中国货币文化的影响——外国银圆流入的开始——清初的外国银圆——乾隆初年在中国流通的外国银圆——道光年间的外国银圆——西班牙的本洋——墨西哥的鹰洋——英国银圆——日本银圆——美国贸易银圆——中国的自铸银币——中国西藏的银币——道光时寿星银饼——笔宝银饼和如意银饼——漳州军饷——咸丰银饼——浙江的七二银饼——湖南的银饼——贵州和山东等省的银饼——机器铸造银币的开始——龙洋的开铸经过——大清银币的铸造——小额银币——本位问题和单位问题的讨论——双毫的通行——金币

五 钞票 ··· 689
  清代发行钞票的三个阶段——顺治时的钞贯——民间的银钱票——咸丰时的官票和宝钞——鸦片战争以后外商银行的钞票——中国最早的银圆票——中国最早的银行兑换券——大清户部银行的兑换券——官银钱局的银钱票——清末发行的紊乱

第二节 货币的购买力 ··· 699
  一 清初钱价的波动 ··· 699
    清代币值波动的性质——顺治年间的钱价问题及其起因——康熙初年钱价的上涨及制钱的减重——制钱轻重的不划——康熙四十年的制钱加重——乾隆初年的钱价问题——鄂尔泰疏通铜钱的办法——管理钱价的失败——清初铜钱的铸造额——清初制钱市价表——钱价的意义——清初米价表——新疆的货币贬值——清初劳动人民的收入和生活——同时期英国劳动人民的收入和生活

二 太平天国革命时清朝政府的通货贬值 ………………… 709

乾嘉间吏治的腐败和革命运动——银钱关系的转换点——钱价的下跌——制钱市价表——银钱比价的变动对于物价的影响——太平天国革命与清朝政府的财政困难——大钱的铸造——钞票的发行——通货膨胀时的物价——铁钱的铸造——新疆的币制——各省局咸丰当百钱重量的比较——米价——大钱的停铸——太平天国政权下的币值

三 清末币值的变动 ……………………………………… 720

同治年间银钱关系的转变——清末制钱市价表——清末米价表——清代制钱的减重——清末的物价革命——铜元的代替制钱——铜元的跌价——中外物价的关系

四 白银的购买力 ………………………………………… 726

白银购买力下跌的倾向——白银对米的购买力——清代历朝的白银米价——乾隆时白银米价上涨原因的调查——米价上涨的真正原因——美洲白银对各国物价的影响——美洲白银对中国物价的影响——白银的流入中国——白银输入数量同米价的关系——鸦片贸易——白银的流出——白银物价的下跌——清末贸易入超与白银进口——黄金的流出——中外白银购买力的比较——汇价的变动——清朝银价下跌对于吏治败坏的影响——对于一般人民生活的影响

五 黄金的购买力 ………………………………………… 743

研究中国金价的意义——黄金在中国的性质——中国历代金银比价和外国金银比价的不一致及其原因——清初中国黄金的外流——黄金的形式和成色——黄金流出的数量——十八世纪中外金银比价的接近——千年来金银购买力的比较——中外黄金粮价的比较——黄金在中国的购买力之比较稳定及其原因

六 清末的货币数量 ……………………………………… 751

清末货币的种类——银圆的数量——银角的数量——宝银的数量——铜元的数量——铜钱的数量——钞票的数量——货币总数量的估计——历代货币数量的比较

第三节　货币研究 …………………………………… 766

一　货币理论 ……………………………………………… 766

黄宗羲的废金银论——乾隆时的郑燮——阿里衮稳定铜钱购买力的理论——道光时王鎏的《钱币刍言》——许楣的《钞币论》——许桂的金属论——吴嘉宾的《钱法议》——马昂的货币起源说——吴嘉宾的足值铜钱说——朱嶟和魏源的数量说——咸丰时王茂荫的反名目论——鸦片战争前中国货币理论的特点和成就

二　晚清的货币思想和币制改革运动 …………………… 778

黄遵宪的行钞论——严复——康有为的《金主币救国议》——洪仁玕、郑观应的论银行——梁启超——当时思想的特点——中日战后改革币制的呼声——胡燏棻、盛宣怀等人的提案——刘世珩的《圜法刍议》——赫德的《中国银价确定金价论》——精琪的计划——汪大燮的行用金币办法——卫斯林的金汇兑本位制计划——金本位未被采用的原因——精琪等人建议的性质

三　货币史 ……………………………………………… 789

《明史·食货志》——《三通》的钱币部分——考证学家的著作——鸦片战争与中日甲午战争对中国史家的影响——清末关于货币史的著作

四　钱币学的发展 ……………………………………… 792

清初钱币学的停滞状态——《钦定钱录》——考证学的发展对钱币学的推动作用——江德量的《钱谱》——翁树培的《古泉汇考》——初尚龄的《吉金所见录》——倪模的《古今钱略》——蔡云的《癖谈》——戴熙的《古泉丛话》——刘喜海的《古泉苑》——马昂的《货布文字考》——嘉道年间的其他著作——嘉道年间钱币出土对钱币学的促进作用——唐与崑——李佐贤的《古泉汇》——鲍康的《泉说》——清代钱币学著作的三种类型——清代钱币学界的学风——钱币收藏家的作用——清代钱币学的薄弱环节

第四节　信用机关 ……………………………………………… 803

一　银铺和典当业 …………………………………………… 803
清代中国信用机关的落后于外国——银铺的重要性——银炉和炉房——典当业的地位——历代典当业规模的比较——当铺的业务——当铺和政府的关系——鸦片战争以后当铺的等级

二　钱庄和银号 ……………………………………………… 811
钱庄业务的演进——钱庄的存放款——银号的出现——乾隆时钱庄、银号的活跃——官钱局的设立——嘉庆年间的钱庄——道光年间的钱庄——咸丰年间的钱庄和官钱铺——同治年间钱庄的关歇问题——钱票的发行——晚清银钱业遭受的几次打击——清末上海钱庄的等级——银行设立后的钱庄——清末钱庄业务的改进——各省的官银钱号

三　票号的兴衰 ……………………………………………… 821
关于票号起源的各种传说——日升昌票庄的起源——票号的特点——同光间票号的兴盛——票号的汇兑方法——票号和钱庄的比较——票号同官吏的关系——银行出现后的票号——清末北京的票号——票号的组织——票号的衰落

四　银行的兴起 ……………………………………………… 830
银行一名辞的起源——英商银行——汇丰银行——帝俄的华俄道胜银行——日本的横滨正金银行——德国的德华银行——法国的东方汇理银行——美国的花旗银行——外商银行的猖獗及国人设立银行的主张——中国通商银行的设立——大清户部银行的设立经过——交通银行——商营股份银行的设立——清末银行的业务

中国货币史大事年表 ……………………………………………… 839

第一章

货币的发生

第一节 货币经济的萌芽

一 产生货币的社会背景

货币是在商品交换中产生的,应当以商品交换的存在为前提。固然商品交换不一定需要货币,可以用物与物交换的办法;不过物物交换有许多不方便,尤其若是可供交换的物品的种类增加,实物交换的困难更多。所以实际上在交易行为发生之后不久,必然会产生出货币来。

交易行为在中国社会中发生于哪一个阶段呢?这是一个难以确定的问题。古书中有说在神农氏的时候(公元前3318—前3079年)就"日中为市,致天下之民,聚天下之货,交易而退"[1]的。又有说唐尧的时候(公元前3357—前2258年),"以所有易所无,以所工易所拙的"[2]的。这些话自然不可靠,而且真假在这里不大重要,因为讲的是物物交换,同货币没有关系。至于说,神农氏的时候,就有金、刀、龟、贝,以通有无[3];或说高辛氏(公元前2436—前2367年)以前就有龟、贝、金、钱、刀、布之币以通交易[4];或说黄帝采铜铸刀[5],或说禹、汤以金铸币[6],那都是没有根据的话。

从近年的发掘,得知在相当于传说中的神农氏和黄帝的时候,中国的各民族,最先进的也还刚进入新石器时代。虽然已经有单色陶器等工艺品的制作,但并不能证明有交易行为的存在,更不能证明有货币。

就是周武王"发鹿台之钱"[7]的话,也是不可信的。那是战国时人的依托,替一些成了偶像的人宣传。有人说钱字是指农器[8]。这种解释也不妥,原文是钱和粟并称。如果原文可靠,那就只能是指货币,但原文不可靠。近年发掘的西周墓中,器物虽多,却没有钱币。

证诸某些原始部落的情况,我们知道:各种民族,在其还只会使用石器的时候，是过一种共同生产、共同消费的生活。在那种社会里，往往还没有产生出家庭来，男女乱婚。各种日用品，多是平均分配，没有私有财产，也没有交易的必要，自然没有货币可言。有时各种部落之间的有无相通，也是用交换礼物或用抢劫的方式，不用货币。这种社会普通叫作原始共产社会。

人类社会的发展，是有一定的阶段的。原始社会的部落之间，彼此难免发生争斗，因而产生俘虏。这种俘虏后来就成为胜利者的奴隶，替胜利者卖力。如果一个社会有许多奴隶，他们担当了主要部分的劳动，那么，这种社会就可以称为奴隶社会。在奴隶社会中，会产生商业行为和货币。不过奴隶社会应当也有等级，要看当时生产力的高低。人类使用奴隶，当然是为榨取他们的劳动。人类在原始时期，生产力很低，一人的劳动往往还不能维持自身的生活，在那时对于俘虏都加以杀戮。后来之所以豢养俘虏，不加杀害，一定是因为生产工具进步，劳动生产率提高，使奴隶劳动产生出剩余价值来。这种剩余价值如果只足够维持奴隶主及其家属的生活，也不会发生大规模的交换行为，因而也不会产生货币。这种奴隶社会我们可以名之为低级奴隶社会。一定要剩余劳动的产品多于奴隶主及其家属的消费量，才会用来同其他奴隶主交换别的产品；这种交换，也不一定要用货币，可以用物物交换的办法；不过随着交换规模的增大和交换次数的加多，货币是会产生出来的。外国古代有些已证实了的奴隶社会，如巴比伦、埃及、以色列、希腊、罗马，都有货币的使用[9]。这种奴隶社会，我们可以名之为高级奴隶社会。

中国古代社会到底是怎样一种情况呢？由于历史资料的不充分，还不能下肯定的断语。一些研究社会发展史的人提出各种不同的见解。有人[10]说夏代以前是原始公社，夏代以后，在同一民族内，由于生产的分业而出现各家族间的交换，因而产生货币。另外有人说殷代还是原始公社，到殷末才演进为奴隶社会，后来商业繁盛，才产生真正的货币。有些人以为西周已是封建社会，另有些人则以为西汉还是奴隶社会。这些学者所掌握的历史资料还是不够的。

我们在这里不必讨论原始公社的问题，因为在那种社会里，既没有货币，同我们的问题就没有关系。货币产生于夏代之说，完全是一种臆测，并无根据。因为夏代有没有交换都无法知道，怎样能说有货币呢？

殷族的情形由卜辞的记录可以看出一些，但因为资料还不充分，许多问题还不能下断语。我们只知道殷族是从游牧生活进入到农殖生活的，游牧生活的色彩还很浓厚，这从当时用牲的方法上可以看出来；而且殷族迁都的习惯是大家所知道的。在盘庚时已经有人反对迁都，大概当时农业已相当发达，有人不愿意抛弃辛苦开垦的农地。卜辞中禾、黍、来、麦、蚕、桑、丝、帛等字常见，关于农事的记载也不少[11]。

　　对于殷代之为奴隶社会一点，同意的人比较多，尤其是关于殷代末年。但所谓奴隶社会，应当是说在那种社会里面，全部或大部分的生产劳动，是由奴隶来担任[12]。卜辞中再次提到"众黍"两字，"黍"字是耕作的意思，"众"字照字形讲，应当是太阳底下的人，或释作野外劳动的人，本不一定是指奴隶，不过在后来的彝铭中有用众来作赔偿的[13]记载，所以众可能是奴隶，但单是有奴隶的存在，还不能说是奴隶社会，必须一切的耕作或大部分耕作是用奴隶劳动，当时的社会才可以说是奴隶社会。否则只能说当时有奴隶制度存在，而不能说是奴隶社会。奴隶制度是到20世纪还存在的。

　　殷人常从事对外族的战争，如伐鬼方等，这是奴隶的主要来源。不过当时的社会经济，并不需要大规模的奴隶劳动，因为那时的生产几乎完全限于农业，农业社会是自给性很大的，本社会内不会有大规模的商业行为发生。而当时并没有一个工业发达而需要农产品的邻国。在卜辞中看不出有什么国际贸易的存在。

　　所以中国在殷代的情形，和希腊、罗马古代的情形不同。希腊、罗马古代，已有大规模的对外贸易，已使用金银为货币，人民的物质生活水平相当高，他们使用奴隶，是为榨取奴隶们的劳动以换取外国的金银和奢侈品，来供自己享受。中国在殷代，既没有何等对外贸易，物质生活水平也不高。生产活动范围限于农业和渔猎；如果使用大规模的奴隶，则榨取出来的剩余价值，也不过是些五谷、鱼、畜等，这些东西当时既无从向他处换取奢侈品，奴隶主自己又不能增加消费，一年一年堆积下来，结果仍是损耗浪费。所以即使中国当时是奴隶社会，也是低级奴隶社会。奴隶的生产，也不如希腊、罗马一样是商品生产，而是一种家庭式的消费生产，规模是不会很大的；偶然有交换，也以物物交换为主，真正的货币还不能产生。

　　对于周代的社会组织，史家们的意见也不一致。有的说是初期的封建社会[14]，有的说是奴隶社会[15]。这种意见上的分歧，是由于当时的文献中，既有关于封建的叙述，又有关于奴隶的记载，尤其是在西周。其实这种情形是容易解释的：殷周乃两个民族，周族承继了殷人的社会；一种社会制度不是一天或一道命令便可以改变的，周族社会还遗留下许多奴隶社会的残余，这是常有的事[16]。西周中叶以后，旧时的遗制就大部消灭了，尤其是东迁以后，到春秋末年那几百年间，似乎可以说已是真的封建社会了。

所谓真的封建社会，也是同欧洲的封建社会不完全一样的。欧洲在罗马帝国时期已形成了封建社会的胚胎，不仅在罗马帝国范围内，而且在日耳曼民族区域内。但在11世纪到13世纪，才是欧洲封建社会的盛期。中国在任何时期也没有过像欧洲那样严密的封建社会。但基本特点差不多。

封建社会有两个特点：在政治上是权力的分散，但一旦有战事发生，诸侯、地主、农奴们是有参战义务的。西周自恭、懿以后，中央政府的威望，一天一天减退，大权渐落在诸侯手中，但是宗主的地位还是保存着的，春秋时代的情形把这点说明得很清楚。齐桓、晋文都以周室为号召，强制其他小国尊重周室，正是这原因。在经济上是交换的不重要和货币经济的不发达，各种支付多用实物或土地。因为封建社会是以各个单位的自给自足为目标，是一种保守的经济制度，和奴隶社会的多少带有侵略性的经济制度不同。中国在殷代已有贝壳的使用，虽然还不足以证明已发展成为十足的货币，但至少已接近货币了。如果整个周代都是奴隶社会，则商业和货币经济一定比殷末周初有长足的进步。可是实际上在春秋那一段期间，中国的货币经济，不但没有新的发展，而且似乎特别不发达。《春秋》一书中完全没有提到货币的事，而币、帛等实物则屡屡提到。实物经济是封建社会中一个最重要的特点，在那种社会中，土地是最重要的财富。

让我们来看看《诗经》时代的社会吧！这是春秋中叶以前几百年间的社会。短短的三百零五篇，自然不能全面无遗地反映几百年的情况，但通过它们，至少可以看出一个大概的轮廓。在这社会里，实物经济的色彩异常浓厚；如果有交易，也是"抱布贸丝"[17]，如果有支付，也多是"握粟出卜"[18]。有人说，抱布贸丝的布是指铸币，即刀、布的布。当时铲币可能已经产生，个别的人手中可能有大量的铲币，但如果说"蚩蚩之民"也能抱着一束一束的空首布去买丝，未免把当时的社会太理想化了，把货币经济的发展太夸大了。汉代的王充已说出："抱布贸丝"是"交易有亡"[19]。也可能有人说：握粟出卜的粟也是货币，《管子》中有"粟重万物轻"的句子，以粟来同万物对立，岂不是货币么？在实物经济条件下，交换的物品中，总有一种是作为等价物的，这就是货币的雏形，但它不是一般等价物，不是真正的货币。

《小雅·正月》提到"富人"[20]，这富人是不是指手里有一束一束空首布的人呢？也不是。它不是像后代一样指有钱的人，而是指物质财产多的人。实际上，在那首诗中是指"有旨酒""有嘉肴""有屋""有谷"的人。最早的富人应当是指有土田的人；富字不是从田么？《礼记·曲礼》有"问君之富，数地以对，山泽之所出。问大夫之富，曰：有宰食力，祭器衣服不假。问士之富，以车数对。问庶人之富，数畜以对。"都不包括货币。至于《周颂·臣工》"庤乃钱镈"的钱字，一般人都知道是指农具，不是铸币。

春秋时期，各国之间常有告籴的事，这是不是通过货币呢？不是。籴的本意是入米，入米的方法可以通过交换；只有在货币经济发达的条件下，才用货币去买，《国语》提到鲁国饥荒，臧文仲请庄公以名器求籴于齐，所谓名器是指鬯、圭、玉、磬等。可见是实物交换。

有人说《周礼》所载廛人所掌的各种布，如絘布、总布、质布、罚布、廛布等，以及所谓里布，都是刀、布的布，换言之，都是铸币[21]。甚至有人说是信用货币[22]。这都是穿凿。《周礼》是假托的书，不是战国以前的著作，其所指的各种布，可能根本是捏造出来的。如果有那些布，也是布、帛的布，不是刀、布的布，更不是什么信用货币。币、帛在春秋时期是重要的支付工具，尤其是在统治阶级之间。周末用币、帛的时候很多，天子以币、帛待宾客[23]，诸侯以币、帛献天子[24]。传说禹合诸侯于涂山，执玉、帛者万国[25]。这种传说大概也是在春秋战国时期形成的。私人间的馈赠以及国与国间的往来，也多以币、帛为工具，所谓"主人酬宾，束帛、俪皮"[26]，所谓"事之以皮、币"[27]，都是这个意思。就是庶人嫁娶，也要用币、帛[28]。这恰好证明当时铸币还不大通行。

近代中外一些学者，由于误解"皮、币"二字的意义，以及硬想把外国的历史事实套在中国历史上，说中国古代曾使用过用兽皮制造的货币，或以兽皮为货币，甚至有人说得更具体，说是以牛皮为货币[29]，这是不确的。在先秦文献中，"皮、币"二字虽然不止一次出现在一起[30]，但所指是皮和币两种不同的东西，皮是兽皮或皮毛，不一定是牛皮；币是币帛，不是货币。皮、币两种物品在当时也只是作为支付工具，不是作为正式的货币。

这里我们可以研究一下"货币"这一名词的来源。在春秋、战国时期，"货"和"币"是两个不同的概念，虽然这两个概念不是很明确的，货字可能是化字的变体，在战国时期，它的意义似乎和现代差不多，《易经》所谓"致天下之民，聚天下之货"，货是包括一切商品的，自然货币商品也包括在内。《商书·仲虺之诰》中有"不殖货利"的话，也只是不贪财的意思，在《周礼》中货字被解作金、玉。一直到汉代，还是被解作财或宝用物，不专指货币,甚至不限于商品,只有王莽的宝货制,是指货币。由于古人不知区别货币和财富,所以在用字的时候,两个概念常混在一起。班固说:"货谓布、帛可衣,及金、刀、龟、贝所以分财、布利、通有无者也。"[31]还是作为财富的总称,包括货币在内。许慎说:古人"货贝而宝龟"[32]。这里的货字作货币解。关于币字,在战国时期,前面已说过,是指皮、帛,根本不作货币解。也有人说是指金、玉、齿、革、兵器,那就和货字的意义差不多了。由于币、帛在春秋、战国时期或那以前已经是重要的支付手段,而支付手段也是货币的一种职能,在统治阶级看来,是一种很重要的职能,所以币字就逐渐取得货币的含义,于是《管子》书中就有先王"以珠、玉为上币,以黄金为中币,以刀、布为下币"的话。司马迁也说秦始皇以黄金为上币,铜钱为下币。西汉武帝又有皮币的发行,这些币,除了下币以外,其实都是支付手段,不作流通手段,所以币字多少还保持了原来的意义。至于货币作为一个单一的名词,那是以后[33]的事。古代多用钱币一词。

春秋前后,并不是民间完全没有交易和货币。欧洲在封建时代也是有货币的。不过货币经济比较不重要罢了。实际上货币可能从封建社会中产生出来,而破坏那种社会。中国在西周的时候,统治阶级就怂恿被征服的商人"肇牵车牛远服贾,用孝养厥父母"。后来又有"如贾三倍"的话。可见商业有一定的发展。刀、布上的文字,有些和甲骨文相像,似乎应当是春秋以前的东西。而由农器进化到刀币、布币,需要一个很长的时间,由此可知:也许在殷周间,民间已在使用那种实物货币了。而且在铸币出现之前,贝壳已取得货币或准货币的身份。殷代已有铜贝的铸造。

从农器发展到刀、布的过程,也不应拉得太长。首先,那些生产工具式的古刀、布出土不多,空首布也不多,这就证明流通的时期不会很长。而货币是流动性最强的东西,传播得快,只要条件具备,一个地方采用铸币,其他地方很快就会仿效。在地中海沿岸地区,自里底亚的铸币出现以后,五十年之内,就传遍了亚琴海沿岸的世界。中国在春秋前后,商品生产和交换也许没有希腊世界那样发达;大陆的交通,总是不如内海交通那样方便和迅速的,但只要两个世界采用铸币的条件成熟,就不能说希腊铸币的普及只需五十年,而中国却需要五百年。旧日的钱币学家把中国的刀、布归之于太昊、葛天,到清末得到了纠正;近年来又有向上推的倾向,这是值得注意的。

注 释

[1] 《易·系辞》下。

[2] 《淮南子·齐俗训》。

[3] 《前汉书》卷二四《食货志》:"洪范八政,一曰食,二曰货。食谓农殖嘉谷可食之物,货谓布、帛可衣,及金、刀、龟、贝所以分财、布利、通有无者也。二者生民之本,兴自神农之世。"

[4] 《史记》卷三〇《平准书》:"农工交易之路通,而龟、贝、金、钱、刀、布之币兴焉。所从来久远,自高辛氏之前尚矣。靡得而记云。"

[5] 《初学记》:"黄帝采首山之铜,始铸为刀。"

[6] 《管子·山权》:"汤七年旱,禹五年水,民之无饘卖子者。汤以庄山之金铸币而赎民之无饘卖子者,禹以历山之金铸币而赎民之无饘卖子者。"《竹书纪年》:"殷商成汤二十一年大旱。铸金币。"

[7] 《周书》(《太平御览》卷八三五引)、《六韬》(《艺文类聚》产业部卷六六引)、《吕氏春秋》《史记》《淮南子》等书都有"发鹿台之钱,散钜桥之粟"的话,《史记·周本纪》作"散鹿台之财,发钜桥之粟"。

[8] 唐兰《中国古代社会使用青铜农器问题的初步研究》。见《故宫博物院院刊》总第二期。

[9] 巴比伦在汉谟拉比的时候(约公元前 2300 年,相当于中国传说中的唐尧时代)已使用金银。从汉谟拉比法典的条文可以看出当时货币经济的发展阶段。(一)当时支付手段有二:一为银,一为谷;英译本往往泛用 money(货币)一字,不知原文是什么。又第一一七条的 gold(黄金)在原文中不知是否与 money 同一字。黄金只出现两次,而作为货币使用,只此一次。(二)银与谷的作用不同:白银除了用作交易媒介之外,一切罚款也用白银计算,而工钱和其他劳动代价则用谷,租车费也用谷;雇用长工、各种工匠、或租用船只,也可用白银。借贷方面大概银谷兼用,借银可用谷偿还本息。(三)白银凭重量计算,单位有米纳和锡克尔,没有铸造货币。巴比伦的铸造货币出现于希腊之后,而且是受了希腊的影响。埃及在希克索时期(公元前 2100 年到公元前 1600 年)已使用金属为交易媒介(见莱因德《数学书》),包括金、银、铜三者,都是凭重量,以造成环形为主。它们的重量单位有卡特(埃两)和乌滕(埃磅),支付时都要秤称。埃及也是到亚历山大时期才正式铸造货币。以色列以金银为一般财富的代表,特别是白银,常用作价值尺度、支付手段和交易媒介;银字的意义同货币差不多(《摩西书》)。所以《旧约》中的银字,译成英文就成为"货币"。但以色列那时也没有铸币。

金银的计算根据重量,单位是锡克尔。希腊在荷马时代,黄金、白铜、钢、铁、锡,同为支付工具(见《伊里阿德》),都凭重量,到公元前6世纪才受小亚细亚的影响,使用铸币。罗马在公元前4、5世纪已使用铜块为货币,也凭重量;到公元前3、4世纪的时候,才用打印的办法,一枚阿斯(as)原重一奥斯科拉丁磅,后改为一罗马磅。到公元前3世纪才受希腊影响铸造银币。

[10] 翦伯赞《中国史纲》(1946年再版)第一卷第一一五页。

[11] 郭沫若《十批判书》第一编《古代社会研究的自我批判》。

[12] 郭沫若在其《青铜时代》中举出下列四例(在《十批判书》中也曾举前三例):

(1)"乙巳卜壳贞:王大令众人曰协田!其受年。十一月。"(《殷契粹编》第八六片,前七、三〇、二,又续二、六、五)

(2)"戊寅卜宾贞:王往,以众黍于冏。"(《卜辞通纂》第四七三片,前五、二〇、二)

(3)"贞叀小臣令众黍。一月。"(《卜辞通纂》第四七八片,前四、三〇、二)

(4)"丙午卜盅贞:众黍于□。"(《卜辞通纂》别录二)

郭氏根据众黍两字来证明殷代确已使用大规模的奴隶耕种(《十批判书》)。似卜辞中的众字,似乎只有质的意义,而无量的意义,因为有时众只是指一个人(见舀鼎铭)。所以众字不能证明大规模。甚至也不能证明其为奴隶。董作宾在《中国考古报告集》之二小屯第二本《殷虚文字甲编》的自序中说,殷代的人民也称人,也称众,众是一块方下有三人,并没有奴隶的痕迹。

[13] 舀鼎铭中记载匡季抢了舀的禾,引起诉讼,匡季自愿以田五田、众一夫、臣三人来赔偿。

[14] 翦伯赞《中国史纲》第一卷《初期封建社会》第二六九页。

[15] 郭沫若《青铜时代·由周代农事诗论到周代社会》第一〇一页。《十批判书·古代社会研究的自我批判》。

[16] 郭沫若指出西周金文中锡臣、锡地的资料来证明西周仍属于奴隶社会(《青铜时代》第九八页)。其实这些也许是殷代的遗制。到南北朝以及隋唐,仍有赏赐奴隶的事。而赏赐土地的办法,正是封建社会的一种现象,封建社会的特点,便是以土地为主要的财富。

[17] 《诗·国风·卫》:"氓之蚩蚩,抱布贸丝,匪来贸丝,来即我谋。"认为抱布贸丝的布是指布、帛,并不等于否认当时有货币流通和有铲币的流通,因为千年以后还有实物交换的事例呢。

[18] 《诗·小雅》:"握粟出卜,自何能谷。"

[19] 王充《论衡·量知篇》。

[20] 原文为:"彼有旨酒,又有嘉肴;洽比其邻,婚姻孔云;念我独兮,忧心殷殷。佌佌彼有屋,蔌蔌方有谷;民今之无禄,天夭是椓;哿矣富人,哀此惸独。"

[21] 《周礼·地官》郑玄注。

[22] 《周礼·地官载师》:"凡宅不毛者有里布。"郑众注:"布参印书,广二寸,长二尺,以为币,贸易物。"

[23] 《周礼·天官大宰》:"以九式均节财用……六曰币帛之式。"(注谓若赠劳宾客也)

[24] 《尚书·康王之诰》:"王出在应门之内,太保率西方诸侯入应门左,毕公率东方诸侯入应门右,皆布乘黄朱,宾奉圭兼币。"

[25] 《左传》哀公七年。

[26] 《仪礼·士冠礼》。

[27] 《孟子·梁惠王》下:"昔者大王居邠,狄人侵之,事之以皮、币……"

[28] 《周礼·地官司徒》下:"凡嫁子娶妻,入币纯帛,无过五两。"

[29] 摩斯(H. B. Morse)在其(*The Trade and Administration of China*,1913)《中国的贸易与行政》第一一七页说中国古代曾以有铭文的兽皮为货币。这明明是把西汉武帝时的皮币看作远古的东西,正和其他外国学者把王莽的刀、布看作春秋战国时的刀、布一样。他们对于中国历史是弄不清楚的。但中国人也有相信这一说的,如卫聚贤(《中国的软币》)便是一例。

[30] 先秦文献中提到皮、币的相当多。《国语·齐语》:"审吾疆场,而反其侵地,正其封疆,无受其赀,而重为之皮、币,以骤聘眺于诸侯。"《礼记·月令》:"是月也,祀不用牺牲,用圭、璧,更皮、币。"《管子·山至》:"而诸侯之皮、币不衣,……皮币不衣于天下内、国制贱。"《墨子·鲁问篇》:"厚为皮、币,亟偏礼四邻诸侯。"又《尚贤篇》:"外有以皮币与四邻诸侯交接。"此外《史记·平准书》也说:"古者皮、币诸侯以聘享。"但朱熹在《孟子》的集注中就说:"皮谓虎豹麋鹿之皮也,币帛也。"可见古人对于这点是没有误解的。《史记·秦纪》有"缪公闻百里傒贤,欲重赎之,恐楚人不与,及使人谓楚曰:吾媵臣百里傒在焉,请以五羖羊皮赎之,楚人遂许与之"的话,这里的羊皮俨然是货币的样子。但实际上在当时还是当作一种实物。

[31] 《汉书·食货志》。

[32] 许慎《说文》。

[33] 什么人最初把"货币"一词用作现代的意义,还待查考。但到了唐代,对这两个字还有不同的用法。请参阅本书第四章第三节一。

二 殷周时代的贝和铜

殷周两代是一个很长的时期。殷代的情形只能从卜辞中看出一些，但卜辞都很简短，对于各种制度，不能作详细的研究。周代因有彝器的铭文，而这些彝铭比较多而且详细，所以对于周代的情形，知道得清楚一点。大体上说来，在春秋中叶以前，在中国人的生活中，自然经济的成分很浓厚。这从当时的赐锡上可以看出来。彝铭中所记载的赏赐，如果以出现次数的多寡为序，有贝、金、鬯、马、弓、矢、臣、田、车、裘、圭、衣、鬲、布、牛等，最早的货币似乎应当从这些物品中发展出来。

古代赐锡品中，最常见的无过于贝[1]。这种贝是不是货币，若是货币，从什么时候起变成货币，无法加以断定。因为卜辞记载得太简单，而彝铭只记录王侯的言行，人民的经济生活不容易窥察出来。但在周初曾用作支付工具，而且从中国文字的结构上，也可以看出贝和价值的关系。凡与价值有关系的字汇，多带贝傍。所以在中国文字形成的时候，贝壳已是一种价值的代表了。

贝和中国人发生关系很早。在新石器时代的初期，便已经有贝的使用，相当于传说中的夏代[2]。但夏代使用贝，并不是说夏代就有了货币。自贝的使用到它变成货币，应当有一个相当长的时间上的距离。因为货币的产生要以商品生产为前提，而且一种物品必须具备各种社会条件，至少要有用途，才能成为货币。小小的贝壳，饥不能食，寒不能衣，有什么用途呢？

从现代某些民族的情形看来，贝可以用作装饰品[3]。中国古代无疑也曾用贝为装饰品，这从贡、赗等字汇的结构上以及古籍中关于贝锦、织贝等的记载[4]上可以知道。有了作为装饰品的用途，就有了使用价值，也就有作为货币的资格了。

我们还可以进一步追问：为什么古代的人爱好贝壳。在古代的大自然中，能作装饰品的东西很多，比贝壳美观的东西也不少，为什么大家选中贝壳？而且从几十百种贝壳中选定货贝呢？中国有人说，因为古代开化在西北，距海远，贝甚难得，故以为宝[5]。这种观点未免显得想象力的缺乏。贝壳的使用，并不限于中国，全世界的民族，多曾用过。亚洲除中国外，还有印度、缅甸、锡兰（今斯里兰卡）、婆罗洲和东印度群岛，苏联境内的土耳其斯坦、高加索北麓、基辅附近以及戈壁沙漠的东南部，都有贝壳出土[6]。美洲方面，阿拉斯加和加利福尼亚的印第安人也曾用过贝。非洲沿海一带及澳洲新几内亚北部各岛和索罗门群岛地方都用过贝币[7]。欧洲方面，旧石器时代末期和新石器时代初期的遗迹里曾有贝壳的发见[8]。由此可知：不产贝的地方用，产贝的地方也用。而且难得的东西何止贝壳？

外国方面，有人以为原始社会的人，以贝壳象征婴儿出生的门户，把它看作生命的源泉，大家穿戴在身上，作为一种吉利的护符。甚至以为可以助产和使妇人多产。有时用以伴葬，使死者获得新的生命力[9]。这一种解释，是很有见地的。中国一直到现代，货贝还是被有些人看作避邪品，绍兴一带称之为"鬼见怕"，小儿戴在手腕上。中国发掘的古贝，只有齿纹的一边完整，背面或则完全磨平，至少也有一穿孔，而贝壳正以背面最为美观，如果不是有象征作用，就不应损坏它的美点。所以有人以为中国的古贝中，若单是背面有一穿孔，就是作货币用，如果背面磨平，那就是作装饰品用[10]。我对这一点，还不能赞同。背面磨损的大小，可能是各地习惯不同的关系。

对于贝壳的用作货币，还有一种现实的解释，就是因为它具有作为货币的几种基本条件：第一是本身有功用；第二是有天生的单位；第三是坚固耐久；第四是便于携带，因为古代贝的数量不多，而带在身上又能增加美观。

有人会说：产贝之区，取之不尽，用之不竭，如用作货币，岂不会发生通货膨胀。这是不明白当时的社会经济情形。用贝的时代，人民生活简单，生产不发达，可供交换的物品很少。而且当时货币经济不发达，即可供交换的东西，也带有实物交换的性质，物主若不需要贝，也会拒绝出卖。并不是身上带几朋贝，便可以为所欲为。而且海中贝壳种类极多，货贝并非满地皆是。

有人会说：贝壳有大小，怎样作价呢？这同样是不了解当时的情况。当时的价值观念还很薄弱含糊，稍有大小，是不会计较的。就是到了20世纪，人们的价值观念，还是发展得不平衡的，有些人对于戏院中或电车上的同一排位子还要选择，另外一些人则漠不关心。秦始皇的半两钱也是大小不齐的。

贝币在中国的演进，大概经过两个阶段：先是专用作装饰品，这应当是殷商以前的事；其次是用作货币，这大概是殷代到西周间的事。但在它取得货币地位之后，仍可被用作装饰品，正同后代的金银一样。

贝壳本身有天然的单位，这在熔解术不发达的古代，正是它作为货币的一种优越条件。但古代人用贝，多是将其穿索起来，所以一串也成一单位，殷周时代名之为朋。贝朋两字常常连在一起。

卜辞中提到贝字的地方虽然相当多，但提到贝朋的地方却非常少[11]。而且文句简短，看不出用意来。因为单说锡贝朋，可以看作一种支付，也可以看作一种礼物。不过贝壳在殷代就成了一种贵重品，卜辞中的贝字有时同现代的财字差不多[12]。彝铭中"贮"字作"宙"，贮藏的对象，自然是有价值的东西，这里以贝来代表，可见贝在当时是价值的代表或结晶。

彝铭中的记载，比较详细。但大半是说锡贝若干朋，用作某人尊彝。如果穿凿一下，这已经可以说是十足的货币，因为这种贝朋，可以说是用来购买青铜等原料以及人工的。但实际上恐怕不能作这种如意的解释，因为彝铭中所记载的赐锡品有二三十种，差不多全同尊彝的制作联系在一起，锡马、锡裘[13]，用作宝彝；锡弓[14]、锡田[15]，也作宝彝。有时同时赐锡金、车、弓、矢，都作宝尊彝以为纪念[16]。如果贝是十足的货币，则马、裘、弓、矢、车、臣等也应当是十足的货币；而且卜辞和殷代彝铭中锡贝的朋数不多，最多止到十朋[17]。这有两种解释：第一是殷器留下来的太少，也许有数目多的记载还没有发现；第二是当时是一种多数物币制。可是贝朋的数目往往同彝器的大小没有关系。有时支付的朋数少，造一大器，有时支付的朋数多，反而造一小器。这种情形在周代还是有。所以殷代的锡贝，可能还是作为一种实物，一种装饰品，没有货币的意义在内。

古诗里的"既见君子，锡我百朋"，也不能肯定说是作为货币来支付，毋宁应当看作一种有价物或财富，既可以作货币，也可以作装饰品。贝壳本来是货币的原始形态，它的一般等价物的作用同它的特殊的使用价值是随时会转化的。在每一次支付的时候，也不能硬性地指明它的性质。

朋的单位，也不足以证明它是用作货币。朋字的起源对于贝的货币性似乎没有关系，它的本意大概是一串或两串相连[18]，后来才变成计算贝的单位。可是一朋到底等于多少贝，也没有一致的说法。有人说是两贝[19]，也有人说是十贝[20]，普通多以为是五贝[21]。两贝的说法，不大合情理，只要看朋字的书法，就可以明白。五贝的说法似乎也不合理，因为从朋（拜弅）字的书法来看，似乎应当是双数，如六贝、八贝或十贝；但后来发展成货币之后，数目也可能变更，甚至以五贝为朋也没有什么不可以。

周初锡贝的朋数比较多，就是不称朋的地方，也有到二百贝的[22]。称朋的地方最多到过百朋[23]。

朋字虽是贝的单位，但它有时可以单独使用，不必同贝字连在一起。这不是指"锡我百朋"的"朋"，而是指《易经》里的"西南得朋、东北丧朋"

的"朋",后者不是指货币单位,而成了货币本身。

周人的文化,比殷人落后。在古公亶父的时候,还是穴居野处。因为接受与学习殷人的文化,五六十年之间,一跃而进入农殖的阶段,并夺取了殷人的统治权。在货币经济上看来,周初和殷代是属于同一个发展阶段的,仍是以贝朋为主要的支付工具,甚至可以说是真正的货币。因为《遽伯睘彝铭》所记遽伯睘作宝尊彝用贝十三朋的事[24],俨然是记账的口气。

殷周间除贝之外,还曾使用铜为支付工具。铜器在殷代即已普遍,在周初,生铜往往和贝朋一道作赏赐用,其次数之多,也仅仅少于贝朋。那时只称为金。起初这种生铜的赏赐,大概也没有货币的意义在里头,只作为铸造宝彝的原料或作为一种劳动的实物报酬[25]。

金属在中国虽然使用得很早,但在青铜器盛行的时候,各种支付,多是用贝,至少以贝为主。这在现代看来,似乎难以理解。现代冶金术发达,而且各种迷信,多已破除,大家都晓得金属比贝壳更适于作为货币。贝壳的优点,金属多具备,而金属的优点,贝壳却没有。例如金属的分割性,贝壳就没有。然而当时的商业行为还在发展的初期,交易的次数不多,交易量也小;价值观念也没有现代这样发达。而且由于技术上的原因,金属的分割性,不能充分加以利用。而贝壳的优点,是有天然的单位,金属因为没有天然的单位,所以没有马上取得货币的地位。换句话说,在重量单位制定以前,金属是不便于用作货币的。

中国从什么时候起有重量单位,还不能肯定,但由于殷代已盛行铜器,大概已发展出重量单位来。各国重量单位的发展,先是量大小,后来多以植物种子的重量为标准。巴比伦、阿拉伯和英国是以小麦为标准[26],以色列以豆为标准[27]。中国据说是黍,十黍为累,十累为一朱[28],再由朱的倍数而发展出其他单位如两、斤、寽和匀来。这是汉代学者的说法。但到底一寽等于多少朱或铢,却有各种说法或标准。主要有两种标准,一种是十一铢二十五分之十三等于一寽,即百寽等于三斤;另一种是三寽等于二十两[29]。后一种标准据说是北方的标准,也可以说是一种地方性的单位,而前一种标准似乎是一般通用的单位。但《周官》有剑重九锊的话,则第二说比较接近。一匀(或钧)则为三十斤,等于一千寽。但也有说一匀(钧)等于大半两的。

西周彝铭中常有寽和匀两种单位,禽殷(成王时器)有"王锡金百寽"的句子,舀鼎(孝王时器)上有"三寽"和"用百寽"的记载。毁鼎上有"锡金一匀",陵子盘上也有"金一匀",守殷上有"金十匀",颂敦盖上也有"金十勻"的记载。但还没有发现用斤和两为单位的，可见斤、两是后来发展出来的单位。征人鼎上的斤字不是重量单位[30]，而守毁和季娟鼎上的两字[31]是作一双解，都是指马的匹数。彝铭上的金字自然是指铜，而不是指黄金。当时铜是一种重要的物品，是制造彝器和兵器的原料，正因为用处大，才取得支付手段的职能。在彝铭上有时也称赤金，伯淮父毁和彔毁上都有"锡赤金"的话，曶鼎上也有"锡曶赤金"的句子。

最有意义的是贝和铜的结合，即铜贝。殷墓中已有铜贝出土，只是找不到文献上的资料。彝铭中有一个怪字，这一怪字，变化多端，而且由于笔画多，不清晰，有人释作賨、䝿、遺、遺，这显然是同一个字的变化，也有人写作賣、作债、作赊，甚至有人索性释作贝，这当然太简单化了。实际上很像是賨。但这字到底是什么意思呢？有人说是货字，是指铜贝。这是有可能的。但看文意，这个字同贝字和金字显然不是性质一样的东西，换言之，它们的职能不一样，因为没有见过锡賨的记载，凡是提到賨的时候，总是取賨若干寽，載毁上是"取䝿五寽"，扬毁、番生毁和趞鼎也都是"取遺五寽"，髖毁上是"罰取䝿五寽"，毛公鼎上是"取賨卅寽"。只有曶鼎上不作"取"而作"用"，说"用䝿征賣丝五夫用百寽"。为什么不用锡而用取呢，似乎这遺不是上对下的支付，而是下对上的支付，那就是一种赋税的意思了。所以我想这个字也许就是赋字的古体，写作賨和遺。如果这一说成立，那么，就不一定是铜贝了，仍可能是生铜块或任何形式的铜，包括铜贝在内。但曶鼎上是"用遺"，前后文还有"用丝金""用匹马""用百寽"的话，这就好像是一种具体的东西。所以仍有可能是指铜贝。

总而言之，殷周间的中国社会，从货币经济的角度上来看，同古代巴比伦、埃及、以色列等国家是属于同一阶段。巴比伦等国使用金属也是论重量的。巴比伦和以色列以锡克尔为单位。同中国用寽为单位一样。它们的文化水平大概也差不多。即使中国已使用铜贝，只要是凭重量计算，那就不能说是真正的铸币。

金属的支付，也许不限于生铜块和铜贝的形式，兵器可能也用来支付[32]。在民间，铜制的生产工具大概逐渐成了流通手段和支付手段。因为随着农业的发展，生产工具的重要性，会大于装饰品，特别在劳动人民看来是这样。所以在交换的过程中，有些农具如铲和刀，也许还有纺轮，就会发展成为一般等价物。在某一地区，某种生产工具用得最多，这种生产工具就变成这一地区的货币。这种事情大概也发生在殷周间，发生在周族征服殷族之后。殷族不论在冶金工业方面和农业方面都比周族进步，周族在征服殷族之后，看见殷族人民手中的生产工具、尤其是青铜的生产工具，一定很珍视，因为他们自己只用石器，就是殷人也不是个个人有青铜的生产工具的。终至于使这些生产工具变成一般等价物。由这些生产工具发展成为专用的货币，那是以后的事。也许是几百年以后的事。

周族政权东迁以后，货币经济不但没有进一步发展，反而有衰退的样子，至少反映在文献上的情况是这样。金字在春秋时期的典籍中还是指铜，而且不是作为货币，而是作为一种使用价值，一种铸造兵器或其他器用的原料。例如鲁僖公十八年楚子赐金于郑伯，事后怕他用来铸造武器，乃同他结盟，约定不许用来铸造武器，郑伯就用来铸造乐器[33]。又如文公九年毛伯卫求金的事，恐怕也是想造兵器。当时各国穷兵黩武，铜的重要，在其为兵器的原料。王孙圉说，"金足以御兵乱，则宝之"[34]。管子也说，"美金（指铜）以铸剑戟，试诸狗马"[35]。大抵铜在当时是一种大家需要的东西，所以用作支付工具，但受者多用来铸器，不用来流通。空首布只是在民间流通。《尚书·吕刑》的"墨辟疑赦，其罚百锾（即锊），阅实其罪"，及其同篇的"宫辟疑赦，其罚六百锾"的罚锾，也应当是论重量的，不是指铸币。

有些书中将龟、贝[36]或贝、玉[37]并称，说龟和玉也是古代的货币[38]。这种话并不是毫无根据。彝铭中的确有锡龟[39]、锡玉[40]和锡圭[41]的话，但这些只是一种实物的支付，不能看作货币。龟壳在古代用于卜，是一种贵重品，不是货币。《礼记》说"诸侯以龟为宝"[42]，汉代许慎也说"货贝而宝龟"。至于玉，乃是一种美石，质硬难雕，在古代为贵族阶级所珍视，可是没有天然的单位。如果随其大小美丑来决定它的交换价值，那就仍然是一种实物交换，不是货币流通。历来也不见有大量的玉片出土。所以在锡圭、锡璧的时候，是作为贵重品，不是作为货币。后来玉发展成为贵族阶级的瑞品或礼器，作佩带用，有一定的形式；而且其形式和花纹往往表示佩用人的爵位或身份。就是在贵族阶级内部，也不能随便使用。至于一般人民，自然不能携带。当时有所谓"匹夫无罪，怀璧其罪"[43]的话。有这样的严格限制，怎能作流通工具呢？

近代有些史家说古代的玉亥曾用牛和帛为货币[44]，但没有说出什么根据来，推想那时不应当有货币的使用。

注　释

[1]　单就福开森的《历代著录吉金目》所收录的铭文中，提到锡贝朋在一百次以上，其次是金，仅三十三次，再其次是马和鬯，各十二次。其他有弓七次，矢六次，田和臣各五次。

[2]　河南仰韶村曾屡次发见贝壳，安特生说：自仰韶时期到殷商约有一千年到一千五百年的距离，相当于公元前约三千年。（J. G. Anderson, A Prehistoric Village in Honan. 见 *The China Journal of Science and Arts*，Vol.I, p.508.）

[3]　安特生在其 *Children of the Yellow Earth* 第十九章中根据若干专门讨论贝壳的书（如 Stearn 的 *Ethno-Conchology: A Study of Primitive Money*，1889；O. Schneider 的 *Muschelgeldstudien*，1905. 及 J. W. Jackson 的 *Shells as Evidence of the Migration of Early Culture*, 1917. 等），对世界各民族把贝壳用作装饰品的事，有比较详细的叙述。

[4]　《诗经·小雅》："萋兮斐兮，成是贝锦。"《诗经·鲁颂》："公徒三万，贝胄朱綅，烝徒增增。"《尚书·禹贡》："淮海惟扬州，……厥篚织贝。"《礼记》四五《丧服大礼》："饰棺君龙帷三池，振容黼荒火三列，黻三列，素锦褚加伪荒纁纽六，齐五采五贝，黼翣二，黻翣二，画翣二，皆戴圭，鱼跃拂池，君纁戴六，纁披六。"现代中国乡村中，仍有用货贝嵌在小孩子的帽子上的。

[5]　罗振玉《俑庐日札》。

[6]　J. Gunnar Anderson, *Children of the Yellow Earth*, p.298.

[7]　*Encyclopaedia Britannica*, 14th edition, Shell money.

[8]　A. R. Burns, *Money and Monetary Policy in Early Times*, p.3.

[9]　Elliot Smith, *Evolution of the Dragon*, pp.145 and 223.

[10]　Harry E. Gibson, The Use of Cowries as Money During the Shang and Chow Periods. (*Journal of the North China Branch of the Royal Asiatic Society*, 1940, p.34.)

[11]　"庚戌囚□贞易多女业贝朋。"（第四六九片后 T.八、五，见郭沫若《卜辞通纂·食货》）

[12]　"丙戌卜贞,贝今日至,庚寅雨不？"（后藤朝太郎《龟甲兽骨文字ノ研究》。见《东洋学报》第四卷第一号）

[13]　邑尊："唯二月初吉丁卯公姞命邑治田乃邑蔑历锡马锡裘,对扬公姞休,用作口彝。"（福开森编《历代著录吉金目·酒器》）

[14]　静卣："……王锡静弓,静拜稽首,敢对扬王休用作宗彝……。"（《历代著录吉金目》）

[15]　卯敦："……锡女尊三龙谷宗彝一将宝锡女马十所牛十，锡于乍一田，锡于宫一田，锡于陂一田，锡于截一田，卯拜手稽手敢对扬艾伯休用作宝尊敦卯其万年于作。"（《历代著录吉金目》）

[16]　同敦："隹十又一月大王锡同金车弓矢，同对扬王休用作父戊宝尊彝。"（《历代著录吉金目》）

[17]　宰椃角："庚申王在东间，王各宰椃从易贝五朋，用作父丁尊彝，在六月隹王廿祀翌又五。"（《殷文存》下二三）邑孴："癸巳王易小臣邑贝十朋，用作母癸尊彝，隹王六祀丹日在四月。"（《陶齐吉金录》IV.32）卜辞："⬚母十朋叶多子。"（佚六二三，胡厚宣《甲骨学商史论丛》卷一）

[18]　彝铭中朋字作拜或拜（《博古图》）。也有作拜和拜的（商承祚编金陵大学中国文化研究所丛刊《十二家吉金图录》）。王国维说：殷代珏和朋是同一个字，因为玉和贝都是当时的货币，都是用绳索穿起来。后来一索玉则成为珏，一索贝则成为朋。（《说珏朋》。见《观堂集林·观三》）他的话不全对，珏和朋可能同源，但玉不是货币，只能说：玉和贝在古代都是贵重品。

[19]　《说文》贝字下注说古者以二贝为一朋。

[20]　王国维说："殷制五贝一系，二系一朋，因为古文朋字确像二系，而五贝不能分为二系。"（《说珏朋》）Harry E. Gibson 根据朋字在甲骨文和金文中的书法，也认为一朋是两串，分系在一根木棍的两端，而且说每串是十贝，所以一朋是二十贝。他又引《续文献通考》所转引的朱国祯《涌幢小品》关于南人用贝一索是八十贝为例证。(The Use of Cowries as Money During the Shang and Chow Periods, p.40.) 他的主张虽然是苦心思索的结果，但只能供参考。元明间云南用贝同中国古代用贝可能没有直接关系。固然我们不能肯定地否认中国古代的用贝不是学自苗人，而苗人后退入西南，因此云南的用贝同中国古制有关。但我是倾向于认为云南在近代的用贝是受印度的影响。

[21]　《毛诗》郑笺说："古者货贝，五贝为朋。"

[22]　乙未敦："乙未飨事锡宰师贝二百，用作父丁尊敦。"（《历代著录吉金目》）

[23]　周公东征鼎："唯周公于征伐东夷丰伯敷古咸，戉公归奪于周庙，戊辰畲秦畲公賫塱贝百朋，用作尊鼎。"（吴闿生《集释吉金文录》）

[24]　遽伯睘彝："遽伯睘作宝尊彝，州贝十朋又三朋。"（《历代著录吉金目》）

[25]　公违敦："公违相自东在新邑臣卿锡金，用作父乙宝彝。"（《历代著录吉金目》）

[26]　巴比伦的汉谟拉比法系以小麦为单位。英国在13世纪时，一便士的重量等于三十二粒取自穗中央的圆而干的小麦。（Ridgeway, *The Origin of Coin and*

Weight Standards.)

[27] 古代以色列一个祭祀用的锡克尔等于二十粒豆。

[28] 《说文》说,一铢是"权十分黍之重也"。一曰:"十黍为絫,十絫为铢。又八铢为锱,二十四铢为两。"又孟康曰:"黄钟一龠容千二百黍为十二铢。"《淮南子·天文训》:"古之为度量轻重,……十二粟而当一分,十二分而当一铢,十二铢而当半两。……十六两而为一斤,……三十斤为一钧,……四钧为一石。"

[29] 孚(或作爰、锊、锾)的重量有各种说法:第一是三锊重一斤四两说。《说文》锊字下说:"《周礼》曰,重三锊,北方以二十两也。"这是说三锊等于北方的二十两。后人把这两句话分裂开来,以为北方以二十两为锊。《康熙字典》就犯了这种错误。有人根据《康熙字典》就增加了一种二十两说。第二是六两说,《小尔雅》说:"倍举曰锊(举重三两)。"其实这一说大概是第一说的变化。第三是十一铢二十五分之十三说,即百孚重三斤。见《说文》锊字下。又徐灏《说文解字注笺》说,一孚等于十二铢。表面上很有理由,因为一孚等于十一铢二十五分之十三是一个奇零的数字,应当是一个整数,他显然认为孚和铢、两是同一个衡法体系。错误就在这里。虽然同一地区曾有"爰金"和"两"两种泥质冥钱板出土,但两者不是同时代的东西。要将一种重量单位化成另一衡法体系的单位,往往尾数要拖得很长,有时可能除不尽。如果古代的孚是等于十二铢,为什么古籍中不爽爽快快地这样讲出来,而要说成一个难以除尽的数字呢。

[30] 征人鼎铭为"丙午天君卿祼又酉↓斤天君赏毕征人斤贝用作父丁障彝。"第九字有人释作十字,有人释作在字,斤字陈介祺说是人名,吴大澂说是指釿币,奥平昌洪说是地名。(《东亚钱志》卷二第三〇页)

[31] 守簋:"佳五月既死霸辛未王使小臣守于夷,夷宾马两、金十匀,守敢对扬天子休命命作铸国中宝簋"。季娟鼎:"……遗小臣陵锡贝、锡马两,陵拜稽首……"

[32] 《国语·齐语》:"管子曰,制重罪赎以犀甲一戟,轻罪赎以鞼盾一戟,小罪讁以金分,宥间罪。"

[33] 《左传》鲁僖公十八年。

[34] 《国语·楚语》下第一八。

[35] 《国语·齐语》第六。

[36] 《周礼·大行人》:"其贡货物"注"货物龟贝也"。郭璞《文贝赞》:"先民有作,龟贝为货,贵以文彩,贾以大小。"

[37] 《尚书·盘庚》:"兹予有乱政同位乃贝、玉。"同书《孔氏传》:"乱治也,此我有治政之臣,同位于父祖,不念尽忠,但念贝玉而已,言其贪。"

[38] 班固说:"货谓布、帛及金、刀、龟、贝。"(《前汉书·食货志》)王国维根据《尚书·盘庚》的话以及根据宝字的结构,说:"殷时玉与贝皆货币。"(《观堂集林·说珏朋》)这是不明白货币和财富的分别。宝字虽是从玉从贝,但宝并不一定是货币。

[39] 文姬匜:"丙寅子锡龟贝用作文姬已宝彝,十一月有三。"(《历代著录吉金目》)

[40] 鸟且癸毁:"玭锡鸟玉,用乍且癸彝敃。"(同上)

[41] 师遽彝:"……锡师遽珊圭一、瑑章四……。"(同上)齐侯中罍,"……天子用璧玉备一……"。(同上)

[42] 《礼记·礼器篇》。杨雄《太玄篇》也有相同的说法。

[43] 《左传·桓公十年》。

[44] 范文澜《中国通史简编》修订本第一编第三二页说:"相传……王亥驾着牛车,用帛和牛当货币,在部落间做买卖"。另外袁珂《中国古代神话》说:王亥赶着一大群牛羊到有易那里去做生意。关于王亥的事,我只知道《山海经·大荒东经》有一段话说:"王亥托于有易河伯仆牛,有易杀王亥,取仆牛。"但这句话不但不能解作牛当货币,甚至说王亥赶着一大群牛羊做生意,也不大妥当。

三 贝的种类及其来源

贝的品种,据现在所知而尚生存着的,有一百五十种以上。生长于浅水中,以印度洋、太平洋一带为最多。

世界各洲的人,多用过贝。但各地各民族所用的贝,却不完全一样。美洲阿拉斯加和加利福尼亚的印第安人所用作货币的贝是大牙贝(Dentalium preticsum)[1]。澳洲北部各部落间所用的贝,互不相同,互不通用。亚洲有些地方是用环贝(Cypraea annulus)。但货币上用得最普遍的是中国旧时所谓的齿贝,学名叫货贝(Cypraea moneta),即用作货币的贝的意思。

中国出土的贝也有各种各样。有大贝,有小贝,有蚌,有螺蛳。其中又有咸水贝和淡水贝。中国古代到底用哪一种贝呢?据有些参与过发掘工作的人说,"货币多用咸水贝,装饰多用淡水贝。"但咸水贝种类多得很,究竟是哪一种或哪几种咸水贝,却没有说明。另外有人说[2]中国用的是货贝,并且是用物物交换的方式从南洋得来的,甚至说连中国的贝字也是几千年前从南洋借来的。

中国曾经用过货贝，这从各地的发掘已得到证明[3]。但中国古代所用的贝，是否只限于这一种呢？这一点还有讨论的余地，因为有两点使人怀疑的地方：

第一，甲骨文和金文中贝字的写法[4]有些如⚇、⚇⚇，与其说像齿贝，不如说像中国河塘中的蚌，即双壳贝，而和各地所发掘的铜器上的贝纹的图案不一样，铜器上的贝纹确是齿贝。而贝字的书法则不尽相同。我们不能说这些贝全是作装饰品用的。

第二，从文字的纪录上也知道中国所用的贝，不止一种。古书中提到的有大贝[5]、紫贝[6]、玄贝[7]等[8]。根据书中的记载，在这些贝里头，至少大贝和紫贝，是曾用作货币的。虽然有人说大贝即是紫贝[9]，但大贝绝不是货贝。至于货贝本身有大小，甚至有些不磨背，有些染色，有些贴金，那还算不得是贝的种类问题，而是使用地区的习惯不同，或用途有所不同，或作价有所不同。

所以我们不能说除货贝以外，其余的贝都是用作装饰品。否则古代造字的人，就同实际生活不联系，那真是"闭门造贝"了。不过货贝大概是最通行的一种贝。这一点我们从各种仿制品上找得证明。

为什么古代所用的贝不止一种呢？我有两种解释：第一，中国古代用贝的时候，还是一种氏族社会，全国分成无数的小部落，每个部落的人口只有千把几千人[10]。这些部落所用的贝，并不完全相同，和澳洲北部的情形一样；第二，贝壳的使用，和中国民族的变迁有关系。有人以为中国现在民族来自西北[11]，将原有民族驱逐。这一说的是非虽没有在这里讨论的必要，但证诸世界其他民族的情形，货贝的产区以热带海岸为主，而且使用货贝的，也以热带民族为最多，所以中国的使用贝壳，可能是原有民族的遗制，原有的苗族可能是由南洋一带移来的。西北民族侵入之后，渐渐学会使用贝壳。后来因为排挤原有的苗族，热带海岸的货贝来源减少，乃采用其他种类的海贝甚至淡水贝或蚌。也可能是中国民族在远古的时候已用蚌壳作为装饰品，后来作等价物的却是货贝。周口店山顶洞曾发掘出小海蚌三枚和许多淡水贝的碎片[12]。

中国沿海，并不是完全不产货贝。古文献说，贝子或贝齿生于东海[13]，近代也有人提到山东沿海的货贝[14]，殷民族正是活动于渤海沿岸的。而且现代贝类的分布，同古代不一定完全相符；古代中国北部有象，现代则南方也很少了。现代产贝的区域大概也南移了。我曾在日本的长崎、房州、镰仓等地度过夏天，后来又在香港、九龙住过几年，常到海滩游泳和猎贝，好像没有找到货贝。也许当时不够仔细。据说台湾和海南岛有货贝，似乎港、九一带也应当有货贝。古代的中国人同东南的人民，自不免有接触，那么不但东南的贝会输入到中原去，即南洋的贝间接流到中国来，也是可能的事。

至于其他的贝，中国的江海中多有出产，除典籍中的记载外，近年在山东黄县龙口附近[15]以及东北的芦家屯附近[16]曾发见许多贝冢，有各种各样的贝。古书中有以贝为名的地方，如贝水[17]、贝丘[18]等，这种地方大概是产贝的。

仿制贝都以货贝为模本，种类很多。以材料来分，有珧贝、蚌制贝、骨贝、石贝、陶贝、铜贝、金贝等。每一种材料所仿的贝又有许多形制上的差别。

珧贝质地像蚌壳，但松而不发光，略带透明。所见大小差不多，略小于真贝。一面平，一面凸起，凸起面中央有一道深深的直沟自上而下，另有几条平行的短横线切在深沟的两旁，以仿真贝的齿纹。这种横画有多有少，自两三画到五八画，有的完全没有。一般在两端各有一穿孔，也有不带穿孔的。珧贝出于河南安阳的殷墟，数量相当多。

蚌制贝的形制至少有三种，一种像真贝，但一面磨平。另一种是扁平的，中间有一连串的圆孔，形成一道深沟，以仿齿纹。这些圆孔使面背相通。贝身的质地很脆，容易破裂。蚌制贝大小不一律，小的同珧贝差不多，大的则直径加倍。这种仿贝出于河南洛阳附近。听说有涂金的，天然贝也有涂金的。第三种在热河出土，菱形，很厚。

骨贝的形制基本上同珧贝差不多，但沟纹上的横画很密，有多到二十划以上的。这种仿贝出土地范围很广，包括河北、河南、山东、山西、青海等省，数量也最多。河北磁州出土的最像真贝，背面磨平，有时染成绿色或褐色。有人以为绿色是受铜锈的影响，这话不确。如果因接触铜器而变色，就不会这样均匀。其他各地出土的骨贝则不那么力求形似，背面粗糙，高低不平。但也不会使人误解为别的东西。实际上相差也不大。骨贝有穿孔，或一孔，或两孔，都是钻在沟中。有人说，青海西宁朱家寨和山东滕县出土的有两个穿孔，河南新安县出土的只有一个穿孔。这一说也不一定对。河北磁州和河南洛阳附近出土的同时有一孔和两孔的。

石贝也有各种各样。有一种用米黄色的软石制成，同真贝一模一样，背面也像磨制过的样子。这种贝据说出于河北。另外有作菱角形的，一端有一穿孔，有时有一条沟，但没有横画；有时连沟纹也没有。所用石头也不一律，有的作白色，有的略带青绿色，有人称之为玉贝。这种贝据说也有两孔的。石贝在河南洛阳附近有出土，数量不多。

陶贝也仿真贝，中空，几乎成球形，背有一孔，较少见。

铜贝也有几种。通常所见的背面是空的，正面很像真贝，中间一道齿槽，或直或曲。据说直槽的出于河南，曲槽的出于安徽。实际上，有时同一次出土，两者都有。直槽的一种有贴金的，曲槽的一种有包金的。所谓贴金是把一层极薄的金箔用加热或其他方法胶贴上去。大概因热度不高，容易剥落。所谓包金是用金叶包上去，可以慢慢揭开。这种金叶比贴金贝的金箔厚。当时显然不知道鎏金的技术。包金贝最为美观，在绿锈斑剥中露出灿烂的金色来。据说河南辉县一周墓中曾出土大量的包金贝，如果是曲槽的一种，那么，前面所说曲槽贝出于安徽之说就不全对了。此外有一种实心铜贝，同骨贝相像。据说出于河南郑州，有一穿或两穿[19]。

纯金贝只见过一枚，用薄金片压成，中央有一道沟，没有齿纹，两端各有一穿孔，重四公厘。它的形制不像是仿真贝，而是仿没有齿纹的珧贝。

上面这些仿制贝，不一定都是货币。有些可能仅仅是装饰品，有些可能是用来殉葬的。有人说，两个穿孔的是作装饰用，因为便于缝在衣冠上；若用作货币，一个穿孔就够了[20]。这话似是而非。做装饰品用的不一定要缝在衣服上，串起来作为项链或腕链也无不可。而且不应当把贝币和装饰贝机械地加以分开。另有人说，这些仿贝完全是殉葬用的明器，因为要用作通货，一定要做得像真贝[21]。这种说法也近于武断。真贝也有大小不同，真贝也有用来殉葬的，而且如果为殉葬用，又何必要穿孔？

在各种仿制贝中，铜贝具有更大的重要性，它是同后代的金属铸币连在一起的。铜贝的铸造，不必一定在其他仿制贝之后，因为商墓中已有铜贝出土[22]。我们不能证明商代的铜贝是作为货币铸造出来的，但在西周初年，生铜已成为重要的支付手段，凭重量转让[23]。铸成铜贝后，可能还是以朋为单位，但有时就不称朋而称寽[24]。西周彝铭中常有取責若干寽的记载，这責（有人释作賞或賣）字有时写作遺，有人说是货字，指铜贝，也可能是赋字。也许有些锡金的例子不是用铜块，而是用铜贝。铜贝是把当时两种重要的支付手段铜块和贝壳结合在一起，这真是一件极自然极方便的事。这种铜贝如果是货币，那就是世界最早的铸造货币。不能因为有时凭重量支付就说它完全不是铸币，后来希腊的德拉克马银币也有时凭重量流通，文献中称若干塔兰顿，实际支付是用德拉克马。

到了春秋战国时期，贝币应当已不再流通，尤其是真贝，在市面应已绝迹，因为那时已有其他各种铸币了。奇怪的是：在这一时期的墓葬中，还有真贝出现。这不一定意味着当地还有贝币流通，虽然也不能完全否定这种可能性，因为秦始皇才正式废贝。但更可能的是：人们由于传统观念，还把它当作贵重品，特别是当作装饰品，用来陪葬。

贝币的流通是不是随着苗人而南移，楚国的蚁鼻钱是不是铜贝的发展，都是值得研究的问题。如果承认贝币的流通有南移的现象，那就容易使人联想到云南用贝的事。近年云南晋宁墓中有贝壳，比较大样，可能是用作货币[25]。那是汉代的事。到了唐代，南诏用贝是有文献记录的[26]。宋代称为贝子[27]，元代称为𧵦子，明代称为海𧵦。古代云南也许同孟加拉湾沿岸的印度和缅甸属于同一个货币体系，因而云南用贝也可能不是来自中国的古制，而是受印度等地的影响。果然的话，那么，云南的贝也来自印度洋，如马尔代夫群岛等地。有人说元代云南的𧵦子来自越南南圻东南海中的昆仑岛[28]。

注　释

[1] 印第安人所用的贝叫 tusk-shell，学名叫 Dentalium pretiosum，有时候二十五个穿成一串，约有六英尺长。

[2] 郭沫若《十批判书》第一六页。

[3] 在仰韶时期的坟墓中，有时发现货贝，例如在仰韶村即曾在骷髅旁发现真贝，另在朱家寨则发见骨贝。新郑也发见真贝。（J. G. Anderson, *Children of the Yellow Earth*, p.323.）

[4] 甲骨文中贝字作⌘、⌘（见孙海波《甲骨文编》）。贝佳易爵作⌘（见商承祚《十二家古金图录》）。周献侯鼎作⌘（见容庚《宝蕴楼彝器图录》）。商兄癸卣作⌘，商兄癸彝作⌘，商父辛卣作⌘，商母乙卣作⌘，周父己鼎作⌘，商父乙鼎作⌘，周季娟鼎作⌘（见《宣和博古图》）。

[5] 《尚书·大传》："文王囚于羑里，散宜生之江淮之浦，而得大贝，如车渠，以纣。"同书《顾命》："大贝鼖鼓在西房"（孔安国注曰大贝如车渠，商周传宝之）。《太公武韬》："商王拘西伯昌于羑里，太公与散宜生以金千镒求天下珍物而献之……九江之浦，得大贝百朋。"（《上古三代文》）《春秋运斗枢》："瑶光得江吐大贝。"

[6] 《楚辞·逢纷》："紫贝阙而玉堂䜩。"《毛诗义疏》："贝鸛之属，又有紫贝，其白质如玉，而紫点如文，皆行列相当，大者有径一尺六寸，今凡真交阯以为杯盘，宝物也。"唐刘恂《岭表录异》："紫贝即蚜螺也，儋振夷黎海畔采以为食。《南越志》云，土产大贝即紫贝也。"

[7] 《盐铁论》："币与世易,夏后以玄贝。"

[8] 《尔雅》："贝居陆赎,在水者蜬,大者魟,小者鲼。玄贝贻贝,余蚳黄白文,余泉白黄文,蚆博而颁,蜎大而险,蟦小而椭。"《山海经》："阴山渔水多文贝,邦山蒙水多黄贝。"《康熙字典》贝字下引《相贝经》:"……贝盈尺状如赤电黑云曰紫贝,赤质红章曰珠贝,青地绿文曰绶贝,黑文黄画曰霞贝。下此有浮贝、濯贝、皭贝、慧贝。"《太平御览》引《广州志》:"贝凡有八,紫贝最为美者出交州,大贝出巨延州,与行贾贸易。"同书引徐衷《南方记》:"班贝赢大者围之得六寸,小者围之得五寸,在于海边,捕鱼人时有得之者。大贝出诸薄巨延州,土地采卖之以易绛青。"

[9] 《岭外代答》卷七,大贝:"海南有大贝,圆背而紫斑,平面深缝,缝之两肩有横细缕陷生缝中,《本草》谓之紫贝。亦有小者,大如指面,其背微青,大理国以为甲胄之饰。且古以贝子为通货,又以为宝器,陈之庙朝。今南方视之,与蚌蛤等。古今所尚,固不同耶。"

[10] 《通志》:"禹平水土为九州,有民千三百五十五万三千九百二十三口。涂山之会执玉帛者万国。夏之衰也,逮成汤受命,其能存者三千余国。商德之衰也,逮周武王受命,定五等之封,有千七百七十三国。"(《食货·历代户口》)又说周公相成王时人口是一千三百七十万四千九百二十三。以此计算,则夏禹时每国平均只有一千三百五十五人。周初也不过七千多人。

[11] 如 Terrien La Couperie 等人便力主中国民族系来自小亚细亚。

[12] 裴文中《周口店山顶洞之文化》。

[13] 《太平御览》卷八〇七《珍宝部》引《本草经》曰:"贝子一名贝齿,生东海。"

[14] Couling 在中国百科全书中曾提到山东沿海的货贝。(*Encyclopaedia Sinica*, article cowries.)

[15] 驹井和爱说在山东黄县龙口附近的贝冢,发见有十几种不同的贝。他说:"本贝冢を积成すろ贝壳は,マガキ,ツメタガヒ,アカニシ,アサリ,ウネウラシマ,イボウミニナ,フトヘナタリ,ヘソアキクボガヒ,クボガヒ,サルボウ,カキ等。"(《东方学报》第一册昭和六年三月《山东省黄县龙口附近贝冢に就いて》)

[16] 滨田耕作说在东北芦家屯附近也发见许多贝冢,其中有各种土器,土偶,铜制器品,五铢钱等。其中岛村所发见之贝冢有许多管玉(白色练制),小玉(玻璃),子安贝(即货贝)十二个,好像是颈饰。(《东洋学报》第二卷第二号《支那古代の贝货に就いて》)

[17] 《国语·楚语》下第一八:"昔齐驺马繻以胡公入于贝水。"

[18]　《左传》:"齐襄公田于贝丘。"

[19]　俞樾《贝币考》。见《泉币》第二六期。

[20]　Harry E. Gibson 只见到有两个穿孔的,他认为这是作装饰用的,因为便于缝在服饰上。若用作货币,则一个穿孔就够了。他这一说理由是有的,不过那是用现代人的精细头脑所想出来的理由。我仍觉得穿孔数目不同是依各地的习惯。

[21]　濑尾向陵《东都见学记》中。见《货币》第七二号。

[22]　1953年安阳大司空村商墓中有三枚铜贝。见《考古学报》1955年第九期马得志等《1953年安阳大司空村发掘报告》。

[23]　师旅鼎(成王时器)有"三百孚"。禽簋(成王时器)有"金百孚"。曶鼎(孝王时器)有"用百孚""三孚"等。

[24]　毛公鼎:"……以乃族扞御王身,取贝(原字为䗩)世爰。……"(《历代著录吉金目》)(郭沫若说是宣王时的作品)稽卣:"稽从师雒父戍于古自蔑厤易贝卅孚,稽拜稽首……。"(郭沫若《西周金文辞大系考释》)

[25]　李家瑞《古代云南用贝币的大概情形》。见《历史研究》1956年第九期。方国瑜《云南用贝作货币的时代及贝的来源》。见《云南大学学报》人文科学1957年第二期。方国瑜不同意汉代云南用贝币的说法。

[26]　《新唐书·南诏传》:"以缯帛及贝市易。贝之大若指,十六枚为一觅。"

[27]　《政和证类本草》第二二引《海药》:"贝子,云南极多,用为钱货交易。"

[28]　《马可·波罗游记》。

第二节　货币经济的确立

一　春秋战国时期的铜铸币

春秋战国期间,铜铸币广泛通行。这些铜铸币总共有四个体系,即布币、刀币、环钱和所谓蚁鼻钱。

布币是由农具铲演变出来的,可能是镈字的同声假借字,镈是古代农具的名称，古诗中有"庤乃钱镈"的句子。后人以为布字是取其流布的意思，大概出于附会。布币的发展，经过两个重要的阶段。第一个阶段是铲形，首空可以纳柄，所以称为空首布。第二个阶段，布首已不空，而变成扁平，所以可称为平首布。过去的钱币学家把这两个阶段的布币并立，作为分类的根据，那是不妥的，应当从时间的先后来看，不应当看作同时流通的两种布币。

空首布中又有许多种类，其中有些也是代表发展上的先后。最早的是一些特别粗大的布，身长连首有达十六厘米半的[1]，而且纳柄的空心一直通到布身的腹部，肩圆底平，两面都没有文字，同农具的铲最为接近。这种古布不像是西周以后的东西。也有肩平底圆的，比较小。这种布出土很少，但也可能在出土后，被人作为铜料熔化了。大概是由正式农具演变成货币的过渡形式，也可以说是最早的布币。古布的特点是在大小、厚薄以及形状等方面没有标准。一般说来，自然是大样的在先，但到底最初的空首布出现于什么时候，这是一件难以断定的事。实际上生产工具和专用货币的界限是难以划分的。我把它定在平王东迁的前后。近代出土以安阳一带为主，那是古代冶金工业最发达的地区。

另有一种大型的空首尖足布，布首特别长，两肩上耸，两足尖，多数没有文字，少数有文字的为数目字以及日、工、吕、甘丹等。近年发现一枚多字的[2]，时间大概要晚一点。这种布出土比较多，而且形式比较整齐划一，时代要比前面一些古布晚，但更可能是使用地区不同。因为这种布出于太行山以北。

普通的空首布形状比较小，最大的重约三四十公分，普通的在三十公分以内，小型的在二十公分以内，都有文字。这种布币大概流通于春秋时期的关洛一带，一般人认为是周制。但货币的产生是自发的，不是周朝政府制定的。这点由币形的不一致和币面文字的内容可以看出来。

普通空首布据其形状有平肩和斜肩，底部既非平底，也不是尖脚，而成一种弧形。据其文字的数目则有一字和多字；据其文字的内容则有纪数、纪干支以及其他意义尚不明的文字。纪数的文字自一到十都有；这种数目字不是指重量或价值，大概是一种记号。纪干支的也相同，不必一定是纪年份。另外有许多字如上、下、土、贝、金、城、松、武、戈、平、行、周、雨、益、羊、大、公、日、君、乌、是、谷、西、月（或刀）、州、田、古、山、白、止、阳、高、乙、木、屯、留、工、目、成、于、氏、共、亘、化、七、丘、卢、朱、商、示、侯、companies、货、贸、当、富、吉、鬲、吴、口、耳、同、鼎、宗、宋、群等，有几十百种，不知什么用意，其中有些字可能是纪地名的，如屯字、留字、乌字等；另外有许多字不可识。历代钱币学家虽多方钻研揣测，也得不到一致的意见。

空首布中，有些比较小型的，上面有两侗字，如济钘、郱钘、拭（武）钘、武牙、安臧、东周、同是、武安、官考、卢氏、贸丘等，大概多系地名；这可以说是后出的。另有一种有多字的，旧释为棘甫小化，实际上变化多端，或正或反，笔画破碎，不知到底是几个字。有时作 肯全匕：，似乎是反文；如果后两个字是小化或少化，那么，除了地名之外，还有纪值的意思。化原是刀币区的货币名称或货币单位，现在布币也称化，那就值得注意了。这种布有特别大样的。

空首布上的文字，许多不能辨识，能识的也不尽知其用意。就是一些可以断定为地名的，也不能全部确定它们的地望，因为春秋战国时期的地名有许多失传的，另有一些两地同名的，这些只有靠发掘来证明。根据清代以来钱币学家的著录，空首布大抵都出于关洛，即现在的陕西、河南。但根据币面的地名，似乎山西、山东、河北等省也有铸造，如益字布和郱钘布似乎是齐国（今山东省）所铸，可是没有关于山东出土空首布的纪录。这里面可能是由于文字解释的错误，也可能是有出土而无著录。过去钱币学家是不关心钱币出土地点的，少数关心的人也只问钱币商人，有一个人说是中州出土，大家就说是中州出土。河北北部从来不见有人说有空首布出土，但近年北京西郊修路，曾挖掘出大批空首布[3]。

空首布在春秋时期大概还是一种民间的东西，当时文献中也不提，古诗里虽然提到贝朋，却没有提到刀布的。《卫风》的所谓抱布贸丝，是指布帛之布，是实物交换，不是指刀布的布。《周礼》所载的布，如果不是捏造的话，也是布帛的布，不是刀布的布。铲币的称为布，大概是在战国期间的事，那时布币已广泛地通行，因而受到统治阶级的重视，名之为布。《管子》书中所提的"束布之罚"，才是指刀布的布。

到了战国时期，在布币的形制上，发生了一次重大的变革，由空首变为平首，由大变小，这是合乎发展规律的。平首布中也有大型的，但数目很少，而且也没有空首布那样大。

平首布中有一种方布，除布首外，几乎是四四方方，最接近空首布，应当是最早的平首布。一种一面只有一个"白"字，另一种有八个字，过去有人释作鄧廿五左邑半金化，但传世的几枚，文字篆法都不一样，只能认出头两个字是"白钘"，其余不可识。有人企图从左边读起，不知为了什么。

为方便计，可名之为"白钏方布"。白字可能是柏字的省笔字，当时有柏人的地名，战国时属赵。这种方布遗留很少，不能看作是一种常制。另有一种平首布，底下成弧形，也同某些空首布相像，似乎也是早期的平首布，上面的字像是"京"字。

战国时期的布币，绝大部分是有足布。从形制上讲来，大致可以分为四类，第一是尖足布，第二是方足布，第三是圆足布，第四是钏布。此外还有当垺布和一些杂形布。这些布币不但形制上不同，流通地区不同，而且流通时期也可能有先后。不过先后不是承继性的，而是交织着的。

有足布中，似乎以尖足布比较早。它是空首尖足大布蜕化而来的，流通地区偏于北方，以赵国为主。空首尖足大布连首中的黄土在内重约三十七公分，平首尖足布大型的重约十三公分，小型的只有六七公分，而且铜质很脆。

尖足布上都有文字，以两个字的居多，几乎都是地名。可以确定为赵国的有甘丹（即邯郸）、晋阳、武安、丝（或作兹、畿、垄等）、丝氏（或作垩氏）、丝城、丝钏、閖（即蔺）和离（離）石；属于魏国的有平周、皮氏、中阳、莆子；此外还有大阴、大阴半、平州、西都、中都、阳、大阳半、武平、垺邑、商城等。其中甘丹、閖、丝氏、大阴、晋阳、邪等有大型的。这些大型的尖足布都是赵国的。而且在发展上看来，似乎是先有大尖足布，然后才有小尖足布；因为有些小尖足布上还铸明作半枚用。例如閖和丝氏两地所铸的尖足布，大型的上面只有閖字或丝氏两字，而小型的则为閖半或丝氏半等字样。可见最初的小布是作为大布的一半铸造出来的，后来小布适于流通，就成了标准的单位，而且也不再铸明"半"字了。所以兹氏半应当是在丝氏之前。同时也可以看出：尖足布是由赵国开始铸造，而为魏国一些地区所采用。尖足布的背面往往有数目字。

方足布应当是从普通空首布演变出来的，但少数方足布似乎是从尖足布发展出来的。例如豸韦、丝氏、大阴、平周等。尖足布的特点除了足尖而外，还在布首有两道平行的直纹，方足布只有一道直纹，但上列几种都有两道直纹，而且两足虽方，却现出尖足的痕迹，布身也比普通方足布窄，同尖足布相近。大概有些用尖足布的地区，觉得尖足布在流通上不顶方便，因而改为方足。当然不是说：在方足布出现以后，尖足布就被淘汰了。有些地区还是保留尖足布的形式。两种布不一定有先后承继的关系，而是少数地区的特殊情形，或受到方足布的影响，或受到圆足布的影响。

方足布是最通行的一种布，形状比尖足布要小，每枚平均只有五六公分重，铜质比尖足布坚韧。铸造这种布的地方有安阳、平阳、中都、中阳、兹、离石、长子、屯留、高邑、戴垣、平周、皮氏、高都、莆子、北屈、梁邑、宅阳、乌、邬（或乌邑）、露、大阴、夕贝（释齐贝、文贝或丘贝）、㐌贝、奇氏、郕（或成邑）、王氏、酸枣、平邑、平贝、尹氏、尹阳、阳城、壤阴、阳其（或其阳）、北、北其、马雕（或马服邑）、阳邑、浱安、木邑、贝邑、封化、土易、氏邑、王易、父易、邯（中邑）、中邮、平备（平原）、郚氏、鄑、武邑（或越邑）、巍邑、郭氏、丝城、同是（铜鞮）、子邑、平阴、示邑、曾邑、朱邑、涅、辛邑、鲁阳、丰邑、涿等，还有许多不可识的地名。大体上也是属于赵、魏、韩三国。有少数属于燕国地名的大概是公元前3世纪中叶赵军攻打燕军的时候所铸的。小方足布中以安阳、平阳和宅阳等地铸造得最多，它们大概是当时的商业中心。其中安阳和梁邑有大型布，重为小布的一倍。但性质可能和大尖足布不同，而是作为小布的倍数。小布的背面多没有文字，只有戴垣等布是例外。此外有邳（或戈邑）、益昌、纕坪、坪阴（？）、匋阳等布，虽可归入方足布一类，但形制上有点特别。邳布比较大，背面有"一半"二字。益昌布和让坪布比较小，而匋阳布则比较厚。益昌布和莆子布有铅质的。一般认为涿、益昌、纕坪、坪阴、匋阳等布是燕国所铸。这些布的形制的确同其他小方足布有别，比较小样。近年又发现一枚四个字的小布，文作"右明新㑊"，第四字有人释冶[4]，前两字见于明刀，应为燕布，而形制同益昌、纕坪等布相像。可是益昌的益（芔）字同空首布上的益（芔）字不同，从前有人释为恭昌，如果确是益字，那只证明为燕国的特殊写法。燕国使用过布币，由出土情况可以证明。除北京近郊发掘的空首布以外，易县曾有大量方足布出土。辽宁的朝阳县也有相当的刀布出土，以益昌为最多，此外还有安阳、梁邑、武安等，当然也有刀币，包括尖首刀和明刀。除朝阳外，还有旅大、鞍山、沈阳、抚顺、锦州等地，所以分布很广。朝阳属于燕国的辽西郡[5]。

圆足布的种类和数量都少。它的特点是圆肩圆足圆裤裆。铸造地点有晋阳、丝氏、兹、离石、大阴等。一般圆足布首是不应有竖纹的，而晋阳、丝氏和大阴的布首也有两道竖纹，而且两肩和两足的圆味也和其他圆足布不同，这使人疑心圆足布是从尖足布蜕化出来的，大概同上面几种方足布一样，还是尖足布地区受到圆足布的影响。这种影响是相互作用的，就是道地的圆足布如离石，有时也在布首铸两道竖纹。

圆足布有大小。例如离石布，小的重约九公分，大的十八公分。兹布则大小种类很多，似乎没有一定的等级，每枚自七公分到十八公分。也许曾发生减重的事，以致大小轻重错出。圆足布正以閔字布为最多，形制上也有大的差别，有些是小裤足管，而且张得很开。

圆足布中，有带孔的，在布首和两足上各开一个圆孔，俗称三孔布。这种布的铸造地有安阳、鲁阳、上专、下专、上苑、上邲阳、下邲阳、北九门、阿、㠯、夊厎邔（或释文雁乡）等。除了三孔以外，背面也有特点。普通圆足布背面多有数目字，而三孔布的背面却有纪重或纪值的文字，大布背面有"一两"二字，小布有"十二朱"三字。因此三孔布在中国货币史上有其特殊的重要性。它是最早的朱（后作铢）两货币，而朱两是秦国所用的货币单位，所以它可能是秦国的货币。

上面三类布币，一向被钱币学家认为是正统的。其余的都被称为异形布。其实釿布自成一类，虽然形制不一律，但它铸明釿的单位，成为一个重要的体系。只是这一体系同上面二种体系有区别，它不是从形制上来分的，而是根据它的货币名称或单位来分的。

釿布大概是晋国或晋国一些地区的货币名称或价值单位，战国时期为魏国和它的邻国所采用。铸造这种布币的地方有安邑、甫反（蒲板）、文安、阴晋、晋阳、㮚（梁？）、京（？）、虞、共、垣、郭氏等。它们的形制有各种各样，主要有两种类型。一种是方肩圆裤裆，如甫反、文安、阴晋、㮚等；另一种是圆肩圆裤裆，如安邑、虞、共等。晋阳和京兼有两种形制，而垣又不同于这两种形制，它是方肩，裤裆接近裤足。郭氏和垣相像而斜肩。至于白釿布的形制更是特别，它不属于这一类。釿布一般分为三个等级，即半釿、一釿、二釿；但共和郭氏只见到半釿的，垣只见到一釿的；也许其他等级还没有发现。

关于釿字，过去的钱币学家有释作金化的，有释作斤金的，都不对。这字见于周坪安君鼎，空首布中有鄩釿、济（？）釿和拭釿，只因许慎在《说文》中把它解作剂断的意思，似乎同货币没有关系。所以到底为什么用它作为货币单位，长久没有解决。坪安君鼎上有"五益六釿及釿四分釿"的文字，这文字有些费解，釿字似乎是用作重量单位。而各种釿布的重量并不一样；且不谈几种空首布，单是平首的釿布就是轻重不等的。一釿布中，安邑有重到十七公分以上的，这要算是最重的了。虞自十一公分多到十六公分多；㮚自十公分到十六公分；阴晋约十四公分；晋阳约十三公分；甫反十二公分；京十一公分。这些重量只是根据实验称出来的，不是标准重量，也不是平均重量。半釿布的重量并不等于一釿布的一半，二釿布也不等于一釿布的二倍。例如文安半釿竟有十九公分重，文安一釿也差不多；而安邑二钚只有二十九公分。尖足布中还有丝钚，更轻。所以要想从钱币上来研究钚的标准重量恐怕是徒劳无功的。问题在于：钚字到底是不是重量单位。《集韵》说：钚与斤同。《正字通》说：斤是一种工具，"以铁为之，曲木为柄，刳劂之总称"。《孟子》也说："斧斤以时入山林。"《庄子》有"于是乎斤锯制焉"。可见斤或钚是一种生产工具。《周礼・冬官考工记》提到"宋之斤"。天君鼎上有"斤贝"二字，有人说是指布和贝两种货币，等于冪卣上的"贝布"。但布币同斧头不相像。于是有人说砍木的斤是镈，作为农具的斤是小锄[6]。可是又同坪安君鼎铭文的意义相抵触。而且郲钚、济钚和拭钚同其他空首布一样，是铲形。也许斤或钚本是生产工具，由生产工具发展成为货币。有些地方借用为重量单位。

  钚布以安邑布为最多，但半钚布一般都少见，形制也不同，可见不是同时铸造的。有一种安阴布，形制和虞布相像，两者都有外郭。不过安阴布上没有钚字。似乎有两个等级，小型的只有安阴两字，或在阴字之下有一个"一"字，大小和半钚布差不多。大型的在阴字下面有一个"二"字。这一类布币似乎应当归之于钚布一类，小型的是安阴一钚，大型的是安阴二钚。大概是后铸，减重，把钚字也省去了。安阴二钚只有十四公分，和普通一钚布差不多。

  平首钚布的铸造时期大约在公元前 4 世纪前后，因为铸造钚布的地区如阴晋、晋阳和蒲板等都在公元前 4 世纪后半为秦国所取得，除非钚布为秦国所铸，否则应在这以前。

  当孚布大概是魏国迁都大梁以后所铸的。除了白钚方布以外，这是布币中文字最多的。当孚布共有两套。一套是"梁夺钚五尚孚"和"梁夺钚金尚孚"。夺字有时作夺或夺，一般释作充字，也有释作新字或奇字的。尚字偶有作尚的，而且背面有外郭，这是一种变体。尚字一般都释作当字。前者重约三十公分。在五字下平列"二十"两个小字，这两个小字只能看作是一种记号，否则难以解释，若要牵强解释，就只能说是"十当二孚"，但照字的排列，二字在先。后者重约十八公分。这一套当孚布都没有外郭，背面有时有阴文"夺"字。另一套是"梁正尚金当孚"和"梁半尚二金当孚"；前者分为有郭和无郭两种，每枚重约十三四公分；后者都有外郭。这两套当孚布在形制上有一些区别：第一套裤裆比较深，第二套裤裆接近裤足；第一套厚肉，文字挺起，第二套比较薄，文字平夷。从制作上看来，可以断定第一套先铸，第二套后铸，因为第一套同安邑钚布一样。所以有人把"夺"字释为"新"字不是没有道理，新钚是对迁都前的安邑（旧）

钘而言。无论如何，这"夲"字如果不是同梁字共同构成一个地名，那就只能是一个形容词。第二套的正字应当是整字的简写，是对小样的半字而言，尚字如果不是币字，也应当是性质差不多的字。好在这些字都不是关键性的。

为什么迁都大梁之后要铸造当寽布呢？寽本是重量单位，在这些布上显然已变成价值单位了。大概当寽布的铸造就是把原来的计算单位加以铸币化。古文献中所谓"其罚百锾""其罚五百馔"如果是指西周时的事，那还是指一定量的铜。那种罚金制度也许一直保持下来，到了春秋战国时期，有些地方就加以铸币化，例如空首布的武寽以及这些当寽布。在这意义上，过去钱币学家把这种布币说成是"赎金"就不是没有道理了。可是当寽布似乎有减重的倾向，例如"梁正尚金当寽"就轻于"梁夲钘金当寽"，最重要的是第一套的两枚就有贬值的因素在内。看制作，那两枚也是有先后的，"五当寽"精整得多，应在前。但"五当寽"反而重于"金当寽"，这就反映一种减重的行为。统治阶级向人民的征课只有越来越重，不会越来越轻。而且若是所谓赎金，自然是由政府铸造，私人怎能铸造这种有法偿力的货币？这就只能意味着刑罚的减轻。当寽布的铸造也可能是由于邻国有这单位，魏国铸造这种布来与之交易或与之对抗。魏国的邻国是不是有用寽为单位的呢？有，就是楚国。魏国迁都大梁之后，离楚国更近了，同楚国的关系更加密切了，尤其在楚国以陈为首都的期间，两国的首都非常接近，后来迁都寿春以后，陈仍是一个重要的地方。楚国金币是以爰（即寽）为单位的，这单位自然不是铸造郢爰时才采用的，一定是先有这单位，后来加以铸币化。魏国最初以五当寽布五枚抵楚国一爰，后来改以金当寽一枚抵楚国一爰。再后用梁正尚一枚或梁半尚二枚抵楚国一爰。然而楚国的金爰每枚重量在十公分以上，而魏国的五当寽布厚重的每枚只有三十公分，五枚不过一百五十公分；如果以五枚五当寽布抵楚国的金爰一枚，则金铜比价只有一比十几。虽然战国时期铜价特别高，对黄金也不会有这样高的比价。而且若照其他几种当寽布来计算，比价还要更接近。如果真是对楚国的金爰作价，那就只能是一场货币战争的反映。

也许当寽布上的寽是指十一铢二十五分之十三的黄金。可是通战国、秦、汉那段期间，金价一直是上涨，不是下跌。

有一种山阳布，形制和当得布相同，特别是和第一套相同。山阳布分大小三种，正面中间有一道直文自布首到裤裆底。山字在左，阳字在右。有一种背面有阴文山阳二字的反文。山阳布遗留不多。

有一种当忻布可能钘布有联系。这种布在徐州附近一带出土，包括安徽的宿县、符离集和江苏的萧县、砀山和丹阳。有人说是宋国的货币，也有人说是秦末楚人所铸。甚至有人说是项梁或项羽所铸的。但项梁铸钱的时候，国内通行半两，铸这种钱有什么用呢？岂不是等于自首他想要造反么？除非民间还在使用各种先秦的布币，否则就不可能是项梁或项羽所铸的。如果说是项梁或项羽所铸，倒不如说是刘邦所铸。当忻布有两种：一大一小，文字都古怪难识。大的一种一面有"殊布当十化"四字，过去释作"殊布当十化"，当然还有其他释法。近年有人释为"旆（即沛）钱当忻"。另一面有"十货"二字，一般释为十货。重约三十七公分。小的一种一面有"四钱"二字，另一面有"当忻"二字，合起来念是四钱当忻或四布当忻。这种小布往往是两枚连在一起，而且是双足相连，俗称连布。显然是四枚小的抵一枚大的。也有人说，四字是泗字的省笔，是地名。这一套布，论制作应当是战国末年的东西，不应当是秦始皇统一文字之后。忻字到底是一个字还是十斤二字，也是值得研究的。当然也不能完全排斥宋楚相承的可能性。当忻布的铸造，可能同魏国的钘布有关。特别值得注意的是五当孚布的当字有时同这里的当字非常像，似乎是楚国影响了魏国。有人说，忻就是钘的省文。但为什么背面的货字不省作化，却把钘省作忻呢？如果要省的话，何不省作斤？也许应当释为十斤，以一枚抵魏国的钘布十枚，因为这种布比钘布重得多，不可能是等价关系。这些是须要进一步加以研究的问题。大型当忻布有铁质的，只见一枚，锈色似乎古旧，但仍不敢断定其为先秦的东西。

各种平首布是同时流通的货币，而不是先后流通的货币。四大类的平首布，形制上有相当大的差别。钘布和尖足布显得早一些，圆足布显得晚一些。从文字的内容上看，尖足布、方足布和圆足布似乎在前，钘布和三孔布在后。但实际上不一定是这样，因为当时各国的发展是不平衡的，可能秦国已采用先进的形制，而其他国家还保留落后的形制。甚至三孔布可能在无孔圆足布之前。也许秦国先铸三孔布，靠近秦国的関和离石起而仿效三孔布的圆形，只不用三孔和朱两的单位。晋阳、丝氏和大阴等地原用尖足布，看见圆足布方便，也把它们的布铸成圆形。这些只是个别的例子，不能说圆足布都是由尖足布演变出来的。

此外还有一些零星的布币，如分布、涅金、卢氏涅金、洮涅金、垂、公等，在形制上各有其特点。它们的时代很难断定，涅金、垂、公等布可能在方足布之前。

刀币体系很明显是由实用的刀演化出来的，原形未变。近代小屯等地有各种大小形状的刀出土，柄端有环，柄身有裂沟；不管这种古刀是否和古布一样曾作为货币流通过，后来的刀币都保留了这两种特点。刀币的流通范围没有布币广，偏于北方和东方。大概古代中原的人以农殖为主，所以用农具为货币；东北部东部的人们多从事渔猎，所以用刀为货币。

刀币根据形状主要分为大小两类。大刀是齐国的货币，小刀主要是燕国的货币。但小刀中种类很多，有针首刀、尖首刀、明刀、圆首刀等。

针首刀是一个新名词。这种刀是1932年在热河承德地方出土的，1937年和1941年又有出土；因其为匈奴故地，有人名之为匈奴刀。它的特点是刀首特别尖，尖得像针一样，所以称之为针首刀是名副其实的。刀身也比较短而薄，每枚重量自五公分许到九公分以上。虽然出土几次，却都是绿锈斑剥。上面多有文字，如化、大、工、公、羊、鬲、戈、叉、鱼、刀、成、鸟等三四十种，或纪数、或纪干支、或纪禽兽器用名如鸟、鱼、戈等，笔画简单，书法古拙，多象形文字。甚至有人说像甲骨文。从形制和制作上看来，这种针首刀应当是最早的。它的轻薄不是粗制滥造减重的结果，否则刀首决不会那样尖，这对于流通是很不方便的。它的时代可能同空首布差不多，是春秋时的东西。有些空首布上的文字，不见于这种刀上，那大概是因为这种刀出土尚少。而刀上有些象形字如鸟、鱼等不见于空首布，却是值得研究的。这种刀可能是在中国人同匈奴人或东胡人的贸易中产生的。甚至刀形也可能受过他们的影响。甲骨文中武器方面似乎没有刀字。近年在承德、张家口一带发现大量青铜刀，柄端有不同形式的环[7]，大概是匈奴人用的。因而使我们对于刀币的起源也许要作一番新的考察。是不是起源于我们用小刀去交换东北游牧民族的畜产品如皮毛之属而产生的，后来这种小刀在中国国内也成了货币。据说古代希腊人和黑海附近的人也曾把匈奴人所喜用的武器等来交换匈奴人所多余的皮毛，中国人这样做是很自然的。但另外从辽宁省所发现的匈奴古墓中的文化遗物看来，在西汉初年，匈奴人还不用货币，取得中国秦汉间的钱币是作为装饰品来佩带的[8]。不过当时承德离中国更近，也许这里的匈奴人汉化程度比较深，因而已使用货币，也未可知。

尖首刀多是在河间、保定一带出土的，春秋战国时期属燕。形制比较长大，实际上它们本身又有大小，但制作都很精整，每枚重约十六公分。多数有文字，或在面，或在背，如行、土、化、吉、工、大、丁、上、中、下、立、于、王、井、氏、易、城、木、水、生、公、日、閔、工化、邹化、非一、文一、六一、八一、八木、丙七等，还有一些不可识的文字或标记。这些文字中，有些应当是地名，另外一些大概只是标识。尖首刀的时代大概和针首刀约略同时。除了两者的形制相近以外，文字也基本上相同，只笔画稍有差异，如羊字在针首刀上作￥或丫，而尖首刀上作￥或￥，但鱼字两者都作ᛕ。尖首刀可能稍晚于针首刀，因为针首刀有些比较原始的文字如☧、☨、☩、☪、☫等为尖首刀所没有，而尖首刀上则有纪地的如閼和郍化。但由于针首刀只在一地出土，数量也不多，也可能是受了尖首刀的影响。即中国先用刀币，东北民族或侨居东北地区的中国人加以仿造，以同中原地区贸易。在仿造的过程中，在文字和形制方面受到当地器用和习惯的影响。或因地区比较偏僻，所以形制方面显得原始些。两种刀币的先后问题，还需要更多的资料才能下结论。

另外有一种极小的针首刀，重一公分多，铜质很好，有弹力。不知是不是明币。

明刀是刀币中数量最多的，成千地出土，出土范围也最广，远到旅顺、金州、普罗店、貔子窝、熊岳城、芦家屯、辽阳、义州，甚至朝鲜和日本也有出土。它的形制类似尖首刀，而制作没有尖首刀那样工整，这是因为大量铸造的关系。所以明刀很可能是由尖首刀演化出来的，背面的文字，也和尖首刀有许多共同的。明刀的特点在于刀面上的一个字，这个字千变万化，但它是同一个字的变化，这是肯定的。至于到底是什么字，甚至是不是字，那是历来钱币学界所争论不休的问题。旧日的钱币学家多说是莒刀，这是后人的穿凿。有人说是召字，因为字形从刀从口。甚至有人说召是赵的省文，因而是赵国的货币，一如邯郸省作甘丹一样[9]。一般人说是明字，说是赵的新明邑所铸。但这种刀的出土地主要是河间和易州，这是燕国的范围，不是赵国的范围。而且辽东、辽阳等地也有出土，这是东胡的旧地，同燕国接触最多。所以它是燕国的货币，这点是可以肯定的。因此有人说这明字代表燕国的平明。也有人说刀上的字是易字，指易州。他们说，易字从日从月，正同刀上的写法相符。然而现在一般人仍旧用明刀的名称。

明刀的背文最复杂，有一个字的，有多字的。一个字的有七、行、工、干、吉、王、文、大、立、古、方、同、君、长、邑、上、下、中、左、右等以及数目字；多字的有四类，这是按其第一个字来分，即左、右、内（⊗）、外四个体系，其中左右两类最多，如左三、右七、外壬、金乙等，不尽可识。大概一个字的在前，它问尖首刀接近，大小轻重也差不多。多字的是后铸的，数量也最多，文字潦草。按形制来说，可以分为两类：一类刀身圆折，接近尖首刀，背面一个字。另一类刀身方折，像古磬，俗称磬折刀。明刀大概流通于公元前4世纪末和3世纪，这是燕国战争比较多的时候。磬折刀大概是铸于公元前3世纪的后半，那时燕赵之间有许多战争，而且燕国经常打败仗，军费开支一定穷于应付。后来受到秦军的进攻，更是不得不大量铸造来支持战争。此外山东博山曾出土一种明刀，刀身也是圆折，可是明字书法与众不同：普通明刀的明字圆转而小，博山刀的明字方折而长大。博山刀是齐明刀，普通明刀是燕明刀。齐明刀的背文也不同，有齐化、齐化共金等以及带有鄟和安阳等地名的，这些都证明是在齐国铸造的。其中有鄟和安阳地名的都是三个字或四个字，但除地名外，其余两个字不可识，而且写法不一定。有些作 䍃 ，有些作 䍃 ，有些作 䍃 ，最后一种有人释为狸辰物，文义不通。三者第一个字似乎都是鄟字，即齐桓公所灭的鄟国，这时已变成鄟邑。齐地铸明刀，似乎反映了战国时期扩张兼并的特点。在公元前4世纪的后期，燕齐两国都流通刀币，两国的关系似乎也比较密切，包括经济方面和政治方面。这种关系似乎是矛盾和斗争的关系。特别是公元前314年，燕国被齐军攻陷，通过赵国的协助才得复国以来，几十年间燕国几乎完全不参加各国间的混战。史称燕昭王师事郭隗，国以殷富。公元前284年乘六国联合攻齐的时候，燕将乐毅大败齐师，攻占了齐国七十几个城邑，其中包括临淄和鄟，直到齐国的田单反攻，收复失地，其间有五年之久。这五年间，占领地铸造明刀，并铸上齐国的地名，以应付燕军的需要。因为刀上文字的书法同燕明刀显有不同。有一种截角的尖首刀，也在山东出土，可能是在铸齐明刀之前使用的。

圆首刀或平首刀是指一种肉薄而有弹力的小刀，刀上的文字有两种：一是白人（柏人），一是甘丹（邯郸）；两者在形制和制作上都很相像，不过彼此又各有大小。刀柄或椭或圆，很不规则。甘丹刀的刀身比较宽一点。文字平夷，有时难以认出。每枚重约十到十一公分。

此外还有几种小刀，一种是成白刀，它的特点有三：第一它比其他小刀厚重，每枚有十六公分；第二，背平没有文字，其他刀背多有文字；第三，它的柄上只有一道直文，别的刀是两道直文。这种刀据说和明刀同时出土。另一种为近年出土的閔字小刀，形制同成白刀相像，但薄小，只有七公分多到十公分重，数量极少。最后还有直刀，这是刀币中最小的，也是晚近出土，只发现四种，上面有晋阳化、晋化、晋半、晋阳新化等文字。这种刀的特点是刀柄上没有直纹。

上面几种小刀大部分是赵刀。大概是赵国靠近燕国的地区铸造使用的，是受了燕国的影响。

大刀是指齐刀。制作都比较精整，每枚重量在四十公分以上。现在所知的有六种。这是指刀面的文字而言。

第一是六字刀或造邦刀，上面的文字是"⿰夂丞 ⿰𠂊埕 ⿰𣎳夲 ⿱大水"，但各刀文字的笔画不尽相同。过去有各种各样的解释，实际上只有第一个齐字和第六个化字是没有引起争论的。现在一般的释法是"齐建邦就法化"或"齐造邦长法化"，而简称造邦刀或建邦刀。这种刀有光背的，但以有背文的为多，多是一个字，如化、日、上、工、吉、𠂉、亻、卜等。它的制作在齐刀中是比较薄弱的，数量也是最少的，文字笔画高挺的更少，精整的每枚重约四十六七公分。似乎是早期的东西，不是由于粗制滥造，而是由于技术上的限制。

第二是四字刀，面文为"齐之夲化"，背文有化、亻、上、日、二、夲、夲甘等。四字刀的制作有点像六字刀，但文字比较秀丽，每枚重约四十四五公分，也和六字刀差不多。数量也不多。但形制方面同造邦刀有一点区别。造邦刀正面的边缘或外郭不分高低，四字刀正面的外缘在接柄处中断，这种断缘的形制把齐刀分为两类。

第三是三字刀，面文为"齐夲化"，背文有化、日、上、吉、行、止、𠂉、工、土、甘、夲、正、立、央、安、生、万、木、金、易、亻、大等。三字刀的制作比较粗率，数量是齐刀中最多的，显然是后期的东西，而且是大量铸造出来的。但又不像是财政困难的时候所铸的，而像是在国力强盛、开支较多的时候所铸的，因为它的重量每枚约四十七八公分。它的外缘也不中断，同造邦刀一样。

齐刀上的齐字，有人说是指齐城，即临淄，不是指齐国；因为即墨刀的即墨和安阳刀的安阳都是指邑名，不是指国名；而且在钱币上用国名的例子很少。不过如果指齐城，为什么不直书齐城或临淄呢？无论如何，到了后来，三字刀盛行，齐字就可能取得双重的意义，特别在外国人看来，它就意味着齐国了。也许后来别的城市也铸造这种三字刀，例如背有安字和易字的就可能是安阳所铸的。

第四是即墨刀，有大小两种。大即墨刀的面文为"节墨邑之夲化"，背文有𠂉、工、日、吉、上、亻、化、甘、夲、大行、夲甘、安邦、辟封等。小即墨刀的面文少一个之字，背文有化、大、日、𠂉、上、亻、十、九、八、夲甘等。小刀出土比较少。即墨刀在制作上的特点为粗壮，刀身比较宽，分量比较重，大刀每枚有在五十六公分以上的。有人说，山东出土的刀文雄健，河南出土的刀文细秀。这恐怕是出于偶然，即墨刀应当都是山东铸的。从坑色上看来，即墨刀往往遍体红绿，其他刀布，少有这种美丽的锈色。显然出土地离得不会很远，而其中既有雄健的，也有细秀的。安阳刀多发水银古或黑漆古。三字刀、四字刀和造邦刀则主要是绿锈。由于刀身的厚重以及刀背有辟封和安邦等文字，有人认为即墨刀在齐刀中是最早的。这点有可能性，但没有必然性。地区不同，制作也可能不同，各地技术的发展不会是平衡的。即墨刀的"节鄹"不是作为即墨国，而是作为即墨邑或节鄹，换言之，是齐灭即墨以后所铸的，齐国不会不先在齐城铸刀币，却先在偏远的即墨铸刀币。辟封和安邦的意义也不很明确。关于小即墨刀有两种说法：一是两等并行说，另一是减重说。由于其他齐刀都没有大小两等，所以主张第一说的人不多。特别由于近代出土的一坑小即墨刀，在铜质和文字上都比较粗劣，于是大家就说是减重的结果。其实小刀的铜质和文字，有同大刀一样精好的，而大刀也并不是枚枚都精。论理减重则数量应当多，而小即墨刀数量并不多。当然，如果大刀流通时间长，小刀流通时间短，大刀的数量也可能多于减重后的小刀。而且从重量上来看，似乎不是两等制，而是减重，因为小刀的重量也有三十八公分。但在形制上和文字上，大小刀是有差别的。而且即墨刀的数量，不论大小，都不算多，若要减重，应当在三字刀上减重，三字刀数量最多。可是三字刀没有减重的形迹。当然，如果即墨保持政治上的相对独立，它可以单独实行减重，因而我们不能用三字刀的情形来推察。无论如何，不能以其他刀币没有两等制而否认即墨刀的两等制。否则就陷于一种简单的武断。

　　第五是安阳刀，面文为"安易之夲化"，背文有二、八、化、亻、上、⊙、工、中等。安阳刀的制作特别工整，文字高挺，表现了高度的技术水平。每枚重约四十八公分，刀缘中断。安阳在公元前412年才为齐国所取得。安阳刀的铸造大概是在田齐的初期，即公元前第4世纪。

　　第六是所谓簟邦刀。钱币学家称之为断头刀，因为只发现一枚断片。据说是在平陵县西南出土。第一字是簟，似为簟字。第二字只剩一半，同造邦刀第三个字相近，可能是邦字。一般认为簟是齐桓公所灭的那个小国，灭后变为簟邑，一作鄑或鄷，正如即墨邑作节鄹一样。但《春秋》一书作谭。也即齐明刀上的那个字，只少邑傍。

　　齐刀的文字中都有一个化字，这化字好像是货币的名称。后来又有四化、六化，似乎化字又是货币单位。化字到底是什么意思呢？过去有人说：化字就是货字，是刀币的单位。近来有人说：化原作匕，是镰刀的象形文字[10]。

齐刀的时代还是一个没有解决的问题。实际上这里包含了几个问题：第一是各种齐刀的先后问题，第二是齐刀本身开铸时期的问题，第三是齐刀和各种小刀的先后问题。

几种齐刀的先后问题同齐刀的分类有关。有人根据刀缘中断与否来分，以为断缘的是吕齐所铸，不断缘的是田齐所铸[11]。形制上的差别，自然不应当忽视。譬如赵刀都不断缘，燕刀都断缘。如果承认尖首刀为早期的刀币，并以它为标准，那么，即墨刀、安阳刀和四字刀应在前，造邦刀和三字刀在后。可是晚出的明刀也断缘，又怎样解释呢？这一问题的确还需要作进一步的阐明。四字刀有可能比造邦刀稍前一点，造邦刀中背有⊙的，刀缘上有时隐约有断痕，好像是将断缘的刀范填补过的一样。无论如何，这种形制上的差异，似乎不应当代表几百年的距离。在重量上，三种齐刀是差不多的，只有即墨刀比较重，个别的即墨刀也有轻到四十一二公分的。

在制作上，造邦刀和四字刀显然比较接近。两者都比较纤弱，三字刀一般都粗率；这说明：造邦刀、四字刀在前，三字刀在后。造邦刀上文字的篆法变化不定，使人联想起空首布棘甫小化来，棘甫小化作为多字布，时代可能稍晚，可是造邦刀却由于文字的不定型而要早一些。这一点听来似乎自相矛盾，但这是根据各地的具体情况定出的标准。鄭明刀的文字也变化多端，那是占领地的货币，草率从事，不比造邦刀是国家重典。

另外有人把齐刀分成四类：造邦刀、四字刀和三字刀为一类，这是名副其实的齐刀；即墨刀、安阳刀和簟邦刀不是真正的齐刀，各为其本国所铸，各成一类[12]。这一说是把即墨等刀的时代向上推。主要似乎是根据簟邦刀，因为既称邦，就一定是作为一个独立的国家所铸的，这一点自然是值得注意的。但所谓簟邦刀，只有一枚残缺不全的断片，钱文只剩一个半字，情形非常离奇，原物现已不知去向，见过的人很少，有可能是即墨刀改刻的，不适于作为根据。安阳刀如果铸于齐国取得之前，那就自然不能算是齐刀了。但问题是何以见得它是在齐国取得之前铸造的，它的制作说明它要晚于即墨刀。至于即墨刀的铸造，显然是即墨邑，不是即墨邦；换言之，它是在齐国取得即墨以后铸造的。它的粗壮的制作说明它铸造得比较早，但只是比安阳刀早，不见得比造邦刀早，实际上即墨刀中也有不粗壮的，例如背有安邦两个字的，文字就比较秀细，而且刀身也有阔狭之别。所以造邦刀仍可能是最早的大刀。如果说造邦刀和即墨刀、安阳刀是三个独立邦国同时铸造的，那么，在这三国中，冶金的水平以及生产和商品流通的发展，应以齐国最为落后，因为造邦刀不但制作薄弱的居多，而且数量最少。这同当时的实际情况相符么？至于说到即墨刀的大小二等制，同其他大刀不合，更不能证明它的早，只能证明即墨邑的相对独立性。在田齐治下，即墨大夫是享有这种相对独立性的。也许即墨刀就是那时铸造的。

不管造邦刀是不是最早铸的，它有它的特殊的重要性：首先，它的字数多，使人更能领会齐国文字的特点。但它的重要性更在于它的文字的内容，即造邦两个字。这两个字是决定它的开铸年代的上限的唯一根据。那么，六字刀到底是什么时候开铸的呢？有三种可能：第一，它可能是吕尚所铸的。周武王封吕尚于齐，这可以说是造邦或建邦。班固说过："太公为周立九府圜法……退又行之于齐。"照西周时手工艺的技术水平来说，是没有问题的，因为就是商器的技术水平已经是非常高的了。然而西周的社会经济是否需要这种铸币呢？当时自然经济占绝对的优势，上层阶级大概还在使用贝壳和贝的仿制品，人民可能有使用生产工具来作交换手段的，但政府似乎还不需要铸造这样的货币。所以这一说是可以否定的。第二，它可能是桓公所铸造的。在公元前7世纪的前半，桓公称霸诸侯，天子成了他的工具。在某种意义上，也可以说是建邦；即使不能称建邦，也可以铸造这种刀币来纪念他的祖先吕尚的建邦。班固说："太公为周立九府圜法……至管仲相桓公，通轻重之权。"《管子》书中屡次提到刀布的事，其他书中也提到桓公铸刀的事。过去的钱币学家大抵都相信这一说。而且如果这一说成立，则簟邦刀的解释就更加近理，即墨刀也比较好解释了。但是到底造邦两字总有点牵强。第三，他是公元前386年田和由周室接受齐公的称号以后所铸的。在田氏说来，可以说是造邦，即田齐的造邦。从田氏篡齐到秦始皇灭齐，其间有一百六十多年，这一百多年间，正是中国历史上货币经济的第一个高潮。《管子》一书并不是管仲所著，而是战国时人所编，其中关于货币问题，可能就是以田齐的情况为根据的，而班固在几百年以后，更不可能知道管仲时的币制了。三说中以最后一说说服力比较大。因为近代一般钱币学家的看法是：空首布是中国最早的铸币，而且大多数空首布是在春秋时期铸造的，空首布应当在齐刀之前。齐刀中的安阳刀不可能是桓公所铸的，因为安阳在桓公死后二十年才为齐国所取得。需要强有力的理由才能推翻这种信念。一部分即墨刀可能是在燕军占领齐国大部分领土时铸的，当时只有莒和即墨两地没有被燕军攻下，后来田单正是以即墨为基地攻破燕军，收复齐地。也许辟封、安邦等字就是指这一事件，这在齐国的历史上是一件头等重要的事[13]。

齐刀背面都有三横画，自刃至背，下面有一小小的记号，像是十字，有人说应当合起来读，是三十，一刀作三十钱。

至于齐刀同小刀的先后问题，只有从制作上来研究。照一般发展的规律，总是由笨重趋于轻便，从这一标准来看，则齐刀应在先，而且在大小上，齐刀更接近古刀。然而从制作上看来，齐刀非常工整，文字复杂，似乎不会产生在小刀之前。至于轻重大小，是不应当拿来作为先后标准的。因为它们是不同体系的货币。这里所谓小刀，自然是指针首刀和尖首刀，明刀是晚出的，大概和大刀同时，特别和三字刀同时。似乎尖首刀铸于齐灭燕以前，而明刀铸于昭王复国以后，或在乐毅大败齐军之后。至于那些圆首刀或平首刀，那是个别地区的货币，时代也晚。晋阳的小直刀更是一时一地的东西，时代更加晚。尖首刀之所以应当早于齐刀，是由于它的一般形制和文字，形制有大小曲直，文字有在面在背，而且只有一个字，或根本不铸文字。齐刀的形制没有这样大的差别，文字只有字数的多少，位置是固定的。当然这些情况对于大刀小刀的先后问题，也不是决定性的因素。第一，齐国铸币可能是由官方办理，因而比较整齐划一；燕国早期的铸币可能是由私人和私人组织办理，那就难以划一了。第二，燕国由于偏处北方，离文化中心远一些，人民的文化水平可能比齐国要落后一些，因此刀上的文字简单一些。但尖首刀和明刀都有断缘的特点，反面铸文的尖首刀，两面都断缘，而晚出的小刀，却没有断缘的特点，这就说明尖首刀在前，齐刀在后。

环钱在战国时期的币制中是一个小体系，但它是一个重要的体系，它是一种承上启下的货币形态。环钱的特点是它的圆形，中间有一圆孔。这圆孔也有大小，大抵初期环钱的孔小，后期环钱孔大。

一般钱币学家把环钱叫作圜金或圜钱，这是不大恰当的。圜金这名称使人联想到班固所说的"钱圜函方"的话。实际上这些钱币学家正是以为太公所作的所谓圜法是指环钱，这是错上加错。首先，班固就弄错了，不知他所说"太公为周立九府圜法"的话是根据什么？据我所知，那时政府是没有铸造什么钱币的。肯定没有铸造所谓"钱圜函方"的方孔钱。如果他是指秦始皇的货币制度，那倒符合事实。其次是钱币学家错了。班固所说的圜法，显然是指一种货币制度，他明明说：这种圜法包含三种要素，即黄金、铜钱和布帛。而钱币学家们却把圜法两个字理解为环钱。总之，圜字容易引起误解，不如环钱这名称包含有内外皆圆的意思。其实环圜两字都是从睘字演变出来的。

环钱出土很少，过去的钱币学家没有像对刀布那样注意，对于它的起源，没有适当的解释。查古代民族，都有石环的制作，有些民族且以大小不同的石环为货币[14]。中国在石器时代初期也有钻孔的石珠；在新石器时代也有石环和石珠。但中国的环钱很可能是从纺轮演变出来的。纺轮和刀、铲一样是古代人民的生产工具。中国各地都有纺轮出土，或为陶制，或为石制。仰韶附近出土的纺轮，直径自三十八毫米到六十毫米以上，中间的孔，直径自三毫米到九毫米，约占全轮直径的百分之八到百分之二十，正和早期的环钱相像。所谓早期的环钱是指垣字钱和共字钱。垣字钱的直径自四十到四十二毫米，中孔约六毫米到九毫米；共字钱的直径自四十三到四十五毫米，中孔自五毫米到七毫米，所以不论在钱的大小方面或是在中孔所占的比例方面都和纺轮相同。后期的环钱如长垣一钅斤、半睘、西周、东周等，中孔比较大，其直径和一边的阔度约相等。出土的还有蚌环，也许在铸造环钱之前，先有蚌环的使用，和贝币的发展路线一样。

日本有些钱币学家说环钱是由璧环演变出来的。他们的根据是：第一，中国古籍中说：古代以珠玉为上币。而他们相信所谓珠玉就是指璧环，而环钱和璧环的形制相像。第二，古代对于璧环的部位用"肉""好"两字来指示，身为肉，孔为好；所谓"好倍肉谓之瑗，肉倍好谓之璧，肉好若一谓之环"[15]。钱币方面也使用这两个字。但这一说的理由是不够充分的。首先，古代的珠玉不是真正的货币，所谓上币实际是指贵重品，不是指货币。璧环的不可能流通，前面已说明过。至于肉好等名词的使用，乃是由于钱币的形状接近璧环。实际上环钱上肉好的比例并不如璧环那样准确，垣字钱和共字钱，穿孔有很小的，肉好是三与一之比，既不像环，也不像璧，只是像纺轮。而且璧环一般都比较大，环钱和纺轮的大小却差不多。如果要说环钱和璧环有什么联系，那就可能是两者的来源相同，同是由纺轮变来的。也许我们可以说：后期的环钱受了璧环的影响。

据现在所知，环钱的文字有垣、共、共屯赤金、长垣一钅斤、武坪、济阴、×晋、安臧、関、离石、洮阳、西周、东周、半睘、重一两十四铢、重一两十二铢等。它们的重量，包括最后两种纪重的在内，大型的一般在十公分上下，但上下的幅度相当大，例如长垣一钅斤，我所见到的，最重有十三公分半，最轻的只有八公分四。个别的钱可能还有更重或更轻的。重一两十四铢的，顾名思义，应当说比较重。但每枚也不过十四公分多，甚至有轻到十二公分的，而重一两十二铢的并不一定比它轻。另外一些小型的环钱自然要算例外，例如武坪就比较轻小。济阴有小型的，我所见到的一种小字的是五公分七。一般认为有大小两等，实际上有各种大小，恐怕是减重的结果。有一种大字小样的，可能是后人磨小的。半睘有八公分九，西周和东周最轻小，西周重约五公分半，东周只有四公分多一点。环钱形制的发展规律似乎是由大而小，中间的穿孔则由小而大。

环钱除了大小轻重之外，还可以分为有轮郭和没有轮郭两种形制。閺和离石有外郭，西周和东周则兼有内外郭。从閺和离石上可以看出同圆足布的联系。西周和东周一般都是制作不精，特别是东周，我所知道的三枚中有两枚不规矩。史书说，"政在西周"，也许西周和东周两钱在制作和分量上的差异就反映了这点。洮阳的制作同东周、西周差不多，细缘，厚肉。

半睘照过去钱币学家的解释是半枚圜金的意思。他们以为睘是圜的省文，而以圜为货币名称兼货币单位，这是需要讨论的。他们这种说法是以对于圜法一词的理解为基础的，前面已指出那种理解的错误，因此在这里也就站不住了。如果睘是地名，而读作睘半，那就好解释了。如果睘字不是地名，那就只能是一种重量单位或价值单位。古代镮（或环）锾通用[16]，自然睘爰也通用。也许这半睘同魏国当孚布的孚有联系，甚至是同一单位。因为睘爰既相通，而爰孚又是同一个字，秦国就可以用两枚半睘来抵魏国一枚当孚布了。实际上两枚半睘的重量正等于一枚金当孚布。如果说半睘是指普通环钱的一半，至少在重量上就不符。因为半睘的直径虽比较小，可是钱身厚重，重量同普通大环钱差不多。睘字若作重量解，半睘是三两，等于两枚重一两十二铢。

关于环钱的时代，还是一个没有解决的问题。有人把它看得很早，说共字钱是共伯和代周厉王执政时所铸的[17]。那是公元前9世纪的事。但中国早期货币少有铸人名或国名的。古币上的文字，以纪数纪干支的为最早，纪地名的在其后，纪重纪值的最晚。所以环钱不可能早于刀布。另外有人则把它看得很晚，说是由布币蜕化而成的[18]，因为閺和离石的地名常见于布币上，重一两十二铢则和三孔布的背文相符。但这些环钱似乎不是最早的环钱，我们追究环钱的历史，应当以早期的东西为标准。最早的环钱是垣字钱和共字钱，垣和共应当都是地名，所以它们的上限不可能早于纪地的空首布，下限是战国末年。大概铸于公元前4世纪到3世纪。环钱中的西周是指河南（即郏鄏），周考王封弟揭于河南，号西周；东周指洛阳，西周惠公封少子班于巩，号东周，都是公元前5世纪的事。但这只能表明西周和东周钱的上限，不能证明西周和东周钱是铸于公元前5世纪。这两种钱从制作上看来，应当是环钱中后期的东西，也许是周赧王或他以后所铸的。

垣字钱是环钱中数量最多的。垣是魏国的地名，所以环钱大概产生于魏国，后来为别的国家所采用。

长垣一釿和釿布应当是有联系的，单位相同，重量也差不多。

重一两十四铢和重一两十二铢看来好像砝码一样，但它们的制作不十分规矩，重量不一律，所以还是应当看作钱币，是秦国的钱币，是半两的前身，也有可能就是秦惠文王二年所行的钱。但关于它们的读法也许还有研讨的余地，可不可以读作"一两、十四铢重""一两、十二铢重"。这里有减重过程。实际上，它们的重量同后来的半两差不多。至于那些"重四两"而带号码，或单有号码而没有"重四两"字样的东西，就更加可疑了。

除了上面布、刀、环钱三个体系之外，南方的楚国使用一种椭圆形的小铜币：正面凸起，背面平，重量自两公分到四五公分，很可能是由铜贝发展出来的，是铜贝的高级形态。出土地有河南、湖北、湖南等省。这种小铜币同古代小亚细亚的钱币倒是相像，不过小亚细亚用金银，楚国用铜。小亚细亚钱币上有各种图形，楚国的钱币上有各种文字。

中国的钱币学家称这种小铜币为鬼脸钱和蚁鼻钱。鬼脸钱是在椭圆形的脸形上有阴刻文宍，看来彷佛一个人面，实际上乃是一个字加上一个穿孔，嘴是穿孔，宍是古文贝（見）字的变形[19]。蚁鼻钱上有桼的刻文，彷佛一只蚂蚁，也像"各六朱"三字的连写。其实也像篆书哶字。如果是各六朱，那么，各字应当是地名。有人说是洛字的省写。也许第一个字不是各字，而是别的什么字。六朱是一两的四分之一，两枚六朱抵秦半两一枚，重量约略相符。有人说，这种蚁鼻钱加上鬼脸钱上的高鼻子，合称为蚁鼻钱[20]。也有人说，所谓蚁鼻钱是应用于墓穴，以镇蚂蚁。其实这名称也可能只是形容其小如蚁鼻。除了上面两种最常见的以外，还有行、君、匋、忻、全（金）等字。世俗把这些钱都包括在蚁鼻钱一名称之下。但其中忻和匋仅见著录，没有见过真品。至于铸造的时期，似乎以前两种为最早，也用得最久，或流通最广。其他几种若不是比较晚，就是地方性的东西，因为行、君、全等字见于北方的刀币，而忻字则同当忻布一样。两者或许有联系，但忻字钱比当忻布少，而且两者的重量相差太大，不可能是等价关系。也许当忻布真是宋国的货币，楚国承继这单位。也许当忻布背面的十货是指蚁鼻钱，当忻布一枚抵蚁鼻钱十枚。重量的确相符。

中国和希腊，约略在同时开始铸造货币，而且铸币发展的阶段，也有相像的地方。欧洲的钱币学家，把希腊古代的货币分为三个阶段：（一）古体（archaic style）或原始体，（二）自由体（free style），（三）希腊体（hellenistic style）。古体是自铸币的开始到公元前480年左右，即到波希战争为止，特点是图形比较简单，而且往往只一面有图形，背面为一方形戳印。第二个阶段自公元前480年前后到公元前336年，这是希猎文化登峰造极的时代，货币文化也包括在内；雕模技术进步，图案千变万化，没有定型。而且两面都有图形，大半是神话中的人物。第三个阶段是公元前336年到公元前100年，这是亚历山大的时代，特点是币面的图案，差不多都是统治者的头像。中国在汉以前的钱币，也可以分为三个阶段：（一）古体或原始体，（二）自由体，（三）秦体。中国的古体钱是以空首布为代表，形制比较呆板，币面不过一个字，两个字的就很少。而且字体小，书法幼稚拘谨。这个阶段是春秋时代，约略到公元前481年（周敬王三十九年）为止，和希腊的古体时期几乎完全吻合。第二个阶段是战国时的各种刀布，特别以布币为重要。约自公元前480年到公元前221年（如果只算到秦惠文王二年行钱为止则为336年，又和希腊的第二个阶段吻合）。特点是无论在形制方面或文字方面，都是自由奔放，也是当时货币文化的最高潮。第三个阶段是秦惠文王用钱起或始皇把方孔的圆钱推行于全国起，此后中国货币的形制就固定了。这三个阶段可以说是合乎事物发展的规律的，第一阶段是问题的提出，其次是各种解答办法的提出，最后是採行一种在当时认为最妥当的办法加以推行。

希腊体系的货币，不但有文字，而且有图形，并且两面图形，各种人物、鸟兽、花木都是写实写生的，尤其当时对于人体的构造，具有正确的知识，人像的雕刻，细致而生动，各古代民族的体质上的特点，服装发式的演变，古代神话的内容，宗教的发展，历代帝王的相貌，甚至有些历史上的重要事迹都遗留在钱币上，而且钱币上的图案，往往是唯一的资料。由于希腊钱币本身就是美术创作，数量既多，分布又广，因此它全面而正确地反映了希腊美术发展的阶段。研究希腊美术史的人从钱币上所能获得的知识，比从任何其他文物上所能获得的知识更为全面可靠。中国人在古代没有像希腊人那样重视造型艺术。中国的钱币上，只有文字，除了压胜钱，没有别的图形，压胜钱的图案也不是写实的。而且中国的钱币不完全反映当时的美术发展水平，有时反映，有时不反映。古代希腊人把钱币看成美术品，而中国则只有个别的时期把钱币看作美术品。

然而中国钱币另外有它的美点，这些美点是希腊钱币所不具备的。这就是文字美和形制美。希腊体系的钱币，一直到中世纪末期，文字总是东倒西歪，不但不能说美，甚至不整齐。直到近代采用机器铸钱，文字才称得上整齐，但谈不上美。中国钱币上的文字，在战国时期就有很精美的，到了汉代、南北朝和唐宋，许多钱文的书法更是可供欣赏。在形制方面，希腊体系的钱币在近代使用机器铸造之前，总是方不方、圆不圆，几乎没有一枚称得上规矩。中国的钱币，不论是刀布或是后来的圆钱，除了私铸以外，一般都是规矩的；有些钱铸得比机器钱还要整齐美观。因此中国钱币中有许多是真正的美术品。

所以在钱币的形式上看来，中国钱和希腊钱有同样的发展规律，即由不圆变圆；可是在钱币的图形上，两者却长期保持不同，这种不同代表两种文化的特点。中国文化重视抽象的概念，重视善恶，所以钱币上多用些好的字眼；欧洲文化重视具体现象，重视美丑，所以钱币上注重图形。此外，在币材上，中国和希腊也不同。中国以铜为主，希腊以银为主。这种不同并不一定反映两国的贫富，可能是货币在两国的流通范围和流通深度上有所不同：希腊的货币，主要用于对外贸易，所以单位价值大；中国在战国时期的货币主要用于人民之间的零售贸易，所以单位价值小，大数目的支付用黄金。如果这一推论不错，那就可以得出一个结论，就是当时中国的货币经济比希腊更加发达；也就是说，中国用钱的人比希腊多。钱币更加深入到人民的日常生活中去。

正因为中国钱币上只有文字，所以它更能够反映文字发展的情形，这是中国钱币的历史价值的一大根源。中国古代钱币的第二个阶段之所以能称为自由体，一部分虽然是由于形制的多样性，同时也由于文字的变化。当时铸钱是用泥范，每范只铸一次，所以就是同一地方的钱币，上面的文字没有两枚是同样的。这种文字书法的多样性，充分表现在平阳小方足布和晋阳小尖足布上，平阳小布数量最多，适于比较研究，无论平字和阳字，都是千变万化，有拘谨的书法，有奔放的书法，几乎由每一枚钱，就可以想象到书写人的性格，这种性格毫无保留地表现在钱币的文字上。

中国的文字，就现在所知道的，以出现于甲骨上的为最早，其次是彝器上的文字，这就是所谓大篆或籀篆或古文。然而春秋战国之际，各地语言文字已发生差异。尤其是刀布上的文字，又和钟鼎上的文字不同：钟鼎上的文字是当时的高级知识分子所书写的，必然极力维持古文的书法，所不同的是新字，这种新字在社会经济变动很大的春秋战国时代，必定是很多的，但书法的变动大概还比较少。至于刀布上的文字，多是新兴的工商阶层的人所书写的，甚至为不大通文墨的人所写的，不但新字多，而且作法体势离古文更远。甚至不一定合标准。后来秦始皇统一书法，于是六国文字中和秦篆不同的都不用，而后代也就不识了。难怪两千年后，一些钱币学家捕风捉影，对于不认识的字，就说成三皇五帝的东西，什么太昊币、神农布，什么高阳金。

刀布上的文字，有地方性、过渡性，因此是多样的。有古文，有小篆，甚至有象形文字。例如乌邑小方足布的乌字，有时完全是象形如 🐦，又如尖首刀上的鱼作 🐟，与其说是文字，不如说是图画。

刀布上的文字的读法，一般应当是先右后左，这是中国文字的正规读法，有些钱币学家往往随便乱读，来证明他们的论点，这是不应该的。不过当时的铸匠，并不都照规矩，文字常常左右错置，同一种布文，有先左后右，也有先右后左，因此也就很难说应该怎样读才对。

战国时期，常有新的城市出现，因而不断有新地名产生。小布上的地名，多带阴阳等字，向日为阳、背日为阴，渐渐变为指南北，例如安邑之北称安阴，安邑之南称安邑阳或安阳。但为什么不用南北二字呢？也许同当时的阴阳说有关，除了表示方位以外，还有吉凶的意义吧。

刀布上的数目字也是值得注意的。中国的商用数字或号码即使不是在这时候形成的，也是在这时候萌芽的[21]。空首布、平首布、针首刀、尖首刀和明刀上都有铸数目字，但要把每一类钱币上的数目字收齐，却不是一件容易的事。除了空首布以外，其余差不多都是出现在钱币的背面，作为号码。但方足布中只有戴垣、中都、大阴、平周、马雕等偶然铸有数字，尖足布有数字的比较多，圆足布则大抵都有数字，不过圆足布本身就是比较少见的。小刀上的数字也不齐全。各种刀布上的数字，写法大体上是差不多的，一至五同后代的商用数字一样，即一、二（或 ||）、三（或 |||）、亖（或 ||||）、X（或 ⊠ 或 ||||），六至九则同普通数字差不多，即 介、业、乂、furnish。尖足布上有 ⊥、⊥、⊥、⊥ 等字，有人认为就是六、七、八、九等字[22]。果然的话，则整套商用数字就形成了。不过我觉得这点值得怀疑。⊥字可能不是六字，而是十一的连写，⊥、⊥、⊥也不是七、八、九，而是十二、十三和十四的连写。因为六、七、八、九等字有另外的写法。

而且不仅有⊥、⊥、䇂、䇂，还有𧘇、𧘇、𠃌、火等。另一件有趣的事是圆足布的纪数法同其他刀布上的不一样，例如二十三，不作║三，而作廿三，五十九不作X乂，而作X十九，中间的十字从不省略。这种差别自然也是地区习惯不同，也许反映圆足布使用地区计数方法的比较落后，因而一般经济也比较落后。

战国时期虽然没有主币辅币的观念，但显然已知道把货币单位分成等级。无论布币、刀币和环钱，都是有等级的。布币中无论尖足布、方足布、圆足布，都有大小两种，尖足布中的大阴、晋阳、丝氏、閦等，方足布中的涅，圆足布中的閦、离石等，都有大小两等，尖足布中的小布往往加一半字，如晋阳半、丝氏半、閦半等，大概是两枚小布等于一枚大布。三孔布和钐布的等级更是明显。刀币中的即墨刀是分大小两种的，环钱中济阴有大小两种，而半环的半字分明也是表示等级的。

中国早期的钱币，还有一点同古希腊相像的，就是货币铸造和流通的地方性。甚至可以说，货币是由各城邑分散铸造，而不是由各国政府集中铸造。不过希腊一个城就是一个独立的政治单位，所以称为城邦，同中国稍有差别。中国当时的货币无论刀、布、环钱、蚁鼻钱或金爰，制度都是不统一的，大都加铸地名。布币区的分散性更加厉害，刀币区比较集中一些。但赵刀的情形几乎同布币一样。齐刀也是分别由几个城邑铸造。也许后来三字刀成了全国性的货币。但要说齐国的货币是由政府集中铸造也还没有证据。《盐铁论》中的文学派提到"王者外不鄣海泽，内不禁刀布"，可能是指齐国的情形。虽然儒家不应以齐国的国君为王者，但也许汉代的人没有那样严格。只有燕的明刀具有明显的统一性，它背面左右内外和数目字，证明它们是在一种统一的制度下铸造出来的。这种大量铸造的事似乎只有国家的力量才承担得起。只有秦钱不铸地名，但这也只限于环钱。三孔布仍然是有地名的。不过由于形制的划一和制作的整齐，可能是在统一的布置下铸造的。

在流通方面，有两种或两种以上的货币流通，至少先后曾流通过两三种货币。古代文献中，刀布并提的例子不少，如《管子》书中有"刀布为下币"之句，《荀子·富国篇》中也有"厚刀布之敛，以夺之财"，《荣辱篇》中有"余刀布，有囷窌"的句子。而且有些地名同时见于刀布上，甚至同时见于刀布和环钱上。例如齐字，不止见于三字刀、四字刀和六字刀上，而且见于明刀上。安阳的地名见于安阳刀和方足布。这些可能是同名异地。但如东周、安臧和共，同见于空首布和环钱上；离石同时见于尖足布、圆足布和环钱上，至于閺字则大小尖足布、小方足布、大中小圆足布、小刀和环钱上都有。应当是同一地所铸。大概因战国时有些地方常常易手，因而各时期所通行的货币不同。也可能是商业特别发达的城市为了同各种货币体系的城邑进行贸易，因而铸造不同的钱币。

注　释

[1]　图见《古泉汇》。

[2]　图见《文物》1960年第八、九期合刊第一四页。

[3]　苏天钧《略谈北京出土的辽代以前的文物》（见《文物》1959年第九期）说，1956年夏天在北京朝阳门外出土大量刀、布，布有尖足和方足布，如平阳、安阳、宅阳、阳邑、大阴、壤阴、鄈、祁、鄉、邬、郎、王氏、兹氏、皮氏、鄿氏、平周、中都、高都、蒲子、郥子、北屈、同是、屯留、马服吕、贝丘、戴垣、丰、露、涅、兰、昝如、兹氏半、武平、武安、晋阳、晋易、申阳、阳人、平州、北兹金化、邻、邢山、商丘、西都、兰半、榆半、离石、豕韦半、易人等。释名照原文。刀有明刀和甘丹。1961年10月间北京钱币业的陆泽民告诉我说，大约1953年前后，北京广安门外筑路，发掘出大批空首布。又说易县也出土过大量方足布。

[4]　李学勤《战国题铭概述（下）·楚国题铭》说忎字见于楚幽王鼎"忎师盘埜差忎为之""忎师邵圣差陈共为之"。他说，战国题铭中的冶字最繁的形态是从"人""火""口""二"，但常省去其中任何一部分。

[5]　《文物》1962年第三期《文物物馆简讯·辽宁省朝阳县七道岭发现战国时货币》。

[6][10]　唐兰《中国古代社会使用青铜农器问题的初步研究》。见《故宫博物院院刊》总第二期。

[7]　河北省文化局文物工作队《河北省几年来在废铜中发现的文物》。见《文物》1960年第二期。

[8]　孙守道《匈奴西岔沟文化古墓群的发现》。见《文物》1960年第八、九期合刊。

[9]　周书《培风室泉话》。见《货币》第四二号第一一页。

[11]　郑家相《中国古代货币发展史》第七四页。

[12]　王毓铨《我国古代货币的起源和发展》第五九页。该书所附的钱图很多是假的或根本没有的。如两枚造邦刀都是改刻的，辟封即墨刀是翻砂的，齐之化刀是假刻的，没有这种刀。

[13]　辟封、安邦等字如果没有什么政治意义，那就可能是炉局的名称。我有

图版一 殷周间的贝币（一）

1—2.真贝。 3.无齿纹的珧贝。 4.有齿纹的珧贝。 5.蚌制贝残片。
6.两穿孔的骨贝。 7.一穿孔的骨贝。 8.染（绿）色骨贝。
9.石贝。 10.曲齿纹的铜贝。 11.直齿纹的铜贝。

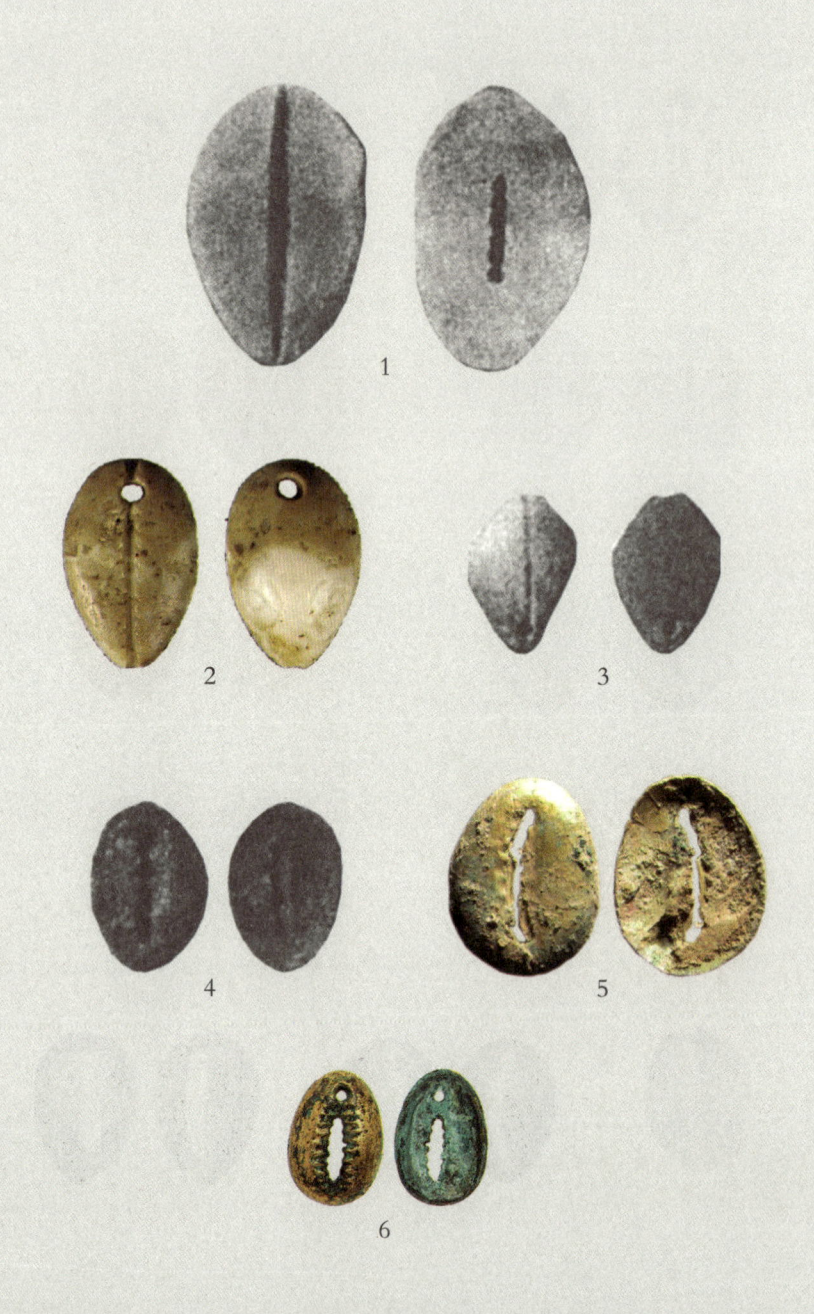

图版二　殷周间的贝币（二）

1. 大蚌贝。　　2. 玉贝。　　　3. 菱角形的珧贝。　　4. 贴金贝。
5. 包金贝。　　6. 金贝。

图版三　空首尖足大布

这种布多没有文字,但也有甘丹等地名的,近代发现有四五个字的,大概要晚些。

图版四　平肩空首布（一）
1. 高。　2. 富。

图版五　平肩空首布（二）

1. 益（旧释宝或朋）。　2. 鄩釿。

图版六　斜肩空首布和小形空首布
1. 武。　2. 安臧。

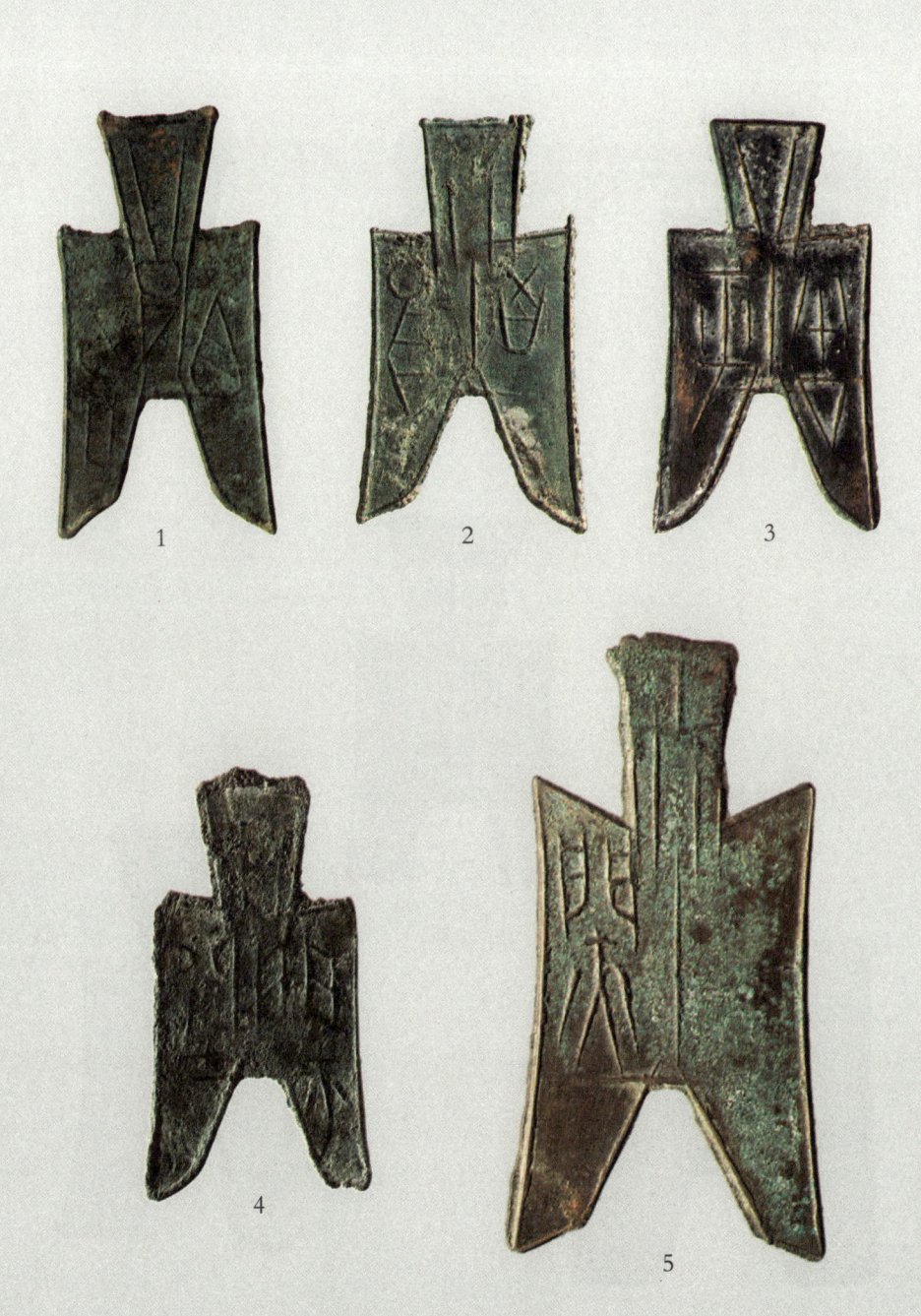

图版七　尖足布

1. 西都。　2. 晋阳。　3. 平周。　4. 閖半。　5. 閖。

图版八 方足布（一）

1.豕韦。 2.襄平。 3.戈邑（郏）。 4.涅。 5.涅金。 6.安阳。

图版九　方足布（二）

1. 中都。　2. 鲁阳。　3. 贝丘（或释齐贝、文贝）。　4. 乌邑（邬）。
5. 同是（铜鞮）。　6. 马雍（或释马服邑）。　7. 皮氏。　8. 攘垣。　9. 郻子。

图版十 圆足布

1. 丝氏（兹氏）。 2—4.閺。 5.簋（籬）石。

图版十一 釿布

1. 虞一釿。 2. 枲一釿。 3. 甫反(蒲坂)一釿。 4. 安邑一釿。

图版十二　梁的布币

1—2.梁邑。 3.梁正尚金当孚。 4.梁夺钅斤金当孚。 5.梁夺钅斤五(二十)当孚。

图版十三　异形布

1. 分布。　2. 垂。　3. 斾钱当忻（旧释殊布当忻）。

图版十四　针首刀

1. 五。　2. ⊣⊢。　3. ↓。

图版十五　燕的尖首刀

1. 行。　2. 六。　3. 八。

图版十六　燕明刀

1. 磬折刀。　2—3. 圆折刀。

两枚安邦刀，一阔一狭，一大字，一小字；但两枚上的止（之）字都弯曲作"止"，这是少见的。造邦刀中，我见有两枚刀缘有断痕的都是背有⊙的，可见背文同铸炉有关系，同一炉座的钱币尽管有大小不同，但仍有其共同点。

[14] 南太平洋的雅浦群岛等地方通行石币，形状如石磨，大小不等，有上吨的。

[15] 《说文》瑗字下引《尔雅》。

[16] 郑注《考工记》冶氏注：今东莱称或以大半两为钧，十钧为环，环重六两大半两。《职金疏》引作瑗。关于爰和孚是同一个字的问题，请参阅下目爰金部分。

[17] 俞椒《共字币考证》。见《泉币》第二七期。

[18] 郑家相《刀布泉钱名币之由来及其变化》。见《泉币》第二二期。

[19] 吴大澂《权衡度量实验考》

[20] 马昂《货布文字考》。

[21] 傅衣凌在《明清时代商人及商业资本》（人民出版社1956年版第二页）中说，中国的商用数字形成于宋元。这恐怕说得太晚了些。李俨《中国古代数学史料》（科学技术出版社1956年版第六——七页）追溯到汉简。都没有提到刀布上的数字。据我所见或见诸著录的数字有下列各种：

[22] 郑家相《中国古代货币发展史》。

二 黄金和金币

中国人发现黄金，应当是很早的。《管子》引伯高对黄帝的话说："上有丹沙者，下有黄金。"[1]《尚书·禹贡》有"厥贡惟金三品"的话。司马迁说："虞夏之币，金有三品，或黄或白或赤。"[2] 班固说："太公为周立九府圜法，黄金方寸，而重一斤。"[3] 这些话虽然没有根据，但黄金的发现一定是很早的，因为河畔砂砾中常常有天然的金块金粒。外国发现黄金有在铜之前的[4]，比白银早，因为银矿多不纯，常与铜、铅、硫、砒、锑等化合，天然银很少；而熔解技术又发展得慢。中国古代文献中虽然常常金银并提，而且殷代彝器上有错金银的事，如安阳和新郑出土的彝器就有错金银的，但究竟以黄金用得比较多。西亚一些古国如腓尼基、巴比伦、以色列等，白银用得比黄金多，那是由于特殊的原因，由于腓尼基人在国外发现并带回多量的白银[5]。中国在新郑的发掘品中，还有打了凸凹花印的金叶[6]。此外还有包金贝、贴金贝和纯金贝的出土。

黄金受到原始人的重视，自然不是由于法律的规定或人民的议定。人类对黄金发生爱好，大概因为它有象征作用。黄金既不能制造武器，又不能作生产工具，全靠它那美丽的光泽，恐怕还不足以打动古代人的心。外国有人说，古代可能以黄金象征太阳，白银象征月亮[7]。而且外国古代有用黄金仿制贝壳的事。据说公元前4000年的时候，红海和尼罗河之间的人民，曾用黄金仿制贝壳[8]。埃及文中金字的象形文字就是贝链。小亚细亚的特洛伊出土的最早的金饰也是粗制的金贝，用作发饰[9]。上面说过，中国也有金贝出土。因此有人把人类对于黄金的迷信同对贝壳的迷信联系起来。中国古籍中没有提到黄金的可宝之处，但中国古人也是有迷信的。既然认为"玉足以庇荫嘉谷，使无水旱之灾""珠足以御火灾"[10]，那么黄金也可能有它神秘的本领。

黄金被发现和掌握之后，最初应当是用作装饰品。到了战国时期，逐渐被用作宝藏手段和支付手段。中国在春秋以前，私有财产制度虽然早已确立，不过古时私有财产的范围很狭，土地还是以公有为原则，没有大地主。商业还不发达。个人的财富只限于自己份内的农产品；数量既不多，存储也不觉得不便。后来因为赏赐或开垦，于公田之外，又有私田。日子久了，私田数目增加，并且发生土地集中的倾向，这大概是春秋战国之间的事。同时由于技术的进步，如采用铁的农具等，使生产力提高。地主的私有财富也随着增加。地主私财的增加，便会发觉农产品不是理想的保值工具，甚至铜铸币也不是理想的宝藏手段。当时也许不在乎堆存农产品所需要的空间，但农产品不能久存，因此黄金就取得了宝藏手段的职能。

战国时文献中称金的地方很多。往往是指铜[11]，但有时是指黄金。向来的学者多以为是指黄金一斤[12]，也有人说是指一万钱[13]。金字的意义是变化莫测的。古时金银铜都称金。彝铭上的金字大抵都是指铜。春秋战国时的金字有时是指铜，有时是指某种货币单位，但有时是指黄金。如《公羊传》中的"百金之鱼"和《吕氏春秋》中的"千金之剑"，似乎不应该是指黄金，否则黄金的价值未免太低了。这里大概是指铸币，一金就是铸币一枚。但也不能把所有的金字全解作铸币。例如《管子》中叙述齐桓公卖盐"得成金万一千余斤"，又说"粟贾平四十，则金贾四千"。一两铜或甚至一斤铜决值不到四千个钱，何况这里的钱是厚重的刀布。所以我们不能否认黄金的使用，因为有些文献明明说是黄金若干镒或若干斤。《管子》书中就说过："黄金者，用之量也"，又说："黄金、刀、布，民之通货也。"《列子》和《吕氏春秋》都提到齐人到鬻金者之所偷金的故事[14]。这里的金显然是指黄金。进而证明战国时已有金店。

战国时期的使用黄金，是不容怀疑的。这并不是说，黄金在当时已是十足的货币。更不能说当时文献中的黄金都是指货币。古人钱财不分，其实财富不一定是货币。正如《易经》中"亿丧贝"的贝和"西南得朋，东北丧朋"的朋，都可以说是财富，但不一定是货币。同样，《战国策》记苏秦衣锦还乡时，问他嫂嫂为什么前倨后恭，他嫂嫂说"以季子位尊而多金"，这里的金，固然是财富，但也不一定是货币。

除了作为宝藏手段之外，黄金主要是作为支付手段，例如赏赐[15]、馈赠[16]和贿赂[17]后两者实际难以划分。黄金不具备货币的两种最重要的职能，即价值尺度和购买手段或流通手段。所谓"百金之鱼"和"千金之剑"如果是指黄金，那就是作为价值尺度，然而这里的金字不像是指黄金。文献中有用黄金来作悬赏标准的，如秦始皇悬赏以黄金千斤来购买樊於期的头[18]，这看来似乎是购买手段，但实际上这不是普通的交易，只能算是支付手段。所以春秋战国时期黄金的作用同荷马时期的希腊差不多。在《伊里亚特》中，黄金是一种贵重品，是人们追求的对象，有时用作支付手段，但不用来表示价值，也不用作购买手段，购买手段或价值尺度用牛，称某物值得几条牛[19]。

中国的重量单位，以见于彝器上的寽和匀为最早，但一寽是多少以及寽和匀的关系都无法知道，这两个单位在战国时期显然还在使用，秦汉间的文献对于孚的重量也没有一致的说法[20]。大概各地的习惯不一样，正同古代亚述人所用的单位锡克尔和米纳一样。锡克尔有两种标准，一重十七公分，一重八公分半。后来腓尼基人和希伯来人采用这单位，又有各种不同的标准，五十锡克尔等于一米纳，六十米纳等于一塔兰顿。这种衡制由巴比伦传到希腊，但希腊各地的塔兰顿又不同。中国的孚虽有轻重两种说法，大概通行的是重的一种，即三孚重二十两，这由毛公鼎铭中的"取三十孚"可以证明，那裏的孚不可能只有十一铢多重。在战国时期只有两种重量单位，即斤和镒，一斤为十六两；一镒为二十两。从当时文献中的记载看来，这两个单位是乱用的[21]。这两个单位同匀和孚似乎没有正式的联系，这是一件难以解释的事。虽然后来的人用铢两把这几个单位联系起来，四个单位都成为铢或两的倍数。可是在甲骨文和殷周间的金文中似乎并没有铢和两这两种单位。铢两作为重量单位恐怕最初出现于三孔布上。那是战国末年，而且是秦国的制度，其他国家不用。那以前两字作䍕，从一从羊，指羊牴；后来用作匹耦或一对的意思，如车辆，因车有两轮。金文中的两字，即作这种用法，不作重量名[22]。斤字在古时乃工具名，如斧斤，不是重量名称；益字由朋字转化而成，用作重量单位应在铢两出现以后。所以西周彝铭中的匀和孚如何变成春秋战国时期文献中的斤和镒，是一个值得研究的问题。

关于战国时期黄金的形式，不见有记载。但黄金在统治阶级的手中转来转去，应当有某种形式，有时自然是用器饰的形式，有时可能有特殊的铸造形式。如果没有固定的铸造形式，而只是用各种各样的金饰凭重量来授受，那就仍然是一种实物。

楚国是古代盛行黄金的地区，因为楚国有许多产金区[23]。例如汝、汉就是以产黄金而闻名[24]。管仲就羡慕楚国的黄金[25]。北方所用的黄金至少有一部分是从楚国去的，《尚书·禹贡》提到扬州贡金三品的事。楚国的黄金有一定的铸造形式。这种形式是像豆腐干一样的小金饼，上面有文字。文字多用阴文，同蚁鼻钱上的文字一样。据说偶尔也有阳文的，但极少见，而且不是楚国的常制。这种小金饼并不是一枚一枚单独铸造，而是在一大块扁平的金钣上打上许多印记，使用时临时凿开。这些印记像图章一样，所以宋代人称之为印子金[26]。根据实物和土范，一钣上金饼的数目并不固定，有时十六方，有时二十方，有时二十四方，有人根据少数现象，就作出结论，说一方就是一两，一钣是一斤或一镒，这是不足信的。因为还有别的数目。实际上要看金钣的大小而定，金钣大就多打几印，金钣小就少打几印；而且在一块金钣上，印记的排列有的并不整齐。凿开的时候，也不可能准确。过去出土的金饼也并不是一方一方完整的。有时缺一点，有时只有半方，有时是三分之一，有时是两个半方连在一起，有时是一方半，有时是许多方连在一起而又残缺不全[27]，所以流通时一定要经过秤称。就是比较完整的一方，也因金钣有厚薄，印记也有大小，不能求出一个标准重量。尽管如此，当日的铸造者绝不会有意使它不等，他们心中应当是有一个标准的。只是由于技术水平低，而且不是一地所铸，所以分歧相当大。但除了据说有特别大样的郢爰以外，一般的金饼，若是完整，则它的重量不外自三钱到五钱，平均每方约重十五公分。

金饼上的文字，据所知有五种，即郢爰、陈爰、专爰、𪊏以及一方残缺的，只剩下半个字，作支，像是文字。郢（今湖北江陵县）是楚国的首都，顷襄王二十一年（公元前278年）秦将白起把它攻下了，楚都迁到陈（今河南淮阳县）。考烈王二十二年（公元前241年）又迁寿春（今安徽寿县），仍用郢的名称。专爰的文作 𩾃𫘝，爰字好像有一偏旁，也许作锊；专（即鄟，今山东兖州）在春秋时属鲁，战国时并于楚[28]，大概也是当时一个重要的城市。𪊏字有人释为颍[29]，即使释得不错，也难确定它的地点。安徽有颍州（即阜阳）和颍上，河南有临颍，不知究竟在哪里，好在这三个地方都在颍河上下游。至于那枚残饼上的半个字，就不晓得是什么地方了，它只证明有第五种金饼的存在。

金饼的开铸时期也不是容易确定的。这种金饼料想自古即有发现[30]，北宋时寿州出土相当多。近代安徽、河南、山东、江苏等地都有出土。湖南只有陶制的冥饼，应当也有金饼。但湖北却没有出土。如果将来还没有金饼出土，那就说明它是迁都以后铸的。而且大概是考烈王迁都寿春以后铸的。寿春是铸造中心，其他几个比较大的城市也从事铸造，而且铸造的金饼不限于用本地的名称，大部分是用郢爰二字。因为各地出土的以郢爰为多，其他几种地名的金饼也在寿县出土，但数量非常少。据说河南出土的郢爰，篆法同寿县出土的不同，金色也稍淡[31]，但金饼的成色一般都是很好的，有些接近纯金。

由于金饼以郢爰为最常见，而其他几种也称爰，所以把这一类金饼统称为爰金或金爰。爰同锾自然是同一个字。向来学者们认为爰和寽也是同一个字[32]。但也有人提出异议，说古代这两字的书法判然不同，是汉代人误读作一个字[33]。这问题由爰金上爰字的书法得到解决。爰金上的爰字大体上有两种写法：郢爰和陈爰作𤔔，这应当是爰字；但专爰作𤔣，这就应当是寽字了。可见两者实在是一个字的两种写法。寽原是重量单位，后来兼作价值单位。正同巴比伦的锡克尔原为重量单位，后来变成货币单位一样。战国文献中的锾，到底是价值单位，还是重量单位，不是很明确。单说"其罚百锾"，可以理解为价值单位，也可以理解为重量单位，但以解作价值单位适当些。甚至可以解释为货币单位。因此爰金上的爰字也应当解作价值单位。切凿得不整齐并不妨碍爰作为价值单位或货币单位。几百年前，中亚细亚的迪尔亨姆银币和英国的银便士常常被切成两半或四片，以供零用，这并不妨碍迪尔亨姆和便士作为价值单位或货币单位的资格。

据说郢爰有银质的[34]，也有铅质包金的，后者同陶饼一样是冥币。

北方的刀布是从生产工具发展出来的。楚国的蚁鼻钱是铜贝发展出来的，但爰金的形式就难以解释了。它不像是什么工具演变出来的，也不像是装饰品。这种形状的钱币只有印度使用过。印度在公元前4世纪前后通行方银饼和方铜饼，上面也打上各种印记，也用切凿的办法来截开。楚国的金饼是不是同印度的银饼有联系呢？为什么楚国的币制中同时包含着最落后的因素和最先进的因素？这些只有把它同外来影响联系起来才好解释。蚁鼻钱作为贝壳的承继者在当时中国的币制中是一种落后的因素，而金币却是一种先进的因素。

注 释

[1] 《管子·地数》。

[2] 《史记·平准书》。

[3] 《汉书·食货志》。

[4] A. R. Burns, *Money and Monetary Policy in Early Times*.

[5] 在公元前1000年前后，腓尼基及邻近国家通行白银有千年之久，而且银比金贵。古代希腊人认为黄金只值白银的十分之一。《旧约》中所记公元前7世纪时的情形也相同。在《摩西书》中，银质的献礼在价值上等于金质献礼的二十倍。埃及人虽然金银铜并用，但在他们同腓尼基等国人的贸易中，也使用白银。(Silver and Gold in Antiquity as Money. 见 *The Historians History of the World*. Vol. Ⅱ .part Ⅴ . Phoenicia.chapt. Ⅶ .Phoenician Commerce，pp.339—342.)

[6] J. G. Anderson, The Goldsmith in Ancient China. (*Reprinted from the Bulletin of the Museum of Far Eastern Antiquities*, No.7.Stockholm, 1935.)

[7] A. R. Burns, *Money & Monetary Policy in Early Times*, p.19.

[8] Elliot Smith, *A Letter to the Times of March 15th*, 1924.

[9] Elliot Smith, *Evolution of the Dragon*, p.222.

[10] 《国语·楚语下》第一八："国闻国之宝六而已；明王圣人能制议百物，以辅国家，则宝之。玉足以庇荫嘉谷，使无水旱之灾，则宝之。龟足以宪臧不，则宝之。珠足以御火灾，则宝之。金足以御兵乱，则宝之。山林薮泽足以备财用，财宝。若夫哗嚣之美，楚虽蛮夷，不能宝也。"这里金是指铜。

[11] 参见本书第十四页。

[12] 《庄子·逍遥游》："不过数金"注和《战国策·东周》第二"三十斤"注。

[13] 《公羊传》隐公五年"百金之鱼"注。

[14] 《列子·说符》第八："昔齐人有欲金者，清旦衣冠而之市，适鬻金者之所，因攫其金而去。吏捕得之，问曰：人皆在焉，子攫人之金何？对曰：取金之时，不见人，徒见金。"《吕氏春秋》卷一六《察微》有同一故事。

[15] 《战国策·燕王喜》："秦王目眩良久，已而论功赏群臣及当坐者各有差，而赐夏无且黄金二百镒。"

[16] 《国语·晋语二》："黄金四十镒，白玉之珩六双，不敢当公子，请纳之左右。"

[17] 《战国策·楚怀王》："南后郑袖闻之大恐，令人谓子张曰：妾闻将军之晋国，偶有金千斤，进之左右，以供刍秣。郑袖亦以金五百斤。"

[18] 《战国策·燕王喜》："荆轲知太子不忍，乃遂私见樊於期曰：秦之遇将军，可谓深矣。父母宗族皆为戮没，今闻购将军之首金千斤，邑万家，将奈何？"

[19] 《伊里亚特》（根据英国 Alexander Pope 的译本）第四卷第八一页有下列几句：

For Diomed's brass arms, of mean device,

For which nine oxen paid, (a vulgar price)

He gave his own, of gold divinely wrought,

A hundred beeves the shining purchase bought.

[20] 参见本书第十二页。

[21] 古籍中关于战国时期黄金单位的记载有下列各条：

周……镒：《汉书》："以金千镒求天下珍物。"

秦……镒：《吕氏春秋》："金千镒。"《战国策》："黄金万镒为用。"《史记·孟尝君传》："秦王大悦……黄金百镒以迎。"《史记·荆轲传》："赐夏无且黄金二百镒。"

斤：《史记·信陵君传》："秦王患之，乃行金万斤于魏。"又《吕不韦传》："子楚与吕不韦谋，行金六百斤于守者。"又《荆轲传》："秦王购之金千斤。"

《战国策·秦》苏秦："黄金百斤尽。"《庄襄王始皇帝》："金千斤。"

宋……镒：《孟子》："七十镒。"《战国策·宋》："黄金三百镒。"

晋……镒：《国语》："黄金四十镒。"

齐……镒：《管子》："黄金一镒，百乘一宿之尽也。"《史记·聂政传》："严仲子奉黄金百镒。"

斤：《管子》："黄金一斤，值食八石。""吾有伏金百斤。""得成金万一千余斤。"《孙子》吴起："射胜得五千斤。"《史记·范雎传》："齐襄王……乃使人赐雎金十斤。"《战国策·齐》冯谖："金五百斤，""黄金十斤。"又燕："以金千斤谢其后""梁王……黄金千斤……往聘孟尝君。"

韩……镒：《韩非子》："铄金百镒。"《战国策·列侯》："黄金百镒。"

赵……镒：《战国策》："黄金千镒，""黄金万镒，""黄金百镒。"《荀子》："千镒之宝。"《史记·苏秦传》："赵王……乃饰车百乘，黄金千镒。"又《范雎传》："赵王赐……黄金百镒（于虞卿）。"

斤：《史记·吕不韦传》："行金六百斤予守者。"

燕……镒：《韩诗外传》："金百镒。"《战国策》："黄金千镒以为马食。""黄金二百镒。"

斤：《战国策·王喜》："金千斤。"《燕丹子》："邑万户，金千斤。"

梁……镒：《孟子》："万镒。"《史记·淳于髡传》："（梁王）黄金百镒。"

斤：《战国策·齐》："梁王……黄金千斤……往聘孟尝君。"

楚……斤：《战国策》："偶有金千斤，进之左右……郑袖亦以金五百斤。"

越……镒：《史记》："越王许送子贡金百镒。"又越王勾践："乃装黄金千镒，置褐器中，载以牛车。"《战国策》："越王乃封苏秦……黄金千镒。"

[22] 罗沐园《说两》。见《泉币》第二六期。贯井银次郎《两字臆说》。凡《货币》第一三五号（昭和五年六月）。

[23] 《战国策·楚三》："王曰：黄金、珠玑、犀、象出于楚，寡人无求于晋国。"

[24] 《管子·揆度》："黄金起于汝汉水之右衢。"王充《论衡·超奇篇》："雍州出玉，荆扬生金。"

[25] 《管子·地数》："使夷吾得居楚之黄金，吾能令农毋耕而食，女毋织而衣。"

[26] 《古今图书集成》卷三三七《金部·杂录》引《梦溪笔谈》："寿州八公山侧，土中及溪涧之间，往往得小金饼，上有篆文刘主字，世传淮南王药金也。得之者甚多，天下谓之印子金是也。然止于一印，重者不过半两而已，鲜有大者。予尝于寿春渔人处得一饼，言得于淮水中，凡重七两余，面有二十余印。背有五指

及掌痕，纹理分明。传者以为泥之所化，手痕正如握涅之迹。"

[27] 龚心铭《浦口汤泉小志》中拓本所标明的重量有下列各种：

郢爰一方半，重四钱五分。

郢爰一方多一角，重三钱八分。

陈爰六方都残缺不全，重一两。

郢爰一方不全，重三钱四分。

郢爰一方多一角，重曹平三钱九分。

郢爰一方不全，背有卜小印，重二钱五分。

郢爰两方，重曹平九钱。

陈爰一方不全，重二钱五分。

郢爰两方不全，重曹平九钱五分。

郢爰一方，下有阳文丌小印，重五钱四分。

郢爰一方，重四钱。

郢爰一方，边有阳文丰印，重三钱。

陈爰小半方，重一钱。

郘二方，重六钱九分。

郢爰一方，重三钱。

郢爰一方半，重曹平七钱。

郢爰一方，重四钱二分。

郢爰半方，重一钱九分。

郢爰一方不整齐，重三钱。

郢爰五方，仅一方全，重一两零七分。

郢爰大半方，重三钱。

字迹不明，大半方，重二钱四分。

郢爰一方，重四钱九分。

郘四方不完整，重曹平九钱四分。

残片，爰字下半有阳文X字小印，重一钱。

专爰二方不全，背有阳文丌印，重五钱四分。

陈爰残片，重一钱三分。

郢爰一方，重四钱。

郢爰一方，重四钱。

郢爰四方不完整，重一两七钱七分。

郢爰一方，重二钱八分。

郢爰一方，重四钱三分。

郢爰一方，传形，河南出土，重四钱一分六厘。

亠字一残方，重四钱二分八厘。

郢爰一方，重五钱零五厘。

此外加藤繁调查到日本的三井家所藏的三十五方、中国罗振玉所藏的四方、方若所藏的一方，共四十方，全是郢爰，只有重量（《中国经济史考证·郢爰考》，吴杰译本）。从少数有附图的看来，只有三四方是比较完整的，每方自三匁二到四匁六。匁是日本的重量单位，每匁重三公分七五，稍重于中国的库平一钱。库平一钱是三公分七三，漕平一钱是三公分六六五。另外我自己秤得一枚，一方又四分之一，重十五公分。还有其他藏家和博物馆所藏以及近年出土的，总共当在百枚以上。但其中陈爰只有九方，没有一方完整的，钞有六方，只有一方完整。专爰二方，不完整。另有"文"字残片一方和字迹不明的一残方。其余全是郢爰。

[28][29] 《浦口汤泉小志》。

[30] 《太平御览》卷八一〇《金》引《晋永和起居注》："庐江太守路永表言，于谷城北，见水岸边紫赤光，得金一枚，文如印齿。"可能就是爰金。

[31] 《浦口汤泉小志》。

[32] 《周礼·考工记》冶氏郑玄注引《说文》："许叔重《说文解字》云，锊，锾也。"

[33] 戴震《考工记图》即已提出疑问。郭沫若《金文丛考》第二八八页说："爰乃孚之误，古文孚作乎，爰作爭，判然二字，汉人误读而混淆。"参见本章第一节二注[29]。

[34] 《周金文存》卷六下列有古银饼一，上有印文，不易辨识，大于清末的双铜元。邹安附记："与饼子金同，山东新出土。"郑家相《中国古代货币发展史》第一九八到一九九页。

三 秦始皇统一中国的币制

秦始皇于公元前221年统一全国，不但在中国政治史上有划时代的意义，就是在中国货币史上也可以作为新的一章的开始。因为他废除了战国时期那些形形色色的货币，把方孔圆钱半两推行于全国。这种以铢两为单位的货币制度在中国通行了一千多年。然而铢两单位的货币制度不始于始皇，而是整个战国时期演变出来的，是在其他国家相互影响之下发展起来的。

而政治上的统一是短暂的。所以我不把它当作一个新时代的开始，而把它当作旧时代的结束。实际上，它是一种承上启下的制度。

币制的统一是政治、军事统一和文化融合的结果。打开春秋战国时期的地图一看，中央是围绕着周朝王室的一些小国，保持着古老的文化传统，可是没有发展的余地，只能互相兼并。它们的四围是几个大国燕、赵、秦、楚；这几个大国都有无穷的后方，然而燕、赵偏处北方，气候寒冷，文化落后，物产也不怎么丰富。只有秦、楚两国真正富强，特别是楚国。后来秦国一时占了上风，但楚人还是相信：三户可以亡秦。当时其余的国家，主要使用刀、布，秦国用环钱，楚国用黄金，后来中国的币制，就是秦楚两国币制的融合。秦国也用黄金，史称："当秦之隆，黄金万镒为用"[1]，但秦国不以产金著名，只有楚国是以产金著名，而且有金币遗留下来。

秦国的币制史，现在还弄不十分清楚。史称惠文王二年（公元前336年）初行钱[2]。是不是意味着以前秦国没有货币流通呢？似乎未必如此。孝公的时候，卫鞅曾以赏金制度来建立政府的威信，有十金和五十金的记载[3]。董仲舒说：秦国用商鞅之法，除井田，民得买卖[4]。这些都说明：当时已有货币的使用。可能使用的是其他国家的货币。

惠文王二年初行钱的意思，应当是指建立一种独立的货币制度。这种货币制度大概就是以朱两为单位的货币制度，朱两的单位可能是卫鞅所采用或改订的。但最初所铸造的钱币是什么形式呢？有人说是三孔圆足布，有人说是环钱。

主张三孔布说的人提出一些理由：第一，三孔布上的地名，后来多归于秦。第二，三孔布的形制一律，文字整齐；只有秦国的力量才能做得到。第三，三孔布以朱两为单位，这是秦的单位。但这些理由的说服力还不够。首先，六国既统一于秦，各地自然都先后为秦所得，难道说：所有的刀布都算秦钱么？其次，形制一律和文字整齐并不是秦钱的特征，试看环钱重一两十四铢和半两等便可以知道。三孔布的文字是否真正整齐还有问题，因为出土数量太少，无从判断。实际上，朱字和两字的书法并不一律。不论安阳、鲁阳或邯阳的阳字，书法还不能说是整齐划一。

主张三孔布说的人，还须解决一些困难的问题。第一，布上的文字不易识，例如其中有 ⿱父⿰⿱尸巴（有人释为"文雁乡"）一种，文字就不可识。论理李斯所废的字是六国文字中同秦篆不合的字，所改的是笔画繁重的字，秦国本来的字应当没有大的改革，为什么我们看来反而生疏呢？第二，就所能解释的文字看来，上面的地名，也不容易找出它们的地望。论理秦国的地名是不会改动得很厉害的，只有别国的地名常为秦国所更改。第三，三孔布数量极少，似乎不可能是长期铸造行用过的，可是布上的安阳如果是指秦国从魏国夺取到的宁新中所改名的，那是昭襄王五十年（公元前257年）的事，上距惠文王近八十年，安阳布自然是在改名之后铸的，八十年不算短，为什么三孔布出土的数量几乎比任何一种空首布还少得多呢？解放前出土的总共不过二三十枚。第四，如果三孔布是秦制，那么，重一两十四铢、重一两十二铢和半睘自然也是秦制，秦国在什么时候又实行了这样一次重要的币制改革呢？

主张环钱说的人，遇到的困难比较少。他们把三孔布看作是圆足布的一种发展。而秦国则自惠文王二年起就采用重一两十四铢等环钱，后来始皇只将圆孔改为方孔，铸造半两钱。环钱数量虽然不多，但比起三孔布来，要多得多。环钱上的文字同半两钱的文字非常接近，而同三孔布的文字差别很大。

问题是：如果惠文王二年行的钱是环钱，而不是三孔布，那么，朱两的货币单位就不是秦国所创制的，而是采用其他国家的制度。这其他国家是什么国家呢？战国时期实行过重要改革的，除秦国外，只有魏国，魏文侯用李悝为相国，进行了重要的改革。但是没有听说对度量衡有什么措施。而且魏国是用方足布和钘布，在以后也没有用朱两为货币的单位。当时风雨飘摇的周室似乎也不会实行一次那样的改革。所以还是系之于秦国比较合理。但是如果三孔布是惠文王所采用的货币，那就证明当时秦国的货币流通是很有限的，也许只是一种象征性的流通，远比不上燕、赵、齐、魏等国。閺和离石虽然仿造圆足布，但它们一地所造的比整个秦国几十百年所造还要多。所以也许三孔布的时期晚于重一两十四铢等，它们不是惠文王铸的，而是后来在靠近圆足布地区铸造的。

从文字上来研究也是一件有趣的事。三孔布上是用大篆，环钱上是用小篆。譬如两字，在三孔布上作兩，环钱上作兩。两字在甲骨上作兩，是羊祀的意思，后来借作车两的意思，作兩。也许到孝公时或惠文王时或更以后才用作重量单位或货币单位。所以有人认为三孔布上应读作"一两"二字，而不是一个"两"字。后来小篆的两字上面加一画，是误读三孔布上面的一两二字为一字。但也许秦国采用两字作货币单位的时候，已在上面加一画以示区别，也未可知。《说文》正是把兩和两分为两个字。

司马迁说：秦统一全国，币为二等，而珠、玉、龟、贝、银、锡等只用作器饰宝藏，不用作货币。好像在统一以前是用那些东西为货币似的，但从文献上找不到证据，在理论上，不可能同时用那许多物品为货币，在实际上，当时各国都有铸造货币，不需用这些实物来作货币。大概司马迁只是想当然。他的话并没有错，只是容易引起后人的误解。

始皇不但禁止各种财物用作货币，而且大概也禁止各国的刀、布和环钱等。他把秦国原来所行的金钱本位推行于全国。所谓金钱本位，就是黄金和铜钱并行，以黄金为上币，单位为镒，等于二十两；铜钱为下币，即半两。所谓上币，大概限于大数目的支付，如帝王的赐予、贵族间的馈赠等，日常交易用半两钱。

半两钱虽然不是始皇统一六国以后才铸造的，但也不会是在他即位以前很久开铸的，大概是在他治下开铸的。固然秦半两的数量是相当多的，但自他即位到秦亡，前后有四十年。在那种连年用兵的情况下，铸造大量的钱币是可以理解的。在始皇以前的那八九十年间，应当是用三孔布和环钱，那时也不是太平的时候，而环钱遗留下来的是这样稀少，这似乎难以理解。其实周秦两代看到由铸币的产生到货币流通的第一次高潮，货币铸造额必然是越来越多，最后一二十年间铸造的数量可能等于以前几十百年的铸造数量。始皇统一六国之后，半两成了全国统一的货币，要供应全国的需要，它的数量自然要多，而且既然全国都用半两，因此原来各地的刀布和环钱都须改铸，齐刀一枚可铸半两五枚，数量自然会增加。始皇收兵器的措施也可能影响钱币的数量，人民与其交出兵器，不如改铸为钱。

始皇的统一币制到底是怎样统一，没有明确的文献资料。只是统一货币的种类和单位呢？还是连货币铸造权也统一了？论理在那种集权政治之下，货币的铸造和发行是应当由国家垄断的，史书记载项梁部下私铸大钱的事[5]，可见私人铸钱是犯法的。然而即使铸币权由政府垄断，这种垄断也是表面的。遗留下来的半两钱，如同牡丹叶一样，枚枚不同；至今还没有发现制作整齐、文字规矩、可以一望而知为官炉所铸的秦半两。因此也难根据秦半两的重量来确定秦的衡法[6]。秦半两中，最轻的只有六公分许，最重的在二十公分以上，可见有些半两钱不够标准，同时也有一些半两钱超过标准。战国时期，各地的衡法当然不同，始皇虽然颁布了统一的度量衡标准，但在当时的条件下，谅难贯彻。这是一个原因。此外，当时的价值观念还不很发达，铸钱者对于钱的重量，不大重视，所以有超过标准的事。我曾根据六十四枚秦半两作过实验，每枚的平均重量约为十公分许，这数字大概偏高，因为藏家总是喜欢收藏厚重的半两。根据我的体会，秦两大概在二十公分以下。要求得秦两的重量，不如先求得汉两的重量，西汉五铢有很规矩的。至于成色，根本就不会有什么标准；当时是用各种成色的原铜铸钱，或用现成的铜器改铸。从遗留下来的秦半两看来，成色是很不一律的[7]。

秦半两的一个特点是文字高挺，高挺得容易磨损，因为没有轮郭来保护。这一点同古代希腊的钱币一样，然而西方要到一两千年后才知道用外郭来保护钱币上的图形，而中国的秦半两只是一段后退的插曲。战国时的刀布已有加外郭的，自西汉的五铢钱起，轮郭就成了中国钱币的一个不可缺少的部分。

史书所载始皇对于币制的那些规定，如果是根据当时的法令，那么，这就是中国历史上最早的货币立法。中国的货币，虽然发生得很早，但没有什么制度可言。班固所说齐太公的九府圜法，俨然一种完整的制度，可是这一说恐怕出于虚构。至于《国语》所说的周景王的大小钱，也没有得到证实。所以始皇的币制改革是有重大的历史意义的。他那种币制，可以说是金钱本位，也可以说是金铜本位，因为钱是以重量为单位，和生铜块差不多。只不知道黄金和铜钱之间，有没有法定比价[8]。大概黄金和铜钱是两种独立的货币。当时已有黄金买卖，若两者有固定比价，那就不是买卖，而是兑换了。

始皇改革币制的历史意义，还在于货币形态的改革，即由各种原始形态的货币，统一在圆钱之下。而且采用方孔的圆钱。方孔圆钱可能不是始皇时所创制的[9]，但一经他采用之后，中国货币的形态就固定下来了，行了两千多年没有变，而且影响了许多其他民族。历代史家都说钱圜函方的形制是齐太公所制定的，但没有物证。以前钱币的穿孔，不管是三孔布也好，刀柄也好，环钱也好，蚁鼻钱也好，都是圆的，为什么改用方孔呢？有人说古钱是穿插在方形的竹木枝上，方孔可以免得钱身回转磨损。这种解释是难以使人信服的。第一，古代钱币不一定是插穿在方形的竹木枝上，可能是用麻绳来穿；第二，古代人民对于钱币的磨损，不会寄以很大的关心。欧洲中世纪很关心钱币的磨损，那是指金银币；中国用铜钱，价值很小，磨损没有多大关系。我们想象：始皇采用这种方孔圆钱，是不是因其有象征作用。外圆内方，象征天圆地方，这是古代的宇宙观，而始皇是一个相信方士的人。

在秦始皇改革币制的前后，另有一些方孔圆钱。第一是明刀类，包括三种钱，即一刀、明刀和明四。由于明刀的明字和磬折刀上的字相像，应当是燕地所铸，是秦灭燕前代替原来的刀币而铸造的。大概先铸明刀，后铸一刀。刀字也像月字，所以有人释为明月，甚至有人释为明夕。明四的四字只作四道斜文如////，有人说是象征磬折刀背的四道文。这种钱铸得很少。也许是明刀变成方孔钱的最初形式，而且大概系试行性质，不久就改为明刀方孔钱，重量也减轻。无论如何，这三种钱不是同时铸造的，甚至不一定是同一货币体系的三个环节。一刀在制作上接近下面的体系。第二是賹货类，也包括三种钱，即賹化、賹四化和賹六化。由于化字和齐刀最后一字相同，而且是在山东出土，应当是齐国所铸。大概也是秦灭齐前用以代替齐刀的。班固大概把賹字认作宝字，所以说是周景王所铸。后来钱币学家也这样相信。賹字在钱上作 㿿 ，是由两个部分构成的，即为 𠂤 和 貝 。前者在甲骨文中常见，是二十朋，后来转作益字[10]。这是一件有趣的事，因为益字同二十有联系。战国时期，以二十两为锱或益，可见益字还保留了原来的含义。大概在殷周间是指二十朋贝，并逐渐取得益字的发音，到春秋战国时期，已变成一个独立的字，而且用作地名，因为空首布上的益字应当是指地名。貝 是贝字，所以两部分加在一起应当是賹字，是齐的地名益都。古代地名多加邑旁，没有加贝旁的，所以释作宝字，在情理上也讲得通，二十朋贝也可以称宝。不过宝四化、宝六化，文义不通。也许齐国地名有加贝旁的作法。例如鄁斨布，如果是山东费县所铸，那就说明：战国时期，齐鲁一带的地名，可以加邑旁，也可以加贝旁，甚至两者可以互调[11]。

那些认为齐刀背面的记号是纪值数字的人，以为賹六化五枚等于大刀一枚，斨钱当忻三枚合大刀一枚。他们显然以为这些钱币都是同时混合流通的。

论制作，这些钱都可能是在半两之前，一刀钱常同磬折刀一起出土。其他各钱的文字也都比半两钱的文字古朴。所以秦始皇的半两钱，在形制上可能是仿效这些钱的。不过当时的钱，单凭制作，还不能判断其先后，因为各地的技术水平和文化水平很不一致。秦国近周室，而且富于改革心；明刀钱和賹化钱是地方性的货币，保守性大一些。假使半两在前，其他各钱在后，后者还是可能更加古朴，尤其在文字方面。这些钱的历史意义在于：假若它们是在半两之前，那就证明：半两不是最早的方孔钱；也即是说，方孔钱不是嬴秦所创制的。假若它们是在亡于秦之后铸的，那就证明：秦始皇并没有真正统一全国的币制。可是也许半两钱的开铸是在始皇统一全国之前，而这些钱是燕齐等国模仿早期的半两。

此外还有两甾（即锱或锱）、文信、长安、昌邑四种钱，也是方孔钱。

甾是战国时的重量名称。有人说，六铢为甾。那么，两甾就是半两。也有人说八铢为甾，则两甾是十六铢。这种钱钱身比秦半两薄，文字平夷，分量也轻，每枚自五公分到七公分，面背有外郭；其没有外郭的大概是磨损的结果。有人说，这种钱是汉初的地方货币。因为它的制作有点像西汉的八铢半两，但半两没有背面带外郭的，倒是先秦的刀布有这种制作，例如虞一钘布。而且战国时的环钱如济阴等，文字很少有高挺的，重一两十四铢等秦钱也是一样。从重量上看来，两甾同重一两十二铢倒像是同一体系的东西，只是穿孔方圆不一样。文信的正面有四道角文向外伸，有点特别，无从考证。汉镜上常有这种角文，普通称为规矩文。有一种西汉五铢压胜钱，背面花纹中也包含有四道角文。有人说，吕不韦封文信侯，或者是他铸的。也有人把第二字释作阳字，说是汶阳地方所铸。长安钱的文字排列得奇怪，长字在穿右，安字在穿下，略小于明刀钱。据说另有一种钱，上有长相思三字，也是这样排列，似乎不是行用的货币，但方足布上有长安一种，可见战国时已有这地名。昌邑的文字很特别，笔画很肥。钱上有邑名，是战国时的办法。昌字也有释作申字的。

注　释

[1]　《战国策·秦策》卷三。

[2]　《史记》卷一五《六国年表》。

[3]　《史记·商君列传》。

[4]　《汉书·食货志》。

[5]　《太平御览》卷八三五《资产》部一五《钱》上引《楚汉春秋》。

[6]　吴大澂曾根据八枚秦半两的重量求得秦两的重量是一六点一三九八五五七公分。这数字为吴承洛在其《中国度量衡史》所采用。但这数字是极不可靠的。我自己曾用六十四枚秦半两作一次实验，求得每枚平均重量是一〇点一九二公分，秦两应为二〇点三八四公分。但我认为这数字还是不可用。

[7]　日本人曾化验过两枚秦半两，含铜量自百分之七十四点二到百分之七十八点八五，其余为铅锡等杂色金属（加藤繁《中国经济史考证》（吴杰译本）第一五〇页）。但仅仅化验两枚的结果，没有什么代表性。

[8]　《公羊传》隐公五年："百金之鱼"注说一金值万钱。但这话恐不足信。注者大概是把西汉的事适用到战国时去。这里的金字应当是指当时的钱币的一个单位，百金即百枚的意思。

[9] 《汉书·食货志》说,始皇的铜币"质如周钱",似乎方孔钱是周制。这话未必可信。大概因班固把赒化钱看作周景王的钱,这样一来,半两钱自然就是仿周制了。

[10] 《说文》。

[11] 《玉篇》说:郮论语作费,或作鄪。罗泌《路史·国名记》丁说:"费一作郮,在河南,与鲁费异。"

四 货币经济确立后的影响

春秋战国期间,大概由于铁器的使用,即《孟子》所谓"以铁耕",生产力提高,商货增加,交易频繁。史称燕、韩、魏、齐、楚、陈、秦等国多商贾,或通工商之业,这就是商品生产增加的明证。有些无地可耕或有一技之长的农人,移居于市场的附近,靠工艺谋生。在这种农产品和手工业品日增的条件下,货币的使用也就开始增加了。交易的频繁,使商人的财富累积起来,使土地有集中的倾向。但土地不能无限制地扩张,而谷粟等实物又不是很好的宝藏手段,于是楚国的黄金渐渐取得这种职能。甚至用作大数目的支付。另一方面,市场附近人口的集中,形成许多市镇,如齐的临淄,晋的绛以及各国的首都,一处的人口,多的有到三千家[1]。

春秋时期,货币的使用是可以肯定的。只是不大反映在当时的文献中。睘卣铭中的"贝布"二字,意义不十分明确。春秋战国时期文献中的布字不能确定无疑地解作铸币。《左传》中的"百两一布"[2]和《礼记》中的布[3]也差不多。当时基本上还是自然经济。

到了战国时期,商业有显著的发展,这自然反映生产的发展。春秋时的市镇,规模逐渐扩大,一处有多到万家的。例如齐国的临淄,显然很繁荣[4]都市的发展,对于货币流通,有促进作用。战国时的文献反映了这一点:《墨子》所说的"一布"[5]、《管子》和《荀子》所说的"刀布"[6]以及《韩非子》所说的"百束布"[7],都是指铸币。不但商人之间使用货币,人民的日常生活如酤酒[8]、粜谷[9],也用钱币。

中国的货币经济,到战国时期才取得飞跃的发展。我们只要比较一下春秋时期的货币数量和战国时期的货币数量就可以知道。春秋时期的货币大体上可以空首布为代表,战国时期的货币可以平首布为代表。两个时期的年数约略相等,可是遗留下来的钱币数目却相差很大。我们当然没有关于两种布币的铸造数字或出土的统计资料，但若以两者的市价来推测，则平首布的数量大约等于空首布的十倍到百倍。这就证明：中国的货币经济是在战国时期确立的，说得更确切一些，战国时期产生了中国货币流通的第一次高潮。

正因为战国时期中国产生了一次货币流通高潮，因此出现了许多货币拜物教的现象。管仲羡慕楚国的黄金，说只要得到楚国的黄金，农民不耕地也有饭吃，女子不织布也有衣穿。苏秦穷困回家时，兄弟嫂妹妻妾都窃笑他，后来做了六国的宰相，家人见到不敢仰视，因为他位高而多金。从当时封建统治者利用这种心理而采取黄金贿赂政策以达到其政治目的的情形看来，也知道货币拜物教的猖獗程度。

战国时期有许多货币形态，也应当有各种货币单位。但这些货币单位不很明确。论理中国古代的货币单位应当同货币形态相符，即以刀和布为单位，可是文献中称为若干刀若干布的记载很少。只有《墨子》书中提到一布。刀布上有化、釿、锊、朱、两等名称。化是刀币体系的名称和单位，齐刀都称化，后来由齐刀演变成的方孔钱也称赐化、赐四化、赐六化。小刀中的晋阳刀也称化。也有少数布币称化的。釿、锊、朱、两是布币体系的名称和单位。釿大概是晋国一地区的单位，后为魏国和一些邻国所采用。但为什么称化称釿呢，过去一直没有适当的解释。近来有人说，化字原指镰刀，釿字是斧斤的斤，也是农器。然而在空首布上应当已是价值单位了。因为空首布中有拭釿和武锊两种，大小一样。锊本来是重量单位，见于殷周间的彝铭上；后来兼作价值单位或货币单位；到战国时各地的锊，已不相同了。有人说，在黄河流域，百锊等于三斤，北方则三锊重一斤四两[10]。但战国时期似乎没有两的重量单位。朱和两的单位见于三孔布和环钱上，二十四朱为两，这种单位似乎是秦国所采用的。此外还有爰、镪、锊、镤、率等单位，奇怪的是：这些单位似乎是同一字的变化，古代它们的发音相同，都读刷。西汉时有选和撰，也读刷。这些单位当初似乎是重量单位。有人说，一锊等于十一铢二十五分之十三，即百锊等于三斤。有人对此怀疑，说为什么有这奇零之数[11]，有人索性说一锊等于半两，即十二铢。方便倒是方便，只怕不符事实。一锊等于十一铢二十五分之十三，正说明锊和朱为两个不同地方的单位。正同中国的库平两折合成英国的厘必然会有奇零之数一样。有人说，东莱以三锊为一斤四两[12]，有些人为方便起见，就说是六两为锊[13]。证以《考工记》等书所说"剑重九锊"的话，应以这一说为是。也许楚国又有另外的标准。但战国时期这些单位也许不仅仅是重量单位，而兼作价值单位。因为有当孚布的存在,而且文献中有各种罚锾:《尚书·吕刑》有"其罚百锾"的话,《甫刑》有"其罚五百馔"的话,《尚书·大传》有"皋罚二千馔"的话,《史记·周本纪》有"其罚百率"的话。这些究竟指什么呢?是指一定重量的铜呢,还是指一定的价值如当孚布呢?

在用贝的时候,常有若干贝、若干朋的记载;在战国时期,货币只有名称或单位,没有金额。文献中不记若干刀、若干布、若干化、若干钘、若干朱、若干两。平安君鼎铭中提到五益六钘,那似乎是指重量,不是指价值。罚锾可能是指价值,但这种例子太少了。从这种情况来看,几乎使人怀疑战国时期的货币流通高潮。这种怀疑是不必要的。当时的文献,只纪录统治阶级的生活,不记录人民的生活。殷周间统治阶级用贝朋作支付,所以甲骨文和金文中常常提到若干贝、若干朋,甚至古诗中也提到。到了战国时期,统治阶级主要使用黄金,大数目的支付更是以黄金为主,所以文献中常常提到黄金若干镒、若干斤。至于刀布,只是一般人民的流通手段,那就不容易反映在文献中了。其实也不是完全没有,譬如称若干金的时候,可能就是指铜铸币。至于《管子》中的谷价,很明显是用铜币来计算的。

钱币的流通,并不限于都市,农村中也进入货币经济的阶段了。李悝叙述战国初年的情况说,一个典型的有五口之家的农夫,约治田百亩,每年每亩收粟一石半,共一百五十石,除去十分之一纳税,剩下一百三十五石,每人每月吃一石半,全年一家吃九十石,剩下四十五石。每石三十钱,可以卖得一千三百五十钱。每年社间尝新春秋之祀要用去三百,剩下一千零五十。穿衣服每人每年用钱三百,一家五口全年用一千五百,还差四百五十,如果家中有人生病或有死丧,不足额还要更大[14]。在这种情形之下,农夫们只有提高粟价,或改行,或经营副业。

大部分的农民大概都兼营副业,聊以维持生计。孟子所说:"五亩之宅,树之以桑,五十者可以衣帛矣。鸡豚狗彘之畜,无失其时,七十者可以食肉矣。百亩之田,勿夺其时,数口之家可以无饥矣。"[15]然而这种仅足糊口的生活,都还有天时的条件。所以农民的命运是:"乐岁终身苦,凶年不免于死亡。"

另据《管子》一书的记载,则一农终岁耕百亩,可以收二十钟,即一百二十八石,可以卖钱八千。这在货币所得上看来,似乎比魏文侯治下的农夫要好一点。然而粟价高,收入增加,其他物价也会上涨,支出方面也会增加。所以当时负债的农夫很多,"称贷之家,出泉参千万,出粟数千万钟,受子息民三万家"[16]。

应该指出,就是到了战国时期,货币流通也还远没有渗透到一切方面去，因为社会生活还是建立在自然经济的基础上。农民们基本上过着一种自给自足的生活，而农民占全人口的绝大部分。官吏的收入也基本上是实物。说得具体一点，经常收入或禄食是以粮食来支付，临时收入或赏赐、馈赠则用黄金。这在先秦文献中可以找到充分的证明。孔子居鲁，奉粟六万[17]。孟子说："仲子、齐之世家也，兄戴盖禄万钟。"[18]《管子》书中有"授禄千钟"[19]的话。临时的馈赠、赏赐或用黄金，如孟子曾被宋馈七十镒，受薛馈五十镒[20]。梁王曾以黄金千斤去聘孟尝君[21]。钱币的授受却少见。这也就说明：当时的钱币不是由政府铸造，甚至征税也不大用钱，而用实物，如布缕、粟米、力役等[22]，虽然也有所谓刀布之敛[23]，那大概限于特殊国家或部门。如果钱币是由政府来铸造，或政府经常有大量钱币的收入，政府必定会用钱来支付官吏的俸禄，然后由官吏用来购买商品或劳务，再通过税收的途径流回国库，这是后代货币流通的渠道。在战国时期，货币大概是由商人组织铸造，主要是作为筹码在商品流通的领域中辗转使用。商人用钱向小生产者购买商品，这些生产者又作为消费者用钱向商人购买消费品。所以士大夫所编写的文献中少提到钱币，如有提到，也限于商人或小额的支付。到了秦代，似乎已有固定的俸禄制度，但仍限于黄金和粮食，不用铜钱。爵位达到执圭的就"禄万担、金千镒"[24]。所以秦以黄金为上币，铜钱为下币。下币大概是高级官吏所不大接触的。需要小额支付时，也是由他们的仆从经手。

尽管如此，我还是认为货币经济是确立了。所谓货币经济的确立，并不是说完全没有实物经济的痕迹，在这社会里，一切都要通过货币。这种状态，在历史上是不存在的。也不是说，货币经济已占绝大比重，这是难以计算的，不但各地区不同，而且各时期不同。在这里，我是用来指货币通行下的一种状态，特别是指战国时期的一次货币流通高潮。在这种状态下，不但产生了价格计算的观念，而且有追求货币的现象。尽管在数量上或比重上自然经济还是主要的，然而从发展上看，货币经济是主要的，它注定要取得支配的地位。

自铸币通行后，虽然逐渐形成了价格计算的观念，不过战国期间的物价记录，意义不大：第一，战国时期币制复杂，各种铸币轻重相差很大，各种物价又不知是根据哪一种货币计算的，不能同后代的物价比较；第二，当时政权分散，交通不便，各地物价相差很大，例如同是齐国，有时西部的粟价每釜百钱，东部只要十钱[25]，相差十倍。据当时各种文献所载，正常的粟价大概是自十钱一石到六十钱一石[26]。以四千钱一斤黄金计算，则每石的金价自四分到二钱五分。但这都是用当时的容量和重量。

当时的绢价,每匹合黄金十四铢半,布价则每匹约合黄金五铢[27]。金价是一金四千[28],如果一金是指一斤[29],则绢价每匹值钱一百五十,布价每匹值钱五十。

钱币既由各地发行,不但数量无所限制,而且减重的事,一定难免。史书说周景王二十一年(公元前524年)铸大钱,确实与否,不得而知,如果是后人捏造,也反映了在捏造的时候,有钱币轻重和大钱小钱的问题,这同物价变动是有密切联系的。

另外一种传说便是楚庄王的时候,因为钱轻,改以小为大,百姓不便,诉于孙叔敖,孙叔敖言于庄王,才恢复旧制[30]。这事同周景王铸大钱一样值得怀疑。大概都是秦汉间人的依托。

如果文献中关于货币减重的事不可靠,那么,遗留下来的实物也证明战国时期有减重的事。大梁的当乎布先以五枚厚重的当一乎,后以一枚轻小的当一乎。又如明刀圆钱,初铸的重五公分,后来减重,最轻的在两公分半以下。而且这种明刀本身又是从更重的刀币减重而来的。

在特殊情形之下,物价也有涨得很高的例子,例如始皇三十一年(公元前216年)因有人谋刺,关中大索二十日,米价涨到每石一千六百钱[31]。但这种涨价,没有货币的因素在内。

货币经济的确立,对于人类的生活,产生了深远的影响。在积极方面,它不但刺激商品生产,以进一步保证自己的购买力和稳定性,而且由于它的使用,使人类在生活上获得前所未有的自由和独立,使人们能够充分发挥他们的智能,因而使人类文化有飞跃的发展。这一点由人类的历史可以证明。我们只要比较一下人类历史上的三种典型的社会就可以知道。美洲的马亚和印卡是在没有货币的条件下文化水平最高的,埃及和巴比伦是货币经济萌芽阶段中文化水平最高的,而公元前5世纪以后的中国和希腊是第一次货币流通高潮下文化水平最高的;这三类文化的高低是人所周知的,这里无须加以详细比较。但我们可以比较一下希腊在货币经济确立以前的荷马时代同货币经济确立以后的亚里士多德时代的情形。文化水平的差别是惊人的。雕刻是希腊文化突出的成就,但在货币经济确立以前,是用石块来代表神祇,三十块石头代表三十个神祇。在货币经济确立以后,情形是多么不同,创作的活力像泉水一样往上涌,像火山一样向上冲。

有人说,货币流通只是商品流通的反映,文化的提高不是受货币的刺激,而是受商品生产的刺激,是生产力提高的结果。货币是商品生产的必然结果。这话基本上是正确的,但不全面,最多只是一个事实的直叙,没有把事物的内部联系讲出来。为什么商品生产一定会带来货币呢?为什么不用商品交换的办法呢?难道不是因为货币本身有积极的作用么,不是因为货币的出现又促进了商品生产和流通,甚至促进生产力的提高么?货币对于文化的影响正在于此。在自然经济的条件下,人类不能离开他们的团体,不能离开他们的土地,不能把他们的财产搬到别的地方去,所以他们的身体就没有自由,因而思想也不能有自由,他们的思想要受到宗教的束缚,受到当地传统习惯和偏见的束缚。在货币出现之后,各种各样的束缚,必然会逐渐减弱,因为人民可以远走高飞,正如晁错所说:"使臣轻背其主,而民易去其乡。"这就使他们敢想敢说。而且异地的新鲜事物容易启发他的想象力和创造力,这是文化高潮的必要条件。中国在战国时期百家争鸣的文化高潮就是这样引起的。

然而货币的作用,并不都是积极的和建设性的,它还有消极的和破坏的一面。在货币出现之后,社会分化,增加贫富不均的程度,用古人的话来说,就是使"稼穑之民少,商旅之民多,谷不足而货有余"。"奸夫犯害而求利"[32]。甚至被统治阶级用作剥削的工具,使人民生活受到极大的侵害,这也是中外历史上所常见的事。

注 释

[1] 《战国策·赵策三》:"古者四海之内,分为万国;城虽大,无过三百丈者;人虽众,无过三千家者。……今千丈之城万家之邑相望也。"

[2] 《左传·昭公》二十六年条下有一段故事:"夏,齐侯将纳公,命无受鲁货。申丰从女贾以币锦二两、缚一,如䐑适齐师,谓子犹之人高齮:能货子犹,为高氏后,粟五千庾。高齮以锦示子犹,子犹欲之,齮曰:鲁人买之,百两一布,以道之不通,先人币财。子犹受之。"这段故事所反映的,首先是实物经济的重要地位,因为这里的支付手段是币锦和粟,不是货币。其中"鲁人买之,巨两一布"的话,意味着买卖行为的存在;但这一句话的意义不大明确,很难凭以作出可信的结论。若说布是刀布的布,首先,币锦就不会这样便宜,当时的生产力不会发展到这样的高度。其次,如果货币的购买力真的那样高,为什么不用货币呢?用货币不是可以解决道不通的困难么?如果说因为齐鲁两国的货币单位不同,一用刀,一用布,那么为什么不用黄金呢?黄金不是更便于携带么?若说是高齮在哄骗子犹,那是把子犹的理解力估计得太低了。《管子·乘马》第五有:"黄金一镒,百乘一宿之尽也。

无金则用其绢，季绢三十三，制当一锾，无绢则用其布，经暴布百两当一锾。"季绢三十三两值黄金一锾，百两值金三锾，锦价应高于绢价。《左传》中的布字可能传抄有误。清代一些考证学家，不懂货币学，不懂得社会发展情况，单从字面来揣摩，很难读通这一类的句子。

[3]　《礼记·檀弓》："子硕欲以赙布之余具祭器。"又"孟献子之丧，司徒旅归四布。"

[4]　《战国策·齐策一》："临淄甚富而实，其民无不吹竽鼓瑟击筑弹琴斗鸡走犬，六博蹋鞠者；临淄之途，车毂击，人肩摩，连衽成帷，举袂成幕，挥汗成雨，家敦而富，趾高而扬。"《史记·苏秦列传》略同。

[5]　《墨子·贵义篇》："今士之用身也，不若商人之用一布之慎也。"

[6]　《管子》："刀布为下币。"《荀子·富国篇》："厚刀布之敛。"

[7]　《韩非子·内储说下》："使我无故得百束之布。"

[8]　《韩非子》："或令孺子怀钱挈壶瓮而往酤酒。"

[9]　《管子》："中岁之谷，籴石十钱。"

[10][12]　《考工记》冶氏郑注。

[11]　蔡云《癖谈》。

[13]　陆德明《尚书音义》。

[14]　《汉书》卷二四《食货志》。

[15]　《孟子》卷一《梁惠王》上。

[16]　《管子·轻重丁》第八三。

[17]　《史记》卷四七《孔子世家》。《史记》虽不是先秦文献，但司马迁必定是根据先秦文献写出来的。

[18]　《孟子·滕文公》下。

[19]　《管子·小问》。

[20]　《孟子·公孙丑》下。

[21]　《战国策·齐策四》。

[22]　《孟子》。

[23]　《荀子·富国篇》："厚刀布之敛，以夺之财。"

[24]　《吕氏春秋·异宝篇》："荆国之法，得五员者，爵执圭，禄万担，金千锾。"

[25]　《管子·轻重丁》第八三。菁茅谋："齐西之粟釜百泉，则区二十也；齐东之粟釜十泉，则区二钱也。"

[26]　魏文侯的时候李悝说粟价是每石三十。另外《管子·轻重甲》中有"粟价平四十则金价四千，粟价釜四十则钟四百也"。每釜是六斗四升，所以每石合

六十二个钱。同书中另一处说，中岁之谷粜石十钱，凶年二十钱。这一记述，恐怕在时间上或地域上和前一说不相同。而且《管子》书中的石，和李悝所说的石，也一定不同。李悝说每人每月吃一石半，而《管子》书中则说大男食四石，大女食三石，小孩子两石，平均一家每人每月吃三石，所以《管子》书中的石应当等于李悝的半石。不过汉以前容量不用石，所以两说都有问题。《史记·货殖列传》引计然的话说："上不过八十，下不过三十，则农末俱利。"平均也是近六十钱。单位大概也是石。

[27]　《管子·乘马》第五。见注[2]。

[28]　《管子》。见注[26]。

[29]　《管子》书中的黄金，存时称镒，有时称斤。但单言若干金的时候，大概是指斤。第一因为周制是论斤（见《汉书·食货志》注引师古的话），论镒是秦制。第二在讲金价四千的一篇中，曾提到宝盐"得成金万一千余斤"的话。

[30]　《史记》卷一一九《孙叔敖传》。

[31]　《史记》卷六《秦始皇本纪》。

[32]　《汉书》卷九一《货殖传》。

第三节　货币理论

货币经济之确立，对于社会有一种推动的作用，它使当时的人在身体上和精神上得到一种前所未有的独立与自由。因此在古代中国的思想文化上，万紫千红，开出奇异的花朵。这是古代中国思想最发达的时代。这种情形并不限于中国，希腊古代思想最盛的时候，也正是刚进入货币经济之后不久。欧洲中世纪货币经济衰落，在思想上是一个黑暗时代；只有意大利少数城市重新发展出一种货币经济来，而欧洲的文艺复兴，也正是产生在这几个城市里。

然而一个时代的思想，不能超越当时的社会环境。换言之，人类的思想，大部分总是集中在几个迫切的问题上。在春秋战国时期，最迫切的问题是军政问题和伦理问题。军政问题是如何能导致天下的统一与和平，或本国的保全，或个人的得志。伦理问题是如何定出一种社会的新秩序来。自公田制度破坏以后，以前那种传统的秩序已被遗弃。在那种混乱的社会中，日常接触的人，已经不再全是自己的家族和同自己有隶属关系的人。在这种新的混合社会中，如何彼此相处，的确是一件重要的事。

当时并不是完全没有经济问题。其实每个时代都是有经济问题的。不过向来从事生产的人，都是社会上地位很低的人，所以不论中国和外国，在古代总是把经济活动置于其他活动之下。一般知识分子，甚至认为讨论这种问题，有失他们的身份。中国在汉以前，虽然没有轻商的明令，但商人的地位一向是卑下的。阳虎就说过"为富不仁矣，为仁不富矣"[1] 的话；希腊的柏拉图说了完全相同的话。他说：富足同幸福是不两立的，富人不可能是善人，因为他的财富的一部分，得来和使用一定不正当[2]。可见当时自命为正人君子的人对于财富的轻视。所以在古代的著述中，关于经济学方面，不但没有发展成系统的学说，就是提到经济问题的时候也不很多。

当时刚从实物经济进入货币经济，对于这种改变曾发生过争论。农家很有要回复到实物经济去的意思，主张皇帝也要同老百姓一样，自己耕田做饭。儒家[3] 则是拥护新潮流的，主张要分工，主张交换经济。孟子（公元前372—前285年）说："以羡补不足，则农有余粟，女有余布。"这两种思想的冲突充分表现在孟子同陈相的一段谈话中。

> 孟子曰："许子[4] 必种粟而后食乎？"曰："然。""许子必织布然后衣乎？"曰："否，许子衣褐。""许子冠乎？"曰："冠。"曰："奚冠？"曰："冠素。"曰："自织之与？"曰："否，以粟易之。"曰："许子奚为不自织？"曰："害于耕。"曰："许子以釜甑爨，以铁耕乎？"曰："然。""自为之乎？"曰："否，以粟易之。""以粟易械器者，不为厉陶冶，陶冶亦以其械器易粟者，岂为厉农夫哉？且许子何不为陶冶，舍皆取诸其宫中而用之，何为纷纷然与百工交易，何许子之不惮烦？"曰："百工之事固不可耕且为也。""然则治天下，独可耕且为与？有大人之事，有小人之事；且一人之身而百工之所为备，如必自为而后用之，是率天下而路也。"（《孟子·滕文公》上）

柏拉图也主张分工，他说如果实行分工，可以增加生产的数量和质量。其实陈相一派也并不是反对分工和交易，不过孟轲为加强自己的理由计，想把对方挤到那种思想去。从另一段会话上可以看出孟子是主张经济自由主义的，反对统制与管理。

（陈相曰）"从许子之道，则市贾而不贰，国中无伪，虽使五尺之童适市，莫之或欺。布帛长短同，则贾相若；麻缕丝絮轻重同，则贾相若；五谷多寡同，则贾相若；屦大小同，则贾相若。"曰："夫物之不齐，物之情也；或相倍蓰，或相什伯，或相千万；子比而同之，是乱天下也。"（《孟子·滕文公》上）

儒家的赞成分工与交换，由荀卿（公元前 298—前 239 年）的话也可以看出来。

北海则有走马吠犬焉，然而中国得而畜使之；南海则有羽翮齿革曾青丹干焉，然而中国得而财之；东海则有紫紶鱼盐焉，然而中国得而衣食之；西海则有皮革文旄焉，然而中国得而用之。故泽人足乎木，山人足乎鱼；农夫不斫削不陶冶而足械用，工贾不耕田而足菽粟。……故天之所覆，地之所载，莫不尽其美，致其用。（《荀子·王制篇》）

传说周景王二十一年（公元前 524 年）废小钱铸大钱。单旗说：废小钱使人民失去购买手段，无法生活，所以提出反对。这件事的确实行否，虽难断言，但单旗所说的一段话，如果不是后人的依托，倒是关于币制问题最早的话。他说：

古者天灾降戾，于是乎量资币，权轻重，以振救民。民患轻，则为之作重币以行之，于是乎有母权子而行，民皆得焉。若不堪重，则多作轻而行之，亦不废重，于是乎有子权母而行，大小利之。今王废轻而作重，民失其资，能无匮乎？（《国语·周语》下第三）

这一段话，意义本相当明确，就是由于商品价值有大小，所以货币单位也应有大小，若大家认为钱太小，就铸大钱，一道流通；若大家认为钱太大，就铸小钱来流通，也不废大钱。这就是所谓子母相权说。这里子母仅指大小而言，不牵涉法偿问题。可是这种理论以价值观念获得一定的发展为前提，大小钱有不同的购买力。

如果完全相信古籍的话，那么，单旗所谓古者，似乎就是指《逸周书》中的"币租轻，乃作母以行其子"。然而以币字指货币乃是战国时的事，春秋以前没有；就是在战国时期，币字也不一定指货币，一般是指币、帛。而且"作母以行其子"的意义不明。照字面讲是铸大钱而行小钱，这话怎样理解呢？单旗的话就比较明确了，他说是大小并行。所以不是单旗在发挥《逸周书》中的论点，倒恐怕是后人看到单旗的话而造出来的。也可能两者都是后人的依托。无论如何，看不出西周初年，政府有铸造大小两等钱来流通的事。很难相信：那时的货币理论已走在货币流通实践的前面。

许多人认为子母相权是指辅币和主币的关系。所以这段话被看作是发挥辅币的理论。后世的论者每次讨论到币制问题的时候，总是喜欢扯到子母相权的一套话。实际上单穆公以后的两千年间，并没有行过真正的辅币。各种货币形态，多少都有主币的性质。如果说单穆公懂得辅币的道理，那么就是没有被后世所了解，或了解而没有行得成功。实际上这段话恐怕是战国时人的假托。因为文中所说的周景王的大钱至今还不能确定。在周景王的时候，若有金属货币，那只能是空首布，可是空首布中并没有特别大型的，有些被钱币学家称为古布的东西，的确比较大，时代要早于一般空首布，而且有些可能不是货币。当时的空首布未必是由王室铸造。

春秋末年到战国初年，货币的使用渐广，价格观念也渐发达。于是有人留心物价问题。这时候中国出了一个怪人计然或计倪[5]。他替越王勾践出了很多主意，可惜遗下的言论不多。他从五行出发，说"六岁穰，六岁旱，十二岁一大饥"[6]。这和现代资本主义国家的商业循环论者的论调差不多。计倪的话可能并不完全是从阴阳五行推算出来的，大概还加上了他个人的观察，所以也有一点粗略的统计意义。他并且提出挽救经济危机的办法，就是利用货币政策来调节物价。他说：

> 夫粜二十病农，九十病末；末病则财不出，农疾则草不辟矣。上不过八十，下不减三十，则农末俱利。平粜齐物，关市不乏，治国之道也。（《史记》卷一二九《货殖列传》）

他主张维持一种适中的物价，不要过高，也不要过低。如果发生极端的情形，就用平准的办法来纠正，所谓"贵出如粪土，贱取如珠玉，财币欲其行如流水"（同上书）。

《越绝书·计倪内经》引计倪对勾践的话：

王审用臣之议，大则可以王，小则可以霸，于何有哉？越王曰：请问其要。计倪曰：太阴三岁处金则穰，三岁处水则毁，三岁处木则康，三岁处火则旱；故散有时积，籴有时领，则决万物不过三岁而发矣。……天下六岁一穰，六岁一康，凡十二岁一饥，是以民相离也。……其主能通习源流，以任贤使能，则转毂乎千里外货可来也。不习则百里之内不可致也。人主所求，其价十倍，其所择者，则无价矣。

　　在战国时期有白圭[7]和李悝[8]二人，他们的主张，同计然很接近。白圭也是从阴阳五行来讲穰旱的事。所谓："太阴在卯穰，明岁衰恶，至午旱，明岁美，至酉穰，明岁衰恶，至子大旱，明岁美，有水至……"等话，和计然的"岁在金穰，水毁，木饥，火旱"如出一辙。白圭的应付办法，也差不多。他说："人弃我取，人取我与。"[9]

　　李悝的政策，也是要维持一种适中的物价。他说："籴甚贵伤民，甚贱伤农；民伤则离散，农伤则国贫；故甚贵与甚贱，其伤一也。善为国者，使民无伤，而农益勤。"所以他主张平籴，就是在丰年由政府收买过剩的谷粟，凶年则用这些谷粟抛出来救济。

　　是故善平籴者，必谨观岁，有上中下孰：上孰其收自四，余四百石；中孰自三，余三百石；下孰自倍，余百石。小饥则收百石，中饥七十石，大饥三十石。故大孰则上籴三而舍一；中孰则籴二；下孰则籴一。使民适足，贾平则止，小饥则发小孰之所敛，中饥则发中孰之所敛，大饥则发大孰之所敛，而粜之。故虽遇饥馑水旱，籴不贵而民不散，取有余以补不足也。（《汉书》卷二四《食货志上》）

　　对于货币理论关系最大的是《管子》一书[10]。这书大体成于战国期间，作者对于货币经济问题有许多精辟的见解。其所倡行的财政政策，是站在统治阶级的立场所讲的。他不主张减低租税，他说："国之所以富贫者五，轻税租薄赋敛，不足恃也。"这种见解和老子的见解是对立的。老子说："民之饥，以其上食税之多，故以饥。"不过《管子》一书的内容有点驳杂，不像是出于一人之手；许多句子很费解，可以作各种的穿凿附会。

　　在货币学方面，《管子》作者有几点看法：第一是关于货币的起源，他说：

> 人君铸钱立币。（《国蓄》）
> 先王……以珠玉为上币，以黄金为中币，以刀布为下币。（《国蓄》）

这是把货币的起源归之于帝王们的主观意志，这是名目论的看法。

第二是关于货币的职能，他说：

> 刀币者沟渎也。（《揆度》）
> 黄金、刀、布，民之通货也。（《轻重乙》）
> 黄金者用之量也。（《乘马》）

这里提到货币最主要的两种职能，即流通手段和价值尺度。其他职能也多直接或间接提到。不过应当指出：古代没有一套概念明确的科学名词，当时的思想方法也和我们现在通行的思想方法不一样。在把古人的话翻译成现在通行的话时，难免要包含一些揣测的成分。例如上面的"沟渎"二字，照字面讲，应当是渠道，《管子》作者大概也是用作渠道解，但那是指商品借以流通的渠道，不是说刀币是货币流通的渠道，否则就不通了。因为刀币只有自身的流通渠道，它本身不可能是自己的流通渠道。所以译成现在的话，就只能说：刀币是流通手段。又如"黄金者用之量也"一句话，有人说不是指价值尺度。但不管量的对象是个别商品也好，是整个社会的商品也好，或是消费量也好，总是一个数的问题，是一个多少的问题。多少什么呢？是多少尺寸么？是多少斤两么？是多少个数么？显然不是，因为这些是质不同、不能比较的。那么就应当是指价值，是指多少价值。不过古代学者对于价值的概念是笼统的、含糊的。对于价值、交换价值、使用价值、价格标准等等概念，是不加区别的。至于价值的基础或来源，自然更加没有深入探讨过，因为古代没有一个专门研究价值的人，甚至没有专门研究经济问题的人。就是现代资产阶级的经济学家或货币学家，对于这些概念，也常是混淆不清的。然而不能说他们谈的不是价值问题。毕竟价值这名词是他们先用的。名词的含义也是会发展的，它的概念不断得到修正，使它越来越明确；不然的话，那就应当由我们来采取另外一套名词，而不是否定过去的名词。

第三是关于货币价值论。《管子》作者是谈到货币价值与商品价值的关系的第一个人。他说："币重而万物轻，币轻而万物重。"[11] 又说："故粟重黄金轻，黄金重而粟轻，两者不衡立。"[12] 在另一处他又说："粟重而万物轻，粟轻而万物重，两者不衡立。"[13] 这里讲的是各种商品价值之间的相对关系，不能解作当时以粟为货币。因为书中接着就讲重粟之价。他也是数量说的创始人。他在《国蓄》篇说："夫物多则贱，寡则贵；散则轻，聚则重。"这里虽没有提到货币，但显然把货币包括在内。约略同时的希腊的崔诺方（Xenophon，约公元前435—前354年）就否认这一点。他说：黄金可能因数量多而贬值，但白银就不会这样。当时希腊用银为货币，黄金是商品。他以为白银无论怎样多，仍有人要，所以不会跌价。这就等于否认货币的商品性，而把它看成一种不变的东西。亚里士多德（公元前384—前322年）认为货币也是商品，因此它的价值同商品的价值一样会变动，不过他认为货币价值变动得少一些。《管子》对于货币的价值和商品的价值似乎不加区别，以为都是由数量来决定。所以《管子》的数量说不仅仅是货币问题上的数量说，而是整个价值问题上的数量说。他说：

> 夫民有余则轻之，故人君敛之以轻；民不足则重之，故人君散之以重。（《国蓄》）

这不是数量说，而且有点接近近代的边际效用说。他并且想通过货币数量的增减来平定物价。他又说：

> 人君知其然，故视国之美不足，而御其财物。谷贱则以币予食，布帛贱，则以币予衣。视物之轻重而御之以准，故贵贱可调。（《国蓄》）

然而《管子》作者一方面说货币不切实用，同时却赋予它一种特别的使命、一种政治使命，要通过它来守财物、御人事和平天下。他说：

> 三币握之则非有补于暖也，食之则非有补于饱也。先王以守财物，以御人事，而平天下也，是以命之曰衡。衡者使一高一下，不得有调也。（《国蓄》）

他的办法是：物价太低则增加通货数量以提高之。

他也重视商品的流通速度，即交易量。他说：

> 万物通则万物运；万物运则万物贱。（《轻重甲》）

> 物臧则重,发则轻,散则多。(《揆度》)

他的所谓物或万物,虽是同货币对立的,但很明显他是认为两者适用同样的原则。如果这个假定成立,则他已经懂得货币流通速度的作用了。

《管子》作者生于战乱的时代,各国都以富国强兵为目的,因此,他的学说也是主张富国强兵的,欧洲的重商主义者也讲究富国强兵,但他们的所谓富国是要货币多,而《管子》作者的富国是要物资多。他的目的是要国内的人民享受低廉的物价,以提高人民的生活水平。所以他不认为货币是财富,他说:"时货不遂,金玉虽多,谓之贫国也。"[14] 这和欧洲的重商主义者的论调是相反的。

他增加物资的办法除了增加生产以外,还想提高收买的价格来争取外国的物资[15]。他说:

> 今谷重于吾国,轻于天下,则诸侯之自泄如泉水之就下。故物重则至,轻则去。(《揆度》)
>
> 彼诸侯之谷十,使吾国之谷二十,则诸侯谷归吾国矣。(《山至数》)
>
> 滕鲁之粟釜百,则使吾国之粟釜千。滕鲁之粟四流而归我,若下深谷者。(《轻重乙》)

由《管子》中的一些言论看来,似乎作者不仅仅把货币看成消极的流通手段,而把它看成积极的购买手段,并且利用它的这种积极性。表面上看来,每一次购买,就等于货币流通一次,因为不止有买,还有卖。然而在一般交易中,买者总是处于主动的地位,通过这种主动的地位可以发挥作用,发挥它作为买者的力量:多买或不买都可以对商品的生产或价格施加压力。卖的人不大有这种力量,作为商品生产者,他不能不卖,但他不能一一登门兜售;而且如果买者不买,他就是减价也卖不出去。商品不像货币一样能永久保存,而且能生利。《管子》作者未必了解全部意义,但至少看到了利用价格政策来取得他所想要取得的东西。

《墨子》书中也曾讨论到货币问题。首先,它也谈到货币同商品的相对关系。它说:

> 刀籴相为贾。刀轻则籴不贵,刀重则籴不易。(《墨子·经说》下)

这句话初看很费解，有人把它改为"刀轻则籴必贵，刀重则籴不易"。那就同《管子》的说法差不多了。但这种修改是不恰当的，因为《墨子·经说》上、下都是战国末期辩者的语气。若照修改的文句，那就是抄袭《管子》了。它的原意无非是说：只要币值低，则粮价就无所谓贵，币值高则粮价虽低，也不能说是便宜。可能正是对《管子》的话而提出来的。谈的仍然是商品同货币的相对关系问题。

它又说：

> 王刀无变，籴有变；岁变籴，则岁变刀。（《墨子·经说》下）

这句话的前半似乎是名目论的观点：以为国家的货币是不变的，所变的是粮价。然而前面它说刀籴都可能有轻重，这里却说刀不变，显然前后矛盾。大概它只是说：即使币值不变，粮价也可能变，因而影响货币的购买力。

它又说：

> 贾宜则雠，说在尽。
> 尽也者，尽去其所以不雠也。其所以不雠去，则雠，正卖也。
> 宜不宜，在于欲不欲。（《墨子·经说》下）

这就把商品的价值说成是决定于购买人的欲望，而且否认了商品有客观的独立价值。这也同上面《管子》中的"民有余则轻之""民不足则重之"的话相彷佛，同是后代奥地利学派的主观价值学说的先导。

《墨子》中的这些话，大概反映公孙龙的观点。公孙龙是赵国人，而且活动于燕赵之间，正当燕师破齐的时候。燕、赵、齐都是使用刀币的地区。

注 释

[1] 《孟子·滕文公》上。

[2] Republic, Bk. V, pp.742—744. Jowett's Plato, Vol.V, pp.125、126.

[3] 孔子对于货币经济或甚至对于分工和交换，都没有表示过什么意见。

[4] 许子是许行。《孟子·滕文公》上："有为神农之言者许行……告文公曰，远方之人闻君行仁政，愿受一廛而为氓。文公与之处，其徒数十人，皆衣褐捆屦织

席以为食。陈良之徒陈相与弟辛负耒耜而自宋之滕……尽弃其学,而学焉。"

[5] 关于计然的身世,我们知道得很少。只晓得他姓辛字文子,越人。是晋国亡公子之后。博学而无所不通,尤善于计算。范蠡曾师事他,因而发财。《史记》等书称计然,但《越绝书》等称计倪。在勾践时年纪还轻。

[6] 《史记》卷一二九《货殖列传》。

[7] 周人,生于魏文侯的时代。

[8] 李悝是魏文侯的宰相。

[9] 《史记·货殖列传》。

[10] 《管子》版本很多,内容互有出入,这里是根据宋刊本。

[11] 见《管子·山至数》第七六。这话和亚丹·斯密的话相近。斯密说:"商品价格如因银价跌而上涨,则万物同涨。其上涨之程度与银价下跌之程度相等。"(Adam Smith, *Wealth of Nations*.)

[12] 见《管子·轻重甲》。

[13] 见《管子·轻重乙》第八〇。

[14] 见《管子·八观》。

[15] 《管子》作者一方面想在国内维持低廉的物价,另一方面却要提高物价来吸收别国的物资,似乎自相矛盾。我们只能解释作他是实行二重物价政策,即将对内物价和对外物价分开。

第四节　信用的发生

借贷行为的发生,应当是在私有财产出现以后的事。私有财产产生之后,社会逐渐分化为贫富两种阶层,富人和穷人竞争,富人总处于优越的地位,使富者越富,贫者越贫;有时使穷人非靠借贷不足以维持其生产或生活。

货币的存在,对于借贷,不是一个必要的前提,因为借贷不必一定要用货币,而可以用各种日用必需品。这种作为借贷工具的日用品,发挥了支付手段的职能,这支付手段的职能也是货币的职能,但单有支付手段职能的东西,能不能称为货币,那就有讨论的余地了。

所以借贷的产生,往往是在真正的货币产生之前,而同商品交换差不多有同样久的历史。这点从一些古代民族的初期记录中找到实证。苏美尔人和巴比伦人在公元前 2000 年以前就盛行借贷，他们借贷有时用银，有时用谷物，偿还时也是这样；甚至有时借的是银，而还的是谷物[1]。在货币产生以后，借贷还是有时用货币，有时用实物。《旧约》中就有这种记载[2]。

中国在甲骨文和金文中还没有找到有关借贷的记载。这当然不是说殷代不可能有借贷。殷代社会已有私有财产，产生借贷行为的条件是具备的。舀鼎铭中记载抢禾打官司，判令偿还一倍，如果第二年不偿还，又要增加一倍，这虽然是惩罚的性质，但也可以看作利息。

古代传说周赧王迁都西周，向商民借债，无力偿还，乃上层台，以避债，周人称之为逃债台[3]。不过这种传说是不足信的。

古籍中关于借贷记载得最早的一般认为是《周礼》[4]。其中泉府相当于近代的财政部和国家银行的混合体。各种征课以及物价的稳定工作，都由它来办理。它的信用业务是所谓赊借。人民向政府赊借，期限随用途而定，如果作祭祀用，只准借十天；如果为丧事用，则能赊借三个月。政府对于放款，收取利息，以供国用，每年年底结账一次。泉府这种赊贷，可以算是中国最早的政府信用。大概赊贷都是用实物，偿还连利息也是用各地的土产[5]。泉府的组织规模很大，有上士四人，中士八人，下士十六人，府四人，史八人，贾八人，徒八十人，共计一百二十八人；可见工作必定相当繁忙。

不过《周礼》的成书年代不能确定，有些资料大概是汉人加上去的，甚至有伪造的。所以关于泉府的记述不能完全相信。

《国语·晋语》第一记晋文公归国时有"弃责"等字句，又《晋语》第十四记栾桓子"假贷居贿"的事，《左传》文公十六年记宋国饥，"公子鲍竭其粟而贷之"。这些也许才是最早的记载。

另一项重要的文献资料是《管子》，这书所反映的应当是战国时的情况。当时高利贷者非常猖獗。借贷的手段分为粟和钱两种。借贷的人数到三万家，借贷的数目，用粟计算的是三数千万钟，一钟是六斛四斗。用钱计算的是三千万。高利贷的对象是农民、猎户和渔户。农民是《管子》所谓"月不足而岁有余"的人，平时需要借债。特别是在统治者横征暴敛之下，更是不得不付出很高的利息来借钱。所以当时的借贷利率自二分、五分到对倍[6]。

在生产不发达的条件下，借贷用实物，没有什么不方便。借的人不论是为了生产或是为了消费，都很容易借到他所需要的东西；因为当时的需要是很窄狭的：生产所需，无非种籽或工具；消费所需，无非粮食衣着；

这些东西，他都能自己生产，以作偿还之用。但随着生产的发展，分工更细了，商品种类更多了，要想借到自己所需用的特定东西，或借用后要靠自己生产来偿还，就不容易了。只有通过货币，才能买到自己所需要的东西，所以借的人就愿意接受货币，甚至以接受货币为更方便。也只有通过货币才能买到他所需要偿还的东西，而且由于货币的一般等价物的特性和作为宝藏手段的职能，使债主宁愿接受货币，而不愿接受实物，因为实物不便于保存，而货币却随时可以转变为实物。所以在货币产生以后，对于信用可以发生推动的作用，那是毫无疑问的。

我们应当区别借贷和高利贷。高利贷这一名词的含义很含糊，没有明确的定义。它是拉丁语系字汇的译语，拉丁文 usura 的原义是使用，后来指放款利息，并含有高利的意思。只因基督教的教规禁止放款取利，所以任何利息都被认为是不正当的。但随着资本主义的萌芽和发展，放款取利的事越来越被容许了，于是英文 usury 一字的意义就转变为高利的意思，这里所谓高利贷，是说高于官定利率的贷款。我们的高利贷这一名词，正是在这一阶段中翻译过来的。但原语是指利息，而译语却指放款本身。所以这一名词可以用于广义和狭义两方面；在狭义上，它是指超过官定利率的放款，在广义上，它可以适用任何利息的放款，因为利息本身就是一种不劳而获。然而它还不是和借贷同一意义，它不能包括借贷，只能包括在借贷之内。借贷不一定有利息。即在近代，人民之间的借贷，如工具的借用，或甚至亲友之间的钱财的借用，往往不取利息，但仍是借用借贷。古巴比伦的借贷就包含有不取利息的借贷，这种借贷无论如何不能说是高利贷。古代中国无疑也有这种借贷。不过这种借贷不是信用的主要形式，正如同实物借贷不是信用的主要形式一样，信用的主要形态是货币的借贷，是有利息的借贷，因此我们才可以说，信用是货币的一种变化。

古代的借贷利率不一律，这与其说是高利贷的特点，不如说是封建社会的一个特点，封建社会的这种缺乏统一性，在许多方面由无数的事物表现出来。利率只是其中的一种。《管子》书中所记的利率就是不一律的。

战国时期，放款取息的事情，非常普遍。当时叫作假贷[7]或称贷[8]《史记·货殖列传》中常常提到放债致富的例子。如曹邴氏的"贳贷行贾"。最有名的例子是齐国的孟尝君，以大贵族大官僚兼大地主的身份，放债取息，以豢养几千名食客。一年的利息到十万以上[9]。

当时的借贷基本上都是信用放款，没有抵押，只凭债务人出一张券契，各执一半，到期合券以偿。刘邦做泗水亭长的时候，交接朋友，常常赊账喝酒。

据说债主看见刘邦醉卧时其上有龙，乃"折券弃责"[10]。

信用放款是封建社会的主要形式。对于债主并没有多大风险，因为在封建社会中，人民的行动不自由，逃债虽不是不可能，究竟比较困难，债户离开土地往往就难以为生。而且债主对债务人的财产以及人身往往有任意处分的自由。所以有时债务人的家产被变卖或被剥夺，一家人沦为乞丐。这就是孟子所谓"又称贷而益之，使老稚转乎沟壑"[11]。

注　释

[1]　《汉谟拉比法典》第四八条："如果一个人欠债，而他的田亩为暴风雨所破坏，收获物被吹走，或因缺水关系使谷物未能生长，则该年内他将不给谷物于其债主；他将浸湿他的书板（即指陶制债券，浸湿以便修改——信），并且在该年内不支付利息。"第四九条是关于借人货币（原文可能是白银——信）而用谷物或胡麻偿还。此外有许多条目是关于借贷的事项。

[2]　《旧约·利未记》第二五章三七："你借钱给他，不可向他取利，借粮给他，也不可向他多要。"英译本（Authorised Version）*Deutoronomy*, chap. XXIII.19, "Thou shalt not lend upon usury to thy brother, usury of money, usury of victuals, usury of any thing that is lent upon usury." 英译本中的 money，有时为原文所无，有时是银字，所以也可视为实物。

[3]　《晋书》卷二六《食货志》。

[4]　《周礼》一五《地官泉府》。

[5]　前注原文下汉郑玄注："于国事受园廛之田而贷万泉者，则期出息五百。"贾公彦甚至说："近郊十一者万钱期出息一千，远郊二十而三者万钱出息一千五百。甸稍县都之民，万钱期出息二千。"这些话当然不可靠。

[6]　《管子·轻重丁》："鲍叔驰而西，反报曰，西方之氓者，带济负河，菹泽之萌也；渔猎取薪，蒸而为食。其称贷之家，多者千钟，少者六七百钟；其出之钟也一钟，其受息之萌九百余家。宾胥无驰而南，反报曰：南方之氓者，山居谷处，登降之萌也；上斫轮轴，下采杼栗，田猎而为食，其称贷之家，多者千万，少者六七百万；其出之中伯伍也；其受息之萌，八百余家。宁戚驰而东，反报曰：东方之萌，带山负海，若处上断福，渔猎之萌也；治葛缕而为食，其称贷之家，丁惠高国，多者五千钟，少者三十钟，其出之中伯五釜也；其受息之萌，八九百家。隰朋驰而北，反报曰：北方之萌者，衍处负隅，鬻沛为盐，梁济取鱼之萌也，薪食，其称贷之家，多者千万，少者六七百万，其出之中伯二十也；受息之氓，九百余家。

凡称贷之家，出泉参千万，出粟参数千万钟，受子息民参万家。"最后的几句显然是一个总结，但同前面的数字不符。例如称贷之家，东南西北加起来只有三四千家。也许传抄有误。

[7] 《国语·晋语》第一四："假贷居贿。"

[8] 《孟子》卷五《滕文公》上："又称贷而益之。"

[9] 《战国策·齐策》第四："齐人有冯谖者，贫乏不能自存。使人属孟常君，愿寄食门下。……后孟尝君出记，问门下诸客，谁习会计、能为文收责于薛者乎？冯谖署曰，能。……于是约车治装载券契而行。辞曰，责毕收，以何市而反？孟尝君曰，视吾家所寡有者。驱而之薛，使吏召诸民当偿者，悉来合券。券徧合，起矫命以责赐诸民，因烧其券，民称万岁。"

[10] 《史记·高祖本纪》。

[11] 《孟子》卷三《滕文公》。

第二章

两汉的货币

第一节 货币制度

一 钱币

西汉的币制,是秦制的延长和发展。秦朝的货币制度,是一种金钱本位,大数用黄金,小数用半两钱。西汉初也是这样,是一种金钱本位。黄金改以斤为单位,史书都说一斤黄金等于一万个钱。这是一个值得研究的问题,也许这种比价不是汉初的比价,而是武帝时的比价,最早当是半两减成四铢左右时的比价。但铜钱并不是辅币,其使用是无限制的。而黄金只作价值尺度、支付工具、宝藏手段和世界货币,并不作为流通手段;流通手段专用铜钱,所以在人民的日常生活上,铜钱更加重要。

西汉的铜钱,仍是以重量为名称,不过这种名称已渐渐和重量分离。这是各国货币史的共同现象。而中国和罗马的情形特别相像。罗马古代的铜币阿斯(as)也是主要的货币,原重一奥斯科拉丁磅(librae,合二七三公分),所以也叫里布拉尔。后来重量不断减低,先减成一半,后来减成六分之一,再后又减成十二分之一,公元前89年(武帝征和四年)又减成二十四分之一。中国的情形也是这样:秦半两原重半两,名称与重量相符,在汉初就实行减重,名称虽然不变,可是实重在吕后二年(公元前186年)就减为八铢,文帝五年(公元前175年)减为四铢,减成三分之一。这还是政府的法定重量,实际流通中的货币,比法定重量要轻得多。因为铜钱并不是政府铸造,而是由民间自由铸造。

西汉的铜钱,照史书所载,有八种。初年用秦半两;吕后二年用八铢钱;六年行五分钱;文帝五年造四铢钱;武帝建元元年(公元前140年)铸三铢钱;五年又行半两钱,或称三分钱;元狩五年(公元前118年)铸五铢钱;元鼎二年(公元前115年)用赤仄(或赤侧)钱。但实际上只有三种钱，因为八铢、五分、四铢、三分四种都是半两钱，只有大小轻重的分别。而赤仄钱也是五铢钱。

汉初的货币铸造权是一个有待解决的问题。司马迁和班固都说，汉初因秦钱太重，许民间铸钱，似乎人人可以铸造。甚至有人说，以此来废除嬴秦的苛政[1]。但无论如何，最初铸的不应当是荚钱。秦半两重十二铢，荚钱有轻到一铢以下的，刘邦不会叫人民作这种突然的减重。司马迁又说，文帝时"令民纵得自铸钱"。《史记·汉兴以来将相名臣年表》说是文帝五年。《盐铁论》也只说"文帝之时，纵民得铸钱"。都没有说明是什么时候禁止民铸的。也许是吕后二年行八铢钱的时候禁止的。因为贾谊在文帝时曾提到"曩禁铸钱"的话，似乎是不久以前的事。

汉半两的重量并不止四种，其实是千变万化。一般人以小于秦半两而制作类似秦半两的作为汉初半两，这种说法是很合理的。有些半两钱，身小肉厚，文字极不规则，有时甚至高挺，可以认为是汉初半两。八铢半两普通认为是比较大样而肉薄，文字也浅平。所谓五分钱，比较合理的解释是十二铢的五分之一[2]，即二铢四絫，一般人说是荚钱。那些小型而制作文字比较整齐的，似乎都可以算是四铢半两。有人甚至分辨某者为邓通所铸，某者为吴王濞所铸，那就难以相信了。三分钱是十二铢的三分之一，即四铢，仍旧是四铢半两。因为是在铸造三铢钱之后，所以凡是制作上和三铢钱接近的，应当就是了。所谓荚钱，也称榆荚半两。严格地说，只有那些穿孔极大而钱并不大，因而好像四片榆荚架成的一个口字形的薄小半两钱才是。但在广义上，凡是轻小的半两钱，都可以说是荚钱。

关于三铢钱的铸造和废止的年份，文献记载不一致。《史记·平准书》提到钱名，没有明确指哪一年铸造的；后人[3]依照文字的排列推定司马迁的意思是元狩四年。但哪一年停用，还是没有提到。后人认为是铸造五铢时停用的，即元狩五年。《汉书》关于这事先后矛盾：《食货志》完全依据《平准书》，而《武帝纪》则说得比较具体：建元元年铸造，五年停罢。一般说来，关于货币方面的材料，《史记》比《汉书》可靠，但这里《史记》讲得太笼统了，所以我觉得应依《汉书·武帝纪》的说法。这种钱只行四五年，数量不多，每枚重约两公分到两公分半。

近代出现了许多种四朱和三朱，绝大部分是方形，阴文，少数作圆形；也有阳文的，但以方形的阴文四朱为主。上面文字有单作"四朱"或"三朱"的，重量很不一律。也有加铸地名的，或在面，或在背。方形阴文四朱的地名有：东阿、淳于、临菑、菑、姑幕、陈、筥（也有作吕的）、阳丘、濮阳、驺、高安、兰陵、中陵、薛、平舆、高阳、费、虎蔡、高柳、定襄、丞相、监国等。阳文有朐。圆形阴文有：平安和古墨等，阳文有：下蔡、且阳、临朐等。三朱的种类少，只见方形阴文三朱和丞相三朱以及圆形阳文三朱。就制作而言，有铸成和凿成之分，都有穿孔，或在中央，其中圆形阳文的几种穿孔比较大，像小环钱，而平安四朱则有上下两个穿孔；又有若干种的穿孔是直贯上下两端，如同革带印一样。一般方形的是小而扁，定襄四朱则成正方，一端有一小纽。就地区而言，分别属于今山东、河北、河南、安徽等省。有些地名不知所属；还有丞相和监国像是官名。在各类之间，隐然有联系：如方形阴文的姑幕四朱同圆形阴文的古墨四朱似乎是同地的东西；方形阴文的丞相四朱同方形阴文的丞相三朱自然也是同一地的东西；方形阳文的朐四朱应当是圆形阳文临朐四朱的简称。由此可知：同一地方有时铸方形，有时铸圆形。至于四朱和三朱，应当是先后的关系。

  这些东西发现之后，在钱币学家之间，引起了许多争论。有人说是砝码[4]，因为定襄四朱的小纽同通行钱币的制作不合。多数人认为是钱币，不过对于它们的时代，没有一致的意见，有人说是战国时的东西[5]，有人说是六朝时的东西[6]。但钱文的书体不是战国时的书体，像兰陵、中陵、东阿、陈、濮阳、高阳等，是秦以后的书法。而且四朱同战国时期的币制不符，如果作为秦国的小额钱币，还有可说；然而它们的地名，都不属于秦国的范围，许多是齐国的地名，齐国用刀布，不以朱两计算。至于六朝说更是没有理由。我认为应当是西汉文帝到武帝时的东西，也即是通行四铢半两和三铢时的地方性钱币[7]。那些地名中没有一个地名是西汉以后设置的。东阿在春秋为柯邑，战国为阿秦。临朐为前汉所置。丞相的官名通行于文帝和武帝的时候[8]。虽然朱铢写法不同，但文帝时的四铢是后人写下来的，当时钱币上并没有铢字，各郡县铸成四朱，不足为奇，特别是离政治中心远的地方。贾谊曾明白指出：当时民用钱，郡县不同。后来武帝改铸三铢，有些地方就改铸三朱，三铢钱使用的时间短，数量远较四铢半两少，所以三朱也比四朱少，正好符合当时的情况。至于形制的多样性，也是不难说明的。文帝五年铸四铢半两的时候，离秦始皇统一六国只有四十七年，五十几岁的人都曾用过或见过战国时期的各式各样的钱币。而且秦始皇统一六国以后各地的旧钱不会马上消灭。

  武帝元狩四年（公元前119年）年底或五年年初，实行了一次币制改革，根据张汤的建议，采用白金和皮币。所谓白金，是一种银锡合金，铸成三种面额的钱币，第一是圆形龙币，重八两，叫作白选或白撰，当时两字同音。

每枚值三千。第二种是方形马币，值五百。第三是椭圆形龟币，值三百。这些都是对四铢半两作价。当时的本位币是铜钱，白金是虚币。皮币是用上林苑中的白鹿皮，每张一方尺，饰以彩画，值四十万。作王侯宗室朝觐聘享时荐璧之用，不能说是真正的货币，不是足值的货币，因为一小块鹿皮，无论怎样彩饰，也值不得四十万钱。当时的大司农颜异也说：王侯朝贺以苍璧，直数千，而皮荐反四十万，本末不相称。它可以说是中国纸币的滥觞。

白金是中国最早的银币。虽然自古即有金三品的说法，而且史书说秦始皇不以珠、玉、龟、贝、银、锡等物为货币，听起来，好像始皇统一六国以前，那些东西都曾用作货币，这可能是一种错觉。是史家的推想，不一定是引用始皇的法令。既然正式规定以黄金和铜钱为货币，那么，其他财物当然不用作货币。大概秦汉间人相信古代曾以珠、玉、龟、贝为货币。而银锡在汉武帝时曾用作货币，这是司马迁所知道的。当然不排斥在秦以前个别地区有使用白银的。在形式上，白金币也是不寻常，同中国传统的钱币形式不合。也许是受了外国币制的影响。当时中国同西域（包括印度）有贸易上的往来，《汉书》提到罽宾（今克什米尔）和安息的货币，罽宾的钱币上有马的图案。实际上当时那一带的钱币，常用马为图型。不过龙、马、龟也是中国人所熟悉的动物。四朱钱有圆有方，只是很小。奇怪的是：白金币不见有遗留下来，而且汉以后就没有人见过。不免使人怀疑。

在发行白金皮币之后几个月，铸造五铢。这五铢钱的种类就多了。单是武帝时的五铢就有许多种，因为初年还不专由中央政府铸造，各郡国都可以铸钱。中央的铸钱机构是上林苑的三官，即钟官、辨铜和均输。钟官直接掌管铸钱的事，辨铜负责辨别铜色，均输管铜锡的运输工作。普通五铢钱正面和背面都有外郭，这是和以前的钱币不同的地方。四铢半两中，有极少数也有外郭，甚至有兼有内外郭的，但钱背都是平的。五铢钱中，也曾发现极少数平背的，以及外郭不整齐的，都可以看作元狩五铢，即最早的五铢。至于赤侧钱或赤仄钱则是一个难以解决的问题。过去的钱币学家以为是以赤铜为郭，这是望文生义，没有人见过这种赤郭五铢。赤侧的赤字应当是作动词解，即"剗平"的意思，和现代车木行的"车"字相同，实际上两者大概是同一字的两种写法。赤侧就是把外郭剗平的意思，是铸钱技术的一种进步。所以后来五铢都是赤侧五铢。为什么后来曾废止赤侧钱呢？我们只知道赤侧是元鼎二年在京师铸造的，是官炉钱，郡国钱并没有废止，一枚钟官赤侧当五枚郡国五铢。两年后所废止的可能只是一与五的比价，原来的五铢钱当然继续流通。不过以后当由上林三官铸钱，各郡国不许鼓铸。有些钱币学家分别定出"上林五铢"和"三官五铢",这是没有懂得"上林"和"三官"的意义,上林苑乃地名,三官指三种官职,这三种官职设在上林苑。三官中只有钟官直接同铸钱有关。总之,中国货币的铸造权到元鼎四年才统一在国家的手中。五铢钱中,有些异常精整而郭纹很细的,也许就是钟官所铸的赤侧五铢了;重约四公分。

武帝以后的五铢,只有宣帝五铢可以辨别,因为有几种钱范遗留下来,上有宣帝的年号。这种五铢的特点是五字相交的两画向内收,外郭比较宽,而且往往有其他记号,如内郭上面一画,或下面半星等。

遗留下来的几种小五铢,每枚重约七八公厘,合普通五铢的五分之一。制作非常精整。其中一种同宣帝五铢一模一样。过去钱币学家或说是东晋的沈郎五铢,或说是王莽的五铢,显然不对。应当是昭宣间所铸的,以五枚合普通五铢一枚。自武帝元年废止赤侧五铢一当五的办法以后,各种五铢平价流通。昭帝和宣帝的时候,物价低廉,五铢的购买力很高。宣帝时谷价每斛只要五个钱,人民若要买一斗或几升米,就没有办法支付,大概因此而铸造小五铢,以便利零找和小额交易。如果这一推断不错,那么,这种小五铢在中国货币史上就有特殊的意义,因为几千年来,小平钱是中国币制中最小的价值单位,而这里却有比小平钱还要小的单位,这是空前绝后的。汉简中曾提到小钱,不知是不是指这种小五铢。

宣帝以后的西汉五铢,就无从辨别了。将来通过缜密而有计划的发掘工作,以及通过对于钱范的研究,对于五铢的断代工作,必定有进一步的发明,目前只能把比较精整而制作近似武帝和宣帝五铢的,看作西汉晚期的五铢。

五铢钱是中国历史上用得最久最成功的钱币。史家说他轻重适宜,一点也不错。中国自进入货币经济后,使用过的钱币非常多,大小不等。重的如齐刀在四十公分以上,轻的如汉的荚钱,还不到一公分。所以元狩五年以前的几百年间,对于钱币的重量,是一个摸索时代;自从元狩五年采用五铢钱以后,不但这五铢钱本身,在七百多年间是中国主要的货币,就是在唐武德四年废止五铢以后,新钱的大小轻重,仍是以五铢钱为标准,离开这标准就失败。这种标准,不但适用于中国,而且适用于外国。希腊古代货币德拉克马(drachma),虽然各地微有不同,但最通行的是四公分许。罗马的银币单位德纳留斯(denarius)重约四公分,中国的标准五铢正是四公分重。

五铢钱不但大小轻重适中,而且是一种先进的形制,特别是外郭的采用。外郭同文字一样高低，这就可以保护钱文，使得不容易磨损。战国时的刀布虽然也有采用外郭的，特别是尖首刀和齐刀，但有些布币就没有外郭，特别是环钱和半两，不但没有外郭，而且文字高挺，很容易磨损。三铢钱也多没有外郭。自采用五铢后，外郭的形制就稳定下来了。欧洲的钱币在这一方面，一直处于落后状态。

近代有些外国人在新疆和阗发现大小几种铜币，和阗古代为于阗国。这些铜币虽然没有穿孔，但可以说是受中国钱币文化同希腊钱币文化的双重影响。一面有佉卢文，另一面有汉文。佉卢文是古于阗国所用的文字，所以这种钱可以名之为于阗国的汉文钱。大钱重约十四公分，小钱约三公分。佉卢文的一面有马或骆驼的图型，环以国王名字，名字之前还有"王中之大王"等称号。王名不止一人，可见不是一时所铸[9]。在弄清于阗的历史以前，要断定这些钱币的确切年代，是很困难的。马驼等图型是直接或间接受到马其顿和塞拉斯等地的钱币的影响，亚历山大的东征，把这种钱币带到印度西北部，所以贵霜朝的钱币也有这种图型。至于"王中之大王"等称号，初见于公元前3世纪中叶安息的钱币上。另一面完全是受了中国文化的影响，但单看文字制作也不能判断它的时代。上面所反映的文化是先秦到汉魏间几百年的文化，不是某一个别时期的文化。第一，贝（♡）的书法仿自甲骨文，不是秦汉间的小篆。但其他汉字却是秦汉间通行的小篆。第二，纪重或纪值的办法及文字的排列方法显然是仿秦钱重一两十四铢和重一两十二铢；贝字周围的圆圈也可以说是象征环钱的圆穿孔。第三，钱字出现在中国钱币上，以三国时的太平百钱为最早。由上面三点看来，这些钱不是偶然仿照中国的某一种钱，而是在长期接触中国文化的基础上设计出来的。这种钱同中国的联系，也不限于文化方面，可能还有经济上的联系，因为这种钱同中国钱有共同的单位，即铢。不过如果于阗国有意同中国货币发生比价关系，那就是同中国的半两钱联系：两枚六铢合一枚半两，一枚二十四铢合两枚半两。西域国家接触中国文化，大概自秦开始，秦孝公霸西戎时就会把中国文化传播出去，这正是为什么外国人称中国为秦，而中国人称罗马为大秦。秦国环钱虽不多，但模仿的人只需见过一两枚就够了，甚至不必当时模仿，西域国家的统治者所保留的几枚，在其子孙治下也能产生影响。秦汉间于阗的玉卖给中国人，是他们的一大收入。据说于阗古代自称秦和马秦，而且在公元前2世纪前后曾为印度旁遮普坦沙斯罗所侵[10]，那时希腊文化通过印度传入于阗，同原来已存在的中国文化相结合，而产生了这种钱币。那一带也可见到中国的五铢钱，因为新疆一带有西汉五铢出土，甚至苏联境内的乌兹别克斯坦也有五铢出土[11]。

汉代的货币经济，比起战国时期来，有长足的进步。租赋收钱，薪俸发钱，买官赎罪也用钱，钱的用处大为增加，流通渠道也多了。中国的租赋，在春秋时期及以前，是用力役；战国时期才包括实物，即孟子所谓："有布缕之征，粟米之征，力役之征。"到了汉代，一变而为征钱了。特别是高帝时的算赋和武帝时的算缗，前者是人头税，后者包括财产税和营业税，都要用货币支付[12]。官吏的薪给，在汉以前，全是以粟谷等实物支付，战国时的人论所得总是讲粟若干钟[13]。到了西汉，官禄之制，虽然仍是以米斛计算，但发付的时候，或是一部分用谷粟，一部分用现钱[14]，或则完全用铜钱[15]。东汉的官俸，则规定为半钱半米[16]。这样不但使人人有钱可用，而且也非用钱不可。所以史书中提到钱的地方渐多：不但财富的表示[17]和物价的表示[18]有用钱的例子，就是实际交易，也用铜钱了[19]。尤其自武帝统一钱币铸造权于国家手中之后，中国货币流通渠道有重要的改变，货币通过官俸的发放和政府其他开支从国库流到官吏或商人手中，官吏手中的货币也通过购买商品而流入商人手中，一部分再通过商人流入小生产者手中，这一部分又通过购买生产资料或生活资料流回商人手中，最后都通过纳税流回国库。

由于钱的流通范围推广，于是人们对于货币的追求也就更加热烈了。汉代钱范上、印纽上和压胜钱上，常有"日入千金""日入千万""大利千万"等字样，而且还有"日利千金"鼎。司马迁说："人富而仁义附焉。"[20]赵壹说："富贵者称贤。"[21]这些话都是拜金主义的反映。

王莽曾实行几次币制改革。第一次是在居摄二年（7年）。当时还用五铢，另外铸造三种大钱，包括一种圆钱和两种刀钱。圆钱的钱文是大泉五十，直径为当时的一寸二分，重十二铢，每枚值五铢五十枚。刀钱有契刀和错刀两种，刀形和先秦的刀币不一样，而像现代的钥匙，契刀上有"契刀五百"四字，意思是说每枚值五铢五百枚。错刀上有"一刀平五千"五字，其中"一刀"二字用黄金嵌错，俗称金错刀，每枚值五铢五千枚。金错刀制作精美，为历代藏家所珍视，且受到诗人的歌颂[22]。

宝货制分类表

货币种类	货币名称	作价（文）	
泉货六品	小泉直一（重一铢）		1
	幺泉一十（三铢）		10
	幼泉二十（五铢）		20
	中泉三十（七铢）		30
	壮泉四十（九铢）		40
	大泉五十（十二铢）		50
贝货五品	贝（不盈寸二分）		3
	小贝（寸二分以上）（二贝为朋）	（每朋）	10
	幺贝（二寸四分以上）	（每朋）	30
	壮贝（三寸六分以上）	（每朋）	50
	大贝（四寸八分以上）	（每朋）	216
布货十品	小布一百（重十五铢）		100
	幺布二百（十六铢）		200
	幼布三百（十七铢）		300
	序布四百（十八铢）		400
	差布五百（十九铢）		500
	中布六百（二十铢）		600
	壮布七百（二十一铢）		700
	弟布八百（二十二铢）		800
	次布九百（二十三铢）		900
	大布黄千（一两）		1000
龟宝四品	子龟（五寸以上）		100
	侯龟（七寸以上）		300
	公龟（九寸）		500
	元龟（一尺二寸）		2160
银货二品	普通银	（每流）（八两）	1000
	朱提银	（每流）	1580
黄金		（每斤）	10000

王莽取得政权（9年）以后，以为刘字包含有金、刀等部分，于是废止刀钱，连五铢钱也不用，专用大小泉。大泉仍旧，一当五十，小泉钱文为小泉直一，重一铢，直一。

王莽的币制改革中最奇特的一次是始建国二年（10年）的宝货制，共五物六名二十八品。五物指金、银、铜、龟、贝五等币材，六名二十八品指泉货六品、贝货五品、布货十品、龟宝四品、银货二品以及黄金。

这样一种繁琐的币制,很难说是一种什么本位制,大概还是以铜币为主,而且是以最低单位的小泉为主币。不但大额的泉布是虚币,龟贝也是虚币,金银可能作价过低,因为如果金价在武帝时也是一斤万钱的话,现在已减成四分之一或五分之一了。所以金银大概被人收藏,不参加流通。龟贝必须随时测量大小,也不适于使用。泉布虽然标明面额,但人民多不识字,十种布币,每级只相差一铢,很难辨别,也会造成混乱。所以人民只用大小泉。实际上只有大小泉遗留得多。

十布的形制同先秦的布币也不一样,但像"斾钱当忻"布和"四钱当忻"布。甚至有人以为那两种布也是王莽铸的,这是因果倒置。

六泉十布是不容易齐备的,尤其是其中的壮泉和中泉。论理这些钱都是官炉所铸,应当很精美,事实却不然。六泉中轮郭错笵是常有的事。幺布有小于小布的。倒是数量最多的大泉五十,不论大小,文字都很规矩,这是一件难以理解的事。大泉五十显然有许多是私铸,为什么私钱也能这样精好。

泉布的名称很古怪,其中四百面额的布币《汉书·食货志》作厚布,币面文字像是序字,现在一般叫序布四百。大布不作直千,而作"黄千",黄是横或衡的意思。泉布上的数字不是用普通数字,而是用一种号码数字或商用数字,例如中布六百的六字作丅。莽布上的数字是完整的一套,只有五字的写法变化了。这种号码数字大概同筹算学有关系,筹算是算盘发明以前的计算方法。

我们很难理解:王莽为什么要采用这样一种制度。在这里,我们只有相信史家的判断,就是他"不能无为",而且相信制度万能,"以为制定则天下自平"。实际上这并不是一种很好的制度。

天凤元年(14 年)又作第四次改制,废大小泉,改采货布货泉两种:货布重二十五铢,值二十五;货泉重五铢值一。不久新朝便亡了。王莽的失败,虽然有许多原因,但币制的失败,也是原因之一。

钱币中有两种不见记载而一般钱币学家认为应当属于王莽时代的:第一是布泉。这是圆钱,制作精美异常,书法纤秀,是所谓垂针篆,和货泉的文字一样,应属新莽无疑。后代所谓"男钱"即指此,说是佩之则生男。有人说《汉书·王莽传》中所说的布钱就是指此,以为是当时的一种通行证,因为书中把宝货制中的六泉都写作钱字,所以布泉也写作布钱。不过以布泉为通行证,未免离奇。史书虽说"吏民出入,持布钱以副符传,不持者,厨传勿舍，关津苛留。"[23] 但接着就说是"欲以重而行之"，所以大概是指十布，而不是指布泉。另一种是国宝金匮直万。形状奇怪：上部成圆钱形，有国宝金匮四字；下部是方形，有直万两字。文字和莽币文字接近，而且因错刀直五千，此钱直万，史书又载王莽有几十匮黄金，因此说是王莽的货币。

王莽的币制虽然失败，而且只行于一个极短的期间，但王莽的一般设施，对后代的影响很大。例如他的衡法，不但为东汉所袭用，而且六朝的衡法，也是以莽制为基础而加以变更的，书中的记载似乎都是同莽制相比较。六朝的衡法现在已不知道，只有根据莽制来加以推算。而王莽的衡法又只靠根据他的钱币。过去有人[24]曾实验过，只因方法不正确，结果是不可靠的。王莽的钱币中只有货布最整齐，要考据新莽的衡法，只能专用货布。我曾称过五十四枚，每枚都在库平四钱以上，四钱以下的不取，这样求得每新两应为十六公分许。近年发掘的新资料[25]，已证明我这种计算方法是正确的。

王莽之后、刘秀之前，还有两个人铸过钱。即刘玄和公孙述。淮阳王刘玄在更始二年（24年）曾铸造五铢[26]，并有钱范遗留下来，所以这种五铢，可以识别。公孙述在更始元年自称益州牧，不久就在成都自立为蜀王，并占领汉中，到建武十二年自杀，前后十二年。史书只说他废铜钱，置铁官以铸钱，有人说是建武六年的事，但不说明铸的是什么钱。后代钱币学家说是五铢[27]，只因传世有一种铁五铢，制作同汉五铢差不多。说它是公孙述所铸的，并没有充分的根据。公孙述的铁钱，使得货币流通受到阻碍，而产生一首童谣说，"黄牛白腹，五铢当复"[28]。照字面讲，公孙述的铁钱不应当是五铢。传世有铁半两、铁大泉五十和铁货泉等，而且铁货泉出于四川。但不一定是当时所铸。还有一种铁五金，有人说这是公孙述所铸，而且从当时崇尚的谶纬学说来解释：金据西方为白德，而代王氏，朱为赤色，为述所忌，故铸五金[29]，这说很中听，而且同"黄牛白腹，五铢当复"的童谣相符。况且钱出于四川（重庆）。但五金阔边，金字书法和五铢金傍的书法不一样，时代也够不上。

不管公孙述铸的是什么钱，都有历史意义。这是中国关于铁钱的最早纪录。有人说希腊的斯巴达在公元前1200年的时候，就以铁为流通手段，但似乎不能说是正式的铸币，而且有人怀疑。中国在公孙述以前，可能曾以铁铸钱[30]，前面我曾提到铁质的斾钱当忻。但铁钱的时代不易鉴别，又没有出土报告，所以不敢相信。近年湖南衡阳、长沙的西汉墓中有铁质的四铢半两出土，包括有外郭和没有外郭的，数量相当多[31]。如果不是明钱，就是地方性的货币。

在东汉两百年间，货币经济在表面上似乎有衰退的现象。自王莽实行黄金国有后，黄金的作用，更加减退了。大概因为看见王莽时币制混乱所招致的恶果，所以人们对于货币已失去了信心，有时以谷帛等实物为流通手段和支付工具。官俸虽然是半钱半米，但帝王赏赐方面布帛渐渐代替了黄金的地位。赎罪在西汉本是用金或铜钱的[32]，到东汉就用缣帛了[33]。不过钱币到东汉时已深入民间[34]，纵使政府想要限制，也绝不能完全废用。

东汉初期还使用王莽的货泉，而且曾铸造过[35]，刘秀很相信谶纬，他起于舂陵的白水乡，货泉的泉字象征白水真人。所以马援奏请恢复五铢钱，没有采纳，直到建武十六年（40年）才铸五铢钱[36]。

光武以后，史书不载铸钱的事。但我们不能说：光武以后，灵帝以前，不曾铸钱。史书虽然不记铸钱的事，可是提到和帝罢铸的事，可见还是有鼓铸。而且遗留下来的大量汉五铢中，有许多既不像西汉五铢，又不像更始五铢和建武五铢，那就只能是东汉五铢。这些五铢除了制作薄率以外，还有各种各样的记号，如星点、横画、竖画等。星点或为一点，或为若干点，一点的位置又有各种各样，若干点的多是平排成一行。竖画横画也有位置和数目的区别，有时横画和竖画混在一起，组成一些似字非字的记号，有些可能的确是简单的数目字，或其他的字如平字、小字等。这些都是铸炉或铸匠所作的记号，在币制上，没有什么重要性。如果要说有什么重要意义，那就是表示它们是东汉的东西。有些记号用阴文，这是铸后刻上去的，意义更加不大。在目前的条件下，对于自明帝到桓帝那一百多年间的五铢钱，还不能作出时代上的鉴别来。

东汉晚期似乎也铸过铁钱，以两枚当一枚铜钱[37]。不知是什么钱。也许前面所提的一些铁钱中，有些是这时候铸的。但也可能东汉晚期人所提到的铁钱是指公孙述的铁钱。

一直到灵帝时，在钱币史上才有一个可靠的里程碑，这就是中平三年（186年）的四出五铢。所谓四出，就是在背面有四道斜文由穿孔的四角直达外郭，所以这种钱也叫作角钱。当时民间传言此钱铸成后，必四道而去，可见人民对当时政府的不满。后来黄巾起义，刘汉政权卒致崩溃，更使一些人以为有灵验。有人说献帝初年也曾铸造这种五铢[38]，可能是史家的误记。

刘汉政权最后一次铸钱是董卓于初平元年（190年）所铸的小钱。据说董卓销熔五铢钱来铸造这种小钱。史书说是"大五分，无文章，肉好无轮郭，不磨镟"[39]。这无非形容钱身小，没有文字，没有内外郭，不锉边，但铸钱而没有文字，有点不近情理，特别是在重视文字的中国；虽然古钱中偶有两面无文的，那是一时的戏作。汉魏六朝钱币中有一种小钱，没有文字，而且确像正用品，如果不是私铸，那么，就是董卓所铸的了。也有人说，董卓后来改铸五铢，"文章城（轮？）郭不可把持"[40]，大概是文字不清楚的意思，这是粗制滥造的结果。这种小五铢有遗留下来，穿孔很大，钱身小，成一个方形的口字，重量只有三公厘多，文字若有若无。但这种小钱可能是当时私铸。

从货币文化上来讲，西汉有很大的改进和提高。改进的是铸钱的方法，提高的是钱币的艺术性。在汉以前，铸钱大概是用土笵[41]，钱成后笵就被毁，这样使得钱币的形状轻重大小都不能一律，而铸币的人对于造笵的工作也就不肯多费心思了。西汉自四铢半两起采用铜笵。最初也是用泥为祖笵，再翻造铜笵，铸钱时又将铜笵翻造许多泥笵，所以铜笵就成为母笵，一个母笵可以翻造无数的子笵，这样造出来的钱就大小式样一致了。而且这样一来，祖笵的制造就可以由技术水平和艺术水平比较高的人来担任，而他们也就肯用心思了。所以武帝的五铢钱中有非常精美的。这种方法一直维持到东汉。在王莽的时候达到了顶点。王莽的钱币在中国的货币文化上达到了空前高的水平。不但炼铜精、制作美，而且文字的书法也臻上乘。如金错刀的铜质，经久发水银光，钱币学家谓之水银古。错金的方法虽是承继先秦的技术，但这种技术以后几乎就失传了。后代多少人想仿造金错刀，可是黄金错得不对。内行人看来，一望即知是假的。又如货布和布泉的文字，纤细精美，在书法上是所谓垂针篆。王莽以后中国的钱币艺术就衰落了。后代的钱币学家欣赏六泉十布，其实六泉十布不能代表王莽时的钱币艺术，因为除了大泉大布当时流通比较多以外，其余的在当时就不大铸造，遗下来的多是私铸，技术水平并不高。

注　释

[1]　加藤繁《关于西汉前期的货币特别是四铢钱》。(吴杰译《中国经济史考证》第一卷，1959年版，第一四七页)

[2]　《汉书》卷三《高后纪》：六年六月"匈奴寇狄道，攻河阳。行五分钱"。关于五分钱的意义有两种解释，洪遵引顾烜的话，说是径五分。蔡云（《癖谈》）

说是半两的五分之一,因为《史记·汉兴以来将相名臣年表》把四铢钱说成三分钱。蔡云的说法可取。传世有一种蜡石钱笵,一面为四铢半两,一面为更小的半两;两面各有流道在中央,四铢半两的一面在流道两傍各有一行,七枚,小半两的一面原各有三行十二枚。这笵原为小半两笵,后来改作四铢半两笵,因而把原笵削去一条,使小半两的一面,铸道的右边只剩一行半。由此可知:小半两乃是高后铸八铢半两之后改铸的五分钱,即重二铢四累的半两钱。上海博物馆也有类似的笵。

[3] 中国一般钱币学家和史家多采《汉纪》的说法。《册府元龟》兼采两说,但说三铢罢于元狩五年。蔡云(《癖谈》卷五)指出《汉书·食货志》和《武帝纪》的触牾。他按照《史记·平准书》所说的"自孝文更造四铢钱至是岁四十余年"的话,推定三铢钱铸于元朔六年。日本的加藤繁(《三铢钱铸造年分考》见《中国经济史考证》第一卷,1959年版,第一五六——一六六页)认为应当依据《史记》的说法。他的比较有说服力的理由是:西汉铸造三铢钱是一次重要的改革,以前的钱币,名称已和重量不符,到三铢钱才使钱名同它的重量相符。因此不会在用了三铢之后,又恢复名实不符的四铢半两。然而三铢钱的铸造,是不是为要使其名实相符呢?这点究竟是难以证明的。我看武帝铸造三铢,目的还是在于减重。后来因三铢太轻小,才恢复四铢半两。《玉海》说是元狩四年冬铸三铢钱,日本的奥平昌洪(《东亚钱志》)从其说。陈铁卿(《三铢钱行罢时期应从〈汉纪〉说》。见《泉币》第二八期)主张维持《汉书·武帝纪》的说法。两种说法的主要区别,除了时期的先后相差二十几年以外,还有使用时期的长短不同。依照《史记》的说法,三铢钱只行用几个月到一年。后一种差异对于解决行罢时期问题可以提供一些线索。这可以从三铢钱的数量上来探讨。查八铢半两的行用时期为四五年,三铢钱若铸于建元元年,也行用了四五年。两者遗留下来的数量怎样呢?如果问钱币业的人,他们一定说:三铢钱少于八铢半两,因为三铢钱贵于八铢半两。这里就产生了价格和数量的关系问题。相信机械数量说的人,自然会相信钱币业者的看法,但实际上价格不完全反映数量。首先,藏家对八铢半两的需要远不如对三铢钱的需要。因为八铢半两只是半两钱中的一种,先有秦半两,后有四铢半两。而且八铢半两究竟指哪一种半两,并不十分明确,所以他们的藏品中有没有这种半两,关系不大。三铢钱却是一种毫不含糊的钱币,一切与众不同,藏家必须具备。其次,八铢半两不明确,若以重量为标准,则汉初在秦半两减重的过程中,必定有八铢半两的铸造,不一定全是吕后二年到六年所造的,这就使它的数量要加多了。从另一方面来看,假定三铢钱是元狩四年所铸,只用一年,那么它的数量就应当同刘宋的永光、景和、北宋的重和、靖康等钱一样少。可是其中除重和钱每枚市价一二十元(以银圆价格计算)以外,其余每枚都在百元以上,而三铢钱每枚只要五六元。

重和因为是徽宗时所铸，那时铸钱数量比较多，情况有点特殊，尚且贵于三铢。在时间上三铢远在这些钱之前，可是遗留下来的却比较多，这就可见三铢钱的铸造时期不止一年。

[4] 蒋斧《汉法钱权跋》。见《古钱大辞典》下编·五画《四朱》。这种说法不是没有理由。阴文四朱，种类虽多，每一种的数量却很少。如果根据两者的市价来比较一下，则阴文四朱同四铢半两是一与一百之比。不过应当指出：市价是把每一种不同地名的四朱看作一种独立的钱币，而把各地所铸的四铢半两看作一种钱币，这就使阴文四朱的价格偏高。实际上铸造阴文四朱的地方都是些不产铜的地方，数量自然少。同中央政府关系密切的地方都铸四铢半两，甚至大贵族吴王濞和大官僚邓通也是铸四铢半两，他们拥有丰富的铜矿。如果各地的四铢半两也加铸地名，它们的市价一定要高得多。程云岑《古泉审》（见《古泉杂志》第二期）也说是砝码，他并且获得一枚玉质的东阿四朱，并说东阿的地名在春秋时叫柯邑，战国时叫阿，秦叫东阿。

[5] 罗振玉《俑庐日札》说是齐国的东西。郑家相《中国古代货币发展史》说是战国时的东西，汉初还有使用。

[6] 高焕文《谈泉杂录》说监国四朱当为六朝时物，又说东阿四朱、临淄四朱、淳于四朱等必是秦汉以后物。日本的山上香哉说是南齐的钱币，因为刘宋用四铢，所以萧齐铸这种四朱（见《昭和泉谱》）。中村不折不赞成他的说法。

[7] 刘体智《善斋吉金录》已说是西汉所铸。

[8] 丞相的官名似乎是秦武王二年（公元前309年）所置，《史记·秦本纪》："秦武王二年置丞相，樗里疾、甘茂为左右丞相。"别的国家没有。齐国只有相，没有丞相。《左传》僖公二十四年："齐侯置射钧而使管仲相。"又襄公二十五年："崔杼立景公而相之，庆封为左相。"汉高祖即位，置一丞相，十一年更名相国。孝惠高后置左右丞相，文帝二年复置一丞相（《汉书·百官公卿表》）。

[9] 见《斯坦因西域考古记》（向达译）第五三页和第六四、六五页。

[10] 于阗汉文钱自19世纪以来，发现了几百枚，大部为外国人带走。有不少人写过考证的文章。由于钱币上文字不很清晰，所以大都是捕风捉影，不得要领。例如汉文的纪重，日本羽田亨说是"五铢"（见郑元芳译《西域文明史概论》第五二、五三页）。日本的《考古界》第一篇第五、七号《支那文字とガンダラ文字とを刻せる古钱》说是"半金"和"金〇〇重一两四铢"。至于一些欧洲学者更加弄不清楚，他们只能就佉卢文来进行研究。1962年《文物》第七、八期合刊有夏鼐的《和阗马钱考》一文，附有拓片图样，文字可认。作者介绍了一些外国学者的考证意见，并提出了他自己的意见。他否认于阗汉文钱同秦国环钱的关系。

说秦在统一六国前经济上比较落后，货币不发达；环钱在关中地区已少见，于阗不会在一百多年后用作祖型。因此他认为是东汉铸的。而且说六铢和二十四铢是同东汉五铢联系，六铢五枚换五铢六枚，二十四铢一枚加上六铢一枚换五铢六枚。他说赫恩雷(Hornle)以九枚称得每枚大钱为13.66公分重，同东汉的衡法大致相符。所谓东汉的衡法，他是依据吴承洛的《中国度量衡史》，实际是根据吴大澂对新莽六泉十布和货布的实验结果。他又说六铢同二十四铢的关系是仿照希腊货币制度，他以为希腊的货币制度是四进位。并说大夏铸币改用波斯印度的标准单位后，每德拉克马合3.264公分，四德拉克马合13.05公分，旁遮普一带也用这标准，同于阗汉文钱的重量很接近。他又说大夏钱币上的马是人骑马，于阗钱所模仿的钱币要晚于大夏。这些看法都是有问题的。一，于阗能不能受到秦国的影响，不是决定于秦国环钱数量的多少（也许当时环钱较多，后来销熔改铸半两），而是决定于两国的文化、贸易有没有过直接或间接的关系。二，如果把于阗汉文钱的时代作为一个未知数，那么，与其说这种六铢和二十四铢是同中国的五铢发生迂回的联系，不如说同中国的半两发生联系更加简便。这也并不一定意味着于阗汉文钱是铸于西汉武帝以前，在五铢钱发行以后，半两钱还是流通着，特别是在边区。三，东汉的衡法不能依据吴大澂的实验，我根据更可靠的方法算出东汉一两是十六公分多，这在前面谈到新莽六泉十布时已在注中有说明。而且于阗钱的重量也不能依据赫恩雷的实验，中国所存的一枚就重14.8公分，而不是13.66公分。四，希腊的货币制度并不是四进位。希腊的货币单位是德拉克马，另有二德拉克马、三德拉克马、四德拉克马、八德拉克马和十德拉克马的。其中雅典和其他少数地方的确以四德拉克马的最为通行，甚至比一德拉克马还用得多。不过在中亚一带也许只有一德拉克马和四德拉克马的，而以前者为主；波斯似乎是这样。但这些都是银币，不是铜币。希腊的铜币叫奥波鲁斯(obolus)，等于德拉克马的六分之一，下面还有它的分数，也不是四进位。五，钱币上的马，也是渊源于希腊的钱币文化。马其顿的钱币在亚历山大以前就曾用马为背面的图形。或为裸马，或有人骑马。在亚历山大东征时，这种图形传到中亚一带。公元前100年前后贵霜朝的钱币上也有类似的图形，只是艺术水平较差，有时身子像马，而头上有两枝羊角。当时那一带的钱币上，有时是裸马，有时也是人骑马，同希腊某些钱币的图形差不多。于阗钱币上的马或驼显然是间接受了希腊的影响。

[11]　1956年七月十五日《人民日报》。

[12]　《汉书》卷一《高帝纪》"四年……八月初为算赋。""如淳曰汉仪注民年十五以上至五十六，出赋钱。人百二十为一算，为治库兵车马。""十一年……二月诏曰欲省赋甚，今献未有程，吏或多赋以为献，而诸侯王尤多，民疾之。令诸

侯王通侯常以十月朝献，及郡各以其口数率，人岁六十三钱，以给献费。"田赋似乎也有收钱的事。《汉书》卷七《昭帝纪》："元凤二年，诏三辅太常郡，得以叔粟当赋。"六年又诏："其令以叔粟当今年赋。"可见平日的赋税是用现钱。

[13] 《论语·雍也》第六："原思之为宰，与之粟九百，辞。"《孟子·滕文公》下："仲子齐之世家也，兄戴盖禄万钟。"《战国策·齐策》四："齐人见田骈曰，闻先生高议，设不为官，而愿为役，……赀养千钟。"《管子·小问》第五一："客或欲见于齐桓公，请仕上官，受禄千钟。"

[14] 《前汉书》卷六五《东方朔传》："武帝初即位，待诏公车，……奉一囊粟，钱二百四十。"

[15] 《前汉书》卷七二《贡禹传》："……拜为谏大夫，秩八百石，奉钱月九千二百。……又拜光禄大夫，秩二千石，奉钱月万二千。"

[16] 刘昭《续汉志》卷二八引荀绰《晋百官表》注。

[17] 《汉书》卷九《元帝纪》："初元元年……以三辅大常郡国公田及苑可省者，振业贫民，赀不满千钱者，皆赋贷种食。"又《贡禹传》："禹上书曰，臣年老贫穷，家赀不满万钱。"

[18] 物价用钱表示，战国期间即已普遍。秦汉时更多。《史记·秦始皇本纪》："三十一年……关中大索二十日，米石千六百。"

[19] 《汉书》卷五四《李广传》："李蔡为丞相坐诏赐冢地阳陵当得二十亩，蔡盗取三顷，颇卖得四十余万。"

[20] 《史记》卷一二九《货殖列传》。

[21] 《后汉书》卷一一〇下《文苑·赵壹传》。

[22] 《文选》张平子《四愁诗》："美人赠我金错刀，何以报之英琼瑶。"杜甫《对雪诗》："金错囊徒罄，银壶酒易熔。"韩愈《船》诗："尔持金错刀，不入鹅眼贯。"又《潭州泊船》诗："闻道松醪贱，何须怪错刀。"实际上诗人们所歌颂的，多是佩用的刀剑而有错金饰纹的，不一定全是指王莽的刀币，但一般人多以为是指王莽的金错刀，而使这金错刀受到额外的重视。

[23] 《汉书》卷九九《王莽传》中。

[24] 吴大澂曾根据王莽的六泉十布（实际他只秤得七布）和货泉货布各一枚，求出新莽的衡法每两合十三公分六七五。但六泉十布和货泉千变万化，不能用作标准。譬如他所秤的幺泉一十竟和幼泉二十的重量相同（吴承洛《中国度量衡史》上编第二章第五节）。

本书图版三十和三十一的六泉十布的重量如下：

钱名	法重（铢）	实重（公分）	备注
小泉	1	1.3	
幺泉	3	2.2	
幼泉	5	1.8	
中泉	7	2.9	
壮泉	9	3.6	
大泉	12	4.8	
小布	15	6.2	另一枚 8.9 公分
幺布	16	7.6	
幼布	17	8.5	
序布	18	8.9	
差布	19	8.3	
中布	20	9.8	另一枚 13.8 公分
壮布	21	15.2	
弟布	22	12.0	
次布	23	12.3	
大布	24	18.7	另有重 16.6、15.5、13.2、12.3、9.5 公分的
	232 铢	124.1 公分	

每铢合得 0.532 公分，每两合得 12.668 公分。若另加入货泉和货布各一枚，货泉以 3.8 公分计、货布以 16.6 公分计，每两为 13.224 公分，竟轻于吴大澂的数字。可是如果小布和中布用另一枚的重量，则每两合得 13.8 公分，又重于吴大澂的数字。显然难以为凭。而且上表中的数字，幺泉重于幼泉，序布重于差布，壮布重于弟布和次布，与法定重量的次序相反，这样怎能用作标准呢？六泉十布很不易得，很难用十套八套来平均。

[25] 1956年西安汉城遗址附近发现汉代铜锭十块，其中一块上面刻有"百三十斤"，合今秤六十八市斤半，求之每两合十六公分四一（见1956年《文物参考资料》第三期第八二页）。

[26] 《汉书》卷八〇《刘玄传》。

[27] 《陈氏图经》和戴熙《古泉丛话》。

[28] 《开元占经》卷一一三引《续汉书》说是建武六年的事。

[29] 蔡云《癖谈》："五金不知源所自出。余所得者铁品，《洪志》蒐云焉：

按《后汉书·公孙述传》云，……述以为五德之运，黄承赤而白继黄，金据西方为白德，而代王氏，得其正序。据此则金者白德，述所尚也，朱者赤色，述所忌也。废朱存金，安知非子阳铁钱之文。当时恶其改汉货，因有五铢当复之谣，情事亦符合。"

[30] 有人说，公孙述的铁钱不是最早的铁钱。《汉书》卷六七《梅福传》有"阴盛阳微，金铁如飞"。张晏注："河平二年，沛郡铁官铸钱，如星飞上去。权臣用事议也。"《开元占经》卷一一四《冶铁飞》有："成帝河平二年正月，沛郡铁官铸钱不下，隆隆雷声，又如鼓音二十三，人惊走，旋还视地，地陷数尺，炉分十二，炉中销铁散如流星"。但《汉书·五行志》上有："河平二年正月，沛郡铁官铸铁，铁不下，隆隆如雷声，又如鼓音，工十三人惊走。音止，还视地，地陷数尺，炉分为十一，炉中销铁散如流星，皆上去。"大概铸的是铁，不是钱。

[31] 高至喜《长沙、衡阳西汉墓中发现铁"半两"钱》（《文物》1963年第一一期）。

[32] 《汉书》卷四四《淮南衡山济北王传》："赎死金二斤八两。"又卷六《武帝纪》："天汉……四年……秋九月令死罪入赎钱五十万减死一等。"

[33] 《后汉书》卷二《明帝纪》："（光武中元二年）天下亡命殊死以下：听得赎论死罪人缣二十匹，右趾至髡钳城旦春十匹，完城旦春至司寇作三匹。"又："永平十五年……诏亡命自殊死以下赎死罪缣四十匹，右趾至髡钳城旦春十匹，完城旦至司寇五匹。"又卷三《章帝纪》："建初七年……赎死罪入缣二十匹。"

[34] 王充《论衡·量知篇》："手中无钱之市，使货主问曰：'钱何在？'对曰'无钱。'货主必不与也。"《后汉书》卷六六《刘宠传》："（宠）除东平陵令，以仁惠为吏民所爱。……征为将作大匠，山阴县有五六老叟厖眉皓发，自若邪山谷间出，人赍百钱以送宠，宠劳之曰，父老何自苦……人选一大钱受之。"

[35] 东汉在建武十六年以前，是用货泉。《金石契》有货泉范一种，背款有"建武二年"字样。

[36] 《汉书》卷二四《食货志》："后二年世祖受命，荡涤烦苛，复五铢钱，与天下更始。"《后汉书·光武帝纪》第一上："十六年……初王莽乱后，货币杂用布、帛、金、粟，是岁始行五铢钱。"《册府元龟》卷四九九《钱币》："后汉光武建武十六年始行五铢钱。马援在陇西上书言宜如旧铸五铢钱。事下三府，三府奏以为未可。事遂寝。援还从公府求得前奏难十余条，随牒解释，更具表言，帝从之。天下赖其利。是时长安铸钱多奸巧，京兆尹阎兴署主簿第五伦为督铸钱椽领长安市，伦平铨衡，民悦服。"

[37] 《通典·食货八》注引皇甫谧《高士传》："郭泰过，史弼送迎，辄再屈腰，泰一传揖而去。弼门人怪而问之。弼曰：铁钱也，故以二当一耳。"郭泰、史弼是

东汉桓帝灵帝时人。

[38]　《后汉书·食货志》《晋书·食货志》。

[39]　《三国志·魏志》。

[40]　袁宏《后汉纪》。

[41]　所见先秦的铜范如齐刀铜范等全是假的。

二　三国时的钱币

三国时的币制非常复杂。要全面而正确地加以说明，不是一件容易的事。遗留下来的钱币实物，远远超过文献的记载。

魏钱只有五铢。曹操恢复五铢后[1]，是否另有新铸，还是只用旧钱，不得而知。料想当时京畿一带，旧五铢存留不多，另行鼓铸，也不是不可能的事。这时的五铢按理应当是仿东汉五铢。明帝太和元年所更铸的五铢[2]在大小轻重方面可能有所不同。不过这种五铢现在尚无法识别。

蜀钱是问题的核心，复杂得难解难分。在这一时期内，可以称为蜀钱的，至少有四类。第一是五铢，即所谓蜀五铢。蜀五铢的文字制作和汉五铢截然不同，容易识别。它们几乎都在四川出土，文字制作或多或少同直百五铢相像，可以认为是在四川铸的。但蜀五铢也有好几种。最大的一种重约三公分七八，没有内郭，有时穿上有一横画。另一种也是大样，但薄肉，重约二公分，广穿，也没有内郭，穿上有时也有一画，但钱文气息显然和第一种不同。五铢两字最像直百五铢，特别是犍为铸的直百五铢。第三种比较小样，重约两公分半，也有轻到两公分以下的，那是减重的结果，不是另外一种。它的特点是有内郭，字小，笔画紧缩。这是最常见的一种蜀五铢，历来钱币学家所称的蜀五铢，就是指这一种，因为其他几种都少见。古代钱谱以传形五铢为蜀五铢，那是不对的。所谓传形五铢是指五字在左，铢字在右的五铢，这种五铢历代都有，不限于蜀汉。

第二类蜀钱是直百五铢。主要有两种，一种是光背，成都所铸；另一种背面穿左有一"为"字，这是犍为铸的。犍为在当时是一个商业中心，是通西南的门户，西汉武帝置郡，张骞想从这里出发去寻找印度。它大概也是矿业中心。附近的朱提自古即以产银著名，朱提银成色比其他地方的白银好。两种直百五铢的文字笔画稍有不同：成都铸的朱字圆折，上下离得开一些；犍为铸的则和这相反，朱字近方折，上下收得紧。为字钱在中国钱制史上有它的特殊意义,它是圆钱中最早两面有文字的,也是纪地最早的。但犍为所铸的也有光背,大概有背文的限于初铸,后来流通不限于本地,就不再铸为字了。光背钱有各种厚薄,最厚重的在八公分以上,中样的五六公分,最薄的在三公分以下。一般都是大样,也有很小的,但少见。有一种薄肉阔边的,特别大,文字属于犍为型,重约四公分四,制作和第二种蜀五铢特别像。

第三是直百。有各种大小轻重,文字制作同蜀五铢和直百五铢不一样。笔画平坦,或许因为薄小的关系。大样的每枚也不过二公分重,其次有一公分半、一公分、半公分,最小有四公厘的。

第四是直一。文字制作和小样直百完全一样。这种钱到清末才有著录。据说同治初年成都出土一瓮小钱,有太平百金、定平一百、直百和直一[3]。

上面四种蜀钱的铸造年份不能确定,甚至先后次序都成问题。文献记载只有一项,就是建安十九年刘备攻入成都时,刘巴建议铸直百钱[4]。这直百钱究竟是直百五铢还是直百,就是一个有争论的问题。有些钱币学家说刘备铸的是直百五铢,史书之所以没有言明五铢二字,乃是史家的疏忽,刘备是强调正统观念的,这是他的政治资本,借以取得人民的支持,所以他不应当废除五铢的名称。另有人说刘备所铸的是直百,而不是直百五铢[5],因为史书只说是直百钱。

关键在于直百五铢。说刘备铸直百钱的人,认为直百五铢是东汉所铸。严格说来,建安十九年还是东汉,不过既然说直百五铢不是刘备所铸,自然认为是在建安十九年以前。如果这一说成立[6],其他问题就比较容易解决了。但铸直百五铢,必然要同财政困难联系在一起,特别要同战争联系在一起。东汉战费开支最大的要算对西羌的战争,自安帝到灵帝,断断续续,差不多进行了一百年。在桓帝的时候,的确有人主张铸大钱,只因刘陶反对,没有铸成。只有铁钱的流通。二枚当铜钱一枚。后来在灵帝的时候,为了应付黄巾起义,仍是铸五铢;献帝时董卓也只铸小钱,可见直百五铢不是献帝以前所铸的,至少不是刘汉政府所铸的。如果不是刘焉刘璋父子所铸,就应当是刘备所铸。史书之所以只说直百钱,而不提五铢二字,是因为当时五铢已流通了几百年,没有别的钱,铸钱必定是五铢,没有提的必要。

我的推想是:蜀五铢中,第三种是刘焉刘璋父子在成都铸的。他们在成都二三十年,可以铸造相当数量的钱币。刘备取得成都以后,就铸造直百五铢,次年取得犍为,又在犍为从事铸造,背面加铸为字。在直百五铢之外,还有平钱的铸造,大概第一种是成都铸的,第二种是犍为铸的[7]。所以刘禹锡所说"势分三足鼎，业复五铢钱"的话，也是符合历史事实的。这两种平钱以及背面有为字的直百五铢都铸得不久。在后主建兴十二三年的时候，实行一次币制改革，改铸直百。直一小钱大概也是以前不久铸造的，铸得更少。近代云南出土的直百五铢[8]，应当是诸葛亮渡泸以后流去的。

吴钱的问题比较少。这里的问题是孙权称帝以前曾否铸钱的问题以及是否称帝以后马上铸钱的问题。论理刘备在称帝以前就铸钱，而孙权却到称帝以后十五年才开始铸钱，这是一件奇怪的事。在建安七年的时候，周瑜就说过，吴国铸山为铜[9]。这可能是指铸钱的事，因为汉代盛行即山铸钱。也许旧谱所说的大泉五铢是当时所铸。史书所著录的孙吴钱只有两种，另外两种根据文字制作可以断定为孙吴钱。

第一是大泉五百，铸于嘉禾五年（236年），初铸大约有十二公分重，后来改为约八公分；第二是大泉当千，铸于赤乌元年（238年），初铸大概近二十公分[10]，后来减为十一二公分，最后减成四公分以下。这两种钱是史书所著录而有实物遗留下来的。大泉五百是上下左右直读，大泉当千则是环读。

另有大泉二千和大泉五千，只有少数出土，而不见于记载。大泉二千的大小轻重同初铸的大泉五百差不多。大泉五千只发现两枚，大小轻重和初铸的大泉当千差不多。

除了上面三大体系之外，还有几种钱币可以归入三国时期。这就是太平百钱和定平一百。

太平百钱种类很多，论钱文字体，有大篆、小篆和隶书。太字除隶书和另一种篆书作夶外，其余都作大。古时"大""太"通用，原无足怪。也有作"世平百钱"的，古时"世"和"太"也相通，例如太子也称世子。论制作可以分为两类。一类背面有曲折文和星点，星点是在穿孔的上面，但并不圆，也许不是星点[11]。因为背文大都漫漶，所以历代的钱币学家有时把曲折文看成水波文，有时说是龟背[12]，因而被归入压胜钱一类。但因数量比较多，应为正用品。这一类太平百钱比较厚重，有一种百字第一画向上弯，好像鹿角一样，称鹿角太平，重量在八公分以上。其他有轻到三公分以下的。世平百钱最大，但肉不厚，重约五公分八。另外一类是光背。钱文小篆，没有多大变化，但有篆成⋒的，叫作篷篷太平。也有大字有作六的。光背钱大小轻重却种类很多，大样的每枚自三公分到四公分以上。次一号的自八公厘到一公分四。再小一号的有时作太平金百，每枚平均重约八公厘半。也有轻到五公厘半的。最小的一种只有四公厘半，同极小的直百差不多。

关于太平百钱的铸造者，前人已有过各种各样的解释和争论。最初自然是把它看作一种年号钱。因此说是孙亮所铸[13]。这在时代上，容易使人相信，因为太平百钱不会是刘备父子铸的，他们有直百五铢和直百，无须另铸太平百钱。也不能说是南北朝所铸的，因为东晋初年的旧钱中就有所谓"四文钱"，这"四文钱"应当就是南北朝时所谓的"太平四文钱"，也就是太平百钱。而且史书明明说四文钱是孙氏旧钱。孙亮的太平年号在停铸大泉之后九年。停铸大泉之后，按理应当铸造别的钱来流通。论制作，有些太平百钱的确近似吴钱。不过太平百钱的出土，以四川为最多，而且常和直百钱一起出土，鹿角太平同直百五铢有点相像，重量也几乎相等。光背的一种背面往往刻有阴文，这是蜀钱的标志。大概因此有人就说太平百钱是益州刺史赵廞所铸[14]。这一说同出土地点是符合的，但赵廞据成都自立在晋惠帝永康元年（301年初）十二月，次年正月就被杀，不可能铸造那么多太平百钱。太平百钱种类那样多，大大小小，必定是经过相当长的时期的。又有人说，太平不是年号，而是大平百钱，即大可平百的意思，和大泉当千的意思差不多[15]。甚至有人说是孙权初年所铸[16]。这也是一种动听的说法。刘备铸钱在称帝以前，孙权却在称帝以后很久才铸大泉；不铸则已，一铸就是当五百的大钱，这在中国货币史上是空前的。纵使他曾用过王莽的大泉五十，中间也还差一个等级。中国人的习惯，在五十之后，总要经过一百，才到五百。所以把太平百钱的铸造，放在孙权的初期，是容易理解的。这样一来，孙权的币制是大泉五十、大平百钱、大泉五百、大泉当千等等，如果大胆一点，索性把大平百钱读作大钱平百。史书不但说太平百钱是孙氏旧钱，而且在浙江临平有相当数量的出土[17]。近年在武昌任家湾（三国时的夏口）一古墓中，中样和小样的太平百钱同汉五铢、缺边五铢、直百五铢、货泉等一道出土，里面没有孙吴的大泉[18]。这就说明太平百钱的开铸是在孙吴嘉禾五年以前，大概是东汉末年。然而隶书的一种明明是太字，所以是太平，而不是大平。而且出土数量以四川为最多，特别是小样的太平百钱，在四川有成千上万的出土。钱背的阴文证明它是在四川流通的。在东吴流通过不等于是孙吴铸造的。于是又有人说是张鲁铸的[19]。把太平钱同太平道联系起来。但他没有说明为什么这种钱出在巴蜀，而张鲁却是在汉中。

太平百钱的分类应当以背面有没有曲折文为标准，不应以钱文书法为标准。

关于太平百钱，有一个问题必须先加以决定，否则无法解决，就是背文有曲折文的一种同光背的一种是不是同时同地铸造的，所谓同时同地是说同一个政权或集团所铸造的，当然不排斥有几年的先后，但不能有几十年或上百年的先后。如果不同时，那么哪一种先铸。两种钱的制作是大不相同的。如果两者是同一政权或集团所铸的，那么就应当是厚重的在先，轻薄的在后，所以关键在于两者是不是属于同一政权或集团的问题。这一点现在不能决定。

背面有曲折文的太平百钱，有可能不是在四川铸造的，因为背面没有发现刻有阴文的。而且制作近似吴钱。但不管它是哪里铸造的，它一定在四川有流通，而且流通相当多。实际上不仅在四川流通，在江东也有流通。光背的一种则可以肯定是四川铸的，因为四川有大量出土，和直百、定平一百等一起。而且大大小小都有刻阴文的。这种钱虽铸于四川，但流通自然不限于四川，晋灭蜀后，蜀钱自然会流到江东去。

两类太平百钱如果都是四川铸造的，那么，就应当厚重的先铸，轻小的后铸，即使铸地不同，如果两者有联系的话，也应当是先有厚重的，后有轻小的。如果是这样，那么，太平百钱的铸造时期应在直百之前，因为小样的太平百钱常和小样的直百一起出土，没有听说大样的太平百钱同直百同时出土。有人说光背的是先铸的正用品，而有曲折文的是后代所铸的压胜钱。这一说不能说完全没有道理，因为背面的星点加上曲折文，的确不合乎中国钱币的传统。在制作上，也同光背的有鲜明的区别。然而压胜钱数量不应很多，而这种钱数量却相当多，而且多于光背。压胜钱的说法可以否定。后铸之说也没有确实的根据。星点和曲折文的一种，钱字金傍多作"金"，有人说是晚出，但金字并不能证明它的时代晚，除非我们能证明在铸造光背太平百钱的时候，还没有金字的写法。如果不能证明这一点，那就可能是：这种钱不是封建王朝所铸，而是民间团体所铸。封建王朝是保守的，民间则比较喜欢新鲜事物，太平百钱之有隶书一种也说明这一点。所以我推想这种钱的铸造同宗教有关，也可以说是宗教团体所铸造的或是以宗教为号召的民间团体所铸造的。这在汉末三国的时候只能是太平道或以太平道为号召的农民运动。其突出的代表就是黄巾起义。有人说，太平道是张角的宗教，而张角的势力只包括青、徐、幽、冀、兖、豫、荆、扬八州，四川不在内。提出这问题的人，显然是把当时的所谓五斗米道同太平道对立起来。实际上近代一般人都是这样做，以为这是汉末道教的两个不同的派别。但我认为五斗米道和太平道是同一东西，最多可以说是太平道里的一个宗派。史书明明说五斗米道的张修和太平道的张角的方法略同[20]，又说张鲁的办法和黄巾相似[21]。而且张修和张角是同一年起义的。这难道不足以说明两者是同一东西么？本来所谓五斗米道的名称，乃是人家给他们起的，他们自己并不自称五斗米道。在黄巾被镇压以后，太平教徒也许不敢公开以太平道的名称来活动，所以张鲁等人对于五斗米道的称呼也不加以否认，后来又取得天师道的称呼。在汉末，他们之所以用米来支付，乃是因为汉中地区在当时被视为化外，氐羌等族的人很多，经济比较落后，基本上还是自然经济，货币不大流通，并非对五斗米有什么崇拜。他们靠近曹魏，当时曹魏正是长期以谷帛为支付手段的。所以我认为背面有星点和曲折文的太平百钱是张修或张鲁一班人所铸的。背面的曲折文如果是水纹，那就更加好解释了，因为水是道教的三官之一，受到崇拜。四川无疑也有太平道的信徒，因为史书曾提到中平五年（188年）黄巾马相等杀死益州刺史和巴郡太守，自号天子[22]。益州太平道的党徒仿铸太平百钱，是容易理解的。而且刘备于建安二十三年破夏侯渊之后，汉中已属于蜀汉版图，二十四年刘备自称为汉中王。那时大家或已不复关心太平二字的政治含义，而继续铸造太平百钱。也许初铸的是世平百钱。由于太平两字是人民所爱好的，或则太平道人后来变了质，同统治阶级合作了，所以不是太平道的人也私铸太平百钱。益州所铸，应当多于汉中，因为益州的货币经济更加发达，甚至汉中的太平百钱也会流到益州去[23]。光背的一种肯定是在益州铸造的。而且和有内郭的蜀五铢同时，也许是刘焉刘璋的时候铸造的。至于那些极小的太平百钱，大概是在刘禅的时候所铸的。

有人说，太平百钱不可能铸于直百五铢之前，如果四川已先有太平百钱，刘巴再向刘备建议铸直百钱，如何能平物价呢？这话似是而非。刘巴建议铸直百钱，同以前有没有直百钱没有关系。也许正是因为刘巴知道有太平百钱，才建议刘备也来仿铸。也只有这样才能解释为什么在直百五铢开铸之后，还允许太平百钱的流通和铸造。当然初期的直百五铢不会同太平百钱一道流通，两者轻重不同，但直百五铢减重后就可以同时流通了。

在五铢钱中，有些在穿孔上面或下面添铸一平字，钱币学家称之为平当五铢。看制作，近似东汉五铢而更薄率，如果不是特殊地区所铸，那就是时代比较晚些。平字的写法，同隶书太平百钱上的平字相同。也有在穿孔上下分铸太平二字的。这种钱可能同太平百钱有关系。或许起初太平道的党人私铸五铢时，偶然添铸一字或两字，后来因为进行政治或军事活动，乃铸造太平百钱。也许是在董卓铸小钱时候的事。

至于定平一百，这是中国钱币中最难解释的一种。只有小样的。最重的也不过一个多公分。所以它的开铸,必定晚于太平百钱,也比直百晚。大概铸于后主延熙初年。有人说不是定平,而是安平,并说安是晏的省文,是成李雄在晏平年间(306—310年)所铸[24]。这是一种穿凿。正说明定平两字不好解释。所能肯定的是:它同小样太平百钱是同时同地的东西,因为它们一起出土。数量比直百和太平百钱少一些。如果它也是蜀汉政权所铸的,那就只能是纪念币的性质,或一种特殊的发行。

注 释

[1] 曹操是否曾恢复五铢,史书的记载并不一致。《通典·食货八》说:董卓更铸小钱,"由是货轻而物贵,谷一斛至钱数百万。曹公为相,于是罢之,还用五铢"。《通志》因之。但《三国志·魏志》不提曹操恢复五铢的事,只说"文帝黄初二年春三月初复五铢钱"。这就否定了曹操恢复五铢的说法。《文献通考》既不提曹操恢复五铢事,也不提曹丕恢复五铢事,只记曹丕罢用五铢事。但没有恢复,怎能罢用?陈寿为三国时人,而且说得很具体,论理他的话是可靠的。但《三国志》没有志,对于典章制度,记述疏略,久为后人所批评。《通典》后出,而作新说,谅必有所根据。而且《通典》在年月方面没有《三国志》详细,在事情的前因后果方面却比《三国志》更具体。当时荀悦已提出恢复五铢的问题,可见这是大家所注意的事。至于刘宋时孔琳之所说自董卓铸小钱后几十年不用钱的话,大概是受了《三国志》的影响。

[2] 《三国志·魏志》说:明帝太和元年夏四月乙亥行五铢钱。这里似乎是说结束实物经济,恢复用钱。并不一定意味着另铸新钱。但《晋书·食货志》说:"司马芝等请更铸五铢,明帝乃更立五铢钱。"《通典》和《文献通考》也主此说。《文献通考·钱币考一》说:"晋用魏五铢钱。"

[3] 《濮瓜麓泉谱》:"汉鹅眼直一钱。此钱旧谱未见。同治初,成都人筑宅,掘得黄汉升墓,内藏古钱一罂,皆小如鹅眼,文为太平百金、定平一百、直百、及此,凡四种。大半皆三国时铸也。"

[4] 《三国志·蜀志·刘巴传》注引《陵零先贤传》:"初攻刘璋,备与士众约:若事定,府库百物,孤无预焉。及拔成都,士众皆舍干戈,赴诸藏,竞取宝物。军用不足,备甚忧之。巴曰:易耳,但当铸直百钱,平诸物价,令吏为官市。备从之,数月之间,府库充实。"

[5] 罗伯昭《直百五铢非刘备铸说》。见《泉币》第一一期。

[6] 直百五铢铸于东汉之说,主要根据《濮瓜麓泉谱》所提的黄忠墓。黄忠

图版十七　赵的圆首刀

1—2. 白人。　3. 甘丹（邯郸）。　4. 成白。

图版十八　齐造邦刀

1. 有断缘痕迹的造邦刀。　2. 不断缘的造邦刀。

图版十九　齐三字刀和四字刀

1. 齐吞化（俗称三字刀）。　2. 齐之吞化（俗称四字刀）。

图版二十　即墨刀和安阳刀

1. 即墨刀。　2. 小即墨刀。　3. 安阳刀。

图版二十一　环钱（一）

1—2. 垣。　3. 长垣一釿。　4—5. 共。

图版二十二　环钱（二）

1.济阴。　2.小济阴。　3.半睘。　4.西周。　5.东周。

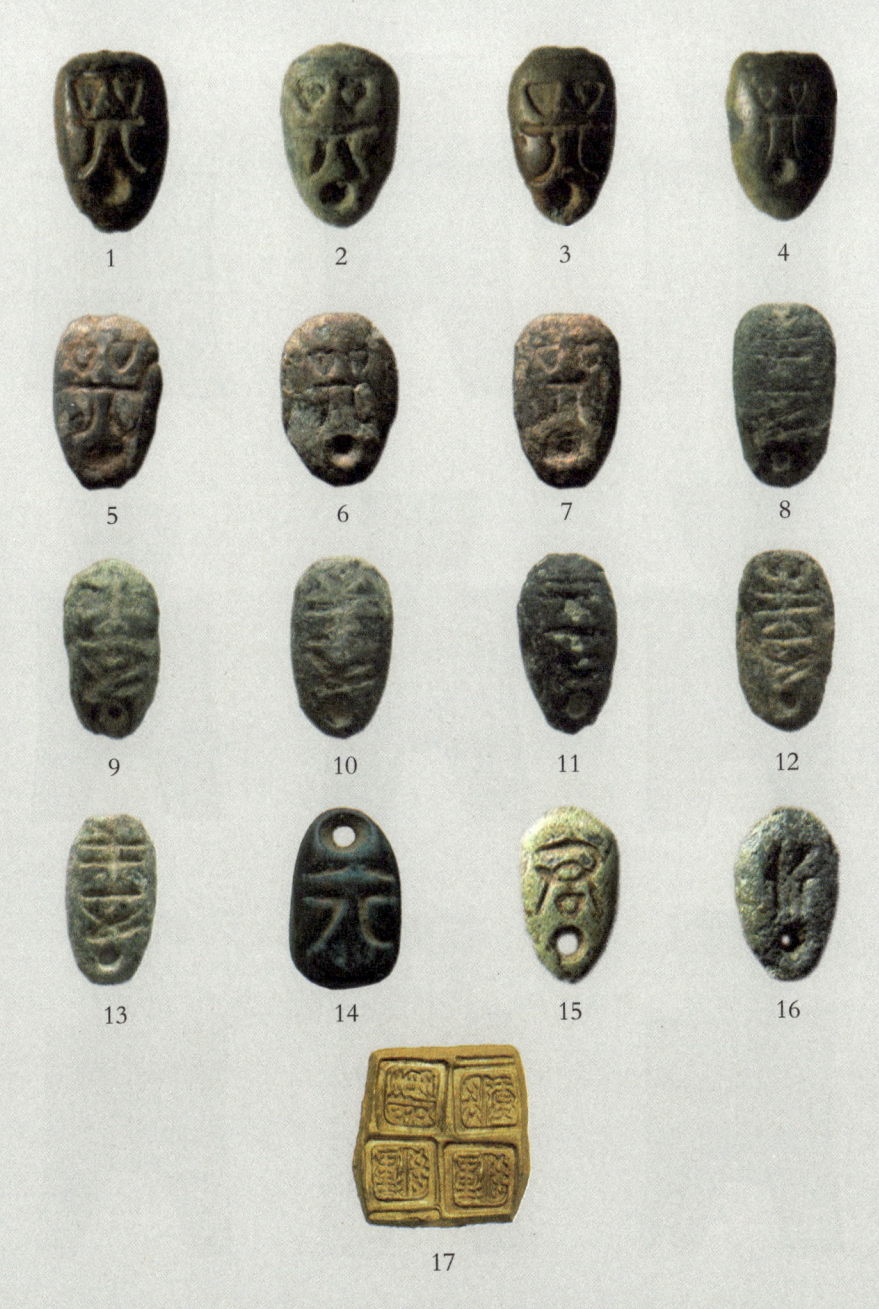

图版二十三　楚的蚁鼻钱和爰金

1—7. 鬼脸钱。　　8—13. 各六朱。　　14. 行。　　15 君。　　16. 圻。
17. 郢爰（沐园藏品）。第16品圻字钱仅见旧谱著录，未见真品，这里的
一枚也不可靠。第17品为中国最早的金铸币。

图版二十四　平阳布的各种书法

平阳布上的文字，充分表现出战国时期中国文字书法的变化多样。单就阳字来说，就有圆头阳、碗头阳、尖头阳、倒碗头阳、倒三角头阳、方头阳等。细分起来，没有两枚完全一样。

1	2	3
4	5	6
7	8	9

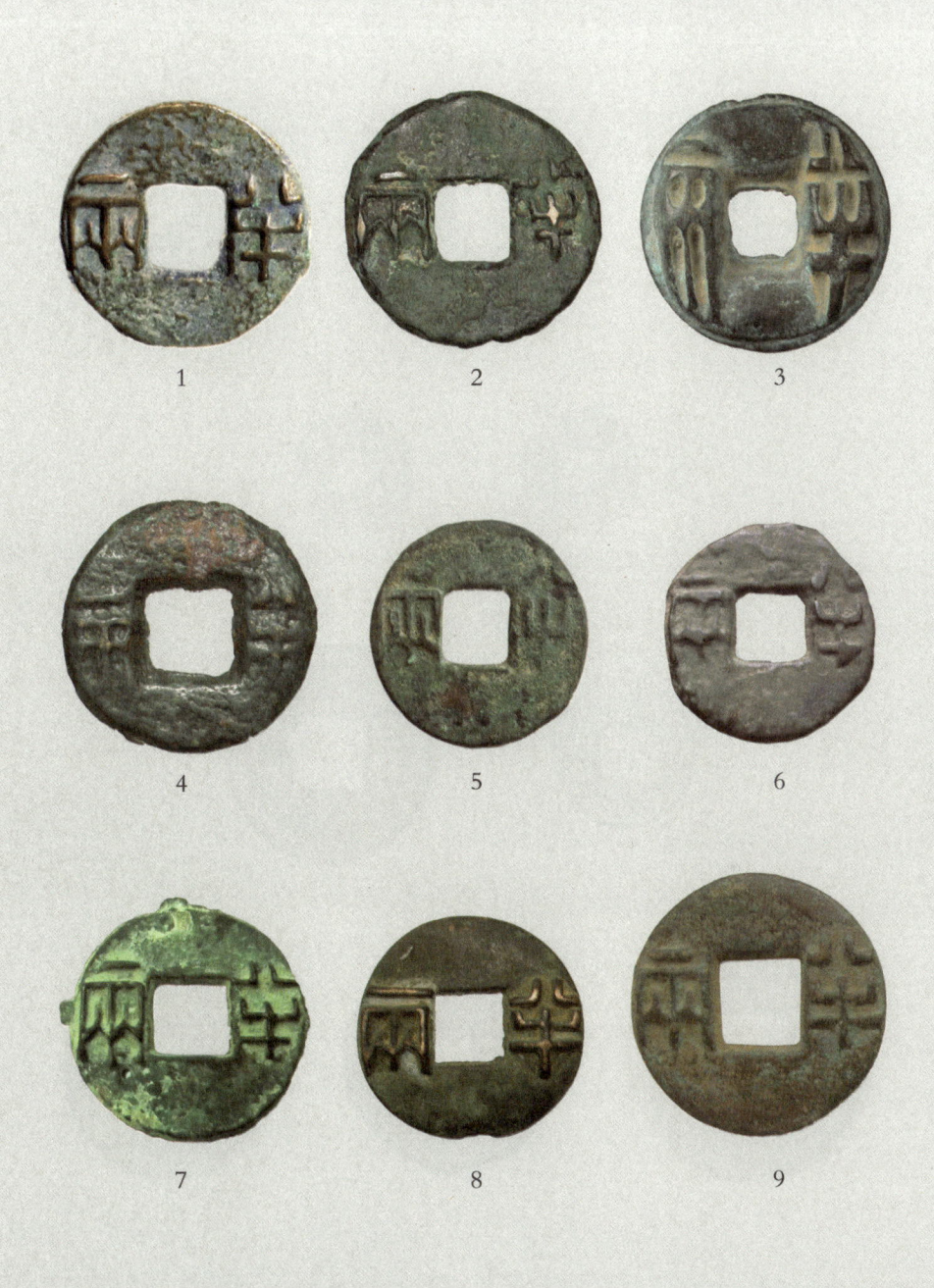

图版二十五　秦半两

秦半两和以前一样，是用泥笵铸造，一笵只铸造一次，所以铸出的钱，枚枚不同，轻重也相差很大。

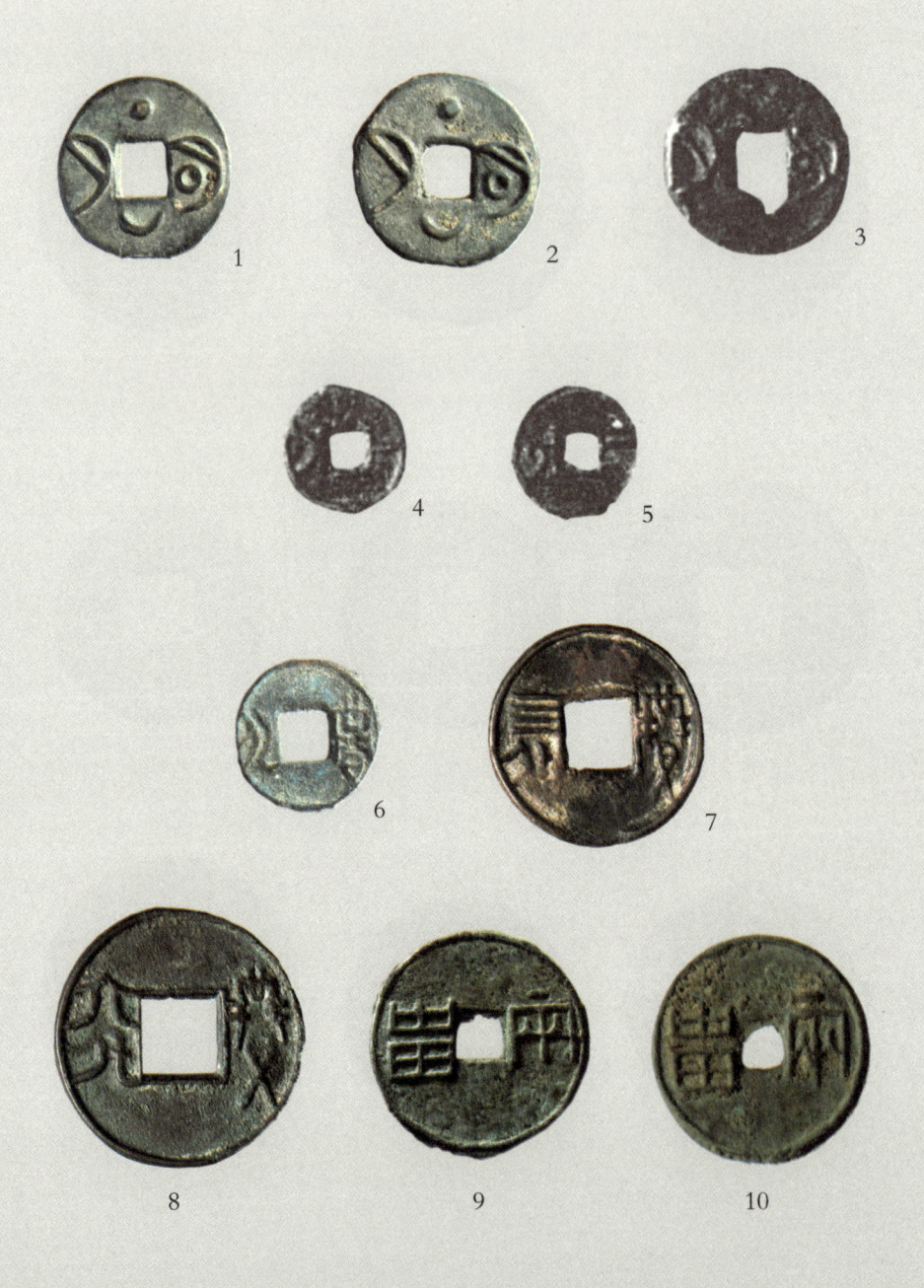

图版二十六　　初期的方孔钱

1—3. 明刀（或释明月、明夕）。　4—5. 一刀（或释一月、一夕）。
6. 賹化（旧释宝化）。　7. 賹四化。　8. 賹六化。　9—10. 两甾。

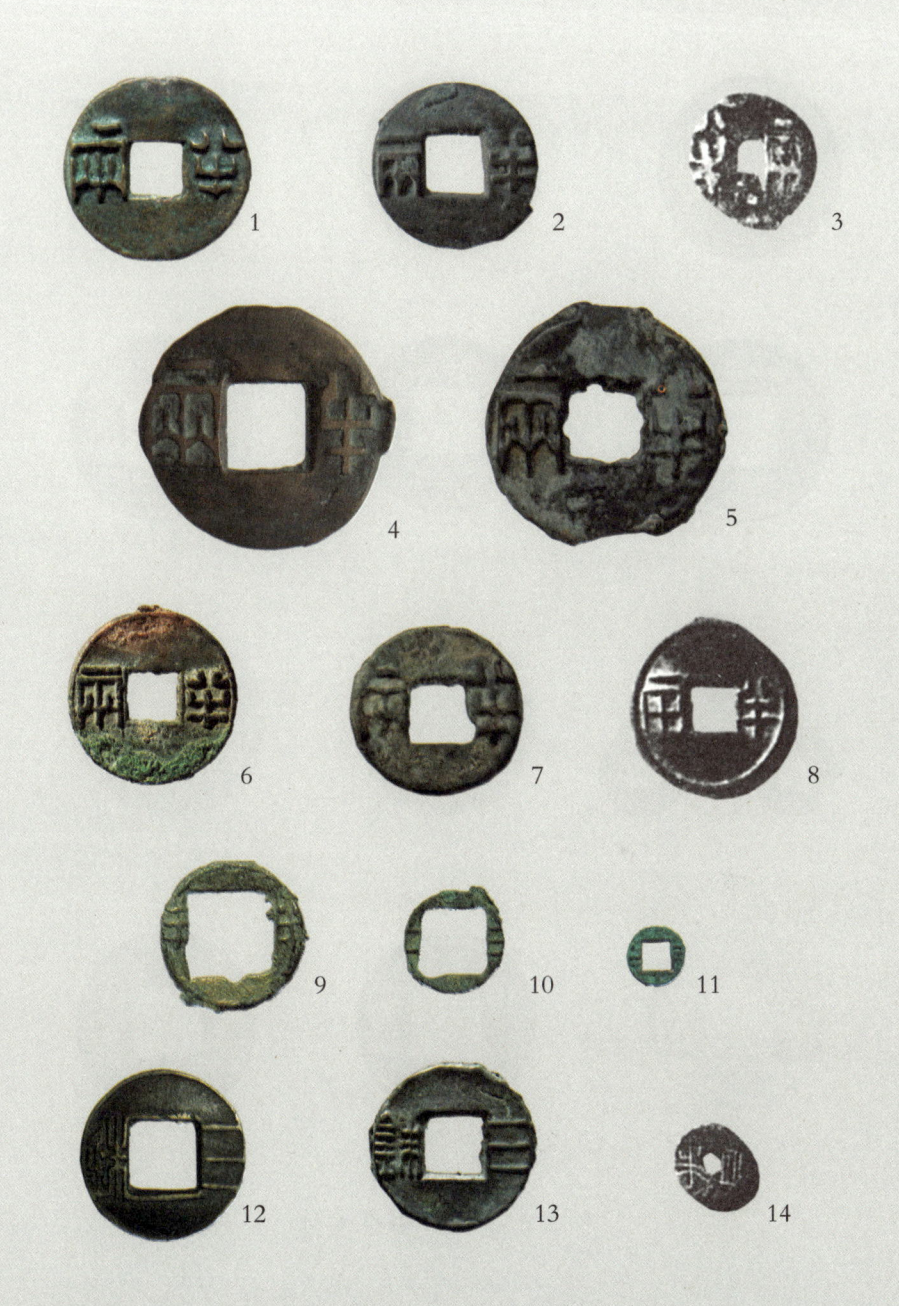

图版二十七　　西汉前期的钱币

1—3.汉初半两。　4—5.八铢半两。　6—8.四铢半两。　9—11.榆荚半两（荚钱）。　12—13.三铢。　14.阴文四铢。

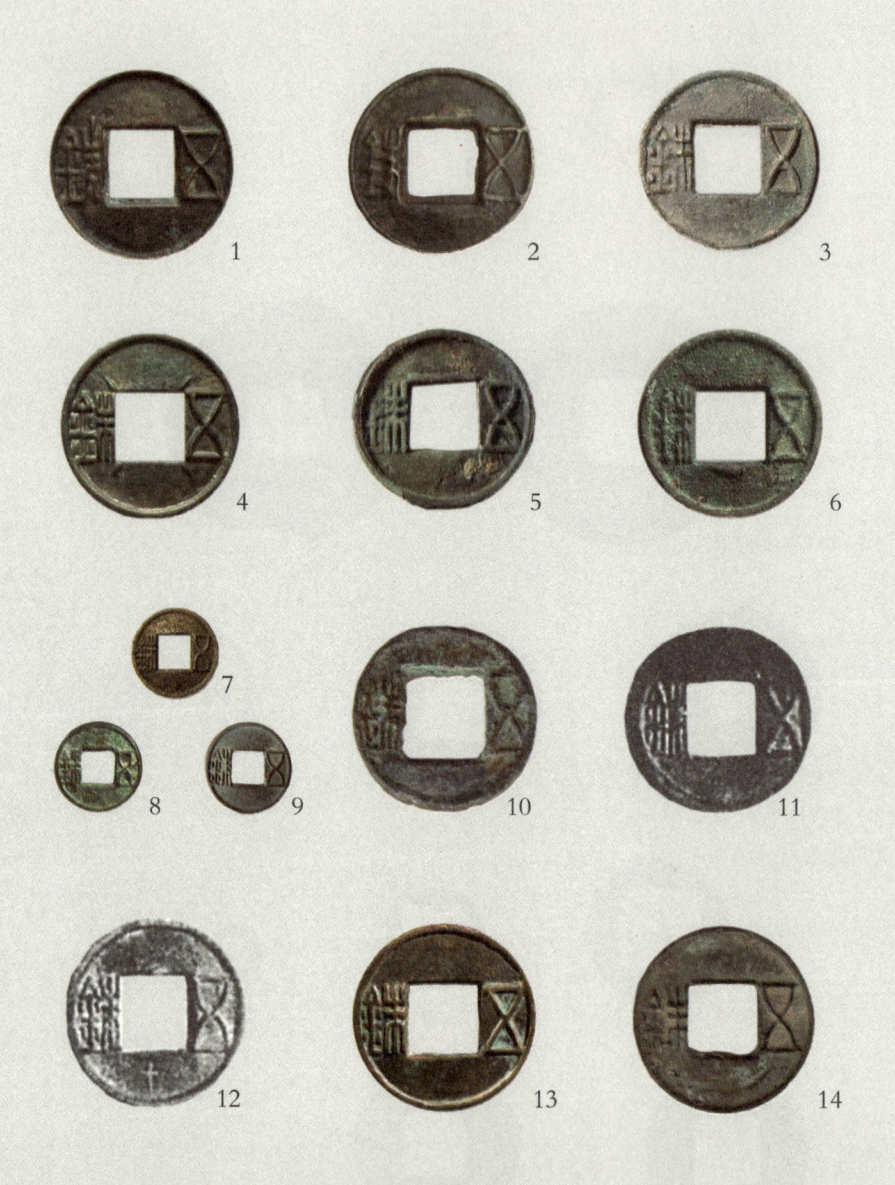

图版二十八　西汉五铢

1—3. 郡国五铢（？）。　　4—6. 赤侧五铢或三官五铢。　　7—9. 宣帝五铢。
10—12. 小五铢。　　　　　13—14. 西汉五铢。

第4、5两品特别精整，大概是赤侧五铢。宣帝五铢是根据钱范鉴别出来的，应属可靠。小五铢制作像宣帝五铢，大概也是那时所铸。第13品可能是昭帝时的东西。第14品似乎比较晚。

图版二十九 王莽的货币

1.金错刀。 2.契刀。 3.大泉（初铸）。 4.小泉。 5.大泉（后铸）。
6.大布。 7.小布（沐园藏品）。 8.货泉。 9.货布。 10.布泉。

图版三十　王莽的六泉

1.小泉直一。　2.幺泉一十。　3.幼泉二十。
4.中泉三十。　5.壮泉四十。　6.大泉五十。

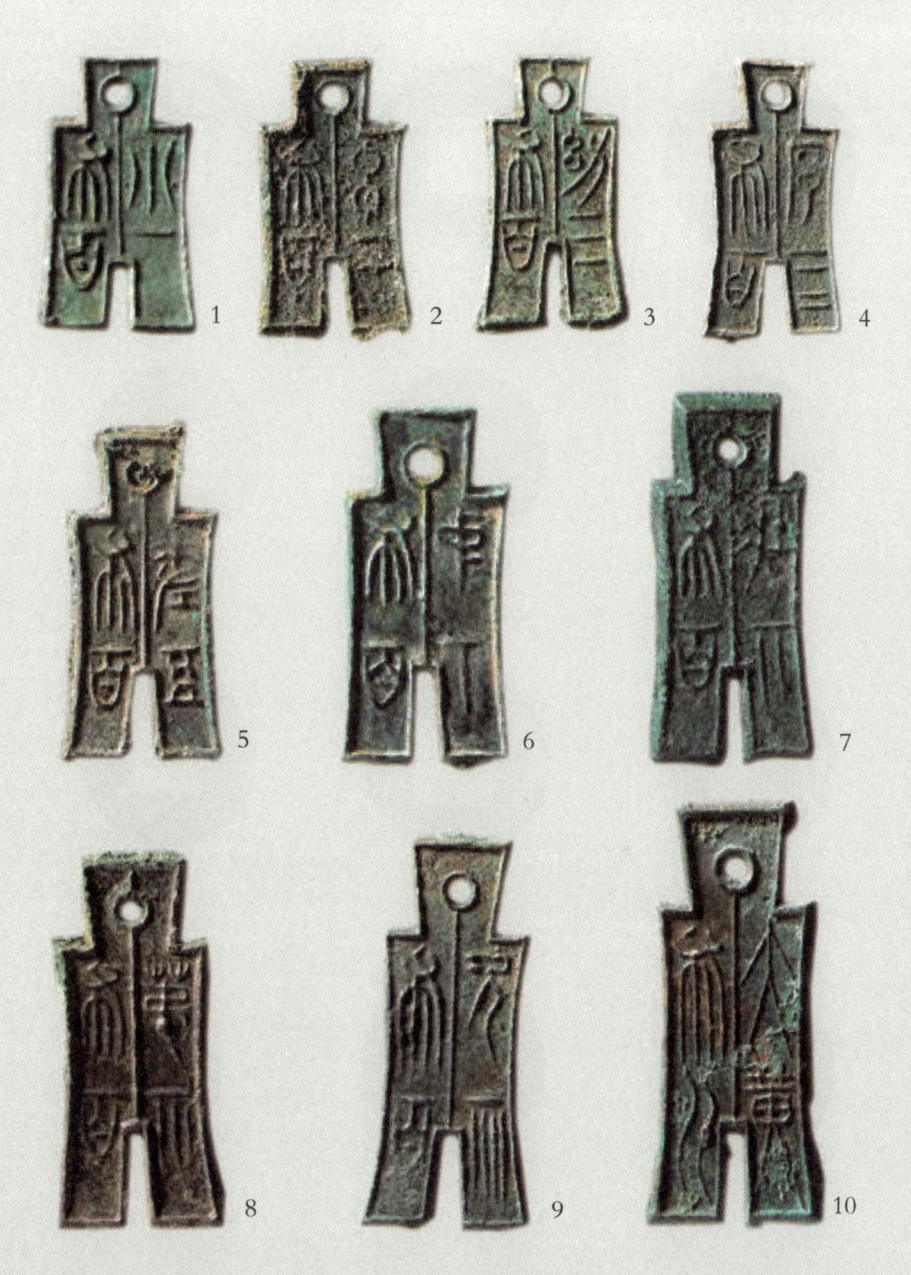

图版三十一　王莽的十布

1. 小布一百。　2. 幺布二百。　3. 幼布三百。　4. 序布四百。　5. 差布五百。　6. 中布六百。　7. 壮布七百。　8. 弟布八百。　9. 次布九百。　10. 大布黄千。

图版三十二　东汉五铢

1. 公孙述的钱五铢。　2. 淮阳王的五铢（更始五铢）。　3. 光武的五铢（建武五铢）。　4—8. 各种东汉五铢。　9. 傅形五铢。　10. 灵帝时的四出五铢。11. 四出五铢之背。　12. 董卓的小五铢（？）。

死于建安二十五年，在刘备铸直百钱之后六年，他们说，六年之内不可能由原重的直百五铢变成那种鹅眼的直百。其实减重何需六年。另据李家瑞《古代云南用贝币的大概情形》（《历史研究》1956年第九期）一文，云南东汉墓中有多量的直百五铢。这样一来，东汉说似乎可以肯定了。但所谓东汉，还嫌笼统；建安二十五年还是东汉，那时刘备早已铸钱。又黄忠墓之说，也不是正式的发掘报告。最初著录这事的《濮瓜麓泉谱》作于光绪二十九年，距发墓的同治初已四十年，自非亲眼所见。是否确有其事、是否真系黄忠墓、黄忠的丧葬年份，以及该墓是否完整，都是须要研究的问题。

[7] 郑家相《五铢之研究》（《泉币》第一七期）说这种五铢是刘焉父子所铸，而直百五铢是继此而作。如果赞同这一说，则势必认为那种小样而笔尽紧缩的五铢为刘备所铸。可是那种五铢同直百五铢就不怎么相像了。而且那种五铢数量比较多，也不符合当时的情况。

[8] 近年云南博物馆在昭通、鲁甸清理的十五座古墓中，都有多量的五铢和直百五铢。（《历史研究》1956年第九期李家瑞《古代云南用贝币的大概情形》）

[9] 《三国志·吴志》卷九《周瑜传》注引《江表传》。

[10] 洪遵《泉志》说：大者重十二铢六絫，又说开元钱重二铢四絫，故大泉当千应为开元钱的五点二五倍，即十九点五八公分。

[11] 翁树培《古泉汇考》说："背上下近轮各有一星，遍体作水波纹。又一种平字亦然，背水波纹，穿上下似有人物状。"显然翁树培所见到的太平百钱都是不精的。饶登秩《钱说一得》卷二甚至说四角各有一星。

[12] 顾烜提到四文龟背钱和水波纹钱都是太平百钱。（见《泉志》）

[13] 陆准、翁树培等人主此说。见《古泉汇考》。

[14] 山上香哉《香哉泉论》。

[15] 戴熙《古泉丛话》。

[16] 张绷伯《论大平百钱、大平百金、定平一百》。见《古钱大辞典》下编四画。

[17] 《古泉丛话》说："乾隆时，临平岸塌，出两瓮，此二泉（指太平百钱和定平一百）遂遍东南。"

[18] 见《文物参考资料》1955年第一二期武汉市文物管理委员会《武昌任家湾六朝初期墓葬清理简报》。墓中钱币包括下列八种：

五铢	径25毫米	共2454枚
剪边五铢	径20毫米	共990枚
太平百钱	径13—20毫米	共128枚
直百五铢	径28毫米	共31枚

货泉	径 23 毫米	共 21 枚
半两	径 23 毫米	共 4 枚
四出五铢	径 23 毫米	共 1 枚
大泉五十	径 25 毫米	共 1 枚

[19]　向陵亭《太平百钱与天师道》。他说太平百钱是压胜钱。

[20]　《后汉书·刘焉传》注引《典略》。也见《三国志·魏志》卷八《张鲁传》注引《典略》。

[21]　《三国志·魏志·张鲁传》注引《典略》。

[22]　《后汉书·灵帝纪》。

[23]　陕西甘肃一带可能也有太平百钱出土。王廉生《天壤阁杂记》说："有一老幕周姓，自东而陕而川，亡去数十年矣。好聚古泉，……有太平宫钱，百字最奇。濮瓜麓同年有此一品，曾傲我，今乃压之。"又王文敏致潘文勤书牍，言其兄名季寅字石坞者，官甘肃知县，有太平百钱一枚，背有星月水纹及小太平百钱，此极罕见云。

[24]　贯井银次郎《李雄の安平一百钱について》（《货币》第二〇一号）。又《再ひ李雄の安平一百钱について》（《货币》第二〇四号）。

三　金银

西汉盛行黄金，为汉以后千多年间的定论。其实黄金在当时仍不能说是十足的货币。在货币的各种职能中，黄金具有价值尺度、支付手段、储藏手段和世界货币几种职能，如果能证明它是购买手段或流通手段，它就是十足的货币了。

汉代文献中以金字来表示价值的事，并不稀奇[1]。固然金字不一定是指黄金，常常是指一斤黄金的价值，即一万钱，但这一点并不排斥黄金作为价值尺度的职能，作为价值尺度本来就是一种观念上的事情。黄金作为支付手段，在两汉是最通行的，特别是在西汉，第一表现在帝王的赏赐上；第二表现在税捐上，即酎金的征收[2]；第三表现在赎罪费[3]上；第四表现在贿赂[4]上。作为宝藏手段也是黄金一种通行的职能[5]。汉代同外国贸易便是以黄金为世界货币[6]。但汉代不以黄金为购买手段或流通手段。作购买时须先将黄金卖成铜钱才能交易或作别的开支[7]。史书所说王莽垮台的时候黄金一斤易粟一斛[8]的话，不能说是正常的交易。正出于不具备这一最基本的职能,所以汉代的黄金不能说是十足的货币。

西汉盛行黄金的观念,大部分是建筑在帝王的赏赐上[9]。数目之大和支付次数之多,都只有在各帝王的赐与上才能看出来。单就《汉书》中所记载而有明确数目的赐金,就有九十万斤,合现代二十七万七千三百三十八公斤[10]。

西汉各帝赐金表（以一金或一斤为单位）

帝名	赐金总数	帝名	赐金总数
高祖	42 550	昭帝	2420
惠帝	68[11]	宣帝	18 370
高后	11 000+[12]	元帝	540
文帝	12 000	成帝	3660
景帝	1102+	哀帝	680
武帝	806 940+	平帝	200
合　计			899 530

根据这种赐与而作出西汉盛行黄金的结论,虽然不是完全不可靠,却是要打折扣的。因为金字在西汉,并不一定指黄金,有时只是一种价值的表示,即一斤等于一万钱。西汉赐金,书中有三种写法:第一种是"赐黄金若干斤"[13],第二种是"赐金若干斤"[14];第三种是"赐若干金"[15]。有人[16]说要指明黄金的地方才是真金,不说黄的便是一金给一万钱。根据这种标准来统计《汉书》中的赐金数字,则大部分的赐与,是付铜钱。因为在赐金总额中,指明为黄金的,约占百分之三十,称金若干斤的约占百分之十二,称若干金的占百分之五十八。实际上这种标准并不可靠。有时同一笔赐与,《史记》中称金,而《汉书》中称黄金[17]。甚至指明为黄金的地方,也不见得是用黄金支付,例如《王莽传》中"有司奏:故事聘皇后,黄金二万斤,为钱二万万。莽深辞让,受四千万,而以其三千三百万予十一媵家群臣",这里明明讲的是黄金,而付的是铜钱。

我们当然不能因此就否认黄金的使用,因为有黄金和铜钱同时赏赐的例子,昭帝元凤五年(76年)曾赐广陵王钱二千万,黄金二百斤[18]。黄金用于赏赐,的确是作为支付手段的最重要的一种用途,因为汉代的赏赐有时是官吏的一种经常收入,可以看作俸禄的一部分。除赐与外,黄金作为支付手段还表现在各种对政府的支付上:西汉赎罪可以用黄金[19];助祭费也常以黄金计算,即所谓酎金,每年叫诸侯列侯根据其管辖人民的数目进奉黄金，每千人奉金四两，不满千人而在五百人以上的也要四两，如金少或成色不好，王则削县，侯则免国[20]。这也可以说是西汉政府黄金的一个来源。而且景帝六年（公元前 151 年）曾颁定铸钱伪黄金弃市律[21]。这明明是官方承认黄金的货币地位。

西汉的黄金，使用到什么程度，不得而知。当时的金价如果每斤以一万钱计算，即库平一两合一千二百一十几文，的确便宜。但当时米价，若以七十文一石来计算，要卖百多石才能换得黄金一斤。一般人民获得黄金的机会恐怕不多。在战国期间，一家五口，耕百亩田，每年可以收得一百五十石粟。到了汉朝，人口增加[22]，土地更集中化，就算有新地的开垦，每家仍以百亩计，收入不变，自己一家一年要吃九十石，剩下的卖钱不过六千文，再除去田赋[23]、口赋，所剩已不多，能够应付一年内的日常开支而不负债，已算侥幸。西汉黄金动不动论斤，一般人民，哪里用得起？

在王莽统治的那十几年间，金银几乎成了正式的货币。特别是在始建国二年的宝货制中，金银在币制中是正式的构成因素，有法定的比价，理应有一定的形制。

到了东汉，形势为之一变。东汉的两百年间，一切赐与，很少用黄金，总共不过两万一千七百四十斤，合五千五百六十四公斤。只合西汉赐金总额的百分之二。如果以每次赐金的平均数额来讲，则东汉只合西汉的百分之二十二[24]。如果以每帝赐金的平均额来讲，则东汉只合西汉的百分之三[25]。如果以每年赐金的平均额来讲，则东汉只合西汉的百分之二点六[26]。西汉赐金约有一百次，赐钱约五十次；东汉赐金只九次，赐钱六十四次。就是单以西汉赐金中指明为黄金的数目来说，东汉所占的百分比也是很小；总额是百分之七，以每次计，是百分之七十七；以每帝计，约占百分之十；以每年计，约占百分之七点五。

东汉赏赐，为什么少用黄金呢？这是中国历史上一个谜。有些人曾加以解答，但多是不得要领。有人说是因为佛教盛行，寺庙塑像写经消耗许多黄金[27]。但佛寺到南北朝才盛行，不能用来说明东汉金少的现象。此外甚至有人说是因为国内产金之地已发掘净尽，所以黄金日少[28]。这是一个最难令人置信的理由。黄金不是消耗品，就是真正发掘净尽，也不至于减少。何况汉以后，历代还是有黄金的出产。东汉时永昌郡产黄金[29]，明帝永平十一年澋湖出黄金，庐江太守取以献。汉中也有过金户千余家[30]。中国虽然从来没有发现大的金矿，但淘金的事是代代有的，所以黄金的绝对数量应当是一年一年增加的。然而东汉以后少用黄金作赐与是一个事实，而且金价上涨大概也无可怀疑，天凤元年似乎曾调整金银的价格[31]。除了黄金的生产成本增加外，只有数量减少，或支付周转次数减低，或需要增加，才可以引起那些现象。东汉时似乎几种因素都存在。

关于黄金的生产成本，我们虽然没有具体的资料来证明其已增加。但米价的上涨[32]影响淘金者的生活费，这便是成本之一。这点只能说明金价上涨的原因，不一定是东汉少用黄金作赏赐的决定性的理由，更不能用来证明东汉黄金生产减少。金价提高，又可以刺激采金业的发展。

数量的减少，是由于黄金外流。西汉因为普遍采用黄金为支付手段，所以一定有相当大的数量流到外国去。例如武帝时常同匈奴作战，如有匈奴人投降到中国来，照例是有重赏的[33]。他派张骞到西域去招徕大夏的属国，也用黄金缯币[34]，这也是黄金的一条去路。但最重要的，应当是贸易的入超。

西汉时已有若干对外贸易，如武帝时向大宛买马，向海外买明珠、璧琉璃，都曾输出黄金。当时甚至有人以为用黄金向外国购买奢侈品是一种明智的政策[35]，由此也可见许多外国货是用黄金换来的。武帝时的连环羁[36]，宣帝身上的宝镜[37]，都是印度来的。《史记·大宛传》叙述自大宛到安息一带的情形，说"得汉黄白金，辄以为器，不用为币"。这也是金银外流的确证。

但西汉末到东汉，对外贸易的规模更大。这只要比较一下《史记》和前后《汉书》对于外国的记述便知道。《史记》对于外国的记载简略而模糊，因为在张骞回国以前，大家对于西域似乎没有什么印象，连身毒（印度）的名字都不知道。不过张骞带回来的情报大概也不很多；直到班超回来，中国人对于西域才有点确实的知识，所以《后汉书》才第一次提到大秦国。有人说在西汉时，中国人就有泛海到锡兰去经商的，说1世纪希腊人利用印度洋的季候风航海到锡兰时，就有许多中国船[38]，这是可能的。但汉代的对外贸易，大概是以经由敦煌、新疆到小亚细亚去的陆路为主。换言之，就是以中国同所谓大秦国的贸易为主。大秦国是指罗马帝国，包括今叙利亚和埃及等地[39]，由安息的商人将西方的各种玻璃、珠宝和织物运到中国来换取中国的丝绢。地中海东部的国家，很早就使用黄金。罗马在共和时代（西汉及以前）虽然不以黄金铸钱，但对外支付，是用黄金，国库中黄金很多[40]。在帝国时代（相当于东汉）更是使用金币。所以当时的世界货币，即中国同西方的交易媒介，自然是黄金。当时中国的缯价是四百[41]到六百多钱一匹[42]，但在罗马市场据说是与黄金同价[43]，一两黄金一两丝。

中国的缣是二十五两重,应可卖得二十五两黄金。这种价格也许只是暂时的价格,没有维持长久,但丝物在西方古代为一种极贵重的奢侈品,是人人知道的。罗马史家普里尼(Pliny)说罗马帝国每年至少有一万万塞斯脱契(sesterce)流到印度、中国和阿拉伯[44];又说单是印度每年就要获得二千五百万,则其余的七千五百万以上约合黄金五千多公斤[45],应当是流到中国和阿拉伯了。这数目并不大。有人说[46],也许是指罗马帝国的纯入超,并不是说由中国和阿拉伯输入货品的总值。但我们不能根据这种话就说中国是出超,每年有黄金流入。罗马史家对于其黄金的去向,大概是根据其输入品来计算。可是实际上中国丝物在罗马市场卖得的价款,并不是全部回到中国来,大部分恐怕是落在安息商人的手中;这些商人到中国来收买丝缣出很少的代价,正同他们用贱价把西方不值钱的玻璃和假珠宝运到中国来卖大价钱一样。中国古代本来会造玻璃,不知是因为这种技术到汉代失传了,还是别的什么原因,竟把西方的玻璃看作璧琉璃,付出很高的代价。范晔说,他们"利有十倍"[47],《晋书》说是百倍[48]。普里尼也说利润有十倍到百倍。实际上恐怕中国和罗马双方都有黄金流出。桓帝时的大官僚梁冀就曾派人出塞,交通外国,广求异物。

东汉时黄金的外流,史书少有明确的记载。但黄金周转次数的减低,却是很明显的事实。赐与上少用黄金,便是周转次数减低。不过这毋宁应说是一种后果,而不是原因。使黄金周转速率减低的原因,是王莽的黄金国有政策。王莽在居摄二年(7年)发行错刀契刀,目的就是收买黄金。所以同时禁止列侯以下不得挟黄金;人民的黄金,都要卖给政府。据说连代价也不给,等于没收了[49]。王莽为什么要把黄金集中在国库呢?是个人的贪财,还是为防止黄金外流呢?这就无法断定了。总之,在他的一二十年间,除了几次有重大政治意义的赠与[50]和因聘史氏女为皇后花三万斤外[51],政府开支,大概少用黄金。所以他死的时候宫中剩下约七十万斤的黄金[52]。而且这些黄金后来大概仍是落在少数私人手中。光武的内弟郭况就有几亿黄金[53],其中可能有一部分是王莽所搜刮的。这是市面黄金显得少的原因。在西汉时,一般人民和官吏们,经常把黄金贡献给皇帝,而各帝王也以赏赐的形式发放出来,这就是黄金周转的途径。到了东汉,帝王既少赐金,臣下大概也少献金了,因为连赎死罪也是用缣[54]。

这里我们可以比较一下,公元初前后中国和罗马这两大帝国的黄金财富。王莽死时政府所储黄金以七十匮计算,计七十万斤,约合十七万九千二百公斤,这数字可以代表中国政府在1世纪的储金量。罗马帝国的贵金属储备量据估计约值一百亿金马克[55]。其中金银数量大约相等，这样就可以算出罗马帝国的黄金储量是十七万九千一百公斤。和中国可以说完全相等。这是一个有趣的巧合。

我之所以一再提到罗马，第一因为研究贵在比较。虽然是关于中国的历史，也应当同外国比较，而当时能同中国比较的只有罗马。近代欧洲一些资产阶级学者，不但不同中国比较，反而把明明是以欧洲为主的历史称为世界史，这是一种非科学的夸大狂。也因为罗马同中国的汉代实在有许多相像的地方，而且时间又约略相同。它们是当时地球上的两大文化中心，两大军事强国。两国统治阶级都采取重农抑商政策，可是货币经济都特别发达。由于追求货币的结果，社会上贫富的悬殊越来越显著。中国历史上从来没有像西汉那样重视黄金的了，但国内流通主要不用黄金。罗马也是这样。两国的统治阶级都毫不留情地使用货币贬值的办法来剥削人民。当时两国的国库在前后差不多的时间有同样多的黄金储备一事，并不证明两国的财富相等，也不证明两国有同样多的货币在流通。在贵金属方面，中国在王莽的时候，有较大的一部分是集中在国库，而在货币流通方面，中国主要是用铜钱。罗马主要是用银币。

东汉以后，工艺方面对于黄金的需要也增加。这就是说：到了东汉，黄金更分散到民间去了[56]。西汉及以前，只有各种彝器上错金，西汉时帝王们也有用黄金来做装饰品的，如未央宫的"金铺玉户"[57]，帝王送死时的玉匣金缕[58]，以及蜀广汉主每年用五百万来造金银器等[59]。但当时民间还朴素，连帝王们将有金银饰的杯案赏赐给官吏们，贡禹都认为不应该。

这点从墓葬的出土物可以证明。西汉的墓葬中很少有金银饰物。东汉以后，情形就不同了。郭况家里用四百个僮仆来制造金器。到了东汉末年，金饰更加流行：曹子建用"皓腕约金环，头上金爵钗"[60]来形容女人。东汉的墓葬中有时就有金银的饰物了，而且越到晚期，这种饰件愈多。到了晋代就更多了。这几乎成了判断墓葬时代的一个标准。民间的流行金饰，大概同市面上黄金的减少和金价的上涨有关系，好时髦的人大半为虚荣心所支配，物少而贵才为人所追求；而越有人追求则价钱也越贵。

黄金的减少，也由于殉葬落土。据说曹操引兵入岘，发现梁孝王冢，破棺取金宝数万斤[61]。

两汉的金价，历代学者都认为是一斤万钱，好像自始至终不变，这是一件难以令人置信的事。首先，金价越来越贵，乃是古今中外一致的现象。其次，汉代钱币的重量不断减轻：由秦半两减为八铢半两，再减为四铢半两,三铢。后来虽提高到五铢,但东汉的五铢又多少有减重的现象。这几百年间,金价不上涨是不可能的。大概在战国时期,黄金有过四千钱一斤的价格。不过这四千钱到底是重四五十公分的齐刀呢?还是重约几公分的小布呢?就难以断定了。也许后者的可能性大一些。在秦汉间,每斤涨到六千多钱[62],这种价格也许维持到八铢半两通行的时候。后来用四铢半两,金价一定上涨,市价可能已涨到一斤万钱[63],但官方也许到宣帝元凤元年才加以承认[64]。王莽时的金价是一斤万钱,这是史书上记载得很明确的,后来王莽铸小泉,也维持万钱一斤的价格,那时恐怕有价无市。东汉以后,金价大概续有上涨。《孙子算经》提到金价,一斤值钱一十万,等于西汉的十倍。这价格不是东汉的价格。东汉的金价不致于一跳就是十倍。可能是三国两晋或更以后的价格[65]。

东汉以后,因为大家把黄金造成器饰,而且周转次数减低,所以黄金的货币性更加减退,只以用作宝藏手段为主。

汉代用金的办法,虽是秦制,但黄金的形式却受到楚国的影响,用豆腐干形的方饼。所谓"黄金方寸而重一斤"的说法可能就是根据这种方饼而推想出来的。《九章算术》也提到黄金九枚、白银十一枚的话[66]。汉代的方金饼已不称爰,有些汉墓中有"郢称"的陶板出土,楚国的影响很明显。但最重要的是"两"字陶板的出土,因为汉代黄金以斤两计算。陶板上有十六块"两"饼,正好合一斤。武帝太始二年在黄金的形制上实行了一次改革,铸造麟趾金,当时叫作麟趾褭蹏[67],有象征意义,大概是圆形,重一斤[68]。可能四周有工巧的刻文。宋代农民间有发掘,叫作柿子金[69],也叫作马蹄金[70]。

白银在汉代已逐渐成为货币金属了。虽然秦始皇在统一六国币制的时候,规定白银只能作为器饰宝藏,不作货币,可是在始皇之前,并没有以银为币的记载。汉初还是不用白银作货币使用。直到武帝时的白金,不但是货币,而且是铸币。这种发展,很为突然。在这一个短时期内,白银比黄金发挥了更多的货币职能。不过当时是银锡合金,而且作价过高,是一种信用货币的性质。在王莽的币制中,白银和黄金具有同样的地位,黄金论斤,白银反而以半斤为单位,称为一流;似乎白银应当有一定形式。然而史书没有明言。总之,在东汉,白银出现在文献中的次数比较多了。无论是帝王的赏赐[71]方面,或储藏方面,都有金银并提的例子。董卓的财产中就有黄金二三万斤,白银八九万斤[72]。

关于白银的形制,应当同黄金差不多。文献中只提到金鉼[73]、银鉼[74]。鉼自然是圆形的东西，可能就是武帝的麟趾金或其变形。近年湖南衡阳、长沙等地的东汉墓中都有金鉼出土，衡阳的金鉼，上有"净土王"字样，重约三百十二点五公分[75]。长沙的金鉼上面有阴文"张"字，重约二百三十四点五公分[76]。还不见有银鉼出土。但却有几种"中元二年"的银锭出土。一种是船形，一种是条形。船形银锭底平如砝码（∑），上面两端翘起，略像后代的元宝。中央有"中元二年考工所造"一行阴文隶体字。我藏有两枚，一大一小，大的重二百零五公分，小的重一百二十五公分。银质很好，发灰黑色，底上有气眼。小的一种已压得变了形。条形银锭据我所知有三枚，一枚完整，两枚残缺。另外有仿造的。完整的一枚重约四百零三公分。上端也有"中元二年考工所造"一行阴文字，同船形银锭的文字一样，显然是用同一印模打上去的。实际是两个印，"中元二年"和"考工所造"两者之间有点距离。残缺的一枚只有"中元二年"一个印，背面文字不清楚。这两枚已流往日本，据说是山东青州出土[77]。另一枚残缺的是我自己所藏，上端压断，下端则凿断，仍留"中元二年"一印很清晰，中字的上端有"考工所造"的印，但打得不深，"造"字打在"中"字上头，完全看不出。重约一百二十公分。全身绿锈，可见银色不是很好。这些银锭，自然使人怀疑[78]；首先，汉代文献中没有关于银锭或银铤的记载，这些银锭有同一年份，是同一个印打上去的，而且显然系官银，为什么不见于记载。然而根据实物看来，不但银锭本身是旧的，而且年号印也不像是后人打上去的。汉有考工室，为少府制作器用的部门，武帝时单称考工，而这些银锭上作考工所。汉银本有两种，一种朱提银，成色好；一种普通银，成色差。船形银锭可能是麟趾金的变形。又据说青州另外出土两枚桓帝建和二年的船形银锭[79]，形制和中元二年的完全相同，重三百五十六点二五公分。上面有三行文字，第一行为"建和二年　银匠□□"；第二行是"上郡亭侯　银匠王□"；第三行是"□□□□　银匠□□"，有些字不能辨识。史称孙皓掘地得银，"长一寸，广一分，刻有年月"[80]，这就可以说是小银铤了。光武在玉莽之后，或许就利用王莽时的白银来改铸这些银锭，也未可知，史书遗漏的事很多，王莽的布泉就是一例。

　　藏家有一种银五铢，制作像东汉五铢，很精，恐怕是后人所铸，可能是唐代铸银开元的时候仿铸的。近年南京六朝墓出土银五铢两枚，也是东汉的制作，很不规矩，可能是六朝时仿铸的。

注 释

[1] 《汉书》卷四《文帝纪》:"百金中人十家之产也。"又卷五九《张汤传》:"汤死家产直不过五百金。"《史记》卷五八《梁孝王世家》:"初,孝王在时,有累樏,直千金。"《汉书》卷六五《东方朔传》:"郑镐之间,号为土膏,其贾亩一金。"刘歆《西京杂记》卷上:"武帝时身毒国献连环羁,……一马之饰直百金。"

[2] 《后汉书·礼仪志》上注引丁孚《汉仪》曰:"酎金律文帝所加,以正月旦作酒,八月成,名酎酒。因令诸侯助祭贡金。汉律金布令曰,皇帝斋宿,亲帅群臣承祠宗庙,群臣宜分奉请,诸侯列侯各以民口数率千口奉金四两。奇不满千口至五百口亦四两,皆会酎少府受。又大鸿胪食邑九真交趾日南者,用犀角长九寸以上若瑇瑁甲一,郁林用象牙长三尺以上若翡翠各二十,准以当金。"《史记·平准书》:"至酎少府省金,而列侯坐酎金失侯者百余人。"(注如淳曰,汉仪注,王子为侯,侯岁以户口酎黄金于汉庙,皇帝临受献金以助祭。大祀日饮酎,饮酎受金,金少不如斤两,色恶,王削县,侯免国。)《西汉会要》卷一四《礼八·庙祭》:"孝宣地节四年裏温侯圣坐酎金斤八两,少四两免。"又:"五凤四年朝侯固城坐酎金少四两免。"

[3] 《汉书》卷四四《淮南衡山济北王传》:"削爵为士伍,毋得官为吏,其非吏它赎死金二斤八两。"

[4] 《汉书》卷七〇《陈汤传》:"参妻欲为伋求封,汤受其金五十斤,许为求。"

[5] 《汉书·王莽传》下记王莽死时:"省中黄金万斤者为一匮,尚有六十匮,黄门钩盾藏府中尚方处各有数匮。"《后汉书》卷一〇二《董卓传》:"坞中珍藏,有金二三万斤,银八九万斤。"

[6] 《汉书》卷六一《张骞传》:"天子数问骞大夏之属……因曰……既连乌孙,自其西大夏之属皆可招来,而为外臣,天子以为然,拜骞为中郎将,将三百人,马各二匹,牛羊以万数,赍金币帛直数十巨万。"《史记》卷一二三《大宛传》:"天子既好宛马,闻之甘心,使壮士车令等持千金及金马以请宛王贰师城善马。"《汉书·地理志》:"自夫甘都庐国船行可二月余有黄支国。……自武帝以来,皆献见,有译长属黄门与应募者俱入海市明珠、璧流离、奇石、异物;赍黄金杂缯而往。"

[7] 《后汉书》卷一一一《独行列传·王忳传》:"忳尝诣京师,于空舍中见一书生疾困,愍而视之。书生谓忳曰,我当到洛阳而被病,命在须臾。腰下有金十斤,愿以相赠。死后乞葬骸骨。未及问姓名而绝。忳即鬻一斤营其殡葬。"《三国志》卷五《魏志·文昭甄皇后传》:"后天下兵乱,加以饥馑,百姓皆卖

金银珠玉宝物。时后家大有储谷，颇以买之。后年十余岁，白母曰：今世乱而多买宝物。匹夫无罪，怀宝有罪。"

[8] 《后汉书》卷一《光武帝纪》上："初王莽末，天下旱蝗，黄金一斤，易粟一斛。"

[9] 《宋史》卷二九六《杜镐列传》："太宗……又问西汉赐与，悉用黄金，而近代为虽得之货，何也？镐曰：当是时佛事未兴，故金价甚贱。……"《文献通考·征榷考》引东坡《仇池笔记》："王莽败时，省中黄金六十万斤。陈平四万斤间楚。策卓郿坞金亦多。其余三五十斤者，不可胜数。近世金不以斤计。虽人主，未有以百斤与人者。何古多而今少也？……颇疑宝货神变不可知，复归山泽邪？"又引石林叶氏（水心）曰："汉时赐臣下黄金每百斤、二百斤，少亦三十斤。虽燕王刘泽以诸侯赐田生金亦二百斤。楚梁孝王死，有金四十余万斤。盖币轻，故米贱金多也"。顾炎武在其《日知录·黄金》条下说："汉时黄金，上下通行"，也是根据帝王的赐金，文中并列举若干次赐金的例子，而且也提到宋太宗问杜镐的话。《廿二史札记》的《汉多黄金》条下，竟说："古时专用黄金，而黄金甚多。"也是根据两汉帝王的赐与。

[10] 西汉的衡法，本应根据八铢半两、四铢半两、三铢和五铢这四种钱来计算。但前三种钱，因都是民间自由铸造，几乎和秦半两一样地分歧。只有五铢有官炉钱，最精整的为四公分，每两应为十九点二公分。本书暂以此为标准。

[11] 汉惠帝曾赐视作厉土者将军四十金，二千石二十金，六百石以上六金，五百石以下至佐史二金。（见《汉书·惠帝纪》）确数无法计算。

[12] "+"号是表示另有数目不确定的赐金数没有计算在内，例如高后遗诏赐诸侯王各千金（见《高后纪》），据《汉书·外戚传》，侯王至少在十人以上，本书姑以十一人计。又如景帝遗诏赐吏二千石黄金二斤，也无从知其确数，表中只以二斤计算。

[13] 《汉书》卷八《宣帝纪》："地节……三年……赐广陵王黄金千斤，诸侯王十五人黄金各百斤，列侯在国者八十七人，黄金各二十斤。"

[14] 《汉书·文帝纪》："元年……诏曰，……其益封太尉勃邑万户，赐金五千斤；丞相平、将军婴邑各三千户，金二千斤；朱虚侯章、襄平侯通邑各二千户，金千斤；封典客扬为信阳侯，赐金千斤。"

[15] 《汉书·食货志》下："其明年大将军骠骑大出击胡，赏赐五十万金。"另见注[11]。

[16] 晋灼说："凡言黄金，真金也；不言黄，谓钱也。"（《汉书·惠帝纪》注）颜师古说："诸赐言黄金者，皆与之金；不言黄者，一金与万钱也。"（同书

[17] 例如刘邦给与陈平的四万斤，在《史记·高祖本纪》中称金四万斤（"三年……汉王患之，乃用陈平之计，予陈平金四万斤，以间疏楚君臣。"）而《汉书·高帝纪》则称黄金四万斤。（"三年……又问陈平，乃从其计，与平黄金四万斤，以间疏楚君臣。"）《史记·陈丞相世家》也说是黄金四万斤。

[18] 《汉书》卷七《昭帝纪》："（元凤）五年春正月，广陵王来朝，益国万一千户，赐钱二千万，黄金二百斤。"

[19] 见注[3]。

[20] 见注[2]。

[21] 《汉书·景帝纪》。

[22] 据《通志·食货一·历代户口》称：东周人口为 11 841 923 人。经战国之摧残，秦始皇之残杀，减少很多。但汉代增加得很快，平帝时为 59 594 978 人。

[23] 先秦田赋，以按收入实物抽十分之一为原则，即所谓什一之税。秦自商鞅变法后，有时税至十分之五（《汉志》董仲舒言）。汉代田赋以轻者，普通是十五税一（《汉书·食货志》）。有时且只收半租，即三十税一，但因豪民侵凌，农民实际上的负担很重。王莽说："厥名三十税一，实什税五也。"西汉田赋大概是以现钱缴纳。

[24] 西汉每次赐金的数额如下：

五十余万斤者	一次
二十余万斤者	一次
一十万斤者	一次
四万斤者	一次
一万余斤者	一次（高后）
七千斤者	一次
五千斤者	二次
二千斤者	三次
一千七百四十斤者	一次（八十七人各20斤）
一千五百斤者	一次（诸侯王十五人共计）
一千斤者	十六次以上
五百斤者	五次
二百斤者	六次
一百斤者	二十六次以上
六十斤者	五次
五十斤者	三次

四十斤者	四次以上
三十斤者	三次
二十斤者	十三次以上
一十斤者	二次以上
六斤者	不知次数
二斤者	二次以上
合计 899 530 斤以上	一百次以上

每次平均约 8995 斤或 2773.38 公斤

东汉各次赐金额如下：

二万斤者	一次
一千斤者	一次
二百斤者	三次
五十斤者	二次以上
三十斤者	一次
一十斤者	一次
合计 21740 斤	九次

每次平均 2415 斤或 618.24 公斤

[25] 东汉各帝赐金额如下：

光武帝	240 斤
章帝	1000 斤
桓帝	20 450 斤
灵帝	50 斤
合计	21 740 斤

西汉以十三帝计算，每帝平均赐与 21 334 公斤，东汉只以九帝（殇帝、冲帝、质帝各一年不计）计算，每帝平均赐与 618 公斤。西汉每两以十九点二公分计。东汉衡法和新莽衡法同，每两以十六公分计。

[26] 西汉以二百一十四年计，东汉以一百九十六年计。

[27] 《宋史·杜镐列传》。见注 [9]。

[28] 《廿二史札记·汉多黄金条》："后世黄金日少，金价亦日贵，盖由中土产金之地，已发掘净尽。而自佛教入中国后，塑像涂金，大而通都大邑，小而穷乡僻壤，无不有佛寺，即无不用金涂，天下计之无虑几千万万，此最为耗金之蠹。加以风俗侈靡，泥金写经贴金作榜，积少成多，日消月耗……此所以日少一日也。"

[29] 王充《论衡·验符篇》："永昌郡亦有金焉，纤縻大如黍粟，在水涯沙中，

民采得日重五铢之金，一色正黄。"

[30] 《文献通考·征榷考》五。

[31] 《汉书·食货志》下："天凤元年复申下金银龟贝之货，颇增减其贾直。"虽没有说明是把金价提高，但在西晋时一金改为指黄金一两，即可证明金价已涨。参阅第二节五。

[32] 参阅本章第二节五。

[33] 《汉书》卷二四《食货志》下："浑邪王率数万众来降，于是汉发车三万两迎之。既至受赏赐及有功之士，是岁费凡百余巨万。"又："胡降者数万人。皆得厚赏。衣食仰给县官，县官不给，天子乃损膳解乘舆驷出御府禁臧以澹之。"

[34] 见注 [6]。

[35] 《盐铁论·力耕篇》："汝汉之金，纤微之贡，所以诱外国而钓羌胡之宝也。"

[36] 见注 [1] 第五例。

[37] 《西京杂记》卷上："宣帝被收系郡邸狱，臂上犹带史良娣合采婉转丝绳，系身毒国宝镜一枚，大如八铢钱，传此镜见妖魅得佩之者为天神所福，故宣帝从危获济。……"

[38] Melvin M.Knight, Commercial Route. (*Encyclopaedia of the Social Sciences*, Vol.IV.)

[39] Fredrich Hirth, *China and the Roman Orient*, 1885.

[40] Theodor Mommsen, *The History of Rome*, translated by William P.Dickson, 1888, Book Third, p.381.

[41] 《太平御览·羽布帛数》引范子计然的话说："白素出三辅，匹八百"，三辅乃汉时语。《盐铁论·散不足》篇说："纨素之价倍缣"，则西汉缣价当为四百钱一匹（见《海宁王静安先生遗书》卷二六《释币》下）。《九章算术》卷二："今有出钱七百二十，买缣一匹二丈一尺，欲丈率之，问丈几何？答曰：一丈，一百一十八钱六十一分钱之二。"一匹以四丈计，应为四百七十二文许。

[42] 1907 年英人斯坦因（Aurel Stein）在敦煌以西之沙漠中发见丝缣数件。其中有一匹上有文字，为"任城国亢父缣一匹，幅广二尺二寸，长四丈，重廿五两，直钱六百一十八。"见 Aurel Stein, *Central-Asian Relics of China's Ancient Silk Trade*. (Toung Pao, Serie Ⅱ.Vol.ⅩⅩ, P.130.) 另据王国维考证，任城国为后汉章帝元和元年（84 年）所建（见王国维《释币》下）。

[43] Aureliani, c.45.in Scriptt. Hist. Aug. Quoted by Friedlaender Ⅰ.c.Vol.Ⅲ (5th ed., 1881.), P.70. 罗马皇帝赫利奥格巴路斯（Heliogabalus, 204—222）的丝袍就是照这种价格买的。

[44] 普里尼的原文为："Minima computatione miliens centena milia sestertium annis omnibus India et Seres et Paeninsula ilia〔Arabia〕imperio nostro adimunt."(Pliny XII, 18 (4)，84.)

[45] 四枚 sesterce 合一枚 denarius，重 3.9 公分。二十五 denarii 合一金币 Aureus。金币每枚重一罗马镑（327.4 公分）的四十分之一。(Tenney Frank, *An Economic Survey of Ancient Rome*, Vol.Ⅰ, pp.348 and 422.) 但 Nero 已将金银币减重，金币减轻十分之一，银币减轻百分之十四，而两者的作价照旧 (A. R. Burns, *Money and Monetary Policy in Early Times*, p.412.)，而 Pliny 的估计是在耶诞后七十七年作的，在 Nero 之后，所以一万万 sesterce 相当于黄金 7366.5 公斤，七千五百万 sesterce 则为 5524.875 公斤的黄金。吉本 (Edward Gibbon, *The Decline and Fall of the Roman Empire*, Vol.Ⅰ, p.56.) 说：罗马帝国每年流出的黄金总数共为八十万英镑（约合 6420.67 公斤），流到印度去的为半数。而 A. R. Burns (*Money and Monetary Policy in Early Times*, p.412.) 将流出到印度的数目译作五亿五万 sesterce，如果他把罗马流出黄金总数算作十亿 sesterce，则流到中国和阿拉伯的数目为四亿五千万 sesterce，合黄金 33149.25 公斤。另有 Del Mar 在其 *Money and Civilization* (London, 1886.) 里说（第十八页脚注中）Pliny 所提流到印度（注中未提中国，只说阿拉伯不在内，大概中国也在内）的黄金数为五千万 sesterce，约合 19 世纪的英镑五十万镑。这种数额上的差异，是由于拉丁文 sestertium 一字在各种情形下，代表各种不同的数目，相差一千倍到百万倍。

[46] Höck 以为是指罗马一市的数目。夏德 (Hirth) 则以为是纯入超。(F.Hirth, *China and the Roman Orient*, p.225.)

[47] 《后汉书》卷八八《西域传·大秦》："大秦国一名犁鞬……与安息天竺交市于海中，利有十倍。……其王常欲通使于汉，而安息欲以汉缯彩与之交市，故遮阂不得自达。"

[48] F.Hirth, *China and the Roman Orient*, p.225.

[49] 《汉书·王莽传》上："二年……五月又造货，错刀一直五千，契刀一直五百，大钱一直五十，与五铢钱并行。民多盗铸者。禁列侯以下不得挟黄金，输御府受直，然卒不与直。"

[50] 赠匈奴孝单于一千斤，顺单于五百斤，赠光武之兄十万斤。(《后汉书·宗室四王三侯列传》："伯升遂进围宛，自号柱天大将军。王莽素闻其名，大震惧。购伯升，邑五万户，黄金十万斤，位上公。")

[51] 《汉书·王莽传》下。

[52] 见注 [5]。

[53] 王嘉《拾遗记》卷六:"郭况光武皇后之弟也,累金数亿,家僮四百余人,以黄金为器,工冶之声,震于都鄙。"《后汉书·郭皇后纪》:"赐(郭况)金、钱、缣、帛,丰盛莫比。"

[54] 见本章第一节一注[33]。

[55] 桑巴特《近代资本主义》第一卷第二分册第四篇第三一章引 Lexis 的数字。

[56] 胡珠生《论汉金非铜及其减退原因》(《文史哲》1957年第一二期)说,东汉黄金减退的决定性关键是王莽死后府库藏金七十万斤的去向。他说这些黄金在长安几次大战中散失了。第二点可能是事实,但不足以解决他的问题。因为黄金既是王莽搜括得来的,可见在王莽之前,也是散在各处的,那么,我们怎样解释西汉多黄金呢?

[57] 《三辅黄图》。又有"黄金为璧带""皆金玉珠玑为帘箔"等句。

[58] 《西京杂记》卷上:"汉帝送死,皆珠在玉匣,匣形如铠甲,连以金缕。武帝匣上皆缕为蛟龙鸾凤龟麟之象,世谓蛟龙玉匣。"

[59] 《汉书·贡禹传》记贡禹在元帝即位时说:"孝文皇帝衣绨履革,器亡琱文金银之饰。后世争为奢侈,……方今齐三服官作工各数千人,一岁费数巨万。蜀广汉主金银器岁各用五百万,三工官官费五千万,……臣禹尝从之东宫,见赐杯案尽文画金银饰,非当所以赐食臣下也。"

[60] 《文选·美女篇》。

[61] 《太平御览》引《曹操列传》。

[62] 《九章算术》卷六:"今有人持金十二斤出关,关税之,十分而取一。今关取金二斤,偿钱五千,问金一斤值钱几何?答曰六千二百五十。"李俨(《中国古代数学史料》,1956年版第一〇九页)说是指白金,并引武帝的白金币为证。白金币中的白撰的确是八两值三千,但那是名目价值,不是真正的银价。如果当时的银价每斤值六千二百五十,而武帝反以半斤作价三千,政府岂不赔本?

[63] 《九章算术》卷七:"今有共买金,人出四百盈三千四百;人出三百盈一百,问人数金价几何?答曰,三十三人,金价九千八百。"《九章算术》中出现两种不同的金价,并不证明该书的物价资料的不可靠。两种价格可能有时间上的先后。

[64] 《汉书·食货志》下:"天凤元年复申下金银龟贝之货,颇增减其贾直。"

[65] 《四库全书简明目录》卷一一说《孙子算经》是汉魏人所述。新旧《唐书》和《通志》都说为甄鸾所撰。甄鸾为北周时人。

[66] 《九章算术》卷七:"今有黄金九枚,白银一十一枚,称之重适等,交易其一,金轻十三两,问金银各一枚各重几何?答曰:金重二斤三两一十八铢,银重一斤一十三两六铢。"

[67]《汉书》卷六《武帝纪》："（太始）二年三月诏曰：'有司仪曰：往者朕郊见上帝西登陇首，获白麟，以馈宗庙，渥洼水，出天马泰山，出黄金，宜改故名。'今更黄金为麟趾褭蹏，以协喜瑞焉。因以班赐诸侯王。"

[68] 1961年五至八月间山西太原也有马蹄金五件出土，皆圆形，作麟马蹄状。直径自五厘米到六厘米四，重量自十三公分四三到十五公分六。背面有文字，如令、止、吉、玉、贵等。显然也是令止（麟趾）金。见《文物》1962年第四、五期合刊。近年杭州附近出土的随葬品中有陶饼，有时上有"令止金一斤"的文字，另有些陶饼上只有一斤二字或令字。这些显然是麟趾金的简写。《文物》I960年第七期赵人俊《汉代随葬冥币陶麟趾金的文字》。

[69] 沈括《梦溪笔谈》卷二一："襄随之间，故春陵白水地，发土多得金麟趾褭蹏。麟趾中空，四傍皆有文刻，极工巧。褭蹏作团饼，四边无模范迹。以平物上滴成，如今干柿，土人谓柿子金。"

[70] 唐代常掘得马蹄金，《汉书·武帝纪》颜师古注："今人往往于地中得马蹄金，金甚精好，而形制巧妙。"唐骈《剧谈录》卷上《袁相雪换金县令》："李洴公镇凤翔，有前邑编甿，因耨田得马蹄金一瓮。里民送于县署，沿牒至府庭。"

[71]《后汉书》卷一一七《西羌传》（安帝永初五年）："其秋汉阳人杜琦及弟季贡、同郡王信等与羌通谋，聚众入上邽城。琦自称安汉将军。于是诏购募得琦首者封列侯，赐钱百万；羌胡斩琦者，赐金百斤、银二百斤。"

[72]《后汉书》卷一〇二《董卓传》。

[73]《后汉书》卷一一四《乐羊子妻》："尝行路，得遗金一饼。"

[74]《三国志·魏志》齐王芳嘉平五年八月诏："故中郎西平郭修，砥节厉行，秉心不回，……子袭爵，加拜奉车都尉，赐银千饼，绢千匹。"

[75]《文物参考资料》1954年第四期第一二〇页《湖南衡阳苗圃蒋家山发现战国及东汉时代墓葬》。又见第六期第五三页。

[76]《文物》1960年第三期《长沙五里牌古墓葬清理简报》。

[77] 加藤繁《唐宋时代にけろ金银の研究》第十一章第二节。完整的一枚藏日本帝室博物馆，残缺的一枚为内藤虎次郎所藏。加藤繁不识"考工所造"四字。我曾见过仿造的银条，也有绿锈和文字，但绿锈是漆上去的，容易识出。大概仿造者见过真品。

[78] 加藤繁疑心中元二年等文字为出土后好事者刻印上去的，认为银条是宋元以后的东西，因为汉代文献中没有银铤的记载。加藤对待古物的谨严态度是很好的。但他主要是研究文献史料的人，他自己接触的实物不多。

[79] 见奥平昌洪《东亚钱志》卷八第一〇页。另一枚为德国人所有。另外，

中国的《泉币》杂志第三二期第一〇页载有银铤一枚，上有"建和二年上郡亭侯□□公行银匠王升银匠左官银匠吴□"等字样，已高价卖与外人。因未亲见，真假不知。

[80] 《太平御览》卷八一二《珠宝部》引《吴志》。

第二节 货币的购买力

一 楚汉战争所引起的货币减重

货币购买力是指货币与商品及劳务的相对关系。所以购买力的变动，不一定是由于货币本身的原因，商品和劳务的因素，同样也可以影响货币的购买力。研究中国货币购买力的变动的历史，专从货币下手是不够的；一定要研究各代的生产力和生产状况，以及对于生产运销的各种阻碍的因素。

在战国以前，货币数量不多，使用货币的习惯也不普遍，所以货币购买力的变动小而不关重要。到了战国末年，商品生产逐渐发展，大家都晓得使用钱币的方便，愿将自己暂时所不要消费的物资，换成货币，同时以为只要有货币在手，随时随地可以取得消费品。而货币的数量也渐渐增加了。

战国时各国兼并所引起的杀戮[1]以及秦始皇治下对于力役的浪费[2]，使生产大为减少。古时地广人稀，只要人民能安居乐业，生产总是不断增加的。到秦始皇时，不但人口死亡很多，就是活着的人不是北筑长城，就是南戍五岭；剩下的则因为不堪重税的压迫和刑戮的苦楚，也多逃亡山林，转为盗贼。因为男子力耕，不足粮饷，女子纺绩，不足衣服。

楚汉相争，双方各拥大兵；八年之间，七十余战，死伤几百万。生产因破坏而减少，固不消说；剩下的一点物资，也得不到适当的分配。比如最重要的粮食，由于双方有意阻绝对方的粮道，使得问题更加严重。项羽攻入咸阳的时候，大肆屠戮，一切财货都搬走，宫室则加以烧毁。

所以刘邦只得到一座空城。难怪"天子不能具钧驷，而将相或乘牛车，齐民无藏盖"了。

当时执政的人，无疑以为国家的穷困，是因为没有钱去买，把货币当作普通财富，而且以为他的购买力是不变的。因此实行减重。当时似乎以为铸钱就是生产，至少以为有了钱便可以购买各种各样消费品，好像物资是取之不尽，用之不竭的，只要国内货币数量增加，国家和人民便富足了。中国历史上第一次大规模而有记录的货币减重行为，便是在这种情形下发生的。

汉初货币的减重包括黄金和铜钱两种。黄金一金由一镒减成一斤，减轻了百分之二十。然而黄金不是减重的重点，因为黄金不是通行的购买手段，也不是官俸的支付手段。减重主要是通过铜钱。铜钱的减重，如果根据官方的标准，由秦半两减成吕后二年的八铢半两，是减轻三分之一。但民间所铸的半两，未必有八铢重；有些小半两，文字制作酷似秦半两的，重量在一公分以下，即一铢左右，可能是汉初民间所铸的，若以这种半两为标准，那就是减成十二分之一了。史书说，米价涨到一石五千、一万，马价涨到一匹百金[3]。

政府把物价高涨的责任，推到商人身上去，说是因为商人囤积操纵所引起来的。中国正式轻商，就是从这时候起。实际上商人的囤积操纵固然可以助长物价的上涨，但基本的原因，是物资的缺乏和通货的减重。不过商民的囤积，使物价涨得更快更凶。

一石万钱的米价和一匹百金的马价到底贵到什么样呢？这一定要同当时的正常价格比较，才能知道。当时正常的米价和马价是多少钱一石或一匹呢？那就不见记载了。《管子》书中的谷价当然不能用，李悝所讲的粟石三十，也不能看作汉初的价格。虽然实际上也许相近，因为魏国的小布和秦汉间的半两钱重量差不多。我们可以用《九章算术》中的价格来比较一下。《九章算术》中的价格许多可以看作是秦汉间的价格，因为各种物价数字比一般西汉的物价要低。例如粟价，平均每斛十五钱[4]，按照当时的换算率，则糙米或粗米每斛为二十五钱，粺米或精米为二十八钱[5]。如以二十八钱一斛为秦汉间的正常米价，那么，楚汉战争所引起通货减重和饥荒的结果，使米价（粟价）涨成三百五十多倍。若以一石五千钱计算，就是涨成一百七八十倍。《九章算术》中有马价一匹计五千四百五十四文又十一分之六[6]，金价如以六千二百五十文一斤[7]计算，约合十四两一匹，如果涨成百金一匹，就是涨成一百一十五倍。如果金价以万钱一斤计算，则涨成一百八十三倍。马价涨得比米价少一点，这是可以理解的，米是日用必需品，价格涨落最快。

这一次减重行为，前后继续了约三十年之久，官方的减重似乎落在私铸的后面，但减重的趋势是明显的。吕后二年（公元前186年）七月行八铢钱，这八铢半两大概比当时的私铸半两要重，所以在当局看来，似乎是想用增加重量的方法来提高货币的购买力，可是对秦半两来说，钱币是减重了。而且当时国内政局不安定，国外有强敌匈奴的侵入，支出不能减少，所以又行五分钱。这正是匈奴攻阿阳的时候。如果五分钱是指二铢四絫的小半两，那就比起秦半两来，减成了五分之一。若不考虑到当时民间私铸的情况，那就难以理解：为什么在没有大的战争的条件下，四五年内作这种大规模的减重。因为由八铢减成二铢四絫，可以说是大规模的减重。一定是民间的私钱还要更轻。史书不是说过到文帝的时候，荚钱更多更轻么[8]，遗留下来的半两钱中，最轻的在一公厘七以下，等于一铢的五分之一，也即等于秦半两的六十分之一。这种小半两，制作比较规矩，不像是汉初所铸，应当是吕后末年到文帝初年所铸的。

钱币的成色也有减低的现象。当时似乎法定以铜和锡来铸钱，民间私铸有意杂以铅铁[9]。但也不能把成色好的钱看作官铸，成色低的钱都看作私铸。中国古代的货币贬值，重点是在减重，减低成色是次要的。

文帝稳定币值的方法，是双管齐下：第一是增加生产，例如叫寄居长安的诸侯各回本国去治理，以督促生产。同时在王畿内也开藉田，亲率耕，以奖励农业。第二是实行通货紧缩政策,对外不用兵,对内不兴造,各种赈恤，都用实物，不用钱。由赋税所收进来的钱，贮存国库。另一方面又（五年）增加钱币的重量，把半两钱由极轻小的榆荚钱提高为四铢重，这样币值才稳定下来。

当时晁错的轻金、钱、珠、玉、而重耕作的主张，也无非是要人民由铸钱事业返回到农田去。这样可以增加生产。贾谊也大喊"生之者甚少，而靡之者甚多"[10]，主张使人归农。

文帝在稳定币值的时候，一方面加重铜钱的分量，一方面却让人民自由铸钱[11]，这在后代的数量说者看来，是难以理解的。但当时以为货币的跌价，在于分量的减轻，只要维持钱币的重量，价值就不会变动。他们是认识到货币本身的价值的。这种理论不止是中国有之，外国也很普通，欧洲的中世纪还是盛行。当时一般人以为物价波动是因为铸造恶币而引起的，只要停止恶币的铸造，物价便可以复原了。所以西汉政府对于吴王濞和邓通等人的私铸，并不干涉，因为他们铸的钱，是遵照中央政府的标准[12]。

西汉政府对于铸钱的放任主义，可能还有一个原因，就是民间铸钱和政府铸钱，性质是差不多的；民间铸的钱，政府可以用租税的方法收归国库，倒反省了一笔铸造费用。

实际上人民私铸，不会全遵照政府的标准，结果使得币制不统一，各地方用的钱不一样，因而发生贴水的现象，轻钱对重钱贴水[13]。

总之，西汉因通货减重而大跌的币值，在文帝手中慢慢恢复了。景帝很能继行文帝的政策，而且于六年又禁止私铸，这使币值不但回复了以前的水平，而且物价有下降的趋势。粟价曾低到每石十余钱[14]，谷价每石自几十个钱[15]到一百钱[16]。这些价格同中国历史上其他低物价比起来，似乎并不低。但要知道，当时用的是四铢半两，而且还有许多私钱，考虑到这些因素之后，就晓得当时物价确是很低。所谓文景之治，就是建筑在这种低物价上的。结果是："府库余货财，京师之钱累巨万，贯朽而不可校；太仓之粟，陈陈相因，充溢露积于外，至腐败不可食。"[17]这当然主要是统治阶级的富足。不过因社会比较安定，没有战争，人民的生活也有相当的改善，史家说是"众庶街巷有马，仟伯之间成群"，又说"守闾阎者食粱肉"[18]。可见比汉初的情形是不同了。

注 释

[1] 《通志·食货一·历代户口》："战国相并，摧残民命，伊阙之败，斩首二十四万。……然考苏张之说计秦及山东六国成卒尚踰五百余万。推人口数尚余当千余万。秦兼诸侯，所杀三分居一……。"

[2] 同书："北筑长城四十余万，南戍五岭五十余万，阿房骊山七十万。三十年间百姓死没相踵于路。"

[3] 《史记》卷三〇《平准书》及《汉书》卷二四《食货志》。

[4] 《九章算术》卷六中有十种粟价，每斛自十钱到二十钱，平均每斛十五钱。

[5] 《九章算术》卷二提出各种粮食的换算率："粟米五十、粝米三十、粺米二十七、繫米二十四、御米二十一、小䵂十二半、大䵂十四、粝饭七十五、粺饭五十四、繫饭四十八、御饭四十二、菽荅麻麦各四十五、稻六十、豉六十三、飧九十、熟菽一百三半、蘖一百七十五。"所谓粟五十粝米三十是说粟五十斛等于粝米三十斛。

[6] 《九章算术》卷八。这价格同居延汉简中的马价差不多，但汉简中的马

价是靠近产马区的马价，理应便宜，不能因此把《九章算术》中的马价看成武帝以后的马价。《史记》《汉书》中的马价都是很高的。

[7] 《九章算术》中有两种金价，一种是黄金一斤合六千二百五十（卷六），另一种是一斤合九千八百（卷七），大概就是一斤万钱。也许前一种价格是秦汉的价格，后一种价格是半两减重以后的价格。

[8] 《史记·平准书》："至孝文时，荚钱益多轻。"

[9] 《汉书·食货志》引贾谊的话："法使天下公得顾租铸铜锡为钱，敢杂以铅铁为他巧者，其罪黥。"有人曾化验四铢半两七枚，含铜量自百分之六十四点九四到百分之九十三点六八；其余为铅铁等杂色金属，绝大部分是铅。（见加藤繁《中国经济史考证》第一五一、一五四页）

[10] 《汉书·食货志》。

[11] 《史记·平准书》："至孝文时，荚钱益多轻，乃更铸四铢钱，其文为半两。令民纵得自铸钱。"《汉书》卷四《文帝纪》："五年……夏四月除盗铸钱令，更造四铢钱。"

[12] 《西京杂记》卷上："文帝时邓通得赐蜀铜山，听得铸钱。文字肉好皆与天子钱同，故富侔人主。时吴王亦有铜山铸钱，故有吴钱微重，文字肉好与汉钱不异。"

[13] 《汉书·食货志》："贾谊谏曰……民用钱郡县不同：或用轻钱，百加若干，或用重钱，平称不受。法钱不立，吏急而壹之乎？则大为烦苛，而力不能胜。纵而弗呵虖？则市肆异用，钱文大乱。苟非其术，何乡而可哉？"

[14] 《史记》卷二五《律书》："文帝曰……天下殷富，粟至十余钱。"

[15] 《桓子新论》："世俗咸曰，汉文帝躬俭约，修道德，以先天下，天下化之，故致充实殷富，泽加黎庶。谷至石数十钱。上下饶羡。"（见《太平御览》卷三五《时序部》二〇《丰稔》）

[16] 《风俗通》："文帝盛时，谷升一钱。"

[17] 《史记·平准书》。

[18] 《汉书·食货志》。

二 武帝时匈奴战争所引起的货币贬值

武帝凭着文景二帝的积蓄，对内广兴土木，对外大事征伐，很快就把国库花光了，把人民打穷了。匈奴为中国历代王朝的世敌，大概中国王朝自知道有这个民族以来,双方的关系就是交战关系。到秦汉时期,已不止一千年了。匈奴的势力,似乎也以秦汉交替的时候最为强盛。在秦始皇的时候,匈奴曾败于蒙恬。始皇死后,国内扰攘,边防顿虚,匈奴乘机而起,在冒顿单于治理之下,国力空前强盛,破东胡,走月氏,臣服诸羌。韩王信投降,刘邦几乎被俘。后来吕后受到他的侮辱,也无可奈何;文帝只有低声下气向他问好。武帝即位的时候,匈奴已换了两个单于了,国势已开始衰落。中国方面仍是采用和亲政策,但匈奴还是不断寇边。武帝在元光二年(公元前 133 年)听从王恢的建议,出兵三十万诱击军臣单于,于是匈奴绝和亲,正式开战。十年之间,双方损失很大。匈奴乃游牧民族,生产和文化很落后,没有固定的财富,哪里有水草,哪里就是家;胜则进,败则逃;他们的生活不受什么影响。但中国是一个农业国家,生产和文化水平都比较高,要维持这种水平,需要稳固的经济基础,这种经济基础很容易为长年的战争所破坏。武帝的时候就是这种情况。史家都称赞武帝时的中国怎样强盛,我看恐怕前不如秦,后不如唐。当时只因匈奴不是最强盛的时候,而这种不强盛也不是汉武帝及他的大将军们的功劳,而是由于游牧民族的特点,他们强弱的转变是比较突然的。在匈奴开始转弱的时候,武帝和他的大将军们收复或取得了一些土地,然而代价很大。

武帝即位后所行的三铢钱,对文帝的四铢半两来说,是减重百分之二十五。大概民间仍旧使用四铢半两,因三铢一时供应不继,不能废半两,所以五年后废三铢恢复铸半两。实际上三铢钱遗留下来的不多。当时摩钱取铜的事盛行,使钱币更加轻薄,而物价腾贵。

自元光二年同匈奴正式决裂后,情形就不同了。每年都有大规模的军事行动,开支必然很大,尤其是元狩二三年间,霍去病等人率骑兵去陇西,前后杀敌三万多人,受降四万多人。四年(公元前 119 年)张汤就以用度不足为理由,请发行白金皮币。他说是由于山东的水灾,把七十二万五千贫民由关东迁徙到西北去。这当然也是一件异常耗费的事,但不是唯一的原因。战争也是重要的原因。缗钱税也是这时候开征的,因为夏天卫青、霍去病又各将五万骑和步兵几十万人远征匈奴。皮币限于诸侯朝觐时用,发行数目大概不多,也不能算是真正的货币。货币贬值主要是通过白金。

白金中的龙币重八两,值三千,每两合三百七十五个钱,这种作价已经是过高,因为当时银价每两最多值一百二十五文[1]。但白金的缺点还不止此。白金是银锡合金,而当时并没有规定成色,所以锡的成分是可以任意伸缩的,对于盗铸者是一种极大的引诱。这和早于武帝几百年的里底亚所发行的淡金（金银合金）币是一样的性质。最巧的是他们也称之为白金[2]，那种白金的成色也没有规定，普通黄金占百分之七十五，其余为银，但有些只有百分之五的黄金。最初大家以为淡金是另外一种金属，所以少有盗铸，后来发现是合金，就加以人工的贬值了。汉武帝时的白金，大家都知道是合金，作价既那样高，自然会有贬值的事。

白金发行之后，发生大规模的盗铸。《汉书·食货志》说："自造白金五铢钱后，五岁赦吏民之坐盗铸金钱死者数十万人。其不发觉相杀者，不可胜计。赦自出者百余万人，然不能半自出，天下大抵无虑皆铸金钱矣。"《盐铁论》也说："其后稍去旧币，更行白金龟龙，民多巧新币。"国内的人民，既然不是当兵打仗，就是采铜铸钱，或是逃亡为盗，还有什么生产可言。五铢钱是造白金后的次年所铸的，因为弥补开支既靠白金，所以铜钱反而可以从四铢半两改成五铢。当时物价可能有铜钱物价和白金物价两种。元狩五年马价每匹二十万[3]。大家不愿生产，而从事投机[4]。

这一次货币贬值，也有其理论上的根据。当时在朝的人如贾山、晁错等，多是法家。法家的货币理论和后代的货币国定说很接近。他们否认货币本身的价值，以为它的价值是帝王、政府或法律所赋予的，或由习惯而生的，是不变的。但中国当时的名目论者，目的是反对私铸，是想把货币发行权统一在政府手中，同汉初的自由放任主义相反。

白金的发行使用，只有一两年。元狩六年（公元前117年）便废止了[5]。皮币由于不是正式的货币，史书虽没有说明是否同时废止，但重要性不大。白金废止之后，专用五铢；这似乎是一种稳定币值的措施。当时之所以能够采取这种措施，可能是由于实行盐铁专卖政策，使国库收入增加，不需要发行白金。然而货币流通并没有完全稳定，只是贬值的重心移到铜钱上去。据说因为私铸关系，五铢不够分量[6]，就在元鼎二年（公元前115年）铸造一种当五的赤侧钱。实际上这是一种贬值行为，名价高于实价几倍，所以反而引起更多的私铸[7]。最后不得不废止赤侧当五的办法，并且禁止郡国铸钱，由政府统一铸造标准的五铢钱[8]。

武帝时物价之所以没有大规模上涨，大概也由于他的租税政策和其他措施，他千方百计提高税率，创设新税，将多余的货币收回。算赋是增加了，口赋和马口钱是他所创设的。口赋是三岁到十四岁的小孩子每年必须缴纳的人头税，每人二十钱，马口钱是口赋的附加税，用来作车马的费用，这是战费的一部分，每人三钱。算赋是成年人的人头税，虽不是武帝创设的，但他把赋率提高了，提高多少，不见记载。文帝时一算是四十文，宣帝时一算是一百九十钱，宣帝是减少算赋的人，可见增加是武帝时的事。假定武帝时的算赋是每人一百九十钱[9]，全国人口以六千万计算[10]，纳税人以五千万计算，其中一千万人为纳税的儿童，四千万人为纳税的成年，每年应收回七十八亿三千万钱。有些人不止一算，例如商人和奴婢每人二算，独身女子五算。这种租税政策一方面使西汉的货币经济有进一步的发展，因为人人须要用钱；另一方面使市面的通货数量大为收缩。此外还有算缗钱，也是收缩通货的一种措施。元封元年（公元前110年）又执行了桑弘羊的均输法和平准法，从掌握大量的物资着手来稳定物价。武帝晚年注意农事，采用代田法，改良农具，使生产力提高，这对货币购买力的稳定，也是极其重要的。另一方面，自元狩四年的大战以后，匈奴的伊稺斜单于率族远徙，不久匈奴就趋于衰落，中国的军费负担就大为减轻了。

昭帝（公元前86—公元前74年）的时候，流散的农民逐渐回家，田野也开辟得多了，生产也增加了[11]。元凤六年（公元前75年）且以谷贱为忧[12]。宣帝元康四年（公元前62年），谷价每石只卖得五钱[13]，连班固也说"农人少利"。这时的价格是以五铢计算，而且宣帝时的五铢相当精整。由于货币购买力的提高，同时由于货币流通的推广，使得有必要铸造小五铢。宣帝时的粮价，似乎要低于文景时的粮价，因为文景时谷价百钱一石还算便宜，最低也要几十个钱一石。除了丰歉的程度以外，还有钱币轻重的因素。文帝时还有许多荚钱在流通，合乎标准的钱也不过四铢。宣帝时用五铢钱，因此在同样的丰歉条件下，文帝时的物价至少应当比宣帝时高两成半。当时国内和平，开支减少，一大部分货币集中在国库。这从元帝即位时国库积累了八十多亿钱的事实[14]可以证明。国库积钱的增加，使得有可能在神爵三年（公元前59年）把低级官吏的薪俸提高百分之五十[15]，五凤三年（公元前55年）和甘露二年（公元前52年）又减低口钱[16]和民算[17]，五凤四年戍卒减少十分之二。

元帝初年，国库大有积余，除了开支减少之外，主要原因大概由于钱币铸造得多。遗留下来的西汉五铢中，要以宣帝五铢为最多。出土的钱范也以宣帝时的为最多，差不多所有宣帝的年号都有钱范遗留下来。元帝时的米价大概要高于宣帝时三四倍。这由当时官俸的折算上可以看出来。西汉俸禄以谷石为标准，但有时一部分或全部依时价折合发钱，宣帝时百石的小官月俸六百[18]，如果百石以每月十六斛谷计算，则每斛谷只合三十七八文。元帝时八百石月俸九千二百，后来二千石月俸一万二千[19]，所以一斛谷约可合到一百一十八文。

元帝时的一般谷价，没有可靠的资料，若以贡禹的官俸来折算，似乎每斛合得一百文左右。因为他任谏大夫的时候，秩八百石，奉钱九千二百。八百石[20]的官每月以多少谷计算，没有记载，东汉建武制没有八百石秩，只有六百石秩，六百石每月为六十斛，西汉高级官吏的俸额高于东汉，所以八百石的俸额应不低于每月八十五斛，则每斛合得一百零八文。后来任光禄大夫的时候，秩二千石，奉钱万二千，二千石的官每月若以一百二十斛谷计算，则每斛合得一百文。又有人说丞相、大司马、大将军奉钱月六万，御史大夫奉钱月四万[21]。这大概是成帝或哀帝时的事。成帝时何武请建三公官，哀帝时实行以丞相、大司马、大司空为三公。三公为万石，每月应有四百斛到五百斛，则每斛合得一百三四十文。御史大夫为上卿，每月应为三百斛到三百五十斛，每斛合得一百二三十文。

注　释

[1]　王莽的宝货制规定普通银八两值钱千，一两是一百二十五文。但王莽时的钱是一铢小钱，而武帝时的钱是四铢钱，如果银铜比价没有变动，则武帝时的银价每两只能值三十一文。不过汉朝白银的成色很低，真正的银价要以朱提银为标准。每两在王莽时约合两百文小钱。

[2]　里底亚(Lydia)的白金，欧洲人叫作Electrum，就是白金(White gold)的意思，因为含银的关系，使它呈灰白色或淡黄色。在公元前7世纪通行于里底亚。

[3]　《汉书·武帝纪》："（元狩）五年……天下马少，平牡马，匹二十万。"

[4]　《汉书·武帝纪》："元狩六年六月诏曰，日者有司以币轻多奸，农伤而未众。"

[5]　《西汉会要》卷五三："元鼎二年罢白金。"《汉书·食货志》说："自造白金五铢钱后，五岁而赦吏民之坐盗铸金钱死者数十万人。"似乎白金曾通行五年之久。但实际上五岁是包括五铢在内，后来又说："白金稍贱，民弗宝用，县官以令禁之无益，岁余终废不行。是岁汤死。"可见白金是废于张汤死的一年，据《前汉书·武帝纪》，张汤是元鼎二年自杀的。故与《西汉会要》所记相符。但另据《汉书·百官表》所载，张汤是死于元狩六年。则白金只通行一两年。

[6]　《汉书·食货志》："郡国铸钱，民多奸铸，钱多轻。而公卿请令京师铸官赤仄，一当五，赋官用非赤仄不得行。"

[7]　《汉书·食货志》："其后二岁，赤仄钱贱，民巧法用之，不便，又废。"

[8]　《汉书·食货志》："于是悉禁郡国毋铸钱。专令上林三官铸，钱既多，

而令天下非三官钱不得行，诸郡国前所铸钱，皆废销之，输入其铜三官，而民之铸钱益少，计其费不能相当，唯真工夫奸洒盗为之。"

[9] 关于汉代的算赋，历代史家以为自始即为一百二十钱为一算，一切增减都是以此为基础，这是不正确的。加藤繁的研究可供参考，他以为一百二十钱一算的办法是成帝建始二年改革后的赋率，这是每算减低四十钱的结果，那以前在宣帝甘露二年又曾每算减三十，所以甘露二年以前每算应为一百九十钱。（《中国经济史考证》第一卷五《关于算赋的小研究》）

[10] 汉代人口只有平帝元始二年的数字，为五千九百五十九万四千九百七十八人（见《汉书·地理志》）。武帝盛时大概差不多。

[11] 《汉书·食货志》上。

[12] 《汉书》卷七《昭帝纪》："元凤六年……诏曰夫谷贱伤农，今三辅太常谷减贱，其令以叔粟当今年赋。"

[13] 《汉书·宣帝纪》："元康四年……比年丰，谷石五钱。"又赵充国传："（神爵年间）金城湟中谷斛八钱。"

[14] 《汉书》卷八六《王嘉传》："孝元皇帝奉承大业，温柔少欲，都内钱四十万万，水衡钱二十五万万，少府钱十八万万。"

[15] 《汉书·宣帝纪》："神爵三年……诏曰……其益吏百石已下奉什五。"

[16] 《汉书·宣帝纪》："五凤三年……减天下口钱。"

[17] 《汉书·宣帝纪》："甘露二年……诏曰……减民算三十。"

[18] 《汉书·宣帝纪》注引如淳语："律百石奉月六百。"依建武俸制百石每月是谷十六斛。

[19] 《汉书》卷七二《贡禹传》："……至拜为谏大夫，秩八百石，奉钱月九千二百。……又拜为光禄大夫，秩二千石奉钱月万二千。"建武俸制没有八百石秩，依《西汉会要》，谏大夫为比八百石，等于六百石，则每月谷七十斛，每斛合一百三十一文。若以八百石为每月七十五斛，即为比千石与六百石之间，则每斛谷合得一百二十二文。光禄大夫据《西汉会要》为比二千石。比二千石依建武俸制为每月谷百斛，每斛合得一百二十文，若以二千石计，每月百二十斛，每斛合得一百文。如果把以上那些折价平均一下，作为元帝时的平均谷价，则每斛合得一百一十八文。

[20] 贡禹的话见《汉书》卷七二《贡禹传》：他的话是在元帝时说的，西汉的官俸制度虽然不可考，但官位的等级是约略可考的。《汉书·外戚传》叙述元帝时官女的等级是同当时的官爵比照的。在中二千石之上，还有丞相和上卿两级。下面有真二千石、二千石、千石、八百石等。

[21] 《汉书》卷一〇《成帝纪》注引如淳语。

三　王莽时的货币贬值

西汉自武帝以后，币制的稳定性逐渐削弱。元帝即位时，虽然国库积余八十多万万[1]，但粮价已有上涨的趋势。初元二年（公元前47年）谷价一度涨到每石三百多钱。永光二年（公元前42年）也曾涨到两百多钱一石，边郡和关中甚至卖到四五百钱一石[2]。末年对西羌有军事行动，只因国库尚丰裕，没有发生危机[3]。然而平年谷价每石已涨到一百钱以上，比昭帝和宣帝时高多了。

成帝时（公元前32—公元前7年）虽然还有减税的事[4]，但国内水旱为灾，社会治安渐坏，物价可能上涨。哀帝时（公元前6—公元前1年）平时谷价每石大概要一百七十文[5]。平帝即位（公元元年），大权便落到王莽手中去了。

在谈到王莽实行通货贬值之前，我们可以总括一下西汉末年的货币流通情况。史书说，自武帝元狩五年到平帝元始中，一百二十年间，总共铸了二百八十亿万余枚五铢钱[6]，所谓亿万，如果当作万万看，则每年平均铸造二亿三千万枚以上。在西汉末年，无疑还有许多私铸和半两钱在流通。即使我们把私铸和半两钱除外，或作为退藏的货币，也还有价值二百八十万斤或七十一万六千八百公斤黄金的货币在流通，当时还有约七十万斤的黄金，也发挥货币的某些职能。这是一个庞大的数目。这个数目充分说明当时货币经济的发达。

王莽对内想建立他自己的王朝，对外想要扩张成一个大帝国。然而要实现这样大的野心，是要很大的本钱的。他要建立自己的王朝，必得笼络人心。在平帝的时候，他建立高级官吏的退休金制度，提倡教育，优待学者。这些自然会增加政府的开支。他甚至捐献自己的田财。然而政权既然掌握在他的手中，自己捐献田财，还不是给自己用，并且他还借此以动员其他官吏来捐献财产。这些财产自然是不够用的，所以他就对人民进行掠夺。这是他在居摄二年（7年）实行第一次改革币制的背景。

在这次币制改革中，王莽发行三种新的货币，第一是大泉五十，第二是契刀五百，第三是一刀平五千，普通称为错刀或金错刀。大泉重十二铢，等于当时流通的五铢钱的二点四倍，但作价等于五铢的五十倍，等于贬值成二十分之一以下。这种钱的作用在于剥削小生产者的物资和劳动。契刀重约十六七公分，一枚当五铢钱五百枚，等于贬值成一百二三十分之一。错刀连所嵌错的一点点黄金在内，重约二十八九公分，一枚当五铢钱五千枚，等于贬值成七百一十分之一以下（不计黄金）。这两种钱的作用，在于掠夺当时的中产人家和富家，主要是用来搜括全国的黄金，因为当时的金价是一斤万钱，两枚错刀或二十枚契刀就可以收兑黄金一斤。与此同时，王莽还禁止人民私有黄金，这实际上就是宣布黄金国有，后来连代价也不给，所以两种刀币遗留下来的并不怎样多。王莽死后，宫中有六七十万斤黄金[7]，大部分恐怕是在第一次币制改革的时候搜括去的。

人民对于这样一种掠夺是有反抗的，他们拒用新币，继续使用五铢，当时五铢还是合法的。王莽还没有想到禁用五铢的办法。然而他很快就看到这一点，所以在建国改元后（9年），就实行第二次币制改革，废止五铢和刀钱，改用大小泉，小泉是新发行的，重一铢，代替五铢。同时禁止人民挟带铜、炭，以防私铸。这第二次币制改革只能看作是第一次的继续或补充。刀币之所以废止，大概由于它们的使命已经完成了，国内的黄金已集中到国库去了。然而人民还是继续抵抗，他们不接受大小泉，坚持以五铢钱来交易[8]，并且扬言大泉马上要废止。王莽于是定下很严酷的处罚办法：凡是使用五铢钱的，便放逐到边疆去。结果是"农商失业，食货俱废，人民至涕泣于市道"，自诸侯卿大夫至于庶民，因私铸而定罪不可胜数[9]。人民既然无法自行维持一种稳定的币制，只得大家从事私铸谋生。在中国历史上，人民同统治阶级在货币制度上展开这样剧烈的斗争，还是少见的。

在王莽称帝的第二年（10年），又实行了第三次币制改革，实行那种极端繁杂的宝货币。这一次币制改革，作为一次货币贬值，并没有第一次币制改革那样严重；但是和第二次币制改革比起来，就可以说是进一步贬值了。贬值的重心在于布货体系，因为泉货的作价同以前的大小泉一样，只是在中间添了几个等级。布货的作价就高了，如果以小泉为标准，则小布重量等于小泉的十五倍，作价则等于小泉的一百倍；大布重量等于小泉的二十四倍，作价则等于小泉的一千倍。以二十四枚小泉的铜铸一枚大布，可以作一千枚小泉用，铸利在四十倍以上。这种铸利比第二次币制改革时要大十倍，这也就是说，通过这第三次币制改革所实行的货币贬值，比第二次币制改革的贬值要大十倍；也就是说，人民在第三次币制改革后所受到的掠夺等于第二次币制改革的十倍。所以在十种布币中，以大布铸造得最多，其他九种布都是少见的，比金错刀还少。

为什么王莽要实行这次新的掠夺呢？不是为搜括黄金，因为黄金已被搜括尽了。不是为进行战争，因为当时还没有什么重要的战争可言。我们只能说，这是作为进行对外战争的准备措施而实行的。王莽在建立自己的王朝之前一年，已经向各族的统治者收回刘汉政权所颁发的印绶，改颁新朝的印绶，并且降低他们的级位，宁愿把从人民手中所掠夺得来的黄金赏赐给他们，作为代价。但匈奴等族进行反抗。王莽大概就实行这次币制改革来进一步掠夺国内人民的物资以进行马上要到来的对外战争。就在改革后的一年（11年），他发兵三十万，备三百日粮，分十路进攻匈奴。史称"赋敛民财什取五"，可见剥削之甚。

人民对于这种进攻，还是继续抵抗。王莽就采用残酷的惩罚办法，一家铸钱，五家连坐。一方面仍然极力推行布币。人民出入，必须携带布币，才能通行，不带布币的，"厨传勿舍，关津苛留"[10]，甚至公卿进宫，也要带布币才能通行。不过布币虽然强制通行，物价却不能使其不上涨。史书也说谷常贵。财政开支有增无已，于是所谓"盗贼"就起来了。

天凤元年（14年）又实行第四次币制改革，改铸货泉和货布；货泉重五铢，直一，货布重二十五铢，直二十五。这次改制，可以说有相当的成绩，因为货泉和五铢的重量相等，差不多等于恢复了五铢，而货布贬值程度也比较轻微。所以这一次改制的目的在于稳定币制，挽回人心。实际上这算是王莽治下最成功的货币，流通时间最久，遗留下来的也多。但因其他方面失却人心，而且几年后，匈奴又侵寇，至募囚徒和奴隶来作战，国内陷于混乱，"上自诸侯，下至小吏，皆不得奉禄""富者不得自保，贫者无以自存"[11]。当时的米价，每石自二千[12]到一万[13]，甚至有时用黄金来交换，黄金一斤易粟一斛[14]，或一斗[15]或二升[16]，就是照官价折算起来，每石粟也合得一万钱到几十万钱。不过那时恐怕已不是货币贬值的问题，而是物资缺乏的问题。因为当时民间一定已不用王莽的大额货币，而用旧日的五铢钱和王莽的货泉。货泉可能有减重的现象，但比起大额货币来，已不能算是严重的贬值了。更始二年（24年）刘玄发行的是五铢钱，但刘秀反而不用五铢，而用货泉。

王莽死后，货币流通大概是很混乱的，许多地方，杂用布帛金粟。四川的公孙述则废铜钱，用铁钱，这是货币贬值。大概人民不满意这种铁钱，所以才产生"黄牛白腹、五铢当复"的童谣。这不过是当时反对公孙述的人所制造出来的一种政治歌谣。

注 释

[1] 《汉书》卷八六《王嘉传》。见本节二注[14]。

[2] 《汉书》卷二四《食货志》:"元帝即位,天下大水,关东十一郡尤甚。二年齐地饥,谷石三百余,民多饿死。"同书卷七九《冯奉世传》:"永光二年……岁比不登,京师谷石二百余,边郡四百,关东五百。"

[3] 《汉书》卷八六《王嘉传》:"虽遭初元永光凶年饥馑,加有西羌之变,外奉师旅,内振贫民,终无倾危之忧,以府臧内充实也。"

[4] 《汉书》卷一〇《成帝纪》:"建始二年……诏曰……减天下赋算四十。"

[5] 《汉书》卷一〇《成帝纪》注引如淳语:"律丞相大司马大将军奉钱月六万,御史大夫奉月四万也。"若依建武俸制万石秩以每月谷三百五十斛计,则一斛合得一百七十文。御史大夫以中二千石计,每月谷一百八十斛,每斛合得二百二十二文。如淳的话虽然出现于《成帝纪》的注下,但所指应当是哀帝时的事,因为成帝时丞相独兼三公之事,哀帝时才以丞相、大司马、大司空为三公,同为宰相,到了元寿二年,则御史大夫改为司空,也成为三公之一,所以如淳所称的律应当是哀帝时的律。依照《西汉会要》,三公和御史大夫,都是万石秩。建武俸制万石秩是每月谷三百五十斛,西汉时三公和御史大夫不同,三公是丞相秩,御史大夫应为上卿。《汉书·外戚传》中提到元帝时的官位自丞相以下到斗食共十三等,但没有俸额。

[6] 《汉书》卷二四《食货志》。

[7] 《汉书·王莽传》。

[8] 《汉书·王莽传》中:"始建国元年……乃更作小钱径六分,重一铢,文曰小钱直一;与前大钱五十者为二品并行。欲防民盗铸,乃禁不得挟铜炭。……是时百姓便安汉五铢钱。以莽钱大小两行难知,又数变改不信,皆私以五铢钱市买,讹言大钱当罢,莫肯挟。莽患之,复下书诸挟五铢钱言大钱当罢者,比非井田制,投四裔,于是农商失业,食货俱废。"

[9] 《汉书·王莽传》中。

[10] 同上。有人说这里所指的布钱,是布泉,不是指布货。

[11] 《汉书·食货志》下。

[12] 《汉书·王莽传》下:"雒阳以东米石二千。"又《食货志》:"时米石二千。"

[13] 《东观汉记》卷一八《第五伦传》:"王莽末盗贼起时,米石万钱,人相食。"

[14] 《后汉书》卷一《光武帝纪》:"初,王莽末,天下旱蝗,黄金一斤易粟一斛。"

[15]《东观汉记》:"自王莽末天下旱霜,连年百谷不成。元年之初,耕作者少,民饥馑,黄金一斤,易粟一斗。"

[16]《十六国春秋》:"诸州自建武元年十一月不雨雪,至十二月八日谷价踊贵,金斤值米二升。"

四 东汉的币值

中国自汉以来,关于货币购买力的资料,没有像东汉那样缺乏了。但我们可以总地说一句,除了汉末董卓的一次以外,没有大规模的贬值行为。

在光武的三十几年间,是稳定币值的时期,这种稳定工作,不是在于货币方面,而在于物资方面。人民只要拒用王莽的大额货币,改用小平钱,货币方面就没有什么问题了。只因多年的战争,弄得民穷财尽,有钱买不到东西,所以物价很高。要稳定币值,必定要从节约消费和增加生产着手。光武政权在生产方面做了些工作。首先,一些地方官吏推广了先进的生产方法和生产工具,如铁犁和牛耕等。其次,他减轻了一些农民的负担,这是农民恢复生产的基本条件,虽然每年的赋钱有四十余万万[1],不能算少,但比起王莽的时候来,大概要轻得多。在王莽的时候,农民正是由于负担重,无以自存,才弃田起义的。再其次他也讲求营田殖谷,用赦免的犯人去实边,将一些逃亡的农民送回本土。这些都是增加生产的措施。另一方面,他厉行节约,不尚边功,这就减少一些浪费。两方面都有助于稳定币值。

明帝的时候,就看到成效了。他即位后第五年(62年)粟价每石只要二十钱[2],低到西汉文景时的水平。永平十年和十二年只要三十钱[3]。史书说是"百姓殷富""牛羊被野"[4]。这是连年丰收的结果,但丰收同人的努力是分不开的。永平十六年曾派军远征匈奴,十八年汉军在西域还受到匈奴的攻击,而且战败,这对币制是一种威胁。

章帝的时候,物价就有波动,张林说是货币太多,主张封钱勿出。可见明帝末年的用兵,一方面消耗了许多物资,另一方面必定增加了许多货币。当时虽然没有大战,但班超在西域的经营,得到章帝政府的支持,开支难免增加。

和帝即位后(永元元年,即89年),又几次派兵进攻北匈奴,匈奴大败,乃西迁,从此匈奴不再像过去一样是大敌了。但由于连年的对外战争,开支增加,财政一定更加困难。使货币的稳定的经济基础进一步削弱。根据延平年间的官俸制度，当时的粟价每石约合一百五十文。

安帝即位以后，国家的财政状况更加恶化了。这主要是由于对西羌的战争。史书说是"征发不绝，永潦不休，地力不复"。又说"农功消于转运，资源竭于征发，田畴不得垦辟，禾稼不得收入"。所以永初二年（108年）米谷踊贵[5]。四年谷价每石曾涨到一万多钱。大概国库空虚，所以政府欠债几十亿[6]。然而这才是一个开始，因为对西羌的战争，延续了十四年之久，战费总共用去二百四十几亿，差不多等于西汉一百三十年间铸钱的总数。每年合十七亿以上，当时人口以五千六百万人计，每人摊得三十文。东汉五铢中那些轻薄的大概就是在这个时候铸的。我们所难理解的是：为什么他们没有铸大钱。

自顺帝永和五年（140年）到冲帝时（145年），又有六七年的战争，战费八十几亿[7]。到了桓帝永康元年（167年），段颎提出五十四亿的军费预算，保证于两年半内平定西羌[8]，结果花了四十四亿就把西羌平定了，但东汉的经济基础也受到严重的破坏。当时有人建议铸大钱，因刘陶反对没有实行[9]，但可能有铁钱的铸造，铁钱二枚当铜钱一枚[10]。虽然没有铸大钱，却产生了省陌制，所谓省陌或省钱是名为一百，实付时打折扣的意思。灵帝光和七年樊利家买地铅券上有"钱千无五十"的话。中平五年的房桃枝买地铅券上也有同样的规定。这是物价上涨铜钱显得不够的关系。灵帝光和元年（178年）实行卖官，公千万，卿五百万[11]。四年，征发马匹，每匹二百万钱[12]。中平年间（184—189年）连年饥荒，谷价一斛要六七百钱[13]，引起各地的农民起义，特别是黄巾党人以三四十万人同日起事，使国内陷于混战。灵帝所发行的四出五铢也许不是作为小平钱使用。东汉的物价，比起西汉来，一定要高得多。这点从东汉货币流通范围的缩小以及流通数量的增加可以推想出来。关于货币流通范围的缩小，前面已经提到过，就是由于布帛代替了一部分货币的职能。关于货币数量的增加，我们可以从遗留下来的汉五铢的数量上看出来，也可以从上面的财政开支数字上看出来。西汉所铸的两百八十亿万余枚五铢钱，在东汉的时候，大部分应当还在流通，此外还要加上东汉所铸的五铢，这种五铢数量也是很多的。安帝以后六十几年的对西羌战争，对物资的耗费一定很大，虽然税收也会增加，汉末的口税甚至使得人民养不起小孩子[14]，但一定有许多人从事私铸。物价不上涨，是很难想象的。

然而东汉的一次严重的货币减重是在献帝的时候。初平元年（190年）袁术、曹操起兵，董卓挟献帝入长安，销熔五铢钱，改铸小钱。小钱的重量和数量，史书都没有记载。而且在钱币学上，也还不能确定哪一种钱是董卓的小钱。姑以减成五分之一计算，则单是将五铢钱销熔改铸，就可以使货币数量增加几倍。具体数字，不得而知。西汉末年，共铸五铢两百八十亿，私铸不在内，东汉另有铸造。假定在董卓时全国货币流通数为三百亿枚，其中五十分之一为董卓所销熔，即可铸小钱三十亿枚。此外还把洛阳和长安的铜人、钟炉、飞廉、铜马之属，都用来铸钱[15]，其中秦始皇的十二个金人便可以铸造五亿到十亿，因为这些金人，有人说是每个重千石，有人说是每个重二十四万斤[16]。有人说董卓只以十个金人铸钱，也有人说是九个[17]，就算以九个金人来铸钱，也当有三四亿到七八亿。加上其他铜器，当有四五十亿枚。而流通范围大概只限于长安洛阳一带，其他地区继续使用五铢钱。所以正当董卓的辖区内实行货币减重的时候，刘虞所据的幽州，每石谷只要三十个钱[18]。别的地方，也可能有通货贬值的事，例如铸造大钱，那里的物价就会上涨。

　　如果发行的货币能够充分发挥宝藏手段的职能，则发行数量增加也不大要紧，因为流通所不需要的部分，会退出流通，被人宝藏起来，这样它们对于物价就不会产生什么影响。董卓所铸的小钱，不合正常钱币的标准，不但重量太轻，而且轮郭不齐，文字不明，甚至可能没有文字，人民晓得将来是不能流通的，谁肯将它宝藏起来呢？所以政府拚命铸造，用来向人民征用物资和劳务，人民也一定尽可能快地用来购买物资，以保存价值，这就使得物价上涨的程度，必然会超过减重的程度。

　　关于当时贬值后的物价，各书记载不一致。《后汉书》说是一石谷值几万钱[19]，《三国志》说是一斛谷值几十万[20]，《晋书》则说谷价涨到每斛几百万[21]。我们与其考证几说中以哪一说为正确，不如承认各种说法都正确。是不同时间不同地点的情况。由于生产锐减，就是黄金的购买力也是下跌的。洛阳方面有童谣说："虽有千黄金，无如我斗粟，斗粟自可饱，千金何所值？"江淮间也有童谣说："太岳如市，人死如林；持金易粟，贵于黄金。"[22] 因为当时情形是货币贬值和物资缺乏结合在一起，不能单从货币方面来解释。

　　文献中的谷价，不管是一斛几万或几百万，若折算成铜，都使人难以置信。小钱每枚以一铢计算，几万枚就是一百多斤，虽然这是东汉的斤，但斛也是汉斛，若折合成公石和公斤，每斛谷作半斛米，则每公石合得三百三十六公斤铜，货币的重量大于商品许多倍。料想当时不是一斛一斛买，而是从小额买卖中折算出来的，而且最贵的价格只是个别的例子，主要是缺粮引起的。

陈寿似乎以为董卓发行小钱引起物价腾贵之后，货币就不通行了[23]。但董卓死后，长安士女们"卖其珠玉衣装，市酒肉相庆者，填满街肆"[24]。这是初平三四年（192—193年）间的事，难道这不是用钱的明证么？史书又载兴平元年（194年）李傕、郭汜战于长安，城中谷价一斛五十万，豆麦二十万[25]。更是小钱流通的明证。建安二年，都中米价一斛，又到二万钱[26]。可见还在用钱。而且大概还在用小钱，因为只要不正式废止小钱，人民就不会用五铢钱来同小钱平价流通。除非五铢钱成为一个独立的价格标准。所以曹操做丞相后废止小钱，恢复五铢[27]。那是建安十三年（208年）夏天的事。有些史家说到曹丕手中才恢复五铢。无论如何，曹操的时候，恢复五铢的事是有人主张过的，荀悦就是主张恢复五铢的。当时对于货币问题似乎有各种不同的主张；有些人反对恢复五铢，其中有些是实物论者，也有些因为长安五铢不多，恢复有实际困难。有些人主张把民间所藏的五铢收集起来运到京师，然后恢复。另外有人主张改铸四铢。荀悦都加以反对[28]。当时长安洛阳一带的五铢，多被董卓销熔，除非用董卓的小钱来改铸，否则要恢复的确有困难。反对的人正是以此为理由。他们说，如果恢复，一定会使外地的人用钱来收买京师的商品。荀悦以为如果五铢不多，政府可以补铸。其实那时，曹操不仅占有河南，而且取得了河北袁绍的冀、并、幽、青四州。只要宣布恢复使用，则别处的五铢自然会流到京畿一带来，再加上用小钱改铸，应当可以应付一下。荀悦的主张在当时是合理的，论理曹操会采纳他的建议。至于是否曾补铸五铢，那就无法知道了。总之，在曹操恢复五铢之后，由于久不铸钱，货币数量不多，所以谷价不断下跌[29]。董卓的小钱问题，至此告一结束。司马芝说，建安中天下仓库充实，百姓殷足[30]。这就替曹魏的货币制度奠定了一个稳定的基础。

注　释

[1]　《太平御览》引《桓谭新论》。

[2]　《晋书》卷二六《食货志》："显宗即位，天下安宁，民无横徭，岁比登稔，永平五年，作常满仓，立粟市于城东，粟斛直钱二十。草树殷阜，牛羊弥望，作贡尤轻，府廪还积，奸回不用。"

[3]　《东观汉记》卷二："永平十年，岁比登稔，百姓殷富，粟斛三十，牛羊被野。"《后汉书·明帝纪》："永平……十二年……是岁天下安平，人无徭役，岁比登稔，

百姓殷富，粟斛三十，牛羊被野。"

[4] 《晋书》卷二六《食货志》。

[5] 《后汉书·马融传》。

[6] 《后汉书》卷四一《庞参传》："四年羌寇转盛，兵费日广，且连年不登，谷石万余。参奏记于邓骘曰，比年羌寇特困，陇右供徭赋役，为损日滋。官负人责数十亿万。……运粮散于旷野，牛马死于山泽。县官不足，辄贷于民，民已穷矣，将从谁求？"

[7][8] 《后汉书》卷五五《段颎传》。

[9] 《通典》和《通志》都把这事系于和帝名下。这里根据《后汉书·刘陶传》以及《文献通考·钱币考一》。刘陶在灵帝时还被任为京兆尹。

[10] 见本章第一节一注[37]。

[11] 《文献通考·国用考一》。

[12] 《后汉书》卷八《灵帝纪》光和四年春正月。

[13] 《蔡中郎集》卷七《幽冀二州刺史久缺疏》："顷者已来，连年馑荒，谷价一斛至六七百。"

[14] 《水经·湘水注》引《零陵先贤传》曰："……汉末多事，国用不足，产子一岁，辄出口钱，民多不举子。"

[15] 《后汉书》卷七二《董卓传》。《三辅黄图》卷一："收天下兵，聚之咸阳，销以为钟鐻，高三丈。钟小者皆千石也。销锋镝以为金人十二，以弱天下之人，立于宫门，坐高三丈……董卓悉椎破铜人铜台以为小钱。"宋程大昌《雍录》："金人之外，更有一台高及三丈，而董卓并销为钱。"又："庙记曰汉武帝即建章作神明台，上有承露盘，有铜仙人舒掌捧铜盘玉杯以承云表之露，和玉屑服之以求仙。《三辅故事》盘高二十丈。《长安记》曰：仙人掌大七围，以铜为之。"又："武帝自铸人以外，别为物象者不一。上林则有飞廉观，飞廉神禽也；建章则有凤阙，所谓上觚棱而栖金爵者是也；龙楼门则有铜龙，金马门则有铜马，柏梁台则有铜柱，皆铸铜为之。《黄图》曰，汉明帝永平五年至长安取飞廉并铜马置之西门，以为平乐观。董卓悉销以为钱。"

[16] 秦始皇所铸的金人，据《史记·始皇本纪》所载，各重千石。据《三辅旧事》称，则各重二十四万斤。

[17] 《史记·正义》引《魏志·董卓传》说椎破铜人十及钟鐻以铸小钱。《广川书跋》说秦十二金人董卓以其九铸钱，石虎以其三置邺宫，苻坚取之，后置长安，以其二为泉，其一至陕，乱民排陷河中。《续博物志》所记也同。又《水经·河水注》卷四："按秦始皇二十六年，长狄十二见于临洮，长五丈余，以为善祥，铸

金人十二以象之。各重二十四万斤。……汉自阿房徙之未央宫前,俗谓之翁仲矣。……后董卓毁其九为钱,其在者三。"又卷一六《谷水注》:"晋灼曰,飞廉震身,头如雀有角;而蛇尾豹文;董卓销为金用"。

[18] 《后汉书·列传》卷六三《刘虞传》:"初平元年……时处处断绝,委输不至,而虞务存宽政,劝督农殖……民悦年登,谷石三十。"

[19] 《后汉书·列传》卷七二《董卓传》:"……故货贱物贵,谷石数万。"

[20] 《三国志·魏志·董卓传》:"于是货轻而物贵,谷一斛至数十万,自是后钱货不行。"

[21] 《晋书·食货志》:"献帝初平中,董卓乃更铸小钱,由是货轻而物贵,谷一斛至钱数百万。"

[22] 两首童谣见《述异记》。

[23] 《三国志·魏志·董卓传》。

[24] 《后汉书》卷一〇二《董卓传》。

[25] 《文献通考·国用考一》。《后汉书》卷九《献帝本纪》:"兴平元年……是时谷一斛五十万。"

[26] 《太平御览》卷三五引王粲《英雄记》。

[27] 《晋书·食货志》和《通典·食货八》。

[28] 《申鉴》卷二。

[29] 《通典·食货八》。

[30] 《三国志·魏志》卷一二《司马芝传》。

五 两汉物价小结

两汉文献中关于谷粟等价格的记载,多是特殊价格,不是正常价格。两汉的正常价格只有三数种资料可作依据,第一是《九章算术》,第二是《居延汉简》,第三是官俸的折算。

《九章算术》可以看作是张苍所手订的[1],可能有以后的资料掺入。一般说来,其中的物价是秦汉间的物价,但不是秦汉之交货币贬值时的物价,而是秦代或汉初的正常物价,也就是说,那些物价是以秦半两或至少是以八铢半两计算的物价。因此比较低。特别是粮价。粟每斛自十钱到二十钱,麻一斛七十钱,麦一斛四十钱,菽(大豆)一斛三十钱,荅(小豆)一斛五十钱,黍一斛六十钱。这些价格恐怕主要还是秦国的价格。因为粟价比李悝所谈的粟价还要低。而和《管子》一书中所提的每石自十钱到二十钱的最低价格相同。李悝的粟价大概是以小布计算，而这里的粟价是以秦半两计算，秦半两比小布重，就是八铢半两，大样的也在八公分以上，含铜量多于小布。以秦半两或八铢半两计算的物价应当低。《九章算术》中有两种金价，一种是一斤六千二百五十钱，另一种是一斤九千八百钱。前一种金价大概是秦的金价，或以八铢半两计算的金价。若以这金价为标准，则麦价每公石[2]值得黄金三公分六[3]。金银比价若以一比五计，则值得白银十八公分。当时罗马的小麦价格每公石值白银五十公分[4]，合黄金四公分二。所以用黄金计算的麦价，中国和罗马比较接近，以白银计算则中国比罗马低得多。当时中国用黄金比用白银多，而罗马则以白银为主。

《九章算术》中的畜价也比较低。马价每匹为五千四五百钱，牛价自一千二百到三千七八百，羊价自一百五十到五百，猪价三百，犬价一百到一百二十，鸡价自二十三钱到七十钱。其中牛羊和鸡的价格贵贱相差几倍，可能是大小不同，也可能时间有先后。

西汉缣价大约四百钱一匹[5]，素价加倍，八百一匹。《九章算术》中的缣素价格和这很接近。缣一丈有一百一十八钱多和一百二十八钱，一匹是四丈，约合五百钱。素一匹为六百二十五钱，布一匹自一百二十五到二百四十五钱，丝一斤自六七十钱到两三百钱。这些价格似乎比上面的粮价要晚一点，大概是以四铢半两或五铢计算的价格，和万钱一斤的金价同时。

《居延汉简》所包括的时代是武帝以后到东汉初年。主要是昭帝和宣帝时的资料。货币单位大体上相同，但物价前后也有差别。粟价每石自八十五钱到一百九十五钱、谷价每石三十五钱，大麦每石一百一十，小麦每石九十，黍每石一百五十。比起《九章算术》中的价格来，有显著的提高。这不一定是货币购买力的降低，可能是由于地区的不同。居延离中原比较远，粮价大概比较高。这时金价每斤应为万钱，小麦每公石值黄金八公分，合白银四十公分，罗马麦价不变，但货币单位减重了，所以中国麦价以黄金计算高于罗马，以白银计算则同罗马比较接近。

畜价却比较低，马一匹四千到五千五百，牛二千五百到三千，羊九百到一千。除羊价高于《九章算术》中的数字外，马和牛的价格几乎和《九章算术》中的价格完全相同。这也是由于地区关系。

衣料价格大概和西汉的正常价格接近。白素一匹自八百到一千，帛一匹三百二十五到八百，八梭布一匹自二百二十到二百九十。同《九章算术》中的价格比起来也差不多，可见绢帛价格因为出口关系，比较稳定。

田地价格在《九章算术》中每亩恶田约七十钱，善田每亩三百钱[6]。武帝时每亩约一千五百钱[7]。《居延汉简》中每亩一百。这三种价格说明田地价格有上涨的趋势，可是在偏僻的河西，地价比较低。

两汉的粮价本来应当可以根据官俸的折发上看出来。两汉的官俸按等级以谷粟为标准，西汉时一部或全部用钱支付，东汉则固定为半钱半谷或半钱半粟。如果我们知道以谷粟表示的俸额和折发的钱数，就可以知道当时的粮价。可惜我们并没有那些资料，特别是关于西汉，连官俸的标准也不知道。《前汉书·百官公卿表》下颜师古所注[8]的俸制，大概是东汉建武二十六年（50年）所改定的俸制[9]。西汉的俸制经过几次更动调整，但大体上千石以上的应当高于建武制，六百石以下的低于建武制[10]。根据这一原则，也许可以探索一下西汉的俸制，至少是元帝前后的俸制。《前汉书·外戚传》中就叙述到当时宫女的等级，并同当时的官爵进行了比较。这些官位同颜师古所列举的级别比较，多丞相、上卿和八百石等级。汉简中也有一些关于官俸的资料，主要是低级官吏的官俸。但也不尽相符，大概时间有先后，而俸钱随粮价调整。有一简记昭帝元凤三年（公元前78年）百石的俸钱每月七百二十文。百石在东汉为每月十六斛，西汉若以十四斛计，则每斛谷合得五十一文，每公石米合得两百四十八文。这是昭帝时的价格。此外斗食每月钱九千，而候史则有六百、六百七十和九百三种，候史应当是斗食秩[11]。斗食按照东汉建武制是每月十一斛，西汉若以十斛计，则每斛谷合得自六十钱到九十钱，每公石米合得自三百四十二文到四百二十二文。另有二百石塞尉一人，每月俸钱二千，二百石东汉每月为三十斛，西汉以二十七斛计，则每斛合得七十四文，一公石米合得二百五十九文。这也可以看作是昭宣时的米价。大概昭帝时的米价是每公石二三百钱，宣帝时每公石为三四百文。贡禹在元帝时任谏大夫，正是八百石，他每月实际领到的俸钱是九千二百，如果是根据八十五斛谷折算出来的，那么，一斛谷就合得一百零八文。后来他升为光禄大夫，秩二千石，俸钱每月一万二千，西汉的二千石应和东汉的比二千石差不多，但俸数应当高于东汉的比二千石，若以每月一百二十斛谷计，则一斛谷合得一百钱，这就是元帝时的谷价。所谓谷，恐怕不是稻谷，而是粟，粟是两汉的主要粮食。若以一斛粟作六斗米计，每公石米合得四百八十七文。此外如淳说，丞相、大司马、大将军俸钱每月六万，御史大夫四万[12]。丞相应当是万石秩，东汉时为三百五十斛，西汉要高些，大概自四百到五百斛，每斛合得一百二十到一百五十；御史大夫是副相，或上卿，每月大概自三百到三百五十斛，每斛合得一百一十四到一百三十三。这可以看作是成帝哀帝时的谷价。折成米，每公石合得六七百文。

东汉的粮价，可以根据延平年间的官俸制度推算出来。延平制是半钱半米[13]。这米大概是粟米。合得稻米五、六斗[14]。因为有俸额，又有钱数，所以很容易算出米的价格来。这价格平均是一百五十文一石[15]。但由于东汉的石小于西汉的石，必须化算一下才能比较。东汉米每石一百五十文，每公石合得七百六十文。和西汉末年差不多。

我们可以根据上面的粮价，来比较一下西汉和东汉官吏的收入。不过东汉延平制中没有万石一级。只能比较中二千石以下的官级。

比较的结果，可以知道，三个时期，以西汉为最高，东汉建武制最低，延平制又稍有提高。西汉和东汉都有万石秩，西汉的万石大官每月约可拿到九十公石米，东汉建武时的万石每月只能拿到四十公石米，而且西汉时有经常的赏赐，所以官吏的收入总额要超过正俸。否则斗食和百石的小官，收入还比不上劳动人民。

两汉官吏月俸比较表[16]

官 级	真实收入（单位：公石米）		
	西汉元帝时	东汉建武制	东汉延平制
中二千石	41.10	21.39	26.15
千　石	20.55	10.70	11.23
六 百 石	14.38	8.32	8.78
四 百 石	9.25	5.94	6.27
三 百 石	7.40	4.76	5.02
二 百 石	5.55	3.56	3.10
一 百 石	2.88	1.90	2.01
斗　食	2.05	1.31	

关于两汉劳动人民的收入，资料也是很缺乏。根据晁错的话，则文景时一个五口的农家，全年收入为百石粟[17]，这是两个人的劳动报酬，还要扣除各种租税，田赋以三十取一计，算赋和口钱全家以三大二小计算，以四百文计，粟价每石以五十文计，则全家一年的净收入只有八十八石六斗八升粟，合得三十公石，由两人分摊，一人只摊到十五公石，一个月只摊到一公石二斗多。这还是指自耕农，如果是耕别人的田，一半或一半以上归地主，则一人每月还得不到半公石的粟。

至于非农业的劳动人民的收入，那就随工作的情形而有不同。《九章算术》提到两种工钱，一种是佣价一日一钱到十钱，一般为每日五钱[18]，一个月为一百五十钱。另一为一年二千五百[19]，每月合得二百零八钱。如果以十五钱一斛的粟价来折算，则每月的收入为十斛到十四斛，合得三公石四到四公石七。若照书中的换算率换成稻麦，则合大米二公石到二公石八斗，或小麦三公石到四公石二。如果以四十钱一斛的麦价计算，则每月的收入为一公石二斗八升到一公石四斗四升的小麦。此外如淳提到顾更钱每月二千[20]，又说平贾一月得钱二千[21]。又平帝元始四年（4年）受过徒刑的女工的代役钱是每月三百[22]。汉简中也有一月三百的就（僦）钱纪录。顾更钱相当于兵饷，即使以元帝时的粟价为标准，每月也合得二十斛，或六公石八。折成大米，就有四公石零四升。米麦比价若以一比一点五计，那么合得六公石一斗二小麦。不过这数字假设性很大。三百文一月的工钱，在宣帝时也可以买到一公石米。

东汉桓帝时，一个仆从的收入是每月一千钱，另加伙食，约合三斛粟[23]，值五百文，每月总收入约为一千五百钱，或九斛粟，约合一公石七斗八升。

当时西方世界劳动人民的收入并不比中国高。公元前1、2世纪的时候，罗马一带的自由人的工钱是每天四分之三到一个德纳留斯（denarius），每德纳留斯可以买到一罗马斗（modius）的小麦，换算一下，每月合得小麦二公石到三公石半。这在当时是很好的工钱。兵饷每月只合得一公石二斗。埃及的工钱以货币计算只合得罗马的四分之一到三分之一[24]。

西汉的国民财富，若以货币计算，则中等人家是十万钱[25]。家赀不满十万的就可算中下家庭，有时可受到免租的待遇[26]。如果不满千钱，那就算贫家，而成为救济的对象了[27]。至于富家那就没有限制了。百万可以算是富家，千万也是富家。不过这些数字大概是指货币财富，不包括其他财产。贡禹在升任光禄大夫后，说过他以前贫穷，家赀不满万钱；卖田百亩，以供车马。百亩田就不止万钱，何况看他的口气，不止是一个百亩田的地主。班固提到元帝时国库的充裕时说，当时外戚中家赀千万者还少，所以钱集中在国库。可见所谓家赀是指货币。若论全部家产，则董贤的家财就值得四十三万万。

注 释

[1] 丛书本的提要因书中有长安上林之名,认为是西汉中叶以后的著作,其实上林的名词秦已有。而且书中提到的爵位是秦制。

[2] 西汉一石以 0.3425 公石计。(见吴承洛《中国度量衡史》)

[3] 西汉一两以 19.2 公分计。

[4] Theodor Mommsen 在其 *The History of Rome* (translated by William P.Dickson) 第三篇第七章说,罗马在公元前后,小麦的正常价格是 One denarius for One Roman modius。每公石合十一 modii,每 denarius (以罗马两的六分之一计) 约等于 4.55 公分的白银或 0.382 公分的黄金 (公元前 157 年金银比价为一比十一点九一,见前书)。

[5] 《太平御览》羽布帛数引范子计然的话说:"白素出三辅,匹八百",三辅乃汉时语。《盐铁论·散不足篇》说:"纨素之价倍缣",则西汉缣价当为四百钱一匹。(见《海宁王静安先生遗书》卷二六《释币》下)

[6] 《九章算术》卷七:"今有善田一亩,价三百,恶田七亩,价五百。"

[7] 《前汉书·李广传》有三顷卖四十余万的话。

[8] 《汉书》卷一九《百官公卿表》下颜师古注:"汉制:三公号称万石,其俸月各三百五十斛谷。其称中二千石者月各百八十斛,二千石者百二十斛,比二千石者百斛;千石者九十斛,比千石者八十斛;六百石者七十斛,比六百石者六十斛;四百石者五十斛,比四百石者四十五斛;三百石者四十斛,比三百石者三十七斛;二百石者三十斛,比二百石者二十七斛;一百石者十六斛。"

[9] 《后汉书》卷一《光武帝纪》:建武二十六年正月诏有司增百官奉,刘昭注引《续汉志》,与颜师古所引数字相同,仅千石为八十斛,比六百石为五十五斛,另有斗食十一斛,佐史八斛。王鸣盛《十七史商榷》卷三四官俸:"……至于西京官奉之例,前书不见。而颜师古注,乃于《百官公卿表》题下详述其制。今李贤所引《续志》细校之,内惟比六百石颜云六十斛,李贤云五十五斛,此为小异,而其余一概相同。夫颜师古所述,前汉制也,李贤所引后汉制也,何相同乃尔,且《光武纪》文于增百官奉之下,即继云,其千石已上,减于西京旧制,六百石已下,增于旧秩。今以校颜注,则是千石已上,建武固毫无所增,而六百石已下,仅有比六百石一条不同,而如颜说,则建武反减于西京五斛;何云增乎。此必师古失记建武增俸之事,直取《续汉志》以注《百官表》,以后汉制当前汉制也。……"

[10] 《后汉书·光武帝纪》。见前注。

[11] 王国维说侯史秩是斗食 (《观堂集林》卷一四《流沙坠简书后》)。

[12] 《汉书》卷一〇《成帝纪》注引如淳语:"律丞相大司马大将军奉钱月

六万,御史大夫奉月四万也。"依照《西汉会要》,三公和御史大夫,都是万石秩。建武俸制万石秩是每月谷三百五十斛,西汉时三公和御史不会是同样待遇,但因资料缺乏,都以三百五十斛计算,则每斛合得自一百一十四文到一西七十一文,平均一百四十三文。

[13]　《群书治要》卷四五引崔寔《政论》。

[14]　根据《九章算术》卷二粟米的换算率,粟一斛合粝米六斗,或稻一斛二斗。而稻一斛二斗大概合得大米六斗。

[15]　东汉延平的官奉制是半钱半米。见刘昭《续汉志》卷二八引荀绰晋《百官表》注。其俸额和折算如下:

中二千石	米	72.0 斛	钱	9000 文	每斛合	125 文
真二千石	米	36.0 斛	钱	6500 文	每斛合	181 文
比二千石	米	34.0 斛	钱	5000 文	每斛合	147 文
千　石	米	30.0 斛	钱	4000 文	每斛合	133 文
六百石	米	21.0 斛	钱	3500 文	每斛合	167 文
四百石	米	15.0 斛	钱	2500 文	每斛合	167 文
三百石	米	12.0 斛	钱	2000 文	每斛合	167 文
二百石	米	9.0 斛	钱	1000 文	每斛合	111 文
一百石	米	4.8 斛	钱	800 文	每斛合	167 文
					平均每斛约合	150 文

[16]　元帝时俸额中二千石以每月二百斛计,其余千石百斛,六百石七十斛,四百石四十五斛,三百石三十六斛,二百石二十七斛,一百石十四斛,斗食十斛。以一石谷作五斗米。东汉建武制相同,但延平制系将俸钱按一百五十文一斛折成米,再和俸米相加。东汉一石以 0.1981 公石计。

[17]　《汉书》卷二四《食货志》:"晁错复说上曰,……今农夫五口之家,其服役者不下二人,其能耕者不过百亩,百亩之收不过百石,春耕夏耘,秋获冬藏,伐薪樵,治官府,给徭役,……"这里所谓百石,大概是指百石粟。李悝时每亩年产粟一石半,因战国时的石小,粟价以合米价的六成计算。

[18]　《九章算术》卷六。

[19]　《九章算术》卷三:"今有取保一岁,慵钱二千五百。……"

[20]　《汉书》卷七《昭帝纪》:"三年以前,逋更赋……"注:"如淳曰更有三品,有卒更,有践更,有过更。古者正卒无常人,皆当迭造为之。一月一更,

是为卒更。贫者欲得顾更钱者，次直者出钱顾之，月二千，是为践更也。"

[21]　《汉书·沟洫志》注。

[22]　《通典》卷四《食货》："元始四年诏天下女徒，已论归家，顾出钱，月三百。"注云："谓女徒论罪已定，并放归家，不亲役之，但令一月出钱三百以顾人也。"

[23]　崔寔《政论》："百里长吏，……一月之禄，粟二十斛（志为十二斛），钱二千。长吏虽欲崇约，犹当有从者一人，假定无权，当复取客，客庸一月千，刍膏肉五百，薪炭盐菜又五百，二人共食之斛。"

[24]　*An Economic Survey of Ancient Rome*，Vol.I，p.188.

[25]　《汉书》卷四《文帝纪》："百金，中人十家之产也。"一家合十金，一金万钱。

[26]　《汉书》卷一一《哀帝纪》："民赀不满十万，皆无出今年租赋。"

[27]　《汉书》卷九《元帝纪》："初元元年……赀不满千钱者，赋贷种食。"

六　三国时期的货币贬值

三国时期货币的购买力一定是波动得很厉害的，然而没有物价数字遗留下来，只能根据当时货币贬值的情形来作一些推论。

三国中，曹魏的经济是比较稳定的。但也不是没有货币问题。建安十三年（208年）曹操就任丞相时，承继了董卓乱后的一个残破的局面；货币制度已经崩溃，生产也必定萎缩，人民过着实物经济的生活，以谷帛为交换手段，至少在京洛一带是这样。前一年曾北征乌丸，或许已感到实物经济的不方便，需要用钱。这一年打算率领大军南下进攻刘表和孙权，筹备工作更是要用货币，所以恢复了五铢的使用。赤壁之战，曹操动用了八十三万大军，不但曹操方面没有发生通货贬值的事，连孙权和刘备方面也不曾听说有什么货币方面的措施。大概在那次大战中，双方只是把现成的物资消耗了就结束，战争没有持续很久。后来刘备铸造直百五铢，对曹操政权下的经济似乎也没有什么影响。但文帝黄初二年（221年）即刘备称帝的那一年，蜀汉的货币又已减重；曹丕于十月再停用五铢。史书说是因为谷贵。然而历史上谷贵的时候很多，因谷贵而废止货币却少见。情况一定不是那样简单。当时从曹魏内部来看，货币数量一定不多，除非有私铸小钱，否则谷贵应当是由于天灾。从外部来看，当时蜀汉不但使用当百钱，而且这当百钱大概也已减重。如果魏蜀之间交通方便，按照货币流通规律，曹魏的五铢应当流向巴蜀，使曹魏境内的货币数量更加减少，物价只有下跌。不过当时两国的经济关系，可能并不密切，而且两国谅必各有各的价格体系，所以在货币上不致互相影响。停用货币的原因，大概是由于天灾使粮食缺乏而价格上涨，货币数量又不够，因而回复实物经济。这样过了六年。其间蜀汉的货币谅已继续贬值。到明帝太和元年（227年）又铸造五铢钱。再用钱币的原因据说是由于民间作伪：把谷弄湿了，使其重，把绢织薄了，使其广。这就说明：以谷帛为交换手段，也可以贬值。也有人说，曹魏久不用钱，积累了巨万的钱币，所以恢复用钱[1]。但改铸五铢的事也是符合曹叡的政策的。史称曹氏几代，以曹叡最为奢侈。即使一个封建统治者也不能在实物经济的条件下来安排他的奢侈生活，必须要借助于货币。但更铸五铢并不等于贬值，所以不一定是受了吴蜀的影响。大概由于蜀汉有重山之阻，孙吴也有三山之隔，钱币方面没有什么冲击。后来吴蜀的货币继续贬值，没有见到曹魏采取什么措施。实际上，史书说：自明帝改定五铢钱后，到晋代还通用。曹魏币制之所以比较稳定，有它的经济基础，这就是屯田和积谷的办法。曹操晓得"秦人以急农兼天下，孝武以屯田定西域"，所以极力提倡屯田。破黄巾之后，就屯田许下，得谷百万斛。赤壁战后，曹操退守北方，不再轻举妄动。曹丕曹叡大体上能继行这种政策。曹芳时，采用邓艾开凿运河的计划，讲究水利，每年得五百万斛。因而币制没有动摇。而且当时虽已恢复使用货币，实物经济的成分还是浓厚，收入靠租谷，抚恤赈济也用谷。曹芳即位的时候，用御府的金银杂物百五十种、一千八百多斤，销熔以为军用[2]，而不是用钱。钱币只见于赏赐。

　　蜀吴两国的情形就不同了。四川在汉末割据的时候，大概使用刘璋的五铢，可能还有大泉五十或太平百钱。所以诸葛亮说："益州民殷国富，而不知恤"。赤壁战后，刘备取得荆州，后来又向巴蜀发展，一定感到财政上的困难。有人说，刘备在荆州时，粟与金同价[3]。他在攻打刘璋的时候，恐怕连军饷也发不出，所以才向士兵约定：城破时，府库的钱财由士兵们分享。建安十九年（214年）攻入成都，果然士兵们抛弃武器而取钱财，这对于刘备的政治野心是没有什么帮助的，因此刘巴才建议铸直百钱，大概就是直百五铢。这直百五铢的重量不过等于蜀五铢的三倍，作价则百倍，这就意味着：刘备以同样多的铜去换取民间三四十倍的物资和劳务，所以连帐钩也被搜括来铸钱[4]。难怪史书说："数月之间，府库充实"了[5]。刘巴的建议不一定是他的创见，如果汉中方面已有人铸造太平百钱，那么，他只是劝刘备照做罢了。次年取得犍为，又在那里开炉大量铸造。

这一时期，蜀汉频年用兵。建安二十四年从曹操手中夺取汉中，荆州则被孙权所得。章武二年（222年）同孙吴战于夷陵，五六百里相持，水步军资，一时略尽[6]。刘备死后，后主奢费[7]。建兴三年（225年）同吴结盟，诸葛亮渡泸南征。五年进兵汉中。接着六出祁山，同司马懿进行了几年的战斗。疲弊的益州，怎样负担得起？四川是不产铜的，所以直百五铢的分量不断减轻，由八公分减成六公分，后来减到三公分以下。钱币的供应，似乎是靠犍为，因为细审各种直百五铢，以犍为的那种板别为最多。这就说明为什么后来钱背不再铸为字，因为犍为所铸的钱已不限于本地流通。犍为一带以矿产著名，大概也有铜矿。

大约在建兴十二三年的时候，实行了一次币制改革，铸造两公分重的直百钱。那时诸葛亮也许还没有死，他也许不赞成这种改制，但假若是在他死前，那就是在他为北定中原而鞠躬尽瘁的时候。自然把这次改制放在他死后的建兴十三年更为恰当。那时刘禅更加恣意于奢侈，蒋琬等人的话未必能打动他。无论如何，这次改制应当是在建兴十四年以前，因为那一年孙吴已发行大泉五百。大样的直百钱在重量上相当于大样大泉五百的五分之一弱，用纯粹货币斗争的眼光来看，应当是大泉五百在先，直百在后；但大样直百遗留下来的数量比较多，而初铸的大泉五百却很少见。可见直百的铸造时期比较长，否则蜀中铜少，看见孙吴货币减重，一定会马上减重，从而初铸的直百钱就要比初铸的大泉五百钱还要少了。当然大泉五百的少也同销熔和外流有关。

那时蜀汉的经济基础已坏。曹奂说得好，"蜀蕞尔小国，土狭民寡"。又说，"虚用其众，刻剥众羌，劳役无已，民不堪命"。可见生产已遭到破坏，而租税也不能再加，只有进一步实行贬值。

两公分重的直百钱大概没有维持很久，又开始减重。不过这些年间，没有重要的战争。到延熙十二年（249年）以后，姜维屡次出攻，战费开支一定很大。直百钱由两公分减成一公分四，再减成一公分，再减为五六公厘，最后减成四公厘。若从直百五铢算起，减成二十分之一；若从蜀五铢算起，则减成五百分之一。大概蜀汉的币制和政权同时崩溃。

蜀汉的价值单位也是一件尚待探讨的事。在刘备攻入成都之前，或在攻入前的某个时期，无疑是以五铢为单位。后来采用直百五铢的时候，以直百五铢一枚作一百钱支付。但这种办法维持到什么时候，不得而知。随着直百钱的减重和物价的上涨，必然会感到单位价值太小，不方便，而改以枚数论价。这种改变也许是在蜀汉的后期,特别是在铸造直一小钱的时候,也许这正说明为什么有直一钱的铸造。但也可能是在蜀汉灭亡之后。

益州在刘璋的时候,诸葛亮还称之为天府之土,民殷国富。庞统也说:"宝货无求于外。"刘备攻下成都时,谷帛可支二年[8]。表面看来,曹魏方面有许多关心民生的文臣,而蜀汉方面却多武将。诸葛亮号称文武全才,也不能说他不关心内政,然而他大部分时间和精力是消耗在厉兵讲武方面。虽然如此,真正的原因是经济问题,汉代的十三州中,曹魏差不多占有九州,孙吴三州,蜀汉只有一州。以一州之地,如何能同魏吴相抗?只有通过货币贬值来加重对人民的剥削,弄得"劳役无已,民不堪命"[9]。

如果太平百钱和定平一百也是三国时期的货币,如果钱币的重量正确地反映它的购买力的话,那么,太平百钱和定平一百的购买力也是不断减低的。背有星点和曲折文的太平百钱每枚有重到七公分左右的,也有轻到三公分以下的。至于光背的太平百钱,减重现象更加严重,最重的在四公分以上,慢慢减到三公分以下,最小的还不到一公分;小到不得不把钱字简写为金字,成为太平百金,这太平百金又继续减重,一直减到每枚只有四公厘左右。自七公分减成四公厘,物价应上涨成十七八倍。定平一百的减重虽然没有这样严重,那是因为定平一百没有大型的,它是在货币减重已经进行了相当时候才开始铸造的,所以最大的也不过一公分多,最小的同小直百和太平百金一样。

孙吴的情形,比蜀汉要好一点。远在赤壁之战以前,就可能已从事铸钱。建安七年(202年)曹操要孙权以子为质,周瑜就说,吴国铸山为铜,煮海为盐[10]。当时铸的钱可能是五铢,也可能是大泉五十,每枚重约四公分。建安二十四年吕蒙夺得荆州的时候,获得了荆州府库中的藏钱,其中除直百五铢之外,可能还有太平百钱。孙权赐给吕蒙的一亿钱,自然就是取自荆州库中的当百钱,所以史书说,"钱既太贵,徒有虚名"[11]。后世钱币学家以为是指大泉五百[12],那是时代错误。当时大泉五百还没有铸造。其实赐钱一亿在西汉算不了什么,那时一次赏赐有到几十亿的,但三国时的财力不能同西汉盛时比。孙吴取得荆州的当百钱之后,他们就有当五十和当百两种大额钱币了。这时蜀汉的直百五铢和太平百钱,重量是约略相等的,都是六七公分。

在蜀汉实行币制改革之后,孙吴乃于嘉禾五年(236年)铸造大泉五百。过了两年,又铸大泉当千。大泉五百虽有十二铢重,但比起大泉五十来,仍是大大地减重。其他条件不变,物价应当上涨三倍。当千钱减得更多。这时孙吴对曹魏采取攻势,嘉禾初年,孙权曾带十万人围攻合肥三四个月。

不久两种大钱又继续减重，大泉五百减成八公分，大泉当千减成十二公分。孙吴地广土肥，山出铜钱，利于冶铸。但由于战费开支大，还是不能维持。赤乌四年（241年）吴军围攻樊城、柤中等地，所以不得不实行货币贬值。贬值也可能是为了对付蜀汉，通过钱币减重从事经济斗争。当时吴蜀相通，若不实行减重，则吴国的钱币会大量流入蜀汉。后来蜀汉的直百钱减成一公分和半公分，孙吴就铸造十二公分重的大泉二千。后来并把大泉当千减成四公分，而大泉五百早已停铸。最后铸造大泉五千。这些大概是赤乌八九年间（245—246年）的事。不久孙吴大概发现这种对外货币战争足以破坏国内人民的经济生活，所以在赤乌九年不得不停铸大钱，将已铸的钱改为器物，已发行的责令上缴，政府给值收回[13]。

然而孙吴在赤乌九年以后，还有三十四年的寿命。其间有没有货币流通呢？有些地区可能回复实物经济，以绢匹计算[14]。但从全国说来，钱币应当还有流通。史称孙皓营建新宫，穷极伎巧，功役之费，以亿万计[15]，这自然是以货币计算。天纪四年（280年）还有岁给钱五十万的事[16]，可见货币没有废止。有人说，大泉二千和大泉五千是孙吴末年所铸，事实大概不是这样。大泉二千和大泉五千是在下令停用之前铸造的，由于这两种大泉出现于市面，使物价进一步上涨，弄得人心惶惶，政府才不得不下令停用，并收回已经发行出去的。也许赤乌九年下令收回的仅限于大泉二千和大泉五千。史书说："计界其直，勿有所枉。"但用什么去收回呢？用什么来计直呢？总不会是用实物吧。如果是用货币去收回，那就应当是用旧钱，包括汉五铢、大泉五十、直百五铢和太平百钱等。大泉二千和大泉五千因刚刚发出，大概大部分都送回政府，留在民间的也被输出或销熔改铸，所以后人少见。即使收回的对象是大泉五百和大泉当千，也肯定没有全部收回，而是和以前的旧钱并行。这种情形一直继续到东晋。

孙吴在货币减重最严重的时候，在程度上并不亚于蜀汉，只是继续的时期比较短。史书说，物价翔踊[17]，到底涨到什么程度，则不得而知。在废用大钱之前的一二十年间，物价总不会是很低的，以吕岱那样出身万里的大将，妻子都要挨饿[18]，其他人民的生活就可以想象了。所以单从币制上看来，三国统一于魏晋，不是偶然的。

注　释

[1]　《晋书·食货志》。

[2]　《三国志·魏志》卷四《曹芳传》。

[3]　祖冲之《述异记》。

[4]　郑玮《南北史隽》。

[5]　《零陵先贤传》（《三国志·蜀志》注引）。

[6]　《三国志·吴志》卷一三《陆逊传》。

[7]　《太平御览》卷一七三引《吴志》："后主二年六月，起新宫于太初之冬，制度尤广。……又开城北渠，引后湖水激流入宫内。巡逯堂殿，穷极伎巧，功费万计。"

[8]　《三国志·蜀志》卷一《刘璋传》。

[9]　《三国志·蜀志》卷三《刘禅传》注引《蜀记》曹奂的话。

[10]　《三国志·吴志》卷九《周瑜传》注引《江表传》。

[11]　《晋书·食货志》。

[12]　戴熙《古泉丛话》。

[13]　《三国志·吴志》卷二《孙权传》注引《江表传》。

[14]　《三国志·吴志》卷三《孙休传》注引《襄阳记》。其中提到橘树每株每年可收绢一匹。又《孙皓传》凤皇元年注引《江表传》说："一犬至直数千匹，御犬率具缨，直钱一万。"

[15]　《三国志·吴志》卷三《孙皓传》注引《江表传》。

[16]　《三国志·吴志》卷三《孙皓传》。

[17]　郝经《续后汉书》卷八九《食货志》说："赤乌元年，铸当千大钱，民间皆不便，物价翔踊，违科犯禁，刑不能止，大兴怨讟。"《建康实录》卷二赤乌九年九月："时用大钱，物贵，百姓不便。"

[18]　《三国志·吴志》卷一五《吕岱传》。

第三节 货币研究

一 货币理论

中国自秦汉统一以后,在货币方面,讨论的人,都集中于铸币的特权问题。战国期间,钱币多由地方铸造。秦汉是一种中央集权式的政府,在法律上可能是由政府统一铸造,但实际上政令不能贯彻,而且地方政府的铸钱,大概是容许的。

在外国,货币的铸造,也是由分散铸造而演变成为帝王或政府的垄断。不过那是以金银币为主,帝王们对于铜币,不十分感兴趣,多让地方政府铸造。波斯和马其顿都认为铜辅币不值得由中央政府来铸造,多责成地方政府供给。罗马则不然,因为罗马和中国一样,一向用铜币,铜币的铸造一向为国家的特权。

汉代关于造币权的争论,也就是儒家和法家思想的冲突。文帝时的放任政策,表示儒家理论的优势。这由《盐铁论》中所引的一段话可以看出来。《盐铁论》中的文学派可以看作是代表儒家思想的。

> 文学曰……夫铸伪金钱以有法,而钱之善恶,无增损于政,择钱则物稽滞,而用人尤被其苦。春秋曰,算不及蛮夷则不行,故王者外不鄣海泽,以便民用,内不禁刀币,以通民施。

这一段话的意义并不十分明确。表面上看,文学派是承认政府的私铸禁令的,他们只不赞成择钱,认为钱的善恶没有什么关系,这倒是接近名目论。但他们宣扬的不禁刀币的政策,实际上是反对政府垄断。

在法家方面,却有许多重要的人物发挥议论,如贾谊(公元前200—公元前168年)、贾山、晁错、桑弘羊等;他们都是反对自由放任的。

文帝取消盗铸钱令,贾谊反对得最激烈,他说:

> 法使天下公得顾租铸铜锡为钱。敢杂以铅铁为他巧者,其罪黥。

然铸钱之情，非淆杂为巧，则不可得赢，而淆之甚微，为利甚厚。……又民用钱郡县不同，或用轻钱，百加若干，或用重钱，平称不受。法钱不立，吏急而壹之乎？则大为烦苛，而力不能胜。纵而弗呵乎？则市肆异用，钱文大乱。苟非其术，何乡而可哉。今农事弃捐，而采铜者日蕃，释其耒耨，冶熔炊炭，奸钱日多，五谷不为多。（《汉书·食货志》）

他主张铜归国有，并举出七种利益，即所谓七福：

上收铜勿令布，则民不铸钱，黥罪不积，一矣。
伪钱不蕃，民不相疑，二矣。
采铜铸作者，反于耕田，三矣。
铜毕归于上，上挟铜积，吕御轻重，钱轻则吕术敛之，重则吕术散之，货物必平，四矣。
吕作兵器，吕假贵臣，多少有制，用别贵贱，五矣。
吕临万货，吕调盈虚，吕收奇羡，则官富实而末民困，六矣。
制吾弃财，吕与匈奴逐争其民，则敌必坏，七矣。（《汉书·食货志》）

贾谊这篇五百一十九字的《谏放民私铸疏》可以说是中国——也许是全世界最早的一篇关于货币问题的专文。这以前的学者对于货币问题只发表过一些片段的言论。希腊的亚里士多德只在他的《政治学》中有一段谈到货币的作用。罗马的保罗斯（Paulus）关于货币起源的一段话也不能看作专题论文。然而贾谊的奏疏只是一篇实际政策性的文章，理论性不强，比不上《管子》书中一些片段的言论。他的七福中的第四福所谓"钱轻则吕术敛之、重则吕术散之"的话，是数量说的观点，也是《管子》书中所提到过的。

《盐铁论》中的大夫派是代表桑弘羊等人的意见：

大夫曰：文帝之时，纵民得铸钱、冶铁、煮盐。吴王擅鄣海泽，邓通专西山，山东奸猾咸聚吴国，秦雍汉蜀因邓氏。吴邓钱布天下。故有铸钱之禁。禁御之法立，而奸伪息。奸伪息则民不期于妄得，而各务其职，不反本何为？故统一则民不二也，币由上则下不疑也。（《错币》第四）

他们主张加强国家的管理和垄断，他们说："山泽无征，则君臣同利；刀币无禁，则奸贞并行。"

中国古代所谓自由放铸，和近代的所谓自由铸造不同。中国古代的自由铸造，是指自由盗铸，人民不但用自己的金属，并且用自己的设备和人工技术，甚至用自己所定的重量和成色的标准。

币制的统一是当时的需要，符合这种需要的理论和措施，应当是进步的。币制不统一，商品流通和人民生活是很难有所改进的。从这点看来，文学派反对政府垄断铸币权、赞成人民自由铸钱，是不符合当时要求的。不过他们所阐述的并不是自由放铸的理论，而是把币制不统一归咎于政府的朝令夕改，使得钱有厚薄轻重，引起商贾的投机。他们说：

> 往古币众财通而民乐，其后稍去旧币，更行白金龟龙，民多巧新币，币数易而民益疑。于是废天下诸钱，而专命水衡三官作。吏民侵利，或不中式，故有薄厚轻重。农人不习，物类比之，信故疑新，不知奸真。商贾以美贸恶，以半易倍；买则失实，卖则失理；其疑惑滋益甚。（《盐铁论·错币》）

在关于造币权问题的争论中，可以看出一点古人对于货币本质论的见解。在这方面，中国的法家和近代的国定说很接近。

贾山在反对文帝的废除盗铸钱令的时候（公元前175年）便说：

> 钱者无用器也，而可以易富贵。富贵者人主之操柄也，令民为之，是与人主共操柄，不可长也。（《汉书·贾山传》）

这一段可以分为两部分。后半是讲自由放铸之不当。前一句则是说货币本身为无用之物，只有交换价值，这就和后世英国正统学派开创人亚当·斯密的话几乎完全吻合。近代名目论也是以否认货币的价值为其特点的。

晁错（公元前？—公元前154年）的见解，更加接近国定说。他在文帝十二年对文帝说：

> 夫珠玉金银，饥不可食，寒不可衣，然而众贵之者，以上用之故也。（《汉书·食货志》）

他所谓上，就是指帝王，以为大家之所以重视货币，是因为帝王用它。这话同《管子》中的"握之则非有补于暖也，食之则非有补于饱也"的意思相同。早些时候，当迦太基的哈尼巴尔将要进攻罗马的时候，罗马制定佛拉米尼亚法（Lex Flaminia），认为货币是一种记号，这就是名目论的见解。后代货币国定说者以为货币为国家用法令所创制的，政府如果平价接受，就可以保持它的额面价值。所以中国法家的货币理论是名目论的货币理论。晁错一方面是名目论者，同时却有实物论者的色彩。他说，明君贵五谷而贱金玉，他的目的是要用实物经济来束缚农民，免得他们离乡去境，而货币是他所不能控制的，货币能使士大夫反抗他们的主子，使农奴们远走高飞。他说：

其（指珠玉金银）为物轻微易藏，在于把握；可以周海内，而亡饥寒之患。此令臣轻背其主，而民易去其乡。（《汉书·食货志》）

他明明知道货币的方便，只是由于政治原因而加以反对。这是一种反动的观点。但中国古代的名目论者，和后世德国的名目论者又稍有不同。近代名目论者所谓货币本身没有价值，是因为他们把货币这一概念和代表货币的实物如金银等分开，所以他们说货币是抽象的。中国古代的名目论者比较现实，他们是说代表货币的实物本身也没有价值。他们所谓价值，不止是指使用价值，简直就是指吃和穿。实际上他们或许不否认金银有制造工艺品的使用价值，不过认为这种使用价值没有当作货币的价值那样高。

和法家对立的儒家，对于货币的本质，是怎样看法呢？这却不很明确。他们反对政府垄断铸造权，主张自由放铸，显然不是数量说者。他们是不是金属论者呢？似乎也不是。因为他们认为钱的善恶，没有关系；这是和金属论不相符的，而仍是一种名目论的看法。他们和法家的区别，只在于铸造权的问题。

汉代法家的货币理论，在当时有其积极的作用，因为他们的目的是在币制的统一和造币权的集中，使中国由一个分权的封建社会走向一个集权的封建国家。可是在另一方面，这种理论无形中是替通货贬值掩护。两汉币值，变动得厉害，这些名目论者把这种情形归咎于私铸，而不揭发政府的减重行为。至少武帝时的一次货币减重，他们是要负若干责任的。

法家对于货币的起源没有直接发表意见，但隐隐约约认为是法律或政

府或帝王所规定的,即晁错所谓"上用之故"。司马迁(公元前145—？年)显然不同意这种看法。他说:

> 农、工、商、交易之路通,而龟、贝、金、钱、刀、布之币兴焉。(《史记·平准书》)

他把货币的起源同商品交换联系起来。

西汉因为发生过两次通货贬值,人民的经济生活蒙受不良的影响,因此有人对于货币经济发生怀疑,而想回复到自然经济去。元帝时的贡禹(公元前123—公元前44年)便有这种见解,他说:

> 古者不以金钱为币,专意于农,故一夫不耕,必有受其饥者。……自五铢钱起已来,七十余年,民坐盗铸钱被刑者众,富人积钱满室,犹亡厌足,民心动摇,商贾求利。东西南北,各用智巧;好衣美食,岁有十二之利。……贫民虽赐之田,犹贱卖以贾,穷则起为盗贼。何者?末利深而惑于钱也。是以奸邪不可禁,其原皆起于钱也。(《汉书·贡禹传》)

这代表一部分地主的意见,他们有谷帛,而没有现钱,将谷帛卖成现钱,难免要受商人的剥削,所以他主张废钱用谷帛。他说:

> 疾其末者,绝其本,宜罢采珠玉金银铸钱之官,亡复以为币,市井勿得贩卖。除其租铢之律,租税禄赐,皆以布帛及谷,使百姓壹归于农。(《汉书·贡禹传》)

然而当时货币经济已是很发达,商人势力也不小。商人以及他们的代言人以为货币对于交易,实为必要,如果用布帛,尺寸分裂,很不方便,所以贡禹的主张没有实行。不过这种实物论者在中国的封建或半封建的社会中是经常会出现的。哀帝时的师丹便是一个例子。当时有人上书,说古代使用龟贝,现在用钱来代替,使得人民贫困,主张取消钱币。哀帝问师丹,师丹赞成。终于有人反对而罢[1]。

班固(32—92年)对于货币的职能发表了意见。他说:

> 金、刀、龟、贝,所以分财布利、通有无者也。(《汉书·食货志》)

照现代的说法,分财布利似乎是指价值尺度,但实际上班固的意思恐怕还要更进一步,是指财富再分配的手段。当时确有这种看法。贾山所说的"可以易富贵"以及"富贵者人主之操柄"的话,也是这个意思。班固的"通有无"就是流通手段或交易媒介的意思。

货币数量说,在西汉除了贾谊以外,很少有人提到。到了东汉,才有人谈到关于币值和物价的问题。章帝的时候(76—89年),谷价上涨,政府经费不够开销。张林站在数量说的立场,认为是通货数量太多,应当加以收缩。

> 今非但谷贵也,百物皆贵,此钱贱故尔。宜令悉以布帛为租,市买皆用之,封钱勿出。如此则钱少,物皆贱矣。(《晋书·食货志》)

他主张回复实物经济,无非是要减少通货的意思。他同时主张政府卖盐,这也是收缩通货的办法。

在桓帝的时候,由于连年对西羌战争,财政困难,有人想实行通货贬值,借口说钱货轻薄,所以穷困,主张改铸大钱,引起刘陶的反对,他以为当时的问题在物资的缺乏,不在钱货的轻重厚薄。

> 窃见比年已来,良苗尽于螟蟊之口,杼柚空于公私之求,所急朝夕之餐,所患靡盬之事。岂谓钱货之厚薄,铢两之轻重哉?就使当今沙砾化为南金,瓦石变为和玉,使百姓渴无所饮,饥无所食,虽皇羲之纯德,唐虞之文明,犹不能以保萧墙之内也。盖民可百年无货,不可一朝有饥,故食为至急也。(《后汉书》卷八七《刘陶传》)

这是一篇典型的议论:不求甚解,借题发挥。我们不知当时所谓改铸大钱是什么性质。如果是指大额货币,那么刘陶的话还有几分理由。如果是指增加钱货的重量,那么刘陶就不应当反对。物资缺乏,当然可以使物价上涨,但如果再加以通货贬值,物价当要涨得更厉害。这时候如果增加钱币的重量,应当是可以缓和涨风的。

东汉末年的荀悦(148—209年),对于货币,曾发表过意见。他和两汉其他人的意见不同,他反对货币无用说者和实物论者。他是献帝时的黄门侍郎，正当董卓废五铢钱改铸小钱之后，政权渐落在曹操手中。币制的整理是一个紧急的问题。他主张恢复五铢钱。有人说五铢钱散在四方，京畿一带已没有多少五铢钱，如果加以恢复，只有使别的地方用无用的钱来收买有用的物，那岂不是匮近而丰远？他说：

> 官之所急者谷也。牛马之禁，不得出百里之外，若其他物，彼以钱取之于左，用之于右，贸迁有无，周而通之，海内一家，何患焉？（《申鉴》卷二）

他虽没有明言货币是有用的东西，但他很明显是承认货币对于交换上的重要。他强调货币的流通手段这一职能。然而当时因有一大部分的五铢钱被董卓所销毁，所以恢复之后，通货数量或会有不足的现象，他认为那时可由政府加铸来补充。他又反对把民间的钱收到京师来用，以为那样定多纷扰。

荀悦既承认货币有贸迁有无的价值，自然他反对实物论，反对废钱。他说：

> 钱实便于事用，民乐行之，禁之难。今开难令以绝便事，禁民所乐，不茂矣。（《申鉴》卷二）

曹操的恢复五铢，也许受了荀悦的影响。

魏明帝时的司马芝似乎也曾发表过对于货币的意见。史书说：明帝时，废钱用谷既久，民间有湿谷薄绢的取巧办法，严刑也不能禁。司马芝等举朝大议，以为"用钱非徒丰国，亦所以省刑"[2]。一般人以为这话是司马芝讲的，其实省刑的话确像他的口气，丰国的话却不大像是他讲的；因为他是一个重农抑商的人，他说："国家之要，唯在谷帛。"又说："商旅所求，虽有加倍之显利，……不如垦田益一亩之收也。"又说："不宜复以商事杂乱，专以农商为务，于国计为便。"[3]这种人很像是实物论者，由他来主张用钱，而且说铸钱可以丰国，实在难以理解。也许当时他只是由省刑的角度来赞成铸钱，至于铸钱可以丰国的话，大概是另外一些金属论者的话。

注 释

[1] 《汉书·师丹传》。
[2] 《晋书·食货志》。
[3] 《三国志·魏志》卷一二《司马芝传》。

二 货币史

所谓历史，各时代有各时代的含义和标准。在古代，凡是关于已经发生的事件的记述，都属于历史的范围。甚至有人以为六经皆史。如果说得简单扼要一点，则历史主要是摆事实，以别于哲学的讲道理；当然，历史的事实也要讲得合乎道理，而且从历史的事实中还要总结出道理来，但历史最基本的特点是言事。

在先秦的著述中，已有货币史的萌芽。如《管子·山权数》有这样一段：

汤七年旱，禹五年水，民之无糧卖子者，汤以庄山之金铸币而赎民之无糧卖子者，禹以历山之金铸币而赎民之无糧卖子者。

这段话严格地讲来，不但不能算是历史，甚至不能算是史料。因为它的真实性是可疑的，几乎可以断定它是不真实的。然而在形式上它是作为一种历史来叙述。又说：

夫玉起于牛氏边山，金起于汝汉之右洿，珠起于赤野之末光，此皆去周七千八百里，其涂远而至难。故先王各用于其重，珠玉为上币，黄金为中币，刀布为下币。（《管子·地数》）

这就大体同事实相符了。

此外《国语》所说周景王铸大钱的事，虽然确否不知，但那也是作为一历史事实来叙述的。所有这些都是短句单辞，最多不过一种孤立事件的记载，谈不上是货币史。

中国关于货币史的论著，当以司马迁的《史记·平准书》为最早。《平准书》不是纯粹的货币史，因为内容不限于货币，《平准书》中直接谈到货币的不到五分之一，其余都是关于财政、农业、运输以至战争的话。虽然这些也是货币史所应当涉及的方面，但在《平准书》中这些问题并没有同货币联系起来讲，所以不能说是货币史的一部分。

《平准书》只叙述西汉的货币史，所以是一种断代史。对于汉以前，只在总结的时候，以"太史公曰"的方式，笼统地谈了几句。他说货币起源于高辛氏之前，又说虞夏之币，金为三品，那大概是战国以来的传说，自然是不正确的，司马迁自己也说"靡得而记云"。在这段总结里，他也谈到秦始皇统一中国后的币制，这是最早的记载。

对于西汉货币的叙述，大体上是正确的。只是稍嫌简略。因为《平准书》总共不过五千字左右，直接谈到货币的不到一千字。关于汉初所铸的钱到底是什么钱，丝毫没有交代，吕后的八铢钱根本没有提到。武帝的三铢钱也交代得不清楚。所以说司马迁是一个货币史家，那是不正确的。他只是一个认识到货币问题的重要性的史家。

司马迁之后关于货币史的著述要算《汉书》中的《食货志》。《食货志》也不是专门的货币史，因为食是指农殖嘉谷可食之物，而货是指布、帛可衣，及金、刀、龟、贝，所以分财、布利、通有无的，只有这最后的金刀龟贝才是货币，可见货币史只是《食货志》的三个问题中的一个问题。实际上《食货志》分为上下两部分，上部只谈农殖嘉谷，是一篇农业经济史。下部才像司马迁的《平准书》一样，是一篇货币经济史，货币在这里占的比重更加大一点，而且也深入了一些。整部《汉书》本是一种断代史，可是货币部分却是通史，这和《史记》的情形相反。

班固自然也不是一个货币史的专家，只是一个史料的编纂者。他对于夏殷以前的事，实事求是地说"其详靡记"，可是接着就犯了许多错误；第一是关于太公为周立九府圜法的事，显然是抄录别的著作，这一说一直为后代史家奉为信史。第二是周景王铸大钱之说，这是抄自《国语》，可是《国语》没有说这大钱是什么钱，班固却说"文曰宝货"，这一句话料想不是转抄别的文献，而是班固的杜撰，他也许见过或听说过赗货，把赗字读作宝字。第三是说"汉兴以秦钱重难用，更令民铸荚钱"。荚钱是减重的结果，民间所起的名称，政府绝不会叫民间铸造荚钱，《平准书》只说令民铸钱，那就比较妥当了。其他错误还很多。

《食货志》关于西汉币制的历史也过于简略，八铢钱也没有提到，三铢钱也交代不清。而且自相矛盾。但补充了武帝以后的一些史料，特别是王莽所采取的各种措施，这是几次非常复杂的币制改革，若不是时代相近的关系，恐怕要弄不清楚。可是王莽的布泉还是没有交代清楚。至今不明发行布泉的经过。《食货志》比《平准书》进步的地方还在于它的分工的倾向，更加专门化了，它把货币史和农业经济史分离开来。

然而不管《平准书》也好，《食货志》也好，并没有把作者对于货币的知识和所搜集到的资料集中在一处。后代研究货币史的人，单从《平准书》和《食货志》去找材料是不够的，还必须向本纪去找，向列传去找，向其他志书去找，向年表中去找，这是一件很不方便的事。

尽管如此，司马迁和班固把货币史列为历史的一个重要部门，而且使货币史的内容包括商品生产和流通以及影响货币购买力的其他因素如财政、灾荒、战争等，是在中国的史学方面创造了一个优良的传统。

过去史家多把《平准书》和《食货志》一类的著作看作农家之流，大概因为衣食都有赖于农业，这是重农学派的观点。但农业只是一种部门经济，而货币却是一种综合的学科。法家虽说它饥不可食，寒不可衣，可是它自身是有价值的，它是价值的结晶，凭它可以取得任何商品，因此在商品经济为基础的社会，货币必然成为经济中的中心环节。实际上，无论是司马迁的《平准书》也好，班固的《食货志》也好，货币是贯穿其他问题的绳索。从研究的方便来说，商品终究要被消费，除非有详细的记录，否则历代商品生产的情况是很不容易研究的；而货币却永远停留在流通界，或埋葬在地下，这些货币既大体上是商品流通的反映，那就意味着：通过对货币的研究，比通过对商品的研究，能容易了解历代商品生产和流通的情况。

第四节　信用

中国自秦汉统一以后，国内外贸易开始发展。外国方面，同中国发生贸易关系的，有印度、西域、大秦、安息等地[1]。国内商业的发展[2]，可以从都市的发达和贱商令上看出来。当时的长安便有九市，各四里，方二百六十六步，有专门督察商贾货财买卖贸易的机关[3]。至于贱商令也不过是反映商人阶级势力的膨胀。商人利润之高[4]，使人民之间贫富的差别越来越大。借贷行为自然也更多了。那时不但商人资本猖獗，高利贷资本也很发达。因为放债的人，不止普通商人[5]，还有专以放款牟利的子钱家。长安就有一个放款市场。当吴楚七国反叛的时候，长安的将领们出发征讨，向市场借款，子钱家因关东成败未决，不肯借。有一毋盐氏投机，拿出千金，以十倍的高利放出去，三月吴楚平定，一年中的利息使毋盐氏成了关中一富翁[6]。这里值得注意的不止是长安有一放款市场，而是在这市场大家没有国家观念，没有是非，只求自己资金的安全，只求赚钱。同时，借款的人，也不一定全是穷苦的老百姓，地位很高的人，也有借债度日的[7]，当然，情况是不同的。中国社会自汉代起，商人资本和高利贷资本便很发达，两千年间没有什么变动。

各代统治阶级，为了缓和阶级斗争，有时亦进行一些政府救济性的放款。武帝元狩六年曾派遣博士大夫等六人，分巡国内，存问鳏寡废疾，有不能谋生的人，便放款救济[8]。元帝永光四年曾下诏"赦天下所贷贫民勿收责"[9]。

中国的利率，似乎自古就比外国高。汉代的利率，政府有规定，因为史书中常提到取息过律的事[10]。但到底官定利率是多少，却不见记录。贡禹所谓"岁有十二之利"[11]，和班固所说"庶民农工商贾，率亦岁万息二千"[12]是指商业利润，不是纯粹的利息。《九章算术》提到"贷人千钱，月息三十"的话，合得年息三分六厘[13]，大概不会是官定利率。当时罗马法定最高利率为一分二厘，而实际通行的利率为六厘，银根紧时八厘，只有风险特别大的放款才到一分二厘。当时小亚细亚一带也不过一分二厘。固然也有超过法定最高利率的，最高的曾到过四分八厘[14]。中国方面，私人放债利率似乎更高，例如上面所提的毋盐氏的放债，一年十倍。

在古代，不论中外，对于放款收取利息，都有人反对。罗马在中国的周显王二十五年（公元前344年）曾通过法律禁止放款取息[15]。后来的基督教徒也是反对利息。中国的儒家似乎也不赞成利息。孟子说"又称贷而益之，使老稚转乎沟壑"。这些反对者都是从伦理观念出发。因为古代借贷，多用于消费，少用于生产，征收利息，使债务人负担加重，以至无法偿还。不像资本主义社会中的借钱，多是用来生产牟利，利息只占利润的一部分。所以被认为一种自然的现象。资本家的利息负担可以转嫁给别人，但普通消费人的利息负担，就落在自己肩上了，所以晁错就提到有人卖田宅鬻子孙来还债的事。

希腊的亚里士多德认为货币是不生产的，所以不应取利息。这种比较温和的态度，同孟子的态度接近。但欧洲自罗马帝国时起，对利息的反对趋于激烈，奇契洛（Cicero）认为取利比偷窃还更坏。这种观点一直支配到欧洲的中世纪。中国古代的学者对于适当的利息，不大有人反对。

王莽在1世纪的时候，曾供给政府信用。对于消费放款和生产放款，实行差别利率，这恐怕是历史上的创举。王莽所供给的政府信用，就是恢复《周礼》中的所谓赊贷。放款利息是按月收百分之三[16]，赊物不收利息。期限也分丧纪和祭祀两种：祭祀以十天为限，丧纪以三个月为限。人民并且可以向政府借钱治产业，按照收益取一分年息[17]。这和约略同时的罗马的立法比较起来，短期的赊贷，利率仍高于罗马，但长期放款收年息一分则和罗马差不多[18]。

东汉时，放款事业也很盛，一般富商大贾，收入可以比封君[19]。甚至政府也常借债，因为东汉政府在财政上，多是穷困的。如安帝永初四年（110年）同羌人作战，供徭赋役减少，官方欠人民的债到几十亿万之多[20]。又顺帝永和六年（141年）曾"诏假民有赀者户钱一千"[21]。桓帝永寿元年（155年）因为冀州饥荒，向王侯有积谷者贷十分之三，以助廪贷，到新租收入时偿还[22]。

两汉的信用事业，大概只限于私人与私人间或政府与私人间的借贷。民间的信用机关，似乎还没有产生。有人说汉代中国已有典当业，并举《后汉书·刘虞传》中的"虞所赍赏，典当胡夷"为证。不过中国最早的典当是叫质或质库。到宋朝才有叫典和典质的；到明朝才有叫典当的。所以《后汉书》中的所谓典当，不一定是质典的意思。质的概念发生得很早。春秋战国时代便常有纳质的事情，汉代又有劫质（即绑票）的例子，但不能证明汉朝有质库的存在。如果《刘虞传》中的典当是指质押信用的话，那么，《三辅旧事》所记长安的当市楼，也应当和当铺有关系了。

至于存款，更加发展得慢。古人所积余下来的钱财，多实行窖藏。汉朝有扑满的办法[23]，不过扑满和窖藏并没有什么不同，只是一种储蓄，不能说是存款。

注　释

[1]　见本章第一节三《金银》条。

[2]　《三辅黄图》："元始四年起明堂辟雍为博士舍，三十区为会市，列槐树数百行，诸生朔望会此市，各持其郡所出物及经书相与买卖，雍雍揖让，论议槐下，侃侃誾誾如也。"

[3]　《三辅旧事》。

[4] 《汉书》卷九一《货殖传》："以贫求富，农不如工，工不如商，刺绣文不如倚市门。"

[5] 《史记》卷一二九《货殖列传》："子贷金钱千贯，节驵会，贪贾三之，廉贾五之。"

[6] 《汉书》卷九一《货殖传》。

[7] 《汉书》卷八〇《宣元六王传》："元帝即位，……宪王有外祖母舅张博兄弟三人……辄受王赐，后王上书请徙外家张氏于国，博上书愿留守坟墓，独不从。王恨之。后博至淮阳，王赐之少，博言负责数百万，愿王为偿，王不许。"又："今遣有司为子高偿责二百万。"

[8] 《汉书》卷六《武帝纪》。

[9] 《汉书》卷九《元帝纪》。

[10] 《汉书》卷一五《王子侯表》："旁光侯殷元鼎元年坐贷子钱，不占租，取息过律免会赦。"又："陵乡侯诉建始二年坐使人伤家丞，又贷谷息过律免。"

[11] 《汉书》卷七二《贡禹传》。

[12] 《汉书》卷九一《货殖传》。

[13] 《九章算术》卷三。

[14] Tenney Frank, *An Economic Survey of Ancient Rome*, p.350. Mommsen, *The History of Rome*, Book V, pp. 508 & 526.

[15] Mommsen, *The History of Rome*, Book V, p.523.

[16] 《汉书》卷九九《王莽传》："又令市官收贱卖贵，赊贷予民，收息百月三。"

[17] 《汉书》卷二四《食货志》。

[18] 恺撒（Julius Caesar）曾规定每月收息不得过一厘，不得利上加利或积利过本。（Mommsen, *The History of Rome*, Book V, p.526.）

[19] 《后汉书》卷五八《桓谭传》。

[20] 《后汉书》卷五一《庞参传》："永初……四年……参奏记于邓骘曰，比年羌寇特困，陇右供徭赋役为损日滋，官负人责数十亿万。"

[21] 《后汉书》卷六《顺冲质帝纪》。

[22] 《后汉书》卷七《桓帝纪》："永嘉元年春……二月司隶冀州饥，人相食。勅州郡赈给贫弱，若王侯吏民有积谷者，一切赀得十分之三，以助廪贷，其百姓吏民者以见钱雇直，王侯须新租乃偿。"

[23] 《西京杂记》："公孙弘以元光五年为国士所推尚为贤良。国人邹长清以其家贫，少自资致，乃解衣裳以衣之，释所著冠履以与之。又赠以刍一束，素丝一襚，扑满一枚，书题遗之曰……扑满者以土为器，以蓄钱，具其有入窍而无出窍，

满则扑之,土粗物也,钱重货也,入而不出,积而不散,故扑之。士有聚敛而不能散者,将有扑满之败。"(见《古今图书集成》第三五八卷《钱钞部·纪事》)

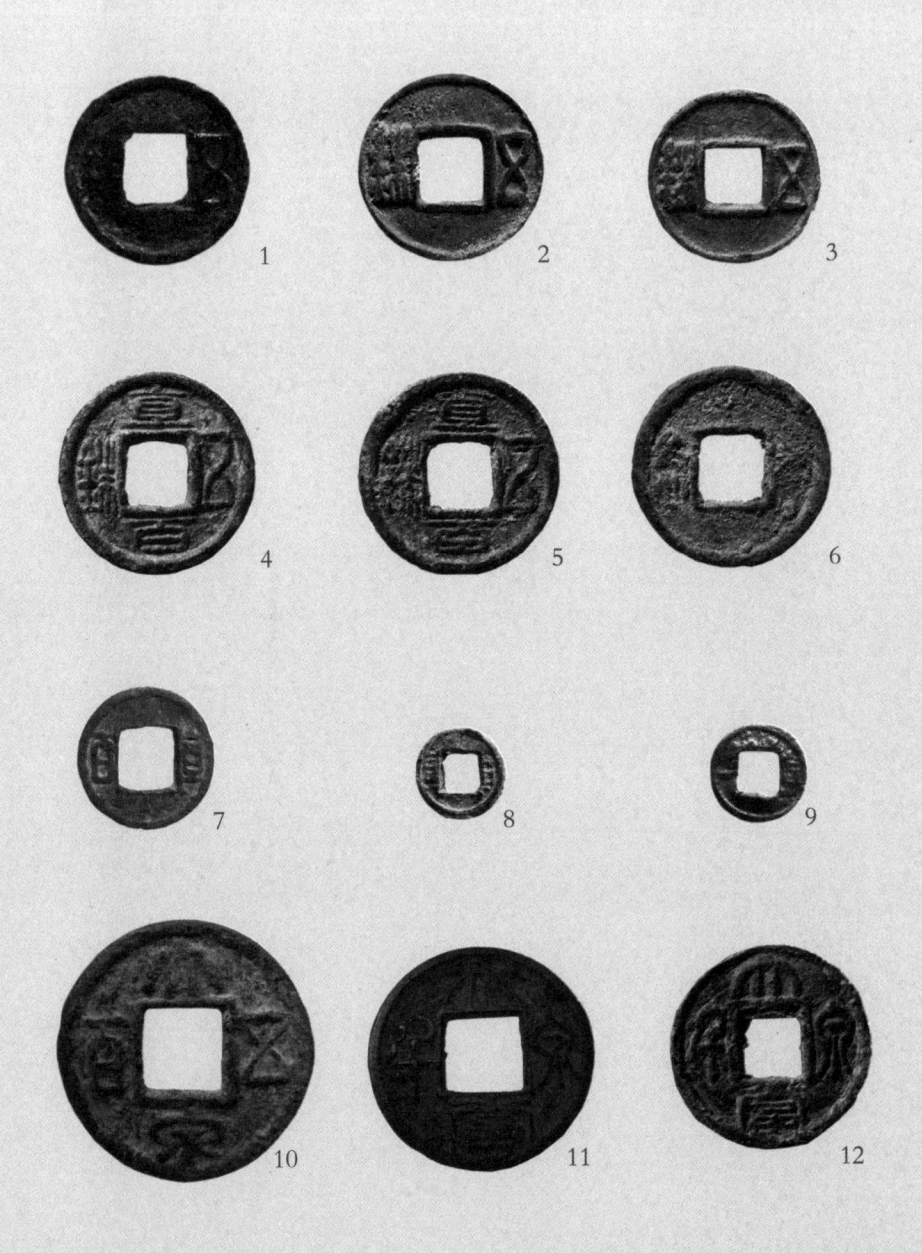

图版三十三　三国的钱币

1. 刘焉五铢（？）。　2—3. 蜀五铢。　4. 直百五铢。　5. 犍为的直百五铢。
6. 犍为直百五铢之背。　7—8. 直百。　9. 直一。　10. 大泉五百。
11. 大泉当千。　12. 减重后的大泉当千。

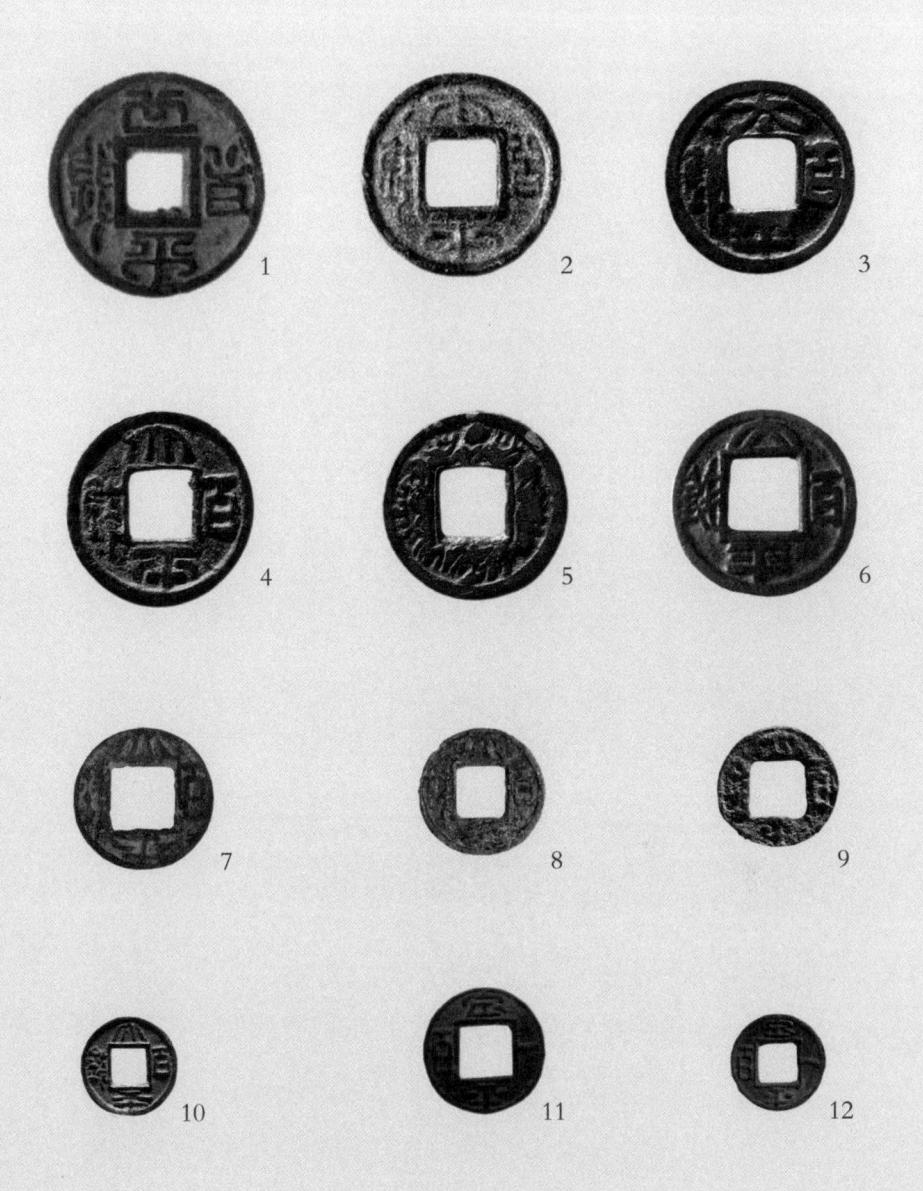

图版三十四　太平百钱和定平一百

1. 世平百钱。 2."鹿角"太平百钱。 3.背有曲折文的隶书太平百钱。 4.篆书太平百钱。 5.太平百钱背面的曲折文和星点。 6—8.光背太平百钱。 9—10.太平百金。 11—12.定平一百。

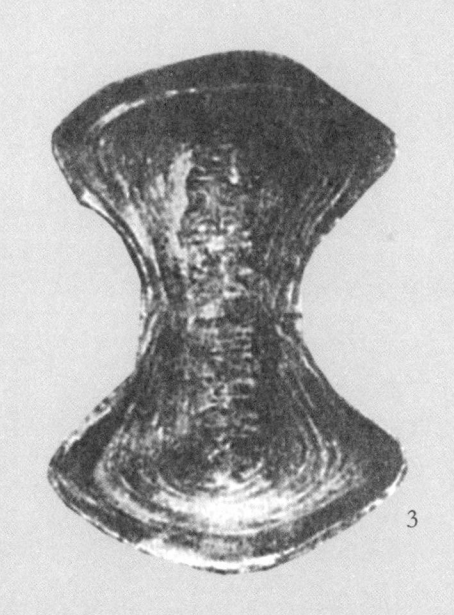

图版三十五　汉代银铤

1. 条形银铤。　2—3. 船形银铤。
三种银铤上都有"中元二年""考工所造"字样。

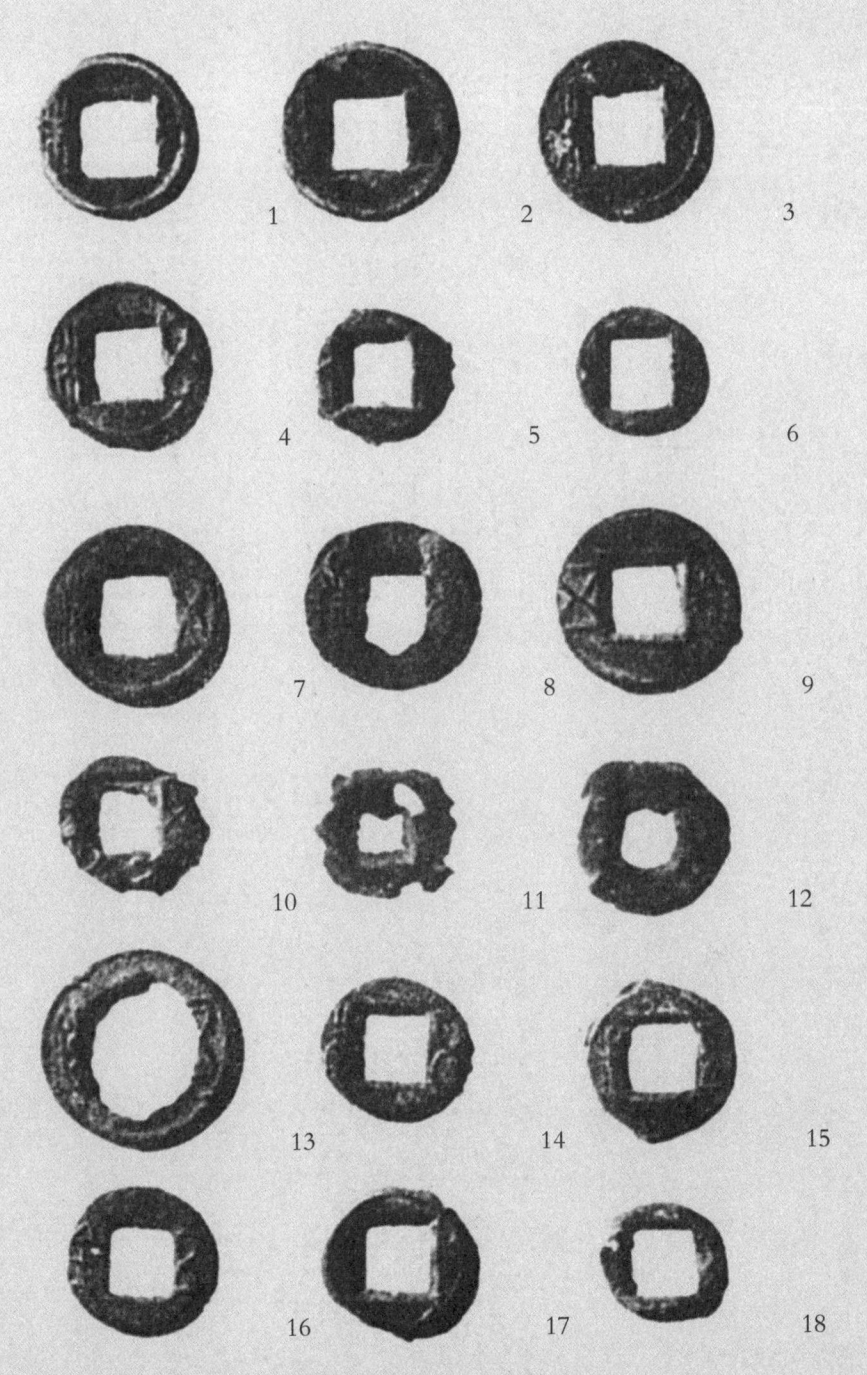

图版三十六　六朝的私钱

第1、2两品一般认为是晋沈充所铸，俗称沈郎五铢，或沈郎钱。第7品可能不是私钱，而是齐梁间的官炉钱。第10品和第14品为剪边五铢或缺边五铢。第13品为綖环或环凿。第15品为铅质五朱。第16品为五金。第17品和第18品没有文字。

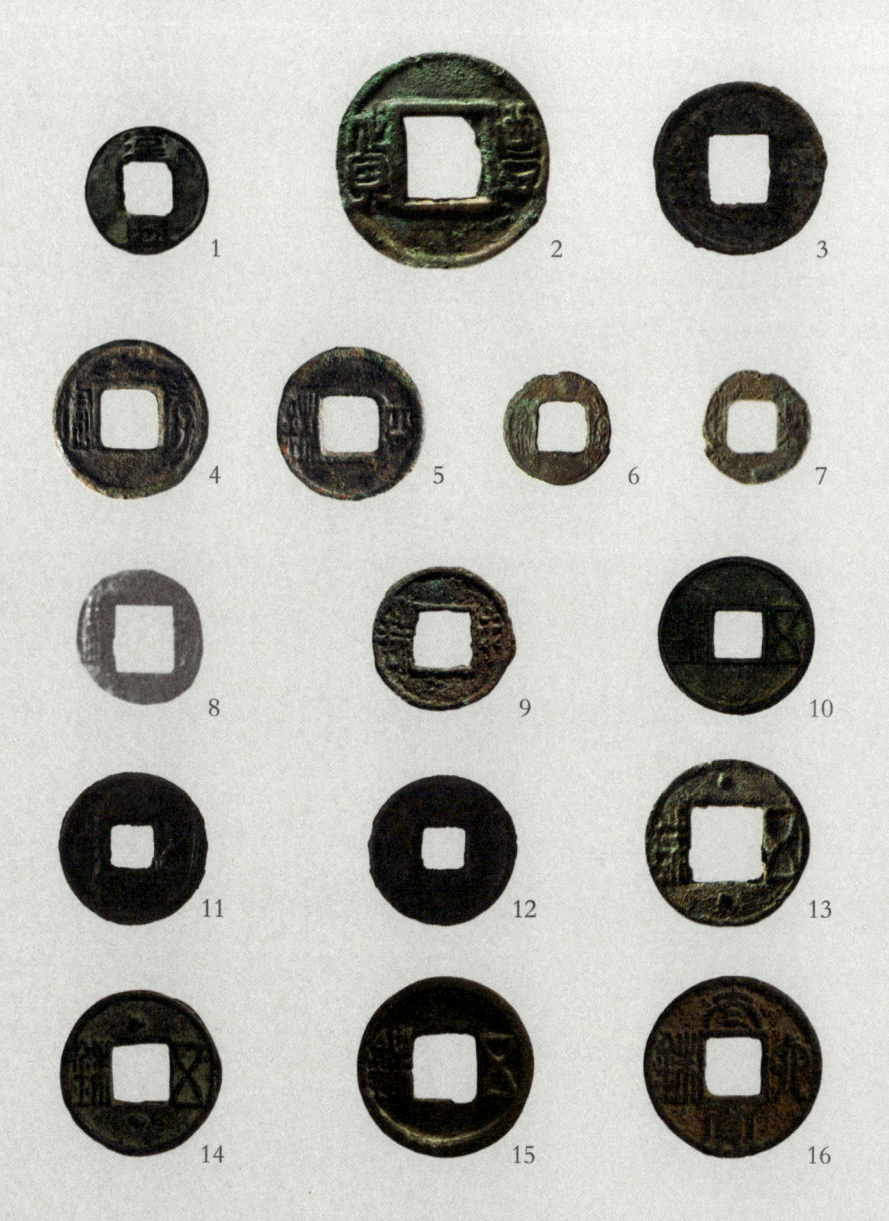

图版三十七　两晋和南朝的钱币

1. 李寿的汉兴。　2. 石勒的丰货。　3. 刘宋的四铢。　4. 孝建四铢。　5. 孝建四铢之背。　6—7. 减重后的孝建四铢。　8. 孝建（二铢）。　9. 两铢。
10. 萧梁的公式女钱。　11—12. 萧梁钱五铢的面和背。　13. 二柱五铢。
14. 四柱五铢。　15. 陈五铢。　16. 太货六铢。
第 15 品过去被看作梁五铢，但文字、制作同陈钱一样。

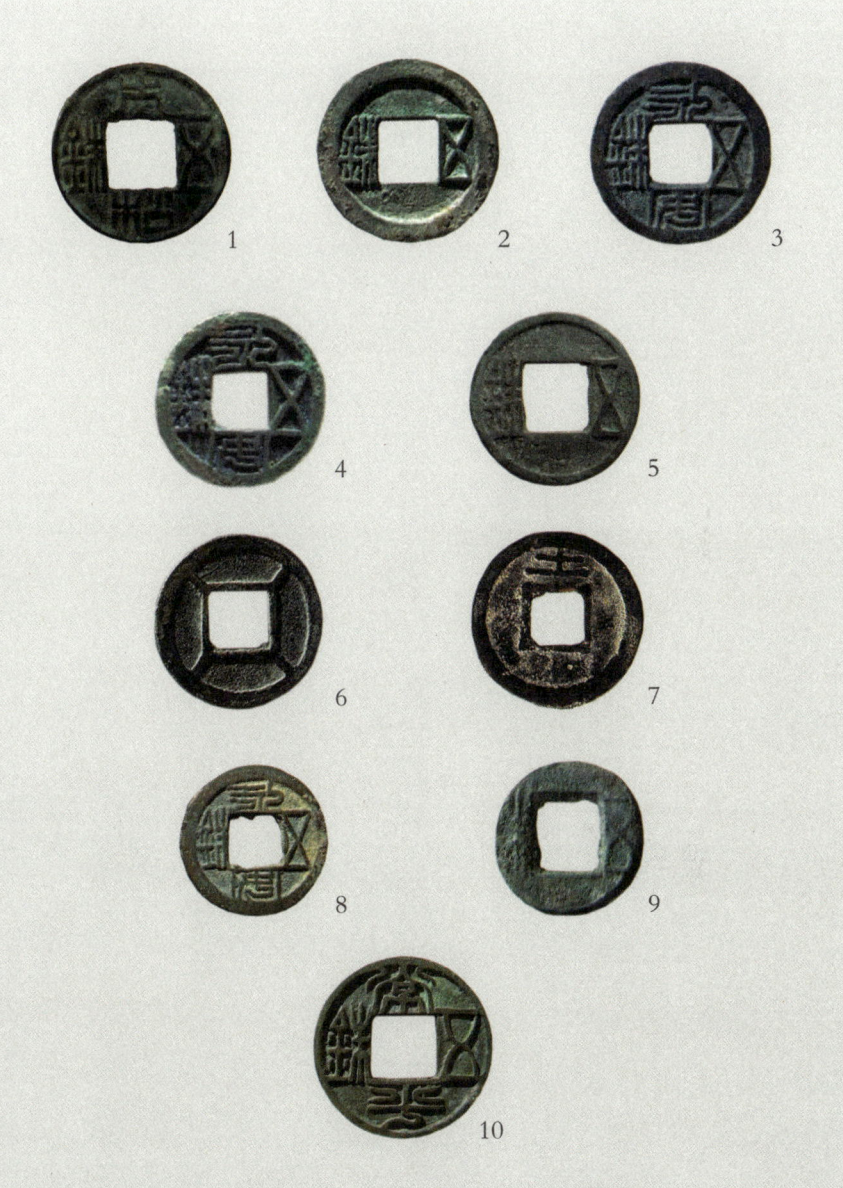

图版三十八　北魏和北齐的钱币

1. 北魏的太和五铢。　2. 永平年间的五铢（北魏五铢）。　3—4. 永安五铢。 5. 西魏的五铢(?)。　6. 四出永安五铢之背。　7. 土字永安五铢之背。　8. 东魏的小样永安五铢。　9. 西魏的小样五铢(?)。　10. 北齐的常平五铢。 第5品和第9品旧作隋五铢，但第5品的文字、制作和铜色同第4品完全一样， 似为同时所铸。隋五铢可能是仿造它的。

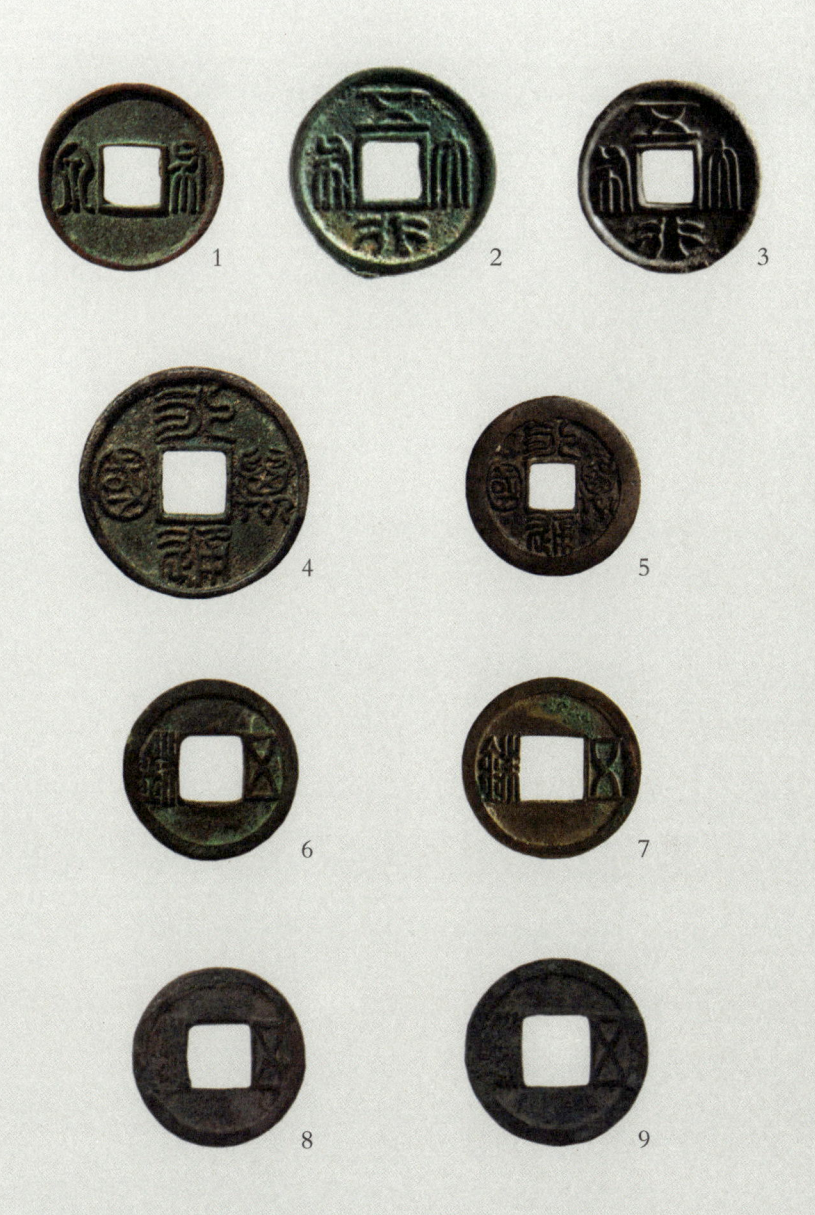

图版三十九　北周和隋的钱币

1. 北周的布泉。　2—3. 五行大布。　4—5. 永通万国。　6. 隋开皇时的五铢。
7. 杨广的五铢（白钱）。　8—9. 隋代赐炉所铸的五铢（？）。

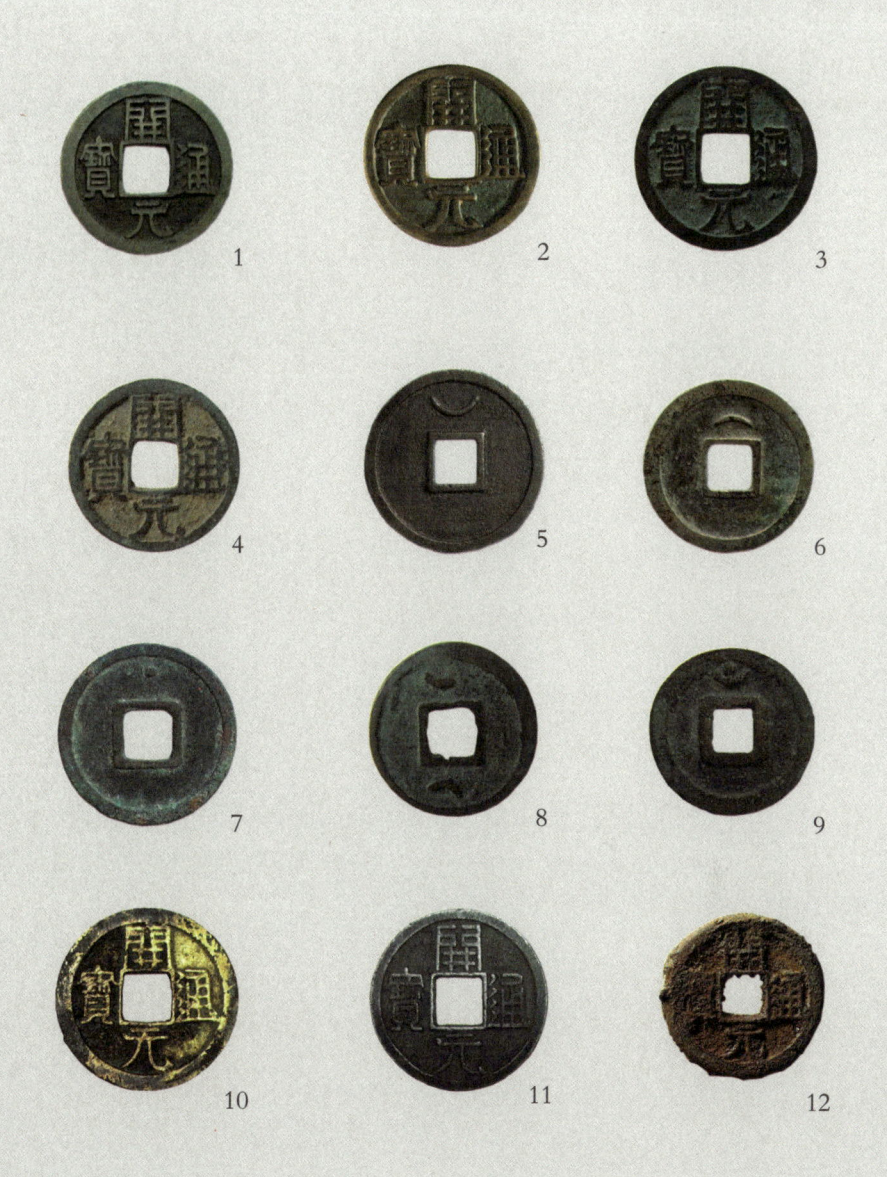

图版四十　唐代的钱币（一）

1. 右挑短一元开元。　2. 左挑开元。　3. 变挑开元。　4. 大字开元。　5. 开元钱背的仰月。　6. 开元钱背的俯月。　7. 开元钱背的星点。　8. 开元钱背的上下月。　9. 开元钱背的孕星。　10. 鎏金开元。　11. 银开元。　12. 铁开元。铁开元出于四川，大概是唐末到五代民间所铸。

第三章 晋到隋的货币

第一节　货币制度

一　钱币

中国的币制，自汉末三国时起一直到南北朝的时候，还是很混乱，缺乏统一性和连贯性。当北方的一些民族还在过着游牧的自给生活的时候，南方则因实行货币减重而使物价大为波动，人民常以谷帛来代替钱币。所以这一个时代，大体上可以说是钱帛本位的时代，钱为主，帛为副。表面上看来，谷帛的使用，或限于一个时期，或限于某些方面的支付，或限于一个特殊地区，但实际上自两晋到唐五代，布帛从不失为一种重要的支付工具。在钱币方面，自然是以铜钱为主，萧梁曾普遍通行铁钱。此外还有金银钱的出现。

在两汉，铜钱的单位是钱，一钱以上以万进；到了这个时代，单位为文[1]，一文就是一个钱，文以上以千进，一千为一贯[2]。换言之，大数目的计算单位，由万过渡到千。汉人说千万钱，从此以后就称万贯了。所谓"腰缠十万贯，骑鹤上扬州"的话就是产生于这个时代[3]。另外一种新的发展是年号钱的出现。钱上记年号，增加了钱币的史料价值，不但使钱币的时代容易决定，而且纠正了一些文献史料上的错误。

铜钱中仍以五铢钱为主，这是中国历史上用得最成功的一种钱。王莽第一次改革币制，也不敢废五铢；后来因为要实行贬值，才大胆加以废止，可是人民继续使用。不久刘玄就铸造五铢。刘秀（光武帝）相信谶纬，想保留货泉，但结果还是恢复了五铢，史家认为是一件好事。董卓铸小钱之后，曹魏还是恢复了五铢，币制才稳定下来。南北各朝铸五铢钱的也很多。

史书没有提到两晋铸钱的事。只说西晋时使用曹魏的旧钱，大概蜀汉的钱也有流通。因为司马炎夺取政权的时候，刘禅投降才两年，蜀中交通不便，同外界不容易打成一片。在币制方面，谅必保持一定的独立性。那时河西一带，已不用钱。不过西晋有五十几年，民间不会完全不铸钱。在灭吴之后，孙吴的钱自然继续流通。东晋时可能铸过太元货泉，大小同货泉差不多，太元二字近楷书。遗留极少。旧谱插图都是假的。

吴兴的沈充就曾铸钱，当时称之为沈郎钱，后来李贺《残丝曲》有"榆荚相催不知数，沈郎青钱夹城路"之句，王建也有"绿榆枝散沈郎钱"的句子，可见钱身一定比较薄小，但钱文却不见著录。钱币学家把一种轻小的"五朱"钱认作沈郎钱，铜色发白，重约一两公分。由于在浙江绍兴等地有大量出土，所以这种推论是可信的。沈充曾响应王敦的叛变，铸钱可能同那事有关。那是元帝末年到明帝初年间的事。沈充于324年被杀。这一类钱数量很多，制作却不完全一样，就背面的制作来讲，主要有两种，一种背面有轮郭，这种钱也有作五铢的；一种背面平夷如半两。正面分为有外郭和没有外郭两种。实际上出土时有许多半两钱混在里面，铜色制作也和沈郎五朱一样，可能当时也有仿铸，因而不可能全是沈充所铸。

河西一带自泰始中已不用钱。那一带在中原攘扰的时候是一个比较安定的地区，所以在西晋愍帝初年（313年）张轨就听从太府参军索辅的话，恢复五铢钱的流通[4]。有些钱币学家以为张轨曾铸造另外一种五铢，那是误解了史书的语句。但在用钱之后，他自己的政权或是他治下的人民铸造五铢，却是有可能的。遗留下来的"凉造新泉"可能是张轨的后人所铸的，钱形较小，四字篆书，形制有点像货泉，但不是初铸的货泉，而是后铸的货泉。也有人说是窦融在凉州铸的。窦融是东汉初刘玄时的人，为张掖属国都尉。

北方一些独立的政权也有铸钱的。例如后赵的石勒，曾在元帝太兴二年（319年）铸造丰货钱[5]，重约三公分，篆书，分有内郭和没有内郭两种。史书说："人情不乐，钱终不行。"[6]同时却说石勒曾赐与樊坦车马衣服装钱三百万。而且遗留下来的丰货钱并不十分少。当时中国除东晋外，还有张轨以及他的子孙所占据的河西、稍后李寿所据的蜀，都有货币流通，石勒所据的广大的中原地带完全不用货币是很难想象的。

巴蜀一带的币制，还是有待探索的问题。刘备的蜀汉亡后二十七年，李特就已进入巴蜀，其间赵廞一度独立，为李特所杀；后来李雄政权用的是什么货币，曾否自铸货币，就不得而知。李寿在汉兴年间（338—343年）曾铸造汉兴钱[7]，很薄小，重约一公分。按钱文的排列可分两种，一种是上下排列，文字隶书，俗称直汉兴；另一种是左右排列，篆书，俗称横汉兴。这种钱是中国最早的年号钱。

史称苻坚曾用秦始皇的金人铸钱[8]，这是很可能的。苻坚的前秦，是汉化最成功的一个非汉族政权，国内也比较安定。自长安到各州，夹道植槐柳，"二十里一亭，四十里一驿旅，行者取给于途，工商贸贩于道"[9]。不可能不用钱。秦始皇的十二个金人，有九个被董卓销熔铸小钱，两个被苻坚销熔，但不知铸的是什么钱。

有一种"大夏真兴"钱，钱币学家认为是赫连勃勃在真兴年间（419—424年）所铸。制作略仿莽钱，大穿重孔，文字微含隶体。但只出现三数枚，有人怀疑。赫连勃勃在418年曾攻占长安，到426年才为北魏所打败。

东晋治下，主要使用旧钱，有大中小三等，大的叫作比轮，中样的叫作四文，小钱是指沈郎钱。所谓比轮，是形容它大如车轮，这应当是指孙吴的大泉，史书甚至说是用赤乌旧钱[10]，照字面讲，只有大泉当千是赤乌年间所铸，大泉五百乃嘉禾年间所铸；但我们不应当照字面来理解。赤乌旧钱应当理解为赤乌年间所流通的钱，因为以后就禁止流通了。当然，东晋流通孙吴大泉就证明当时的禁令效果不大，或则民间继续作价使用，或则在一度禁止之后恢复使用。所谓赤乌大泉自然包括大泉五百到大泉五千。其实这些钱也各有大小，相差很大，不能都称为比轮。比轮钱应当是指大型的吴钱。所谓四文，意义更加不明确。首先可以解作当四钱[11]，因为当时流通的钱币，既有大小几等，自然不会平价流通，若以小钱为标准，中样的就可以作四文用。不过后来在萧梁的时候，有太平四文钱和四文龟背钱[12]的名称，所以四文似乎是指有四个字的钱，即太平百钱；然而孙吴的大泉也有四个字，蜀汉的直百五铢也是四个字，甚至小形的定平一百也是四个字，如何能算是中等呢？而且太平百钱中也有极小的。这里又牵涉到一些不容易解决的问题，就是东晋初年有没有小样太平百钱和定平一百等钱的问题，如果四文是指四个字的钱，那就几乎可以肯定那些小形的四个字的钱尚未铸造或不流通，否则四文就是某一种钱的专门名词。

两晋民间所铸的钱币也许不止上面这些。可能还仿铸其他古钱[13]。

南朝宋、齐、梁、陈都曾铸钱。

刘宋铸过几种钱。最早是文帝元嘉七年（430年）铸的四铢，形制略仿汉五铢，厚重的有三公分半，普通在三公分以内，自然有更轻的。有些在背面有星点，也有面背都带星点的。孝武帝孝建元年（454年）改铸孝建四铢，一面铸"孝建"二字，一面仍为"四铢"二字，都分列穿孔的两旁，初铸每枚在二公分以上。这种孝建四铢种类很多，面背有各种数目的星点，星点有阳文和阴文，也有钱文倒书的，可能是民铸。后来又除去四铢二字，只留孝建年号，重约一公分左右，这已经是二铢钱了。永光元年（465年）又铸二铢钱，钱文改为永光；又有景和年号的钱。三种二铢钱大小一样，但永光只铸了一个月，景和年号只用了三个月，所以这两种钱都极少。另外还有"两铢"钱，制作也相近，重约一公分二，大概系当时所铸，也极少见。

刘宋的币制，在中国货币史上，有特别的意义。第一，自司马晋的政权成立以来，一百五六十年间，不听见有正式铸钱的事，在货币史上好像形成一种真空状态，这是秦汉以后所绝无仅有的事。到刘宋时才结束了那种状态；第二，中国自西汉武帝铸造五铢以来，历朝都沿用这名称，除非不用重量单位为名，如新莽和吴、蜀的钱币，甚至蜀汉也用直百五铢这名称，其实钱的重量远远超过五铢。所以刘宋政权改用四铢的名称，就表示决策人有打破传统的勇气。刘宋政权的高级官吏有许多平民出身的，这大概就是原因。后来改为孝建四铢，又是一件不平常的事。年号钱虽不是刘宋的创举，但刘宋把这办法推广了。

萧齐在建元四年（482年）曾计划铸钱，没有实行。永明八年（490年）派人到四川铸过一千多万钱，因成本高而停止[14]。大概是五铢钱，但无从辨别[15]。有人把向来称为稚钱或其中的一种认作是齐钱。因为它的文字制作类似孝建四铢，而又出自四川，背面间或有阴文数目字[16]。所谓稚钱是指一种比较狭小的五铢[17]。也叫雉钱[18]，因射雉戏用此钱。直径约为二厘米[19]，但大小不等。这种钱在梁初已算古钱，似乎不可能是齐钱，顾烜乃梁人，又是钱币学家，他对刘宋的孝建四铢以及景和等钱都说得很具体，岂有齐钱反而不知之理。而且南齐铸钱并不是为在四川行用，而是要带回江南行用，齐钱怎么会变成蜀钱呢？南北朝时，四川是否还在钱背上刻阴文，也是一个问题。不过那次铸钱只铸了一万多贯，可能大部分就在四川用了也未可知。而且这种钱大概不是真正的所谓稚钱，只是大小和稚钱差不多，文字比较规矩，和刘宋的孝建四铢相近，这种钱可能是齐钱，而顾烜所说的稚钱另有所指，文字笔画细弱而不规矩。但这里所谓的蜀钱也可能是李雄或其后人所铸的。

萧梁曾铸造许多种钱，问题很多。萧衍一做皇帝，马上开始铸钱。这就是天监元年（502年）的两种五铢。两种五铢的大小轻重一样，唯一的区别大概就在于有没有外郭，第一种有外郭，第二种没有外郭，可能文字也大一些。有外郭的一种我们可名之为天监五铢，第二种在当时就称为公式女钱，女钱的意思同稚钱差不多，表示弱小。但女钱是因剪边而变小了，公式女钱则指官方铸造的缺边五铢。天监五铢到底是哪一种五铢，是一个难以决定的问题。过去的钱币学家根据《隋书·食货志》的记载：说天监五铢不但有外郭，而且有内郭，因而把一种很精整、比较厚大、有内外郭的五铢看作天监五铢。可是这五铢在文字制作上同后来的陈钱太相像了，梁钱中没有这样精整的。顾烜没有提到天监五铢的内郭，只说公式女钱轻重大小如新铸（天监）五铢，但边无输郭，而公式女钱是没有内郭的，所以天监五铢可能并没有内郭。固然，公式女钱一直没有发行出来，而是让民间私铸，到普通三年才流通，次年即用铁钱。公式女钱料想为人所收藏改铸，后代所见的公式女钱大概都是民铸，因而不能根据这种民铸来作出关于公式女钱以及天监五铢的结论。如果天监五铢确实没有内郭，那么，普通所称的一种梁五铢就是天监五铢了；钱身比较小，径约二点四厘米，重约两公分六七，有外郭，没有内郭。

梁初虽然铸了新钱，但流通却以旧钱为主。据史书所载，有直百五铢、女钱、太平百钱、定平一百、稚钱、对文、丰货、布泉等[20]。其中所谓对文有人说是指剪边五铢[21]。照这样说法，则对文同女钱就成为同义语了。另有人说对文是指两面同文的钱。不过前一说是当时人所讲的，不应当一句话就把它否定。也许剪边五铢只是剪去外郭，民间或铸造无外郭的五铢，俗称女钱；至于对文则不但去其外郭，而且连文字也剪去一半。换言之，一枚五铢凿成两枚，近外郭的一半称为綖环钱，近内郭的一半称为对文，有时只剩下一个四方的框框，称为环凿，民间甚至照样铸造。总之，从这些钱名看来就可以知道：梁初流通的旧钱和东晋初年流通的旧钱有所不同。东晋初年还有大钱，萧齐时萧子良就说：江东大钱，十不一在。梁初就以直百五铢为最大的钱了。东晋在孝武帝太元三年（378年）的诏书中，提到有人把铜钱运到广州，卖与夷人，改铸铜鼓；特别提到贪比轮钱的斤两重，运出很多。大概一些厚重的钱都在那时偷运出境，改铸铜鼓；所以到了梁初，只有中样的钱币流通。这些钱中，也是互有大小轻重的，萧衍一再下令禁止流通，只许用两种新钱，然而没有效果，所以才尽废铜钱，改用铁钱。

梁普通四年（523年）十二月铸造铁五铢，背面有四出文，同东汉灵帝时的角钱一样。顾烜说，除了这种五铢之外，还有三种铁钱，一为大吉五铢，一为大通五铢，一为大富五铢，大小制作相同，径一寸一分，同直百五铢一样。但留传下来的铁五铢没有这样大的，而大吉等钱只见泥范，确是大样，只是没有见过实物。而且钱名大吉、大富，好像不是正用品，而是一种开炉祝语钱。虽然南北朝的钱名，有打破常规的，如丰货、永通万国等，但同时铸造三种吉语钱，恐怕目的不在行用。

元帝时曾铸过一种当十钱[22]。史书没有说是什么钱[23]，推想当系五铢，而且大概就是所谓二柱五铢，大小同天监五铢差不多，但在钱面穿孔上下各铸一星点，以别于普通钱。遗留下来的这种二柱钱大体上有两种板别，一种比较规矩，有内郭，另一种接近稚钱，每枚重约两公分半，可能是民间所铸。史书说梁末有二柱钱，后代史家和钱币学家以为二柱钱是梁末所铸，这是不对的。

敬帝太平二年（557年）铸四柱钱，一枚作二十文用。所谓四柱是除正面的两个星点外，背面还有两个星点。大小和二柱钱差不多。

陈钱只有两种，即五铢和太货六铢。五铢铸于天嘉三年（562年）[24]。重约三公分许，有内外郭，文字制作都很精整，以前被指作梁的天监五铢。太货六铢铸于太建十一年（579年），是当十钱，重四公分多，文字制作和天嘉五铢相同[25]。太货六铢要算六朝钱中最精美的。

北朝的魏、齐、周也曾铸钱，而且一般说来，北朝的钱币比南朝钱币整齐些。说得更确切些：北朝的私铸问题没有南朝那样严重，因而才显得规矩些。

北魏建国虽然很早，但百多年间，过着一种游牧生活，一种自然经济的生活，不用货币。太和十九年（495年）才铸造太和五铢。这太和五铢的制作，反映出较低的技术水平，铜质粗劣，文字漫漶。可是比起南朝同时的钱币来，却要厚重些，每枚自三公分到四公分。永平三年（510年）另铸五铢，制作稍为规矩一些，但还是生硬，重约三公分四，它的特点是五字的交股作直笔，边缘比以前的五铢阔。太和五铢的五字有时也作直笔。永安二年（529年）秋天改铸永安五铢，制作精整，重约三公分六。史书都说只铸了四个月，但永安五铢流传下来的却不少，大样的多比较规矩，不像是私铸的。大概永安三年初的停铸只是暂时的。

在分裂为东西魏以后，又曾几次铸钱。东魏沿用永安五铢。史称武定初（543年）曾改铸，仍叫永安五铢，但历来的钱币学家对于北魏的永安五铢和东魏的永安五铢都不能辨别。现存永安五铢中，除了有大小之外，还有光背、背四出文、背面穿上有土字等板别，也不知哪一种是什么时候铸的。其中土字钱比较少，而且它的文字书法同其他几种不一样：普通永安五铢的五铢两字狭长，五字两股直笔，土字钱的五铢二字近方体，五字两股微曲。当时有吉钱的名称，可能是指这种土字钱，因为土字加上内郭正好合成吉字。史书还提到几种私铸，如孝静帝的时候，王则任洛州刺史，毁像以铸钱，号称河阳钱[26]。这种钱自然也是永安五铢，但不能识别。又说在西魏大统七年，东魏有雀衔永安钱置于渤海王高欢前，高欢的儿子高澄就叫百炉铸这钱，邺中称为令公百炉钱[27]。有些钱币学家说是背面有四出文的[28]，不知有什么根据。也许北魏永安五铢和东魏永安五铢的区别在于重量的不同，否则只需继续鼓铸，不必改铸。而且小样的永安五铢同初铸的大样永安五铢文字和制作相同，两者数量都比较多，必定是全国性的。不过武定六年曾企图规定必须有五铢重才许流通，可见官钱没有减重。小样的或则为私铸，或则为武定六年以后所铸。武定初的改铸是指收回恶钱改铸。其他各种永安五铢大概是地方性的或在特殊情况下铸造的。

西魏初年大概也沿用永安五铢，但大统六年（540年）和十二年实行改铸，两次都是铸造五铢。过去钱币学家对这两种五铢没有作过任何确实的考证。有人说是以赤铜铸[29]。这是没有根据的话。论理这两种五铢是承继永安五铢的，文字制作应当相像，而永安五铢的特点，除了阔边外，是五字两股直笔。在传世的五铢钱中，除了北魏五铢外，还有这样的五铢，不但五字直笔，而且右边靠穿孔处有一直画，把五字上下两横画连接起来，等于穿孔的这一边有内郭，而其余三面没有内郭。过去钱币学家把它看作隋五铢，大概隋代也用这种五铢，但它的开铸是在西魏。这种五铢有些同永安五铢的大小、厚薄、铜色、制作、文字等方面都一模一样，可见是同时铸造的。这大概是大统六年的新铸，用永安五铢范而去其永安二字。至于大统十二年的五铢，大概只是六年五铢的减重，因为东魏已在三年前实行减重。

北齐只铸过一种钱，即天保四年（553年）的常平五铢，很精整，重约四公分二。

北周初年使用西魏五铢。保定元年（561年）铸造布泉，当五枚五铢钱。重约四公分三。当时的五铢自然是指大统十二年的小五铢。北周的布泉同新莽的布泉很容易区别，王莽的布泉用垂针篆，北周的布泉用玉箸篆，笔画肥满。建德三年（574年）铸造五行大布，以一当十，与布泉并行。所谓当十，不是当五铢十枚，而是当布泉十枚。五行大布的重量也只有四公分多，但当时布泉谅已减重。大象元年（579年）铸造永通万国，重约六公分，作十枚五行大布[30]。

在这个时候，中国钱币艺术的水平突然提高：南朝的陈钱和北朝的周钱都是异常精美的；而且在钱币的制作上，南北相像，都是狭缘，文字书法都近乎玉箸篆；三种周钱和两种陈钱都有内郭。永通万国钱篆法华丽，可以认为是魏晋以来钱中之冠。南北钱币在制作上的这种接近，不应当是偶然的，它是当时整个中国造型美术发达的反映。

杨隋专用五铢钱。史书说，开皇元年（589年）九月行五铢钱；同时又说更铸新钱。这并不排斥在钱的形制上仿西魏五铢[31]。杨坚一家同西魏的关系很密切，他父亲是西魏的大将军，他的岳父是西魏大官，他自己是在西魏成长的，他大概采用西魏五铢而加重其分量。对北周钱而说，自然是新钱。史书说每千文重四斤二两，当时一斤等于古三斤，所谓古，大概是新莽所托的古，那就是说，五铢一枚应重三公分二。因私铸关系，当局曾于开皇三年在各关以百钱为标准，京师和各州邸肆也都立榜置样，后代钱币学家称这种初铸的隋五铢为置样五铢。遗留下来的这种阔边直笔五铢数量比较多，大小不等，大部分自然是隋钱，因为西魏的寿命自大统六年算起只有十七年，而隋的寿命有三十八年；西魏只占中国的一部分，杨隋统一了全国。所以如果隋钱不是仿自西魏，那么，这种五铢与其说是西魏钱，不如说是隋钱。大样的阔边直笔五铢重量有在四公分以上的，超过标准重量。但这种厚重的很少见，也许真正是开皇三年的置样五铢，而且有意加重，使民间也提高标准，这同加税也差不多，但普通的大样五铢只有三公分多，同标准相符。

隋代钱币大概不止上面那种五铢。开皇年间对各王子有赐炉铸钱的办法，例如开皇十年让晋王杨广在扬州设五炉铸钱。十八年让汉王杨谅在并州设五炉铸钱。杨广又借口江南民间钱少，申请在鄂州白纻山有铜矿处铸钱，他父亲又许他设十炉。又蜀王杨秀也在益州设五炉铸钱[32]。这些王子铸的钱是否依照开皇元年的标准呢？特别是野心勃勃的杨广会不会自作主张呢？实际上有几种五铢可能是他们所铸的，其中最重要的是所谓白钱。《唐书·食货志》说是隋末所铸，绝对不确。这种钱异常精好，而且只略有厚薄轻重，大小一样，绝不是乱世所铸的。大部分含有高度的锡镴，颜色发白，所以白钱的名称倒是很恰当的，虽然也有不发白的。铸钱加上锡镴是开皇五年前后的事，而且是出于政府的规定。这种白钱很可能就是杨广在扬州所铸的。这种钱之为隋钱是毫无问题的。第一，它的颜色同史书所称的白钱相符；第二，它的制作同上面那种所谓置样五铢有几点相像的地方，如五字旁边有直画形成内郭线，阔边，钱背更是同置样五铢一样，即内外郭都肥。所不同的是比较小样，但厚重的也有三公分多一点。文字笔画很细，而且书法不像置样五铢，而像陈五铢，五字曲笔。这些特点不但不排斥它为杨广所铸的可能性，反而加强了那种可能性。杨广是平陈的元帅，开皇十年正是灭陈后的第二年；杨广平日接触过许多陈钱，一定会发现陈钱书法比魏钱的书法要漂亮得多。在其他制度方面，杨隋后来也是兼采梁陈制度的，例如计量制度就是这样。

另外一种五铢比白钱大，外郭稍狭，文字同白钱近似，没有白钱精致，钱背更和隋钱相像,过去的钱币学家说是陈五铢,但同太货六铢没有共同点,六铢有内郭，穿孔不大，制作精；这种五铢没有内郭，穿孔大，不怎么精，所以大概也是隋钱。重约两公分半。有比较大样的，文字笔画稍有不同。也许是杨广在鄂州所铸。另有小样阔边直笔五铢而五字旁没有直画，可能是其他王子铸的。

五铢钱自从西汉武帝元狩五年开铸以来，到唐武德四年才废，先后七百多年，官铸私铸，种类多而复杂，特别是魏晋南北朝这几百年间的五铢，形形色色，大小纷繁，史书中名目也非常多；要想把这些名目一一同实物联系起来，那是很困难的。而且还有一些从五铢蜕变出来的钱，除五朱外，还有五金、五工等，还有一些没有文字的，多系私铸，无法寻究它们的根源。其中五金有铁质的，有人说是蜀钱，但文字类似隋五铢。

另外一些钱同五铢没有渊源，而看制作可以归之于这一时期，除前面提到的凉造新泉外，还有太清丰乐、义通、驺虞峙钱、五金铁钱等。

太清丰乐有人读作天清丰乐，文字的排列很特别：穿孔上下横排太清二字。背面多有四出文，制作像永安五铢和小形隋五铢，大小也同小形永安五铢差不多。前凉和萧梁都有太清年号，但前凉的太清（363—376年）在北魏永安之前一百五六十年，那时不会有这种制作。萧梁的太清（547—549年）正在北朝用永安五铢的时候，而且太清丰乐钱多出于南方，条件相符；但当时萧梁正盛行铁钱，似乎不会铸造铜钱来流通。有人把太清二字同道教联系起来，说道教有三境：玉清圣境、上清真境、太清仙境。葛洪也说过"乘云驾龙，上下太清"的话。南北朝虽是佛教极盛的时代，但中国压胜钱上所反映的宗教差不多全是道教。丰乐二字为年丰民乐的意思，六朝文献中有"市不丰乐"[33]和"百姓丰乐"[34]的句子，所以可能是祝语钱。

义通在清末才为一些钱币学家所著录[35]，大小如后代的当五钱，厚而大，制作类似大泉五百，文字玉箸篆。义通两字分列穿孔的两旁。有轮郭。

驺虞峙钱据钱币学家的著录[36]，径七分强，穿孔径三分强，制作和背面轮郭，绝似常平五铢。驺虞二字近隶书，其余二字近小篆，看来不大和谐。汉有驺虞的地名，但秦汉以来除阴文四朱以外没有以地名冠于钱名的，大概不是行用钱。原钱据说已被藏家用作殉葬。

五金铁钱有人说是公孙述所铸,因为是在四川重庆出土。但时代够不上,背面的内外郭都像隋钱。

六朝是中国历史上一个转变时期。渡江以前,中国的经济文化重心是在北方,南方的生产比较落后,许多地方不用货币。南渡以后,经济和文化的重心移到南方来了,钱币的流通,大为推广[37]。

南北朝的钱制在中国货币史上也显示出一种过渡性。第一,就钱的名称来讲,自秦半两以来,都以重量为钱名,尽管钱名和重量不一定相符,但仍然属于所谓秤量货币的范畴。隋以后,钱就不再以重量为名称。南北朝的钱名就是在这种转变的过程中,如布泉、五行大布、永通万国等,都打破了过去钱名的传统。汉兴、孝建、太和五铢、永安五铢等钱,则是后代以年号名钱的先导。第二,就钱文的书法来讲,六朝以前都用篆书,六朝以后多用隶楷,而六朝钱文的书法,变化多端,如汉兴的钱文,已近隶楷,反映了中国书法的发展。

这几百年,在中国美术史上,是一个伟大的时代。由于受到佛教美术的影响,使中国的造型艺术在原有的基础上渗入一些外国的血液,而获得了高度的发展。钱币的艺术水平一般是很高的。孝建钱文的书法以及南陈、北周钱币的文字和制作,都有高度的艺术水平。人们或许要问:南朝以刘宋和萧梁统治得最久,两朝的统治者都是奖励美术的,并且产生了像陆探微和张僧繇那样有名的画家,为什么宋钱和梁钱却给人一种不怎么好的印象呢?这是由于后代所见到的宋钱和梁钱多是私铸,这两朝都是实行膨胀政策的,财政开支很大。可以想象:税捐也是很重的,所以私铸盛行,私铸者就不考虑钱币的艺术性了。官铸的钱币中,有些很有艺术之美感。例如孝建四铢的薤叶书,可以使人想起当时纤巧绮丽的文风,更使人想起北魏佛像的苗条的身躯和飘逸的衣折。孝字的笔画和北魏浮雕皇后礼佛图的衣折,用的是同一种手法。似乎吴道子的莼菜条或兰叶描就是渊源于此。这里书画的确有一脉相通之处。又如二铢重的孝建,钱身虽小,却是美丽动人,不论是制作和文字,都具有高度的水平。

注 释

[1] 郦道元《水经·渐江水注》:"汉世刘宠作郡,有政绩,将解任去治,此溪父老人持百钱出送,宠各受一文。"又《泗水注》:"永平中,钟离意为鲁相,到官,出私钱万三千文,付户曹孔䜣治夫子车。"《晋书·食货志》:"不课田者

输义米，户三斛，远者五斗，极远者输算钱，人二十八文。"

[2] 《魏书》卷九一《徐謇传》："二十二年高祖……诏曰……赐钱一万贯。"《史记》中虽有"子贷金钱千贯"的句子，但这里的贯字，可能是万字之误。汉朝以万为单位，不以千为单位。《汉书·食货志》提到武帝初年，"京师之钱，累百巨万，贯朽而不可校"。这是贯字和钱币联系在一起的最早例子，但贯字还不是钱的单位。

[3] 《殷芸小说》："有客相从，各言所志。或愿为扬州刺史，或愿多赀财，或愿骑鹤上升。其一人曰：腰缠十万贯，骑鹤上扬州。欲兼三者。"《五朝小说大观》（扫叶山房本）作《商芸小说》，且作唐撰人阙。

[4] 《晋书》卷八六《张轨传》："愍帝即位……太府参军索辅言于轨曰……泰始中河西荒废，遂不用钱。裂匹以为段数，缣布既坏，市易又难，徒坏女工，不任衣用，弊之甚也。今中州虽乱，此方安全，宜复五铢，以济通变之会。轨纳之，立制准布用钱，钱遂大行，人赖其利。"

[5] 崔鸿《十六国春秋·后赵录》说石勒赵王元年夏四月铸丰货钱。

[6] 《晋书·石勒传》。

[7] 早期的钱币学家和史家以为汉兴钱是西汉的荚钱。《顾烜钱谱》和杜佑《通典》都犯了这个错误。原因是《汉书·食货志》有"汉兴以为秦钱重难用，更令民铸荚钱"的句子。

[8] 《水经·河水注》卷四："按秦始皇二十六年……铸金人十二以象之。……后董卓毁其九为钱，其在者三。魏明帝欲徙之洛阳，重不可胜。至霸水西停。《汉晋春秋》曰，或言金狄泣，故留之。石虎取置邺宫。符坚又徙之长安，毁二为钱，其未至而符坚乱，百姓推置陕北河中，于是金狄灭。"

[9] 《晋书·符坚载记》上。

[10] 《通典》《通志》都作"孙氏赤乌旧钱"，《文献通考》只说用孙氏旧钱。

[11] 蔡云《癖谈》卷六力主当四说。

[12] 洪遵《泉志》引《顾烜钱谱》。

[13] 钱币业的戴葆庭说：白铜所铸而发水银古的小样半两钱在江南有大量出土，特别是绍兴城，几乎东南西北全有出土，一次成千上万，同五朱混在一起，或作半两，或作两半，两者数量约略相等，大小制作相同。他坚主这些半两是六朝的东西，可能是同沈郎五朱同时铸造的。另外还有大泉五十和货泉等。完全依靠铜色来断定时代是危险的，因为古时盛行即山铸钱，铜质原不纯。不过如果同五朱一起出土，而且数量很多，那就值得注意了。这种半两上面偶尔铸有文字，笔画不很规矩，一见即知不是一种正式的制度，而是铸匠临时加在上面的，作为一种记号或标

志。可能有记地名的。

[14] 《南齐书》卷三七《刘悛传》："永明八年，悛启世祖曰，南广郡界蒙山下有城名蒙城，可二顷地。有烧炉四所，高一丈，广一丈五尺。从蒙城渡水南百许步，平地掘土深二尺得铜。又有古掘铜坑，深二丈；并居宅处犹存。邓通南安人。……蒙山去南安二百里，案此必是通所铸。近日唤蒙山獠出云，甚可经略。此议若立，润利无极。……上从之，遣使入蜀铸钱，得千余万，功费多乃止。"

[15] 方若以为类似刘宋四铢的五铢钱即是南齐五铢（见《言钱别录》）。这话很笼统，没有说明理由。

[16] 王懿荣《天壤阁杂记》最初提到五铢稚钱是蜀钱。罗振玉支持其说，他说："予谓文敏说至确，蜀直百五铢，背有记阴文数目字者，他钱则无。予藏一五铢，式与稚钱无殊，背刻阴文廿五二字，此可为文敏五铢稚钱乃蜀钱之确证也。"（《俑庐日札》）

[17] 杜佑《通典》误作五朱，那就和沈郎钱混同了。实际上有人把这种五铢或其中的一部分也归之于沈郎钱一类。

[18] 《泉志》引《顾烜钱谱》。毛本《隋书·食货志》作雉泉。

[19] 《顾烜钱谱》说是径八分半，《通典》作一分半，《册府元龟》作一寸半。应以顾说为近是。

[20] 关于梁初流通的古钱，各书所载稍有出入。以《通典》为最详细。《文献通考》是抄《通典》，两者都没有直百五铢，只举五铢。《隋书·食货志》和《通志》列出直百五铢，而不列丰货和布泉。若按《通典》所记各钱的重量为标准，则如下表：

钱名	重量	直径
五铢	八铢	一寸一分
女钱	五铢	一寸
布泉	四铢半	一寸
新五铢（即天监五铢）	四铢三絫二黍	
公式女钱	同上	
太平百钱	四铢	一寸
稚钱	四铢	一分半
丰货	四铢	一寸
五朱	三铢半	七分半
定平一百	一铢半	六分
对文	?	?

如果《通典》所记重量没有错，则八铢重的五铢一定是直百五铢之误。但是

其他各钱的重量和大小也还不符。例如公式女钱，不应当轻于普通女钱，稚钱重四铢，直径只有一分半，不合情理，应以《顾烜钱谱》为是。太平百钱只有四铢重，大概是指光背的一种。顾烜说水波文和龟背的太平百钱重六铢，这是正确的。

[21]　《泉志》引《顾烜钱谱》。蔡云《癖谈》说："五铢肉郭既剪，甚者并其文剪之，金傍尽去，朱字倒正同形，是名对文。"

[22]　《北史·姚僧垣传》。

[23]　《永乐大典》引《南史》说是有轮郭而无文字。传世有这种小钱，但官炉似乎不应当铸造没有文字的钱，何况是当十钱。所以此说不可信。

[24]　《通典》、《通志》和《文献通考》都作天嘉五年。这里依据《陈书·世祖纪》。

[25]　过去的钱币学家把另外一种五铢当作陈五铢，那种五铢没有内郭，文字制作都和太货六铢不一样，钱背的内外郭较肥，近似北魏的永安五铢和隋五铢。

[26]　《北齐书·王则传》及邱悦《三国典略》。另有河阳生涩的名称，不知是否指同一种钱。

[27]　邱悦《三国典略》。

[28]　《泉志》引旧谱。

[29]　封演说是背四出文，张台说径八分，重二铢（原作二钱）五絫。李孝美说，铜色深赤，内郭向（原作尚）外澎薄，如碾轮状。（见《泉志》）

[30]　北周钱的作价，史书很含糊，特别是永通万国钱。《周书·宣帝纪》说是以一当十，与五行大布并行。这应是指永通万国一枚当五行大布十枚。但《隋书·食货志》说是"以一当十，与五行大布及五铢凡三品并用"，则所谓当十，到底是当五行大布之十，还是当五铢钱之十，就不明确。而《唐六典》、《通典》、《通志》、《通考》和《玉海》等书都说是以一当千，应系传抄刻板之误。

[31]　隋代用阔边直笔五铢一事似已由发掘加以证明。鲍康《观古阁续丛稿》："同治癸酉十月六日，忽掘地得石佛一……越日复得方石一，纵横各二尺许，中底平凹，镌正书十一行，四围凸，宽寸余；周列五铢泉七十二，而覆以石。……洗视之，碑字乃隋仁寿二年金轮寺舍利塔下铭也。……扉青并以二泉寄余，土花殊厚。审视为隋五铢，五字傍好有郭，交股作直笔者。"唐金裕《西安西郊隋李静训墓发掘简报》（《考古》1959年第九期）说，大业四年十二月的墓中有隋五铢五枚。大概也是这种阔边直笔五铢。

[32]　《通典·食货》九《钱币》下。

[33]　《三国志·魏志》卷二三《杨俊传》。

[34]　《晋书·苻坚传》。

[35] 见翁树培《古泉汇考》等书。

[36] 见《古泉汇考》《古泉杂咏》。

[37] 《宋书》卷六六《何尚之传》："晋迁江南，疆境未廓，或土习其风，钱不普用。……今王略开广，声教遐暨，金镪所布，爰逮荒服，昔所不及，悉已流行之矣。"《宋书》卷八一《刘秀之传》元嘉二十五年："先是汉川悉以绢为货，秀之限令用钱，百姓至今受其利。"

二 金银

由晋到隋那三四百年间，金银的使用又比较盛行起来，特别是白银。这点大部分是受外国的影响，因为使用金银的地方，是以交广和河西为主。交广是中国海上贸易的集中地点，波斯等国人很多，他们是使用金银的。河西则为中国陆路贸易的大门，同拜占庭波斯等国的关系很密切。至于其余地方，则因国内币制混乱，所以容易接受金银。

金银在中国，从来没有完全失去其作为货币的资格。虽然自东汉以后，帝王用黄金作赐与的例子逐渐少了。但这种减少，并不等于金银的货币性有什么减退，金银所发挥的货币职能，基本上同两汉差不多，只有量的变化，没有质的变化。实际上，量的变化是表面的，帝王赐与少用金银，是因为金银流到私人手里去了，私人对黄金的使用、馈赠或储藏[1]也许反而增加了，只是没有全面地反映在文献里。赐与用黄金的减少，更不是说，中国就没有黄金了，也不是说中国产金之地，已发掘净尽。后魏世宗延昌三年（514年）汉中还有金户千余家，常在汉水沙淘金，年终总输[2]。所以金银是不断有生产的。金银不是消耗品，即使生产减少，它们的总量还是增加的。

金银的价格，东汉以后似已上涨，尤其是魏晋以后。在西晋的时候，一金的名辞已由一斤变为一两[3]，一两的价格在六千二百五十钱[4]到一万钱[5]之间，大概两种价钱都有过，也许第一种价格是西晋的价格，第二种价格是东晋的价格。南北朝时金银常以两计算[6]。这一种涨价的倾向，是上承东汉的。上涨的原因，可能有许多：如铜钱的减重、对外贸易入超引起黄金的外流、国内工艺方面和其他方面对于黄金需要的增加、因而不得不开采成本较高的新矿等等，更重要的恐怕在于计量制度的变革，斤两越来越重了。

中国的钱币在东汉即已减重。在六朝时，钱币减重的情形非常严重，钱币的购买力自然下跌。关于两晋时的货币流通情况，资料非常缺乏。当时曹魏五铢，数量谅也不多。蜀汉钱币必然继续流通；后来灭吴之后，吴钱自然也流通。这些大小轻重不同的钱，不应当平价流通，可能是以小钱为标准，大钱作价流通。小钱如蜀汉的直百、直一，还不到一公分重，等于西汉五铢的五分之一。如果一两万钱的金价，是以这种小钱为标准，那就更加容易理解了。这样一来，金价实际只涨成三倍八。西汉一斤万钱，金铜比价是一比一百三十；西晋一两万钱，金铜比价是一比五百。这里西晋一两是以十六公分计，小钱是以八公厘计。

在东汉时，中国同大秦国的贸易，多是由安息商人经营，以波斯湾以北的佩特拉（Petra）为集散中心，佩特拉土名黎鞬（Rekem），中国史书说大秦国一名犁鞬。东汉桓帝延熹五年（162年）到八年间，安息发生战争，从波斯湾到犁鞬的通路被打断，东西贸易大概一时为之停顿。所以有人说[7]166年（即东汉桓帝延熹九年）大秦国派到中国来的使团实系叙利亚商人冒充的。他们由海道来中国，想取得同中国的直接联系，以打破安息商人的垄断。这以后中国同西方的贸易即经由海路，或由安南起帆到锡兰再转船到红海，或取道云南到印度的孟加拉湾。但通西方的陆路，大概并没有完全断绝，因为西汉武帝在故楼兰所设的军事设备，到西晋时尚为中国所守卫，而且有当时的缣绢遗留下来，可见丝物的贸易还在继续着[8]。罗马帝国在3世纪中叶即中国三国分立的时候，已有人发现了"到撒马尔罕的黄金之路"。大概到元帝渡江以后才放弃那些驻守站，贸易才以海道为主。也许这些贸易路线不久就由北朝的民族接管，因为4世纪到6世纪之间，拜占庭帝国输入大量的中国丝，在君士坦丁堡织制后运往欧洲高价出卖。6世纪有两个景教徒把中国的蚕卵装在竹管中带到君士坦丁堡，于是造丝的秘密被拜占庭帝国知道了，以后他们就不完全靠中国的供应了。据说他们买中国丝是用黄金，这一点由新疆及洛阳等地的墓中所发现的拜占庭金币[9]以及《隋书·食货志》所载后周武帝保定年间（561—565年）河西诸郡用西域金银钱的事可以证明。《水经注》也提到罽宾的金银比中国多[10]。不过当时丝的代价有多少流到中国来或保持在中国，那是还待研究的问题。因为中国也有各种高价的进口货，如玻璃等。虽然绢帛价格已上涨，但输入品价格也不小，一块玻璃镜索价百万贯，至倾国库当之尚不足[11]。不过北朝黄金价格比较低，南齐的刘缵到北魏时就说北方金玉太贱，北朝政府自说是山川所出，但也许当时北朝的贸易是出超，南朝则是入超。而且北朝金价之低，只是比南朝低，不会比西汉低。

两晋南北朝工艺上对黄金的需要，大概也远超过两汉。单是金饰的流行，就比东汉广泛，这从当时的文献记载和后代发掘的墓葬的出土物两方面都可以看出来。汉代刘熙的《释名》在《首饰》一条下，共提首饰四五十种，金属的只有镊和爵钗，都不一定是用黄金制作。但魏晋南北朝的著作中，却常提到金饰[12]，宋后废帝刘昱且学会了锻炼金银[13]，可见当时金银匠之多。而黄金也常常是用器饰的形式来流通，例如南齐建元二年（480年）周盘龙助桓崇祖破魏，萧道成送他金钗二十枚[14]。梁武帝萧衍《河中之水》歌有"头上金钗十二行"之句。北魏在太平真君五年（444年）竟至下令禁止王公以下的人私养金银匠在家[15]，可见金饰的盛行。近代发掘出当时的墓葬的随葬物中，金银饰件相当多。西汉墓中的随葬物几乎限于陶器和钱币等。东汉墓中随葬的东西比较多，已有金饰出现。晋代墓中，金银饰件非常普遍，只要是比较富裕家庭的女墓，总有一两件金银饰物，如戒指、钗、手镯、圈、珠、顶针、耳挖等[16]。而且金饰之外，还加上寺庙的塑像写经，对于黄金更造成很大的需要。单是天安二年（467年）天宫寺的释迦像便用去黄金六百斤[17]。而南北朝时寺庙的数目，又是中国历史上极多的一个时代，由此就可以推想对于黄金的需要了。此外汉末经过三国的大乱，两晋南北朝社会尤其不安定，恐怕有一大部分的黄金是用于窖藏[18]。

如果黄金生产的数额能够同对黄金需要的增加数目相符，而且生产成本不变，那么也不会使金价上涨。只因为粮价上涨，使生产成本增加，而且由于需要多，对于以前不值得开采的金矿，也加以开采了。所以金价才上涨，而帝王的赐与也就少用黄金了。

至于白银，在汉朝除武帝和王莽曾用作货币外，国内只用作一种宝藏手段。董卓死后，坞中珍藏除黄金二三万斤外，还有银八九万斤[19]。魏晋以后，用银的例子渐多，金银往往并提[20]。因为黄金既然供不应求，只好用白银来补充。

在西晋末年，已经有用白银表示物价的例子。晋愍帝建兴元年（313年）襄国大饥，谷二升值银一斤，肉一斤值银一两[21]。这种情形可能也受了西域的影响。赵宋以前，银价比较高，因为中国的银矿，大概很贫乏。后魏世宗延昌三年（514年）登山有银矿发现[22]。

金银的形式，最普通的是饼和铤。这时期的文献中关于金银饼的记载，不胜枚举[23]。至于一饼的重量，大概没有一定的标准。也许以一饼一斤为普通[24]，这是西汉麟趾金的遗制。铤是长方形的东西，多成条形，但也未必固定于某一种形式。金银铤[25]的出现，至迟当在南北朝的时候。

两晋南北朝的金银，不但铸成饼和铤，而且铸成钱形。关于金钱最早的记载，是南朝齐梁间吕僧珍生子、宋季雅送金钱一千枚[26]的事。关于银钱最早的记载，是刘宋元嘉年间翻译的《过去现在因果经》所记五百弟子各以银钱一枚送给善慧的事。但这是外国的银币，同中国没有关系。中国式的银钱似乎以北魏高祖孝文帝之子汝南王悦散银钱的故事[27]为最早。其他关于金银钱的记载还不少[28]。这事已由发掘得到证明。近年六朝墓中曾出土两枚银五铢[29]。藏家还有"天兴七年"金钱[30]。这是中国货币史上一件有趣的事。

首先我们要问：为什么在盛用黄金的西汉不铸金银钱，而在两晋南北朝铸造金银钱呢？也许西汉曾铸造过，可是不见记载。这问题单从当时币制的混乱是不能解释的，因为金银钱并不是正式代替铜钱的。金银钱的铸造似乎是受了外国的影响，受了外国金银币的启示而铸造出来的。

外国货币在纪元初世纪便随着中外物资的交流而流入中国。在这一时期，主要是拜占庭和波斯的货币；拜占庭的币制是以金币为主，这是承继罗马帝国的传统，特别是君士坦丁的索里杜斯（solidus），普通叫作比占（bezant），每枚重约四公分多。波斯的币制是以银币为主，这是承继安息的德拉克马，形制比希腊的德拉克马大而薄，正面有帝王的肖像，背面为火爐和祭师，每枚重约四公分。流到中国来的，应当是拜占庭的金币和波斯的银币；这由近代的发掘可以证实。近代在新疆曾发现拜占庭的金币和波斯的银币，洛阳和西安等地也曾发现过拜占庭的金币或它的仿制品[31]。这就证明当时有流入。中国北方在西晋末年，五胡杂居，大概白银已有使用，所以建兴元年襄国有以白银计价的事。襄国当时为匈奴的刘渊、刘聪的地盘，大概常有西域人来往，浮图澄就在刘曜时到过那里。在所谓五胡十六国的期间，由于钱币的缺乏，金银，特别是白银的使用大概有增加。北周时，河西各郡公开使用西域的金银币，政府不加禁止。这事见于《隋书·食货志》，在当时一定是一件普遍而令人注目的事；实际上恐怕不限于北周。中国的朝野看到外国的金银币，起而铸造中国式的金银钱，那是一件很自然的事。史书中关于金银钱的记载，正是从这时候开始的。

金银钱的铸造，虽然不是根据政府的货币立法，因此我们不能说它们是货币制度中的构成因素。但它们的货币性，应不下于金银饼或金银铤，因为古籍中所记载金银钱的用途和铜钱的用途是一样的。汝南王散银钱是在散铜钱之后；宋季雅也是以金钱代铜钱送礼；金银钱只是比铜钱价值大。至少它们是宫廷中用的一种货币。后代有所谓样钱，比普通钱大，在宫廷流通，我们不能否认它们的货币性。北周前后，河西诸郡既使用外国金银币，本国铸造的许多金银钱，反而不能作价流通，那是不可想象的事。

至于金银的比价，自王莽以后，一直到唐末，不见有记录。不过5世纪的时候，阿拉伯人采用一对六点五二的比价，印度的比价是一比五到一比六[32]。这是一个有趣味的现象，因为当时罗马和拜占庭的金银铸造比价是一比十四点四[33]。由此可以看出东方和西方的金银比价自古即不一致。东方国家银价很高。中国当时的金银比价很可能仍是一比五，即维持两汉的比价，因为到北宋初年，还不过一比六点二五。

注 释

[1] 《晋书》卷六三《段匹䃅传》："刘曜逼洛阳，王浚遣督护王昌等，率疾陆眷，及弟文鸯，从弟末杯，攻石勒于襄国。勒败还垒，末杯追入垒门，为勒所获。……以铠马二百五十四、金银各一簏，赎末杯，勒归之。"《艺文类聚》卷八三引《邴原别传》："原以丧乱方炽，遂到辽东，时同郡刘攀亦俱在焉，辽东人图夺太守公孙度。度觉之，捕其家，而攀得免。度曰有藏刘攀同诛。攀窘逼归原。……东莱太守太史子义素有义，原欲以攀付之。攀临去，以其手所杖剑金三饼与原，原受金辞剑。"《北齐书》卷四七《宋游道传》："游道入省劾太师咸阳王坦、太保孙腾、司徒高隆之、司空侯景、录尚书元弼、尚书令马子如：官贷金银，催征酬价。虽非指事赃贿，终是不避权豪。"《周书》卷二二《柳庆传》："有贾人，持金二十斤，诣京师交易。"《隋书》卷七八《艺术传·杨伯丑》："或者有金数两，夫妻共藏之。于后失金，其夫意妻有异志，将逐之。妻称冤，以诣伯丑。为筮之。曰金在矣，悉呼其家人。指一人曰，可取金来，其人赧然，应声而取之。"

[2] 《魏书》卷一一〇《食货志》。

[3] 《晋书》卷二六《食货志》有："愍皇西宅，馁馑弘多，斗米二金。"同书《孝愍帝纪》则为："十月京师饥甚，斗米金二两。"

[4] 《孙子算经》卷下："今有黄金一斤，直钱一十万，问两直几何？"又《夏侯阳算经》卷下："今有金一斤，直钱一百贯，问一两几何？"这两种书都应当是魏晋南北朝时的著作。尤其是夏侯阳的书，以贯为单位，这是南北朝或魏晋以后的事。

[5] 葛洪《神仙传·尹轨》："有人负官钱百万，身见收缚，公度于富人借数千钱与之，令致锡，得百两，复销之，以药方寸匕投之，成金还官。"又葛洪

《抱朴子》卷四《金丹》:"古秤金一斤,于今为二斤,率不过直三十许万。"

[6] 南北朝时金银的单位是斤和两并用。赵翼《陔余丛考》卷三〇《金银以两计》一条中曾提到这问题。加藤繁《唐宋时代に於けろ金银の研究》第一一章第一节也谈到这问题。赵翼主要是根据南北史的资料,而加藤繁则根据宋、齐、梁、陈、魏、隋等书。资料都不全面。加藤繁的结论是:《宋书》《魏书》只论斤,南朝梁以后和北朝周以后才有两,隋时用两特别多。这种说法,本身毛病不大,但容易使人得到这样的印象。即自两汉一直到刘宋和北魏,金银只以斤计,那以后才有两的单位。这是不正确的,两晋已使用两的单位。《宋书》中关于金银的资料非常少,加藤繁只找到一条(《邓琬传》的金银五百斤),自然不足以证明刘宋时期金银都以斤计,而不以两计。《魏书·食货志》有银矿二石得银七两的话,这不是以两为单位么?我们只能说,在这方面,南北朝又是一个过渡的时期,由两汉的以斤为单位,过渡到唐宋的以两为单位。

[7] F. Hirth, *China and the Roman Orient*, p.173.

[8] Sir Aurel Stein, Central-Asian Relics of China's Ancient Silk Trade, *T'oung Pao*, Series Ⅱ, Vol. XX, P.130.

[9] 中国出土的外国古币有几起:(一)清末山西灵石县发现1世纪到2世纪的罗马货币十六枚。(Bushell, Ancient Roman Coins from Shansi, *Peking Oriental Society*, 1885, 1, 2.)这项资料我未见原文。各书引用稍有出入,有人说是金币,有人说是铜币。桑原骘藏在其《隋唐时往来中国之西域人》(中华书局何健民译本为《隋唐时代西域人华化考》)一书中说是铜币并推定是南北朝时代或以前流通华北之遗物。因为隋唐时灵石县附近有一地名为贾胡堡,可见外国商人经过其地的很多云云(译本第五八、五九页)。但若是铜币,那就恐怕不是流通的,而是商人顺便带来的。因为中国有自己的铜钱,无须用外国铜钱。而且《隋志》明明说是西域金银之钱,没有说西域铜钱。金银在中国是凭重量计算,所以不分中外,铜钱是论个数,外国铜币要想流通就困难。(二)英人斯坦因(A. Stein)在新疆曾购得两枚4世纪拜占庭的金币(见 Serindia)。(三)斯坦因在吐鲁番附近的古墓中发现一枚波斯萨珊王朝的银币和三枚拜占庭的金币或其仿制品(见 *Innermost Asia*)。(四)怀特(William C. White)在1931年在洛阳购得一枚拜占庭式的金币,据说是得自古墓中,但据一美国钱币学家的考证,认为是10世纪或11世纪中亚细亚根据1世纪到3世纪的钱币所仿制的。(Byzantine Coins in China, 见 *China Journal of Science & Arts*, 1931.July—Dec.)可见1世纪到3世纪有拜占庭钱币流入中国。(五)咸阳底张湾湾地隋代使持节大将军凉州总管都军事凉州刺史赵国独孤德公墓中发现东罗马(即拜

占庭）金币一枚。（见1954年《文物参考资料》第一〇期张铁弦《谈全国出土文物展览中的北方发现品》）

[10] 郦道元《水经·河水注》："月氏之破，塞王南君罽宾，治循鲜城。土地平和，无所不有，金银珍宝，异畜奇物，踰于中夏。大国也"。

[11] 《梁四公记》："扶南大船从西天竺国来卖碧玻璃镜，面广一尺四寸，重四十斤。内外皎洁，置五色物于其前，向明视之，不见其质。问其价约钱百万贯文。帝令有司算之以府库当之不足。其商人言，此色界天王，有福乐事天树大雨，雨众宝山纳之。山藏取之难得，以大兽肉投之，藏中肉烂类宝，一乌啣出此宝焉。举国不识，无敢酬其价者。"（《太平御览》卷八〇八）

[12] 晋干令升《搜神记》中提到金饰的地方很多。尤以金钗为最普遍。

[13] 《宋书》卷九《后废帝》。

[14] 《建康实录》卷一五《齐》。

[15] 《魏书》卷四《世祖纪》。

[16] 广州北站附近的晋墓(有永嘉年号的墓砖)中有银钗五支、鎏金铜钗两支、银耳挖一支、银顶针一个、银戒指十个、金戒指四个、银镯三个、金镯两个、金小狗一个（《文物参考资料》1955年第一期第一三三页《广州市西村发现古墓六座》）。成都扬子山的晋墓（已被盗掘过）有小金珠一件、银圈四件、银指环十二件、银顶针一件等（《文物参考资料》1955年第七期沈仲常《成都扬子山的晋代砖墓》）。湖南浏阳姚家园的晋墓（有大康八年墓砖）有银镯三件、金指环和金发钗各一个（《文物》1960年第四期第八八—八九页《浏阳姚家园清理晋墓二座》）。

[17] 《魏书》卷一一四《释老传》。

[18] 《晋书》卷九五《艺术·隗炤传》："使者……告炤妻曰：吾不相负金也。贤夫自有金耳。知亡后，当暂穷，故藏金以待太平。所以不告儿妇者，恐金尽而困无已也。知吾善易，故书版以寄意耳。金有五百斤，盛以青瓮，覆以铜柈，埋在堂屋东头，去壁一丈，入地九尺。妻还掘之，皆如卜焉。"《南齐书》卷三八《颖胄传》："长沙寺僧业富沃铸黄金为龙数千两，埋土中。历相传付，称为下方黄铁。莫有见者，乃取此龙以充军实。"

[19] 《后汉书》卷七二《董卓传》。

[20] 《三国志·魏志》卷四《齐王芳传》："正始元年……诏曰……方今百姓不足，而御府多作金银杂物。"《三国志·蜀志》卷三八《糜竺传》："建安元年……竺于是进妹于先主为夫人，奴客二千，金银货币以助军资。"《晋书》卷三九《王浚传》："永嘉中石勒寇冀州……末杯……为勒所获……遂以铠马二百四十四金银各一簏赎末杯，结盟而退。"《宋书》卷四五《王镇恶传》："高祖密遣

人毗葦所在，泓葦飾以金银……。"《宋书》卷五《文帝纪》元嘉二十四年："秋七月乙卯，以林邑所获金银宝物班赉各有差。"《南齐书》卷七《东昏侯纪》："潘氏服御极选珍宝……贵市民间金银宝物，价皆数倍。"《梁书·羊侃传》："太清二年……有诏送金五千两，银万两。"《隋书》卷六五《周罗睺传》："（太建）十一年赐金银三千两，尽散之将士，分赏骁雄。"《魏书》卷三〇《豆代田传》："以战功赐奴婢十五口，黄金百斤，银百斤。"《隋书》卷三七《梁睿传》："赐物五千段，奴婢一千口，金二千两，银三千两。"

[21] 崔鸿《十六国春秋》。《晋书·石勒传》说是谷一升值银一斤。

[22] 《魏书·食货志》："世宗延昌三年，有司奏长安骊山有银矿二石得银七两。其年秋桓州又上言曰登山有银矿，八石得银七两，锡三百余斤，其色洁白，有踰上品，诏并置银官，常令采铸。"

[23] 《神仙传·张道陵》："第三试，升行道，忽见遗金三十饼，升乃走过不取。"《宋书》卷二七《符瑞志》上："法义以十三年七月于嵩高庙石坛下得玉璧三十二枚，黄金一饼。"《南史》卷二八《褚彦回传》："宋明帝即位，累迁吏部尚书，有人求官，密袖中将一饼金，因求请，间出金示之，曰人无知者。"

[24] 《南史》卷五三《梁武帝诸子传·武陵王纪子圆正》："既东下，黄金一斤为饼，百饼为簉，至有百簉。银五倍之。"

[25] 《南史》卷五三《梁武帝诸子传·庐陵茂王续》："王薨，至内库阅珍物，见金铤，问左右曰，此可食不？"《北齐书》卷二四《陈元康传》："世宗令元康驰驿观之，复命曰，必可拔。世宗于是亲征。既至而克。赏元康金百铤。"《魏书》卷三五《崔浩传》："浩明识天文，好观星变，常置金银铜铤于酢器中，令青夜有见，即以铤画纸作字以记其异。"

[26] 《南史》卷五六《吕僧珍传》："及僧珍生子，季雅往贺，署函曰：钱一千。阍人少之，弗为通。强之乃进。僧珍疑其故，亲自发，乃金钱也。"

[27] 《北齐书》卷三一《王昕传》："悦数散钱于地，令诸佐争拾之，昕独不拾。悦又散银钱，以目昕，昕乃取其一。"

[28] 《周书》卷二五《李贤传》："保定二年……赐……银钱一万。"《隋书》卷四八《杨素传》："上（高祖）……赐黄金四十斤，加银瓶，实以金钱。"段成式《酉阳杂俎》卷一九："金钱花一云本出外国。梁大同二年进来中土。梁时荆州掾属双陆赌金钱，钱尽以金银花相足，鱼弘谓得花胜得钱。"

[29] 1955年南京光华门外黄家营五号六朝墓出土银五铢二枚。看相片是东汉五铢的形制，但极不规矩。若以铜钱为标准，则应属于东汉，但可能是六朝时的仿制。（1955年《文物参考资料》第一二期底封有相片）

[30] 天兴七年金钱据说于1925年在洛阳北邙山北魏墓中出土（方若《古化杂咏》）。大如折二，重库平四钱五分，文字近隶楷。天兴为北魏道武帝的年号，七年为404年。钱文和轮郭都比较细，制作同北魏后来的铜钱不合。当时北魏还没有行钱，此钱自然不是正用品，而是金银匠所为。

[31] 参见注 [9]。

[32] Del Mar, *Money and Civilization*, London, 1886, p.22.

[33] 根据438年的 Theodosian Code。

三 谷帛

谷帛在中国，是两种重要的支付工具。它们的货币性，各时代只有程度上的不同。当钱币缺乏的时候，或当币制太不统一的时候，或当货币购买力波动得太厉害的时候，谷帛的货币性马上增强。有时甚至于完全代替钱币的地位。这种事情，在外国也有过[1]。

中国人是一个讲究实用的民族，西汉的理论家，已经一再说到金银和钱币的无用。几百千年来，中国人不知经过了多少次丧乱。战争、天灾和通货贬值，总是接连发生的。在这种时候，人民有钱买不到所需要的东西。他们所需要的东西，最重要的无过于谷帛。这两种实物作为货币，虽然有许多缺点，但在乱时，它们是人民所最愿意接受的东西，这是货币所最不可缺的一个条件。所以西汉元帝时，贡禹便主张废铸钱之官，代以谷帛。实际上西汉赏赐，除金钱外，也用缣帛[2]。王莽末年，钱币不行，民间以布帛金粟来进行交易。到光武十六年才恢复五铢钱。东汉时布帛已渐取得支付工具的地位[3]。

在魏晋南北朝那一个混乱的期间，谷帛用得很多。自董卓铸小钱引起物价混乱之后，十几年间，有些地方钱币不行，人民用谷帛交易。曹操在建安十三年恢复五铢，只行了十三年，于黄初二年（221年）又停用钱币。到明帝的时候，谷帛用作货币的缺点暴露，人民"湿谷以要利，作薄绢以为市"[4]。谷帛的优点，本在于它的使用价值，湿谷薄绢，使其使用价值大减，因此用作货币的理由就不存在了，所以在太和元年（227年），又恢复五铢。谷帛一共通行了六年。有些地方行了三四十年[5]。曹丕本人做太子时是用过绢的[6]。

西晋一百多年间，大体上虽然使用曹魏和以前的五铢钱，但谷帛的地位很重要，尤其在官吏的俸给上，完全用谷帛等实物。在赏赐方面，布帛差不多完全代替了黄金在西汉的地位[7]。布帛的赐与，少自三两匹，多至几万匹[8]。而布帛的使用，不限于赐与，有时悬赏的报酬[9]，甚至借贷[10]和旅费[11]也用布帛。这种布帛自然不能都看作货币，在使用的时候，往往要卖成现钱[12]。

安帝元兴年间（402—404年），桓玄竟主张正式废钱用谷帛。由于孔琳之反对，而且朝廷中另外也有人反对，所以没有实行。

实物货币究竟有许多不便，就是不作薄绢，也因品质不划一，作价的时候，要添些麻烦。何况"裂匹以为段数，缣布既坏，市易又难，徒坏女工，不任衣用"[13]，所以钱币是不能久废的。

在南北朝的时候，因钱币不统一，各地用谷帛交易的例子很多。北魏在太和十九年用钱以前，有十几年间，完全是用布帛。不论租赋[14]、计赃[15]、赈恤[16]、俸给[17]、借贷[18]、价值尺度和购买手段[19]、租车费[20]，都是以布帛计算。

中国的布帛，历代都有定式，汉以后都是每幅阔二尺二寸，长四丈为匹。北魏仍遵用这定式，布帛每幅宽二尺二寸，长四十尺为一匹，六十尺为一端。其间曾一度发生粗制滥造的情形，所以在延兴三年（473年）颁令严格依照标准[21]。

北齐虽然使用钱币，但实物经济的色彩很浓厚[22]。聘礼完全是用实物[23]。官吏禄秩则三分之一用帛，三分之一用粟，三分之一用钱，而都以匹计算[24]。赎罪也用绢[25]。

北周也通行布帛。武帝建德六年（577年）的《刑书要制》里，规定强盗的罪律，是根据其所抢偷财物的价值来处分，这价值便是以匹为标准[26]，赎罪也用绢[27]。民间甚至有用作购买手段的[28]。

在南朝方面，布帛也是一种普遍的支付工具。刘宋治下，汉川一带以绢为货币[29]。孝武帝的时候（454年），周朗曾主张罢金钱，用谷帛[30]。

萧齐的时候，有些地方的户租是以布匹为主的[31]。

梁初止有京师和三吴、荆、郢、江、湘、梁、益是用钱，其余州郡都杂用谷帛交易[32]。萧子良在永明四年说"钱帛相半，为制永久"[33]，可以看出布帛在当时支付上的地位。

陈初民间也是兼以粟帛为货币。至于岭南各州，更是以盐、米、布交易，完全不用钱[34]。

在这个动乱的时代，大抵政治中心区域，铜钱用得比较多。离开中心区便兼用实物。至于边远地方，根本就不用钱。

至于布帛的作价，汉以前大体上是一匹绢抵三匹布[35]。两汉则两匹布抵一匹绢[36]。南北朝以三匹布抵两匹绢[37]。可见布的价格渐增。如果用铜钱来计算，则绢价也是渐渐增加的。在春秋战国时代，绢价每匹约自一百二十五钱到一百五十钱，布价为其三分之一。西汉时最贵的白素为八百钱一匹[38]，缣价约合素价的一半[39]，当为四百，绢比缣又便宜约三分之一[40]，每匹约合二百六十钱。东汉缣绢价格上涨，缣一匹为六百一十八，绢一匹当为四百上下。两晋时的绢价没有资料，但后赵的绢价很高。石勒时官价中绢每匹一千二百，下绢每匹八百；市价则中绢每匹卖到四千，下绢也要二千一匹[41]。这不能代表东晋治下的绢价，只能代表动乱的北方在生产受阻的条件下的绢价。南北朝时情况逐渐改善。北魏绢价在天安皇兴间（467年）因大旱曾卖到千钱一匹[42]，太和十九年（495年）官禄准绢给钱，每匹折钱二百[43]。永安二年（529年）因推行铜钱，向市场抛出官绢，每匹也只卖二百，私买则三百[44]。南齐永明二年（484年）每匹也是三百[45]。布价在南北朝也有下跌的倾向：宋武帝永初中（421年）官布为一千文，政府买价九百文。文帝元嘉十七年（440年）市价一匹六百，官受五百；永明二年一匹跌到百多钱[46]，但四年户租收布，每匹准钱四百[47]。这种跌价是通货紧缩的关系，在下节另有讨论。

注　释

[1]　英国16世纪有些（College lands）地租，三分之一用谷物支付。法国革命时（1795年）的宪法第一七三条规定立法官的薪俸用小麦支付。日本则一直到明治维新时还用米谷纳税。

[2]　《汉书》卷二四《食货志》："于是天子（武帝）北至朔方，东封泰山，巡海上旁北边以归。所过赏赐用帛百余万匹，金钱以巨万计，皆取足大农。"

[3]　《东观汉记》卷三安帝永初四年："新野君薨，赠以玄玉赤绶赙钱三千万，布三万匹。"同书卷七东海恭王疆："永初中以西羌未平，上钱二千万。元初中上缣万匹，以助国费。"同书卷一八《王阜传》："后阜窃书诵尽……携钱二千，布两端。"

[4]　《晋书》卷二六《食货志》："黄初二年魏文帝罢五铢钱，使百姓以谷帛为市。至明帝世，钱废谷用既久，人间巧伪渐多，竞湿谷以要利，作薄绢以为市，虽处以严刑，而不能禁也。"

[5]《宋书》卷五六《孔琳之传》："魏明帝时钱废谷用三十年矣,以不便于民,乃举朝大议。"《通典·食货八》：孔琳之议曰："魏明帝时,钱废用谷,四十年矣。"二说年数不符。查自初平元年董卓铸小钱,到魏文帝黄初二年,总共三十二年,到明帝太和元年是三十八年,以《通典》说近是。但小钱并不是第一年就废了。兴平元年五十万一斛的谷价应当还是以小钱计算的,所以废钱用谷,实际上不到三十年。而这一说又是以曹操不曾恢复五铢为前提的。我既认为曹操曾恢复五铢,那么,如果有几十年不用钱的事,只能是指一些偏僻地区。

[6]《三国志·魏志·曹洪传》注引《魏略》："文帝在东宫,尝从洪贷绢百匹。"

[7]《晋书》卷六《明帝纪》："太宁二年封司徒王导为始兴郡公,邑三千户,赐绢九千匹。丹阳尹温峤……邑各一千八百户,绢各五千四百匹。尚书令郗鉴……邑各千六百户,绢各四千八百匹。建威将军赵胤……邑各千六百户,绢各三千二百匹。"

[8] 王楙《野客丛书》卷二七："汉赏赐多用黄金,晋赏赐多用绢布。往往各因其时之所有而用之……。晋时赏赐绢布,绢百匹在所不论。阮瞻千匹。温峤、庾亮、荀崧、杨珧等皆至五千匹。周复唐彬、琅琊王伷等皆六千匹。王浑、杜预等皆八千匹。贾充前后至九千匹。王濬、张华、何攀等皆至万。王导前后近二万匹。桓温前后近三万匹。苏峻之乱,台省煨烬时尚有布二十万匹,绢万匹。又可验晋布帛之多也。"

[9]《晋书》卷六《元帝纪》："建武元年……帝传檄天下曰……有能枭季龙首者赏绢三千匹,金五十斤。"

[10]《晋书》卷七三《庾亮传》弟冰："常以俭约自居,中子袭,尝贷官绢十匹,冰怒棰之,市绢还官。"

[11]《晋书》卷九○《良吏·胡威传》："威自京都定省。家贫无车马僮仆,自驱驴单行。每至客舍,躬放驴取樵炊爨。食毕复随侣进道。既至见父,停厩中十余日,告归,父赐绢一匹为装。威曰：大人清高,不审于何得此绢？质曰：是吾俸禄之余,以为汝粮耳。威受之。"

[12]《晋书》卷六五《王导传》："时帑藏空竭,库中惟有练数千端,鬻之不售,而国用不给。导患之,乃与朝贤俱制练布单衣,于是士人翕然竞服之,练遂踊贵,乃令主者出卖,端至一金。"

[13]《晋书》卷八六《张轨传》。

[14]《魏书》卷七《高祖纪》中："太和八年六月诏曰……户增调三匹,谷二斛九斗,以为官司之禄。均预调为二匹之赋。"

[15] 同上："赃满一匹者死。"

[16] 同上卷八《世宗纪》："延昌二年三月……民饥饿,死者数万口,夏四

月庚子，以绢十五万匹赈恤。"

[17] 同上卷五五《刘芳传》："芳常为诸僧佣写经，论笔迹称善，卷直以一缣。岁中能入百余匹。如此数十年矣。赖以颇振。"

[18] 《北史》卷四五《夏侯道传》：（后魏灵太后时）"父时田园货卖略尽，人间债犹数千余匹。"

[19] 《魏书》卷五二《赵柔传》："高宗践阼……柔尝在路得人所遗金珠一贯，价值数百缣，柔呼主还之。后有人与柔鞾数百枚者，柔与子善明鬻之于市。有从柔买，索绢二十匹。商人知其贱，与柔三十匹。善明欲取之，柔曰，与人交易，一言便定，岂可以利动心也。遂与之。"

[20] 《魏书》卷一一〇《食货志》："三门都将薛钦上言，计京西水次汾华二州，恒农河北河东正平平阳五郡，年常绵绢及赀麻，皆折公物，雇车牛送京。道险人敝，费公损私。略计华州一车官酬绢八匹三丈九尺。别有私民雇价布六十匹。河东一车官酬绢五匹二丈。别有私民雇价布五十匹。自余州郡虽未练多少，推之远近，应不减此。今求车取雇绢三匹，市材造舡，不劳采研。计船一艘，举十三车，车取三匹，合有三十九匹，雇作手并匠及舡上杂具食直，足以成舡，计一舡剩绢七十八匹，布七百八十。又租车一乘，官格四十斛成载，私民雇价远者五斗布一匹，近者一石布一匹。准其私费一车布远者八十匹，近者四十匹。造舡一艘计举七百石，准其雇价应有一千四百匹。今取布三百匹，造舡一艘……。"

[21] 《魏书·食货志》。

[22] 《北齐书》卷四四《儒林传·石曜》："武平中黎阳郡守值斛律武都出为兖州刺史。武都……性甚贪纵，先过卫县，令丞以下聚敛绢数千匹以遗之。"

[23] 《隋书》卷九《礼仪志》："后齐聘礼……皆用羔羊一口，雁一只，酒、黍、稷、稻、米、面各一斛。自皇子王已下至于九品皆同。流外及庶人则减其半。纳征皇子王用玄三匹，纁二匹，束帛十匹，大璋一，兽皮二，锦彩六十匹，绢二百匹，羔羊一口，羊四口，犊二头，酒、黍、稷、稻、米、面各十斛。"

[24] 《隋书》卷二七《百官志》中："官一品每岁禄八百匹，二百匹为一秩。从一品七百匹，一百七十匹为一秩……。九品二十八匹，七匹为一秩。从九品二十四匹，六匹为一秩，禄率一分以帛，一分以粟，一分以钱。"

[25] 《隋书》卷二五《刑法志》："赎罪旧以金，皆代以中绢……无绢之乡皆准绢收钱。"

[26] 《周书》卷六《武帝纪》下："持杖群强盗，一匹以上，不持杖群强盗五匹以上，监临主掌自盗二十匹以上，小盗及诈伪请官物三十匹以上，正长隐五户及十丁以上，隐地三顷以上者至死。刑书所不载者，自依律科。"

[27] 《隋书》卷二五《刑法志》："有髡钳五岁刑笞二百,收赎绢男子六十匹。又有四岁刑男子四十八匹。又有三岁刑男子三十六匹。又有二岁刑男子二十四匹。罚金一两已上为赎罪。……"

[28] 《周书》卷三七《寇儁传》："性又廉恕,不以财利为心。家人曾卖物与人。而剩得绢五匹。儁于后知之……遂访主还之。"

[29] 《宋书》卷八一《刘秀之传》:"秀之善于为政,躬自俭约。先是汉川悉以绢为货,秀之限令用钱,百姓至今受其利。"

[30] 《宋书》卷八二《周朗传》。

[31] 《南齐书》卷三《武帝纪》,永明四年五月诏:"扬南徐二州,今年户租三分,二取见布,一分取钱。来岁以后,远近诸州输钱处并减布直,匹准四百,依旧折半,以为永制。"

[32] 《隋书·食货志》。《建康实录》卷一七梁绍泰元年十二月:"霸先于石头南北岸绝其汲路,又埋塞城东门,城中诸井无水。水一合贸米一升,米一升贸绢一匹。"

[33][34] 《南齐书》卷四一《武帝十七王·竟陵文宣王子良》条。

[35] 见第一章第二节四。

[36] 《汉书》卷九九《王莽传》中:"予遭阳九之阨,百六之会,国用不足,人民骚动,自公卿以下,一月之禄,十缣布二匹或帛一匹。"

[37] 见王国维《释币》下《历代布帛修广价值考》。

[38][39] 见第二章第一节三注[41]。

[40] 晋令缣一匹当绢六丈。见《释币》下。

[41] 《晋书载记》三《石勒》下:"因此令公私行钱,而人情不乐,乃出公绢市钱,限中绢匹一千二百,下绢八百;然百姓私买中绢四千,下绢二千。"

[42][43][44] 《魏书·食货志》。

[45] 《南齐书》卷二六《王敬则传》:"永明二年……竟陵王子良启曰……今机杼勤苦,匹裁三百。"

[46] 《南齐书·王敬则传》:"晋氏初迁,江左草创,绢布所直,十倍于今。赋调多少,因时增减。永初中官布一匹直钱一千,而民间所输,听为九百。渐及元嘉,物价转贱,私货则束直六千,官受则匹准五百……今入官好布匹堪百余……。"

[47] 同注[31]。

第二节　货币的购买力

一　两晋的币值

中国在魏晋南北朝这几百年间，货币购买力的变动是相当大的，但这种变动多是局部的，不是全国性的。从全国看来，情况非常混乱。

两晋是货币经济相对衰退的一个时期，这可以从几方面看出来。第一，在铜钱赐与的数目上可以知道。古时没有银行，货币的发行，主要是通过官吏的俸给和政府的开支如赏赐等。晋代的俸禄完全用实物，包括粮食和衣料。赏赐也多用实物。西汉赐与是用黄金和铜钱；东汉以钱为主，金帛为副；但在两晋，一切赏赐，都以谷帛为主，以钱为副，完全不用黄金。西汉虽以赐金为主，但赐钱的数目仍多于东汉，两晋更不能比了。

汉晋赐钱比较表　　　　　　　　　　（单位：文）[1]

朝代	赐钱总数	每帝平均赏赐额	每年平均赏赐额
西汉	1 550 800 000（100.00）	119 292 461（100.00）	7 246 728（100.00）
东汉	531 200 000（34.25）	44 266 666（37.17）	2 724 102（37.59）
晋	136 400 000（8.79）	9 093 333（7.62）	880 000（12.14）

晋代赐钱总额中，有一亿零二百万是简文帝赐给桓温的，占总数的百分之七十五，其他各帝的赏赐额非常小[2]。

第二，从救济的内容来看，也可以发现同样的倾向。西汉时救济是用钱币，而且数目相当大。如景帝对于移往阳陵的人赐钱二十万[3]。武帝对于迁往茂陵的人也每家给钱二十万[4]。而且巡游一次，所过的地方，每家赏钱五千[5]。哀帝[6]和平帝[7]对于灾后的死者也各赏二千到五千。这种情形在东汉还有，尤其是在安帝[8]和顺帝[9]的时候。但到了两晋便没有了。两晋的赈济，完全是用米谷，少则两斛，多则五斛。只有惠帝时两次用布，每人三匹。这些米布折合起铜钱来，最多不过一千。

第三，从墓葬的出土物也可以看出晋代钱币数量不多。近代发掘的汉墓，几乎都有钱币，连偏远的东北和蒙古也不例外；特别是东汉和三国的墓，每墓至少总有几枚、几十枚，甚至几百枚，多的到几千枚。没有钱币的汉墓毋宁是例外。晋墓就和这相反，没有钱币伴葬的要占多数，即使有钱币，数量也很少，每墓只有三两枚[10]。

最能反映一代通货的松紧情形的，莫过于货币的铸造。西汉铸钱，不论在数量上和种类上，都是极多的。东汉铸钱也不少。而两晋铸钱的事，不见有记载，即使有也是民间的私铸。当时大体上是用旧钱。西晋时用的是曹魏所铸的五铢钱。元帝过江以后，民间流通的是孙吴的旧钱。新钱既没有，旧钱则被人销熔而减少[11]，而且广东方面的夷族使用铜鼓，他们自己不产铜，一些官吏和商人贪利，就把中国的铜钱卖给他们，特别是孙吴遗留下来的大钱，输往广州，卖给夷人，熔铸为鼓[12]。近年岭南有大泉二千出土。这样一来，自然会发生紧缩的现象。

紧缩的现象，表现在短陌的办法上。葛洪提到"取人长钱，还人短陌"[13]的话。短陌也叫短钱，是长钱的对称，一如短陌是足陌的对称。就是名为一百钱，实际支付时打折扣的意思。这等于物价下跌。只是表面上看不出来。

但我们也不应只看到官吏俸给和赐与方面的情况而夸大当时自然经济的成分。有些历史家企图把中国这个时期说成是奴隶社会向封建社会的过渡。这种说法是站不住的。至少货币流通方面，找不到支持。桓玄的主张废钱用谷帛，就证明当时行的还是货币经济，不完全是实物经济。实际上当时不但有货币流通，而且追求货币的人很多：何曾父子、石崇和王戎等人便是突出的例子。大官僚何曾每天吃饭要用一万个钱，还说"无下箸处"，他的儿子每天要用两万个钱[14]。这使他们非追求货币不可。石崇的奢侈生活，也是建立在多量货币的基础上。王戎为了追求货币连自己也舍不得用[15]。东晋哀帝兴宁年间建瓦棺寺，士大夫施钱每人以万计，顾恺之画维摩诘像，观者施钱百万。这些事例都证明当时货币流通的情况。惠帝的时候，鲁褒有《钱神论》的著作。这种著作只能产生在货币拜物教相当盛的时代。建立在自然经济基础上的纯封建社会是不能产生这种言论的。

那么，当时为什么货币使用的范围缩小了呢？这应当是由于当局的政策。不管这政策是积极的紧缩政策也好，消极的不进一步实行贬值的政策也好，效果是差不多的。因为经过汉末三国时期的货币混乱，北方的货币经济本来就衰退了一些。吴蜀方面，由于大规模的货币贬值，一般人民也产生了重物轻钱的心理，物价偏高。后来许多铜钱流到南方夷人方面去，特别是厚重的所谓比轮钱，被运到广州卖与夷人，改铸铜鼓。这使中原钱币减少。当局也不讲究鼓铸，许多支付，可以不用钱币的，就不用钱币，而用实物。另一方面，只要有货币的使用，由于货币本身的高度的灵活性，在上层分子之间，追求货币的心理总是存在的。

只能从货币经济的相对衰退，加上当局的货币政策，才能解释：为什么在两晋那个动乱的时期，没有发生大规模货币贬值的现象。司马氏从曹家手里夺取政权是用阴谋的方式，没有引起大的内战。但司马氏的政权建立之后，就有不断的战争。如咸宁五年（279年）的对吴战争，动员了二十几万的军队。惠帝的时候，有八王之乱。惠后北征荡阴，返驾时囊钱只有三千，以为车驾之资[16]。惠帝被成都王颖带走，逃难的时候，只向部下借到三千个钱来买饭吃[17]。惠帝还没有死，北方的所谓五胡已开始活跃起来，一个一个称王道帝。永安元年（304年）刘渊在山西称汉王；同年李雄在四川称成都王。后来怀帝被掳（永嘉三年，即309年），愍帝投降（建兴四年，即316年）。西晋政权垮台，没有像西汉武帝和新莽一样，发行大额货币。

在建康建立起来的东晋政权更是衰弱。且不说内部的许多困难，外患也是无穷的。前有后赵的石勒，后有前秦的苻坚。东晋政权也曾几次作收复中原的尝试。太元八年（383年）淝水之战，苻坚发骑兵五十二万，戎卒六十几万，前后千里，东西万里。东晋方面不慌不忙，以几万人来应付，而且取得了胜利。没有听说发行过什么大额货币。这一方面说明当时自然经济的主导地位，同时也说明淝水之战同赤壁之战一样，是一次速决战。

东晋虽然没有铸造大额货币，但可能实行过小规模的贬值。沈郎五铢便是一种减重行为。如果女钱、稚钱、对文钱是东晋时铸的，那也是一种减重。不过这些都是私铸或私人的剪凿，不能归咎当局。

两晋的物价自然比不上西汉文景时那样低廉。在两晋那种动乱的时代，较高的物价是难以避免的。就是连货币经济最衰退的北方也是难免的。在石勒的治下，物价就是很高的，例如绢价，中绢一匹，官价一千二百，市价要四千，等于东汉的十倍。司马氏的治下，在饥荒的时候，或在战争的时候，米价常常要一万钱一石，如惠帝元康元年（291年）关中米斛万钱[18]。元康七年（297年）也相同[19]。太安二年（303年）因战争，公私穷踣，米石万钱[20]。怀帝永嘉五年（311年）百姓饥俭，米斛万钱[21]。愍帝建兴元年（313年）襄国大饥，谷二升值银一斤，肉一斤值银一两[22]。四年京师大饥，米斗金二两[23]。东晋成帝咸和四年（329

年）台城被围攻，米斗万钱[24]。咸康元年（335 年）会稽余姚大旱，米斗五百[25]。当然，这些都是特殊物价，不足为凭。

两晋的正常物价，没有什么资料。西晋初，户调有以钱代米的办法。"远夷不课田者，输义米，户三斛；远者五斗；极远者输算钱，人二十八文。"[26] 从这里也很难推算出当时的米价来。如果所谓远者和极远者负担相等，而每户以五人计，则五斗米的价格是一百四十文，每石是二百八十文。但也许户调随着路程的遥远而递减，所以这种推算是不可靠的。《夏侯阳算经》提到三种米价，即每斗一百二十文、一百三十文和一百三十五文。这三种米价差不多，应当可以看作是正常的价格。一般认为夏侯阳是晋人[27]，那么，晋代的正常米价每石要一千三百文上下。晋石若以合二公斗零二三计，则每公石米应合得六千四百二十六文。比两汉的正常米价要高得多。但如果考虑到钱币的重量，也许不算十分贵，当时可能是以所谓沈郎钱或其他类似的轻钱为计价和支付的标准，甚至可能以大钱当几来计算。东晋永和十年（354年），一石米值布一匹[28]。当时布价多少钱一匹，不得而知。如果把《夏侯阳算经》中的物价看作晋代的物价，那么，一匹布的价钱为一千二百文到一千七百文[29]。正好和上面的米价相符。另外还有几种绢价，但高低相差很大：最低为每匹一千一百文，其次为一千七百文，高的有三千五百文和三千八百七十文，最高的到四千三百六十文以上。大概由于质量的不同。石勒治下的绢价分为上中下三等，而且官价和市价相差两三倍。

由于当局没有实行货币贬值的政策，而货币数量也不是很多，所以上面那种高物价是由于物资缺乏。甚至连私铸的沈郎钱，购买力也相当高[30]。

至于西北一带，币值相当稳定。例如河西一带，大概要算当时中国最安定的地方，使用汉魏五铢，物价不会很高。还有巴蜀地区，使用汉兴钱，可能还有蜀汉的钱币。汉兴钱轻小，物价应当比河西要高。

注　释

[1] 本表的数字仅包括《前汉书》《后汉书》《晋书》中有明确数字的赏赐。救济性的赏赐，因无确数，没有列入。西汉的赐金，有时是付钱，所以表中西汉的数字要低于实际的数字。又西汉不包括王莽。

[2] 晋代各帝赐钱数额如下：

武帝	23 400 000 文	共 38 次
惠帝	600 000 文	3 次
孝怀帝	0	0 次
孝愍帝	1 000 000 文	1 次
元帝	1 200 000 文	2 次
明帝	0	0 次
成帝	100 000 文	1 次
康帝	200 000 文	1 次
穆帝	1 000 000 文	1 次
哀帝	0	0 次
海西公	0	0 次
简文帝	102 000 000 文	3 次
孝武帝	5 000 000 文	8 次
安帝	1 900 000 文	4 次
合计	136 400 000 文	62 次

[3] 《汉书》卷五《景帝纪》："五年春正月作阳陵邑。夏募民徙阳陵赐钱二十万。"

[4] 《汉书》卷六《武帝纪》："建元三年春，河水溢于平原，大饥，人相食。赐徙茂陵者户钱二十万、田二顷。"

[5] 同上："太始三年……赐行所过户五千钱。"

[6] 《汉书》卷一一《哀帝纪》："赐死者棺钱人三千。"

[7] 《汉书》卷一二《平帝纪》："元始二年……赐死者一家六尸以上葬钱五千，四尸以上三千，二尸以上二千。"

[8] 《后汉书》卷五《安帝纪》：初元二年"……其有家属尤贫无以葬者赐钱人五千"。又"建光元年……（因地震）赐死者钱人二千"。

[9] 《后汉书》卷六《顺冲质帝纪》："阳嘉元年……诏赐狼所杀者钱人三千。"

[10] 近年各省清理墓葬的简报和简讯等（见于《文物参考资料》者）对于钱币方面不大详尽。不但不详加分析，有时连数目都不说明。但单就有数可查的记载来看，也证明汉墓钱币远远多于晋墓。

近年各省墓葬出土钱币表

朝　代	出土地	钱币数量	所　据
汉	山东禹城	22	《文物参考资料》1955年第六期
	广州沙河	500以上	《文物》1961年第二期
	江苏无锡	208	《文物参考资料》1955年第一期
	河南荥阳	700	《文物》1960年第五期
	甘肃酒泉	176	《文物》1960年第二期
	包头召湾	193	《文物参考资料》1955年第十期
	重庆江北	177	《文物参考资料》1955年第三期
	西安北郊	569	《文物》1960年第五期
	长沙东屯渡	数百枚	《文物》1960年第五期
	武昌任家湾	3630	《文物参考资料》1955年第十二期
晋	辽阳三道壕	3	《文物参考资料》1955年第十一期
	辽阳三道壕	3	《文物参考资料》1955年第十一期
	辽阳三道壕	1	《文物参考资料》1955年第十一期

表中钱币数量是指一墓的出土数量，若同时有许多墓，则挑数量多的为代表。显然汉墓比晋墓多，许多晋墓没有钱币随葬，另有许多晋墓被发掘工作人员给戴上一个"六朝墓"的帽子就身份不明了。晋墓所包括的地区不广，是一件憾事。我所根据的大体是自1954年起到1961年2月止的《文物参考资料》和《文物》（1959年起改用此名），但不全，1957年到1959年缺期很多。这一点不关重要，这里可作为一种抽查的性质。已能说明问题。

[11] 《晋书》卷二六《食货志》："孝武太元三年诏曰，钱，国之重宝，小人贪利销坏无已，监司当以为意。"

[12] 《晋书》卷二六《食货志》："广州夷人宝贵铜鼓，而州境素不出铜，闻官私贾人皆于下贪比轮钱斤两差重，以入广州，货与夷人铸败作鼓。"

[13] 《抱朴子》。

[14] 《晋书》卷三三《何曾传》。

[15] 《晋书》卷四三《王戎传》："性好兴利，广收八方，园田水碓，周徧天下。积实聚钱，不知纪极。每自执牙筹，昼夜算计，恒若不足。而又俭啬，不自奉养。天下人谓之膏肓之疾。女适裴頠，贷钱数万，久而未还；女后归宁，戎色不悦，女遽还直，然后乃欢。从子将婚，戎遗其一单衣，婚讫而更责取。家有好李，常出货之，恐人得种，恒钻其核。"

[16] 《晋书·食货志》："永宁之初，洛中尚有锦帛四百万，珠宝金银百余斛。惠后北征荡阴，反驾寒桃，在御只鸡以给。其布衾两幅，囊钱三千，以为车驾之赍焉。怀帝为刘曜所围，王师累败，府帑既竭，百官饥甚。比屋不见火烟，饥人自相啖食。愍皇西宅，馁馑弘多，斗米二金，死人太半。刘曜陈兵，内外断绝，十饼之麹，屑而供帝，君臣相顾，莫不挥泪。"

[17] 《晋书》卷四《惠帝纪》："安北将军王浚遣乌丸骑攻成都王颖于邺，大败之。颖与帝单车走洛阳，服御分散，仓卒上下无赍，侍中黄门被囊中赍私钱三千，诏贷用所在买饭以供，宫人止食于道中客舍。宫人有持升余糠米饭及燥蒜盐豉以进帝，帝啖之。……有父老献蒸鸡，帝受之。至温，将谒陵，帝丧履，纳从者之履，下拜流涕。左右皆嘘唏。"

[18] 《宋书·五行志》。

[19][20] 《晋书》卷四《惠帝纪》。

[21] 《晋书》卷五《孝怀帝纪》。

[22] 《太平御览》卷三五引崔鸿《十六国春秋》。

[23] 《晋书》卷五《孝愍帝纪》。

[24][25] 《晋书》卷七《成帝纪》。

[26] 《晋书·食货志》。

[27] 《夏侯阳算经》见于《隋书·经籍志》。书中布以端计，钱以贯计，好像是北魏人的著作。

[28] 《晋纪》。《通鉴》卷九九。

[29] 《夏侯阳算经》中有两种布价，都是以端为单位，每端一千八百文和二千六百文。这里折合成匹，一端以六十尺计，匹以四十尺计。

[30] 《晋书·食货志》："晋自中原丧乱，元帝过江，用孙氏旧钱，轻重杂行，大者谓之比轮，中者谓之四文，吴兴沈充又铸小钱，谓之沈郎钱。钱既不多，由是稍贵。"

二 宋齐币值的变动

南朝的时间，虽然比两晋长不了多少，但是在币值上，有更多更剧烈的波动。这种波动反映了当时政局的不安定。

刘裕获得政权，和曹丕、司马炎一样，是一种和平的夺取，没有经过流血的战争，没有利用货币贬值。不过刘裕死后，就要应付北魏的进攻。

文帝元嘉七年（430年），还兴师北伐，起初收回了一些失地，后来北魏反攻，宋军失利，府库空虚。四铢钱就是这时候铸造的。四铢钱的铸造至少在名目上是减重的开始。因为当时流通的是五铢钱。也许还有孙吴的大泉和蜀汉的直百五铢以及太平百钱等。不过在实质上，还不能看作减重，因为当时流通的五铢，多是东晋的五铢，如沈郎钱、稚钱、对文、女钱等。重量还不到四铢。刘宋的铸造四铢钱，应当有两重意义，一是由于国用不足，铸钱来应付，同时是为统一当时混乱的币制。初铸的四铢钱是比较厚重的；是名副其实的四铢，所以史书说：''用费损无利，故百姓不盗铸。''[1]但这只限于最初的一个时期。后来仍然发生私铸，因为最厚重的四铢有三公分半，轻的则在两公分以下。并且剪凿古钱以取铜[2]。四铢也有剪边的，重量不到一公分。所以元嘉二十四年把大钱当两文使用[3]。这肯定是货币贬值，至少是承认货币已贬值。所谓大钱，是指旧有的大钱，如汉五铢和吴蜀的旧钱。无论如何，不是新铸大钱，史书都说是"制大钱当两"。所谓"制"，就是用法律来制定的意思，这主意正是名目论者所提出来的。赞成这一措施的沈演之说，"国传难朽之宝，家赢一倍之利"。又说"施一令而众美兼，无兴造之费"[4]。当时何尚之就反对，说"不劳采铸，其利自倍"[5]。后代钱币学家硬说当时曾铸造八铢重的五铢钱，一枚当两枚四铢钱。这是穿凿附会[6]。当局说，这一措施是为了防止剪凿厚重的钱。也许有这意思。大概效果不好。因为钱的种类很多，大钱小钱没有明确的界线，所以不到一年便废止这种办法。当时由于货币数量不是很多，物价大概没有大的波动，但废止大钱当两的办法以后，许多大钱一定会被销熔。

在元嘉二十七年以前的二三十年间，社会是比较安定的。史家说是"区宇宴安，方内无事""氓庶蕃息""奉上供傜，止于岁赋""凡百户之乡，有市之邑，歌谣舞蹈，触处成群"[7]，这就是所谓"元嘉之治"。三十个钱一天，一家便可以食肉[8]。元嘉十七年一匹布只卖六百，比永初中的每匹一千低得多。王玄谟叫人出八百，史家说他因此失人心[9]。牲口的价格似乎也不算贵。四川马价每匹蜀钱二万[10]。所谓蜀钱，如果不是指蜀汉所遗留下来的，便是指汉兴钱；总之蜀钱大概比普通钱轻薄，所以二万钱一匹的马价在当时看来算高的。但比汉代的马价低。牛价在西汉是四万五千钱一头[11]，元嘉时是三万钱一头[12]。不过这两种价格，不是同时同地的价格，四川靠近西域，马价应当比较低。其他地方，马价总要高于牛价。在西汉，由于对马的需求大，马价大概要等于牛价的一倍以上。大约是十五万与四万五之比。

元嘉二十七年，北魏的太武帝，以几十万人南侵，宋军屡吃败仗。六州的人民，不能安心耕种；支出骤增，只好减低官俸[13]，摊收捐款[14]。但"以区区之江东，地方不至数千里，户不盈百万，荐之以师旅，因之以凶荒"[15]。如何能负担得起。所以这时一定有货币减重的事。

孝建元年的孝建四铢，就是一次正式的货币减重。孝建四铢钱，最厚重的也有到两公分以上的，但少见，一般都很薄，重约一公分。而且这钱一出，百姓就从事私铸，私铸的钱自然比官钱更加薄小，有轻到六公厘的。物价应当有所上涨。大明七八年间，东部大旱，一石米自千钱到几千钱[16]。这里是不是有货币的因素在内，就不得而知了。二铢的孝建钱不知是不是在这时铸造的。最整齐的也不过一公分三四，民间盗铸者云起，轻的在半公分以下。并且剪凿古钱，杂以铅锡；一方面使古钱变得更加轻小，一方面使新钱数目加多，于是百物踊贵[17]。

永光、景和年间所发行的二铢钱和两铢钱，大概并不比当时的私钱更轻小，所以铸得很少。私钱一定不到二铢，没有轮郭、不经过磨炉或经过剪凿，民间称之为耒子。还有更轻薄的称为荇叶。永光元年准许民间私铸，于是币制更乱，一千钱不到三寸长，称之为鹅眼钱，顾烜说是大如鹅眼。还有更坏的，称为綖环钱，入水不沉，随手破碎，市井不再计数，而用手来抓，十万个钱还不满一掬，一斗米一尺帛卖到一万个钱，结果商货不行[18]。这就等于货币制度的崩溃。这里所称的綖环钱不应当理解为环凿汉五铢而成的。那种钱不但大，而且比二铢钱重得多。六朝钱中另有些极小而穿孔大因而像一个小环的，这大概就是刘宋时的所谓綖环钱，后来也叫线环钱。

东晋米价也到过斗米万钱，那是因为大饥或战争，物资缺乏，不是因为货币贬值。刘宋的米价也曾因天灾而上涨过，例如元嘉十二年因大水，钱塘等地方的米价到过三百钱一升[19]。前面说过，大明七八年间因大旱，米价也大涨。但都没有景和年间这样贵。至于刘宋治下的正常米价，却没有可靠的资料。泰始二年（466年）刘勋在浔阳称帝的时候，当局以国用不足，募民上钱米补官，依照钱米的比例来折算，每石米约合得二百八十文[20]。如果以这为刘宋的正常米价，则景和前后的米价，上涨了三四倍。当时浙江会稽山一带有关于射的山的民谚，说"射的白，米斛百，射的玄，米斛千"[21]。可见正常米价一斛总在五百钱上下。

这次物价狂涨，大概没有继续很久的时间。明帝即位（465年）以后就开始整理：首先是禁止鹅眼钱和綖环钱，禁止民间铸钱，并且废除钱署。

泰始二年完全禁止新钱流通，专用古钱。同时准许富人用钱米买官，以收缩通货数量，这样才提高了货币的购买力。顺帝升明二年（478年）因谷价太低，当局令民用米折口钱，提高折价，一斛米只作一百钱[22]。当然这也是一种特殊价格，不能说是正常价格。

实际上，币制的整理，只停止了物价的涨风，币值大概没有恢复以前的水平。因为整理以后的泰始泰豫间，在淮泗一带还有军事行动，府藏空竭，加以明帝奢费过度，全国骚然[23]。所以虞玩之在后废帝元徽四年（476年）说，委输不如往日，国用却为元嘉时的四倍[24]。不久刘宋政权就解体了。

自萧道成篡位之后，便有紧缩的现象，因为宋泰始二年以后便没有铸钱，而旧钱却被人熔毁作器，使通货数量一天天减少，同时政府又以租税的方式，不断把通货收回国库，因此通货数量不够应付。

建元四年（482年），孔觊主张铸钱，他看见在水灾之后，米价竟不上涨，这不是正常的现象。他认为通货紧缩使生产减少，必须增加通货数量，各种生产才会增加。当时萧道成叫各州郡大买铜炭，准备鼓铸。恰好他死了，没有实现。

永明二年（484年），王敬则主张塘役折钱送库，萧子良提出反对，因而讲出当时的情形来[25]。他把通货紧缩的现象，归咎于政府的租税政策，说租税太重，而且要用标准铜钱缴纳；可是民间的钱，多经剪凿，完整的很少，因此老百姓纳税的时候，须用两个坏钱来收买一个好钱。建元初年浙东五郡的丁税是每人一千钱，这使民间的钱更少，不得不减价出卖，以取得铜钱来纳税。物价自然下跌。例如米价，在建元二年（480年）因为太低，政府准许用米纳税，每斛折钱一百，还算是作价作得高的[26]。又如布价，在宋武帝永初中（421年），官布一匹值钱一千，民间缴进去则算九百；元嘉（424—454年）时，布价开始跌，东部一匹值六百，官受则每匹五百；永明二年一匹只值三百，缴纳政府每匹只算百多文钱，比宋初跌成几分之一。所以生产的大众虽加倍勤苦，所得仍是不多。

永明四年萧子良又说到钱币剪凿的厉害，江东大钱，十个中不留一个；而公家所受，一定要轮郭完整的。民间用一千七百个还买不到一千个好钱。他提出四点办法：第一塘丁仍旧征工；第二减赋；第三如有必须用钱的地方，则不论大小钱，平价收受；第四各种租税准许人民以政府所用得着的土产按价缴纳，不必用钱[27]。

永明五年（487年）扬、南徐二州的户租，若用钱折纳，则减低布值，每匹以四百文计算，而且折半缴纳[28]。因为全国米谷布帛价格低，次年抛出大批通货来收购。总计在京师和各郡抛出一亿零六十万钱来收买米谷、豆、麦、胡麻、丝、绵、绫、绢、布等物[29]。所谓物价低，自然不是由于生产增加，而是由于货币数量少。不管当局真是为了收买低价的物资以作储备，还是向市面抛出通货，效果是一样的。但这样一来，政府的货币储备量也枯竭了。所以八年派人到四川去铸钱，因成本高，只铸千多万便停止了。千多万钱自然无济于事，所以萧齐的二十几年间，一片的不景气声。所谓"农桑不殷于曩日，粟帛轻贱于当年"。

萧齐的通货紧缩，我们应当看作是当局的政策，并不真是因为铸钱成本高；因为如果有意实行货币贬值，随时可以铸造大钱。萧齐继承刘宋的政权，知道通货贬值给与自己政权的威胁远过于通货紧缩。通货紧缩对于生产者是一种打击，但对于消费者却是一种恩惠，士大夫阶级都是消费者。特别是萧道成对于低物价有一种不正常的偏爱。他常说："使我治天下十年，当使黄金与土同价。"[30]他只治世三年多，但他的儿子萧赜还是奉行他的政策，大量的钱币积聚在国库不用。所以萧齐的紧缩虽是中国历史上最严重的一次，却还有讴歌赞美的。所谓永明之世"十许年中，百姓无鸡鸣犬吠之警，都邑之盛，士女富逸，歌声舞节，袨服华妆。桃花绿水之间，秋月春风之下，盖以百数"[31]。

武帝（483—493年）死后，索虏又寇边，征役连岁，军国靡耗。兼之皇室穷极奢侈，买鸡作斗，价至数千[32]；琥珀钏一只费百七十万[33]。武帝所积聚的几万万钱，不到几年，转瞬就花光[34]。末年米价普遍上涨，要几千钱一石[35]。

注　释

[1]　《宋书》卷七五《颜竣传》。

[2]　《宋书》卷六六《何尚之传》。《何尚之传》和《颜竣传》关于发行四铢钱后的情况的记载，显然有矛盾，颜传说"百姓不盗铸"，何传则说"民间颇盗铸"。我们只能从发展来看，认为两说都对。

[3]　《宋书》卷五《文帝纪》元嘉二十四年六月"以货贵，制大钱一当两"。

[4][5]　《宋书》卷六六《何尚之传》。

[6]　《泉志》引旧谱。后代的钱币学家相信其说。

[7]　《宋书》卷九二《良吏传》。

[8]　《宋书》卷六一《武三王传》记衡阳文王义季事："先是义庆在任，值

巴蜀乱扰，师旅应接，府库空虚。义季躬行节俭，畜财省用，数年间还复充实。队主续丰，母老家贫，无以充养，遂断不食肉。义季哀其志，给丰每月白米二斛，钱一千，并制丰啖肉。"

[9] 《宋书》卷七六《王玄谟传》。

[10] 《宋书》卷四五《刘粹传》。

[11] 《史记·货殖传》。

[12] 《太平御览》卷八二八引《语林》。

[13] 《宋书》卷五《文帝纪》元嘉二十七年二月："以军兴减百官俸三分之一。三月乙丑淮南太守诸葛阐永减俸禄，同内百官，于是州及郡县丞尉并悉同减。"

[14] 《宋书》卷九五《索虏传》："是岁军旅大起，王公妃主及朝士牧守各献金帛等物，以助国用，下及富室小民，亦有献私财至数十万者。……有司又奏军用不充，扬、南徐、兖、江四州富有之民，家资满五十万、僧尼满二十万者，并四分换一，过此率计，事息即还。"

[15] 《宋书》卷九二《良吏传》。

[16] 《宋书》卷八四《孔觊传》："大明八年……时东土大旱，都邑米一斗将百钱。"同书卷七《前废帝纪》："去岁及是岁东诸郡大旱，甚者米一升数百，京邑亦至百余。"《南史·宋本纪·前废帝》："去岁及是岁东郡大旱，甚者米一斗数百，都下亦至百余。饿死者十六七。"

[17] 《宋书》卷七五《颜竣传》。

[18] 同上。又同书卷七《前废帝纪》："去岁及是岁东诸郡大旱，甚者米一升数百。京邑亦至百余。饿死者十有六七。孝建以来，又立钱署铸钱，百姓因此盗铸，钱转伪小，商货不行。"《泉志》引顾烜说："尺帛斗米，动踰一万。"

[19] 《宋书》卷六三《沈演之传》："元嘉十二年东诸郡大水……吴义兴及吴郡之钱唐升米三百。"

[20] 《宋书》卷八四《邓琬传》："时（泰始二年）军旅大起，国用不足，募民上米二百斛，钱五万，杂谷五百斛，同赐荒县除。上米三百斛，钱八万，杂谷千斛，同赐五品正令史满报。若欲署四品在家亦听。上米四百斛，钱十二万，杂谷一千三百斛，同赐四品令史满报。若欲署三品在家亦听。上米五百斛，钱十五万，杂谷一千五百斛，同赐三品令史满报。若欲内监在家亦听。上米七百斛，钱二十万，杂谷二千斛，同赐荒郡除，若欲署诸王国三令在家亦听。"

[21] 郦道元《水经注》卷四〇《浙江水》。郦道元为北魏太和时人，这民谚大概反映了东晋和宋齐的情况。

[22] 《南史》卷四二《齐高帝诸子传》上："升明二年……以谷过贱，听人

以米当口钱，优评，斛一百。"这项记载同《南齐书》卷二二《豫章文献王传》建元二年一项相同。可能是《南史》误将南齐史实系于刘宋。

[23] 《宋书》卷八《明帝纪》："泰始泰豫之际，更忍虐好杀，左右失旨忤意，往往有斫剖断截者。时经略淮泗，军旅不息，荒弊积久，府藏空竭。内外百官，并日料禄奉，而上奢费过度，务为雕侈，每所造制，必为正御三十副，御次副又各三十。须一物辄造九十枚。天下骚然，民不堪命。"

[24] 《宋书》卷九《后废帝纪》。

[25] 《南齐书》卷二六《王敬则传》："三吴内地，国之关辅，百度所资，民庶雕流，日有困殆，蚕农罕获，饥寒尤其。富者稍增其饶，贫者转钟其弊。……顷钱贵物贱，殆欲兼倍。凡在触类，莫不如兹，稼穑难勋，斛直数倍，今机杼勤苦，匹裁三百。"

[26] 《南齐书》卷二二《豫章文献王传》："以谷过贱，听民以米当口钱，优评斛一百。"

[27] 《南齐书》卷四〇《武帝一十七王传》。

[28] 《南齐书》卷三《武帝纪》。

[29] 《南齐书》卷三《武帝纪》永明五年九月诏曰："昔在开运，异纪未周，余弊尚重，农桑不殷于囊日，粟帛轻贱于当年。工商罕兼金之储，匹夫多饥寒之患。良由圜法久废，上币稍寡。所谓民失其资，能无匮乎？凡下贫之家，可蠲三调二年。京师及四方出钱亿万，籴米谷丝绵之属。其和价以优黔首，远邦尝市杂物，非土俗所产者，皆悉停之。"各地用钱的具体数字见《通典·食货一二》和《册府元龟》。

[30] 《南齐书》卷二《高帝》下。

[31] 《南齐书》卷五三《良政》。

[32] 《南齐书》卷四《郁林王纪》："及即位，极意赏赐，动百数十万。每见钱辄曰，我昔时思汝，一文不得，今得用汝。未期年之间，世祖斋库储钱数亿垂尽。开主衣库，与皇后宠姬观之。给阉人竖子各数入，随其所欲，恣意攫取。取诸宝器，以相剖击。破碎之以为笑乐。居尝裸袒，着红縠裈杂采袒服；好斗鸡，密买鸡至数千价。"

[33] 《南齐书》卷七《东昏侯纪》："潘氏服御，极选珍宝。主衣库旧物，不复周用，贵市民间金银宝物，价皆数倍，虎魄钏一只，直百七十万。京邑酒租，皆折使输金，以为金涂，犹不能足，下扬南徐二州桥桁塘埭丁计功为直，敛取见钱，供太乐主衣杂费。"

[34] 《魏书》卷九八《岛夷萧道成子赜传》："自赜（齐武帝）葬后，昭业（郁林王）微服而出，游走里市。又多往其父母陵隧中，与群小共作鄙艺。掷涂赌

跳，放鹰走狗，诸杂狡狯，日日辄往，以此为常。朝事大小，皆断于尚书令萧鸾。初萧赜聚钱上库到五亿万，斋库亦出三亿万，金银布帛丝绵，不可称计，至此岁末，所用过半。皆赐与左右厮卒之徒。乃至废黜，府库空尽。"

[35]　《梁书》卷五三《良吏传》庾荜：（齐末）"时承凋弊之后，百姓凶荒，所在谷贵，米至数千，人多流散。"南齐一石以 0.2972 公石计。

三　梁陈币值的变动

梁陈二朝的币值是不稳定的。

南齐的通货紧缩，到末年大概已有回涨的趋势，因为府库里的蓄钱放了出来。

南齐的二十几年，因为没有战争，所以物价没有发生很大的波动。但萧梁的五十几年，却有不断的战争；先后有北魏的南侵，中间有侯景之乱，所以币值不能维持。

萧衍（502—549年）当国之初，北魏不断地进攻，史书说他曾毁铜佛以铸钱[1]，大概就是指那种有内郭的五铢和公式女钱。史书[2]说两种钱同时行用，但实际上公式女钱应当要晚一点，因为无论在分量上和制作上，公式女钱都远比不上内郭五铢。不应当同时铸造和行用两种不同的钱，除非在作价上也不同。公式女钱大概是为应付北魏的进攻而铸造的。据说[3]当时曾允许民间私铸，以一万二千文交换库中古钱一万文。

梁初的货币经济发展不平衡，只有京师和三吴、荆、郢、江、湘、梁、益等地区用钱，其他州郡杂用谷帛交易，交广一带则用金银。大概各地物价也不一样。天监元年（502年）十二月，大旱，一斗米要五千个钱[4]。四川因战争关系，三千个钱也买不到一升米[5]。然而天监四年大丰收，一斛米只要三十个钱[6]。

普通二年（521年）六月义州刺史文僧明以州叛入于魏，兴师北讨。四年底废用铜钱，改铸铁钱，这样就开始通货贬值。在这以前，中国曾用大额货币，也曾用小钱，但大规模使用铁钱，这是第一次。

用铁钱的原因，也因为铜的供给不够和梁初铜钱的混乱。当时除了武帝所铸的两种五铢以外，还有各种旧钱，如汉五铢[7]、缺边五铢（即女钱）、太平百钱、定平一百、五朱、稚钱、对文、丰货、布泉等。这些钱中，汉五铢最重，其余都是轻薄的。太平百钱当时大概只剩下小样的在流通。这些古钱，有些是旧钱经过剪凿后的名称。剪凿得越厉害的，价值越低。在南齐初年的时候，一个好钱，已值得两个坏钱。后来情势恶化，一个完整的五铢或剪凿得少的五铢，可以直得一百个坏钱。所以索性改用铁钱，以期统一。

铜钱虽说废了，可是还有对铁钱的比价。任昉有"铁钱两当一"[8]的诗句，可见是以两枚铁钱当一枚铜钱。也许政府禁用铜钱，民间却铜铁钱兼用。不过铁价便宜，私铸溢利很大，因此盗铸的人一定很多。而政府也铸得不少。武帝曾几次到同泰寺舍身为奴，每次都由群臣以钱一亿替他赎身。这些赎身钱自然是铁钱。

所以大同年间又有使用短陌的现象。这种办法在司马晋和刘宋治下就实行过。但刘宋时钱币的供应不算紧张，短陌的办法也许限于官吏掠夺人民的一种方式，例如用短陌去购买人民的财物[9]。到萧梁的时候就更加普遍了。短陌的折扣，随时随地不同，破岭以东，以八十为百，名曰东钱；江郢以上，以七十为百，名曰西钱；京师建康则以九十为百，名曰长钱[10]。如果用短陌计算，而物价不变，那就等于货币升值。但实际上陌减则物贵，陌足则物贱。中大同元年（546年）当局下令通用足陌，禁用短陌[11]，但效果不大，而钱陌反而越来越短。萧梁时的短陌也许是铜钱对铁钱而言。而且还要看物价定得高还是低。如果以八十为百，而价格定得比以前高百分之五十，那么，虽行短陌，物价还是上涨了。

武帝末年，发生了侯景的叛乱。首都建康受到围攻，不久就失陷了，武帝饿死。各地勤王的军队向首都进发。这时铁钱的数量，一定续有增加。史书说："大同已后，所在铁钱，遂如邱山，物价腾贵。交易者以车载钱，不复计数，而唯论贯。"[12] 在侯景围城的时候，建康城中物价狂涨：米一斗八十万，狗一条二十万[13]。侯景方面也因缺粮，米一斛卖到几十万。这些自然都是用铁钱计算的价格。

侯景死后，萧绎在江陵即帝位，发行当十钱。这当十钱大概是铜钱，当十枚铁钱。果如此，则当局承认币值贬成五分之一。而且这当十钱的分量无论如何比不上天监五铢或公式女钱。所以贬值的倍数还要更大。承圣三年（554年）西魏军大举南攻，萧绎被杀。陈霸先在建康立萧方智为敬帝。

敬帝在太平元年（556年）下令杂用古今钱，所谓古今钱，大概包括铜铁钱。铜钱中大部分大概是所谓鹅眼钱。这些钱恐怕不会平价流通。次年铸四柱钱，一当二十，大概也是指二十枚鹅眼钱，这是进一步贬值。不过这种名价不容易维持，所以十三天以后，就改为当十，又过四天，改为同普通钱平价流通。此后，几个月就亡国了。

梁末的物价，虽然没有记录，但除了发行大额货币以外，短陌的现象，更加严重了。竟以三十五钱为一百[14]，这大概是由于铁钱不用，铜钱感到缺乏的关系。物价数字一定很高。而以实钱计算的物价却未必高。

陈初流通的钱币，除四柱钱以外，还有二柱钱和鹅眼钱。各种钱都等价流通，可是轻重不等；二柱钱就比鹅眼钱重，所以私家将比较重的钱销熔改铸，杂以锡铁。也有用粟帛来支付的，这就表示当时货币流通的混乱。

南陈想要稳定币值，于天嘉三年（562年）改铸五铢钱。一枚抵旧钱十枚。这种五铢钱是四五十年来最厚重的，无论如何，比梁末的四柱五铢和两柱五铢要厚重。以之当十枚鹅眼钱，不能算是怎样过分。宣帝太建十一年（579年）铸太货六铢，和五铢同时流通，一枚当五铢十枚。但重量还不到天嘉五铢的一倍，这就是严重的贬值行为。人民很不满意，因为无力反抗，只好进行诅咒，说六铢钱对皇帝不利。因为六铢的六字，篆得好像一个人叉着腰，大家就说叉腰哭天子，不久宣帝果然死了。起初还想使它同五铢等价流通，后来废六铢、专用五铢。

南陈领土已大为缩小，因为侯景乱后，益州江陵都为西魏所占。岭南各州，都不用钱，或用金银，或用盐米布匹。在后主的时候，币制方面没有什么作为，在隋军来攻的时候，也没有实行抵抗。

注　释

[1]　《南史》卷五二《南平元襄王伟传》："初武帝军东下，用度不足，伟取襄阳寺铜佛毁以为钱。"

[2]　《隋书》卷二四《食货志》："梁初唯京师及三吴荆郢江湘梁益用钱，其余州郡则杂以谷帛交易。交广之域，全以金银为货。武帝乃铸钱，肉好周郭，文曰五铢，重如其文。而又别铸，除其肉郭，谓之女钱（《册府元龟》和《通典》作公式女钱）。二品并行。百姓或私以古钱交易，有值百五铢，五铢女钱，太平百钱，定平一百，五铢稚钱，五铢对文等号。轻重不一。天子频下诏书，非新铸二种之钱，并不许用，而趣利之徒，私用转甚。至普通中，乃议尽罢铜钱，更铸铁钱。"《泉志》引顾烜的话，说公式女钱未行用。

[3]　《泉志》引顾烜的话。

[4]　《梁书》卷二《武帝纪》中："天监元年十二月……是岁大旱，米斗

五千。"《南史·梁本纪》同。

[5]《梁书》卷二〇《刘季连传》："天监元年……蜀中丧乱已二年矣,城中食尽,升米三千亦无所籴,饿死者相枕。"

[6]《南史·梁本纪》卷六:"天监四年……是岁大穰,米斛三十。"《隋书·天文志》所载相同。但《建康实录》卷一七作"谷一斛三十文"。

[7]《通志》作直百五铢。

[8]《南史》卷二五《王懿传》引任昉《赠王溉诗》："铁钱两当一,百易代名实;为惠当及时,无待凉秋日。"王溉卒于太清乱时。

[9]《宋书》卷七二《文九王传·晋平刺王休佑》："景和元年……以短钱一百赋民田,登就求白米一斛,米粒皆令彻白。"

[10]《隋书·食货志》："商旅奸诈因之以求利,自破岭以东,八十为百,名曰东钱,江郢以上,七十为百,名曰西钱。京师以九十为百,名曰长钱。"

[11]《梁书》卷三《武帝纪》下,中大同元年:"七月诏曰……顷闻外间多用九陌钱,陌减则物贵,陌足则物贱,非物有贵贱,是心有颠倒。至于远方,日更滋甚。……自今可通用足陌钱。令书行后,百日为期,若犹有犯,男子谪运,女子质作并同。"

[12]《隋书·食货志》。

[13]《梁书》卷五六《侯景传》："景食稍尽,至是米斛数十万,人相食者十五六。"《魏书》卷九八《萧衍传》："衍城大饥,人相食,米一斗八十万,皆以人肉杂牛马而卖之。军人共于德阳堂前立市,屠一牛得绢三千匹,卖一狗得钱二十万。"

[14]《隋书·食货志》："至于末年,遂以三十五为百云。"

四 北朝的币值

当司马晋正在衰弱下去的时候,北方的游牧部族中比较进步一点的鲜卑族的代人,不断地扩充地盘,抢夺别的民族的牛羊牲口。这一个部族,羡慕汉人的文化已久,到4世纪的末季,成立了国家。这就是北魏。他们那时不要说货币,就是农业社会所应当有的布帛也不生产,只靠从南方用抢劫的方式得来,所以许谦偷了两匹绢,太祖不忍见他的面,恐怕他自杀[1]。

北魏的经济,可以分为三个发展阶段。在东晋隆安二年(398年,即后魏太祖天兴元年)以前,他们还是过着纯粹的游牧生活。他们同其他部族的冲突，主要目的是掠夺奴隶和畜产。他们有经常狩猎的习惯。他们的地名都与野兽与家畜有关系，如羊羧、豺山、马城、青牛山、虎圈、白鹿坡、牛川、蟠羊山、辚渚、马髦岭、辚儿山等；他们有名叫羊儿的王子，有名为虎头的皇叔，有叫皮豹子的大将。对于官吏的赏赐是用牛羊。他们怕的是瘟疫，而不是水旱[2]，正如农业社会的人所怕的是水旱，而不是失业一样。直到拓跋宏（高祖）迁居洛阳的时候，他旧日的部下，还是不肯离开北方的广漠，来过城市生活，所以决定冬天住南方（即洛阳），夏天回到北漠去[3]。自晋隆安二年到北魏太和十九年（495年，即南齐延兴二年）那一百年间，他们完成了统一北方的工作，生活也安定了下来，这样就容易感染到汉人的较高的封建文化，使它转入一种农殖的生活，计口受田。但随着农业生产的发展，产生了剩余的农产品，出现了商业行为，并且有借贷的事；但自然经济仍旧占着支配的地位，不论租赋、计赃、赈恤、俸给、物价等，都是以布帛计算。到太和十九年以后，才进入货币经济的阶段。

　　北魏虽到太和十九年才正式铸钱，但并不是说那以前完全没有用过钱。不要说北朝的汉人早就生活在货币经济之下，就是他们自己的商人也难免同南朝人有往来交易，把铜钱带回去。而且北朝几次攻破南朝的城池，俘去南朝的将卒，绝无不掠夺钱财之理。慕容白曜于皇兴三年（469年）攻入东阳的时候，便抢到铜钱十五万[4]。不过北方人民经过长期的战祸，社会经济受到很大的破坏，货币流通衰退了，自然经济占了更重要的地位。

　　太和十九年铸的钱是太和五铢。令全国各州镇通用。从此百官俸禄将绢额折合铜钱支付，每匹合二百钱。同时在各处设置铸炉和钱工，准许人民自由铸造，只需铜色精炼[5]。永平三年（510年）冬又铸五铢钱。但各地的流通情形不一律。有些地方只用古钱，有些地方甚至仍旧"裂匹为尺，以济有无"。

　　由于货币经济还不是很发达，所以在宣武帝的时候，大概还不存在币值波动的问题。但随着货币经济的逐步发展和南朝的战争以及人民负担的加重，必然会引起私铸。太和五铢有轻到两公分以下的。而且文字有简作太禾五铢的。至少在孝明帝末年，私铸已相当严重。当时铜价八十文一斤，私铸薄钱，一斤多可以铸两百文。名为五铢，实际上不到两铢。甚至有"风飘""水浮"的名称，比榆荚还薄，一穿贯就破，放在水上，欲沈不沈的样子。米价每斗差不多要一千文[6]。于是高谦之建议铸三铢钱。他的理由是：战争没有停，国库空虚，铸小钱可以充实国库[7]。他的兄弟恭之主张铸大钱，铸明年号，一斤铜只铸七十六文，铜价至少要五十几文，加上人工、锡、炭等费，使私铸无利可图[8]。杨侃则主张铸五铢钱，并且让官民同时铸造。孝庄帝听从杨侃的话，乃铸永安五铢。

这次铸钱，目的是提高货币的购买力，所以不但铸得少，而且抛出绢帛来收回通货，每匹只卖两百钱，市价要三百。这一措施，并没有收缩通货，反而引起私铸，使得永安五铢轻重不一，增加了币制的混乱。

总地说来，北魏货币的购买力是比较平稳的，即使有波动，也是局部的暂时的小波动。因为北魏没有铸造大额货币，也没有铸造特别轻小的钱币。当局为了维持币值和政权，还不断想制止私铸。

北魏自孝武帝为高欢所逼，出走长安，分为东西两魏。双方不断的战争，使得私铸很严重。例如东魏，虽然继续使用永安五铢，可是私钱的名目很多，如雍州青赤、梁州生厚、紧钱、吉钱、河阳生涩、天柱、赤牵等，大概都是永安五铢，但无法加以识别。那时冀州以北根本不用钱，而用绢布。孝静帝元象、兴和间，连年丰收，谷价低到每斛九钱[9]。武定初（543年）曾派人到各州去收集铜和恶钱，改铸永安五铢，但不久又因私铸而减重。六年（548年）在全国各州镇郡县的城门上，设置两把标准秤，一切铜钱，必须五铢重，才许通过，即每百钱重一斤四两二十铢，但"群官参议"们因为那时谷贵，请求缓行，乃止。不久，就亡于北齐。

北齐在天保四年（553年）铸造常平五铢，制作精巧，分量合乎标准，币值比较高。但因赏赐无度，一定会加重赋敛，所以史书说常平五铢还没有发行，私铸已兴，一两年间，就变得滥恶，杀戮也制止不了，乃提高铜价，使私铸利薄而减少。但乾明、皇建间（560年）私铸又厉害起来。邺中流通的钱币，有所谓赤熟（一作赤郭）、青熟、细眉、赤生等名称，河南则有轻薄铅锡之别，青、齐、徐、兖、梁、荆、河等州，流通的钱币各不相同。武成帝史加奢靡。后主时变本加厉，宫中一裙值万匹，镜台值千金。凿晋阳西山为大佛像，一夜燃油万盆。建造穆皇后大宝林寺，劳费以亿计[10]。这些浪费，全靠横征暴敛。

武平六年（575年）对关市、舟、车、山、泽、盐、铁、店肆，都要征税[11]。所以私铸更加猖獗，用生铁加一点铜来铸钱[12]。徐州城中五级寺有铜像一百躯被偷[13]，一定同私铸有关。

西魏实行过两次改铸：一次是大统六年（540年），一次是大统十二年。史书虽然没有说明这两次铸钱的性质，但总不会是一般的铸钱，一般的铸钱是年年进行的。一定是改铸，是一种币制改革的性质，而且一定是减重，至少大统十二年的一次是减重。也可能是同东魏在进行货币战争。这两个政权之间的关系，与三国时孙吴同蜀汉的关系差不多。

西魏传了三个皇帝，二十二年，后为宇文泰所篡，是为北周。北周和北齐约略同时。当时南朝正是梁陈两朝。这个时期，中国的币制最为混乱。南方有陈的五铢六铢，北方有齐的常平五铢。宇文泰创立了一种府兵制，使大批当兵的人，除军事训练外，既不生产，也无其他赋役。武帝宇文邕更加重视这种工作，这使北周的军事力量加强了，但必然会增加财政上的开支。所以宇文邕一即位，马上就铸造大额货币，实行货币贬值。首先，是铸造布泉，一枚当西魏五铢五枚，这就等于减重。这时候，梁益境内，杂用古钱交易，河西各郡公开使用西域的金银币。十三年后（574年）又铸当十的五行大布，而重量和布泉差不多，等于又减重成十分之一。史书说"大收商估之利"[14]，这正是统治阶级的目的。但次年边境上就发生盗铸，大概重量再有减低。因为遗留下来的五行大布中，有轻到两公分以下的。于是当局禁止五行大布，不得出入四关；而布泉则只许进关，不许出关。后来废止布泉。大象元年（579年）铸造永通万国钱，这永通万国钱，只重六公分，一枚当五行大布十枚，合五铢钱五百枚，五铢以二公分计算，那就等于减重成一百六十六分之一；当然又引起私铸，私铸有轻到两公分以下的。所以北周的三种钱币，虽然艺术价值很高，但当时人民并不宝用。许多地方使用绢布。甚至百年来所不大用的黄金，又成为支付的工具了。一部分地方，使用西方的金银币。

杨坚统一南北两朝，实行紧缩政策，同时承平渐久，国内生产增加，所以"仓库盈溢""布帛之积，囤于南郭"[15]。因此多年来波动的币值，大概就稳定了。

注　释

[1]　《魏书》卷一《序纪》："太祖即位……时国中少缯帛，代人许谦盗绢二匹，守者以告帝匿之。谓燕凤曰，吾不忍视谦之面，卿勿泄言，谦或惭而自杀，为财辱士，非也。"

[2]　《魏书》卷二《太祖纪》。

[3]　《魏书》卷一五《昭成子孙传》。

[4]　《魏书》卷五〇《慕容白曜传》：显祖皇兴二年"崔道固及兖州刺史梁

邹守将刘休宾并面缚而降。白曜皆释而礼之。送道固休宾及其寮属于京师……乃进讨东阳。冬入其西郭。三年春克东阳，擒沈文秀。凡获仓粟八十五万斛，米三千斛，弓九千张，箭十八万八千，刀二万二千四百；甲胄各三千三百；铜五千斤；钱十五万。城内户八千六百，口四万一千。吴蛮户三百余。"

[5] 《魏书》卷一一〇《食货志》。

[6] 《魏书》卷五八《杨播传》："时所用钱，人多私铸，稍就薄小。乃至风飘水浮。米斗几直一千。"

[7] 《魏书》卷七七《高崇传》："今群妖未息，四郊多垒，征税既烦，千金日费。资储渐耗，财用将竭。……别铸小钱可以富益。……臣今此铸，以济交乏。五铢之钱，任使并用。"

[8] 《魏书》卷七七《高恭之传》。

[9] 《文献通考·田赋考二》。

[10] 北齐开支很大，文宣一即位，赏赐魏氏诸子以千万计，为南北朝所少见，为北朝所仅见。皇室的穷奢极欲，自然加重人民的负担，非起而私铸不可。文宣即位时曾下诏说："顷者风俗流宕，浮竞日滋，家有吉凶，务求胜异。婚姻丧葬之费，车服饮食之华，动竭岁资，以营日富。又奴仆带金玉，婢妾衣罗绮，始以创出为奇，后以过前为丽。"（《北齐书》卷四《文宣纪》）至于宫廷中的浪费，更是历史上所少见的："官披婢皆封郡君，官女宝衣玉食者五百余人。一裙值万匹，镜台值千金。竞为变巧，朝衣夕弊。承武成之奢丽，以为帝王当然，乃更增益宫苑，造偃武修文台，其嫔嫱诸官中起镜殿、宝殿、玳瑁殿；丹青雕刻，妙极当时……凿晋阳西山为大佛像，一夜然油万盆，光照宫内。又为……穆皇后大宝林寺……劳费亿计。"（《北齐书》卷八《幼主纪》）

[11] 《北齐书》卷八《后主》。

[12] 《隋书》卷二四《食货志》。《通典·食货九》。

[13] 《北齐书》卷四六《循吏·苏琼传》。

[14] 《文献通考》。

[15] 《通典》。

五　隋的币值

杨隋统一中国以后，总共有三十年的寿命，由杨坚、杨广父子平分。这两个十五年，在货币经济史上是一个明显的对照。杨坚采用的是紧缩政策，所以能稳定南北朝末年波动的币值，建立起一个繁庶的国家[1]。杨广采用的是膨胀政策，不论是军事上还是经济上，炀帝下的中国，都是一个膨胀的国家，甚至要超过秦始皇和汉武帝的时候。

所谓杨坚的紧缩政策，未必人人同意。事实是：开皇九年以前，全国还有战争，赏赐也很优厚。据说平陈凯旋的时候，庆功行赏，"列布帛之积，达于南郭，以次颁给，所费三百余万段"。另一方面，酒盐等的专卖制被取消了，徭赋也宽减了，怎能说是紧缩呢？只有从他个人和宫廷的减少开支来解释。汉文帝减少开支的结果是"府库余货财"，隋文帝减少开支的结果是"库藏皆满"。史家甚至说："古今称国计之富者莫如隋。"[2]

自然，在杨坚治下，钱币流通也不是完全稳定的。开皇初年，虽然采用一种合乎标准的五铢钱，每千枚重四斤二两，但由于钱币很杂，民间就有私镕私铸的事。三年四月曾令各关口以一百钱为标准，关外带进来的钱，要经过检查，合标准才许入关，不合标准，没收改铸。以前的常平五铢、五行大布和永通万国等钱，也于两年内禁止流通。到开皇五年以后，大概才以隋五铢为主要的货币。但是当时铸钱，多和以锡镴，这对于私铸又是一种引诱。官炉所铸也逐渐增加，如开皇十年许杨广在扬州立五炉铸钱；十八年又许杨谅在并州立五炉铸钱。杨广又借口江南钱少，请在鄂州白纻山置十炉铸钱。又许杨秀在益州立五炉铸钱。这些铸炉所出的钱不一定合乎标准。于是私铸更甚，钱益滥恶。然而当时财政还算稳定，各地设有常平仓，调节粮食供应。又常常检查各地邸肆的现钱，不是官钱，都没收入官。所以在杨坚时币值大体上是稳定的。

炀帝即位以后，开支浩繁，如建设东都，每月役丁二百万人；开凿运河，发男女七百万；游幸江都，舳舻相接，二百余里；修筑长城，又兴众百万。其中有些属于建设工程，尤其是开凿运河，解决了南北的粮运问题，在长期看来原是有益的。不过各种大工程同时并兴，国家财政就负担不了。

炀帝最大的野心，似乎是要开拓一个大帝国，同时极力奖励对外贸易。这种政策的采用，大部分得力于裴矩。但对外战争是花钱的事情，当时为了利诱胡商来华，送迎之费，也是以万万计[3]。这样就引起通货贬值的问题了。

币值的下跌大部分是由私铸引起的，因为政府那么大的开支，还不是由人民负担[4]，人民只好铸钱，而且铸坏钱。起初每千钱还有两斤重，即减重百分之五十二；后来只有一斤重，减重百分之七十六。最后至于剪铁鍱裁皮糊纸以为钱[5]。李渊进长安的时候，民间用线环钱，凡八九万才满半斛[6]，物价自然大涨。大业六年（610年）耕稼失时，田畴多荒，加之饥馑，所以谷贵，东北边尤其贵，七年底要几百钱一斗米[7]。末年朱粲在襄邓间起事的时候，一斛要万钱[8]。恭帝义宁元年末（618年）洛阳也要万钱一斛[9]。

物价高涨，人民负担又加重，铸钱已经是犯法，不如索性入山为"盗"。自大业六年正月有几十个"强盗"大闹首都的建国门后，起义人数一年一年增加。起初不过几千人，一打即平；后来变成几万，十几万，攻陷郡城，讨之不能克，遂至于亡。

中国自魏晋南北朝到杨隋这几百年间，在政治上是四分五裂，在制度上更是混乱到极点。物价的纪录很少，而且多是特殊物价。钱币也各时各地轻重不一，度量衡也没有一定的标准，所以即使有正常物价，也不能同前代或后代作比较。

注　释

[1] 《唐书》卷四八《食货志》："隋文帝因周氏平齐之后，府库充实，庶事节俭，未尝虚费。开皇之初，议者以比汉代文景，有粟陈贯朽之积。"苏东坡说："自汉以来人丁之蕃息，与仓廪府库之盛，莫如隋。其贡赋输籍之法，必有可观者。然学者以其得天下不以道，又不过再世而亡，是以鄙之无甚传焉。"（《通考》）

[2] 《文献通考·国用考一》。

[3] 《隋书》卷六七《裴矩传》："又以西域多诸宝物，令裴矩往张掖监诸商胡互市，啖之以利勋，令入朝。自是西域诸蕃往来相继，所经州郡，疲于送迎，糜费以万万计。"

[4] 《北史》卷一二《隋本纪》下："政刑弛紊，贿货公行，莫敢有言，道路以目。六军不息，百役繁兴，行者不归，居者失业，人饥相食，邑落为墟，上弗之恤也。东西行幸，靡有定居，每以供费不给，逆收数年之赋。"

[5] 《隋书》卷二四《食货志》。

[6] 《唐书》卷五四《食货志》。

[7] 《资治通鉴》卷一八一。董煟《救荒活民书》说是十年。

[8] 《太平广记》卷二六七《朱粲》。

[9] 《资治通鉴》卷一八四义宁元年十二月乙未："东郡米斗千钱。"

第三节　货币研究

一　货币理论

两晋南北朝那三百多年间，有时候长期不铸钱，有时候大行通货贬值，看来似乎很奇怪。实际上这是因为在思想方面有几种对立的理论在冲激着：一方面是金属论者和名目论者；另一方面是实物论者。中国的金属论者同欧洲 16、17 世纪的金属论者和重商主义者差不多，不过欧洲所重视的是金银，中国所重视的是铜钱，以为金钱是一种最好的财富，数量越多越好。金属论者和名目论者虽然不同，但他们的反对货币数量能影响其购买力的见解，则是一样的。金属论者认为钱币的价值在于金属本身，换言之，金属本身是有价值的东西，用金属来作货币，其价值是不会变动的。只要钱币的分量不减少。这种理论在其反对通货减重一点上，是有其积极意义的。如果铜钱是主要的宝藏手段，则这种理论也有道理，因为作为宝藏手段，它可以发生调节作用，使货币数量不致于过多或过少。然而中国的铜钱不是主要的宝藏手段，主要的宝藏手段是金银。尤其是减重后的铜钱，没有人用作宝藏手段，所以中国古代铜钱的数量，在市场需要不变的条件下，是能影响它的购买力的，在实行减重后，情形更是严重，等于通货膨胀。至于名目论者，则认为货币的价值是一种法律问题，不是经济问题，即使钱币分量减轻，只要给以一种名目价值，它的价值就可以不变。这种理论等于替通货减重政策作辩护。

实物论者和名目论者，有一点相像的地方，就是认为钱币没有价值，但实物论者因此主张废止无价值的钱币，而用有价值的谷帛。主这一说的人，往往是数量论者。实物论者的所谓价值，完全是从现实出发，就是所谓饥能食寒能衣。这种观点是有它的历史背景的。古代交通不方便，商品的运销不很灵活，有时一地发生饥荒，无论有多少钱，也买不到粮食。加上货币本身价值的不稳定，使一部分人对货币发生反感。实物论虽是在币制混乱的条件下产生的，但它是一种落后的理论，不合时代的要求。

以上几种理论，轮流支配着中国自 3 世纪后半叶到 6 世纪末底的货币思想和政策。两晋虽然还是用钱，却没有铸过钱，大体上是受实物论者的影响。多少也受到当时的一种愤世疾俗的消极思想的影响，这种思想表现为马融的生命重于天下论，表现为鲍敬言的《无君论》，更表现为鲁褒的《钱神论》。鲁褒在货币理论上没有什么特别论点，只是对货币的威力表示愤慨。他看见当时社会贫富不均的现象，一方面有石崇、何曾等豪门的奢侈；另一方面有他们周围趋炎附势的人；所以他说："钱多者处前，钱少者居后"；有了钱，"危可使安，死可使活；贵可使贱，生可使杀"。他并不主张废钱，实际上他对货币也说了些好话，他说："其积如山，其流如川；动静有时，行藏有节；市井便易，不患耗折。"[1] 所以不能把他看作一个实物论者。他所创造的"孔方兄"一词，不但集中地表现了他对货币的态度，而且丰富了中国语文的词汇。到东晋安帝元兴中（403年）桓玄辅政，就公开主张废钱用谷帛。孔琳之（369—423年）提出反对。他对于货币理论并没有提出什么新的见解，只引用司马芝的话，说用钱不但丰国，而且可以减刑。他自己的议论只着重于说明谷帛不应当用作货币[2]。不过他虽引司马芝的话，他对货币本质的看法却和司马芝不一定相同。司马芝如果说过铸钱可以丰国的话，也可以作两种解释：照字面解释是把货币当作财富，铸钱就是创造财富，这是金属论的观点。另一解释是同孔琳之一样，"圣王制无用之货，以通有用之财"[3]。这就是说：政府用没有价值的货币来征取民间的物资，因此可以丰国。孔琳之同司马芝相同的地方是对于恢复用钱一事。

在南朝的刘宋，这几种思想的冲突，更加显明而且影响实际货币政策。例如在武帝的时候，就有人以为钱货减少，使国用不足，想把民间的铜全部由政府收买，用来铸钱[4]。这自然是金属论者的见解。范泰（355—428年）加以反对。他说：

> 今之所忧，在农民尚寡，仓廪未充，转运无已，资食者众，家无私积，难以御荒耳。夫货存贸易，不在多少。昔日之贵，今者之贱，彼此共之，其揆一也。……今毁必资之器，而为无施之钱，于货则功不补劳，在用则君民俱困。校之以实，损多益少。（《宋书》卷六〇《范泰传》）

范泰似乎不是一个纯粹的实物论者。他否认货币的价值，大概是指实用价值，而不是货币的交换价值。他好像以为货币本身的购买力是不变的，所变的是购买的对象，所以他以为国用不足不在钱少，而在生产少。

元嘉二十四年（447年），因为盗铸和剪凿盛行，使钱币分量减轻，江夏王义恭建议以大钱当两，他的见解可以说是一种名目论，他以为不管钱币的轻重如何，只要法律上承认它是一当两，那么它的价值就加倍了。沈演之对于这一建议加以理论上的支持。他说：

> 龟贝行于上古，泉刀兴自有周，皆所以阜财、通利、实国、富民者也。……若以大钱当两，则国传难朽（毁？）之实（宝？），家赢一倍之利。不俟加宪，巧源自绝，施一令而众美兼。（《宋书》卷六六《何尚之传》）

何尚之反对这种见解，他说：

> 夫泉贝之兴，以估货为本，事存交易，岂假数多？数少则币（弊？）轻，数多则物重，多少虽异，济用不殊，况复以一当两，徒崇虚价者邪？（《宋书》卷六六《何尚之传》）

他这意见，大体上同范泰的意见相近，不过比范泰进步。范泰以为货币数量不影响其价值。何尚之则是数量说者，认为通货数量多使物价上涨。范泰是以货币数量多少没有关系为理由以反对加铸。何尚之则是以货币数量多反而有害为理由来反对。他这一段话也牵涉到货币的两种重要职能，所谓"以估货为本"是指价值尺度，所谓"事存交易"似乎是指购买手段或交易媒介。

孝武帝的时候，实物论者和金属论者的对立更加厉害。周朗主张罢金钱。他说：

> 农桑者实民之命，为国之本，有一不足，则礼节不兴；若重之，宜罢金钱，以谷帛为赏罚。……凡自淮以北，万匹为市，从江以南，千斛为货。（《宋书》卷八二《周朗传》）

不过当时以金属论者的论调占优势。孝建三年（456年）的时候，因民间剪凿，使铜钱日益薄小。尚书右丞徐爱发挥一段金属论的主张。他说：

> 贵货利民，载自五政。开铸流圜，法成九府。民富国实，教立化

> 光。……年历既远，丧乱屡经，埋烧剪毁，日月销灭。货薄民贫，公私俱困。不有革造，将之大乏。谓应式遵古典，收铜缮铸，纳赎刊刑，箸在往策。今宜以铜赎刑，随罚为品。（《宋书》卷七五《颜竣传》）

他所反对的是减重，以为只要合乎标准，就没有问题。当时政府听从他的话铸钱，不过后来因盗铸剪凿又减重，而且杂以铅锡，使币值大跌。于是沈庆之（386—465年）又发挥金属论的理论。

> 昔秦币过重，高祖是患，普令民铸，改造榆荚，而货轻物重，又复乖时。太宗放铸，贾谊致讥。诚以采山术存，铜多利重，耕战之器，曩时所用，四民竞造，为害或多。而孝文弗纳，民铸遂行。故能朽贯盈府，天下殷富。况今耕战不用，采铸废久，熔冶所资，多因成器，功艰利薄，绝吴邓之资；农民不习，无释耒之患。方今中兴……而仓库未实，公私所乏，唯钱而已。愚谓宜听民铸钱，郡县开置钱署，乐铸之家，皆居署内，平其杂式，去其杂伪，官敛轮郭，藏之以为永宝……（《宋书·颜竣传》）

沈庆之的见解，完全是对于汉初一次放铸的辩护，虽然他的自由铸造的办法是有条件的，接近近代的自由铸造。既要合乎标准，又要收费。但他认为铸钱越多越好，以为"禁铸则铜转成器，开铸则器化为财"。好像用铜铸器是一种浪费，只有钱才是有价值的东西。他不知西汉文帝时之所以殷富、所以物价低，是因为生产增加，同时封钱不出，不是因为府库钱多，而是因为市面钱少。

江夏王义恭的意见和沈庆之完全相反。他根据沈庆之的话，一点一点反驳。不过他的意见没有什么独到的地方。颜竣对于沈庆之的开署放铸，原则上表示赞同，只不赞成把所有的铜都用来铸钱，而缺乏铜来制造器具。他说：

> 今云开署放铸，诚所欣同，但虑采山事绝，器用日耗。铜既转少，器亦弥贵。设器值一千，则铸之减半，为之无利，虽令不行。（《颜竣传》）

他对于铜钱减重足以刺激物价一点，似乎有所认识。沈庆之主张使年前所禁止的轻钱暂准通用，他加以反对。因为行轻钱，必定会发生私铸，使得像五铢半两那样的大钱退出流通界。政府又不能因为准许轻钱流通而加税，对于政府的财政困难，并不能解决。他说：

> 若细物必行，而不从公铸，利己既深，情伪无极，私铸剪凿，尽不可禁。五铢半两之属，不盈一年，必至于尽。财货未赡，大钱已竭……今纵行细钱，官无益赋之理，百姓虽赡，无解官乏。（《颜竣传》）

当时有人提议铸二铢钱，这显然是减重，他也反对。指出三不可：

> 于官无解于乏，而人奸巧大兴，天下之货，将靡碎至尽。空立严禁，而利深难绝，不过一二年间，其弊不可复救，其甚不可一也。今熔铸有顿得一二亿，理纵复得，此必待弥年岁暮，税登财币，暂革日用之费，不赡数月，虽权征助，何解乏邪？徒使奸民意骋而贻厥怨谋，此又甚不可二也。民惩大钱之改，兼畏近日新禁，市井之间，必生喧扰，远利未开，切患猥及，富商得志，贫民困窘，此又甚不可三也。（《颜竣传》）

这几个人在办法上虽有争执，但大体上都是金属论者。以为货币便是财富。沈庆之明白讲了出来，刘义恭和颜竣也都没有加以反驳。颜竣且承认复用轻钱是"欲使天下丰财"。

在南齐的时候，孔觊上《铸钱均货议》。主张铸造合乎标准的五铢钱[5]。当时正是通货紧缩的时候，通货数量的确不够。他说：

> 三吴国之关阃，比岁被水潦，而籴不贵，是天下钱少，非谷穰贱，此不可不察也。（《南齐书》卷三七《刘悛传》）

他反对名目论者，说"惜铜爱工者，谓钱无用之器，以通交易，务欲令轻而多，使省工而易成，不详虑其为患也"。

萧梁时的沈约（441—513年）也曾谈到货币问题。首先，他认为食与货并重。他说："人生所资，曰，食与货。货以通币，食为人天。"这是对事实的承认。他似乎并不赞成这种情况。他认为商品流通的发展，取决于人的欲望。古代人欲望小，所以生产品为生产者自己所消费或保存，不用来交换，货币的作用不大。后来商业发达，农人去而从商，帛币的生产不是为了消费,而是为了卖成货币,以换取珍罕的商品。这样又使得农业受到影响。"虽钱盈尺,且不疗饥于尧年""库盈朽贯,而高廪未充,或家有藏镪,而良畴罕辟。"所以他主张废止货币,专用谷帛。他说:"夫千匹为货,事难于怀璧;万斛为市,未易于越乡。斯可使末伎自禁,游食知反。"[6]他似乎以为货币的缺点,在于它的携带方便,因而产生许多弊病。在这方面,他承继了晁错的衣钵。

北魏也曾有过关于货币问题的不同主张,这是高谦之、高恭之两兄弟先后所提出的。在铸永安五铢之前,高谦之主张铸小钱,他以为铸小钱可以富益[7];这是一种名目论的思想。他的兄弟恭之则主张铸大钱,因为小钱引起私铸和物价上涨[8]。高谦之在求铸三铢钱表中讲到货币的起源,说"钱货之立,本以通有无、便交易"。好像同一般的名目论者的意见不一样。但他所谓的立,大概是指为帝王或法律所建立。

注 释

[1] 鲁褒《钱神论》:"钱之为体,有乾坤之象:内则其方,外则其圆;其积如山,其流如川。动静有时,行藏有节。市井便易,不患耗折。难折象寿,不匮象道,故能长久,为世神宝。视之如兄,字曰孔方。失之则贫弱,得之则富昌。无翼而飞,无足而走。解严毅之颜,开难发之口。钱多者处前,钱少者居后;处前者为君长,在后者为臣仆。君长者丰衍而有余,臣仆者穷竭而不足。诗云:'哿矣富人,哀此茕独。'钱之为言泉也,无远不往,无幽不至。京邑衣冠,疲劳讲肆,厌闻清谈,对之睡寐,见我家兄,莫不惊视。钱之所佑,吉无不利。何必读书,然后富贵。昔吕公欣悦于空版,汉祖克之于嬴二。文君解布裳而披锦绣,相如乘高盖而解犊鼻。官尊名显,皆钱所致。空版至虚,而况有实?嬴二虽少,以致亲密。由此论之,谓为神物。无德而尊,无势而热。排金门而入紫闼。危可使安,死可使活;贵可使贱,生可使杀。是故忿争非钱不胜,幽滞非钱不拔;怨仇非钱不解,令问非钱不发。洛中朱衣,当途之士,爱我家兄,皆无已已。执之手抱我,终始不计优劣,不论年纪,宾客辐辏,门常如市。谚曰:'钱无耳,可使鬼。'凡今之人,惟钱而已。故曰:军无财,士不来;军无赏,士不往。仕无中人,不如归田;虽有中人,而无家兄,不异藏翼而欲飞,无足而欲行。"(《晋书》卷九四《隐逸·鲁褒传》)

[2] 《宋书》卷五六《孔琳之传》:"洪范八政:以货次食。岂不以交易之资,为用之至要者乎?若使不以交易,百姓用力于为钱,则是妨其为生之业,禁之可也。……谷帛为宝,本充衣食,今分以为货,则致损甚多;又劳毁于商贩之手,

耗弃于割截之用，此之为敝，著于自囊。故钟繇曰：'巧伪之民，竞蕴湿谷以要利，制薄绢以充资。'魏世制以严刑，弗能禁也。"

[3] 同上："圣王制无用之货，以通有用之财，既无毁败之费，又省运致之苦，此钱所以嗣功龟贝，历代不废者也。"

[4] 《宋书》卷六〇《范泰传》："时言事者多以钱货减少，国用不足，欲悉市民铜，更造五铢钱。"

[5] 《南齐书》卷三七《刘悛传》："建元四年奉朝请孔觊上《铸钱均货议》，辞证甚博，其略以为……自汉铸五铢钱，至宋文帝历五百余年，制度世有废兴，而不变五铢钱者，明其轻重合法，得货之宜。以为宜开置泉府，方牧贡金，大兴熔铸，钱重五铢，一依汉法。府库已实，国用有储，乃量奉禄，薄赋税，则家给民足。顷盗铸新钱者，皆效作剪凿，不铸大钱也。……所鬻卖者皆徒失其物，盗铸者复贱买新钱。……若官铸已布于民，使严断剪凿，小轻破缺无周郭者悉不得行，宫钱细小者，称合铢两，销以为大。利贫良之民，塞奸巧之路。钱货既均，远近若一，百姓乐业，市道无争，衣食滋殖矣。"

[6] 《通典·食货八》注引沈约的话："人生所资，曰，食与货。货以通币，食为人天。……昔醇人未漓，情嗜疏寡，奉生赡己，事有异同。一夫躬耕，则余餐委室，匹妇务织，则兼衣被体。虽贸迁之道，通用济乏；龟贝之益，为功盖轻。而事有讹变，奸弊大起。昏作役苦，故啬人去而从商；商工事逸，末业流而浸广。帛币所通，非复如造之意也。于是竞收罕至之珍，远蓄未名之货；明珠翠羽，无足而驰，彩罽文犀，飞不待翼。天下荡荡，咸以弃本为事。丰稔则同多稔之资，饥凶又减田家之蓄。虽钱盈尺，且不疗饥于尧年，贝或如山，信无救渴于汤代；其为疲病，亦已深矣。固宜一罢钱货，专用谷帛；使人知役生之路，非此莫由。夫千匹为货，事难于怀璧，万斛为市，未易于越乡。斯可使末伎自禁，游食知反。而年代推移，人事兴替，或库盈朽贯，而高廪未充；或家有藏镪，而良畴罕闢。……"

[7] 《魏书》卷七七《高崇传》。见本章第二节四注 [7]。

[8] 《魏书》卷七七《高恭之传》。

二　钱币学的产生

在晋到隋那几百年间，著史的风气很盛，可惜大部分都已亡佚。存留下来的史书中，除了魏收（506—572年）的《魏书》以外，都没有食货志。一部分原因或许由于这几百年间，币制很混乱，一般史家弄不清楚；但主要原因还是在于他们对货币问题不够重视。其他史书可能有作食货志的，但没有留传下来。当然也有别的原因，例如范晔写《后汉书》，没有写到志书已被刘义隆（宋文帝）杀死。这种情况使得后代研究货币史的人遇到很多困难，在中国货币的文献史料上留下了一大段空白。在这方面，魏收的《魏书》在当时的史书中可以说是特出的。《魏书·食货志》也是一种经济史的性质。它是分门别类地叙述，最后一部分专记北魏和东魏的币制史，共一千五百九十字。表面看来，似乎把货币史同其他经济问题割裂开来，实际上不然，因为关于屯田、畜牧、租赋、织造、矿冶、互市、盐政等问题已在前面叙述过，如果再结合货币史来写，就重复了。

这一期间货币史方面的空白由钱币学的产生而得到若干补偿。

中国和希腊约略同时产生铸币，但收藏和研究钱币的科学即钱币学却先在中国产生。钱币学是研究钱币的形制、制作、文字和图形。中国钱币只有文字，没有图形。《史记·平准书》中有关于钱币的部分，那不能算是钱币学，因为司马迁并不是就钱币实物进行研究。钱币学在它的经济意义上是它同货币学的联系，在它的文化意义上被认是考古学的一部门。

其实，它不仅考古，而且也考今。所以近代人把钱币学称为古钱学，严格地讲，是不正确的。当然，随着一国历史的延长，古钱在钱币中的比重总是越来越大的，所以称为古钱学，也不算大错。在中国，它比金石学还要早，但后来却包括在金石学之内。研究货币史显然必须研究钱币学，而且应当包括钱币学，正因为此，所以货币史不完全是经济史的一部分，换言之，经济史包括不了全部货币史。货币史有它的独立性，它一只足站在经济史的领域里，另一只足踏在文化史的领域里。

钱币学在4世纪的时候，是一门新的科学。在欧洲，到一千年后才有人认真收集和研究钱币。这一门科学日后逐渐取得重要性，因为它对于历代的财政、经济、文字、美术、神话、宗教、民俗、地理，以及计量制度等的研究，提供了有用的资料。有些国家，如古代的大夏、大月氏的贵霜王朝，由于文献的缺乏，全靠遗留下来的钱币，才能对它们的历史构成一个轮廓。对于另外一些国家，如古代的迦太基，除了钱币外，几乎没有什么东西留下来。但钱币学在中国却有不同的意义。中国的帝王世系不靠钱币来解决或提供线索，因为中国历代的统治者一向重视历史，特别是关于他们自己的历史，有丰富的文字记录。但钱币仍然纠正了不少文献记录的错误。钱币学在中国的作用在于经济方面和文化方面。它帮助我们了解各时代人民的经济生活，它也大体上反映了中国文化的发展。

钱币学的产生，有一定的条件。其中之一就是要当时的钱币能引起人们的注意，使人们对于收藏它和研究它发生兴趣。中国战国时期的钱币和古希腊的钱币应当是具备这一条件的，却没有产生钱币学；这是因为钱币学虽然包括一切时代的钱币，流通中的钱币也在内，但却以不再流通的钱币为主。中国人在战国时期和古希腊人只把钱币当作购买手段来保存，不是当作一种研究的标本来保存。中国在南北朝的时候，钱币种类非常多，三国以来的钱币还能见到，有大钱，有小钱；有公钱，有私钱；有南钱，有北钱；有古钱，有今钱；有男钱，有女钱；有流通的，有不流通的；有正用钱，有压胜钱，容易引起人的好奇心。当时统治阶级可能已有收集钱币的事，如南朝政府的台主衣库，似乎就有各种钱币的收藏，于是私人也加以仿效。

在一般史家不写食货志的时候，反而有钱币学的产生，这似乎难以理解。实际上这是容易解释的。这时期的货币流通很复杂，非一般史家所能弄得清楚，非专门研究这一问题的人，处理不好。

最早一部关于钱币的书，是《刘氏钱志》。所谓刘氏，不知是什么人，也不知是什么时代，至迟当在萧梁，因为萧梁时的顾烜已引用他的话。《隋书·经籍志》有《刘潜泉图记》，可能就是顾烜所指的《刘氏钱志》。刘潜（484—550年）是齐梁间人。顾烜只引用了四种钱，即两铢钱、星月钱、四五钱、八星钱。除两铢外，都不是正用品。我们不能就此得出结论，说《刘氏钱志》所收录的钱币都是些游戏之作或压胜钱，但我们也无从给它更高的评价。

第二部关于钱币的书是《顾烜钱谱》。该书也见于《隋书·经籍志》，说是钱谱一卷,钱图一卷。都已失传。南宋洪遵很推重这著作,说古代钱币"岁益久，类多湮没无传。梁顾烜始为之书。凡历代造立之原，大小重轻之度，皆有伦序，使后乎此者可以概见"。这几句话不但把《顾烜钱谱》的主要内容勾画了出来，而且等于是把它看作中国第一部钱币学著作。洪遵既见过《刘氏钱志》和《顾烜钱谱》，两书都被引用，在《泉志》序中却只推重《顾烜钱谱》，没有只字关于《刘氏钱志》的话，这也许就说明《刘氏钱志》确无足取。

《泉志》引用了《顾烜钱谱》三十四种钱，从赗（作宝）货到萧梁的钱币，而以萧梁的钱币或在萧梁时流通的钱币为最多，计有天监五铢、公式女钱、五铢铁钱、大吉五铢、大通五铢、大富五铢、女钱、稚钱、对文、五朱、定平一百、太平百钱、龟背钱、水波纹钱等。大部分是正用品，而且许多是当时流通的钱币。在这方面提供了一些有价值的资料。当时大概还不知道分类，只罗列本人所见所闻；但已知道注意钱币的大小轻重，而且开始谈到板别，例如太平百钱就提到七八种之多，所附钱图也尚与实物相类[1]。不过大吉、大通、大富三种钱只见泥范，未见实钱。另外也有一些错误，如以汉兴为班固所指的荚钱，以传形五铢为刘备钱；这些错误影响了后代的史家和钱币学家，千多年间没有得到纠正。

钱币学对于研究货币史的人有特殊的重要性。它不像一些关于货币理论的片段言论，它是研究钱币的著作；它也不像一般史书的食货志只是根据原有的档案资料照抄，或稍加一点整理工作，它是研究钱币实物。它补充了一般史书的缺漏，纠正了一般史书的错误。例如关于稚钱的大小，各书的记载不一致，杜佑《通典》说是径一分半，《册府元龟》说是一寸半，而《顾烜钱谱》说是八分半，当然以顾烜之说为可靠。因为他是根据实物说的。

注　释

[1] 《泉志·龟背钱》条下按语。

第四节　信用和信用机关

信用事业在两晋没有什么新的发展，至少从记录上看不出来。信用上的通融，全靠私人的贷放[1]。政府可能也有救济性的放款，并且还有供给耕牛的办法[2]。

南北朝的时候，信用事业，大有进展，无论在存款方面和放款方面，都比以前发达。

存款在古代是一种最不发达的信用业务。所谓存款，是指供他人利用的一种储蓄。中国自古即有储蓄，但都不给人利用。因为封建时代的中国官僚豪富，对于财产十分保守秘密，不轻易告诉人，有时连自己家里人亦不知道[3]。所以不能叫作真正的存款，不能说是一种信用业务。

在南北朝以前，中国官僚豪富的主要储蓄方式，就是窖藏[4]。或埋在地下，或藏在墙壁间。《淮南子》就有"掘藏之家必有殃"[5]的话。此外就是用扑满的办法，这和窖藏的性质一样，而且数目太小，在信用发展史上没有多大重要性。

到了南北朝的时候，就有将钱财寄存在亲友处的事例。这种寄存或寄附[6]，有时是委托保管的性质，受托人不能加以利用，只是一种人情[7]。既没有利息问题，也没有保管费问题，所以不能说是一种业务。如果受托人能将这种款子用来营利，那就变成真正的存款了。

史书说陶渊明常将现钱送存酒家，而时常去取酒[8]，这就同现代的往来透支差不多了。

在放款方面，民间的借贷叫作出责[9]或举贷[10]。这种借贷，同以往一样，是一种对人信用，只以券契为凭，券契一毁，债权债务便算了结。另外有信用购物的办法，即赊市，似乎相当普遍。尤其是在刘宋时期[11]。

南北朝的寺院，是信用的一个重要的来源。当时的统治者和士大夫阶级多是笃信佛教的，寺院不但数目多，而且富有。首先，由于统治阶级笃信佛教，他们就千方百计来优待寺庙和僧尼，以期保证自己来生的幸福。僧尼受到免税免役的待遇。这就使得一般人民无法同他们竞争，使他们容易积累财富。其次，上自帝王，下至平民，都对寺院施舍[12]，这种施舍，或为土地，或为钱币。如北魏孝文帝建大中兴寺，就施舍了稻田一百顷[13]。梁武帝几次到同泰寺舍身为奴，都由公卿们凑一万万钱赎身[14]。所以寺院是大地主兼大财主。寺庙积累了这许多财富，用来放债牟利，是不难理解的。古代巴比伦[15]和欧洲[16]的寺庙也是这种情形。欧洲在中世纪，宗教的势力有时比政治势力还大，不但从各方面收到施舍，而且公然向人民征收什一税，所以欧洲的教会也是大地主兼大财主。再次，寺院的财产和债权最稳妥可靠，僧尼们通过各种宣传，把寺庙说成一种神圣不可侵犯的地方，使得迷信的人不敢盗窃寺庙的钱财，也不敢对寺僧赖债，以为盗窃寺庙钱财或赖债的人，一天一夜长三分七厘利，第二天日夜利上生利，来世要作牛马来偿还[17]。作牛一天偿还八文，作马一天偿还七文。

北魏在还没有铸造钱币的时候，就产生了实物高利贷。这是由于所谓僧祇粟的运用而产生的。在文成帝（452—465年）的时候，准许每年对僧曹输粟六十斛的人为僧祇户，粟为僧祇粟，歉岁用来赈济饥民，有时作为借贷，俭年出贷，丰年偿还，可是后来成为变相的高利贷，放出之后，不问水旱，都要偿还，有时利多于本，或翻改券契[18]对债务人进行盘剥。北魏寺僧还有替富人保管财物的事[19]。

南朝货币经济发达，寺僧放债的事一定很多。南朝寺院在中国信用史上有特殊的意义,它是典当的创办者。典当是中国最早的信用机构,对人民供给抵押信用。我们虽不能证明典质是寺庙创办的,但最早的两家典质都是寺庙,一家是南齐的招提寺,褚澄曾以一万一千钱就该寺赎取太祖赐给褚渊的白貂坐褥[20]。另一家是南梁的长沙寺,有人曾以一束苎就该寺库质钱,赎当时,于苎中发现黄金五两,这黄金也是人家向该库质押的[21]。由此可见,贵自黄金衣着,贱至苎束,都可以质钱,范围很广。也许典质的起源还在南北朝以前,或则为一种外来的制度,一种随佛教而输入的制度。

典当业务虽为历代的人所诟骂,说是剥削贫民,可是经营者往往打着慈善的招牌。就是到了公开采取拜金主义的后代,普通商店可以恬然挂起"万利"的招牌,当铺却用"宏济""宏安"一类冠冕堂皇的名称。在佛教盛行的南北朝,自然认为典质是以救济贫民为目的。欧洲在中世纪后期,教会从事信用业务。基督教表面上反对放款取利,但教会的人暗地里从事各种各样的放款。有谷物放款,有牲畜放款,有货币放款。他们也是打着慈善的招牌,说这些放款使穷人能得到低利的信用。实际上他们也是以高利贷资本家的竞争者的身份出现。

到了隋代,国家统一,天下太平,商业发达,各种信用事业自然更加兴盛。据书中记载,除私人放款[22]外,还有政府机关也经营放款业,这就是公廨钱的营运,或作放款取利,或作别种经营,以补政府机关的开支[23]。这种放款的性质,和王莽的赊贷不同,王莽的赊贷,以及历代政府对于农民的贷放种籽耕牛,都带一种救济性质,有时虽收利息,但政府的目的不在营利。公廨钱收息的办法,则完全是以营利为目的,靠收利息来维持百寮的供费。在开皇十四年(594年)的时候,曾加禁止,但十七年又准许用公款经营,只不许出举收利。

注 释

[1] 《世说新语·俭啬》第二九:"王戎女适裴颁,贷钱数万,女归,戎色不悦,女遽还钱,乃释然。"又《晋书》卷四三《王戎传》。见本章第二节一注[15]。《齐谐记·东阳郡吴道宗》:"义熙四年,东阳郡太末县吴道宗少失父,单与母居,未娶妇。会道宗收债不在家,邻人闻其屋中砰磕之声,窥不见其母,但有乌斑虎在其室中。"

[2] 《晋书》卷四七《傅玄传》:"泰始四年……上书曰……旧兵持官牛者官得六分,士得四分;自持私牛者与官中分。施行来久,众心安之。今一朝减持官牛者官得八分,士得二分;持私牛及无牛者,官得七分,士得三分,人失其所,必

不欢乐。臣愚以为宜佃兵持官牛者与四分，持私牛者与官中分，则天下兵作欢然悦乐，爱惜成谷，无有捐弃之优。"

[3]　参见本章第一节二注[18]所引《晋书》卷九五《隗炤传》之例。

[4]　《晋书》卷九九《殷仲文传》："玄为刘裕所败，随玄西走；其珍宝玩好，悉藏地中，皆变为土。"

[5]　《淮南子》卷一八《人间训》。

[6]　《南史》卷五《齐本纪》下："潘妃放恣，威行远近，父宝庆与诸小共逞奸毒，富人悉诬为罪，田宅赀财莫不启乞。或云寄附隐藏，复加收没。"

[7]　《陈书》卷九《欧阳頠传》："世祖嗣位……初交州刺史袁昙缓密以金五百两寄頠，令以百两还合浦太守龚为，四百两付儿智矩，余人弗之知也。頠寻为萧勃所破，赀财并尽，唯所寄金独在。昙缓亦寻卒。至是頠并依信还之。时人莫不叹服。其重然诺如此。"

[8]　《宋书》卷九三《隐逸传·陶潜传》。

[9]　《宋书》卷八一《顾觊之传》："绰私财甚丰，乡里士庶，多负其责。觊之每禁之，不能止。及后为吴郡，诱绰曰，我常不许汝出责，定思贫薄亦不可居。民间与汝交关有几许不尽，及我在郡，为汝督之。将来岂可得。凡诸券书皆何在？绰大喜，悉出诸文券一大厨与觊之。觊之悉焚烧。宣语远近，负三郎责皆不须还。凡券书悉烧之矣。绰懊叹弥日。"《北齐书》卷一一《文襄六王传》："兰陵武王长恭……武成赏其功，命贾护为买妾二十人。唯其一有千金责券。临死日，尽燔之。"

[10]　《北齐书》卷二二《李元忠传》："性仁恕，……家素富实，其家人在乡多有举贷求利。元忠每焚契免责，乡人甚敬重之。"

[11]　《宋书》卷六一《江夏文献王义恭传》："大明时资供丰厚，而用常不足，赊市百姓物，无钱可还，民有通辞求钱者，辄题后作原字。"又卷八一《刘秀之传》："秀之从叔穆之为丹阳。……时赊市百姓物，不还钱，市道嗟怨。"

[12]　《南朝佛寺志·阿育王寺佛寺》："梁大同……至孝武太元九年……十六年孝武又使沙门僧尚加为三层，即梁武帝所开者也。初穿土四尺得龙窟及昔人所舍金银环钏钗镮诸杂宝物，可深九尺许。"《南齐书》卷三八《颖冑传》："长沙寺僧业富沃，铸黄金为龙，数千两埋土中。历相传付，称为下方黄铁，莫有见者，乃取此龙以充军实。"《南齐书》卷四一《张融传》："孝武起新安寺，僚佐多俸钱帛，融独俸百钱。"《南齐书》卷五三《虞愿传》："明帝……以故宅起湘宫寺，费极奢侈……新安太守巢尚之罢郡还见，帝曰，卿至湘宫寺未？我起此寺是大功德。愿在侧，曰：陛下起此寺，皆是百姓卖儿贴妇钱。佛若有知，当悲哭哀愍，罪高佛图，有何功德？"

[13] 《释氏通鉴》卷五。

[14] 《梁书》卷三《武帝》中大通元年："舆驾幸同泰寺设四部无遮大会，因舍身，公卿以下以钱一亿万奉赎。"同书，太清元年，"三月庚子高祖幸同泰寺，设无遮大会，舍身。公卿等以钱一亿万奉赎。"

[15] 公元前2000年前巴比伦的庙宇便执行银行业务。现在遗存的土简，记录着女庙祝放款的事情。这土简即有一种期票的功用。

[16] 古代罗马的庙宇，也替私人办理金融交易。欧洲在中世纪时，人民往往将钱财委托教会保管。有的作为存款，随时可以提取。在十二三世纪的时候，天菩拉（Templars）教派变成一种宗教上的银行，经营各种银行业务。

[17] 褚稼轩《坚瓠续集》卷四《盗常住钱》："庄椿云，盗常住一文钱，一日一夜长三分七厘利，第二日夜利上又长利，来世作马牛偿之。所以云作一生之容易，为万刼之艰难。若舍一文钱入常住，一日一夜长福亦尔。又藏经云，牛日还八文，马日还七文。"

[18] 《魏书》卷一一四《释老志》。

[19] 《魏书·释老志》："先是长安沙门种麦寺内，御驺牧马于麦中，帝（太武帝）入观马，沙门饮从官酒，从官入其便室，见大有弓矢矛盾，出以奏闻，帝怒曰，此非沙门所用……阅其财产，大得酿酒具及州郡牧守富人所寄藏物，盖以万计。"

[20] 《南齐书》卷二三《褚澄传》："渊薨，澄以钱万一千就招提寺赎太祖所赐渊白貂坐褥，坏作裘及缨。又赎渊介帻犀导及渊常所乘黄牛。"

[21] 《南史》卷七〇《甄法崇传》："尝以一束苎就州长沙寺库质钱。后赎苎还，于苎束中得五两金，以手巾裹之。彬得送还寺库。道人惊云，近有人以此金质钱，时有事不得举而失。檀越乃能见还，以金半仰酬，往复十余，彬坚然不受。"

[22] 《随书》卷四五《文四子传·秦孝王俊》："（高祖时）其后俊渐奢侈，违犯制度，出钱求息，民吏苦之。"

[23] 《隋书》卷四六《苏孝慈传》："先是以百寮供费不足，台省府寺咸置廨钱收息取给。孝慈以为官民争利，非兴化之道，上表请罢之。请公卿以下给职田各有差，上并嘉纳焉。"《北史》卷七五《苏孝慈传》有同样记载。

[24] 《隋书》卷二四《食货志》：开皇八年，"……先是京官及诸州并给公廨钱，回易取利，以给公用。至十四年六月工部尚书安平郡公苏孝慈等以为所在官司因循，往昔以公廨钱物出举兴生，唯利是求，烦扰百姓，败损风俗。……于是奏皆给地以营农；回易取利，一皆禁止。十七年十一月诏在京及在外诸司公廨在市回易及诸处兴生，并听之。唯禁出举收利云。"

第四章 唐代的货币

第一节 货币制度

一 钱币

唐代的币制，是承袭两晋南北朝的传统，流通手段以钱帛为主，黄金除宝藏手段外，有时也用作价值尺度和支付手段，白银在唐末五代渐占优势。

从唐朝的俸制上，可以看出货币经济发展的过程。初年以禄米为主，另有职分田，俸钱还没有确数，而是由各机关利用公廨钱生利分给。可见自然经济占主要的地位。到永徽年间，俸钱才有一个确定的数目；但所得中，只有一部分是钱，一部分是劳务，即所谓"防阁、庶仆"。到开元以后，月俸才完全发现钱。但另有禄米和职分田。到唐末五代，又给实物了。因此可以说，在整个唐朝，只有开宝年间，货币经济有所发展，在其余的年代里，特别是初唐和晚唐五代，实物经济的比重非常大。

唐钱在名称上有很大的变革。唐以前的钱币，差不多都是以重量为名称，虽然名称已和重量不符，比如蜀汉的直百五铢，实重远远超过五铢，而许多轻小的五铢，却不够分量；然而究竟还保留着铜块货币的痕迹。自唐朝起，钱币就不再以重量为名称了，而改称宝，或通宝，或元宝，或其他什么宝，并冠以当时的年号。货币称宝是有其社会意义的，这就是货币的威力增大了。古代钱币中也有称宝的，王莽称他的币制为宝货制，但那是一时的事。自唐以后，钱币就名实都成为宝物而支配人类社会了。钱上铸明年号，并不是唐朝创始的，两晋南北朝已经有了；而且唐朝第一次铸的钱，并不是年号钱；不过以后的钱，差不多都是年号钱。

唐朝二百八十九年，正史所记载的，只有三种钱，但实际上有七八种。最先铸、同时也是最重要的一种，是武德四年（621年）的开元通宝。武德四年以前还是用隋五铢和其他古钱。开元钱应当直读，即先上下，后左右；唐人所谓左右，是以事物本身为标准，也可以说是以钱范为标准，在看的人说来，实在是右左。所谓左挑开元，若从看的人来说，就是元字第二画的右端挑起。但由于它不是年号钱，所以有人读作开通元宝，当时民间就有这种读法[1]，近代居然还有人以为应当读作开通元宝[2]。然而开通二字没有什么意义，开元二字却有很大的政治意义。乾封二年的《用旧钱诏》中提到"开元泉货"。朝代的创建人主观上总是希望能开辟一个新纪元，甚至要人民相信：以前的都不算，或都是坏的，只有这一朝代才是好的。所以后代还有铸造开元通宝的，但要像李唐那样成功，究竟不是一件容易的事。通宝是通行宝货的意思，裴耀卿、李林甫等就提到"钱者通宝……"的话，而元宝毫无意义。开元钱的大小，大体上是仿汉五铢，径八分，重二铢四絫，每十文重一两。后代不再称铢絫，而称一钱，意即开元通宝一文的重量。这是中国衡法改为十进位的关键。所以唐钱不但不再以重量为名称，反而使中国的重量以钱为名称。自唐以后，中国的衡法一直没有变过，清库平一钱和标准开元钱一文的重量相等。实际上厚重一点的开元钱，有四公分重，甚至有四公分八的，这种钱我们只能认为是超过标准重量。《唐六典》说本来一千文重六斤四两，后来重七斤，每文就合得四公分一八了。

开元钱在形制上显然承继了北魏钱币和隋钱的风格，它的外郭同北魏五铢、永安五铢和曲笔隋五铢的外郭是一样的。钱背的内外郭都像隋五铢。

唐朝第二种钱是乾封元年（666年）的乾封泉宝，这是正式的年号钱。每文当开元钱十文，径一寸，重二铢六絫，即一钱一分弱。实际上有重到七公分以上的。这种钱还没有行用一年就作废了。

第三种钱是乾元年间所铸的乾元钱。乾元钱法定有两种：一种是乾元元年（758年）所铸的乾元重宝当十钱；另一种是乾元二年铸的当五十的乾元重宝，这种钱背面的外郭是双圈，所以称为重轮乾元钱。当十钱每千文重十斤，所以每文应重一钱六分（五公分九七）。重轮钱每千文重二十斤[3]，比当十钱加倍。但实际上乾元钱有各种大小轻重，有小平，甚至有轻小到一公分以下的，这些应当是减重和私铸的结果。开元钱是直读的，但民间却作环读，读作开通元宝，铸乾封泉宝的时候，便是顺从民间的这种习惯，作环读。后来觉得和制度不合，所以乾元重宝又改为直读了。重宝的名称也是有意义的，而且老早就有人提到过。贾谊在《过秦论》上就有"不爱珍器重宝肥饶之地"的句子。东晋孝武帝太元三年的诏书中且有"钱，国之重宝"的话。乾元重宝留传下来的很多，特别是小平钱，仅次于开元钱。大概安史之乱以后还有铸造使用。乾元钱有光背，有背面穿下俯月或飞鸟或云朵或星点，也有云朵在穿上的。

和乾元钱同时，史思明在占领洛阳的时候，曾铸造两种大钱，即得壹元宝和顺天元宝，两者都是当百钱，重约二十一公分。顺天元宝是由得壹元宝改称的。这两种钱可以说是一种占领货币或军用货币。

大历年间曾有大历元宝，制作不精，史书上虽曾记载大历四年（769年）铸钱的事[4]，但没有说明铸的是什么钱。看大历钱的制作，很像私铸。论理当时钱价很低，铜价却很高，牟利者只有销钱为器，岂肯镕器铸钱？不过大历元年征收青苗地头钱，青苗钱每亩课十五钱，地头钱每亩二十文。人民没有现钱，只好私铸。只因铜价太高，铸得不多。唐钱的钱文应当直读。乾封时一度违制，改为环读；旋经更正，论理不应再犯。大历钱却是环读，似乎不是官铸。然而私铸的人多是仿铸旧钱，不应当创铸一种新钱，所以这是一个还有待解决的问题。

建中年间（780—783年）似乎铸过建中通宝。建中钱比大历钱还更加轻小，更加少见。史书也有建中初铸钱的记载[5]，可能是指这种钱，但更可能是私铸，因为建中元年实行杨炎的两税法，全部租税货币化，农民哪里有这许多现铜钱？除了将农产品廉价出卖以外，只有从事私铸。建中二年盐铁使包佶就提到各州都有私铸的事[6]。当时铜价很高，铸数不可能很多。而且大历建中年间的私铸，并不全是大历钱和建中钱，大部分应当是开元钱。

史书说建中四年因镇压李希烈的叛乱，判度支赵赞请采连州白铜铸当十大钱[7]。后代钱币学家把一种制作整齐、文字和普通开元钱一样的大型开元通宝看作白铜当十开元[8]，但那种开元直径在一寸以上，重量在库平五钱左右，未免太大，并且不是白铜，在制作上近似南唐钱。而且另外的史书说，后来赵赞经过熟虑之后，自觉不妥，没有实行[9]。过去钱币学家们都没有注意到这一资料。可是传世有一种开元通宝，大小制作同乾元当十钱一样，只发见两枚，呈黑色古，有锈，也许当时曾有少数试铸品，也未可知。

武宗会昌五年（845年）曾铸造一种新的开元钱。本来以前的百多年间，常常铸造开元钱，但以前的开元钱，背面没有文字，会昌开元背面却有文字。这些钱是用全国各地废寺的铜像、钟、磬、炉、铎等所铸造的。先由扬州节度使李绅于钱背铸一昌字，以表年号，进陈当局，后来政府就下令叫各地铸钱用本州州名。

会昌年间或会昌以后，似乎还铸造过乾元重宝小平钱，因为这种钱的背面，也有加铸州名的。但数量极少，大概限于豫章和丹阳等郡。

旧谱载懿宗咸通十一年（870年），桂阳监曾铸造咸通玄宝[10]。这大概是一种试铸性质，而且限于一地，留传极少。

唐钱中自然以开元钱为最重要。开元钱不仅在唐朝为最重要，而且在整个中国货币史上也有其特殊的重要性。除了前面所讲过的它对于中国钱币体制的革新以及其对于中国衡法的影响外，在货币流通上讲，它是仅次于五铢钱的。它是唐代几百年间的主要钱币，唐以后还流通了一千多年。而且开元钱的大小轻重是后来制钱的楷模[11]。

唐开元可以分为两个阶段，会昌以前的开元可称为普通开元或旧开元，会昌以后可称为会昌开元或新开元。

开元钱的板别很多，这种板别多是根据文字的笔画和背面的星月定出来的。例如字体有大小，元字有所谓左挑、右挑、双挑、背面有无月文，以及月文的数目和位置，有的还有星点、太阳或云朵，或星月在一起，称为孕星。这些细小的分别，各种钱谱中多有著录[12]。但钱币学家往往只见树木，不见森林，很少人加以有系统的分类，即使有也论断得比较空洞[13]。

查普通开元钱大致可以分为三大类。第一类是光背；第二类背面穿孔之上有一仰月如⌣，也有作俯月的如⌢，但较少；第三类则包括各种杂色的开元。第一第二两类的开元钱单看正面也可以分别出来：大多数的光背开元的元字第一画特别短，通字的头部也比较短，口开得大。而且通字开字和宝字也有区别。至于轮郭的阔狭、钱身的厚薄，甚至制作的精粗，却不是区别的主要标准，两者都有厚薄阔狭，两者都有很规矩的，同样两者都有不大精整，甚至都有非常轻小的。过去钱币学家喜欢以外郭的宽狭作为分类的标准，这是不适当的，因为外郭的阔狭同铸炉和钱范不一定有关系，而是匠人刬成的，有些甚至是在流通过程中被行用者所磨过的。所以同一钱范铸出来的钱，外郭常有阔狭不同。在这种分类的基础上，又可以分出许多细微的板别来。比如第一类中，有大字、小字、背阔郭、寄郭等，左挑开元也可以归入这一类，但文字笔画稍微有点不同，归入第三类也许更恰当些，不过左挑开元的制作有时非常精整，似乎是铸于盛唐。

开元钱分类的意义在于可能有助于解决断代的问题。分析的结果，似乎光背开元先铸，也可以说，安史之乱前，官炉所铸的以光背开元为主。有几个理由：第一，唐以前钱币上没有月文，唐以后则很普遍。第二，乾封泉宝还是光背的。第三，日本的和铜开珎是光背的，这是仿早期开元钱铸的，如果当时开元钱背有月文，则和铜钱背一定也有月文。古和铜开铸于景龙二年（708年）或以前，新和铜开铸于开元八九年间，可见到这个时候为止,开元钱大概还是光背。第四,我所见到的银质开元多是光背的,有月文的比较少见。有些镏金开元背有月文,但金色不旧,系后人所为。金质开元还没有见过,料想也是光背。铸造金银钱应当是财政充裕的太平盛世的反映,而且关于开元天宝年间的金银钱,记载是比较多的。

开元钱上的月文虽以在穿孔上面的为最普通,但也有在穿孔下面或左右的。这些都不多见。书法也不一样,制作精整的很少,大概是后铸,应当归入第三类。此外还有一种长形的月文,有人名之为爪文,以示区别。这种爪文不但出现在穿孔的上下左右,而且出现在穿孔的四角上。文字有大小,轮廓有阔狭,爪文的弧形有时向内,有时向外。但是在书法上有些共同的地方,初看近似短一元开元,细看又有区别。精整的也不多,恐怕也铸得比较晚。

上面只就光背开元和月文开元的先后作了一些分析。在光背开元中,有人把一种大字的看作是初铸,但没有可靠的依据。这些问题将来依靠发掘可以解决。有些文字接近乾封泉宝的,大概是乾封以后所铸。至于光背的短一元开元,因为数量既多,又整齐划一,我认为应当是玄宗时的官炉所铸。

乾封泉宝和乾元重宝对于开元钱的断代问题的确有参考作用。乾封泉宝的宝字狭长,宝字的脚掌伸到内郭线以下,贝字的目部成长方形,中间两横画较短。乾元重宝的宝字就很不相同,从这些差别中,也许可以看出开元钱的先后来。

关于光背开元和月文开元的先后问题还有几点需要加以解释:第一,有月文的开元钱要比光背开元多一些。而自武德四年开铸开元钱到天宝之乱,其间有一百三十几年,自天宝之乱到会昌五年,不到九十年;如果战前所铸都是光背,则光背开元数量应当是最多的。而且也不能说战后就不再铸光背开元,连会昌开元也以没有月文的居多。

第二,有月文的开元钱,制作有很精整厚重的,不可能都是战后所铸。从大历钱和建中钱的制作看来,战后的钱币是很滥恶的。

关于第一点,可以提出这样的解释,就是,初唐铸钱数量是极少的,特别在贞观年间,自然经济占主要的地位,物价也非常低。到开元天宝时才大量铸钱。而且有一部分光背开元可能在战时被人销熔用来铸造乾元重宝。

对于第二点,我的解释是:战前的开元钱虽然以光背为主,但那是指官炉,一些偏炉或赐炉或属于币制改革的开元可能已加铸月文了。例如武德四年除京师外，还在洛、并、幽、益等州设置钱监铸钱，此外秦王、齐王各赐三炉，裴寂赐一炉。这里只有京师的钱监可以说是真正的官炉，各州以及各赐炉所铸，是否和中央政府所铸一样，就是一个问题，可能其中就有用月文作为记号的。又如乾封泉宝失败之后，再铸开元，也可能加一标记。乾元以后也相同。

我相信，在战前已有月文出现，而且是出现在开元天宝年间。《唐六典》注说，旧开元每一千重六斤四两，"近所铸者多重七斤"。《唐六典》注是开元初李林甫等人奉敕编撰的，可见唐初的开元重一钱，即二铢四絫，到玄宗时已加重了，这种事在开元天宝年间的太平盛世一定不会有所改变。有月文的开元钱中，有很精整厚重的，分量在一钱以上，这种钱绝不会是在战后铸的。应当是在开元、天宝年间所铸的。

那么，到底为什么要加铸月文呢？这使我们不得不对于钱币上的月文和星月加一番考察。

关于月文的来源，过去的史家和钱币学家已争论了几百年。但有一点是许多人所公认的，就是这月文是皇后的甲痕。说是初进蜡样的时候，皇后掐一甲，铸钱者不敢动，结果遗留在钱背上。大家所争论的究竟是哪一个皇后的甲痕，最普遍的说法[14]是文德皇后，也有人说是太穆窦皇后的[15]，甚至有人说是杨贵妃的[16]。最后一种说法自然最为动听，所以金朝诗人李俊民有"金钗坠后无因见，藏得开元一捻痕"的诗句。陈其年也有"有似开元钱样，一缕娇痕巧印"的句子。司马光甚至加以一番考证，说在铸开元钱的时候，窦后已死，文德未立。玉环自然还没有生下来，所以不可能是杨贵妃的甲痕。这些人显然以为自始即有月文。也有人说后来的乾元、汉元、周元、宋元等钱都有月文，而且开元钱的月文上下左右不同，岂能一一掐之。这些话只表示思想的混乱。其实开元钱既不是个个都有月文，而唐朝几百年间铸开元钱的次数很多，所以月文的出现可能是在初唐，也可能是在中唐。换句话说，如果月文是皇后甲痕的话，未始不可以是杨贵妃的甲痕。而且甲痕之说，自然是指它的起源，后来和后代的月文是模仿。所以有些甲痕若是贵妃的，有些甲痕可能是铸匠的。问题在于：月文到底是不是甲痕，因为钱上不但有月文，而且还有别的东西。

普通开元的背面，除了各种月文、星文和星月或日月文之外，还有云文。云文又有几种，有大云、小云，还有三朵云的，更富装饰趣味，线条更细。乾元钱上，除月文、云朵外，还有飞鸟，所以也许开元钱上也有飞鸟而没有发现。祥云和瑞鸟是唐朝文物上所常见到的，例如在唐镜上就可以看到这两样东西，无疑是取其吉祥的意义。但钱币上有这种图纹的，真如凤毛麟角，就是有星点或太阳的也不多，而月文却非常普遍，这就证明月文不能和云鸟同样看待。历代文人和史家之所以把月文说成是皇后的甲痕，不正说明这种月文不是出于中国的民俗而为中国人所不能理解吗？所以我们不妨另外寻找一种解释，譬如说，是受了外来的影响。

新月在外国有一定的意义。两角向上的仰月象征进步和成功，这是容易理解的，因为新月总是慢慢丰满下去，最后一定会团圆。希腊人就使用这种标志，科林斯的斯塔脱银币上间或就有新月。但钱币上用星文的比较多，如希腊、罗马、迦太基的钱币上都有使用星文的例子。罗马有一种银币的背面有一大形的新月，月的上面和左右分列五颗六角星。也有新月孕着七颗星的。特别重要的是波斯萨珊王朝柯斯鲁二世（Kosru Ⅱ，590—628年）的银币，正面和背面的边缘上，都有星月文，星月的安排和开元钱上的所谓孕星是一样的。后来波斯被阿拉伯所征服，阿拉伯帝国初期的钱币上还保留这一种标志。而且伊斯兰教正是以新月为教徽的。此外，星月也是印度的一种阶级标志。据说中亚的突厥人也曾普遍使用过新月的标志，只不晓得他们是什么时候用起来的，大概是受了伊斯兰教的影响。

中国自南北朝以来，同西域接触得很频繁。中国有许多事物受到外国的影响。南北朝时，曾有西域的金银钱在中国流通，这是正史所记载的。这些金银钱大概是拜占庭的金币和波斯的银币，因为当时拜占庭是以金币为主，而波斯是以银币为主。这由近代的发掘所证实了。唐朝同波斯、大食、突厥的关系特别密切，所以开元钱上的月文和星月可能是受了它们的影响。

西域货币影响中国货币的途径很多，除了通过外国货币在中国流通一事以外，还可以举出几条可能的途径：第一是波斯王裔卑路斯及其从者的来华。唐初中国同波斯的关系很密切，不但卑路斯来过中国，他的儿子泥涅斯也在中国住过许多年。中国的装饰艺术受过萨珊王朝晚期的影响。当时波斯和大食的钱币上都有星月，这种钱币有流入中国的。近代在新疆乌恰县有大量波斯晚期的银币出土，其中柯斯鲁二世的迭尔亨姆就有二百八十一枚[17]。吐鲁番也曾出土过这种银币[18]。

第二条可能的途径是通过安禄山。安禄山是营州柳城的胡人，本姓康，后来他母亲改嫁姓安的，他也姓安。姓康和姓安的差不多都是西域人，康是康居或康国人，安是安国人；有人且疑心安禄山是波斯人[19]。中国史书上说他是胡人，通六种语言，而且曾做过互市郎，自然接触过各种各样的外国钱币。天宝三年，他任范阳节度使，渐生叛意，乃筑垒范阳北，峙兵积谷，可能已从事私铸。天宝九年（750年）玄宗许他在上谷郡置五炉铸钱，这样他就正式获得铸币的特权了。当时每炉的产量为每年三千三百缗，五炉合计一万六千五百缗，到天宝末就至少可以合法地铸造十几万缗。这些钱上可能就有月文，而且初铸的可能很精整厚重。后来史思明的得壹元宝和顺天元宝上大部分是有月文的。这样不但解决了钱币上月文的来源，而且解答了为什么有史思明的钱而没有安禄山的钱的疑案。不过假若月文是这样产生出来的话，那就要假定安史战乱之前已为其他铸炉所仿效，并已成为一种通行的办法，否则，到了战时，才来模仿叛逆的标志，那是说不通的。因为乾元钱往往有月文，所以月文一定是表示吉利的意思，或作为崇拜的对象，因此敌对双方都可以使用。如果使用月文是取其进步和成功的意义，那就双方都可以采用了，特别是在战时。

　　月文为外来影响之说，只是作为一种可能性提出来，不能说问题已经解决了。实际上还有问题存在：第一，外国钱币上多是星月并铸，即中国钱币学家的所谓孕星；或者只有星文，而没有月文。而开元钱上有孕星的并不多见，而且看制作，应当是晚唐所铸的。单有星点的也少。除了光背外，绝大部分是单有月文。如果是受了波斯大食钱币文化的影响，为什么不星月并铸，而单铸月文呢？第二，外国钱币上的星是有光芒的：古希腊钱币上的星是八角星，迦太基钱币上的星也是八角星，古埃及钱币上的星是六角星，罗马帝国钱币上的星也是六角星或八角星。波斯和阿拉伯钱币上的星也是六角星。中世纪印度钱币上的星是五角星。只有作为印度阶级标志的星月才完全和中国钱币上的孕星一样。但开元钱上的星只是无光的星点。而且单有星点的开元钱实在太少了。这些都是不利于外来影响说的。我们可以说：这种星形的不同，或者正代表对于事物的两种基本不同的看法，这种不同的看法表现在美术上就是中国人画想象中的实体，欧洲人画外观上的现象。表现在伦理上，中国人论动机，欧洲人论效果。但这种解释不能解决单铸月文的问题。只有在罗马凯撒大帝的某种银币上单独有新月，另外在一种东罗马式的小铜币上有甲痕式的月文，和开元钱上的月文一样。但那种外国钱币是不多见的，很难对中国钱币发生影响。我对于隋唐时中亚细亚一带的钱币的形制不是很熟悉，不知月文在这些钱币上是不是一种通行的标志。因此我还不能说：开元钱上的月文，决不是皇后的甲痕。历史上还有许多更离奇的事呢。

　　总之，月文在安史乱前一定已经出现，而且已得到相当的流行，在战时和战后更加普遍了。

至于第三类开元钱则非常复杂，但数量却不多。它们的共同点是制作不规矩。也有少数光背的，但绝大部分有月文和星月文。月文不在穿孔之上，而是在下，或在左右，或在四角，或作斜立，或近似直线。正面文字的笔画也很复杂，有些属于第一类，有些属于第二类，有些自成其类。比如左挑开元便近似第一类，双挑开元则是属于第二类。我疑心左挑开元和双挑开元是天宝年间所铸的，这当然是指它们的起源。首先，它们有很厚重的，每枚有当时的一钱二分重，战后不会铸这样厚重的钱。其次，这两种钱的元字第一画比较长，同乾元重宝的元字差不多。这第三类中包括许多私铸在内，大部分大概是天宝以后会昌以前所铸的。特别是在大历建中年间所铸的。大历元年推行青苗税、地头钱，建中年间推行两税法，需要钱币的地方增多。正如陆贽所说："粟可耕而得，帛可织而成，至钱，非官铸不行。"[20] 白居易也说："私家无钱炉，平地无铜山，胡为秋夏税，岁岁输铜钱？"[21] 但在形势压迫之下，人民只好私铸。私铸大部分自然是开元钱，但也可能有大历钱和建中钱。不过由于铜的难得，私铸数量不多。有一种背面穿孔上下各有一月文的，而大历元宝也有这种制作，大概那种开元是在大历年间所铸的，还有一种上下左右各有一月文的，料想也是这时所铸。双月开元也有分列穿孔两旁的，双月或相背，或同一方向。也有穿上孕星或穿上孕星、穿下一大星的，这些开元钱有人说是宪宗时桂阳监铸的，因为正面文字同桂字会昌开元相近。其实双月开元并不止一种板别。

上面对于普通开元钱的分类，只是形制上的分类，只对几种主要的板别作了一些分析，多少有时间上的先后，但假若把它完全看作时间上的分类，那就错了。因为天宝以后，无疑还有光背开元的铸造，同时也一定有月文在穿孔之上的。最多只能说：在初唐的钱币上，大概没有星月，至少不普遍。至于各地钱监所铸的钱是不是有区别，有什么区别，这里几乎没有接触到。这种问题恐怕只有丰富的出土资料才能提供线索。

开元钱有铁质的，多出于四川，时代不能确定，制作类唐开元。据说唐代藩镇魏博（今河北大名一带）铜钱不通行，一时曾铸铁钱流通[22]。

至于会昌开元，那是容易辨认的，因为背面都有文字。在数量上说来，会昌开元不但比不上有月文的开元，而且比光背开元也要少得多。近代在辽东半岛上的熊岳城出土一批古钱，其中有唐开元八百二十七枚，这里面普通开元占八百零一枚，会昌开元只有二十六枚[23]，普通开元为会昌开元的三十倍以上。河北定县城出土的古钱中有开元钱三百八十九枚，普通开元为会昌开元的三十五倍以上[24]。

第四章　唐代的货币　255

当时并不是所有的州郡都铸钱，单从背文看来，铸钱的似乎只有二十几个州。而且也不全是用州名。比如扬州就是用昌字，虽然有些钱谱说有以扬字为背文的，但恐怕都是改刻的，真的还没有发现过。用州名的有丹、平、襄、兴、润、越、福、宣、洪、鄂、广、桂、兖、潭、益、梓、梁等十七种。此外京兆府用京字，河南府用洛字，江陵府用荆字，蓝田县用蓝字。丹字有人说是河北丹州，有人说是扬州丹阳监，都不对。丹州在陕西宜川县。桂字很难决定，彬州桂阳郡有桂阳监，而桂州（今广西）也有过钱监。若照文献所言，背文都是州名，就应当是指桂州。一般人都说是指桂阳监。甚至洛字也可能是指洛州。有人说兴字是指兴元府，但兴元府似乎应当由梁字代表，所以兴字应当是指兴州，属于顺政郡。润字有人说是浙西，有人说是镇江；两说都没有错，当时浙西是一个行政区划的名称，包括浙江的杭、嘉、湖三郡和江苏长江以南各郡，设有浙西观察使，以润州延陵（唐恢复丹徒之称，即今镇江市）为其治理所，日后的镇江就是在这里。浙西是江南富饶的地区，会昌时铸钱也以这里为最多。另有一种背有永字，流传极少，过去钱谱都没有著录。永字的意义也不明了。史书说武宗废浮屠法，永平监官李郁彦请以铜像、钟、磬、炉、铎皆归巡院云云，可能为永平所铸。也可能是十国钱，以永字指前蜀王建的永平年号，因为这种钱曾在四川发现，而且永字的书法同永平元宝的永字很像。大概王建起初铸开元钱，后来再铸永平。

此外有些钱谱说，还有秦字、蜀字、闽字和并字等，但没有见到实物，真假不知，可能是改刻的。然而当时各州都可以铸钱，也许还有其他种类尚没有发现。

史书说会昌五年七月才下令铸新钱，六年二月才下令推行。又说宣宗即位，新钱复铸为像。查武宗死于会昌六年三月，宣宗即位于柩前，则会昌开元钱的铸造前后总共不超过十个月，铸造数目不会很多，而在中国货币史上也没有什么重要性了。然而实际上不是这样。会昌开元钱遗留下来的相当多，虽然远比不上普通开元，那是因为普通开元数量实在太多，它是在两百年间铸造出来的。如果铸钱的规模不变，假定普通开元为会昌开元的三十倍，那么，会昌开元的铸造时期就应当有七年之久才能铸造那么多。会昌开元钱的数量是相当多的，而且有许多板别。例如豫章郡的钱，背面的洪字有在穿上的，有在穿下的，有在穿左的，有在穿右的，而且同在一处又有倒置的，洪字本身又有大小之别，还有各种月文。其他各种钱也都有许多板别，就是极少见的永字钱的永字也有大小，而且永字有在穿上和穿下两种。这些都证明会昌开元决不是在几个月里所铸造出来的。宣宗推翻武宗的政策一事，也许是真的，但后来一定续有铸造。可能宣宗以后的四五十年间所铸的钱都是这种钱。

中国古代的铜器，对于成色，本有一定的制度，所谓"金有六齐"[25]，这是指六种不同的铜锡合金，适用于各种不同的器物。但对于铸钱却不适用。隋唐以前，钱币的成色是没有标准的。汉朝盛行即山铸钱的办法，即用开采出来的原铜来铸钱，不特别杂以其他金属；所以各地所铸的钱币以及各次所铸的钱币，成色是不一律的。隋代铸钱已有和镴的办法，但似乎还没有一定的规定。到了唐朝，才有一定的制度。开元天宝年间，每炉所用原料是：铜二万一千二百二十斤，白镴三千七百零九斤，黑锡五百四十斤，共铸钱三千三百缗。如果每文以一钱计，则火耗应当是百分之二十三点五，似乎太大了些。总之，当时钱币的成色是铜占百分之八十三点三二，白镴镴占百分之十四点五六，黑锡占百分之二点一二。因此有些人说开元钱炼铜很精的话是不确的。许多开元钱含铜恐怕还不到百分之八十，因为有少数制作虽精整，看起来却发青白色，甚至有发灰蓝色的。历来民间相信：开元钱烧起来有水银出，并说可以治小儿急惊，其实流出来的是镴质，并不是水银。这点正说明开元钱的成色并不十分好。如果把各种开元钱加以化验一下，当可以决定开元天宝年间的官炉钱。

在唐以前，历代铸钱的炉数从来不见记载。战国时期，只能从刀布上的地名来推算炉座的数目，汉以后钱币上没有地名，连这一点根据也没有了。隋代铸钱的地方，除京师长安外，只晓得在扬州、并州、鄂州、益州等地共有二十五炉铸钱。全国到底有多少铸钱的地方和炉座，无法知道。直到唐代才有这方面的资料。史书说，天宝年间全国共有九十九炉铸钱，计绛州三十炉，扬、润、宣、鄂、蔚五州各十炉，益、邓、郴三州各五炉，洋州三炉，定州一炉，每年共铸三十二万七千缗[26]，实际上全国只有十一州铸钱。会昌年间也只有二十二三州铸钱。如果拿这些数字来同欧洲比较一下，我们会发现：中国的铸造权远比欧洲集中。在6、7世纪的时候，单是现在法国范围内便有几百个铸钱的地方，如果以星点来代表钱币的铸地，那么，当时法国地区的地图上仿佛夏夜的天空一样[27]。

唐钱的文字反映了中国文字书法的演变情况。中国钱币上的文字，秦以前是所谓大篆，秦以后是小篆，一直到隋末为止。其间莽泉的垂针篆、刘宋孝建钱的薤叶书，以及北周布泉的玉著篆，都是小篆的变体；蜀汉直百五铢的直百两字是隶书，这是中国钱币上最早的隶书，李寿的直汉兴也是隶书,但这些都是例外。开元钱是用隶书,或所谓八分书。相传是名书家欧阳询所写的。唐以后钱币上的文字,也还有用篆书的,那也是例外。所以唐钱的体制,在中国货币史上,带来了一个新的时代。

从艺术的角度来看,唐朝钱币似乎并不怎样出色。虽然历代史家和钱币学家,盛称开元钱上的欧阳询的八分书。但比起南北朝某些钱币来,似乎也还是有所逊色。所以有些研究铜器艺术的人,认为中国的艺术在晋以后就绝了;他们认为:不要谈古代的青铜器,单就铜镜来说,就可以明了:先秦铜镜的图案最美,汉镜也有很好的,唐镜简直是俗不堪看。其实唐镜无论在形式上和花纹上,在当时都被认为是最新颖最时髦的,因为那些花纹是刚从西方传来的。只因这些图案在近代的日常生活中看得太多了,现代人觉得俗气。当时人看汉镜的图案,大概也觉得俗气罢。但钱币和铜镜不同:铜镜是由变化少到变化多,钱币是由变化多到变化少。唐以前的钱币,大小、轻重、文字都是千变万化,到了唐代,就大体上统一了,几百年间不再有什么变化。这在文化上也许是一个缺点,可是在经济上它是一个优点。而且过于低估唐钱的水平也是不对的,也许由于数量太多,所以觉得平凡;实际上它那种浑厚大方的形式,正反映了唐代文化和美术的特点。如果把开元钱和孝建钱摆在一起来比较一下,就可以看出:后者纤弱,前者坚实。从整个唐代的钱币艺术来看,它的弱点是少变化,决不是说开元钱不美观。拿一枚精整的开元钱同中国历史上最精美的方孔钱比较一下,它不会有一点愧色,尤其是光背开元中元字第一画特别短的一种,轮郭圆细,书体端庄。

唐代文化的高度发展,使唐代的货币文化也传播到外国去。如日本、朝鲜等国。此外,也影响了一些西域的民族,如回纥和突骑施。在安史叛乱的时候,回纥曾以军队协助唐室平定叛乱,唐王朝赠其统治者磨延啜为英武威远毘伽阙可汗称号,并把宁国公主嫁给他。他的儿子牟羽可汗曾铸造一种方孔钱,两面都用回纥文,一面为"美誉贤明回纥牟羽天可汗"的意思,另一面为"保国勅令"的意思。突骑施是西突厥的一支,开宝年间前后,铸造了几种方孔钱,上有突厥文[28],有的兼用突厥文和汉文,这种钱币似乎流通了一两百年[29]。

传世有一种高昌吉利钱,略大于小平钱,狭缘厚肉,重约九公分多。文字隶书。一般认为是高昌国所铸。证之近年在吐鲁番曾发现这钱[30]的事实,也许不是没有道理,但这钱的制作不像是外国钱,年代也难以确定。有人说是麹朝所铸[31]。麹朝的创建人麹嘉于北魏时继马儒统治高昌,共传九代,一百四十四年,亡于唐初。这一时期,高昌同中国的往来很频繁。

唐室并嫁以华容公主，任曲嘉的孙子伯雅为光禄大夫和军师太守。曾在唐住了三四年，回去后下令解辫削衽[32]。然而史书说高昌在南北朝时赋税计田输银钱，无银钱则输麻布[33]，显然不用中国式的钱币。玄奘去印度的途中，经过高昌时，高昌王曲文泰以黄金一百两、银钱三万、绫绢等五百疋，以充玄奘往返二十年的费用[34]。《大唐西域记》也不提高昌用中国式的铜钱的事。史书所提的银钱，应当是西方式的银钱，大概是波斯的银币。后来唐曲交恶，曲朝为唐所灭，置为西州[35]。那以后自然更不会另行铸钱。所以高昌吉利不可能铸于那个时期，而且高昌吉利钱的年代最早只能见到五代十国，见不到南北朝或隋唐。它的文字制作有点像刘燕的永安铜钱。不过永安钱有人说是安禄山钱，所以他们也把高昌吉利看成中唐钱。高昌在唐末又为回鹘所据[36]，作为回鹘的国都，一直到元代。若是铸于这一时代，那就只能说是回鹘钱。

　　史家好把汉唐并称，那是从国力、军事力量以及对外的威信来讲的。其实在货币制度方面也可以并提。汉代自武帝元狩五年起，一直用五铢钱，三百多年基本上没有什么变动。唐代自武德四年起一直用开元通宝钱，两三百年间基本上也没有什么变动。这在中国历史上是无独有偶。这是一种优越的货币制度，短期的变动和一些私铸问题不能归罪于货币制度本身。

注　释

[1]　《唐书·食货志》和王溥《唐会要》。

[2]　新旧《唐书》都称开元通宝，乾封二年五月的《用旧钱诏》中明明说是"开元泉货"和"开元通宝"（《唐大诏令集》卷一一二《财利》）。裴耀卿、李林甫和萧炅等也说过"钱者通宝……"的话（《通典·食货一〇》）。但《唐六典》注称开通元宝。《唐六典》是玄宗御撰，注是宰相李林甫所为，这种官书自然为士大夫如杜佑、欧阳修等人所信任。然而李林甫不是一个信任的人，而且《唐六典》的内容很简略；虽然时代早于《旧唐书》，但《旧唐书》并非杜撰，乃根据唐人吴兢、韦述等人的原著编写的。吴兢的《唐书》成于开元中，各点交代得很清楚。后出书不附和前书，必有原因。《唐六典》注的名称可能由于抄刻之误，也可能因民间本有两种读法，注者想要强调当时年号不是抄袭钱名，故意采另一种读法。宋人把这钱的读法弄错了，使得宋钱的读法形成一种不统一的制度：元宝钱直读，通宝钱环读，这实际上是制度上的混乱。千年来，中国的史家对这问题没有一致的意见，但各行其是，互不相争。日本钱币学界倒是发生过争论。奥平昌洪和三上香哉等人

主张读作开通元宝,中川近礼、中村不折、滨村荣三郎等人主张读作开元通宝。前者另有其原因,就是因为他们的皇朝十二钱都是环读。这对于开元钱环读的说法,的确是一个有力的理由,因为日本的和铜开珎是仿开元钱的,而且时代相同。不过他们对开元钱的读法,大概是受当时中国民间读法的影响,其实那十二钱中,就有两枚读通宝,没有一枚读元宝。中国的钱币学家还是读作开元通宝。中国的读法是比较合理的。因为开元是开始一个新纪元的意思,开通一词,就比较庸俗了。通宝是通行的宝货的意思,也比元宝的意义适当。北魏时有人说"大魏之通货"(《魏书》),北周有永通万国钱,都是取其通行的意思。中国钱币上的文字,除了先秦的环钱是环读以外,只有孙吴的当千以上大泉是环读,其他全是直读,如莽泉、蜀汉的直百五铢、太平百金、定平一百、后魏的太和五铢、永安五铢、北齐的常平五铢、几种北周钱,以及南朝的大货六铢等。所以单从这一传统看来,也应当读作开元通宝。

[3] 《旧唐书》和《通典》说是每贯重二十斤,《新唐书》和《通考》作十二斤,应以二十斤为是。

[4] 《代宗实录》大历四年正月丁酉:"关内道铸钱等使第五琦上言,请于绛州汾阳铜源两监增置五炉铸钱,许之。"

[5] 《新唐书》卷五四《食货志》:"建中初,户部侍郎韩洄以商州红崖冶铜多,请复洛源废监,起十炉,岁铸钱七万二千缗。每千钱费九百。德宗从之。"

[6] 章俊卿《群书考索》后集卷五九《铜钱》引《会要》。

[7] 《唐会要》卷八九。

[8] 洪遵《泉志》卷三《开元大钱》。但戴熙《古泉丛话》对之表示怀疑。

[9] 《册府元龟》卷四八四《邦计部·经费》:"建中四年讨李希烈……赵赞以常赋不足,乃请采连州白铜铸大钱,以一当十,权其轻重。又请置大田。……诏从其说。赞熟计之,自以为非便,皆寝不下。皆行常平、税竹木茶漆之法。"

[10] 《泉志》引旧谱。

[11] 姜绍书《韵石斋笔谈》:"余幼时见开元钱与万历钱参用,轮廓圆整,书体端庄,间发青绿朱斑,古雅可玩。背有指甲痕,相传为杨妃以爪拂蜡模,形如新月。天启三年,南工部郎白绍光职掌鼓铸,建议前朝旧钱,非时王之制,不应互用,致泉壅滞,悉宜追毁,以裕国储,大司空以为能,严禁民间无得以开元钱贸易,凡有存者,俱作废铜,归炉改铸。白君虽一时之见,规画利权,遂使八百余年流传泉贝,销于烟烬,深可痛惜。"

[12] 翁树培《古泉汇考》所列板别比较多。

[13] 方若《言钱别录·开元钱考》。该书作者把唐开元分为两类,第一,凡

文字精美和轮廓深峻的，不问笔画和有无星月，都是初唐开元；第二，凡轮廓像第一类而元通宝三字不相匀称、背月也不同的，都是中唐开元。这种分类显然和事实不符，难道初唐的私铸都是文字精美轮廓深峻吗？作者也否认月文为甲痕，而认为星月并著是取日月合璧之象。

[14]　《谈宾录》。郑虔《会粹》。李日华《紫桃轩杂缀》。《通鉴》引薛珰《圣运图》。

[15]　王观国《学林》。凌璠《唐政要录》。张舜民《书墁录》。姜绍书《韵石斋笔谈》。见注 [11]。

[16]　刘斧《青琐记》。王楙《野客丛书》引徐彭年语。

[17]　见 1959 年 8 月 8 日《人民日报》。

[18]　见黄文弼《吐鲁番考古记》图版第五二。

[19]　桑原骘藏《隋唐时往来中国之西域人》（《支那学论丛》及《东西文明史论丛》。中华书局有何健民译本）。

[20]　《旧唐书》卷三一九《陆贽传》。

[21]　白居易《赠友诗》。

[22]　《天工开物》。

[23]　浦田凡泉《熊岳城出土の调查》（《货币》第二六三号）。

[24]　《货币》第二九七号第一页。

[25]　《考工记》所说的金有六齐如下："六分其金而锡居一，谓之钟鼎之齐。五分其金而锡居一，谓之斧斤之齐。四分其金而锡居其一，谓之戈戟之齐。三分其金而锡居一，谓之大刃之齐。五分其金而锡居其二，谓之削杀矢之齐。金锡半，谓之鉴燧之齐。"但实际上古铜器也没有完全照这标准。

[26]　《通典·食货一〇》和《新唐书·食货志》。

[27]　见 Arthur Sunle, Deutsche Müunz-und Geldgeschichte von den Anfängen bis zum 15. *Jahrhundert*（1955）第一八页所附地图。

[28]　近代在苏联境内的热海附近有大量出土。A. 伯恩史坦《突厥钱币考》（张铁弦译，载《说文》月刊第三卷第一〇期）。又沙畹《西突厥史料》（冯承钧译本第一五三页）也提到这种钱。此外提到突厥钱的还有 Ed.Drouin, Sur quelques monnaies Turco-Chinoises VIe, VIIe et VIIIe siecles《*Revue Numismatique*，1891》。1906 年德人勒柯克（Le Coq）在吐鲁番曾发掘背面有弓形的突骑施钱。

[29]　伯恩史坦说，此类钱币埋藏于坦逻斯第四层位（8 迄 9 世纪）至第三层位（10 迄 12 世纪）之间，10 世纪起伊勒克（Ilek）钱币迪尔亨姆起而代之（《突厥钱币考》）。

[30]　黄文弼《吐鲁番考古记》。但斯坦因《西域考古记》关于吐鲁番的一段

只提到拜占庭的金币和波斯银币,没有提到高昌吉利钱。

[31] 郑家相《高昌吉利钱考》,见《古钱大辞典》下编·十画第三○三页。

[32] 《隋书》卷八三《高昌传》。

[33] 《周书》卷五○《高昌传》。

[34] 《大慈恩寺三藏法师传》卷一《高昌传》。

[35] 《大唐西域记》。

[36] 《旧唐书》卷一九八《高昌传》。

二 五代十国的钱币

在五代十国那个混乱的期间,钱制非常复杂。而且多不见于史书。这方面有赖于历代钱币学家和收藏家的搜集钻研,使我们能知道当时钱制的一个比较全面的轮廓。

在五代方面,有一种开平通宝大钱,相当五钱。可能是后梁开平年间(907—910年)所铸。但遗留极少。所见开平元宝都是假的。广东曾出土一种铅质开平元宝小平钱,环读。可能是岭南刘隐奉梁正朔的时候所铸。后唐有天成元宝小平钱,数量也不多。有一种清泰元宝,大小如得壹元宝。但系直读。当时钱币都是环读。后晋的天福元宝、后汉的汉元通宝,以及后周的周元通宝,则是见于史书的。天福钱铜质薄小,字文昏昧。史书说天福三年十一月(938或939年)许天下私铸钱[1],大概当时因铜料缺乏,听任人民自铸。所以遗留下来的多是私铸。精整的官炉钱很少见。汉元钱则规矩的比较多,这是后汉乾佑元年(948年)铸造的。周元钱是毁佛寺铜像所铸的。臣下有人不赞成,世宗说,"吾闻佛说以身世为妄,而以利人为急,使其真身尚在,苟利于世,犹欲割截,况此铜像,岂有所惜哉?"[2]后代迷信的人,以为周元钱可以治病或助产,加以仿铸。所以周元钱遗留比较多,背面有各种星点和月义,板别很多,不一定都是当时所铸。

十国中除了吴越、南平、北汉等国以外,其余都曾铸钱。

楚王马殷曾在长沙铸过几种钱币。史称因湖南多铅铁,他听从高郁的献策,铸铅铁钱[3]。十文当铜钱一文[4]。没有明说铸的是什么钱。近代钱币学家把一种铁质和铅质的开元钱,当作楚钱[5],但铁开元多出于四川,不出于湖南;而武后和玄宗的时候也有过铁锡钱,所以铁开元不知究竟是唐钱,还是蜀钱。铅钱还有乾封泉宝和乾元重宝,它们可能是楚钱,也可能是冥钱。马殷铸钱多用唐钱的名称。此外，天策府宝和乾封泉宝大钱确是楚钱。天策府宝有铜铁两种，都是大钱。马殷曾受梁太祖拜为天策上将军，于乾化元年（911年）铸此以为纪念，遗留极少，是否为行用钱，不得而知。乾封泉宝大钱也有铜铁两种，铁钱比较多，重约二十八公分，以一当十[6]，据说以九文为贯。背面有时有文字，如天、策、天府等。

南汉的刘岩（龑）曾铸乾亨重宝的铜钱和铅钱，以及乾亨通宝铜钱。刘岩（龑）于贞明三年（917年）在番禺即皇帝位，国号大越，改元乾亨，铸乾亨重宝钱。二年十一月改国号为汉，以国用不足，才铸铅钱，以十当铜钱一。所以铜钱还是在称大越国的时候所铸。乾亨通宝却不知铸于什么时候。通宝钱遗留极少，大概铸造不多，也许是元年所铸，而重宝则和铅钱同时铸。铅钱有两种，一种光背，薄而大，重约四公分，为广州所铸。另一种背有邕字，为广西邕州所铸，稍小而厚，重约四公分四。

闽的王审知曾铸各种开元钱。梁贞明二年（916年，即王审知的第十年）在汀州宁化县铸铅质开元通宝小钱[7]，有光背，也有背铸闽字或福字的[8]。梁龙德二年（922年，即王審知的第十六年）铸大铁钱，直径约一寸，文字大而不工整，背面穿上有闽字，穿下有仰月。另有铜铅大钱，铜钱背面穿上或有大星[9]；铅钱则两种背型都有。也许当时铜铁铅三种大钱都有两种背型，只因出土数量少，尚有未发现的。铁钱制作粗恶，以五百文为贯，俗称铓[10]。后来王羲（一作曦，原名延羲）在永隆四年铸永隆通宝大铁钱，文字制作以及大小同前面的开元大钱差不多，背面有闽字和仰月，穿傍有一星。永隆大钱一枚当小钱十枚[11]，当铅钱一百枚[12]。王延政于天德二年（944年）铸天德通宝大铁钱，以一当百[13]。但没有实物遗留下来[14]。传世有天德重宝铜钱，呈铁锈，背有殷字，因为王延政称帝于建州，改国号为殷，第三年才恢复闽的国号。这些闽钱都流传极少。

前蜀王建曾铸永平元宝（911—915年）、通正元宝（916年）、天汉元宝（917年）、光天元宝（918年）。王宗衍曾铸乾德元宝（919—924年）和咸康元宝（925年）。永平元宝最少见。比永字开元还要少得多。

大蜀通宝大概是后蜀孟知祥在成都称大蜀皇帝的时候（934年）铸的。孟知祥三个月后就死了，所以大蜀通宝遗留极少。但也可能是孟昶在明德年间铸的。广政元年（938年）铸广政通宝铜钱，十八年铸铁钱，铁钱到二十五年才流通[15]。

五代时的四川，地方偏僻，比较安静，许多文人到那里去避难，文化水平比较高，特别在美术方面，出了几个杰出的画家。统治者也很重视这方面的事情。可是钱币制作却很粗恶。它没有被当作美术品来处理，它不反映当时的美术和技术水平，只反映当局对钱币艺术的不重视。到底是小朝廷，不能兼顾。

十国中以南唐钱种类最多，而且领土也广，物产较富，文化水平高。有人说大齐通宝是徐知诰封齐王时（937年）所铸。大齐通宝总共只发现两枚。另有保大元宝，一般认为是李璟在保大年间（943—957年）所铸，也只发现几枚，这两种钱都不见于记录。中兴二年（959年）曾铸永通泉货当十铜钱，遗留也不多。有一种大型的开元通宝，过去钱币学家认作唐代赵赞所铸的白铜当十钱，但铜色制作近似永通泉货，只是更大，可能也是南唐钱。数量比永通泉货稍多，但不见记载，作价也不知。数量多而见诸史书的有开元通宝、唐国通宝和大唐通宝三种平钱。南唐开元的文字小、外郭阔，这是它和唐开元不同的地方。而且它有篆隶两种书体，成对钱。后来北宋盛行的对钱，就是模仿南唐的。唐国通宝也有篆书和隶书的对钱，而且篆书的有当十大钱，小于永通泉货，大概时间也稍晚。三种小平钱的铸造年份不见记载；只晓得唐国通宝和大唐通宝是在永通泉货之后。开元钱比较大样，也许时间要早一些。值得注意的是：这时似乎有以国名为钱名的风气，后蜀有大蜀通宝，齐有大齐通宝，现在南唐又有大唐通宝。实际上当时年号钱还没有固定下来，钱上铸国名也是一种尝试。许多史书都说韩熙载请铸铁钱，后主第三年（964年）发行流通，而且说这铁钱是开元通宝[16]。然而南唐开元不见有铁质的。铁开元的文字制作和唐钱一模一样，不出于南唐范围内，而出于四川。

吴越虽没有钱币遗留下来，但据某些史书[17]所载，则钱弘佐曾于后晋开运三年（946年）计议铸铁钱，没有实行。后来钱弘俶在后周显德四年（957年）又曾计划铸钱，不知实行了没有。

近代在北方出土一批大小铜铁钱，其中最重要的是几种永安钱，有永安一十、永安一百、永安五百和永安一千四种。铜铁都有，但永安一千没有铜。铁永安一千有大小两种，大的重七八十公分，这是清以前最重的钱。关于这些永安钱的时代，有各种各样揣测，有人说是辽以前的[18]，有人说是西夏钱[19]，有人说是北凉沮渠蒙逊的钱[20]，有人说是南唐钱[21]，还有人说是安禄山的钱[22]。意见可说是分歧了。现代人多系之于刘守光[23]。同一地出土的还有铁五铢、铁货布、铁顺天元宝。铁五铢是用隋五铢范，铁货布用莽范，但背上加铸三百两字；铁顺天用史思明的钱为范，背面有百字和千字两种。此外还有应圣元宝背拾，乾圣元宝背百，应天元宝背万。

也许尚有一种背千的钱没有发现。这些钱，大概也是幽州刘仁恭、刘守光父子所铸的。史称刘仁恭以堁泥作钱，令部内行使，尽敛铜钱于大安山巅，凿穴以藏之，藏毕即杀匠以灭其口[24]。照这种记载，则所藏应当是前代的旧钱，断不会自己铸钱来藏。大概传闻失实。因为既然匠人都被杀死，外人只能揣测了。史书也有提到刘仁恭铸铁钱的[25]。而刘守光有应天年号（元年为911年），所以近代钱币学家认为应圣、乾圣、应天等钱是刘守光铸的[26]。而把各种永安钱归之刘仁恭。

纵观五代十国的钱币，五光十色。但可以看出两个特点：第一是大额钱币的盛行。唐朝除乾封年间和乾元年间在极短的时期内曾发行大额货币外，基本上都是用小平钱。而五代十国则自当十当百到当千当万，这是空前的。第二是低级金属的大量使用，特别是铁钱的通行，以前使用铁钱，只有个别的例子：如公孙述的铁五铢，梁武帝的铁五铢，都是小钱，五代十国则有当千的铁钱。

然而这一时期内个别的钱币，却没有多大的重要性，因为它们都是地方性的货币，流通范围很小；其中许多钱币恐怕铸造的数量极少，几乎是一种象征性的东西。

注　释

[1]　《旧五代史》卷七七《晋书》第三《高祖纪》三。

[2]　《五代史·周本纪》第一二。

[3]　《资治通鉴》卷二七四。

[4]　《新五代史·楚世家》第六。

[5]　日本的《昭和钱谱》将其列在《楚钱》下。

[6]　《十国纪年》。

[7]　《十国纪年》闽史。

[8]　王圻《续文献通考》卷二二一载宋理宗宝祐三年六月，福建仙游县南桥溪上魁星祠前溪中涌出开元钱，居民取之，钱背有闽字或福字。近代浙江也有出土。

[9]　铜质大开元钱并不都是闽钱，除文字工整的一种有人认为唐钱外，还有文字带瘦金体的，恐为元代所铸。

[10]　《泉志》引陶岳《货泉录》说俗谓之铬励贺，后人不得其解，后日本的钱币学家（见《昭和钱谱》）看出所谓"励贺"乃"力贺反"三字，系铬字的注音。

[11]　《新五代史》闽世家第八。《十国纪年》闽史。

[12] 《资治通鉴》卷二八二。

[13] 《十国纪年》闽史。

[14] 钱谱所著录的都不可靠。

[15] 《十国纪年》说,广政二十五年以屯戍既广,调度不足,始铸铁钱。《十国春秋》说:"广政十八年十月,募兵既多,用度不足,始铸铁钱。二十五年,行用铁钱。"《十国春秋》讲得具体一些,故采其说。

[16] 《纲鉴汇编》说:"其钱之大小一如开元,文亦如之,用徐铉篆文。"关于铁钱的铸造年份,各书也不一致。陆游《南唐书》和《五代史·南唐世家》都说建隆元年已铸铁钱,到乾德二年才发行流通。《泉志》引钱若水的话,说建隆四年韩熙载才请铸铁钱。

[17] 《十国纪年》。《旧五代史》卷七七《晋书》第三《高祖纪》三。

[18] 翁树培《古泉汇考》:"考唐宋以来纪元永安者,惟夏乾顺改元永安,凡三年。元年当元符元年。夏国多铁钱,此皆夏钱欤?其曰一百一千,盖所当之数也。但此钱既于西山房山等处掘得,苟非刘守光所藏大安山之钱当亦辽以前物,究不敢谓是夏钱也。"

[19] 倪模《古今钱略》。

[20] 初尚龄《吉金所见录》。

[21] 戴熙《古泉丛话》。

[22] 近人罗伯昭主此说。

[23] 翁树培已疑心是刘守光所铸(见注[18])。近人方若(见《言钱别录·永安钱考》)、郑家相(见《古钱大辞典》下编·五画)等都力主此说。

[24] 《旧五代史·周书》卷一三五(〈刘守光传》。

[25] 《册府元龟·钱币三》:"长兴元年正月,鸿胪少卿郭在徽奏请铸造新钱,或一当十,或一当五十。兼进钱谱一卷,仍于表内征引故幽州节度使刘仁恭为铁钱泥钱事。"

[26] 洪遵《泉志》引董逌的话说:"幽州刘守光钱,面文曰应天元宝,背文曰万。"实际上在钱币上作"万",而不作"萬"。近代钱币学家认为应圣、乾圣、应元等钱为一套,应同属刘守光。张纲伯《五代十国货币考》即作如此主张。但他把乾圣元宝的"圣"字读作"重"字,把这钱误读作"乾元重宝"(见张纲伯《刘燕钱史续考》)。丁福保在他的《古泉学纲要》和《古钱大辞典》中也作乾元重宝。1960年马定祥向我指出,应读作乾圣元宝,一查果然以前的人都读错了。这是由于"圣"字不是十分清楚。然而如果仔细看,还是看得出来。

三 绢帛

唐朝的币制，是一种钱帛本位，绢帛几乎可以说是十足的货币，除了对外方面不能作为货币以外，在国内绢帛具备了各种货币职能。不过绢帛究竟还带有实物的色彩，因为它的种类很多。在官方的诏令中，提到绫、罗、绢、布、丝、绵；在其他文献中，使用得最多的是缣、绢、绫、布。实际上也许不限于这几种。它们之间似乎并没有一定的比价，而是随时折算。大体上可以分为绢和布两等，绢代表丝织物，用于大额的支付，布是棉麻织物，为一般劳动人民所使用。

唐朝使用绢帛不是短时期的事，而是全朝的制度，实际上是上承南北朝，下启五代北宋。在唐初，绢帛用得比钱还多，后来钱币所占的比重逐渐加大。

绢帛最重要的一种职能是作为价值尺度。在贞观年间，米价是以绢来计算。贞观初，斗米直匹绢[1]，这是民间的情形。在官方，各种平赃都以绢为标准，所谓平赃就是计算赃款的价值，根据绢的尺数和疋数来定罪[2]。债务案件也用绢疋计算[3]。

绢帛有时也发挥购买手段或流通手段的职能。开元二十年（732年）政府正式下令，市面交易，可以用绫、罗、绢、布、杂货等，不得专用现钱[4]。二十二年又下敕令，凡庄宅、口、马等交易专用绢、布、绫、罗、丝、绵等，其余各种交易，市价在一千文以上的，也叫钱物兼用，违者科罚[5]。到贞元十二年（796年）又叫市井交易，以绫、罗、绢、布、杂货与钱兼用[6]。元和六年又规定：公私交易十贯钱以上，就要兼用疋段[7]。这里似乎有一点实物交换的性质在内，因为同时使用各种各样的绢布，而且包括杂货在内。但是实际上是以绢帛为主。文献中有用绢买柴[8]、买鱼[9]、买画[10]、买鹰[11]、买美女[12]、买瓮[13]的例子。

绢帛用得最多的是作为支付手段。这方面包括借贷[14]、税捐[15]、俸给[16]、劳务报酬[17]、经费开支[18]、赏赐[19]、租费[20]、贿赂[21]等，包括的范围非常广。

由于绢帛是价值尺度和主要的支付手段，有时是购买手段，所以必然会成为储藏手段[22]，这储藏手段无非就是潜伏的支付手段和购买手段。所以日用所资[23]，行旅所携[24]，也用绢帛。

绢帛的单位有尺、疋、端和段，疋是丝织物的单位，端是布的单位，一疋大概是四丈，一端是六丈。一段是多少，却还不晓得。官方文件中，常称匹段，料想有一定的制度。文献资料用段为单位的时候数目都比较大[25]。不过最通行的单位是疋，如果仅有数目字，而没有单位名，则可认作是指疋，如三百缣是指缣三百疋，一缣即指缣一疋。

应当指出：唐代以绢帛为货币或辅助货币，不是由于绢帛作为货币的优越性，而是由于钱币的不足，是一种不得已的办法。这和南北朝时是由于钱制混乱和钱价波动，稍有不同。不过唐代使用绢帛同南北朝的钱制却有密切的关系。自魏晋南北朝以来，钱币流通混乱，大部分钱币不够分量，轻重适中的汉五铢多被剪凿，或销熔改铸。唐武德四年废五铢，专用开元通宝。在钱币的供应上，自然会感到紧张。所以实物经济在唐初特别显著，最初的官俸制度，几乎全用实物，官料钱很不固定。到永徽年间才有固定的俸钱，但一品官每月只有八千文，连食料和杂用等钱，总共不过一万一千文，比西汉末万石的六万钱差得远。到开宝间，铸钱渐多，官俸钱也增加了，实物经济的比重也逐渐减小。所以法令上是钱帛杂货兼用。安史之乱后，钱币数目并没有减少，但因物价水平大大地提高了，钱币显得不够用了。到了元和年间，民间竞藏铜钱，使得钱币更加紧缩，当局才下令兼用疋段。所以后人说，唐时民间用布帛处多，用钱处少[26]。

实际上，唐代不止用布帛交易，有些地区甚至以布帛难得，完全用实物经济。长庆二年（822年）韦处厚提到山南道（今湖北、四川）"不用现钱，山谷贫人，随土交易；布帛既少，食物随时，市盐者或一斤麻，或一两丝，或蜡，或漆，或鱼，或鸡，琐细丛杂，皆因所便。今逼之布帛，则俗且不堪其弊"[27]。这种情形，也许不限于山南道，甚至不限于唐代，而是几千年来山谷贫民间的普遍现象。

元稹在《钱货议状》中也说：自岭以南，以金银为货币，自巴以外，以盐帛为交易；黔、巫、溪、峡，大抵用水银、朱砂、缯绣、巾、帽以相市[28]。

注 释

[1] 《资治通鉴》卷一九五贞观十一年八月引魏征的话："贞观之初，天下饥歉，斗米直匹绢。"

[2] 《唐律疏义》卷四《平赃者》："诸平赃者皆据犯处当时物价及上绢估。"又卷一一《受人财请求律》："受人财而为请求者，谓非监临之官，坐赃论加二等，即一尺以上笞四十，一疋加一等。"又卷一五《故杀官私马牛律》："假有马直十五疋绢，准盗合徒二年。"又《犬伤杀畜产律》："假有甲家牛觚杀乙家马，本直绢十疋，为觚杀估皮肉，直绢二疋，即是减八疋绢，甲偿乙绢四疋。"《唐六典·刑

部郎中员外郎职》："凡计赃者以绢平之。"注："准律以当处中绢估平之。开元十六年勅,其以赃定罪者,并以五百五十为定估,其征收平赃并如律。"

　　[3]　《唐律疏义》卷二六《负债违契不偿律》："诸负债违契不偿,一疋以上违二十日笞二十,二十日加一等。罪止杖六十。三十疋加二等,百疋又加三等,各令备赏。"

　　[4]　《册府元龟》卷五〇一《钱币》三,开元二十年九月："制曰,绫、罗、绢、布、杂货等交易皆令通用。如闻市肆必须见钱,深非道理。自今以后,与钱货兼用,违者准法罪之。"

　　[5]　《唐会要》卷八九开元二十二年十月十六日勅。

　　[6]　黄宗羲《明夷待访录·财计》："贞元十二年命市井交易,以绫、罗、绢、布、杂货,与钱兼用。"

　　[7]　《旧唐书》卷四八《食货志》上。

　　[8]　《顺宗实录》卷三："常有农夫以驴负柴至城卖,遇宦者,称宫市取之。纔与绢数尺。"

　　[9]　《云山杂记》卷四《物价至微》："开成中,物价至微,村落买鱼者,俗人买以胡绢半尺,七大夫买以《乐天诗》一首。"

　　[10]　李绰《尚书故实》："《清夜游西园图》,顾长康画。……元和中,准宣索并钟元常写《道德经》同进入内。后中贵人崔潭俊自禁中将出,复流传人间。维素子周封,前泾川从事在京。一日有人将此图求售,周封惊异之,遽以绢数匹易得。"

　　[11]　张读《宣室志》卷一〇："薛蒿镇魏时,邺郡人有好鹰隼者。一日有人持鹰来告于邺人,遂市之。其鹰神俊,邺人家所育鹰隼极多,皆莫能及。常臂以玩,不肯去手。后有东夷人见者,请以缯帛百端为直。"

　　[12]　《唐摭言》卷四《义气》："李北海,年十七,携三百缣,就纳国色。"朱启济《妖妄传·素娥》："(武三思)左右有举素娥,曰:相州凤阳门宋媪女,善弹五弦,世之殊色。三思即以帛三百段往聘。"

　　[13]　《唐国史补》卷上："渑池道中,有车载瓦瓮,塞于隘路。属天寒,冰雪峻滑,进退不得。日向莫,官私客旅群队铃铎数千。罗拥在后,无可如何。有客刘颇者,扬鞭而至,问曰,车中瓮直几何?答曰,七八千。颇遂开囊取缣立偿之。命僮仆登车断其结络,悉推瓮于崖下。须臾车轻得进。群噪而前。"

　　[14]　《法苑珠林》卷五七《债负》："唐郑州武阳县妇女,姓米,其夫先负外县人绢,遂无人还。"于遂《闻奇录·李克助》："李克助为大理寺卿,昭宗在华州,郑县令崔銮,有民告举放民绢事。"

　　[15]　《册府元龟》卷四八八《赋税》元和六年二月制："其所纳现钱,仍许

五分之中量征二分,余三分兼纳实估匹段。"《唐六典》卷三《户部度支郎中》:"凡金、银、宝货、绫罗之属,皆折庸调以进。"《册府元龟》卷四八八《输财》:"唐彭惠通安州人,贞观十八年太宗征辽东,惠通请出布帛五千段以资征人。太宗嘉之,比于汉之卜式,拜为宣义郎。"《旧唐书》卷八四《郝处俊》:"有彭志筠,显庆中上表,请以家绢布二万段助军。诏受其绢万匹,特授奉义郎,仍布告天下。"

[16] 《唐会要》卷九二《内外官料钱》下长庆四年五月勅:"近日访闻京城米价稍贵,须有通变,以公济私。宜令户部应给百官俸料,其中一半合给段疋者,回给官中所粜粟,每斗折钱五十文,其段疋委别贮。"又太和七年一月:"户部侍郎庾敬休奏,应文武九品已上,每月料钱,一半合给段疋丝绵等。"

[17] 《唐语林》卷五《补遗》:"皇甫湜……其词约三千余字,每字三匹绢。"《酉阳杂俎》卷五:"天宝末,术士钱知征尝至洛,遂榜天津桥表柱卖卜,一卦帛十匹。"李肇《国史补》卷中:"长安中争为碑志。是时裴均之子将图不朽,积缣出万匹,请于韦相,贯之举手曰:宁饿死不苟为此也。"薛用弱《集异记·狄梁公》:"狄梁公性闲医药,尤妙针术。显庆中,应制入关,路由华州……有巨牌大字云:能疗此儿,酬绢千匹。"《唐摭言》卷一《两监》:"龙朔二年九月勅,学生在学,各以长幼为序。初入学皆行束修之礼,各绢三匹,四门学生各绢二匹。隽士及律书算学州县学各绢一匹。"

[18] 《册府元龟》卷四八四《经费》元和十年十一月癸亥:"诏以内库缯绢五千万匹付左藏库,以供军。"又长庆二年正月:"内出缯帛八万匹度支,以助军费。"又开成元年正月:"盐铁使左仆射令狐楚请罢修曲江亭子绢一万三千七百匹,回修尚书省。"

[19] 《旧唐书》卷九三《薛讷》:"时有诏将以二月亲征吐蕃,及闻讷等克捷,玄宗大悦,乃停亲征。追赠王海滨左金吾卫大将军,赐物三百段,粟三百石,名其子为忠嗣,拜朝散大夫。"《唐六典》卷一二《内府令》:"凡朝会,五品以上赐绢及杂彩、金、银于殿庭者,并供之。"

[20] 《入唐求法巡礼行记》卷四会昌七年闰三月十七日:"朝到密州诸城县界大米山骏马浦,遇新罗人陈忠,船载炭欲往楚州。商量船脚价绢五疋。"

[21] 《旧唐书》卷一二三《李巽》:"士宁常以绢数千匹赂(窦)参。"《唐语林》卷三《识鉴》:"潘炎德宗时为翰林学士,恩渥极异,其妻刘氏晏之女也。京尹某有故伺候,累日不得见,乃遗阍者三百缣。"

[22] 李冗《独异记》卷中:"唐富人王元宝,玄宗问其家财多少,对曰:臣请以一缣系陛下南山一树,南山树尽,臣帛未穷。"

[23] 《旧唐书》卷一八三《外戚传·长孙敞》:"贞观初坐赃免,太宗以皇亲,

常令内给绢,以供私费。"《太平广记》卷三四三《窦玉》:"妻曰,妾身奉君,固无远近,但君生人,不合久居于此,君速命驾,常令君箧中有绢百匹,用尽复满。"

[24] 《太平广记》卷一七九《贡举二·阎济美》引温庭筠《乾𦠆子》:"比某到洛,更无知知,便投迹清化里店,属时物价翔贵,囊中但有五缣,策蹇驴耳。"

[25] 《旧唐书》卷一八九《儒学上·欧阳询》:"武德七年诏与裴寂、陈叔达撰《艺文类集》一百卷,奏之,赐绢二百段。"同书卷六五《高士廉》:"及书(《氏族志》)成,凡一百卷,诏颁于天下,赐士廉物千段。"又"受诏与魏征等集文学之士,撰《文思博要》一千二百卷,奏之,赐物千段。"同书卷九四《徐彦伯》:"神龙元年,迁太常少卿,兼修国史,以预修《则天实录》成,封高平县子,赐物五百段。"

[26] 黄宗羲《明夷待访录·财计》:"唐时民间用布帛处多,用钱处少;大历以前,岭南用银之外,杂以金、锡、丹砂、象齿。"

[27] 《唐会要》卷五九《度支使》。

[28] 《元氏长庆集》卷三四(中华书局《四部备要》本)。

四 金银

金银在唐朝货币制度中的地位,是一个须要明确的问题。特别是黄金的问题不容易弄清楚。有些人把唐代文献中的金字都认为是指黄金,因而得出结论,说黄金在唐代发挥了货币所有各种职能[1],这就等于说,黄金在唐代是十足的货币。这是不正确的。货币最重要的职能是作为价值尺度和购买手段或流通手段。黄金在唐代就没有发挥过这两种职能。文献中称值若干金的话,往往不是指黄金,而是指铜钱;汉代文献中的金字有时也是指铜钱,但那时一金似乎固定为一万钱,而一万钱至少在一个时期内正是黄金一斤的价格,换言之,西汉黄金和铜钱之间有法定比价,所以金字可以代表黄金一斤,因而黄金可以看作发挥了价值尺度的职能。然而在唐代,一金并没有固定的数目,有时是指铜钱一缗或一贯,有时是指铜钱一文,当然也有时是指黄金一两。这三者的价值都不相等。唐代文献中没有直接用黄金或白银来表示价值的。所以金银不是价值尺度。有极少数例子似乎是用金银来作为购买手段[2],但都不是正常的买卖,不能看作真正的流通手段。所以金银在唐代不是十足的货币。它们的货币性还比不上绢帛。文献中有时提到购买商品时先将金银变卖成铜钱,然后才能作支付[3]。

不过金银在唐代的确发挥了几种次要的货币职能，如作为支付手段和储藏手段。作为支付手段表现在赋税[4]、捐献[5]、赏赐[6]、军政开支[7]、贿赂[8]、谢礼[9]等方面。至于作为储藏手段[10]，那是黄金一向具备的一种职能。正因为黄金具备支付手段和储藏手段的职能，所以行旅携带金银的事，应当是相当普遍的[11]。

唐代产金的地区倒是不少，《唐六典》列举贡金的州数有十九[12]。《通典》举贡金之州有十四[13]。每年不过百两左右。《元和郡县志》记产金之地有二十五州府，《新唐书》列举了七十三个府州[14]。可能有黄金从外国流入。黄金的流入可以分为海陆两方面。大陆方面：东北黑龙江一带产金。北魏的时候，江南人已惊叹北方金玉之贱，常加收买。海路的流入是指南洋。自南北朝以来，阿拉伯人在南洋一带的贸易上很活跃，阿拉伯正是以产金著名的；据说其金矿无须熔解[15]。而且印度和南洋各地也是产金的，特别是苏门答腊一带，自古有金洲之名[16]。中外古籍中都记载其产金的丰富[17]。

白银的产量不多。元和初每年只产一万二千两。宣宗时每年也只有一万五千两[18]。

但白银自唐代起，在支付上逐渐取得重要性。这可能又是受了中亚各民族的影响。因为这时中亚细亚的火寻（一作货利习弥伽，即元代的花刺子模）和布豁（一作安国，即元代的不花刺）等国正盛行银币[19]。中国同它们的关系比前代更为密切，知道西域民族除了中国的绢帛以外，也喜金银，尤其是白银，所以中国赠给外国使臣，除绢帛外，也用金银。建中初，因无力用绢来支付对回纥的马价，乃用金银十万两来代付[20]。这自然是基于回纥人对于金银的需要。唐末和五代，白银的使用比黄金更普遍了。岭南一带，金银通行[21]。韩愈说过"五岭买卖皆以银"的话，元稹也说过"自岭已南，以金银为货币"的话，张籍也有"蛮州市用银"的诗句。原因也是由于外商的关系。归化的外侨，丁税有征收银钱的事[22]，这大概是指波斯的银币。唐末有许多开支是用白银，到了五代，则白银的重要性，几乎要超过西汉的黄金。

唐代金银以两为单位，有时也论斤，但文献中的金字，如果是指金银，那就是指一两黄金或一两白银。有时就以铸造的形式为单位，如一铤、一饼。铤[23]是最通行的铸造形式，凡是铸成铤状的白银，有时就称为铤银[24]，以与其他形式的白银相区别。有时也叫作笏[25]。笏和铤有时互用[26]，因为两者的形状相像。笏是古代统治阶级所不离身的东西。帝王用玉笏，诸侯用牙笏，士大夫用竹笏。帝王有话，士大夫即写在笏上。玉笏为斑，金属笏就称为铤。笏是手板[27],所以银一笏有时也叫一版[28]。遗留下来的天宝年间的银铤,长市尺一尺上下,宽两寸多,厚一分许到三四分;有时中间厚、周围薄。轻重不等,大铤应当是当时的五十两重,即一百八十六点五公分。面背有文字,是铸后刻凿上去的,可见不是常制,文字用阴文。文字内容是进贡人的官衔和姓名、年份以及银的来由等,也有仅一面文字的[29]。这种形制自然不会是全国一样的[30]。有一枚大中年间的端午进奉银铤也是这样,上面竟多达六十四个字,除了"端午进奉银壹铤重伍拾两"等字外,还有进奉人的官衔[31]。背面没有文字。大概称笏的限于五十两重的大银铤,小铤[32]不称笏,金铤大概也不称笏,因为金铤多是小形的[33]。因此普通说到若干铤若干笏的时候,都是指大铤[34]。银铤也有作马蹄形和砝码形的,近年有出土,砝码形的上面有"太和"年号的打印[35]。

饼[36]的形式由来更久。铸成饼状的金银有时就叫饼金,和铤银的情形一样。近年曾有银饼出土,上面有"元和八年来安""九年""余姚""协成"等字[37]。

唐代的金银并不都铸成铤或饼,有时就制成各种器皿或饰物,赏赐、馈赠就直接用这些器物[38]。

金银钱在唐代也有铸造。开元通宝银钱遗留下来的比较多,大小和铜钱差不多,或光背,或有月文,有几种板别。金开元应有铸造,只是少见。文献中的金钱有时是指鎏金开元,或包括鎏金开元。鎏金开元留下来的比较多,有大小各种板别。这种金银钱仍然是宫廷中使用的钱币,作为赏赐品,为上层社会的人所玩赏,宫廷中特别多[39]。曾见一鎏金开元,金色很厚,钻有四孔,显然是宫中嫔妃们作毽子玩过的。也许开元天宝间内廷嫔妃们春天掷金钱的游戏就是用这种钱,并饰以羽毛。开元元年长安承天门的金钱会是有名的[40]。有时用作洗儿钱等[41],没有发展成为一般流通的货币,也许还没有南北朝那样普遍。唐代一般货币流通也不怎么发达。唐律中关于私铸铜钱和私铸金银钱是不同看待的,私铸金银等钱不作流通用的不算犯罪,这大概是指民间叫金银匠打造金银钱作佩戴用的事。

金价在两晋似乎已到过万钱一两。到了唐代,由于新矿的开采,或由于外国黄金的流入[42],数量增加,但工艺上的需要也可能增加了。盛唐的金价,不见记录,可能低到过六七千文一两,即一斤合十万钱[43]。这价格同东晋差不多。当然还有一些因素要考虑:首先,唐代衡法同晋代衡法不一样,唐朝一两是三十七点三公分,等于晋两的一倍以上。其次,唐钱的重量也和晋代不同,西晋主要是指曹魏五铢,和唐钱也许相差不多,但一定还有大量的剪边五铢，最多只及唐钱的三分之二。东晋就是指沈郎五铢以及剪边五铢等，也许还有比轮和四文钱，但不是平价流通，单位钱文的重量是很难计算的。如果钱重上的差别正好抵消衡法上的差别，那么唐代的金铜比价就和东晋的确差不多了。安史之乱后，各种物价都上涨，金价谅也不例外。但从晚唐的金价看来，似乎一斤十万钱的价格是安史之乱后的价格。乱前的金价似乎要更便宜。元和年间因为铜钱奇缺，样样跌价，金价也下跌。穆宗即位时，长安卖金银每十两垫一两[44]。但不应当跌到安史乱前的价格之下。开成年间似乎是每两五千五百三十文[45]。但后来每两卖到八千文[46]。

金银比价，仍找不到中国方面的记录。日本在淳仁天皇天平宝字四年（760年）的时候，金银铜三种钱的比价都是一比十，换言之，金钱一枚等于银钱十枚；银钱一枚，等于铜钱十枚[47]。如果三种钱的重量相等，则金银比价就是一对十。当时日本有很多地方与中国相似，这种金银比价也可能是反映中国当时的比价。不过当时中国银与铜的比价决不止一比十；所以实际上我们不能由日本的这种比价来推定中国的比价。而且日本当时货币经济还不够发达。在7世纪时阿拉伯的金银比价是一比六点五，印度大概也是用这比价，因为在5世纪，他们的金银比价，就是一比五点五，12、13世纪的时候，马来亚的凌牙斯国的金银比价还是一比五[48]。到15世纪时还是用一比六到一比八的比价[49]。而唐代阿拉伯人和印度人同中国人的商务关系很密切，因此可以推想中国的金银比价大概同阿拉伯和印度的比价差不多。当时欧亚大陆的金银比价，有两个独立的体系，欧洲是金贵银贱，罗马的金银比价在5世纪已是一比十四点四。7世纪是一比十。但9世纪威尼斯又是一比十一。而亚洲则是金贱银贵，中国在汉代金银比价就是一比五。在唐朝的时候，中印两国关系密切，而阿拉伯人则处于亚欧两洲之间，不但亚洲的对外贸易由他们垄断，欧洲的对东方贸易，也是在他们手中。可是他们所用的金银比价，不属于欧洲体系，而属于亚洲体系。由此可知当时亚欧大陆的经济重心是在亚洲，不在欧洲。由此也可推想中国当时的金银比价是一比五到一比六之间。所以开成年间的银价大概每两自八九百文到一千一二百文，整个9世纪的银价大约是每两一千文。在金银的进出口方面，南洋一带的金价偏低，黄金可能有少数流入。日本黄金也有流入中国，这就证明日本的金银比价不是一比十。中国的白银可能有流入西域一带，那里主要用白银，银价大概偏高。但所有这些进出，即使分析得不错，规模也是不大的。

注　释

[1]　日本的加藤繁在其《唐宋时代に於ける金银の研究》一书中，对于唐宋文献中提到金字的资料，搜集得很多。他想证明唐宋曾用金银作货币。例如张彦远的《历代名画记》中，说董伯仁、展子虔、郑法士、阎立本、吴道玄等人的屏风一片，值金二万；次者售一万五千，其他如杨契丹、田僧亮、郑法士、尉迟乙僧、阎立德等人的扇画，每把值金一万。加藤繁以及不少中国学者都说这里的金字是指黄金一两。这是由于对中国古代的价格体系没有足够的认识。这里的金字，不但不是指黄金一两，而且不是指铜钱一缗，它是指铜钱一文。二万钱在当时可以买米一二十公石，等于国子助教一个月的俸入。如果指一缗，则皇帝的老师也要十六七年的俸入才能买得起一片屏风。如果是指黄金一两，我不知道有些什么人可以买得起？而张彦远明明说：当时人间收藏必有顾、陆、张、吴著名卷轴，可见并不是十分昂贵的。古代有一些文人，用词喜欢夸张。大抵在唐代，严肃一点的人，用金字指一缗，好夸张的人，一文说成一金。根据郭若虚的《图画见闻志》卷五《西园图》，则顾恺之这幅名作在元和以后，由周封以绢数疋易得。后来他转卖与判盐铁王涯，得素三百疋。后来大概王涯出了问题，该画又流落一粉铺，为郭承嘏侍郎的一个门警以三百钱买去献给郭承嘏，可见最高价钱是三百素，这是求者不计代价的关系，大概合钱二十几万到五十万。合得黄金四五十两到八九十两。但这价格不能看作是正常的价格。同样，所传王维每年津贴韩幹的是二万钱，不是二万两金子；和尚请阎立本作《醉道图》是用一万钱，不是用一万两黄金（胡蛮《中国美术史》第八〇页和第八五页都认作金子）。又如北宋张耒的诗《田家三首》，有"去年百金易斗粟"的句子，那大概是指熙丰年间的事，当时米价一斗正约值百钱。整个北宋没有一两黄金一斗粟的价格。

[2]　唐代文献中用金银作为购买手段的有《旧唐书》卷一八二《秦彦传》，记僖宗光启三年杨行密围攻秦彦于扬州时，"城中以宝贝市米，金一斤，通犀带一，得米五升。"以及《资治通鉴》卷二五七《僖宗》文德元年二月"朱全忠将讨蔡州，遣押牙雷邺以银万两请籴于魏"两条例子。前者显然是一种实物交换，因为黄金和通犀带的性质是一样的。后一例也不是直接叙述买卖行为，而是因为白银比铜钱便于携带，白银是作为转移价值的手段。唐代有阿拉伯人来中国游历过，回去写成的游记，说中国只用铜钱为货币，金银只作为贵重品。见 Ancient Accounts of India and China by two Mohammedan travellers Who Went to Those Parts in the 9th Century, Translated from the Arabic by the late learned Eusebius Renaudot. London, 1733, p.20.

[3]　莫休符《桂林风土记·菩提寺·道林和尚》："开锁有金满函，可数千

图版四十一　唐代的钱币（二）

1. 乾封泉宝。　2. 乾元重宝。　3. 乾元重宝当十钱。　4. 重输乾元重宝之背。
5. 小样乾元重宝。　6. 减重后的乾元重宝幺钱。　7. 史思明的壹元宝。　8. 史思明的顺天元宝。　9. 大历元宝。　10. 建中通宝。

图版四十二　唐代的钱币（三）

1.会昌开元。　2—23.会昌开元的背文：昌、京、洛、益、蓝、襄、荆、越、宣、洪、潭、兖、润、鄂、平、兴、梁、广、梓、福、丹、桂。

图版四十三　五代的钱币

1. 后晋的天福元宝。　2. 后汉的汉元通宝。　3. 后周的周元通宝。
4. 刘守光的永安一千大铁钱。

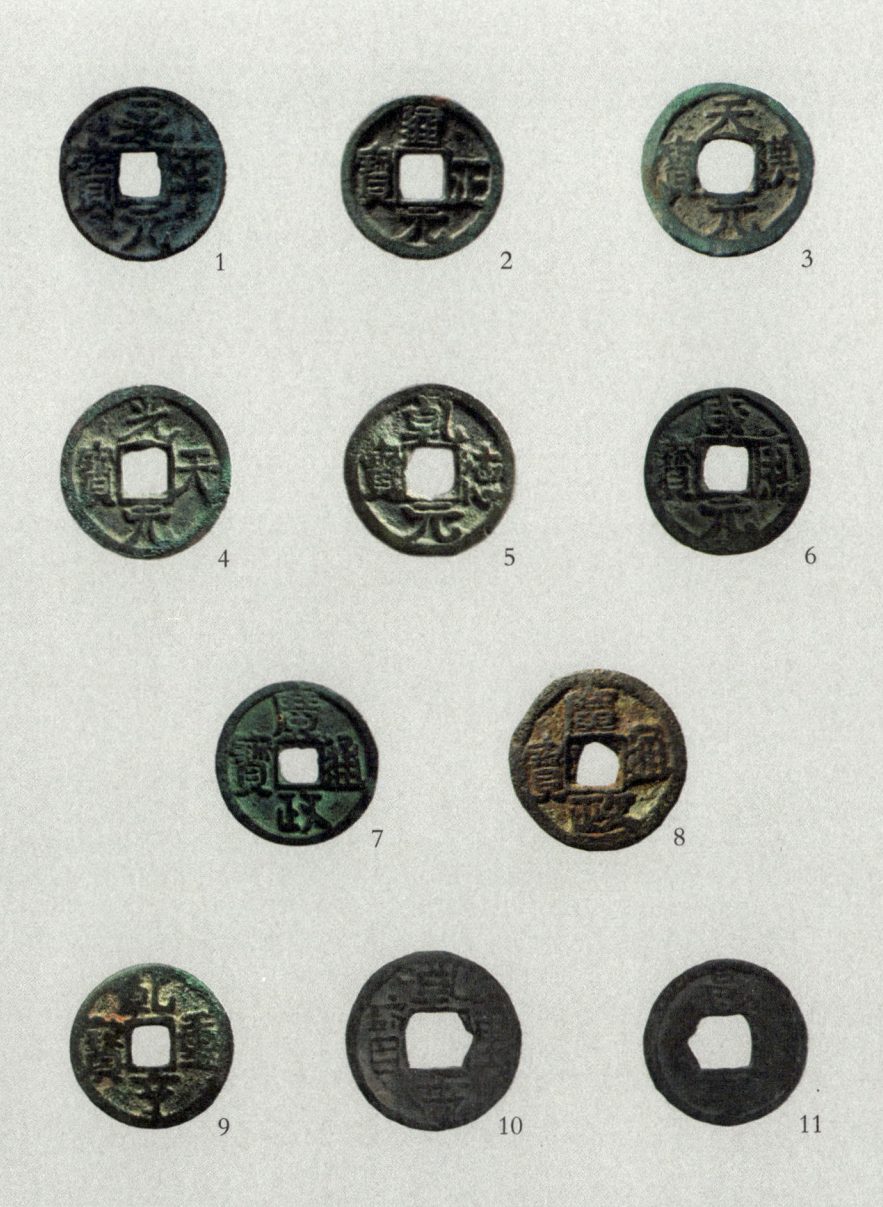

图版四十四　十国的钱币（一）

1. 前蜀的永平元宝。　2. 通正元宝。　3. 天汉元宝。　4. 光天元宝。　5. 乾德元宝。　6. 咸康元宝。　7. 后蜀的广政通宝。　8. 广政通宝铁钱。　9. 南汉的乾亨重宝。　10. 乾亨重宝铅钱　11. 邕州时所铸乾亨重宝铅钱之背。

图版四十五 十国的钱币（二）

1. 楚的乾封泉宝铅钱。 2. 乾封泉宝大铁钱。 3. 南唐的大唐通宝。 4. 隶书南唐开元。 5. 篆书南唐开元。 6—9. 唐国通宝。

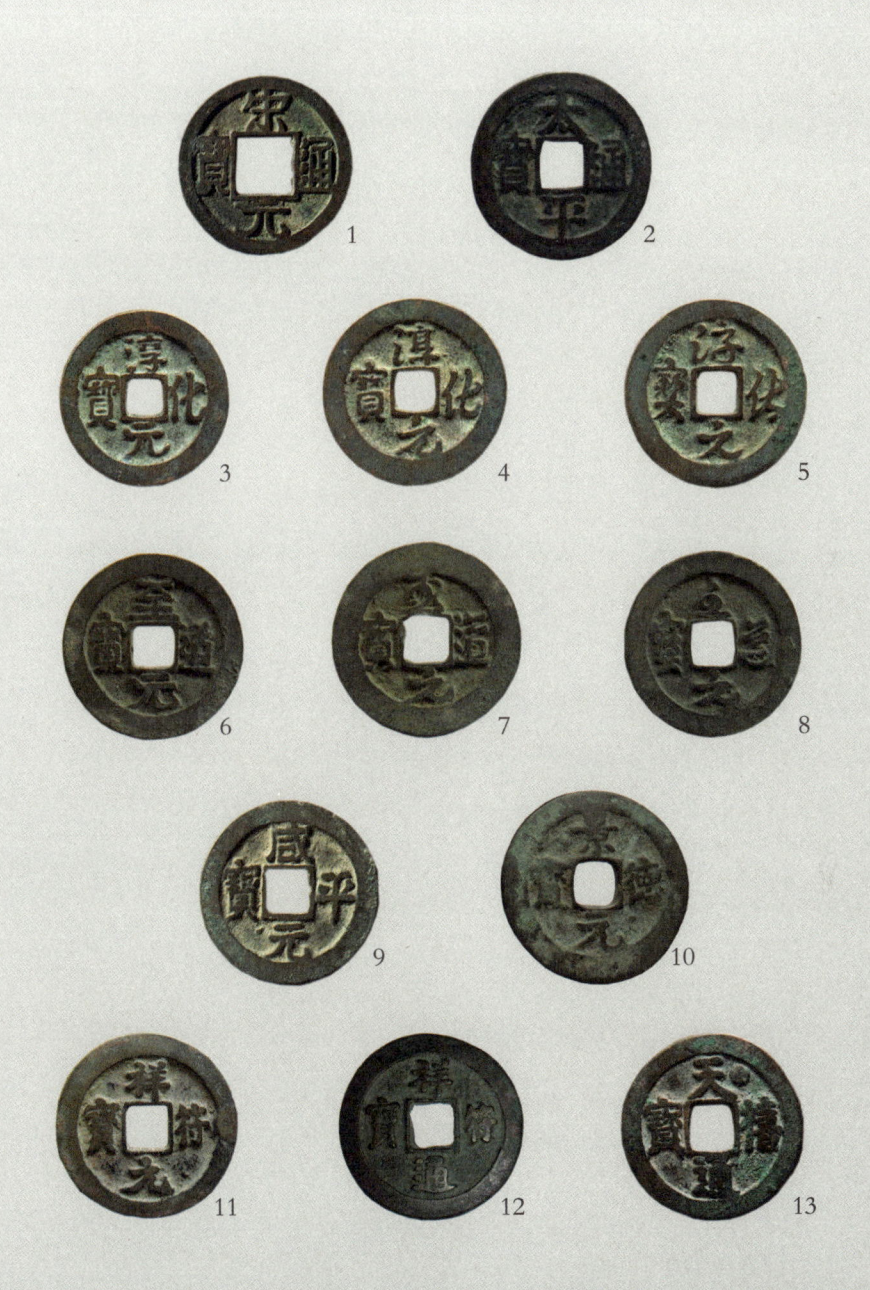

图版四十六　宋初三期的钱币

1. 太祖的宋元通宝。　2. 太宗的太平通宝。　3—5. 淳化元宝的三体书。
6—8. 至道元宝三体书。　9. 真宗的咸平元宝。　10. 景德元宝。
11. 祥符元宝。　12. 祥符通宝。　13. 天禧通宝。

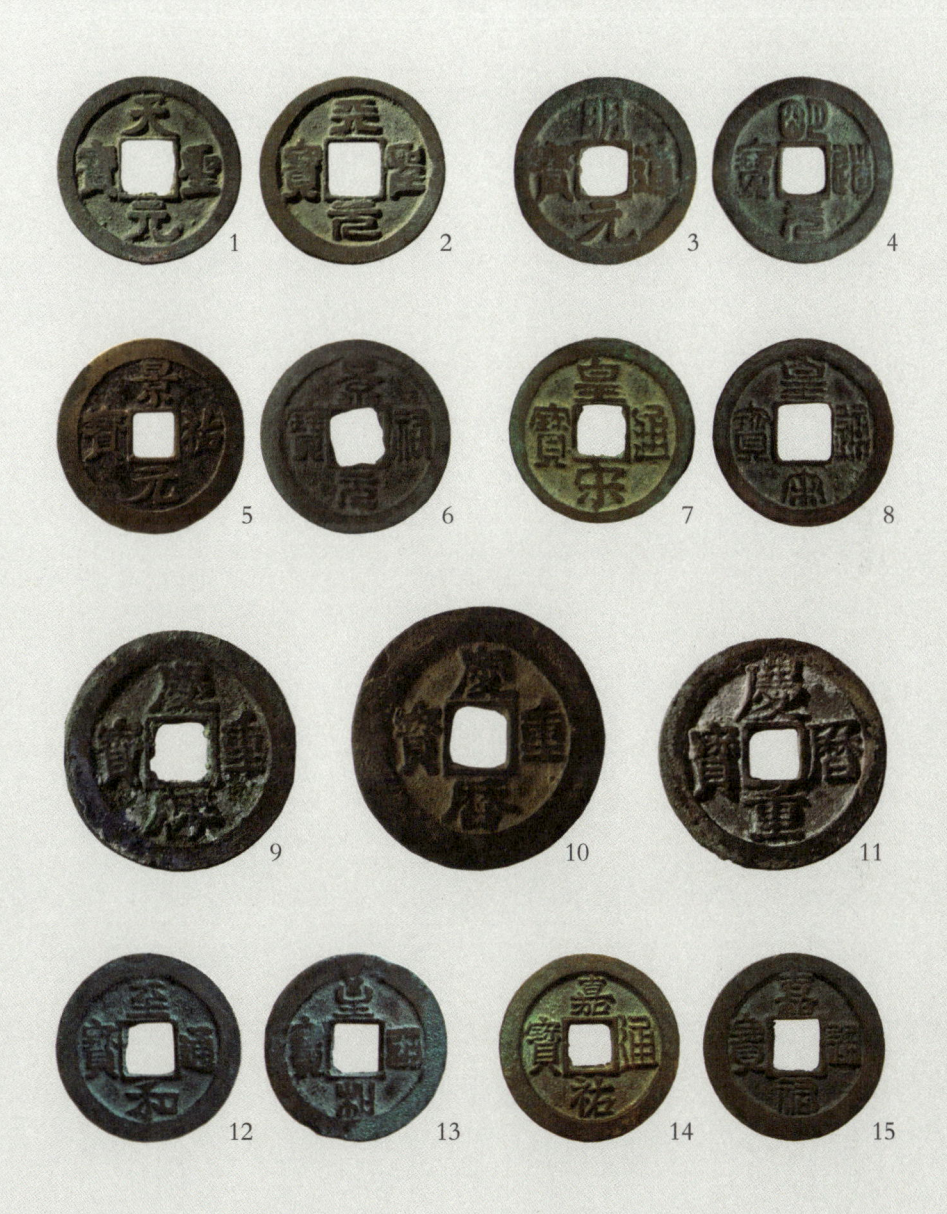

图版四十七　仁宗朝的钱币

1—2.天圣元宝的封钱。　3—4.明道元宝的封钱。　5—6.景祐元宝的封钱。
7—8.皇宋通宝封钱。　9.庆历重宝（直读）当十钱。　10.庆历重宝铁钱。
11.庆历重宝（环读）当十钱。　12—13.至和通宝对钱。　14—15.嘉祐通宝对钱。

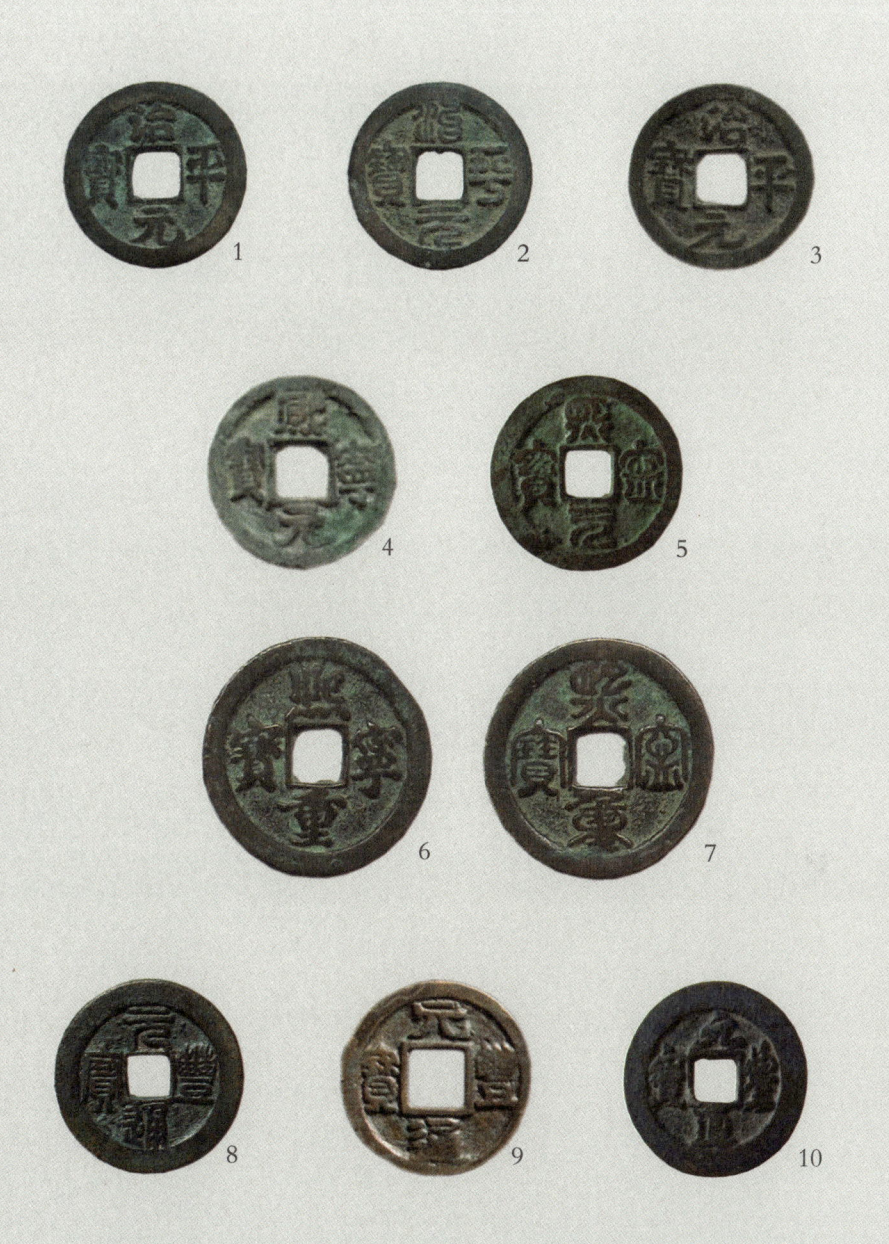

图版四十八　英宗、神宗朝的钱币

1—3.英宗的治平元宝三体书。　4—5.神宗的熙宁元宝对钱。　6—7.熙宁重宝折二钱对钱。　8—10.元丰通宝三体书。相传李书是苏轼的笔迹,号称东坡元丰。

两,后卖一半买地,造菩提寺。"《旧唐书》卷一三五《裴延龄传》:"圣旨方以戎事为急,不忍重烦于人,乃剥亲王饰带之金,卖以给直。"《酉阳杂俎》续集卷三《支诺皋》下:"大和三年……中有金银各一铤……遂货之,办其殡及偿债,不拿一钱。"

[4] 王建《四送吴谏议上饶州》:"养生自有年支药,税户应停月造银。"

[5] 《旧唐书》卷一三《德宗本纪》上贞元十七年三月癸酉:"衢州刺史郑式瞻进绢五千匹,银二千两。"《册府元龟》卷四八四《邦计二·经费》文宗太和元年六月:"司空兼门下侍郎平章事制度支裴度进金六十八铤。"《资治通鉴》卷二五九昭宗乾宁元年十月,"义胜军节度使董昌苛虐,于常赋之外,加敛数倍,以充贡献,及中外馈遗。每旬发一纲,金万两,银五千铤。"

[6] 《旧唐书》卷六八《秦叔宝传》:"太宗将拒窦建德于武牢,叔宝以精骑数十,先陷其阵,世充平,进封翼国公,赐黄金百斤,帛七千段。"同书卷二十上《昭宗本纪》光化三年十一月:"太子登皇帝位,宰臣、百寮、方镇加爵进秩;又赐百寮银一千五百两,绢千匹,锦万两。"

[7] 《唐大诏令集》卷一〇八《禁金玉锦绣勅》(开元二年七月):"朕欲捐金抵玉,正本澄源,所有服御金银器物,今付有司,令铸为铤,仍别贮掌,以供军国。"《旧唐书》卷一五《宪宗本纪》元和十二年二月壬申:"出内库绢布六十九万段匹,银五千两,付度支供军。"

[8] 张鷟《朝野佥载》卷三:"唐洛州刺史严升期,摄侍御史,于江南巡察,性嗜牛肉,所至烹宰极多,事无大小,入金则弭。凡所处金银为之涌贵,故江南人呼为金牛御史。"又"张昌仪为洛阳令,借易之权势,属官无不允者。风声鼓动。有一人姓薛,斋金五十两,遮而奉之,仪领金受其状。"

[9] 苏颋《堿上记·谀墓》:"刘七因持韩愈金数斤去,云,此谀墓中人得耳。"段成式《酉阳杂俎》卷一:

"布被问大喜,即见其女,僧乃取药,色正白,吹其鼻中,少顷摘去之,出少黄水,都无所苦,布赏之白金。"

[10] 赵璘《因话录》卷三:"范阳卢仲元……常躬耕,得金一瓶,计百两,不言于人,密埋于居室内。"徐铉《稽神录补遗·凶宅取银》:"寿州大将赵璘,本州有凶宅,人莫敢居。璘入居之,独据中堂,夜有物推床曰,我等在此已久,为君所压,甚不快,君可速去。……乃相与移其床于庭下。璘亦安寝。明日于堂上置床处,掘得银一窖,宅遂安。"

[11] 《酉阳杂俎》卷一二:"贞恐踪露,乃夜办装,腰具白金数铤。"

[12] 《唐六典》卷三《户部郎中》条列举贡金的州数:山南道有利州、金州、

万州；陇右道有廓州、岩州；江南道有饶州、衡州、巫州、台州；剑南道有龙州、雅州、眉州、嘉州、资州、姚州；岭南道有融州、象州、驩州、蒙州。

[13]《通典》列举贡金之州有：岩、廓、金、万、饶、衡、巫、眉、资、嘉、雅、龙、蒙、驩。

[14]《新唐书·地理志》关于产金地记载得最详细，计关内道一州，河南道一府，山南道八州，陇右道四州，江南东道二州，江南西道十州，剑南道十八州，岭南道二十九州。

[15] Diodorus Siculus, *Bibliotheca historica*, Al-Maqdisi (Ahan-ál-Taqsin, ed.de Goeje, Leyden, 1877, pp.101—102.) 及 al-Hamdāni (Sifat Jazirat al-Arab, ed.D. H. Müller, Leyden, 1884, pp.153—154.) 也都记述过阿拉伯的金矿。

[16] 苏门答腊岛的梵名是金洲 (Suvarnadvipa) 或金地 (Suvarnabhumi) 或金城 (Suvarnapura)。(Gabriel Ferrand, *L'Empire Sumatranais de Grivijaya*. 冯承钧译名为《苏门答腊古国考》)

[17]《新唐书》卷二二二下《南蛮传》："室利佛逝（即苏门答腊古名）一曰尸利佛誓。……多金汞砂龙脑。" *Commentarios do Grande Alfonso Dalboquerque* (1774) 卷三二："输入满剌加之金，大部由米南迦保矿中来。"（冯承钧译：《苏门答腊古国考》）葡萄牙史官巴洛司 (Joao de Barros) 在 *Dècade*（《十篇书》）第三篇中说："第二舟至好望角，独向苏门答腊航行，遂达金洲。……洲中诸物任人取携，亦不好阻，任意取金，满载而去。"（同上）

[18]《群书考索》后集卷六二《坑冶》作二万五千两。加藤繁以为这些数字不是指产量而是指矿税，产量要等于这些数字的五倍（《唐宋时代に於けろ金银の研究》第八章第四节）。关于产银的地区，《六典》卷二〇《太府寺右藏署令》有："饶、道、宣、永安南、邕等州之银。"《通典》卷六记贡银之地有江南西道二州，岭南道三十州。《新唐书·地理志》记产银之地有六十八府州，以岭南道和江南西道为最多。

[19] Robert P. Blake, The Circulation of Silver in the Moslem East Down to the Mongol Epoch, *Harvard Journal of Asiatic Studies*, Vol. II, 1937, pp.300—304.

[20]《旧唐书》卷一二七《源休传》。

[21] 元稹《钱货议状》："自岭已南，以金银为货币。"（《长庆集》卷三四）张籍《送南迁客》："海国战骑象，蛮州市用银。"（《全唐诗》第六函第六册）

[22]《唐六典》卷三《户部尚书》："凡诸国蕃戎内附者，亦定为九等。四等已上为上户，七等已上为次户，八等已下为下户。上户丁税银钱十文，次户五文，下户免之。"

[23] 《唐大诏令集》。见注 [7]。《旧唐书》卷五七《樊兴传》："赐物二千段，黄金三十铤。"《旧五代史》卷一五一《贾纬传》："身没之后，有白金八千铤。"

[24] 《册府元龟》卷四八四《经费》敬宗宝历二年七月壬辰："户部侍郎崔元略，进准宣索见在左藏库铤银及银器十万两。"《旧唐书》卷一七《文宗纪》太和二年五月庚子勅："应诸道进奉内库四节及降诞进奉金花银器并纂组文缬杂物，并折充铤银及绫绢。"

[25] 刘崇远《华子杂编》卷下："愿以白金十笏赎之。"

[26] 于逖《灵应录·陈太》："僧笑曰，我有白金五十铤，酬尔三年供养……遂掘之，果获五十笏。"

[27] 徐坚《初学记》卷二六："笏，手板也。"

[28] 《资治通鉴》卷二三一德宗兴元元年五月："韩滉欲遣使献绫罗四十担诣行在。……登舟，则资装器用已充舟中矣；下至厨箪，滉皆手笔记列，无不周备。每担夫，与白金一版置腰间。"

[29] 1956 年年底在西安市东北郊八府庄东北大明宫遗址内发现银铤五个，都有天宝年号，分属淮南道的信安郡、江南道的宣城郡、岭南道的南海郡、郎宁郡和怀泽郡。上面都铸明为五十两，但各地的衡法似不一致，或则有偷工减料的事。详情见 1957 年《文物参考资料》第四期李问渠《弥足珍贵的天宝遗物》。

[30] 日本在明治七年十月于奈良兴福寺金堂工事中发掘古银板四枚。根据同时出土的其他古物，可以断定其为奈良朝（即中国的盛唐）的东西。当时日本的事物大体上都仿中国，这些银板亦像唐代银铤。四枚中有两种形制，两者差别不大。一种略带砝码形（∞），即两端带圆，稍宽于腰部。另一种是长方形。四枚的重量都是四百一二十公分。差别不大。长日尺五寸三分强到六寸十分五厘，宽一寸多，厚一二分（加藤繁《唐宋时代に於ける金银の研究》第四章第二节第一项三）。

[31] 奥平昌洪《东亚钱志》卷九第三四页。第二行文字为："浙江西道都团练观察处置等使太中大夫检校礼部尚书使持节润州诸军事兼润州刺史御史大夫上柱国赐紫金鱼袋臣崔慎由进。"

[32] 《酉阳杂俎》续集卷三《支诺皋》下："汴州百姓赵怀正，住光德坊。太和三年，妻阿贺常以女工致利。一日有人携石枕求售，贺一环获焉。……经月余，赵病死，妻令姪毁视之，中有金银各一铤，如模铸者。……铤各长三寸余，阔如巨指。"

[33] 同上卷一五："遂摸靴中，得金一铤。"铤可藏靴中，谅不很大。但金铤也可能有大的。皇甫氏《原化记·裴谈》："裴谈为怀州刺史，有樵者入太行山，见山穴，开有黄金焉。可数间屋。入穴取金，得五铤，皆长尺余。"

[34] 刘崇远《金华子杂编》卷下："朱冲和常游杭州，临安监吏……一日邻

房吏偶以私历一道置在案间，冲和窥之，皆盗分官钱，约数千百万，候其适他，遂取之怀袖而去。吏人……愿以白金十笏赎之。……五百两银，不时齐足。"

[35] 1958年南京北阴阳营出土。见《文物参考资料》1958年第三期。

[36] 《新唐书》卷二二四《高骈传》："令曰，斩一级，赏金一饼。"孙光宪《北梦琐言》卷一二："卢山书生张璟，乾宁中，以所业之桂州。……神喜以白金十饼为赠。"

[37] 见注[35]。

[38] 《旧唐书》卷六八《尉迟敬德传》："仍赠以金银器物一车。"又卷一〇六《王琚传》："（先天）二年……累日玄宗谳于内殿，赐功臣金银器皿各一床。"

[39] 王仁裕《开元天宝遗事》："内廷嫔妃，每至春时，各于禁中结伴三人至五人掷金钱为戏，盖孤闷无所遣也。"王建《宫词》：

官人早起笑相呼，不识阶前扫地夫；
乞与金钱争借问，外头还似此间无？

又：

宿妆残粉未明天，总立昭阳花树边；
寒食内人长白打，库中先散与金钱。

[40] 《旧唐书》卷八《玄宗纪》先天二年九月："己卯宴王公百寮于承天门，令左右于楼下撒金钱，许中书门下五品已上官及诸司三品已上官争拾之。"杜甫《曲江对酒》诗：

城上春云覆苑墙，江亭晚色静年芳；
林花着雨燕脂落，水荇牵风翠带长。
龙武新军深驻辇，芙蓉别殿漫焚香；
何时重此金钱会，暂醉佳人锦瑟旁。

又张祜《退宫人》诗：

开元皇帝掌中怜，流落人间二十年；
长说承天门上宴，百官楼下拾金钱。

[41] 司马光《资治通鉴》卷二一六："（玄宗）自往观之，喜，赐贵妃洗儿金银钱。"王建《宫词》：

日高殿里有香烟，万岁声声动九天；
妃子院中初降诞，内人争乞洗儿钱。

韩渥《金銮密记》："天复二年，大驾在岐，皇女生日，赐洗儿果子、金银钱、银叶坐子、金银锭子。"（明徐应秋《玉芝堂谈荟》）

[42] 《全唐文》卷五〇二《权德舆光禄大夫……徐公墓志铭》："溟涨之外，

巨商万艘，通犀南金，充牣狎至。"《慧超往五天竺国传·波斯》条："亦向昆仑国取金，亦讯船汉地，直至广州取绫绢丝绵之类。"《入唐求法巡礼记》（日僧圆仁大师稿本）有几处叙述使用沙金的事（开成会昌年间事）。如卷第一提到沙金四两，另外又将沙金大二两在市面换钱；卷第三又提到金二十四小两。王建《送郑尚书之南海诗》有："市喧盗贼破，金贱海船来。"（《全唐诗》第五函第五册）

[43] 《太平广记》卷一一八："唐豫章民有熊慎者……尝暮宿于江上，忽见沙中光焰高尺余，就掘之，得黄金数斤。明日赍诣都市，市人云，此谓紫磨金也，酬缯数十万。"

[44] 《新唐书》卷五四《食货志》："穆宗即位，京师鬻金银十两，亦垫一两。"

[45] 圆仁《入唐求法巡礼记》卷一开成三年十月："十四日，沙金大二两于市头令交易，市头秤定一大两七钱，七钱准当大二分半，价九贯四百文。"

[46] 赵璘《因话录》卷三："持金鬻于扬州，时遇金贵，两获八千。"（开成大中年间事）

[47] 《续日本纪》。

[48] 赵汝适《诸蕃志·凌牙斯国》条有"酒一墱准银一两，准金二钱；米二墱准银一两，十墱准金一两"的记载，金银比价是一比五。《诸蕃志》是13世纪（有宝庆元年九月序）的书，似书中所记并非赵汝适亲身所经历，而是他所听到的，大概是北宋或北宋以前的事。

[49] Del Mar, *Money and Civilization*, p.22.

第二节 货币的购买力

一 盛唐钱币的购买力

唐代二百九十年，货币经济比较衰退，特别是在开元天宝以前的百年间，实物经济的成分很大。从货币购买力来看，安史之乱前是一个低物价时期。国内太平，连年丰收，是中国历史上一个少有的盛世。安史之乱后，出现了一个高物价时期，贞元以后，虽有一次回缩，但比起盛唐来，物价还是高。

李唐在建国改元以后的第四年，就废止用了七八百年的五铢钱，改用新的开元通宝，以统一魏晋南北朝以来混乱的币制，并稳定隋末以来波动的币值。这一措施，很为成功。虽然最初几年间，粮食还是贵，那是因为战争。农人少，土地荒，米谷不够。以绢计算的米价很高[1]。后来恢复和平和生产，就出现所谓贞观之治：马牛被野，民物蕃息。这种盛况也许是大乱后的正常现象，因为经过了隋末的战乱，人口已大为减少，和平生产恢复后，谋生就比较容易了。

当时币值很高，米价在贞观三、四年（629、630年）的时候，是每石三四十钱[2]，而且连年丰稔。八、九年的时候，每石四五十钱。十五年每石二十钱[3]，十六年全国平均每斗五钱，最便宜的地方是每斗三钱[4]。至于绢帛，在唐初多用作计算标准，太宗刚即位的时候，因米价尚贵，一匹绢只换得一斗米，后来因米价跌，在贞观五、六年以后的几年间，每匹绢能换得十几石粟[5]。

太宗晚年，对外渐多用兵，到高宗时更频繁了。不停的战争，使人民的负担加重，结果私铸盛行。私铸必然会减重，否则无利可图。因此有大批的恶钱在民间流通。不过一般地说来，直到高宗麟德年间，铜钱的购买力还是高。每遇丰年，米价还能跌到五十钱一石。例如永徽五年洛州粟米每石二十五钱，秔米一百一十钱[6]。麟德二年和三年，米价都跌到五十钱一石[7]。

恶钱是高宗到玄宗之间的一个麻烦问题。显庆五年（660年）九月政府命令各地方当局收买恶钱，用一个好钱收买五个恶钱。但因恶钱作价太低，人民反而加以收藏。当局乃于十月改变比率，以一好钱收兑两个恶钱。然而恶钱问题并没有解决。

高宗年间，国内曾引起一次小小的通货贬值。这就是乾封元年（666年）所发行的当十钱乾封泉宝。这钱发行后的第二年，旧钱都不见了，物价大涨，商贾不通。结果只好废止当十钱，再用开元钱。但当十钱虽废，私铸还是不停；加以水旱成灾，连年战争，所以到仪凤四年（679年），物价还是很高，人民负担自然不会很轻。永淳元年（682年）京师大雨，饥荒，米价涨到每斗四百钱[8]。

高宗几次想禁用恶钱。仪凤四年曾用米来收钱，一斗糙米附收恶钱一百文。收进的恶钱由少府司农加以销熔，分量合格的仍令流通。当时米粟价格渐贵，大家说是铸钱增加的缘故[9]。武则天曾在长安市中陈列样钱，以为钱货流通的标准。但中国制钱,大小本不一律,好恶也没有严格的区别,所以后来只禁铁锡铜荡穿穴,其余都许流通。于是盗铸更加厉害了。到玄宗先天元年(712年),首都还在闹恶钱问题,物价高涨。开元初稍微好一点,物价下跌,但后来又恶化了。除官炉钱外,有几十种所谓偏炉钱,多是江淮一带的私铸,据说要七八文才抵得官炉钱一文。

盗铸的弊害:第一是减重,第二是使通货数量增加;两者都有引起物价上涨的作用,尤其是在战时。不过钱币的减重,程度有限;标准开元钱每千文是六斤四两重,减重最厉害的鹅眼、铁锡、古文、綖环之类,每贯仍有三四斤重。流通时不会纯用恶钱,而是混合使用,物价不会涨到五倍。若以好钱计算,物价应当不致于上涨。实际上,一场天灾,比多年的恶钱还更能影响物价。譬如永淳元年(682年)夏天因为下了十天大雨,洛水大涨,那一带的米价就涨到两三百钱一斗,但布价每匹不过百钱。至于通货数量的增加,在唐朝无宁有这需要。自战事停止后,国内生产增加,人民租税负担减轻,私铸的事情也会减少。开元间便是这种情形。

史书载开元初米价低到每斗三钱[10]。十三年(725年)前后,因累年丰稔,东都米斗十三钱,青齐间谷每斗五钱,以后两京米价每斗总不到二十文,面三十二文,绢一匹二百一十文[11]。十六年和二十五年当局还怕谷贱伤农[12]。二十八年又因"频岁丰稔,京师米斛不满二百,天下乂安,虽行万里,不持兵刃"[13]。天宝四年(745年)也怕麦贱伤农[14]。这是李唐第二个盛世。正是杜甫所谓"稻米流脂粟米白,公私仓廪俱充实"的时代[15]。天宝初年,私铸减少,钱形完好。海内富实,米价每斗十三钱,青齐之间,每斗只三钱,绢价每匹不过两百[16]。十一年政府曾用几十万贯好钱来收回私钱,商旅反觉得不便,可见当时生产和交易之盛与通货数量需要的多。当时铸钱数目也大有增加,开元以前,官炉所铸,每年平均恐怕不过十万贯,开元年间有增加,但到天宝年间才大兴铸炉,甚至征调农民来铸钱。当时全国共有九十九炉,每年共铸三十二万七千缗[17]。

盛唐的米价记录,差不多全是特殊丰收时的报告,所以正常米价每石多少,不得而知。书中所载,每石自三十文到一百多文,而且《通典》明言开元于三年以后天下无贵物,两京米斗不至二十文,则以两百文一石为开元天宝间的正常米价,大概相差不远,每公石为三百三十六文[18],比西汉宣帝时要高,但比元帝时要低。当时金价以十万钱一斤计算,每公石米约值黄金两公分,不到西汉宣帝时的二分之一。金银比价如果以一比五计算,则每公石米约值白银十公分。当时(7、8世纪)欧洲的小麦价格每公石约值白银十五公分八九，比中国米价稍高。折合金价每公石约值一公分零六，只合中国米价的一半[19]。但中国的正常米价，每石可能不到二百文[20]。

又如绢帛价格，盛唐的两百钱一匹[21]，是汉以来的最低价格，以后千年间再也没有到过这种低价。不过两百钱一匹的绢，虽在盛唐，也并不是正常价格，不能用作标准。当时的绢价，各地不尽相同：山南的价格低，约两三百钱一匹；河南的价格高，要七百多钱一匹[22]，因此当局于开元十六年以五百五十钱一匹的价格为定赃的标准，这可以说是盛唐的标准绢价。

盛唐物价之所以低，有两个重要的原因：第一是国内太平，生产增加；第二是钱币数量不够。武德四年废用五铢，其他许多杂色钱币自然都不许流通，流通主要靠开元钱，如何来得及供应？这种情况在中国货币史上是少有的。只有秦始皇统一中国后，也废止过去的钱币，专用半两。但那时可用大型的刀布来改铸比较轻小的半两，在钱币的供应上，问题还不大。而且当时的生产和商品流通，也还不怎样发达。到了唐代，生产和商品流通应有进一步的发展，而钱币却靠用一些轻小的私钱如线环等来改铸比较大的开元钱。当时汉五铢早被销熔改铸，或经过剪凿，完整的多被埋藏，所以要用几枚旧钱才能改铸一枚开元钱，在钱币的供应上，自然感到紧张。唐代实物经济所占成分之大正由于此，物价之低，也同这点有关系。

注　释

[1]　《新唐书》卷五一《食货志》："贞观初，户不及三百万，绢一匹易米一斗。至四年，米斗四五钱，外户不闭者数月。马牛被野，人行千里不赍粮，民物蕃息，四夷降附者百二十万人。是岁天下断狱死罪者二十九人。号称太平。"

[2]　《贞观政要》卷一："至贞观三年，关中丰熟……牛马布野，外户不闭。又频致丰稔，米斗三四钱。"《新唐书》卷九七《魏征传》："于是帝即位四年……米斗三钱。"《五代会要》卷二五《租税》："天下太平，粟值两钱。"

[3]　《通典》卷七："自贞观以后，太宗励精为理，至八年九年，频年丰稔，米斗四五钱，马牛布野，外户动则数月不闭。至十五年，米每斗直两钱。"

[4]　《贞观政要》卷八《务农》第三〇第二章："贞观十六年太宗以天下率计斗直五钱，其尤贱处计斗直三钱。"

[5]　《旧唐书》卷七四《马周传》贞观十一年又上疏："往者贞观之初，率土霜俭，一匹绢才得一斗米，而天下帖然。……自五六年来，频岁丰稔，一匹绢得

粟十余石，而百姓……咸有怨言。"《贞观政要》卷一："太宗即位之始，霜旱为灾，米谷踊贵，……一匹绢纔得一斗米。"

[6] 《资治通鉴》卷一九九。

[7] 《资治通鉴》卷二〇一。《通典》卷七。

[8] 《通典·食货七》。

[9] 《通典·食货一〇》。

[10] 《唐语林》卷三《凤慧》："开元初……四方丰稔……米每斗三钱。"《册府元龟》卷五〇二开元二年九月勅："天下诸州，今年稍熟，谷价全贱，或虑伤农。"

[11] 《通典》卷七："至十三年封泰山，米斗至十三文。青齐谷斗至五文。自后天下无贵物。两京米斗不至二十文，面三十二文，绢一匹二百一十文。"

[12] 《册府元龟》卷五〇二开元十六年九月诏："如闻天下诸州，今岁普熟，谷价至贱，必恐伤农。"又二十五年九月戊子勅："今岁秋苗，远近丰熟，时谷既贱，则甚伤农。"

[13] 《旧唐书》卷九《玄宗纪》下。

[14] 《册府元龟》卷五〇二天宝四载五月诏："如闻今载收麦，倍胜常岁；稍至丰贱，即虑伤农。"

[15] 杜甫《忆昔》诗："忆昔开元全盛日，小邑犹藏万家室。稻米流脂粟米白，公私仓廪俱充实。九州道路无豺虎，远行不劳吉日出。齐纨鲁缟车斑斑，男耕女桑不相失。"

[16] 《新唐书》卷五一《食货志》。

[17] 各书所载不同，实数应为三十二万六七千缗。

[18] 唐代一石合以 0.5944 公石计；一两合 37.30 公分。（吴承洛《中国度量衡史》）

[19] 欧洲小麦价格，在 6、7、8 三个世纪，平均白银一两可以买得三百一十四磅。（Michael G. Mulhall, *The Dictionary of Statistics*, London, 1892, p.418.）当时金银比价为一比十五。（G. F. Warren & F. A. Pearson. *Gold and Prices*, p.260.）

[20] 《开元占经》卷九二《雨占》："凡四时卯日雨皆主谷价。雨一卯斛百文。雨二卯斛二百文，雨三卯斛三百文，雨四卯斛金一斤。"《开元占经》为开元初年的著作。看文意似乎一二百文一斛的谷价也算是贵。这就说明米价是怎样低了。

[21] 《通典》卷七，见注 [11]。《通鉴》卷二一四开元二十八年："西京东都米斛直钱不满二百，绢匹亦如之。"《新唐书·食货志》天宝三载："是时海内富实，米斗之价钱十三，青齐间斗才三钱，绢一匹钱二百。"

[22] 《唐会要》开元十六年五月二日御史中丞李林甫奏："天下定赃估，互

有高下，如山南绢贱，河南绢贵；贱处计赃不至三百即入死刑，贵处至七百以上方至死罪，即轻不重侔，刑典安寄。请天下定赃估绢，每匹计五百五十为限。"

二 安史之乱与通货贬值

玄宗晚年，渐趋奢侈，每年租钱虽收得二百多万缗，粟一千九百八十余万斛，绢七百四十万匹，另有绵和布；但岁出常超过岁入。只因多年的积聚，所以仍是府库盈溢。天宝八年还邀引百官到左藏库去参观，以炫耀他的钱币之多。有人说安禄山之反，就是垂涎明皇的财富。

范阳的战鼓声，惊破了长生殿的美梦。把明皇那个欢乐的朝廷，吓得手忙脚乱。因为太平日久，没有人会打仗。正是"渔阳动鼙鼓，江北无坚城"。可是杨国忠还想度僧尼道士来弄钱，他不知道就是左藏库的钱帛，也是支持不了很久的。

打了两年之后，卖官爵和度僧尼都无济于事，于是在第五琦主持之下，实行通货贬值。乾元元年（758年）七月铸造当十的乾元重宝，以供几十万大军作战，但尽管有什么斩首十万级、横尸三十里，仍无法消灭叛乱。有时郭子仪也要吃败仗。安禄山死后，史思明正式称帝。于是又发行当五十的重轮乾元重宝。史思明且在东都发行当百的得壹元宝。上元元年（760年）三月，米价涨到每斗七千[1]，这比战前两百钱一石的米价高了三四百倍。私铸猖獗，京兆一地犯罪致死的有八百人。几种乾元钱文字相同，大小也差不多，流通上自然很不方便。乃令在畿内把重轮钱减作当三十，旧开元钱则增为一当十，这样还是贬值，七月下令：全国重轮钱都作当三十。宝应元年（762年）代宗即位后，把乾元小钱改为一当二，重轮大钱改为一当三，后来元载做宰相，大小钱平价流通。当时私铸乾元钱比开元钱要轻小得多。遗留下来的乾元重宝，有轻到二公分四的，甚至有轻到半公分的。可以想见：旧日的开元钱一定被人收藏，而以小钱流通，所以物价并没有恢复。据说史思明所据的洛阳物价更高[2]。宝应二年（763年）京师米价每斗还是一千[3]，宫厨无兼时之积，禁军乏食，百姓捋穗以供。又如盐价在天宝至德间每斗只十钱，即两个铜钱一斤，战乱发生后，第五琦变盐法，每斗增加到一百一十文，也就是二十二文一斤，涨成十一倍[4]。

通货贬值的结果，发生许多应有特有的现象，第一是官吏货币所得的增加。依据开元二十四年六月二十三日的勅令，一品官月俸等项收入只有六七十贯[5]，大历中权臣月俸有到九千贯的，各郡刺史，都是千贯[6]，郭子仪每年的官俸二十四万贯，私利还不在内[7]。第二是税收增加：例如盐利收入，肃宗初年每年仅六十万贯，晚年超过十倍，据说人民无厌苦。史家多归功于刘晏的转运政策[8]。其实是因为通货贬值的关系。货币价值减低了，数量必须增加。

然而一般情况，通货贬值时，待遇的提高，总是赶不上物价上涨的程度。因为战时生产减少，物资缺乏，加剧了货币购买力减低的程度。可是劳动人民和职员等不得不出卖其劳力，所以一般人民的生计艰难[9]。奸人则乘机取巧，增加贪污贿赂的事[10]。意志薄弱的人有时难免屈服于金钱的诱惑[11]。有些官吏为生活所迫，要求调到乡下去不准，甚至故意犯过，以求外贬[12]。这样使整个吏治都受到很坏的影响。

至于物价上涨的程度，却没有详细确实的记载；文献中的记录，多是特殊的物价，例如至德二年（757年）南阳被围的时候，米一斗卖到四五十贯[13]。乾元元二年间邺城的安庆绪被围，一斗米卖到七十多贯[14]。这些都是同货币没有关系的。乾元大钱发行后的反响便是米价涨到七千文一斗，不过这也是指人心最动摇的时候，后来大概慢慢平复了些。上元初京师旱灾，斗米也不过数千。乾元三年米价在饥旱之下，也不过八百文到一千五百文一斗[15]。在取消大钱之后，物价大概更有回跌，因为代宗初年（763—764年），即在灾荒之下，一斗米也不过涨到一千钱[16]，最高到过一千四百[17]。至于当时的正常价格，当然还要更低。永泰二年（766年）政府考进士，元结出一个题目问：为什么往年粟一斛估钱四百还算贵，近年估钱五百还算贱？往年帛一匹估钱五百算贵，近年估钱二千还算便宜[18]？可见粟价在永泰二年前后比战前只上涨约一倍，而帛价则涨成四倍以上。杜甫《忆昔》诗中的"岂闻匹绢直万钱？"大概是指绢价最高的时候。

大历二年，安史的余党已渐剿平，但币值仍旧没有恢复。郭子仪自河中来朝，代宗只赐罗锦二百匹，不赐钱，大概因为铜钱的购买力很低。元载王缙等四人欢宴，每人出钱至三十万。田神功一宴花费了一亿。这种宴会显然有庆祝胜利的意味，其实前面困难还很多：第一吐蕃还是不断地向唐朝找麻烦，第二回纥因为帮助唐室收回西京，唐室答应每年向他们购买十万匹马，每匹价格是四十匹绢，这是一种很重的负担，也是以后绢价所以贵的原因。当时绢价要四千钱一匹[19]，这比万钱一匹的价格已低得多，但比起战前来，还是要高许多倍。在大历年间稍有灾荒，米价便要涨到八百钱千钱一斗[20]。

当时事态没有恶化，是因为当局不再以通货贬值来应付，而用开源节流的办法。所谓开源就是增税，例如代宗永泰二年（766年）税青苗地头钱和大历四年（769年）的秋税等。向人民募捐也是一种开源的方法。所谓节流，例如减低京官职田和裁员。这些办法都有收缩通货的作用。

然而通货的稳定，单靠收缩通货数量或增加国库收入还是不够。必须同时增加生产。当时除当兵的人太多以外，还有大批的和尚尼姑，不但不事生产，而且不纳税，这是一种很大的浪费。这一点当时也有人注意到。譬如大历末（779年）李叔明曾上书请淘汰东川寺观，僧尼中只留有道行的，其余的还俗。彭偃更提出他的充分就业的理论来，主张僧道未满五十岁的每年输绢四匹，尼姑和女道士两匹，其他杂役和普通人同样待遇，这样就让他们做和尚也好，道士也好。他这种建议为朝臣所反对，没有实行。

自采行开源节流的政策以后，几年之内，形势似乎有点好转。永泰二年粟价只要五百多钱一斛。大历五年户税减轻，八年又减青苗地头钱。因岁丰谷贱，粟价每斗只要二十[21]，政府还拿出一百二十万贯钱来维持谷价[22]。但这些事例只能表示膨胀之势已停止，实际上物价还是很高。因为大历十二年还要根据新的币值来调整百官俸给[23]。而李翱说在建中初年（780年）米价要两百钱一斗[24]，比战前起码贵了四五倍。又贞元四年（788年）盐价从每斗一百一十文加到三百一十文，河中两池加到每斗三百七十文，这是官价；有些奸商，甚至把市价提高到官价的一倍[25]。由此可知道当局对于恢复以前的币值是没有把握的。币值低自然使政府感觉通货数量不够，而设法多铸钱。大历四年增炉铸钱，七年禁止国内铸铜器。建中初又铸钱，铸钱一千，成本就要九百[26]，那大概就是轻小的建中通宝钱，每枚重量不过两公分四左右。江淮多用铅锡钱，使绢价腾贵[27]，取巧的人将好钱销熔，每千钱得铜六斤，铸成器每斤可以卖六百文。正在这时，李希烈叛，赵赞因常赋不足，提议铸当十的白铜大钱，似乎没有实行。因而铜钱渐少，使币值慢慢提高了[28]。但一直到德宗贞元时实行两税法以后，币值才向另外一个方向波动，而安史之乱后的物价上涨阶段才真正告一个结束。

注　释

[1]　《新唐书》卷五四《食货志四》。
[2]　《永乐大典》引《敬斋泛说》见《古泉汇考》。

[3] 《旧唐书》卷一二三《刘晏传》。

[4] 《新唐书·食货志四》："天宝至德间，盐每斗十钱。……及琦为诸州榷盐铁使，尽榷天下盐，斗加时价百钱而出之，为钱一百一十。"刘肃《大唐新语》卷一〇《厘革》第二一："……永泰初奏准天下盐斗收一百文，迄今行之。"（该书所记事件，起武德之初，迄大历之末）元叶知本《请减盐价疏》。

[5] 《唐会要》卷九一。《旧唐书·食货志》所载永徽元年和开元二十四年百官月入（永徽年间除俸钱外，还有防阁庶仆，未计在内，开元制另有禄米，也未计算在内）比较如下（单位：文）：

品级	永徽元年	开元二十四年
一品	11000	31000
二品	9000	24000
三品	6000	17000
四品	4200	11567
五品	3600	9200
六品	2400	5300
七品	2100	4100
八品	1850	2475
九品	1500	1917

[6] 《唐会要》卷九一《内外官料钱》二元和六年条。《唐书·食货志》作权臣九十万，刺史十万。

[7] 《旧唐书》卷一二〇《郭子仪传》。

[8] 《旧唐书·刘晏传》。

[9] 《新唐书》卷一六二《独孤及传》："师兴不息十年矣。人之生产，空于杼轴。拥兵者第馆亘街陌，奴婢厌酒肉，而贫人羸饿就役，剥肤及髓。"《次山文集》卷七《问进士》（永泰二年）："当今三河膏壤，淮泗沃野，皆荆棘已老，则耕可知。太仓空虚，雀鼠犹饿。至于百姓，朝暮不足。而诸道聚兵，百有余万。遭岁不稔，将何为谋？"《陆宣公翰苑集》卷四《议减盐价诏》："自顷寇难荐兴，已三十载。服于橹者，农耕尽废。居里闾者，杼轴其空。革车方殷，军食屡调。人多转徙，田亩汙莱。"

[10] 《旧唐书》卷一二六《陈少游传》："永泰二年（766年）……少游以岭徼辽远，欲规求近郡。时中官董秀掌枢密用事。少游乃宿于其里，候其下直际晚谒之，从容曰，七郎家中人数几何？每月所费复几何？秀曰：久添近职，家累甚重，又属时物腾贵，一月过千余贯。少游曰，据此之费，俸钱不足支数日，其余常须数

求外人，方可取济。傥有输诚供亿者，但留心庇覆之，因易为力耳。少游虽不才，请以一身独供七郎之费。每岁请献钱五万贯，今见有太半，请即受纳，余到官续送，免贵人劳虑，不亦可乎。秀既踰于始望，欣惬颇甚，因与之厚相结……"

[11]《太平广记》引《幽闲鼓吹》："唐张延赏（大历建中间人）将判度支，知一大狱，颇有宽屈，每甚扼腕。及判使台狱吏严诫之。且曰此狱已久，旬日须了。明日视事，案上有一小帖子曰，钱三万贯，乞不问此狱。公大怒，更惧之。明日复见一帖子来曰，钱五万贯。公益怒，令两日须毕。明旦案上复见帖子曰钱十万贯。公遂止不问。子弟承间侦之，公曰钱至十万贯，通神矣。无不可回之事，吾恐及祸，不得不受也。"

[12]《旧唐书》卷一三一《李皋传》："上元初（760年）京师旱，米斗直数千，死者甚多。皋度俸不足养，亟请外官不允，乃故抵征法，贬温州长史。"

[13]《旧唐书》卷一一四《鲁灵传》。

[14]《旧唐书》卷二〇〇上《安庆绪传》。

[15]《旧唐书》卷三七《五行志》，乾元三年闰四月："是月史思明再陷东都，京师米斗八百文。"又卷一〇《肃宗纪》乾元三年："是岁饥，米斗至一千五百文。"

[16]《旧唐书·五行志》："广德元年秋，蚜蚄食苗，关西尤甚，米斗千钱。"又卷一二三《刘晏传》记代宋初年事："时新承兵戈之后，中外艰食，京师米价，斗至一千。"又卷一一《代宗纪》广德二年："自七月大雨未止，京城米斗直一千文。"又同卷永泰元年："岁饥，米斗千钱，诸谷皆贵。"

[17]《旧唐书·代宗纪》永泰元年七月："时久旱，京师米斗一千四百，他谷食称是。"

[18]《全唐文》卷三八〇《元结问进士》第四。所据为光绪辛丑年广雅书局翻本。他人所引有作"近年粟一斗估价五百犹贱"的。

[19]《新唐书》卷一六五《权德舆传》："又言大历中一缣直钱四千。"

[20]《旧唐书·五行志》大历四年："是岁自四月霖澍至九月，京师米斗八白文。"又卷一一《代宗纪》大历五年七月，"是月京城米斗一千文。"同卷大历六年："是岁春旱，米斛至万钱。"

[21]《册府元龟·平籴》卷五〇二："代宗大历八年十一月癸未，……时京师大稔，谷价骤贱，大麦斗至八线，粟至二十钱。"

[22]《旧唐书·代宗纪》大历九年："五月庚申诏度支使支七十万贯转运使五十万贯和籴，岁丰谷贱也。"

[23]《旧唐书·代宗纪》。

[24]《全唐文》卷六三四李翱《疏改税法》。

[25] 《新唐书》卷五四《食货志》。

[26] 《新唐书》卷五四《食货志》:"大历七年禁天下铸铜器。建中初户部侍郎韩洄以商州红崖冶铜多,请复洛源废监,起十炉,岁铸钱七万二千缗,每千钱费九百。德宗从之。"

[27] 大历时杜甫就说过:"往日用钱捉私铸,今许铅铁和青铜。"(《岁晏行》)《唐会要》卷八九:"建中二年诸道盐铁使包佶奏,江淮百姓近日市肆交易钱交下粗恶,拣择纳官者三分才有二分,余并铅锡铜荡,不敷斤两,致使绢价腾贵,恶钱渐多。"

[28] 《新唐书》卷五四《食货志》:"(建中)十年诏天下铸铜器每器一斤,其直不得过百六十,销钱者以盗铸论。然而民间钱益少,缯帛价轻。"

三 贞元元和间的通货回缩

李唐自德宗贞元(785—805年)以后,发生一次通货紧缩的现象,前后闹了六七十年。这次紧缩是中国货币经济史上一件大事,其严重性可以同南齐的一次相比。但严格地讲起来,只能说是回缩。因为缩到最低点的时候,物价还是高于开元天宝时的水平。

回缩的原因,可以分析成四种:第一是自然的调整。因为在通货贬值之后,人民对货币失去信心,使货币购买力下跌的程度超过减重的程度,使铜钱的市价低于它的币材价值,而发生私销的现象[1]。例如武则天的长寿延载年间,武三思建议在长安定鼎门内铸八角形的铜柱,名为大周万国述德天枢,以纪念武则天的功德,征用铜五十多万斤[2]。大部分靠销熔铜钱,毁钱当近一万万枚。后来开元年间下令毁天枢,销熔工作进行了一个多月。这还是战前的事。代宗时,因各种大小钱都平价流通,于是分量重的乾元和重轮两种钱都被人销熔为器。此外销钱铸佛像的事也很盛行,代宗时五台山的金阁寺,铸铜为瓦,销钱许多万万枚[3]。这样使通货数量减少,购买力也就慢慢提高了。

第二是铸钱的减少。开元中,国内铸钱七十几炉,每年盈百万[4],天宝十一年时每年铸钱总数为三十二万七千缗[5],如以当时人口计算[6],每人占六文。但宪宗时(806—820年)全国只铸造十三万五千缗,太和八年(834年)还不及十万缗[7]。

第三是用钱区域的推广。杨于陵说:在"大历以前,淄青、太原、魏博,杂铅铁以通时用；岭南杂以金、银、丹砂、象齿"。但大历以后，都用铜钱[8]。此外还加上铜钱的输往外国。唐代国势隆盛，贸易发达，商贾所至，铜钱流布，远到波斯湾的西拉夫也有中国铜钱[9]。日本也输入中国铜钱。当时日本同中国接触频繁，在睿宗元年即迁都奈良之前两年，已开始铸钱[10]，形式与中国的开元钱相似，可见中国钱必早已流入日本[11]。不过当时日本自己铸钱，所以中国钱流去的数量大概不多。

第四是租税政策。安史之乱后的苛捐杂税，在中国历史上，少有先例。历任宰臣如杨炎、赵赞等，全副心力，都是用在租税政策上。建中元年（780年），全国税收是一千三百零五万六千零七十贯，较贞观初增加六七倍。以当时人口计算[12]，每户占四贯二百三十二文，负担不算不重。但因李希烈等起事想推翻政府，每月军费百多万贯，帑廪不够支持几个月，于是赵赞等除向富商僦柜勒借外，又征收所谓间架税（即房屋税）和除陌税（即交易税），由百分之二增为百分之五，此外又征商货税也即货物税，按值抽百分之二，对竹木茶漆则抽百分之十。而因办事人员舞弊和没有效率，全国怨黩，李希烈军就是以不税间架除陌来争取人心。

租税政策中最重要的是杨炎的两税法。安史之乱后通货贬值所引起的物价波动，到采用两税以后才真正稳定，通货紧缩也是行两税以后才开始，因为其他的苛捐杂税，扰民有余，收回的通货并不多。史书一再说到初定两税时还是货重钱轻，行后才货轻钱重。

唐代前半的税制是用租庸调法，租是输米谷，调是纳土产，庸是代力役，大概也以绢计算；实物经济的色彩很浓厚。但自开元以后，全国的户籍久不调查，人丁有死亡迁移，田亩有买卖兼并。尤其自安史之乱以后，租庸调的办法，更加不便，代宗时（763—779年）才改为按亩征税。德宗建中初杨炎为相，乃制定两税法，一切税收，全用铜钱。

两税法在中国货币经济史上，有重要的意义。中国历史上，有两次重要的租税货币化：一次是西汉的算赋、口钱和算缗，另一次就是中唐的两税法。算赋、口赋和算缗使全国人民都有用钱的必要，对于货币流通，有很大的推动作用。两税法使各种税收货币化，本来也应当可以推动货币流通，然而在效果上同西汉的措施不一样。西汉的算赋，有货币数量的增加来相配合，产生了应有的结果；中唐的两税法，只增加了对货币的需要，没有增加货币的数量。本来自代宗时各种铜钱平价流通以后，分量重的乾元钱和重轮钱多被销镕为器，或造成佛像，通货数量已有减少的倾向；实行两税法后，人人要用钱来纳税，而政府把钱收进去之后，不大投放出来，同时富家知道铜钱有供不应求的形势，大家竞相窖藏，于是骤然感到紧缩。

晚唐五代是货币经济衰退、实物经济再次盛行的一个时期。两税法的推行不但没有改变这种情况，反而可能加重。因为两税法使对于支付手段的需要增加了，而货币数量没有增加，甚至反而减少，结果支付周转中有更大一部分不得不使用实物，实际上在长庆元年起，两税都用布、丝、纩等缴纳，只盐酒课用钱，那是后话。陆贽和白居易等人正是在通货紧缩的情况下反对两税的。虽然白居易对两税的执行上的偏差也提出了批评[13]，但主要是从货币方面着想的。陆贽说粟帛可由人民自己生产，但钱币非官铸不可，人民无法取得足够的钱来纳税[14]。白居易也说农民为了取得铜钱不得不低价出卖粮食或借高利贷[15]。

紧缩的现象表现在物价上。譬如盐价，在顺宗永贞元年（805年）便由每斗三百七十文或三百七十文以上减为二百五十文到三百文[16]。不过盐在中国古代是由政府专卖，价格的调整，虽然也足以反映物价的趋势，但反映得不灵敏；这就是说，调整的程度与时间，不一定完全与其他物价一致。在程度上讲，要比一般物价缓和一点；在时间上讲，要比一般物价慢一点。一般物价的回跌，在建中年间便已开始了。

最能表示物价变动倾向的，莫过于米价和绢价。米价在建中元年是每石两千文，其后的几年间，不是兵荒，便有水旱，每石自五千到一万五千文[17]；自贞元三年以后就开始下跌了。贞元八年陆贽上疏说，江淮斗米值百五十钱，京师三十七钱。又说，京兆诸县斗米不过值钱七十[18]。李翱于元和年间（806—820年）在进士策问题中，曾说初定两税的时候（建中元年）粟价一斗值钱一百，三十年后（约当元和五年），粟一斗不过二十个钱。又在疏改税法中说：米价在建中元年是两百钱一斗，四十年后，每斗不过五十钱[19]。这证明元和年间的紧缩，使物价减低到建中初的五分之一到四分之一。元和六年米价曾跌到两个钱一斗[20]。

至于绢价，大历中（773年），一匹直四千[21]。建中初，每匹三千二三百文。贞元八年前后，每匹一千五六百文[22]。到十九年跌成八百文[23]。这价格一直通行到元和[24]、长庆（821—824年）[25]间，如果以大历中的绢价为基数，那末到贞元末年已跌成百分之二十。

绢价指数表（一）

年　别	指　数
大历中（773年）	100.00
建中初（780年）	82.50
贞元八年（792年）	40.00
贞元十九年（803年）	20.00
元和十五年（820年）	20.00
长庆二年（822年）	20.00

这里我们有一点应当注意的：就是贞元间虽然因为通货紧缩而物价跌落，可是币值并没有恢复安史之乱以前的水准。尤其是绢价，因为有输出的必要，所以价格相当高。而且在文宗开成三年（838年）的时候，连产绢的江南也还要六百六七十文一匹[26]。如果以开元十六年五百五十钱一匹的绢价为基数，则制出的指数，就要改观了。

绢价指数表（二）

年　别	指　数
开元十六年（728年）	100.00
天宝五年（746年）	36.36
肃宗时（756—761年）	1818.18
大历中（773年）	727.27
建中初（780年）	600.00
贞元八年（792年）	302.90
贞元十九年（803年）	145.45
长庆二年（822年）	145.45
开成三年（838年）	121.28

如果以天宝五年的二百钱一匹的价格为基数，则更要觉得贞元元和间的绢价并不低[27]。

米价的回跌情形也差不多。通货贬值时，斗米到七千。围城时由四五十千到七十千。战后动不动就是斗米千钱。贞元三年十二月每石就跌到一千五百文，八年跌到一千文[28]和七百文[29]。元和六年竟有卖到二十文一石的，但这是特殊的例子[30]，而且仅见于《资治通鉴》一书。元和末年的正常米价大约是五百文一石，这是回跌最厉害时候的价格，比战前的正常米价还是要高一倍以上。长庆四年五月，官方籴粟每斗折钱五十文[31]，稍后增为七十文[32]，米价自然比粟价贵一些。太和年间，粟价每斗约六十文，但农民只能卖到二十文[33]。

然而币值最怕变动。由三钱一斗的米，变成七千钱一斗，固然使人民无法生活。由四千钱一匹的绢帛跌成八百钱一匹，对于人民的生活，照样是一种严重的打击，不问这八百钱一匹的价格比起五十年前的价格来是涨或是跌。

政府对于这过度的低物价，曾用各种方法来补救。贞元九年奖励采铜，禁止铸造铜器，所采的铜，由政府收买铸钱[34]。元和三年预告蓄钱之禁。十二年下令禁蓄钱，不问品质高下，私贮现钱，不得超过五千贯，超过这数目的，依数目的多少，限于一个月到两个月之内，购买实物收贮。不过货物的囤积，尚且难以发觉，铜钱体积小，更是无法取缔了，所以似乎没有得到预期的效果，于是又采用实物货币[35]。

长庆四年又放宽期限，使贮钱超过法定数一万贯到十万贯的，在一年以内用出；超过十万贯到二十万贯的，则限于两年内处置完毕。这些办法分析起来，不外增加货币数量和货币的流通速度，当时囤积铜钱，的确也是一个紧缩的原因，据说囤积五十万贯的还算少[36]。

该年五月京师米价稍贵，官俸一部分用粟支付，每斗折钱五十文[37]。太和七年三月因久旱米贵，粟一斗折钱七十文[38]。这似乎并不是由于货币的原因。

到文宗开成三年，还在闹币轻钱重。太和八年（834年）时每年铸钱数还不到十万缗。但有一件矛盾的现象是值得注意的，就是一方面说物价低，一方面却仍有人在销钱为器，据说可以获利三四倍[39]，这只能说是铜器价格随着铜钱而贵，也证明这次紧缩实是回缩，而且物价比起天宝年间来还是高。开成年间米价一石大概要八百文[40]。

钱币供应的紧张表现在短陌的现象上。元和年间，京师就实行短陌制，每贯少二十文，长庆年间少六十文，昭宗末年京师少一百五十文，河南二百文。

这种办法，通过五代，一直行到宋代。

注 释

[1] 《旧唐书》卷四八《食货志》:"贞元九年正月张滂奏诸州府公私诸色铸造铜器杂物等,伏以国家钱少,损失多门,兴贩之徒,潜将销铸钱一千为铜六斤,造写器物,则斤直六百余,有利既厚,销铸遂多,江淮之间,钱实减耗。"

[2] 《唐诗纪事》卷一三《李休烈》条引《大唐新语》。《新唐书》卷七六《后妃上·高宗则天顺圣皇后》:"武三思率蕃夷诸酋及耆老请作天枢,纪太后功德,以黜唐兴周,制可。使纳言姚璹护作,乃大裒铜钱合冶之……无虑用铜钱二百万斤。"这里铜钱或为铜铁之误,《大唐新语》明言为"征天下铜五十余万斤,铁一百三十余万斤"。因为天枢之下置有铁山。

[3] 《旧唐书》卷一一八《王缙传》:"代宗时……五台山有金阁寺,铸铜为瓦,涂金于上,照耀山谷,计钱巨亿万。"

[4] 《新唐书》卷五二《食货志》,引杨于陵的话。炉数和钱数都同其他文献不符。当时每炉只铸三千三百缗,七十几炉怎能铸出一百万缗?实在值得怀疑。

[5] 《新唐书》卷五四《食货志》。

[6] 《旧唐书》卷九《玄宗纪》下载天宝十三年全国人口为五千二百八十八万零四百八十八人。

[7] 《新唐书》卷五四《食货志》。

[8] 《新唐书》卷五二《食货志》。

[9] "The Chinese Coin no Money besides the little Pieces of Copper;……There are some of these Pieces at Siraf with Chinese Characters upon them." (*Ancient Accounts of India and China*, p.47.)

[10] 日本自8世纪初到10世纪中叶曾铸过十二次铜钱(开基胜宝金钱和尚未发现的太平元宝银钱不在内),即日本钱币学家说的皇朝十二钱,其名称、开铸年份以及大约重量如下(仅就我所亲称的,不是标准重量也不是平均重量):

钱 名	开铸年份(公元)	重量(公分)
和同开珎	708	3.0
万年通宝	757	4.0(有到六公分的)
神功开宝	765	6.0
隆平永宝	796	3.7
富寿神宝	818	3.4(有大样的)
永和昌宝	835	2.2(有大样的)

长年大宝	848	1.7
饶益神宝	859	2.1
贞观永宝	870	2.6
宽平大宝	890	2.0
延喜通宝	907	2.9
乾元大宝	958	1.9

由于日本当时产铜不多,为了维持贵族们的奢侈生活,需要越来越多的钱币,所以实行贬值政策:每次铸新钱,总是以一枚当旧钱十枚;而且钱的分量反而有减轻的趋势,只有万年通宝、神功开宝和隆平永宝在初铸时特别厚重,在一钱以上;永和昌宝以后只有轻小的,延喜通宝和乾元大宝有时用铅来铸。所以贬值的倍数还要更大。不过这种贬值过程拖长到两百五十年之久,是由许多世代的人来分期负担。

[11] 《唐大和上东征传》记鉴真第二回日本渡船准备载运物品中有青钱十千贯,正炉钱十千贯,紫边钱五千贯。至少正炉钱是指开元钱。又日本明治九年(1876年)三月二十五日,大和国添上郡法华寺村发掘品中有开元通宝破片三枚同和同开珎、万年通宝和神功开宝一起,可见在安史之乱前后开元钱还有流到日本去的。

[12] 据《唐书·食货志》所载,当时人口为三百零八万五千零七十六户。《通考》作三百八十万五千零七十六户。

[13] 白居易《秦中吟》:"国家定两税,本意在爱人。厥初防其淫,明勅内外臣。税外加一物,皆以枉法论。奈何岁月久,贪吏得因循?浚我以求宠,敛索无冬春。织绢未成匹,缲丝来盈斤。里胥迫我纳,不许暂逡巡。岁暮天地闭,阴风生破村。夜深烟火尽,霰雪白纷纷。幼者形不蔽,老者体无温。悲喘与寒气,并入鼻中辛。昨日输残税,因窥官库门。缯帛如山积,丝絮如云屯。号为羡余物,随月献至尊。夺我身上暖,买尔眼前恩。进入琼林库,岁久化为尘。"

[14] 《旧唐书》卷三一九《陆贽传》:"粟可耕而得,帛可织而成,至钱非官铸不行;是贵民之所无,不如用粟帛为便。",

[15] 白居易《长庆集》策曰:"夫赋敛之本者,量桑地以出租,计夫家以出庸,租庸者谷帛而已。今则谷帛之外,又责之钱。钱者桑地不生铜,私家不敢铸,业于农者何从而得?至乃吏胥追征,官限迫蹙,则易其所有,以赴公程。当丰岁则贱粜半价,不足以充缗钱。遇凶年则息利倍称,不足以偿逋债。"白居易《赠友》诗:"私家无钱炉,平地无铜山;胡为秋夏税,岁岁输铜钱?钱力日已重,农力日已殚,贱粜粟与麦,贱贸丝与绵,岁暮衣食尽,焉得无饥寒?"

[16] 《新唐书》卷五四《食货志四》:"顺宗时始减江淮盐价,每斗为钱

二百五十，河中两池盐，斗钱三百。"

[17] 《资治通鉴》卷二三一兴元元年五月："时关中兵荒，米斗直钱五百。"同年十一月，"今天下蝗旱，关中米斗千钱。"又贞观元年："今河中米斗五百，刍藁且尽。"《旧唐书》卷一二《德宗纪》贞元元年二月："河南河北饥，米斗千钱。"又二年五月："自癸巳大雨，至于兹日，饥民俟夏麦将登，又此霖潦，人心甚恐，米斗复千钱。"又卷一四一《张孝忠传》："贞元二年，河北蝗旱，米斗一千五百文。"

[18] 章俊卿《群书考索》后集卷五二《财门·和籴》。《资治通鉴·唐纪》。

[19] 《全唐文》卷六三四《进士策问二道》。

[20] 《资治通鉴》卷二三八元和六年："是岁天下大稔，米斗有直二钱者。"

[21] 《新唐书》卷一六五《权德舆传》："贞元十九年……又言大历中一缣直钱四千，今止八百。税入如旧，则出于民者五倍。"

[22] 《陆宣公集》卷二二《均节赋税恤百姓》第二条："往者初定两税之时，百姓纳税一匹，折钱三千二三百文，大率万钱为绢三匹。……近者百姓纳绢一匹折钱一千五六百文，大率万钱为绢六匹。"《旧唐书》卷一三九《陆贽传》。

[23] 《新唐书·权德舆传》。见注 [21]。

[24] 《李文公集》卷九《疏改税法》："臣以为自建中元年初定两税，至今四十年矣。……今税额如故，而粟帛日贱，钱益加重。绢一疋价不过八百。"

[25] 《韩昌黎集》卷四〇《论度盐法事宜状》（长庆二年）："今绢一疋，直钱八百。"

[26] 《入唐求法巡礼记》（日僧圆仁稿本）卷第一记述在扬州"买白绢三匹，价二贯"。

[27] 以天宝五年的绢价为基数，则指数当如下：

年　别	指　数
天宝五年（746年）	100.00
大历中（773年）	2000.00
建中初（780年）	1650.00
贞元八年（792年）	800.00
贞元十九年（803年）	400.00
长庆二年（822年）	400.00
开成三年（838年）	333.33

[28] 陆贽上疏请令户部以二十万付京兆尹，令籴米，以补渭桥之阙。斗用百钱，以利农人（《群书考索》后集卷五二《财门·和籴》）。

[29] 《陆宣公集》卷一八《清减京东水运收脚价于缘边州镇储蓄军粮事宜状》。

[30] 《李文公集》卷九《疏改税法》："臣以为自建中元年初定两税，至今四十年矣。……今……米一斗不过五十。"

[31] 《册府元龟》卷五〇二《平籴》。《唐会要》卷九二《内外官料钱》下。

[32] 《唐会要》卷九二《内外官料钱》下。

[33] 《册府元龟》卷四八四《经费》开成元年条下。

[34] 《旧唐书》卷一三《德宗纪》贞元九年正月："禁卖剑铜器。天下有铜山，任人采取，其铜官买。除铸镜外，不得铸造。"又卷四八《食货志》上："元和三年五月盐铁使李巽上言，得湖南院申柳州平阳高亭两县界有平阳冶及马迹曲木等古铜坑，约二打八十余井，差官检覆，实有铜锡，今请于旧州桂阳监置炉两所，采铜铸钱。每日约二十贯，计一年铸成七千贯，有益于人，从之。"又："元和八年四月勅以钱重货轻，出内库钱五十万贯，令两市收市布帛，每端匹估加十之一。"

[35] 《旧唐书·食货志》上："元和六年二月制公私交易，十贯钱已上即须兼用匹段。"同书卷一六《穆宗纪》元和十五年八月："兵部尚书杨于陵总百寮钱货轻重之议，取天下两税榷酒盐利等悉以布帛任土所产物充税，并不征见钱，则物渐重，钱渐轻。"

[36] 《旧唐书·食货志》上："（元和十二年）时京师里闾区肆，所积多方镇钱，王锷、韩弘、李惟简少者不下五十万贯。"《新府书》卷五二《食货志》："自建中定两税而物轻钱重，民以为患，至是（穆宗即位时）四十年，当时为绢二匹半者为八匹，大率加三倍，豪家大商，积钱以逐轻重，故农人困，末业日增。"

[37][38] 《唐会要》卷九二《内外官料钱》下。

[39] 《旧唐书》卷一七六《杨嗣复传》："禁铜之令，朝廷常典，但行之不严，不如无令。今江淮已南，铜器成肆，市并逐利者，销线一缗，可为数器，售利三四倍。远民不知法令，率以为常，纵国加炉铸钱，何以供销铸之弊，所以禁铜之令，不得不严。"

[40] 《入唐求法巡礼记》（日僧圆仁稿本）中提到开成五年时各地粳米的价格，计莱州一斗九十文，蓬莱县七十文，北海县六十文，青州一百文，禹城县一百文。如果将这几个数字平均一下，每斗合得八十四文。但青州的价格是因三四年来的蝗灾所造成的，所以正常米价大概每石不会超过八百文。

四　晚唐五代的币值

贞元元和间的一次通货紧缩，在晚唐一度有所缓和，这就是武宗会昌年间的一次币制改革所带来的。引起这次币制改革的原因有三：第一是贞元元和以来的钱币缺乏。使得许多支付都用绢帛。武宗犒赏石雄，用帛七匹。军饷也用绢匹。刘镇在山东征商税，都照绢匹计算。这些都是钱币缺乏的结果。第二是军费开支的增加。会昌年间对外同回鹘和吐蕃有战争，对内有昭义（刘稹）和太原（杨弁）之变。没有一年平靖。第三是当局反佛教的政策。宰相李德裕是反对宗教的。当时的宗教有僧道两派，武宗信神仙，有道士向他说佛寺的坏话，所以矛头专对佛寺。当时佛寺也的确比道观更加浪费。自南北朝以来，中国的黄金和铜，用于佛寺方面的，不可胜计[1]。会昌五年（845年）实行并省全国佛寺，佛寺被毁的有四千六百多处，还俗的僧尼二十六万五百人，招提兰若被毁的有四万多处。这一措施有三重意义：第一，寺中的铜像、钟、磬，都用来铸钱，金银用来充裕国库。第二，还俗的僧尼，成了征税的对象，而且可以增加生产。第三，拆毁的招提兰若可以增加膏腴上田几千万顷，也可以增加生产。

会昌六年二月下令，自七年正月起，只用新钱，即会昌开元钱。原来只有七监铸钱，现在增置八监。并且每道设置一铸坊[2]。旧钱暂停流通几年。实际上旧钱并没有收回，所以货币数量增加。布绢价格提高。文武百僚的薪俸也发现钱了。

史书说，宣宗即位以后，完全推翻武宗的政策，新钱再用来铸造佛像。但懿宗又纠正了一些宣宗的偏差。可能新钱续有铸造。因为遗留下来的新钱虽然不多，却不是几个月内所能够铸造出来的。不过这些新开元钱还不足以使物价上涨很多，所以咸通年间（868年）庞勋在徐州起事的时候，米价涨到每斗两百[3]。史书就作为一件大事。可见当时的正常米价比这要低得多。同时也可见钱币仍是缺乏。另外一个证据就是短陌制的再度流行。盛唐是用足陌钱的。元和中，京师用钱，每贯除二十文，这是短陌制的恢复。昭宗末年，京师以八百五十文为贯。

僖宗即位，农民起义军开始活动。乾符二年（875年）王仙芝聚集了几千人攻陷濮州，四年黄巢带了万人攻下郓州。那以后的三十几年，年年内战。中国偌大的国土，南自广州，北到潼关，没有一个地方没有受到战争的蹂躏。到处农桑失业，耕种不时。战区则流尸塞江，血染坊市，俘人为食，白骨山积。活着的人也是鬼形鸠面，气息奄然。中和年间（881—884年）黄巢空守长安的时候，米价每斗卖到三十千[4]。光启年间（885—887年）每斗自三十千到五十千[5]，甚至黄金一斤，也买不到五升米[6]。不过这完全是由于粮食的缺乏，不是因为货币的原因。

　　李唐政权的崩溃，经济原因很明显，多年的苛捐杂税，使得人民无法生存，只得聚而起义。王仙芝、黄巢等人都是这样起来的，朱温也是黄巢的部下。

　　然而唐末似乎没有发生通货贬值的事。虽然诗人描述黄巢攻长安时的情形，说"一斗黄金一斗粟"[7]，那是物资缺乏，不是由于通货贬值。因为黄巢等人一起，国家机构差不多可以说就瓦解了，除了少数有野心的人以外，没有真正的抵抗，不管什么人来，总是投降。中央政府没有大批军费的负担，而且也负担不起。因为地方租赋并不解缴中央，各地自己铸钱。中央政府的府库空虚。朱温攻到襄城时，除密室中的几百锭金银外，一个钱也没有。

　　当时币值的情形，因为各地自行铸造，所以波动也是不规则的，同时在整个国家看起来，钱币大概还是缺乏。因此金银的使用比较普遍，尤其是白银，唐室末年有许多开支是用白银。

　　在南北朝的时候，那些少爷天子还可以耍阔，在五代则没有一个政府不是穷得厉害。朱温在襄城府署密室里破获金银几百锭，就以为是天意；河南广州进献唐末积压的税款三十万贯，这样就开业了。到了李存勖的时候（923—926年），由各镇献货币几十万以助即位之费，他才敢做皇帝。末帝起自凤翔，大许诸军厚赏，但到得洛阳，一看内库，金帛总共不过两三万，搜括京城民户，也无所获。刘承佑（汉隐帝）听得邺兵已到河上，大惧，李业叫他倾府库以赏诸军，每人分到的也不过一二十缗。官俸减半后，还要打折扣[8]。而且地方官吏的薪俸，多靠就地筹款，因此同品级的官吏，各地待遇不一律，要看各地的人口和贫富来决定[9]。

　　史家一向把梁唐晋汉周这五个小朝廷认作正统。但这五代只偏处北方一小块地方；在政治上，晋汉两代几乎可以说是契丹的附庸。在币制方面，很少鼓铸。藏家所收到的开平钱，即算真是后梁所铸，其作用也很小，因为太少了。就是后唐的天成元宝数目也不多。中国铜矿本来就少，北方那小块地方更是没有，所以后唐同光二年仍用八十陌钱；天成初限制铜钱出境，后来短陌更加短了，八十再减五文，一贯钱实支七百五十文。后晋时还是感到通货紧缩，天福二年禁造铜器，三年许民间自由铸钱，但所铸都不够分量，而且杂以铅铁，所以几个月后又加禁止。后汉的钱币供应稍有改善，然而乾佑年间又有"陌减三十"之说。湖南用镴钱，青铜钱一枚折当一百。这些都证明钱币的缺乏。实际上流通的恐怕以铅锡钱和所谓铁镴钱为多，刘仁恭刘守光父子用铁来铸钱，甚至用泥铸钱。后周世宗几乎实行黄铜国有政策，禁止人民藏铜，藏一两到五斤，徒刑三年，五斤以上处死。卖与政府，熟铜一斤给钱一百五十文，生铜一百[10]。后来又废天下佛寺三千三百三十六，毁其铜像来铸钱[11]。显德四年还向高丽买铜[12]。郭荣（世宗）对于铸钱是很重视的，据说曾在后殿设几十座大炉，亲自督铸周元通宝钱[13]。因此周元通宝钱数目比较多一点。所以在五代那个区域内，除了刘燕曾经一度实行货币贬值外，一般说来，通货的供应是紧张的，钱币的购买力大概相当高。后唐时牛肉一斤不过五钱[14]，粟价每斗不过十钱[15]。长兴年间（930—933年）抽一种农器税每亩征一个半钱。后晋天福八年（943年）田赋折耗，每升以两文足钱计算，每石合得两百文[16]。

然而当时的重心在十国而不在五代。十国所统治的地方大，人民多，币制上的变革也大。楚的马殷曾铸铅铁钱，十枚当铜钱一枚。福建也曾铸造大小铅铁钱，开元大钱作价多少不得而知，永隆大铁钱一枚当小铁钱十枚，当铅钱百枚；天德钱一当百。铜钱的作价不明，但有减重的倾向；天德重宝就小于开元大钱。而且铜钱数量极少，大概流通主要是用铅铁钱。

最重要的还要算南唐。南唐除保大年间（943—957年）的保大元宝以外，还铸造了永通泉货当十大钱。那是玄宗中兴二年的事。当时困于用兵，依钟谟之请，铸造这种钱，是通货贬值的性质。后来钟谟获罪，这钱就废了[17]。同年铸唐国通宝。有人说一文当开元钱二文[18]，也有人说两文当开元钱一文[19]。照常理推测，应以第一说为是。而且唐国通宝钱比会昌开元钱整齐。但也许是指南唐开元钱[20]。这种开元钱，不知铸于什么时候，不久又铸大唐通宝。唐国钱和大唐钱因私铸关系，越来越轻小。本来唐国钱一千文重三斤十二两，但私钱一千文只重一斤。唐国通宝当十钱也比永通泉货小。到后主李煜的时候（964年）乃用铁钱[21]。起初和铜钱同时作价流通[22]，结果发生恶币驱逐良币的现象，民间多藏匿铜钱，商人用十个铁钱交换一个铜钱运出国境，使流通界只剩下铁钱，不见铜钱，政府无法禁止，民间又盗铸，使物价腾贵，后主乃下令以铜钱一文作铁钱十文流通[23]。南唐亡后，各郡所积铜钱达六十七万缗。

这些铜铁钱铸造的数目，不得而知，但它们都是地方性的，限于本地流通，尤其是铁钱铅钱，不为外区所接受。马殷的铅钱，只能在长沙城内行使，城外就用铜钱。因为流通区域小，局部的物价波动，一定是普遍的。刘仁恭父子在燕地大铸当千当万的钱，要物价不受影响，是不可能的事。四川是铜铁钱兼用，有一定的比价，起初一千二百文便可买一匹绢[24]，大概因为那时铁钱铸造得很精，数量也不多。后来数量渐渐增加，以致物价上涨。到宋初一匹罗要两万钱。南唐用铁钱的结果，也是物价上涨[25]。铁钱和铅钱流通的结果，铜钱一定被人销熔，隐匿起来。各地曾有禁止铁镴钱和铅锡钱的事，但在那种脆弱的小朝廷下，效果不会很大。

在十国范围内，以铜钱计算的物价大概也是很低。钱镠在浙江的时候，一斗米曾低到二钱[26]。南汉大有年间一斗粟也曾低到三钱[27]。在吴越，民间白米一石也只要五十文[28]。

由于钱币的区域性以及品质高下不一，因而有些商人从江南带来铅锡钱，到北方收换好铜钱。宋代币制的地方割据性，就是这时代的遗产。

因为铜钱少，所以除绢帛[29]外，白银的使用更加普遍了。几乎取得黄金在秦汉时的地位，赎罪[30]、贿赂[31]、日用[32]、租税[33]、贡奉[34]等都有用白银的例子。因为白银虽然还没有普遍地取得十足货币的地位，但在这种币制混乱的时代，作为保存价值是一种很好的工具。譬如在南唐因通货贬值，物价上涨，缣一匹约卖铁钱三十贯，白银一两二十五贯。所以用白银计算的物价，并不太高，一疋缣只值白银一两二钱[35]。

注　释

[1]　《魏书》卷一一四《释老志》："兴光元年秋敕有司于五缎大寺内为太祖已下五帝铸释迦立像五，各长一丈六尺，都用赤金二万五千斤……天安……（二年）又于天宫寺造释迦立像，高四十三尺，用赤金二万斤，黄金六百斤。"《北齐书》卷四六《苏琼传》："苏珍之迁左丞，行徐州事，徐州城中五级寺忽被盗铜像一百区。"梁慧皎《高僧传》卷一三《释法悦传》记："梁天监八年彭城宋王寺造一丈九金像，用铜四万三千斤。"《旧唐书》卷一一八《王缙传》："（代宗时）五台山有金阁寺，铸铜为瓦，涂金于上，照耀山谷，计钱巨亿万。"同书卷一五三《薛存诚子廷老传》："宝历中……敬宗荒恣，官中造清思院新殿，用铜镜三千片，黄白金薄十万番。"

[2]　《群书考索》后集卷五九。

[3]　《资治通鉴》卷二五四。

[4]　《旧唐书》卷二〇〇下《黄巢传》："贼坐空城，赋输无入，谷食腾踊，

米斗三十千。官军皆执山砦白姓鬻于贼为食，人获数十万。"

[5] 《旧唐书》卷一九下《僖宗纪》光启二年五月："荆南襄阳仍岁蝗旱，米斗三十千，人多相食。"《资治通鉴》卷二五六光启二年十二月："秦宗言围荆南二年，张瓌婴城自守，城中米斗直钱四十缗。"《旧唐书》卷一八二《高骈传》："自二年十一月雨雪阴晦，至三年二月不解，比岁不稔。……既而蔡贼……攻城，城中（扬州）米斗五十千，饿死大半。"《资治通鉴》卷二五七光启三年十月："杨行密围广陵且半年……城中无食，米斗直钱五十缗。"

[6] 《旧唐书》卷一八二《秦彦传》："扬州城中以宝贝市米，金一斤，通犀带一，得米五升。"

[7] 韦庄《秦妇吟》，见商务印书馆出版周云青注的《秦妇吟笺注》。有些人引作"一斗黄金一升粟"（《通报》第二〇卷第二七五页 A. C. Moule 的 *A Life of Odoric of Pordenone*）。

[8] 《旧五代史·唐书·孔谦传》："又奏百官俸钱虽多折支非实，请减半数皆支实钱。并从之。未几，半年俸复从虚折。"

[9] 《旧五代史》卷一〇三《汉书·隐帝纪》下："乾佑三年七月三司使奏，州县令录佐官请据户籍多少量定俸。户县三千户已上，令月十千，主簿八千；二千户已上，令月八千，主簿五千；二千户已下，令月六千，主簿四千。每户月出钱五百。"同书卷一一一《周书太祖纪》第二广顺元年四月诏："牧守之任，委遇非轻，分忧之务既同，制禄之数宜等，目前有富庶之郡，请给则优，或边远之州，俸料索薄。以至迁除之际，拟议亦难。既论资叙之高低，又患禄秩之升降。"

[10] 《五代会要·钱币》："显德二年九月一日勅……今后除朝廷法物、军器、官物及镜，并寺观内钟磬钹相轮大铢铃铎外，其余铜器，一切禁断，应两京诸道州府，铜像器物，诸色装钹所用铜，限勅到五十日内，并须毁废送官，其私下所纳到铜，据斤两给付价钱。如出限，有隐藏及埋窖使用者，一两至一斤，所犯人及知情人徒三年，所由节级四邻杖七十，捉事告事人，赏钱十贯。一斤至五斤，所犯及知情人各徒三年，所由节级四邻杖九十，捉事告事人赏钱二十贯。五斤以上，不计多少，所犯人处死，知情人徒二年，配役一年，所由节级四邻杖一百，捉事告事人，赏钱三十贯。其人户若纳到熟铜，每斤官中给钱一百五十，生铜每斤一百。……"

[11] 《新五代史·周本纪》第一二："即位之明年，废天下佛寺三千三百三十六，是时中国乏钱，乃诏悉毁天下铜佛像以铸钱。尝曰吾闻佛说以身世为妄，而以利人为急。使其真身尚在，苟利于世，犹欲割截，况此铜像，岂有所惜哉？"

[12] 《五代会要》卷二七《泉货》周显德四年二月十一日："兼知高丽多有铜货，

仍许青登莱州人户兴贩，如有将来中卖入官者，便仰给钱收买，即不得私下买卖。"

[13]　苏耆《开谭录》。

[14]　《旧五代史》卷三八《唐书·明宗纪》第四："天成二年三月丁卯诏所在府县纠察杀牛卖肉，犯者准条科断。其自死牛，即许货卖，肉斤不得过五钱。"

[15]　《旧五代史·唐书·明宗纪》天成二年十二月："山北甚安，诸蕃不相侵扰，雁门已北，东西数千里，斗粟不过十钱。"

[16]　《五代会要》卷二七《仓》。

[17]　《五代史》卷六二《南唐世家》。

[18]　《续唐书》卷六《元宗纪》："交泰二年，周显德六年夏六月癸巳周主殂，梁王宗训嗣位。秋七月钟谟请铸大钱，文曰永通货泉，以一当十，与旧钱并行。又铸唐国通宝钱，一当开通钱之二。"

[19]　同书《食货志》："交泰二年秋七月用钟谟言铸大钱，以一当十，文曰永通泉货，右文曰货，左文曰泉，与旧钱并行。已又铸唐国通宝钱，二当开元钱之一。又铸大唐通宝钱，与唐国钱通用。数年渐敝，百姓盗铸，极为轻小。"《十国纪年·唐史》和王巩《随手杂录》有同样的记载。陆游《南唐书》说：二当开通钱之二。

[20]　《文献通考》卷九："江南曰唐国通宝，又别铸如唐制（按指开元通宝）而篆文（按尚有隶书的）。"

[21]　马令《南唐书》说乾德二年(即南唐后主第三年)才有铁钱之议，但陆游《南唐书》和《五代史·南唐世家》都说建隆元年已铸铁钱，到乾德二年才发行流通。又《泉志》卷叫引钱若水的话说，建隆四年韩熙载请铸（铁？）钱。各说不一致。

[22]　史书对于南唐钱的作价，记述得很不明确，除了唐国钱和大唐钱同开元钱的比价有互相矛盾的记载外，对于铁钱的作价，也不明确。《五代史·南唐世家》说韩熙载所铸铁钱，以一当二。这就很不合理，难道以一枚铁钱抵两枚铜钱流通么？陆游《南唐书》说每十钱以铁钱六权铜钱四而行。

[23]　《五代史》卷六二《南唐世家》。"太子景困于用兵，钟谟请铸大钱，以一当十文，曰永通泉货。谟尝得罪，而大钱废。韩熙载又铸铁钱，以一当二。"又"乾德二年，始用铁钱。民间多藏匿旧钱，旧钱并少。商贾多以十铁钱易一铜钱出境，官不可禁，煜因下令以一当十。"王林《燕翼贻谋录》："江南李唐旧用铁钱，盖因韩熙载建议以铁钱六权铜钱四，然铜钱之价，相去甚远，不可强也。江南末年铁钱十仅值铜钱一。"《文献通考》卷九。

[24]　《成都记》："伪蜀广政中始铸铁钱，每铁钱一千，兼以铜钱四百。凡银一两，直钱千七百，绢一匹，直钱千二百，而铁工精好，殆与铜钱等。"

[25] 《续唐书·食货志》："初嗣主铸唐国钱，其文曰唐国通宝，约一千重三斤十二两，至数年而弊生。百姓盗铸，仅止一斤，置之水上不沉，虽严禁不止。至是有铁钱之议。既行至数年，物价渐增，诸郡盗铸者颇多而轻小。"

[26] 陆世仪《理财议》（见冯梦龙《甲申纪事》）。

[27] 胡我琨《钱通》卷二三《诏诰》。

[28] 《范文正公政府奏议》卷上《答手诏条陈十事》："臣询访高年，则云曩时两浙未归朝廷，苏州有营田军四部，共七八千人，专为田事，导河筑堤，以减水患，于时民间钱五十文籴白米一石。"

[29] 张齐贤《洛阳搢绅旧闻记·梁太祖优行文士》："福建人徐汇下第献过梁郊赋，梁祖览而器重，且曰古人酬文士有一字千金之语，军府费用多，且一字奉绢一匹。"

[30] 《旧五代史》卷四〇《唐书·明宗纪》："天成四年六月权知荆南军府事高从诲上章首罪，乞修职贡，仍进三千两赎罪。"

[31] 《新五代史》第三六《义儿传·李嗣昭》："继韬母杨氏善畜财，平生居积行贩，至赀百万。当嗣昭为梁围，以夹城弥年，军用乏绝，杨氏之积，盖有助焉。至是乃斋银数十万两至京师厚赂宦官伶人，宦官伶人皆言继韬初无恶意，为奸人所误耳。"

[32] 《旧五代史》卷一三四《周书·僭伪列传·杨行密》："光启三年……初吕用之遇行密于天长，绐行密曰，用之有白金五十铤，瘗于所居之庑下，寇平之日，愿备将士倡楼一醉之资。"

[33] 许载《吴唐拾遗录》（著于大中祥符年间）《劝农桑》："吴顺义年中，差官兴贩，簿定租税，厥田上上者每一顷税钱二贯一百文。中田一顷税钱一贯八百。下田一顷千五百。皆足陌见钱。如见钱不足，许依市价折以金银。"

[34] 《旧五代史》卷一一六《周书·世宗纪》："显德三年三月江南国主李景遣其臣……奉表来上，仍进金一千两，银十万两。"

[35] 王巩《随手杂录》："江表志云，江南李氏，……建隆初始申铜禁，铸泉货当十，又铸唐国通宝钱，两文当开元钱一文，又用韩熙载法变铸钱，其后一缣约卖三十索，银一两二十五索，余物称是。至开宝末，国帑罄矣。"

五　唐代物价小结

纵观唐代货币的购买力，如果以米价为标准，自然是以安史之乱前为最高。在 7 世纪中，尤其是 30 年代和 40 年代，米价最便宜。下半世纪除了永淳元年一年以外，也没有很高的米价。就已有的米价记录来平均，贞观年间，也即 7 世纪前半的后二十五年的米价，只要三十六个钱一石，7 世纪后半也只要六十一个钱一石。但这些是特别丰收时的价格。正常价格在贞观年间我们可以假定一百文一石，或每公石一百六十文。7 世纪后半为一百五十文，或每公石二百五十二文。8 世纪前半每石以两百钱计算，每公石三百三十六文。

安史之乱后，物价水平大为提高。8 世纪后半，米价记录非常高，同盛唐相反，是特别凶年或甚至是围城时的价格。平常米价大概要两三千文一石，五十年平均每石要一千零六文，每公石一千六百九十二文。9 世纪前半正是通货紧缩最严重的时候，就已有的记录来平均，每石只要六百文，每公石约合一千文。约合黄金六公分，或白银三十三公分。9 世纪后半没有米价资料，大概没有大的上落。

唐代货币购买力的变动，对于人民的经济生活有什么影响，须要同居民收入比照一下，才可以知道。可是由于资料的缺乏，居民收入无从算出来，只能就各朝官俸的变动及其购买力来研究。过去史家以为中国历代俸禄以汉为最优[1]，这种论断是由于他们不知道历代度量衡的差异和货币购买力的不同。实际上，盛唐时官吏的真实所得，要超过两汉。唐代官俸前后变动有七八次，自然大多是根据货币购买力的变动而调整。就真实所得来讲，最高是开元制，最低是大历制。从货币数字上来看，官吏的所得是越来越多的：例如同是属于三公的等级，天宝年间的杨国忠单靠司空俸每月只能拿到几十贯钱；不过他身兼数职，每月有杂钱百万。大历年间的郭子仪单是太尉俸每月便有一百二十贯，而贞元时的马燧竟可以拿到两百贯。可是如果从真实所得上看来，情形就不同了：如果以米价为标准，杨国忠每月有一百六十公石，郭子仪还不到四十公石。低级官吏的情形也相仿。不过开元时七品以下的低级官吏的收入比较优裕，远非大历时的同级官吏所可比。

唐代官吏月俸变动表[2]

官 级	开元制		大历制	
	货币所得（文）	真实所得（公石米）	货币所得（文）	真实所得（公石米）
一品	54333	161.47	120000	40.00
二品	40666	120.84	80000	26.67
三品	30332	90.17	60000	20.00
四品	21567	64.10	40000	13.33
五品	15866	47.14	30000	10.00
六品	8632	25.66	20000	6.67
七品	6766	20.11	10000	3.33
八品	4875	14.49	4116	1.37
九品	3817	11.34	1917	0.64

可惜我们不能把开元制和西汉制来比较一下，因为西汉俸制记载不全。但如果我们把开元制和东汉延平制来比较一下，便可以知道，东汉（2世纪初）官吏的所得，无论在货币数字上或在真实所得上，都远比不上盛唐（8世纪前半）。东汉最高级的中二千石每月货币所得不过十八贯，折成大米只有二十六公石。开元时的三品官每月货币收入也在三十贯以上。真实所得合米九十公石。东汉号称一百石的最低级官吏每月的货币所得约为一千六百文，真实所得为米两公石；唐开元时一个正九品的小官吏每月货币所得有三千八百多文，真实所得在十一公石米以上。两汉官禄因为是以米谷为计算标准，所以受货币购买力波动的影响比较少，只有俸额的增减和东西汉量法的不同，所以西汉盛时官吏所得与东汉相差不会十分远。就算照东汉加倍，也比不上开元制。不过汉代官吏经常得到帝王的赏赐[3]，这种赏赐，也构成所得的一部分，而且在总所得中所占的比例，恐怕不小。尤其像卫青等武将，一次打胜仗后所得到的赏赐要超过一生的官俸收入。不过这是特殊的例子，这种例子唐代也不是没有，郭子仪所得到的赏赐恐怕也不少。所以有人说：汉唐两代对于武将特别优遇。但一般说来，汉以后，赏赐减少。而且每有硬性的规定，唐代便是一例。不过唐代官吏另外还有职分田的收入没有包括在内，唐代京官职分田自一品的十二顷到九品的二顷。一顷产米以五十石计[4]，假定官吏分得百分之六十，则一品官每月收入有十七公石八斗三升，九品官二公石九斗七升。

汉唐二代官吏月俸比较表

官　级	货币所得（单位：文）		真实所得（单位：公石米）	
	汉（延平）	唐（开元）	汉（延平）	唐（开元）
汉万石比唐一品		54333		161.47
汉中二千石比唐二品	18000	40666	26.15	120.84
汉比二千石比唐三品	10000	30332	13.34	90.17
汉千石比唐四品	8000	21567	11.23	64.10
汉六百石比唐五品	7000	15866	8.78	47.14
汉四百石比唐六品	5000	8632	6.27	25.66
汉三百石比唐七品	4000	6766	5.02	20.11
汉二百石比唐八品	2000	4875	3.10	14.49
汉一百石比唐九品	1600	3817	2.01	11.34

至于劳动人民的收入，则资料不多。玄宗时工钱是每天三尺绢[5]。绢价若以五百五十文一匹计算，则一个月的代役费是一千二百三十七文，合得大米三公石六斗六升，等于一个九品官的收入的三分之一。但实际上有时一匹只能卖两百文。德宗建中元年，园丁的工钱每年九百六十文，另加米七斛二斗[6]。当时物价很高，米价大概要一两千文一斛，所以每月的真实收入不过四公斗米。宣宗大中年间，佣工的工钱每月五百[7]，当时米价没有资料，若以开成年间的米价为标准，则合得大米三公斗六升。不过唐代有计口授田的办法，一般人有一种基本的收入，工钱只能说是补充的收入。

注　释

[1]《清朝续文献通考》卷一四一《职官》二七案："俸禄惟汉最优，唐宋所不及。"

[2] 官俸依照《新唐书》卷五五。表中米价开元制每石以二百文计，即每公石三百三十六文。大历制每石以两千文计，或每公石三千三百六十文。大历以后月俸系按官职分定，不论品第，表中所列，系为比较方便起见，斟酌排列，实非满意的办法。

[3]《汉书·贡禹传》记禹上书曰："……至拜为谏大夫，秩八百石，奉钱月九千二百，廪食太官，又蒙赏赐四时杂缯绵絮衣服酒肉诸果物。……又拜为光禄大夫，秩二千石，奉钱月万二千，禄赐愈多，家日以益富。"

[4]《新唐书》卷五四《食货志》："田以高下肥瘠丰耗为率，一项出米五十余斛。"

这里的斛大概与石相同。

[5] 《唐六典·户部》卷三："凡丁岁役二旬（有闰之年加二日），无事则收其庸，每日三尺（布加五分之一）。"

[6] 《唐会要》卷八九《疏凿利人》。

[7] 李俊言《续幽怪录》卷一《麒麟客》。

第三节 货币研究

一 货币理论

唐代的货币流通，变化很多，初唐以实物经济为主，中唐发生过一次严重的货币贬值，接着是一次回缩，晚期又一定程度的返回到实物经济去。所以当时对货币的意见比较多。

自初唐一直到开元年间，国内维持着和平，商业获得发展，货币数量显得不够。特别由于南北朝的钱制混乱，绝大部分钱币不够分量，武德四年的币制改革已废用旧钱，采用新的开元通宝，货币供应全靠新铸，货币数量显得更少，所以盛行实物经济。当时赐炉铸钱，也不失为一种补充的办法。留心货币问题的人，往往主张铸钱，多少带一点金属论的观点。陈子昂（661—702年）便是一个例子。他在《上益国事》中说：

> 伏见剑南诸山，多有铜矿，采之铸钱，可以富国。今诸山皆闭，官无采铜，军国资用，惟敛下人。乃使公府虚竭，私室贫弊，而天地珍藏委弃不论。[1]

开元二十年因钱少，当局叫商民不要专用现钱，而要兼用绫、罗、绢、布、杂货等。但实物作货币究有许多不便，二十二年张九龄（673—740年）代玄宗拟《勅议放私铸钱书》[2]，反对实物货币，主张自由铸钱。他说：

> 布帛不可以尺寸为交易,菽粟不可以抄勺贸有无。故古之为钱,将以通货币。

他所说的"货币"二字还是指商品。张九龄不仅认为货币经济比实物经济好,而且以为由于货币数量太少,使得物价太低,影响生产。因此为要维持生产,就必须提高商品价格,必须增加铸钱。他说:

> 顷者,耕织为资,乃稍贱而伤本,磨铸之物,却以少而致贵。顷虽官铸,所入无几;约工计本,劳费又多。公私之间,给用不赡,永言其弊,岂无变通。

他的变通之法就是让人民私铸。他说:

> 往者汉文之时,已有放铸之令,虽见非于贾谊,亦无废于贤君。况古往今来,时异事变,反经之义,安有定耶。终然固拘,必无足用。且欲不禁私铸,其理如何,公卿百僚详议可否,朕将亲览,择善而从。

然而反对的人很多,裴耀卿和李林甫都不赞成。刘秩也举出五不可的理由。他说:

> 先王以守财物,以御人事,而平天下也。是以命之曰衡,衡者使物一高一下,不得有常;故与之在君,夺之在君,富之在君。……用此术也,是为人主之权。今之钱,即古之下币也。陛下若舍之任人,则上无以御下,下无以事上,其不可一也。夫物贱则伤农,钱轻则伤贾;故善为国者,观物之贵贱,钱之轻重。夫物重则钱轻,钱轻由乎物(应为钱字)多,多则作法收之使少,少则重,重则作法布之使轻。轻重之本,必由乎是,奈何而假于人,其不可二也。夫铸钱不杂以铅铁则无利,杂以铅铁则恶,恶不重禁之,不足以惩息。且方今塞其私铸之路,人犹冒死以犯之,况启其源,而欲人之从令乎?是设陷弈而诱之入,其不可三也。夫许人铸钱,无利则人不铸,有利则人去南亩者众;去南亩者众,则草不垦,草不垦又邻于寒馁,其不可四也。夫人富溢则不可以赏劝,贫馁则不可以威禁;故法令不行,人之不理,

> 皆由贫富之不齐也。若许其铸钱，则贫者必不能为，臣恐贫者弥贫，而服役于富室，富室乘之而益恣。……必欲许其私铸，是与人利权，而舍其柄，其不可五也。[3]

刘秩的五不可，并没有什么创见，多系抄袭《管子》和汉代法家的言论。他不从币制统一的需要出发来反对任人私铸，而从维持统治者的独占权的需要来反对，把货币看作一种统治的手段，更是与法家一鼻孔出气。所以他又说：

> 夫钱之兴，其来尚矣。将以平轻重而权本末。齐相得其术而国以霸，周景失其道而人用弊。[4]

但他把私铸同生产联系起来，而且说私铸使贫富的差距越来越大，因为穷人总是替富人铸钱。这里他对穷人表示了一点同情心。

刘秩也是一个数量说者。他想操纵货币的数量来稳定物价。而且他提到货币价值同人口的关系，这是前人所没有说过的。他说：

> 夫钱重者，犹人日滋于前，而炉不加于旧。[5]

这就是说：如果货币数量不变，而人口不断增加，币值就会增加。他这话说明了为什么唐初百年间的私铸并没有引起大规模的物价上涨。因为在一百年之内，户口增加一倍以上。贞观时，户不满三百万，到开元二十年，增成七百八十六万一千二百三十六户。生产自然也会增加，所以需要更多的货币。

值得注意的是：在实物经济占更大优势的唐代，公开主张实物论的却不多，可见在实物经济的条件下，人人感到它的不便，人人希望用钱。杜佑（735—812年）也表示过这种态度。他在《通典·钱币》中说：

> 原夫立钱之意，诚深诚远。凡万物不可以无其数，既有数，乃须设一物而主之。

他似乎也以为货币是王者所创立的。他以为货币是一种计算单位或价值单位，用以权衡万物。他的所谓"数"，不应当是指个数，而应当是指价值量或价值单位；因为万物不能凭其各自的个数来比较，只能凭其价值的数量来比较。货币的作用在于将万物化成同质的价值量，使其可以比较。他在这里提出了货币的一种基本职能，即作为价值尺度的职能。当然他没有指出价值的基础是什么，他只是看到需要一种测量的标准，以供比较。

他接着谈到中国为什么不用金银或谷帛作货币，而必须用钱。

> 其金银则滞于为器为饰，谷帛又苦于荷担断裂，唯钱可以贸易流注，不住如泉。若谷帛为市，非独提挈断裂之弊，且难乎铢两分寸之用。

这里他一方面强调了铸造货币对实物货币的优越性，同时提到货币的另一基本职能，即作为流通手段的职能。他似乎连使用金银也不赞成，但那是因为当时中国不用金银铸币。谷帛之所以不适于作为货币，的确是由于不方便，五谷携带不便，而布帛则不便于分裂。杜佑说这话，大概是在贞元年间。贞元十二年当局曾令市井交易以绫、罗、绢、布、杂货和钱兼用，大概他见到这种实物经济的缺点，所以才讲那样的话。其实开元二十二年三月的敕文已说过"布帛不可以尺寸为交易，菽粟不可以秒勺贸有无"。也许杜佑只是重复那两句话。

德宗建中元年（780年）制定两税法，各种租赋要用现钱缴纳。这应当会大大地推进货币经济。可是由于钱币的供应不够，大量的钱币又流入国库不放出来，于是物价下跌，富人争相窖藏，使市面更加紧迫，农民须要卖出更多的农产品，才能支付同样多的租赋额。于是一些留心经济问题的人都在反对两税的同时，主张用布帛来代替现钱。陆贽、韩愈、杨于陵、李翱等人都发表了这种主张。

陆贽在《均节赋税恤百姓第二条》[6]中表示了他对货币的一些看法。首先，他认为货币是帝王为了一定的目的而制定出来的。他说：

> 先王惧物之贵贱失平，而人之交易难准，又立货泉之法，以节轻重之宜。敛散弛张，必由于是。盖御财之大柄，为国之利权，守之在官，不以任下。然则谷帛者，人之所为也，钱货者，官之所为也。人之所为者，故租税取焉，官之所为者，故赋敛舍焉。此又事理著明者也。

又说：

> 古之圣人，所以取山泽之蕴材，作泉布之宝货，国专其利，而不与人共之者，盖为此也。

他所谓贵贱失平，可以理解为价值无从比较，因而使交易没有标准；但更可能指价格与价值的背离，即价值大的定价低，价值小的定价高，这也是失平。所以陆贽认为货币的基本职能是作为价值尺度，而且利用这职能来实行政府的价格政策，以表示御财的权柄。那么，国家怎样运用它来调节物价呢？陆贽认为是通过货币数量的增减。他说：

> 物贱由乎钱少，少则重，重则加铸而散之，使轻。物贵由乎钱多，多则轻，轻则作法而敛之，使重。是乃物之贵贱系之于钱之多少，钱之多少，在于官之盈缩。官失其守，反求于人；人不得铸钱，而限令供税，是使贫者破产，而假资于富有之室，富者蓄货，而窃行于轻重之权，下困齐人，上亏利柄。今之所病，谅在于斯。

他的话几乎是重复刘秩所说的话，但他说物之贵贱系于钱之多少，却是典型的数量说的看法。他以前的数量说者，都没有讲得这样清楚，这样彻底。所以他主张铸钱和禁铜为器。

> 诚宜广即山殖货之功，峻用铜为器之禁。苟制持得所，则钱不重矣。

另一方面，他反对纳税用钱，他说：

> 曷尝有禁人铸钱而以钱为赋者也？

这句话如果推演下去，那就止有采用实物经济，各以其所有，易其所无。因为若是人民不铸钱，纳税就不能用钱，买物也就同样不能用钱。那么，政府铸的钱只有发出，没有收入，这些钱岂不只是在统治阶级之间流通么？然而他的话在当时是有代表性的。许许多多的人都是以人民不铸钱为理由来反对租税的货币化。

韩愈（768—824年）在他的《钱重物轻状》中发表他对通货紧缩的对策。他提出几点办法[7]：

一曰在物土贡。夫五谷布帛，农人之所能出也，工人之所能为也。人不能铸钱，而使之卖布帛谷米以输于官，是以物愈贱而钱愈贵也。今使出布之乡，租赋悉以布；出绵丝百货之乡，租赋悉以绵丝百货。去京百里悉出草，三百里以粟，五百里之内及河渭可漕入，愿以草粟租赋，悉以听之。则人益农，钱益轻，谷米布帛益重。

这一段话显然是反对两税的，而且带有实物论的色彩。但韩愈也不是一个实物论者。他一面主张纳税用实物，一面还是要用钱。

　　二曰在塞其隙，无使之泄。禁人无得以铜为器皿；禁铸铜为浮屠佛像钟磬者。蓄铜过若千斤者，铸钱以为他物者，皆罪死不赦。禁钱不得出五岭。买卖一以银。盗以钱出岭及违令以买卖者，皆坐死。五岭旧钱听人载出，如此则钱必轻矣。

他所谓"买卖一以银"的话不很明确。如果他果真主张用银，那倒是中国第一个主张用银的。不过他没有作进一步的说明，而且他的重点是铸钱，这就同"买卖一以银"的话抵触了。大概银字是钱字的传抄之误，他的意思是：纳税用实物，买卖专用钱。因为他不但不主张废用钱币，而且主张实行货币贬值来克服紧缩现象。

　　三曰更其文贵之，使一当五，而新旧兼用之。凡铸钱千，其费亦千，今铸一而得五，是铸钱千而得钱五千，可立多也。
　　四曰扶其病使法必立。凡法始立必有病，今使人各输其土物以为租赋，则州县无见钱，州县无见钱，而谷米布帛未重，则用不足矣。而官吏之禄俸月减其旧三之一，各置铸钱，使新钱一当五者以给之，轻重平乃止。

他的通货贬值政策同普通增加剥削的贬值有所不同，他的目的是恢复农产品的价格。但他不知道：这样恢复的价格是虚假的，是一种掩耳盗铃的办法。而且也行不通。他所谓新旧兼用，自然是指新的当五钱和原来的小平钱同时流通，两者重量相同，必然发生恶币驱逐良币的现象，使旧钱被人销熔改铸，而从流通界退出。

　　柳宗元（773—819年）却主张低物价政策。他说：

>币重则利。曰，奈害农何？曰，赋不以钱，而制其布帛之数，则农不害；以钱，则多出布帛而买，则害矣。[8]

他显然是站在消费者的立场，同时又保护纳税农户的利益，规定纳税则以固定数量的布帛，使其负担不致加重。

在穆宗即位的时候（820年），大家还是以货轻钱重为苦。穆宗叫百官想办法，大家都主张严禁人民铸铜器，杨于陵（753—830年）又主张让百姓用布帛土产充税，不必征收现钱。他顺便谈到货币的起源和作用：

>王者制钱，以权百货，贸迁有无，通变不倦，使物无甚贵甚贱。其术非它，在上而已。[9]

这和陆贽的意见几乎完全一样，也是法家的共同看法。

《资治通鉴》的记载稍有不同，而且详细些。那一次谈话是针对两税而言。杨于陵说：

>钱者所以权百货，贸迁有无，所宜流散，不应蓄聚。今税百姓钱藏之公府。又，开元中天下铸钱七十余炉，岁入百万，今才十余炉，岁入十五万，又积于商贾之室，及流入四夷。又，大历以前淄青、太原、魏博贸易杂用铅铁，岭南杂用金、银、丹砂、象齿，今一用钱。如此，则钱焉得不重，物焉得不轻！（《资治通鉴》卷二四二《唐纪》五八穆宗长庆元年）

这段话中包含他对货币职能的看法，他显然注意到货币的两种最重要的职能，即价值尺度和流通手段。他也说明钱重物轻的原因，并在理论上主张钱币要流通，不要蓄聚。

李翱的《疏改税法》也写于这时候。他也是反对两税，也主张用布帛代钱。他说当时的物价比四十年前初定两税的时候要低得多，农民要卖几倍的米绢才能缴纳同样多的税。所以税额虽不改，农民的实际负担却增为三倍。他说：

>推本弊乃钱重而督之于百姓之所生也。钱者官司所铸，粟帛者农

之所出；今乃使农人贱卖粟帛，易钱入官，是岂非颠倒而取其无者耶？由是豪家大商皆多积钱以逐轻重，故农人日困，末业日增。……今若诏天下，不问远近，一切令不督见钱，皆纳布帛。凡官司出纳，以布帛为准，幅广不得过一尺九寸，长不过四十尺，比两税之初犹为重加一尺。[10]

所谓百姓不铸钱所以不应税钱的说法，在当时十分流行，白居易（774—846年）也说过同样的话。这句话常被用来作为反对用钱的借口，这在理论上是站不住的。那种说法只证明他们不懂货币问题。他们不知道在当时的情况下应当降低税额，而不是恢复实物经济。由于他们不理解货币问题，所以不能说他们是实物论者。他们无意废除货币，只是在纳税方面，主张暂用布帛，作为一种权宜之计。

9世纪后半的皮日休是一个名目论者。在他看来，一物的贵贱，完全不在于它的本身，而在于王者的主观意志或根据这种主观意志定出来的法律。他在《原宝》[11]中说：

物至贵者金玉焉，人至急者粟帛焉。夫一民之饥，须粟以饱之，一民之寒，须帛以暖之。未闻黄金能疗饥、白玉能免寒也。民不反是贵。而贵金玉也何哉？曰：金玉者，古圣王之所贵也。

由是言之，金玉者王者之用也。苟为政者，下其令曰：金玉不藏于民家，如有藏者，以盗法法之，民不藏矣。法既若是，民必贵粟帛、弃金玉。虽欲男不耕而女不织，岂可得哉？

由于元和年间的一次通货紧缩以及富家的藏钱，使大家对于货币的必须流通有深刻的印象和认识。他们知道：死藏着的货币是不发生作用的。宪宗时的蓄钱禁便是在这种认识的基础上定出来的。元和三年（808年）下诏说：

泉货之法，义在通流，若钱有所壅，货当益贱。[12]

十二年又勅：

近日布帛转轻，见钱渐少，皆缘所在壅塞，不得通流。[13]

这些诏勅后面隐藏着一种理论，就是货币的效用要在流通的时候才发生。一个货币如果死藏在家里不用，就等于没有这货币，如果流通次数多，就等于多了许多货币。

注　释

[1] 《陈伯玉集》卷一。

[2] 《曲江张文献公集》（光绪壬辰重刊本）。

[3][5] 《旧唐书·食货志》。

[4] 《请禁私铸钱议》（《唐文粹》）。

[6] 《陆宣公集》卷二二。

[7] 《昌黎先生集》卷三七。

[8] 《柳河东集》卷四四《非国语上·大钱》。

[9] 《新唐书·食货志》。

[10] 《李文公集》（汲古阁本）卷九。

[11] 《皮子文薮》（日本享和二年版）卷三。

[12][13] 《旧唐书·食货志》。

二　货币史

唐初所撰的《晋书》和《隋书》都有《食货志》。《晋书·食货志》一卷分为三段或三节，前两段是谈一般的经济问题，包括货币在内；第三段专谈货币史，是接班固的《食货志》而写的，自公孙述起一直到东晋安帝元兴中为止。总共止一千七百九十二字，而且包括了张林、刘陶、孔琳之等人的议论，真正关于货币的史料很少。关于西晋的币制，几乎只字未提，只说是用魏明帝所立的五铢钱。关于东晋的币制只记用孙氏旧钱，以及轻重三等的钱。

《隋书·食货志》有三段是关于货币的，共约一千二三百字。内容却不限于隋，而是兼及南北朝，可是又不全面；南朝只有梁、陈，北朝只有北齐和北周。这种写法很奇怪，北魏的币制不写还有可说，因为有《魏书》；南朝的宋齐两朝不写，就形成了一段空白，尤其因为《晋书》是在约略同时写的，《隋书》理应同《晋书》的叙述衔接。

《晋书》和《隋书》的意义在于恢复了《史记》和《汉书》的传统，把食货志作为历史的一个部门，其中包括货币史。但只能墨守成规，不能有所发展，内容过于简略。

杜佑（735—812年）的《通典》才是一种新的发展。以前的史书是一种纪传体的历史，以人物为纲，各种典章制度都附着在人物身上，这使后代研究专业史的人要作一番繁重的整理工作。杜佑创造了一种新型的历史，以典章制度为主体，把各种性质相同的史料集中在一处，这无异于替后来的史家作了一番整理工作。

《通典》的《食货》有十二卷，《钱币》占二卷，共约一万三四千字，上卷分为七个部分：一、总论，二、周制，三、秦制，四、前汉，五、后汉，六、魏，七、晋；下卷分为九个部分：一、宋，二、齐，三、梁，四、陈，五、后魏，六、北齐，七、后周，八、隋，九、唐。应当指出：这里所谓钱币，是指一般货币，不是指钱币学的钱币，因为作者是根据文献资料而不是根据钱币实物。自货币的起源到唐代的乾元重宝为止。可见是一种通史的性质，而且是中国第一篇有系统而比较全面的货币史。关于秦汉以前，完全采用《汉书·食货志》的说法，包括太公的九府圜法和景王的大钱宝货；此外还引了《管子》关于汤禹铸币的话和《史记》关于楚庄王改小钱为大钱的事。这些史料都是可疑的。关于秦汉的货币史，基本上采用《汉书·食货志》的说法，但有些补充。这些补充来自《本纪》和《列传》的材料。例如高后二年的八铢和六年的五分钱是不见于《汉书·食货志》的，但《通典》都收进去了。后汉、魏、晋的材料系抄自《晋书·食货志》：刘宋和萧齐的材料录自《宋书》和《齐书》的列传。北魏的材料来自《魏书》，其余来自《隋书·食货志》。只有唐代的资料是初次引用的。所以杜佑的功绩在于把过去有关货币的史料汇集起来，略加增删，并按朝代分叙。只能说是一种史料汇编，不能说是一种著作。后代史学家专从通史和断代史的优劣来较量《史记》和《汉书》，这是不通情理的。在古代流行记账式的历史的条件下，如果历代史家都写通史，还不是辗转照抄，有什么价值可言。

后晋刘昫（887—946年）的《唐书》有《食货志》二卷，其中有一段关于唐代货币的历史，共五千二百七十七字，自武德四年七月废五铢钱行开元通宝钱起到会昌六年新开元钱为止。内容比《通典》要详细一些。

三　钱币学

唐代在钱币学方面也没有显著的成就,只五代时期有比较重要的著作。可惜没有流传下来。

唐代钱币学不发达,是容易理解的,因为唐代的钱币制度很简单。除了安史之乱时期以外,始终用开元钱,引不起人的注意。

唐代关于钱币的著作,据著录只有两种,即张说(667—730年)的《钱本草》二卷,见《通志·艺文略》,内容不详。另一种是封演的《续钱谱》一卷,见《新唐书·艺文志》。所谓续是指续顾烜的钱谱。

封演为天宝末进士,大历时为县令,德宗时官至御史中丞[1]。《续钱谱》已失传。洪遵《泉志》曾引封氏的话,可能就是指封演。但《泉志》只引五条:一是三铢钱,实际上是指半两钱的一种板别,两字从十不从人,穿下有三竖画,重三铢。可见封氏没有见过真正的三铢钱。第二是所谓么钱,文曰直十,这是莽泉。第三是直百五铢,列为不知年代品。第四是《顾烜钱谱》所谓的台主衣库钱"中王之钱",大概是一种镇库钱或开炉钱。第五是所谓令公百炉钱。罗泌《路史》注中关于所谓高阳货曾引用封演的话,说面有科斗书[2]。由此可知封氏对于钱币的知识面不广,研究也不深。

此外有徐氏和敦素二人,也见洪遵《泉志》。因为所引用的钱币都是唐代或唐代以前的钱币,所以应为唐代人。详情已不可考。徐氏有人作徐铉(916—991年)[3],《泉志》也曾引徐铉的《稽神录》,不知是否一人。但《泉志》所引徐氏的话,除明月钱、大货六铢、永光和五金之外,几乎全是外国钱,而且很不具体,如所谓何国钱、康国钱、拔汗国钱、屋驮国钱、吐蕃钱之类。敦素也差不多,但他提到两甾(误作两甍)和垣(误作一文),这是前人所没有提到的。

到了五代,钱币制度又繁杂了,这替钱币学的发展提供了有利的条件。

张台《钱录》一卷[4]是比较重要的著作。旧史说张台是唐人,但他提到湖南马楚的钱,应当是五代人。《泉志》曾引用二十八条。自先秦的布币到楚马殷的天策府宝,都是他亲见的钱币,而且绝大部分是正用品。有些钱文,他虽不认识,但作了忠实的叙述。如异布一种,从他的叙述中,可以断定是背有安字的安邑二釿。对于直百五铢,他知道从出现地区来推定它的来源。他说:"今自巴蜀至于襄汉,此钱甚多,皆是昭烈旧地,断在不疑。"足见他所用的方法是合乎科学的。他的《钱录》附有图样,因为他在汉刀(即金错刀)条下说,"台有此钱,如此图样。"他对于各种五铢钱有综合的论述。此外他初次提到大历钱和建中钱，认为建中钱未施用，而且以为是赵赞所计划的白铜大钱，这是他的错误。

　　洪遵《泉志》引用旧谱的条目最多，有六十条以上。但不知指的是什么旧谱。洪遵对封氏和敦素都称名道姓，所以旧谱应当不是指《封氏钱谱》或《敦素钱谱》，而应当是另有所指。引用的内容，从先秦的刀、布、环钱到唐代的咸通玄宝。关于咸通钱这是最早的著录，一般史书从未提到。关于会昌开元，也叙述得很详细，称之为新开元钱。它用字不避唐讳，所以作者不是唐代人，而是五代时人[5]。这旧谱对于钱币的文字和轻重特别重视，这是钱币学最重要的两点。只有二铢钱一种，它说"文曰二铢"，可见是传闻。其余似乎都是亲见的。如所提一文钱（即垣字环钱）和四曲文钱以及刀布等，虽不为所识，都实有其物。旧谱似乎也有图样[6]。

注　释

[1]　卢见曾《封氏闻见记》序。

[2]　《路史·后纪》第八卷。中华书局《四部备要》本第一○二页。

[3]　见《货泉备考》。

[4]　见《宋史·艺文志》。

[5]　《董通钱谱》在《布泉》条下引石氏的话同洪遵《泉志》所引旧谱的话略同。也许所谓旧谱就是指石氏的著作。

[6]　见《泉志·大泉当千》条。

第四节　信用与信用机关

一　商业的发达与长安金融市场之产生

　　唐初因为国家统一，天下太平，国内商业和对外贸易都很发达。大家对于国际贸易，多认为是一件好事，用一种惊喜的眼光来看待，觉得这种贸易使外国之货日至，各种奇物溢于中国，不可胜用[1]。魏征所谓"商贾来则边人为之利"[2]的话，可以代表全朝的态度。

汉代的对外贸易，不论是同西域或南域，都是以陆路为主。在南北朝那个战乱的期间，这条路线大概一时断了。自隋炀帝时裴矩再度打通西域的贸易路线之后，又有大批的胡商跑到中国来做买卖，而且海陆两条路都通，汉胡间的贸易很盛。所谓胡，包括波斯、大食等国在内。当时正是伊斯兰教兴起的时候，阿拉伯人的势力发展，不论在军事上和商务上，都极活跃，到中国来做买卖的人非常多；有时将东方的物品带到埃及的亚历山大市再转运到欧洲，所以当时欧亚的通商是由阿拉伯人做中介。但中国人往往不分大食人或波斯人，通叫作波斯。也许因为波斯人来中国在阿拉伯人之前，而且因为阿拉伯人多是由波斯湾出发到中国来的。当时中国各地方如岭南、福建及扬州等都有这些外商居留。广州更是中国对外贸易的中心，每年波斯、大食等国的商船来的很多，同中国交易。有时这种交易所产生的税收，竟至和两税相等[3]。首都长安也有许多所谓波斯胡和波斯店。此外，中国商船常自福州等地方开往日本从事贸易。

至于国内商业的发达，也不是汉代所能比拟，这从两代都市的规模上可以看出来。汉朝最大的长安不过八街九陌闾里一百六十室[4]。班固说只有三条大街，十二通门[5]。《三辅黄图》说是有九市，各方二百六十六步[6]。哪里能同唐代的都市比？唐代在开元年间，"东至宋汴，西至岐州，夹路列店肆，待客酒馔丰溢，每店皆有驴赁客乘，倏忽数十里，谓之驿驴。南诣荆襄，北至太原、范阳，西至蜀川、凉府，皆有店肆，以供商旅。远适数千里，不持寸刃"[7]。近年发掘长安遗址，证实城址周围有七十多里，城内有东西街十四条，南北街十一条，最宽的朱雀门大街有一百四十米宽，估计当时人口有一百多万[8]。除首都长安外，还有纯粹的商业都市如国际贸易中心的广州和国内外商业重镇的扬州。关于广州的情形，资料很少。但在南北朝的时候，就有"广州刺史但经城门一过便得三千万"[9]的话。至于扬州的情况，则反映在文学作品中：所谓"十里长街市井连"[10]，"夜市千灯照碧云"[11]，可以想见当时的繁华。就是杭州也有几十万人口[12]。当时的中原，正是"旁通巴汉，前指闽越，七泽十薮，三江五湖，控引河洛，兼包淮海，弘舸巨舰，千舳万艘，交贸往还，昧旦永日"[13]。商人的地位虽不如官吏，但比一般老百姓要高[14]。

内外贸易的发展，固然同国内的和平建设有关，也同健全的货币流通分不开。混乱了几百年的币制终于统一起来了。虽然唐初由于货币数量不够，实物经济的成分还很重，但货币的供应是不断增加的，到开元天宝年间基本上已能满足需要了。实际上信用的发展往往正是由于货币的缺乏，一些信用工具是作为货币的代替品而产生的，所以有人称为信用货币。

我们对于当时广州和扬州的金融业，不大知道。可是就长安的情形看来，就可以晓得金融业是相当发达的。长安的商业集中在东西两市。东市的四周各六百步，"市内货财，二百二十行，四面立邸，四方珍奇，皆所积集"。但西市更加繁荣，有平准局、衣肆、秤行、窦家店及有名的景先宅[15]。长安的西市便是中国初期的金融市场，在这个金融市场里，流通着各种的信用，供给这些信用的，除个人性质的富商官吏以外，有供给抵押信用的质库；有供给普通信用的公廨；有收受存款或供给保管便利的柜坊、寄附铺和各种商店；有从事兑换业、买卖生金银的金银店；有办理汇兑业务的商人组织。现代的几种主要金融业务，当时都有了。

这个金融市场有时难免受到政治势力的摧残，譬如在8世纪末即德宗建中三年（782年）的时候，因为李希烈等起事，政府筹措军费，就向长安金融市场勒借至二百万。以前也曾向富商摊借，没有发生事故；但金融市场的钱是多数商民的；质库是以商民为对象的金融机关；柜坊的钱是许多商人存入的；因此长安为之罢市，结果政府不得不让步。这是商业资本家的一次大胜利。

注　释

[1] 韩愈《送郑南书序》。

[2] 《新唐书》卷九七《魏征传》。

[3] 《旧唐书》卷一五一《王锷传》。

[4] 《三辅旧事》："一间为二十五家，《周礼》称'五家为比，五比为间。'"

[5] 班固《西都赋》："披三条之广路，立十二之通门。"

[6] 见景明刻本《古今逸史》引卷二《长安九市》条。又卷一《汉长安故城》条引《汉旧仪》曰："长安城中经纬各长三十二里十八步，地九百七十二顷，八街九陌三宫九府三庙十二门九市十六桥。"《册府元龟》卷一三《都邑》条下说："长安城方六十三里，经纬合长十五里，十二城门，九百七十三顷，城中皆属长安。"

[7] 《通典》卷七。

[8] 根据中国科学院的调查和考据，当时人口有一百多万。分为一百零八千坊里。最窄的街道有六十九米，最宽的大街有四百四十多米，一般为一百米。

《人民画报》1961年第10期《唐代长安的发掘》（中国科学院考古研究所供稿）。如果确是这样，那么，面积会要几倍于现今上海等大城市，否则容纳不下那许多人口。根据《文汇报》1961年12月12日《唐代长安城遗址发掘出来了》一文，最宽的朱雀门街是一百四十米。

[9]　《南齐书·王昆传》。

[10]　王楙《野客丛书》卷一五《唐时扬州通州》条引张祐诗："十里长街市井连，月明桥上有神仙；人生只合扬州死，禅智山光好墓田。"

[11]　《野客丛书》引王建诗。但唐朝的夜市大概只限于东南的扬州和广州，长安、洛阳等地是禁止夜行的。

[12]　见吴自牧《梦粱录》。

[13]　崔融（武则天时人）的话，见《旧唐书·崔融传》。

[14]　《旧唐书》卷七四《马周传》："武德中补博州助教，日饮醇酎，不以讲授为事，刺史达奚恕，屡加咎责。周乃佛衣游于……长安，宿于新丰逆旅，主人唯供诸商贩，而不顾待周。"

[15]　《唐两京城坊考》卷三。据 Abu Zeyd 向当时曾到过长安的 Ebn Wahab 打听的情形，也和《唐两京城坊考》所载差不多。Ebn Wahab 说"The City was very large and extremely populous; that it was divided into two great Parts by a very long and very broad Street; that the Emperor, his Chief Ministers, the Soldiery, the Supreme judge...lived in that Part of the City which is on the right hand Eastward; ...the Part on left hand Westward is inhabited by the People and the Merchants, where are also great Squares and Market for all the necessaries of life." (*Ancient Accounts of India and China*, p.58.) 这明明是指长安的东西市。书中称长安为 Cumdan，译者注解说是南京，这是不懂中国的历史，他以为南京是当时中国的首都。其实 Cumdan 应是京城的音译，长安原名京城，也许在唐代用福建或广东音念起来和 Cumdan 比较接近。

二　放款

在放款方面，大致可以分为两种：一种是信用放款，一种是抵押放款。

所谓信用放款，就是对人信用的意思，即南北朝时的出责和举贷。唐人叫作出举[1]、举放[2]、举债[3]、放债[4]、放息钱或责息钱[5]。

供给信用放款的，自然以富商为主，不论中国商人和外国商人[6]都有，但也有官吏皇亲贵戚放款牟利的[7]。

放款的对象，除普通商民之外，官吏也是主要对象之一。从这里我们可以看出当时的高利贷资本家和封建统治者之间的斗争。如果封建统治者自己从事高利贷，那么他当然可以借势盘剥；但如果高利贷者放款给官吏，那么官吏有时就赖债，这时就要看两者谁的势力大了[8]。如果系小官或新官，那么他只有加紧搜刮贪污，以便还债[9]。

唐代各朝，都有由政府拨款给各级机关运用牟利以供官吏薪俸的办法。这种资本叫作公廨本钱[10]或食利本钱[11]，这是隋代的遗制。在唐代有进一步的发展。这种事业则名之为捉钱，办理这种事务的叫作捉钱令史。贞观十二年（638 年）曾由褚遂良谏止[12]，但后来又恢复了。有些人不要政府出本钱，而自立虚契，冒做这种事业。因为捉钱者都免徭役，犯了罪府县也不敢劾治[13]。也有些官吏添入私人资本，甚至有些商贩富人，投身要司，依托官本，广求私利的，赚了钱则入私囊，如有拖欠亏本，则算公账[14]。至于政府的收益，也不固定，初期每年有本利对倍的，后来似乎渐渐减少，开元初每月七分[15]，开元中六分[16]，建中初五分[17]，到会昌时每月只有四分收入[18]。但这不足以表示唐代的利率是一步一步下降。因为这种收益和纯粹利息不同，收益大的时候，可能包括利润在内，因为资金的运用，除了放债以外，还有各种买卖和投机；甚至有租税的成分在内，因为可能有摊派的事。而且公廨钱本身的性质也不明确，有时好像是对商人放款，按时收利；有时又像官私合伙做买卖。至于后来收益的减少，一则因为一部分入于私囊了；二则也许因正当通货紧缩，市面不景气，放款收不回来。政府放款，利率已是很高。私人高利贷的利率更高[19]。

无论私人放款，或政府放款，由于利息过重，结果债务人总是无力偿还，或者被逼死，或者逃亡。政府讨债逼得更凶。例如在元和十一年洛阳的御史台曾奏称：该台所作的放款，自贞元十一年到元和十一年那二十一年间，欠利息十倍以上（于本金）的有二十五户。自贞元十六年到元和十一年那十六年间，欠利息七倍以上的有一百五十六户；自贞元二十年到元和十一年那十二年间，欠利息四倍以上的有一百六十六户。这种本息，如果本人已死，就向其子孙讨，若没有子孙，就向其亲族傍支索取，如果没有支族，就征于保人，若保人逃亡或死亡，则另外找人代纳[20]。这可以说是一人借债，全体人民有责了。

借贷不限于现钱，有时以粟麦等实物为借贷的工具，偿还时有时用现钱，有时用原借实物[21]。

抵押放款有两种，一种是不动产抵押放款，一种是典当的押款。不动产抵押放款叫贴赁[22]，押品多以田地为主，也有用房宅等物押款的。有时也叫质[23]，不过质的意思并不限于不动产。

最普通的押款自然是当铺的押款，唐人叫质或收质[24]，当铺则叫作质库，到五代时还是如此[25]。另外有一种僦柜，据说同质库的性质差不多[26]。也有人认为是柜坊的别名。南北朝时，经营典质的是寺观，但到了唐朝，就独立了。商人和官吏贵族，常开设质库来牟利[27]。

唐代政府，对于放款利率有所限制，然而有时加以伸缩变动，只对于复利则始终不许[28]。对典当放款也规定当铺不能随便变卖所当物品，如果利息超过本钱，还不赎当，才可以报告当地政府变卖，但在偿还押款后如有剩余，还须给还债务人[29]。

注　释

[1]　《唐令拾遗》卷八五七："诸公主及官人不得遣亲事帐内邑司客部曲等在市兴贩及邸店沽卖者出举。"

[2]　《唐会要》卷八八《杂录》开元十六年诏："比来公私举放，取利颇深，有损贫下，事须厘革，自今已后，天下负举；只宜四分收利，官本五分收利。"《陆宣公集》卷一《平朱泚后车驾还京大赦制》："建中四年年终已前……百司及诸军诸使举放利线，今年六月已前，百姓欠负未纳者，亦并停征。"

[3]　《太平广记》卷二三四："陇右水门村有店人曰刘钥匙者，不记其名，以举债为家业，累千金，能于规求善聚，难得之财，取民间资财，如秉钥匙开人箱箧帑藏、资其珠珍不异也。故有钥匙之号。"

[4]　《唐会要》卷八八《杂录》："开元十五年……勅应天下诸州县官寄附部人兴贩，及部内放债等，并宜禁断。"

[5]　《新唐书》卷一一三《徐有功传》："（武后时）博州刺史琅邪王冲责息钱于贵乡，遣家奴督敛。"

[6]　《全唐文》卷七二："顷者京城内，衣冠子弟诸军使并商人百姓等，多举诸蕃客本钱。"

[7]　《旧唐书》卷七八《高季辅传》："贞观初……又曰，今公主之室，封邑足以给资用，勋贵之家，俸禄足以供器服，乃戚戚于俭约，汲汲于华侈。放息出举，追求什一，公侯尚且求利，黎庶岂觉其非？"

[8]　《旧唐书》卷一五四《许孟容传》："（元和四年）李昱假贷长安富人钱八千贯，满三岁不偿，孟容遣吏收捕械系，克日命还之。日不及期当死。"

[9] 《唐会要》卷九二会昌元年："选人官成后，皆于城中举债，到任填还，致其贪求，罔不由此。"《资治通鉴》卷二四三："自大历以来，节度使多出禁军，其禁军大将资高者皆以倍称之息，贷钱于富室，以赂中尉，动踰数万。"

[10] 《唐会要》卷九三《诸司诸色本钱》上："武德元年十二月置公廨本钱，以诸州令史主之，号捉钱令史，每司九人，补于吏部。所主才五万钱以下，市肆贩易，月纳息钱四千文，岁满授官。"

[11] 《唐会要》卷九三《诸司诸色本钱》上，和十一年九月条。

[12] 《唐会要》卷九一《内外官料钱》上："贞观十二年二月谏议大夫褚遂良上疏曰……陛下近许诸司令史捉公廨本钱，诸司取此色人号为捉钱令史，不简性识，宁论书艺，但令身能估贩，家足赀财，录牒吏部，使即依补。大率人捉五十贯已下，四十贯已上，任居市肆，恣其贩易，每月纳利四千，一年凡输五万，送利不违，年满受职。然有国家者，尝笑汉代卖官，今开此路，颇类于彼。……其月二十三日勅并停。"

[13] 《唐会要》卷九三《诸司诸色本钱》上："乾元元年勅长安、万年两县，各备钱一万贯，每月收利以充和雇。时……二县置本钱配纳质债户收息以供费。诸使捉钱者给牒免徭役，有罪府县不敢劾治。民间有不取本线，立虚契，子孙相承为之。"

[14] 《唐会要》卷九三《诸司诸色本钱》上："元和十一年八月……右御史中丞崔从奏，前件捉钱人等比缘皆以私钱添杂官本，所防耗折，裨补官利。近日访闻商贩富人，投身要司，依托官本，广求私利。可征索者自充家产，或通欠者证是官钱。非理逼迫，为弊非一，今请许捉钱户，添放私本，不得过官本钱。勘责有剩，并请没官。从之。"

[15] 《唐会要》卷八八《杂录》："（开元初）五千之本，七分生利，一年所输四千二百，兼算劳费，不啻五千。"，

[16] 《唐会要》卷九三《诸司诸色本钱》上开元十八年条。

[17] 《新唐书》卷一三二《沈既济传》："建中二年诏中书门下两省分置待诏官三十，……权公钱收子赡用度。既济谏曰，今日之治，患在官烦，不患员少……今置员三十，大抵费月不减百万，以息准本，须二千万，得息百万。配户二百，又当复除其家，且得入流，所损甚甚。今关辅大病，皆言百司息钱，毁室破产。"

[18] 《唐会要》卷九三《诸司诸色本钱》上："会昌元年……六月河中晋绛慈隰等州观察使孙简奏准敕书节文，量县大小，各置本钱，逐月四分收利。"

[19] 《太平广记》卷四三四引《原化记》："贞元中苏州海盐县有戴文者，家富性贪，每乡人举债，必须收利数倍。"

[20] 《唐会要》卷九三。

[21] 《唐令拾遗》："诸以粟麦出举，还为粟麦者，任依私契，官不为理。仍以一年为断。不得因本更令生利，又不得回利为本。"

[22] 《通典》开元二十五年令："诸田不得贴赁及质，违者财没不追，地还本主，若从远役外任，无人守业，听贴赁及质。"文中诸田指口分田、永业田等，可参阅加藤繁著《唐代に於ける不动产质に就いこ》（《东洋学报》十二卷一号）。

[23] 《资治通鉴》卷二三七，宪宗元和四年闰三月："魏征玄孙稠贫甚，以故第质钱于人。平卢节度使李师道请以私财赎出之。上命白居易草诏，居易奏言事关激劝，宜出朝廷，师道何人，敢掠斯美。望敕有司以官钱赎还后嗣，上从之。出内库钱二千缗，赎赐魏稠，仍禁质卖。"

[24] 《太平广记》卷一六五《廉俭·阳城》："城之为朝士也，家苦贫，常以木枕布衾质钱数万，人争取之。"《李娃传》："天宝中，……他日娃谓生曰，与郎相知一年，尚无孕嗣，常闻竹林神者报应如响，将致荐酹求之可乎。生不知其计，大喜乃质衣于肆，以备牢礼，与娃同谒祠宇而祷祝焉。"

[25] 《新五代史》卷五三《慕容彦超传》："在镇尝置库质钱，有奸民为伪银以质者。主吏久之乃觉。彦超阴教主吏夜穴库垣，尽徙其金帛于他所，而以盗告。彦超即榜于市，使民自占所质以偿之。民皆争以所质物自言，已而得质伪银者，置之深室，使教十余人日夜为之，皆铁为质，而包以银，号铁胎银。"

[26] 《资治通鉴》胡三省注："民间以物质钱，异时赎出，于母钱之外，复还子钱，谓之僦柜。"

[27] 《旧唐书》卷一八三《武承嗣攸暨妻太平公主传》："籍其家（太平公主），财货山积，珍奇宝物侔于御府，马牧羊牧田园质库，数年征敛不尽。"《全唐文》卷七八会昌五年："如闻朝列衣冠，或代承华胄，或在清途，私置质库楼店，与人争利。"

[28] 《唐会要》卷八八："长安元年十一月十三日勅，负债出举，不得回利作本，并法外生利。仍令州县严加禁断。"

[29] 《唐令拾遗》。

三 存款

唐朝以前，中国人对于闲置的资金，或是窖藏，或是寄存亲友处，这亲友照理只是保管性质，不能加以利用。所以这两种办法都不能说是存款，不是一种信用业务。

唐朝的商民，除窖藏外，将钱财寄存在外面的事情也很普遍。有时存在亲友的地方[1]，有时存在寺僧处[2]，这种办法如果保管人不能加以利用，仍和窖藏差不多。扑满无疑是民间一种通行的东西，姚崇有《扑满赋》[3]。

南北朝时，商人出外贸易，寄居邸店，带来办货的钱，或卖货所得的价款，既不能一天到晚带在身上，只有锁在自己的箱子里，这样有许多不便和风险[4]。

到了唐朝，对于资金的存放，渐渐有了新的方便，供给这种方便的为各种商店。这种寄存和以前托亲友保管的性质稍微有点不同，这种寄存往往是因交易而起的[5]，或是同商业有关系的[6]；收受这种存款的有药店，有波斯店，都是当时的大商店；所谓波斯店相当于后世的所谓洋行，即外国人开的铺子，不一定是波斯人开的，阿拉伯人也被称为波斯。但当时的店铺中，最接近于专门的存款机关的是柜坊和寄附铺。

柜坊一名词，在唐代文献中有几次提到，如温庭筠的乾𦠆子[7]和乾符二年的赦文[8]等。但关于它的性质，却没有详细的记载。我们只知道是一种保管钱财的地方。书中有时讲到有钱锁在西市柜坊，有时单讲锁在西市[9]，有时说积钱在东西市[10]。大概当时长安的西市或甚至东西两市都有许多家柜坊[11]或其他收受存款的商店。

从字义上看来，柜坊的起源，应当是箱柜，本是放置钱财衣物的一种普通用具。《庄子》中便有所谓"发匮之盗"。有些人家或店铺或许特别装置比较坚固的柜子来存放贵重品[12]。朱全忠在襄城所破获的几百锭金银，就是在一个大柜中发见的[13]。都市的邸店，为适应商旅的需要，特别设一个柜子或甚至一间柜房来替住客保管钱财，也是一件很自然的事情。后来因为需要这种便利的人多，于是有人专门开设柜坊。这可能就是柜坊演进的经过。在外国，现代的信用机关，还有以柜库为名的，如法文中的caisse、意大利文中的cassa、西班牙文的casa、德文的Kassa和俄文的Kacca[14]。中国近代的金融机关，虽然不是由柜坊演变出来的，但金库一名称，还同柜坊一词的意义差不多。

柜坊能不能算是一种真正的信用机关，还有问题。第一，我们不知道寄存保管是它们的专业或主要业务，还是只算一种副业。第二，我们不知道这种寄存到底是出租保管柜的性质而由寄存户负担风险，还是由柜坊方面完全负责。第三，我们不知道柜坊对于存款是支付利息，还是征收保管费。第四，我们不知道柜坊对于存款能否加以利用。这四点中后面两点最重要，而且也彼此有连带关系。本来寄存这种行为至少有两种解释：第一是财物的保管，那是保管人不能动的，到时应将原物归还。第二是货币的寄存，只讲明代为保管一个数额，如黄金若干两，铜钱若干缗，保管人到期只要能把这数目交出便可以，至于交出以前他动用与否，毫无关系，因为黄金和铜钱无须用原物交还[15]。唐代法律对于利用受寄财物的人是要加罪的[16]，但是既然法律上有此明文，也就可知民间对于寄附的财物有加以利用的事。如果柜坊能利用这种存款，那就可能支付利息，这样就成了真正的信用机关。但也可能不付利息，也不收保管费，而暗中加以利用；这样也可以说是一种信用机关。但如果只代为保管，完全不加利用，那就当然要收保管费。这种保管业务对于商人仍是一种便利，间接有助于商业的发展，而且也为近代银行业务之一，但柜坊单凭这种业务就不能说是真正的信用机关了。

无论柜坊的性质是怎样，唐朝的存款实已超过了保险箱式的阶段。因为支票的原理已经被应用了，所谓支票的原理，就是说存钱在外，不必自己去取，而可以将所有权转移给人。当时有些商店就提供这种便利，存户可以命令存款机关付款与第三人，有时以物为凭[17]，有时竟使用帖或书帖。这帖或书帖大概可以说是世界最早的支票，上面有付款数目，出帖日期，收款人姓名，出帖人署名，和现代支票所不同的，就是出于临时书写，而不是印好的空白格式[18]。这种寄附就完全是货币的寄存了。

建中年间，赵赞曾取僦柜纳质钱，以作讨伐李希烈的军费。有人说僦柜类似质库，近代有人怀疑[19]。这怀疑是有道理的。文献中僦柜的"僦"字多作动词解，即出租的意思。如"僦柜、纳质、积钱货、贮粟麦"。所以可能就是指租用柜坊的箱柜。

柜坊之外，有一种寄附铺，是一种寄售商店的性质。中国人自古就有将钱财寄附在亲友处的事，大概唐朝就有人专设寄附铺来替商民保管金钱和其他贵重品，并代寄户出售寄存物品。长安西市的景先宅就是一家寄附铺[20]。

有人企图将柜坊、寄附铺和帖三者联系起来，说寄附铺就是柜坊，寄存者可以用帖支取财物[21]。这种假设虽不是没有可能，但是没有根据。在弄清柜坊的性质以前，任意加以穿凿，是没有什么意义的。如果柜坊只是出租保管柜，那就不可能由保管户用帖来支取财物。文献中凭信物付钱的只见有波斯店和药铺，没有柜坊。

注 释

[1] 《唐语林》卷一《德行》："杜太保宣简公，大历中，有故人遗黄金百两。后三年为淮南节度使，其子来投，公取其黄金还之，缄封如故。"《旧五代史》卷五八《唐书·赵光逢传》："同光初……尝有女冠寄黄金一镒于其家，时属乱离，女冠委化于他土。后二十年金无所归。纳于河南尹张全义，请付诸官观，其旧封尚在。"

[2] 《会昌解颐录·牛生》："牛生自河东赴举……至菩提寺……僧喜曰，晋阳常寄钱三千贯文在此，绝不复来取。某年老，一朝溘至，便无所付，今尽以相与。"

[3] 《全唐文》二〇六。

[4] 《周书》卷二二《柳庆传》："（太祖时）有贾人持金二十斤，诣京师交易。寄人停止。每欲出行，常自执管钥，无何缄闭，不异而失之。谓是人所窃。郡县讯问主人，遂自诬服。庆闻而疑之。乃召问贾人曰，'卿钥恒置何处？'对曰，'恒自带之。'庆曰，'颇与人同宿乎？'曰，'无。''与人同饮乎？'曰，'日者曾与一沙门再度酣宴，醉而昼寝。'庆曰，'主人特以痛自诬，非盗也。彼沙门乃真盗耳。'即遣使逮捕，沙门乃怀金逃匿。后捕得，尽获所失之金。"

[5] 《太平广记》卷二三引《广异记·张李二公》："唐开元中有张李二公同志……天宝末，李仕至大理丞……张……谓李白：'君欲几多钱，而遂其愿？'李云：'得三百千当办己事。'张有故席帽，谓李曰：'可持此诣药铺，问王老家张三，令持此取三百千贯钱，彼当与君也'……明日……遂持帽诣王家求钱。王老令送帽问家人，审是张老帽否？其女云：'前所缀绿线犹在。'李问张是何人。王云：'是五十年前来茯苓主顾，今有二千余贯钱在药行中。'李领钱而回。"

[6] 郑还古《续玄怪录·杜子春传》："杜子春，周隋间人，少落魄，不事家产。……投于亲故，皆以不事事之见弃。方冬衣破腹空，徒行长安中……有一老人策杖于前，问曰：'君子何叹？'子春言其心。……老人曰：'几缗则丰用？'子春曰，三百万则可以活矣。'……于是袖出一缗曰：'给子今夕，明日午时俟子于西市波斯邸，慎无后期。'及时子春往，老人果与钱三百万，不告姓名而去。"

[7] 温庭筠为宣宗时（9 世纪中叶）人，《乾馔子》已亡佚，但其中提到柜坊的《扶风窦义》一篇为《太平广记》卷二四三所引。原文如次："尝有胡人米亮，因饥寒，义见辄与钱帛，凡七年不之问。异日又见亮，哀其饥寒，又与钱五千文。亮因感激，而谓人曰：'亮终有所报大郎。'义方闲居，无何，亮且至，谓义曰：'崇贤里有小宅出卖，直二百千文，大郎速买之。'义西市柜坊锁钱盈余，即依值出钱市之。书契日，亮与义曰：'亮攻于览玉，尝见宅内有异石，人罕知之，是捣衣砧，真于

阗玉，大郎旦立致富矣。'乂未之信，亮曰：'延寿坊召玉工观之。'玉工大惊，曰：'此奇货也。攻之可得腰带铐二十副，每副直钱三千贯文。'遂令琢成，果得数百千价。又得合子执带头尾诸色杂类。鬻之又计获钱数十万贯云云。"

[8]《唐大诏令》卷七二乾符二年南郊赦文："自今以后，有人钱买官，纳银求职，败露之后，言告之初，取与同罪，卜射无舍。其钱物等并令议官送御史台，以赃罪收管。如是波斯蕃人钱亦准此处分。其柜坊人户，明知事情，不来陈告，所有物业，并不纳官，严加惩断，决流边远。"

[9]《太平广记》引《广异记·三卫》："开元初，有三卫……入京买绢，买者闻求二万，莫不嗤骇，以为狂人。后数日有白马丈夫来买，还直二万，不复踌躇，凡钱先已锁在西市。"同书卷四九九《杂录》七引《中朝故事·王氏子》："京辇自黄巢退后，修葺残毁之处。……僖宗诏令重修安国寺毕，亲设车辇，以设大斋，乃扣新钟十锺，舍钱一万贯，命诸大臣各取如意击，上曰：存能舍一千贯文者即打一槌。斋罢，王酒胡半醉入来，径上钟楼，连打一百下，便令西市运钱十万贯入寺。"

[10]《新唐书》卷一五二《李绛传》："元和八年，帝乃下诏，能得贼者，赏钱千万，授五品官。与贼谋及舍贼能自言者亦赏。有不如诏，族之。积钱东西市，以募告者。"

[11]《新唐书》卷二○八《宦者下·田令孜传》："僖宗即位……发左藏齐天诸库金币，赐伎子歌儿者日巨万，国用耗尽。令孜……劝帝籍京师两市蕃旅华商宝货，举送内库，使者监阅柜坊茶阁，有来诉者皆杖死。"

[12]《旧唐书》卷一三五《王叔文传》："室中为无门大柜，唯开一窍，足以受物以藏金宝。"张说《虬髯客传》："楼下匮中有钱十万。"皇甫氏《原化记·王贾》："其空处如堂，有大石柜，高丈余，锁之，贾手开其锁，去其盖。引暹手登之，因同入柜中，又有金柜，可高三尺，金锁锁之。"《太平广记》卷四○二《宝三水珠》："大安国寺睿宗为相王相旧邸也。即尊位乃建道场焉。王尝施一宝珠，令镇常住库，云直亿万。寺僧纳之柜中，殊不为贵也。开元十年。寺僧造功德，开柜阅宝物，将货之。……（宋）《太平老人袖中锦》："偷儿云："夜入人家有三畏，一畏有老人，二畏有牙儿，三畏乳太为金银物有大柜，有铁钮，贼不能入。"

[13]《旧五代史》卷二《太祖纪》天祐二年九月："是日入襄城，帝因周视府署，……扉中有一大匮……内有金银数锭。"

[14] 法国银行有称为 caisse（金库）的，如 caisse d'epargue（储蓄金库）和 Caisse des Depots et des Consignation（存款信托局）。意大利也有称银行为 cassa 的，和法文 caisse 同意义。如 Basilicata 的州银行称为 Cassa Provinciale；撒丁尼亚的州立

信用银行称为 Casse Provinciali di Credito；农村合作银行叫作 Casse rurali。苏联的储蓄金库称为 Сберегательная касса。

[15] 16 世纪时英国法律对于寄托分为三种。第一是纯粹寄托（bare naked bailment），所存者为加锁的箱柜袋或其他容器，完全为保管性质，保管人不得动用保管品。第二是保管人有使用保管品作某种特定用途之义务，如用作买卖。第三为货币的寄附（bailment of money），委托人只有一金额的债务，所以保管人对于保管的货币可以加以利用。（Ellis T. Powell, *Evolution of Money Market* (1385—1915)，chap.II.）

[16] 《唐律疏议》卷二六《受寄物费用》条。

[17] 《逸史·卢李二生》："又曰：'公所欠官钱多少？'曰：'二万贯。'乃与一拄杖，曰：'将此于波斯店取钱。'……波斯见拄杖，惊曰：'此卢二舅拄杖，何以得之？'依言付钱。"（见《旧小说》）又《广异记·张李二公》。见注 [5]。

[18] 《太平广记》卷一四六引《唐逸史·尉迟敬德》："隋末有书生，居太原，苦于家贫，以教授为业。所居抵官库，因穴而入，其内有钱数万贯，遂欲携挈。有金甲人持戈曰：'汝要钱，可索取尉迟公帖来。此是尉迟敬德钱也。'书生访求不见，至铁冶处，有锻铁尉迟敬德者也。方袒露蓬首，煅炼之次。书生伺其歇，乃前拜之。尉迟公曰：'何故？'曰：'某贫困，足下富贵，欲乞钱五百贯，得否？'尉迟公怒曰：'某打铁人，安有富贵？乃假我耳。'生曰：'若哀悯，但赐一帖，他日自知。'尉迟不得已，令书生执笔曰，'钱付某五百贯。'具月日，署名于后。书生拜谢而去。尉迟公与其徒抃掌大笑，以为妄也。书生既得帖，却至库中，复见金甲人，呈之，笑曰：'是也。'令系于梁上高处。遣书生取钱，止于五再贯。后敬德佐神尧，立殊功，请归乡里，勅赐钱，并一库未曾开者，遂得此钱。阅簿欠五百贯。忽于梁上得帖子，敬德视之，乃打铁时书帖。"

[19] 加藤繁《柜坊考》（吴杰译《中国经济史考证》第一卷）。

[20] 《霍小玉传》："往往私令侍婢潜卖箧中服玩之物，多托于西市寄附铺侯景先家货卖。曾令侍婢浣纱将紫钗一只诣景先家货之。路逢内作老玉工，见浣纱所执，前来认之，曰：此钗吾所作也。昔霍玉小女将欲上发，令我作此，酬我万钱，我尝不忘。汝是何人？从何得来？"

[21] 加藤繁《柜坊考》疑心寄附铺和柜坊是同一种店铺，但同时也承认资料缺乏，不能下断语。另一方面，他却毫无根据地说柜坊接受支票，支付钱财。

四 生金银买卖

中国自战国以后，黄金的使用渐多；汉以后，银器也流行了，所以一向就有金银的买卖[1]。固然金银的买卖不能说就是兑换，因为兑换乃是两种货币之间的交换，不过随着金银的货币性的增强，金银的买卖就变成兑换了。所以研究中国的兑换业或金银市场的历史，要从研究金银匠和金银店的历史着手。这种金银匠和金银店，在中国的金融发展史上，占有重要的地位。虽然他们没有像英国的同业一样，发展成现代的金融机关，但在钱庄出现以前，它们是中国主要的兑换机关，有时甚至超越兑换业务的范围。

金银匠的发展，自然是以金银工艺品的需要为前提。金银首饰的起源，大概与金银的发现同时。人类之所以采用金银作为价值的储藏工具和支付工具，就是因为它们有作为装饰品的用途。

两汉的王公显贵们，已使用金银器具，当时应当就有金银匠的存在。东汉魏晋，金饰流行，金银匠应当更多。不过东汉以前，金银器饰的制造，恐怕是出于显贵们自己家里的奴仆之手[2]，后来金饰普及到民间去，才产生一批真正的金银匠，但那时他们的地位，仍是很低，多由显贵们豢养在自己家里工作，是一种纯粹的匠人，不见得自己有多少本钱，他们自己大概不买卖金银。到北魏的时候（444年）还有禁止私养金银匠的事例[3]。而且那时已经有金店了，南齐的刘缋到后魏时，曾进金玉肆，想大加收买，被李安世几句话说得不好意思[4]。

到了唐朝，国内统一和平，工商业发达，金银匠的社会地位，随着他们的经济力量而提高了，他们由巡游的匠人慢慢发展，自立门面，变成金银铺。由许多的金银铺就成为一个金银行、金银市，唐代在苏州就有金银行[5]，扬州谅必也有许多金银店[6]，长安则有金市[7]，这就是当时长安的兑换市场或生金银买卖市场。

金银铺的业务，自然以打造器饰为主，同时大概兼营金银器饰和生金银的买卖，也有兼卖珠玉的[8]；又因金银的买卖而产生金银鉴定的业务[9]。在唐朝，流通工具是以钱帛为主，但金银仍是主要的保值工具[10]，偶尔也有用作支付工具的，所以生金银买卖也有需要[11]。

生金银买卖和兑换性质不同。生金银买卖是把金银当作一种商品；兑换则是把金银当作货币。只因唐代有用金银作支付工具的事，白银在岭南更是通行的货币[12]，所以唐朝的金银铺多少有兑换机关的性质。到五代的时候，白银的使用增加，银匠店渐见重要[13]。

注　释

[1] 参见第一章第二节二注 [14]。

[2] 参见第二章第一节三。

[3] 《魏书》卷四《世祖纪》，太平真君五年正月诏："自王公已下，至于庶人，有私养沙门师巫及金银工巧之人在其家者，皆遣诣官曹，不得容匿。"《北齐书》卷四七《酷吏传·毕义云》："文宣受禅……义云从父兄僧明负官债，先任京畿长吏，不受其属，立限切征，由此挟嫌。……又坐私藏工匠，家有十余机织锦并造金银器物，乃被禁止。"

[4] 《魏书》卷五三《李安世传》："国家有江南使至，多出藏内珍物，令都下富室好容服者货之。令使任情交易。使（南齐使刘缵）至金玉肆问价，缵曰北方金玉太贱，当是山川所出。安世曰圣朝不贵金玉，所以贱同瓦砾。又皇上德通神明，山不爱宝，故无川无金，无山无玉。缵初将大市，得安世言惭而罢。"

[5] 《太平广记》卷二八〇引《纂异记·刘景复》："吴泰伯庙在东阊门之西。每春秋季，市肆皆率其党合牢醴，祈福于三让王，多图善马彩舆女子以献之。非其月亦无虚日。乙丑春有金银行首纥合其徒，以绢画美人，捧胡琴以从，其貌出于旧绘者，名美人为胜儿，盖户牖墙壁，会前后所献者无以匹也。"

[6] 日僧圆仁曾于开成年间在扬州卖沙金（见《入唐求法巡礼记》）。赵璘《因话录》也提到在扬州卖金的事。

[7] 薛用弱《集异记·王四郎》："即于怀中出金，可五两许，色如鸡冠，因曰，此不可与常者等价也。到京但于金市访张蓬子付之，当得二百千。"洛阳也有金市，陆机《洛阳记》："三市。大市名金市，在大城中。"（《太平御览》卷八二七《资产七·市》）

[8] 高彦休《唐阙史》卷下《王居士神丹》："果有（长安）延寿坊鬻金银珠玉者。"

[9] 加藤繁在其《唐宋时代に於ける金银の研究》里把唐代金银铺的业务分为四种（宋代则有五种）：一、金银器饰之买卖；二、金银地金即金银铤金银饼等之买卖；三、金银之鉴定；四、金银器饰及地金之铸造。

[10] 薛调《刘无双传》："泾原兵士反，姚令言领兵入金元殿，天子出苑北门。百官奔赴行在。我以妻女为念，略归部署。疾召仙客：与我勾当家事，我嫁与尔无双。仙客闻命，惊喜拜谢。乃装金银罗锦二十驮，谓仙客曰，汝易衣服，押领此物，出开远门，觅一深隙店安下。……"《旧唐书》卷一五一《王锷传》："广治第宅，尝奏请藉坊以益之。作复垣洞穴，实金钱于其中。"

[11] 《原化记·周贤者》：“唐则天朝……周生曰，事犹未萌，有得脱理。急至都，以吾言告兄，求取黄金五十镒……贤者……谓司户曰，……吾与司户相知日久，不可令君与兄同祸，可求百两金与君一房章醮请帝，可以得免。……司户即市金与贤者。”（《旧小说》乙集四）《新唐书·食货志》：“穆宗即位，京师鬻金银十两，亦垫一两。”

[12] 元稹《钱货议状》。张籍《送南迁客》。见本章第一节四注 [21]。

[13] 孙光宪《北梦琐言·何奎》：“伪王蜀时阆州人何奎不知何术而言事甚效，既非卜相，人号何见鬼。蜀之近贵，咸神之。鬻银肆有患白癞者，传于两世矣。何见之谓曰，尔所苦我知之矣，我为嫁聘少镮钏钗篦之属，尔能致之乎？即所苦立愈矣。”

五 汇兑的产生

汇兑在外国发明很早[1]，中国到唐代才产生。唐朝产生汇兑的原因有四：第一是钱币缺乏；第二是因钱少各地渐有禁钱出境的事[2]；第三是税场多，税款常须移转；第四是商业发达，渐觉铜钱携带不便。

唐朝的汇兑叫作飞钱。经营飞钱的有商人，有衙门。当时各道的地方政府在京师都有代表办事处，叫作进奏院，专同中央政府联络，自然经常需要钱用。商人们在京师把货物卖出后，如果不愿意携带现款回家，就可以将货款交给他本道的进奏院，进奏院发行一张票券，叫作文牒或公据，这文牒或公据分成两半，一半给汇款人，其余半张寄回本道，商人回到本道的时候，合券核对不错，就可以领回货款。这样一方面消除商人携带现款的风险，同时也免得地方政府不断地运钱到京师去。这种合券取钱的办法，实是由借据转化而来的，不过由时间上的移转变为空间上的移转罢了。这是元和初年的事[3]。经营这种业务的政府机关，除各道进奏院外，还有各军各使，以及户部度支盐铁等机关。

至于商人办理飞钱的，是因他们在各道有联号或交易往来，为免输送现金，或甚至想因此牟利起见，亦招徕这种业务。

当时的汇款似乎是平价汇兑，不收汇费，政府方面自然要增加些开支。大概因为这个缘故，或不大明了汇兑的好处，竟于元和六年（811 年）加以禁止。汇兑本来可以节省货币的用途，可以解救通货紧缩的困难。一加禁止[4]，商贾必须输送现款，一方面流通速度减低，一方而因商人运钱出京而使通货数量减少，于是物价更跌。这样政府才晓得禁飞钱的失策。就在元和七年再许商人向户部度支盐铁三司飞钱，但每一千钱要收汇费一百文，商人都不汇，乃改为平价汇兑。其实当时银根那样紧，政府应当用补贴政策，才可以使汇款增加。否则人民仍是将现钱留在身边[5]。

飞钱也叫作便换[6]，实际上便换一词用得更多，唐以后完全叫便换。

飞钱便换，可以说是一种信用，商人汇款时无异是对承汇机关供给一种放款。但也须付款单位守信用才行。譬如在京师把钱交给政府机关，便须地方政府守信用随时兑现，否则商民遭受损失，或至少感觉不便。在懿宗时（860—873年）商人把汇票拿到各州府去兑款，有被各州府留难的事，这样商人当然不敢再汇款了，所以于咸通八年（867年）下令各州府不许留难[7]。

注　释

[1]　巴比仑在公元前9世纪就有类似汇票的工具。即甲地某人在土筒上写明于若干时后由乙地某人付款若干。有时附记利息。这种办法也是起因于输送现金的不便。因为当时商旅都是用骆驼队，所经过的地方，盗贼很多。到了中世纪，在同样的情形下，犹太人和意大利人再次发明汇票的办法。(A. R. Burns, *Money and Monetary Policy in Early Times*, pp.284—285.) 印度汇兑业务的产生，也远在中国之前。据说在两千五六百年前（中国战国初年）已经有发行汇票(hundi)的事，而且那种汇票似乎和中国的飞钱接近。(L. C. Jain, *Indigenous Banking in India*, London, 1933) 不知飞钱同印度的汇票制席有没有关系。

[2]　《唐会要》卷八九大历十四年："盐铁使李若初奏请，诸道州府多以近日泉货数少，缯帛转轻，禁止见钱，不令出界，致使课利有缺，商贾不通，请指挥见钱，任其往来，勿使禁止，从之。"

[3]　《新唐书》卷五四《食货志》："宪宗以钱少，复禁用铜器。时商贾至京师，委钱诸道进奏院及诸军使富家，以轻装趋四方，合券乃取之，号飞钱。"

[4]　《唐会要》卷八九《泉货》："元和六年……茶商等公私便换见钱，并须禁断。"《新唐书·食货志》："京兆尹裴武请禁与商贾飞钱。"

[5]　《新唐书》卷五四《食货志》："自京师禁飞钱，家有滞藏，物价寖轻。判度支卢坦、兵部尚书判户部事王绍、盐铁使王播请许商人于户部度支盐铁三司飞钱，每千钱增给百钱，然商人无至者。复许与商人敌贯而易之，然钱重帛轻如故。"

[6]　《因话录》："有士鬻产于外得钱数百缗，惧以川途之难赍也，祈所知

纳钱于公藏，而持牒以归，世所谓便换者。"《旧唐书》卷四八《食货志》："元和七年五月户部王绍、度支卢坦、盐铁王播等奏，伏以京都时用，多重见钱，官中支计，近日殊少，盖缘比来不许商人便换，因兹家有滞藏，所以物价转高（高字恐系低字之误），钱多不出，臣等今商量伏请许令商人于三司任便换见钱，……"《册府元龟》卷五〇一："度支户部盐铁等使奏先令差所由抬召商人每贯具加饶官中一百文换钱，今并无人情愿，伏请依元和五年例敌贯与商人对换，从之。"

[7]　《唐会要》："咸通八年十月户部判度支崔彦昭奏，当司应收管江淮诸道州府今年已前两税榷酒诸色属省钱，准旧列逐年商人投状便换。自南蛮用兵以来，置供军使当司在诸州府场院钱，犹有商人便换，赍省司便换文牒至本州府请领，皆被诸州府称准供军使指挥占留，以此商人疑惑，乃致当司支用不充。乞下诸道州府场盐院，依限送纳，及给还商人，不得托称占留，从之。"

第五章 两宋的货币

第一节　货币制度

一　钱币

两宋的币制，仍是以钱为主。绢帛已渐退回日用品的地位，但白银却大大地重要起来了。纸币的产生和推行，是本朝币制最大的特点。

两宋的钱币，是中国钱币史上最复杂的。这种复杂性，表现在许多方面：首先是币材的种类多，如铜铁钱兼用，这是五代的遗制，但在五代，那是一种不正常的现象，两宋的铁钱，却是一种正规的制度。此外还有各种纸币，所以更复杂。第二是货币流通的地方性。一般通史家都认为赵宋是一个中央集权的封建帝国，这点在币制上丝毫看不出来。在币制上，两宋只有比其他朝代更分散。虽说铜铁钱兼用，但又不是各区都兼用铜铁钱，因此造成一种割据的局面。在北宋，大抵开封府、京东路、京西路、江北路、淮南路、两浙路、福建路、江南东西两路、荆湖南路、广南东西两路、荆西北路等十三路专用铜钱；成都府路、梓州路、利州路、夔州路等四路专用铁钱；陕府西路和河东路则铜铁钱兼用。在南宋，铜钱限于东南，四川用铁钱，而实际上各地都是使用纸币，金属货币根本不多；纸币也各地不同。在南宋前期有两百三十六、后期有四百一十六处独立的铸钱单位[1]。第三是钱币的分大小以及铜铁钱作价的不一定。关于钱币面额的种类，宋朝当然比不上新莽，但新莽的币制，为时短暂，并且没有真正推行；宋钱的分大小，却是一种常制，一般都有小平钱和折二钱两种，往往另有折三折五和当十钱。南宋还有当百钱。至于铜铁钱的比价，可以说没有一定，即使有官定比价，也多维持不住。第四是钱名种类多。唐朝虽然也有乾封泉宝、乾元重宝以及大历、建中等钱，但都具有它的特殊性，唐朝的钱基本上是开元钱。到了宋朝，情形就不同了。我们可以说，到了宋朝才真正流行年号钱，差不多每改一次年号就铸一种钱，只有极少数的例外。而宋朝年号改得特别多，同西汉武帝时一样，一个皇帝，要更改几次年号。兼之钱名有时称通宝，有时称元宝，有时一种钱兼有通宝和元宝。南宋的嘉定铁钱有一二十种宝。第五是钱文书法的多样性。北宋钱文有篆书、有隶书、有真书、有行书、有草书，有瘦金体。一般说来，每种钱至少有两种书体，有时有三种。

宋朝的钱制，南北宋大不相同。北宋以铜钱为主，南宋以铁钱为主；北宋以小平钱为主，南宋则以折二钱为主。北宋钱多变化，南宋钱较一律。

太祖在建隆元年（960年）铸宋元通宝。这是赵宋第一种钱，而且不是年号钱。凡是把开元钱读作开通元宝的，就把这钱读作宋通元宝；同样，他们把五代的汉元通宝和周元通宝读作汉通元宝和周通元宝。通太祖之世，没有铸年号钱。乾德钱是十国钱，不是太祖乾德年间所铸。据说在建隆四年改元乾德的时候，特别嘱咐宰相不要用前朝的年号，后来在宫中看见铜镜上有乾德四年字样，问窦仪，说是蜀的年号，一查果然镜子是四川来的，乃叹曰："宰相须用读书人！"[2] 宋元钱有光背，也有背星月的，种类很多，是仿周元钱的制作。但同一钱上，有星就没有月，星和月或在穿孔上面，或在下面，或在左右，月文有在穿孔的四角上的。宋元有铁钱，为四川雅州百丈县所铸[3]，小样，广穿，数量不多。

太宗在太平兴国年间（976—983年）铸太平通宝。这是赵宋第一种年号钱，背面也间有星月，但板别不如宋元钱多。四川、福建等地铸有铁钱。四川所铸为小钱，福建所铸为大钱。传世有厚大的铁钱，背面穿上有一大星，大概就是福建建州所铸。淳化五年（994年）铸淳化元宝。宋元钱和太平钱都是隶书，仿开元钱；到淳化时为之一变，正式创立赵宋的多种书体的钱制。淳化钱有三体书，即真书、行书、草书，是赵炅亲笔写的，这是所谓御书钱的滥觞[4]。淳化钱也有铁钱，分大小两种，大钱是当十钱，但只铸造三千多贯[5]，留传极少。至道年间（995—997年）的至道元宝也分真、行、草三种书体，大概也是御书钱。至道年间钱监增加，例如从饶州永平监分设池州永丰监，此外建州设置丰国监、江州设置广宁监[6]。所以至道钱比较多。

淳化五年正月李顺据成都，五月称蜀王，建元应运，曾铸应运元宝铜钱和应运通宝铜钱和铁钱，都是环读[7]。另有应感通宝铁钱，可能也是李顺所铸。李顺称王只有四五个月就失败了，所以这些钱流传极少。但四五个月用了两种年号，而且应运钱还分元宝和通宝，实在难以解释。

真宗在咸平年间（998—1003年）铸咸平元宝。景德年间（1004—1007年）铸景德元宝。大中祥符年间（1008—1016年）铸祥符元宝和祥符通宝。天禧年间（1017—1021年）铸天禧通宝。这几种钱只有真书，不成对钱。景德元宝有大铁钱，这是四川嘉邛二州所铸，每贯有二十五斤八两[8]。每枚重四钱以上。祥符元宝也有大铁钱，铸于大中祥符七年，每贯重十二斤十两，以一当十[9]。天禧通宝也有铁钱。

仁宗在天圣元年（1023年）铸天圣元宝。明道元年（1032年）铸明道元宝。景佑元年（1034年）铸景佑元宝。宝元二年（1039年）铸皇宋通宝。这几种钱都是篆隶成对，多有铁钱。康定年间（1040年）只有康定元宝铁钱，没有铜钱。庆历年间（1041—1048年）只有大钱，没有小钱。大钱分铜铁两种，都是当十钱。钱文为庆历重宝，铜钱是环读，铁钱则有环读和直读两种。皇祐年间（1049—1053年）史书说曾铸皇祐元宝铜铁大钱[10]，但没有遗留下来。至和年间（1054—1055年）铸有至和元宝小平钱和至和重宝的折二钱和折三钱，但大钱铸得少。折三钱中，背面有虢字和坊字的，这是宋钱中纪地最早的。至和小钱有对钱。嘉祐年间（1056—1063年）的嘉祐元宝和嘉祐通宝也成对钱。

英宗在治平年间（1064—1067年）铸有治平元宝和治平通宝，各有三种书体，其中有两种不同的篆体。当时铸铜钱的有饶、池、江、建、韶、仪六州的钱监；另有兴元府西县的济远监和惠州的阜民监。铁钱则有四川的嘉、邛、兴三州。

神宗时，钱币数量大增，而且折二钱开始通行。熙宁元年（1068年）铸熙宁元宝。四年铸熙宁重宝当十钱，这是由于用兵，后来因为盗铸，乃改为当三，六年又改为折二。这是折二钱通行的缘由。因此熙宁重宝大小轻重不等，也难断定哪是当十、哪是当三、哪是折二。至于小钱，板别更多，因为钱监数目增加，而各监又增额铸钱。小钱和折二钱背面间有卫字的，都很模糊，又像衡字。两处都有钱监。熙宁钱都成对钱。元丰年间（1078—1085年）铸有元丰通宝小钱和折二钱。元丰时是宋代铸钱最多的时期，铜钱有十七监，每年铸钱五百多万贯，铁钱有九监，每年铸钱一百多万贯[11]。在铜钱的十七监中，有十监是在南方，铁钱九监中，六监是在陕西，三监是在四川。元丰钱也是篆书行书成对，板别极多。书法水平很高。有一种隶书的元丰钱相传是苏轼的笔迹，称为东坡元丰，但流传很少。熙宁钱和元丰钱由于大量铸造，十分精整的很少。

哲宗在元祐年间（1086—1093年）铸元祐通宝。有折二，有小平，有铜钱，有铁钱，两者都有对钱。钱文据说也是司马光、苏轼等人所写的。小平铜钱背面有陕字的，是元祐八年八月陕西所铸的。绍圣年间（1094—1097年）铸绍圣元宝和绍圣通宝，元宝分铜铁两种，铜钱有小平和折二，铁钱除小平折二以外，还有折三。也都有篆书和行书成对。小平铜钱背面间有星月。绍圣通宝有铜铁两种，铜钱只有真书小平，铁钱也只有小平，但分直读环读两种；直读有真书和隶书两种，环读的有一种铜母背有施字，这是湖北施州广积监所铸。元符年间（1098—1100年）铸元符元宝，有小平和折二，铜铁都有。铜钱篆书行书成对。还有绍圣重宝大铁钱。

徽宗在建中靖国元年（1101年）铸圣宋元宝，有小平和折二，两者都有铁钱。圣宋钱不是年号钱，因为年号为四个字，不适于作为钱文。也不能仿太平兴国年间的例子铸建中钱，因建中为唐朝的年号。收藏家有一种建国元宝，制作的确像是徽宗钱，有篆书和真书两种，但不见史书记载，或系当时试铸，有待进一步研究。陕西有当五钱，大小同普通小钱一样，当五枚铁钱。有篆书楷书两体成对，但遗留极少。崇宁年间（1102—1106年）铸有崇宁通宝小平和当十，另有崇宁重宝当十钱和当二的夹锡钱。崇宁重宝有铁钱，另有一种崇宁元宝铁钱，较小。大观年间（1107—1110年）铸大观通宝大小几等，有小平、折二、折三、折五、当十。史书说当五是夹锡铁钱，可是所谓夹锡铁钱是什么样子，历来的钱币学家和收藏家都说不出来。而铜钱中确有一种比折三厚重的，一般人都把它看作当五钱，这种钱数目比较少，也许是初铸的折三钱。大观有铁钱大小两种。除崇宁重宝是隶书外，其余崇宁钱和大观钱都是赵佶自己用瘦金体书写的，所谓铁画银钩，为历代收藏家所爱好。大观通宝小平钱有行书的，也是赵佶的手笔，异常精美，但遗留极少，大概是铁钱的母钱，俗称铁母，政和年间（1111—1117年）铸有政和通宝小平和政和重宝折二钱。另有一种政和通宝，背面穿孔上下有"当五"二字，大小却同小平钱一样。重和年间（1118年）铸有重和通宝，有篆书和隶书两种，成对钱。重和仅有三个月，所以数目很少。宣和年间（1119—1125年）铸有宣和元宝和宝和通宝两种，元宝数量很少，通宝有小平和折二两等。小平有铁钱，瘦金体，背面穿上有一陕字，为陕西所铸。这种陕字宣和也有铜质的，一般说是铁母，但数量却不少。

宋朝的货币文化，在这个时候，达到了最高点。

所谓货币文化，主要是指钱币艺术。譬如古代希腊的钱币，就是艺术水平最高的，本身就是美术创作品。由这些钱币上，可以看出希腊美术在各个阶段中发展的实况。特别是人像雕刻的艺术，后代一直没有能赶上。中国和伊斯兰教的国家，在钱币上不用人像，连花纹也没有，根本没有图形，只有文字。伊斯兰教国家是为避免偶像崇拜之嫌，虽然《古兰经》并没有明白禁止，但穆罕默德是反对任何形式的造像的。中国的旧文人则一向重文轻艺，重书轻画。其实书和画的性质是不一样的：绘画容易懂；书法美却不是人人能欣赏。大概正是由于这个缘故，才使中国的旧文人把书法放在绘画之上。所以中国的钱币艺术就和欧洲不同了。

尽管中国钱币上只有文字，这并不妨碍它成为一种美术品。实际上宋代钱币反映了当时美术的特点和水平。宋代美术如果以绘画为代表，正是所谓"群山竞秀、万壑争流"。瓷器也是百窑竞造，不像后代由镇瓷独步。钱币艺术也是如此，特别是从徽宗时的钱币上可以看出这种时代气息。

中国钱币艺术的内容包括钱币本身的形状、穿孔的大小、轮廓的阔狭、铜色的配合等，但最重要的是钱文的书法。中国古代有许多钱币上的文字是很美的，如新莽的钱币和北周的钱币。开元钱的文字并且是名书家所写的。然而篆书隶书，笔画比较固定，书家少有发挥的余地，往往看不出写者的个性。到了宋朝，不但钱文的书体变化多，这本身就反映文化活动的强度，而且时常更换钱名，于是书家就能充分发挥他的才能了。因此宋钱上的文字，比前代要活泼流利，宋以后简直不能比拟。无论宋初的淳化钱和至道钱，或是后来的元丰钱和元祐钱，其文字都有足观的。然而给人印象最深的是赵佶的瘦金体。因为其他钱文的书法虽好，风格却和常人相近，而瘦金体却具有与众不同的风格，特别令人注目。而且崇宁大观等钱有大型的，书家有用武的余地。也因这二十几年间，钱币的制作特别精美，这加强了书法的美感。宋钱的边，一般都比开元钱阔，有些阔边钱也有风味，另有其美感，但一般说来，阔边钱并不怎样好看。徽宗时的钱币，多是狭缘的，同钱文更加和谐。

徽宗治下的钱币，并不全用瘦金体，只有崇宁钱的大部分和大观钱的全部以及陕字宣和钱才用瘦金体。据说有些崇宁钱文是蔡京写的，但无从识别，也不知确否。政和钱中也有称为瘦金体的，可以断言不是赵佶所写的。自崇宁到宣和，前后二十三年，钱文上的瘦金体是不断有发展变化的。崇宁初赵佶才二十二三岁，精力充沛，崇宁通宝四个字，一味地瘦硬，所谓铁画银钩，应当是指这一时期的字。大观时他已是接近三十岁的人了，三十岁本是年轻力壮，然而由于宫廷生活的腐化，他大概已开始老成起来，所以大观通宝四字就湿润了。到了宣和年间，他已是四十多岁的人，暮气沉沉，所以陕字宣和的钱文圆融得一点劲道也没有了。这种发展过程只要看通宝两字就可以看出来，特别是通字的甬部和宝字的贝部。在崇宁钱上，书者的精力从两肩上冲溢而出，大观钱上，两肩已平；到了宣和钱，则两肩低垂，大有不胜负担的样子。

后代的钱文，还有称为瘦金体的，包括南宋、金和明几朝的某些钱币，不过书者大概不是有意学瘦金体的，只是无意中受了瘦金体的影响罢了，否则，不会学得这样不像。

宋朝钱币艺术的另一表现是对钱，就是同一种年号钱，同时用两种或三种书体。两者在形制方面，穿孔大小、轮廓阔狭、钱身厚薄、钱文的深浅以及铜的成分，都是一样，甚至有时两者同样错范、流铜和破裂。在文字方面，字体的大小和位置、笔画的粗细，都相符合，所不同的就是一篆一隶或一篆一楷，这样就产生一种对称美。对称美是中国美术和文学上的一个基本因素，是欧洲美术和文学所不强调的，有时甚至有意避免，怕显得呆板。中国人大胆地利用对称美。美术方面，建筑就是一个突出的例子，中国建筑上的对称是很明显的。在绘画中似乎看不出来，但中国的肖像画以画正面为主，不像欧洲肖像画以侧脸为主；正面像就是求对称的表现。文学方面由于中国文字是单音的方块字，所以中国人喜欢在排列上求对称，如对联和骈文。诗歌也求对称，特别是律诗。钱币方面，自贝币起到铸币如蚁鼻钱、布币、环钱都是对称的。蚁鼻钱上的文字，如贝、金、行等，左右看来都是一样。布币和环钱上的文字排列也是向对称发展。空首布上的文字排列本来不对称，但到尖足布和方足布上差不多都对称了。环钱文字本不对称，但半睘由不对称而变为对称。在方孔钱上，更是排列得整齐对称。徽宗的对钱更是对上加对，有时一对钱在流通过程中，经历同样的命运，同时落土，则发出同样的锈色；同时下水，则发水锈；同遭火烧，则发黑色。这种对钱的办法，创始于南唐，盛行于北宋，到徽宗时达到了顶点。徽宗的钱币中，除崇宁钱和大观钱没有对钱外，圣宋钱、政和钱、重和钱和宣和钱，都是成对的，重和钱铸得很少，其余三种都各有几十对，配合起来是很有趣的。譬如宣和钱，单以铜色为标准来说，"俯宣"是红铜的；"昂宝背四决"则成银白色。江西的饶赣钱监铸钱每缗用铁三两，所以那里所铸的一对"短宝"有时发出铁锈，与众不同。

然而北宋钱币艺术的特点，与其说在个别钱币的美观，不如说在于变化多。如果以个别钱币来说，除了徽宗时的某些钱币外，恐怕没有一种能比得上精美的西汉五铢，新莽的货泉、货布，北周的永通万国，或唐代的开元通宝。

钦宗在靖康年间（1126—1127年）铸有靖康元宝和靖康通宝。各有小平和折二。元宝篆隶成对，通宝尚未见有成对的。四川有铁母，特别厚。通宝有篆书折三传世，大概也有真书而没有发现。但因为时很短，而且正当金人南侵的时候，所以铸额非常少，小平更是凤毛麟角。但通宝板别多不一样。通宝小平有铁钱。

然而钱币的艺术价值和经济价值是有矛盾的。从钱币艺术的角度上看来，需要变化；变化越多，越是丰富多彩。但从货币经济的角度上看来，最好是不变；变化越少，则人民的经济生活就越稳定。这正是为什么五铢钱和开元钱在中国经济史上看来是最成功的钱币，可是在使用五铢和开元钱的时候，钱币学是不发达的。南北朝和北宋的钱币在经济方面是不稳定的因素，可是在钱币艺术上是价值很高的。在欧洲，古希腊的雅典和中世纪的威尼斯，都是文化最发达的地方，特别是美术，可是它们的钱币并不特别美观，而且一直没有改进，这是因为那两个地方的对外贸易特别发达，它们的钱币流通范围非常广，为要维持外国人对它的信任，不敢改变它的图形和制作，长期保持了原来的样子。所以希腊的钱币反映美术发展水平的话主要是指雅典以外的地方，特别是一些小地方的钱币。中世纪威尼斯的钱币一点也不反映当时美术的发展水平，中世纪欧洲反映美术发展水平的钱币，主要也是国际贸易不发达地区的钱币。可见经济问题受到优先的考虑。

宋代的钱币文化也影响了一些别的国家。最重要的是越南。越南和朝鲜一样，同中国的关系特别密切。但在唐代，越南有些地区大概还使用贝币，或根本不用货币。直到宋代开宝元年（968年）丁部领征服了十二使君，建立丁朝，国号大瞿越，于第三年建元大平[12]，铸造铜钱大平兴宝，背面穿上加铸一"丁"字。制作形式与中国钱相似（大越大平十一年，980年）黎桓自立为帝，建立黎朝，改元天福，五年后铸造天福镇宝，背面有"黎"字。大中祥符二年（1009年），李氏政权（1009—1229年）曾铸明道元宝、天感元宝，陈氏政权（1225—1400年）曾铸建中通宝、政平通宝、元丰通宝、绍隆通宝等。这些越南钱除了最初的两种以外，都遗留很少，大概货币流通还不很普遍。

朝鲜铸钱，也是在北宋时期开始的。而且乾元重宝多少系一种试铸性质，因为朝鲜在北宋初期还是以布和米来交易，有时以银论价[13]。崇宁年间才正式铸钱[14]，似乎同时铸造三种钱，即东国、三韩和海东，都有通宝和重宝，而且有几种书体，又有直读和环读，这些与宋钱的特点相同。

南宋因为推行纸币，所以钱币的铸额大减，特别是小平钱。在十个宋钱中，难找到一枚南宋钱。根据后代的出土情况，宋钱中百分之九十八是北宋钱，南宋钱只占百分之二[15]，因为只有东南地区行使铜钱，四川专用铁钱。湖北和两淮也用铁钱。而且铜铁钱都是作为纸币的辅助货币，有时用来支持纸币的购买力。

南宋初年的钱制，是继承北宋的遗风。钱文有几种书体，而且成对。例如高宗时的建炎钱和绍兴钱都是这样。建炎钱种类很复杂。有建炎通宝、建炎元宝，还有建炎重宝。通宝分小平、折二、折三三等，都有篆书和真书成对。但四川所铸的小平钱是仿瘦金体，初铸的背后穿上有一川字。当三钱有大样的，有人说是当五，但不见史书记载。通宝有小铁钱。建炎元宝只发见折二钱，篆书。重宝则为当十钱，也是篆书。绍兴钱有元宝和通宝两类。元宝有小平和折二两种，篆书和真书成对。通宝有小平、折二、折三三等，分铜铁两类，都只有真书，不成对钱。南宋小平钱以绍兴钱为最少，尤其是元宝，虽然绍兴有三十二年之久。铁钱背面穿上有利字，为利州绍兴监所铸。

孝宗在隆兴年间（1163—1164年）铸有隆兴元宝折二钱，篆书和真书成对。铁钱则除折二以外，还有小平钱。乾道年间（1165—1173年）铸有乾道元宝，铜钱也只有折二，篆真成对，小平只有铁钱。铜钱背面有上月下星的，也有穿上有正字和松字的，这是纪监名。折二铁钱背文有正字、松字、邛字。淳熙年间（1174—1189年）铸有淳熙元宝，分小平、折二两种。铁钱有当三。蕲春监所铸折二钱有通宝。

北宋的钱风，只维持到淳熙六年为止，淳熙初年的钱还有对钱；但自七年起，就统一书体，一直到南宋末年。而且从淳熙七年起，在钱背铸明年份。如淳熙七年的钱在背上铸一"柒"字，八年铸一"捌"字，都是大写；九年以后改为小写，到十六为止。这一办法一直继续到宋末。最初采用这办法据说是为防止盗铸。这一说是不足信的，难道铸明年份就不能盗铸吗？淳熙钱中，也有纪监名的，如泉字是纪严州神泉监。但这限于折二钱，而且大概是淳熙七年以前所铸。七年以后纪监名的只有铁钱，有邛（邛州惠民监）、松（舒州宿松监）、同（舒州同安监）、春（蕲州蕲春监）等。有时监名之外再加年份的数字，如同十四、春十六等。

光宗在绍熙年间（1190—1194年）铸有绍熙元宝小平、折二、折三三种，背文自元字到五字。但折三仅见有四字。另有绍熙通宝折三，背上也是四字。大概折三钱限于四年铸造,而且分元宝和通宝两种,两者都少见。铁钱有元宝和通宝两种。而且有当三,背文除年份外,多附监名,计有同、春、汉(汉阳监)等。当三铁钱背上有孕双星,或孕双星之外,左右尚有数目字,如四七、四八、四九等。四字大概是指绍熙四年,另外一数字的意义则不明。可能是钱范的号码。绍熙铁钱有篆书的。

绍熙元宝小平钱异常精美,特别是元年和二年的,狭缘、大字、平正大方。这可以说是这一时期的钱币的共同特点。金人的大定通宝和西夏的乾祐元宝制作也差不多。

宁宗在庆元年间(1195—1200年)铸有庆元通宝。铜钱有小平、折二、折三三种,背文自元字到六字。铁钱也有小平、折二、折三,小平和折二背文除年份外,还有监名,计有同、春、汉三类。庆元虽只有六年,但蕲春监和汉阳监铸有春七、汉七的庆元钱,这无疑是在庆元六年底决定改元为嘉泰以前所预铸的。折三钱则另成一体系,有环读和直读两种,背上只有孕星,没有文字。另一种庆元元宝铁钱,形制稍大,有人说是当五,背面穿上有一川字,两傍有数目字。如川六、卅七,或穿上为川六、穿下为卅七,种类很多。

嘉泰年间(1201—1204年)铸有嘉泰通宝。铜钱有小平、折二和当五三种,小平和折二背文自元字至四字,当五为光背。铁钱制作和庆元钱差不多,小平和折二背文除年份外还有同、春、汉三监的监名,折三(有人说是当五)则背上有川一、川二、川三等字样,背下有卅八、卅九、四十、四一等字样。

开禧年间(1205—1207年)铸有开禧通宝。铜钱有小平和折二两种,背文自元字至三字。铁钱还有当三,背文也是仿庆元钱和嘉泰钱。

嘉定年间(1208—1224年)铸有嘉定通宝。铜钱有小平和折二两种。嘉定虽然前后有十七年,但钱背年份只到十四为止。铁钱有十七。另有嘉定元宝大钱,背面上下有折十两个字。

嘉定铁钱是中国钱币史上最复杂的一种,至今还没有人知道到底有多少种。根据各家所藏实物的著录,已经是十分繁复。按钱监分,有利州绍兴监、邛州惠民监和嘉州丰远监,都在西川。各监所铸钱,都在背面加铸监名。按面额分,则有小平、折二、折三、折五四种。每一种面额又有各种宝。小平为元宝。折二钱有元宝、之宝、永宝、全宝、安宝、正宝、崇宝等,背面有各种文字或孕星。折三有元宝、之宝、永宝、全宝、安宝、真宝、新宝、正宝、万宝、洪宝、崇宝、珍宝、隆宝、泉宝等。折五有元宝、通宝、重宝、之宝、至宝、珍宝、封宝、兴宝等。上面各种宝中，元宝往往又有直读和环读两种，其余或为直读，或为环读。折三元宝有篆书的，折五重宝则有篆书、隶书和楷书三种。背面除小平直读元宝为光背外，其余大抵有文字，或纪监名，或纪年份，或纪值，或纪范，而且这些背文，彼此相结合[16]。利州铸的嘉定之宝，背有"利州行用"四字，直读，铜铁都有，铜的极少见，大概是铁母或试范钱。另有隶书圣宋元宝和楷书圣宋重宝，有些钱币学家说是嘉定年间所铸。这种圣宋钱的文字和制作与徽宗时的圣宋钱显然不同，其为南宋所铸，毫无疑问。

理宗在宝庆年间（1225—1227年）铸大宋元宝。铜钱有小平、折二两种。背文自元字到三字。另有大宋通宝大钱，背面上下有当拾二字。铁钱有小平、折二、折三三种，背面有定、春、汉、泉等监名，并加年份，另有背铸"利州行用"四字的，但如正面一样作环读。也有铜质的铁母或试范钱，极少。铁钱有宝庆元宝。

绍定年间（1228—1233年）铸绍定通宝。铜钱有小平和折二两种，背文自元字到六字。铁钱通宝只见有小平，背文有春、汉等字；另有当三的元宝。绍定铁钱比较少，当三钱更是稀品。

端平年间（1234—1236年）铸有端平元宝小平。铜钱背面仅有元字一种。另有端平通宝和重宝折五钱，光背。铁钱则有通宝和元宝两种，都是大钱，背文种类很多。多出于邛、定、惠等钱监。监名和东南西北以及上下和数目字等相结合。最大的一种背面上下有"折十"二字，右边有利字。

嘉熙年间（1237—1240年）铸有嘉熙通宝。铜钱有小平和折二两种，背文自元字到四字。另有嘉熙重宝折三（或作折五）钱，光背。铁钱有通宝折五和折十钱。背面有纪值和号码如东中或西一等。

淳祐年间（1241—1252年）铸有淳祐元宝。铜钱有小平和折二，背文自元字到十二。另有淳祐通宝小平、当二十和当百三种。小平是光背。当二十的背面穿上有一庆字，左右分列"当二十文"四字。庆字大概是指重庆。有铜铁两种。当百钱则背面上下有当百两字，初铸的厚大，重量在七十公分以上，后来减重，只及十四公分多。小样的有光背的。当百钱也有铁质的，有楷书篆书两种。这些当百钱是蒙古军队攻入四川的时候所铸的。多在重庆出土。据史书所载，重庆一带的战事，在宝祐末年最为激烈，蒙哥（宪宗）也参加了这次战争，于开庆元年受伤死于钓鱼山。淳祐当百钱大概铸了相当长的时期，不但数量多，而且有小样的。

宝祐年间（1253—1258年）铸有皇宋元宝。有小平和折二两种，背文自元字到六字。元字钱有一种大样的，似乎是折三。皇宋没有铁钱。

开庆时（1259年）铸有开庆通宝。有小平和折二，背文仅有元字一种，也没有铁钱。

景定年间（1260—1264年）铸有景定元宝，有小平和折二两种，背文自元字到五字。仅有铜钱。

度宗在咸淳年间（1265—1274年）铸有咸淳元宝，有小平和折二两种，背文自元字到八字。铁钱有折二钱。九年、十年大概都没有铸钱[17]。以后的前幼帝、端宗和后幼帝也没有铸钱。史书说，德祐元年（1275年）曾铸德祐元宝小平和折二两种，光背，但极少见。有人把一种"兴赵重宝"说成是宋末所铸，还待研究。

南宋自淳熙年间起，钱的文字制作，特别是小平铜钱，忽然形成一种独特的风格，和北宋钱以及南宋初年的钱不一样。除了钱背的年份以外，最引人注目的，是它的文字美观大方，这就是后代所称的宋体字。建炎钱上，还不是正式的宋体字，正式的宋体字，最早出现于绍兴元宝上，但一直到淳熙年间，钱币上还是有各种不同的文字，例如淳熙小钱，除了宋体字以外，还有篆书和隶书两种。自淳熙七年起，才完全用宋体字，只有极少数的例外，这些例外是大钱或铁钱，小平钱可以说没有例外。其次是南宋钱形制上的一致性。北宋钱无论在文字方面，或大小轻重方面，或是钱的成色方面，都是千变万化，没有标准。但南宋钱却有高度的统一性，这在中国货币史上是少见的现象。南宋钱基本上没有什么板别，只有极少数的几个钱，笔画稍有不同；也只有极少数的几个钱，稍有大小之分。同一种钱，文字、大小、成色等，都是一样的。不但如此，整个南宋的钱，自淳熙以后，文字和大小都是一样的，只有极少数的几种钱，稍微轻薄一点，例如淳祐五、六年间所铸以及咸淳最后的几种钱，就比较轻薄。然而文字还是一笔不苟，制作也规矩，铜色合乎标准。比起晚唐的钱币来，真有天壤之别。宋代的钱币文化，不愧是中国历史上最高的。宋以后，中国的钱币，艺术水平是较差的。而南宋钱比起北宋钱来，其统一性是突出的。为什么会产生这种情形呢？第一，因为南宋钱铸造得少，容易求得统一。北宋的时候，铜钱是主要的货币，流通面也广，那时国内外贸易也发达，钱币的铸造数量是中国历史上最多的。同一种钱各处同时铸造，板别很多。到了南宋，铜钱的流通受到很大的限制，许多地方，根本不用铜钱，或用交会，或用铁钱；用铜钱的只有政治中心的东南，而这东南也不专用铜钱，而是以会子为主，铜钱也以折二钱为主，所以铸钱额一定不多。大概是在同一地方铸造，使用同样的母钱。遗留后代的南宋小铜钱是很少的。第二，北宋还有私铸，这增加了钱币的多样性，有些不美观的钱，大概是出于私铸。南宋由于纸币流通的推广，而且发生通货膨胀，铜钱的铸造成本很高，不利于私铸，只有私销。端平元年（1234年），就曾下令禁毁铜钱。所以南宋钱都是官炉钱，枚枚精整美观。有些小平钱，如绍熙元年所铸的，就是比起北宋徽宗时的钱币来，也毫无逊色。

宋钱轻重和唐钱差不多，可见唐宋的衡法是一样的。成色却有减低的趋势。唐朝开元天宝年间的铜钱含铜百分之八十三以上，宋钱根据著录以太平钱为最好，也只含铜百分之六十五六[18]。以后续有贬值，天禧三年的钱只含铜百分之六十四五，绍兴三年的钱只含铜百分之六十点六，绍兴以后只有百分之五十四。这些都是官方的数字，实际上唐钱也有成色很低的；有些开元钱，制作虽精美，可是发青灰色，可见锡的成分很多。而宋钱中也有成色很高的，如宣和钱中就有红铜的。南宋自淳熙钱起，似乎都用红铜，成色很高。

蔡京行于陕西的当二夹锡钱[19]，每千钱重十四斤，用铜八斤，占百分之五十七点一四，黑锡四斤，占百分之二十八点五七，白锡二斤，占百分之十四点二九。

至于大观年间的夹锡铁钱的成色，则不见有记载。但从当局怕人染为铜色一点看来，大概是锡少铁多，和铁钱差不多，形制类当十钱[20]，后世难以区别。铁中和锡，使其不能为器，是为防止金人收买铁钱来造兵器。这和古代斯巴达的铁饼的性质相仿，那种铁饼，在铸造的时候，据说将烧红的铁浸入醋中，使其失去弹性，不能再作其他用途。

南宋曾铸过几种钱牌[21]，有铜铅两种，铜质钱牌有上方下圆的，有上圆下方的，有纯长方形的。牌面有"临安府行用"五个字。建炎三年杭州改名为临安府，因而知道它是建炎三年以后所铸的。牌背有纪值的文字，分为"准贰伯文省"，"准叁伯文省"，"准伍伯文省"三种。省是省陌的意思。铅质钱牌比较小，面额有一十文、二十文、四十文几等，料想尚有五十文的。这些钱牌，只能算是一种代币。

传世有一些无考的钱币看制作是宋代的东西，如巡贴千宝，可能是赌博用的代币。还有所谓巡揱拾贴，制作文字相近，略小，或应读作巡贴拾揱。

两宋钱制同汉唐钱制成为一个鲜明的对照，汉唐基本上是采取一种单一钱制，除了特殊的情况，长期只用一种钱，大小轻重在法律上没有变动。而两宋的钱制，表面看来，陷于一种混乱状态：每隔几年就有一种新钱出来。

实质上，它的混乱性，没有外表所显示的那样严重，因为所变的是上面的年号，钱的内容，即它的大小轻重是不大变的。年号可以看作钱币的年份，在看惯用惯之后，并不会阻碍它们的流通。至于钱分等级，在商业发达的条件下，毋宁有此需要。

注　释

[1]　Arthur Sunle, Deutsche Münz-und Geldgeschichte von den Anfangen bis zum 15. *Jahrhundert S*. 183—220.

[2]　欧阳修《归田录》卷一。

[3]　《文献通考·钱币考二》。

[4]　《宋会要辑稿·食货·量衡》四一之二八，"御书真草行三体淳化钱，较定实重二铢四象为一钱者，以二千四百得十有五斤，为一秤之则。"王禹偁诗：

谪官无俸空无烟，惟拥琴书终日眠；

还有一般胜赵壹，囊中犹有御书钱。

[5]　《宋史·食货志》。

[6]　《玉海》。

[7]　应运钱和应感钱，据说是1939年在四川简阳胡家场出土。几千枚铁钱中，都是开元、宋元、太平、淳化等钱，也有几枚广政钱，没有淳化以后的钱。其中有应运钱二枚，应感钱一枚（《泉币》杂志第二六期《应运铁钱》和第三〇期《应感铁钱》）。这并不是应运钱的第一次发现。洪遵《泉志》卷一四《神品》中有《应元钱》一条，并引沈括《梦溪笔谈》说："庐山太平观乃九天采访使者祠，唐开元中创建。元丰二年道士发地得一瓶，封锸甚固，破之有一铜钱，文有应元保运四字，不以为异。元丰四年忽有诏进号九天采访使者为应元保运真君，与钱文符同。本观乃以其钱表献之。"这里所谓"应元保运"可能就是"应运元宝"的误读，而将"宝"作"保"。罗沐园在《泉志应元保运钱正误》（《泉币》杂志第一七期）一文中并据乾道刊本《笔谈》，所叙稍有不同。是说："元丰二年，道士陶智仙营一舍，令门人陈若拙董作发地，忽得一瓶，封锸甚固，破之，其中皆五色土，唯有一铜钱，文有应元保运四字，若拙得之，以归其师，不甚为异。"又引《老学庵笔记》言：顺将败，披度为僧，饭僧潜逃，后三十余年，始就擒戮。以为庐山的钱是李顺或他的同党所埋的。又王荫嘉在《神怪之应运元宝钱》（《泉币》杂志第二一期）一文中引旧钞本孟仁《言识小编》："慕庐韩先生（菼）少贫困。乡荐后，犹借馆读书。岁壬子，暇游荆洛间，忽有人持关书聘金来寓，曰：奉主人命，请先生授生徒焉。

遂欣然就道。至则门间宏壮，如公侯家。……而主人初不一见，心颇疑之。问之馆人，不答。问之弟子，则又支词以对，疑愈甚，窃欲私觇之，而主人已排闼入，若知先生之欲觇之也者。曰：先生勿疑，吾实冥府官也，敬君学品，故聘求教子，顽劣之资，得沐教化，实为厚幸。然先生功名中人，吾何能久羁。今赠君一钱，即当如钱之文，应运而元，大魁天下，宝之宝之。遂遣使送归，资赠甚厚。次年癸丑，先生应会试，果擢第一。"王荫嘉认为遣使资赠等语"均记人事，而非鬼事，意其绿林豪侠之流。时当升平，公又显位，直言秉笔，有所冒忌讳，不如寓意阴曹之得体，赠钱数语，显将钱文应运元宝四字和盘托出，毫不牵强"。

[8] 《文献通考·钱币考二》。

[9] 费著《钱币谱》。

[10] 《永乐大典》。

[11] 元丰年间各监铸钱数目各书略有出入。但总额铜钱应为五百零六万贯，铁钱为一百一十三万九千二百三十四贯。以这总数为标准，综合《文献通考》《玉海》《宋会要辑稿》等书，各监每年铸额如下：

一、铜钱

西京阜财监 二十万贯（《文献通考》作两京阜财监各二十万贯的）

卫洲黎阳监 二十万贯

永兴军 二十万贯

华州 二十万贯 }（《文献通考》作永兴国华州陕府钱监各铸二十万贯，计六十万贯的）

陕府 二十万贯

绛州垣曲监 二十六万贯

舒州同安监 十万贯

睦州神泉监 十万贯

兴国军富民监 二十万贯（《文献通考》作二万贯）

衡州熙宁监 二十万贯

鄂州宝泉监 十万贯

江州广宁监 三十四万贯

池州永丰监 四十四万五千贯

饶州永平监 六十一万五千贯

建州丰国监 二十万贯

韶州永通监 八十万贯

惠州阜民监 七十万贯

二、铁钱

虢州在城监	十二万五千贯	（《宋会要辑稿》作折二钱）
朱阳监	十二万五千贯	（《宋会要辑稿》作折二钱）
商州阜民监	十二万五千贯	（《宋会要辑稿》作折二钱）
洛南监	十二万五千贯	（《宋会要辑稿》作折二钱）
通远军威远镇	二十五万贯	（《宋会要辑稿》通远军与岷州共二十万贯）
岷州滔山镇	二十五万贯	
嘉州	二万五千贯	（《宋会要辑稿》作当十大钱）
邛州	七万三千二百三十四贯	（《宋会要辑稿》作当十大钱）
兴州	四万一千贯	（《宋会要辑稿》作当十大钱）

[12] 钱币上是大平，不是太平。中国钱币学家一向把大平兴宝读作太平兴宝，而宋的太平兴国纪年在这之后，看来好像当时中国的宰相只会袭用人家的年号。后来的天圣年号也是南诏刚刚用过的（明通天圣）。

[13] 徐兢《高丽图经》（宣和六年著）卷二《贸易》："盖其俗无居肆，惟以日中为墟。男女老幼官吏工伎，各以其所有用以交易，无泉货之法，惟纻布、银瓶以准其值。至日用微物，不及匹两者，则以米计锱铢而偿之。然民久安其俗，自以为便也。中间朝廷赐予钱宝，今皆藏之府库，时出以示官属传玩焉。"

[14] 《宋史》卷四八七《高丽传》。

[15] 这里仅根据日本人发掘到的资料来说明。日本正德二年（1712年）水户正宗寺的一次出土中，宋钱共十八万八千一百一十六文，其中北宋钱占百分之九十六点六，南宋钱占百分之三点四。明治三十五年全昌寺的一次出土中，宋钱共有二万四千八百一十八文，其中北宋钱占百分之九十七点六，南宋钱占百分之二点四。同年埼玉县的一次出土，比例也相同。此外，常陆国井村等处所发掘的古钱中，宋钱共二十九万三千零二十六文，其中北宋钱占百分之九十九点三，南宋钱只占千分之七。又对马等四十八处所发掘的古钱中，宋钱共四十六万四千一百七十一文，其中北宋钱占百分之九十八点三，南宋钱占百分之一点七。

[16] 关于嘉定铁钱的板别，可参看《古泉汇考》和罗伯昭《西川嘉定铁钱之分析》（见《泉币》第一三期）。

[17] 日本藏家说有九年的母钱。见《货币》第二九号。

[18] 这种成色同公元前四百年时罗马共和时期的记号阿斯铜币（as signatum）很接近。阿斯的成色为百分之六十四至七十九（Mommsen-Blacas, Histoire de la

Monnaié romaine，1.198）。

[19] 《宋史·食货志》下二。

[20] 《永乐大典》。

[21] 钱牌的发行，少见记载，但吴自牧《梦粱录》卷一三《都市钱会》条下有："朝省因钱法不通，杭城增造镴牌，以便行用。"大概是指铅质的一种。又《续文献通考·钱币考》引孔行素《至正直记》："宋季钱牌，长三寸有奇，阔二寸，大小不同，背铸临安府行用，面铸贯文云壹百之类，额有小窍，贯以致远。"这就是指铜质钱牌了。

二 金银和金银钱

黄金在宋代所发挥的货币职能，基本上同唐代差不多。太祖开宝四年（971年）曾定出伪造黄金的罪律[1]。这是西汉以来第一次。看来好像黄金正式被认作货币。这是不正确的。只能说，宋代政府把黄金看作一种重要的支付手段。在统治阶级看来，特别是在帝王看来，支付手段是货币的最重要的职能。实际上，从整个经济生活看来，黄金所发挥的货币职能，的确是以支付手段为主，这里包括帝王的赏赐[2]、政府的开支[3]、人民对政府的赋税缴纳[4]以及其他付款[5]、对官吏的贿赂[6]等。其次一种最重要的职能便是作为保存价值的手段，即宝藏手段[7]。有时甚至作为价值尺度[8]，可是不作为流通手段和一般购买手段。文献中有些用金的例子[9]，不能算是一般的交易媒介。正因为不具备这最后一种、同时也是最基本的一种货币职能，所以黄金在宋代不能算是真正的货币。

白银在宋代比黄金重要。它不但具备黄金所具备的各种职能，而且在每一种职能方面，比黄金运用得更为广泛。在作为支付手段方面，帝王的赏赐，常常是金银并提，而用白银的次数更多。政府的开支、人民的税捐以及其他付款、对官吏的贿赂[10]等也是这样。宋初因为铜钱缺乏，转运使张谔于太平兴国五年建议准许人民暂时用银绢代替铜钱纳税[11]，这就赋予白银一种法偿资格。而且官吏俸给和军饷[12]也有用银的例子，这是黄金所没有的一种用途。作为宝藏手段和国际货币，金银两者有约略同等的重要性，也许作为宝藏手段，黄金需要得更多一些，因为黄金更适于发挥这种职能。但作为国际货币，白银用得更多，因为当时同中国有经济关系的国家多是用银的。作为价值尺度，金银似乎差不多。作为购买手段，白银肯定比黄金用得更多些,买马[13] 籴米[14] 等[15] 都有用银的例子。这些还不能证明白银成了真正的流通手段,但是比黄金是前进一步了。南宋的会子,有时用金银来收兑,主要是用白银来收兑,白银成了纸币的兑现基金[16]。绍兴七年吴玠在河池发行银会子,通行很久,这可以说是一种银本位。贾似道在宋末曾发行所谓金银关子。关于这种金银关子的详细情形,我们不知道。宋末收买踰限的田地,千亩以上的,百分之五用白银支付[17]。所以白银在宋代不但比在唐代更通行,而且比唐代的黄金发挥了更多的货币职能。在宋代,南宋比北宋又用得多些。

白银使用的增加,可以从两方面来解释。当时,由于邻近民族的苛求,宋代有岁币的负担,所以才在岁输方面以银代钱。然而契丹、女真、蒙古等民族,为什么要白银呢?并不是因为他们的经济水平超过了宋朝,而是因为他们同西域有贸易关系,而西域是通行白银的。回鹘(纥)人就常在宋朝统治地区购买金银运到西方去[18]。所以归根结底,宋代的通行白银,还是受了中亚细亚的影响,否则为什么不用黄金呢?宋以前,黄金在中国的地位,是比白银重要的。另一方面,也有些因素为白银的使用提供了基础。这就是自五代以来,各地货币不统一;到了宋代,这种情形,并没有改善,甚至可以说更加恶化了:不但有铁钱区和铜钱区之别,而且还有各种不同的纸币在各地区流通,互不通用,只有银绢才不分地区,通行全国[19]。这里白银是作为一种转移财富的手段。固然黄金也可以作为这种手段,但由于对外的关系,政府已承认了白银的法偿力,所以这一方面的需要,也就以白银来满足了。

有人说,宋代白银的使用,是由于商业的发达和铜钱数量的不足[20]。这不完全对。宋朝的商业,的确比前代发达;但宋朝的货币数量和铜钱数量,也比前代增加。我们很难估计出宋代商业比前代增加的规模,但无论如何,这种规模决赶不上货币数量和铜钱数量增加的规模。因为北宋铜钱铸造额比唐朝增加十倍到三十倍。实际上有大量的铜钱流到外国去或贮在国库。南宋铸钱减少,但南宋铜钱的流通范围也大为缩小,何况还有纸币的流通。宋朝有几次发生所谓钱荒,那是特殊时期的特殊现象,是暂时的,决不是促成使用白银的原因。铜钱不足说的基本错误,在于把白银看成十足的货币,而实际上白银在宋朝并不是十足的货币[21]。它不是流通手段,只有个别的例子用作价值尺度,它也不是通行的价值尺度。它是宝藏手段之一,是一种重要的支付手段,但也不是唯一的支付手段。在用它收兑纸币的时候,只是作为一种兑现基金。它并不能代替真实的货币,所以若是货币数量不够满足需要，只有增发纸币，或增铸铜铁钱，不能靠增加白银来满足。宋朝物价的不断上涨，毋宁证明了通货数量的过多，而不是过少。

然而白银毕竟还是发挥了一部分货币的职能，因而部分地代替了货币。正是在这种条件之下，产生了化汞为银的幻想[22]。

金银的形式有各种各样。最普通是铤[23]，也叫锭。锭字唐末、五代已有使用，有人说锭为铤之误[24]，大概由于两字发音相近。宋以后少用铤字，专用锭字。宋代的大银铤重五十两[25]，小铤有各种重量[26]，没有固定的等级。大铤也叫笏[27]或版[28]。文献中若称银若干铤或若干笏，大抵都是指五十两重的大铤[29]。黄金只有小铤[30]。这些情况同唐代差不多。曾见一大铤，作砝码形，上有阴刻铭文"怀安军金堂县免夫钱折纳银每铤重伍拾两"[31]，这是四川的银铤。怀安军建于乾德五年，免夫钱大概同免役钱差不多。那是熙丰年间和以后的事。宋代免役，或输现钱，或纳粮食，这里以银折纳。该铤实重两千零六十点六公分，合库平五十五两二钱。可见官方的秤重，借以盘剥。四川原不产银，天圣年间，商人将四川的绢帛运往别处发卖，收买铤银入川[32]。南宋庆元年间的《辇运令》规定：上供金银要用上等成色，白银要鞘成铤，大铤五十两，小铤二十两，上面要镌明字号、官吏职位、姓名等[33]。这可以说是官银了。传世也有南宋银铤：一枚是休宁出土的，上有"达州今解发宝庆三年绍定元年分进奉大礼银重伍拾两"字样。另一枚是湖南临湘出土，上有"潭州善化县和买到大礼银伍拾两"等文字[34]。两枚都有解发人姓名和官衔。另有一枚景炎年造的银铤，重库平两八钱多，也作砝码形，表面有纤细的波纹，中央有"十分"二字的戳记，戳记成葫芦形，下面有"景炎年造"四字，背面耸起如元宝[35]。整个形制酷似汉代中元二年的船形银铤，如果大胆怀疑一下，会使人觉得中元银铤可能也是宋代的东西，文字是后人加上去的。但现在还不能断定。

宋代金银还有饼和牌的形式。饼[36]是古形，宋代用得不多。牌[37]是长方形，比较小。另有马蹄金和瓜子金。嘉定初没收苏师旦的家产中，有马蹄金一万五千七百二十两，瓜子金五斗[38]。

宋代曾铸造大量的金银钱，也许可以说是中国历史上使用金银钱最多的朝代。不但宫廷中多，民间也多。宣和年间金人攻入汴京的时候，在宫中发现金钱七十一贯，银钱一百四十二贯[39]。淳熙二年苏州一书办受贿处死，其财产充公，财产中除金元宝一万五千七百二十两、金杯六千七百三十两、碎金五斗外，有金钱六十贯[40]。嘉定初没收苏师旦的家产时有金钱六十辫[41]。所谓辫，大概是缗或贯的意思。宫廷中的金银钱主要是用来赏赐亲王、贵邸、宰臣、巨珰等之用[42]。有时帝王死了，就用来殉葬。南宋时有人发掘徽、钦、高、孝、光五帝陵和孟、韦、吴、谢四后陵，发现金钱以万计[43]。但不能因为用来殉葬，就说是明钱，因为普通铜钱也有用来殉葬的。又因为赏赐关系，而流到民间去[44]，民间得到这种金银钱，大概是当作宝贝一样留作纪念品；富裕人家或者也用来辗转馈赠，尤其是作为生儿育女的吉礼[45]，或作为娶妇时的撒帐钱[46]，但这种场合所用的金银钱可能不是普通金银钱，而是民间自己叫金银匠所打造的，上面文字也不是年号，而是些吉利语。金银钱也许有用作普通开支的，据说苏东坡曾用金钱在岭南惠州的丰湖筑苏公堤[47]。

从遗留下来的实物看来，宋朝的金银钱，以北宋末年到南宋初年铸得最多。特别是徽宗的时候铸得最多。因为大观、宣和等年号都有银钱留下来。大观通宝银钱有两种，一为篆书，一为隶书，成对钱。宣和只见楷书的。但宣和金钱有篆书的。靖康也有银钱。南宋有乾道元宝金钱，宋体书，和铁乾道一样。此外有几种太平通宝金银钱。这种太平通宝不能算是年号钱，因为它们不是北宋太平兴国年间所铸造的。金太平又有两种，一种隶书，重四公分，看钱文的书法，可以断定它是北宋钱，但又和铜太平通宝不同，通宝两字和徽宗钱相近，宝字的贝部略近方折，同政和钱很像，南宋钱上根本没有这种书法，所以可以看作是徽宗时的东西。另一种金太平为楷书，发见两枚，其中一枚比较精整，重量也是四公分。铸造时代难以判断，因为宋钱根本没有这种书体。银太平也有几种，一种是隶书，和第一种金太平相近，但笔画较粗，制作也不美观，背面穿上有仰月文，重四点二公分，可能也是徽宗时铸的。另一种银太平是瘦金体，重约三公分半，广穿狭缘，很精美。细审它的文字书法，同陕字宣和钱完全一样，大小则和铁铸宣和相同，也和小样靖康钱相同。因此晓得它的铸造年份应当同陕字宣和差不多。陕字宣和铸于蔡京再相之前。蔡京曾两次再相，宣和年间的一次是宣和六年十二月，所以陕字宣和应当是铸于宣和五、六年间，银太平也相同。而且一定也是铸于陕西，因为北宋时陕西的铸造技术最高。世传崇宁、大观等钱为徽宗御书，这当然没有理由可以怀疑，可是史书只提到大观当十钱由赵佶亲书钱文，陕字宣和之为徽宗御书是见诸正史[48]的。单从崇宁、大观、陕字宣和以及银太平几种钱币上就可以看出赵佶的瘦金体的演变。银太平的书法也可以证明它是徽宗晚年的笔迹，也即宣和末年的作品。但为什么不铸当时的年号，而用太平两个字呢？这可能是赵佶个人的愿望，也可能是赵宋一朝的总愿望。因为两宋几次铸造太平钱，特别是在宣和五、六年的时候，金人正在跃跃欲试，而赵佶以及他的宠幸们还在"万井贺升平"。我们读《宣和遗事》，就能从字里行间，看出一种对于太平的强烈的愿望。还有几种宋体书的银太平。一种小平，一种折二大小。小平狭穿细缘，斜体宋字，十分精美，重三公分七五。看制作和文字同绍熙元宝相近，大小厚薄也一样，只是字体稍有区别，绍熙钱的字体平正，太平钱的字体稍斜，同现代印刷上所用的聚珍体一样。时代应当是在12世纪后半，因为西夏的乾祐钱和金人的大定钱也是这样的制作和文字。折二大小的太平钱制作不大精美，据说在衡阳出土几枚，但未见实物。有人说是李婆备所铸，尚待考证。

皇宫中也有祝寿用的金银钱，见于著录的有福宁万寿、寿慈万寿、绍定万岁等，都是银质。书体各不相同，如寿慈万寿为篆书，绍定万岁为宋体书。有的是用当时年号，有的是用受祝者的尊号，大抵都是南宋的东西。

至于刘光世所铸的招纳信宝，则和上面所举的金银钱性质不同。刘光世知道金人部队中的汉人想家，乃铸造招纳信宝，分金银铜三种，叫俘虏把这种钱带回去，告诉其他人，有想回来的则执此钱为信[49]。所以是一种招降证或通行证一类的东西。但这种招纳信宝留传下来的都是鎏金鎏银的，没有真金真银的。

宋朝的金银钱，在制作上有一特点，它们和唐朝的金银钱不同。唐朝的银开元，大小文字一切和铜开元一样。但宋朝的金银钱除了几种宋体太平通宝外都比铜钱小，而且文字也和铜钱不一样。例如银大观的钱文是篆书和隶书，而铜钱却是瘦金体。银宣和是楷书，铜宣和则没有楷书的，最多只有一个字作楷书，如楷通楷宣，没有四个字都作楷书的。钱文和通用的铜钱相同的只有宣和元宝和乾道元宝金钱。但宣和金钱比铜钱小得多，而乾道小平没有铜钱，只有铁钱。

文献中还提到马蹄金、沙金、橄榄金、瓜子金、麸子金、胯子金、叶子金等[50]。马蹄金自然是形如马蹄，沙金如细沙，橄榄金和瓜子金是不需要解释的，麸子金是指碎屑如麸片，粗于沙金；胯子金据说是像腊茶腰带胯子，叶子金应当就是金叶子。

注　释

[1]　《宋史》卷三《太祖纪》。

[2]　《宋史》卷三二四《石普传》："迁冀州将团练使，赐黄金三百两，白金三千两。"

[3]《续资治通鉴长编》卷七八大中祥符五年六月己亥:"三司借内藏库金二千两,从之。"《建炎以来系年要录》卷三六建炎四年八月辛巳:"诏户部续进黄金百两、白银四千两、钱万缗,充长公主下降妆奁使用。"《建炎以来朝野杂记》甲集卷一七左藏封桩库:"又拨金二千五百两、银二万两,充明堂使用。"

[4]《宋史》卷一七四《食货志》上二《赋税》太宗雍熙九年诏:"凡岁赋,谷以石计,钱以缗计,金、银、丝、绵,以两计。"《续资治通鉴长编》卷六三真宗景德三年六月戊寅诏:"东西川商税盐课酒利,所纳一分金,宜罢之。先是计司请令半输银帛外,其二分入金,上闻其地或不产,故有此命。"

[5]《宋史》卷一八一《食货志》下三《盐》上天圣八年十月:"诏罢三京二十八州军榷法。所商人入钱若金银京榷货务,受盐两池。"《文献通考》卷二二《土贡》一(神宗时):"诸路进奉金、银、钱、帛共二十七万三千六百八贯匹两。金二千一百两,银一十六万五千四百五十两。"

[6]《续资治通鉴长编》卷八二大中祥符七年六月丙辰:"眉山县尉高用纳延世钱七万,易其丁簿以为证佐。莹又取黄金三十两。狱成,夹江令李幹审覆之。又取金四两,因逐朴,悉以产付延世。"

[7]丁特起《靖康纪闻》靖康元年十二月十二日:"开封府出榜云,见奉圣旨,拘收戚里权贵之家赀财,以助犒军。今来累日,并未见人户尽数赍纳,切虑罪责,改将金银等藏窨。"

[8]欧阳修《归田录》卷二:"庆历中,蔡君谟为福建路转运使,造小片龙茶,其品绝精,谓之小团,凡二十饼重一斤,其价值金二两。"《建炎以来系年要录》卷一八八绍兴三十一年二月乙丑:"望量行制造度牒,立定价数……每道价五百千……愿以金银计直者听。"

[9]《续资治通鉴长编》卷一二〇仁宗景祐四年三月丙申:"内出章惠太后阁金千余两,市庄园邸舍。"孙升《孙公孙圃》卷上:"后有道士,献紫金盂,悦道拒不受。道士求金三两易之。"

[10]吴曾《能改斋漫录》卷一三:"陈洪进请谥于朝,胡旦扬言曰,宜谥忠靖。忠靖乃下军之名,其子惭怀,赂以白金数镒,乃改之。"

[11]《宋史》卷一八〇《食货志》下二。

[12]《建炎以来系年要录》卷一八九绍兴三十一年三月甲午:"户部奏,左藏西库,见钱不多,所有月支券食等钱,欲以银会品搭。诸司百官,以十分为率,六分折银,四分会子;军五分折银,三分见缗,二分会子,从之。"周密《武林旧事》卷四《乾淳教坊乐部》:"内中上教博士王喜……胡永年各支月银一十两。"《宋史》卷四六《度宗纪》咸淳九年六日戊子:"四川制置使朱禩孙言,月奉银万两,愿以

犒师。"

[13] 《宋史》卷一九八《兵志》一二《马政》:"其直为银四十两,每高一寸,增银十两,有至六七十两者。"

[14] 《续资治通鉴长编》卷一二〇仁宗景祐四年七月辛酉:"三司出银十五万两,下河北路,绢十万,下河东路,助籴军粮。"《宋史》卷三六六《吴玠传》:"玠在原上,凤翔民感其遗惠,相与夜输乌粟助之,玠价以银帛,民益喜,输者益多。"《癸辛杂识》后集:"至己卯岁二月,北军大至,战于厓山。初乏粮,遣腹心赍银上岸籴米。"

[15] 曹勋《北狩见闻录》:"徽朝北狩……自过河经濬州城外,虏骑约拦百姓不得看。惟卖食人近前,臣以银二两博换饮食。"《西湖老人繁胜录》:"乡民争捉(促织),入城货卖,斗赢三两个,便卖一两贯钱。苕生得大,更会门,便有一两银卖。"郭若虚《图书见闻志》卷三《王齐翰》:"开宝末,金陵城陷,有步卒李贵入佛寺中,得齐翰所画罗汉十六轴,寻为商贾刘元嗣以白金二百星购得……"

[16] 《宋史》卷三二《孝宗纪》乾道二年十一月己酉:"尽出内藏及南库银以易会子。"有时兼用金银。《宋史·食货志》下三《会子》(淳熙三年):"当时户部岁入一千二百万,其半为会子,而南库以金银换收者四百万。"

[17] 《宋史》卷一七三《食货》上一。

[18] 《群书考索》后集卷六二《坑冶》:"祥符元年,帝以京城金银价贵,以问三司使,丁谓言:多为戎回鹘所市人蕃。诏令约束之。"

[19] 《建炎以来朝野杂记》卷一六《财赋》三《金银坑冶》:"其实吴蜀钱币不能相通,舍银帛无以致远。"

[20] 加藤繁以为宋代金银比唐代更普及于社会,其原因有六:一为都市商业之发达,二为客商之增加,三为奢侈之流行,四为金银器饰之流行,五为庶民生活之向上,六为铜钱之不足及纸币信用之不好。(见《唐宋时代に於けろ金银の研究》)

[21] 李剑农说:"唐代后期,银已加入流通之伍。"入宋以后,"公私之流通支付,金银绢帛常与缗线杂然并陈。"他举对契丹和金人的岁币来证明,又举真宗咸平中尝"出内库绫罗……等直缗钱一千八百万,银三十万两,付河北转运使,籴粟实边"为例(《宋元明经济史稿》第八〇页)。这是不对的。岁币用绢银乃由于北方民族的需要,并不由于中国以绢银为货币。至于咸平中的例子系将绫罗和银并列,难道绫罗和银都是货币吗?他以为北宋后期和南宋,政府收入方面,银的势力不但超过现物之绢帛,而且超过"法币之缗钱"(同书第八二页)。他这话很含糊。政府收入仅属于货币的支付手段,而货币的基本职能是价值尺度和流通手段,白银在宋代从来没有取得这两种职能。

[22] 永乐宫壁画题记《正君心非》："徽宗政和二年，驾幸宝箓宫。设供斋毕，上问道众能有异术否？能化汞为银否？众无答。最下有一道人，越次而出曰：'化汞为银，犹有所因，不足论。贫道专以土为之。'上骇异，即命为之。遂以泥和作银锭入炉，用火煅之。须臾霞光四出，遂成真银。上有绝句诗一首，若模铸成。其诗曰：'世上纷纷炼汞银，大都宜假不宜真；太平宰相张天觉，四海闲人吕洞宾。'……"（《文物》一九六三年第八期第七〇页）。

[23] 《夷坚志·叶德孚》："（建炎三年事）建安人叶德孚，幼失二亲。……祖母年七十，不能行。尽以所蓄金五十两、银三十铤付之。"（《旧小说》丁集四）《洛阳搢绅旧闻记》，白万州遇剑客："又月余，黄髯谓廷让曰：于尔弟处借银拾铤，皮箧一，好马一匹，仆二人，暂至华阳，回日，银与马却奉还。"（《旧小说》丁集一）

[24] 翟灏（清人）《通俗编·货财部》："世俗计金银以锭，锭为铤之误。盖铤锭音似，遂相传而误也。"

[25] 《金史》卷四八《食货志三》："旧例银每锭五十两。"这虽然说的是金人的事，但锭是中国的形制，金人应当是仿汉人的。

[26] 《夷坚志》甲集上《姜彦荣》："鄱阳医者姜彦荣，淳熙十二年迁居丰泰门内。……迟明发土二尺许，获银小锭，重十有二两。"

[27] 罗大经《鹤林玉露·冯京》："冯京字当世，鄂州咸宁人。其父商也。壮年无子。将如京师，其妻授以白金数笏。"（《旧小说》丁集二）《新编分门古今类事》卷四《李生白银》："李秀才者亮州人，家贫，置小学，教童蒙，日止十人。朝夕供给常不足。一日遇疾暴卒，二日乃苏。谓其妻曰：我死，地下见姚状元，主判人间衣食簿，与我昔有同场之好。谓我曰：贫甚矣，宜早归；衣食某之本职，不敢私，特为君添学生一十人，赠银一笏，是某之私羡也。其后，人忽送儿童上学，比旧果加十人。展修其屋，果获白银一铤。"（出《青锁高义》）

[28] 吴曾《能改斋漫录》卷一《银版》："银笏亦可以称版。唐韩滉遣使献罗，每担夫与白金一版。"但实际上只有大铤才称笏，而银版则以小形的居多。

[29] 张知甫《可书》："米元章为吏部侍郎，徽宗召至便殿，令书屏风四扇，后数日遣中使押赐银十八笏。……盖十八笏，九百两也。"

[30] 《茅亭客话》卷六《金宝化为酒》："蜀州江源县村甿王盛者，凶暴人也。……甲午岁据益州。……因掘得一处古藏，银皆笏铤，金若墨铤，珠玉器皿之属，皆是古制。"《酉阳杂俎》续录卷三："汴州百姓赵正怀，夜枕石枕，月余病死，妻令侄毁视之，中有金银各一铤，如模铸者，铤各长三寸，阔如巨指。"

[31] 藏美国纽约钱币协会博物馆（Museum of the American Numismatic Society），

该会出版钱币小丛书第九十九种"Sycee Silver"（Phares O. Sigler）中有插图。

[32] 《宋会要辑稿·食货·市易》三七之一。

[33] 《庆元条法事类》（燕京大学图书馆藏版）卷三〇《财用门·辇运令》。

[34] 奥平昌洪《东亚钱志》卷一〇第八九、九一页转引罗振玉《贞松堂集古遗文》。

[35] 《货币》杂志第二一〇号第三一页。

[36] 张来《续明道杂志》："张文定以端明殿学士尹成都日，……于府第小亭，躬取水银构火，投药一粒烹之。……火灭，视鼎中，烂然饼金矣。"

[37] 鲁应龙《闲窗括异志》："李园者以种圃为业，初甚贫。一日挥锄，忽粪中有声，掘得一瓮，皆小金牌满其中。"周必大《玉堂杂记》卷下叙述南宋对官吏的赏赐："乾道以后，止设常笔砚而已。退则有旨，打造不及，例赐牌子金百两。"郑元祐《遂昌山樵杂录》："宋太学生东嘉林景曦，字霁山。当杨总统发诸陵时，林故为杭丐者，背竹箩，手持竹杖夹，遇物即以夹投箩中。铸银作两许小牌百十，系腰间。……"《云仙杂记》卷五《金牌盈座》："河间王夜饮，妓女讴歌一曲，下一金牌。席终金牌盈座。"

[38] 叶绍翁《四朝闻见录》戊集《侂胄、师旦、周筠等本末》。

[39] 《宣和录》："金人入内，往取诸库珍珠四百二十三斤，玉六百二十三斤，珊瑚六百斤。……上皇阁分金钱四十贯，银钱八十贯；皇帝阁分金钱二十贯，银钱四十贯；皇后阁分金钱十一贯，银钱二十二贯。"（《建炎以来系年要录》卷二注解中所引）

[40] 《苏州府志》卷一四五。

[41] 《四朝闻见录》戊集。

[42] 《武林旧事》卷三《岁除》："并随年金钱一百二十文。旋亦分赐亲王、贵邸、宰臣、巨珰。"又卷八《皇后归谒家庙，皇后散付本府亲属宅眷幹办使臣已下》项下有"金钱"（共金五百两）、"银钱"。

[43] 周密《癸辛杂识》别集上："至十一月复掘徽钦高孝光五帝陵、孟韦吴谢四后陵，……金钱以万计，为尸气所蚀，如铜铁；以故诸凶弃而不取，往往为村民所得。……其余凡得金钱之家，非病即死。"

[44] 《宣和遗事》亨集，宣和六年："这四个得了圣旨，交撒下金钱银钱，与万姓抢金钱。那教坊大使袁陶曾作一词，名《撒金钱》。……是夜撒金钱后，万姓各各遍游市井。可谓是：灯火荧煌天不夜，笙歌嘈杂地长春。"《西湖二集》（明代关于宋朝的著作）："遂命宋五嫂进其鱼羹，太上食而美之，遂赐金钱十文，银钱百文，绢十四。"耐得翁《都城纪胜·市井》："隆兴间，高庙与六宫等在中

瓦相对今修内司染房看位，观孝宗皇帝孟享回就观镫买市簾前排立，内侍官帙行堆垛现钱，宣押市食歌叫，支赐钱物，或有得金银钱者。"

[45] 吴自牧《梦粱录》卷二〇一《育子》："如孕妇……至满月，则外家以彩画钱、金银钱、杂果以及彩段……等送往其家。……亲朋亦以金钱银钗撒于盆中，谓之添盆。"

[46] 《东京梦华录》卷五《娶妇》："拜毕就床，女向左，男向右，坐，妇女以金钱彩果散掷，谓之撒帐。"

[47] 《岭南杂记》。

[48] 《宋史》卷二四七《宗室四子渣传》："初，蔡京铸夹锡钱，民病壅滞。子渣请铸小铁钱以权之，因范格以进，徽宗大悦，御书宣和通宝四字为钱文。"大观当十钱的钱文为徽宗御书事，见《永乐大典》引蔡條《（国）史补》："鲁公秉政，……因作大钱，以一当十，至大观，上又为亲书钱文焉。"

[49] 《宋史》卷三六九《刘光世传》。

[50] 《居家必用事类全集》戊集《宝货辨》。

三 纸币的产生

兑换券和纸币是中国所发明的。中国在正式使用纸币以前，已经有几次应用了纸币的原则。西汉的白鹿皮币和唐代的飞钱，都有一种纸币的性质。皮币不能说是实物货币，因为方尺的鹿皮，没有什么使用价值，至少实价远低于名价，和纸币的性质相近。至于飞钱，虽是一种汇票，而且我们不能证明它有被转让流通的事。然而历来提到纸币的人，多说是从飞钱发展出来的[1]。两者的确有共同的地方：飞钱是异地兑现的票券，钞票是异时兑现的票券。后来真正的兑换券，还常常带有飞钱的性质。所以说兑换券是由飞钱发展出来的话，也算正确。

中国纸币的产生和发展，是由几种经济原因所促成的。第一是宋代商业的发达，因此不但需要更多的通货，而且需要更轻便的通货。第二是自五代以来，中国形成许多货币区，不但用的钱不同，而且不准运钱出境。有时使用纸币的目的就是为防止铜钱外流。第三是有许多区域使用体大值小的铁钱，携带非常不便。第四是两宋政府受到外族军事上的威胁和侵略，不得不养重兵以为备，军费开支庞大，财政非常困难，常靠发行纸币来弥补开支。

大概在五代十国的时候，已经有纸币性质的流通手段。例如楚的马殷年间（907—930年）在长沙铸乾封泉宝大铁钱，又大又重，使得市面上用契券指垛来交易[2]，这岂不是和纸币的性质一样吗？当时使用铁钱的地方很多，而四川比湖南还更厉害。四川正是最先采用兑换券的地方。

四川的币制，几乎自公孙述铸铁钱、刘备铸直百钱以后，就同外面有隔离的形势。南北朝以来，特别明显。对外贸易受有统制，物价也和外省不是同一水平[3]。这种情形，在五代及以后，更加厉害了。先有开元通宝铁钱，孟昶又铸广政通宝铁钱。到了宋代，四川以铁钱为主，大的每千钱二十五斤，中等的（应系折二钱）十三斤[4]。这对于商旅是一个很大的阻碍。而且铁钱的不便，不只在其每枚钱体积之大和分量之重，还在其每枚钱购买力之小。譬如宋初四川所行的铁钱，也有小平，每枚重一钱，可是它的购买力低，一匹罗卖到两万个钱[5]，有一百三十斤重。所以纸币的产生于四川，不是偶然的。

中国最早的兑换券是交子。关于交子的起源，尚无法考察出来。有些学者[6]想把它同唐代的柜坊发生联系，说柜坊后来对存款发出收据，这收据在市面流通，就变成一种纸币。这一种说法，完全是假设，并没有举出例证来，所以不足为凭。

中国史书中有说是真宗时张咏所采用的[7]。有人指明是大中祥符四年（1011年）的事[8]。这说也不可靠。《宋史·张咏传》没有提到这件事，张咏虽谈到铁钱，但他只报告各地铁钱的市价不一律，他反而不赞成划一铁钱行市[9]。说张咏作交子的，最早是熙宁年间释文莹的《湘山野录》。而记载交子最详细的《宋朝事实》和费著的《楮币谱》[10]则没有提到这事。

也有人说，在李顺起事后，停止鼓铸，民间钱少，私以交子为市，奸弊百出，狱讼很多，乃诏知益州的张咏和转运使黄观在嘉邛两州铸景德大铁钱[11]。这一说把交子的起源推早了若干年，因为李顺起事和失败都是淳化五年（994年）的事，所以交子的产生最早当在至道年间。这一说否认是张咏所创。所以比较正确。

交子的产生，纵使不是在五代，也必定是在宋初。从各书[12]零乱的记载中，我们约略可以把交子的发展分为三个阶段：最初是自由发行时期，大概纯粹是代替铁钱流通。后来由十六家富商来主持，这至迟是在大中祥符年间（1008—1016年）的事，可能还要早；因为在大中祥符年间，那十六家富商已经衰败，交子不能兑现，因而争讼数起。在大中祥符末已由薛田建议由政府接办。所以第一第二两个阶段，应当各有一个相当长的时期。

最后在天圣元年（1023年）政府才设置益州交子务，改由官办，这是第三个阶段。

关于第一个阶段的交子，我们所知道的最少，只有关于它的形制方面的一点点资料。我们知道交子是一种楮券，两面都有印记，有密码花押，朱墨间错。券上并没有交子的字样，票面金额也是临时填写的。料想是应商民的请求，领用者交来多少现钱，即开给他多少数目的交子。当时大概连式样也不统一，所谓印记，不过是指发行人的图章，整个说来，恐怕同普通收据没有多大分别。

在第二阶段里，交子的形制大概有所改进，因为现在已不再是零乱发行，而是由许多富商联合发行[13]。这时的交子，肯定是有图案的，并且是用一律的纸张印造，图案是屋木人物。至于其他方面，如密码、花押、图章等，仍保留前一阶段的办法，形成所谓朱墨间错。券上大概仍没有交子的字样，金额也是临时应领用人的申请填写，不限多少，只要交付现钱，便发给交子。随时可以兑现，但兑现时每贯收手续费三十文。

这种交子不但在经济史上是一件划时代的事，在文化史上也有划时代的意义。首先它的印刷，大概是使用铜板，这是世界印刷史和出版史上的头等大事。其次是上面的图案，这在板画史上应当也是价值很大的。

当时发行交子的富商称为交子铺或交子户，而且交子既能远近行使，又随时需要兑现，所以除成都外，各地还有分铺。每年丝蚕米麦将熟的时候，商民需要流通手段和支付手段，这是交子发行最多的时期。富商取得这种发行权恐怕也是花了代价的，他们每年要向政府"出夏秋仓盘量人夫及出修糜枣堰丁夫物料"等。但那些富商后来把收进的现钱，用来广置邸店、屋宇、园田、宝货等；经营不善，资财就会衰落，在领用交子的人拿来兑现的时候，有时就不能应付，而至于打官司；有时因为交子铺户的诈伪，激起民愤，而发生挤兑的事，交子户则闭门不出，后来政府出来干涉，每贯只能兑到七八百。这是交子收归官办的一个原因。

最初提议由政府接办交子发行事宜的是转运使薛田，他在大中祥符末年奏请设立交子务，但当时的政府没有采纳。后来知府事谏议大夫寇瑊奏请废除交子不用，他曾诱劝交子户王昌懿等收闭交子铺，封印桌，不许再发行；外县的交子户也将印桌毁弃[14]。但不久寇瑊去职，由薛田接任，政府叫他和转运使张若谷斟酌利害，他们都觉得废除交子有不便，仍主张由政府设交子务来主持[15]，政府终于接受了这建议，于天圣元年设置益州交子务。自二年二月起发行官交子。

官交子的形制，大概和私交子差不多，因为张若谷和薛田的奏文中曾说："其交子一依自来百姓出给者阔狭大小，仍使本州岛铜印印记。"[16] 当然所同的只是大小和一部分图案，券上的文字不一定相同，官交子可以规定流通的范围和兑钱的数目，因为宋代是以七百七十文为一贯的。券面大概还是不印交子的字样，金额也还是临时填写。不过有一定的等级，起初是自一贯到十贯；宝元二年（1039年）改为十贯和五贯两种，并且规定发行额中，八成是十贯的，两成是五贯的。到熙宁元年（1068年）又改为一贯和五百文两种，六成为一贯的，四成为五百文的[17]。券上金额的表示，可能使用套印的办法，也可能各种面额使用不同的格式或图案。

官交子是分界发行，界满以新交子收回旧交子。《宋史·食货志》说私交子以三年为一界，但《宋朝事实》所引的《成都记》和《蜀中广记》所引的元费著《交子》篇都没有提到私交子的界分，《宋史》对于交子起源的记述既不大可靠，则对于私交子的界分的说法，也未必可信。私交子可能是随时兑现的。所谓三年为一界应当是指官交子，而且所谓三年只是说挂带三个年头，并不是说满三年。中国人算年岁一向是不算足年的。所谓三年一换，实际上就是两足年一换。

官交子似乎有一个发行限额，而且有现金准备。发行限额每界是一百二十五万六千三百四十缗[18]。但这是最高额，并不是每界实际的发行数字；如果请领的人不多，发行数就不到限额。后来把交子用来发军饷，常常超过限额。至于现金准备，是用四川通行的铁钱，每次用三十六万缗，如果照发行限额计算，那就是百分之二十八强。

交子的产生，虽然有其客观的条件，但也伴随着许多弊害。例如私造，便是一个大问题。铜铁钱也可以私造，但铜铁钱本身有价值，私造者要出若干成本；至于交子，只须造一块钞板，纸墨几乎是不值钱的，而且交子不像铜铁钱一样是一枚一枚地造，它是成贯地造。庆历年间便发生私造的事。有人主张废交子，但在财政困难的条件下，当局怎肯答应[19]？神宗时，文彦博又谈到交子的不便，神宗说是不得已[20]。

交子流通的区域本限于四川。熙宁二年曾在河东推行；后来商贾不肯将粮草卖给政府，结果又废止。陕西也行过两次，都失败而止。

皇祐二年有人建议发行鹿皮的钱葆，饰以翠羽珠佩，与钱并行。这是仿汉武帝的皮币，无非是想防止假造。因有人反对而没有实行[21]。

崇宁大观间实行了一次币制改革，把交子改为钱引，四川以外的各路在崇宁四年（1105年）就印制新式的钱引，但四川一时还用旧法。到大观元年才正式改交子务为钱引务。不过元年的第四十三界还是使用旧印，使人不疑，到大观三年的四十四界才改用新的钞印印制[22]。至于崇宁四年外路所发行的钱引，和大观三年四川所印制的钱引，在形制上是否相同，那就不得而知了。

交子这一名称，大概是四川的方言，特别是"子"字代表方言的成分。晚唐咸通年间，西川称刻印的书为印子，以别于抄本，也带方言的味道。"交"字是交合的意思，指合券取钱。后来的会子和关子的意思也差不多，相交、相会、相关是一脉相通的字眼。钱引的意义就明确了。钱引是和茶引对立的，茶引是领茶或卖茶的证书，钱引就是领钱的证书，也就是兑换券的意思。

关于钱引的形制，元代费著在其《楮币谱》中有说明。每张钱引用六颗印来印制，分三种颜色，这是多色印刷术的开始。第一颗印是敕字，第二是大料例，第三是年限，第四是背印；这四种印都是用黑色。第五是青面，用蓝色。第六是红团，用红色。六颗印都饰以花纹，例如敕字印上或饰以金鸡，或饰以金花，或饰以双龙，或饰以龙凤。每界不同。又如青面印则饰以花木动物景象，如合欢万岁藤、蜃楼去沧海、鱼跃龙门、缠枝太平花等。至于红团和背印则是图画故事，红团如龙龟负图书、朽粟红腐、孟尝还珠、诸葛孔明羽扇指挥三军、孟子见梁惠王、尧舜垂衣治天下等。背印如吴隐之酌贪泉赋诗、汉循吏增秩赐金、周宣王修车马备器械、舜作五弦之琴以歌南风、武侯木牛流马运、文王鸡鸣至寝门问安否等。拿整张钱引来说，最上面是写明界分，接着是年号（如辛巳绍兴三十一年），其次是贴头五行料例（如至富国财并等，多是些格言），其次是敕字花纹印，其次是青面花纹印，其次是红团故事印，其次是年限花纹印（如三耳卣龙文等，多为花草），再其次是背印，分一贯和五百文两种，最后是书放额数。

由这些内容，我们就可以晓得：钱引的形制，比交子要美观得多。费著所画的格式，虽然是自绍兴三十一年的第七十界起到淳熙六年的第七十九界为止。但我们可以断定，这种形制，是徽宗时所创始的。徽宗朝是中国美术最发达的一个时代，赵佶本人便是一个杰出的书画家。他治下的钱币也是无比精美。他甚至亲自书写钱文，对于板画岂有不重视之理？我们可以想象，当时钱引上的花纹图画，一定是艺术价值很高的。

交子有时还保持一点飞钱的性质，在一地出交子，在另一地领钱[23]。

北宋的交子通行还不广，最初只行于益州，熙宁二年河东苦于铁钱的运输不便，曾在潞州设置交子务，三年一度废罢；四年又行于陕西，九年又罢废。崇宁元年又行于陕西。所以交子的流通范围，除四川外，不外河东路和陕西路，换言之，即铁钱流通区域。后来的钱引，流通区域比较广，除四川外，还有京东、京西、淮南、京师等路。

南宋的纸币，流通范围比较广，种类也多。最初行的是关子，曾一度改为交子，但最通行的是会子。

关子起初也是汇票的性质。绍兴元年，因婺州屯兵，交通不便，不能运输现钱，乃召商人叫他们出现钱，在婺州换领关子，他们拿到关子，再向政府的榷货务领钱，也可以领茶盐香货钞引。所谓茶盐香货钞引，就是贩卖茶盐香货的特许证或执照。所以关子和唐朝的飞钱很接近。关子之中有所谓现钱关子或铜钱关子，意思是指不兑茶盐钞引，专兑现钱。又有所谓公据关子。公据关子是绍兴二十九年发行的，用于淮东，面额自十千到百千，共五等；通行两年。普通关子是三年。商人用钱和白银向政府领取公据，大概凭这公据便可以领到茶、盐、香、矾等商品。所以不能算是真正的货币。末年贾似道也曾造铜钱关子，又有金银关子，上面有黑印，像一西字，中间有红印，三画相连，像一目字，下面两傍各一小长黑印，整个图案俨然像一个贾字[24]。

绍兴年间也曾发行过交子，并在杭州设置交子务，本想流通于东南各路，但是因为办理得不好，后来仍旧改为关子[25]。

南宋最通行的纸币是会子。会子的名字北宋就有了，吕惠卿的《日录》就提到会子，说"民间自纳钱请交子，即是会子；自家有钱，便得会子。"似乎会子和交子是同义语。绍兴七年（1137年）吴玠在河池（今陕西凤县，近甘肃）发行银会子[26]，以钱为单位，面额分为一钱和半钱两种，每年换发一次。这是最早的银本位制。当时吴玠是川陕宣抚使。发行额则一钱的十四万张，半钱的一万张。同钱引发生联系，银会子四钱抵钱引一贯，发行总额为十四万五千钱，合钱引三万六千二百五十贯。起初只行于鱼关及阶、成、岷、凤、兴、文六州。当时陕西大部已为金人侵占，只有阶、成、蛔、凤等州尚存，兴、文二州属于利州路，都在中国的西北边境。这种用银的办法，可能是受了西北民族的影响。吴玠死后，于绍兴十七年七月实行一次改革，在利州的大安军重造，两年一换。到乾道四年（1168年）四月增发一钱银会三万纸，九月行于文州，后来流通又扩大，每两年发行六十一万余纸，共折川引十五万余缗[27]。显然还是以四钱折川引一缗，川引是以铁钱为本位的，不知两者如何能联系在一起，也许所谓银本位，只是表面上的。此外似乎还有金银会子[28]，内容不详。但宝祐年间，四川还有银会的发行，以一当百，发生贬值现象[29]。

东南所用的会子，起初也是民间所发行，叫作便钱会子，大概仍带便换的性质。后来钱处和主持临安府，才收为官营。其后钱处和调为户部侍郎，于是由户部接办[30]，那是绍兴三十年（1160年）的事。起初止行于两浙，后来通行到淮、浙、湖北、京西等区，纳税和交易，多可使用，几乎成了一种法币[31]。

会子的式样似乎和钱引大不相同，从遗留下来的会子板，我们可以知道仍是长方竖形，上半为赏格，即"敕伪造会子犯人处斩，赏钱壹阡贯，如不愿支赏，与补进义校尉，若徒中及窝藏之家，能自告首，特与免罪，亦支上件赏钱，或愿补前项名目者听"。这赏格的右边为票面金额如"大壹贯文省"，左边为号码，称第若干料。赏格下面一行大字，自右至左"行在会子库"五字，再下面为花纹。可能没有钱引那样精美，因为南宋的艺术水平似乎要比北宋差。但各界的会子，或各种面额的会子，式样不一定相同。也许乾道四年改革会子发行制度的时候，对会子的式样也有改变。至少淳熙初年的会子上是有人物的，图案用土朱、靛青、棕墨三种颜色[32]。

会子的面额分为四种：最初以一贯为一会，后来在隆兴元年增发二百文、三百文及五百文三种[33]。乾道四年规定以三年为一界[34]。

宋代还有一些地方性的纸币：除了川引以外，还有湖会、淮交等。湖会是指湖北会子和湖广会子。湖北会子为隆兴元年湖广的王琪（或作珪或玨）所创发，叫作直便会子，分一贯和五百二等。专用于湖北路。大概后来通行于湖广。淳熙初曾用京会尽数收回湖广会子。又有所谓铁钱会子，也创于隆兴元年，流通于兴元府金洋州，分三百、二百、一百三等，同川引发生联系。淮交是两淮用的交子。印造于乾道元年，面额也分四等，和会子相同。背面印有"付淮南州军行使"字样，所以只通行于两淮州县。八年用行在会子（即京会）收兑。但后来又许行使。

两宋各种纸币的兑现，以铜铁钱为主，但也常常用金银度牒等。僧道度牒在宋代是一种很通行的证券[35]。

注 释

[1] 《宋史》卷一八一《食货志》下三："会子交子之法，盖有取于唐之飞钱。"清代有些钱谱印有所谓大唐宝钞及许多其他乌有的纸币。西人耿爱德（Edward Kann）在其 *Chinese Paper Currency*（《中国的纸币》）一书中也加以影印。甚至有些现代的中国人也信以为真，如王孝通在其《中国商业史》中便认为大唐宝钞是中

国纸币的起源。这些钞票纯属虚构,只要看票面的告捕赏例便知。票上有"伪造者斩,告捕者赏银七百五十两"。唐代并不用银。而且宋朝都还没有用宝钞的名称。这种捏造事实,大概是古董商所为。

[2] 《十国纪年·楚史》。

[3] 《宋书》卷四五《刘粹传》记元嘉初年事:"远方商人多至蜀土,资货或有直数百万者。谦(督护费谦)等限布丝绵各不得过五十斤,马无善恶,限蜀钱二万。府又立冶一断私民鼓铸,而贵卖铁器。商旅吁嗟,百姓咸欲为乱。"关于四川的币制明曹学佺《蜀中广记》卷六七有详细的记述。

[4] 《文献通考·钱币考二》引吕祖谦的话:"蜀用铁钱,其大者以二十五斤为一千,其中者以十三斤为一千,行旅赍持不便。故当时之券会,生于铁钱不便,缘轻重之推移,不可以挟持。交子之法,出于民之所自为,托之官,所以可行。铁钱不便,交子即便。"《宋朝事实》卷一五张若谷、薛田奏:"川界用铁钱,小钱每十贯重六十五斤,折大钱一贯,重十二斤。街市买卖,至三五贯文,即难以携持。"王栐《燕翼贻谋录》:"……然川蜀陕西用之如故。川蜀每铁钱一贯重二十五斤,铜钱一当十三,小民镕为器用,卖钱二千,于是官钱皆为小民盗销,不可禁止。大中祥符七年知益州凌策请改铸每贯重十二斤,铜钱一当十,民间无镶销之利,不复为矣。庆历初知商州皮仲容议采洛南红崖虢州青水铜置阜民朱阳二监铸大钱,一可当小钱三,以之当十,民间趋利,盗铸不已。至八年张方平宋祁议以为当更,乃诏改铜钱当十。先是庆历元年十一月诏江饶池三州铸铁钱一百万贯,助陕西经费,所积尤多,钱重,民苦之,至是并罢铸铁钱,其患方息。"

[5] 《宋史》卷一八〇《食货志》下二,引淳化二年赵安易言。

[6] 日本学者加藤繁和日野开三郎都有关于交子的论文发表。加藤繁有《交子の起源について》,载《史学》第九卷第二号。日野开三郎有《交子の发达について》,载《史学》杂志第四五编第二、第三两号。日野开三郎将交子的发达分为三个阶段,第一个阶段是唐朝的票据,他以为当时的柜坊发行票据在市面流通,商人因为觉得现钱交易不便,多把现钱存到柜坊去,换领票据。第二个阶段是宋朝的交子铺,他认为这是由柜坊演变成的,而且大家组织同业公会。第三个阶段是发行权由政府接收。《东洋历史大辞典》中《交子》条也有约略相同的推论。这一说完全是以"想当然"为根据,并参照英国金店券的故事推论出来的。

[7] 《宋史·食货志》下三:"真宗时张咏镇蜀,患蜀人铁钱重不便贸易,设质剂之法,一交一缗,以三年为一界而换之。六十五年为二十二界,谓之交子,富民十八户主之。"《续资治通鉴长编》卷一〇一:"仁宗天圣元年,置益州交子务。初张咏知益州,患蜀人铁钱重,不便贸易,设质剂之法。"

[8]　释文莹《湘山野录》上："公（张乖崖）祥符七年甲寅五月二十一日薨。开真之日，当小祥也。公以剑外铁钱艰重，设质剂之法，一交一缗，以三年为一界换之，始祥符辛亥，今熙宁丙辰，六十六年，计已二十二界矣。"

[9]　《宋史》卷二九三《张咏传》。宋代各种笔记小说中，提到张咏治蜀的例子很多，如田况的《儒林公议》，释文莹的《玉壶清话》等，多对于张咏的政绩加以赞扬，但都没有提到他作交子的事。《宋史》中其他提到交子的地方如《孙甫传》《薛田传》等，都说是民间所产生。《蜀中广记》卷六七在《钱》的一项中提到张咏，但在《交子》篇反而不提他的名字。

[10]　见《四川通志》（乾隆元年刻本）卷四六。

[11]　《续资治通鉴长编》卷五九真宗景德二年二月庚辰条。

[12]　《蜀中广记》卷六七《交子》。这是引元费著的《楮币谱》。

[13]　《蜀中广记》说是"其后富民十六户主之"，而《宋朝事实》卷一五则说是"益州豪民十余万户连保作交子"，大概十余万的万字是多余的。

[14]　《蜀中广记》和《宋朝事实》。

[15]　《宋朝事实》引张若谷、薛田奏称："川界用铁钱，小钱每十贯重六十五斤，折大钱一贯，重十二斤，街市买卖至三五贯文，即难以携持。自来交子之法，久为民便；今街市并无交子行用，合是交子之法，归于官中。臣等相度欲于益州就系官廨宇保差京朝官别置一务……"

[16]　《宋朝事实》。

[17]　《蜀中广记》。

[18]　《宋朝事实》卷一五："天圣元年十一月二十八日到本府，至二年二月二十日起首书，旋一周年，共书放第二界三百八十八万四千六百贯。"似乎一界不止一百多万贯。

[19]　《群书考索》后集卷六二《财用门·楮币类》引墓志："庆历七年孙甫尝监交子务，转运使以伪造交子多犯法，欲废不用。甫曰：交子可以伪造，铁钱可以私铸。有犯私铸，钱可废乎？"

[20]　同书引《长编》。

[21]　《群书考索》后集卷六二《财用门·楮币类》。

[22]　《宋史·食货志》下三。《文献通考》卷九。

[23]　《续资治通鉴长编》卷四五七元祐六年四月："尚书省言，陕府系铜铁交界之处。西人之来，必须换易铜钱，方能东去，即令民间以铁钱千七百，始能换铜钱一千。遂致铁钱愈轻。……东去官员合支券料钱及东去过军合支券料等钱，如愿于陕州并硖石镇换铜钱者听其换钱。每铁钱一千铜钱八百文。愿于陕州并硖石镇

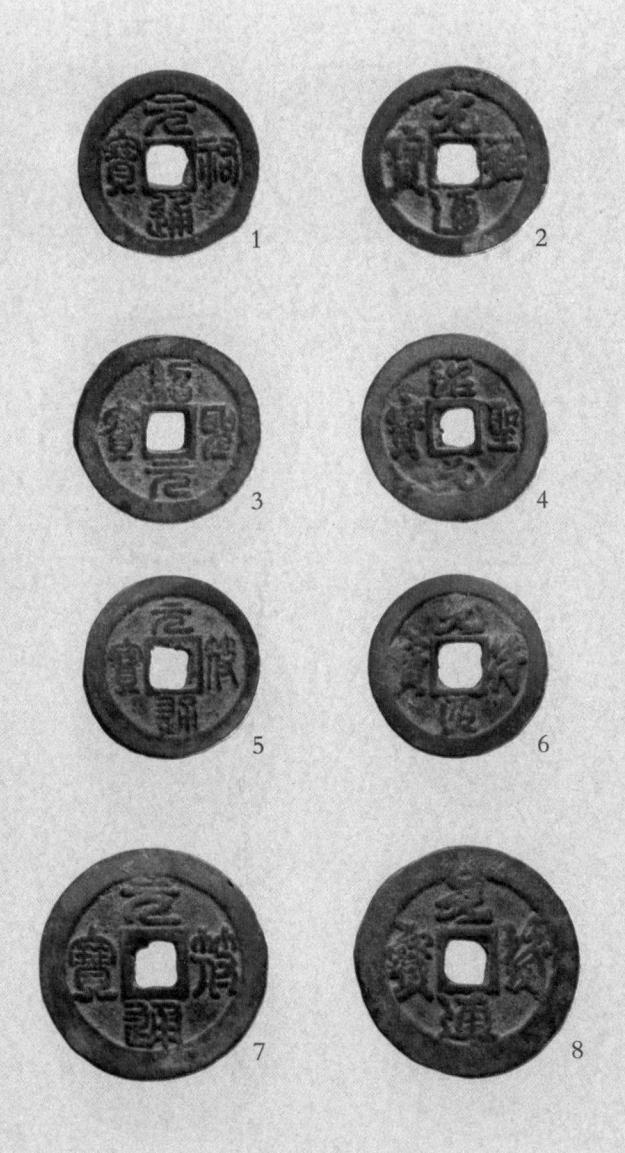

图版四十九　哲宗朝的钱币

1—2.元祐通宝对钱。　3—4.绍圣元宝对钱。　5—6.元符通宝对钱。
7—8.元符通宝折二钱对钱。传说元祐钱的钱文。是司马光和苏轼等人缩写的。

图版五十　徽宗朝的钱币（一）

1—3.崇宁通宝。　4.崇宁通宝当十钱。　5.崇宁重宝当十钱。　6.大观通宝。
7.大观通宝折二钱。　8.大观通宝当十钱。9.大观通宝折三钱。
徽宗朝的钱币是中国方孔钱中制作最精美的，钱文传出于徽宗的亲笔，号瘦金体或铁线书，在中国的书法上自成一家。

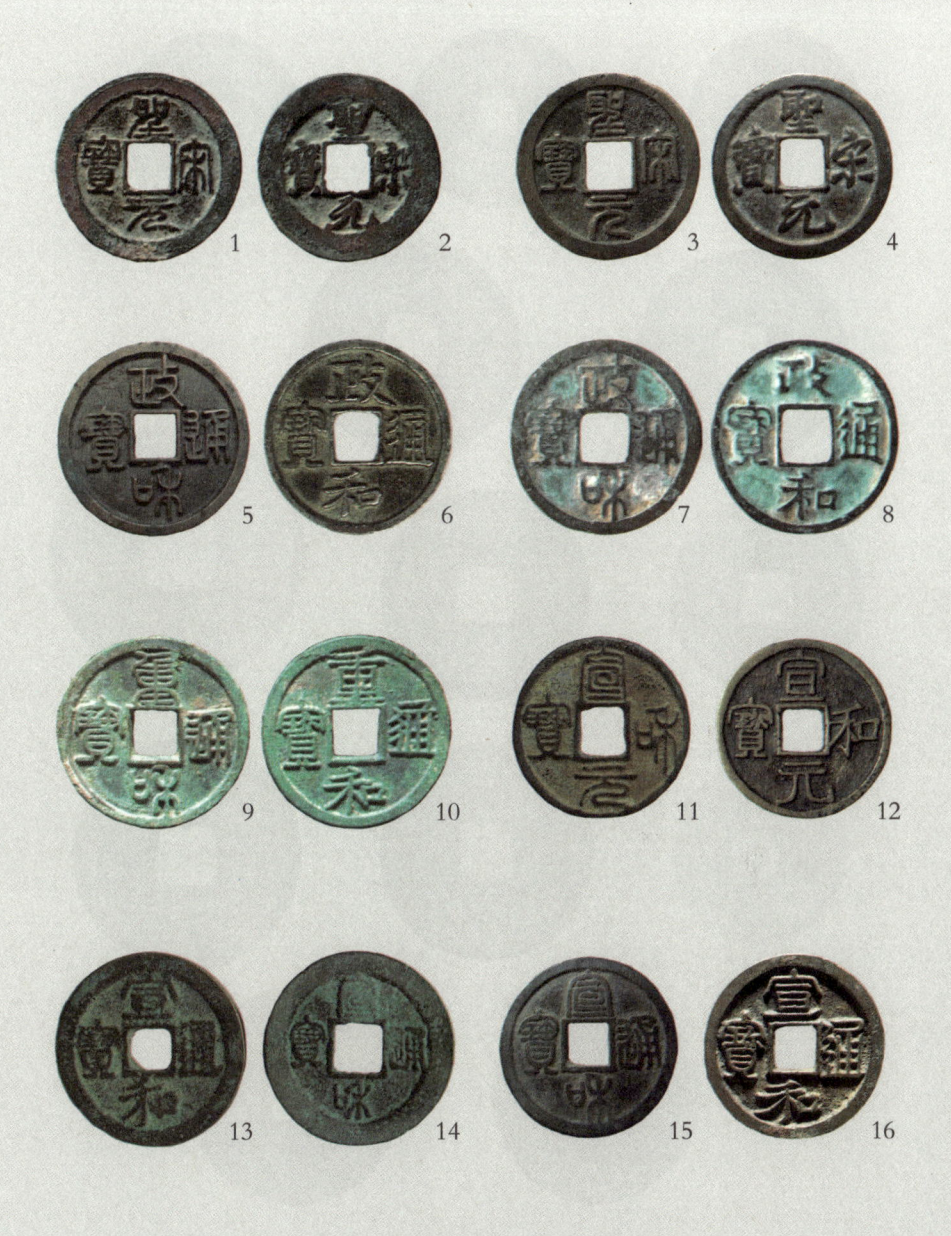

图版五十一　徽宗朝的钱币（二）

1—2.圣宋元宝对钱（细字）。　3—4.圣宋元宝对钱（美制小字）。
5—6.政和通宝对钱（细笔大字）。　7—8.政和通宝对钱（广和背四决）。
9—10.重和通宝对钱。　11—12.宣和元宝对钱。　13—14.宣和通宝对钱（白铜狭用背四决）。　15—16.宣和通宝对钱（遒劲）。

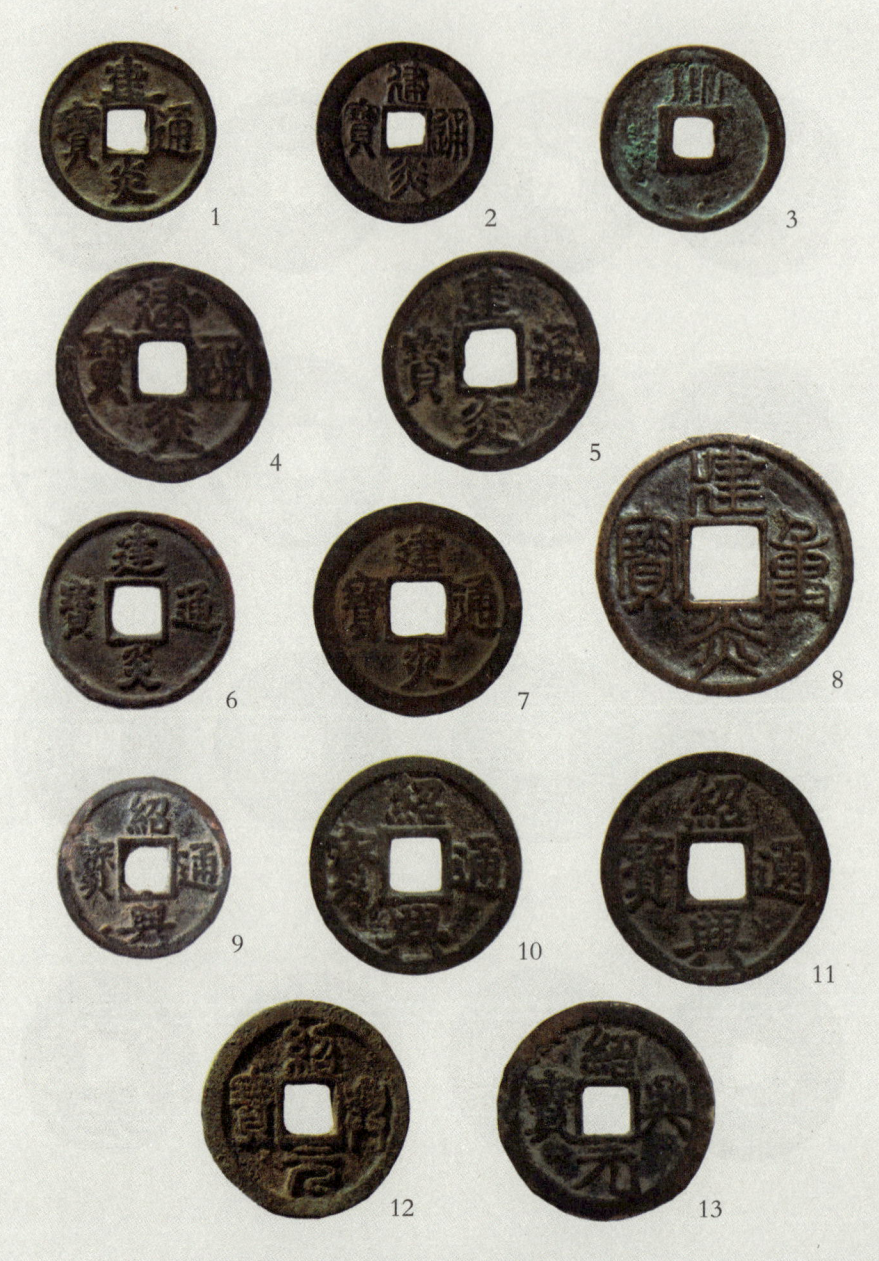

图版五十二　南宋高宗朝的钱币

1—2. 建炎通宝对钱。　3. 四川所铸建炎通宝之背。　4—5. 建炎通宝折二钱对钱。　6. 小字点建建炎通宝。　7. 点建建炎通宝折二钱。　8. 建炎重宝折三钱。　9. 绍兴通宝。　10. 绍兴通宝折二钱。　11. 绍兴通宝折三钱。　12—13. 绍兴元宝折二钱对钱。

图版五十三　孝宗、光宗朝的钱币

1—2. 孝宗的隆兴元宝折二钱对钱。　3—4. 乾道元宝折二钱对钱。
5—6. 淳熙元宝折二钱对钱。　7. 严州神泉监所铸淳熙元宝折二钱之背。
8. 淳熙元宝。　9. 淳熙七年铸淳熙元宝之背。　10. 光宗的绍熙元宝折二钱。
11. 绍熙元宝小平钱。　12. 绍熙五年铸绍熙元宝折二钱之背。

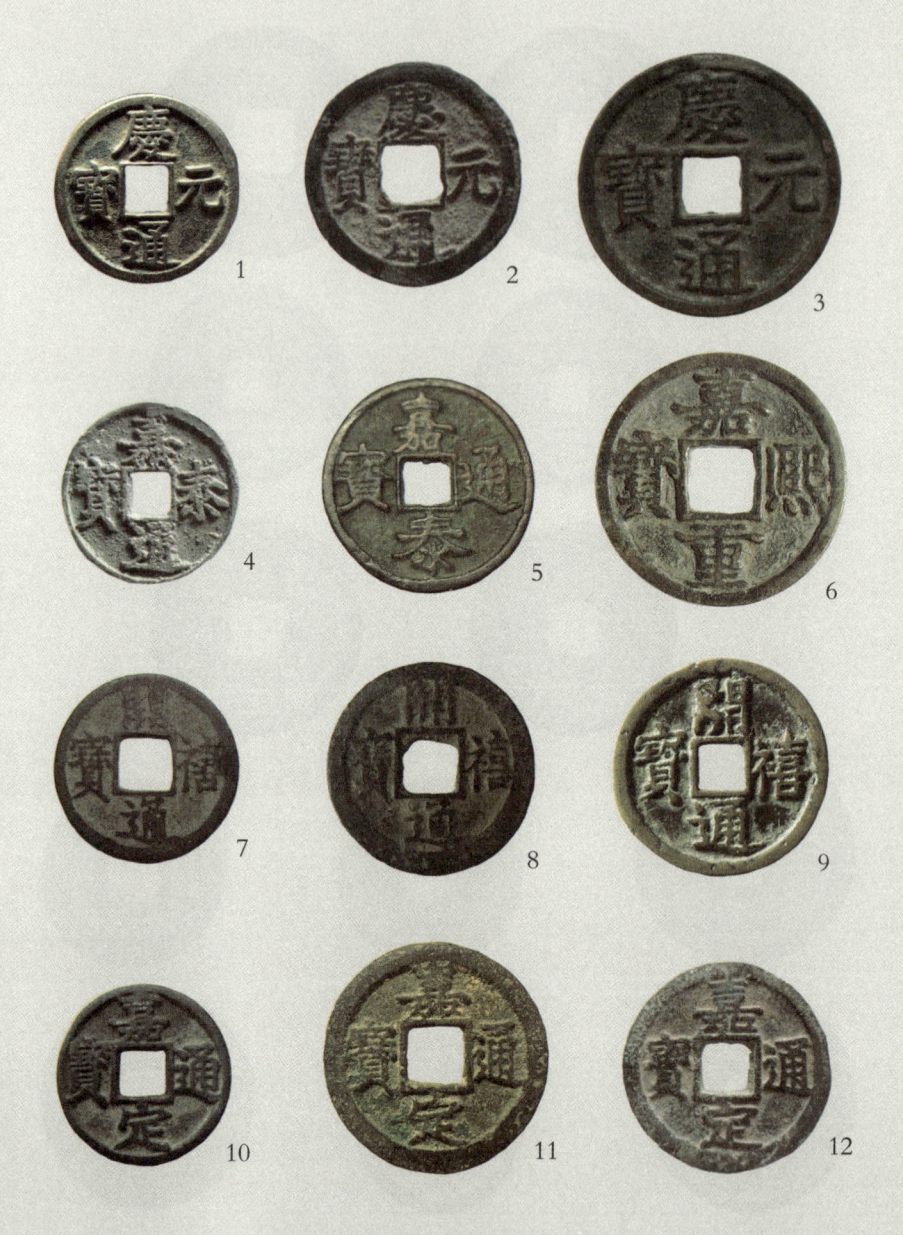

图版五十四　宁宗朝的钱币

1. 庆元通宝。　2. 庆元通宝折二钱。　3. 庆元通宝折三钱。　4. 嘉泰通宝。
5. 嘉泰通宝折二钱。　6. 嘉泰通宝折三钱。　7. 开禧通宝。　8. 开禧通宝折二钱。　9. 开禧通宝折二铁钱。　10. 嘉定通宝。　11. 嘉定通宝折二钱。
12. 嘉定通宝折二铁钱。

图版五十五　理宗、度宗朝的钱币

1. 理宗的大宋元宝。　2. 绍定通宝。　3. 端平元宝。　4. 端平元宝折三钱。
5. 嘉熙通宝。　6. 嘉熙通宝折三钱。　7. 淳祐元宝。　8. 淳祐通宝当百钱。
9. 皇宋元宝。　10. 开庆通宝。　11. 景定元宝。　12. 度宗的咸淳元宝。

图版五十六　钱牌和铁母

1. 临安府行用准三百文钱牌。　2. 利州行用的嘉定元宝铁母。　3. 利州行用的大宋元宝铁母。

所谓铁母是说用作铁钱的母钱，但两枚的文字漫漶，似乎流通过。

图版五十七　宋代的金银钱

1.太平通宝金钱。　2.隶书太平通宝银钱。　3.瘦金体太平通宝银钱。　4.宋体太平通宝银钱。

图版五十八　钱引

这是钞板的拓本。上面既无年份,也没有名称,金额也是临时填写的。看上面文字,可能是崇观年间四川以外各路所行的钱引。这钞板不但在世界货币史上有极高的价值,就是在印刷史和板书史上也是很重要的。

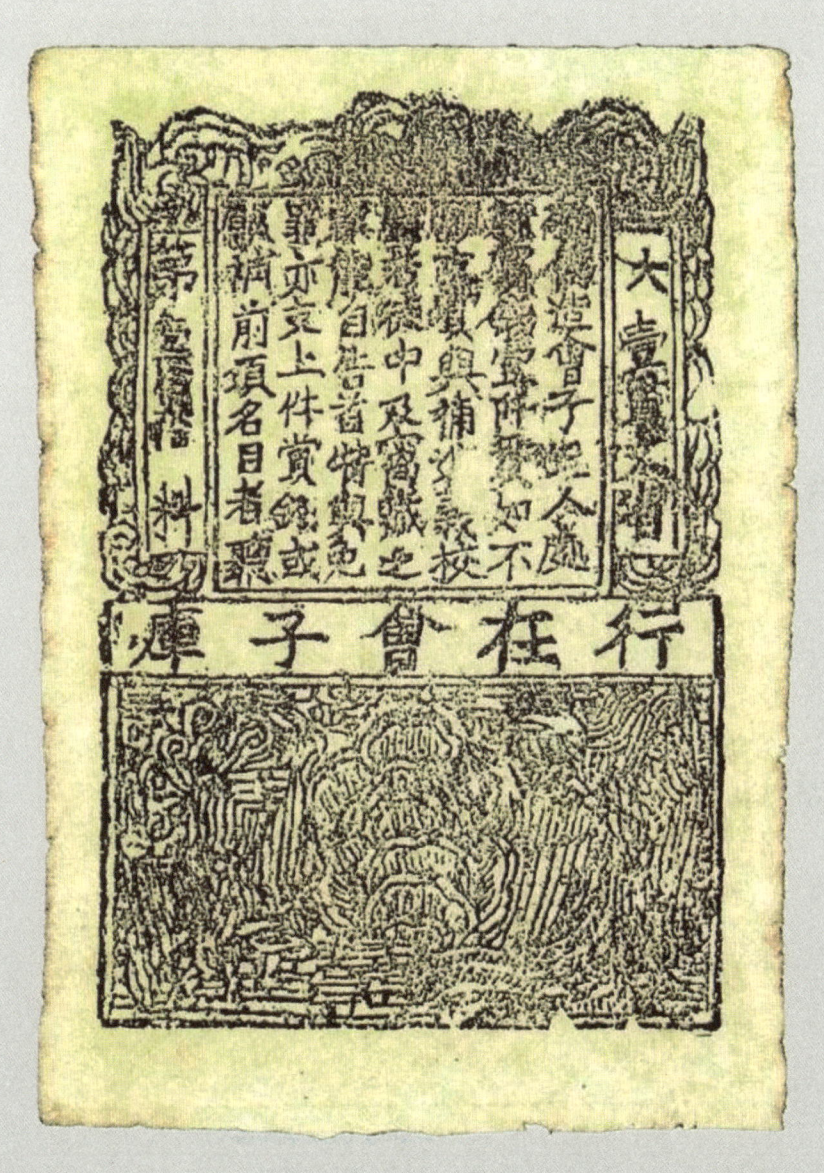

图版五十九　南宋会子

会子的图案在艺术史上讲来，虽比不上钱引，但在发行制度上，有其重要性。上面有会子的名称，有发行的机关，有金额（上面右边的"大壹贯文省"），有赏格。伪造罪和赏格的办法是北宋熙宁元年制订的，可能是王安石的主意。行在会子是南宋的主要纸币，流通于两浙、福建、江东和江西。

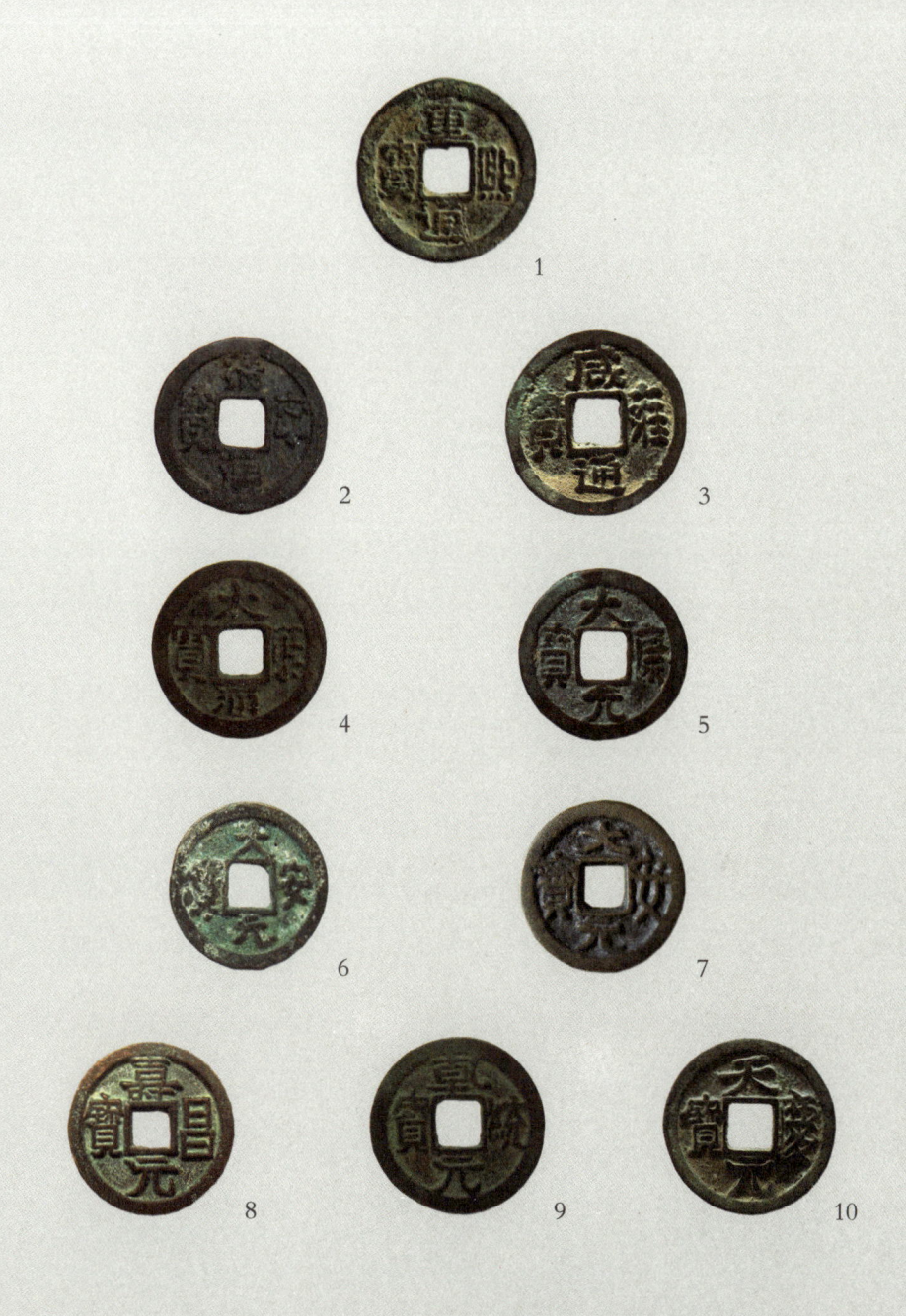

图版六十 辽的钱币

1. 重熙通宝。 2. 清宁通宝。 3. 咸雍通宝。 4. 大康通宝。 5. 大康元宝。
6—7. 大安元宝。 8. 寿昌元宝。 9. 乾统元宝。 10. 天庆元宝。

图版六十一　西夏的钱币

1. 西夏文大安钱宝。　2. 天盛元宝。　3. 乾祐元宝。　4. 乾祐元宝铁钱。
5. 西夏文天庆钱宝。　6. 皇建元宝。　7. 光定元宝。

出交子，于西京请领者听，从之。"

[24]《宋史》卷四七四《贾似道传》："复以楮作银关，以一准十八界会之三，自制其印文如贾字状行之，十七界废不用。"《宋季三朝政要》卷三理宗景定五年正月："造金银见钱关子，以一准十八界会之三，出奉宸库珍货收币楮，废十七界不用，其关子之制，上黑印如西字，中印红三相连如目字，下两傍各一小长黑印，宛然一贾字也。"

[25]《皇宋中兴两朝圣政》卷一九绍兴四年五月乙酉诏："籴本交子，并依逐年所降关子已得指挥其官吏并罢。初用张澄议，置交子务于行在，（《群书考索》后集卷六二说是会子，係系错误）而未有所桩见钱。于是言者极论其害。以为四川交子行之几二百年，公私两利，不闻有异议者，岂非官有桩垛之钱，执交子而来者，欲钱得钱，无可疑者欤？今行在建务之初，印造三十万，令榷货务桩见钱矣。续降指挥印造和籴本钱交子，两浙江东西一百五十万，而未闻桩拨此钱，何以示信于人乎。窃见前年和籴，用见钱关子，已而赴榷货务请钱者，以分数支，民间行使，亦以分数论。去年和籴关子一百三十万，先令榷货务桩足见缗，日具数申省部，民间行使亦依见缗用。然则可信者固在此，不在彼也。欲乞应印造交子，先令库务桩垛见钱，行使之日，费至请钱者，不以多寡，实时给付，则民无疑心，而行之可久矣。其或一节有碍，则商旅贸迁，井邑交易之际，必有不行者矣。……又言昨见朝廷令榷货务桩见钱二十万贯，措置见钱关子，许江南东路行使，其后改为交子，欲广行用，广南福建等六路交子三十万，两浙路交子一十万，临安府界小交子一十万，并见造江南两浙预桩籴本交子一百五十万，其合用钱并未见桩管，由是远近士民，议论纷然，皆以为不便。……江西制置大使李纲亦遗执政书，言其不可行，繇是遂复为关子焉。"

[26]《宋史》卷二八《高宗本纪五》绍兴七年二月："吴玠置银会子于河池。"《建炎以来系年要录》："川陕宣抚副使吴玠初置银会子于河池，迄今不改。"《建炎以来朝野杂记》甲集卷一六《关外银会子》："关外银会子者，绍兴七年，吴涪王为宣抚副使始置于河池。其法一钱或半钱。凡一钱银会子十四万纸，四纸折钱引一贯，半钱银会子一万纸，每八纸折钱亦如之。初但行于鱼关及阶成岷凤兴文六州，岁一易，其钱隶军中，武安薨，遂属计所，十七年七月复造于大安军，再岁一易。乾道四年四月始增一钱银三万纸，九月行于文州，其后稍盛，增迄今每二年印给六十一万余纸，共折川钱引十五万缗。"

[27]《建炎以来朝野杂记》甲集卷一六《关外银会子》。甲集成于嘉泰三年。

[28]《建炎以来朝野杂记》乙集卷一六《四川总领所小会子》："丁卯岁陈逢孺以用不足始创小会子。……宣抚使又为金银会子，后亦不行。"

[29] 李曾伯《可斋续稿》卷三《救蜀楮密奏》。

[30] 《建炎以来朝野杂记》卷一六《财赋三·东南会子》。

[31] 《宋史·食货志》下三。

[32] 关于会子的形制,除会子铜板实物外,《朱文公文集》卷一九《奏状》按唐仲友第四状贴黄及第六状关于造假会子的官司,也可以看出一点来。第六状有云:"据蒋辉供云,是明州百姓。淳熙四年六月内因同已断配人方百二等伪造官会事发……断配台州。……去年三月内唐仲友叫上辉就公使库开雕杨子荀子等印板。……次日金婆婆将描模一贯文省会子样入来,人物是接复先生模样……言是大营前住人贺选在里书院描样……当时将梨木板一片与辉,十日雕造了。……至十二月中旬金婆婆将藤箱贮出会子纸二百道并雕下会子板及土朱靛青棕墨等物付与辉,印下会子二百道了,未使朱印再乘在箱子内……至次日金婆婆将出篆写一贯文省并专典官押三字,又青花上写字号二字。辉是实方使朱印三颗……共印二千六百道。"这里虽提到梨木板,但官会子是用铜板。《文献通考》卷九有:"淳熙三年诏第三界叫界各展限三年,令都茶场会子库将第四界铜板接续印造会子二百万赴南库桩管。"

[33] 《宋史·食货志》下三:"孝宗隆兴元年诏会子以隆兴尚书户部官印会子之印为文。更造五百文会,又造二百三百文会。"

[34] 《宋史·食货志》下三:"乾道……四年,以取到旧会毁抹,付会子局重造,三年立为一界,界以一千万贯为额,随界造新换旧。"

[35] 王栐《燕翼贻谋录》:"僧道度牒每岁试补刊印板,用纸摹印。新法既行,献议者立价出卖,每牒一纸,为价百三十千,然犹岁立为定额,不得过数。熙宁元年七月始出卖于民间。初岁不过三四千人,至元丰六年限以万数。而夔州转运司增价至三百千,以次减为百九十千。建中靖国元年增至二百二十千。大观四年岁卖三万余纸。新旧积压,民间折价至九十千。朝廷病其滥,住卖三年。仍追在民间毁抹。诸路民间闻之,一时争折价求售,至二十千一纸。……六年又诏改用绫纸,依将仕郎校尉例。宣和七年以天下僧道踰百万数,遂诏住给五年;继更兵火,废格不行。南渡以后,再立新法,度牒自六十千增至百千。淳熙初增至三百千,又增为五百千,又增为七百千;然朝廷谨重爱惜,不轻出卖,往往持钱入行都,多方经营,而后得之。后又著为停榻之会,许客人增百千兴贩,又增作八百千。近岁给降转多,州郡至减价以求售也。"

第二节 货币的购买力

一 北宋初年的币值

赵宋一朝，三百年间，清平的日子不多。由于当局重文艺，轻武备，所以在军事上是一个衰弱的时期，不断受到西、北各族的压迫：先有西夏和契丹的威胁，继有女真的袭扰，最后为蒙古人所灭亡。虽然总有一些文人学士在咏花歌月，表现出一种太平盛世的景况，特别是在北宋，但那只是一种虚假的景象，实质上社会并不稳定。这种不稳定反映在货币流通上，就是货币购买力的波动。

研究两宋的币值，有一点应当注意，就是波动的局部性。特别是北宋。中国因为国土广大，交通不便，本来各朝的币制和币值的变动都有地方性，各地的情形，不一定相同。这种隔离性，自五代以后更加厉害了。政治上虽是一个统一的国家，在币制上俨然许多独立的单位，差不多和春秋战国时一样。许多区域有其独特的通货，尤其是两淮和四川，它们的钱不许出界，外面的钱也不许入境[1]。在这种情形之下，有时候一个地方通货贬值，别的地方却不受影响。例如太宗时四川的铁钱，因发行过多，一匹罗要两万钱。在真宗咸平五年七月还特别增加川陕的官俸钱[2]。可是在整个国家看来，那时币值还算稳定。如真宗时四川行大小铁钱[3]，张咏以三百五十文小铁钱一斗的价格粜米，百年后还有人称颂他的德政[4]。而淮蔡间麦子每斗十钱，粳米每斛两百[5]。

北宋最初的几十年间，一方面在求政治上的统一，一方面也想整理五代所遗留下来的混乱的币制，如禁止小铁镴钱，罢南唐铁钱，禁江南各州小钱，禁河南各州私铸铅锡恶钱及轻小钱等。但十国中北汉的刘继元到太平兴国四年五月才纳款投降，而三月间就同契丹打起来了，所以这些企图，都没有多大成就，尤其是川陕的铁钱，照旧流通。

北宋初年的币值问题，主要是铁钱问题，而铁钱问题，主要是四川的问题。四川用铁钱有很久的历史，远的不谈，后蜀孟昶的广政通宝，是四川正式用铁钱的开始。从那时起，四川就一直用铁钱。陕西、河东等地的使用铁钱，也是受了四川的影响，然而后蜀的铁钱铸得不多，没有发生贬值的现象。到宋初铸额突然增加，才不能同铜钱维持平价，因而铜钱就被驱逐，使四川成为一个专用铁钱的地区。后蜀每年铸造铁钱的数目，不得而知，但宋初在益、邛、嘉、眉（或为雅州之误）四州，每年就铸造了五十多万贯的铁钱[6]。这数目即使是铜钱，也不能算少，而铁钱乃是一种价值符号，当局原想用来和铜钱平价流通的，等于一种信用货币；在数量上既不加限制，又不能维持兑现，所以它的价值就维持不住了。铁钱对铜钱的比价，原是一对一[7]，乾德四年由一点一比一降为五比一[8]，太平兴国年间变成十比一[9]，甚至低到过十四比一[10]。大概两万钱一匹的罗价就是这时候的事。据说淳化五年当局规定十比一[11]。李顺起义，各监都停铸[12]。那是淳化四、五年间的事。李顺失败后，虽然恢复鼓铸，但数额逐渐减少，到大中祥符七年以后，每年只铸造二十一万贯[13]，皇祐年间又增为二十七万贯[14]。嘉祐元年又减少十几万贯[15]。四年嘉、邛二州停铸十年，每年只有兴州铸三万贯[16]。铁钱的价值大概没有再向下跌。熙宁元丰年间，铁钱的铸造又有增加，但熙宁末年四川的嘉、邛、兴三州的铸额每年不过二十三万六千多贯，元丰年间不过十三万九千多贯，远比不上宋初。所以元丰二年利州路银铁钱的比价是一点五比一到二比一[17]，因当时开支的弥补主要靠发行交子，铁钱已不是重要的工具了。

宋初福建建州的铁钱也有贬值的现象。其实，福建铸造铁钱总数不过十万贯[18]，那是太平兴国年间的事，大概由于当地人民不习惯于使用铁钱，所以价值不能维持。太平兴国八年以前，对铜钱是三比一[19]，景德二年就跌成十比一[20]。

然而北宋铁钱的流通是很混乱的，过去学者的研究比较笼统，只把各种铜铁钱的比价记录下来，不加整理，使人看了不知铁钱到底是越来越贵呢还是越来越贱[21]。一定要以同一地区的比价为标准来比较，因为各地区的比价不一定相同。例如在至道年间，利州路是五比一，绵州路是六比一，益州路是八比一，陕西是十比一[22]。就是同一地区，有时因用途不同而有不同的比价，例如在川陕，咸平初年，人民缴纳田税，还是一枚铁钱当一枚铜钱用，对于吏卒的薪俸则以五枚铁钱作一枚铜钱，在交易上则要十枚铁钱作一枚铜钱[23]。

然而从整个宋朝来看，北宋最初的七八十年间，货币的购买力还算高。尤其是在铜钱区，大家都说当时"物价至贱"[24]。这虽然只是比较的话，但因初年社会稍微安定，人口又不多，所以物价应当是便宜的。太祖开宝四年（971年），因米价腾贵，官定每斗七十文[25]。在丰年，米价还要低。司马光曾说太宗平河东的时候，米价每斗十余钱[26]，那大概是太平兴国四年的事。端拱二年粟麦每斗十钱[27]。淳化二年岭南米价每斗只要四五个钱[28]。咸平年间用铁钱的四川也只要三十六钱一斗[29]。景德四年底（1007—1008年）淮蔡间粳米两百钱一斛[30]。次年斗米自七八个钱到三十个钱[31]。大中祥符五年底河东一斛米卖一百钱[32]。就是在发行交子以后的乾兴元年（1022年），京西的谷价，还跌到过每斗十钱[33]。天圣六年有同样的报告[34]。

北宋最重要的一次贬值，是同西夏元昊的战争引起来的。仁宗宝元二年正月，元昊表请称帝，十二月便同北宋打起来。本来北宋并没有享受过真正的和平，尤其是边境上，总是很紧张的。乾兴元年十二月已有人报告，说"商旅往来，边食常艰，物价腾涌，匹帛金银，比旧价倍；斛食粮草，所在涌贵"[35]。天圣五年金价每两上涨一贯[36]。当时农民多被征去当兵，不但生产减少，而且灾害也会增加。对西夏战事一发生，财政上自然更加困难。所以次年底（1041年年初）就铸造当十钱来助边费[37]。庆历元年九月元昊侵陷丰州知州等地，所以又命河东铸大铁钱；十一月令江饶池三州铸铁钱三百万缗充陕军费[38]。五年又铸当十的庆历重宝铜钱和铁钱[39]。当十铜钱不到两钱重，等于减重成五分之一以下。铁钱的铸造，溢利更大，尤其是当十铁钱，铸造成本不到十分之一。宋朝历代都铸铁钱，但数目不多，而康定庆历间铸造的数目却比较多[40]，价值很低，使铜钱隐匿[41]，或被销毁改铸恶钱[42]，物价自然腾贵[43]。甚至连小铁钱也可能被销熔改铸，因为史书都提到庆历小铁钱，而且似乎铸得很多，却没有流传下来，而大铁钱则不难见到，如果不是史书记载错误，就是被人销熔改铸大钱。庆历八年停铸铁钱[44]。将大铜钱改为一当三[45]。

当时的币值下跌，不仅由于铜铁钱的贬值，还由于钞票的使用。北宋的交子正是在仁宗时改由国家发行，虽然发行额以一百二十五万多缗为限，但因流通区域小，而且有人私造，所以加强了货币贬值的趋势。庆历七年转运使因伪造交子很多，想加废止；当时的交子务孙甫说：交子可以伪造，铁钱也可以伪造，难道可以废铁钱吗[46]？文彦博于庆历八、九年间知益州时曾上奏，谈到成都交子务发行交子每年获利很厚，因为当时已没有现钱作准备[47]。所以不但不取消交子，而且想加以推广。例如熙宁二年条例司主张在河东行交子法，但转运使反对。又沈起以陕西现钱不足，请行交子，也因有人反对而罢[48]。

这一时期的物价到底涨到什么程度呢？天圣四年的米价每斗约自七十

文到一百文足钱[49]。前面说过，天圣六年谷价每斗还跌到十文。明道初因江淮间旱蝗，米一斗曾卖到几百文[50]。庆历三年在产米区的江浙，每斗也要六七十文足到一百文省[51]。北方大概更贵。庆历八年后，河北地方每斗七百，有时高到一千[52]。这可能是用铁钱计算的价格。皇祐二年两浙饥荒，要一百二十文一斗谷[53]。未遭饥荒的孟州，小麦价格在麦熟时是六十文一斗，过时当局收籴，每斗自九十文到一百二十文[54]。大抵在皇祐年间，东南的米价，在丰熟的时候，每斗五六十文或八九十文；饥馑的时候，则每斗一百二三十文或二百二三十文[55]。其他商品也都有涨价的记载[56]。

有些史家提到熙丰以前，有不胜怀念的感情。所谓"斗米斤盐"的古典比价，大概就是指这个时期。据说这时一斗米和一斤盐都是七十六文。盛唐的米和盐也约略适用这比价。当时盐价是十钱一斗，即两个钱一斤，米价到过二十钱一石，一斗也是两个钱。但唐代的斗和宋代的斗不相同，所以同是斗米斤盐，实际已不一样。

至和元年，西夏被契丹征服，而宋代同契丹暂时是处于盟国的关系，所以战争就告了一个段落。铁钱已暂时停止铸造，大铜钱作价也有改变，而且开铸小铜钱，物价大概逐渐平复了。史书说熙丰以前米石不过六七百[57]，应当就是指这个时期。不过至今未见皇祐小钱，至和钱仍是比较轻小，制作也粗恶，而且还有大钱。就是嘉祐钱和治平钱，也赶不上战前各钱的精整。可见当时的平复只是物价不再上涨，谈不上繁荣。

注　释

[1]　《文献通考·钱币考二》："自平广南，江南听权用旧钱，勿得过本路之境。""铁钱者川陕福州承旧制用之。开宝三年令雅州百丈县置监铸铁钱，禁铜钱入两川。后令兼行铜钱，一当铁钱十。"

[2]　《宋史》卷六《真宗纪一》。

[3]　《宋史》卷七《真宗纪二》："景德二年二月嘉邛州铸大铁钱。"《宋史·食货志》下二："嘉邛二州所铸（铁）钱，贯二十五斤八两，铜钱一当小铁钱十兼用。后以铁重多盗熔为器，每二十五斤鬻之值二千。"释文莹《玉壶清话》卷六："张尚书咏再知益州，……时贼锋方敛，纪纲过肃，蜀民尚怀击柝之愔，而嘉邛二州，新铸景德大铁钱。利害未定，横议蜂起，朝廷虑之。"

[4]　董煟《救荒活民书》卷三《张咏赈粜法》。

[5]　《宋史》卷七《真宗纪二》景德四年十二月："诸路丰稔，淮蔡间麦斗十钱，

粳米斛二百。"

[6] 《续资治通鉴长编》卷五九景德二年二月庚申："先是益、邛、嘉、眉等州，岁铸钱五拾余万贯，自李顺作乱，遂罢铸。"

[7] 曹学佺《蜀中广记》卷六七记后蜀铁钱流入成都，"大盈库往往有铁钱与铜钱相混莫辨，盖铸工：精也。"又《成都记》所记略同，见第四章第二节四注[24]。

[8] 《蜀中广记》卷六七："乾德四年，知府吕公余庆，转运使沈公义伦奏拣铜钱计纲以发蜀地，上行铁钱，以一千一百易铜钱千文，索铜器铸钱附发，仍增铜钱市金上供，然失于裁制，物价滋长，铁钱弥贱，至以五千易铜钱一千。"

[9] 《群书考索》后集卷六一。

[10] 《蜀中广记》卷六七："太平兴国四年……时旧钱已竭，民间骚扰。北客乘时贩铜钱入蜀，以一钱易铁钱十四，至有因铜钱三五毁发古塚，剔取神像犯刑者。朝廷察知，诏仍旧止输铁钱，人心乃安。"

[11] 《蜀中广记》。

[12] 见注[6]。

[13][14] 《宋史·食货志》下二《钱币》。

[15] 《续资治通鉴长编》卷一八三。

[16] 《宋史·食货志》下二《钱币》。

[17] 《宋会要辑稿·刑法·定赃罪》三之三。

[18] 《宋史·食货志》。

[19] 《宋会要辑稿·刑法·定赃罪》三之二。

[20] 《群书考索》后集卷六一。

[21] 日野开三郎关于宋代铜铁钱的铸造曾作过一番比较深入的研究，散见《史学》杂志第四五编第三号《交子の发达について》。同书第四六编第一号《北宋时代にゖけろ铜铁钱の铸造额》以及《东洋中世史》第三编第三章中有关四川铁钱的文字等，但对于铜铁钱的比价只是笼统地列一个表，使人很难看出一个头绪来。

[22] 《宋史》卷二九三《张咏传》。

[23] 《宋史》卷三〇九《张质传》。

[24] 《宋会要辑稿·食货》四一："太祖建隆中，河北谷贱，添价散籴，以惠贫民。"又《食货》五三："太宗淳化三年六月诏，京畿大穰，物价至贱。"又《食货》三九真宗大中祥符五年六月二十日："帝谓王旦等曰，诸道皆奏丰稔，京东州郡，物价尤贱。"《范文正公政府奏议》卷上《答手诏条陈十事》："皇朝之初，承五代乱离之后，民庶凋弊，时物至贱。"王栐《燕翼贻谋录》卷二："国

初……物价甚廉。"

[25] 《宋史》卷二七六《陈从信传》:"今市米腾贵,官价斗钱七十,贾者失利,无敢致于京师。虽居商厚储,亦匿不粜,是以米益贵。"

[26] 《宋会要辑稿·食货四》。《宋史》卷三三六《司马光传》作每斗十钱。

[27] 《续资治通鉴长编》卷三〇端拱二年夏四月李觉上言:"近岁以来,都下粟麦至贱……斗直十钱。"

[28] 《宋会要辑稿·食货》五七,淳化二年四月诏:"岭南管内诸州官仓米,先每岁籴之,斗为钱四五,无所直。"

[29] 范镇《东斋记事》卷三:"张尚书咏在蜀时,米斗三十六文。"

[30] 见注[5]。

[31] 《宋史》卷七《真宗纪》大中祥符元年:"诸路言岁稔,米斗七八钱。"《续资治通鉴长编》卷六九大中祥符元年七月:"是月裏许荆南夔归峡州,米斛钱三百,麦斗钱十二。"

[32] 《宋会要辑稿·食货》三九,大中祥符五年十二月十二日:"时河东丰稔,米斛百钱。"

[33] 《宋会要辑稿·食货》三九,乾兴元年十一月:"京西转运司言,'谷价每斗十钱,恐太贱伤农,乞下三司及早市籴'。"

[34] 《宋史》卷九《仁宗纪》天圣六年十一月戊午:"京西言,'谷斗十钱'。"陆世仪《理财议》:"宋仁宗时,于江南诸路亦设水军万户府。……而年岁屡登,至斗米五钱。"(见《玄览堂丛书·甲申纪事》)

[35] 《宋会要辑稿·食货》一之二〇。

[36] 《群书考索》后集卷六二《坑冶》:"天圣五年,贾金逐等第每两各添钱一贯。"

[37] 《宋史》卷一〇《仁宗纪》康定元年十二月戊申:"铸当十钱,权助边费。"《宋会要辑稿·食货》一一之六:"康定元年因陕西移用不足,屯田员外郎皮仲容建议增监冶铸。因勒江南铸大钱,而江池虢饶州又铸小铁钱,悉辇致关中。"查康定年号仅有小铁钱,这里所称当十钱,不知是什么钱。

[38] 《宋史》卷一一《仁宗纪》。

[39] 《宋史》卷一八〇《食货志》。《宋会要辑稿·食货》一一之六:"庆历元年十一月诏江饶池三州铸铁钱三百万缗备陕西军费。"《续资治通鉴长编》卷一六四庆历八年六月:"初陕西军兴,移用不足。知商州皮仲容始献议采洛南县红崖山虢州青水冶青铜,置阜民朱阳二监以铸钱。既而陕西都转运使张奎知永兴军范雍请铸大钱,与小钱兼行,大钱一当小钱十。奎等又请因晋州积铁铸小钱。及奎徙

河东，又铸大铁钱于晋泽二州，亦以一当十，以助关中军费。未几三司奏罢河东铸铁钱，而陕西复采仪州竹尖岭黄铜，置博济监铸大钱。朝廷因勒江南铸大铜钱，而江池饶虢州又铸小铁钱，悉辇致关中。数州钱杂行。大约小铜钱三，可铸当十大铜钱一，以故民间盗铸者众。钱文大乱，物价翔踊，公私患之。于是奎复奏晋泽石三州及威胜日铸小铁钱，独留用河东，而河东铁钱既行，盗铸者获利七之六，钱轻货重，其患如陕西。"

[40] 关于庆历年间晋泽二州的铁钱铸造情形，详欧阳修《欧阳文忠公全集》卷一一五《乞罢铁钱劄子》。日野开三郎根据其中数字作成一表如下（见《东洋中世史》第三篇第三章）：

种 类	铸造地	铸造额（千贯）	名目价值	铸造费	铸造溢利	利 率
当 十	晋州	28.8	288	17.8	270.2	15 倍
	泽州	16.0	160	6.4	153.6	24 倍
当 一	晋州	114.5		46.00	68.50	1.5 倍
	泽州	4.0		0.99	3.01	3 倍

[41] 王巩《随手杂录》："陕西每铜钱一贯，用铁钱一贯三十文可换，后因常平司指挥诸州，勿出铜钱，诸司遂效之。民间相传铁钱将不用矣，家家收蓄铜钱，轻用铁钱。由是钱贱而物加贵。"

[42] 李觏《富国策》第八："夫泉流布散，通于上下，不足于国，则余于民，必然之势也。而今民间又鲜藏镪之家；且旧泉既不毁，新铸复日多，宜增而却捐，其故何也？……是有奸人销之也。奸人所以得销者，以恶钱容于市，铜像铜器容于寺观也。……销一法钱，或铸四五，市人易之，犹以二三，则常倍息矣。民既蓄恶钱，不可使勿用，利之所在，是法令亦无由而胜也。国失法钱，而民得恶钱，恶钱终不可为国用，此钱所以益少也。"（《李直讲文集》卷一六）

[43] 《宋史》卷三二〇《王素传》："铁钱布满两蜀，而鼓铸不止，币益轻，商贾不行，命罢铸十年以权物价。"苏辙《栾城三集》卷六《策问论》："大泉直十行于世仅十年矣。物重而泉轻，私铸如故，百物踊贵，民病之久矣。"

[44] 《宋史》卷一一《仁宗纪》庆历八年七月辛丑："罢铸铁钱。"

[45] 《玉海》载庆历八年诏大铜钱以一当三。

[46] 《群书考索》后集卷六二《财用门·楮币类》引墓志。

[47] 《文潞公集》卷一四："益州交子务所用交子，岁获公利甚厚。复民间要借使用。盖比之铁钱，便于赍持转易。今因秦州入中粮草，两次支却六十万贯文，

交子之未有桩桩见钱准准向去给还客人。深虑将来一二年间，界分欲满，客人将交子赴官，却无钱给还，有误请领，便至坏却交子之法，公私受弊。伏乞朝廷指挥本路转运司，于辖下诸司军内，每月须管共收聚诸般课利钱三五万贯，拨充益州交子务，准准还给客人交子钱。免致向去坏却旧法，官私困弊，取进止。"

[48] 《群书考索》后集卷六二《楮币类》："熙宁二年条例司言：高遵裕等乞置交子务。……今河东若运铁钱劳费，宜行交子法。后转运使言：交子法行，商贾不肯中纳粮草；不惟有害边籴，亦恐盐矾不售，遂废。沈起以陕西钱不足，请行交子。后张景宪出使，言交子可行于蜀，不可行于陕西，将恐民失业，无以为生，罢之。后又以钞法有害边籴，复行交子二年，又以无实钱为本，法不可行，无益于钞法，又罢。"

[49] 《宋会要辑稿·食货》三九，天圣四年闰五月二日："三司言，荆湖江淮南四路州军米价，每斗或七十至百文足。"

[50] 刘敞《公是集》卷五一《先考益州府君行状》："明道元年，江淮大旱，蝗虫起，扬楚间尤甚。……是岁米一斗数百钱。"

[51] 《续资治通鉴长编》卷一四三庆历三年九月丁卯："今江浙之米，石不下六七百文足至一贯文省。"

[52] 《东斋记事》："河北入中粮草，旧用见钱。庆历八年后，以茶盐香药见钱为四说，缘边用之。茶盐香药为三说，近里州军用之。商旅不时得钱，贱市交钞，而贵粜粮斛，由是物价翔贵，米斗七百，甚者至千钱。"《宋史》卷一八四《食货志·茶》下："庆历七年……不数年茶法复坏，刍粟之直，大约虚估居十之八。米斗七百，甚者千钱。"

[53] 吴曾《能改斋漫录》卷二《范蜀公记》："范文正治杭州，二浙阻饥（为皇祐二年事，见沈括《梦溪笔谈》卷一一），谷价方涌，斗钱百二十。"

[54] 《陈襄古灵先生文集》卷一六《知河阳县乞抛降和籴小麦价钱状》（同书卷二六《叶祖洽古灵先生行状》说皇祐三年知孟州河阳县）："臣窃见本州岛每岁抛降和籴小麦万数，多是过时收籴。每一斗官支价钱不下九十文以上至一百二十文。比之民间麦熟之时所直市价，常多三四十文。……每小麦一斗，依麦熟时民间价例，止于六十文。"

[55] 李觏《李直讲文集》卷二八《寄上孙安抚书》："皇祐四年十一月十三日……大抵东南土田美田，虽其饥馑之岁，亦有丰熟之地。比来诸郡各自为谋，纵有余粮，不令出境。昨见十程之内，或一斗米粜五六十价，或八九十，或一百二三十，或二百二三十价。鸡犬之声相闻，而舟楫不许上下，是使贱处农不得钱，贵处人不得食，此非计也。"

[56] 《宋会要辑稿·食货》二三引包拯言:"方军兴之际,至于翎毛筋角胶漆铁炭瓦木石灰之类,并得博易。猾商贪贾,乘时射利,与官吏通为弊,以邀厚价。凡椽木一对,定价一千,取盐一席。"《范文正公政府奏议》卷上《奏为置官专管每年上供军须杂物》:"臣窃见兵兴以来,天下科率,如牛皮筋角弓弩材料箭干枪干胶鳔翎毛漆蜡一切之物,皆出于民,谓之和买,多非土产之处,素已难得。既称军须,动加刑宪。物价十倍,吏辱百端。"《宋史》卷一八四《食货志》皇祐二年诏:"比食货法坏,刍粟价益倍。"《续资治通鉴长编》卷一五八庆历六年五月戊子:"(四川)初盐课听以五分折银绸绢。盐一斤计钱二十至三十。银一两,绸绢一匹,折钱九百至一千二百。后尝诏以课利折金帛者从时估,于是梓州路转运司请增银绸绢之直,下三司议,以为银绸绢直视旧虽增至三千以上,然盐宣亦非旧比,鬻于市斤为钱百四十。"

[57] 《宋史》卷一八二《食货志·盐》中。

二 熙丰年间的币值

北宋产生了中国的第二次货币流通高潮,这高潮的顶点是在熙宁元丰年间。唐末到五代,由于钱币的缺乏,实物经济的成分大为增加,就是在北宋最初的几十年间,实物经济还是很盛行,从官俸制度上就可以看出这一点。嘉祐年间官吏的收入中,实物自百分之七或八到百分之五十以上。元丰年间一方面铸钱的数目激增,同时官吏收入中货币所占比重反而减少,各种官级只有百分之三十几到四十几是现钱,其余用实物支付。但是钱币的铸造数量是越来越多了。

北宋铜钱铸造额表[1]

年 份	每年铸额	每人所占额	所 据
太平兴国六年(981年)	50万贯	——	《宋史》
至道中(996年)	80万贯	40文	《宋史》
咸平三年(1000年)	125万贯	——	《宋会要辑稿》
景德中(1006年)	183万贯	90文	《宋史》
大中祥符九年(1016年)	125万贯	58文	《玉海》
天禧末(1021年)	105万贯	53文	《宋史》
天圣间(1030年)	100余万贯	——	《群书考索》

(续表)

年　份	每年铸额	每人所占额	所　据
庆历间（1045年）	300万贯	131文	《梦溪笔谈》
皇祐年间（1050年）	146万贯	——	《玉海》
治平年间（1066年）	170万贯	58文	《宋史》
熙宁末年（1077年）	373万贯	121文	《宋会要辑稿》
元丰间（1080年）	506万贯	203文	《文献通考》
崇宁五年（1106年）	289万4千贯		《玉海》
大观前后（1107—1111年）	290万贯	66文	《宋史》
宣和二年（1120年）	约300万贯	——	《宋史》

除了庆历年间，因为铸造当十钱，表面上数额显得突出以外，其余各年的铸造数额，是逐渐增加的，以熙丰年间为最高点。熙宁年间增加了许多铸钱监，四年京兆府和华州各置一铜钱监，七年河南府置阜财监，卫州置黎阳监，两浙的建德府置神泉监，荆湖的鄂州置宝泉监，八年京兆府和华州各置铁钱监，淮南安庆府置同安监铸铜钱，九年陕西岷州置滔山铁钱监等。唐朝天宝年间每年铸钱数只有三十二三万贯，以全国人口计，每人只摊到六七文，北宋初年就在十倍以上。有人说开元年间每年铸额满百万，也只及北宋元丰年间的五分之一。铁钱和纸币还不在内。当时流通中的货币总数，难以计算，但如果根据各年的铸造额来计算，则北宋到元丰末年为止，已铸造的铜钱，当在一亿四五千万贯，无疑还有私钱，合计当接近两亿贯，铁钱应有几千万贯。还有少数交子。前朝旧钱无疑还有大量在流通，特别是开元钱，大概要占全部铜钱的五分之一到四分之一[2]，所以全部货币流通量当在两亿五六千万贯。

货币数量之多，一方面是生产发展和商业发展的结果。另一方面，大概也是反映当局的政策，特别是熙宁元丰年间铸造数额的突然增加，可能是一种有意识的措施。可能是王安石的政策，或受了他的政策的影响。王安石是一个讲求富国强兵的人，是商鞅一类的政治家。他之所以没有把北宋弄成一个像汉唐那样强盛的帝国，是由于受到很大的阻挠。他远在皇祐年间就说当时财政的困难，在于管理得不好。他主张提高官吏的待遇，而且说可以不伤经费[3]。这自然只有铸钱和加税。他的政策是要增加中央政府的权力，并使政府的工作人员忠于职守。在他执政之后，这几点都做到了。铸钱、税收和官俸都大大增加了。他铸的钱，并没有全部发行出去，实际上大部分存留或收回在国库，因为官吏的薪俸大部分还用实物支付。他无疑认为这些钱币是国家的后备力量，然而他所追求的目的却没有达到。

北宋货币经济的飞跃式的发展，在军事上虽然没有产生什么效果，因为货币不是投放在武备上，而是用来维持一个庞大的士大夫阶级的豪华生活，所以在文化上却发生了巨大的影响。差不多促成了一次文艺复兴。无论在史学、文学、哲学、美术和科技方面，都呈现出少有的活跃，并取得优异的成就。这些成就的总和要超过中国历史上的其他时代，只有战国时期或许要除外。这些成就同铸钱数字大体上表里相应。我们不能说完全是巧合。论理只有从自然经济过渡到货币经济那种质的变动才能促进文化的发展，单是货币数量的增加不足以促成文化的发展，可是如果当局有意识地利用货币来发展文化，来鼓励从事文化工作的人，那么，文化也是会受到促进的。近代有些经济学家以为货币数量的多少，丝毫没有关系，货币数量的增减也没有什么重要性。他们说，货币数量增成十倍，则所有的物价和工资会同样增加十倍，谁也占不了便宜；货币数量减少也是一样[4]。这是一种机械的看法，首先，物价和工资决不会按照货币数量的增减来作同比例的增减，其次，他们把社会事物看成一种静止不变的，以为变动是例外的，静止是正常的。不知道事物永远在变，永远也不会静止；货币数量的增减，不会是在各个部门或各人的收入上同时按比例的增减，每一次增加必然会使得社会的购买力作一次再分配，单拿官俸和工钱来说，谁的收入增加得多或增加得早，谁就占到便宜，就受到鼓励。北宋政府把大量的货币投在士大夫阶级身上，就无异于鼓励士大夫阶级，因而推动了他们的文化。

北宋币制有明显的割据性，却没有阻碍文化的高潮，这似乎是一种难以解释的事，而且古代希腊和中国在战国时期也有同样的情况。对此我有两点解释。第一，在北宋，各个不同的货币区，币制是比较稳定的，特别是重要的铜钱区，没有发生长期的减重情形。北宋文化正是以这些地区为基地。古代希腊和战国时的中国也是一样。稳定的币制本身不足以引起文化高潮，但至少不至于成为障碍。第二，各货币区之间，有银绢可以通行，这是两种区际的支付手段，特别是白银，在任何地方都可以换取当地的钱币。战国时期的黄金也有这种作用。所以这一时期的割据是一种开放的割据，不是一种封闭的割据；若是封闭的割据，那就会阻碍商品的交流和文化的发展。

钱币数量的大增，对于物价有没有影响呢？

在熙宁元丰年间，物价没有大的波动，因为各地常有丰收的报告[5]，熙宁二年（1069年）京师米价每斗虽要百钱，但外郡只要四十钱[6]。河朔则七八十钱[7]。三年陕西大旱，四年每斗一百文足[8]，但陈米每斗七十五文[9]。五年八十文[10]。六年汴京方面自七十五文到一百零五文[11]。七年自八十五到一百五十文[12]。八年自八十到一百[13]，产米区每斗只要五十文[14]。元丰二年乡村一斗米卖二十文[15]。七年京西麦价每斗不过三十[16]，陕西四十[17]。元祐年间，物价仍然很低。元年（1086年）每斗米四五十文，最低仅三二十文[18]。四年浙西水旱，杭州每斗由六十文足涨到九十五文足，因当局宽减上供额，次年又跌回六七十文[19]。五年苏湖杭秀一带灾荒，苏州每斗自六十七文足涨到九十五文足，浙西涨到一百文足[20]。六年淮南宿亳等地灾伤，每斗涨到七十七文，江东七十文[21]。四川米价在元祐年间每斗为六七十文[22]或七八十文[23]。

　　这些物价数字，到底表示什么呢？是低物价呢？还是高物价呢？它们比庆历皇祐年间的物价要低，但比宋初几十年间的物价要高。当时的人，或者加以歌颂，或者提出诉苦。歌颂的是当时物产的丰富，王安石所谓"水满陂塘谷满箪，漫移蔬果亦多收""露积成山百种收，渔梁亦自富虾鳝""家家露积如山垅，黄发咨嗟见未曾"[24]。诉苦的是有东西卖不出去，所谓"东家米粒白如银，西家稻束大如鼓，再三入市又负归，殷勤减价无售主"[25]。苏轼说，甚至有人日夜祷祠，愿逢饥荒[26]。这两种态度所代表的立场不同。表面上看，歌颂的人是站在消费者的立场，诉苦的人是站在生产者的立场。物价下跌对生产者的工农多少有打击[27]。然而丰年究竟是应当歌颂的，那些愿逢饥荒的人，大多是地主，他们希望别人饥荒，而自己仍能丰收，以便高价卖给饥饿的人。这是一种幸灾乐祸的心理。我们只能批评当时政府不出来设法利用多余的物产。总之，不管这两种态度如何对立，却能证明当时人都认为物价便宜，甚至太便宜。

　　在频年丰收下的米价，为什么还有那样高呢？为什么没有产生像汉唐那样的低价格呢？这原因要向货币方面去寻找。换句话说，这是货币价值下跌了，数量大为增加了。首先是铜的生产率提高了，铜的产量增加了，价值降低了。这就影响铜钱的购买力。盛唐时每年铸钱数最多是三十几万贯，北宋熙丰年间增成二十倍。西汉元帝时，外戚的资产，很少有到千万个钱的；可是在北宋，则中下户也有这么多[28]。其次，有些地区盛行铁钱，铁钱的购买力更低。此外，四川的交子也贬值了。自熙宁五年起，以两界同时流通，即增加一倍，共两百五十万贯，已不能维持它的平价了，每贯只值九百多文[29]。由于货币价值下跌，所以物价自然上涨。

　　北宋铸钱的数量，既然二十倍于盛唐，而丰歉的频数和程度，也不见得超过盛唐。至于垦田的面积，在仁宗时还远不如盛唐。唐开元时全国户数为八百多万，垦田一千四百三十多万顷。宋仁宗时全国户数为七百三十多万，垦田只有二百十五万顷[30]。虽然在熙丰年间，垦田数大有增加[31]，但无法证明总面积超过盛唐。那么为什么熙丰年间的物价，并不比盛唐的物价高几十倍呢？我们可以举出许多理由来。

第一，史书中所载铸钱数额，不能代表当时通货的实际供给量和流通量。书中的数字，只是官方的数字，私铸不在内。盛唐时，私铸非常厉害，而且因官钱太少，有此需要，所以当政府收回恶钱时，商民反而觉得不便。而北宋的私铸问题除了对西夏战争期间以外，并不严重。就是在对西夏战争期间，似乎也没有唐代那样猖獗。至于熙宁元丰间，则因官方铸造数额多，不但没有发生私铸的问题，反而盛行私销，即销钱为器[32]。所以唐宋间通货流通数量的差异，并不如史书中所记载的那样大。

第二，熙丰间，王安石的免役法把通货集中国库，冲销了一部分通货的作用。免役法包括免役钱、助役钱和免役宽剩钱。免役钱是劳役的货币化，其作用应当同杨炎的两税法差不多。助役钱和免役宽剩钱则和西汉的算赋相像，这些都使货币流进国库[33]。单就免役宽剩钱一项来说，熙宁十年吕陶报告四川彭州四县在四年间便积了四万八千七百多贯，他计算全国应当有六七百万贯在官库里[34]。元祐元年苏轼说自取宽剩钱以来，十六七年间已有三千多万贯积而不用[35]。所以熙丰年间钱币虽然铸造得多，但实际流通数却没有那样多；有些钱铸造后根本没有发行出来流通。例如熙宁间各州的折二钱积存很多，到崇宁时才用来改铸当十钱。因此不但没有发生通货过多的现象，反而产生通货紧缩的现象，即当时人所谓的钱荒。关于钱荒的原因，有些人归因于役钱的收敛[36]，另外一些人则说是钱币的外流。

第三，熙丰年间铜钱输往外国的数目，远超过唐代。唐代铜钱的外流，只有文化上的意义，没有经济上的重要性。因为数量实在不多。到了宋代就不同了。朝廷常常把铜钱赠给外国使节[37]，虽然这些铜钱多被用来购置商品或金银[38]，很少带回去。可是有些国家，使用中国铜钱，这种国家的使节，不但把赠给的铜钱带回去，而且还多方设法私运出境。本来中国是不许铜钱出境的，偷运一贯就处死罪。熙宁七年解除此禁，于是"边关重车而出，海舶饱载而回"。据说沿边州军对于铜钱出境，只论贯收税，这是造成当时钱荒的一个重要原因[39]。当时需要中国铜钱的地方，最主要的是日本。他们自铸的皇朝十二钱，不大成功。958年发行最后的乾元大宝以后，失去人民的信任，不再鼓铸而靠输入中国钱。越南是在北宋开始铸钱的，大概也输入中国钱。南洋的使用中国钱，大概也是在这时候酝酿起来的，因为近年爪哇日惹发掘几十枚中国钱中，除两枚开元钱外，全是北宋钱，而以元丰钱为最多[40]。

第四，宋代的货币经济远较盛唐发达。唐代在两税法施行以前，自然经济的成分很浓厚。许多地方不用钱而用绢帛。宋代的交易支付，多用钱币。而且宋代国内外贸易更为发达，也需要更多的通货。上面所说的运钱出境，一大部分就是对外贸易的结果，甚至因此许多人反对对外贸易。国内商业也很发达，尤其是都市中的商业，比唐代要发达。唐代都市的商业，多集中于几个市，如长安的东市和西市。到了宋朝，都市里到处可以开店做买卖。又唐代都市除南方的扬州等地外，多禁止夜市，日午开市，日落以前即闭市[41]，宋代都市如汴京就有夜市[42]。

第五，宋代通行短陌制度，称为省陌，名为一千文的，实际上只付七百七十文或七百七十文以下[43]。所以铸钱数和各种物价要打一折扣才能同盛唐物价比较，盛唐是用足钱的。但宋代的省陌制度，和两晋、南北朝以及唐五代不同，它不是由于钱币缺乏，而是由于民间的习惯，已变成一种制度了。

第六，宋石大于唐石约十分之一强[44]。所以宋代的粮食价格，即折合成实钱，也还要打一折扣才能同唐代比较。

如果假定宋代的米价，除注明为足陌的以外，全部以七十七陌为标准，将其折合成足钱，那么北宋最初的一百三十年，即10世纪的70年代起到11世纪底，每石平均约值三百四十六文，折成公石，则每石值五百二十文。在西夏战争前的六七十年间，每公石米只合二百五十三文，盛唐（8世纪前半）要三百三十六文。不过盛唐的数字，不是实际上记录的平均数字，而是根据记录的数字估定一个正常米价。如果根据开元天宝间记录的米价来平均，则每公石只要一百三十六文。北宋的这一数字则是各种记录的平均数字，那些记录也大多数是丰年的记录，正常米价应当要高百分之五十到一倍。无论如何，比盛唐的米价应当要高。西夏战争以后的米价记录，比较能代表正常价格。11世纪后半每公石合八百七十五文。所以北宋百多年间米价约上涨一倍。

这种趋势，从绢价上不大能看出来。北宋的岁赋，一部分用绢折纳，所以绢帛常有一种官价。官价的变动自然没有市价那样敏锐。虽然也常有增减，可是长期看来，百多年间，涨跌并不大。北宋初年每匹大概是九百文或千文[45]。太平兴国二年江西官方由每匹一千增为一千三百[46]。咸平中一匹折钱千文[47]，但川陕四路只要三百文折绢一匹[48]。大中祥符九年山东一匹直八百[49]。庆历六年四川梓州绢价由九百至一千二百增到三千以上[50]。这是北宋最高的价钱。这无疑是钱币贬值的结果。嘉祐中冀州每匹一千三百[51]。熙宁二年和三年每匹都是折一千，以后增为一千五百[52]。末年四川每匹市价一千四五百文[53]。元丰二年成都为一千三百文[54]。元祐年间成都每匹一千七八百文[55]，但四年浙江每匹只要一贯[56]。北宋绢价之所以比较平稳，应当是由于生产的增加和生产力的提高。但北宋绢价还是远高于盛唐的绢价。

注　释

[1]　太平兴国铸钱额见《宋史》卷二六五《张齐贤传》。至道、景德、天禧数见《宋史·食货志》下二。咸平数见《宋会要辑稿·食货·钱法》一一之一。仅系江、池、饶、建四州的铸额。北方铸额不包括在内。天圣数见《群书考索》后集卷六〇《铜钱类》引《类苑》。庆历数见《古今图书集成》所引《梦溪笔谈》。熙宁数见《宋会要辑稿》，没有说明年份。但从各监的设置历史可以看作是熙宁末年的事。元丰数见《文献通考》等书。另有铁钱一百一十三万九千二百三十四贯。《中书备对》说是八十八万九千二百三十四贯。《群书考索》后集卷六〇《铜钱类》引《类苑》说神宗熙宁以后，岁铸铜钱六百余万贯。大概把铁钱包括在内。崇宁数见《玉海》卷一八〇《钱币》。大观前后数见《宋史·食货志》。这两项数字可能是同一数字在记载上的出入。《宋会要辑稿·食货》一一之一说大观中每年铸钱二百八十九万四百缗，系江湖闽广十监铸额，不包括北方。人口数字根据《宋会要辑稿》《宋史》《通志》《通考》《续通典》等，取其最接近表中年份的数字。

[2]　1940年4月河北省定县城内发掘出一批古钱，以天圣钱为最晚，可见是天圣年间落土的，其中有五铢（4）、货泉（1）、隋五铢（1）、开元（389）、乾元（11）、会昌开元（11）、天汉（1）、周元（4）、唐国（4）、南唐开元（23）、宋元（24）、太平（81）、淳化（58）、至道（145）、咸平（138）、景德（153）、祥符元宝（247）、祥符通宝（87）、天禧（58）、天圣（1）。合计一千四百四十一枚。（《货币》杂志第二五七号第一页《河北省发掘古钱报告》）

[3]　王介甫《上仁宗皇帝言事书》。

[4]　Lyman J. Gage, The Sufficiency of Our Present Currency System, Sound Currency, Vol.X, 1903, pp.61—63. 法国的 C. 纪德（Charles Gide）也说货币数量的多少没有关系，数量多则每单位的购买力减少，数量少则每单位的购买力增加（Principles of Political Economy）。这两种意见都为 Norman Angell（*The Story of*

Money, p.128.) 所引用。他显然同意这种观点。他们不知道：货币数量增减的重要意义正是在于增减的过程中，而不是在于增减的影响消失以后。正如向一池投石的影响，是在投入时引起波纹的时候，而不是在池中恢复平静以后。实际上这还不是一个适当的比喻，因为经济社会不会有绝对平静的时候。石头是不断投下来的，而且石头的轻重不同，数目不同，投的方向和角度也不同。

[5] 《续资治通鉴长编》卷二二八熙宁四年十二月辛酉上批："河北便籴司减军粮数至多。当此丰年物贱之际，实为可惜。"又卷二四八熙宁六年十二月戊寅陈枢言："熙宁五年苏湖大稔，米价视淮南才十之五。"又卷二七八熙宁九年十月戊子皮公弼言："本路今岁极丰，而常平多积钱。"《宋会要辑稿·食货》三九，熙宁十年十一月十五日三司言："陕西以今岁秋田倍丰，物斛至贱。"《续资治通鉴长编》卷二九二元丰元年九月丙戌徐禧言："陕西路至并边，丰稔异常，物价至贱。"又卷三〇〇元丰二年十月辛丑吴雍言："淮浙连岁丰稔，谷贱。"又卷三〇七元丰三年八月乙卯司农寺言："缘逐路今岁秋熟，物价甚贱。"又卷三三七元丰五年七月丁卯海东转运司言："岁事甚丰，粮草价贱。"又卷三三八元丰六年八月丁亥李谅言："今岁沿边秋稼倍稔。"又卷四〇二元祐二年六月壬辰户部言："淮南河北京东京西府界，今岁夏麦丰熟，谷价甚贱。"又卷四二九元祐四年六月癸亥傅尧俞言："臣伏见今岁诸路蚕麦并熟处甚多，其价随而过贱。"

[6] 《宋史》卷一七五《食货志·和籴》熙宁二年王珪奏："外郡用钱四十，可致斗米于京师，今京师乏钱，反用钱百坐仓籴斗米，此极非计。"

[7] 《宋史》卷一七六《食货志·常平义仓》熙宁三年："去岁河朔丰稔，米斗不过七八十钱。"

[8] 《温国文正公文集》卷四三《乞不添屯军马》："去年（熙宁三年）陕西经夏大旱，入秋霖雨，五谷例皆不熟。……即今每斗白米价钱一百文足。"

[9] 同上卷四四《奏为乞不将米折青苗钱状》："向去夏秋，五谷有丰有俭，其谷麦之价，固难豫定。今将陈色白米，每斗细作见钱七十五文。"

[10] 《大日本佛教全书·成寻参天台五台山记》卷一，熙宁五年五月七日（绍兴府）："以钱四百文买米五斗。"

[11] 《西塘先生文集》卷一《开仓粜米》熙宁六年："自三月初十日以来，闻知市易司抵当米往支。十一日以后，闻米价日有增长，自八十五文一斗，增至二十五日米一斗一百五文。准三月二十七日敕，京城差官于诸寺舍粜米，当日米价顿减。至三月三十日，在市米价斗七十五文。"《续定范氏义庄规矩》熙宁六年六月："充诸位教授月给糙米五石（若遇米价每石及一贯以上，即每石只支钱一贯文）。"

[12] 《续资治通鉴长编》卷二五一熙宁七年三月甲子："时米价斗钱

百五十。已诏司农寺以常平米三十二万斛,三司米百九十万斛,平其价至斗百钱;至时又减十钱,并至官场出粜。"又卷二五二熙宁七年四月乙亥:"又诏三司,以上等粳米每石为钱一千……中等粳米,每斗为钱八十五文。"

[13] 同上卷二六五引《吕惠卿日录》熙宁八年九月十六日:"元初只见在京八十价籴了米。司农寺以一百价赊粜了米。"《宋史》卷一五《神宗纪》熙宁八年八月:"诏发运司体实淮南江东两浙米贾,州县所在上供米毋过百万石,减直予民,斗钱勿过八十。"

[14] 《续资治通鉴长编》卷二六七熙宁八年八月吕惠卿答神宗问:"苏州臣等皆有田,在彼一贯典得一亩,岁收米四五斗。然常有拖缺。如两岁一收,上田得米三斗。斗五十文,不过百五十文。"

[15] 经进《东坡文集事略》卷四五《答秦太虚书》:"(黄州)外县米斗二十。……鱼蟹不论钱。"(苏轼于元丰二年贬黄州团练副使)

[16] 《续资治通鉴长编》卷三四八元丰七年八月戊辰蹇序辰言:"闻京西麦斗钱不过三十。"

[17] 《温国文正公文集》卷四四《奏为乞不将米折青苗钱状》。

[18] 《续资治通鉴长编》卷三六五元祐元年二月乙丑:"平时一斗直钱者不过直四五十,更急则直三二十矣。"《宋会要辑稿·食货·免役钱》一三之四有同样记载,系指谷价。但也许司马光讲的是谷价,而指的是米价。

[19] 同上卷四五一元祐五年十一月:"去年浙西数郡,先水后旱。……杭州米价每斗在八九十。"又"本司勘会八九月间,杭州在市米价每斗六十文足。至十一月长至九十五文足。其势方踊贵间,因朝旨宽减转运司上借额斛三分之一,即时米价减落。……今来在市米,见今已是七十五文足。"

[20] 同上:"见今苏湖杭秀等州米价日长;杭州……每斗不下六十七至七十足钱。"又戊寅:"见今访闻苏州在市米价已是九十五文足。"又十一月:"七月间(浙西)斗及百钱足陌。"

[21] 同上卷四五六元祐六年三月乙酉。

[22] 《忠肃集》卷五《乞体量成都漕司折科税米奏》:"臣闻成都路……民间米每斗六七十文。"

[23] 《净德集》卷四《奉使回奏十事状》:"蜀中比年米谷极贱……米一石直七八百文。"

[24] 王安石《歌元丰五首》:

"水满陂塘谷满篝,漫移蔬果亦多收;神林处处传箫鼓,共赛元教第一秋。

露积成山百种收,渔梁亦自富虾鳍;无羊说梦非真事,岂见元丰第二秋。

湖海元丰岁又登，稏生犹足暗沟塍；家家露积如山垅，黄发咨嗟见未曾。
放歌扶杖出前林，遥和丰年击壤音；曾侍玉阶知帝力，曲中时有誉尧心。
豚栅鸡埘掩霭间，暮林摇落献南山；丰年处处人家好，随意飘然得往还。"

[25] 吕南公《灌园集》卷四《山中即事寄上知县宣德》。

[26] 《文献通考》卷一四元祐八年苏轼上言："臣顷在黄州，亲见累岁谷熟，农夫连车载米入市，不了盐酪之费，所蓄之家，日夜祷祠，愿逢饥荒。"郑侠《西塘先生文集》卷六《上王荆公书》："至于收成之际……贱粜于市，而蠹之利十，今不售其五六。质钱于坊郭，则不典而解。其甚者至于无衣褐而典解。"

[27] 黄裳《演山集》卷四六《钱重物轻》："钱重而物轻，在粟帛也伤农，在器械也伤工。……惟工与农，独受其弊焉。"

[28] 《文献通考·钱币考》引石林叶氏语。

[29] 《宋史》卷一八一《食货志》下三熙宁五年："交子有两界自此始。时交子给多，而钱不足，致价太贱。"吕陶《净德集》卷一熙宁十年奏状："在州（彭州）现在实值，第二十七界交子，卖九百六十。茶场司指挥作一贯文支用。第二十六界卖九百四十，茶场司指挥作九百六十文用。"苏辙《乐城集》卷三六元祐元年奏文："昔日蜀人利交子之轻便，一贯有卖一贯一百者，近岁止卖九百以上"。

[30] 《宋史》卷三一七《钱彦远传》。

[31] 《宋会要辑稿·食货》七〇，政和三年九月二十八日王璹言："本路唐邓襄汝等州，治平以前，地多山林，人少耕殖。自熙宁中，四方之民辐凑，开垦环数千里，并为良田。"

[32] 《续资治通鉴长编》卷二六九熙宁八年十月壬辰："又自废罢铜禁，民间销毁，无复可辨。销熔十钱，得精铜一两，造作器物，获利五倍。如此则逐州置炉，每炉增课，是犹畎浍之益，而供尾闾之池也。"

[33] 《温国文正公文集》卷四七《乞罢免役状》（元丰四年）："比年以来，物价愈贱，而闾阎益困，所以然者，钱皆聚于官中……故也。"《续资治通鉴长编》卷三九三元祐元年十二月戊申引王岩叟言："国家自聚敛之吏倚法以削天下缗钱，出私室而归公府者，盖十分而九。……缗钱一入于公，而无复流通于外……"苏辙《乐城集》卷三七《乞借常平钱置上供及诸州军粮状》："自熙宁以来，民间出钱免役，又出常平息钱。官库之钱，贯朽而不可较。民间官钱，搜索殆尽。市井所用，多私铸小钱……"

[34][35] 《宋史》卷一七七《食货志·役法》上。

[36] 《续资治通鉴长编》卷二九四熙宁八年十月壬辰引张方平《论钱禁铜法事》，元祐二年正月庚午苏轼言："免役之害，掊敛民财，十室九空，钱聚于上，

而下有钱荒之患。"查自熙宁八年到绍圣年间都有人谈到钱荒的事,只有苏轼硬说是免役钱所引起的,其余或则不说原因,或则说是钱币外流所引起的。

[37] 《群书考索》后集卷六四《四夷方贡·注辇国》:"天禧四年二月乙酉广州言:……宴犒其部下,赐器币缗钱遣之。"又《于阗国》:"神宗元丰六年五月丙子,贡方物,见于延和殿。八年十一月壬寅进马,赐钱百二十万。"《岭外代答》卷二《占城国》:"其属有宾瞳龙国,宾陁陵国……哲宗元祐元年十二月,又进贡,有诏赐钱二千六百缗。其慕化抑可嘉也。"

[38] 《宋会要辑稿·蕃夷》四之九五,景德元年正月诏:"上元节夜中使命押拌蒲端使观灯宴饮。仍赐缗钱。五月遣使李佨罕等来贡方物。九月有司言蒲端多市汉物金银归国。"又七之三一治平元年三月一日:"押伴于阗国进奉所言,罗撒温等朝辞,特赐钱五千贯文。今如赐见钱,虑以买物为名,未肯进发。欲望以绢绫锦充,从之。"

[39] 《续资治通鉴长编》卷二六九熙宁八年十月壬辰:"钱既难得,谷帛益贱,人情窘迫,谓之钱荒。府库例皆空虚,人户又无居积,不知岁所铸钱,今将安在?……自熙宁七年颁行新勅,删去旧条,削除钱禁,以此边关重车而出,海舶饱载而回。闻缘边州军钱出外界,但每贯量收税钱而已。……今自广南福建两浙山东,恣其所往,所在官司公为隐庇。诸系禁物,私行买卖,莫不载钱而去。钱乃中国宝货,今乃与四夷共用。"刘挚《忠肃集》卷五《乞复钱禁疏》:"天下诸路监冶所铸,入于王府,岁亡忧数十百万缗。……然今都内之藏,既不闻于贯朽,而民间乏匮时,或谓之钱荒,此何谓也? 其故大者,在泄于四夷而已。……而又至于销毁法钱。"

[40] 关于爪哇所发掘的中国钱,详本节五注 [21]。

[41] 宋敏求《长安志》卷八卷一〇。徐松唐《两京城坊考》卷三卷四卷五。《唐会要》开元五年勅:"京夜市直令禁断。"马缟《中华古今注》:"唐旧制京城内金吾,昏晓时呼,以戒行者。"《李娃传》:"……久之,日暮,鼓声四动,姆曰,鼓已发矣,当速归,勿犯禁。"

[42] 《东京梦华录》卷二《州桥夜市》。

[43] 省陌制起源于东汉。盛唐是用足陌钱,但宪宗元和中京师用钱每贯除二十文。昭宗末京师以八百五十为贯,每陌八十五。唐末兵乱,以八十五钱为一百。后唐天成中减五钱,后汉乾祐初又减三钱。宋初纳税用八十钱或八十五钱为一百。但各州私用不一律,至有以四十八钱为一百的。到太平兴国二年才下诏一律以七十七钱为一百(《宋史》卷一八〇)。罗大经《鹤林玉露》卷四:"《五代史》汉王章为三司使,征利剥,缗钱出入,元以八十为陌,章每出钱陌,必减其三;至

今七十七为官省钱者自章始。然今官府于七十七之中，又除头子钱五文有奇，则愈削于章矣。"欧阳修《归田录》卷二："用钱之法，自五代以来，以七十七为百，谓之省陌。今市井交易，又克其五，谓之依除。"《东京梦华录》卷三《都市钱陌》："都市钱陌，官用七十七，街市通用七十五，鱼肉菜七十二陌，金银七十四，珠珍雇婢妮买蚕蚁六十八，文字五十六陌，行市各有短长使用。"

[44] 根据吴承洛《中国度量衡史》，唐石以零点五九四四公石计算，宋石以零点六六四一公石计算。

[45] 《续资治通鉴长编》卷一五八庆历六年五月戊子："初盐课听以五分折银绸绢。盐一斤计钱二十至三十。银一两绸绢一匹，折钱九百至一千二百。"

[46] 《宋史》卷一七四《食货志》上二《赋税》："太平兴国二年江西转运使言……绢上等旧估匹一千，今请估一千三百。"

[47] 《宋史》卷一七五《食货志》上三："神宗即位……输绢匹为钱千。"

[48] 《建炎以来朝野杂记》卷一四《财赋一·东南折帛钱》："咸平三年……川陕四路大抵以税钱三百文折绢料一匹，此咸平间实直也。"

[49] 同上："大中祥符九年……青齐间绢直八百，绸六百，官给率增二百，民甚便之。"

[50] 《续资治通鉴长编》卷一五八庆历六年五月戊子："……后尝诏以课利折金帛者从时估，于是梓州路转运司请增银绸绢之直。下三司议，以为银绸绢直视旧虽增至三千以上；然盐直亦非旧比，罝于市斤为钱百四十。"这一段中关于绢价的记载稍暧昧。看语气是比旧价增加三千以上，则新价究竟多少，不得而知。

[51] 《宋史》卷三四〇《刘挚传》："冀州……自是绢为钱千三百，绵七十有六，民欢呼至泣下。"

[52] 《宋史》卷一七五《食货志》："神宗即位……今次年输绢匹为钱千。"又，"熙宁三年御史程颢言，京东转运司和买绸绢，增数抑配，率千钱课绢一匹。其后和买并税，绢匹皆输钱千五百。"

[53] 吕陶(熙宁十年知彭州)《净德集》卷四《奉使回奏十事状》："蜀中比年……绢一匹乃为钱千四五百。"

[54] 《宋史》卷一九九《刑法志》："元丰二年成都府利路钤辖言，往时川陕绢匹为钱二千六百，以此估赃，两铁钱得比铜钱之一，近绢匹不过千三百。"

[55] 《忠肃集》卷五《乞体量成都漕司折科税米奏》："臣风闻成都……绢价每匹一贯七八百文。"《群书考索》后集卷六四《四夷方贡》："哲宗元祐元年四月甲午，时为御史上官均言：……昨来内藏斥卖远年缣帛，每匹止二三百文，直止于十之一二。"

[56]《续资治通鉴长编》卷四三二元祐四年八月乙丑，苏轼言："章等既请和买官钱，每匹一贯，不合将低价收买昌化县疏糊药短绢纳官。"

三 崇观年间币值的下跌

北宋自从徽宗即位（1101年）以后，天下便多事了。对内有蔡京弄权，民不聊生，引起方腊宋江等人的反抗；对外因童贯启祸，失却信用，招至金人的进攻。开支增加，发生通货膨胀。

宋代矿产以熙丰间为最盛。例如铜产，皇祐中每年约出五百万斤。天僖七百万斤。元丰元年增为一千四百六十万斤。铅锡也有同样的增加，所以熙丰间能铸造那样多的货币。元丰以后，产量就逐渐减少了。绍圣初做了户部尚书的蔡京曾多方想发展当时的坑冶事业，但没有什么成绩。于是讲究所谓浸铜术[1]，这就是用所谓胆水浸铁成铜，是中国的炼金术。浸铜术据说创于许申。绍圣年间张潜曾著《浸铜要略》一书。大概成效不大。宣和六年当局正式承认，坑冶之利，"稽之熙丰，十不逮一"[2]。所以自元祐以来，铸钱数额减少[3]。

但铸钱数额减少，并不就等于通货数量减少。自元祐间王安石死后，免役法废止，并且再禁铜钱输出国境，市面通货，应有增加，大概折二钱比小钱多，这就是贬值的性质，物价已开始上涨。尤其是以铁钱计算的物价[4]。元符年间米价每斗自三百而五六百，而至一千[5]。元符三年夏秋两季都是丰收，但物价也没有回跌[6]。年底河北几州因有水灾，每斗米要三四百文[7]。而到12世纪，就再也看不到以前那样的低物价了。建中靖国元年春天，即徽宗即位的一年，稍为边远的地方，如鄜延路新城堡砦籴米，每斗有到一贯四百文省的[8]。

崇宁元年（1102年）蔡京得势。这年辰沅（湖南）徭人起义，十二月便铸当五钱。次年又有安化蛮人起义。于是又铸当十的崇宁重宝钱。除陕西、河东、四川等铁钱地区以外，都令通行。三年废止小平钱和当五钱，专用当十钱。连熙宁以来所积压的折二钱，也改铸为折十钱。这种大钱发行后，民间生出许多纷扰，甚至有拿钱买不到东西的[9]。因为无论从重量上来说，或从含铜的成分上来讲，一枚大钱都比不上天禧小平钱的三枚，每枚只有三钱重，含铜还不够六成，贬值成三分之一以下。结果钱分两等，市有二价，发生盗铸。苏州章绖盗铸到几千万缗之多，至兴大狱。私铸的钱，重量自然不到三钱。小平钱多被人销熔改铸，后因物价上涨，乃令东南改为当五；

然而仍有私铸，乃再改为当三。这大概是崇宁四年的事[10]。

大观元年（1107年）蔡京再做宰相，又主张用当十钱。所以除小钱折二当三以外，又铸当十大钱，都以大观通宝为文。大观当十钱比崇宁当十钱虽然厚重得多[11]，然而比起小钱来，还是省铜，私铸还是有利。三年蔡京再下台，计大钱为害已有九年，各方都加以攻击，新宰相张商英主张收回，每十贯给银一两绢一匹。收回后挑选分量比较重的改为当三。这主张到政和元年（1111年）实行了。自然又有人受损失[12]。

蔡京在铸崇宁当十钱之后，又铸所谓夹锡钱，是一种铜锡合金，每缗用铜八斤，黑锡四斤，白锡二斤，每枚不到三钱重，当铜钱二枚。这是崇宁四年（1105年）的事，本来限陕西使用，但有人提议通用于全国，蔡京以为对，刚好他又下台，所以终未通用。到大观元年（1107年）恢复宰相职位后，改铸当五的夹锡铁钱。陕西一向只用铁钱，所以初见夹锡钱，倒反看得重[13]。只因成色越来越低，有时要七八文夹锡钱才抵得一个铜钱，和铁钱差不多。使物价上涨几倍[14]。三年蔡京再下台，曾废止东南所铸的夹锡钱。次年连河北河东京东等路的夹锡钱也废用，但陕西仍以夹锡钱和大铁钱并用，都作折二。于是东南的夹锡钱，全运到陕西去，结果跌成二十文当一文用[15]。政和二年蔡京又得政，又请复用夹锡，于是各路铜钱监鼓铸夹锡的政和通宝钱。夹锡乃表示一种成色，钱文仍用当时的年号，但因废了又用，用了又废，用时人民也常常拒用，则以法惩，闹了几年，纷纷扰扰，连徽宗自己也说：夹锡钱之患，甚于当十钱。到重和年间关中还有铸造使用。

其实这个期间，不只铜钱贬值，川陕一带的纸钞也在膨胀。交子自熙宁五年（1072年）以来两界同时流通，在四川已发生局部的膨胀。绍圣（1094—1097年）以后，发行的数目屡有增加，用在陕西沿边募兵和办军粮。计绍圣元年增加十五万贯，元符元年增加四十八万贯[16]。因此价值大跌，换发的时候，新交子一缗收回旧交子四缗。崇宁三年（1104年）京西路（今河南）也用交子，四年改为钱引，通用范围更广，除闽[17]浙湖广以外，差不多都可以用，所以它的重要性就更大。这时正在同西夏作战，军费开支浩繁，发行额不断增加[18]。崇宁元年增两百万。二年增一千二百四十三万五千。四年增五百七万五千。大观元年增五百五十四万五千六百六十六[19]，超过天圣年间界额的二十倍。后来（1108年）不再有现金准备，钱引一缗只值得十几个钱或几十个钱[20]。大观年间改革四川币制，发行钱引，发行额以天圣的一百二十五万多缗为限，但对于四十一界到四十三界旧交子不予兑现[21]。等于作废,商人至于自杀。

总之,崇宁大观以后,物价更加上涨[22]。崇宁初鄜廊在特殊情形下,米价每斗到过三四贯足[23]。绢价在建中靖国元年每匹要一贯四五百文足[24],大观二年徽宗曾亲批"方今绢价倍高"[25]的字句。连京师的房租也加倍[26]。政和初(1111年)"诸路绸绢布帛比价高数倍"[27]。政和二年米的市价是每斗一百二十文[28]。宣和四年,权货务说米价比熙宁元丰以前高四倍[29]。熙宁二年的米价,外郡是每石四百,京师一千,八年政府曾以八百一石的价格粜给人民。宣和四年每石是二千五百到三千。七年底每石要一万[30]。这些还是钱价,如果折成纸币价格,更不知要高若干倍了。因为大观元年陕西、河东等几路的引价只值五十至七十文,成都也只值得二三百文,而民间交易,十千以上,一半用现钱,一半用钱引[31]。

在大多数的人民看来,棉价比绢价更重要。但棉价数据非常缺乏。古代棉价很高。往往以两论价。因为棉花传入中国比较晚。南朝刘宋永明二年,要四千八百文一斤。五代的时候,南唐要两百四十文到六百四十文一斤。北宋也差不多:最高是嘉祐中的九百三十二文足一斤,最低是熙宁七年的一百二十三文足一斤。元丰时是四百三十一文足一斤。可见上下不大,看不出什么倾向。

北宋到了这个时候,就是没有金人侵略,经济基础也发生动摇了。宫中奢侈无度,政府则滥授官爵。在太宗的时候,一个宫人月俸只五贯钱,且有低到七百文的。神宗时一个贵妃每月料钱八百缗。嫁一个公主花到七十万缗。政府官吏在景德时是一万多人,皇祐时增加到二万多人,治平时为二万四千人。徽宗时更是变本加厉,卖官鬻爵,京师有童谣说:"三百贯,直通判;五百索,直秘阁。"节度使有八十几个,刺史有几千,而且有一身兼十几个人俸给的[32]。所以当时有人说"百物踊贵,只一味士大夫贱"[33]。实际上这班士大夫并不贱,因为人民要花许多钱来供养他们。这种现象也许是通货膨胀的结果,但在朝的人既不知道紧缩无谓的开支,只有铸钱抽税来应付,使人民的负担加重,人民只好逃亡。方腊、宋江、张万仙等,便是因此而起来的。这些农民起义刚被镇压,金人已分道犯境了。

北宋因为货币购买力减低,需要的货币数量增加,自然影响于国家岁入和居民的收入。宋初每年收入一千六百多万缗,等于唐肃宗初年的二三十倍,比大历末年的岁入还要多三分之一。天禧末年增为二千六百五十多万缗;嘉祐间增为三千六百八十多万缗;熙丰间增为六千多万缗[34]。

在居民收入方面，则分配得很不均。高级官吏的俸禄空前地优厚，而低级官吏的待遇则显得微薄，劳动人民的收入自然更低。

高级官吏的收入，无论在货币数量上或是真实所得上，都远超过前代，并且赢得许多官僚阶级代言人的赞扬和羡慕[35]。

但低级官吏的收入就差得多了，不但比不上高级官吏，而且还比不上盛唐的低级官吏。

历代高级官吏月俸比较表[36]

朝　别	官　级	货币所得	真实所得（公石米）
汉建武制	万石		41.6
唐开元制	一品	约54贯	161.0
宋元丰制	三太三少	约324贯	386.0

历代低级官吏月俸比较表

朝　别	官　级	货币所得（文）	真实所得（公石米）
汉建武制	百石		1.9
唐开元制	九品	3817	11.3
宋元丰制	承务郎	7000	10.3

应当指出：宋代官吏所得，只是一种极粗略的计算。它的可靠性还不如汉唐。因为各种实物的作价有很大的上落，特别是米价。不过无论如何，高级官吏的真实收入要超过汉唐，这是没有问题的。低级官吏中，以元丰时的承务郎来同汉的百石和唐的九品比较，是否适当，是值得研究的。

北宋工人收入比较表

年份	工作性质	每月工钱所能买到大米（公石）	所据
开宝四年（971年）	纺织工头	2.32—3.39	《宋会要辑稿》
同上	女工	1.06—1.36	《宋会要辑稿》
治平元年（1064年）	义勇	0.7	《宋史》
元丰五年（1082年）	搬运夫	3.25	《宋会要辑稿》
政和六年（1116年）	水闸工	1.60	《宋会要辑稿》
同上	闸匠	2.26	《宋会要辑稿》

至于劳动人民的收入，自然更低。但资料缺乏，计算也困难，因为往往兼用现钱和实物来支付。例如开宝四年绫锦院的户头（工头？）每人每月料钱七百文，粮三石五斗，口食米豆六斗。各用女工三四人，每人月粮二石，米豆又六斗[37]。当时米价每石七百文。如果月粮指米，则户头每月可得三公石三斗九大米，女工为一公石三斗六。如果月粮是给谷，则户头每月的真实收入为二公石三斗二，女工为一公石零六升。治平年间的义勇每月只能拿到七公斗米。元丰年间的工钱比较高，一个搬运夫每月可以拿到三公石二斗半米。政和年间的水闸工只能拿到一公石六到二公石二六。

北宋居民收入的特点第一是高级官吏待遇的优厚，第二是高低级官吏收入差距之大，以及劳动人民收入的相形见绌。所以一方面北宋士大夫阶级的文化达到高度的发展，另一方面，社会矛盾加深，发生许多起义的事件。

注　释

[1]　《宋史》卷一八〇《食货志》下二《钱币》注："以生铁锻成薄片，排置胆水槽中，浸渍数日，铁片为胆水所薄，上生赤煤；取刮铁煤人炉三炼成铜。大率用铁三斤四两得铜一斤。饶州兴利场信州铅山场各有岁额，所谓胆铜是也。"

[2]　《宋史》卷一八五《食货志·阮冶》。

[3]　蔡绦《国史补》："国朝铸钱，沿袭五代及南唐故事。岁铸之数日增。庆历元丰间为最盛，铜铁钱无虑三百余万贯，及元祐绍圣而废弛。崇宁初已不及祖宗之数多矣。"

[4]　《续资治通鉴长编》卷五一二元符二年七月癸卯吕惠卿言："自元祐绍圣以来，铁钱日益轻，故米价日长。"

[5]　同上："今且以渭州言之：昔日米麦每斗不过百钱，今日每斗三百文以上。新边城寨收籴，有至五六百文者。"又，"现今延安府官籴米价五百二十文足，市新米七百八十文足，陈米七百二十文足。"李新《跨鳌集》卷一九《上皇帝万言书》："元符三年五月十一日……顷者河北水灾啮地千里。……自雍以西，米斗千钱，而京东西物价翔踊。"

[6]　范纯仁《范侍郎公遗文·议进筑非便》（建中靖国元年五月）："大兵之后，济有凶年。虽去岁夏秋，两经丰穰，而物价未甚减小。"

[7]　《宋会要辑稿·食货》五九，元符三年十二月三日臣僚言："河北滨国等数州，昨经河决，连亘千里，为之一空。……是以至今米斗不下三四百钱。"

[8] 范纯仁《议进筑非便》。

[9] 《宋史》卷三二八《章楶传》："时方铸崇宁大钱，令下，市区昼闭，人持钱买物，至日旰皇皇，无肯售。绐饰市易，务致百货，以小钱收之，且檄仓吏粜米以大钱予之，尽十日止，民心遂安。"曾敏行《独醒杂志》卷九："崇宁二年铸大钱，蔡元长建议俾为折十，民间不便之。优人因内宴为卖浆者，或投一大钱饮一杯而索偿其余。卖浆者对以方出市，未有钱，可更饮浆。乃连饮至于五六，其人鼓腹曰，使相公改作折百钱奈何？上为之动，法由是改。"

[10] 《大宋宣和遗事》说，崇宁当十钱是崇宁四年罢铸的。

[11] 有些史家以为大观当十钱和崇宁当十钱是一样的（如蔡绦《国史补》，及《皇宋通鉴长编纪事本末》卷一三六政和六年五月丁卯条）。其实大观当十钱重的有库平五钱多，就是普通认为当五的大观钱也有三钱多重。

[12] 《宋史》卷三五一《侯蒙传》："大钱法敝，朝廷议改十为三。主藏吏来告曰，诸仓悉辇大钱市物于肆，皆疑法立变。蒙曰，吾府之积若干？曰八千缗，蒙叱曰，安有更革而吾不知？明日制下。"

[13] 《宋史》卷二八五《贾炎传》："政和中……初陕西行铁钱，久币益轻。蔡京设法尽敛之，更铸夹锡钱，币稍重。"同书卷三四八《沈畸传》："陕西旧无铜钱，故以夹锡为贵。"

[14] 《浮址集》卷一《上皇帝书》："又况夹锡未有一分之利，而物已三倍之贵。是以比岁以来，物价愈重，而国用愈屈。"

[15] 李纲《梁溪全集》卷一四四《御戎论》："自东南夹锡钱罢不行，悉运于陕西，物价翔踊，而钱益轻，凡二十而当一。"

[16] 《蜀中广记》。

[17] 《宋史》卷一八一《食货志·会子》："赵挺之以为闽乃蔡京乡里，故得免焉。"

[18] 历年交子钱引的流通数字，没有确实的记载，虽有人加以推测，但不可靠。例如大观元年的流通额，连南宋的李心传也先后不符。他在《系年要录》卷一六建炎二年六月条下说"增多是二千六百万余缗"。后来在《朝野杂记》甲集卷一六《四川钱引》条下则说"增印至二千四百三十万缗"。

[19] 《蜀中广记》。

[20] 《文献通考·钱币考二》："大凡旧岁造一界，备本钱三十六万缗，新旧相因。大观中，不蓄本钱，而增造无艺，至引一缗，当数十钱。"（《宋史·食货志》作"当钱十数"）

[21] 《群书考索》后集卷六二《楮币类》引《长编》（《续资治通鉴长编》）。

《宋史》卷三二八《章楶传》:"(崇宁大钱发行后)未几新钞法行,旧钞尽废,一时商贾束手或自杀。绎得诉者所持旧钞,为钱以千计者三十万,上疏言钞法误民,请如约以示大信。上怒罢绎。"《建炎以来朝野杂记》甲集卷一六《四川钱引》:"崇观间陕西用兵,增印至二千四百三十万缗……由是引法大坏……蔡京患之,大观元年改交子为钱引,旧交子皆毋得兑。"

[22] 《宋会要辑稿·食货》五九,崇宁二年十月十四日诏:"两渐杭越温婺等州秋田不收,……致人户渐至逃移,贼盗滋多,物价增长,细民不易。"又大观三年九月六日诏:"东南路比闻例有灾伤,斛斗踊贵。"

[23] 《续通鉴长编拾遗补》卷二三,崇宁三年四月辛酉:"然当时(崇宁初)运粮入中,不计价值之贵。鄜廓米斗不下三四贯足。"

[24] 同上卷一八,建中靖国元年八月壬子:"且以无为军言之,民间买绢一匹,须用一贯四五百文足。"

[25] 《宋会要辑稿·食货》三八,大观二年三月四日。

[26] 《宋会要辑稿·刑法》二,大观元年八月十二日诏:"在京有房廊屋业之家,近来多以翻修为名,增添房钱,往往过倍;日来尤甚。"

[27] 《宋史》卷一七五《食货志》上三《布帛》。

[28] 《宋会要辑稿·均籴》。

[29] 《宋史》卷一八二《食货志·盐》中:"(宣和)四年,榷货务建议,古有斗米斤盐之说,熙丰以前,米石不过六七百,时盐价斤为钱六七十;今米价石两千五百至三千,而盐仍旧六十。"

[30] 《续通鉴长编拾遗补》卷五一,宣和七年十二月甲子。

[31] 《群书考索》后集卷六二《楮币类》引《会要》。

[32] 《宋史》卷一七九《食货志·会计》。

[33] 《萍洲可谈》卷一:"兴国贾公自京师归,余问物价贵贱,贾曰,百物踊贵,只一味士大夫贱。"

[34] 《建炎以来朝野杂记》甲集卷一四《财赋》。

[35] 《廿二史劄记·宋制禄之厚》:"惟其给赐优裕,故入仕者不复以全家为虑,各自勉其治行,观于真、仁、英诸朝,名臣辈出,吏治循良。及有事之秋,犹多慷慨报国。"

[36] 宋代官吏收入,除月俸外,还有各种实物如绫、罗、绢、绵、禄粟、随身傔人衣粮和餐钱等。而且月俸很少实发,多为折支。史书说是:一份现钱,两份折支。所谓折支,是指发实物。这里作价就是一个重要的问题。在宋初,据说折支的东西,只值得一二成或二三成。所以计算起来非常困难。元丰时折支也

以三分之二计算。假定俸额照数发放，三太三少的四百贯仍算作四百贯，绢一匹作一千三百文，一罗作三绢，一绫作二绢，棉花每两作三十五文，其他如禄粟等一概不计。但上面的金额都是省陌，每百文只有七十七文足钱。这样计算出来的货币所得，已经算是一个粗略的数字。再将这金额折成大米，那就更加有出入了。这里是以 11 世纪后半的平均米价为标准，即每公石八百三十九文足钱。但实际上当时个别年份和个别地区的米价，相差是很大的。如果以元丰年间苏东坡所提广东每斗二十文的价格为标准，那么，三太三少每月的真实所得就不是四百公石，而是一千多公石了。

[37]　《宋会要辑稿·食货》六四之一六。

四　金人进军中原所引起的通货膨胀

金人于宣和七年（1125 年）十二月发动攻势后，势如破竹。宋兵看见金兵便回头跑。宣和六年的东京，还是"灯火荧煌天不夜，笙歌嘈杂地长春"[1]，但不久就落在敌人的手中了。米价涨到每斗三千文，猪肉一斤六千，羊肉八千，驴肉二千，一只老鼠也要几百个钱[2]。建炎三年一斗米曾涨到四五万文[3]。由于金人勒索金银，使金银隐匿，价格涨得更快。靖康元年正月二十七日，金人围城，当局要同金人议和，须用金银币帛来犒赏，对金银的需要更是迫切，乃下令叫民间将金银按官价卖给政府，黄金每两二十贯，白银每两一贯五百文[4]。十二月十九日当局用茶盐钞来收兑金银，黄金每两准三十贯，白银每两二贯三百文[5]。靖康二年正月十三日，官方又提高金银的收购价格，金每两三十五贯，银每两二贯五百文省[6]。

南渡以后，不但中原陕右都叫金人占据了，就是长江以南的江西、浙江、湖南也受到蹂躏。大批人民逃难到南方来，而许多铜钱却遗留在汴京带不出来。江南的铸炉，因战祸而荒废。所以小平钱的购买力很高，而物价低[7]。建炎元年（1127 年）越州糯米一斗八百，秔米四百[8]。这价钱比起北宋来虽高得多，但在南宋要算低的。南宋政府第一步是想恢复铸钱，但因为铜铁铅锡的供应减少，绍兴初每年只能铸十万缗，反花了二十万成本，常至于罢铸。绍兴六年（1136 年）收敛民间的铜器，所铸也不过四十万缗，大概大部分是大钱。十三年为十万缗，二十七年十五万缗。以这一点数目，如何能给养那许多士兵来保卫那半壁江山？战后四方的贡赋，也不按时缴送，虽然定出各种各样的税钱，也不能应付局面，只好取给于纸币了。

绍兴初（1131年）就在东南发行关子，关子本来是一种汇票的性质，因屯兵婺州，运钱不便，叫商人在婺州出钱领关子，到杭州兑现。但不到几年，政府没有钱兑现，有时只能兑到六七成，商人不愿意领关子，地方政府竟加以抑配。六年曾发行交子一百五十万，因没有现金准备，人民不加信任[9]。后来改为关子。

应当指出，南宋初年，东南一带主要还不靠纸币，纸币流通的重心是四川。东南一带是以金属钱币为主。建炎绍兴年间，钱制是相当混乱的，建炎钱自小平、折二、折三到当十，小平的板别很多。绍兴钱也有小平、折二和折三，有通宝和元宝。而且有私铸，据说江西州县，多用私钱，民间到处都销熔官钱改铸[10]。改铸的大概以折二钱为多，因为有些绍兴元宝折二钱窳薄不精，大小同小平钱差不多。

当时韩世忠、岳飞等人正在同金人作战，各地驻有重兵。这些驻军虽然多是当地赡养，但作战的费用，还是中央政府负担。所以政府的财政，总是入不敷出；不敷的数目，每年自几十万缗到几千万缗。这些赤字，自然是靠发行纸币来应付[11]。

绍兴年间的币值，可以从米价和绢价上看出来。北宋熙宁二年，政府用百钱一斗的价格收米，王珪、司马光等人便大骂吕惠卿。政和二年市价是每斗百二十钱。建炎元年粳米每斗四百。四年十月越州折纳，糯米一斗为钱八百，杭米四百[12]。绍兴元年（1131年）高宗问知浙西米价由一千二百文一斗减作六百文一斗，便大喜，说可免饿殍[13]。二年春两浙又涨到每斗千文[14]。三年高宗说"饮食衣帛之直，比宣和不啻三倍"[15]。五年市价为每斗七百文[16]到千文[17]。在秋收米贱的时候，民间往往也只要三百足钱一斗[18]。千文两千文一斗的价格大抵都是饥荒时的价格[19]。十一年湖南曾跌到一百多钱一斗，臣僚们就说"谷价之贱未有如此时者"[20]。十二年只要一百钱一斗[21]。范成大的"二麦俱收斗百钱，田家唤作小丰年"的诗句，大概就是指这种情形。十三年荆湖丰稔，据说曾跌到六七文一斗[22]。可能是六七十文一斗之误。到了二十六年便宜的也要一百三十文一斗[23]。二十七年福建丰稔，糙米一斗也将近三百文。次年人民输纳苗米，每斗竟以八百文计算[24]。二十九年政府籴米备赈是两千一石，而且一部分是以关子和茶引支付[25]，三十年湖广几十钱一斗[26]。米价因受天时地利的影响大，涨跌的频数和幅度也大。大体上讲来，绍兴年间的米价，或12世纪前半的米价，每石约须三千多文，这价格比北宋初要高七八倍，比熙丰年间也要高三四倍。

这一时期的绢价,有很大的变动。北宋到熙宁元丰间,每匹绢是一千到一千三百上下;崇宁大观间稍有上涨[27]。后来因为大钱和夹锡钱的废止,以及纸币的整理[28],可能稍有回跌,但南渡以后,就是从两千一匹起价了。

南宋绢帛价格表[29]

年　份	每匹价格	所　据
建炎元年（1127年）	2000 文	《宋会要辑稿·刑法》三
三　年	2000 文	《宋史·食货志》上三《布帛》
四　年	3000 文省	《文献通考·市籴考一》
绍兴元年（1131年）	2000 文	《宋会要辑稿·食货》三八
二　年	3500 文省	《文献通考·市籴考一》
	4500 文省至 5000 文足	《宋会要辑稿·食货》九
三　年	3000 文至 6500 文	《宋史·食货志》上三
绍兴四年	4000 文至 10000 文	《宋会要辑稿·食货》三八及六四
	5200 文省	《文献通考·市籴考一》
五　年	5500 文足	《宋会要辑稿·食货》六四
	7000 文省	《文献通考·市籴考一》
六　年	6500 文至 7000 文	《宋史·食货志》上二《赋税》
七　年	8000 文省	《文献通考·市籴考一》
八　年	8400 文	《宋会要辑稿·食货》二六
十七年	6000 文至 10000 文	《宋史·食货志》上三。《宋会要辑稿·赋税杂录》
	6000 文至 7000 文	《文献通考·市籴考一》
十八年	6000 文	《宋会要辑稿·食货》九
二十六年	4000 文至 5500 文	《建炎以来系年要录》卷一七一。《宋会要辑稿·食货》九
嘉定十三年（1220年）	4000 文	《宋会要辑稿·受纳》六八之二四

绢价的上涨,由于生产受到破坏,需要增加。但在折价之中,有多少成分属于租税性质,多少成分由于通货贬值,那是一件难以计算的事。

当时的政治中心虽在东南,军事重心则在川陕。币制上的各种新的措施,如铁钱和纸币都是在川陕行起来的。后来陕西为金人所占,四川赖吴玠兄弟得以保全。但因驻有重兵,它的负担也特别重。绍兴七年李迨论到四川的财政,说唐朝刘晏的时候,全国的岁收是一千二百万,现在四川区区一隅,光是盐酒税,一年便有一千九十一万,连同其他的收入,要三倍于刘晏时全国的岁入,而于维持当时的大军,一年还缺一百六十一万。刘晏时以一千二百万贯赡养六师规复中原而有余,现在以三千六百万贯还不够赡养驻川陕的一军[30]。李迨的话说明了四川通货膨胀的情形和原因。

四川的纸币，在北宋时因对西夏战争已由一百二十几万增发到两千多万，使价值大跌。大观时经过一次整理，恢复天圣时的限额。但南渡以后，又渐增发，建炎二年（1128年）靳博文因为利州路增加驻军，加印六十二万缗[31]，三年张浚又增印一百万缗作军饷。那以后八年间，共增加两千五十四万缗[32]。到绍兴七年的时候，三界并行，发行总额是三千七百八十几万缗[33]。三十年间增加三十倍，引价的跌落是可以想象的。四川的物价，利州路往往比他处高一倍，大概也是这个缘故。自陕西大部分沦陷后，利州所受的军事压力更大了。军费既不能减少，缓和的办法只有铸钱，因为当时钱引不能兑现，所以价值更跌，大家以为若有钱兑现，跌价的趋势便可以缓和。因此在绍兴年间先后在利州、邛州、施州等地铸钱，来救济钱引，但数目很有限[34]。对于几百倍的纸币，没有多大作用。绍兴年间，钱引一贯，值铁钱八百，或值铜钱四百文[35]。吴玠在河池发行银会子，无非想求得那一地区物价的稳定。银会子以白银一钱为单位，每年发行十四万五千钱，合钱引三万六千二百五十缗，数目不多。但既然同钱引发生联系，势必要受引价下跌的影响，而失去银本位的意义。大概正因为这样，所以在绍兴十七年实行了一次改革。

绍兴三十一年钱引发行总额为四千一百多万缗[36]。准备金只有铁钱七十万贯和盐酒等实物。当时王之望总领四川财赋，引价的维持，是他的责任。他的政策是把钱引分布到陕西去。那时陕西是在金人手中，但陕西人需要的布、帛、茶、药，都是四川货。王之望请政府下令，如商人将钱引带往陕西，将来收复陕西，可以照样通行，这样钱引通行的范围就广了。他对于钱引的增发，主张十分谨慎，说如果引法一坏，四川就完了。如果有增发的必要，必须秘密地一步一步进行，不可让外面知道增发的数目[37]。当时金主亮（海陵王）大举进攻，有窥蜀的企图。王之望对于四川财政的擘划，煞费苦心。因为"战胜则有重赏，纳降则有大费"[38]，胜败都要花钱。高宗也说川陕用兵，全靠王之望："大军十余万众，数月与金角敌，而蜀人不知，他人安能办此？之望在蜀，几如萧何之在关中。"[39]

通观建炎以来的三四十年间，虽然生产衰退，军费浩繁，而且除四川外，东南也发行纸币；可是物价的高涨，仅限于绍兴十年以前的一二十年间。而这二十年间（1121—1140年）的米价，似乎还没有涨到唐代安史之乱那二十年间（751—770年）的程度。8世纪的五六十年代，米价每公石平均要一万七八千文，而12世纪的二三十年代，每公石平均只要一万一千多文。

绢价则两个时期都是以万钱一匹为最高价格。但唐中叶对于绢帛的需要，除国际贸易方面以外，是以国内的社会经济为主，即民间以绢帛代替一部分货币的职能，那种需要不是急迫的，有则用，没有也可。宋室南渡前后，对于绢帛的需要，除国际贸易方面已超过唐代的规模以外，对北方的民族，有巨额岁币的供应义务[40]。而且绢价自宋初以来即贵。唐代涨成万钱一匹，是涨成五十倍；宋代涨成万钱一匹，不过涨成十倍。这种情形在地小人多的南宋，一定有特别原因。这特别原因一方面是生产逐渐恢复，因为绢帛本是南方出产。另一方面钱币数量减少了，就是东南所发行的纸币也不很多。熙丰间所铸的钱，一部分流出国外，一部分或因窖藏而落土，落土的数量恐怕比流出国外的数量还要多。靖康之难，许多人倾家远逃，铜钱不便携带，只好埋入土中，以待太平。近代有大批宋钱的出土，就说明了这一点。当时新的补充又极为有限，所以又发生钱荒，使物价大涨不起来[41]。绍兴十年以后物价反而跌下来了。

注　释

[1]　《宣和遗事》前集宣和六年。

[2]　《南渡录》卷一，靖康元年十二月十九日："京师大雪，深数尺。米价腾贵，斗米至三千钱。"《建炎以来系年要录》卷四，记建炎元年四月辛酉金人退出开封时："物价踊贵，米升至三百，猪肉斤六千，羊八千，驴二千，一鼠亦直数百。"

[3]　《建炎以来系年要录》卷二五，建炎三年七月："时东京米升四五千。"

[4]　徐梦莘《三朝北盟会编》卷三二，靖康元年正月二十七日圣旨："朝廷近为大金围攻，京国方讲议和，须犒金银币帛数目，金银最为紧急。……可自今月二十七日为始，应京城畜金之家所有之数，或以埋藏，或以寄附，并限两日，尽数赴元丰库、大观库、左藏库、榷货市易务、都茶场送纳。金每两价钱二十贯，银每两一贯五百文；先次出给冯由公据，候事定支还。"

[5]　《靖炎两朝闻见录》上，靖康元年十二月十九日："又诏许纳金银人计直给还茶盐钞，金每两准三十千，银每两准两贯三百文。"

[6]　丁特起《靖康纪闻》靖康二年正月十三日榜："金每两三十五千，银每两二千五百省。"《靖炎两朝闻见录》上，靖康二年二月二十一日："官司犹惧其未能收集，乃于四壁置场十处，堆朵官钱以收买，金每两三十五贯，银每两二千五百。多有赴阙壹者。"《三朝北盟会编》卷八三，靖康二年二月二十四日："又以官钱高价收买，置十数场，金每两三十五贯，银每两二贯五百文。"

[7] 《续资治通鉴》建炎元年："始通当三大钱于诸路,用张殷请也。政和旧法,当三大钱止行于京畿东南及河东北,由是东南小平钱甚重而物轻。"

[8] 《宋会要辑稿·食货·赋税杂录》九之一九。

[9] 《群书考索》后集卷六二《楮币类》说绍兴六年张澄奏请发行的是会子。但《皇宋中兴两朝圣政》说是交子。见本章第一节三注 [25]。

[10] 《续资治通鉴》引李申耆的话。

[11] 《建炎以来系年要录》卷一一一,绍兴七年李迨言："绍兴四年所收钱物,计三千三百四十二万余缗,比所支计缺五十一万余缗,五年收三千六十万余缗,比所支计缺一千万余缗。皆以宣抚司攒剩钱及次年所收登带通挪应付。六年未见收数,支计三千二百七十六万余缗。今年所收计三千六百六十七万余缗,比所支计缺一百六十一万余缗。……自来遇岁计有缺,即添支钱引,补助支遣。绍兴四年添印五百七十六万道;五年添印二百万道;六年添印六百万道。见今泛料太多,引价减落,本司缘此不增添印。"

[12] 《宋会要辑稿·食货》七〇之三一。

[13] 《宋会要辑稿·食货》四〇,绍兴元年七月三日："上问昨夕闻已籴新米,莫少减价否?张守奏,有人自浙西来,前此斗一千二百者,今减作六百。上大喜曰,不但军不乏食,自此可免饿莩。在细民岂小补?"

[14] 《宋史》卷六七《五行志》绍兴二年春："两浙福建饥,米斗千钱。"

[15] 《建炎以来系年要录》卷六七。

[16] 同上卷八八,绍兴五年四月庚戌李光言："近来两浙米价例长,街市每斗已七百文。"

[17] 董煟《救荒活民书》卷二《不抑价》条下说："绍兴五年,行在斗米千钱,时留守参政孟庾、户部尚书章谊亦不抑价,大出陈粟,每升粜二十五文,仅得时价四之一,既于小民大有所济。次年米贱,令诸路以上供钱收籴,复多盈余。况村落腾涌,极不过三两月,民若食新,则价自定矣。"

[18] 《宋会要辑稿·食货》四〇,绍兴八年九月四日萧振言："臣尝询浙西,凡秋成米贱之时,其价概以官斗,每一斗民间率用钱三百足。亦有三百已下。今来收籴,须是量增价值。其价随时高昂,为之增减,常使官中比民间价十分中多一二分。"

[19] 《宋史》卷六七《五行志》绍兴五年夏:"潼川路饥,米斗二千,人食糟糠。"又六年夏,"蜀亦大饥,米斗二千,利路倍之,道殣枕籍。"《建炎以来系年要录》卷一〇九,绍兴七年:"春广西大饥,斗米千钱,人多饿死。"又,"四川饥馑,米斗价钱三千。"《宋史》卷六五《五行志》绍兴九年:"江东西浙东饥,米斗千钱,饶信州尤甚。"

[20] 《宋会要辑稿·食货》四〇之一四，绍兴十一年八月十三日臣僚言："荆湖之南即今米斗百余钱，谷价之贱，未有如此时者。今日钱荒之弊，无甚于湖南。兼并之家，积谷于廪，以待凶荒。"

[21] 《宋会要辑稿·食货》四〇之一四，绍兴十二年十一月十六日诏："今米价每斗止于百钱。"

[22] 《宋史》卷一七五《食货志·和籴》绍兴十三年："荆湖岁稔，米斗六七钱，乃就籴以宽江浙之民。"

[23] 熊克《中兴小历》绍兴二十六年七月："淮南曹司具到。米价最贱处每斗一百三十文。"

[24] 《宋会要辑稿·食货》七〇之四七。

[25] 《宋史》卷一七五《食货志·和籴》："二十九年籴二百三十万石，以备振贷，石降钱二千，以关子茶引及银充其数。"

[26] 《建炎以来系年要录》卷一八七："比年江西湖广米斗方数十钱，而职田米乃令折价至三四千。"（三十一年十一月陈俊卿言）

[27] 《续通鉴长编拾遗补》卷一，建中靖国元年八月壬子引《宋九朝编年备要》："且以无为军言之，民间买绢一匹，须用一贯四五百文足。"《宋会要辑稿·食货》二六，绍兴八年二月二十八日："盖当时（崇宁二年）县令不谨其始，却将下户募脚盐钱每二百二十文，折纳绢九尺。"大观初江西十郡和买一匹约合九百钱（《宋史》卷一七五《食货志》上三）。这种和买等于一半征用。

[28] 钱引在大观年间经过一次整理之后，购买力提高。《宋史》卷一八一《食货志·会子》条载："及张商英秉政，奉诏复循旧法。宣和中商英录奏当时所行，以为自旧法之用，至今引价复平。"所谓旧法，就是限制发行和蓄有准备金。

[29] 表中价格，包括市价和官价。市价比官价敏感，变动得多。但官价也追随市价。又政府收绢则作价低，出绢则作价高。

[30] 《建炎以来系年要录》卷一一一。《宋史》卷三七四《李迨传》。

[31] 《建炎以来系年要录》卷一六，建炎二年六月："至是博文以利州路增屯西兵，军食不继……后以便宜，增印钱引六十二万缗。自后诸大臣相继视师，率增印矣。"

[32] 《建炎以来系年要录》卷二九，建炎三年十一月："宣抚处置使张浚以便宜增印线引一百万缗，以助军食。其余八年间，累增二千五十四万缗。浚又置钱引务于秦州，以佐边用。"《宋史》卷三七四《李迨传》："自来遇岁计有阙，即添支钱引补助。绍兴四年添印五百七十六万道，五年添印二百万道，六年添印六百万道，见今汛料太多，引价顿落。缘此未曾添印。"据《蜀中广记》，自绍兴

元年到六年，共增二千零七十万。计元年增六十万，二年增一百四十万，三年增五百万，四年增五百七十万，五年增二百万，六年增六百万。八年又增三百万，九年增二百万，十年增五百万，十三年增四百万，二十九年增一百七十万。《宋史》卷二九《高宗纪》绍兴十年三月，"增印钱引五百万缗付宣抚司市军储。川陕宣抚副使胡世将屡言金人必渝盟，宜为备。"

[33] 《文献通考·钱币考二》绍兴七年二月："川陕副帅吴玠请置银会于河池，五月中书省言引数已多，虑害成法，诏止之。盖祖宗时，蜀交书放两界，每界止一百二十余万，今三界通行，为三千七百八十余万。以至于绍兴末年，积至四千一百四十七万余贯，所有铁钱，仅及七十万贯。"

[34] 《建炎以来朝野杂记》卷一六《财赋三·川陕铸钱》："川陕旧皆行铁钱。祖宗时，益利夔三州皆有铁冶，故即山铸钱，邛州旧铸钱十二（万？）缗。建炎初转运判官靳博文，以为岁费本钱二十一万，得不偿费，乃罢之。绍兴十年郑亨仲为四川宣抚使，始即利州铸钱，岁十二（万？）缗，以救钱引之弊，率费二千而得千钱。……二十三年……明年诏邛州岁铸三万缗，利州九万缗，共费本钱引十七万五千缗，每千率费千四百缗。二十五年又诏利州跨大小钱各二万，凡大钱千重十二斤，小钱千重七斤有半，于是岁省鼓铸本钱三万。三十一年再减利州钱为六万缗，大小各半之。施州旧亦铸钱万缗，南平军数千缗，绍兴末皆减。今蜀中岁铸十万七千。"《建炎以来系年要录》卷一五四："十五年七月戊申复置利州绍兴监，岁铸钱十万缗，以救钱引之弊。"

[35] 《宋会要辑稿·定赃罪》一二之八，绍兴二十七年三月七日："若盗钱引十道，便以十贯为罪，市价近八贯，比之铜钱，止是四贯。"

[36] 见注[33]。《宋史》卷三七四《赵开传》："又法成都府法，于秦州置钱引务，……初钱引两科通行缗二百五十万有奇。至是添印至四千一百九十余万，人亦不厌其多，价亦不削。"

[37] 《建炎以来系年要录》卷一九三及《宋史》卷一八一《食货志》。

[38] 《建炎以来系年要录》卷一九八，绍兴三十二年三月："王之望遗宰执书言，见今三帅分头征讨，官军义士与招降之众，几十二万人。前此用兵，无如今日，犒赐激赏，籴博粮草之费，已一千余万引。自休兵以来，二十年间，纤微积累之数，及累次朝廷支降钱物，皆已费用，所存无几耳。"

[39] 《建炎以来系年要录》卷一九九，绍兴三十二年九月。

[40] 真宗澶渊之盟，每年对契丹赠绢二十万匹，银十万两。仁宗时每年增绢十万匹，银十万两。徽宗时因约金灭辽，又对金人每年纳四十万匹。靖康元年金人攻汴时遣使索帛一千万匹（《续资治通鉴》卷九七）。

[41] 见注 [20]。《建炎以来系年要录》卷七九，绍兴四年八月癸巳陈桷言："今日之弊，物贵而钱少。"

五　南宋会子的膨胀

绍兴三十一年夏，金海陵王亮率领大军南下进攻。鏖战几个月，打到长江下游，占领扬州，直到十一月被厌战的部下所杀，才议和北返。那时金人已经另立海陵王的从弟为皇帝，称为世宗。南宋高宗也在次年让位，由孝宗继承。但双方仍是不断地冲突。

在金人进攻之前，南宋已采用了一种新的纸币会子。会子在那时也不是一个新名词，绍兴七年吴玠就在陕西河池发行过银会子，不过东南大规模的使用纸币，却是自发行会子开始。应付金人的战争，自然也大部分靠会子。

会子的流通范围，起初限于两浙，后来推行到两淮、湖北、京西等区域去。除了盐本用钱以外，其余各种用途，差不多都可以用会子。

会子的发行，起初似乎没有一定的限额。乾道三年（1167年）正月度支郎中唐瑑说自绍兴三十一年到乾道二年七月那五年间，总共印过会子二千八百多万道，一道即一贯。到乾道二年十一月十四日为止，共发行过一千五百六十几万道。而实际流通额只有九百八十万。三年正月六日尚有八百多万贯在流通中，大约每月只收兑六七十万[1]。

乾道二年政府便觉得发行太多，又以一百万两白银来收兑。隆兴二年当局籴米每升还只作二十五文省[2]。可是乾道初，米价有卖到五六百钱一斗的[3]。三年又出内库银二百万两换钱收会子焚弃。四年改革会子的发行制度，定三年为一界，每界以一千万贯为限，这已等于北宋交子界额的八倍以上。当时米价每石二贯五百文[4]。九年会子每贯只值得铜钱六百文足钱[5]。

然而在战争状态之下，会子的膨胀是难免的。淳熙初，会子的流通额就有两千两百多万[6]，购买力下跌，政府不得不用金银铜钱等全数收回[7]。淳熙三年（1176年）让第三界第四界会子各展期三年，这就是正式让发行额加倍。不过人民收到会子，便用纳税的方式送回国库。当时户部岁收一千二百万贯中，一半是会子。同时当局又用金银收回四百万，所以实际流通数，只超过界额两百万。十二年临安会子一贯，只值钱七百五十文。到了光宗绍熙元年（1190年），第七第八两界会子又展限三年。庆元元年

（1195年）索性把每界的发行数增为三千万，等于乾道四年的三倍。而且伪造的很多。于是一贯跌成六百二十文。当局虽想维持每贯合钱七百七十文的比价，但不大成功[8]。嘉定三年（1210年），会子一贯只值三四百文[9]。发行既多，政府赋税收入也增加：淳熙末就有六千五百三十多万，等于南宋初的六七倍。史家或加以夸耀，或替人民忧虑[10]，其实这是通货膨胀时应有的现象。

宁宗开禧年间（1205—1207年），韩侂胄当国，妄起兵端，金兵陷荆襄两淮，东南大震；所以嘉定二年（1209年），会子的流通额就增加成一亿一千五六百万贯，等于乾道四年（1168年）额的十一倍。此外还有各种铜铁钱。理宗绍定三年（1230年），李全称乱于淮东，四年蒙古兵攻川陕，五年两界会子就有三亿二千九百多万[11]。六十五年间，增加三十三倍。膨胀的速度虽不算快，但程度却不小。这还是指政府发行的，如果连假会子[12]计算在内，数目更要多。本来纸币因为耗损率大，收回的时候，应当比发出的数目要少，例如绍兴十一年收换钱引时，不来兑现而作废的有二十几万缗，号称水火不到钱[13]，但后来在收回的时候，常比发行数多，这证明伪造之盛[14]。

会子并不是全国性的货币，就是在南宋治下，也不是全用会子。单是四川的钱引，在绍兴末已积至四千多万。后来因战事关系，屡有增发，到宁宗嘉泰末（1204年），两界发行到五千三百多万缗，三界合计共约八千万缗，等于天圣时的六十四倍。嘉定初每缗直不得四百个钱，后来跌到百钱[15]。湖北会子在淳熙十一年也以两界同时流通，共五百四十万缗。此外，还有两淮会子，为数当也不少。兴元府的铁钱会子每两年印发两百零四万缗，共折川引四十万缗。银会子自绍兴十七年再发以来，改为两年一换。乾道四年增加发行额三万钱。后来发行到六十一万钱，共折川引十五万缗[16]。

纸币增发的结果，引起硬币的减少或隐匿，或被人销熔，或流往国外。

北宋的交子和南宋绍兴年间的关子，民间日常还少使用，到会子发行以后，真正成了一种通行的货币[17]。后来以纸币计算的物价上涨，人民与其使用铜钱，不如销熔为器，还可以得到很大的利润，所以淳祐八年（1248年）监察御史陈求鲁说，衢信的铜器和醴泉的乐器都是用铜钱制造的，单是长沙一郡中，乌山就有铜炉六十四所，麻潭鹅羊山有铜户几百家。

铜钱的输出，在南宋是一个严重的问题[18]。较之北宋的熙丰年间还更严重。熙丰年间的铜钱外流，只引起一点紧缩作用。南宋铜钱的减少，使纸币的购买力跌得更快。输出的途径，似乎仍是通过对外贸易，而铜钱的去向，也仍旧是那些使用中国钱的地区。

宋朝自南渡以后，汉唐以来通西方的陆路，已被切断；铜钱的去路，表面上似乎少了一条[19]。但实际上不是这样。汉唐间经由大陆上的贸易路线流出去的铜钱并不多，因为西方国家并不使用中国铜钱。商旅们所带出去的，大概限于离开中国时身边所剩的几枚。陆路旅行最怕笨重的东西，如果他们剩的铜钱多，一定会换成金银或丝绢。南渡后，因陆路闭塞，反而使海路特别发达。海船载重，远超过驼马，而且因政府滥发纸币来收兑铜钱，使铜钱外流更多更快。近自马来亚[20]、爪哇[21]，远至印度[22]、非洲[23]，都曾吸收过若干中国的铜钱。当时中国由外国输入香药、象牙、犀角、珊瑚、琥珀、镔铁、鼍皮、玳瑁、玛瑙、水晶、蕃布、苏木等，除了一部分是用丝绢瓷器偿付外，差额就是用金银铜钱来了结[24]，外国人当然不要中国的纸币。例如阇婆国（即爪哇）因"胡椒萃聚，商舶利倍蓰之获，往往冒禁潜载铜钱博换"[25]，后来甚至亦以中国铜钱为一种流通工具[26]。不过有些大国，如大食（阿拉伯），自己有独立的币制，它们的商民得到中国铜钱，仍是用来换成金银匹帛带回去[27]。中东曾有中国银锭出土。[28]

当时铜钱最大的去路，是北方的金人。金人似乎是有计划地吸收江南的铜钱[29]，他们虽然自己也铸钱，但数目不多，大部分靠用宋钱。而且极力防止铜钱的南流，所以也在开封发行纸币，以收兑宋钱运到黄河以北去[30]。高丽也吸收了一些中国钱币。此外，使用中国铜钱最多的，要算日本。北宋时，宋钱已流向日本，不过那时日本在藤原氏支配之下，对于中日间的贸易，加以限制，恐怕中国人到日本去的要比日本人到中国来的多，就是中国商人到日本去，也有各种限制。南宋时，日本的政权先后落在平、源两家手中，这两家的将军都是奖励中日间的贸易的。淳熙六、七年间，日本的藤原基广曾说到当时日本民间通行宋钱的情形。自源赖朝战胜平家之后，于淳熙十二年（1185年）在镰仓成立军政府。这一个时期，钱币在日本更是通行；有一批商人，专门从中国输入铜钱，以供给新起的放债人做资本[31]。近代日本各地发掘的古钱中，绝大部分是宋钱[32]。在南宋的时候，中国钱也有流到越南去的。淳熙元年曾下诏叫广西经略安抚司将安南使副所带的现钱依市价用白银或绢帛折支[33]，以杜外流。

宋室对于这种铜钱的外泄，自然非常注意，北宋时便曾下令严禁铜钱出口。南宋绍兴十三年又下令对于广东福建方面的船只都须加以严格的检查，不准带铜钱。孝宗乾道七年（1171年）三月曾立沿海州军私赍铜钱下海舶法。宁宗庆元五年（1199年）七月且指明禁止高丽日本商人博易铜钱。对于金人的吸收铜钱，更是千方百计加以防范。乾道二年八月诏两淮行铁钱，禁止铜钱过江北，以防其落入金人手中。淳熙七年又诏京西州军用铁钱和会子，民间的铜钱限于两个月内送官换取铁钱和会子。九年十一月又发会子收两淮的铜钱。光宗绍熙二年（1191年）连两淮的铁钱也用会子去收回来。然而这些禁令究竟有多少效力，却是疑问。因为利之所在，不但商人冒禁，就是专管贸易的官吏也以金钱出海办货；郡县的巡尉，自然不敢加以阻止[34]。

铜钱既然向外流出，又因成本太高，不能添铸。因此有些地方只能铸造铁钱。铁钱的成本比较低，铸造的人可以得到溢利，平时十文铁钱，成本只要四文，在铁炭贵的时候，也只要六文本钱便可以铸铁钱十文[35]。自乾道到开僖那三四十年间，同安和蕲春两监每年共铸铁钱约自二十万贯到四五十万贯，有渐次减少的倾向[36]，大概因为会子继续膨胀的结果，铸造铁钱也不合算了。

南宋因会子发行数量膨胀，所以物价比北宋高许多倍[37]。例如度牒，这是僧道取得法律地位的根据。古时僧道免税，出家的人多，对于度牒有很大的需要。度牒在宋代当作公债票或国库券一样买卖。在北宋初年，每张定价是一百三十缗；元丰六年，因发行限制，地方政府有增价到三百缗的，但不久就回跌到一百九十缗。南渡后重新发行，起初每张六十缗，后来增加到一百缗，淳熙初增加到三百缗，以后便扶摇直上，每张自五百缗到七百缗、八百缗[38]。这种涨势，难免同度牒本身的供求有关，但大部分是受了货币的影响，那是毫无疑义的。因为当时又有用度牒换米的办法，而米数反而有减少的倾向。淳熙九年，广东福建以米三百石换度牒一道；后来绍兴府以二百石换一道，不久又减成五十石[39]。度牒已经没有人承买，当局竟用科配的办法，即以民户土地面积为比例，强销度牒[40]。又若以米价为例：熙丰以前是六七百文一石。崇观间涨到七八千一石。政和宣和间回跌到一二千文一石。靖康建炎间又大涨。南渡前后，一石米总在万钱以上。绍兴的第一个十年还是在八九千文一石，以后由于钱荒，回跌到二千文左右一石。乾道年间有些地方要五六百钱一斗[41]，但有些地方六百多钱便可以买一石[42]。普通仍是两千文上下一石[43]。淳熙年间也差不多[44]。绍熙年间郴州官定折税钱一石为二贯一百五十文足[45]。庆元五年因折价之外，另有附加，每石有纳七贯的，有人说这是当时米价的一倍以上[46]。董煟在谈到赈粜的时候说，如市价三十文一升，就依籴时本钱十五六文到二十文一升出粜[47]。可见还没有大的涨落。自开禧用兵以后，物价又上涨。嘉定到端平年间，一石米大约要三四贯[48]，若遇饥荒，则要一二十贯[49]。绍定末襄阳到过每石十万[50]，京鄂之间，每石值湖会六七十贯[51]。嘉熙四年因浙左大旱，米价波动非常厉害，起初三十六贯一石，渐渐上涨[52]，到一百贯[53]，最高到过三百四十贯[54]。这种上涨，一部分虽是由于天旱米少，但通货膨胀也是一个重要的原因[55]。所以在淳祐年间还要百贯一石[56]。这些数字，大概都是用纸币计算的价格或纸币和铜钱的混合价格，如果以铜钱计算，自然不会那样高，因为钱价和物价同时上涨[57]。然而以铜钱计算的物价，比起北宋来，恐怕也上涨很多[58]。乾道九年，有人报告江西湖南等地丰稔，米价每石一贯四百文。李安国为之折合现铜钱只合八百四十文足，说从来没有这种低价，恐怕是传闻错误。可见当时以铜钱计算，每石一定也要一两千文。不过南宋的铜钱，是以折二钱为主，小平钱很少。乾道年间根本没有铸造小平钱。所以铜钱的物价是折二钱的物价。

如果我们以十年为一期来看两宋的米价，虽然会发现其波动的不规则性，但也能看出上涨的倾向。

宋代米价表（一）[59]

期　　别	每公石价格 （单位：文）	期　　别	每公石价格 （单位：文）
961— 970 年	190	1111—1120 年	1391
971— 980 年	311	1121—1130 年	12 209
981— 990 年	192	1131—1140 年	11 421
991—1000 年	241	1141—1150 年	1420
1001—1010 年	419	1151—1160 年	2626
1011—1020 年	386	1161—1170 年	2881
1021—1030 年	399	1171—1180 年	2484
1031—1040 年	804	1181—1190 年	3001
1041—1050 年	2902	1191—1200 年	4260
1051—1060 年	1034	1201—1210 年	6481
1061—1070 年	525	1211—1220 年	3989
1071—1080 年	1125	1221—1230 年	4348
1081—1090 年	791	1231—1240 年	3480
1091—1100 年	859	1241—1250 年	11 594
1101—1110 年	1827		

如果以五十年为一期，这种上涨的倾向更要清楚些。

宋代米价表（二）

期　别	每公石平均价格（单位：文）	期　别	每公石平均价格（单位：文）
10世纪后半	229	12世纪前半	3506
11世纪前半	705	后半	2993
后半	839	13世纪前半	5905

自10世纪末到12世纪前半那一两百年间，米价上涨的倾向是很明显的。但12世纪后半却有回跌。这种回跌，一部分由于12世纪前半有许多战争，有些年份的价格太高。一部分由于绍兴中叶以后铜钱又大规模外流，造成钱荒。虽然乾道以后的物价，是铜钱和会子的混合物价，但铜钱购买力的提高，自然也要影响物价。13世纪前半，物价记录极少，而且都不正常，但当时滥发纸币，购买力的确也大降。铜钱的减少，使纸币对铜钱价格跌得更快。政府为要缓和楮币价的跌势，就想多铸钱，然而宋代产铜，偏偏以那时为最少。

宋代产铜数额表

年　　份	每年产额（单位：斤）
皇祐中（1051年）	5 100 834
治平中（1066年）	6 970 834
元丰元年（1078年）	14 605 969
乾道二年（1166年）	263 160

因为铜少，只好搜索民间的旧铜器，绍兴二十八年除拿出御府铜器千五百件付泉司铸钱外，还搜得民间铜器两万多斤，并禁止寺观添造钟盘铙钹。次年限制官吏止能留钱两万贯，平民一万贯，超过数限两年内买存金银茶盐香矾钞引等。乾道七年舒薪守臣都因铸钱而升官[60]。大概浸铜术又受到了重视[61]。

南宋棉价也上涨了。绍兴元年是二千四五百文一斤，二年涨成九千六百文，十八年为四千三百文，隆兴二年又是二千四五百文，都是足陌。如果说北宋平均棉价为五百文一斤，则南宋涨成四倍到五倍。

在淳熙年间，虽然还有因纸币轻便而加以收买作输送工具的[62]，但一般讲起来，拿到纸币的人，多是及早换成铜钱[63]，以保持购买力。因为铜钱的购买力相当高[64]。这样加速纸币的流通速度，使它的价值跌得更快。到嘉定初年，会子已经折阅得不能通行[65]，政府一时虽还继续发行，但人民多不愿接受，已经有的只好用来纳税。

各种地方纸币如川引、湖会、淮交等，到了嘉定年间还在增发，价值一天一天下跌。例如四川的钱引，在嘉定初（1208年）每缗止值得铁钱四百以下，有人主张用金银度牒一千三百万去收回半界，但收回有限期，有些地方离总所有千多里路，赶不及。加上官吏作弊，使得一引跌到一百个钱。后来政府申明：不换的仍旧通用，引价才恢复到铁钱五百[66]，在关外用铜钱的地方，每引只值得一百七十个钱[67]。这还算管理得好。嘉定十一年（1218年）因金人进攻，又增印五百万作军费。宝祐二年（1254年）曾发行银会子，以一当百。使钱引的价值大跌，米价每石二千引，后来涨为五千引[68]。度宗咸淳五年规定每年以发行五百万缗为额。湖广会子在淳熙初年曾用京会收回，但后来似乎又有发行。到嘉定年间价值又下跌[69]。两淮交子在嘉定十五年又增印三百万缗，不能维持它的购买力[70]。

在理宗朝，当局维持会子的努力，也没有多大成就[71]。绍定三年（1230年）在杭州会子库设置监官。端平元年（1234年）又禁铜钱下海，并出内库缗钱兑易楮币[72]。当时金人已经被蒙古人所灭亡，理应有所好转。可是事实上不然。金人亡后，又要对付蒙古人，所以又发行十六、十七两界会子。在前一年，旧会一贯尚有值钱五百的地方，新会发行之后，旧会每贯只值钱三百三十文，同时旧会一贯三百可以换到新会一贯，折算起来，新会一贯只值钱四百二十九文，反而不如未发行新会时的旧会[73]。端平二、三年又准备造十八界会子。嘉熙四年（1240年）春季规定以十七界会子五贯抵十八界会子一贯，并收回十六界，当时单是十六、十七两界会子，便有五万万贯之多，价钱怎能不跌[74]？那年国内发生旱灾，物价大涨，政府向巨室籴米，每石给三十六千，这已经是够高了，但不久又增加四五倍，使得豪民巨室破家荡产，自杀的很多[75]。当局下令纳税仍旧一半用会子，一半用现钱，会子中一半用十八界会子平价计算，一半用十七界会子折纳。淳祐五年（1245年）又以会子百万贯犒赏水陆战守诸军。六年各界会子共计六亿五千万贯[76]。八年并且规定十七、十八两界会子永远通行[77]。

淳祐四、五年以后的一个期间，各种犒赏，多用现钱和金银。二十年间，支出的缗钱在一亿九千万以上，白银也用了五千万两，黄金千两[78]以上。南宋铸钱减少，但开庆景定年间都曾铸钱，而且还有用会子从各地收换进来的铜钱，所以数目也有可观。在这同一期间内，对于会子则极力讲求秤提管理，屡次出度牒或铜钱等来换易破旧会子。但是景定元年政府令临安府用钱三百零四万七千八百五十九贯、十七界会子一千零九十五万二千一百多贯，共凑成十七界会子一千四百万贯收籴大米四十万石[79]，每石合得约三十五贯，或每公石四十贯足。这时赵宋的天下，大势已去。虽然也有不少"忠义"之士，舍身捐财[80]，以求保持现状，但大部分的人，多是望风投降，不加抵抗。

景定四年（1263年）陈尧道建议限田的办法，预计自两浙江东西官民户踰限的田中，抽三分之一，买充公田，可得一千万亩，每年就有六七百万斛的收入，可以饷军，可以免籴，可以重楮，可以平物而安富，一举有五利。但他不知收买踰限的田，每天要增印会子到十五万贯之多。五年贾似道发行金银现钱关子，每百作七十七文，一贯等于十八界会子三贯；并且废十七界会子不用。币值还是下跌。政府虽极力设法平粜，以抑物价，但富人多囤谷不卖，市面只见纸币不见米，所以粒食翔踊[81]。桑价"三百变三千"[82]。十八界会子二百贯不够买一双草鞋[83]。当时有人制一副对联，描写社会的萧条，说是"人家如破寺，十室九空。太守若头陀，两粥一饭"。咸淳十年（1274年）十一月蒙古方面的伯颜已率大军到复州，而宋室还发出一千万贯的关子，叫贾似道出师抗敌，然而已来不及了。

两宋的纸币，因为采用分界发行的办法，所以从物价上，看不出通货膨胀的真相来。且以末期的会子为例，在嘉定二年的时候，因为十六界的旧会子跌价，曾以一对二的比率用新会子去收回来；后来十七界会子再跌价，在收换时，以十八界会子一贯当十七界会子五贯。这时以十八界会子所计算的物价，可能同正常的物价水平接近。但后来又跌价了，乃以铜钱关子一贯抵十八界会子三贯。假定米价一石值得铜钱关子一贯，看来物价并不高。其实这就等于十八界会子的三贯，十七界会子的十五贯，嘉定时会子的三十贯，越推上去，才越晓得物价上涨的厉害。再以纸币的钱价来说：铜钱关子一贯合现钱七百七十文，十八界会子合二百五十七文，十七界会子五十一文；则嘉定时的旧会子一贯只合铜钱二十五文，如果推到第一界去，恐怕一贯会子不能值一文。所以分界发行的办法，对于物价的上涨，有掩蔽的作用。因此南宋虽然通货膨胀了几十百年，却没有惊人的物价数字。只有当时身受的人才晓得人民的疾苦。

至于南宋纸币到底膨胀到多少倍呢？这因为各界收换的比率，不见有详尽的记载，所以无法知道。不过单就已经有的一点数据，也可以看出膨胀的倍数不小。当蒙古人于1276年占据江南的时候，是用中统钞来收回旧钞，书中所说的是会子，但实际上应当就是贾似道的现钱关子。当时收回的比率是中统钞一贯合旧钞五十贯。这也就是说现钱关子要一百贯才值得白银一两。再从关子推算上去，则十六界会子要二千二百五十贯才值得中统钞一贯，或四千五百贯合白银一两。如果从第一界会子算起，不知是多少万倍了。

南宋官吏的俸给所得，应当比北宋低，因物价水平已提高。一个佃农如果耕田三十亩，每亩在江南平均约收米二石，至少有一石要作地租送给地主，每年实际收入为三十石，约合二十公石，一家五口，每人摊到四公石。百分之六十自家消费，其余用来交换油盐香烛药饵等物[84]。这是太平时候的产米区，而实际上地主的量器大，有时百分之七八十归地主。

各种工人的工钱，也好不了多少。北宋的工钱每月都能买到一公石以上的米。开宝年间纺织工人的工头每月可买到两三公石大米，普通女工也能买到一公石以上的米。元丰年间的搬运夫每月可以拿到三公石以上的米。但南宋最好的工钱每月只能买到一公石米多一点，一般每月只能买到几公斗。例如乾道七年，绍兴府的诸暨县，开凿工人每天只给米二升[85]，每月仅得四公斗。淳祐元年浙江宁波的淘沙工，每天支十七界会子五百文，米二升半，或会子一贯五百文，不支米[86]。当时米价每石合十七界会子四十贯，所以每月只可拿到七公斗半大米。而且南宋盛行克扣工资的事[87]，劳动人民实际拿到手的还要打个折扣。

南宋工人收入表

年份	工作性质	每月工钱所能买到的大米（单位：公石）	所据
建炎元年（1127年）	潜水夫	1.00	《宋会要辑稿》
绍兴二年（1132年）	下等工匠	0.81[88]	《宋会要辑稿》
	杂役兵匠	0.95[89]	《宋会要辑稿》
五年	兵饷	0.78—0.97	《宋史》
乾道七年（1171年）	开凿工	0.4	《宋会要辑稿》
绍熙庆元年间	军器厂兵工	1.16	《攻媿集》
庆元二年（1196年）	海堤工	0.73	《攻媿集》
淳祐元年（1241年）	淘沙工	0.75	《四明它山水利备览》

注　释

[1]　《文献通考·钱币考二》。《皇宋中兴两朝圣政》卷四六，乾道三年正月："是月度支郎唐琢言，自绍兴三十一年即造会子，至乾道二年七月共印造二千八百余万道。乾道三年正月六日以前措置收换外，尚有八百余万贯在民间未收，今来诸路纲运依近降旨挥，并要十分现钱，故州县不许民户输纳会子，致流转不行，商贾低价收买，辐凑行在，所以六务支取，拥并喧闹。"

[2]　《宋会要辑稿·食货·赈贷》六三。

[3]　《宋史》卷一七八《食货志》上六，引咸淳二年监察御史赵顺孙言。

[4]　《文献通考·市籴考二·社仓》。

[5]　《宋会要辑稿·食货》四〇之一四，乾道九年闰正月七日李安国言："若用会子一贯四百文省得米一硕，以见钱纽算，每升计钱八文四分足，自旧即无上件价例，窃恐传闻差误。"

[6]　《宋史》卷一八一《食货志》。《群书考索》后集卷丑二《财用门·楮币类》说：乾道四年，两界相沓二千万缗。又说：淳熙甲午（即元年）共四千一百二十万缗。可见自乾道以来，就有两界并行的事。

[7]　《宋史》卷一八一《食货志》。

[8]　《容斋三笔》卷一四《官会折阅》："淳熙十二年迈自婺召还，见临安人揭小帖，以七百五十钱兑一楮。……然是后囊弊又生，且伪造者所在有之。及其败获，又未尝正治其诛，故行用愈轻。迨庆元乙卯（元年）多换六百二十，朝廷以为忧。诏江浙诸道，必以七百七十钱买楮币一道。此意固善，而不深思，用钱易纸，非有微利，谁肯为之。"

[9]　《宋会要辑稿·食货》二八之五一，嘉定三年八月二十七日诏："亭塌钞引之家，低价买会，每贯用钱三四百文。"

[10]　《建炎以来朝野杂记》甲集卷一四《财赋》。

[11]　这些数字是根据《宋史·食货志》。同书卷四二三《王迈传》的数字稍有出入。王迈说："国贫楮多，弊始于兵。乾淳初行楮币，止二千万，时南北方休息也。开禧兵兴，增至一亿四千万矣。绍定有事山东，增至二亿九千万矣。议者徒患楮穷，而弗惩兵祸。姑以今之尺籍校之，嘉定增至二十八万八千有奇，……今无他策，核军实窒边衅捄楮币第一义也。"同书卷四一五《黄畴若传》：（开禧间）"自军兴费广，朝廷给会子数多。至是折阅日甚，朝论颇严称提，民愈不售，郡县科配，民皆闭门牢避，行旅持券终日，有不获一钱一物者。"

[12]　《夷坚志》戊集上《黄池牛》："黄池镇隶太平州，其东即为宣城县境，

十里间有聚落，皆亡赖恶子及不逞宗室，啸聚屠牛杀狗，酿私酒，铸毛钱，造楮币，凡违禁害人之事，靡所不有。"

[13] 《建炎以来系年要录》卷一四一。

[14] 《宋史·食货志·会子》："三年臣僚言，今官印之数虽损，而伪造之券愈增。且以十五、十六界会子言之，其所人之数，宜减于所出之数，今收换之际，元额既溢，来者未已，若非伪造，其何能致多如是。"钱引也有伪造。《宋史》卷三七四《赵开传》载："宣司获伪引三十万，盗五十人。"《宋会要辑稿·刑法》二之一四五，嘉定十六年正月五日臣僚言："年来伪楮日甚。丁卯旧楮缀补以为新者有之，蜀道楮纲潜易于中流者有之，小夫媭人之家，盗天子之权，私铸印文者亦有之。如一界之楮，为数若干，行之数年之间，耗于水火，耗于破损，耗于遐方，踰界而不易者，又不知其几也。及其界满而收也，其数常溢，则伪楮之多可知。"

[15] 《宋史》卷一八一《食货志·会子》："孝宗隆兴二年饷臣赵沂添印（钱引）二百万。淳熙五年以蜀引增至四千五百余万，立额不令再增。光宗绍熙二年，诏川引展界行使。宁宗嘉泰末，两界出放凡五千三百余万缗，通三界出放益多矣。"《建炎以来朝野杂记》卷一六《四川收兑九十界钱引本末》："至嘉泰末两界书放凡五千三百余万缗，通三界所书放视天圣祖额，至六十四倍。逮嘉定初每缗止直钱四百以下……议论凡数月，至是忽行下诸州，听民间以旧引输官课及赴利州市金银，期以岁终官司毋得受，榜出民间大惊……四川诸州去总领所远者千数百里，……引之值仅售百钱。"

[16] 《建炎以来朝野杂记》甲集卷一六《财赋》三。

[17] 《夷坚志》中的故事，凡是绍兴以后的，常提到用楮币的事。如乙集上《茶仆崔三》："黄州市民李十云开茶肆于观风桥下，淳熙八年春底（一少女扣门入），……女曰汝月得雇直不过千钱，常不足给用，袖出官券一千与之，其余屡致薄助。"

[18] 《建炎以来系年要录》卷七九："绍兴四年八月癸巳太常少卿陈桷言，今日之弊，物贵而钱少，祖宗以来，有司鼓铸之数既多，而泄于四裔，其禁甚严，川陕之间，以铁易铜而行之。"《宋会要辑稿·刑法·禁约》二之一四二，嘉定十年十一月二十九日臣僚言："臣闻楮币之折阅，原由于铜钱之消耗；铜钱之消耗，原于透漏之无涯。乞下庆元、泉、广诸郡，多于舶船离岸之时差官检视之外，令纲首重立罪状。舟行之后，或有告首败露，不问缗钱之多寡，船货悉与拍没。"十二年六月二十八日都省言："勘会见钱稀少，会价渐至减低，访闻日来皆由铜钱下江，并番舶偷载，与乎越界贩卖出外。"又一四四，嘉定十五年十月十一日臣僚言："顷年泉州尉官尝捕铜锭千余斤，光烂如金，皆精铜所造。若非销钱，何以得此？"

《宋史》卷一八〇《食货志》下二:"淳祐四年右谏议大夫刘晋之言,巨家停积,犹可以发泄,铜器镶销,犹可以止遏,唯一入海舟,往而不返。"

[19] 斯坦因在中亚细亚所发见的铜钱中,最晚的是到北宋底为止(如政和通宝),似乎南宋的铜钱已不流到那一方面去(Ruins of Desert Cathay)。可是实际上北宋的铜钱不一定是在北宋时流出,因为南宋铸钱数目很少,大部分是用北宋钱或甚至北宋以前的古钱。所以单是看见只有北宋钱,不足以证明是在北宋时流出的。

[20] 1827年新加坡附近发掘许多宋钱。(Crawfurd, *A Descriptive Dictionary of the Indian Islands*, p.94.)

[21] Dr. Karl Ritter von Scherzen 曾在爪哇的雅加达发掘三十五枚中国铜钱,共为十八种,除了两枚开元通宝外,全是宋钱,开元通宝宋时尚通行,所以大概也是宋时所输出。其余的铜钱计圣宋元宝一枚,景德元宝一枚,天禧通宝一枚,天圣元宝一枚,皇祐通宝三枚,嘉祐通宝二枚,熙宁元宝二枚,元丰通宝九枚(内三枚为草书),元祐通宝五枚(内二枚为篆书),绍圣元宝三枚(内一枚为草书),政和通宝一枚,宣和通宝一枚。(*T'oung Pao*, Serie 1, Vol.X, *Geographical Notes* by C. Schlegel 引 Pfizmaier 之 *Bericht ueber einige von Hrn.Dr. Karl Ritter von Scherzen eingesandte Chin.und Jap.Muenzen.Wien*, Karl Gerold's Sohn, 1861.)

[22] 在南印度的马八儿(Mabar)地方,也曾几次发掘中国铜钱。(见 *Yule and Cordier*, Marco Polo, Vol.II, p.337.)

[23] Dr.S.W.Bushell 说 Sir John Kirk 曾在非洲桑给巴尔发掘宋钱。[F. Hirth and W. W. Rockhill 在其译著 *Chau Ju-kua*(赵汝适)第一二七页 Zanguebar 条下注中引 *North China Daily News*, May 9, 1888. 另见 Hirth, J. A. O. S., XXX, pp.55—57。及 S. W. Bushell, *Description of Chinese Pottery and Porcelein*, XVI.] 又1898年德人某在非洲索马里海岸(Somali Coast)的木骨都束(Mugedoshu)也曾发掘宋钱。(F. Hirth, *Early Chinese Notices of East African Territories*; J. A. O. S., 1909, pp.55, 57.)

[24] 《宋史》卷一八六《食货志》下八:"凡大食、古逻、阇婆、占城、勃泥、麻逸、三佛齐诸'蕃',并通货易。以金银缗钱铅锡杂色帛瓷器市香药、犀、象、珊瑚、琥珀、珠琲、镔铁、驴皮、玳瑁、玛瑙、车渠、水精、蕃布、乌楠、苏木等物。"《建炎以来系年要录》卷六九,绍兴三年十月:"又闻邕钦廉三州与交阯海道相连。逐年规利之徒,贸易金香,必以小平线为约,而又下令其国,小平钱许入而不许出,若不申严禁止,其害甚大。"

[25] 赵汝适《诸蕃志》卷上《阇婆国》。

[26] 马欢《瀛涯胜览·爪哇国》。

[27] 《宋会要辑稿·蕃夷》四之九三,绍兴四年七月三日广南东路提刑司言:

"大食国进奉使人蒲亚里将进贡回赐到钱置大银六百锭,及金银器物匹帛。"

[28] 丹麦考古队曾在巴林发现两枚宋朝的银币(见1958年二月二十七日香港《南华早报》)。所谓银币,大概是银锭。

[29] 《建炎以来系年要录》卷一八六,绍兴三十年九月壬午王淮言:"两淮多私相贸易之弊,……若钱宝则有甚焉。盖对境例用短钱。南客以一缗过淮,则为数缗之用。况公然收贯头钱而过淮者,日数十人,其透漏可概见矣。"《宋会要辑稿·食货》三八之四二,乾道三年七月十二日唐琢言:"襄阳府榷场,每客人一名入北界交易,其北界先收钱一贯三百方听入榷场。所将货物,又有税钱及宿食之用,并须见钱。大约一人往彼交易,非将见钱三贯不可,岁月计之,走失见钱何可纪极。而北界商人未有一人过襄阳榷场者。闻于光州枣阳私相交易,每将货来,多欲见钱,仍短其陌,意在招诱。嗜利奔凑者众,今钱荒之甚,岂容阑出如此?"

[30] 《九通分类总纂》引范成大《揽辔录》。《宋史》卷三七三《洪适传》:"乾道元年……八月……林安宅以铜钱多入北境,请禁之。即蜀中取铁钱行之淮上。"

[31] 关于南宋时日本通行宋钱的事散见日本的文献中,如本庄荣治郎、黑正岩共着《日本经济史》(《现代经济学全集》第六卷)第一九七页和第二一四页。Kenzo Akiyama, *The History of Nippon*, p.158. 又桑原骘藏《宋末の提举市舶西域人蒲寿庚の事迹》一书对于中国铜钱的外流也有讨论。王辑五《中国日本交通史》第八章二《宋代与日本之贸易》。

[32] 日本正德二年(1712年)水户正宗寺出土的一批古钱中,宋钱占百分之八十三以上。明治三十五年(1902年)冈部村全昌寺出土的一批古钱中,宋钱占百分之八十九点六。又常陆国井村等处出土的古钱中,宋钱约占百分之八十四(详见第七章第一节二注[1])。

[33] 《宋会要辑稿·蕃吏·安南》四之四九。

[34] 《建炎以来系年要录》卷一五〇,绍兴十三年:"初申严淮海铜钱之禁。而闽广诸郡,多不举行。于是泉州商人,夜以小舟,载铜钱十余万缗入洋,舟重风急,遂沈于海,官司知而不问。"《宋史》卷一八〇《食货志》:"自置市舶于浙于闽于广,舶商往来,钱宝所由以泄。是以自临安出门下江海皆有禁。淳熙九年诏广泉明秀漏泄铜钱,坐其守臣。嘉定元年三省言:自来有市舶处,不许私发番船。绍兴末臣僚言:泉广二舶司及西南二泉司遣舟回易,悉载金钱。西司既自犯法,郡县巡尉,其能谁何。至于淮楚屯兵,月费五十万,见缗居其半。南北贸易,缗钱之入敌境者,不知其几。于是沿边皆用铁钱矣。"

[35] 张世南《游宦纪闻》卷二:"蕲春铁钱监,五月至七月,号为铁冻,例阁炉鞲,本钱四可铸十;铁炭稍贵,六可铸十。工雇费皆在焉。其用工之序有三:

曰沙模作；次曰磨钱作；末曰排整作。以一监约之，日役三百人，十日可铸一万缗。一岁用工九月，可得二十七万缗。"

[36] 日野开三郎在《东洋中世史》第三篇第三章中统计同安蕲春两监铁钱铸造额表如下（单位万贯）：

年 份	公元	同安监铸造额	蕲春监铸造额	合 计
乾道六年	1170年	20	10	30
淳熙五年	1178年	30	15	45
八年	1181年	25	15	40
九年	1182年	15	15	30
十二年	1185年	20	20	40
绍熙二年	1191年	10	10	20
嘉泰三年	1203年	罢铸	罢铸	0
开禧三年	1207年	10	10	20

[37] 岳珂《愧郯录》（著于嘉定年间）卷一五《祖宗朝田米直》："观太平兴国（米一斗十余钱）至熙宁（八年斗五十钱），止百余年，熙宁至今亦止百余年，田价米价，乃十百倍蓰如此。"周密《齐东野语》："（孝宗时）周益公曰……且以平江府论之，绍兴以前，归正添差等官，岁用五万缗，后来乃用二十余万缗，则是岁添三倍以上。"

[38] 《燕翼贻谋录》。

[39] 董煟《救荒活民书》卷二《度僧》。董煟是绍熙五年进士，尝知瑞安县。

[40] 《西山先生真文忠公文集》卷一七。

[41] 《宋史》卷一七八《食货志》上六："乾道间郡有米斗直五六百钱者。"《齐东野语》："苗米一石直三千，州府受纳，则令折科，增三千为五千，增五千为七千。"

[42] 陆游《入蜀记》："公安……井邑亦颇繁富，米斗六七十钱。"

[43] 《宋史》卷一七五《食货志》上三："乾道四年籴本给会子及钱银，石钱二贯五百文。"《宋会要辑稿·食货》四〇之一四，乾道八年十二月十三日中书门下言："访闻江西湖南及贵州汉阳军等处，今岁丰稔，米价每硕不过一贯四百文，合措置收籴。"

[44] 《朱文公文集》卷八八《刘公神道碑》："淳熙二年，……又贷诸司钱合三万万，遣官籴米上江，得十四万九千斛。"《宋史》卷三八六《刘琪传》有同样记录，但贷诸司钱数作三万。应系脱误。《宋会要辑稿·食货》四〇之一四，淳

熙十二年正月二十八日诏：" 淳熙五年米每升一十九文。淳熙九年米每升二十三文。今秋早晚稻收成……每石价钱不等，自一贯六百文至二贯五十文。"

[45] 《宋会要辑稿·食货·赋税杂录》绍熙二年四月二十日诏："郴州每岁折税钱，每石只许二贯一百五十文足，永为定例。"

[46] 《宋会要辑稿·食货》七〇《赋税杂录》庆元五年四月二十九日臣僚言："今乃复于折米麦之外，变纳价钱，麦一石或折钱五千；米一斗或纳钱七百；计其价直，何止倍输？"

[47] 《救荒活民书》卷二《赈粜》。大概是庆元年间的事。

[48] 《西山先生真文忠公文集》中有几种米价，卷六《奏乞分州措置荒政等事》一文中说嘉定八年江东九郡："市籴翔踊，斗几千钱……以平时三数日之资为一日之籴，犹不能饱。"可见平时最多一石三贯。卷一二《奏乞将知宁国府张忠恕丞赐罢黜》文中说（嘉定八年）："粳米每石一贯文足。"卷七《申省第三状》（嘉定九年？）说："每石三贯。"《申省第四状》说因灾伤（广德）"城市米价每一省升为钱四十余足。"政府赈粜每升先作二十四文足，后减作十八文。卷一七《申尚书省免和籴尽数状》说，嘉定十七年"每石计官会三贯七百五十文"。卷一五《申尚书省乞拨降度牒添助宗子请给》中（端平三年？）说米价："以中价计之，每硕为钱三贯文。"同一文中说：白银每两三千四百六十文。是则米价每石合银八钱六分九。

[49] 《宋史》卷六七《五行志》嘉定元年："淮民大饥，食草木，流于江浙者百万人。先是淮郡罹兵，农久失业，米斗二千。殍死者十三四。炮人肉马矢食之……是岁行都亦饥，米斗千钱。"又二年春："两淮荆襄建康府大饥，米斗数千。"

[50] 《鹤林集》卷一九《论中原机会不易乞先内修政事札子》记绍定六年八月事："襄州米石，贵直百千。"

[51] 《许国公奏议》卷一《应诏上封事条陈国家大体治道要务凡九事》："京鄂之间，米石为湖会六七十券，百姓狼顾，枕籍道途。"

[52] 俞文豹《吹剑录》外集："嘉熙庚子大旱，京尹赵存耕科敷巨室籴米，始官给三十六千一石；未几，粒价增四五倍，豪民巨姓破家荡产，气绝缢死者相踵。至今父老痛之。"原注"廷博案三十六千一句似有误字"。这是注者不明当时通货膨胀的存在。三十六千如果是指十七界会，只合十八界会七贯多。

[53] 《杜清献公集》卷一〇记嘉熙四年八月已见札子："物价腾踊，昔固有之，而升米一千，其增未已；日用所需，十倍于前，昔所无也。"又卷一一上《已见三事》："臣窃见今岁之旱，京辅为甚。……斗米十千，又复日长。"《清正存稿》卷一《奏乞科拨籴本赈济饥民札》："臣入境以来……自南康池阳太平以达于建康，

凡历四郡……目下米一斛廉者六七十千，高者至百余千。流离殍死，气象萧然。"

[54] 经筵《论救楮之策所关系者莫重于公私之쥳》（嘉熙四年）："夫古今未有石米之直为缗丝三百四十千，而国不穷，民不困，天下不危乱者也。"

[55] 《杜清献公集》卷一〇《吏部侍郎已见第一札》："且去岁浙左旱叹异常，浙右虽得中熟，而仰食既多，米价十倍其涌。"《鹤林集》卷二四《申省二状》："率十分减三，而谷尚贵；以五券税一，而楮弗昂。"

[56] 李曾伯《可斋杂稿》卷一七《除淮阃》内引奏札（淳祐年间所作）："姑以迩年已验者言之，……京畿近地，米石百千。殍殣相望，中外凛凛，天变可谓极矣。"但浙江宁波一带，在淳祐元年，一石米只要官会四十贯。魏岘《四明它山水利备览》卷上淳祐元年十月《余参政委淘沙》说，淘沙工的工钱每日支官会五百文，米二升半，或官会一贯五百文，不支米。

[57] 《宋史》卷一八〇《食货志》记淳祐八年陈求鲁言："夫钱贵则物宜贱，今物与钱俱重，此一世之所共忧也。"

[58] 戴埴《鼠璞》："今日病在楮多，不在钱少。如欲钱与楮俱多，则物益重矣。且未有楮之时，诸多皆贱，楮愈多，则物愈贵。计以实钱，犹增一倍。"

[59] 表中数字所根据的米价，约有两百三十种。有些太不正常的米价没有计入。如建炎四年的二千贯一石和绍兴十三年的六十五文一石。每十年期中，有时只有一两年的数字。又如10世纪的60年代，书中没有实在的米价，只说建隆中谷贱，所以姑且斟酌太祖太宗两朝的低价记录，一公石以足钱一百九十文计算，作为60年代的平均米价。又如11世纪的30年代（1031—1040年）没有找到米价记录，但《宋史》卷二八三《夏竦传》载："宝元初，……许人入粟赎罪，铜一斤为粟五斗。"钱重以每文一钱计，则粟一石约当钱三百二十文，但宋代用省陌，以七十七文为一百，故粟价应为每石四百文以上。米贵于粟，故作每石七百文。又如11世纪最后十年的价格，无法求得合理的平均数。因为我们所有的数字是1091年的每石七百七十文与每石七百文。以后许多年间没有数字；直到1099年和1100年才有许多记载，而这些记载恐怕是以铁钱为标准，当时大概要七枚铁钱换一枚铜钱。表中数字是假定1091年的价格是铜钱价格，而1099年和1100年的价格是铁钱的价格，而以十文铁钱换算成一文铜钱。13世纪第一个十年间的数字不是现有数字的平均，而是假定前五年每石是三千五百文，后五年一万二千文，这样平均出来的。这同实际情况大概相差不远，因为在开禧用兵之前，应同12世纪最后十年差不多，同金人开战以后，米价上涨九倍。又13世纪的40年代，只有一项数字，即百贯一石，只好以这数字为代表，那些年间物价恐怕是有那样高。又计算方法，一年以内的是用简单算术平均法，一年以上的如十年期、半世纪、一世纪等都用几何平均法。钱

文以足陌计算。

[60] 《宋史·食货志》下二。

[61] 《皇宋中兴两朝圣政》卷一二绍兴二年十月："辛卯朝议……饶信二州铜场……皆产胆水,浸铁成铜。元祐中始置饶州兴利场,岁额五万余斤。绍圣三年又置信州铅山场,岁额三十八万斤。其法以片铁排胆水槽中,数日而出,三炼成铜。"

[62] 《夷坚志》癸集上《闻人氏事记》："闻人尧民伯封,嘉兴人也。淳熙六年赴楚州录……经三月积俸钱百千,买楮券遣仆持归遗母。"

[63] 《夷坚志》丁集下《王七六僧伽》："丽水商人王七六,每以布帛贩货于衢婺间,绍熙四年,到衢州诣市驵赵十三家,所赍直三百千,赵……杀之。纳尸于箪内……俟半夜人定,欲投诸深渊……邻居屠者姜一讶其荒扰,执赵手欲就视,不能隐,乃告以实,赂以五楮券,姜不听,曰我当诉尔于官,……后增十券,姜喜乃舍去。是日不买猪,即归而持券易钱。"《宋史》卷三九五《李大性传》："(光宗时)江陵旧使铜镪,钱重楮轻,民持贳入市,有终日不得一钱者。大性奏乞依襄郢例通用铁钱,于是泉货流通,民始复业。"

[64] 《夷坚志》癸集上《薛湘潭》(淳熙间)："媪曰此间村酒二十四钱一升耳。我家却无。薛取百钱求买二升。媪利其所赢,挈瓶去,少顷,得酒来,与媪共饮,媪喜甚,献牛肉一盘。"《岭外代答》(序于淳熙五年)卷四《常平》："且广州斗米五十钱,谷贱莫甚焉。夫其贱非诚多谷也,正以生齿不蕃,食谷不多了。……连遇大凶年,米斗仅至二百钱,则人民已有流离之祸,州县拱手,无策以处之。"

[65] 《宋史》卷三九《宁宗纪三》："嘉定四年十二月癸未以会子折阅不行,遣官体访江浙诸州。"关于嘉定初年会子跌价的情形,真西山在《西山先生真文忠公文集》中屡有提到,如卷第二癸酉(嘉定六年)五月二十二日《直前奏事之二》,卷第三《对越甲藁奏札轮对札子》(二月十一日草就),卷第五《故事》(七年七月十一日进)等。

[66] 《续通典》。《宋史》卷四一二《陈咸传》："蜀钱引旧约两界五千余万,半藏于官,自军兴,引皆散于民,宣总三司增剏三界通行八千余万,价日益落;咸捐一千二百余万缗以收十九界(应为九十界)之半,又与丙议合茶马司之力,再收九十一界,续造九十三界以兑之,于是引价复昂,籴价顿减。"

[67] 《文献通考》卷九。

[68] 李曾伯《可斋杂稿》卷三《救蜀楮密奏》。《宋季三朝政要》卷二《理宗》条下说是在宝祐四年发行新川会,大概就是指银会。

[69] 《文献通考》："嘉定十四年诏造湖广会子二十万,对换破损会。自后因仍行之。"《宋会要辑稿·食货·漕运四》嘉定十五年三月二十五日："以今市

直论之，二贯七百湖广会仅可换铜交子一贯行使。"这里的铜交子，不知是指什么。

[70] 《宋会要辑稿·食货》二八之四八，嘉泰二年十二月十八日诏："淮东提盐司贴纳盐钱与免纳二分交子。……旧例用钱会各四分，交子二分，至是客人诉其不便故也。"《文献通考·钱币考二》："嘉定十五年增印（淮交）及三百万，其数日增，价亦日损，称提无其术也。"

[71] 《古今图书集成》引《癸辛杂识》："真文忠贞，一时重望。端平更化入。僕其来，若元祐之湅水翁也。是时楮轻物重，民生颇艰，意谓真儒一用，必有建明。转移之间，立可致治。于是民间为之语曰，若欲百物贱，直待真直院。及童马入朝，敷陈之际，首以遵崇道学、正心诚意为一义。继而复以《大学衍义》进。愚民无知，乃以其所言为不切于时务。复以俚语足前句云：吃了西湖水，打作一锅面。市井小儿，嚚然诵之。士有投公书云：先生绍术道统，辅翼圣经，为天地立心，为生民立命，愚民无知，乃欲以琐琐俗吏之事望公。虽然，负天下之名者，必负天下之责。楮币极坏之际，岂一儒者所可挽回哉？责望不亦过乎？"

[72] 《宋季三朝政要》卷一。

[73] 端平元年吴潜应诏上封事条陈国家大体治道要务凡九事。《续文献通考》卷七，嘉熙四年九月："令措置十八界会子，收换十六界。将十七界以五准十八界一券行用。如民间辄行减落，或官司自有违戾，迳赴台省越诉。"

[74] 袁甫《论会子疏》："目今（嘉熙四年）十六十七两界会子，五十千万，数日多，价日低。救弊之策，幸有十八界新会一著。若不善用之，则适足以滋弊。今白札子遽欲以十八界会子旋印旋支。其说谓一新之直，可当旧之五六，故欲停旧造新。然……十八界既出，则新旧三界，杂然并行，区处愈费力矣。据白札子虽云以新会照时价买旧会，而暗毁之。然当此用度窘迫，既曰不必顿造新会，则安能每月以三分之一而买旧会，必至三界并行，愈多愈贱。"

[75] 俞文豹《吹剑录》外集。原注，见注[52]。《宋史》卷四一九《徐荣叟传》："嘉熙四年……入对，言自楮币不通，物价倍长而民始怨。自米运多阻，粒食孔艰，而民益怨，此见之京师者然也。"

[76] 孙梦观《雪窗集》卷一《丙午轮对》第二札。

[77] 《宋季三朝政要》卷二《理宗》。

[78] 根据《宋史·理宗纪》中最后二十年的记录。

[79] 《宋史》卷一七八《食货志》。

[80] 《宋史》卷四四《理宗纪四》宝祐六年十二月："向士璧不俟朝命，进师归州，捎赀百万，以供军费。马光祖不待奏请，招兵万人捐奉银万两，以募壮士。"又开庆元年四月："知施州谢昌元自备缗钱百万，米麦千石，筑郡城有功，诏官一转。"

[81] 张培仁《妙香室丛话》卷一《典淮郡谢启》条引宋文本心《谢贾似道启》。周密《齐东埜语》："景定五年……时十月乙丑，忽闻圣躬不豫，降诏求医。丁卯遗诏升遐，而金银关子之令乘时颁行，换易十七界楮券。物价自此腾涌，民生自此憔悴矣。"

[82] 高斯得《耻堂存稿》卷六《桑贵有感》。

[83] 《桐江集》卷六《乙亥前上书本末》载方回上书诛贾似道："自更易关子以来，十八界二百不足以贸一草履，而以供战士一日之需。"

[84] 方回（南宋人）《续古今考》："予往在秀之魏塘王文政家，望吴侬之野，茅屋炊烟，无穷无极，皆佃户也。一农可耕今田三十亩，假如亩收三石或二石，姑以二石为中，亩以一石还主家，庄斡量石五以上，且日纳主三十石，佃户自得三十石。五口之家，人日食一升，一年食十八石，有十二石之余。多常见佃户携米或一石或五、七、三、四升，至其肆易香烛纸马油酱醯浆粉麸面椒姜药饵之类不一。整日得米数十石。每一百石舟运至杭至秀至南浔至姑苏巢钱；复买物货归售，水乡佃户如此，山乡则不然。要知佃户岁计惟食用，田山之所种，纳主家卅外，不知有军兵徭役之事，亦苟且辛苦过一世耳。"

[85] 《宋会要辑稿·食货》八之一一，乾道七年十二月八日臣僚又言："绍兴府诸暨县，……开凿约用六十八万一千五百工，每工日给米二升，计用米一万三千六百三十硕。"

[86] 魏岘《四明它山水利备览》卷上淳祐元年十月《余参政委淘沙》。

[87] 《宋会要辑稿·职官》二九之三，绍兴二十六年十二月三日和二九之五到六淳熙十三年三月十日都提到克扣工钱的事。

[88][89] 原额为下等工匠每月粮二石，添支钱八百文，每日食钱一百二十文，春冬衣依借支例。杂役兵匠每月粮二石五斗，每日食钱一百二十文，春冬衣依借支例（《宋会要辑稿·职官》一六之五，绍兴二年十二月七日条）。

六 白银的购买力

两宋的物价，是以铜铁钱表示；南宋夹用纸币[1]。白银只作大数目的支付，不用来表示物价；南宋流通银会子的区域可能是例外。乾道九年曾有用银支付铜价的事例，四斤铜付一两白银[2]，但在全国看来，民间的日常交易，不用白银；所以不能说是十足的货币。只有租税的折纳，往往用银[3]，银价的记录也比任何前代要多。

宋代因为铜铁钱的购买力逐渐降低，纸币更是膨胀得厉害，所以用钱钞计算的银价，也有上涨的趋势。宋初每两大概千文上下，后来涨成每两三千多文。虽然有官价与市价之别，而且铜钱区与铁钱区的价格不相同，但上涨的倾向，是可以看出来的。

宋代银价表

年　份	每两价格	备　注
蜀广政中（936—965年）	六百八十文	西蜀官估
	一千七百文	西蜀市价，系铁钱价格（见《成都记》）
太平兴国二年（977年）	一千文	剑南定赃
太平兴国七年（982年）	一千七百文	市价，或系铁钱价格
咸平中（998—1003年）	八百文	汴京官价
景德四年（1007年）	七百五十文	官估
	一千文	河东路市价
天圣五年（1027年）	一万一千三百	四川收价，用小铁钱（见《宋会要辑稿》）
	二万	益州市价，用小铁钱（见《宋会要辑稿》）
康定元年（1040年）	二千	汴京官价（《宋史》卷一八三），或系铁钱或大钱价格
庆历六年（1046年）	三千	邛州官价。系铁钱或大钱价格（《续资治通鉴长编》）
	三千以上	梓州路市价。系铁钱价格
熙宁八年（1075年）	一千六百文	四川蜀州，恐系铁钱价格
九年（1076年）	一千四百文	四川蜀州，恐系铁钱价格
崇宁三年（1104年）	一千二百五十	官价（见《宋会要辑稿·食货》卷四三之八〇）
靖康元年正月（1126年）	一千五百	汴京官价
年底（1127年）	二千三百	汴京官价
同	二千五百	汴京官价
二年正月（1127年）	二千五百	汴京官价
二月（1127年）	二千五百	汴京官价
三年（1128年）	二千二百	汴京官价
绍兴三年（1133年）	二千二百	杭州官价（《宋会要辑稿·食货》四〇之一七）
四年（1134年）	二千三百	杭州官价（《岳柯金佗续编》卷五）
	三千有奇	广东市价（《宋会要辑稿·食货》二六）

续表

年 份	每两价格	备 注
二十六年（1156 年）	不满三千	杭州市价（《朝野杂记》）
	三千三百	杭州官价（《朝野杂记》）
三十年（1160 年）	三千至四千	广西路官价（《宋会要辑稿·食货》二七）
又	二千文足	同上市价
隆兴二年（1164 年）	三千三百	镇江官价（《宋会要辑稿·食货》二七之九）
又	三千	同上市价
乾道五年（1169 年）	三千二百至三千三百	杭州官价（《宋会要辑稿·食货》九之一一）
乾道八年（1172 年）	三千六百	（《宋会要辑稿·食货》五一之四八）
淳熙二年（1175 年）	二千三百六十三文足	桂阳官价与市价（《止斋先生文集》卷四四）
十年（1183 年）	二千九百四十九文足	广州（《宋会要辑稿·食货》二八之二三）
庆元间（1195—1200 年）	三千三百文	杭州官价
又	三千文未满	杭州市价
宝庆中（1226？年）	三千三百	杭州官价
绍定元年（1228 年）	三千三百文以下	杭州官价（《宋史》卷一七九《食货志》）
端平三年（1236 年）	三千四百六十文	泉州价（《西山先生真文忠公文集》卷一五）
景定年间（1260—1264 年）	三百万文	四川以钱引计算（李曾伯《可斋杂稿》）
次年	七百五十万文	四川以钱引计算（李曾伯《可斋杂稿》）

大体上，在 10 世纪后半，每两约合铜钱七八百文。一千多文的兑价大概是用四川铁钱计算。11 世纪前半银价开始上涨，每两由七八百文涨到一千多文。但天圣五年的数字是小铁钱计算的，小铁钱十文值铜钱一文。康定庆历间的高价也是用大钱和铁钱计算的，不能同其他的数字比较。后半就在四川也不过千多文一两。12 世纪前半每两自一千二三百文到两千五百文，后半则每两三千到三千三百文。13 世纪前半每两也是三千三百文上下。都是以省陌计算，大约以七十七文为一百，但各地可能并不一律。而且官值一般高于市价。

如果宋代是以白银来表示物价，一定要比用钱文计算的物价稳定得多。试以米价为例，若换算成白银，则在宋代的两三百年间，虽然也是常常波动，而且长期看来，上涨成三倍。在 10 世纪底每石约值银二钱多，每公石值银十六公分。到 12 世纪后半，每石平均约值银八钱，或每公石值银四十六公分。13 世纪后半的初年（宝祐年间）四川每石值银六钱六分六，或每公石三十七八公分[4]，但比起用钱文计算的米价来，要稳定得多。

宋代米价表（三）

期　别	每公石平均价格（单位：银两）	银钱折算率（每两合铜钱数[5]）
961—970 年	0.329	750
971—980 年	0.505	800
981—990 年	0.312	800
991—1000 年	0.391	800
1001—1010 年	0.604	900
1011—1020 年	0.313	1600
1021—1030 年	0.324	1600
1031—1040 年	0.522	2000
1041—1050 年	1.256	3000
1051—1060 年	0.446	3000
1061—1070 年	0.682	1000
1071—1080 年	1.461	1000
1081—1090 年	0.856	1200
1091—1100 年	0.930	1200
1101—1110 年	1.582	1500
1111—1120 年	1.204	1500
1121—1130 年	7.044	2250
1131—1140 年	6.449	2300
1141—1150 年	0.801	2300
1151—1160 年	1.137	3000
1161—1170 年	1.169	3200
1171—1180 年	0.977	3300
1181—1190 年	1.181	3300
1191—1200 年	1.677	3300
1201—1210 年	2.550	3300
1211—1220 年	1.209	3300
1221—1230 年	1.318	3300
1231—1240 年	1.006	3460
1241—1250 年	1.006[6]	
1251—1260 年	1.004	

整个宋代的米价，如果以白银计算，每公石平均为八九钱。11世纪米价还低，那是赵宋最繁荣的时代，生产增加，货币数量也多。但12世纪前半物价特别高，因为那时蔡京等人主政，铸大钱，使钱的价值减低；又启外祸，国内动乱，生产受阻而减少。然而12世纪后半，江南的米价还不算太高。

宋代米价表（四）

期　别	每公石平均价格（单位：银两）	期　别	每公石平均价格（单位：银两）
10世纪后半	0.377	12世纪前半	2.337
11世纪前半	0.526	后半	1.208
后半	0.815	13世纪前半	1.327

绢价的情形以白银计算，涨得更加缓和。以铜钱计算的绢价，自宋初的千钱一匹，建炎时涨到两千；南渡后三千四千五千，一直涨下去，最高到过一万钱一匹。但如果折成银价，则除了绍兴年间的波动以外，几乎没有什么大的涨跌，宋初一匹是一两二三钱，末年也不过一两二钱。

宋代绢价表（一）

期　别	每匹平均价格（单位：银两）	银钱折价[7]（单位：文）
961—970年	1.20	——
971—980年	1.25	800
981—990年	——	——
991—1000年	1.28	800
1001—1010年	——	——
1011—1020年	0.65	1600
1021—1030年	0.85	
1031—1040年		
1041—1050年	1.00	
1051—1060年	1.30	1000
1061—1070年	1.44	1000
1071—1080年	1.30	1000
1081—1090年	1.10	1200
1091—1100年	1.00	——

续表

期　别	每匹平均价格 （单位：银两）	银钱折价[7] （单位：文）
1101—1110 年	——	——
1111—1120 年	——	——
1121—1130 年	0.81	2250
1131—1140 年	2.35	2300
1141—1150 年	3.20	2300
1151—1160 年	1.71	3000
1161—1170 年	1.48	3200
1171—1180 年	1.51	3300
1181—1190 年	1.51	3300
1191—1200 年	1.56	3300
1211—1220 年	1.21	3300

宋代两百多年的绢价，用白银来计算，平均每匹约一两三钱上下。除了南宋绍兴年间以外，银绢价格约略一同起落。这是什么缘故呢？是不是因为绢是输出品、而欧洲和中亚细亚一带的人都是用白银来支付、使中国银绢的比价受国际市场的影响、因而比较稳定呢？似乎不是。因为宋代的绢价，比起其他朝代的绢价来，却不能说是稳定。唐代的绢价就要低得多。初唐和晚唐，每匹绢只合得五六钱白银；只有安史之乱后可能例外，但我们不知道当时的银价。后来明代的绢价也比宋代低。这就不能用国际影响来解释了。

宋代绢价表（二）

期　别	每匹平均价格 （单位：银两）	期　别	每匹平均价格 （单位：银两）
10 世纪后半	1.24	12 世纪前半	1.83
11 世纪前半	0.81	后半	1.55
后半	1.22	13 世纪前半	1.21

白银的购买力，虽然比钱文稳定，但其减低的倾向，是很明显的。这种降低，应当是由于白银的跌价。白银的数量也增加了：一方面是本国生产的增加，另一方面是外国白银的流入或本国白银外流的减少。唐代产

银，每年不过一、二万两[8]。北宋产额大增：至道末十四万五千多两，天禧末八十八万三千余两，皇祐中二十一万九千八百二十九两，元丰元年二十一万五千三百八十五两[9]。据说最高到过一千八百六十多万两[10]。南渡以后，银矿停闭很多[11]、生产困难，而且金银铜钱外流，所以白银的购买力，没有再向下跌。

北宋产银的地方很多，将近有三十州。其中以信州（江西）为最多，每年到过十万两以上。其余如虢州、陇州、南剑州、潭州等地，年产都到过几万两[12]。

黄金对钱文的价格，在宋代特别高。唐末每两到过八千文，宋初涨到过一万，接着一度下跌，咸平年间跌到五千。大概因此有人运金出境。大中祥符元年真宗就问到为什么京城金银涨价。有人说是回鹘人收买运往外国[13]，也有人说是由于国内的浪费[14]。仁宗以后，大概金价涨得比银价快。天圣五年金价每两上涨一贯，银价似乎不动[15]。广南金价每两只要八千八百文[16]，那是产金地的收购价格，比一般价格要便宜，不能用作标准。明道二年当局下诏，册宝法物，凡用金的都改用银，而以金涂之[17]。大观三年将当十钱改作当三，曾引起抢购黄金的风潮[18]，金价一定上涨。靖康元年，金银价扶摇直上，尤其是金价。

宋代金价表

年　　代	每两价格 （单位：文）	备　　注
太平兴国二年六月（977年）	10000	江南西路官估 （《续资治通鉴长编》）
同年改定	8000	江南西路官估 （《续资治通鉴长编》）
至道四年（998年）	5000	京东官价（见《宋会要辑稿·食货》三四之一三）
咸平中（998—1003年）	5000	汴京市价（《续资治通鉴长编》）
大中祥符八年十一月（1015年）	10000	汴京市价
哲宗徽宗时（1086—1125年）	10000	汴京市价（《珩璜新论》）
靖康元年正月（1126年）	20000	汴京官价（《三朝北盟会编》）
又	30000	
同年年底（1127年）	32000	汴京官价（《靖康纪闻》）
又	50000	汴京官价
二年正月（1127年）	35000	汴京官价（《靖康纪闻》）

续表

年　　代	每两价格 （单位：文）	备　　注
二月	32000	汴京官价
又	35000	
绍兴四年（1134年）	30000	杭州官价
隆兴二年（1164年）	30000	杭州官价
又	35000	市价（《宋会辑稿·职官》）
嘉定二年（1209年）	40000	杭州官价（《宋史·食货志》）

　　崇宁到绍兴那一期间以钱文计算的金银价格的上涨，尤其是金价的上涨，除了钱币本身的跌价以外，还有别的原因：第一是黄金生产的减退；皇祐中每年只有一万五千零九十五两；治平中减为五千四百三十九两；元丰元年也只有一万零七百一十两[19]。第二是民间窖藏需要的增加。因为崇宁到绍兴，正是宋朝社会最不安定的一个时期。人民不问是在战区或在非战区，都会增加对于金银，尤其是对于黄金的需要。在战区的人看来，逃难的时候，黄金是最便于携带的财富；在非战区的人看来，因为时局的动荡，需要黄金来储藏。第三是金人尽量地搜括。例如在宣和末汴京将陷的时候，金人对于议和的条件，是先要犒师金黄金五百万两，白银五千万两。宋室向民间搜括的结果，只得到黄金二十余万两，白银四百余万两[20]。靖康元年十二月金人又遣使来要黄金一千万锭，白银二千万锭，当局又大事搜括，于是金价涨到每两五万文，银价每两三千五百文[21]。其实宫中还有不少的金银不肯拿出来[22]，偏要榨取老百姓那一点储蓄。

　　由于白银购买力下跌，金银比价发生很大的变化。10世纪和11世纪初，金银比价还是一比六点二五，大概千年来变动得很少。12世纪的20年代恐怕就开始在变，因为天圣五年金价已上涨，自然会使金银比价变动，可能变成一比七点五。崇宁三年银价每两一千二百五十文，而金价在哲宗徽宗时据说是每两一万文[23]，折算起来，是一比八。这种折算不是十分妥当的，因金银两者的价格，不是同一来源，两者可能地区不同，也可能计算的标准不同，因为当时有铜钱，有铁钱，有小平钱，有大钱，这些钱的价格都是不同的。大观三年当十钱改作当三，闻讯者争购黄金，金价一定上涨，金银比价自然会发生变化。但无论如何，在靖康年间，金银比价是大变了。自一比十二点八到一比十四点二五。到绍兴四年还是一比十三。以后似乎又稍平复，隆兴二年可能是一比十一上下，但嘉定初似乎又到过一比十二。不过这两种比价也是一种推算，不一定很可靠。

宋代金银比价表

年　　代	黄金一两值银两数	备　　注
咸平中（998—1003年）	6.25	见《续资治通鉴长编》
大中祥符八年（1015年）	6.25	见《续资治通鉴长编》
靖康元年正月二十七日（1126年）	13.33	见徐梦莘《三朝北盟会编》卷三二
同年十二月十九日（1127年）	13.04	见靖炎《两朝闻见录》上
同年年底	12.8	
又	14.25	见《续资治通鉴》卷九七
二年正月十三日	14.0	见丁特起《靖康纪闻》
二月二十一日	14.0	见靖炎《两朝闻见录》上
二十四日	14.0	见《三朝北盟会编》卷八三
绍兴四年（1134年）	13.04	

银价对金价的相对下跌，单从国内金银生产的比例以及对于金银需要的比例也可以解释。在供给方面：11世纪前半的皇祐中，金银生产量的比例是金一银十四点五六。后半的治平中是金一银五十七点九五；元丰元年是金一银二十点一一。在需要方面：12世纪前半的宣和末年金人所要求的犒师费是金一银十，靖康元年底的一次是金一银二；而当局向民间搜括的结果，所得是金一银二十。隆兴二年凡阬冶监官每年能收买金四千两银十万两的即升官[24]，可见当时还是金少银多。这些条件，已足够使金银比价发生变动。

中国金银比价的这种变动，是中国特殊的条件造成的，不是受到外国金银比价变动的影响。因为虽然当时欧洲有些地区的金银比价是一比十一到十二，但中国同它们没有直接接触，而同中国关系密切的阿拉伯世界的金银比价仍旧是一比六上下[25]。虽然如此，外国白银的流入中国，仍有影响中国银价的可能。我们对这两三百年中国际间金银的移动，不能有具体的数字提出来。但是根据欧洲和中亚的情形来看，白银的流入中国是有可能的。唐宋间，东西贸易，有阿拉伯人的仲介，非常旺盛。尤其自9世纪以来，佛兰克帝国的查理大帝同阿拉伯帝国的关系良好，由阿拉伯人把中国的丝帛运往欧洲。当时欧洲生产落后，没有什么商品为东方所需要，只能用金银偿付货价。10世纪时欧洲的金银比价是一比十一到十二，而中国是一比六点二五，阿拉伯也是一比六，所以双方都以使用白银为有利。欧洲在 10 世纪时白银产量虽有限，但中亚一带是产银区，而奇怪的是这一区域在 10 世纪底普遍感到白银的缺乏，以至于停止铸造银币，而以低级金属来代替。它们的白银往哪里去了呢？有人[26]说是流到北方俄国和波罗的海一带去了；但也可能有流到中国来买丝绢的。中国的金银比价一直到 11 世纪初似乎仍没有变动。12、13 世纪欧洲的白银生产特别增加，所以欧洲的白银若有东来的事，当以这一时期为最盛。恰好中国银价的相对跌落是在这一期间。阿拉伯的金银比价大概仍旧是一比六[27]。

因为钱文和白银的购买力都有减退的倾向，而以钱文和白银计算的金价则上涨，所以黄金的购买力最为稳定。如果我们假定 10 世纪后半和 11 世纪前半的金银比价为一比六点二五，11 世纪后半为一比八，12 世纪前半为一比十三，后半和 13 世纪前半为一比十二，则黄金对米的购买力，在三百年间，约减低百分之六十六。至于绢价，若以黄金计算，则不但没有上涨，反而有下跌，即每匹由 10 世纪后半的二钱跌为 12 世纪后半的一钱三分。不过绢价的数据更加缺乏，尤其是在 10 世纪后半，只有三种价格，而且相差很大，每匹自六百到一千八百，所以不适于用来同十一二世纪比较。就是金价、米价以及金银比价的数据，也不够充分。

宋代米价表（五）

期　别	每公石平均价格（单位：一两黄金）	期　别	每公石平均价格（单位：一两黄金）
10 世纪后半	0.060	12 世纪前半	0.179
11 世纪前半	0.084	后半	0.101
后半	0.102	13 世纪前半	0.098

宋室南渡后，黄金对白银，有慢慢回跌的倾向。回跌的原因，除了不再应金人的苛索外，还有黄金从外国输入。例如日本便是一个输出黄金的国家。在宋元两代，日本的金价低于中国。元祐元年（1086 年即日本白河天皇应德二年）的时候，日本的金银比价是一比五[28]，而中国在咸平年间和大中祥符年间都是一比六点二五，元祐年间没有资料，可能金价已上涨到一比七或一比八，因为靖康年间的比价是一比十三和十四。所以日本人以输送黄金到中国来为有利。日本在平安时期末期沙金生产很盛，产区在藤原氏的领土内，当时日本的政权正掌握在藤原氏的手中，藤原清衡所建立的中尊寺中的光堂是包金的，其经堂所藏的经书传说是清衡用沙金

十万五千两向宋朝皇帝买去的。实际上,日本对华输出品中,几乎以沙金占第一位,一年中最多达四五千两[29]。在理宗绍定五年(1232年)的时候,日本的金价是每两六百五十文。中国当局对于日本货本有抽分博买的办法,自理宗宝祐六年(1258年)起,准许日本的黄金到中国自由买卖。

注 释

[1] 《宋会要辑稿·食货·受纳》:"绍熙二年三月二十二日诏潼川府……等县,支移赴隆庆府三仓送纳米,可改理估钱送纳,每石连耗并头子勘合钱,共纳钱引八道。"

[2] 《宋会要辑稿·食货》四三之四〇:"乾道九年正月六日江璆言,……将净铜就官宝,约计工费,乞纳铜四斤,请官银一两。"

[3] 《宋会要辑稿·食货》四〇之一四,绍兴三年四月:"令户部于桩管高丽绢内支一万五千匹,每匹作六贯;见在由内支二万匹,每匹作五贯。余不足三千贯,并以银折支,每两作二贯二百。"又《赋税杂录》乾道五年正月二十日诏:"今后受纳折帛银,照依左藏库价,与民户折纳,不得辄有减降。……先是递年民户输银于官者每两折直三千二百,而输之左藏库,却折三千三百,每两暗赢人户百钱。臣僚言之,故有是命。"

[4] 李曾伯《可斋杂稿》卷三《救蜀楮密奏》:"自宝祐二年,更印银会,以一当百,一时权于济用,将以重楮,然自此而楮益轻。……姑举一二言之:银价去春每两仅三千引,今每两七千五百引矣。籴价去春每石仅二千引,今每石五千引矣。其他百货增涨者称是。"

[5] 这里是以省陌为准,所以宋代米价表(一)中的数字,须先除以七十七,再行换算。但12世纪的20年代和30年代的米价似嫌太高,因不知其是用铜钱计算还是用铁钱计算或川折二钱计算。表中银钱折价,多少是用武断的方法,并非当时全国的平均银价,而系考虑各该期间米价数字的来源及价格标准后定出来的。如果某一十年期的米价数字,大部分来自四川,那么银钱折算率也以四川的为主;如果米价是以铁钱计算,那么银价只好也用铁钱计算。

[6] 13世纪40年代的米价,若用钱会计算,虽要百贯一石,但银价也必已同比例地上涨(参见注[4]),甚至可能银价上涨得比米价快。这里姑且维持前十年的价格。

[7] 这里的折价与米价表中的折价有几项不符的地方,因为这里概以铜钱为标准。

[8]　《唐书》卷五四《食货志》："元和初天下银冶废者四十岁，采银万二千两。……及宣宗……天下岁率银一万五千两。"

[9]　见《宋史》卷一八五《食货志》下七《阬冶》。《宋会要辑稿·坑冶》。《文献通考·征榷考五·坑冶》。《群书考索》后集卷六二《坑冶》等书。

[10]　《建炎以来朝野杂记》卷一六《财赋三·金银坑冶》："祖宗时除沙石中所产黄金外，岁贡额银至一千八百六十余万两。"

[11]　同上："渡江后停闭金坑一百四十二，银坑八十四。"

[12]　《宋会要辑稿·坑冶》。

[13]　《群书考索》后集卷六二《坑冶》。

[14]　《宋会要辑稿·食货·杂禁》一六二："大中祥符元年帝以京城金银价贵，以问三司使丁谓，谓言多为西域回鹘所市入蕃，诏约束之。"《燕翼贻谋录》："祖宗立国之初，崇尚俭素，金银为服用者鲜。士大夫罕以侈靡相胜。故公卿以清节为高，而金银之价甚贱。至东封西祀，天书降，天神现，而侈费寖广。公卿士大夫是则是傚，而金银之价亦从而增。故大中祥符八年十一月乙巳真宗皇帝览三司奏，乏银支用，问辅臣曰：咸平中银两八百，金两五千；今何增踊如此？"

[15]　《群书考索》后集卷六二《坑冶》。

[16]　《宋会要辑稿·食货·坑冶杂录》三四之一五。

[17]　《燕翼贻谋录》。

[18]　《文献通考·钱币考》引《国史补》。

[19]　《宋史》卷一八五《食货志·阬冶》。

[20]　《大宋宣和遗事》前集，宣和六年："京城破在顷刻……今议和须索犒师金五百万两，银五千万两。……时金人讲和索金银甚急，王孝迪揭榜立赏限，括在京军民官吏金银，违者斩之。得金二十余万两，银四百余万两，民间藏富为之一空。"李纲《靖康传信录》卷上："宣和七年冬，金人败盟，下兵两道入寇。……至十二月中旬，贼马逼近……而宰执哀聚金银自乘舆服御宗庙供具六宫官府器皿皆竭取，复索之于臣庶之家，金仅及三十万两，银仅及八百万两。翌日对于福宁殿，宰执以金银之数少，惶恐再拜谢罪，独余不谢，于是孝迪建议欲尽括在京官吏军民金银，以收籴犒设大金军兵为名，揭长榜于通衢立限，俾悉输之官，限满不输者斩之。许奴婢亲属及诸色人告，以其半赏之，都城大扰，限满得金二十余万两，银四百余万两，而民间藏富为之一空。"《大金吊伐录》卷一天会四年（即靖康元年）正月九日回宋书："来示改添岁币七百万贯，今减五百万贯。除自来已合交送银绢两项外，拟只岁输二百万贯，合要赏军物帛并书籍下项目五监，金五百万两，银五千万两，杂色表段一百万匹，里绢一百万匹，马牛骡各一万头匹，驼一千头。"（《中国内

乱外祸历史丛书》）《续资治通鉴》卷九六："靖康元年正月，金宗望军至京城西北，命李棁奉使……宗望约见之。……需金五百万两，银五千万两。……诏括借私家金银……得金二十万两，银四百万两，而民间已空。"

[21] 《续资治通鉴》卷九七："靖康元年十二月癸亥，金遣使来索金一千万锭，银二千万锭，帛一千万匹，于是大括金银。金价至五十千，银价至三千五百。"

[22] 《大金国志》卷三二："金检视大宋库藏，有金三百万锭，银八百万锭。"《建炎以来系年要录》卷二引《宣和录》："金人入内往取诸库……金砖一百四十一叶，王先生烧金，陈搏烧金，高丽进奉生金，甲金头盔各六副，金鞍、金马杓、金杵刀、金作子四百二十五副，……上皇阁分金钱四十贯，银钱八十贯；皇帝阁分金钱二十贯，银钱四十贯；皇后阁分金钱十一贯，银钱二十二贯；银火炉一百二十只，金火炉四只，金棹子一百二十只，银交椅二十只，金合大小四十只，金水桶四只，金盘盏八百副，金注碗二十副，金银匙箸不计数，金汤瓶二十只。"同书三月："留守司以军前札子复须金银圆数，遂分下二十三坊，每坊金四十四万五千两，银二百八十一万四千一百五十两，……下户金亦不减百，银不减千。"

[23] 孔平仲《珩璜新论》卷二："今金两有直万者，则汉金一斤为今一两价矣。"孔平仲为哲宗徽宗时人。徽宗时曾帅鄜、延、环、庆，后主管景灵宫。

[24] 《宋史》卷一八五《食货志·阬冶》。

[25] 关于欧洲自6世纪到15世纪的金银比价，J. L. Laughlin (*Money, Credit and Prices*, Vol.I, pp.95—96.)笼统地列为一比十五。这里依照 Alexander Del Mar(*Money and Civilization*, p.199.)，他说：法国在864年金银比价是1：11.5，1113年是1：11.25。13世纪多在1：12以上。W. A. Shaw (*The History of Currency* 1252—1894, p.40.)说，13世纪意大利的金银比价为1：10.75到1：10.84，英国为1：9.25。西班牙则到1432年还只有1：5.822，这显然是阿拉伯人的比价。

[26] Robert P. Blake, The Circulation of Silver in the Moslem East Down to the Mongol Epoch. (*Harvard Journal of Asiatic Studies*, Vol.II, 1937, p.291.)

[27] 同注[25]第三例。

[28] 加藤繁《中世の金银の価格及び是の日支贸易》。见昭和八年《社会经济史学》。

[29] 加藤繁《唐宋时代に於けろ金银の研究》。《宝庆四明志》提到金子和沙金。藤原兼实《玉叶》卷一二："承安三年（乾道九年）法皇备莳绘手箱一合，纳入沙金百两，作为赠答物以致于宋。"《开庆四明续志》卷八："倭人冒鲸波之险，舳舻相衔，以其物来售，市舶务实司之。然藉抽博之人，以裨国计，硫黄

木板而已,金非所利也。倭金怀细所携,铢两几何?而官吏之虐取,牙侩之控制,卒使之乾没焉。非朝廷怀远意。大使丞相吴公力陈于上,请弛其禁勿征,愿代输之,上可其奏。"

第三节　货币研究

一　货币理论

宋代是士大夫文化特别发达的朝代,特别是北宋,产生了一次文化高潮,然而在货币理论方面是令人失望的,反而不如南宋。这也不是没有道理的。首先,士大夫耻言利,儒者自以为不应知钱谷,以为关于耕织的事应当去问奴婢。其次,正当产生文化高潮的熙丰年间,士大夫的待遇最好,他们手里有的是钱,铁钱也好,交子也好,对于他们的豪奢生活,丝毫没有影响,所以在他们看来,是没有货币问题的。到了南宋,情形就有点不同了:首先,纸币是一件新鲜事物,容易引起好奇心,其次,南宋官吏的待遇就比不上北宋盛时,而且纸币的贬值,多多少少要影响他们的生活。

北宋谈到货币问题的人有李觏、司马光、沈括、苏轼、苏辙等人。李觏(1009—1077年)是一个数量说者。他在《富国策》里说:

大抵钱多则轻,轻则物重;钱少则重,重则物轻。[1]

这种见解自然没有什么新奇,自一两千年前的《管子》以来,历代都有人说同样的话。大观四年的诏书也说:"钱与物同,少则贵,多则贱。"

在货币经济特别发达的北宋,也还有带实物论倾向的人。也许应当说,正由于货币经济特别发达,才引起一些思想保守的人的忧虑。司马光(1019—1086年)在反对王安石的免役钱的时候,就流露了这样的思想。他在元祐元年说:

> 今朝廷立法曰：我不用汝力，输我钱，我自雇人。殊不知农民出钱难于出力。何则，钱非民间所铸，皆出于官。上农之家所多有者，不过庄田、谷帛、牛具、桑柘而已，无积钱数百贯者也。自古丰岁谷贱，已自伤农，官中更以免役及诸色钱督之，则谷愈贱矣。[2]

这种话唐代的陆贽、白居易等人就已经说过。免役钱的当否姑不论，但这是租税货币化的自然趋势。司马光、苏轼等人所反对的正是这种趋势。他们并不真是站在农民的立场说话，而是在替地主说话。

沈括（1031—1095年）对于货币的流通速度，有所阐明。他曾对神宗说：

> 钱利于流借。十室之邑，有钱十万，而聚于一人之家，虽百岁，故十万也。贸而迁之，使人飨十万之利，遍于十室，则利百万矣。迁而不已，钱不可胜计。[3]

他认为货币流通次数越多，则作用越大。欧洲的经济思想史，以为关于货币流通速度的理论，是17世纪英国的洛克（John Locke）的重要贡献；洛克说：一个钱流通一百次，就等于发挥了一百个钱的作用。这见解基本上在六百年前就被沈括道破了。唐人已有这样的看法，但没有沈括讲得那样清楚。

苏轼（1036—1101年）是一个金属论者。他在《关陇游民私铸钱与江淮漕卒为资之由》[4]一篇策问里说：

> 私铸之弊，始于钱轻；使钱之直若金之直，虽赏之不为也。今秦蜀之中，又裂纸以为币，符信一加，化土芥以为金玉，奈何其使民不奔而郊之也。

他主张钱的名目价值要同币材价值相等，并且反对纸币。

他的弟弟苏辙（1039—1112年）却带法家的口气。熙宁二年（1069年）他在《论钱币通用仓库充实之策》中说：

> 钱币国之所为也，故发而散之于民。[5]

这句话同近代的货币国定说差不多。他在《自齐州回论时事书》中又说：

> 夫钱者，官之所为，米粟布帛者，民之所从生也。古者上出钱以权天下之货，下出米粟布帛以补上之阙，上下交易，故无不利。[6]

这就同唐朝的陆贽、白居易以及本朝的司马光的观点一样。这些人并不是真正的实物论者，只是在他们的思想中，还有实物论的残余，因为他们是地主的代言人。

到了南宋，留心货币问题的人就多了，如罗泌、虞俦、辛弃疾、袁燮、袁甫、叶适等。

罗泌是研究古代史的，在《路史》中有一篇《论币所起》，但他所想考证的是货币起于哪一个具体的时代，换言之，即起于哪一个皇帝的时候。这是一个历史问题。他对货币是帝王所为还是自己自发产生的，显然不感兴趣，因而关于这一点，他的话并不十分明确。他说：

> 民知饮食衣裳之用，而货币作，货币作而天下通，圣人守之，所以为治也。则其势之来，其当生民之物乎。

从几句话看来，他是认为货币是民所作，而圣人守之。用现代的话来说就是：货币的产生是自发的，货币产生之后，天下的商品才得以流通，而且帝王利用它来进行统治。也可以说，帝王们保持了这种自发产生于民间的货币，使国家得到治理。

南宋由于通行纸币，货币不断贬值，影响人民的生活很大，所以大家对于纸币有许多意见。大抵在朝的人，多加赞成，如虞俦和辛弃疾等。虞俦曾在札子里说：

> 臣自前年（光宗时）叨帅淮西，继移东漕，足迹所经历，耳目所闻见，未尝有以交子为不便者。……铜铁交会，各有定值，纵其间小有低昂，皆出于斯民之情愿，初非官司强为之也。……且如四川铁钱钱引，行之二百余年，公私流通，未有议其为不便者。[7]

这里他只站在统治者的立场，替纸币作辩护。对于货币的本质问题没有表示意见。

辛弃疾（1140—1207年）在他的《论会子疏》里说：

> 世俗徒见铜可贵，而楮可贱；不知其寒不可衣，饥不可食，铜、楮其实一也。……往时应民间输纳，则令见钱多而会子少。官司支散，则见钱少而会子多。以故民间会子一贯换六百一二十足。……近年以来，民间输纳，用会子见钱中半。……盖换钱七百有奇矣。[8]

辛弃疾在这段话中，表明了两种见解：第一，他认为铜钱和纸币一样，都是本身没有实用价值的东西。第二，他说纸币跌价是发行太多，这是承认纸币数量对于币值的影响。因此他对纸币倒是采取一种现实的态度；也可以说，是一种中间的态度。不像有些名目论者，借口铜钱和纸币同样饥不可食、寒不可衣，而尽量发行。他一方面把纸币和铜钱看成一样，同时却承认纸币的价值靠铜钱来维持，这在理论上陷于一种矛盾。

宋朝因为发行太多，以致纸币跌价，在这明显的事实下，所以许多人是站在数量说的立场，并想运用这种原理来稳定币值。如宁宗时的袁燮（1144—1224年），在嘉定年间任江西提举，提出《便民疏》。他说：

> 盖楮之为物也，多则贱，少则贵，收之则少矣。贱则壅，贵则通，收之则通矣。[9]

这里他所讲的是纸币，没有提铜钱或金银等物。似乎不能算是数量说。但自《管子》以来，大家都把所谓"多则贱，少则贵"的话适用于一切商品的，包括货币商品在内。袁燮的话自然是重复前人的话，只要他不声明纸币和金属货币不同，那就只能把他看作数量说者。

他所谓"贱则壅，贵则通"的话，和现代一般人所公认的原则相反。现代货币学家都认为币值越跌，则人民越要用钱收买商品，因此货币的流通速度加快；反之，币值越涨，则人民反而想储蓄起来，流通速度应当减低。但在特殊情形之下，袁燮的话也会实现。譬如通货跌价时商人囤货不卖，则货币无法流通，而发生壅塞的现象。反之，如币值上涨，商人减价出货，也未始不可以增加人民的消费倾向。中国古时，确有这种情形，尤其在宋朝纸币跌价的时候。

袁燮也曾提到恶币驱逐良币的现象。他在《便民疏》中说：

> 当今州郡，大抵兼行楮币，所在填委，而钱常不足。间有纯用铜钱，不杂他币者，而钱每有余。以是知楮惟能害铜，非能济铜之所不及也。[10]

袁甫（理宗时人）的意见和他的父亲（袁燮）差不多。他在《论会子疏》中说：

> 臣愿陛下力持四戒：一戒新会三界并用，二戒轻变钱会中半，三戒空竭升润桩积，四戒新会不立界限。[11]

但另一方面，在野的儒者，有许多反对纸币的。如吕祖谦、叶适等。

吕祖谦（1137—1181年）虽曾发表过一篇关于货币问题的言论[12]，但内容很杂乱，几乎可以说语无伦次。首先，他认为在古代，只有凶年才作货币来救民之饥，货币不是先王财货之本，财货之本在于谷粟布帛，若没有本，货币虽多，也不济事。他这话是很正确的。但他对古代的实物俸禄加以赞赏，他不主张让货币发挥很大的作用。然而他也不是实物论者。他说若要钱，那就以五铢、开元为最好，宋的太平钱也不错，以后就不行了。至于纸币，他说行之于蜀则了，因为四川的铁钱实在不方便。若加以普遍推行，那就不是经久之制。这位好辩的文人，一边"作战"，一边退却，说一句，退一步。最后似乎什么都可以。他的结论是：

> 推本论之，钱之为物，饥不可食，寒不可衣，至于百工之事，皆资以为生。

叶适（1150—1223年）在一篇《理财疏》中论到用楮币的害处，说：

> 天下以钱为患，二十年矣。百物皆所以为货，而钱并制其权。钱有重轻大小，又自以相制，而资其所不及。盖三钱并行，则相制之术尽矣。而犹不足，至于造楮以权之。凡今之所谓钱者，反听命于楮，楮行而钱益少。……大都市肆，四方所集，不复有金钱之用，尽以楮相贸易，担囊而趋胜，一夫之力，辄为钱数百万，行旅之至于都者，皆轻他货以售楮，天下阴相折阅，不可胜计。故凡今之弊，岂惟使钱益少，而他货也并乏矣。……十年之后，四方之钱亦藏而不用矣。将交执空券，皇皇焉而无从得。……不知夫造楮之弊，驱天下之钱，内

> 积于府库，外藏于富室，而欲以禁钱鼓铸益之耶？且钱之所以上下尊之，其权尽重于百物者，为其能通百物之用也，积而不发，则无异于一物。……徒知钱之不可以不积，而不知其障固而不流；徒知积之不可以不多，而不知其已聚者之不散。……昔为何而有余，今为何而不足？然则今日之患钱多而物少，钱贱而物贵也明矣。……故钱货纷纷于市，而物不能多出于地。[13]

叶适把一切的恶现象，都归咎于楮币，这在理论上讲来是不对的，因为他所痛恨的恶现象，都是通货膨胀所引起来的，并不是纸币制度本身的缺点。但实际上纸币流通和通货膨胀是密切联系着的，只是叶适由于时代的限制，还不能用历史上的实例来使他的话更有说服力。他的注意力是集中在货币的流通方面。首先他对于恶币驱逐良币的现象，有很明白的解释。固然这点并不是他的发现，南朝的梁武帝在六百多年前便注意到了，他因为新的好钱被旧的恶钱所逐，所以才铸铁钱。不过叶适把它清楚地讲了出来。他也认为一个钱流通一百次，就发挥一百个钱的作用；如果取得它以后，积而不发，就只能算一个钱。所以他说紧缩的原因，不一定是钱少，有时候是因为货币流通速度减低。即他所谓"障固而不流"，和"已聚者之不散"。这意见和北宋沈括的意见差不多。其次他认为货币的功用首在其为流通手段，即他所谓"通百物之用"。他甚至认为货币是起源于交易。他说：

> 钱币之所起，起于商买通行，四方交至，远近之制，物不可以自行，乃以金钱行之。[14]

叶适有许多话同吕祖谦所讲的差不多。他说三代用钱至少，因为"当时民有常业，一家之用，自谷米、布帛、蔬菜、鱼、肉皆因其力以自致，计其待钱而具者无几。止是商贾之贸迁，与朝廷所以权天下之物，然后赖钱币之用"。"后世则不然，百物皆由钱起"。他说这是因为上古各地自给自足，一国之物，足供一国之用，后世天下为一国，虽有州县异名，但天下之民交通于四方，所以钱币需要得多。叶适同吕祖谦不同之处在于：第一，他对古代那种自然经济，不像吕祖谦那样向往，他只作一种客观的叙述。第二他把货币流通的发展同交易联系起来。关于当时的货币流通情况，他说了这么一段话：

> 然钱货至神之物，无留藏积蓄之道，惟通融流转，方见其功用。今世富人既务藏钱，而朝廷亦尽征天下钱入于王府，已入者不使之出，乃立楮于外以待之。不知钱以通行天下为利，钱虽积之甚多，与他物何异。人不究其本原，但以钱为少，只当用楮；楮行而钱益少，故不惟物不可得而见，而钱亦不可得而见。……废交子，然后可以使所藏之钱复出。若夫富强之道，在于物多，物多则贱，贱则钱贵，钱贵然后轻重可权，交易可通。今世钱至贱，钱贱由乎物少，其变通之道，非圣人不能也。[15]

这段话是有内容的：第一，他看出钱币要流通，才能发挥作用；如果死藏起来，就没有什么意义。第二，市面物资和钱币的缺乏，在于纸币的发行。若要钱币恢复流通，只有废用交子。第三，富强之道，在于物资多，不在于货币多。第四，他是通过数量来解释商品和货币价值的，他说物多则物贱，物少则钱贱，物贱则钱贵，钱贱则物贵。他所要的是物多钱贵，他说钱贵然后轻重可权，交易可通。

南宋也有用客观的态度来批评纸币的。例如绍兴六年就有人分析过纸币的利害：

> 臣闻天下事，有利必有害……今之论交子者，其利有二，其害有四：一则馈粮实边，减搬挈之费；二则循环出入，钱少而用多；此交子之利也。一则市有二价，百物增贵；二则诈伪多有，狱讼益繁；三则人得交子，不可零细而用，或变转则又虑无人为售；四则钱与物渐重，民间必多收藏，交子尽归官中，则又虑难于支遣；此交子之害也。[16]

这种态度恐怕也只有纸币膨胀还不十分严重的南宋初年才有。

宋朝通商口岸的官商，通过对外贸易而发财，所以他们是赞成对外贸易的，而且有时多少影响政府的态度[17]。但一般知识分子对于国际贸易的态度，完全和唐朝人相反。尤其是南宋，几乎没有一个人不是敌视对外贸易的。敌视对外贸易的背后，有金属论为理论上的根据。宋朝这种思想比欧洲的金属论要早一些。但论调差不多完全相同。

北宋时真宗问"咸平中银两八百，金五千，今则增踊逾倍何也？"王旦就说，"两蕃南海，岁来贸易，有去无还。"[18]

南宋时因为通货膨胀，金银流出恐怕更多，所以反贸易的金属论也特别得势，例如孝宗时的陈良祐就认为招来外国商人来进行贸易是一种糜费金钱的事[19]。

宁宗嘉定十五年（1222年），政府一位官员对于对外贸易发表了一种有代表性的见解。他不反对对外贸易，只要这种贸易是用中国货换外国货，但反对用中国的金银和铜钱去买外国货。他说：

> 国家置舶官于泉广，招来岛夷，阜通货贿，彼之所阙者，如瓷器茗醴之属，皆所愿得。故以吾无用之物易彼有用之货，犹未见其害也。今积习玩熟，来往频繁，金银铜钱铜器之类，皆以充斥外国。顷年泉州尉官尝捕铜鋌千余斤，光烂如金，皆精铜所造，若非销钱，何以得此？[20]

又说：

> "蕃"夷得中国钱，分库藏贮，以为镇国之宝。故入"蕃"者非铜钱不往，而"蕃"货非铜钱不售。利源孔厚，趋者日众。今则沿海郡县寄居，不论大小，凡有势力者，则皆为之。官司不敢谁何，且为防护出境。铜钱日寡，弊或由此。倘不严行禁戢，痛加惩治，中国之钱，将尽流入化外矣。[21]

这种见解很明显是金属主义的论调。

理宗淳祐四年（1244年）右谏议大夫刘晋之说：

> 巨家停积，犹可发泄，铜器钚销，犹可以止遏，唯一入海舟，往而不返。[22]

淳祐八年（1248年）监察御史陈求鲁也说：

> 议者谓楮便于运转，故钱废于蛰藏。自称提之屡更，故圜法为无用，急于扶楮者至嗾盗贼以窥人之闾奥，峻刑法以发人之窖藏。然不思患在于钱之荒，而不在于钱之积。夫钱贵则物宜贱，今物与钱俱重，此一世之所共忧也。"蕃"舶巨艘，形若山岳，乘风驾浪，深入遐陬，贩于中国者，皆浮靡无用之异物，而泄于外夷者，乃国家富贵之操柄，所得几何，所失者不可胜计矣。[23]

陈求鲁的话可以分为两段，前段是说明当时的现象不是因为人民窖藏，而是因为钱少。他似乎不知道真正的原因是通货膨胀，看见钱和物都贵，以为奇怪。不知当时的价格是以纸币计算，铜钱几乎成了一种商品。他在后段则把钱荒的原因说是由于外流，外流的原因在于对外贸易，所以他反对对外贸易。欧洲的地金论者或重金主义者的言论和他的论调完全吻合[24]。他们的看法和汉代法家不同，不是强调货币的饥不可食，寒不可衣的特点，而是把金属货币看成无上的财宝。因为普通商品是作消费用的，一经消费，就不再存在；而钱币是永远不会消灭的，所以被认为是真正的财富。他们自然没有进一步去分析：如果把全部物资换成货币，人民怎样维持其生活。他们的逻辑是：既然人人把钱币看得比商品重要，那么，只要有了钱币，随时可以换取必要的商品。中国的金属论者对于钱币的重视似乎没有他们的欧洲同志那样厉害，他们的态度毋宁是消极的，只求保存本国的钱币，没有想要取得别国钱币的念头。

中国和欧洲的金属论者的见解既相同，所以政策也差不多。就是管理对外贸易和禁止金银铜钱出口[25]。

金属论到了后代受到了批判，但批判的人对金属论盛行时的情况不一定都了解。金属论的基础在于重视宝藏手段，金属论的前提在于人人愿以商品交换货币。在一个普遍追求货币的世界里，金属论者的观点是很现实的。金属货币是便于保存的，一般商品是不便于保存的，尤其是封建时期的商品更是不便于保存，因为那时的商品是以农产品为主。为什么不将吃不完、用不掉、容易腐烂的农产品换成永不腐烂而随时可以交换任何商品的货币呢？只有当货币买不到商品的时候，人们才对货币失去信心，甚至发生抢购的现象。关于这一点，一国之内和国与国之间都是一样的。中国宋代的金属论者因重视金钱而反对对外贸易那就自相矛盾了，这等于在一国之内，一个人尽量把自己的产品换成货币，同时又主张禁止商业，试问他换到的货币有什么用呢？不过宋代的中国在一般消费品方面无所求于外国，当时的金属论者以为只要把金钱保留在国内，随时可以在国内买到商品，而且当时纸币的稳定也有赖于这些金钱。

注　释

[1]　《李直讲文集》卷一六《富国策》第八。

[2] 《宋会要辑稿·食货·免役钱》一三之二到四。

[3] 《续资治通鉴长编》卷二八三熙宁十年六月。

[4] 《东坡续集》卷九。

[5] 《历代名臣奏疏》。

[6] 《乐城集》卷三五。

[7][8][9] 王鎏《钱币刍言》。

[10] 《续文献通考》卷七《钱币》。

[11] 《钱币刍言》。自淳祐七年以后，十七十八两界会子不立界限，永远行使（《续通典》）。

[12] 《文献通考·钱币考二》。

[13] 《历代名臣奏疏》。

[14][15] 《文献通考·钱币考二》。

[16] 《皇宋中兴两朝圣政》卷一九。

[17] 《粤海关志》卷二引《宋会要辑稿》太宗雍熙四年："遣内侍八人赍敕书金帛分四纲各往海南诸蕃国，勾招进奉，博买香药、犀牙、真珠、龙脑，每纲赍空名诏书一道，于所至处赐之。"《宋史》卷一八五《食货志》下七："绍兴六年知泉州连南夫奏请，诸市舶纲首能招诱舶舟抽解物货，累价及五万贯十万贯者，补官有差。"《粤海关志》引《宋会要辑稿》高宗绍兴七年谕："市舶之利最厚，若措置合宜，所得动以百万计，岂不胜取之于民。"又十六年谕："市舶之利，颇助国用，宜循旧法，以招来远人，阜通货贿。"

[18] 《续资治通鉴长编》上。

[19] 《宋史》卷三八八《陈良祐传》："又言陛下躬行节俭，弗殖货利，或者托腑肺之亲，为市井之行，以公侯之贵，牟商贾之利，占田畴、擅山泽。甚者发舶舟，招'蕃'贾，贸易宝货，糜费金钱。"

[20][21] 《宋会要辑稿·刑法·禁约》二之一四四。

[22][23] 《宋史》卷一八〇《食货志》下二。

[24] *The Libelle of Englyshe Polycye*, 1436. 在 1549 年 Hales 又在 *A Discourse of Common Weal of this Realm of England* (London 1581, ed. by E. Lammond, Cambridge, England, 1893.) 中警告英国人不要用贵重品 (Substanciale wares) 去交换无用之物，使得本国财宝消失。（见 *Encyclopaedia of the Social Sciences*, Vol. Ⅲ, Bullionist.）

[25] 《宋史》卷一八六《食货志》下八："太平兴国初私与蕃国人贸易者计直满百钱以上论罪，十五贯以上黥面流海岛，过此送阙下。"同书卷三五《孝宗纪》

淳熙九年九月："禁蕃舶贩易金银著为令。"英国在十六七世纪时的金属论者也主张限制输入奢侈品，禁止输出金银，用法令规定输入品所卖得的价款要用来购买本国货，并统制外汇等。（*Encyclopaedia of the Social Sciences*，Bullionist.）

二 货币史

宋代学术比较发达，可是在货币史方面，也没有什么特出的著作。

《旧五代史》有《食货志》一卷，内容夹杂着一些关于币制的话，零乱没有系统，不知是否残缺。欧阳修的《新五代史》，根本没有食货志。这位金石学的奠基人之一竟没有注意到货币或钱币，大概又是他的道学思想在作怪。《新唐书》的《食货志》也不是他写的。

《新唐书》有《食货志》五卷，其中货币史只占半卷多一点，共三千三百零一个字，自隋末的所谓白钱五铢到唐昭宗末年。内容比《旧唐书·食货志》还要简略。新志虽不是抄录旧志，但基本内容是相同的。而且新志有不及旧志的地方。第一，旧志所收的史料比新志多。例如关于铸钱监，旧志说，武德四年七月置钱监于洛、并、幽、益等州，五年五月又于桂州置监。新志则笼统地列举洛、并、幽、益、桂等州的钱监。关于开元钱的读法，旧志说是先上后下，次左后右，又说回环读之，其义亦通，并说流俗谓之开通元宝。而且引乾封二年正月的诏文，其中明言："开元通宝……为万代之法"。这可说交代得很清楚。但新志只字未提。第二，新志的话有些是可疑的或错误的。如关于隋末的白钱，不见旧志，这事是可疑的。又如关于重轮乾元钱的重量，旧志说是每缗重二十斤，新志说是十二斤，应以旧志为正确。新志唯一的补充史料是关于史思明的钱币，这事旧志没有提到，但新志把得壹元宝写作得一元宝。此外关于飞钱的事，新志比旧志略为讲得清楚一些。

南宋初郑樵（1104—1162年）的《通志》有《食货略》二卷，内容包括十五项，钱币只是其中的一项，共约六千多字。郑樵是反对写断代史的，自然是用通史的方式来写货币史，自起源到唐末的长庆元年。他对于史料的判断力并不比前人高明，反而说了些贻误后人的话。例如关于货币的起源，司马迁虽然说过是起于高辛氏之前，并说过虞夏之币金为三品的话，但他承认靡得而记。班固也承认：夏殷以前，其详靡记。可是千多年后的郑樵却敢断言太昊以来就有钱，并且说：太昊氏、高阳氏谓之金，有熊氏、高辛氏谓之货，陶唐氏谓之泉，商人、周人谓之布，齐人、莒人谓之刀。这种附会大概是基于当时对出土的一些先秦刀布文字的穿凿。因为北宋董逌的《续钱谱》就说自太昊葛天氏至尧、舜、夏、商都有钱币。

郑樵对于太公的九府圜法、禹汤的铸币、周景王的大钱、楚庄王的以小为大等说法，也深信不疑，而且犯了些新的错误：说周景王的大泉文曰大泉五十，可见他连《汉书·食货志》也没有好好读过。关于秦汉的币制，他显然是抄袭《汉书·食货志》，因此继承了班固的错误。例如关于汉初令民铸钱的事，他不依司马迁的正确说法，却照班固的不正确的说法，说是令民铸荚钱。其余部分，也是抄袭前人，没有什么新东西。所以单就货币方面来说，读了杜佑《通典》和两部《唐书》，《通志》几乎可以不读。

郑樵自说对于文字学下过工夫，可是《通志·六书略》中关于古币文字的解释多半荒谬。例如对于垣字环钱的解释，看了令人莫名其妙，不知所云。

后代史家对郑樵说过不少好话[1]。但在货币史方面，《通志》不如《通典》。第一，在内容方面，《通典》比《通志》充实些。第二，在取材方面，《通志》更加不严谨。第三，在体例方面，《通典》按朝代分阶段，《通志》虽然实际上也是这样叙述，可是不分段落。恭维郑樵的人，说他对于史学有贡献；甚至有人把他赞成通史、反对断代史的态度算作一种贡献，这就大有问题了。这只是一种观点，不能作为学术上的成就而给以记分。而且这种观点是一种片面的观点。首先，任何时代都需要通史、专史和断代史，断代史也是一种专史。学术越进步，治专史的人应当越多。另一方面，学术无论怎样进步，仍然需要通史、专史和断代史。其次，所谓通史、专史和断代史，都是相对的，天下没有一部真正的通史，也没有一部纯粹的专史。任何一个时代，总有一些人想要看得全面一点，因而喜欢通史；另外一些人想对某一方面或某一时期看得仔细一点，因而喜欢专史或断代史。在治世界史的人看来，一国的通史仍是一种专史。在现代人看来，《史记》与其说是通史，不如说是断代史。近代欧美一些史家，明明写的是欧洲史，却自称世界史，那是一种不知天高地厚的夸大。郑樵的《通志》，自称通史，实则仍有所专，内容并不平衡，许多方面只是抄袭，货币史方面就是如此。

司马光等人的《资治通鉴》是专为教育封建统治者怎样做皇帝的一种历史教科书，只谈治乱的大道理，对于典章制度是不注重的，所以里面关于货币史的资料不多。可是南宋李焘的《续资治通鉴长编》却有许多关于北宋货币和物价的资料，可惜全书差不多有一半散失了，而且它的资料是零散的,不像《通典》《通志》那样集中。《宋会要辑稿》也是这样。虽然它有食货部门,而且有许多可贵的资料,可是非常零乱,不能称为著作。另有李心传的《建炎以来系年要录》和《建炎以来朝野杂记》,有许多关于南宋币制的资料。《系年要录》是编年体,《朝野杂记》是纪事本末体。

上面这些书都不是货币史的专著。在这些书中,货币史最多只形成一个小部分。但宋代关于货币史是有专著的,例如杜镐的《铸钱故事》二卷便是一种专著,可惜没有留传下来。从《宋史》中我们知道杜镐是当时熟悉货币掌故的一个人,太宗曾问他为什么西汉赐与都用黄金,到了宋代,黄金变成难得之货。杜镐说黄金为佛寺所消耗。不管他的话对不对,可见当时太宗是把他看成专家的。他的《铸钱故事》大概著于咸平二年,也许不是一人的著作[2]。

此外还有张潜的《浸铜要略》一卷[3]和叶楠的《池州永丰钱监须知》一卷[4],也都同宋代币制史有关,但都已亡佚。

注 释

[1] 章学诚《文史通义·释通篇》说:"郑氏《通志》,卓识名理,独见别裁;古人不能任其先声,后代不能出其规范。虽事实无殊旧录,而诸子之意寓于史裁。"梁启超《中国历史研究法》第三八页也说:"宋郑樵生左(丘)马(司马迁)千岁之后,奋高掌迈,远跖以作《通志》,可谓豪杰之士。"但他也承认:除二十略外,竟不能发见其有何价值。其实二十略也未必都有价值。章学诚也承认《通志》不以考据见长。

[2] 《玉海》说:"咸平二年八月丙子,秘阁校理杜镐等承诏检讨《铸钱故事》上之。"

[3] 见陈振孙《直斋书录解题》。

[4] 见《焦氏经籍志》和《江南通志》。

三 钱币学

宋代的货币经济有飞跃的发展,货币制度非常复杂,钱币艺术达到高度的水平,钱币种类之多,可称空前。大概收藏钱币的风气相当普遍[1],王十朋曾作诗讽他两个儿子,说"广拾汉五铢,远及周九府"[2]。所以研究钱币的人也多，可惜绝大部分著作都失传了。

北宋关于钱币的著述而见诸记录的有陶岳《货泉录》[3]、金光袭《钱宝录》、杜镐《铸钱故事》[4]、于公甫《古今泉货图》[5]和《钱氏钱谱》[6]等。陶岳《货泉录》专记五代各国铸钱原委及幽州、岭南、福建、湖南、江南等地的钱币[7]。金光袭《钱宝录》据洪遵的意见，是"述事援据，颇多疏略"。其余几种的内容都不详。

北宋关于钱币的著作，大概要以董逌的《续钱谱》十卷和李孝美的《历代钱谱》十卷比较重要。两书都成于绍圣年间。

董逌字彦远，在徽宗时曾任过书学博士，有《广川画跋》六卷流传下来。据说他另有《万泉志》和《赵家千家钱谱》[8]。有人说[9]他祖父尝得古钱百枚，叫他考证其文字，著为钱谱，以前世帝王的先后为序。自太昊葛天氏至尧舜夏商，皆有钱币。可见穿凿附会。罗泌《路史》中关于货币的材料主要就是依据董谱。洪遵《泉志》曾引用十一条。除千秋万岁外，都是正用品，而且多是不大常见的钱，如永平元宝、天策府宝、天德重宝、应天元宝背万、两甾（应为甾）、垣、天福镇宝、应历重宝等。而越南的太平兴宝两见，一作大兴，一作太兴，都不知其来由。他以为天福镇宝是石晋的钱。垣字钱读作一文钱，但说明是环钱，这是前人未道及的。对两甾钱的解释也不恰当。所以除五代钱外，他没有提供什么新的数据。

李孝美的《历代钱谱》据说是将《顾烜钱谱》和《张台钱录》两书增广而成的。洪遵也说它疏略，可是大量加以引用，《泉志》共引用了五十多条。据所引的看来，对前人著录的钱币有些补充说明，但没有大的贡献。如天福镇宝，他也读作天镇福宝，却说形制与石晋的天福钱不相侔，他可能见过董逌的书。他提到大朝金合，说是外国钱。他虽没有肯定是什么时候什么人铸的，可是千年来也没有人比他高明些。至今钱币学家还说是蒙古人建元以前所铸，不知李孝美的时代，连铁木真的祖父也还没有出世。《泉志》在《藕心钱》条下提到《李孝美画谱》，不知是不是说李孝美的《历代钱谱》附有图谱。

南宋只有洪遵（1120—1174年）的《泉志》这部书留传了下来，这是中国现有最早的钱币学著作。洪遵字景严，江西鄱阳人，生于宣和二年，是洪皓的儿子、洪适的弟弟、洪迈的哥哥。绍兴二十八年任起居舍人。曾同高宗讨论过铸钱问题。后任中书舍人，并议设置永平和永丰钱监。也任过吏部侍郎、翰林学士承旨、同知枢密院事、江东安抚使、资政殿学士等。死于淳熙元年。《泉志》作于绍兴十九年，他才三十岁。全书十五卷，内容分正用品、伪品、不知年代品、天品、刀布品、外国品、奇品、神品、压胜品等九类。这种分类法，不伦不类，但也不是他的独创，他只是沿用前人的分类法。《泉志》的内容大部分也是引用前人的话。综计他所引用的著作在九十种以上，包括正史、笔记和钱谱。但他也不仅仅是抄录前人的话，在引文之后，往往加上自己的按语。凡加按语的，大抵都是他自己所见过的钱。《泉志》所列举的钱币共有三百四十八品，有少数是重复的，大部分是洪遵所没有见过的。他在《泉志》的序中说，他只收藏一百多种钱币。可见他所见的钱不多。他的按语也没有什么创见。多是因袭旧说，如以宝化为景王钱，以汉兴为荚钱等。他自己也犯了一些错误，例如在《开元钱》条下说："凡八分、篆、隶三品。"这是误解《唐会要》所说的"含八分、篆、隶三体"的话，而且把南唐开元也算作唐开元。《泉志》所收钱币有两点值得注意：第一是刀布很少。洪遵大概只见过安邑二釿和梁充釿五当寽两种，刀币则一种也没有见过[10]。他在按语中好批评李孝美，但在这方面的见识却不如李。这是由于他生活在南方，而刀布出在北方。第二点值得注意的是契丹钱币很多，如通行泉货、天赞、重熙、清宁、大康、大安、寿昌、乾统、天庆等钱，都是由他首先著录的，这似乎难以理解，因为生在北宋的李孝美却没有见过这些钱。其实这是有原因的，是由于他的家庭关系。他父亲于建炎三年曾以礼部侍郎充大金通问使，留金达十几年，绍兴十二年才回来。那时金人还没有开始铸钱，用的是辽宋钱，洪皓回来时如果不携带一些辽钱，也会谈到他所见的辽钱。那时洪遵已二十二三岁，离他著《泉志》仅七年，料想必已对钱币发生兴趣。关于朝鲜的海东钱和东国钱，也是《泉志》著录得最早，可能也是洪皓带回来的。

《泉志》对于后代钱币学影响很大，几百年来被许多钱币学家奉为经典。但是也受到一些批评。有人说：它仅从虞钱开始，没有黄帝前后的钱币如轩辕氏金、太昊氏之棘、神农货、少昊货、高阳氏金、帝喾货等[11]。也有人说太昊葛天之币，本为可疑，而《泉志》居然画出图来，极为可笑。其实《泉志》所附的图是明代人加上去的，并不是洪遵所画的。《泉志》原来应当是有图的，但因一直没有刊行，长期间转相传抄，到明代万历年间才有刻本，所以原图已失传。那些批评是无的放矢，反使批评的人自己成为笑柄。

乾道年间罗泌的《路史》不是一部关于钱币的专书，但对后代钱币学有一定的影响。司马光等人编着的《资治通鉴》自战国开始，许多人认为是腰斩中国历史，纷纷想补足上古的一段。罗泌著《路史》大概也是出于同样的动机，但他不说补《资治通鉴》，而说补《史记》，他说刘恕[12]等人学识狭浅。他能写出一部一二十万字的虞夏以前的古代史，的确是一个不平凡的人；他的确也是一个博学的人，所采典籍，五纬、百家、山经、道书，无所不包。他的叙事，旁引曲证，都有所本；可是他的议论，却多捕风捉影。他重视考据，重视钱币，利用钱币来证明他的说法。但关于钱币的资料，主要是根据董逌等人的钱谱。他自言作过独立的观察。他在《论币所起》一文中自言"尝博访古币，订以封禅之文，匜洗之刻，证以汉简"等，得出结论，有葛天、轩辕、尊卢之币，大昊九棘，神农一金，黄帝、少昊之货，訾货一金，高阳平阳金、尧泉、舜当金、策乘马之类。实际上他未必亲见过这些钱币，他所提布币的阔广轻重，都见于洪遵的《泉志》，但洪遵说明是引自旧谱，并承认文字不可识。而《路史》则无所不识。例如垣字环钱的垣字它说是神字，是神农金。例如的釆一斤，它说是少昊货。当㝬布它说是舜当金或策乘马等。任意穿凿。有时一币两属。他还批评其他钱币学家如顾烜、封演等不识古文。董逌稍能辨识，但不应把葛天尊卢之币置于太昊币之后等。应当指出：罗泌的历史知识自然要高于以前的钱币学家；而关于文字学的知识，也不在董逌、郑樵等人之下。《路史》在钱币学史上的意义，在于它是现存文献中最早谈到先秦布币的，而且将各布的阔广轻重都记载下来，有时甚至把币面文字的约略形状也记下来，使我们大体知道他指的是什么。同是引用董逌，洪遵引的是圆钱，而罗泌引的是布币。在时间上，罗泌稍后于洪遵，罗泌是江西庐陵人，他提到的钱币差不多都见于洪遵《泉志》，但不一定是抄自《泉志》，两人的资料来源相同，罗泌比洪遵胆大，后代钱币学家关于布币的解释，多附和罗泌的说法，罗泌的《国名记》更为后代钱币学家考证布币地名时的主要参考书。

注 释

[1] 《清波杂志》："亲党洪子予收古钱币数十百种，自虞夏以降，一无遗者。每出示坐客，道所以然，皆有依据。洪死常叩其子，云悉举入棺，或言其家虑为势力者攘取，故为之辞。"

[2] 《梅溪前集》。

[3] 《宋史·艺文志》。

[4] 《通志·艺文略》。

[5] 《宋史·艺文志》。

[6]《清波杂志》。

[7]晁公武《郡斋读书志》。

[8]《货泉备考》。此书为清乾隆二十六年蔡仲白所编。仅有抄本，见翁树培《古泉汇考》。内容不足道。

[9]《郡斋读书志》。

[10]倒是诗人和普通藏家注意到刀币，北宋梅尧臣（1002—1060年）《宛陵集》有"独行齐大刀，镰形末环连；文存半辨齐，背有模法圜"。并记其经过云："饮刘原父家，原父怀二古钱劝酒，其一齐之大刀，长五寸半。……"

[11]明沈士龙和孙震卿的话。见《泉志》跋。

[12]《通鉴外记》的作者。

第四节 信用和信用机关

史家多认为宋代不论在生产方面或商品流通方面都比唐代有显著的发展，的确好像是这样。如果认为货币数量反映商品流通数量，那就更加有证据了。然而信用事业和信用机构方面没有同比例的发展。宋代的信用事业和信用机构基本上同唐代差不多，只是金融中心由长安移到汴京，再移到临安。

放款方面，仍可分为信用放款和抵押放款。信用放款叫作贷息钱[1]，出子本钱[2]，赊放[3]，称贷[4]，有时仍叫出举[5]。利率大体上比较唐朝要低，也就是利息不得超过本金。这主要由于宋代货币数量多，容易获得信用。

神宗熙宁年间，王安石所制定的市易和青苗法，都是政府放款。市易是一种抵押信用，人民赊贷地方当局的财货，以田宅或金帛为抵当，没有抵当就要有三个保人；周息二分；过期不输息，则每月罚钱百分之二，也叫保贷法[6]。青苗法是一种农业信用，春天放，秋天还，利率两分，合年息四分。当时的目的，一则为调节农村金融，二则为增加政府收入，但受到反对党的猛烈攻击，韩琦说利率比周礼的利率高一倍[7]。其实民间利率比这还要高。民间供给放款的，除普通有钱的商民外，寺僧放款的事也很普遍，大概当时寺僧仍相当富足。

南宋还有市易的办法，但性质稍有不同。绍兴四年，又设置市易务，只把钱在市面出借，利率三分。

政府的农业信用，并不限于青苗钱。还有所谓营田也可以得到农贷。凡是官田或逃田，以五顷为一庄，募民承佃，五家为保，共佃一庄，每庄给牛五具，耒耜及种副之，别给十亩为蔬圃。贷钱七十千，分五年偿还，这是绍兴六年的事[8]。

供给抵押信用的，止有典当，宋朝仍叫作质库[9]或质肆[10]。押款时叫作典或典质[11]。也有叫作解库的[12]。据说江北人名之为解库，江南人名之为质库，宋人说自南朝以来即如是[13]，然而宋以前解库的名词却少见。寺庙所经营的多称为长生库[14]。南宋时杭州城内外的质库有几十家，收解以千万计[15]。

在五代和宋初，开一家质库，大概有三五百贯钱也就够了[16]。至于质库除了押款以外，做不做信用放款，虽不得而知，但开质库的人，兼作信用放款，是一件很自然的事[17]。野史中甚且记述南宋时临安质库做接近投机性质的买卖[18]。

存款仍是不很发达，尤其在南宋那种战乱和通货膨胀的情形下，人民对于钱财不但更加小心，而且更加愿意保持流动性。金银钱物多取窖藏的方式来存储[19]。当时购买房宅，如果没有发掘过的，除房价之外，还要出"掘钱"[20]，可见窖藏风气之盛。

宋代仍有柜坊。不过它的性质仍是难以捉摸。在唐代，柜坊同钱财的存放或保管有关，但在宋代的文献中，看不出这种联系。宋初在淳化二年的诏书中，提到京城的无赖辈，相聚蒱博，开柜坊，屠牛马驴狗以食，铸铜钱为器用杂物等[21]，似乎柜坊专做犯罪的事，似乎开设柜坊的全是恶少，他们租用居人邸舍来开设柜坊。后来苏轼说定州有开柜坊的百余户，明出牌榜，召军民赌博[22]，可见柜坊特别同赌博有关系。南宋绍兴三年诏书中又提到贵族阶级的子弟，多从事酿私酒、开柜坊[23]。此外婺州义乌县的人民似乎也有开设柜坊从事私织罗帛、以图逃税的，政府当局曾将八乡柜户全数拘捕；掠夺其所织罗帛，投税于官，引起人民的不满，乃于乾道四年下诏许其买卖，只要依法纳税就可以[24]。这里同信用业务一点关系也没有。绍兴年间桂阳军曾告谕百姓以窝藏柜头的罪格[25]。仍是把开柜坊同赌博联系在一起。周密的《武林旧事》[26]也把柜坊同美人局（以娼优为姬妾引诱少年为事）、赌局（以博戏关扑结党手法骗钱）、水功德局等并列。《庆元条法》中也是将开柜坊和博戏赌财物并列[27]。或者同茶户、酒肆、妓馆、食店、马牙、解库、银铺、旅舍等并列[28]。这里柜坊同解库、银铺等并列，可能是一种信用机关。普通商店还有保管存款的事[29]，而且有用书帖取钱的办法[30]，柜坊自然也可能有这种业务，尤其是它同赌博有密切的关系，不但会替赌徒保管钱财，而且由此可以发展借贷业务。

至于将钱财寄托亲友保管，那是更加普遍。有些人怕财产被没收，因而隐寄在外[31]。

宋朝的兑换机关，比唐朝发达；因为黄金的使用，虽然唐宋差不多，但白银的地位，到了宋代，却重要多了。几乎比西汉时的黄金还更重要，通行得更广。办理兑换业务的，自然是以唐朝遗留下来的金银铺[32]或银铺[33]为主，南宋有时叫作金银交引铺[34]或金银钱交易铺[35]，或金银盐钞引交易铺[36]或单称交引铺[37]。因为宋朝除了金银的买卖兑换以外，还有各种钞引的买卖，所谓钞引就是一种贩卖特许证，商人向京师榷货务缴费领茶引或盐钞，然后才许到茶场或盐场去贩卖。当时贩卖茶盐都是很赚钱的事，所以茶引和盐钞就成了一种商品，在金银铺中买卖。同时它们也可能兑换纸币。北宋时汴京金银铺很多，如唐家金银铺、王家金银铺等。屋宇雄壮，门面广阔，望之森然，每一交易，动辄千万[38]，俨然现代的银行区。实际上在唐朝就已经有金银行的称呼，不过那时是指金银区或金银业的意思，和金银市的名词一样[39]，是一种泛称。南宋时杭州五间楼一带，金银钱交易铺有百多家。规模大的有沈家、张家金银交引铺，邓家金银铺等。

兑换业务在中国货币史和信用史上所占的地位，远不如欧洲那样重要。这种区别是由两地的具体情况决定的。欧洲是一个许多国家的集合体，货币的种类非常多。它们的发行单位不同，币材不同，同一种币材有各种不同的成色，同一种货币有不同的重量，这成色和重量在使用低级金属为货币的中国重要性比较小，但在使用金银币的欧洲却很重要。那些五光十色的钱币，在流通上是没有国界的，商人们经常需要用一种钱币掉换另一种钱币，所以欧洲的兑换业不论在希腊古代也好，罗马古代也好，中世纪也好，一直是很繁盛的。中国的情形就不同：中国是一个统一的大国，对外贸易在全国经济中所占的比重一向不很大，基本上不用外国钱币，本国钱币限于铜币，贵金属不铸成钱币来流通。铜钱虽有成色和分量的不同，但因本身价值低，一般都是等价流通。到了宋代，情形就有点变了。宋代的货币流通成一种割据局面，各区所用的钱币不一样，除纸币外，还有铜钱铁钱之分，铜铁钱本身又有大小钱之分，这大小钱不是因铸造不合标准或由于磨损和剪凿而产生，这大小钱是名目价值不同的钱币。这些都替兑换业的发展准备了条件。

宋朝有所谓兑坊的[40]，它的性质如何，不大详细。大概是宋末或宋以后的一种店铺。文献中在提到兑坊的时候，似乎是用来填补柜坊所遗下的空白的。也许在宋代，柜坊已改称为兑坊。

宋代的汇兑业务，初年还是由政府机关办理，和唐宪宗时的办法差不多；许人民在京师向左藏库付现款，到各州去取现，叫作便换。在开宝三年（970年），政府特别设置便钱务，专门办理这种业务；同时命令各州，凡商人拿券来的，必须当日付款，不得搁延。在至道末（997年）汇款金额每年达一百七十多万贯。天禧末（1021年）有两百八九十万贯[41]。后来用纸币，携带方便，而且纸币本身兼有汇票的作用，所以专门的便换业务，大概就衰落了[42]。

注　释

[1]《玉壶野史》卷五："李文靖公沆初知制诰，太宗知其贫，多负人息钱，曰，沆为一制诰，俸入几何，家食不给，岂暇偿逋耶？特赐一百三十万，令偿之。"

[2]《夷坚志》丙集上《许六郎》："湖州城南市民许六者，本以货饼饵蓼撒为生，人呼曰许塘饼。获利日给稍有宽余，因出子本钱于里间之急缺者，取息比他处利多，家业渐进。……乾道六年病死。"

[3]《夷坚志》辛集上《张八道人犬》："张八公……自称道人，唯赖放米谷取其赢息以赡家。每岁置一簿，遇贷则书之，已偿则勾去，近村程七借大麦二斗五升为钱五百。"

[4]《夷坚志》丁集下《盐城周氏女》："偶铃辖葛旺之子，富于赀财，拉吴（公佐）博塞，吴仅有千钱，连掷获胜。通宵赢七百缗，葛不能堪，明日复战，浃辰之间，所得又十倍矣。启质肆，称贷军卒，不数年，例以万计。"同书甲集下《资圣土地》："建昌孔目吏范苟为子纳妇，贷钱十千于资圣寺长老，经二十年，僧既死，苟亦归摄，因循失于偿。"

[5]《宋史》卷三三一《陈舜俞传》熙宁三年上疏自劾曰："民间出举财物，取息重止一倍，约偿缗钱，而谷粟布缕鱼盐薪稷锄釜锜之属，得杂取之。"

[6]《宋史》卷三二七《王安石传》。同书卷一八六《食货志》下八《市易》熙宁五年："若欲市于官，则度其抵而贷之钱，责期使偿，半岁输息十一，及岁倍之。"又元丰三年："九月王居卿又言，市易法有三：结保贷请一也；契要金银为抵二也；贸迁物货三也。三者惟保贷法行之久，负失益多。"同书卷三五五《吕嘉问传》："明

年安石复相。……言者交论市易之患被于天下，本钱无虑千二百万缗，率二分其息，十有五年之间，子本当数倍，今乃仅足本钱，盖买物入官，未转售，而先计息取偿。"《文献通考·市籴考》："元丰二年诏，市易旧法，听人赊钱，以田宅或金银为抵当，无抵当者三人相保则给之。皆出息十分之二，过期不输，息外每月更罚钱百分之二。"

[7]　《宋史》卷一五《神宗纪二》熙宁三年正月："诏诸路散青苗钱。"魏泰《东轩笔录》卷四："王荆公当国，始建常平钱之议，以谓百姓当五谷青黄未接之时，势多窘迫；贷钱于兼并之家，必有倍蓰之息。官于是结甲请钱，每千有二分之息，是亦济贫民而抑兼并之道，而民间呼为青苗钱。范镇以翰林学士知通进银台司，误会此意，将谓如建中间税青苗于田中也。"《宋史》卷一七六《食货志》上四《常平义仓》："苏辙自大名推官上书召对……安石出青苗法示之。辙曰，以钱贷民使出息二分，本非为利，然出纳之际，吏缘为奸，虽有法，不能禁。钱入民手，虽良民，不免非理费用。及其纳钱，虽富民，不免违限。"又韩琦曰："今放青苗钱，凡春贷十千，半年之内，便令纳利二千，秋再放十千，至岁终又令纳利二千，是则贷万钱者，不问远近，岁令出息四千。周礼至远之地，止出息二千，今青苗取息过周礼一倍。""文彦博亦数言不便。帝曰，吾遣二中使亲问民间，皆云甚便。彦博曰：韩琦三朝宰相不信而信二宦者乎？""司马光曰青苗出息，平民为之，尚能以蚕食，下户至饥寒流离，况县官法度之威乎？……欧阳修继韩琦论青苗之害。"

[8]　《宋史》卷一七六《屯田》。

[9]　《东京梦华录》卷五《民俗》："质库掌事即着皂衫角带不顶帽之类。"《梦粱录》卷一八《民俗》："质库掌事，裹巾着皂衫角带。"

[10]　见注[4]第一例。

[11]　《夷坚志》丁集上《吴升九》："绍兴二年春，竹溪民吴升九将种稻，从其母假其所着皂绨袍曰，明日插秧要典钱与雇夫工食费。"又戊集上《王彦谟妻》："绍兴癸亥梁企道侍郎寓居鄱阳竗果寺，随行王彦谟，提辖者携妻子处僧堂后，以典质取息自给。"

[12]　《新编五代史平话》："慕容三郎道，不是恁地说，人有常言，遭一蹶者得一便，经一事者长一智。他前时不肖，被我赶将出去，今想老成似在先时分了，我且把这钱（三十贯）去令他纳粮，试他如何。若能了得这事回来，咱待把三五百贯钱与他开个解库，撰些清闲饭吃。怎不快活。"（《汉史平话》）

[13]　吴曾《能改斋漫录》（著于绍兴年间）卷一《物质钱为解库》："江北人谓以物质钱为解库，江南人谓为质库，然自南朝已如此。"

[14]　《夷坚志》癸集下《徐谦山人》："永宁寺罗汉院萃众童，行本钱，启质库，储其息，以买度牒，谓之长生库。鄱诸邑无问禅律，悉为之。院僧行政择其徒智禧

掌出入。庆元三年四月二十九日,将结月簿,点检架物,失去一金钗,遍索厨柜不可得,禧窘甚。"

[15] 《梦梁录》卷一三《铺席》。《鬼董·周宝》:"淳熙间木工周宝……绕西湖而行,过赤山见军人取质衣于肆,为缗钱十余,所欠者六钱,而肆主必欲得之,相诟骂,宝为之解纷,视箧中才余五钱,为代偿,主者又必欲得一钱。"(《旧小说》丁集三)

[16] 见注 [12]。

[17] 见注 [4]。

[18] 《宾退录》卷九引《夷坚志》戊集:"裴老智数谓绍兴十年七月临安大火,延烧城内外室屋数万区,裴方寓居,有质库金及珠肆在通衢,皆不顾,遽命纪纲仆分往江下及徐村,而身出北关,遇竹木砖瓦芦苇椽桷之屋,无论多寡大小,尽评价买之。明日有旨,竹木材料,免征税抽解,城中人作屋者皆取之,裴获利数倍于所焚。"

[19] 洪迈《容斋五笔》贝州李忠:"……妻问以生平所有,乃曰我有乌色马,兼有银数笏埋于东窗壁下……验之皆然。"(大中祥符间事)(《旧小说》丁集四)

[20] 张世南《游宦纪闻·张文孝》:"洛中地内多宿藏,凡置地宅未经掘者,例出掘钱。张文孝左丞始以数千缗买洛大第,价已定,又求掘钱甚多,文孝必欲得之,累增至千余缗方售,人皆以为妄费;及营建庐舍,土中得一石匣……发匣黄金数百两,鬻之金价正如买第之直,劂掘钱亦在其数,不差一钱。"

[21] 《续资治通鉴长编》卷三一太宗淳化二年闰二月乙丑诏:"京城无赖辈,相聚蒲博,开柜坊,屠牛马驴狗以食,销铸铜钱为器用杂物。令开封府戒坊市谨捕之,犯者斩,匿不以闻,及居人邸舍僦与恶少为柜坊者同罪。"《居家必用事类全集》辛集《为政九要·禁捕第五》:"司县约束赌博钱物,煞归拨牌,打破买鬼,双陆,象棋,樗蒲,掘槊,开阌柜房,帮闲子弟,破坏良家,穷极为盗,禁之可矣。"周密《武林旧事》(著于乾道淳熙间,述临安风俗习惯很详细)卷六《游手》:"浩穰之区,人物盛伙,游手奸黠,实繁有徒,有所谓美人局(原注:以娼优为姬妾诱引少年为事),柜坊,赌局(原注:以博戏关扑结党手法骗钱),水功德局,不一而足。"《止斋先生文集》卷四四:"勅诸开柜坊停止赌博财物者,邻州编管于出军营内停止者配本城,并许人告,厢者巡察看营入宿提举人失觉察者杖八十(绍熙庚戌)。"

[22] 《东坡奏议集》卷一四《乞降度牒修定州禁军营房状》。

[23] 《宋会要辑稿·刑法》二下《禁约》。

[24] 《宋会要辑稿·食货·商税杂录》一八之四。

[25] 《止斋先生文集》卷四四。

[26] 《武林旧事》卷六《游手》。见注[21]。

[27] 《庆元条法事类》卷八〇《杂门·博戏财物杂勅》:"诸开柜坊停止博戏赌财物者,邻州编管,于出军营内停止者配本城,并许人告,厢耆巡察看营入宿提举人失觉察者,杖八十。"又《赏令》:"诸告获开柜坊或出军营内停止博戏赌财物者在席及停止出九和合人所得之物悉给之。"又《赏格·诸色人》:"告获开柜坊停止博戏财物,或于出军营内停止者钱一十贯。"

[28] 《为政第八》:"司县到任,察奸细盗贼,阴私谋害,不明公事,密问三姑六婆、茶房、酒肆、妓馆、食店、柜坊、马牙、解库、银铺、旅店,各立行老,察知物色名目,多必得情,密切报告,无不知也。"

[29] 《夷坚志》甲集下《张和尚》:"张彦文尚书,大经长者也。布衣时与建昌景德寺僧绍光厚善。后……绍光死于乡……请作佛事,以济冥涂,忆有金一两在弟子姚和尚处,并有钱二十千在市上某家,倘索而用之,庶可获功。"又丙集下《李氏二童》:"李元佐,宰南城,尝挈家游麻姑山,诸子尚少,挟随行二童登齐云亭……童入林越深处,久不还……月余诸子见童……始曰,向者扑蝶时,遇一道士……掷一物与我,拾取视之,乃银也,回顾间,人屋俱失。……将银卖与市铺,其重十两,得钱一十二千,就寄铺中,时取以供衣食费。诸子未之信,询诸铺实然。是岁绍兴癸酉。"

[30] 叶绍翁《四朝闻见录·杨和王相字》:"杨王沂中,间居郊外,遇相字者,以笔与札进……遽用先所进纸批缗钱五百万,仍用尝所押字,命相者翌日诣司帑者征取。相者翌日持王批自言于司帑云,王授吾券,征钱五百万。司帑老于事王者,持券熟视久之,曰,尔何人,乃敢作我王赝押来脱吾钱。"吴曾《能改斋漫录》卷一八《伍生遇五通神》:"嘉祐中,临川人伍十八者,以善裁纱帽,入汴京,止于乡相晏元献宅前为肆以待售。一日至保康门,遇五少年,跃气球,伍生亦习此,即从少年跃之。少年见伍生颇妙,相与酬酢不已。时日西,五少年将去……乃邀伍生上房家楼饮之,尽四角,问生本末甚详,饮罢取笔写帖付生曰,持此于梳行郭家取和千钱,与汝生业。生受之系带间……及天明……遂持帖诣郭家取钱。郭如数与之。"

[31] 《靖康纪闻》十二月十二日《开封府之榜》:"人户等将本家金银表段,竭其家赀赴府送纳,如敢藏埋,许诸色人告……知情藏寄之家,亦许告给赏。"《靖康要录》靖康元年正月二十日圣旨:"其余士庶诸色人并仰于两日内罄所有金银立便送官,如有藏匿寄附送纳不尽之数,限满兹许诸色人告。"周密《癸辛杂识》续集下:"泉下有巨贾南蕃回佛莲者,蒲氏婿也,其家富其,凡发海舶八十艘。癸巳岁殂,女少无子,官没其家赀……省中有榜,许人告首隐寄债负等。"

[32] 《东京梦华录》卷二《宣和楼前省府官宇》:"南门大街以东南则唐家

金银铺、温州漆器杂物铺、大相国寺……。"《文献通考·钱币考》引《国史补》："大观三年鲁公既罢，朝议改（当十钱）为当三……宰执争辇钱而市黄金，在都金银铺未之知，不两月命下，时传以为讪笑。"《靖康纪闻》元年十二月十四日："士庶纳金帛者纷然，朝廷又命开封府及使臣等于交质车金银匹帛诸铺，家至户到，摊认拘籍，一铺动以千万两到。"

[33] 《夷坚志·秦楚材》："秦楚材政和间自建康委入京师……约同宿出卜，逢黧面道人，携小篮，楫秦曰，积金峰之别三百年矣……无以赠君，探篮中白金一块，授之曰：他日却相见。……将货之以供酒食费，肆中人视金反复咨玩不释手，问需几何钱，曰随市价见偿可也。人曰，吾家累世作银铺，未尝见此品。"

[34] 《梦梁录》卷一三《铺席》："杭城市肆……自淳祐年有名相传者如……沈家张家金银交引铺、刘家吕家陈家彩帛铺……李博士桥邓家金银铺、汪家金纸铺……马家宋家领抹销金铺……。"

[35] 陶宗仪《说郛》节录《都城纪胜》："自五间楼北至官巷南到都街，多是土户，金银钱交易铺，仅百余家，内列金银看垛钱。"

[36] 《梦粱录》卷一三《铺席》："杭州大街……自五间楼北五官巷南街，两行多是金银盐钞引交易铺。前列金银器皿及见钱，谓之看垛钱，此钱备准榷货务算请盐钞引，并诸作分打钑炉鞴，纷纭无数。"

[37] 《建炎以来系年要录》卷六九，绍兴三年十月己亥："每客人入纳稀少，则强抑交引铺户，先次纳钱，给空名文钞，俟入纳拥拼日，旋填姓名，出纳不公。"

[38] 《东京梦华录》卷二《东角楼街巷》："南通一巷谓之界身，并是金银彩交易之所，屋宇雄壮，门面广阔，望之森然，每一交易，动即千万，骇人闻见。"又卷三《大内西右掖门外街巷》："过街北即旧宜城楼，近西去金梁桥街西大街荆筐儿药铺枣王家金银铺。"

[39] 《西湖老人繁胜录》："诸行市：川广生药市、象家玳瑁市、金银市。"

[40] 《为政九要》卷五《禁铺》："停闲窝家、沽屠、破落户、酒肆、茶房、浴堂、兑房、妓馆、旅店、勾栏、庵舍、军旅卒屋、水手场屋、罢役弓守、庙宇贫子、打爻穷汉，若识此徒，万无一失，民自能安矣。"又"司县破落户波底官往往造盐酒曲宰杀牛马，开阅兑房，窝藏盗贼，横塞神社，记散酒食，不畏国法，严威禁治，久而自息。"《水浒传》第二九回："此间东门外有一座市井，地名唤做快活林，但是山东河北客商们都来那里做买卖，有百十处大客店，三二十处赌坊兑坊。"

[41] 《宋史》卷一八〇《食货志》下二《钱币》。

[42] 《皇宋中兴两朝圣政》卷九绍兴元年十月尚书省言："便钱之法，自祖宗以来行于诸路，公私为便。比年有司奉行不务经久，致失信于民。"

第六章　金元的货币

第一节　货币制度

一　辽的钱币

　　唐末五代，西北各民族崛起，对汉族皇朝施以巨大的军事压力，起初侵占一部分土地，最后至于完全统治中国。这些民族，包括契丹、西夏、女真和蒙古，在文化上，原来都是落后的，但由于他们的军事力量，在中国取得一部分或全部的统治权，所以对于中国，也起了不小的影响，币制方面也是如此。

　　契丹建国，如果连西辽也算在内，前后有两百八十年；中间几次（937—982年，1066—1125年）称辽。在建国以前是一个游牧民族，"其富以马，其强以兵，纵马于野，弛兵于民。有事而战，旷骑介夫，卯命辰集，马逐水草，人仰湩酪，挽强射生，以给日用。"[1] 但到了10世纪初，即五代的时候，受了汉族文化的影响，设官立制，劝农商，教纺织，渐渐进入货币经济的阶段。

　　他们最初使用的钱币，是由中原输入的。据说太祖阿保机（916—926年）的父亲撒剌的以土产多铜，已开始铸钱。太宗（德光，927—947年）曾置五冶太师，以总四方钱铁[2]。因此有些钱币学家[3] 就把一些无考的钱币说成是契丹早期的钱，如开丹圣宝等，说丹字是指契丹，这是穿凿附会。开丹圣宝大概应该读作开圣丹宝，是赵宋的压胜钱[4]。只有通行泉货一种小平钱在制作上真像辽钱。

　　年号钱中，最早的是太祖时的天赞通宝（922—924年），隶书。制作同辽钱不合，有人说[5] 是越南钱。但天赞钱背有月文，越南官炉钱很少用月文。而且洪遵《泉志》提到这钱，洪遵关于辽钱的资料是可信的。也许铸地同其他辽钱不一样，工作人员不同，因而制作有别。太宗朝有天显通宝（925—936年），穆宗朝有应历通宝（951—968年），景宗朝有保宁通宝（968—977年），圣宗朝有统和通宝（983—1011年）。这些钱留传极少。而且除统和钱外，其余三种的真假尚有争论。统和钱有些板别类似天赞。

《辽史》说，景宗曾铸乾亨新钱，又说圣宗曾铸太平钱[6]。但这两种钱至今不能确定。乾亨铜钱有通宝和重宝两种，都是十国时南汉刘龚所铸，不是辽钱。有些钱币书[7]著录有乾亨元宝，而且系顺读，这正是辽钱的读法，可是没有见过真品。太平通宝种类极多，但也没有可称为辽钱的。

比较多见的是兴宗的重熙通宝（1032—1055年）、道宗的清宁通宝（1055—1065年）、咸雍通宝（1066—1073年）、大康元宝和大康通宝（1074—1082年）、大安元宝（1083—1091年）以及寿昌元宝（1092—1101年），天祚帝的乾统元宝（1101—1109年）和天庆元宝（1110—1119年）。这些钱的铸造，多是《辽史》所记载的，不过书中遗漏了清宁通宝一种，而且把寿昌的年号误作寿隆。这些遗漏和错误可以根据钱币得到补充和更正。

辽东曾发现大辽天庆大钱，应当是天庆年间所铸的，但不一定是行用品。

契丹虽然自己制有文字，但钱币上全是用汉文，有一种大钱，文字似汉非汉，钱币学家有疑为契丹文的，实际上是"大泉五铢"四字，不过写法很奇怪。另一种大钱千秋万岁的书法也相同，这些钱大概都不是辽钱。千秋万岁钱有人说是五代十国时的东西。制作近似马殷的天策府宝。

辽钱的制作，都不精美，钱背常常错范，文字也不好，甚至一个钱上有两种字体。这些情形反映了当时契丹人的文化水平和技术水平。

辽国钱币铸得不多，但货币经济还是有一定的发展。开泰年间（1012—1019年）曾下诏叫各地穷人典质男女，按十文钱一天计算[8]。文献中也有一些粟价记录。重熙年间，由于多年丰稔，只要几个钱一斗[9]。道宗初年斗粟六钱[10]。但整个说来，契丹人一直维持着实物经济的生活，到天祚帝保大五年（1123年）的时候，国已将亡，而交易和支付还有用牲的[11]。

注　释

[1]　《辽史》卷五九《食货志》上。

[2]　《辽史》卷六〇《食货志》下。

[3]　李佐贤《续泉汇》。郑家相《辽钱考》，见丁福保《古钱大辞典·总论》。

[4]　金元裕之《续夷坚志》卷一《神霄丹宝》："宣和方士，烧水银为黄金，铸为钱，在神霄者，其文曰神霄丹宝.五福者曰五福丹宝，太乙者亦如之。汴梁下，钱归内府，海陵以赐幸臣，得者以为帽瑰。"（内藏库使王寿孙说）

[5] 平尾聚泉《丽德庄泉话》。丁福保《古泉有裨宝用谭》。

[6] 《辽史·食货志》上。

[7] 《西清古鉴》。

[8] 《辽史·食货志》上。

[9] 《辽史》卷九一《耶律唐古传》。

[10] 《辽史·食货志》上。

[11] 《辽史》卷三〇《天祚皇帝纪四》："保大五年……初令群牧运盐泺仓粟，而民盗之，议籍以偿，雅里乃自为直，每粟一车偿一羊，三车一牛，五车一马，八车一驼。左右曰，一羊易粟二斗，且不可得，乃偿一车。"

二 西夏的钱币

西夏的领袖，在唐末曾被封为夏国公，赠姓李；宋朝政府赠姓赵，仁宗时封为夏王，但元昊自称大夏皇帝，为宋朝西陲一个强邻。那时宋朝要纳岁币二十五万。宋初川陕的币制，受他们的军事压力的影响不小。可惜关于他们的历史还没有好好地研究出来。

西夏的钱币，证诸实物，约有一二十种，以币材分，有铜钱和铁钱；以文字分，则有西夏文和汉文。西夏文钱为从前的钱币学家所不识，说是什么屋驮钱。近代在凉州大云寺发见古碑，正面为西夏文，背面为汉文，有天祐民安五年（1095年）的纪年，才知道是西夏文。西夏文已是一种死文字，除了碑文、刻经和官印、腰牌等外，钱币也算是重要的历史资料。现在所发见的有五种西夏文钱，即毅宗的福圣钱（𗼹𗼃[1]，1053—1056年），惠宗的大安钱（𗴺𗵒，1076—1085年），崇宗的贞观钱（𗴽𗵽，1102—1114年），仁宗的乾祐钱（𗼫𗵒，1171—1193年），和桓宗的天庆钱（𘓺𗵒，1194—1206年）。西夏文的钱多称钱宝，如天庆钱宝（𘓺𗵒𗴺𗵽）。但贞观钱似乎是元宝（𗴽𗼃）[2]。有阔缘和狭缘两种，文字笔画较肥。

单从钱币上来看西夏的文字，就可以看出它的发展过程来，福圣承道时的文字，笔画简朴，到了乾祐天庆年间，笔画就整齐有力了。

汉文钱有元德通宝和重宝（1120—1126年）、天盛元宝（1149—1170年）、乾祐元宝、天庆元宝、皇建元宝（1210—1211年）、光定元宝（1211—1223年）。只有天盛元宝比较多，其余都留传很少，特别是天德、天庆等钱，大概当时铸得不多。

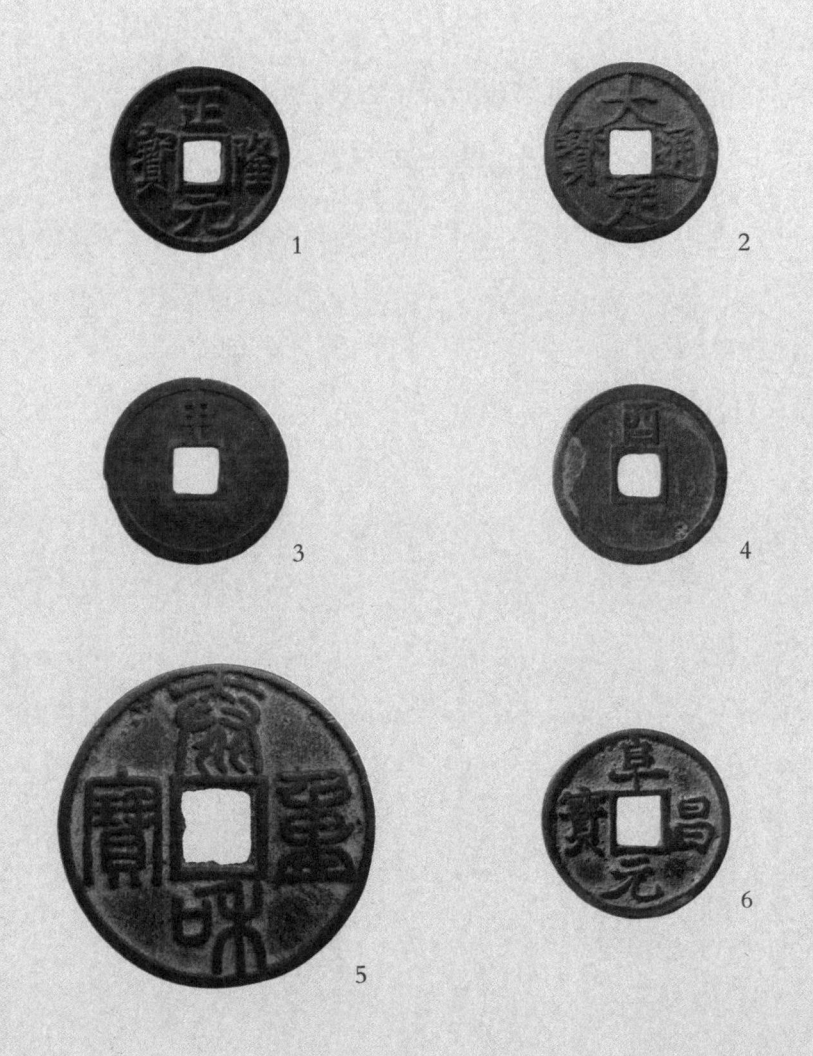

图版六十二　金的钱币

1. 正隆元宝。　2. 大定通宝。　3. 大定通宝背申字。　4. 大定通宝背酉字。
5. 篆书泰和重宝当十钱。　6. 刘豫的阜昌元宝。

图版六十三　金的交钞（拾贯）（赵权之藏）

钞面的文字，大体上和《金史·食货志》的记载相符。但各地所发行的，文字稍有不同。左边五行斜文宋体扁字是史书所未提到的，是注明流通区域，这是指明五个区域，即"中都合同"、"南京合同"、"京兆府合同"、"河中府合同"、"潞州合同"。由此可知这是流通最广的一种交钞。但票面有贞祐三年字样。应当是最后一次发行，因为同年改发贞祐宝券。

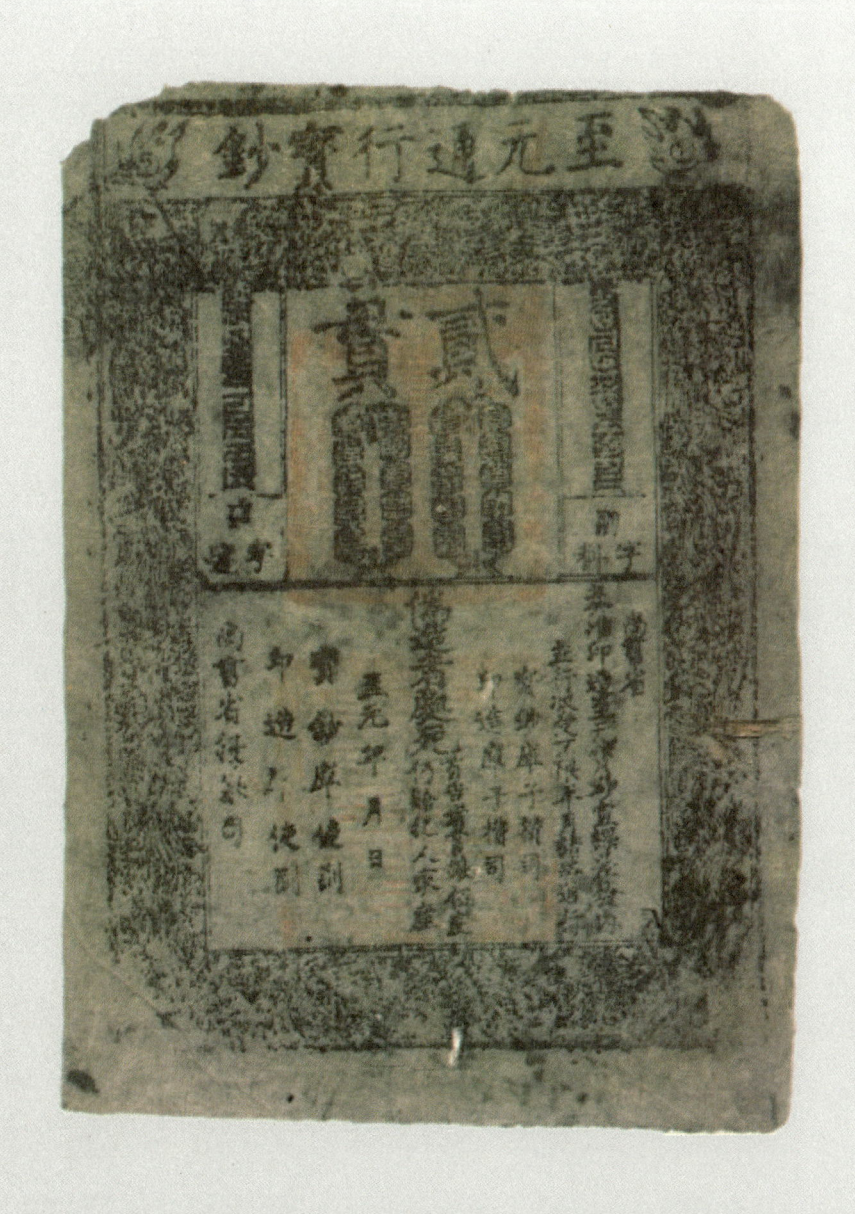

图版六十四　元代的至元通行宝钞（贰贯）

至元宝钞发行于至元二十四年（公元1287年），它比以前进步的地方，是不限年月，诸路通行。宋的交会都有界分，金人的交钞，在初期也有七年厘革之制，后来才永远行使。蒙古人采用了这一原则，而增定另一原则，即全国通行的原则，使发行统一。

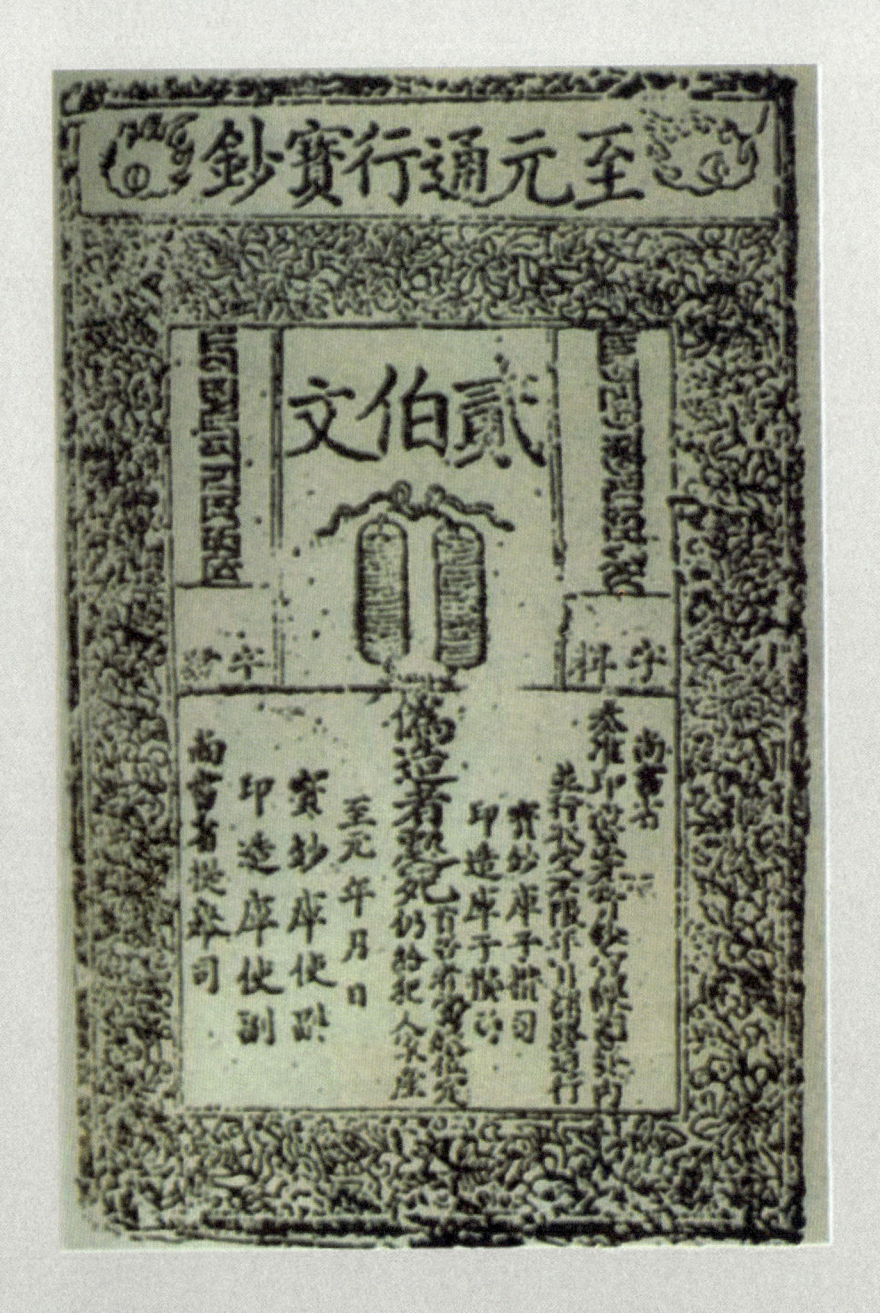

图版六十五　元代的至元通行宝钞（贰佰文）

至元宝钞的面额分为十一种，计有五文、十文、二十文、三十文、五十文、一百文、二百文、三百文、五百文、一贯、二贯，钞票幅广随金额而有大小，但票面文字都差不多。

图版六十六　元代的钱币（一）

1.大朝通宝银钱。　2.宣和通宝半分权钞钱（？）之背。　3.开元通宝大钱。
4.元贞通宝。　5.蒙文大德通宝。

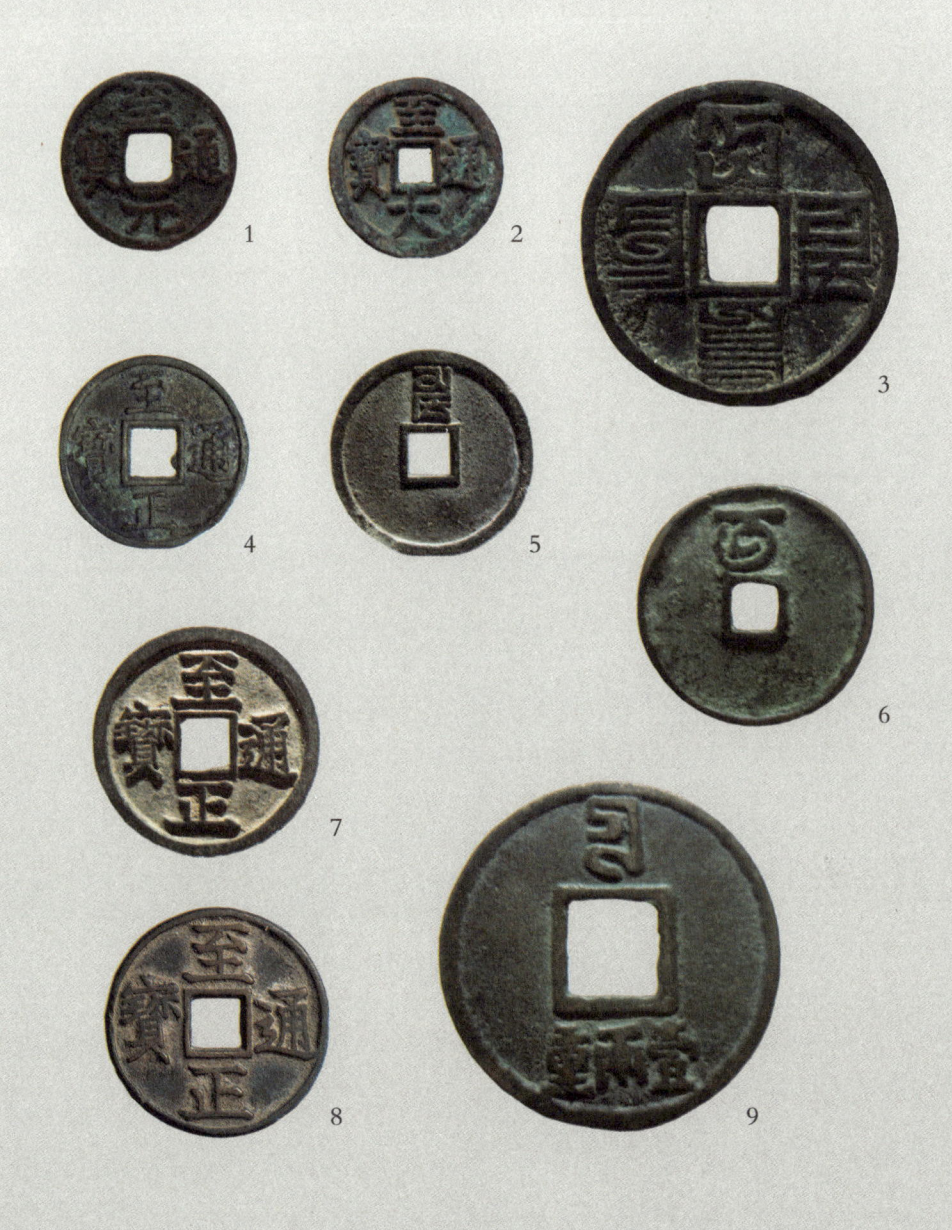

图版六十七　元代的钱币（二）

1. 至元通宝。　2. 至大通宝。　3. 蒙文大元通宝当十钱。　4. 至正通宝。
5. 至正通宝折二钱背的崇文卯字。6. 至正通宝折三钱背的蒙文午字。7. 阴起文至正通宝折二钱。　8. 阴起文至正通宝折三钱。　9. 壹两重至正通宝当十钱之背。

图版六十八　至正之宝权钞伍钱

这是中国直径最大的钱币。

图版六十九　元末起义者的钱币

1. 张士诚的天佑通宝。　2. 韩林儿的龙凤通宝折二钱。　3. 龙凤通宝折三钱。
4. 徐寿辉的天定通宝。　5. 陈友谅的大义通宝。　6. 大义通宝折二钱。　7. 朱元璋的大中通宝。　8. 大中通宝折二钱。　9. 大中通宝折三钱。　10. 大中通宝当十钱。

西夏有铁钱，所见有天盛和乾祐，而以乾祐比较多。

西夏钱的制作，一般都很精整，文字也规矩，看来他们的文化，要远超过契丹人。

大朝金合是一种时代尚待确定的钱币。遗留下来的实物大如折十，白铜，文字楷书，制作比较规矩。过去钱币学家说是蒙古人建国号以前所铸。蒙古在称元以前，的确有大朝之称，但大朝并不是蒙古人的专用名词，唐宋以来，就有使用。封建王朝也自称大朝，连后唐、后晋那种小朝廷也曾自称大朝[3]。于阗国就曾自称大朝，敦煌莫高窟的于阗国王像上就有"大朝大宝于阗国大圣大明天子"的文字，王后像上也有"大朝"字样。所以大朝不一定指蒙古。而且大朝金合不可能是蒙古钱。最初提到这钱的是北宋绍圣年间的李孝美。那时离成吉思汗的出生还有六七十年，蒙古人大概还没有达到铸钱的阶段。有人也注意到这一点，因而疑心它是辽钱[4]。在时间上这是可能的。那时辽已铸钱。但大朝金合无论在文字书法上和铜色制作上都不像辽钱。虽然遗留下来的实物多系后人仿铸，但一定是仿原品的。有点像金钱。不过金人那时还没有铸钱。所以除非《泉志》的著录为后人所妄加，否则大朝金合只能是西夏钱。在时代和文字制作上，都比较相符。西夏所用年号也喜欢夸大。

注　释

[1]　福圣两字在钱文是圣福，这是圣字升书的关系。

[2]　西夏文似乎形容词是在名词之后，所以贞观钱照次序读来是贞观宝元。

[3]　关于唐宋称大朝的例子，见宣愚公《大朝通宝续考》（《古钱大辞典》下编第九五—九七页）列举很多。如《唐摭言》卷四记卢晖的话，"大朝文学之科，以待英俊。"陆游《南唐书·后主本纪》载甲戌岁太祖招谕，"宜以早入朝，后主辞以疾，曰：臣事大朝，冀全宗社，不意如是。"

[4]　翁树培《古泉汇考》。

三　金人的币制

金人建国的期间，约略和南宋相同。那时中国可以说是第二次南北朝。在币制方面，他们主要是受了宋的影响，但同时也有许多比宋制进步的地方。

例如白银的正式使用和纸币的不分界。

金人的币制，最初是使用铜钱，后来钱钞兼用，再后来用银钞；通货膨胀末期，人民专用白银。所以他们的货币可以分为三种，第一是铜钱，第二是银币，第三是纸币。

在铜钱方面，最初是用辽宋的旧钱，太宗天会末曾用刘豫的阜昌钱[1]。刘豫降金后，于天会八年（1130年，南宋建炎四年）被立为皇帝，国号齐，铸有阜昌钱三等，小平称元宝，折二为通宝，折三为重宝，各有篆书和真书两种，成对钱，制作精整。到海陵王正隆二年（1157年）才自铸正隆通宝，大小仿宋的小平钱。世宗大定十八年（1178年）铸大定通宝，有小平、折二两种。小平背面间有申字和酉字的，过去的钱币学家颇多穿凿附会，其实这应当是纪年，而且是受南宋的影响，因为南宋自淳熙七年起，开始在钱背纪年，那正是金大定二十年，金人到大定二十八年才加以仿效，二十八年是戊申，二十九年是己酉。章宗明昌年间（1190—1195年）铸明昌通宝，精美如大定，但遗留极少。泰和年间（1201—1208年）铸泰和通宝和重宝，通宝分小平、折二、折三、当十四种，重宝是当十，只有当十的重宝铸得比较多，其余都少见。当时已开始通货膨胀。但泰和以后，还有铸钱。传世有崇庆、至宁、贞祐、天兴等钱。崇庆有通宝小平和折二，真书。元宝折五，篆书。至宁元宝用瘦金体，略小于崇庆元宝，大概也是折五。这两种钱是卫绍王治下铸的。宣宗时有贞祐通宝小平，真书。这些钱留传极少。除贞祐钱有三数枚外，其余几乎都是孤品，恐怕系试铸性质。可能其他年号也有钱。有一种天兴宝会，有人说是哀宗时所铸，但真假待考。

金人虽也有其自己的文字，但他们的钱币，都用汉文。而钱币的铸造，非常精美，技术水平极高。大定钱是仿宋徽宗的大观钱，文字呈瘦金体。泰和重宝郭细肉深，篆如玉箸，比后代机器钱还要整齐。泰和通宝是真书，略带瘦金体。泰和以后的钱，制作都异常精美，具有大定、泰和等钱的风格。大概取得了北宋遗留在陕西的铸钱设备和技工，当时中国的铸钱技术以陕西为最好。

金人一向通用白银，以五十两为一铤[2]。自然还有别的等级。近年在内蒙古的墓葬中出土一枚砝码形的银锭，重约三百五十四公分，约合当时十两。上面有"龙江饷银天会年造"八字，隶书，分两行。另一面也有八个字，像是西夏文或女真文，意义大概同正面一样。一端有"阿扭记"三字[3]，大概是银匠名。章宗承安二年（1197年，南宋宁宗庆元二年）铸造承安宝货银锭，自一两到十两，分为五等，每两折钱二贯。这是汉武帝以来第一次的正式以银为货币。金人对于黄金，虽然也加宝贵[4]，但不用作货币，流通支付只用白银，这对于中国的用银，影响很大。不过承安宝货没有实物遗留下来，钱币学家和收藏家所见过的承安宝货，都是铜钱，而且是方孔钱，史书虽没有说明它的形制，实际上恐怕是铤形[5]。所以铜钱系假造出来的。如果当时确有铜钱的铸造，那就同天兴宝会铜钱的性质差不多。

金人的币制中，最重要的是纸币。他们发行纸币在铸造铜钱之前。海陵王贞元二年（1154年，南宋高宗绍兴二十四年）就设置交钞库，发行交钞，分大钞小钞两类，和辽宋铜钱并行。大钞分一贯、二贯、三贯、五贯、十贯五种，小钞分一百文、二百文、三百文、五百文、七百文五种。这种交钞，本来也以七年为限，到期换领新钞；但世宗大定二十九年（1189年，南宋孝宗淳熙十六年）就取消了七年厘革的制度。南宋会子的无限期流通，还是六十年以后的事，所以这在中国纸币发展史上，是一件划时代的事。

金人的纸币，虽不用分界的办法，但因为通货膨胀的关系，时常更换新钞。更换时连钞票名称也改变。第一次更换是宣宗贞祐三年（1215年，南宋宁宗嘉定八年），改发贞祐宝券；第二次更换是兴定元年（1217年），改称贞祐通宝；第三次是在元光元年，改发兴定宝泉；在元光二年（1223年）又发行绫制的元光珍货，据说还有元光重宝[6]。天兴二年（1233年）又有天兴宝会；几个月后便亡国了。

上面的钞名和次序是根据《金史》的记载。刘祁《归潜志》有不同的记载。根据《归潜志》，在交钞之后，还发行了八种新钞，而天兴宝会不在内。八种新钞是：宝券、通货、通宝、重宝、宝泉、珍宝、珍会、珍货。其中有些名称是《金史》所提到的，如宝券应当就是指贞祐宝券，通宝就是指贞祐通宝，宝泉就是指兴定宝泉，珍货就是指元光珍货。但另外几种却不见于《金史》。刘祁是哀宗时的太学生，留心当时的政事和掌故；金国的败亡，他亲历其境，他的话应当是可信的。然而这只限于正大天兴的一段时间，因为金亡的时候，他才三十二岁，元光以前的事，他未必记得。看他记载的笼统便可以知道。《金史》则自交钞的发行到兴定宝泉为止，交代得很清楚。关于每一次发行，都有对旧钞的作价，所以是可信的。而且刘祁对于天兴宝会似乎完全不知道。虽然天兴宝会是在几百里外的蔡州发行的，他自己被围困在汴京，不知道；但可见他事后对于这些事也没有再加注意。

金人交钞的形制，史书有所记载[7]。大体上是四周有花栏，栏内分上下两部分，上面部分小，下面部分大。上部中央是金额，右边是字料，左边是字号。字料外边有篆书"伪造交钞者斩"，字号外边有篆书的告捕赏格。花栏下部为发行机关地区、赏格、年月日以及各级负责人的押印等。在花栏的上面和左右还有文字，上端有金额。右边有注明每张的工墨钱以及纳旧换新的手续费。左边则有各地"合同"的斜印，这是准许流通的区域。然而各地所发行的交钞，在文字上是有出入的。例如在热河大明城所发现的一张贞祐二年北京路印造的一百贯的交钞[8]和贞祐三年陕西东路所用的拾贯钞的钞板[9]，在文字上，都和史书所记载的有所不同，两者彼此又有不同。另有一块山东东路所用的钞板，甚至没有年号，如果不是有山东东路四个字，就无法知道它是金人的交钞[10]。各地交钞的大小似乎相差不多，以花栏为标准，大约长一公寸八，宽一公寸；以全钞为标准则长约一公寸九二，宽约一公寸零五。

　　贞祐宝券[11]比交钞大，长约三公寸，宽约一公寸八五。形制也和交钞稍有不同，在栏内上方平列贞祐宝券四字，这是交钞所没有的。下面的横栏则和交钞差不多，书明金额和字料字号以及两侧的篆书（伪造者斩和赏格）。下栏共有九行，比交钞多两行。原文为："奏准印造诸路通行宝券，并同见钱行用，不限年月"，然后有流通地区以及各种主管官吏的签押，接着是"伪造者斩，赏宝券叁佰贯，仍给犯人家产"。最后是贞祐年月日和主管官吏的签押。其中"不限年月"字样，是交钞所没有的规定。虽然交钞在后来实际上已是无限期流通了。栏外也有各地合同，这和交钞差不多。

　　兴定宝泉也有钞板留下来[12]，这是两贯面额的钞板。长约二公寸四分许。形制和交钞以及贞祐宝券不同。交钞和宝券的栏纹作双线，宝泉的栏纹作单线。栏的上端不是横书金额，而是两贯钱的图形。栏内首先有两横栏，上为"兴定宝泉"四字，下为"贰贯闻省"四字，都是平列。下面有两个方栏，左为△字料，右为△字号。方栏下面又有横栏，平列南京路三字；方栏左右有篆书的伪造罪和赏格（赏陆伯贯）。这是全板的上半截。下半截中央为圆形，四周有牡丹花纹，中间一行为伪造罪和赏格，左边有五行字，前三行是："奏准印造兴定宝泉，并同见钱行用，不限年月，流转通行"；第四行为宝泉库子押和攒司押。第五行是印造库子押和攒司押。右边也有五行字，第一行是"兴定六年二月日"，第二行第三行是宝泉库使和印造库使等画押的地方，第四行是户部勘合令史押，第五行是尚书户部勾当官押。

注 释

[1] 《金史·食货志三》:"金初,用辽宋旧钱……正隆二年,历四十余岁,始议鼓铸。"《续通典》:"金初用辽宋旧钱,太宗天会末,亦用齐阜昌元宝阜昌重宝钱。"

[2] 《金史》卷四八《食货志三》承安二年"十二月尚书省议,谓时所给官兵俸及边成军需,皆以银钞相兼。旧例银每铤五十两,其直百贯,民间或有截凿之者,其价亦随低昂。"《续夷坚志》卷一《戴十妻梁氏》:"白金一笏,就梁赎罪。"

[3] 奥平昌洪《东亚钱志》卷一一第二二、二三页。奥平说底下是女真文。

[4] 《金史》卷五《海陵纪》:"常置黄金祒褥间,有喜之者,令自取之,而淫嬖不择骨肉,刑杀不问有罪。"

[5] 翁树培《古泉汇考》在《乾元重宝》下引《永乐大典》转引《敬斋泛说》:"金道陵承安中,以白金一两铸作小银锭一枚,直二缗。其初公私以为便,曾未几,私铸者倍官帑,淆以铜锡,而分两不登,民厌之,罗以密细,压以重刑,下愈壅滞,竟亦罢废。"

[6] 《续文献通考·钱币考》。

[7] 《金史·食货志三》:"交钞之外制.为栏作花纹,其上衡书质例,左曰某字料,右曰某字号;料号外篆书曰伪造交钞者斩,告捕者赏钱三百贯,料号衡栏下曰中都交钞库,准尚书户部符承都堂札付户部覆点勘令史姓名押字。又曰圣旨印造,逐路交钞于某处库纳钱换钞,更许于某处库纳钞换钱,官私同见钱流转。其纱不限年月行用,如字文故暗,钞纸擦磨,许于所属库司纳旧换新。若到库支钱,或倒换新钞,每贯克工墨钱若干文。库掏攒司库副副使使各押字,年月日,印造钞引库,库子库司副使各押字,上至尚书户部官亦押字,其搭印支钱处合同,余用印依常例。"

[8] 《通报》载热河大明城废墟中发现一张交钞,面额为一百贯,为贞祐二年所发行,钞面文字和《金史·食货志》所载不同。花纹栏外右上角有"每纸工墨钱捌文足",右下有"纳旧换新减半"。上端侧写"壹伯贯"。花栏内上部中间有"壹伯贯八十足陌",左有字料,右有字号。右格为"伪造交钞者斩",左格为"赏线叁伯贯"。下部为"北京路按察转运司奉户部承奏准印造通行交钞内中都南京交钞库北京上京咸平府省库倒换钱钞"。接着有攒司、库子、覆点勘讫的签字,都目的签字。再印"伪造交钞处斩,赏钱叁伯贯",然后印"贞祐二年月日"字样,有印造库子,印造钞官的签字,最后是"尚书户部委差官"。全纸一点九二公寸长,一点零五公寸宽。(*T'oung Pao*, SerieⅡ.Vol. XXXⅢ, Jos. Mulle, Une Planche à assignats de 1214.)

[9] 钞板下部文字分七行如下：

通行交钞内陕西东路许于中都南京交

钞库京兆府河中府潞州府 X 倒换钱钞

攒司 × 库副 × 副使

伪造交纱斩赏 ××× 贯

贞祐三年 × 月 × 日

印造钞引库副使

尚书户部句当官。

[10] 罗振玉《俑庐日札》著录交钞文字如下："山东东路交钞铜板，已漫漶。王兰溪所藏。长约今尺五寸半。其式四周有花栏，栏外上端衡书壹拾贯，栏内衡书为二方，上方约三之一，下方约三之二；上方字三行，中书△每贯贯八十足陌，左曰△字料，右曰△字号。旁又有篆书二行，左曰伪造交钞斩，右曰赏钞三佰贯；下方中间书伪造交钞斩.赏钱叁佰贯；左方有山东东路云云小字三行，仅有山东东路及南京交钞库益等字可见，余漫漶不可辨。右方字三行：第一行印造钞△，第二行印造钞官，第三行尚书户部委△，而不著年号。使非山东东路四字，'不能知其为金之交钞也。栏外左方有字一行，曰每△△△云云，漫不可辨'。"

[11] 《俑庐日札》关于贞祐宝券的记述。

[12] 见《俑庐日札》。

四 元代的币制

元代给中国的币制带来一种基本的变革，就是使中国从此采用白银为价值的尺度。中国的币制，可以根据各种标准来划分阶段。例如根据铜钱的名称，是以唐代为一分水线，唐以前是用铢两货币，唐以后用宝钱。根据纸钞的采用，则以宋代为一分水线，宋以前用金属货币，宋以后使用纸币。但这些分别都不是基本的，因为宋以前主要的价值尺度是铜钱，两宋的交会是兑换券的性质，仍以缗文为单位。只有自元朝起，中国改用白银为价值尺度，并且逐渐发展到用白银为流通手段。

蒙古族是从游牧生活[1]受到邻近民族的影响、一跃而进入货币经济的。在铁木真的时候，还残留着物物交换的办法[2]。但由于邻近民族的影响，大概很快地就学会了使用白银。土耳其斯坦一带，一向使用银币，花刺子模的银币，在 8 世纪时就通行土耳其斯坦一带[3]。而蒙古民族同花刺子模有密切的贸易关系。铁木真曾同花刺子模订过同盟，商队往来很为频繁。花刺子模是当时中亚的一个强大的国家，比蒙古进步。所以蒙古族在统治中国以前，以及统治中国以后的初期，是使用白银的。不但贸易[4]和借贷[5]用银，物价也用银表示[6]。这种情形，充分反映在杂剧中，这些杂剧一大部分是反映金人治下和元初的情形。蒙古大汗每年对于皇亲和将士的赏赐是用白银。买马也用银付价[7]。并且还有银币的铸造，币面有人骑马持刀像，但普通多是打一兽印，如鼠、牛、虎儿等，以代表年份。他们统治中国以后，文书上还是用虎儿年鼠儿年等纪年的办法。蒙古族在统治中国之前，就开始铸造中国式的钱币，即大朝通宝[8]。这种钱有许多板别。制作多不工整。每枚重约两公分七到三公分。大通宝三字的笔法仿北宋大观钱。有些钱发灰白色，向来认为是银质，但没有经过化验，某些钱背有印文，或一印，或二印，有人凭以推定它曾流通过。

在取得对中国的统治权以后，虽以使用纸币为主，而且曾几次禁止金银的流通和买卖[9]，但这种禁令都是短期的，而且执行的效果如何，也有问题。因为民间对于借贷[10]、劳务报酬[11]、物价的表示[12]和日常的交易[13]，似乎都有用银的。至少白银普遍用作宝藏手段，同时它是纸币的发行保证。这时白银的形态，大概已不是以前外国式的银币，而是中国式的银锭，或元宝。据说银锭称元宝，是元朝开始的。至元三年杨湜任诸路交钞都提举，请以平准库的白银铸成锭，重五十两，名之曰元宝[14]。至元十三年蒙古兵征服了南宋回到扬州，丞相伯颜下令搜检将士行李，搜得的撒花银子，销铸成锭，每锭五十两；后来献给世祖，再分赏下来，因此民间有这种元宝流通。后来政府也自行铸造。至元十四年的每锭四十九两，十五年的四十八两[15]。但元宝的名辞，铜钱上早已用过[16]。而银锭重五十两的事也不是蒙古人创始的，唐代大概就有过，金人也用过。近年曾有这种元宝出土，形制同汉代船形银锭相像。正面有三行字，中央一行是"平准　至元十四年　银伍拾两"，左右是有关官匠的官衔和签押；背面有阴文"元宝"两个大字。重市秤六十两七钱一分，约合库秤五十两[17]。可见是初期的元宝。这时元宝一词取得了新的意义，即元朝之宝的意思。不过因为同钱名混淆不清，后人不再注意它的政治意义，而成了银锭的通称。元人偶尔还用银锭和铤银的名辞，似乎有一定的制度：大铤五十两，中铤二十五两，小铤十二两许[18]。曾见一种银锭，成砝码（⌘）形，为巳年（应为仁宗延祐四年，即1317年）铸造的，重约库平五十两，上面文字很多。文字虽然是阴文汉字，可是初看去好像蒙古文一样。除真定路的地名外，还有监纳、库使、库副、四名银匠和三名秤子、一名库子的签字花押。日本的博多曾发掘元代的银锭，长约日尺四寸五分，重约四百九十目（约合中国五十两），大小五枚，稍有轻重，形状如砝码，面背都有文字，形制和丁巳银锭也差不多[19]。此外见诸著录的还有太原路的银锭和真定路的银锭，上面都有很多文字，但漫漶难辨。太原路银锭上的文字只约略认得出"太原路""库使副连""库子""重五十两""匠""榷官""王""李"等字。真定路银锭上的文字只约略认得出"真定""银匠""都监"等字[20]，可见都是官银。此外还有一种长条形的天历饷银，重三百五十六点二五公分，约合当时十两。一面有十六个蒙古字，另一面有两行汉字，即"大元天历贰年九月兵部发放钱粮官局军饷"，底下两个蒙古字的签署[21]。

蒙古人的纸币，可以分为五个阶段。

第一个阶段是世祖以前。蒙古人在铁木真的末年，因受宋金的影响，特别是受金人的影响，便有发行纸币的事。例如何实于1227年（宋理宗宝庆三年）在博州印置会子，以丝为本位[22]。窝阔台的第八年（1236年）曾发行交钞[23]。十二年刘肃在邢州行楮币[24]。在这一个时期，金人的币制，已经崩溃。他们的纸币，当然已不通用，所以蒙古人在各地发行，限于本地流通，不得出境，三年换发一次，没有金属保证。这对于商旅很不便，所以蒙哥继位的那年（1251年）史楫提议立银钞相权法[25]，以维持交钞的稳定。三年忽必烈在京兆发行交钞[26]。

关于这一时期钞票的形制，只见外人的一点记述。1253年法国人卢布鲁基（Gulielms Rubrnquis）由君士坦丁堡东来，那正是蒙哥的第三年，后来写成游记，在游记中说：中国通用的货币是用棉纸做的，大小如手掌，上面的印文如蒙哥的国玺[27]。这里可能就是指忽必烈在京兆所发行的交钞。从这些记述里，我们可以知道，当时的交钞是用棉纸印造的，形制比较小。但也许各地的办法不尽相同。

第二个阶段是世祖忽必烈即位以后。他于中统元年实行一次币制改革。史书提到中统元年（1260年）的三种钞票。首先在七月间诏造中统元宝交钞，以丝为本位，以两为单位，交钞二两，值银一两。其次在十月行中统元宝钞，有时叫元宝，有时叫元宝钞，有时叫宝钞。分为十等[28]：即十文、二十文、三十文、五十文、一百文、二百文、三百文、五百文、一贯、二贯。宝钞一贯，等于交钞一两，二贯等于白银一两[29]，十五贯等于黄金一两[30]。此外又以文绫织成中统银货，分为五等：即一两、二两、三两、五两、十两。银货一两，等于现银一两。这三种纸币中，银货没有流通，这是史书所说得清楚的，不应当有什么问题[31]。但对于交钞和元宝钞，史家却没有交代清楚。到底交钞和元宝钞是同一种钞票呢？还是两种不同的钞票？这就是一个问题，《元史》只说中统元年七月丙子诏造中统元宝交钞，十月癸丑初行中统宝钞，好像两者是二而一、一而二的东西[32]，说交钞时不提等级，说宝钞时却有等级。而且后来只统称中统钞，不再提到两者的区别，发行数字也是笼统的。至元十九年中书省奏准的《整治钞法条画》和二十四年颁行的《至元宝钞通行条画》中，都只提到中统宝钞，没有提到交钞，但官衙名称却用交钞使、交钞提举司、交钞库。此外对于交钞的作价，也有矛盾：各书都说是白银五十两易丝钞一千两，而同时又说宝纱一贯同交钞一两，宝钞二贯同白银一两。所以丝钞一千两应当是交钞一百两。

同时发行两种名称不同而价值相同的纸币，似乎难以理解。但史书又明言，宝钞一贯等于交钞一两，分明是两种不同的东西。而且户钞也分丝钞和元宝钞。因此我们只能理解为先后发行的两种纸币，即在两种不同的建议下所发行的纸币，也许应当说是两种不同的价值符号，交钞是丝的价值符号，宝钞是钱文的价值符号，可是两者同样对白银作价，并以白银来兑现。后来两者就并行流通。结果连两和贯两种单位也混同起来了。中统二年正月的谕告中提到中统元宝交钞[33]，许人拿元宝交钞向钞库调换白银物货。在元宝交钞体例中，只列举元宝的等级，以贯文为单位，但说明：元宝一贯同钞一两。体例中另一条规定各路原来流通的旧钞和白帖子，都要掉换新钞，不许继续使用。因为在发行中统钞的时候，旧日的银钞还有八千多贯在流通；由于废止不用，钞价下跌，公私嚣然。于是刘肃提出三种办法：一是仍用旧钞，一是新旧兼用，一是用新钞收兑旧钞，中书省采用第三种办法，拨出五十万贯宝钞来收兑旧钞[34]。一说是五千锭[35]、那就只有二十五万贯了。中统二年二月中书省同提举司官吏讨论发行方针时，说到酒醋税盐引等课税，以元宝为标准[36]。

在收兑旧钞的时候，也许交钞和宝钞有分工的意义，即用交钞去收回旧日的丝钞，而以宝钞来收回银钞。也许当初发行交钞时，目的就是为用来收回丝钞的。

关于中统钞的制度，还需要有更多的数据才能解决这些疑难。最好是有实物的发现，有元宝钞的发现。迄今为止所发现的，似乎限于交钞。

近年出土过中统元宝交钞，我曾见过伍佰文的[37]，也是分为三段，最上面是钞名，第二段是金额和两傍的字料和字号，金额下面有横列钱贯的图案。字料和字号之上各有两行字，一行汉文，一行八思巴蒙文。第三段是若干行文字，有"中书省奏准印造中统元宝交钞宣课差役内并行收受不限年月诸路通行"。其次是元宝交钞库子和攒司的签押处以及印造库子和攒司的签押处。然后又有一行"伪造者斩，赏银伍定，仍给犯人家产"。后面是中统年月日、元宝交钞库使和副判的签押处和印造库使和副判的签押处，最后一行为中书省提举司的签押处。钞票用的是灰黑色的桑皮纸，应系铜板印制。据史书所载，中统初系用木板，用绵纸印制；至元十三年才改用铜板。大概就是这时改用桑皮纸的，但仍用中统年号。出土的交钞，文字上也同史书所载有出入；史书明明说交钞以两为单位，王恽《中堂事记》说：倒换金银物货时，每两纳工墨钞三分，都是银两体系。而实钞上却用钱文，只有赏格是用银。《元史》说，中统元年叫八思巴制蒙古字，《新元史》则说到至元六年二月才颁布新字，为什么中统元年的交钞上就有八思巴蒙文呢？如果这些钞票不假，那就是在至元十三年改用铜板的时候，对于中统钞的形制和文字实行过一次改革。而且把宝钞和交钞统一起来，称为元宝交钞，因而两个名字都可以用。中统钞的大小大概随它的金额而不同，金额越大则尺寸也大。钞背不盖官印，据说中统二年有人建议加盖官印，以杜伪造，因不便而罢[38]。

中统宝钞虽然是以钱贯为单位，实际上也曾铸造中统元宝铜钱，但宝钞却以金银为保证，而以白银为主[39]，几乎可以说是一种银块本位制度。政府在各路设立钞库，有十足的现金准备，人民可用纸币向钞库兑换金银，如果市面钞票太多，马上抛出白银来收回[40]。这种制度，只是宋金币制的发展。但南宋还有铜钱流通，元朝则纯粹用纸币流通，金银和铜钱，都不许流通。正如马可·波罗所说：以区区一小块纸片，可以买到各种各样的商品，可见当时欧洲人不知使用纸币[41]。

至元十二年曾添印二文、三文、五文三种小钞，叫作厘钞，但十五年以不便而废。

至元十三年在元代币制史上是一个重要的年份，是一个实行币制改革的机会，因为这年蒙古人统治了富庶的江南。首先要收兑江南的纸币关子和会子，因此发行额大增。其次是不再有现银准备，而且禁用铜钱。第三是中统钞板由木板改为铜板。所以乘机将宝钞和交钞合并。后来之所以还称两称钱，大概是为免得同至元钞混淆起来。至元钞称贯，中统钞称两。

至元十九年十月，中书省曾奏准《整治钞法条画》九条，并规定金钱的收兑价格，课银每两买价二贯零五十文，卖价二贯零六十文；白银每两买价一贯九百五十文，卖价两贯；花银每两买价两贯，卖价两贯零五十文。

黄金每两买价十四贯八百文，卖价十五贯。所以金银比价仍为一比七点五。条画中规定各种罚则，如私下买卖金银，旧钞换新钞时官吏作弊等。金银匠和金银铺不能用自己的金银打造器皿，只能用顾客带来的金银打造，凿明匠人姓名[42]。

第三个阶段是至元二十四年（1287年）的币制改革时所发行的至元宝钞。三月由尚书省颁行《至元宝钞通行条画》[43]。宝钞分十一等，即五文、十文、二十文、三十文、五十文、一百文、二百文、三百文、五百文、一贯、二贯[44]，和中统钞并行，至元钞一贯当中统钞五贯；两贯当白银一两，二十贯当黄金一两。由各路的平准库买卖金银，以稳定钞价，但仍禁止金银的私相买卖。破烂宝钞换领新钞，工墨费仍是每贯三分。

《至元宝钞通行条画》据说是叶李所提出的[45]。叶李是南宋末人，曾向南宋政府提出他的币制建议，没有被接受，到元代再次提出。这个条画是一个比较全面的币制条例。不像至元十九年的《整治钞法条画》，只是就几个特殊的方面作一些补充的规定。但这个条画同以往的币制法令是相连贯的，无论文字和内容都是承继以往的法令，如中统二年的《元宝交钞体例》和至元十九年的《整治钞法条画》，特别是后者。

发行至元钞的时候，当局想把中统钞收回[46]，但实际上没有做到。而且各种岁赐、周乏和饷军，都以中统钞为标准。各种物价也用中统钞来表示。

至元钞的尺寸，也是随票面金额不同而有大小，金额大的尺寸也大。但文字图案大体相同。例如贰贯钞，除去边缘的空白不算，也有二十九厘米长，十九个半厘米宽。顶上自右至左横写"至元通行宝钞"六字，下面环以花栏，栏中分上下两部；上部中央横列"贰贯"两字，两字下面各有一串钱的图样；两边各有一行蒙文，蒙文下右边是字料，左边是字号。下部分列十行字，直书，头三行是"尚书省奏准印造至元宝钞，宣课差发内并行收受，不限年月，诸路通行"。第四、第五两行分列宝钞库子攒司和印造库子攒司的官衔和印章。中央一行是"伪造者处死"，下面分两行印"首告者赏银伍定，仍给犯人家产"。接着就是"至元年月日"，"宝钞库使副"，"印造库使副"和"尚书省提举司"。大概发行时要在右边斜捺合同印，和金钞的办法一样[47]。小钞除尺寸和金额以及金额下的钱贯图样稍有不同外，其他完全一样。例如贰伯文钞，长只二十二厘米半，宽十五厘米。

第四个阶段是武宗至大二年（1309年）九月实行的一次币制改革，发行至大银钞，自一厘到二两，分为十三等。银钞每两合至元钞五贯，或白银一两，或黄金一钱。同时铸造两种铜钱，即至大通宝和大元通宝。至大通宝用汉文，一文当银钞一厘；大元通宝用蒙文，每枚当至大通宝十枚。并且恢复历代古钱的流通。限期将中统钞收回。

至大的币制改革，使中国的币制更加接近于银本位制。中统钞的称两称锭，已经是受银两制的影响[48]，但中统钞的一两，只合白银五钱。中统银货的单位和白银相同，但没有发行流通。只有在至大银钞采用之后，白银才成了正式的价值尺度。然而至大银钞制在中国币制史上只是昙花一现，四年正月武宗死，四月仁宗就废罢至大银钞和铜钱，恢复中统钞和至元钞。中统钞早已不流通，但民间作价还是以中统钞为标准，现在恢复印造。铜钱则禁止流通，大元钱限在五十天内到行用钞库去换领宝钞，历代旧钱即日停止使用[49]。

仁宗在废罢至大银钞和铜钱的同时，却允许民间买卖金银，只不许运出国境，也不流通。阿拉伯人伊本·巴吐塔（Ibn Batuta）于至正五年前后来到中国游历，说中国用纸币，不用金银交易。并说如果一个人带金银到市场上去买东西，商人会不肯接受。一定要把金银换成纸钞，然后才可以任意购买[50]。

第五个阶段是顺帝至正十年（1350年）的币制改革时所发行的至正钞和至正通宝铜钱。至正钞一贯当铜钱一千文，准至元钞两贯。但这至正钞又是史家所没有交代清楚的一件事。

至正十年设置的诸路宝钞都提举司的执掌也笼统地规定为鼓铸至正铜钱，印造交钞。许多书中都说是更造中统交钞[51]，或说"改造至正，印造中统交钞"[52]，有人以为是文献的错误，应为印造至正交钞。但书中又说："昔时至元为母，中统为子，后子反居母上。"[53]可见至正十年所发行的纸币确实是中统交钞。同年十一月所下的诏书，也说是"以中统交钞省权铜钱一千文，准至元宝钞二贯"。然而当时的吕思诚却把中统钞同（至正）交钞分开，说有五种货币，即历代钱、至正钱、中统钞、至元钞、交钞[54]。叶子奇也说："至正交钞，楮币窳恶，用未久，辄腐烂不堪倒换。"[55]又说："别立至正交钞，料既窳恶易败，难以倒换，遂涩滞不行。"[56]这些说法，表面上是互相矛盾的，实际上都对。所谓至正钞，是采用中统交钞的旧钞板，重新印造，背面加盖"至正印造元宝交钞"的印记，另行作价流通。所以王祎说："以中统交钞重其贯陌，与至元宝钞相等并行。"[57]《元史》所说一贯当铜钱一千文的话，证明中统交钞的确是以钱文为单位，而不是以两、钱为单位。后来至元权钞钱却是以钱和分为单位。不过元代一般人对于贯和两是乱用的。

元代币制中，白银对铜钱的作价不很明确。文献中的白银和铜钱总是对钞作价，彼此很少直接发生关系。中统钞只对银作价，不对铜钱作价，钞二两合白银一两。至元钞也是这样。至正交钞则对铜钱作价，而不对白银作价，钞一两合铜钱一千文。只有至大银钞同时同白银和铜钱发生关系，银钞每两合白银一两、黄金一钱或铜钱一千文。不过如果至正钞发行时，至元钞两贯仍能值白银一两的话，那就是一两白银合铜钱一千文了[58]。如果元初以来就是这样，那么，中统钞和至元钞在发行时都是以一贯抵钱五百文。发行至正钞时，以一贯抵一千文，抵至元钞二贯，以铜钱为标准，则至元钞并未贬值。为什么至正钞对至元钞作价那样低呢？这是因为当时政府不许用钱。又发行至大钞时，一贯抵至元钞五贯，但以白银计算则至大钞和至元钞实是一比二点五。所以元代的纸币、铜钱、金、银四者的关系是混乱的。

大元帝国版图辽阔，币制通行的范围也广：和林和畏吾儿[59]等地设有正式的交钞提举司。南洋一带也可能有交钞的流通[60]。因为亚洲南部一些地方的货币对中统钞有比价，如罗斛以贝子一万准中统钞二十四两；乌爹以重二钱八分的银币准中统钞十两；交趾以六十七枚铜钱折中统钞一两[61]。这些可能仅仅是比价，不一定是作价流通。波斯（伊儿汗国）的凯哈图汗（或称乞合都汗）在至元三十一年（1294 年）曾在其境内发行纸币，也称为钞，而且钞面有中国字，大概是仿元代钞票的格式。全国各省都设有钞库[62]。当时波斯的统治者虽是蒙古人，可是官书上却用汉文朱印。日本在足利将军时代，即13世纪末，也曾用过钞票，1319年（延祐六年）停发。据说一部分流通到15世纪[63]。印度的杜格拉克朝据说在至顺初年（1330—1331年）也曾试用钞票[64]。明代初年，朝鲜也用楮币[65]。

有些史书[66]说元代没有铸过钱，这是不对的。有人说，世祖忽必烈曾问过刘秉忠关于币制的问题，刘秉忠从阴阳谶纬的观点，劝忽必烈不要用钱，专门用钞；说这样做，政权就可以长久维持[67]。因此元朝不用钱。这话同事实不符。元代不但曾铸钱，而且钱的种类还不少。不过有许多特别小的钱是庙宇钱或供养钱，不是正式的货币。正式的钱币，在数量上的确比其他朝代少得多。但这只是承袭金人的办法，金人在恶性通货膨胀期是不用现钱的。

蒙古人最早所铸的中国式钱币，要算大朝通宝，这是蒙古建立国号以前所铸的。蒙古在建立国号以前自称大朝。大朝通宝有银、铜两种，制作都很草率，文字有时仿大观或大定。遗留不多，可是几乎每枚都不一样，这是一件奇怪的事。另有大朝元宝，精整，制作像正隆、大定，更少。

蒙古人从1206年建蒙古国到采用中统年号（1260年），其间有五十几年。刚刚建国的时候，西夏在铸钱，皇建钱和光定钱都是在蒙古建国以后铸的。金人正在使用泰和大钱，以后还续有铸造。蒙古人既然仿效汉人和金人的制度，那么，在币制方面，除发行纸币之外，可能也会试铸铜钱。传世有一些大型的开元通宝也许就是这时铸造的。"开元"二字应当很合蒙古贵族们的口味。这种开元钱，大小如当五钱和当十钱，也有折三大小的。其特点是文字不规矩：一个钱上用几种不同的书体，文字大小也不一律，这是有别于南唐开元和闽开元的地方。开字闭门，元字不挑，而且字形不整；通字有时用真书，有时作瘦金体，宝字有时作八分书，有时作篆书如泰和重宝，有时作瘦金体如崇宁钱。有一种折三大小的，开字闭户，介乎唐开元和南宋开禧之间，元字仿南宋钱上的元字，但第四划不正，通字甬头方折，宝字仿崇宁通宝，背面有泰和折三钱和端平重宝的气息，大小也一样。这一类钱不像是同时铸的。也不一定是正用品。因为元代仿铸前代的钱种类很多，不限于开元钱。

还有一些大小不同的钱，正面用北宋的年号，背面纪值。所见有当五大小的大观通宝，背面有"半功"（钱）二字，又有开元通宝、大观通宝、宣和通宝和大定通宝等小平钱，背面有"半分"二字。这些钱制作更不精，文字平夷。所谓半功、半分似乎是对纸币而言，是一种权钞钱，也可能是筹码。制作有大朝通宝的气息，所以像是元初的东西。另外还有一种小平钱，正面有"支（或交）钞半分"四字，光背。

中统年间有中统元宝，真书篆书成对，制作精整，必为官炉所铸，但因数量太少，可能是试铸性质。

至元二十二年（1285年）卢世荣当政的时候，曾建议铸至元钱[68]。传世有两种至元通宝，一种是汉文小平钱，另一种是蒙文（ꡒꡞꡦ ꡘꡦ），大小如折二，也可能是在宫廷中使用或在蒙古贵族之间流通。纸币和铜钱上的蒙古文都是八思巴所创的新字，方形，如汉字，但更像梵文和藏文，因为八思巴是吐蕃人。在他以前，蒙古人是用回文，即畏吾儿字。还有一种当十大小的至元通宝，背面也有四个字，穿上是蒙文至字，穿下似乎是女真字，穿右是回文，穿左是西夏文，大概也是至元通宝四字，恐怕是游戏之作。

元贞、大德年间都曾铸钱。元贞钱有汉文和蒙文两种，汉文钱有元贞通宝和元贞元宝，通宝是小平钱，元宝像折二。蒙文钱是元贞通宝㞢⼳尿㔃，大样，在折二与折五之间。大德钱也有汉文和蒙文两种，都是大德通宝，汉文钱有大小两等，像是小平和折二；蒙文钱只有大样的，文字多不清晰，制作窳劣，这些钱留传较少。

武宗至大三年（1310年）曾铸造两种钱，一种是汉文至大通宝小平钱，另一种是蒙文大元通宝（卪罒尿㔃）当十钱。当时山东、河东、辽阳、江淮、湖广、川汉（或作四川）设泉货监[69]来铸钱，所以数量比较多。另有两种汉文大元通宝，数量极少。一种是小平钱，光背；另一种是大钱，略小于蒙文当十钱，大概也是当十钱；正面文字用两种书体，大通宝三字是瘦金体，仿大观钱，元字是元代特有的拙劣书法，这钱使人想起前面所提过的大开元钱。它们可能是同时铸的。背面上下左右各有一番字，若不是蒙古字，就是当时少数民族的文字。另有一种小平钱的文字也和它相像。一般把它归入突厥文钱，实际上同突厥的文字不一样。而且论制作，特别是穿孔的形状，可以断定它是元代的东西。又有一种大元国宝大钱，篆书，背有两个字，粗看像外国字，细看似乎是汉文至大二字，大概是至大二年的开炉钱。也有人说是至元二字。

至大以后的年号也多有钱。皇庆年间有皇庆通宝和元宝，延祐年间有延祐通宝和元宝，都是小平。至治年间有至治通宝小平和至治元宝折二；另有一种大元至治小平钱，但穿孔四角延至外郭。泰定年间有泰定通宝小平钱。致和年间的致和元宝像是庙宇钱。至顺年间有至顺通宝和至顺元宝小平钱。元统年间的元统通宝也是小样。后至元应当也有钱。钱币学家一向把至元通宝分为前至元和后至元，但标准很难定。所有这些钱都是汉文钱，都少见。大抵都是民间铸的，同国家制度无关，因为文字制作都不规矩。不过若是混在普通钱中，也能流通，所以在经济意义上，历代的私钱同官炉钱没有多大差别。

至正年间曾铸造至正通宝许多种。大体可以分为三类，第一类是地支纪年钱五种三等，共十五品，所谓五种就是说钱背的蒙文有五种，即㠯（寅）、囵（卯）、㡐（辰）、㠬（巳）、百（午）。每一种有小钱、折二钱和折三钱三种。这几个字大概是纪年，即自至正十年庚寅（1350年）到至正十四年甲午那五年间所铸。该年内又停止铸造铜钱[70]。这一类的钱制作比较整齐。第二类是纪值钱，最为复杂，有些背面有蒙汉两种文字，有些只有蒙文。前者有折二钱和折三钱，折二钱背面穿上有一蒙文㠬（二）字，穿下有一汉文"二"字；折三钱穿上有一蒙文㔃（三）字，穿下一汉文"三"字。后者有当五钱和当十钱，当五钱在背面穿上有一蒙文百（五）字，当十钱有一刁(十)字。另有一种更大的当十钱,背面穿上除了蒙文外,穿下有"壹两重"三字。此外还有几种,制作更不精。元钱上的蒙文,似乎是注音的性质,所以午字和五字用的蒙文相同。第三类是所谓权钞钱,都是大钱。正面是"至正之宝",背面穿上有一"吉"字,穿右有"权钞"二字,穿左则标明金额,有伍分、壹钱、壹钱五分、贰钱五分、伍钱等五种。伍分重的重约十七八公分,伍钱重的重约一百四十三公分。在直径上,这是中国历史上最大的钱币。但后来似乎有减重现象,因为发现有小形的。钱和分的单位似乎说明至正交钞也是以两、钱、分为单位,也许是加盖的单位。但这种权钞钱不见记载,是否为正式通行的货币,不得而知。有人说钱文是周伯琦所写[71],而且是在至正五年以前写的。果然的话,那就不是对至正十年的交钞,而是对至元钞或中统钞。然而至元钞以贯文为单位,不以钱分为单位。背面的吉字也不知是什么意义。有人因在江西发现这种钱,就说吉字是指吉安[72]。但近年安徽也有出土。所有这些都还待证实。不过这些钱的制作很特别:钱身厚薄不平,外郭也不整齐,同常见的至正钱大不一样,好像是地方性的货币,或为另炉铸造的。但钱文的书法的确不坏。从这点看来,又像是官炉钱。这种权钞钱的性质也有点特别。一般说来,只有用纸币来代表金属货币,而权钞钱是用本身有价值的金属货币来代表本身没有价值的纸币。它和后代纸币流通制度下的辅币也不同,因为辅币是小额的,而且流通有限制,而权钞钱是大额的货币,而且它们的支付力似乎是没有限制的。这种钱遗留的数量很少,大概纸币很快就贬值,使权钞钱的币材价值超过它的名目价值。前面提到的纪值钱如半劲、半分等也可能是这时所铸的。

藏家有一种"伊藩吉昌"钱,大小如至正通宝折五,文字气息很像百贴之宝和巡贴千宝那一类钱。看制作是元朝的东西。伊藩应该是指伊儿汗国。这种钱只见一枚。钱文称吉昌,不像是正用品。它又使人想起"高昌吉利"钱来,高昌吉利一般说是高昌钱,看制作似乎比伊藩吉昌要早,可以看到五代。但高昌是否行用过中国式的钱币,还有待证明。至于伊儿汗国,系旭烈兀灭波斯后所建立,不曾听说行用过这种方孔钱。不过当时它同中国的关系很密切,它是蒙古帝国的叫大汗国之一。伊儿汗国曾仿行中国的钞法。伊藩吉昌或系当时中国替它铸造的一种祝语钱,也可能是蒙古统治者铸来赠送给伊儿汗国统治者的。

元代铜钱,除了至元、至大、蒙文大元和各种至正钱外,数量都少,制作文字往往都不规矩,所以发生曾否流通的问题;也就是说,它们是不是货币的问题。我想除了小型的供养钱以外，凡是大小和普通钱差不多的，都应肯定它们是货币。至大二年改革币制的时候，曾明令至大通宝和大元通宝与历代钱通用。连先朝钱都可以流通，岂有本朝的至元、元贞、大德等钱反而不流通之理。至大四年废罢银钞的时候，在条画中承认民间宿藏的铜钱不可胜算；畸零使用，比用银方便。只因恐怕壅害钞法，才加以禁止。可以想见，当时铜钱的盛行，而且人民用钱不用钞。也可以想象，在禁止之后，民间还是有流通，尤其是在江南，蒙古统治者的法令不大能贯彻，铜钱的流通大概一直没有停止过。至大以后的年号钱，可能就是至大四年所废罢的那六所钱货监和十九处提举司的技工所铸造的。到至正十年改革币制的时候，又明令至正通宝钱与历代铜钱并用，于是各种铜钱又取得合法地位了。

元代在至大以前，不大使用铜钱，民间所藏旧钱往往卖与商人运到国外去，或则销熔为器[73]。有一部分流到日本去，有时日本用黄金来交换铜钱[74]，通常大概是通过贸易的途径。泰定二年（1325年）日本为筹建寺庙，派遣商船到中国来。至正元年日本的将军足利直义又派了两条船到中国来从事贸易；回去时要缴纳现钱五千贯，以建造天龙寺[75]。据说那以后年年派遣，大家称之为天龙寺船[76]。可见元代流到日本去的钱一定不少。这些钱自然以宋钱为主[77]。当时日本人完全使用唐宋钱，他们自己铸的十二种钱，已完全不流通；这点由日本近代的出土情形可以证明。

黄金在元代，还是有使用，不但各种赐予有用黄金的[78]，而且广泛地用作转移价值的工具，如作旅费等[79]。云南的税赋，甚至以黄金来计算[80]。至元十年曾诏人带黄金十万两到狮子国去买药[81]。

元朝的金银比价，在中统元年是一比七点五，到至元十九年中书省的《整治钞法通行条画》中还是一比七点五；但至元二十四年的《至元宝钞通行条画》却改为一比十。这种变动是由于什么原因呢？是不是中国金价上涨了呢？大概不是。蒙古人在统治中国以前的金银比价大概是受了中亚细亚的影响。在统治中国之后，他们接受了汉人的金银比价或受了汉人金银比价的影响。也可能是蒙古统治者有意降低白银的比价，将白银搜括起来，运到中亚细亚去。当时对他们来说，白银的用途是大于黄金的。那几百年间，中亚细亚一带盛行银币，对白银需要殷切，银价偏高。中国自宋以来，社会不安定，金银被用作宝藏手段，而黄金比白银更适于作宝藏手段，所以金价偏高。正因为这个缘故，所以在元朝的八十多年间，中国的白银，大量流到中亚细亚一带去。中国西南一带，金银比价还是一比六，甚至一比五点五，那完全是印度和中亚细亚的比价。

元朝的金银钱除了前面提过的大朝通宝银钱外，至元年间曾铸至元通宝金钱[82]，此外还有元贞通宝小银钱。但这些金银钱，目的不是流通，和一些镏金钱的性质差不多，大概是压胜钱或供养钱或春钱[83]。

当时边远的地方，多使用实物货币，如云南一带用贝币，或称为贼子，大概八十枚为一索，约值白银一钱二分。当时云南的金银比价是一比八，但政府收税却叫人民以二十索折黄金一钱[84]。实际上二十索值银二两四钱或黄金三钱，这是一种严重的剥削。康藏一带，则大数目用黄金，小数目通行盐币，用盐水煮成浓汁，然后用模子造成砖形，重约半磅，上圆下方，放在火旁烤硬，并加官印[85]。

元末有许多起义的汉人也曾铸造钱币。

第一是张士诚的天佑钱。张士诚据高邮，国号大周，至正十三年（1353年）改元天佑[86]，毁铜佛铸天佑通宝，有小平、折二、折三、折五四种。小平钱背上有一个一字，为当一的意思，折二的背上有贰字，折三有叁字，折五有伍字，正面为楷书，背面为篆书，还有至正钱的风格。

第二是韩林儿的龙凤钱。至正十五年刘福通等立韩林儿为皇帝，国号宋，改元龙凤，铸龙凤通宝，有小平、折二、折三三种。

第三是徐寿辉的天启钱和天定钱。徐寿辉于至正十八年改元天启，铸天启通宝；次年又改元天定，铸天定通宝；两种都有小平、折二、折三三种。天启钱有楷书和篆书两种，都少见。

第四是陈友谅的大义钱。至正二十年陈友谅杀徐寿辉，改元大义，铸大义通宝，也有小平、折二、折三三种。

第五是朱元璋的大中通宝钱。至正二十一年和二十四年都有铸造，有小平、折二、折三、折五、当十五种。

注　释

[1] 黄震《古今纪要逸编》：" 鞑靼之近汉尚能火食者，曰熟鞑靼。其远于汉，惟事射猎以为食、逐水草以为居、视草青为一岁者，曰生鞑靼。生鞑靼有二：曰黑曰白；而今盛者曰黑鞑靼……黑鞑靼至忒没真叛之，自称成吉思皇帝。"

[2] 《元朝秘史》卷一："朵奔篾儿干将得的鹿肉驮着回去，路间遇着一个穷乏的人，引着一个儿子行来……说……你那鹿肉将与我．我把这儿子与你去。"同书卷六："阿三名字的回回，自汪古惕种的阿剌忽失的吉惕忽里处来，有羯羊一千，白驼一个，顺着额洏古涅河易换貂鼠青鼠，来至巴泐渚纳海子，饮羊时遇着

成吉思。"

[3]　Robert P. Blake，The Circulation of Silver in the Moslem East Down to the Mongol Epoch.（*Harvard Journal of Asiatic Studies*，Vol. Ⅱ，1937, p. 302.）

[4]　《元史》卷一五〇《张荣传》："知济南府事，时贸易用银。民争发墓劫取，荣下令禁绝。"

[5]　宋彭大雅、徐霆《黑鞑事略》："其贾贩则自鞑主以至伪诸王伪太子伪公主等，皆付回回以银，或贷之民，而衍其息。"

[6]　李志常《长春真人西游记》卷一（太祖辛巳年六月事）："二十八日泊窝里朵之东……黍米斗白金十两。"《元史》卷三《宪宗纪》七年九月："回鹘水精盆珍珠伞等物，可直银三万余锭。"

[7]　《元史》卷四《世祖纪》中统二年七月："马价银四千九百两。"

[8]　大朝为蒙古未改国号大元以前的自称。翁树培《古泉汇考》对此有考证。关于大朝通宝银钱有宣愚公《大朝通宝续考》（见《古钱大辞典》下编·三画第九五到九七页）。

[9]　元代曾在至元二十一年十月禁止金银的买卖，次年正月解禁（《元史》卷一三《世祖纪》）。二十四年禁止，大德八年七月解禁（《元典章》二〇）。至大二年九月禁止（《元史》卷二三《武宗纪》），四年解禁（《元典章》二〇）。

[10]　杂剧《鸳鸯被》第一折："（刘员外云）请你来别无他事，自从李府尹借了我十个银子，今经一年光景，不见回来，算本利该二十个银子还我，你与我讨去。"（《元曲选》三〇）

[11]　杂剧《桃花女破法嫁周公·楔子》："（小儿云）老爹休怪，这一分银子，送你做课钱。"（《元曲选》三〇）

[12]　朱世杰《算学启蒙》中主要用钱文计价，但有时用银计价。如卷上《留头乘法门》有：片脑每铢银七厘，另一处有：每铢银七厘二毫。细丝每斤银一两一十一铢八累四黍。又《九归除法》有：丝六斤二十两，值银二十二两五钱二分半。也有用黄金计价的，如说：黄金每两买地亩二分五厘。杂剧《东堂老劝破家子弟》第二折："（卖茶云）我算一算账少下我茶钱五钱，酒线三两，饭钱一两二钱，打发唱的耿妙莲五两，打双陆输的银八钱，共该十两五钱。"

[13]　杂剧《桃花女破法嫁周公》第一折："（周公云）分外与你一两银子，买些酒肉吃。"这些杂剧编写的确切日期不得而知，其中用银的事例也可能是指元初尚未禁用白银时的事。

[14]　《元史》卷一七〇《杨湜传》。

[15]　陶宗仪《南村辍耕录》卷之三〇。

[16] 铜钱称元宝起于唐初的开元通宝，民间有读作开通元宝的。这种读法，据说也有来历。《野客丛书》卷八引徐彭年《家范》说："明皇时有富民王元宝，因命铸钱司皆书其名，遂有元宝字。"

[17] 1956年江苏省句容县出土两枚，见《文物参考资料》1957年第五期倪振逵《元宝》。并引明叶盛（1420—1474年）《水东日记》第一一："今俗呼五十两重银锭曰元宝，尝见独石内官弓胜得埋藏银数十锭，形制皆平漫，与今样笵不同，面有中书省小字印，背则阴文元宝二大字也。"

[18] 胡三省《通鉴释文辨误》卷一一。

[19] 小叶田淳《日本货币流通史》（改订增补本）第二八四页引《辂轩小录》。

[20] 奥平昌洪《东亚钱志》卷一一第六九至七一页。

[21] 同上第七一页。

[22] 《续文献通考》："太祖末年，何实行元帅府事于博州，值兵火后，货物不通，实以丝数，印置会子，权行一方。"《元史》卷一五〇《何实传》："丁亥（1227年）……博（州）值兵火后，物货不通，实以丝数，印置会子，权行一方，民获贸迁之利。"

[23] 《元史》卷二《太宗纪》八年正月："诏印造交钞行之。"

[24] 《元史》卷一六〇《刘肃传》："庚子，世祖居潜邸，以肃为邢州安抚使，肃兴铁冶及行楮币，公私赖焉。"

[25] 《元史》卷一四七《史楫传》："辛亥……各道以楮币相贸易，不得出境，二三岁辄一易。钞本日耗，商旅不通。楫请立银钞相权法，人以为便。"王恽《秋涧先生大全文集》卷五四《史公神道碑铭》："辛亥岁……各道发楮币贸迁，例不越境，所司较固取息，二三岁一更易，致虚耗元胎，商旅不通。公腾奏皇太后，立银钞相权法，度低昂而重轻，变涩滞而为通便。"

[26] 《元史》卷四《世祖纪》。

[27] Yule, *Cathay and the Way Thither*。卢布鲁基（Rubruck 即 Gulielms Rubruquis）于1253年（宪宗三年）由君士坦丁堡东来，在其游记中说："中国的通用货币是用棉纸，大小如手掌，上面的印文如蒙哥的国玺。"（"The common money of Cathay is a paper of cotton, in length and breadth a palm, and on it they stamp lines like those on the seal of Mangu."此段为 Yule 在其 *Cathay and the Way Thither* 第二册第二四〇页脚注中所引。）

[28] 《元史·食货志》只举出九种，但同书卷二〇六叛臣《王文统传》则有："是年冬初行中统交钞，自十文至二贯文，凡十等。"再据王恽《中堂事记》卷上（见《秋涧先生大全文集》卷八〇），也说是共十种。

[29] 孙承泽《春明梦余录》说中统钞一贯准钱一千文，值银一两（《货币》杂志第一五〇号奥平笠南《元末の钞と权钞钱》）。

[30] 《元史新编》卷八七《食货志》引刘宣的话。

[31] Herbert Franke，*Geld und Wirtschaft in China unter der Mongolen Herrschaft*，1949，Leipzig 第 40 页把银货同世祖以前的银钞混同起来，以为银货曾经发行过。他还以为交钞是用来收兑旧钞，元宝钞才可以用来纳税。

[32] 日本的奥平昌洪说两者是同一种钞。见《货币》杂志第一五〇号《元末の钞と权钞钱》。

[33] 《秋涧先生大全文集》卷八〇《中堂事记》说中统二年正月所发行的还是中统元宝交钞，当时的谕告如下：

"省府钦依印造到中统元宝交钞，拟于随路宣抚司所辖诸路，不限年月，通行流转；应据酒税醋盐铁等课程，并不以是何诸科名差发内并行收受，如有诸人赍元宝交钞，从便却行赴库倒换白银物货，即便依数支发，并不得停滞。每两止纳工墨钞三分外，别无克减添答钱数。照依下项拟定元宝交钞体例行用，如有沮坏钞法之人，依条究治施行。据此须议出给者。

一、诸路通行中统元宝街下买卖金银丝绢段匹斛斗一切诸物，每一贯同钞一两，每两贯同白银一两行用，永为定例，并无添减。

壹拾文　贰拾文　叁拾文　伍拾文

壹伯文　贰伯文　叁伯文　伍伯文

壹贯文省　贰贯文省（文省如七十足陌、八十足陌，若使用铜钱便省官司利益，钞文故先作文省二字）。

一、各路元行旧钞并白帖子，止勒元发官司库官人等依数收倒，毋致亏损百姓。须管日近收倒尽绝，再不行使（仍于库司门首张挂，省谕诸人，各令通知）。"

[34] 《元史》卷一六〇《刘肃传》。《元朝名臣事略》卷一〇《尚书刘文献公》。

[35] 《元史》卷一二五《布鲁海牙传》。

[36] 王恽《中堂事记》卷上。

[37] 藏上海博物馆。

[38] 《中堂事记》。

[39] 王恽《中堂事记》说以银为本，但《元史·布鲁海牙传》说以金银为本。

[40] 《元史新编》卷八七《食货志》："中统建元……印造中统元宝。……稍有壅滞，出银收钞，恐民疑惑，随路椿积，元本金银，分文不动。"

[41] 外国有些作家说欧洲在中世纪曾用过兑换券。例如 Del Mar 在其 *Money and Civilization* 一书中屡次提到发行皮币的事，性质完全和近代钞票一样。并说（第

二九页）1122年威尼斯的Doge Michieli围攻Tyre时曾发行皮币。可是来自威尼斯的马可·波罗似乎并不知道。

[42] 《元典章》二〇《户部》卷之六《钞法》所载至元十九年十月中书省奏准《整治钞法条画》原文如下：

"倒换金银价例：课银每定入库价钞一百二两五钱，出库价钞一百三两；白银每两入库价钞一两九钱五分，出库价钞二两；花银每两入库价钞二两，出库价钞二两五分；赤金每两入库价钞一十四两八钱，出库价钞一十五两。

一、钞库内倒换昏钞，每一两取要工墨三分，不得刁蹬多要工本。库官吏人等令人于街市暗递添答工墨，转行倒换，一十两以下决杖五十七下，一十两之上决杖七十七下，一定之上决杖一百七下，罢职。两相倒钞之人罪同，于犯人名下追钞五定，给付捉事人充赏。专委管民官常切提调。如下用心提调，治罪施行。

一、买卖金银，付官库依价回易倒换。如私下买卖，诸人告捉到官，金银价钞全行断没；于内一半付告捉人充赏，应捕人减半。一十两以下决杖五十七下，一十两以上决杖七十七下，一定以上决杖一百七下，于犯人名下更追钞两，给付捉事人充赏。

一、卖金银人自首告者免本罪，将金银官收给价。买主不首者价钞断没，更于犯人名下追钞一定，与告人捉人充赏。买主自首者依上施行。

一、金银匠人开铺打造开张生活之家，凭诸人将到金银打造，于上凿记匠人姓名，不许自用金银打造发卖。若已有成造器皿，赴平准库货卖。如违，诸人告捉到官，依私倒金银例断罪给赏。

一、如拏获私下买卖银人等要讫钱物，放了，有人首告，依例追没给赏断罪，放了的人一般罪，本坊偶巡禁应捕官兵人等不为用心捉拏取招断罪。

一、收倒钞当面于昏钞上就使讫毁印封记，将昏钞每季解纳。如不使毁印者，决杖五十七下，罢职。

一、钞库官吏侵盗金银宝钞出库，借贷移易做买卖使用，见奉圣旨条画断罪，委本处管民长官总管一月一次计点。如本处官吏通行作弊，与犯人同罪。

一、钞库官吏将倒下金银不行附历，却添价倒出，更将本库倒下金银，捏合买金银人姓名用钞换出，却暗地添价转卖与人，许诸人捉拏得获，不计多寡处死，将价钞给付捉事人充赏。

一、如诸人将金银到库，依殊色随即将倒，不得添减殊色，非理刁蹬。如违，决杖五十七下，罢职。"

[43] 至元二十四年三月尚书省颁行的《至元宝钞通行条画》如下：

"一、至元宝钞一贯当中统宝钞五贯，新（旧）并行，公私通例。

一、依中统之初，随路设立官库，买卖金银，平准钞法；私（相）买卖，并行禁断。每花银一两，入库官价至元宝钞二贯，出库二贯五分；白银各依上买卖；课（银）一定，官价宝钞二定，发卖宝钞一百二贯五百文；赤金每两，价钞二十贯，出库二十贯五百文。今后若有私下买卖金银者，许诸人首告，金银价直没官，于内一半付告人充赏，仍于犯人名下征钞二定一就给付。银一十两金一两以下决杖五十七下，银一十两金一两以上决杖七十七下，银五十两金一十两以上决杖九十七下。

一、民间将昏钞赴平准库倒换至元宝钞，以一折五，其工墨不正，依旧例每贯三分。客旅买卖欲图轻便，用中统宝钞倒换至元宝钞者，以一折五．依数收换。各道宣慰司按察司总管府常切体究禁治，毋致势要之家并库官人等自行结揽，多除工墨，沮坏钞法。违者痛断。库官违犯，断罪除名。

一、民户包银愿纳中统宝钞者，依旧止听收四贯，愿纳至元宝钞，折收八百文，随处官并仰收受，毋得阻当。其余差税内有折收者依上施行。

一、随处盐课每引见卖官价钞二十贯，今后卖引许用至元宝钞二贯，中统宝钞一十贯。买盐一引新旧中半依理收受，愿纳至元宝钞四贯者听。

一、诸道茶酒醋税竹货丹粉锡碌诸色课程，如收至元宝钞，以一当五，愿纳中统宝钞者并仰收受。

一、系官并诸投下营运（斡）脱公私钱债，关借中统宝钞，若还至元宝钞，以一折五；愿还中统宝钞者，抵贯归还；出放（斡）脱钱债人员即便收受，毋得阻滞。

一、随路平准库官收差办课人等，如遇收支交易，务要听从民便，不致迟滞。若有不依条画，乞取刁蹬，故行阻抑钞法者，取问是实，断罪除名。

一、街市诸行铺户与贩客旅人等，如用中统宝钞买卖诸物，止依旧价发卖，无得疑惑，陡添价直。其随时诸物减价者听。富商大贾，高抬物价，取问是实，并行断罪。

一、访闻民间缺少零钞，难为贴兑，今颁行至元宝钞自二贯至五文，凡十一等，便民行用。

一、伪造通行宝钞者处死，首告者赏银五定，仍给犯人家产。

一、委各路总管并各处管民长官，上下半月计点平准钞库应有见在金银宝钞。若有移易借贷，私己买卖，营运利息，取问明白，中部呈省定罪。长官公出，次官承行。仰各道宣慰司提刑按察司常切体察。如有看徇通同作弊，取问得实，与犯人一体治罪，不得因而骚扰，沮坏钞法。

一、应质典田宅，并以宝钞为则．无得该写解粟丝绵等物，低昂钞法。如违断罪。

一、随路提调官吏并不得赴平准库收买金银，及多将昏钞倒换料钞。违者治罪。

一、条画颁行之后，仰行省宣慰司，各路府州司县，违鲁花赤管民长官，常切用心提调禁约，毋致违犯。若禁治不严，流转涩滞，亏损公私，其亲管司县府断罪解任，路府州官，亦行究治。仍仰监察御史按察司常切究察。不严行治罪。"（《倒换金银价例》中的错字，依据《沈刻元典章校补》更正。）

[44] 叶子奇《草木子》卷之三下《杂制篇》："至元宝钞凡十等，一十文为半钱，二十文为一钱，三十文为一钱半，五十文为二钱半，一百文为五钱，二百文为一贯，三百文为一贯五钱，五百文为二贯五钱，一贯为五两，二贯为十两，五个一贯为半锭，五个二贯为一锭。"这里所谓一十文为半钱应当是说至元钞十文等于中统钞半钱，五个二贯为一锭是说至元钞十贯等于中统钞五十贯。当时中统和至元两种钞票并行，以中统钞为计算的标准，所以用至元钞付价时，应折合中统钞。

[45] 《续文献通考》卷九《钱币考》。

[46] 《元史》卷一五《世祖纪》。《续通典》。

[47] 罗振玉《四朝钞币图录》有下列几种考释："右至元二贯宝钞铜板，近年出土。""右至元壹伯文及叁拾文宝钞二种。今藏俄京西西亚博物馆，乃得之我国甘肃。东友狩野博士直喜以影照本示予者。照时已缩小，其尺寸初不可知矣。其式与二贯宝钞同。衡阑上有印文，已不可辨。右侧斜捺合同印，亦漫漶，当是支钱路名。其制亦与金钞无殊也。……此钞阴面初不知有无印记文字。东友羽田学士亨昨自俄京归，言曾见博物馆所藏至元二贯钞，其阴实无文字印记云。"近年在吐鲁番也曾发现残缺的二贯至元钞。见黄文弼《吐鲁番考古记》图版第五三。

[48] 《古今治平略》（《图书集成·经济汇编·食货典》卷三五六《钱钞部》）："成宗时郑介夫议曰……国初以中统钞五十两为一锭者，盖则乎银锭也。"

[49] 至大四年四月《住罢银钞铜钱使中统钞条画》（《元典章》二〇《户部》卷之六《钞法》）：

一、至大银钞一贯，准至元钞五贯，该中统钞二十五贯，盖虚民用弗便，已令住罢印造，应尚书省已发各处至大钞本，截日封贮。民间行使者赴行用库依例倒换。仍听于中书户部及各处转运司预买至大五年盐引换次支查，其余诸色课程差发，亦仰从便收受，勿致损民。

一、中统钞废罢虽久，民间物价每以为准，有司依旧印造，与至元钞子母并行，以便民间……

一、钱虽古制，时用不同。比者尚书省所发新旧铜钱，具有缗数；其民间宿藏者，所在充溢，不可胜算，虽畸零使用，便于纳银，然壅害钞法，深妨国计。据大元铜钱，诏书到日，限五十日内，赴各处行用钞库依例倒换，无致亏损。其历代旧钱，有司所发者与百姓宿藏，既不可辨，仰截日住罢不使，违者治罪。

一、罢去资国院及各处泉货监提举司等衙门。

一、伪造宝钞首谋起意之人，并雕板抄纸收买颜色书填字号窝藏印造，处死。没家产。

一、挑剜裸宝钞，以真作伪者，初犯杖一百，徒一年，再犯流远。

一、买使伪钞者……

一、印造伪钞两邻知而不首者。

一、告获印造伪钞者赏银五定。

一、诸造伪钞……

一、确禁金银，本以权衡钞法。条令虽设，其价益增，民实弗便，自今权宜开禁，听从买卖；其商舶收买下番者，依例科断。

[50] Yule, *Cathay and the Way Thither*, Vol. IV, Travels of Ibn Batuta in Bengal, China and the Indian Archipelago.

[51] 提到至正交钞的或则是在发行之前，或则是后人的话。如《元史》卷一三八《脱脱传》说："吏部尚书偰哲笃建言，更造至正交钞，脱脱信之。"

[52] 长谷真逸《农田余话》卷上说："前元……至正庚寅，中统已久废，改造中正，印造中统交钞，名曰新钞。"

[53] 长谷真逸《农田余话》卷上。

[54] 《元史》卷九七《食货志·钞法》。

[55] 《草木子》卷之三上。

[56] 《草木子》卷之三下。

[57] 《王忠文公（袆）集》卷一二《泉货议》。

[58] 李剑农《宋元明经济史稿》第一〇四页说："元代银一两值钱二千为通常价格。"这话不妥。他大概根据中统钞和至元钞都是以二贯合银一两而作出这样的结论。但钞一贯不等于铜钱一贯，正同钞票上的一两不等于银一两一样。

[59] 《新元史》卷七四《食货志》和《元史》卷七、卷一一《世祖纪》都有记载。

[60] 《元史》卷一三《世机纪》：至元二十二年六月，"丙辰，遣马速忽，阿里，赍钞千锭，往马八图求奇宝。"

[61] 汪大渊《岛夷志略》。

[62] 关于波斯发行交钞，《多桑蒙古史》（有冯承钧译本）下册第六卷第三章有详细的叙述。在 Yule 的 *Cathay and the Way Thither* 卷三第一五〇页也提到。

[63] 关日本行钞的事，见草间直方辑录《三货图汇》附录卷之三《宝钞为替德政》古文书之部。Alexander Del Mar 的 *Money and Civilization* 第三七三页也提到。

[64] 同注 [62] 第二书。

[65] 关于朝鲜用钞见《李朝实录》《太宗大王实录》《世宗大王实录》以及

《增补文献备考》《经国大典》等书。

[66] 《元史·食货志·钞法》:"元之交钞宝钞虽皆以钱为文,而钱则弗之铸也。"

[67] 陶宗仪《南村辍耕录》卷之二:"世祖尝以钱币问太保刘秉忠,对曰:钱用于阳,楮用于阴;华夏阳明之区,沙漠幽阴之域;今陛下龙兴朔漠,君临中夏,宜用楮币,俾子孙世守之。若用钱,四海且将不靖。遂绝不用钱。迨武宗颇用之,不久辄罢。"

[68] 《元史》卷二〇五《卢世荣传》至元二十二年:"世荣奏……为今之计,莫若依汉唐故事,括铜铸至元钱及制绫券与钞参行,

[69] 《元史》卷一八四《王都中传》。

[70] 《续文献通考》卷九《钱币考》。

[71] 周伯琦的《近光集》有"仲冬诏行钱币,奉旨写至正之……七律各一首"。这是根据一种明抄本,元刊本已失传。《近光集》是至正五年以前的诗,但仲冬指哪一年则尚待查考。最初主张钱文为周伯琦所书的是张廷济。《近光集》的资料是王荫嘉提出的,见《泉币》第一九期《周伯琦书至正权钞》。

[72] 权钞钱背面的吉字,从前有人说是吉金的意思。钱币业的戴葆庭说这种钱多出于江西,因而有人说是指地名,即江西的吉安。但听说近年安徽也有出土。

[73] 程巨夫《雪楼集》卷一〇《铜钱》。

[74] 《元史》卷二〇八《日本》:"(至元)十四年日本遣商人持金来易铜钱,许之。"

[75] 春屋妙葩《天龙寺造营记录》(王辑五《中国日本交通史》所引)。

[76] 《中国日本交通史》引《续本朝通鉴》。

[77] 1712年(日本的正德二年)水户正宗寺出土一批古钱,共计二百三十四贯多,自开元通宝到至大通宝,其中开元钱十九贯六百文,乾元钱八百文,五代钱两百多文,北宋钱十八万一千七百文,南宋钱六千四百一十六文,元代(至大)钱只有五文(石井研堂《土中の古钱界》,载《货币》杂志第二二三号第一—二二页)。这批钱可能有一部分是元代流到日本去的。又1902年(日本的明治三十五年)日本冈部村全昌寺内出土八万五千五百多枚古钱,大部分腐锈不可辨识。其可识的,自半两到元代的至大钱(资料源同上),所以至少有一部分是元代流去的。分类如下:

汉魏六朝钱	5 枚
唐钱	2472 枚
五代钱	58 枚
北宋钱	24 323 枚

南宋钱	595 枚
辽钱	2 枚
金钱	2 枚
元钱	5 枚
日本钱	3 枚
朝鲜钱	4 枚
越安钱	1 枚
私铸折二钱	21 枚
合　计	27 491 枚

此外 1930 年（日本的昭和五年）镰仓小学校庭出土一批古钱，自开元钱到咸淳钱，可见也是元代流入的（入田整三《镰仓小学校庭发掘の古钱调查报告》。载《考古学杂志》第二五卷第九号）。

[78]　《元史》卷九三《食货志一》："成宗亦尝谓丞相完泽等曰，每岁天下金银钞币所入几何？……对曰岁入之数，金一万九千两，银六万两，钞三百六十万锭。"同书卷四《世祖纪》中统二年："赐诸王塔察尔金千两，银五千两，币三百匹。"又至元十四年："赏拜达勒等千三百五十五人战功金百两银万五千一百两。"

[79]　杂剧《庞居士误放来生债》第一折："（正末云）先生，这一饼金与先生做路费。"（《元曲选一〇》）《争报恩三虎下山》第一折："我与你这金钗儿做盘缠，你去那银铺里自回倒，休得嫌多道少。"

[80]　《元史》卷一二《世祖纪》至元十九年："云南税赋，用金为则。"

[81]　《元史》卷八《世祖纪》。

[82]　张居正《太岳集》："皇城北苑中有广寒殿，瓦甓已坏，榱桷犹存，相传以为辽番后梳妆楼……至万历七年五月四日，忽自倾圮，其梁上有金钱百二十文，盖填物也。上以四文赐余，其文曰至元通宝。"沈德符《万历野获编》也有记载。

[83]　《闲居录》："至大改元，妇人首饰皆以金银作小钱戴之，谓之春钱。"

[84]　《元史》卷一二《世祖纪》至元十九年："云南税赋，用金为则，以贝子折纳，每金一钱，直贝子二十索。"《续文献通考》至元十三年正月："云南行交会贝子。……云南民以贝代钱，时初行钞法，民不便之，行省赛音谔德齐言云南不谙钞法，莫若以交会贝子公私通行为便，从之。至十九年九月，定云南税赋，用金为则，以贝子折纳，每金一钱直贝子二十索。成宗大德九年十一月，乃以钞万锭给云南行省，命与贝参用，其贝非出本土者，同伪钞论。"马可·波罗对于中国西南用贝也有记述："they use white porcelain, namely the shells one finds in the sea,

such as are hung around a dog's neck.Eighty of them are worth a silver saggio, that is to say. two Venetian grossi, and you must know that eight saggi of fine silver are equivalent to one saggio of fine gold."（*The Travels of Marco Polo*，Translated by prof.Aldo Ricci, p.187.）格罗索（grosso）为意大利中世纪的银币名称，罗马教皇在9世纪初已开铸格罗索。威尼斯开铸于1200年前后，每枚重约二公分二五，成色约为千分之九六五点二。所以八十枚财子约值白银四公分半。正好合得一钱二分多一点。

[85] *The Travels of Marco Polo*, Translated by Ricci, p. 185.

[86] 《元史》卷四三《顺帝纪六》说张士诚建元天祐。《明史》卷一二三《张士诚传》也说是天祐。这是史书的错误，天祐乃唐的年号。

第二节 货币的购买力

一 金人的通货膨胀

金人的货币经济，可以分为三个时期：在贞元前的四十年间（1115—1153年），自己没有货币，用的是辽宋的旧钱。在这一个期间，虽然也常有战争，但没有发生通货膨胀，因为他们所发动的侵略，没有遇到多少抵抗，每次攻陷中国的城池，总是取得大批的金银物资；战争的耗费，是由中国人负担。在靖康年间（1126—1127年），攻入汴京的时候，搜刮的金银财物，不可以数计[1]。以后按时有中国的岁币，有时除金银之外，表段里绢，牛马骡驼，甚至连书籍也要中国供给。

第二期是自贞元二年（1154年）发行交钞到泰和六年（1206年）蒙古人建国称元、金人停止用钱那五十三年。在这一期间，金人自己发行纸币，并铸造铜钱和银锭。通货已经有逐渐膨胀的趋势。

第三期是泰和以后的通货膨胀时期。

在起初的一二十年间，交钞发行得不多，流通手段还是以钱币为主，而金人的区域内，不大产铜，所以几乎发生一种钱荒。大定初年（1161年）

曾令陕西通用旧日的铁钱，后来因为不便才废止。政府当局一方面禁止民间销铜为器，连铜镜也不许铸；另一方面抛出官钱，并且多方访察铜矿，以资广铸。那时南宋通货已在膨胀，而且币制极不统一，所以南宋的使者跑到金人区域，反而觉得他们的币制简易[2]。

当时钱币之所以不够，与其说是数量太少，不如说是价值不高。在唐朝，一人一天的生活费，十一二文钱就够了[3]，北宋苏东坡在岭南，一家六七人，一天的生活费也不过百文，每人也是十五六文[4]。但金大定四年（1164年）世宗叫扈从人员，凡借住民舍的，每人每天支钱一百文作为租钱[5]。这就可以看出钱币购买力的消长了。后来纸币发行增加，使铜钱实价高于名价，铸造成本过高[6]，于是铜钱隐匿起来。所以一方面在闹钱荒，一方面却有六千多万贯积贮在偏僻的地方不拿出来用[7]。

章宗即位之后（1189年），通货便开始膨胀了。首先就增加百官俸给，然后废止交钞七年厘革的限制，使其永久通用。并且停止铸钱。起初交钞的信用还好，因为流通的数目和现钱的数目差不多[8]。明昌四年（1193年）以后，发行数目增加，官兵俸给，有时全支交钞，于是流通就发生困难了。

明昌年间的工钱和运费相当高。在运费方面，百里百斤的脚价，平地平均是一百四十六文，山地是一百五十五文。北宋元丰年间，一个搬运夫到外省去，每天只可以拿到五十文，这在货币数目上已经算是高了。金朝竟涨成三倍。水脚下水行百里每百斤脚钱三十五文，上水三十九文四分[9]。工钱方面，打净铁四斤为一功，五百四十文[10]。

承安元年（1196年），因同契丹构衅，支出更增加，次年一贯以上的大额交钞，不易流通，乃发行银锭。银锭作价是每两二贯钱，比南宋稍低。当时南宋（宁宗庆元三年）的银价是每两二千三百文上下。每两二贯的价格已经是通货膨胀中的价格，而且是官价，市价每两只要一千六百文[11]。所以承安宝货的作价不能算是低。后来民间盗铸的很多，杂以铜锡，商人至于罢市。乃于五年（1200年）废止承安宝货。当时金人上上下下只说是铜钱不够，不许官民贮钱，不知这是纸币膨胀的必然结果。

泰和四年（1204年）大概因为泰和通宝小钱要花十文钱才能铸一枚[12]，乃铸造折二钱和折三钱，特别是泰和重宝当十钱。这时候白银已在民间行用，米价已有用白银计算的了，每斗卖到十几两[13]。

由于准备对赵宋的战争，发行增加，陕西的交钞，在泰和六年就没有人要，金人一方面用十万贯现钱去收回一部分，同时发行小钞，使人民用大钞换小钞，因为小钞信用比较好。不过人民信心已经动摇，政府乃禁止人民讨论币制问题[14]，并且索性添印大小交钞，民间的交易典质，一贯以上，都要用交钞，不得用钱。商旅所带现钱，不得超过十贯，超过十贯的，都要换成交钞。

那时金人的实力尚强，至少赵宋是打它不过。所以赵宋又逼得向它求和，增加岁币。大安二年（1210年），"溃河之役，至以八十四车为军赏，兵觑国残，不遑救弊，交钞之轻，几于不能市易矣"[15]。从此蒙古人一步一步进逼，通货膨胀便急性化了。

宣宗迁都大梁，这是金人的南渡。贞祐二年（1214年）二月发行二十贯到百贯的大钞，这等于膨胀了十倍。跟着又发行二百贯到千贯的，这是膨胀一百倍。这时候税收虽然增加几倍，可是币值跌成千分之一，即每贯交钞直不到一个钱[16]，民间交易多用现钱。政府还想禁止用钱，于是现钱反而流到南宋去[17]，因为金人的通货膨胀，至此已超过南宋了。南宋在这时候（宁宗嘉定八年），会子已不大流通，大家用钱交易。

贞祐三年七月元兵占济源县，金在军事上四面受敌，蒙古人打它，李全扰它，宋兵也攻它，金人把交钞改名为贞祐宝券，但币值如何能维持得住。金人乃实行议价的办法。使得商货不敢到京师来。议价是每月两次，而市价则旦暮不一，当局强行限价，商人就关门不做买卖。本来宝券是以河北陕西各路发行最多，但商人多把它带到汴京来买金银，使汴京的物价大涨。一年之后宝券一贯，又只值得几个钱。但以白银计算的物价并不高，兴定元二年间，一匹马只要白银五两[18]。

于是举朝大议币制问题，平章高琪及陕西省令史惠吉等人主张另换新钞，濮王守纯和陇州防御使完颜寓等人反对，而主张收回一部分旧钞和暂停印造。在理论上讲，后一说自然是救治之道；但战争不停止，如何能停止发行和收兑旧钞。所以结果还是采用惠吉的建议，发行贞祐通宝，一贯当宝券一千贯；这是政府公认纸币购买力跌成千分之一了。这时蒙古人几乎天天攻占城池，金人不知息兵，还因中国岁币不至，遣将南侵，不知自己的币制已在崩溃了。发行通宝的时候，规定四贯值白银一两，折合成宝券，则一两白银值得四千贯，宝券的价值跌成两千分之一。但不到五年（在兴定五年底即1222年），一两白银又可以买到通宝八百多贯了。这就是说，通宝的价值又跌成了两百分之一以下，而白银对交钞或宝券，则涨成四十几万倍了。

兴定四年年底，镇南节度使温迪罕思敬曾建议许人民用银代钞输纳，并铸兴定元宝大小银钱，以作军赏，当局不从[19]。

元光元年（1222年）改发兴定宝泉，每贯当通宝四百贯，两贯值白银一两，但第二年又跌得几乎不能用，当局只限制银价一两不得超过宝泉三百贯，这样折合起最初的交钞或宝券来，银价是涨成六千万倍了。

史书说元光二年五月更造，每贯当通宝五十。这话不知是什么意思，《续文献通考》说是指元光重宝一贯当通宝五十文。这话不合情理，大概是当通宝五千贯或宝泉五十贯。又说造元光珍货，但没有说作价多少，只说抵银[20]，可能是把旧钞作废。这时候币制一定陷于混乱，民间交易，完全用银[21]，或银绢兼用[22]。

自元光二年发行珍货以后，到汴京为蒙古人所占领，其间还有十年，这十年间金国濒于崩溃，纸币已无法流通。正大末年，蒙古兵围攻汴京，金人束手无策，城中粮尽。天兴元年初米一斛值银四两，十二月米一升值银二两多[23]。平日富庶人家都将珠玉、玩好、妆具、环佩、锦绣、衣衾等在天津桥市摆摊子，希望卖得价钱来买一升一合的米豆，以救朝夕之饥[24]。刘祁将家藏一件极致密鲜完的氆袍换得八升米，以金钗一枚换得牛肉一肩。史书谈到天兴二年还发行天兴宝会于蔡州，刘祁却说元光珍货是最后一种纸币，因为他身在汴京，不知道蔡州的事。南宋端平元年吴潜谈到金人的通货膨胀，说末年一百缗的纸币只能买一碗面。元初耶律楚材也说："万贯唯易一饼。"不知他们指的是哪一种纸币。此外还有所谓小十贯、大十贯、通天宝会之说。小十贯、大十贯可能是指同一种纸币的两种板别，也可能是指同时流通的两种不同的纸币，面额同是十贯，而购买力不同。至于通天宝会，大概是天兴宝会之讹。总之，金人的通货膨胀是空前的，纸币种类很多，时时改变，事后大家也难以记忆，所以他们的话，只能从精神上来体会，不能字字认真对待。天兴宝会既是在蔡州发行的，而且是以白银为单位，自一钱到四钱，分四等，那一定是一种独立的纸币，所以对其他纸币没有比价。当时离元光珍货的发行已近十年，元光珍货恐怕早已不用。

金人的通货膨胀，是中国历史上一个很好的教训。因为在军事上讲，金人始终不弱，而且是有自信的，对南宋总是采取一种傲慢的态度，南宋也总是打败仗。只因军费开支太大，征敛之外，加以恶性的通货膨胀，使人民难以自养，于是生产者倾族远逃，作战的丧失斗志，这样才至于被灭亡。

注　释

[1]　关于金人在汴京搜括金银的情形，见第五章第二节六注 [22]。

[2]　《九通分类总纂》："右石湖乾道间充泛使入金国，道汴京，有交钞。……其时中国亦以币权钱，然东南之地有会子，又有川引、淮交、湖会，而鼓铸之所，亦复不一，所以常困。钱币多而贱，秤提无策，而彼则惟以交钞行之河南，以中国旧钱行之河北，似反简易也。"

[3]　唐于邈《灵应录》："纸商陈泰供养一僧，二年不倦，忽一日僧谓曰，尔有多少口，几许金便足？陈曰弟子幼累二十口，岁约一百缗粗备。"

[4]　尚秉和《历代社会风俗事物考》引《东坡志林》在岭南每日费百文（六七人）。明张萱《西园闻见录》（崇祯时作）卷一四《节俭》："东坡谪齐安，日用不过百五十。"

[5]　《金史》卷六《世宗纪上》大定四年正月壬寅："诏扈从人舍民家者人日支钱一百与其租。"

[6]　《续通典》大定二十九年："以代州曲阳二监岁铸钱十四万余贯，而岁所费至八十余万，遂罢之。"

[7]　《金史》卷四八《食货志三》大定二十八年："上谓宰臣曰，今者外路见钱，其数甚多，闻有六千余万贯，皆在僻处积贮，既不流散，公私无益。"

[8]　《金史·食货志三》明昌三年五月："勅尚书省曰，民间流转交钞，当限其数，毋令多于见钱也。"

[9]　沙克什《河防通议》卷下《输运第五》。

[10]　《河防通议》卷下《功程第四》。

[11]　《金史·食货志三》："泰和元年六月通州刺史虚构言，民间钞固已流行，独银价未平，官之所定，每铤以十万为准，而市肆才直八万。"

[12]　《金史·食货志三》泰和四年："梁璆等言，铸钱甚费，率费十钱，可得一钱。"

[13]　《金史》卷一〇八《侯挚传》："泰和四年……挚上言曰，今河朔饥甚，人至相食，观沧等州，斗米银十余两。"

[14]　《金史·食货志三》："时民以货币屡变，往往怨嗟聚语于市，上知之，谕旨于御史台曰：自今都市敢有相聚论钞法难行者，许人捕告，赏钱三百贯。"

[15]　《金史·食货志三》。

[16]　刘祁《归潜志》卷一〇。

[17]　《金史·食货志三》胥鼎上言："臣愚谓宜权禁见钱，且令计司以军须为名，量民力征敛，则泉货流通，而物价平矣。自是钱货不用，富家内困藏镪之限，外

弊交钞屡变，皆至窘败，谓之坐化，商人往往舟运贸易于江淮，钱多入于宋矣。宋人以为喜，而金人不禁也。"

[18] 《金史》卷一〇七《张行幸传》兴定二年上书："市于洮州，以银百铤，几得马千匹云。……又闻蕃地今秋薄收，鬻马得银，辄以易粟。"

[19] 《金史·食货志三》。

[20] 《金史》卷四八《食货志三》。

[21] 《金史·食货志三》："……行之未久，银价日贵，宝泉日贱，民但以银论价。"

[22] 《续夷坚志》卷二，阎大凭妇语："穰县孙庄农民阎大正大中与乡里刘进往商洛买牛，而阎病死……欲与母妻相见，母妻奔往相持而哭，问汝何死，曰我死天命，但为刘进所欺，先此相告，某牛价几何，用绢若干，某牛价几何，用银若干。"

[23] 《金史》卷一一九《粘葛奴申传》："天兴初……未几聚流亡数十万口，米一斛值白金四两。"同书卷一一五《完颜奴申传》："天兴元年十二月……时汴京内外不通，米升银二两，百姓粮尽，殍者相望。"

[24] 刘祁《归潜志》卷一二。

二 元初中统钞的膨胀

元世祖在币制上带来久已需要的统一。中国的币制，自五代以来，三百多年间，都在一种混乱状态之下。蒙古人在建国的过程中，一切都是大刀阔斧，以统一为要务。对于这些被征服民族的混乱的币制，自然不能任其继续，而况是膨胀的纸币。金人的纸币，可以说已经没有购买力。蒙古人自己在北方各地发行的杂钞，在宪宗元年（1251年）曾采用所谓银钞相权法，用白银来维持其购买力，后来用中统钞平价收回[1]。到至元十二年（1275年）中统钞发行总额不过一百六十多万锭。

蒙古人占领江南之后（至元十三年即宋前幼帝德祐二年，1276年），对于南宋交会的整理，有两派意见，一派如阿哈玛特（即阿合马）、陈汉归和杨诚等，主张用中统钞去收回；另外一派如姚枢、坦公履和巴延等，不主张收换，结果是采用前者的办法。以中统钞一贯合会子五十贯[2]。这种收兑率大概把会子作价很低，这是征服者的惯技。正因如此，所以有许多人民不肯把关子、会子交出来，一直到四十年后还有大量的关子和会子保留在民间，并且有流通[3]。

蒙古人的政策，是极力推行纸币，推行的成绩，起初比宋朝稍微好一点，比金人好得多。但没有能维持币值的稳定。换句话说，就是元朝也发生通货膨胀的现象。

蒙古人对于金人币制的失败，是注意到的。因为政府中有耶律楚材曾在金章宗的朝廷做过官，知道金人通货膨胀的经过。他主张交钞的印造，要以万锭为限[4]。对于准备也很认真，几乎有十足的现银作准备，没有现金银，就不许发出新钞[5]，初期币值相当稳定。例如粟价，在至元三年（1266年）每石六百文，四年每石四百五十文。米价在至元七年前后每石为一贯四百文[6]。但这种低物价只限于最初的一二十年间[7]，后来就慢慢上涨了。

通货膨胀，自然又是战争所引起来的。难怪阿哈玛特因国用不足而增加赋税，增加发行[8]。这充分表现在发行数字上。至元十年的发行额只有十一万锭，十一年就增加到二十四五万锭，十二年又增加到近四十万锭。十三年因征服南宋，发行额增为一百四十多万锭。又因为怕纸币跌价，索性禁用铜钱。

通货膨胀的现象，至元十七年（1280年）便有人注意了，中书省臣建议疏通钞法，凡赏赐要多给币帛，租税则多收钞票。但耗费不减少，膨胀程度只有更加恶化。一贯钞的购买力只及往日的一百文[9]。

当时由于发行过多，人民常将破烂交钞拿到钞库去掉换新钞，手续费本来是每两收三分，即百分之三。但每天限于掉换四百锭，有时甚至不开库[10]。所以市面流通的尽是破烂的钞票[11]。有时官吏勒索，更加破坏了人民对交钞的信任，同时增加人民对金银的追求。照规定，人民可以用交钞向钞库兑换金银。但钞库官吏常常不照官价买卖。他们甚至捏造买金银者的姓名，自己将收兑进来的金银照官价买下，然后高价卖出。这就造成金银的黑市，使金银价格上涨得更快。

至元十九年十月当局下诏整治钞法，由中书省颁布《整治钞法通行条画》。内容就是针对上面的情况。主要是严禁金银的私相买卖。对于官吏作弊，定出处罚的办法。钞库仍旧买卖金银，白银一两买价钞一两九钱五分，卖价二两。花银一两，买价钞二两，卖价二两零五分[12]。黄金每两买价钞十四两八钱，卖价十五两。然而当事者竟不知稳定币值，唯有停止战争，减少不生产的开支，减少发行。事实上却还在征粮备战，江南已因拘拉水手和造船，弄得民不聊生，"盗贼"相挺而起，虽有人提出警告也置之不顾。开支越增，币值越跌，于是币制没有整理，官吏俸给却不得不增加了[13]。

至元二十一年（1284年）因物价高涨，人民生活困难，不能再加漠视[14]。忽必烈叫中书省整治钞法，僧格（即桑哥）推荐卢世荣，卢世荣就提出他的整套办法。他的计划，表面上似乎偏重于理财方面，但实际上，稳定币值和财政是有密切关系的。因为通货膨胀多是财政不健全的结果。卢世荣的治钞法归纳起来可以分为五点：第一是恢复人民买卖金银的自由；第二是发行绫券和铸造至元钱；第三是增加国库收入以收缩通货；第四是广事牧畜，以增加生产；第五是设立平准周急库，充实常平仓，来积极稳定钞值，平抑物价。计划的重心，在于增加国库收入，例如征收权势的不当所得，恢复榷酤的办法，海外贸易官办，征收商人商货税，铁器官铸等，他并且主张选用商人，来主持这件事，不一定要白身人。这些办法使他招致许多仇人。

卢世荣是一个杰出的理财家。他的失败，也许是由于权势们的阻挠，使得各种办法不能顺利推行；也许因为用的人不好，没有得到预期的效果；也许因时间不够，因为他提出计划后四个月就被劾入狱。但他的理论是很健全的。

卢世荣死后，钞法仍是没有治好，物价仍旧上涨，开支仍旧增加。发行额增为两百多万锭。至元二十四年（1287年）又对外用兵，自元旦日起到二月中旬，用了五十万锭，即二千五百万贯，等于唐朝天宝年间全年税钱的十倍，或建中年间全国税收的两倍。终于另发新钞了。这就是至元宝钞，一贯当中统钞五贯，可见当局承认物价至少涨了五倍。发行至元钞的时候，虽然有收回中统钞的意思，可是结果是两种钞票并行，这样物价自然涨得更厉害。

当时有人认为钞票之所以贬值，是由于不能兑现，主张由政府用金银收兑[15]。也有人说：只要政府用银收钞，使钞票减少，不够流通，人们必定会用白银向钞库领钞，这样，白银又回到国库[16]。

通货膨胀的程度，从发行数字上可以明白。元代的发行数字，史书中有确实的记载。当时的发行已不用分界的办法，所以纸币的流通数量逐年累积起来。虽然每年总有一部份损耗，或作为昏钞送回平准库的，但究竟为数有限，所以如果每年增发的数目超过上年的损耗数，则通货流通数量是越来越多的。北宋的交子每界收换的时候，约有百分之二十不送来兑换，这就是一种损耗。不过那时因为更换的次数太频繁，有些人觉得不胜其烦；如果数目不多，就宁愿负担那种损失，而不去兑换新钞，所以当时损耗率要高一点。现在我们假定每年的损耗率为百分之五，那么在至元二十三年的时候，中统交钞的流通数量，约等于中统元年初次发行数量的一百四十七倍。如果以人口计，则每人约占九千一百九十七文，都远超过前代。不过以中统元年的发行数字为基数来比较，是没有多大意义的；因为那时蒙古人的统治权限于北方，北方的人口只占全国人口的十分之一，生产也落后，需要的货币数量自然少。照理说来，如果要从通货数量的增加上来推论币值的变动，自然应当以至元十二三年的数字为基点，当时蒙古人已完全取得江南，发行数字足以代表全国的需要量。如果以至元十二年为基数，则至元二十三年的流通数量约增加成四倍，若以十三年为基数，则只增加成三倍；但这是指政府发行的数目，民间也许有伪造的；实际上，至元二十三年的时候，中统钞的流通数目，大概等于至元十二三年时的五倍。不过至元十二三年的时候，因有大规模的军事行动，发行已经膨胀，当时中统钞的流通数量，应已超过全国人民在正常状态下所需要的通货数量。

表中的数字是假定烂钞掉换新钞时，这新钞不算在新发行额内，否则每年的发行额就须减去收换进来的昏钞数才能加入累积额。

元代发行额表（一）

年　代		发行额（锭）	加权累积额（锭）[17]	每人所占额（文）[18]
中统	元年（1260年）	73 352	73 352	488
	二年	39 139	108 823	726
	三年	80 000	183 382	1220
	四年	74 000	248 213	1654
至元	元年	89 208	345 010	2300
	二年	116 208	443 967	2960
	三年	77 252	499 021	3330
	四年	109 488	583 558	3890
	五年	29 880	584 250	3894
	六年	22 896	577 933	3852
	七年	96 768	645 804	3229
	八年	47 000	660 514	3303
	九年	86 256	713 744	3569
	十年	110 192	788 249	3941
	十一年	247 440	996 276	4981
	十二年	398 194	1 344 656	2822

续表

年　代	发行额（锭）	加权累积额（锭）[17]	每人所占额（文）[18]
十三年	1 419 665	2 697 088	2293
十四年	1 021 645	3 583 879	3047
十五年	1 023 400	4 428 085	3765
十六年	788 320	4 795 000	4077
十七年	1 135 800	5 391 325	4584
十八年	1 094 800	6 216 559	5286
十九年	969 444	6 876 175	5847
二十年	610 620	7 142 986	6074
二十一年	629 904	7 415 741	6306
二十二年	2 043 080	9 088 034	7728
二十三年	2 181 600	10 815 232	9196
二十四年[19]	83 200	10 357 671	8807
同　　年[20]	5 088 285	15 445 956	13 134

至于当时物价到底涨到什么程度呢？史书没有确实的记载，至元二十一年调整官吏俸给的时候，是增加百分之五十。这百分比当然不能代表物价上涨的程度。民间买米造酒，每石官价本来是一贯钞，卢世荣立权酤后改为十贯，至元二十二年九月减为五贯[21]，所以米价至少涨了五倍，这正和至元新钞的作价倍数相符。但实际上物价上涨不止五倍。王恽在发行至元钞之前就说一贯钞只值得往日的一百。在改发新钞之后，赵孟𫖯曾说二十几年间钞直相差几十倍[22]，又说："使客饮食之费，几十余倍于前"[23]，可见物价确已上涨十几倍到几十倍。

注　释

[1]《元史》卷一六〇《刘肃传》："中统元年……时中统新钞行，罢钞银不用。真定以银钞交通于外者，凡八千余贯，公私嚣然，莫知所措。肃建三策：一曰仍用旧钞；二曰新旧兼用；三曰官以新钞如数易旧钞。中书从其第三策，遂降钞五十万贯。"王恽《中堂事记》卷上："省府为发下中统元宝交钞，榜省谕诸路，其文曰……各路民行旧钞并白帖子，止勒元发官司库官人等依数收倒，毋致亏损百姓，须管日近收倒尽绝，再不行使。"《新元史》卷八七《食货志》："中统建元，王文统执政，尽罢诸路交钞，印造中统元宝。"

[2] 《元文类》卷四〇《经世大典序录》:"（至元）十三年,江南平……以宋会五十贯准中统钞一贯。"陆友仁《砚北杂志》卷下:"宋会五十贯,准中统钞一贯。"

[3] 《元典章》二〇《钞法》。

[4] 《续文献通考》卷九。《明史稿·列传》第四五《范济传》说是日造万锭。

[5] 《元史》卷一二五《布鲁海牙传》。

[6] 《秋涧先生大全文集》卷八八《弹固安州官吏克落盐折粟价钱事状》中说:粟价在至元三年每石六钱,四年每石为四钱五分。又《弹赵州平棘县尹郑亨事状》（约为至元七年事）中有:"……白米一斗,无米敛金一钱四分。"按金一钱四分应为钞一百四十文。

[7] 《元史新编·食货志》:"中统建元……印造中统元宝……行之十七八年,钞法无少低昂。"

[8] 《元文类》卷五八《李谦中书左丞张公神道碑》（至元十三年）:"阿合马当国,创立宣司,行户部于东平大名,不与民事,惟印楮币是务。"

[9] 《秋涧先生大全文集》卷九〇《便民三十五事·论钞法》:"窃见元宝交钞,民间流传,不为涩滞。但物重钞轻,谓如今一用贯,才当往日一百,其虚至此,可谓极矣!"他举出几种原因,第一是自至元十三年以后,现银准备都拿走了。第二是发行太多。第三是盛行预买,这是抢购的现象。第四是官吏作弊,对于旧钞兑换新钞敲诈留难,使钞票分出等级来。他主张用银收钞,或发行新钞以一当二的比价收回旧钞。

[10] 《元典章》二〇《户部》卷之六《钞法·体察钞库停闭》。

[11] 《元典章·钞法》。

[12] 《元典章》作二两五钱。

[13] 《元史》卷一三《世祖纪一〇》至元二十一年六月壬子,"增官吏俸,以十分为率,不及一锭者量增五分。"同书卷九六《食货志四·俸秩》:"二十三年又命内外官吏俸以十分为率,添支五分。"《元典章》一五《户部》卷之一《禄廪·官吏添支俸给》条说是至元二十二年二月。

[14] 郑元祐《遂昌杂录》（至正年间著）:"时江淮省改江浙省（按《元史》卷六二《地理志》载至元二十一年江淮行省改曰江浙行省）……公每出见杭士女出游,仍故都遗风,前后杂沓;公必停舆或驻马,戒饬之曰:汝辈尚蕾蕾耶,今日非南朝矣。勤俭力作尚虑不能供繇役,而犹若是惰游乎?是时三学诸生困甚。公出必拥遏叫呼曰,平章今日饿杀秀才也。从者叱之,公必使之前,以大囊贮中统小钞,探囊撮与之。公遂建言,以学校养士,从公始。"

[15] 张之翰《西岩集》卷一三《楮币议》。

[16] 《秋涧先生大全文集》卷九〇《论钞法》。

[17] 本栏数字是以旧钞打九五折再加本年新钞数。

[18] 元代人口，大体依据《元史》卷五八《地理一》。至元六年及以前以一百五十万户计，至元七年到十一年以二百万户计。十二年已向江南扩张，户数增为四百七十六万四千零七十七户。每户都以五口计算。十三年征服了南宋，全国人口为五千八百八十三万四千七百一十一人。十三年以后也照这数目计算。虽然各年度稍有出入。

[19] 只包括中统钞。

[20] 包括本年新发的至元钞。

[21] 《元史·世祖纪一〇》至元二十二年九月条。

[22] 《元史》卷一七二《赵孟頫传》："诏集百官于刑部议法，众欲计至钞二百贯赃满者死。孟頫曰，始造钞时，以银为本，虚实相权，今二十余年间，轻重相去至数十倍，故改中统为至元，又二十年后，至元必复如中统。"

[23] 《元史·赵孟頫传》。《松雪斋文集·附录·杨载赵公行状》："丁亥（至元二十四年）六月授奉训大夫兵部郎中，公总天下驿，置使客饮食之费，一岁之中，不过中统纱二千锭。此数乃至元十三年所定。计今物直高下，与是时相去几十余倍。……请于中书，增至二万锭。"

三 至元钞的贬值

元朝统治者对外用兵的时候，国内已引起反抗了。义旗首先是由西南各民族举起的，如云南的金齿、八百媳妇、猫姥等，先后兴兵进攻，统治者镇压不住，军费支出不断增加，不但威信降落，政权也因此动摇了。

当时的通货膨胀，并没有因为发行至元钞而改善；发至元钞是通货膨胀的恶化。当局所谓子母相权是一套鬼话。因为第一年的发行就有一百万锭以上的至元钞，合中统钞五百万锭，这是一个空前的数目。如果放弃用兵，休养生息，币值自可稳定，谁知又大侵别地，使西南人民不能安居。叶李说得好："遐方远夷，得之无益，军旅一兴，费糜巨万。"[1]自发行至元钞以后，只听得一片的加价声。首先，金价上涨了。至元钞对中统钞是一值五，白银每两以前作中统钞二贯，现在作至元钞也是二贯，可是黄金每两以前作中统钞十五贯，现在作至元钞二十贯，所以黄金不是涨成五倍，而是涨成六七倍。换言之，黄金对白银和对纸币的相对价值也上涨了。至元二十六年（1289年）发行额为一百七十八万锭至元钞，合中统钞近九百万锭。僧格建议盐课每引由中统钞三十贯加为五十贯（一锭），茶每引由五贯加为十贯[2]。至元二十九年，就是发舟千艘那一年，完泽等就说：一年的收入预计是二百九十七万八千三百五锭，到十月时支出已经有三百六十三万八千五百四十三锭，这差额自然只有靠发行来弥补。

据僧格说，发行至元钞的时候，本来想把中统钞尽数收回，所以规定全国的盐课一半要用中统钞缴纳。但是到至元二十六年，就知道中统钞一时收不尽，也许当局无意把它收回。

滥发钞票，不但使物价上涨，而且使货币流通发生阻碍。元代纸币因为没有界分的办法，钞票永远流通，而纸质不佳，容易破损，所以也和金人一样，有掉换昏钞的制度。然而由于发行太多，昏钞也多，钞库没有足够的新钞来掉换，或者当局有意不给掉换。例如在至元十九年五月，因大都（今北京）的钞库每天只许掉换四百锭，有时甚至不开库。这使得买卖停滞，物价上涨，因而不得不准许每天掉换一二千锭。但是问题并没有解决。因为掉换新钞，要支付百分之三的工墨费，而且有时平准库路太远，官吏们还可能向商民勒索刁难，使破钞不能掉换新钞，结果产生价格上的差异。例如至元二十七年，在江淮和浙西，同是中统钞一贯，如果边栏和金额的文字完整无缺，则可作一贯二百文使用，如果破损得厉害，以致字迹不清，则只能作八百文使用，一时就以这行市流通，而不去官库掉换新钞[3]。后来由于破烂钞票的不便，民间至于以物易物，甚至私发茶帖、面帖、竹牌、酒牌等代币，来充流通手段[4]。

江西省崇仁县太和寺塔的砖上有至元三十年八月的一张物价单[5]，米价每军斗中统六百四十斤，官秤五百钞。意义不明确。苎布每匹折纳税粮一石。绢价中统钞一两可得乡布四尺。白布每匹中统钞七贯，可得乡尺二丈五尺。麻布每匹中统钞二贯。工价则瓦匠和木匠都是每日中统钞一贯。砖铭上写明"物价腾涌，莫此为甚"。因为这是乡村的物价。

成宗铁木耳即位之后，内乱便起来了。元贞元年（1295年），云南报告，金齿也叛服不常，八百媳妇也起兵反抗。京师米价上涨，政府设肆粜米，白粳米每石卖中统钞十五两，白米卖十二两，糙米卖六两五钱[6]。政府粜米照例白粳米每石比市价低五两，白米低三两；可见米价涨了十几倍。大德三年（1299年）中书省臣说连年"公帑所费，动辄巨万，岁入之数，不支半岁"。其余全靠挪借，恐怕影响币制。但五年又调云南军队去镇压，因此云南的土官宋隆济率领猫姥紫江等族反抗，攻到贵州。

大德六、七年间，大概因为对付海都，纸币发行大增，七年加给内外官吏俸米[7]，这自然是因为币值跌落的关系。但十一年武宗即位后八九个月，中书省臣反说帑藏空竭，他说常年国家岁收四百万锭，中央政府得二百八十万锭，支出也差不多；该年八九个月便已支出四百二十万锭，应支而未支的还有一百万锭，超出岁收一倍。后来竟至动用钞本七百一十多万锭。至大元年（1308年）十一月又调整官吏俸给了，禄米取消，薪俸用至元钞依照中统钞的数目发付。这就是说，俸给加成五倍。全年支出竟至千万锭，即五万万贯，仍是超过岁收一倍。当局粜米，每石收中统钞二十五贯[8]，比起元贞元年来，又涨了一倍左右。

武宗即位那年（即大德十一年）的十一月便有人主张用银钞铜钱，大概因中书省臣不赞成而作罢。至大二年（1309年）又讨论变更钞法，结果是发行至大银钞，一跳又是五倍。同时恢复铜钱的使用，除历代旧钱外，加铸大元通宝和至大通宝。中统钞限一百天收回。各种支付以至大银钞计算。盐价每引增为至大银钞四两，合中统钞一百贯，比至元二十六年僧格所定的数目增加一倍。

但这一次改变是短命的，因为几个月后武宗就死了。仁宗一即位，便推翻武宗的办法，废止至大钱，收回至大银钞。收回至大钞是说倍数太多，会刺激物价，这话也许有几分理由。废止铜钱，是说不能有充分的供给，实际上是币值不稳定，铜钱是会隐匿的。

这些变革和反变革，都没有使纸币的购买力稳定下来。虽然有些像李孟那样谄媚之臣，知道大汗的心理，在刚刚昭告收回至大钞之后，就说"物价顿减，方知圣人神化之速"[9]。幸而大汗不是那样糊涂。然而也可见当时物价问题的严重。就在那年（至大四年）十一月李孟又说：当时每年用钞六百多万锭，土木营缮用几百万锭，降旨赏赐用三百多万锭，北边军需又六七百万锭，而国库中只有十一万多锭。这种赤字财政，不靠发钞，还有什么办法？

至元以后的发行，在成宗大德六、七年间（1302—1303年）因为云南战事关系，大为增加。至大三年（1310年）发行至大银钞一百四十五万锭，等于中统钞三千六百多万锭，通货数量骤增，虽然第二年就收回了，但以后至元钞的发行数字增加，而且又有小数目的中统钞发出来，所以通货流通数量，比至大银钞发行以前增加很多。英宗至治（1321年）以后，发行渐少，文宗天历二年（1329年）纸币的流通数量，比至元钞发行之前大概增加七八倍，比至元十二三年增加三十倍至六十倍。

元代发行额表（二）

年　代		发行额 （锭）[10]	加权累积额 （锭）[11]	每人所占额 （文）[12]
至元	二十四年（1287年）	5 088 285	15 445 956	13 134
	二十五年	4 608 060	19 281 718	16 396
	二十六年	8 900 465	27 217 097	23 144
	二十七年	2 501 250	28 357 492	24 113
	二十八年	2 500 000	29 439 617	25 033
	二十九年	2 500 000	30 377 636	25 831
	三十年	1 300 000	30 158 755	25 645
	三十一年	968 530	29 619 347	25 186
元贞	元 年（1295年）	1 550 000	29 688 380	25 245
	二 年	2 000 000	30 203 961	25 684
大德	元 年（1297年）	2 000 000	30 693 763	26 100
	二 年	1 499 550	30 658 625	26 070
	三 年	4 500 375	33 626 069	28 593
	四 年	3 000 000	33 944 765	28 865
	五 年	2 500 000	34 747 527	29 547
大德	六 年	10 000 000	43 010 150	36 573
	七 年	7 500 000	48 359 642	41 122
	八 年	2 500 000	48 451 600	41 200
	九 年	2 500 000	48 529 077	41 266
	十 年	5 000 000	51 102 623	43 625
	十一年	5 000 000	53 547 492	45 533
至大	元 年（1308年）	5 000 000	55 870 117	47 509
	二 年	5 000 000	58 076 611	49 385
	三 年	36 259 200	91 431 980	77 765
	四 年	10 900 000	63 314 162	53 838
皇庆	元 年（1312年）	11 211 680	71 360 134	60 681
	二 年	10 200 000	78 092 127	66 405
延祐	元 年（1314年）	10 100 000	84 287 521	71 673
	二 年	5 100 000	85 173 145	72 426
	三 年	2 100 000	83 014 488	70 590
	四 年	2 500 000	81 363 764	69 187
	五 年	2 100 000	79 395 576	67 513

续表

年　　代	发行额（锭）[10]	加权累积额（锭）[11]	每人所占额（文）[12]
六　年	7 500 000	82 925 697	70 515
七　年	7 500 000	86 279 141	73 367
至治　元　年（1321年）	5 050 000	87 015 184	73 992
二　年	4 050 000	86 714 425	73 736
三　年	3 550 000	85 918 704	73 060
泰定　元　年（1324年）	3 150 000	847 72 769	72 086
二　年	2 100 000	82 634 130	70 265
三　年	2 100 000	80 602 423	68 539
四　年	2 100 000	78 672 302	66 898
天暦　元　年（1328年）	1 585 110	76 323 797	64 901
二　年	6 000 000	80 507 607	68 459
至顺　元　年（1330年）	2 300 000	78 782 227	66 991
二　年	4 455 250	79 298 365	67 430
三　年	4 984 000	80 317 447	68 297
至元　三　年（1337年）	7 500 000		
四　年	6 000 000		
至正　元　年（1341年）	4 960 000		

元代自中叶以后，发行并不统一。除政府的发行外，还有赏赐钞印的办法。例如张瑄和朱清两人，因为创办海运有功，于至元二十三年底受赐钞印，得任意发行，富埒朝廷。虽然后来也同西汉的吴王濞和邓通一样被诛，但他们的发行曾继续了十七年之久[13]。此外有临时的发行，如泰定末年到致和年间，在皇位争夺时期，倒剌沙以上都经费不足，叫有关机构刻板印钞，到天历元年才收毁[14]。有时收回破损旧钞后又再行发出，如天历二年，关中大饥，斗米直十三贯，而钞票稍有破损即不用，人民又不能换到新钞，张善浩就将钞库中没有烧毁的破旧钞票而文字可辨识的一百八十五万五千多缗加盖戳记并刻十贯、五贯字样发行出去。米商可以将这种钞票向钞库掉换正式的钞票[15]。这些临时性的发行自然也不包括在正式的发行数字内。

伪钞问题也很严重。由于纸币的印造成本低，伪钞是难免的。中统初年就有伪钞的印造[16]。至元七年曾规定：伪钞造得好、能够流通的，处死刑；若造得不像，不能流通的，则受流放远地的处分。但后来不管造得像不像，都是死罪。然而在残酷的剥削下，冒禁私印的人还是很多[17]。大德七年十二月在杭州等路的犯罪案件中，印造伪钞就有八十八起，共有二百七十四人[18]。除了私印以外，还有挑钞的办法：将一两挑补成二两，五钱挑补成一两[19]。有些官吏甚至以真钞当作假钞，这固然是为了怕犯错误或讨好[20]，但也可见假钞之多。元代关于伪钞的法令，特别烦琐[21]，这也说明伪钞问题的严重。有时收回的破钞，在焚毁前被盗[22]，不管是不是内部官吏作弊，这些旧钞一定会再次参加流通，从而影响它的购买力。

物价的上涨，大德年间，就有人提到[23]，不过各种物价上涨的程度不尽相同，譬如饮食方面，在至元二十四年就已高于十三年几十倍，但造船的物料，到武宗至大四年还有人说只涨了十倍[24]。田亩价格在大德元年的时候，比至元二十四年高涨三四倍[25]。

运费也有上涨的倾向。运费同物价有密切的关系，因为许多物价包括运费在内。而且运费的高低也反映一国商品流通以及一般经济的发展水平。在河运方面，江西的米粮，每石下水百里，支钞三分，到至元三十一年增为六分，涨成一倍[26]。金明昌年间，每石（一百一十五斤）是四十文三分六丝，大概是付铜钱，或钱钞兼用，所以元代同那时差不多。陆运方面，至元二十六年，每石百里平地一两，山地一两二钱，这就比金明昌年间高了，金朝脚价百里百斤平地是一百四十六文，山地是一百五十五文。元代脚价大概是用中统钞计算，但还是高于金代。可是大德五年又涨为平地一两二钱，山地一两五钱[27]。十二年间上涨百分之二十。海运方面，在至元年间，运粮一石，支中统钞八两五钱，至大四年增为至元钞三两[28]，合中统钞十五两，三十年间上涨百分之七十七。一般说来，运费还算涨得慢。

金银价就涨得比较快了。至正五年（1345年）黄金每两已涨成中统钞二百五十贯以上[29]。六年足色金每两涨成中统钞三百贯，九成金二百七十贯，花银每两三十贯，九成银二十七贯[30]。等于中统初的十五倍。

米价在至元十三年（1276年）前后是中统钞一贯买一石，至元末年大概已涨到十几贯[31]。元贞元年当局籴米便要收六贯半到十五贯一石。大德年间，米价至少要十贯一石，大德十年浙江饥荒，每石到过三十贯以上[32]。平均大概要二十贯一石。至大元年（1308年）当局又增加籴米的价格为每石二十五贯[33]。史书说泰定二年（1325年）减为二十贯，致和元年（1328年）减为十五贯[34]，大概由于南方有大量的大米北运。市价一定要高得多。至正六年（1346年）上等粳米每石要四十贯[35]，等于平定江南时的四十倍。

当时物价上涨的程度，也可以从盐价上看出来。蒙古人在入主中原之前，因地处北漠，盐价是特别高的。太宗（窝阔台）第二年（1230年）要十两白银一引，即四百斤。中统二年减为七两。至元十三年取得产盐的江南，每引改为中统钞九贯[36]，合白银四两五钱。二十六年，因为通货膨胀，每引涨到五十贯，十三年间增成五倍以上。元贞二年（1296年）涨成六十五贯。自至大二年到延祐二年（1315年）七年间，每引涨到一百五十贯，四十年间涨了十六倍以上[37]。至于两浙的盐价涨得更凶：起初每引官价值中统钞五贯，后来增为九贯、十贯，以至三十、五十、六十、一百，到顺帝至元五年，加成三锭[38]，比最初增成三十倍。市价还要更贵，要一贯钞才能买到一斤盐，较之唐天宝时的两文钱一斤，高了五百倍。比北宋初年的四十文一斤要高二十几倍。比蒙古人占据江南时高八十倍。盐是生活必需品，但历代食盐都是政府专卖，元代的岁收，盐利是一个很大的项目，天历二年为七百六十六万一千锭[39]，占全国钞币收入的百分之八十二。蒙古统治者通过盐价对人民实行剥削。

美术品的价格也有上涨的倾向。至元二十三年的时候，李衎在浙江出卖文同的画，得二十五贯，认为好价钱。在约三十年后，即高克恭死后，他的画卖到千百贯一幅。倪瓒生时，他的竹石小景也要卖数十金（贯）一幅[40]。美术品的价格同普通商品不同。有人说，李公麟画二幅换吴道子画一幅，吴道子画二幅换顾恺之、陆探微画一幅，这恐怕是受稀少性的规律和崇古思想所支配，但元代画价的趋势同一般物价的趋势也不是背道而驰的。

由于货币流通的混乱和物价的不稳定，因而发生以物易物和商店各自发行代用币的现象，后者有茶帖、面帖、竹牌、酒牌等名目。世祖至元末年以后，大概更加严重。至元三十一年曾下令禁止[41]。但没有效果，反而变本加厉；原来商店发行代用币，只为便利自己的顾客向本店取货，后来竟可在市面流通。所以仁宗皇庆元年（1312年）当局承认物价比以前增加几十倍[42]。延祐元年（1314年）中书曾下令限制，使酒肆所发的酒牌，只许顾客用来向本店支酒，不得在市面流通[43]。

至正年间的武祺谈到元代发行的情形，他的逻辑很奇怪。他说：自世祖至元二十四年到武宗至大四年，二十五年间，印得多，烧得少，流通广，钞法通。自仁宗皇庆元年到延祐七年，九年间，印虽多，烧得也多，流通渐少，钞法始坏。自英宗至治元年到三年，印造虽多，烧得少，流通更多，钞法更坏。自泰定元年到至顺三年，八年间，印得少，烧得多，流通绝无，而钞法大坏。他的话简直没有是非，似乎钞票多也坏，少也坏；印得多，烧得少更坏；印得少，烧得多，尤其坏。到底怎样才算好呢？他说合计六十四年，总共印钞五千九百五万六千余锭，总支五千六百二十余万锭，总烧三千六百余万锭，民间流转不及二千万锭[44]。他的数字同史书所载数字不符，烧毁的数字不见记载。假定真像他所说：民间流通只有二千万锭，人民无钞可用，那么人民用的是什么呢？物价怎么会上涨呢？

泰定以后（1324年），国内治安已成问题，各地起来反抗，开支增加。天历二年（1329年）的时候，关中饥荒，米价每斗十三贯，人民拿钞票买米，稍有破旧，就没有人要，到平准库去兑换，"则豪猾党蔽，易十与五，累日不可得"[45]。当时宫中养的鹰鹘狮豹，每年吃肉到一万三千八百锭，比以前增加六七十倍[46]。赏赐卫士，每人竟至八十锭之多[47]，合四千贯。在汉唐，只有大功臣才可以得到这样大的数目，而在晋朝则大臣也难得到这样大的赏赐，元末竟同时赏给一万三千人，共计五千二百万贯，够宋初全国两三年之用。唐朝在通货膨胀以后的大历末，全国岁入也不过一千二百万贯，要四五年才可以积得这样数目。可见通货膨胀的程度。元朝自中叶以后，课税收入比至元时增加二十倍[48]，但支出总是不敷。天历二年七月岁出就已超过岁入几倍[49]，至顺二年九月陈思谦说，开支比至元三十年以前增加几十倍[50]。

至正初年，中统钞的对外比价也反映货币的贬值。至正五年来到中国的非洲人伊本·巴吐塔说，中国的钞票一锭约等于他本国的一个底纳[51]。伊本·巴吐塔是非洲伊斯兰教徒，那里的底纳金币比阿拉伯本土的底纳要大，每枚重约四公分六，合得白银一两二钱许，照官价只能兑到至元钞两贯五百文。如果市价可以买到五十贯，那么，以至元钞计算的金价已涨成二十倍。但也可能是指中统钞，那就只涨成四倍。至元九年著《岛夷志略》的汪大渊说：乌爹银币重两钱八分，值中统钞十两。又说交趾的铜钱六十七枚折中统钞一两。可见以中统钞计算的银价已涨成十八倍。

钞价的下跌，也由于私钞的猖獗。随着蒙古政权的削弱，从事私造的人更加多了。顺帝时有人因造私钞而致富，甚至派遣四五十人打进政府做官，做内应，以防有人告发，前后继续了十几年之久[52]。

元代由于使用纸币，物价比其他朝代高，人民的生活水平降低，甚至连官俸也低于前代。中国官吏的收入，自汉以来，不断增加，到北宋达到顶点，几乎到了使人难以置信的数目。南宋就走下坡路了。但金人治下的一品官，每月的真实收入还值得两三百公石的大米。元代就进一步下降了。至元制下，一品官的收入只能买到一百公石的大米。低级官吏的收入倒没有什么减少，每月约合十公石米。

元朝政府对工匠的待遇更是苛刻。至元二十五年三月当局规定各机关工匠的工粮，似乎分为货币和实物两种支付办法。领实物的每人每月米三斗，盐半斤，另加家属津贴。家属又分为三等：家属大口每月支米二斗五升，家属小口和所谓驱大口（成年奴仆）每月支米一斗五升，驱小口每月支米七升五合。但每户不得过四口[53]。在制定这办法的时候，米价每石约为中统钞十贯，盐价每引五十贯，即一百二十五文一斤。所以单身工匠的收入每月只有两公斗九升[54]。若家中还有妻一人、儿女一人、驱大口一人，每月也只能拿到八公斗一升二。而且停工的日子要扣除。除非另有货币工资，否则无法生活。

河工的待遇比较好些。在14世纪的前二三十年间，每人每天钞一两，另加糙米一升、三升到五升不等。当时米价每石约为二十两到三十两[55]，所以一天的总收入合得六升米，一个月约合得一公石七斗。这种工作是临时性质，不是一种经常的收入。但另一方面，这些河工都是农民，他们另有经常的农业收入，大概是在农闲的时候去做河工，所以河工的工钱是额外的收入。换言之，他们的总收入还要多一些。

14世纪前半，英国有些地方的佃农用货币代役，冬天每天半便士，秋天每天一便士，平均每天以零点七五便士计算，每星期以六天计算，则每月的收入是十九个半便士，或二十六公分纯银，只可买到小麦六公斗多一点。要把英国佃农的代役费来和中国河工的工钱比较，并不是很恰当的。当时欧洲有些工人的工钱比佃农的收入多。例如法兰克福的呢绒工人的工钱就要高得多[56]，可能高于中国河工的工钱。不过把中国河工那种简单劳动同呢绒工人那种比较复杂的劳动相比也是不公平的。而且在封建社会中，农民究竟占绝大多数。所以在14世纪中叶以前，中国劳动人民的收入比欧洲劳动人民的收入似乎要多一些。14世纪中叶以后，情况就不同了。中国方面没有什么变动，但欧洲在14世纪的40年代发生了一次极端严重的鼠疫，英国人口死亡一半以上，使得劳动力缺乏，工资大增。14世纪末，英国的劳动人民每日可得三便士[57]，每便士的含银量以一公分一八八计，每月以二十六天计，共九十二公分许。14世纪后半小麦价格每公石平均要银三十四公分[58]，所以能买到约两公石七斗二的小麦。当时割禾的人每日可得八便士[59]，每月可以买到七公石多的小麦。但这是鼠疫后的特殊现象，也是暂时的现象。

注 释

[1] 《元史》卷一七三《叶李传》。

[2] 《元史》卷二〇五《僧格巴丹传》。

[3] 《元典章》二〇《户部》卷之六。

[4] 同上至元三十一年三月事。

[5] 《文物》1963年第四期第五二页。

[6] 《新元史》卷八九《赈恤》。《元史》白米作十三两。

[7] 《元史》卷九六《食货志四》:"大德七年始加给内外官吏俸米。凡俸一十两以下人员……每十两给米一斗,十两以上至二十五两,每员给米一石,余上之数,每俸一两给米一升,无米则验其时直给价,虽贵每石不过二十两。"

[8] 《新元史》卷八九《赈恤》。

[9] 《元史》卷二四《仁宗纪》至大四年四月:"李孟进曰,陛下御极,物价顿减,方知圣人神化之速,敢以为贺。帝戚然曰……今朕践祚,曾未逾月,宁有物价顿减之理,朕托卿甚重,兹言非所赖也。孟愧谢。"

[10] 发行额是以中统钞的锭数为单位,所有的至元钞以及至大三年的至大银钞,都照比率化成中统钞。数字是根据《元史·食货志》所载。天历二年以后的数字,散见《元史》本纪文中。至顺元年数见《文宗纪二》,为天历二年十二月丁未所造,谅系至顺元年份的。其中所缺年份,则不知是没有新钞发行,还是书中遗漏。不过《顺帝纪三》至元六年三月甲申曾下诏停止该年印钞。又至正元年十二月癸亥以在库至元中统钞可支二年,又停造至正二年钞本。

[11] 累积数计算的方法,仍是以旧钞打九五折再加新钞,但至大三年发行的至大银钞因为不久就收回销毁,所以至大四年的累积额中,已把这笔完全减去。

[12] 人口数字仍以五千八百八十万计算。

[13] 《新元史》卷七四《食货志七》至元二十三年:"是年以张瑄、朱清并为海道运粮万户,赐钞印听其自印交钞。其钞色比官造加黑,印朱加红。自是瑄、清富埒朝廷。卒以汰侈伏诛。"(据《元史》卷二一《成宗纪》,张瑄、朱清的伏诛是大德七年的事。)《续通考》卷九:"至元二十三年十一月以张瑄、朱清并为海道运粮万户赐钞印。"叶子奇《草木子》卷三卷四关于这事也有记载。

[14] 《元史》卷三二《文宗纪》。

[15] 《元史》卷一七五《张善浩传》。

[16] 《元史》卷一六三《李德辉传》。

[17] 《古今治平略》引郑介夫言:"(成宗时)惟钞用本之轻,故伪造者纷然。

立法虽严，终莫能戢。"《元史》卷九七《食货志五》："至正十年……先是左司都事武祺尝建言云：钞法自世祖时已行之。……比年以来……伪钞滋多。"同书卷一八一《黄潜传》："（仁宗时）奸民（浙江诸暨）以伪钞钩结党与，胁攘人财。"《黄学士文集》卷二六《揭公神道碑》："徽州民伪造楮币于僧舍。"虞集《道园学古录》卷三《新喻州重修宣圣庙儒学记》："李侯……尝官南海上……沿海有大寇，维十数舟，近在岸谷，交结豪横，私盐伪钞，汗漫不可收拾（顺帝初时事）。"同书卷四一《建宁路崇安县尹邹君去思之碑》："……山谷之民，愚不知法，憸而狂利，伪造者滋多。"《元明事类钞》卷二六引元李存《伪钞谣》："国朝钞法古今无，绝胜钱贯为青蚨。试令童子置怀袖，千里万里忘羁孤。岂期俗下有奸弊，往往伪造潜隈隅。设科定例非不重，赖此趋利甘捐躯。"

[18] 《元典章》二〇《户部》卷之六《钞法·伪钞》。

[19] 同上《挑钞》。

[20] 《元史》卷一七六《韩若愚传》："时监烧昏钞者欲取能名，概以所烧钞为伪钞，使管库者误服狱。"同书卷一八二《许有王传》：至治二年"至江西，会廉访使苗好谦监焚昏钞，检视钞者，日至百余人。好谦恐其有弊，痛鞭之，人畏罪，率剔真为伪，以迎其意。管库吏而下，榜掠无全肤，迄莫能偿。有壬覆视之，率真物也，遂释之。"

[21][22] 《元典章》二〇。

[23] 《元典章》一九，成宗大德元年六月江西省据龙兴路申："江南归附之初，行使中统钞两，百物价值低微……目今百物踊贵，买卖房舍，价增数倍。"同书卷二二皇庆元年五月江西行省准中书省咨户部备主事片呈："照得近年以来，物价踊贵，比之向日，增加数十余倍。"《古今治平略》引郑介夫言："古者怀十文而出，可以饱醉而归，民安得不富。今则怀十文钞而出，虽买冰救渴亦不能数，民安得而不贫。"

[24] 《大元海运记》武宗至大四年中书奏："三十年前海运创始之初，钞法贵重，百物价平……今则物重钞轻，造船物料十倍价高。"

[25] 《元典章》一九，大德七年三月《湖广行省准中书省咨来海北海南道宣慰司呈》：《雷州路申吴粪告状》："至元二十四年兄吴秋素将田四亩五分卖与唐政为主，价钱三十两；至元三十年，唐政添价一百两卖与王冯孙为主；大德元年王冯孙添价一百二十五两卖与韩二十为主。"

[26] 《元典章》二六，至元三十一年正月《湖广行省为起运真州粮一十五万石事移准江西省咨》："先为年例攒运真州米粮，旧例每石下水百里，支钞三分，船夫揭用不敷，本省议得每米一石量添三分，通作六分。"

[27]　《元典章》二六。

[28]　《大元海运记》卷上武宗至大四年中书奏："三十年前海运创始之初……运粮一石，支脚钞八两五钱（中统钞）。……今……虽蒙每石添作至元钞二两，其物价愈翔，不敷其用……今量拟远者温台庆元船只运粮，每石带耗添至元钞一两，通作三两，其余船只装运糙白粮每石添钞六钱，通作二两六钱；稻谷每石添钞六钱，通作二两。"

[29]　郑玉《师山集》卷四《颂叶县丞平金课时估诗序》："至正五年，市中金价，两以钞计，才五锭有奇。"

[30]　杉村勇造《元公牍拾零》载至正六年五月的金银价："赤色金每两（中统）钞陆定；九成色每两钞伍定贰拾两；七成色每两钞肆定拾两。花银每两钞叁拾两；九成色每两钞贰拾柒两；七成色每两钞贰拾壹两。"

[31]　《农田余话》卷上："得江南初……时米沽一贯一石。……至是（世祖末）米值十倍于前。以中统言之，十余贯矣。"

[32]　刘埙《水云村泯稿》卷一四《呈州转申廉访分司救荒状》："大德十年丙午岁春夏间江浙大饥。……常年米硕价止中统钞一十两，籴户犹曰艰难，今则价值日增，倍而又倍……每硕乃成三十两之上。"

[33][34]　《新元史》卷八九《赈恤》。

[35]　杉村勇造《元公牍拾零》（《服部先生古稀祝贺纪念论文集》）载至正六年五月："粳米上等每石（中统）钞肆拾两，中等每石钞叁拾柒两伍钱；下等每石钞叁拾伍两。占米上等每石钞叁拾柒两伍钱；中等每石钞叁拾伍两；下等每石钞叁拾贰两。"

[36]　《元史》卷九四《食货志二·盐法》："太宗庚寅年始行盐法，每盐一引，重四百斤，其价银一十两，世祖中统二年减为银七两。至元十三年既取宋，而江南之盐所入尤广，每引改为中统钞九贯。"关于元代的盐价另有叶知本的《请减盐价疏》，见顾炎武《天下郡国利病书》卷二二《江南一〇》。

[37]　《元史·食货志二·盐法》。

[38]　《元史·食货志五·盐法》。

[39]　《经世大典》卷一二。

[40]　顾元庆《云林遗事》。

[41]　《元典章·钞法·杂例》。

[42]　《元典章》二二。

[43]　《通制条格》卷一四《酒牌侵钞》："延祐元年九月中书省近为街下构栏、酒肆、茶房、浴堂之家，往往自置造竹木牌子及写帖子，折当宝钞，贴水使用，侵

衬钞法。其酒牌止于本店支酒，不许街市流转，其余竹木牌子纸帖，并行禁断。"

[44] 武祺《宝钞通考》。

[45] 《元史》卷一七五《张善浩传》。

[46][47] 《元史》卷三三《文宗纪》。

[48] 《新元史》卷六八《食货志》。

[49] 《元史》卷三一《明宗纪》天历二年七月监察御史把的千思说："若以岁入经赋较之，则其所出已过数倍，况今诸王朝会，旧制一切供亿，俱尚未给。"

[50] 《元史》卷一八四《陈思谦传》至顺二年九月陈思谦说："一切泛支，以至元三十年以前较之，动增数十倍。至顺经费缺二百三十九万余锭。"

[51] Yule, Cathay and the Way Thither, Ⅵ, pp. 112—113.

[52] 《元史》卷一九二《良吏二·林祖兴》。

[53] 《通制条格》卷一三《工粮则例》至元二十五年三月："尚书省户部分拣到各衙应支盐粮人口，除请钱住支外，不曾请钱人户，拟四口并只身人口，除已分拣定四口为则外，验户请粮户数，亦合一体，每户多者，不过四口，少者验实有口数：正身月支米三斗，盐半斤；家属大口月支米二斗五升，家属小口并驱大口月支米一斗五升，驱小口月支米七升五合。并印钞抄纸人匠，坝河倒坝人夫，每年俱有住闭月日，拟合实役月日，每名月支米三斗，盐半斤。都省准拟。"

[54] 元代一石以零点九四八八公石计算；一两以三七点三公分计算（吴承洛《中国度量衡史》）。但元代有时用宋石。《元史》卷九三《食货志·税粮》条下载："至元十九年用姚元之请，命江南税粮依宋旧例折输锦绢杂物。……其输米者，止用宋斗斛，盖以宋一石当今七斗故也。"

[55] 《元史·河渠志》。

[56] 1345年（至正五年）法兰克福呢绒业行会章程第四十条规定：从献烛的奉献日起，到迈克尔节止，织工的工钱每天不得超过十六赫勒尔（Heller），其他时间不得超过十四赫勒尔。按赫勒尔系一个很难捉摸的货币单位，各地不同，成色常变。1356年应当重零点七六公分，成色可能只有六成，这就合得零点四五六公分的纯银，一个月以二十六天计，可拿到一百七十七公分，合中国库平四两七钱四分五厘银子。

[57] Ellis T. Powell, *Evolution of Money Market* (1385—1915).

[58] 根据 James E. Thorold Rogers, *A History of Agriculture and Prices in England* 中的数字。

[59] 同注 [57]。

四 元末至正钞的贬值

顺帝即位以后，由于内政失修，各路连年水旱为灾，起初还用粮食来赈济，后来全靠发行纸币。然而发行越多，越不值钱，于是饥民纷纷起义。湖南道州徭人反抗得最久，当局无法平定。至正元年山东燕南的起义者纵横至三百多处。八年台州的方国珍已起事。中书户部在至正三年就以国用不足，请撙节浮费。六年又请不要随便赏赐；都没有什么效果。物价数字越来越高。有人做诗讽嘲时事说："丞相造假钞，舍人做强盗，贾鲁要开河，搅得天下闹。"[1]至正十年江南米价每石值中统钞六十七贯，等于中统初的六十七倍[2]。这年又发行新钞。而且正是贾鲁的主意。

新钞的发行，还不能说是大规模的膨胀。对至元钞的作价只是一对二，不算高，比不上至大钞，更赶不上物价上涨的倍数。大概目的在于缩减物价数字，因为物价是用中统钞计算。现在改用新钞计算，等于物价跌成十分之一。如果不是为了这个目的，那么，发行新钞就没有什么意义了。

新钞发行之后，国内局势更加紧张了。发行新钞是至正十年十月，次年五月韩山童、刘福通和徐寿辉等人几乎同时起义。十二年正月又发出新钞一百九十万锭和至元钞十万锭，两共折合中统钞为两千四百万锭；除了至大三年的一次以外，这是元代最大的一次发行。徐寿辉等人的军队节节胜利：二月陷江州，三月陷瑞州，闰三月陷吉安路，四月陷建昌路，五月河南各处起义，六月红巾陷道州，七月陷杭州路，八月陷荆门岳州。彭和尚陷饶、信、杭、徽等州。蒙古人疲于奔命。米一石二十贯，盐十斤二贯[3]。据说不久物价就上涨十倍以上[4]。有些地方，一贯只能买到十四铢盐[5]，即一斤盐二十七贯，折合中统钞是二百七十贯，等于蒙古人征服江南时的一两千倍。次年正月又发行同数目的纸币。这时江淮一带，群雄并起：张士诚据高邮，韩山童据临濠，徐寿辉、倪文俊、陈友谅等攻汉沔。丞相脱脱统领四十万大军出征，钞价一定下跌。由于廷臣的争权夺利，元军人心涣散，纷纷投奔红巾[6]。

十四年征购军马，每匹给钞十锭，合中统钞五千贯，市价自然更高。北宋马价平均是两万钱一匹。元代至元年间的马价大概是中统钞五十几贯一匹，合白银十两多，良马每匹九十贯，合白银十八两[7]，已经是上涨了的价格；至正十四年涨成五六十倍。若以北宋的价格为标准，涨成二百五十倍。明洪武元年是一万钱一匹，以这为标准，则是五百倍。元代同产马的西域关系密切，马价应当便宜，不过蒙古人对马的需要也特别大，尤其是在战时。英国在整个元代前后一百四十年间，拉车的马每匹平均为十二两八钱二分白银[8]，和中国的正常马价差不多。当时中国的牛价每头为白银一两五钱，唐代会昌年间塞上的牛价每头是五百钱[9]，这样比来，元代价格要高得多。可是同时英国的公牛每头要七两到八九两，乳牛要六两二钱五分。大概蒙古人不大用牛，所以元代牛价比较低。

至正十五年募人屯田，每人每日支钞二两五钱，另外还给牛种和农器[10]。这自然不是提高人民的生活水平，而是钞票不值钱了。发行新钞时，说是一两合铜钱千文，这时早已不能维持平价了，否则劳动人民的收入每月有七万五千个铜钱，比唐朝开元时一个一品官的薪俸还要多。就在这一年，刘福通迎立韩林儿，朱元璋任元帅。六月当局向产米区籴买军粮，每石合新钞五两，这无疑是抑价征购[11]。十二月又印造次年的钞本六百万锭，一跳又是几倍。这就是恶性通货膨胀了。到处是钞票，当时民谣有所谓"人吃人，钞买钞"[12]。钞票的名目，如同南北朝的私钱那样多，有所谓观音钞、画钞、折腰钞、波钞、爊不烂等[13]，听起来和北魏的青赤、生厚、紧钱、吉钱、生涩、赤牵等名目有同样的感觉，而害人的程度却要远远超过北魏。这时铜钱谅已退出流通界，或被人销熔，或被人运往国外[14]。有些地方使用铜钱，那就和纸币脱离关系，而另成一个独立的价格体系。

至正十六年以后，军事局势更加危急。三月徐寿辉攻襄阳，朱元璋取镇江；七月张士诚又攻下杭州；九月李武、崔德等破潼关。蒙古人的地盘越来越小，而军储犒赏，每日印造，不可计数。有米价贵似珠[15]的话。

至正十七年京师曾设立便民六库，让人民用烂钞换领新钞。十八年因陕西军事繁剧，离京师太远，不便供应，就在当地设局印造宝钞。十九年杭州米价卖到二十五贯一斗[16]。王冕（1287—1366年）在他的《江南民》诗中有"米粟斗直三十千"[17]一句，大概指的是这个时期。他是浙江诸暨人。在燕京，十锭钞还买不到一斗粟[18]。姑以杭州米价为准，二百五十贯一石，合中统钞二千五百贯。等于元初的两千五百倍。京师行贿，以车载楮币[19]，和梁武帝的铁钱一样。但铁钱本身到底还有点价值。史书说民间已不用钞，交易或用铜钱[20]，或用物物交换[21]。

至正十六年以后没有发行数字。关于物价的材料，也只到十九年为止。以后是不是完全不用钞票，或只不用烂钞，或个别地区完全不用，料想各地情况不是一样。洪武元年曾颁布一种计赃用的物价单[22]，单上以贯为单位，黄金一两作价四百贯，白银一两或铜钱一千文作八十贯。这里的贯应当是指钞贯。这计赃用的估价，大概是参照各地的情形定出来的，相当于一种平均价格；个别地区的物价，自然要更高。根据这种平均物价，则元末的十八年间，纸币对白银的购买力跌成八十分之一。元朝一百年间，物价上涨近千倍。然而至正十九年到洪武元年，其间还有九年的时间，这九年间的货币流通和物价，几乎是一个空白，至正钞还有那样高的购买力吗？

元朝的价格纪录比其他朝代少，所以对于那一百年间以金银计算的物价，只能根据仅有的几种纪录来做一个估计。以白银计算的米价，在13世纪后半，大约为每公石九钱[23]；14世纪前半似乎已涨到每公石一两二钱[24]。从整个元朝看来，每公石平均值银约一两零五分或三十九公分。元朝的金银比价在至元二十四年（1287年）以前是一比七点五，自那年起是一比十。13世纪后半以一比八计，14世纪前半以一比十计。13世纪后半的米价每公石值黄金四公分，14世纪前半为四公分四七，平均四公分二。当时欧洲小麦价格每公石值银十四公分，值黄金九公厘弱，还是低于中国。若以黄金计算，则欧洲的小麦价格，不到中国米价的一半。

注　释

[1]　叶子奇《草木子》卷之四上《谈薮编》。

[2]　《农田余话》卷上："至至正庚寅，中统（钞）已久废，改造至正，印造中统交钞，名曰新钞，一贯准旧十贯，为钱一千文；米石价旧钞六十七贯，至是六十七倍于国初。尔后用兵，率印造以买军需和籴米，民间贸易，不复顾视，至群割据，遂无用矣。"

[3]　《元史》卷一四四《道童》。

[4]　《元史》卷九七《食货志五·钞法》至正十一年："置宝泉提举司，常鼓铸至正通宝钱，印造交钞，令民间通行用之，未久物价腾涌，价逾十倍。"《新元史》卷八七："至正间丞相脱脱当承平无事，入贾鲁之说，欲有所建立于世，别立至正交钞，钞料既窳恶易败，难以倒换，遂涩滞不行，及兵乱国用不足，多印钞以贾兵，钞贱物贵，无所于授，其法遂废。"

[5]　周霆震《石初集》卷五《纪事》："万斛北盐扃海隅，迩来商贩竞南趋，去年（至正十二年）今日城中价，一贯文才十四铢。"蒙古人平定江南时，北方是一引九贯，江南是一引五贯。

[6]　《草木·谈薮编》。

[7]　朱世杰《算术启蒙》中有三种马价。卷上《纵横因法门》有九十贯一匹，《九归除法》中又有良马九十贯的价格。卷下《盈不足门》有五十三贯七百文一匹

的价格；另有三贯六百文一匹的价格。最后一种价格可疑。该书成于大德年间，其中价格有点混乱，不像是大德年间的价格。米价每斗自一百一十文到一百八十五文，大德年间没有这样低的米价。又每两五贯的银价（卷上《折变互差门》）是发行至元钞时的价格。但另一处（卷中《求差分和门》）说银每两一百二十五文，金每两八百七十五文。那就根本不是元代的价格。书中金银比价是一比七，这应当是发行至元钞以前的比价。

[8] James E. Thorold Rogers, *A History of Agriculture and Prices in England*, p.245。1261 年到 1400 年的平均价格。

[9] 李德裕《李卫公集》卷一五《讨袭回鹘事宜状》（会昌二年五月五日事）。

[10] 《元史》卷四四《顺帝纪七》。

[11] 《丁巨算法》（著于至正十五年）中有下列物价（以至正钞一两为单位）

米	每石	2.63	两	盐	每斤	0.28	两
子粒	每石	3.5	两	绫	每尺	0.126	两
粟	每斗	0.125	两	小春布	每匹	粮七斗	
面	每斤	3.7776	两	丝	每斤	3.252	两
盐	每引	13	两		每斤	6.94	两
粉	每斤	0.4	两		每斤	12.0	两
胡椒	每斤	2.369	两		每斤	35.0	两
甘草	每斤	5.6	两	布	每尺	0.193	两
蜡	每斤	2.35	两		每端	10.036	两
罗	每尺	0.162	两	糖	每斤	6.48	两
	每尺	0.234	两	鸡	每只	2.5	两
	每匹	12.5	两	绢	每匹	12.88	两
麦	每石	2.4	两	绵	每斤	5.74	两

这些价格不一定是至正十五年的价格。有些商品有两种或两种以上的价格，有相当大的差距，可以认为是在物价不断上涨过程中的真实情况。例如银价每两值钞五两，金价每两有八十一两一钱二分和一百五十两两种价格。相差近一倍，在当时的情况下，不需要许多时候，物价就可以涨一倍。又如丝价，每斤有三两二五二、六两九四、十二两和三十五两四种价格。也应当作同样解释。

[12] 《新元史》卷八七："公私所积之钞，视若敝楮，而国用遂困。时有民谣云，堂堂大元，奸佞擅权，开河变钞祸根源，惹红巾万千；官制滥，刑法重，黎民怨，人吃人，钞买钞，何曾见贼作官，官作贼，混愚贤，哀哉可怜！"

[13] 孔齐《静斋至正直记》卷一《楮币之患》："至正壬辰（十二年）天下大乱，钞法颇艰。癸巳又艰涩。至于乙未年，将绝于用。遂有观音钞、画钞、折腰钞、波钞、

燋不烂之说。观音钞描不成画不就,如观音美貌也。画者如画也。折腰者折半用也。波者俗言急走,谓不乐受即走去也。燋不烂如碎絮筋查也。而中绝不用,交易惟用铜钱。"

[14] 《元史》卷四四《顺帝纪七》至正十六年二月乙丑:"禁销毁贩卖铜钱。"

[15] 袁彦章《书林外集》卷五《丙申岁》(至正十六年):"华发骎骎五十余,此生那见此艰虞;人情世上弃如土,米价年来贵似珠。"

[16] 《南村辍耕录》卷之一一至正己亥冬十二月:"城中米价踊贵,斗二十五缗。"

[17] 《竹斋诗集》卷二。原诗为:"江南民,诚可怜,疫疠更兼烽火燃。军旅屯驻数百万,米粟斗直三十千……"

[18] 《元史·食货志五·钞法》:"又值海内大乱,军储供给赏赐犒劳,每日印造,不可数计。舟车装运,轴轳相接,交料之散满人间者,无处无之。昏软者不复行用。京师料钞,十锭易斗粟不可得,既而所在郡县,皆以物货相贸易,公私所积之钞,遂俱不行,人视之若币楮,而国用由是遂乏矣。"

[19] 《元史》卷一三九《纽的该传》至正十八年:"兴和路富民调戏子妇系狱,车载楮币至京师行贿,以故刑部官持其事久不决。"

[20] 《至正直记》。

[21] 《元史》卷九七《食货志·钞法》。

[22] 《明会典》卷一七九《计赃时估》:"洪武元年令,凡计赃者皆据犯处当时物价。若计佣赁器物为赃者,亦依犯时价值,其佣赁虽多,不得过其本物之价。一、金银铜锡之类:金一两四百贯,银一两八十贯,铜线一千文八十贯,生熟铜一斤四贯,铁一斤一贯,锡一斤四贯,黑铅一斤三贯。一、珠玉之类:玉一片、长二寸、阔一寸、厚五分,八十贯,珍珠一颗、重一分,十六贯,宝石一粒、重一分,八贯,翠一个一十贯。一、罗段布绢丝绵之类:纱一匹八十贯,绫一匹一百二十贯,纻丝一匹二百五十贯,罗一匹一百六十贯,改机一匹一百六十贯,锦一尺八贯,高丽布一匹三十贯,大青三梭布一匹五十五贯,大白三梭布一匹四十贯,中细白绵布一匹二十贯,粗棉布一匹一十贯,粗纻布一匹二十二贯,细纻布一匹二十四贯,粗褐一匹四十贯,锦绸一匹五十贯,大绵布一匹二十贯,麻布一匹八贯,葛布一匹二十贯,大绢一匹五十贯,小绢一匹二十贯,细绒褐一匹二百四十贯,毡段一段五十贯,氆氇一段五十贯,丝绵一斤二十四贯,净绵花一斤三贯,麻一斤五百文。一、米麦之类:粳糯米每一石二十五贯,小麦一石二十贯,大麦一石一十贯,芝麻一石二十五贯,荞秋一石一十二贯,黄黑蓁豌豆每一石一十八贯,粟米黄米每一石一十八贯,面一斤五百文。一、畜产之类:马一匹八百贯,赢一头五百贯,驴一头二百五十贯,

驼一头一千贯，水牛一只三百贯，黄牛一只二百五十贯，大猪一口八十贯，羊一只四十贯，鹿一只八十贯，小猪一口一十二贯，犬一只一十贯，獐一只二十贯，猫一个三贯，兔一只四贯，虎豹皮每张四十贯，马皮一张一十六贯，牛皮一张二十四贯，鹿皮一张二十贯，马骡牛驴猪羊獐鹿肉一斤一贯，鹅一只八贯，鸭一只四贯，鸡野鸡每一只三贯，鸽鹌鹑每一只五百文，天鹅一只二十贯，鱼鳖虾蟹每一斤一贯。一、蔬果之类：核桃榛子每一斤一贯，枣栗柿饼每一斤一贯，菱芡一斤一贯，松子一斤一贯，葡萄一斤一贯，杨梅一斤一贯，西瓜一十个四贯，桃梨每一百个二贯，杏李林檎每一百个一贯，柑橙橘石榴每二十个一贯，柿子每三十个一贯，菜一百斤二贯，姜一十斤一贯，藕一十支二贯，莲房二十个一贯，冬瓜一个五百文，蒜头一百个五百文。一、巾帽衣服之类：纱帽一顶二十，胡帽一顶八贯，貂鼠披肩一顶四十贯，棕草帽一顶八贯，儒吏等巾每一顶八贯，纻丝罗帽每一顶六贯，毡帽一顶四贯，绦一条一贯，毡袜一双四贯，毡衫一领四十贯，鹿皮靴一双二十四贯，麂皮靴一双四十贯，牛皮靴一双一十贯，鞿鞋一双二贯，靰鞋一双一贯五百文，纻丝罗荷包每一个一贯，包头一方一贯，手帕一方二贯，网巾一顶三贯，绵纻丝被每一床一百贯，绫被一床四十贯，绸绢被每一床二十贯，毡条一条四十贯，花毯一条八十贯，绵纻丝褥一床八十贯，布褥一床十六贯，细布棉花被一床三十贯，粗布棉花被一床二十贯，旧纻丝衣服一件三十贯，新纻丝衣服一件八十贯，旧罗衣服一件二十四贯，新罗衣服一件七十贯，旧纱衣服一件二十贯，新纱衣服一件六十贯，旧绵布衣服一件五贯，新棉布衣服一件一十六贯，旧纻丝小袄一件二十贯，新纻丝小袄一件四十贯，旧纱罗小衫每一件一十贯，新纱罗小衫每一件三十贯，旧纻丝裙一条二十五贯，新纻丝裙一条五十贯，旧罗纱裙每一条二十贯，新罗纱裙每一条四十贯，绫绸衣服每一件二十贯，绒褐衣服一件八十贯，旧夏布衣服一件五贯，新夏布衣服一件一十贯，绵布小衫一件五贯，绵布裙一件五贯，绵布裤一腰四贯。一、器用之类：门一扇五贯，板壁一扇一十贯，窗一扇二十贯，木板一片，阔一尺、长五尺、厚五寸，四贯，卓一张一十贯，凳一条四贯，机一面二贯，交椅一把二十四贯，琴一张六十贯，扇一把一文，木箱一个八贯，大屏风一个二十四贯，竹帘一个二贯，棕蓑衣一件三十贯，笠一顶一贯，雨伞二把一贯，雨笠一个一贯，墙壁篱笆一丈一十贯，大瓷瓶一个一贯，大瓷缸一个一十贯，漆盘一个四贯，漆揲碗每一个一贯，乌木箸十双四贯，竹箸十双五百文，瓷揲碗每十个二贯，大木桶一只五贯，大木盆一只三贯，斛一张五贯，斗一量二贯，升一个五百文，大铁锅一口八贯，铜锅一口二十贯，铁锄一把二贯，铁犁一把二贯，铁锹一把二贯，大车一辆三百贯，小车一辆二十四贯，船一只、计料一百石，五百贯，马鞍一副六十贯，鼓一面五贯，碾磨每一副三十贯，女轿一顶八十贯，秤一把五百文，铁索一条一贯，锁头一个五百文，弓一张八贯，箭一千枝四贯，枪一根四贯，大刀一把五贯，小刀一把二贯，弩一张八贯，鱼叉一把一贯，禾叉一把一贯，大磬一口二十贯，铙钹一副四贯，柴草一小车一十五贯，木柴一百斤八贯，灰炭每十斤一贯，煤一石八贯，瓦一百片一十贯，砖一百个一十六贯，木一根、围一尺、长一丈，六贯，椽一根四贯，猫竹一根二贯，芦席一领一贯，笔竹一根五百文，秣秸谷草每一大车四十贯，白蜡一斤一十贯，黄蜡一斤二贯，香油一斤一贯，茶一斤一贯，酒醋每一瓶一贯，真粉一斤五百文，盐每十斤二贯五百文，蜂蜜沙糖每斤一贯，苏木一斤八贯，胡椒一斤八贯，花椒一斤一贯，银朱一斤一十贯，矾一斤五百文，朱砂一两四贯，硫黄一斤一贯，榜纸一百张四十贯，中夹纸一百张一十贯，奏本纸一百张一十六贯，手本纸一百张七贯，各色大笺纸一百张二十贯，墨一斤八贯，笔一十枝二贯。"

[23] 南宋宝祐间米价每公石值银一两零四厘，见第五章第二节六注 [4]。《元史》卷九三《食货志一·税粮》："中统二年……民户赴河仓输纳者，每石折输轻赍中统钞七钱。"这里所指为粟价，粟价通常在南方相当于米价的四分之三（参见注 [22]《计赃时估》），但北方大概为两石粟抵一石米，故米价应为每石中统钞一两四钱。这里估作白银七钱。《农田余话》说蒙古人取得江南时米沽是一贯一石，见本节三注 [31]。《元史》卷一三《世祖纪一○》也说在卢世荣立榷酤以前，民间买米造酒，每石官价是一贯钞。至元二十四年改发至元钞时，米价是十贯一石，合白银一两。《元史·食货志·赈恤》说元贞元年京师米贵，政府粜米白粳米每石中统钞十五两，白米十二两，但这些价格是照市价每石减低三贯到五贯计算的。如果至元十六年以前白银一两作中统钞二贯，以后作五贯；二十四年起作十贯，元贞元年作十五贯来折合各项米价，则十三世纪后半每石米约合八钱三四，每公石合三十三公分。

[24] 14世纪第一个十年的米价每石约一两，因《元史》卷九六《食货志》有大德七年"无米则验时值给价，虽贵每石不过二十两（中统钞）"。又《水云村泯稿》卷一四说大德十年的米价由平时的十贯一石涨成三十贯一石（见本节三注 [32]），也可看作二十贯一石。第二个十年政府赈恤粜米每石为二十五贯（《元史·食货志四·赈恤》），市价应为二十八贯。合银约一两一钱。第三个十年有泰定二年政府的赈恤米价每石二十贯（《元史·食货志四》），市价可作二十三贯。致和元年每石十五贯，市价作十八贯，平均起来，约合白银一两。第四个十年有至顺二年的折算。因《元史》卷三五有"十月遣官赍钞十万定、盐引三万五千道……优价和籴米三十万石"。天历二年盐价为每引一百五十贯，故米价每石约合三十四贯许。合白银约一两一钱许。第五个十年有杉村勇造的数字（见本节三注 [30] 和 [35]）。每石合银一两二钱四分。元代金银价格只有发行中统钞时以二贯作银一两，十五贯等于

黄金一两，以及杉村勇造关于至正六年的金银价，八十几年间，金价涨成二十倍，银价涨成十五倍，而米价则涨成三四十倍，所以银价平均每三年每两涨价一贯。在这原则上，大德七年白银每两以二十贯计，至大四年官价二十五贯，但次年至大银钞作废，物价有回跌，所以银价也改以每两二十贯计。天历三年则作三十贯。金银比价以一比十计。

第三节　货币研究

一　货币理论

金元二代，在思想方面没有什么建树。对于货币理论，也没有什么贡献。世宗完颜雍的三十年，是金朝最盛的时期，在币制方面，也比较是有作为的。当时还是钱钞兼用，币值相当稳定，然而膨胀主义的倾向，已流露于历次言谈之间。大定十年世宗对户部的人说：

> 官钱积而不散，则民间钱重，贸易必艰，宜令市金银及诸物。（《金史·食货志》）

这话证明他对于货币要在流通时才发生作用一点是看明白了。

元朝的人才比较多一点，但元朝的币制，自始至终，是以纸币为主，所以各种讨论，都集中在纸币问题上。

在至元三年的时候，有外国商人想收买纸币准备金，包办平准币值的工作，以增加政府的岁入为辞。户部尚书马亨反对，他说：

> 交钞可以权万货者，法使然也。法者主上之柄，今使一贯擅之，废法从私，何以令天下。[1]

这是法家的论调。

许衡（1209—1281年）是反对纸币的。他是一个在朝的人，为世祖所信任，出言反对纸币，似乎奇怪。不过他的声望虽高，政治地位却为国子监祭酒一类，不是直接掌权的人。他往往同直接掌权的人对抗，如王文统和阿合玛等。王文统是主持中统钞的人。许衡认为王文统讲的是利，而他自己却以义为重。至元十五六年间，中统钞已贬值，他在代人拟的《楮币札子》中，对纸币加以无情的攻击。他认为西汉发行皮币，是由于武帝的虚耗，为无聊之末计。后来一千三百年间，没有人敢尝试。他提出一种新颖的见解，认为纸币是政府对人民的债务；纸币越跌价，则政府负于人民越多。他说：

> 夫以数钱纸墨之资，得易天下百姓之货；印造既易，生生无穷，源源不竭。世人所谓神仙指瓦砾为黄金之术，亦何以过此。……嘉定以一易二，是负民一半之货也；端平以一易五，是负民四倍之货也，无义为甚。[2]

这同他的财政观点是互相呼应的，他认为"剥下以奉上、急暴横之征，创苛虐之敛，仓廪实，府库充"，国家用度似乎充足，可是"土地日削，田野荒芜，水旱相仍，闾里愁叹，人民冻馁，兄弟妻子离散"，这能说是国富么？他说这是小人之所谓利。至于君子的所谓义，则在于"损上以益下，蠲无名之征,罢不正之供,节用度,减浮食"，这样国家好像会不足于调度，"然而土地辟、田野治、年谷丰登，盖藏充溢，人民繁阜"，这能说是国贫么？总之，他以为与其横征暴敛、以济一时之急，不如增加生产，以作长远之计。

他认为当时的纸币，除了用实货来收回以外，无法维持。他所谓实货是指盐。他对纸币的话，虽然是从反对纸币的立场出发的，但这是中国历史上反对通货膨胀最有力的一种论据。

其他如张之翰曾在蒙古人取得江南之后写过一篇约两百字的《楮币议》[3]。当时中统钞已贬值，他主张实行兑现、发行铜钱与纸币并行、改发新钞。他对纸币的看法，同许衡差不多。他说：

> 夫楮币，裁方寸为飞钱，致百千之实利，制之以权，权非不重也；行之以法，法非不巧也，然未有久而不涩滞者，惟在救之何如尔。

他认为纸币数量多，购买力就减低。他说：

> 楮日多而日贱，金帛珠玉等日少而日贵。

这就多少带有一点数量说的色彩。

王恽（1227—1304年）对于货币问题也是比较注意的。他在《中堂事记》中曾谈到中统钞。他是站在统治者的立场，不反对纸币。他认为中统钞法原是很好的。但他不是从理论上看问题，而是从现实出发，认为初期由于发行数量少、银准备充足、伪造者少等原因，所以物价平稳。后来出现毛病，他曾提出《论随路交钞库令总管府提点事状》[4]。到中统钞严重贬值的时候，他又写了五百多字的《论钞法》[5]。但他所注意的是一些技术上的问题，没有提出什么理论。

马端临（约1254—1323年）也是反对纸币的，他在《文献通考》中谈到宋代的币制，大骂纸币。他把物价的高涨、士兵的饥饿以及官吏的不能保持廉洁，都归咎于纸币。他说：

> 籴本以楮，盐本以楮，百官之俸给以楮，军士支犒以楮，州县支吾，无一而非楮。铜钱以罕见为宝。前日桩积之本，皆绝口而不言矣。是宜物价翔腾，楮价损折，民生憔悴，战士常有不饱之忧。州县小吏，无以养廉为叹，皆楮之弊也。

其实他所指出来的，只是通货膨胀的恶果，并不在于纸币本身。他的父亲是宋朝的宰相，宋亡后专从事讲学和著述，对宋末的纸币流通极为不满。他似乎以为纸币流通必然会引起通货膨胀和物价翔腾。在实践上确实是如此，但在理论上是站不住的。因为既然用纸币流通，自然各种支付都可以用它，问题在于纸币数量过多。马端临对于这点没有提出批评。

注　释

[1]　《元史》卷一六三《马亨传》。另见《续文献通考》。
[2]　《许文正公遗书》卷七《楮币札子》。
[3]　《西岩集》（《四库全书》本）卷一三。
[4]　《秋涧先生大全文集》卷八九。
[5]　同上卷九〇《便民三十五事》。

二 货币史

学术研究工作的展开，在各个历史时期是不平衡的，要看各种条件。然而学术研究工作也不会中断；追求真理的热情，好像一把永不熄灭的火炬一样，总在那里燃烧着。无论在怎样困难的条件下，总有一些艰苦卓绝的人物，埋头工作，并取得成就。元代就是这样一个历史时期。蒙古贵族政权只晓得要培养更好的牧场，不知提倡学术和文艺；对于汉人，多方压迫打击；中国文化遇到一股寒流。但这种恶劣的气候，并没有消灭中国文化，在一定程度上，甚至产生相反的效果：在文学方面，由士大夫阶级的诗词变成市民阶级的戏曲；在学术方面，反而使得有些不满现状而又无力改变现状的人，更加努力地投入研究工作。拿货币史的研究工作来说，元代并不比别的历史时期差，有通史、有断代史、有专著。

马端临的《文献通考》中的《钱币考》可以说是货币的通史。《钱币考》的副题是《历代钱币之制》，分为两卷，共约三万多字。这个数字是空前的。自货币的起源一直到南宋的各种纸币。它的体例同以前的两部通书不一样，采用纲目的形式，在纲领性的叙述之后引一段或几段他人的话。但征引的话并不总是用来说明前面的纲领性的叙述，这就弄得有点繁杂了。除钱币外，对于各种纸币也分条叙述，包括交子、会子、川引、淮交、湖会五种，作为一种参考用的资料书是便于翻检的。

它的优点第一在于说明出处，不像《通典》《通志》一样，一直抄录下来，好像是作者自己的意见一样。第二由于征引较多，所以它的史料价值要高于以前同类的著作。第三，它的内容虽然基本上是抄袭前人著作，连前人的错误也承继下来，但作者有时是有自己的见解的，这种见解以按语的形式出现。例如在引用《周礼》关于赊贷的一段之后，有一段作者自己的按语，提出他自己对那一段的理解，以反对王安石以及后儒的解释。又如唐代元和年间禁蓄现钱，马端临加以反对。他认为政治家既不能"制民之产以均贫富"，单想限豪强兼并之徒，是不适当的。他说限民名田还可说，限民蓄钱就过分了。因为买田的人目的是吞并，必须立法以限其顷亩；至于蓄钱的人则志在流通，何必立法来教他贸迁。又如南宋绍兴二十九年限制家存现钱，他也认为是末策。他对于南宋的纸币制度也有批评。从这几点可以知道：他是反对统治阶级的苛政的。

整个说来，《文献通考》的价值绝不在《通典》和《通志》之下。后代的史学家，固然多承认这一点，但也有些人偏要把《文献通考》置于《通典》和《通志》之下，他们说《通典》的价值在于创立一种新的体裁，而《通志》的价值在于有自己的见解，有独创性，即所谓"独断之学"，甚至暗示其所论不必确实有据[1]，其实这三部书都只能算是一种资料书，而作为资料书，《文献通考》就有便于翻检的优点。而且作为资料书，更需要确实有据；若是把要求提得更高，要成一家之言，那就更要掌握正确的资料，如果根据的数据不可靠，如何能形成正确的见解？

元代关于货币的断代史可以《宋史·食货志》中关于货币的部分为代表。这一部分的内容分为《铜铁钱》和《会子》两项，《铜铁钱》一项共约一万字多一点，《会子》一项四千多字。字数比起《文献通考》的《钱币考》来没有增加什么，而且组织得很坏，等于一些资料的堆积，读了使人得不到一个明确的概念。关于纸币的部分，虽然名为《会子》，实际包括交子、钱引、关子、会子、现钱关子、银会子、淮交、湖会等，只是讲得眉目不清，杂乱无章。这是由于著者系奉命编修，自己并没有著述的要求，因而不负责任，草率从事，这是历代官书的通病。

《辽史》和《金史》是同一批人编修的。两者都有《食货志》，但《辽史·食货志》关于货币没有什么资料。《金史·食货志》有《钱币》一卷，九千多字；这是最详细的一篇金国货币史，自初印交钞鼓铸正隆钱一直到亡国。文字体例和《宋史·食货志》相同，但由于金人的币制比宋代币制要简单得多，所以显得清楚些。不过钱币部分只有一千多字。因此不免有许多疏略遗漏，例如关于承安宝货就交代不清楚，而铜钱只提正隆钱和大定钱，连泰和钱也不提。好在关于金人的钱制，从钱币学方面可以得到许多补充的材料。至于纸币，那就只有根据《金史·食货志》了。

应当指出：马端临的《钱币考》和《宋史》中的《铜铁钱》，正如杜佑《通典》、郑樵《通志》以及历代旧史中有关货币部分一样，只是全书中的一小节，作者不是专门研究货币史的人，他们对于货币在历史中所占的地位，也各有不同的看法，对这部分所耗费的精力也不同，所以根据这一小部分来批评全书，不是很适当的。例如在艺文或经籍方面，《通志》就比《文献通考》的资料来得多。但是我们在讨论货币史的时候，也只有根据这一小部分来作出结论。

元代关于货币史还有一些专著。郑樵和《宋史》的编者不能说是货币史的专家，专著的作者应当是对货币史有特别研究的。元代有费著，他是至正年间的人，曾任汉中廉访使、重庆府总管等职[2]，著有《钱币谱》一卷和《楮币谱》一卷。《钱币谱》专记四川的货币史，自汉代到南宋的淳熙年间[3]。《楮币谱》专记四川的交子和钱引，到南宋庆元年间为止[4]。

此外还有武祺的《宝钞通考》八卷。内容不详。据说是叙述中统以后八十几年间的钞法的历史[5]。武祺在发行至正交钞的时候任户部尚书。

注 释

[1] 章学诚《文史通义》卷五内篇五《申郑》："郑君（樵）……不幸而与马端临之《文献通考》并称于时，而《通考》之疏陋，转不如是之甚，未学肤受，本无定识，从而抑扬其间，妄相拟议，遂与比类纂辑之业，同年而语，而衡短论辰，岭楼寸木，且有不敌之势焉，宜不误哉。"章学诚对于历史著作的衡量标准，在于"创条发例"，在于"鸿纲"，在于所谓"求义"，而不管援据的疏略，裁剪之未定；甚至说，其所论不必确实有据。这同中国元明以来的画家只谈气韵、不求形似一样。不过章学诚的意见，作为对乾嘉年间的一些专事烦琐考据的人的反抗，也有其时代的意义。梁启超在盛赞杜佑《通典》之后说："其后元马端临仿之作《文献通考》，虽篇目较繁备，征引较杂博，然无别识，无通裁，仅便翻检而已。"

[2] 见钱曾王《读书敏求记》。

[3] 见《全蜀艺文志》。

[4] 见《四川通志》。

[5] 见《四库全书总目》。

三 钱币学

元代不大用钱，所以钱币学的不发达是容易理解的。据说至大三年有《历代钱法》一卷，这正是在诏行铜钱的第二年。但书已失传，内容不详。可能是像《文献通考》中的《钱币考》一类的著作，而不是真正的钱币学著作。

元代通行纸币，所以有几部关于纸币的书，这是元代钱币学的特点。见诸著录的有费著的《楮币谱》和武祺的《宝钞通考》。费著的《楮币谱》附有钱引的格式，可以看作钱币学方面的著作。但这格式并不是图样[1]，所以读者看了还是不知道钱引像什么样子。他去南宋初已有一两百年，但他既生活在四川，也许见过钱引原物。

至于武祺的《宝钞通考》则不属于钱币学的范围。

本来货币史和钱币史也没有严格的界限，真正研究货币史的人应当把文献资料和实物资料并重。实际上，优秀的钱币学家，没有不钻研史籍的。

但古代研究货币史的人很少接触钱币实物，而研究钱币的人对于文献资料总是摆在次要地位。纯粹的钱币学家，即使钻研历史文献，也是为在钱币学方面获得启发。因为钱币学本身是一门独立的科学。所以货币史和钱币学的划分问题，并不是很困难的。

注　释

[1]　见《四川通志》（乾隆元年刻本）卷四六。《蜀中广记》所引无疑也是同一著作。

第四节　信用和信用机关

　　十二三世纪的时候，欧洲封建制度开始崩溃，进步的速度加快了。在信用事业方面，有兑换店、放款团和典质的产生。因为商业逐渐发达，封建制度开始衰落，城市国家先后兴起；各地的钱币，流到城市来，成色重量都不划一，劣币很多，盗削也是常事，兑换店就是因此而产生的。他们不但替商民估定钱币的成色、重量和价值，而且代为保管钱财，代作债务的清算。后来并由本地的清算而发展成外地的清算，这就是汇兑。12世纪末，意大利已经使用汇票了。中国的汇兑业务，因纸币的使用，反而衰落了。另一方面因为欧洲城市国家兴起，彼此间常常发生战争，而士兵的募集，不像封建制度下为人民之义务，必须用钱来雇用，这需要大笔款子，多不是那些城市政府所能负担得起的，因此常向当地的富商强制借款，并由他们组织一个团体来经理放款账目并代收用作抵押的税款，有时就利用这些税款来作放款。这种团体就成了另外一种金融机关。12世纪的威尼斯共和国便有这种团体的产生。

　　中国的信用事业，在这一个期间，没有重大的新发展。在金人治下，信用上的通融，仍多靠私人的放债[1]，政府当局虽规定利率不得超过按月三分，积久只能到一倍；但实际上有时不到一个月便收息三倍[2]。

　　抵押信用仍旧是靠典当，叫作质典库或解库，这是民间经营的。另外有公典，叫作流泉，这倒是中国信用史上一件重要的事情。大定十三年（1173年），世宗因为民间质典利息太重，高到五七分，有时并用复利计算，因此下令在中都南京（即汴京）东平真定等处设置质典库，称为流泉，设专人管理，并规定典质的时候由使副亲评价值，押款数目照估价的七成，月息一分，不到一个月的，按天数计算。如果满了两年再过一个月还不去赎取，就下架出卖。当票叫作帖子，上面写明质物人姓名，质物的名称和品质，或金银的等级和分两，以及质典的年月日和金额等。如果质物被遗失，照新物赔偿。大定二十八年十月添设流泉务二十八所[3]。

金人因为银钱纸币兼用，所以兑换业也相当发达。纸币的兑现，虽然有政府设立的交钞库，但老百姓很不容易走进衙门机关。好在商贾们也有经营兑换业务的[4]。这在货币流通混乱的条件下，大概是一种有利可图的业务，兑换商可以从买卖价的差额上取得厚利。

元代因为四方征伐，赋税特重，人民多借贷以输，于是放钱举债的人，便抬高其利息。最有名的是所谓羊羔息或羊羔利，一年翻一倍，经营这种放款的人似乎是西北的回鹘人，那是在蒙古统治中国以前。太宗（窝阔台）十二年（1240年）曾用公款七万六千锭，代为偿还这种债务[5]。并规定从此借贷不论时间如何长久，利息不得超过本金[6]。至元三年二月又下诏重申一本一利的原则[7]。十九年因为权豪势要之家，榨取债户，故仿金人的办法，规定民间贷钱，只能收息三分[8]。但一般放债人总是利用所谓"子本相侔"的原则，每次放款，偿还时总是本利对倍[9]。如果超过一年，往往要债务人另写借据，本利合计，这样就使复利合法化了。债务人若不能偿还，债权人往往侵占债务人的财产，甚至夺取他的子女以为奴婢。

至元二十一年（1284年）卢世荣奏请各路设立平准周急库，目的是平准币值，对人民供给低利放款。他认为当时虽然有平准机关，但是没有人会运用基金，使得钞价下跌，物价上涨；如果运用基金来放款生利，不但借的人多，而且本金不致损失。卢世荣的许多计划，比王安石的办法还更进一步。这平准周急库，可以说就是国家银行，他主张每路设一家，等于后代的省分行。几个月后卢世荣就被劾入狱而死，这些办法当然没有实行。但至元三十年曾以钞五千锭为本设立公典，叫广惠库，放典收息[10]。

元代民间的信用机关，还是以典当业为主。叫作解典库[11]、解典铺[12]或解库[13]。他们不止作抵押放款，似乎还作普通信用放款。杂剧中有人到解典库去借盘缠[14]，也有关于解典库的职员出门收账的事[15]，这当然不是催赎，而是催偿普通放款。此外还有以解典库为中心而开设许多其他店铺的事，那些店铺受解典库的监督管理，或由解典库经常派人去查账[16]。俨然现代的投资公司，或托辣斯中的金融机关。

元代解典库的利率大抵自月息三厘到三厘六七，即每贯每月收三十文[17]到三十六七文[18]。普通放债似乎反而只要二厘五[19]。这种差别也许有道理：典当虽有物质的保证，可是也有额外开支，即保管质物的费用。而且典当认物不认人，当物者走出当铺之后，当铺就无法控制他，不能强迫他来赎当，而当物者却有赎当的权利。普通放债虽往往没有物质保证，可是债权人和债务人往往是相识的，赖债的可能性不大。实际上债务人多受债权人的控制。

至元十六年，因刚征服江南不久，各地典当，受官司科扰，所以只有有势力的人才敢开解库，当局因而下令禁止戡录事司们妄行生事，敷敛民户[20]。元贞三年下令解典金银，两周年不赎，才许下架，因当时有些解库周年后，便不许赎当[21]。

开设典当的人，除官商以外，寺庙和道观也很重要。这种寺观的产业是多方面的，除了解典库以外，还有园林、碾磨、店舍、铺席、浴堂等。这些产业都得到帝王的保护。根据遗留下来的圣旨碑，我们知道河南、河北、山东、陕西、山西、江西、湖北、云南等省，都有这种情形[22]。

元代的存款业务，毫无发展。店铺的寄托保管，是否还继续做，不得而知。但柜坊似乎已经衰落了，本来柜坊产生于隋唐的长安，北宋的汴京和南宋的临安都有。长安经过唐末内战的摧残，汴京受到金人的掳掠，旧日的繁华，已荡然无存。元代的政治重心，已移到燕京去。在战争与通货膨胀之下，存款业务是不会发达的。

兑换业务则由于必要而日见发展。元朝经营兑换业的是银铺或银匠铺[23]。自金元以来，白银比黄金用得多，所以唐宋的金银铺改称为银铺。这一行业就称之为银行[24]。银铺自然是以打造银器为本业，但兑换对于他们大概也很重要。而且不限于白银，黄金也可以兑换[25]。后来民间使用铜钱，所以铜钱的兑换事业，大概也相当发达；顺帝至正十六年（1356年）曾有禁止贩卖铜钱的命令[26]。

元代的金价，对中统钞是每两十五贯，对至元钞是每两二十贯，对至大银钞是每两值钞十两，对铜钱约为每两万文。银价每两合至元钞两贯，至大钞一两或至正铜钱一千文。不过元代名义上不许民间使用金银，铜钱既少铸造，纸币则价格常变。金银间的比价，由一比七点五变为一比十，黄金有上涨的倾向，这是由于当局的政策。在产金区则金价低，例如在云南，有些地方金银是一比八，有些地方是一比六和一比五[27]。大概黄金的供给，续有增加。日本不断将黄金输入中国。有时是用来交换中国的铜钱，如至元十四年的一次。有时是用来向中国交换其他商品，例如镰仓净妙曾叫安禅人带黄金百镒到中国来购买福州版的大藏经[28]。元代曾用铜钱向海外交换金珠[29]，而对本国黄金出口则屡有禁令[30]，所以黄金只有流入。至元二十六年正月江淮行省平章沙木鼎请上市舶司岁输金三千四百两[31]，按当时市舶司对于番货抽取十分之一，如果这三千四百两黄金是一年中黄金进口数量的十分之一，则元代输入的黄金数就很可观了。

至于汇兑业务，自采用纸币后，已不大有需要，所以便换的办法，渐渐被人遗忘了。

注　释

[1] 洪皓《松漠纪闻·银珠哥大王》："有银珠哥大王（金人）者，以战多贵显，而不熟民事。尝留守燕京，有银数十，家负富僧金六七百万缗，不肯偿。"（《旧小说》丁集四）

[2] 《金史》卷五〇《食货志五·和籴》："国朝立法，举财物者月利不过三分，积久至倍则止。今或不期月而息三倍，愿明敕有司，举行旧法，丰熟之日，增加和籴，则在公有益，在私无损失。"

[3] 《金史》卷五七《百官志三》。

[4] 《金史》卷四八《食货志三》泰和七年十一月："（高）汝砺对曰，今诸处置库，多在公廨内，小民出入颇难，虽有商贾易之，然患钞本不丰。"

[5] 《元史》卷二《太宗纪》十二年："是岁以官民贷回鹘金偿官者，岁加倍，名羊羔息，其害为甚，诏以官物代还。凡七万六千锭。仍命凡假贷岁久，惟子本相侔而止，着为令。"同书卷一四六《耶律楚材传》："（太宗时）先是州县长吏，负借贾人银，以偿官息，累数倍，曰羊羔儿利，至奴其妻子犹不足偿，楚材奏令本利相侔而止，永为定制。民间所多者，官代为偿之。"同书卷一九一《良吏一·谭澄传》"官为称贷，积息数倍，民无以偿，澄入觐因中书耶律楚材面陈其害，太宗恻然，为免其逋，其私负者，年虽多，息取倍而止。"同书卷一五五《史天泽传》："（太宗时）天泽还真定时，政烦赋重，贷钱于西北贾人以代输，累倍其息，谓之羊羔利，民不能给。天泽奏请官为偿，一本息而止。"同书卷一五一《王玉传》："有民负西域贾人银，倍其母，不能偿，王出银五千两代偿之。"同书卷一五二《王珍传》："（太宗时）珍言于帝曰：大名困于赋调．贷借西域贾人银八十锭，及逋粮五万斛，若复征之，民无生者矣。诏官偿所借银。"同书卷一五六《董文炳》："前令因军

兴乏用，称贷于人，而贷家取息岁倍，县以民蚕麦偿之。"

[6] 《元史》卷一〇五《刑法志四·禁令》："诸称贷钱谷，年月虽多，不过一本一息，有辄取赢于人或转换券，息上加息，或占人牛马财产，夺人子女以为奴婢者，重加之罪，仍偿多取之息，其本息没官。诸典质不设正库，不立借帖，违例取息者禁之。"同书卷一二五《布鲁海牙》："世祖即位……命布鲁海牙使真定，真定富民出钱贷人者，不逾时，倍取其息，布鲁海牙正其罪，使偿者息如本而止。后定为令。"

[7] 《通制条格》卷二八《违例取息》："至元三年二月领奉圣旨，债负止还一本一利，虽有倒换文契，并不准使，并不得将欠债人等强行扯拽，头疋准折财产，如违治罪。"

[8] 《元史》卷一二《世祖纪九》至元十九年四月："定民间贷钱取息之法，以三分为率。"《通制条格》卷二八："至元十九年四月中书省奏，随路权豪势要之家，举放钱债，逐急用度，添答利息，每两至于五分，或一倍之上，若无钱归还，呵除已纳利钱外，再行倒换文契，累算利钱。准扣人口头疋事产，实是于民不便。今后若取借钱债，每两出利不过三分。"徐再思《清江引》（《相思》）："相思有如少债，每日相催逼，常挑着一担愁，准不了三分利；这本钱儿他时才算得。"

[9] 杂剧《鸳鸯被》第一折，见前引。又《感天动地窦娥冤·楔子》："（卜儿蔡婆上诗云）……家中颇有些钱财，这里一个窦秀才，从去年间我借了二十两银子，如今本利该银四十两。我数次索取，那窦秀才只说贫难。"（《元曲选》）又《翠红乡儿女团圆》第二折："（王兽医上云）……这白鹭村韩弘道叔叔家，我少他十锭钞，本利该二十锭。"（《元曲选》）

[10] 《元史》卷八九《百官志》。

[11] 杂剧《鸳鸯被·楔子》："（净扮刘员外上云）小生姓刘，双名彦明，家中颇有钱财，人皆员外称之。今日开开这解典库，看有甚么人来。"（《元曲选》）又《杀狗劝夫》第四折："（正末上云）今日俺哥哥教我管着解典库，我且闲坐着。"（同）又《东堂老劝破家子弟·楔子》："（正末云）老兄差矣，你负郭有田千顷，城中有油磨坊，解典库，有儿有妇，是扬州点一点二的财主。"（同）又《布袋和尚忍字记·楔子》："（正末云）酒勾了也。老的每说来，酒要少饮，事要多知。俺且在这解典库闲坐，看有甚么人来。"（同）又《马丹阳度脱刘行者》第三折："（净扮林员外上云）小生姓林，名盛，字茂之。在这汴梁城内开着座解典库。"（同）

[12] 杂剧《合汗衫》第一折："（正末云）老夫姓张名义，字文秀，本贯南京人也。……俺在这竹竿巷马行街居住，开着一座解典铺。"（《元曲选》）

[13] 杂剧《东堂老劝破家子弟》第四折："（扬州奴云）口海这解典库还依

旧开放么？〔正末唱〕解库中有金共银。"（《元曲选》）

[14] 杂剧《鸳鸯被·楔子》："（李府尹云）刘道姑，你来了也。我如今有罪赴京听勘，争奈缺少盘缠，一径请你来，不问那里替我借十个银子，与我做盘缠。（道姑云）有，有，有刘员外家，广放私债，莫说十个，二十个也有，我就去。（净扮刘员外上云）……今日开开这解典库，看有甚么人来。"（《元曲选》）

[15] 杂剧《合汗衫》第二折："（张孝友同兴儿上云）……兄弟索钱去了，我且在这解典库中闷坐咱。"（《元曲选》）又《布袋和尚忍字记》第一折："（刘均祐领杂当上云）小生刘均祐，自从哥哥（开解典库的刘主）认我做义兄弟，可早半年光景也。原来我哥哥平日是个悭吝苦克的人，他一文不使，半文不用，放钱举债都是我。"同剧"[正末唱]（赚煞）则这欠债的有百十家，上解有三十号。"

[16] 杂剧《看钱奴买冤家债主》第二折："（外扮陈德甫上诗云）……此处有一人，是贾老员外，有万贯家财，鸦飞不过的田产物业、油磨坊、解典库，金银珠翠，绫罗段匹，不知其数。……小可今日正在他家坐馆，这馆也不是教学的馆，无过在他解典库里上些帐目。……今日无甚事，到解典库中看看去。（下）（净扮店小二上诗云）……俺这酒店是贾员外的，他家有个门馆先生，叫作陈德甫，三五日来算一遭帐。……（贾仁同小儿上云）……自从与那一分人家打墙，刨出一石槽金银来，那主人家也不知道，都被我悄悄的搬运家来，盖起这房廊屋舍、解典库、粉房、磨房、油房、酒房，做的生意，就如水也似长将起来。……我这解典库里一个门馆先生，叫作陈德甫，他替我家收钱举债。"（《元曲选》）

[17] 朱世杰《算术启蒙》卷上《库务解税门》："今有人典钱八十五贯七百文，每贯月利三十文，今八个月，问利钱几何？"

[18] 朱世杰《四元玉鉴细草》卷下之四："今有人赎解……每贯月利三十六文十五分文之四。"

[19] 同上，"今有人借银二十五两，每两月利二分五厘。"

[20] 《通制条格》卷二七《解典》："至元十六年六月中书省钦奉圣旨，石招讨奏，亡宋时民户人家有家，官司听从开解。自归附之后，有势之家，方敢开解典，无势之家，不敢开库；盖因怕惧官司科扰，致阻民家生理。乞行下诸路省会，居民从便生理，仍禁戢录事司，不得妄行生事，敷敛民户。纵有误典贼赃，只宜取索。却不可以此为由，收拾致罪。"

[21] 《通制条格》卷二七《解典》："元贞三年二月中书省江浙省咨姚起告，将珠翠银器衣服于费朝奉家典当钞两，周年后不肯放赎。都省议得今后诸人典解金银，二周岁不赎，许令下架。"

[22] 法国的沙畹博士（Edouard Chavannes）曾搜集许多元代的碑文，其中有

八篇提到解典库。沙畹将解典库译作图书馆（Bibliotheques），真是书生本色。不知中国的寺观不像欧洲中世纪的教会是研究学问的地方。中国寺观以治产为重。八篇碑文的年代自元贞二年（1296年）到至正元年（1341年）。地域有山东、河北、山西、湖北等。文字半通不通，乃是蒙古人写的汉文。（Edouard Chavannes, Inscription et Pieces de Chancellerie Chinois de L'epoque Mongole. *T'oung Pao*, Serie Ⅱ, Vol. Ⅸ, pp. 356—411.）又蔡美彪《元代白话碑集录》（中国科学院语言研究所编辑）中提到解典库的碑文更多，包括的地区也更广。

[23] 杂剧《罗李郎大闹相国寺》第二折："（外扮银匠上云）自家是个银匠，清早起来开开铺儿看有甚么人来。（净上云）一路上将盘缠都使尽了。则有这两个银子，拿去银匠铺里换些钱钞使用。（见科云）哥哥作揖。（外云）你待怎地？（净云）我有一锭银子换些盘缠使用，你要亦不要？（外云）将来我看。（净云）这不是银子，你看。（外看科云）哥哥你再有么？（净云）我这里还有一个。（外云）将来我看。好也，原来是假银子，明有禁例，我和你见官府去来。"（《元曲选》）

[24]《两浙金石志》卷一五载延祐元年长兴州修建东岳行宫碑，上有"龙王司、银行、吴永、杨新"。意思是说：对龙王施舍的有银业方面的吴永和杨新。

[25] 杂剧《争报恩三虎下山》第一折："我与你这金钗儿做盘缠，你去那银铺里自回倒，休得嫌多道少。"（《元曲选》）

[26]《元史》卷四四《顺帝纪七》。

[27] *The Travels of Marco Polo*, Book Ⅱ, chaps. XXXIX, XL, XLI and XLⅢ.

[28]《藏经舍利记》（《中国日本交通史》第一三八页引）。

[29]《续文献通考·市籴考·市舶互市条》至元十九年："令以钱易海外金珠货物。"

[30]《续文献通考·市籴考·市舶互市条》至元二十三年："禁赍金银铜钱越海互市。"同书大德七年二月："禁诸人毋以金银丝线等物下蕃。"同书武宗至大二年九月："诏海舶兴贩金银铜线绵丝布帛下海者禁之。"

[31]《续文献通考·市籴考·市舶互市条》。

第七章　明代的货币

第一节 货币制度

一 纸币

明朝初年,曾仿照元朝前期的办法:用钞不用钱,禁止民间以金银交易。但不久就加以变通,钱钞兼用,以纸币为主,钱为辅。后来纸币膨胀跌价,一切都以银钱支付。

明朝的纸币,是太祖洪武八年(1375年)发行的。额面分六种,即一百文、二百文、三百文、四百文、五百文、一贯。每贯等于铜钱一千文,或白银一两;四贯合黄金一两。金银只可以用来领用钞票,换句话说,只能卖给政府。洪武十年规定,一百文以下的数目用铜钱支付。商税的输纳,七成用钞,三成用钱。二十二年加发小钞,分十文、二十文、三十文、四十文、五十文,共五种。

明朝的纸币制度,有一点值得称述的,就是两百多年间,只用一种钞票。元朝虽曾统一宋金的分歧的币制,但几十年间,自己的钞票改了几次名称。到了明朝,就有更大的统一性了。这种统一性是前代所没有的。此外,明代纸币的面额,以一贯为最高,就是后来通货膨胀,也没有发行大钞。宋金的纸币都有大票面的,元代的纸币,以两贯为最高面额。

大明宝钞也是用桑皮纸做钞料,长约三公寸六分四厘,宽约二公寸二分,要算是中国最大的钞票,但也限于一贯钞,小钞要小得多。在其他形制方面,大小钞是没有多大分别的。四周有龙纹花栏,上面横题"大明通行宝钞"六字。花纹栏内两边各有四个字一行的篆书:"大明宝钞,天下通行";中间有钱贯的图样,小钞则不是成串的钱,而是一枚一枚排列着。下面为"中书省奏准印造,与制钱通行,伪造者斩,告捕者赏银二百五十两"[1]。末有洪武年月日。洪武十三年,废中书,升六部,造钞属户部,铸钱属工部;

所以钞上的中书省改为户部。告捕赏银数根据实物和钞板，都作二百五十两。但史书作二十五两。查元代伪造宝钞告捕赏银为五定（锭），合二百五十两，但明代一锭是五贯，也许初定赏格的时候，也是以五锭为标准，后来发现二十五贯太少，乃改为二百五十贯。不过二十五两之说也可能是误记。洪武十三年以前的宝钞，没有见过实物或钞板。洪武以后，虽然继续发行，但仍用洪武年号[2]。

历代都有所谓倒钞法，就是将破旧的钞票拿去换易新钞，政府征收一点纸墨费，或工墨费，或叫贯头钱。北宋交子换易的时候，每缗收纸墨费三十文，南宋绍兴十一年（1141年）加成六十四文。金人的交钞兑现时收工墨钱十五文，大定二十三年起，每张只收八文，后来又减为二文。元朝是三十文，至元三年曾减为二十文，二十二年又恢复三十文的旧例。明朝是承袭元朝的办法，每贯收工墨费三十文，五百文以下则递减。但明朝的宝钞因为没有分界的办法，又不像金元一样，时常改革币制，发行新钞，所以旧钞越来越多，倒钞问题，就比前代麻烦了，因为人民常常把没有破旧的钞票拿去换易。这种情形自然是由于通货膨胀，商人对钞票的新旧加以差别待遇，同时税务员舞弊，利用新旧钞价格的不同，强迫人民用新钞纳税，他们换成烂钞送国库，从中取利。有些人不明白这个原因，以为是倒钞法本身有什么缺点。

大明宝钞也和元代交钞一样，有一部分流到外国去。因为各国来华贸易时，明廷常常以赐予形式赠给钞锭，洪熙元年就曾给爪哇贡使钞十五万九千五十锭[3]。成化年间，满剌加国王几次来华，前后给钞五六十万贯[4]。当时范济就说，"大明宝钞，华夷诸国莫不奉行。"[5]不过除了高丽在明初自己曾发行楮钞以外，我们不能证明大明宝钞有在其他国家流通的事。而且天顺八年礼部奏称：钞锭非夷人之便，请量赐匹绢布[6]，可见在外国未必流通。也许外国使节得到明廷赏赐的钞锭，就在中国换成货物，钞锭根本没有流到外国去。

正统以后，宝钞已不通行，只有官俸还是用钞折付。但经过几百年的使用，钞字已深入人心。到了明末，还以钞字来代表货币[7]，或称钱钞[8]，或称钞银[9]，而实际上支付的却是银或钱。

成化十六年邱浚提出的币制改革方案，表面上看似乎是银本位，但实际上是要用钞票和铜钱来流通[10]。

天启年间，由于财政困难，给事中惠世扬曾提议用钞。崇祯八年给事中何楷又请行钞[11]，都没有获准。十六年，明朝政权已到了摇摇欲坠的时候，蒋臣再议行钞，得到户部尚书倪元璐和侍郎王鳌永的赞助，一面把蒋臣擢用为户部司务，同时把他的办法作为户部的建议向庄烈帝提出[12]。办法的内容是一年发行五千万贯[13]的钞票，发行后就可以减免五百万的租赋，连续发行四年则新练两饷可以全免，五年而夏秋两税也可以减少。他们似乎估计当时全国的白银约有二亿五千万两，所以主张连续发行五年，刚好把这批白银全部收归国库。二亿五千万两的数目大概把民间一切白银器饰全部计算在内。他们主张商民用白银来兑钞票的时候，只须付九钱七分就可以兑一贯钞，完粮纳税，则作一两用，以为这样会使人民争趋如鹜。同时又要铸造铜钱，钞一贯合钱千文[14]，崇祯帝赞成这办法，虽有御史白抱一和阁臣蒋德璟的反对，也不听[15]，特令设立内宝钞局，日夜赶造。但结果没有人去买钞，商店都关门歇业。当时传闻李自成要进攻京师，才于十七年二月作罢。蒋德璟说，"百姓虽愚，谁肯以一金买一纸？"

政府发行纸币的事虽然没有成功，民间却有钞票的行用。因为自大明宝钞停用之后，一切支付要用现款，在交易上必然会感到不便。一些银钱出入较多的机构如当铺和钱庄，一定会利用信用货币的原则来发行钞票。其中会票就是一种。会票本是汇票的性质，但如南宋的会子一样，后来在民间转让流通，变成钞票。崇祯时倪元璐谈到蒋臣的钞法计划，说那是民间的会票，宋时谓之钱引[16]。由于晚明通行白银，所以钞票的货币单位一定有铜钱和银两两种，即钱票和银票。民间这种钞票大概是采取存款收据的形式，以保证持票人随时可以兑现。

注 释

[1] 《明史·食货志》和《明会典》都说是赏银二十五两。

[2] 《明史》卷八一《食货志五》："帝（成祖）初即位，户部尚书夏原吉请更钞板篆文为永乐，帝命仍其旧，自后终明世皆用洪武年号云。"

[3] 欧洲托钵僧奥多利克记述永乐十八年明廷将钞赏赐与外国使节的事。"……whilst we find that Shah Rokh's embassy to the Ming Emperor in 1420 receives amongst other presents eight balish of silver. Another of the presents is five thousand 'chao', which was the genuine Chinese name for the paper money."（Yule, *Cathay and the Way Thither*, Vol. II, The Travels of Friar Odoric, P. 195.）《洪熙实录》卷一〇洪熙元年五月："庚午赐爪哇国贡使亚烈黄扶信等钞十五万九千五十锭。"

[4] 《续文献通考》卷一〇《钱币考》："成化九年九月，玛尔戳国王来朝，

辞归，赐钞四十万贯。……二十二年四月玛尔戬王再朝，赐钞三万余锭。盖自此钞行于域外矣。"《明史》卷三二五《外国六·满剌加》条对于成化九年的一次，有同样的记载。

[5]　《宣德实录》卷六。范济的文章的风格是浮夸的。

[6]　《续文献通考》卷一〇《钱币考四》。

[7]　《今古奇观》卷五《杜十娘怒沉百宝箱》："单表万历二十年间日本国关白作乱。……十娘道，公子虽在客边乏钞，谅三百金（白银三百两）还措办得来。"同书第七卷《卖油郎独占花魁女》："常言道，妓爱俏，妈爱钞。"

[8]　《今古奇观》卷一四《宋金郎团圆破毡笠》："（正德年间）见刘翁夫妇一团美意，不要他费一分钱钞，只索顺从。"《西游记》第四〇回："众神道……小妖儿们又讨甚么常例钱。行者道，汝等乃是阴鬼之仙，有何钱钞？"又第五三回："长老叫沙僧解开包取几文钱钞与他。"《金瓶梅》第五六回："桂姐道……只造化齐香那小淫妇儿，……他家赚钱赚钞，带累俺们受惊怕。"

[9]　《金瓶梅》第六〇回："通共十大车货，只纳了三十两五钱钞银子。"

[10]　参阅本章第三节一。

[11]　《续文献通考·钱币考》。《明史·食货五》。

[12]　崇祯十六年十月丁丑户部用司务蒋臣《议行钞法条上八事》，全文见《崇祯长编》卷一。

[13]　《明史》卷二五一《蒋德璟传》说是每年发行三千万贯。孙承泽《春明梦余录》说第一年发行三千万，以后每年发行五千万。

[14]　关于这次行钞筹备的经过，《春明梦余录》记载得比较详细. 据云："崇祯十六年，桐城生员蒋臣言钞法可行，且云岁造三千万贯，一贯值一金，岁可得金三千万两，户部侍郎王鳌永专管钱钞，亦以钞为必可行，且言初年造三千万贯，可代加派二千余万，以蠲穷民，此后岁造五千万贯，可得五千万金，除免加派外，每省直发百万贯，分给地方官，以佐养廉，其言甚美，然实不可行也。帝特设内宝钞局昼夜督造，募商发卖，贯拟鬻一金，无肯应者，鳌永请每贯止鬻九钱七分，京商骚然，绸锻各铺皆卷箧而去。内阁言，民虽愚，谁肯以一金买一张纸？帝曰，高皇帝如何偏行得？内阁对，高皇帝似亦以神道设教，当时只赏赐及折俸用钞，其余兵饷亦不曾用也。帝曰，只要法严。阁臣对，徒法亦难行。因言民困已极，且宜安静。其语颇多。然帝已决意行之。及内宝钞局言，造钞宜用桑穰二百万斤……乃分遣各珰催督。……又五城御史言，钞匠除现在五百人外，尚欠二千五百人，各城句摄，多未学习。……帝不怿，俱发改票，后竟以阁臣蒋德璟执奏而止。某氏谈，往日有保举生员蒋臣盛言钱钞……及决意用纸钞时，有省臣条议纸钞有十七便之说，圣旨

喜允，立刻造钞。……限日搭厂拨官选匠计工。……正拟议间，忽报流贼欲犯京师。已之。崇祯十六年十二月事也。"（见《续文献通考·钱币考》）黄宗羲《明夷待访录·财计二》也有叙述，大意相同。

[15] 《续文献通考》卷一〇《钱币考四》。

[16] 《怀宗崇祯实录》卷一六崇祯十六年九月条。

二 钱币

明朝钱比元代多，但比其他朝代少，尤其是万历以前，不但比不上宋代，就连汉唐也远不如[1]。

朱元璋在称帝之前就铸造大中通宝。至正二十一年（1361年）设立宝源局，那时朱元璋还是号称吴国公。这是接受韩林儿的封号，照理是不应当铸钱的，因为韩林儿自己铸有龙凤通宝。史书说大中通宝是以四百文为一贯，四十文为一两，四文为一钱。这一点史家没有交代清楚，使得后人难以理解[2]。在元朝，贯和两往往是随便用的，特别是中统钞，从来没有一贯等于十两的价格体系，除非是指至正时的交钞对中统钞而言。但至正二十一年的时候，中统钞早已不用了。我推想，一贯大概是指铜钱，因为元末纸币流通制度已近于崩溃，民间已不用钞，而用铜钱。而且贯的单位大概不是实钱单位，而是一个虚的计算单位，在支付的时候，各地用实钱的数目不一样，而大中通宝则规定以四百文为一贯。也许在至元十九年以后，另有新钞发行，以贯为单位，一贯等于至正交钞十两。这是一个假定，不能作为定论。无论如何，两的单位不会是指白银，那时白银只有涨价，绝不会跌到四十文一两。也可能是指至正时的权钞钱，权钞钱正是在江南一带流通的，大概因被朱元璋等人销镕改铸，所以遗留下来比较少。五钱的权钞钱重约库平四两，值大中通宝二十文，只合约二两，这里有对倍的铸造利润。有些小样的权钞钱已减重，但大中钱也不够分量。那时交钞在个别地区大概还有流通，朱元璋为了笼络民心，使人民手中的纸币不至于作废，所以使交钞一两作实钱四十文使用，十两钞作一贯使用。交钞的价值表面跌成十分之一，实际跌成二十五分之一。七年后计赃时估的贯同这时候的贯在购买力上已不相等，价值更加跌落了。

二十四年打败陈友谅之后，在江西设置宝泉局，铸造五种大中通宝钱，即小平、折二、折三、折五、当十，并在各省分设宝泉局鼓铸。这次铸的钱，背面有各省的局名，计有北平、豫、济、京、浙、福、鄂、广、桂等，每局有五等。小钱背面多只有局名，折二以上还有数目字，如广西铸的折二钱则为桂二，福建铸的折三钱则为三福。

洪武元年（1368 年）颁布洪武通宝钱制，除京师南京的宝源局以外，各省都设宝泉局来铸洪武通宝，也分为五等，小平钱在背面穿孔右边有一钱两字，这是纪重。折二为二钱，折三三钱，折五五钱，当十为一两，这当十钱的背面，除了一两二字以外，穿孔上面还有一个十字，读起来是十一两，这是说当十钱重一两的意思。这也是脱胎于元代的至正钱，特别是当十钱，是仿照至正当十钱背后有壹两重三个字的。这种纪重的钱，大概是京师所铸，至于各省，则仍仿大中通宝的办法，只铸局名和纪值。

从洪武钱的背文看来，铸明局名的除南京宝源局铸"京"字外，各省宝泉局铸明局名的只有济（山东）、桂（广西）、广（广东）、豫（河南）、北平、浙（浙江）等。至于陕西、四川、山西和江西四省的炉局似乎不铸局名。另一方面，照史书的记载，福建到永乐年间才铸钱，湖广到弘治年间才铸钱，可是洪武钱中，却有福字和鄂字。这是有待研究澄清的问题。在这些背文中，京、济、鄂等字都是少见的，可见南京宝源局铸钱大部分是没有背文的。另外，有在背面穿上单铸"一"字的，大概是当一文的意思。广西所铸的小平钱有两种背文，一种是穿上一个"桂"字，另一种除了穿上的桂字外，穿下有一"一"字，这"一"字也是纪值。

大中洪武小钱，偶然看到背面有加字治字木字的，那是日本在 16 世纪后半在加治木地方所铸的。以治字比较多。

洪武四年曾将大中洪武大钱改铸小钱。八年因为发行宝钞，停止宝源局的鼓铸。九年停止各省铸造。十年又恢复各省的宝泉局。二十年三月起又停铸了两年多。二十二年六月改定钱制，恢复鼓铸。小钱重一钱，折二重二钱，当三重三钱，当五重五钱，当十重一两。用生铜铸造。但次年又改钱制，或说每文改为二分重，或说每文一钱二分[3]。从实物上看来，洪武小钱没有轻到二分重的，应以一钱二分之说为是。当时宝钞已跌价，铜钱的重量反而增加，似乎难以理解。也许当局想做出重视宝钞的姿态。实际上，当时宝钞和铜钱，已成了两种独立的货币，宝钞所代表的价值，已不同它的面值相符；所以铜钱分量的增减，并不反映宝钞购买力的增减。二十六年又停止各省的鼓铸。二十七年因宝钞跌价，禁用铜钱。

洪武钱虽然常常停铸，但小钱种类很多，特别是光背的板别非常多，各省中如桂字福字北平等也有许多板别。此外背文的局名同文献所载当时开铸的局数不符。根据文献所载[4]，当时全国有十省或十一省（加上云南）铸钱，但钱币上却没有陕西、四川、江西、云南等省的局名。各书都不说福建铸钱，而洪武钱背却有福字的，而且自小平钱到当十钱都有，若不是史书的遗漏，就是洪武二十六年以后铸。史书所载系二十六年的事。

明代钱文不称元宝，因为朱元璋的名字中有元字，要避讳，所以自大中钱到永历钱，不论大小，都称通宝。

洪武钱的成色，据史书所载[5]，似乎是十足的铜，实际上不是这样。当时所用的铜，并不是经过提炼的，而是用废钱和旧铜器改铸，这些旧铜并不是纯铜，只是铸局不另搀铅锡罢了。但洪武二十三年起铸的钱，每文加铅二分。所以洪武钱的成色是不一律的。

建文年间似乎没有铸钱。有人自言见过，因而说当时实曾铸造，后为永乐帝所销毁[6]。论理惠帝在位四年，应当鼓铸。不过当时一意推行宝钞，铸钱在政府看来没有什么好处。洪武时几次停铸，甚至禁用铜钱。后来各帝也都是在即位以后许多年才开铸，所以惠帝不铸钱是没有什么可怪的。若说销毁，也不至于销毁得这样干净。

永乐通宝的开铸年份，各书记载颇不一致。有的说是永乐六年（1408年）[7]，有的说是八年[8]，有的说是九年[9]。可能是六年先由京师开铸，八年或九年由浙江、江西、广东、福建四布政司鼓铸。

永乐钱只有小平钱，没有折二以上的大钱。而且不论是京师所铸，或各省所铸，都是光背；钱的制作，不但精整，而且划一，板别很少，仅有的几种板别，都只有细微的差异。

洪熙年间，似乎没有铸钱[10]。

宣德八年（1433年）才恢复铸钱，铸造宣德通宝。分别由两京的工部和浙江、江西、福建、广东四布政司鼓铸。

宣德钱的数量和板别都比较多，但精整远不及永乐钱。我们想到宣德年间的精美的瓷器，再看看这些粗俗的铜钱，不免要大失所望。

宣德以后，大概有几十年不铸钱。当时宝钞的购买力大跌，而人民用铜钱交易，当局为要推行宝钞，乃于正统十三年（1448年）禁止使用铜钱。虽然天顺四年（1460年）又准许铜钱的流通，成化元年（1465年）还致力于疏通铜钱，命令商税课程，要钱钞各半兼收，十一年还拟定铜钱折俸例。但那时由于宝钞的跌价和私铸的盛行，民间使用白银，宫钱不大流通，所以正统、景泰、天顺、成化四个年号都没有铸钱。许多地区使用实物货币：云南用海𧵅，四川、贵州用茴香花银和盐布，江西、湖广用米谷银布，山西、陕西间用毛布[11]。

弘治十六年（1503年）才恢复鼓铸，铸造弘治通宝。铸钱的地区除了南北两京和山东等九省以外，还加上湖广、福建、云南、贵州四省。不过实际上铸钱既没有照定额，而流通也不顺利。

弘治钱的成色和重量，在弘治十八年有新的规定，每文重一钱二分，铸钱每生铜一斤加好锡二两。据给事中许天锡的意见，铸钱加锡，是为使其液流速而易成。所以明朝自弘治以后，铜钱都是黄铜钱。而弘治钱的板别也比较多。

正德年间似乎也没有铸过年号钱。但流传的正德通宝数量却不少。而且有许多板别。就铜色上看来，绝不是官炉钱，因为绝大部分都作灰白色，可见铜色很低。但从文字和轮郭上看来，却有明钱的气息，推想是明代的私铸。自然有一大部分是后代所铸的，因为旧日民间对于正德钱有各种传说和迷信，如传说天下只有两个半真正的正德钱，又如迷信说身边若有正德钱赌钱就会赢。这样自然会引起伪造。

嘉靖六年（1527年）铸造嘉靖通宝，成色黄铜占百分之九十点九，水锡占百分之九点一，每文重一钱二分。但四十二年成色改为铜九锡一，每文重一钱三分[12]。

嘉靖钱种类很多，单是史书所载，就有金背、火漆、镟边等名称。所谓金背，有人说是以金涂背[13]，实际上大概是铜色较好，或制作较精，钱身发金黄色，所以有此名。火漆钱有人说是用火将钱背熏黑，也有人说是以药涅之使黑[14]。镟边则是用镟车来磨边，后来因成本太大，改用炉锡来锉，于是轮郭就粗粝了。

嘉靖二十三年曾仿洪武制铸大钱，有折二、当三、当五、当十等四种，各三万文贮库。这种钱有留传下来的，但数量极少，背面有纪重的文字。

史书说嘉靖三十二年曾补铸洪武到正德九个年号的钱，每一个年号补铸一百万锭，嘉靖钱补铸一千万锭[15]。这是中国货币史上一个疑案。第一，因为如前面所说，洪熙、正统、天顺、成化等钱没有留传下来[16]；第二，明代铸钱数量都很少，而这次一下子就补铸一千九百万锭，共九千五百万贯，在事实上不可能。中国历史上铸钱最多的是北宋元丰年间，每年也不过五百多万贯。可见这补铸的事最多是一种拟议，而且数目上可能还有错误。

隆庆四年（1570年）铸隆庆通宝，每文重一钱三分，也有金背和火漆。

万历通宝是万历四年（1576年）开铸的。两京铸金背和火漆，各省铸镟边。金背钱用四火黄铜，火漆钱用二火黄铜。这种区别大概也适用于嘉靖钱。成色黄铜占百分之九十三点八，水锡占百分之六点二。每文实重一钱二分五厘。镟边钱重一钱三分[17]。

史称郝敬曾奏请铸万历元宝大钱，或当十，或当三十，或当五十。背面铸私造罪和告捕赏格[18]。这建议没有被采纳。但万历通宝有大样的，无疑是折二钱。

一般的记载，多说万历钱精整[19]，的确万历钱中有特别精整的，但万历钱板别非常多，精整的大概是初年所铸。后来发生战事，就变得轻小粗涩了，有许多是私铸。明朝钱制自洪武以后就简单化了，大概铸造的数额不多，遗留下来的更少。既没有大钱，也没有背文，嘉靖五等钱是一个例外，但可能没有发行流通。这种简单化完全是因为当局推行宝钞，不提倡用钱。但万历年间，宝钞已不用，而开支增加，所以就开了增炉鼓铸的风气。而钱背又开始有文字了。万历钱的背文有户、工、公、正、天、河、鹤等。不过有背文的万历钱比较少见。

光宗在位只有几个月（1620年），没有铸钱。但熹宗即位后，补铸了泰昌通宝，而且数量不少。

天启元年（1621年）铸天启通宝。从此明朝的钱制就复杂起来了。正面的板别不要说，就是单讲背面的文字，也有许多种。其中纪局名地名的有户、工、京、浙、福、石、密、镇、府、院、新等，纪重的有壹钱、一钱、一彷、一钱一分、一钱二分、新一钱一分等。

古代帝王忌袭用旧年号，但天启年号已被用过几次，而当时的内阁不知道，宰相不读书，后世传为笑柄。

据说兵部尚书王象乾曾建议铸造当十、当百、当千三种大钱，用龙文，仿白金三品之制[20]。只是这种大钱同西汉的白金三品一样没有遗留下来。史书说后来有人言其弊，乃收回改铸[21]。大概三等大钱并没有铸造，即使铸造了也没有发行就用来改铸普通当十钱。后来的人多把三等大钱同普通当十钱混淆起来[22]。

天启有折二钱，但铸得不多。当十钱种类却很多，大小轻重不一。有光背的，但大部分背面有文字，如十、十一两、府、府十、镇、镇十、密十等。府大概是指宣府镇，密是指密云镇。

崇祯元年（1628年）铸崇祯通宝。起初每文重一钱三分[23]，三年改定钱制，北方所铸每文重一钱，南方所铸每文重八分。

崇祯钱是中国铜钱中最复杂的一种。文字、制作、大小、轻重、厚薄，千变万化。单就钱背的文字来说就有几十种，其中纪局名的有户、工、新、曰（旧）、户曰、兵（南京兵部）、江（南京操江）等，纪地名的有广、青、贵、嘉、加（嘉州）、泸（泸州）、忠、应（应天府）、榆（榆林卫）、重（重庆）等，纪天干的有甲、乙、丙、丁、戊、己、庚等，纪重的有重一厉（重指重庆）、曰一厉、一厉、乙厉等。此外还有奉制、奉旨、太平、新钱、厉、八厉、清忠、制、府、官、局、共、捌、季、部、行、道、旨、宁、八等。大抵那些薄肉而规矩的，多是南京所铸。有些钱身比较厚小的多是四川铸的。

有一种南京铸的崇祯钱背面穿下有一奔马形，俗称跑马崇祯。这在中国的钱制史上是一种不正常的现象。因为中国钱币上很少用动物作图案的，这以前只有唐钱的背面偶有飞鸟形的，可谓先后媲美。可是在当时人民看来，这种事非瑞即妖。据说当时有民谣说"一马乱天下"，而后人加以穿凿，就联想到南京后来为马士英所失。也有人说明亡于李自成，闯王的闯字就是一马进门。这些也只表示当时人民对于现状的不满。特别是恨马士英，有所谓"扫尽江南钱，填塞马家口"。

崇祯钱有大钱，分折二、当五、当十三种。这三种钱不是同时铸的。史书只提到当五钱一种[24]，而且有说不及铸而亡的[25]。这是史书的错误和遗漏。折二钱背面有二字或穿上一星点。这种钱是大样的，每枚有七公分重。还有监二，钱身更大。也有背面没有文字只有星点的折二钱。此外还有户二、工二、江二、局二、季二、勅二等，和大样小平差不多大小；这种钱到底是小平还是折二，还有研究的余地，也可能是减重后的折二钱。当五钱则有户五、工五、监五三种。当十钱是光背，存留很少。看铜色和制作，好像是云南所铸，而且可能不是崇祯年间所铸。这些大钱中，大概只有折二钱曾流通过。当五和当十，制作厚重，分量在五枚和十枚小钱以上，当时不会发出来流通[26]。

明末诸王都曾铸钱。其中有几种大明通宝，不知铸于什么年代。背面有户、工、帅、南等字。史书载嘉靖时准备铸大明通宝[27]。隆庆时的杨家相也曾建议铸大明通宝，不准[28]；据说谭纶（1520—1577年）请铸大明通宝得旨允行[29]。万历时郝敬也建议铸大明通宝[30]。但所见的几种大明通宝大概是明末鲁王所铸的[31]，因为钱背铸户工等字的办法，天启以后才盛行。大明有大钱，很少。

以朝代为名的钱，始于五代十国时的后蜀和南唐。以后每朝都有。但奇怪的是：这种朝代钱，都不铸于朝初，而是铸于朝末，甚至铸于亡朝之后。例如唐朝几百年没有铸大唐通宝，而由五代十国时的南唐来铸大唐通宝。

宋朝不在全国统一的北宋铸大宋元宝，而在仅仅保持半壁江山的南宋铸大宋元宝。蒙古人不在铁木真或至少忽必烈的时候铸大元通宝，而在币制将要维持不住的武宗时铸大元通宝。明朝不在洪武永乐时铸大明通宝，而到明末将亡的时候才铸造。由此可知，统治者越到他的统治权不稳固的时候，越喜欢夸大。这种自欺欺人的心理，在大明通宝上还不是最后一次的表现。

福王于崇祯十七年在南京即位，改次年为弘光元年，铸弘光通宝。分小平和折二两种。小平除光背外，还有带星点的，也有穿上凤字的，可能是马士英总督凤阳时所铸。

唐王据福州改元隆武（1645年），铸隆武通宝，也有小平和折二两种。小钱除了光背的以外，还有户、工、留、南等字。

永明王在肇庆改元永历（1647年），铸永历通宝。永历年号比较长，钱的种类也很多。背面文字除户、工等字外，还有御、勅、督、部、道、府、留、粤、辅、明、定、国等字，这几个字似乎是取自勅书中的语句。但这些钱不是铸于一时一地，不但有各种板别，而且数量有多有少。

永历钱中有对银作价的，这大概铸得比较晚一点，分为大小几等，小钱背面有二厘字样，以上有五厘和壹分，壹分又有大小两种，大概铸造时期有先后。壹分的永历钱有六钱四五分重，自然不是纪重。

永历钱的书法也是多样的，有篆书，有楷书，有行书。篆书和行书永历钱大概是郑成功在台湾所用的，是日本人在长崎替郑成功铸的。郑成功自永历三年奉永历年号，五年曾遣使通好日本，日本以铜铅相助，并代铸永历钱。后来郑经在康熙五年和十三年又有通日本并铸永历钱的事[32]。所以郑成功在台湾抵抗清军时期是使用永历钱的，一直到康熙二十七年以后，清廷才在台湾改铸康熙钱，但永历钱还是流通[33]。所以永历钱在台湾流通的时间，比在大陆流通的时间还要长。

李自成和张献忠都曾铸钱。李自成于崇祯十七年在西安称王，改元永昌，铸永昌通宝[34]，分小平和当五两种。张献忠于同年在成都即位，改元大顺，铸大顺通宝[35]。背有工字和川字。此外张献忠的义子孙可望在张献忠被杀后，入滇称东平王（1665年），铸兴朝通宝[36]，有三等，小钱重一钱五分，光背；稍大的重二钱六分，背有五厘两字；最大的重约六钱四分，背有一分两字。这些也是折银钱。

明代流通的铜钱中，明钱只占一小部分，大部分是唐宋钱，尤其是宋钱[37]。就是私铸的人，也不一定是私铸明钱，而往往是私铸唐宋钱[38]。至于什么地方用什么钱，那就很复杂了，不但各地不同[39]，就是同一个地方，也可能常常变动，顾炎武谈到福建漳浦县的情形时说：嘉靖三年四年用元丰钱，七年八年废元丰钱而用元祐钱，九年十年废元祐钱而用天圣钱，十三十四年废天圣钱而用崇宁当三钱和熙宁折二钱，万历三年废崇宁钱专用熙宁钱，五年又废熙宁钱而用万历制钱，过一年连万历钱也不用而用私钱，后来又改用白银[40]，真是如疯如狂。

明代钱币，没有什么艺术价值可言。特别是中期以后，钱币已完全被排挤出美术品的领域，它不再反映当时的美术水平。自元代以来，美术中占主要地位的绘画渐为一班文人所玩弄把持。文人画自有它的优点，有时真是画中有诗；但这只限于文人而兼画家，并不是所有的文人都能画画。许多文人只是爱风雅，不是爱艺术，对于钱币的艺术性自然更不注意。如果统治阶级有审美观念，也是集中在其他方面，如他们自己的写真、他们日常要用的瓷器、生前的宫殿以及死后的陵墓等。对于钱币就不知道加以美化了。因为他们习惯于用金银，不必用铜钱。

中国古代铸钱的方法，不见有详细的记载。根据钱币的制作和遗留下来的钱范，我们知道一直是用范铸。春秋战国时代是用土范，每范铸一次就毁坏，所以没有两枚钱币是完全一样的，而土范也没有遗留下来的。两汉采用铜范，这种铜范遗留下来的很多，它们是母范，文字是阳文，由这母范制成许多土范，土范的文字是阴文，所以铸出的钱币成阳文。魏晋南北朝以后又恢复土范的办法，一直到清末。不过这第二次的土范制度和先秦的办法不同，中世纪以来的土范是根据样钱或母钱造成的。在唐朝是先用蜡做成样钱，宋人有用木制的，明朝有铜制的万历母钱和锡制的崇祯母钱。这些都是雕成的，或称为雕母，然后根据这种母钱制成土范。但关于铸钱的情形，我们知道得很少。到明朝才有记载。即先以木料制成空框，用极细的土和炭的粉末填满，洒一点杉木炭灰或柳木炭灰在上面，然后用母钱百枚排列在上面，再用同样的一框盖上。这样下框已印有钱币的一面，上框为另一面。再将两框颠倒一下，把刚才的下框挪开，再以一框覆上，这样可以复制许多范。铸钱时用绳将范的两半捆定，木框上有现成的入铜孔道，这孔道联系一百枚钱纹，将铜液由孔道灌入，一次就成一百枚铜钱。冷后取出将钱纹摘断，然后加工：先锉边，即用竹木枝直贯几百文同时锉。边缘锉好，再分别锉平面[41]。这是明朝的铸钱方法，但也代表了魏晋南北朝以来的铸钱方法。其中当然有一些差异。譬如遗留下来的南梁的土范，则成小方块，每方只有四枚钱模，不过两面都利用了，一面是钱的正面，一面是钱的背面，而入铜孔道是在中央，铸钱时可以将许多土范叠起来，然后将铜液由中央的孔道中灌进去，铜液就会流入钱模中。当然还有其他各种式样，但基本原则是相同的。明朝铸钱已有精细的分工，有匠头管钱币的轻重和成色，下面有翻砂匠、滚锉匠、磨洗匠、刷灰匠等[42]。然而明钱的制作并不比前代钱精美，实际上比不上西汉和北宋的钱币，尤其比不上王莽的钱币和宋徽宗时的钱币。

范铸的方式，使得铸造费很高。且以万历镟边钱为例：万历五年（1577年）十一月山西巡抚高文荐奏钱法十议中，提到铸钱的费用。工料铜价每百斤值银七两，加上工匠杂费共九两二钱，可铸钱一万余文。他没有提到生锡和火耗的问题，也没有铸钱的确实数目，如果假定生锡是包含在杂费中，而且和火耗相抵，那么，应可铸造一万二千三百文，因为镟边钱每文是一钱三分重。当时银价是每两一千文。由此我们可以得出一些数字：第一，铸造费是百分之十七点九。第二，铸钱的溢利是百分之三十三点七。第三，铜钱的币材价值只等于币面价值的约百分之五十七。这似乎就赋与中国的铜钱以一种特殊的性质，使它和真正的本位货币不同，不是一种足值货币，不是一种适当的宝藏手段，不能自发地调节货币的流通数量，在货币数量超过流通所需要的时候，没有人肯将铜钱镕化为铜，因为这样他会要受到百分之四十三的损失。这就使铜钱的价值要受它的数量的影响。在目前的例子，它的价值可能降低百分之四十三。而且还要看铜的价格能不能保持每百斤值银七两的水平，如果镕化铜钱的人多了，铜的供给超过需要，铜价还要降低，因而钱的价值还会作进一步的降低。但这本身正是一个自发调节的过程，使钱的价值逐渐接近铜的价值。实际上，在铸钱产生溢利的条件下，不会发生私销问题，只有发生私铸问题。私铸的结果，使铜钱的名目价值接近于币材价值。所以上面的溢利是一种贬值的溢利，是一种剥削，就是使用金银币也能用贬值的办法获得这种溢利，但都不能持久。正是由于这种自发的调节作用，所以铜钱还能发挥价值尺度和宝藏手段的职能。而且明朝铸钱的制度不能完全代表历代的铸钱制度，有些朝代并不追求铸造溢利，它们强调铸钱不惜工本。这样就只剩下铸造成本的问题，这成本使钱的币材价值同名目价值不符，金银币也有铸造费问题，不过金银价值大，因而铸造费所占的比重小，大家不注意。

明代铸钱炉座的生产力似乎大有提高。在唐代，一炉每年只能铸造三千三百贯。宋代没有这方面的数字，当时只说某监每年铸钱若干，但一监不等于一炉。明代洪武年间每炉每年的铸额为七千八百三十二贯[43]，比唐代增加一倍以上。这不必一定完全由于工具的改进，可能炉座的规模加大了，同开工的规模也有关系。

　　明代有许多地方不用铜钱。前面曾提到各地的实物货币。特别是云南的海𧵅[44]，值得单独提出来。海𧵅就是元代的𧵅子，以索计算，当时西南各民族多用贝币。印度的孟加剌[45]和暹罗[46]都是用贝的地区。有人说八十贝为一索[47]。这种海𧵅，大概产于印度洋。据说马尔代夫有人专采，卖于孟加剌和暹罗[48]，可能云南的𧵅子也是同一来源。明初一索值白银一分[49]、可见海𧵅的价值比起元初来是大跌了。元初一索值银一钱二分。百年间跌成十二分之一。明代中叶一索仅值银六厘[50]，明末跌成二厘五[51]。又正统元年，一石米在云南折海𧵅七十索，十年改为一百索，十四年又减为六十索。成化十年底，户部定折收海𧵅的办法，三分征本色，七分用海𧵅；海𧵅一索折钞一贯到三贯[52]。

　　云南的币制在中国货币史上的特殊地位不止在于海𧵅的使用，还在于海𧵅的废除。这大概是在孙可望入滇以后的事。实际上弘治年间就曾在云南开局铸钱。嘉靖三十四年又叫云南每年铸钱三万三千十二贯，但只铸了十年。万历四年又开局铸钱[53]，但铸出的钱文，大概是缴解中央，民间仍用海𧵅。孙可望到云南后，可能曾铸造大顺通宝，后来改铸兴朝通宝。据说他曾禁止人民使用𧵅子[54]。永明王在云南大概也曾铸钱，而且铸了三种年号的钱，即崇祯、弘光和隆武，因为在昆明墓中曾发现这三种年号的钱，制作完全一样，背面穿上有一星点，显然没有流通过，必定是同时同地铸的。后来吴三桂在永历十四年（即顺治十七年）又奏请铸钱，于是海𧵅就退为妇女的装饰品。由于铜钱的铸造流通，使云南的铜矿得以充分地开采。后来清代铸钱，一大部分靠滇铜，而清代的铸钱数量也比明代多得多。明代银铜的比价，是铜价越来越高，但在清代，银铜比价的变动，就不是那样直线式了，两者互有高低。

　　西南有些民族，曾用牛作为货币，这也是值得一提的事。因为在印度欧罗巴民族间，牛曾经是最通行的货币[55]。拉丁语系的文字中，许多同货币有关的语汇，是从牛字演化出来的[56]。中国方面，先秦文献中常有皮币字样，而且有"问庶人之富，数畜以对"[57]的句子，所以有人以为中国古时也以牛为货币，这是不对的。关于皮币的意义，在第一章中已有了解释，至于以畜来代表财富，并不能说畜就是货币。中国只有西南的一些民族，的确曾使用牛为交换的媒介[58]和价值尺度[59]。

注 释

[1] 明代铸钱之少，从实际铸钱数额上可以证明。从后代的铜钱流通情况也可以看出。另外，从日本的发掘情形也可以得到佐证。日本自唐宋以来，一直到明朝中叶，不断地输入中国铜钱；这种铜钱近代有大量出土，看出土的内容，知道是明末落土的，而明钱的比重却很小。例如中川近礼根据常陆国井村等处所发掘的古钱，统计如下（《室町时代に流通せし钱货の种类》）：

	种 类	钱 数
日 本	2	3
唐	2	31 008
北 宋	25	292 098
南 宋	17	928
元	1	31
明	4	3077
朝 鲜	4	128
其 他	18	729
合 计	73	328 002

又昭和五年（1930年）入田整三根据对马等四十八个地方所发掘的铜钱加以分析统计，除了无法辨别的不计外，总数有五十五万四千七百十四个，其中中国钱就有五十五万三千八百零二个，占百分之九十九点八。分类如下：

	种 类	钱 数
唐	2	47 299
前 蜀	5	68
后 晋	1	3
南 唐	2	445
后 唐	1	11
后 周	1	72
北 宋	31	456 086
辽	4	6
西 夏	1	5
南 宋	22	8065
金	2	1016
元	3	163
汉陈友谅	1	4
明	4	40 559
合 计	80	553 802

由此可以知道，北宋钱占总数的百分之八十二点四，唐钱占百分之八点五，而明钱只占百分之七点三。其中最多的十种钱如下：

元丰通宝	69 771 个	永乐通宝	29 225 个
皇宋通宝	69 483 个	天圣元宝	21 214 个
熙宁元宝	58 765 个	圣宋通宝	20 835 个
开元通宝	45 696 个	祥符元宝	18 860 个
元祐通宝	42 055 个	绍圣元宝	15 593 个

单就明钱来分类，则

大中	129 个	永乐	29 225 个
洪武	10 631 个	宣德	574 个

日本这些发掘报告，很能反映明钱和唐宋钱的比重，也多少能反映中国在明代中叶钱币流通情形。但不能反映中国在万历以后的钱币流通情形，因为宣德以后，日本已不再能由明廷正式取得铜钱的供应，偷运的以私钱居多。万历以后，日本自己从事铸造，就不再输入中国钱了。

[2] 日本的三上香哉说洪武钱背的一钱、二钱、三钱、五钱、一两等文字是指四文为一钱、四十文为一两。平尾聚泉的《昭和泉谱》从其说。这无疑是把大中钱和洪武钱混淆起来了。中国史书是说大中钱以四百为一贯，四十为一两，而大中钱背面并没有一钱、一两的文字。

[3] 《明实录》和《明会典》说是重二分。但《续文献通考》卷一一《钱币考》说是改为每文一钱二分。照常理讲起来，当时实行铜钱减重，足一件很自然的事，不过洪武小钱似乎没有轻到二分的，而二钱重的当十洪武钱，从来没有人提过。《明会典》在另一处又说每文用铅二分，也许是照洪武二十二年的定制，于生铜一钱之外，再加铅二分，合计一钱二分。

[4] 《明会典》和《枣林杂俎》等。详见本章第二节二注 [14]。

[5] 根据《明会典》卷一九四《铸钱·洪武间则例》如下：

当十钱一千个，熏模用油一十一两三钱，铸钱连火耗用生铜六十六斤六两五钱，炭五十三斤一十五两二钱。

当五钱二千个，熏模用油一斤四两，铸钱连火耗用生铜六十六斤六两五钱，炭五十三斤一十五两二钱。

当三钱三千三百三十三个，熏模用油一斤一十四雨，铸钱连火耗用生铜六十五斤九两二钱五分，炭五十三斤八两三钱五分。

折二钱五千个，熏模用油二斤五两五钱，铸钱连火耗用生铜六十六斤六两五钱，炭五十三斤一十五两二钱。

小钱一万个，熏模用油一斤四两，铸钱连火耗用生铜六十六斤六两五钱，炭五十三斤一十五两二钱。

铜一斤铸钱不等（外增火耗一两。弘治十八年题准每铜一斤，加好锡二两）。

当十钱一十六个，折小钱一百六十文。

当五钱三十二个，折小钱一百六十文。

当三钱五十四个，折小钱一百六十文。

[6] 翁树培《古泉汇考》说王懿荣曾得建文通宝小平钱，制作面背色泽，与洪武永乐各种小平钱无异。此外高焕文（《谈泉杂录》）说他有过一枚真品，并有折二钱，又说："按建文铸泉，准洪武式，亦有大小五等，后为成祖追销，世无传者，故难得之。前见南京物产会陈列古泉，内有建文当五钱一枚，的真，可见当日确有大小五等式也。"

[7] 《明会典》。

[8] 《续文献通考》引《春明梦余录》。《名山藏》。

[9] 《明史·食货志》。

[10] 《武宗正德实录》卷之七二正德六年二月庚寅条户部奏议中提到洪熙钱，但《续文献通考》在同一记事中没有洪熙字样。而且没有实物遗留下来。

[11] 《孝宗弘治实录》卷一九七弘治十六年三月戊子条。

[12] 《明会典》卷一九四《铸钱》项下嘉靖中则例如下：

通宝钱六百万文，合用：二火黄铜四万七千二百七十二斤，水锡四千七百二十八两，炸块一十四万五千斤，木炭三万斤，木柴二千三百五十斤，白麻七百五十斤，明矾七十斤，松香一千五百六十六斤，牛蹄甲十万个，砂罐三千五百二十个，铸匠工食每百文银三分八匣。但四十二年规定同数目的钱数用铜五万斤，锡五千斤，其中耗用四千斤，扣剩铜锡三千斤，所以六百万文铜钱的实重是四万八千斤，损耗约占百分之八。每文实重一钱二分八。如果六年制的铸耗也以百分之八计，则每文重一钱二分许。

[13] 谈孺木《枣林杂俎》。

[14] 《枣林杂俎》说是用火熏黑。朱国祯《涌幢小品》说是以药涅之使黑。

[15] 《明会典》卷一九四《铸钱》。《明史》卷八一《食货志》。

[16] 所见洪熙、正统、天顺、成化等年号钱，都是假造的。有一些薄小的是越南钱。《醒世姻缘》提到成化钱，大概是作者的想当然，不是根据实际经验。

[17] 见《明会典》《续文献通考》《明史·食货志》等书。

[18] 王本《续通考》作万历元宝，其他板本作大明通宝。

[19]　顾炎武《亭林文集》："至万历而制益精，钱式每百重十有三两，轮郭周正，文字明洁。"

[20]　见《明实录》《续文献通考》《明史》等书。

[21]　《明史》卷八一《食货志五》："天启元年铸泰昌钱。兵部尚书王象乾请铸当十、当百、当千三等大钱，用龙文，略仿白金三品之制。于是两京皆铸大钱。后有言大钱之币者，诏南京停铸大钱，收大钱发局改铸。"《续文献通考》卷一一《钱币考》说元年八月开铸，次年七月户部进新铸大钱，到五年十月才命两京停铸大钱。一定是指当十大钱。

[22]　天启通宝当十钱正史都遗漏，但冯梦龙《甲申纪事》(见《玄览堂丛书》)《钱法议》有："天启初年曾铸当十大钱，钱重一两。"

[23]　《续文献通考》卷一一《钱币考五》天启七年十二月(时庄烈帝已即位)："户工二部进崇祯新钱式，帝令每钱一文重一钱三分，务令宝色精采，不必刊户工字样。"但侯恂《鼓铸事宜》说是一钱二分五："崇祯元年从钱法侍郎孙君相议，每文改为重一钱二分五厘，体质坚厚，磨镕莫拖，人情便之。"

[24]　《思宗崇祯实录》卷一七，崇祯十七年二月丁卯："停钞法，前市浙直作钞等料仍翰京师，因铸当一当五钱。"

[25]　《明史·食货志五》。

[26]　《清朝世祖章皇帝实录》卷六，顺治元年七月辛丑条说："工部左侍郎叶初春以新铸制钱每七文作银一分。钱价日增，民未称便，请颁由库旧铸当五制钱，并铸当二钱，以济民用，不允。"这里所指的大概就是崇祯当五钱。

[27]　《明会典》嘉靖六年："令晓谕京城内外，但有收积新钱，限一月内尽数赴府县并各兵马司出首……听候铸大明宝。"魏时亮疏："仍乞行各省抚……所铸之钱，例铸用大明通宝四字，以便通用。"(见胡我琨《钱通》卷二《正朔一统上》)

[28]　《明史·食货志五》："隆庆初……直隶巡按杨家相请铸大明通宝，不识年号，部议格不行。"

[29]　《国朝典汇》："隆庆元年总督蓟远侍郎谭纶言，请铸钱，以大明通宝为识，得旨允行。"

[30]　《续文献通考》引《春明梦余录》："万历中给事中郝敬钱法议曰：每钱一文……曰大明通宝。"

[31]　黄宗羲《行朝录》："崇祯十七年，(鲁)王回越，铸大明通宝钱。"三余氏《五藩实录》："鲁王名以海，避难台州，乙酉六月立，十二月铸大明通宝。"

[32]　江日升《台湾外记》(顺治八年十二月)："以甥礼遣使通好日本，王果大悦，相助铜铅，令官协理，铸铜熕、永历钱……"又(康熙五年七月郑经据

台湾时)："上通日本……并铸永历钱。"又（十三年四月郑经在厦门时)："又差兵都事李德驾船往日本，铸永历钱。"

[33] 刘献廷《广阳杂记》卷第一："清康熙二十二年，明永历三十五年也。钱大于康熙钱，重一钱六分，以红铜为之，每千文作银二两。"（原注：三十五当作三十七，时距永历亡已二十一年，郑氏铸永历钱）《清朝文献通考·钱币考》康熙二十七年："福抚张仲举以台湾所用明桂王伪号钱文甚多，若一时骤行全禁，贫民无以为资。疏请开炉鼓铸，收买伪钱，销毁改铸，经部议准行。"潘耒《遂初堂集·殷公武略记》："台湾在郑氏时，行永历钱。既入版图，有司请更铸钱，部颁台湾字钱式，镕故钱铸之。"

[34] 关于李自成铸钱的事，传说很多，彼此矛盾。《明史·李自成传》："自成铸金玺及永昌钱，皆不就。"《燕都日记》："初二日颁谕铸永昌钱，初四日铸永昌钱，薄小，令更铸之。"（见《玄览堂丛书》《甲申纪事》）《甲申传信录》卷六《清钱轵》："（崇祯十七年四月）初八日，铸永昌钱及当二钱。典钱局者系兵部侍郎刘裕子也。"《绥寇纪略》说李自成曾铸直白金一两的大钱和当十钱、当五钱。

[35] 彭遵泗《蜀碧》卷二："（甲申）……是时贼设铸局，取藩府所蓄古鼎玩器及城内外寺院铜像，镕液为钱，其文曰大顺通宝。"

[36] 《明史》卷二七九《杨畏知传》："时永明王已称号于肇庆，而诏全不至。前御史临安任撰议，尊可望为国主，以干支纪年，铸兴朝通宝钱。"

[37] 《世宗嘉靖实录》卷一九二，嘉靖十五年九月甲子巡视五城御史阎邻等："国朝所用钱币有二，曰制钱……如洪武、永乐、嘉靖等通宝是也。次曰旧钱，历代所铸，如开元、祥符、太平、淳化等钱是也。百六十年来，二钱并用。"陆深《燕间录》："予少时，见民间所用皆宋钱，杂以金元钱，谓之好钱。"《五杂俎》："山东银钱杂用，其钱皆用宋年号者，每二可当新钱之一，而新钱废不用。然宋钱无铸者，多从土中掘出之。"何乔远《名山藏·钱法记》："今海内所在多用宋钱，可见宋钱精且多，是行能久。"《古今图书集成经济汇编·食货典》第三五八《钱钞部·艺文》二之三靳学颜《钱谷论》："今去宋不远，故所用钱多宋之物。"此外开元钱谅也不少。顾炎武《日知录》："予幼时见市钱多南宋年号，后至北方，见多汴宋年号……间有一二唐钱。"

[38] 《皇朝名臣经济录》卷之二四《铜楮之币一》邱濬奏文："凡市肆流行而通使者，皆盗铸之伪物耳。其文则旧，其器则新。……次勅内帑精选唐宋以来真钱如开元、太平之类，得百万，下户部分散天下，于圜圜市集所在，用绳联贯古钱百文，随所悬挂，以为式样，使小民知此样者是旧钱，非此样者，皆俾其具数赴官

[39] 顾炎武《天下郡国利病书》卷九四《福建四·漳浦县》："我朝钱法，遇改元即随年号各铸造通用。但民间使用则随其俗。如闽中福兴、汀邵、福宁，皆不用钱，漳泉延建间用之；泉漳所用之钱与延建异，泉又与漳异。……而诸县所用，又有美恶不齐，诏安极精，漳浦次之，龙溪则极恶亦用之。"

[40] 《天下郡国利病街》卷九四。

[41] 宋应星《天工开物》。

[42] 侯恂《鼓铸事宜》："崇祯元年……其铸法每钱一文，为令用黄铜二挫磨之，余只存一钱二分五厘。督铸官拣验钱轻色淡者责匠头，沙眼者责翻沙匠，边粗糙者责滚挫匠，磨不亮者责磨洗匠，灰不净者责刷灰匠。"

[43] 参阅本章第二节二注[14]。

[44] 《孝宗弘治实录》卷之一九七弘治十六年三月戊子，工科左给事中张文《陈铸钱事宜》："云南专用海𧵅。"

[45] 马欢《瀛涯胜览·榜葛剌国》："零用海𧵅、番名考嚟，论个数交易。"费信《星槎胜览·榜葛剌国》："通使海𧵅，准钱使用。"黄省曾《西洋朝贡典录·榜葛剌国》："其交易以银钱、名曰倘伽，以海𧵅、名曰考嚟。"

[46] 《瀛涯胜览·暹罗国》："买卖以海𧵅，当钱使用。"《星槎胜览》也有同样记载。

[47] 朱国祯《涌幢小品》卷三○《西南夷》："南人用贝，一枚曰庄，四庄曰手，四手曰苗，五苗曰索，贝之为索、犹钱之为缗也。"

[48] 《瀛涯胜览·溜山国》。

[49] 《新兴州志》引冈洪学奏疏（李家瑞《古代云南用贝币的大概情形》，载《历史研究》1956年第九期）。

[50] 《滇略》，见前注李家瑞文。

[51] 《新兴州志》。

[52] 见明代各朝《实录》。

[53] 《明史》卷八一《食货志五》万历四年："云南巡按郭庭梧言……滇中产铜，不行鼓铸，而反以重价购海𧵅，非利也。遂开铸局。"

[54] 严中平《清代云南铜政考》第一四页。

[55] 荷马史诗中屡以牛来表示价值。公元前七世纪末雅典德拉珂（Draco）的法律中也以牛为计算单位。印度的古典文献中也以牛羊计算价值。波斯古代也以牛羊作支付。意大利在五世纪中叶以前，无论在法律上和私人账目上都有关于牛币的规定。

[56] 拉丁文的钱字 pecunia 是从牛字 pecus 演变出来的，由此再产生英法等文中的 peculation 等字来。英文中的费用的费字 fee 是从古文牛字 feoh 而来，现今德文的牛字还是 Vieh。印度的卢比 rupee 一字也是从梵文的牛畜 rûpya 一字而来的。

[57] 《礼记·曲礼》。

[58] 《涌幢小品》卷三〇《西南夷》："广南诸夷，以牛货易。"

[59] 《明纪》卷三九《神宗纪》万历元年《大盘山》条下注："鼓音洪者为上，可易千牛，次者七八百，得鼓二三，便可僭号称王。"

三　白银

明代采取锁国政策，太祖不许寸板下海，郑和的几次下西洋，只增加了中国同东南亚各国的关系，没有直接同欧洲发生接触，那时东南亚地区在经济上是比较落后的。在币制上，明代想回复用钱钞的办法，禁用金银，甚至禁开银矿。然而历史的前进是阻挡不住的，金元所遗留下来的银两制度，是不可能推翻的。自五代以来，白银的使用，一方面由于中国自己的需要，同时受了中亚币制的影响，已经酝酿了几百年，到明代已根深蒂固。洪武初王祎曾提议铸金银钱与铜钱并行流通。

明初虽然想不用金银，但大明宝钞仍有对金银的比价。随着宝钞的跌价，白银的使用是不可避免的。自洪武二十七年禁用铜钱以后，许多地方，专用白银交易[1]。三十年三月当局明令禁用金银，但效果如何，却有问题[2]。

永乐九年金银铜钱曾一度解禁。

洪熙元年又禁金银布帛交易，似乎没有什么效果。因为宣德元年七月户部说民间只用金银。政府揭榜加严禁约，可是三年十一月江西又有人主张禁银[3]，可见民间还在使用白银。而且商税、鱼课正式征银[4]。

正统元年，令南方的浙江、江西、湖广、广东、广西各布政司范围内不通舟楫地方的米麦用白银折纳。同时对于民间，也放松用银的禁令，于是公私都能用白银[5]，使白银取得了价值尺度、流通手段和支付手段等职能。

景泰三年七月曾令京官俸准价折银；七年二月户部因内帑贮钞不多，对北京文武群臣上年度的折俸钞，用白银支付[6]。这些虽是暂时的，但把白银的使用，向前推进了一步。

成化十八年七月直隶泰州有人上疏，说曾遇异人，教以铅汞炼银之术，宪宗居然派人去协助他试验[7]，可见白银在当时的重要性，当时欧洲人也正在热衷于炼金术。邱浚曾主张实行一种银本位，而用钞票和铜钱在市面流通。以银为上币、钞为中币、钱为下币，使钞和钱准银而行，银一分易钱十文，钞每贯易钱千文。要十两以上的交易才许用银[8]。

正德以后，官吏的俸给，十分之九用白银，十分之一用铜钱。

嘉靖以后，白银在中国币制中是主要的因素，各种铜钱，都是同白银发生联系，规定比价。大数用银，小数用钱[9]，好像是一种银钱两本位制。

万历九年推行一条鞭法，于是各种租税都用白银折纳。

由此可知，白银的使用，至少在洪武末年便已盛行。英宗的放松禁令只证明政府没有能力禁止。后来甚至政府也不得不用白银来作支付。那么，白银在明代为什么有这种广泛而深入的流通呢？是不是由于生产增加、需要更多的货币呢？我们并不能证明明初的生产有什么飞跃式的增加。白银的使用实由于纸币的贬值和铜钱的减少，纸币贬值使人民需要一种稳定的货币。在正常状态下，人民就会使用铜钱，以求自卫。可是明初铸钱很少，洪武、永乐、宣德年间虽曾铸钱，但铸得不多；而且当局为了推行纸币，把这些钱贮存国库，不发行出来，或则只颁赐给外国的使节。宣德以后，五十年间完全没有铸钱，因此民间的铜钱不够用。所以白银的通行，原是补充货币数量的不足。后来恢复鼓铸，但由于私铸猖獗，钱分等级，不是适当的价值尺度，这更促进了白银的使用。

白银的形式，是以锭为主。最大的银锭有到五百两重的[10]，大概是镇库银的性质。普通大元宝是五十两一锭，下面再分各种大小的小锭[11]。银锭上多有文字，大锭上有铸造地名、重量和银匠的姓名，但小锭有时不铸明重量[12]，有时也铸明年号。所以银锭可以说是中国的银币，铸币的各种标志，它都具备了。

明代银锭主要采用元宝的形式，不但银条少见，就是砝码形的银锭也少见。元宝是一种落后的形制。事物的发展，应当是由繁趋简，由笨拙变为方便。钱币形制的发展合乎这规律。可是银锭的发展却不符合这规律，甚至背道而驰。因为虽然明以前就有元宝的形式，可是也有银饼和银条的形式，自明代起，元宝成了主要的形式。不过我们可以从另外的角度来考虑携带方便的问题。从前中国人携带钱财，不是放在衣袋里，而是缠在腰间。自古就有"腰缠十万贯"的说法[13]。元宝的形制，正是便于缠在腰间，而且左右各缠一个。

此外在银锭的文字上也有一种变革。明以前银锭上的文字都是阴文，而且多是铸后镌刻上去的。明初还用这种办法，但后来就兼用阳文，而且阳文逐渐变成正常的办法，阳文多是打印上去的，或铸成的，没有事后刻上去的。这种变化倒是合乎发展的规律。镌刻总是费时而麻烦的。但明中叶以前，银锭还没有大规模地通行，至少政府没有正式用银锭来作普遍的支付工具，所以还不觉得不方便。实际上那时文字的数目反而是很多的。元朝银铤上有五十多字的，明朝的银锭也有五六十字的，这些文字有时是说明银锭的来源，譬如犯人罪米的折银数或征实的折银数等，上面差不多都有银匠的姓名[14]，这是银锭成色重量的保证。但这种文字内容都同一时一地的具体事件联系着，自然只有临时镌刻，不能打印。这种银锭只具有历史价值，不能算是一种铸币。有时用作普通支付，就无须那许多文字来说明，只须注明重量和银匠的姓名就够了。这就使得许多银锭可以使用同样的文字，不必一只一只来镌刻，而可以用打印的办法，并且可以用阳文。明代中叶以后，白银逐渐成了主要的支付工具，大概在文字上就发生了这种转变。有些小银锭，上面只有一个年号。

　　除了元宝之外，金银还被铸成各种形状。明朝政府设有银作局，铸造金银钱和金银豆叶等，作为赏赐之用[15]。这也是货币的一种职能，即支付手段的职能。豆是圆珠形，重量或一钱，或三五分。叶是方片，轻重不等。日本在德川幕府时期所通行的豆板银可能是受了中国的影响。这种豆板银也是大小轻重不等的，用来补足丁银的重量。

　　金银钱的铸造和使用，似乎也不减于前代[16]。金钱少有留传下来的。《同文算指》一书一再提到金钱，一文值银一两一钱五分[17]，似乎万历年间或以前有金钱的铸造。但也许利玛窦是拿意大利的杜卡托（ducato）作为例子。至于银钱，遗留下来的有永乐通宝、万历通宝和天启通宝等。永乐银钱的制作和铜钱一样，稍微小一点，重库平一钱。此外近代曾有正德通宝的大金钱出土，但背面有龙凤花纹，和普通钱币不同。又文献中有关于嘉靖银钱的记载，钱文为"嘉靖年造"四字。

　　明代银钱中最值得注意的是万历矿银。万历年间，大开银矿，所以银钱的铸造，比其他朝代的金银钱要多。当时的矿银，可以说是有国际性的，16世纪的时候，全世界都陷于开矿狂。上面所说的日本银永乐也是同开矿运动有关系的。同时期在日耳曼帝国有些地区，也在大铸矿银。中国的矿银有几种。比较常见的一种是万历通宝。背面穿孔上下分列矿银二字。所见有库平三分、四分、五分几种，这几种重量不十分准确，而且可能还有其他等级。字体是所谓阴起文，因而是同时同地铸造的。另有一种大型的，正面是"万历矿银"四字，背面有"四钱"二字，文字制作同上列几种差不多，系近年广东出土。此外还有两种万历银钱，正面是"万历年造"四字，背面有"五钱"和"二钱"两种，分列穿孔的两傍。这种银钱的文字，同矿银不一样，可见不是一地铸造的。

天启银钱也有几种。其中有一种在制作上类似铜钱中所谓鬼天启的，重四点七五公分。所谓鬼天启，是日本的钱币学家所起的名辞，它的特点是钱小肉厚，文字不规矩。银钱和铜钱都是这样。明初的大中、洪武等钱都是狭缘，但嘉靖以后钱缘逐渐放宽，天启钱普通都是阔缘。只有鬼天启是狭缘。但这种钱一看即知不是私铸，而是正炉钱。铜质的鬼天启数量相当多，板别也不少，实际上不大有相同的。万历钱中也有这种制作。鬼天启最容易使人联想到后来清乾隆年间在新疆所铸的红钱，因此使人要问：这是不是靠近新疆地区所铸造的。新疆地区的钱币，银铜币都有，制作小而厚，鬼天启正具备这些特点。只是西域一带的铜币是用红铜，鬼天启铜钱是用黄铜，这是一个区别。但如果确系西域或靠近西域的地区所铸，也是为中国人而铸的，铜色自然是仿中国的标准铜色。正如后代内地为新疆人民所铸的红钱，铜色是仿他们的标准铜色一样。天启铜钱对白银的比价在元年是六百文一两，三年四川是一千文一两，很可能有些地方是八百文一两，依这比价则银天启一枚正好合铜钱一百文。另有一种银质的天启通宝，很小，只有几分重。此外还有一种，正面是天启年造四字，背面有一钱二字。

明朝曾铸有银牌，分为五钱和一两两种，用来对西域哈密等地作贸易上的支付[18]。这正证明当时同西域是有贸易关系的。

明代各种形式的白银，标准既不划一，成色更难一望即知，每次支付，都须秤称[19]，所以普通叫卖商人都要随身携带戥子，这在一般人看来，很不方便；何况成色不是戥子所能称得出的。这些困难，替欧美银币的流通准备了条件。闽广一带，在万历年间，已不用钱，完全用银[20]。而且这些白银据说是从西南流来的[21]，可见当时美洲的白银已有相当数量流入中国。

欧洲的金银币，在中世纪的时候，也不是整齐划一的，虽然铸成金币，在流通时也要秤称授受。而且由于生产和交换的不发达以及金银供应的不够，金银币都是小形的。但15世纪后半，欧洲白银生产大增，有人开始铸造大银币，合撒克逊衡法一两，约三十一公分，相当于当时一枚古尔登金币的价值。1518年波希米的封建主在约阿兴山谷（Joachimsthal）铸造这种银圆，波希米是在神圣罗马帝国的范围内，而神圣罗马皇帝的头衔于1519年就落在西班牙国王的头上，他采用了这种大银圆，这就是有名的双柱，后来在西班牙的殖民地墨西哥大量铸造，流到亚洲来。

欧美的白银和银币流到中国来，有许多途径。最先到中国来做买卖的欧洲人要算葡萄牙人。当时中国人称之为佛郎机人。他们在正德年间就来到广东、福建、浙江等地，而且中国商人，特别是福建漳州的商人，每年都有到满剌加同他们交易的；满剌加当时正为他们所占领。所以在16世纪就可能有白银或银币流入中国。嘉靖初年广东方面禁止佛郎机等地的船只，于是他们就在漳州从事走私贸易。嘉靖八年十月两广巡抚都御史林富奏准恢复广东的旧例，并驱逐漳州的外国船。20年代佛郎机人又到浙江的双屿和福建的漳州从事交易。虽然不久遭受到朱纨的驱逐，但他们的活动中心逐渐移到澳门。四十四年在福建的月港一带设置海澄县。隆庆元年开放海禁，准许东西二洋的商贩从事贸易。所以在晚明的百多年间，葡萄牙人应当已把若干白银带到中国来。但葡萄牙人在万历八年到崇祯十三年那六十年间合并于西班牙，所以带来的银圆大概是西班牙银圆。

西班牙的货币是以里亚尔（real）为单位，重约三公分许，合中国库平九分。16世纪初铸造八个里亚尔的大银币，名为披索（peso）[22]。披索就是八枚"里亚尔"的意思。披索的图型，一面是皇冠和王徽狮子和城堡。另一面为两根柱子。这是西方神话中大力士赫居里斯的柱子，代表直布罗陀两岸的山岩；传说欧洲和非洲原在该处相连，被赫居里斯所拉开。有点像中国龙门为大禹所凿开的传说。这种银圆是专为美洲流通而铸造的，欧美人称之为柱洋，中国人称之为双柱或双烛，因为两根柱子也像两支烛台。

美洲银圆流入中国的途径，主要是通过菲律宾的华侨。西班牙人于1570年（隆庆四年）侵入吕宋岛，次年又达马尼拉。当时菲律宾已有许多华侨从事贸易，因不堪西班牙殖民者的压迫，几次起而反抗，几次遭到惨无人道的屠杀。然而西班牙的殖民者又不能断绝同中国人的关系，因为当时他们的收入几乎完全靠对中国的贸易，而这种贸易是由华侨经营的。华侨将中国的土产运到菲律宾，然后由西班牙人按年运到美洲的西属殖民地去发卖，卖得的价款是银圆，这些银圆通过华侨流到中国来，这大概是万历年间的事[23]。

除了西班牙的银圆以外，荷兰的银圆也可能在明末清初就有流入。荷兰本是西班牙的属国。16世纪有几个省份起来反抗西班牙的统治，后来并且铸造大银币，重量在库平八钱以上，图型是一人骑马持剑，所以在中国称为马钱或马剑。不过那是永历年间的事。荷兰人曾侵占过台湾，近年台湾曾有荷兰钱币出土[24]。当然他们也可能带来其他国家的银币，而且可能还有通过日本人而输入中国的[25]，因为他们同日本人的关系非常密切。晚明曾从日本输入许多白银[26]。清末台湾的台南市曾有三四十枚粗银片出土，上有西班牙银币的图型，有大小两种，大的重七钱许，小的三钱许，上面还有中国字的戳记如永字、三字、王字等，可见在台湾流通过[27]。这种不规则的银片是16世纪以后在墨西哥的里马（Lima）和坡托西（Potosi）等地所铸造的。重量和正式银圆、半元相同。

明末中国到底有多少白银呢？蒋臣似乎估计为二亿五千万两。这数目恐怕过低，因为正德五年刘瑾被抄家的时候，有黄金一千二百五万七千八百两，银二亿五千九百五十八万三千八百两[28]。白银数目可能是一种价值的表示，而不是实银。当时全国的白银应有一个相当大的百分比集中在刘瑾的手里，但无论如何，全国的白银要远远超过他手里的白银。而且正德以后还有外国流入的白银。不过参加支付流通的也许不过一二亿两，绝大部分被窖藏了。

明代正嘉以后白银的盛行，不但刺激了中国的经济，而且对于中国的文化，大概也产生了一种推动作用。在用纸币的时候，知识分子的生活牢牢地控制在封建统治者手中，他们过的几乎是一种实物经济的生活。因为官俸是用实物折付，实物比贬值的纸币好，这就使得人们的思想和行为受到很大的束缚。正德以后，大家摆脱了纸币的桎梏，使用铜钱和白银，白银是封建统治者们所不能控制的。嘉靖年间的小说家吴承恩，因为耻于折腰，就可以拂袖而归。正是货币经济所提供的那种自由，培育出嘉靖年间的长篇小说来。小说不是以少数权贵为对象，而是以广大的市民为对象。像《西游记》那种想象力驰骋的作品，在自然经济的条件下，是不会产生的。它是城市货币经济的产物。正德以前，画家只能墨守成规，作画要看人家的颜色，独创性不能充分发挥。正德以后，画院衰落，画家不进画院也能谋生，因为白银的通行，推动了商品经济的发展，绘画也逐渐商品化了。此外板画的发展也由于同一原因。

注　释

[1]《明太祖洪武实录》卷之二五一洪武三十年三月甲子："禁民间无以金银交易。时杭州诸郡商贾，不论货物贵贱，一以金银定价，由是钞法阻滞，公私病之，故有是命。"

[2]《成祖永乐实录》卷之二七永乐二年三月庚戌："刑部尚书郑赐等奏，湖广江夏县民有父死以银营葬具者，在法以银交易，当徙边。上曰……今民丧父，

迫于治葬之急而违法，终非玩法贪利之心，古人哀有丧者，宜矜宥之。"

[3] 《宣德实录》卷之四八宣德三年十一月乙丑。

[4] 同上，卷之八〇宣德六年六月甲辰："浙江温州知府何文渊言……近虽禁使银，而商税鱼课仍征银。"

[5] 《明史·食货志五》："英宗即位，收赋有米麦折银之令，遂减诸纳钞者，而以米银钱当钞。弛用银之禁，朝野率皆用银，其小者乃用钱；惟折官俸用钞，钞壅不行。"

[6] 三年例见《续文献通考》。七年例见《正统实录》卷之二六三。

[7] 《宪宗成化实录》卷之二二九成化十八年七月甲申："直隶泰州民李文昌上疏，自称曾遇异人，授以铅汞炼银之术，上命中官监试之，凡五阅月，竟不就。"

[8] 《大学衍义补·铜楮之币》。

[9] 《西游记》第八四回："赵寡妇道，我这里是上中下三样，上样者，五果五菜的筵席，狮仙斗糖的桌面；二位一张，请小娘儿来陪歇，每位该银五钱，连房钱在内。行者笑道，相应啊！我那里五钱银子还不彀请小娘儿哩。……中的合盘桌儿，只是水果热酒，筛来凭自家猜杖行令，不用小娘儿，每位祇该二钱银子。行者道，一发相应。下样儿怎么？妇人道，不敢在尊客面前说。行者道，也说说无妨，我们好拣相应的干。妇人道，下样者没人服侍，锅里有方便的饭，凭他怎么吃，吃饱了拿个草儿打个地铺，方便处睡觉，天光时凭赐几文饭钱，决不争竞。"但《水浒传》的情况有点不同。在货币流通方面，是银钱并用，而不提钞。大数用钱，如称家私万贯，三千贯赏钱等。日常反以银两计。可见在改写《水浒传》的时候，已通行白银，而钱贯的提法是过去的习惯。它提到银铺（第二六回）和兑坊（第二九回），而没有提到钱庄。但这不能证明《水浒传》是元代的作品，只证明它不是成于一人之手，其中有明中叶以前的材料。

[10] 冯梦龙《甲申纪事》："时内库尚存金一窖，银苦干窖。元宝有重至五百两者，镌有永乐字，至是皆为贼有。"（见《玄览堂丛书》）1900年八国联军侵入北京时，日军抢到两枚大银锭，一枚上面有"三百两重二两"字样，"重二两"系小字。另一枚有"万历四十五年四月吉造镇库宝银锭重五百两"字样。现藏日本造币局（见奥平昌洪《东亚钱志》第一二卷第四五到四七页）。

[11] 《明会要》卷三五《课程四》："嘉靖十四年……每二十两倾成一锭。"又"四十一年……每五十两煎成锭，转解太仓，以备文武官员折俸等项支用。"《狯园》第三《青溪道人》："问之酒家云，此道人常日以银一小锭，止重七分，来买酒肉汤饼，恰彀一日之费。其明日亦如之。"

[12] 《兰台奏疏》卷一《马从聘查参解官疏》："题为解官换锭盗银……臣

等复取银锭原造字迹逐一辨验，每大锭上各造某州县漕折银一锭五十两币，及银匠姓名。小锭止造某州县及银匠姓名，并无造明银数。"

[13] 请参见本书第三章第一节一注[3]。乔吉《山坡羊·寓兴》："鹏搏九万，腰缠十万，扬州鹤背骑来惯。"

[14] 1955年春，四川洪雅县明墓出土银锭一百二十几块，都是元宝形。每块自市秤几钱重到二十几两。上面都有文字，阴文，字数自十几个到五六十个。大多数是正德年间所铸，少数为嘉靖初年所铸。文字内容约可分为四类。第一类如："犯人周明钦罪米伍拾石民纸壹分共银贰拾伍两壹钱贰分伍厘 银匠陈中"。第二类如："龙溪县犯人蒋初阳敦义原侵正德八年分盐钞银重十两八钱正 银匠刘承一"。第三类如："长泰县征收正德十六年分常平米价拾两正 提召官吴秉刚 该催同吉 银匠郭廷"。第四类如："漳州府龙溪县原编嘉靖贰年分按察司按察使员下只候壹名连闰月共银壹拾叁两正 该吏陈颙 银匠陈中"。（《文物参考资料》1956年第五期第四五页刘志远《四川洪雅县明墓出土的银锭文字》）

[15] 刘若愚《酌中志》卷一六《内府衙门职掌》："银作局……专管造金银铎、针枝、个桃杖、金银钱，金银豆叶，豆者圆珠，重一钱或三五分不等；叶则方片，其重亦如豆不拘，以备钦赏之用。"吕毖《明朝小史》卷八《正统纪·银豆谣》："辛颇事声色，尝以银豆金银等物撒地，令官人及内侍争拾为哄笑。编修杨守陈赋银豆谣，以寓讽谏。其辞曰：'尚方承诏出九重，冶银为豆驱良工；颗颗匀圆夺天巧，朱函进入蓬莱宫。御手亲将十余把，琅玕乱洒金阶下；万颗珠玑走玉盘，一天雨雹敲鸳瓦。中官跪入多盈袖，金铛半堕罗裳绉；赢得天颜一笑欢，拜赐归来坐清昼。闻知昨日六官中.翠娥红袖承春风；黄金作豆竟拾得，羊车不至愁烟中。……'"（《玄览堂丛书》）《皇明通记》："景帝以银豆、金钱物撒地，令官人及宦侍争拾为哄笑。"宋应星《天工开物》："皇家盛时，则冶银为豆，杂伯衰时，则铸铁为钱。"

[16] 《明史》卷一六三《李时勉传》："宣德五年修《成祖实录》成，迁侍读学士。帝幸史馆，撒金钱赐诸学士，皆俯取，勉独正立，帝乃出余钱赐之。"吕毖《明朝小史》卷八《正统纪·金钱恩典》："帝时初开经筵，每讲毕，必命中官布金钱于地，令讲官拾之，以为恩典。"《明史》卷一八二《马文升传》："弘治元年，上言宪宗朝岳镇海渎诸庙，用方士言，置石函，周以符篆，贮金书道经、金银钱、宝石及五谷，为厌胜，具宜毁，从之。"朱国祯《涌幢小品》卷一《祀庙石函》条也记载这事。说"金银钱数枚"。江西新建朱权（1378—1448年）墓中有金钱十三枚，没有文字（见《考古》1962年第四期《江西新建明朱权墓发掘》）。

[17] 《同文算指通编》（《丛书集成》本）卷一第六六页："问金钱一文值银一两一钱五分，今有银一千两，该金钱几文？"又："问金钱每文得银一两一钱

五分，今金钱四千文，银几何？"

[18] 《武宗正德实录》卷之一一六正德九年九月辛酉："户部复议……西域哈密诸夷入贡，夹带土产货物，贸易图利。……兵部议覆，俱从所奏，惟格外赏恐各边援例，令总制官仍造为银牌，重五钱或一两者给之，马已发价，亦不给。"

[19] 《金瓶梅》第一回："西门庆称出四两银子，叫家人来兴儿买了一口猪，一口羊，五六坛金华酒和香烛纸札鸡鸭案酒之物。"《玉娇梨》（即《双美奇缘》）第七回："张轨如道：谋大事如何惜得小费？称二两头与他。……张轨如没法，只得忍痛称了三两银子，用封筒封好。"

[20] 谢肇淛《五杂俎》卷一二。

[21] 何乔远《名山藏》："闽广之间，则银从西南夷来。"

[22] 张燮《东西洋考》卷五《吕宋·物产·银钱》："大者七钱五分，夷名黄币峙；次三钱六分，夷名突层；又次一钱八分，名罗料厘；小者九分，名黄料厘，俱自佛兰机携来。"这里所谓黄币峙无疑是 un peso 的译音，即一披索的意思。但重量恐系七钱二分之误。黄料厘为 un real 的译音。

[23] 同书卷七《饷税考》："加增饷者，东洋吕宋，地无他产，夷人悉用银钱易货，故归船自银钱外，无他携来；即有货亦无几。故商人回澳征水陆二饷外，属吕宋船者更追银百五十两，谓之加征。后诸商苦难，万历十八年量减至百二十两。"顾炎武《天下郡国利病书》卷九三《福建三·洋税》项下说到漳州用银钱的事。

[24] 1961 年 1 月 25 日香港《大公报》说台湾高雄附近发现荷兰硬币四枚。

[25] 姚叔祥《见只编》："倭使小西飞来议封事。时以京营将佐杨贵绿为馆伴；小西飞昵杨，有私觌之礼，如刀盒之类，一犹常见。惟银钱多作人马之状。更有银一片，形类橡叶，厚二分，长七寸许，中有一背，阳凸阴凹，两旁斜击数槌，酷似叶瓣，倒有一印：长寸余，阴起三字，曰石州银，皆中国字，惟州字斜飞耳。"（《盐邑志林》第五〇帙）上面所记为万历年间事。后面的银片为当时日本所铸造流通的银币。

[26] 小叶田淳在他的《日本货币流通史》（改订增补版）中搜集了一些资料，证明明末日本的白银流入中国。这里转录几条于后。朝鲜《李朝实录》中宗三十七年（1542年）记日本使臣的书契有云："我北陆有山，其名曰金山，近年产于真银，实季世之伟珍也。故往岁以上献于大明，大明喜悦，今以聘于贵国。"明宗八年七月（1553年）辛未："日本国银子多产，故上国之人交通往来贩卖，而或因漂风来泊，作贼于我国海边。"郑若曾《筹海图编》卷之一二张时彻议："日本夷商唯以银易货，非若西蕃之载货交易也。"

[27] 《货币》第九七号。

[28] 陈洪谟《继世纪闻》（《丛书集成》本）卷三："抄没逆瑾

货财：金二十四万锭，又五万七千八百两，元宝百万锭，银八百万，又一百五十八万三千六百两。宝石二斗，金钟二千，金钩三千，玉带四千一百六十二束，狮蛮带二束，金银汤盅五百，蟒衣四百七袭，牙牌二匣，穿官牌五百，金牌三，衮袍四，八爪金龙盔甲三千，玉琴一，玉宝印一颗。以上金共一千二百五万七千八百两，银共二万五千九百五十八万三千八百万"（此字疑系两字之误）。这里黄金的数目同最初两项数字相符，没有包括下面的金钟金钩等。但白银的数字交代不清，当时金银比价以一比七计，总计值银三亿四千四百万两。

第二节 货币的购买力

一 大明宝钞的膨胀

明朝的货币经济，整个说来，多少带一点紧缩性，和唐朝差不多，没有宋金元那样的宽松。虽然首尾都发生过通货贬值，尤其是初年的纸币膨胀，到了严重的程度；但当时人民多用银钱，而以银钱计算的物价却很低。

明朝的币制，从形式上看来，是一种完善的制度，有高度的统一性，层次也便利，而切合实用；百文以上用纸币，百文以下用铜钱，政府对于大钱，虽稍偷工，并不减料，不应引起私铸。这种制度比王莽的简单，比其他朝代更合理。如果不是纸币发行太多，人民一定可以享受一种比较稳定的物价。

洪武初年，西征敦煌，北伐沙漠，军需繁重。当时国内有钱炉三百二十几座，每年铸钱一亿九千万文左右，数目并不多。当时人口约为六千万，每人只占三文，自然不够应付，只有发行纸币。纸币的发行数字，史书中没有记录，但从倒钞问题的发生，我们可以知道，在洪武十三年便已有通货膨胀的现象。因为洪武十三年（1380年）人民便常常把"堪用之钞"拿来掉换新钞，这表示钞票数目太多，超出实际需要的数量。当时新旧钞票之间，必已发生购买力上的差异。

然而国内军事还没有结束，蒙古人一方面在北方还想东山再起，一方面在云南守土以抗。徐达、傅友德等人南征北伐，驰骋一二十年，发行自然不能减少。而民间大事制造伪钞[1]，也许正因如此，才将告捕赏银增为二百五十两。此外加上政府官吏大规模的舞弊[2]，使钞票实际流通数量的增加以及其购买力的下跌不可避免。洪武二十三年宝钞一贯在两浙只能值钱二百五十文[3]，因此下令改定钞制。二十四年（1391年）旧钞的购买力比新钞又减半[4]。当时的人都责备商民滥用倒钞法，其中也许有几分道理；朱元璋说，都是一贯，何必分新旧，更是说得不错。但问题是发行太多，如果不将新旧钞差别待遇，那么只有使全部钞票跌价。何况还有官吏作弊，难怪人民"揉烂以易新"了。

通洪武的三十一年，可以说年年用兵。通货膨胀不止表现在新旧钞价的差异上，更明显地表现在钞票对铜钱的价格上。洪武二十七年，在两浙江西闽广一带，宝钞一贯，只值得铜钱一百六十文[5]，这就是说，如果铜钱的购买力不变，则用宝钞计算的物价，涨了六倍以上。如果这里的铜钱是减重后的铜钱，则物价上涨的程度还不止此。于是索性禁止用钱[6]，人民就用金银，于是又在三十年三月禁用金银[7]。

其实，这些措施是一种鸵鸟政策，对于钞值的提高或稳定一点帮助也没有；因为问题是钞票跌价，并不是铜钱和金银涨价。禁止使用铜钱和金银，物价还是上涨。洪武九年钞一贯或银一两折米一石[8]，到三十年白银一两在纳粮时可以折米四石，但钞票却要二贯五百文折米一石[9]，这表示白银对钞票涨成十倍。

当时物价上涨的真正原因，自然也有人知道，例如都御史陈瑛在永乐二年（1404年）就说是因为"朝廷出钞太多，收敛无法，以致物重钞轻。"[10]他并且提出户口食盐法，来收缩通货。户口食盐法是一种盐税，令全国人民成年人每月食盐一斤纳钞一贯，未成年的减半，这样可以收回宝钞两三万万贯。这数目相当大，对人民的负担很不公平，但如果能够收而不发，则纸币的购买力当可以提高。可是永乐朝在明代是最膨胀的一朝，文化上也膨胀，军事上也膨胀，建设上也膨胀。譬如建设北京，曾徙山西民一万户；工人动以百万计；征伐鞑靼可汗，用兵五十万；此外郑和多次出使南洋；这些都是耗财的事业。所以户口食盐法只成了一种财政政策，而不能说是一种货币政策，货币数量仍是不断增加，币值则继续下跌。

明朝官俸是用米计算，而用宝钞折支。洪武年间一贯抵一石，到永乐元年改为十贯一石，洪熙元年（1425年）加为二十五贯一石[11]，所以在永乐年间那种戎马倥偬中，米价比洪武初年涨成二十五倍。换句话说，就是五十年间，米价涨成二十五倍。这还是政府对宝钞估价过高，在收进宝钞的时候，估价更低了。例如各种税粮的折纳，在洪武九年也是一贯钞抵一石米，但永乐五年就加成三十贯一石了；三十二年间米价涨了三十倍。这个倍数大概比较更接近市价。永乐五年各种可以代输税粮的日用品，折算率也都增加了，小麦和豆是三十倍，大苎布和小绵布增加成四十倍[12]。洪熙元年（1425年）仁宗自己说"民间诸物视洪武时值率增数十倍"[13]。当时布一匹官给钱五十贯，棉花一斤六贯[14]，也许市价还要高。那时夏时就已主张改革币制，说钞法扰乱市肆，无裨国用[15]。

宣宗的时候，加强租税政策，增加课税的数目和种类，藉以收缩通货，并增加人民对于宝钞的需要。宣德元年（1426年）令各处赃罚都照市价五倍折收宝钞[16]；三年并且停造新钞，破烂的则加以烧毁。四年连菜地、果树、房舍、裱褙铺、车院店、油房、磨房、堆卖木植、烧卖砖瓦、牛车、小车等，都要纳钞。这种政策，一方面是为了稳定币值，同时也想充裕财源，因为宣宗朝仍有军事行动。但物价仍是上涨。宣德四年，米一石绵布一匹或丝一斤都要五十贯钞[17]，比洪武九年涨成五十倍。七年宝钞一贯大概只值钱五文[18]。八年绢一匹折钞四百贯，布二百贯[19]，比洪武九年涨成三百三十多倍[20]。但这里目的是为收钞，不一定反映物价。民间已不用钞，专用金银。当时白银一两值钞百贯[21]，等于洪武九年的一百倍。

英宗即位以后（1436年），收赋令米麦折银，取消用银的禁令，于是银的使用变成合法，而用的地方更多了。政府还是承认宝钞的通用力，不过它的购买力一步一步下跌。正统年间，内外又有战事，九年米价每石折钞一百贯[22]，比宣德四年涨一倍，比洪武初涨一百倍。十三年宝钞对铜钱的价格，随钞票的新旧，每贯自一二文到十文[23]。

景帝景泰三年（1452年）七月令京官俸给，照时价给银，五百贯钞给银一两[24]，这就是公认宝钞对白银跌成五百分之一。

那以后钞价激转直下。宪宗成化元年（1465年）宝钞一贯折钱四文，六年折钱二文。二十三年邱浚主张改革币制[25]，对于宝钞分别新旧作价行使。新钞每贯作钱十文，旧钞中四角完整、中间没有折裂的每贯作钱五文，中间折裂的作三文，昏烂而能看出一贯字样的作一文。当时市价每贯不值一文。孝宗弘治元年（1488年）官俸每银一两折钞七百贯，当时铜钱七文折银一分[26]，所以钞一贯合铜钱一文。洪熙宣德间还有百文的小钞流通，到成化弘治年间则只有一贯的大钞了[27]。到世宗嘉靖十四年（1535年）宝钞一千贯才能折银四钱，白银对宝钞涨了二千五百倍，当时铜钱一千文折银一两四钱三分,所以钞票一千贯,只值得铜钱约二百八十文。铜钱对钞票涨了三千五百七十倍[28]。嘉靖四十五年要五千贯才折得白银一两[29]。万历四十六年(1618年)军饷还有用宝钞支付的,每军士给钞数百贯,只值几十文,大约十贯只值一文。军士领到宝钞马上兑换现钱,钞票流回政府[30]。但各地钞价稍有差异,政府的收价与付价也不相同。实际上自弘治以后,宝钞在货币经济上,已没有若何意义,人民在日常生活方面,所支付的是银和铜钱,钞票早已不用了。

有人以为明初币制的失败,是不该钱钞兼用,意思是说,如果专用宝钞,就不会失败。这一点很需要讨论。明初币值的波动,完全因为纸币发行无度。纵使不用铜钱,钞价还是会下跌。从制度上来说,钱钞兼用,如同天平之有两端,必须两者平衡,才是一种健全的状态,如果两者价值上发生差异,就知道一方发行太多,或另一方数目太少。从人民生活上着想,铜钱的使用,不知减少了多少不便和损失。在纸币价值不断跌落之下,人民由于使用铜钱,才能享受一种比较稳定的物价。

大明宝钞价格表[31]

年份	官价(每贯值银钱数)		市价(每贯值银钱数)		所据
	钱数(文)	银数(两)	钱数(文)	银数(两)	
洪武 九 年(1376)	1000	1.00	1000	1.00	《明史》
十九年(1386)	(200)	0.20			《续文献通考》
二十四年(1391)		0.20			《明实录》
二十五年(1392)			160		《明史》
二十七年(1394)			160		《续文献通考》
二十八年(1395)	(100)	(0.10)			《明史稿》
三十年(1397)	(71)	0.071 53			《明会典》
永乐 五 年(1407)	(12)	0.012 5			《续文献通考》
十一年(1413)	(47)	0.047 6			《明会典》
中				0.012	《明书》
宣德 元 年(1426)		0.002 5			《明实录》
宣德 四 年(1429)	(10)	0.01			《明会典》
七 年(1432)	(10)	0.01			《明会典》《明实录》
正统 元 年(1436)				0.000 9	《续文献通考》《明实录》

续表

年份	官价（每贯值银钱数）		市价（每贯值银钱数）		所据
	钱数（文）	银数（两）	钱数（文）	银数（两）	
十三年（1448）			1—10		《续文献通考》
景泰 三 年（1452）	(2)	0.002			《续文献通考》
七 年（1456）		0.001 42			《续文献通考》
成化 元 年（1465）	4	(0.005)	0.9		《明会典》
三 年（1467）	4	(0.005)			《明会典》
六 年（1470）	2	(0.002 5)			《明会典》
七 年（1471）			2—3		《明史》
十三年（1477）	(4)	0.005		0.000 45	《续文献通考》
十六年（1480）	(4)	0.005			《续文献通考》
二十三年（1487）	(20)	0.025	0.9		《续文献通考》
弘治 元 年（1488）	1—2	0.001 428—0.003			《明会典》《续文献通考》
六 年（1493）	(2.1)	0.003			《明会典》
时				0.001 333	《明书》
十四年（1501）	0.3—0.4375	0.000 444—0.000 625			《明史·刑法》
正德 二 年（1507）	0.311				《明史》
六 年（1511）		0.001 43			《明史》
嘉靖 四 年（1525）	(2.1)	0.003			《明史》
六 年（1527）		0.001 143			《续文献通考》
七 年（1528）	1.57	0.009			《嘉靖实录》
八 年（1529）	(2.1)	0.003	(0.24)	0.000 8	《续文献通考》
十九年（1540）		0.000 32		0.000 1	梁材疏
四十五年（1566）		0.000 2			《续文献通考》
隆庆 元 年（1567）		0.000 6			《续文献通考》
万历四十六年（1618）			0.1	(0.000 18)	李汝华疏

在这时候，部分地回复实物经济是容易理解的。这点从官俸的支付上可以看出来。明代的官俸，货币所占的比重并不大。按照洪武十三年的办法，只有百分之二十几到四十几是用货币支付，大部分是禄米。而货币部分并不是用铜钱，因为明初铸钱不多；而是用宝钞支付，称为俸钞。

明初的薪俸，因为一部分用宝钞折发，使得官吏的真实所得随着宝钞购买力的跌落而减少。一个正一品官在洪武初每月约可得到一百一二十公石的米，那时全部发米。宣德八年，改搭一部分宝钞，于是只合得四十六公石的米。正统中宝钞占的成数增加，正一品每月所得只合得三十四五公石的米。成化七年减为二十公石上下，等于唐开元时的一个七品官。而且明代正一品官常缺，所以最高的待遇，每月只有十几石。至于低级官吏，在搭发宝钞的成数上，虽然比较少一点，但他们的真实所得的逐渐减少，也是一样的。例如一个从九品官，在洪武初每个月有八公石的米，正统中减成两石半，成化间减成一石七斗。

明代官吏月俸表[32]　　（单位：公石米）

官级	洪武十三年制	洪武二十年制	宣德八年制	正统九年制	成化七年制
一品	116.32	93.41	45.94	34.80	21.02
二品	98.42	65.50	32.21	24.40	14.73
三品	80.53	37.58	21.76	14.00	8.35
四品	62.63	25.77	14.86	9.60	5.80
五品	33.10	17.18	12.70	6.40	3.86
六品	18.79	10.74	8.01	4.75	3.46
七品	14.32	8.05	6.69	3.56	2.59
八品	10.74	6.98	5.79	3.08	2.23
九品	8.50	5.91	5.90[33]	2.61	1.90
从九品	8.05	5.37	5.37	2.54	1.73

注　释

[1]　《昭代王章》（《玄览堂丛书》，有洪武十八年十月序）《伪钞》第四八："宝钞通行天下，便民交易。其两浙江东西民有伪造者甚。惟句容县杨馒头本人起意，县民合谋者数多。……捕获到官，自京至于句容，其途九十里，所枭之尸相望，其刑甚矣，朕想决无复犯者。岂期不逾年，本县村民亦伪造宝钞。甚焉邻里互知而密行，死而后已。"

[2]　《御制大诰续编》（《玄览堂丛书》）《钞库作弊》第三二："宝钞提举司官吏冯良孙安等二十名，通同户部官栗恕郭恒，户科给事中屈伸等，并钞匠五百八十名，在局抄钞。其钞匠日工可办十分，诸匠等止认办七分。朕明知力尚有余，从其认办所以得存三分，不欲竭尽心力，后三处结党，诸匠尽力为之。洪武十八年二月二十五日造钞起，至十二月天寒止，尽力所造钞六百九十四万六千五百九十九

锭，临奏钞数已匿一百四十三万七千五百四十锭于广源库；杂诸处所进商税钞堆积，所奏者五百五十万九千五十九锭，将混同商税钞堆积，以代外来商税课程。"

[3] 《明实录》卷之二〇五。

[4] 《续文献通考·钱币考》洪武二十四年："八月命户部申明钞法。时民间昏烂钞，商贾贸易多高其值，以折抑之，比新钞加倍。"《明实录》卷之二一一。

[5] 《明实录》卷之二三四，洪武二十七年八月丙戌："诏禁用铜钱。时两浙之民，重钱轻钞，多行折使，至有以钱百六十文折钞一贯者，福建两广江西诸处，大率皆然，由是物价涌贵，而钞法益坏不行。"

[6] 《明书》卷三《太祖高帝纪三》洪武二十七年八月："钞法沮坏，禁用钱。"

[7] 《明实录》卷之二五一，洪武"三十年三月甲子禁民间无以金银交易。时杭州诸郡商贾，不论货物贵贱，一以金银定价，由是钞法阻滞，公私病之，故有是命。"

[8] 《明实录》卷之一〇五，洪武九年三月己丑："令民以银钞钱绢代输今年租税。户部奏每银一两，钱千文，钞一贯，折输米一石，小麦则减直十之二，绵苎布一匹折米六斗，麦七斗，麻布一匹折米四斗，麦五斗。"

[9] 《明实录》卷二二五。

[10] 《明史》卷八一《食货志五》。

[11] 《明史》卷八二《食货志六》。

[12] 根据《明会典》和《续文献通考》永乐五年各物折价如下：金每两四百贯，银每两八十贯，米每石三十贯，小麦、豆每石二十五贯，大麦每石十五贯，青稞荞麦每石十贯，盐每大引一百贯，丝每斤四十贯，绵每斤二十五贯，大绢每匹五十贯，小绢每匹三十贯，小苎布每匹二十贯，大苎布每匹二十五贯，大绵布每匹三十贯，小绵布每匹二十五贯。（参见本书第六章第二节四注[22]《洪武计赃时估》）

[13] 《洪熙实录》卷九下。

[14] 《宣德实录》卷二。

[15] 《明史》卷一六一《夏时传》。

[16] 《宣德实录》卷二二，宣德元年十月乙亥："户部言：比者钞法阻滞，朝廷屡严禁约，至今未见流通，盖由所出者多，所入者少。请自今凡官员军民人等赦后倒死亏欠马驼等俱令纳钞：马每匹三千贯，驼八千贯，骡二千贯，牛每头一千贯，……鹅八十贯，鸡鸭各三十贯。赦后至洪熙元年终各处所欠鱼鳔等物，鱼鳔每斤二十五贯，鱼油十贯，茶五贯，翎毛每百根十贯，牛皮一张三百贯，羊皮以下每一张一百五十贯，芦柴每束二十五贯。赃罚金银诸物：金每两八千贯，银二千贯，铜锡每斤各二百贯，铁五十贯，铅一百贯，纻丝罗每匹各二千五百贯，绫二千贯，

绸一千贯，官绢五百贯，小绢二百五十贯，官棉布二百贯，小棉布一百五十贯，小苎布一百贯，福生布洗白夏布各二百贯，高丽布一千贯。其有不尽载者各加时价五倍折钞，内外商税门摊等项俱依前例。"

[17]　《宣德实录》卷五八，宣德四年九月壬子："户部议奏绢一匹准粮一石二斗，绵布一匹准一石，苎布一匹准七斗，丝一斤准一石，钞五十贯准一石，绵花绒一斤准二斗，钞五贯准草一束，从之。"（应天苏松等府并浙江属）

[18]　小叶田淳《中世日支通交贸易史の研究》第四〇二页引《经觉要钞》。

[19]　《宣德实录》卷一〇〇，宣德八年三月庚辰兼掌行在户部事礼部尚书胡濙奏："支钞愈多，钞法愈滞。请将七年分俸粮每石减旧数折钞一十五贯，以十分为率，七分折与官绢，每匹准钞四百贯，三分折与官棉布，每匹折钞二百贯，文武官俸米每石见折钞二十五贯，旗军月粮见有折十贯或五贯者，请自今京官每石减作一十五贯……从之。"

[20]　洪武时绢一匹折米一石二斗（见《明会典》卷二九《征收》洪武十八年条），所以推算初年绢价当为一贯二百文一匹。

[21]　《明会典》说是宣德四年，《续文献通考》说是宣德七年。

[22]　《明会典》卷二九《征收》。当时官俸折算则仍止每石十五贯至二十五贯（见《明史》卷八二《食货志六》），但那等于官俸打折扣，不能代表米价。

[23]　《续文献通考》正统十三年五月："时钞法久不行，新钞一贯，时估不过十钱。旧钞仅一二钱，甚至积之市肆，过者不顾。以十贯钞折俸一石，则斗米一钱也。"

[24]　《续文献通考》。

[25]　《大学衍义补·铜楮之币》。

[26]　《明会典》卷三五《课程四》。《明书》卷八三《食货志》："成化初，每钞二贯折钱四文，六年减二文。"

[27]　陆容《菽园杂记》。

[28]　《明会典·课程四》。《明书》卷八一《食货志》："嘉靖中，御史魏有本上言……每钞一张为一贯，每千张为一块，时价每块值银八钱，官价每块准银三两。……官价银一钱，值好钱七十文，时价每银一钱易好钱不过三十文。"

[29]　《续文献通考》隆庆元年八月："令南京新旧课钞，分别折银，命应天府属诸税课衙门，嘉靖四十五年以前课钞每贯折银二毫，先行上纳。隆庆元年以后，每贯折银六毫。"

[30]　万历四十六年仲夏户部尚书李汝华《权时通变酌盈济虚疏》："每军士给钞数百贯，计值不过数十文，随手而易之。九门钱户钞户逐月交纳，亦随纳而

随易,各处钞关通同倒换只烦故事莫可究结。"(万历庚申天都程开祜仲秩父辑《筹辽硕划》卷八)

[31] 表中银钱数字而有括弧的,全是推算出来的,例如洪武十九年,据《续文献通考》载:"岁解税课钱钞,道里险难,致者许易金银以进……银一两钞一锭。"当时银价约为一两千文,所以在"钱数"栏内有每贯二百文的数字,而加以括弧。又如洪武二十八年,史书中并没有钞价的记载,但《明史稿·食货志》载全国通租折收布绢绵花及金银的定例,钞一锭折米一石,银一两折米二石,因此算出钞一贯值银一钱的数字,并再折成钱数。又其中成化元年和二十三年市价钱数的零点九,是表示一贯不值一文。成化十三年市价银数的零点零零零四五,是表示钞千贯止值四十五钱。银钱的折算是依官价。成化以前以每两千文计算;成化元年起每两八十文。弘治元年起每两七十文。

[32] 官俸数字系依据《明史》卷八二《食货志》。洪武十三年制的米价每明石以一贯计。洪武二十九年制以全给米计算。宣德八年绢一匹以米一石二斗(明石)计,每石以五十贯计。正统制每石以折钞二十五贯计,但实价则以百贯计。成化制中的现钞以全数折布计算,布一匹作二百五十文,米每石以值银四钱七分六计,银一两以合铜钱八百文计。明石以一点零七三七公石计。

[33] 宣德八年的数字,依照洪武二十五年制,高级官吏发米四五成,低级官吏发米七八成,其余发钞,只有九品以下全支米,所以九品的收入反而多于八品。当时谅必另有补充办法。

二 万历以前铜钱的购买力

明朝在纸币膨胀的过程中,人民的经济生活,倚赖银钱的庇护,如同暴风雨的时候,行旅躲在路傍亭子里的情形一样:虽然仍有阵风骤雨打进来,但比起外面来,究竟安稳多了。

铜钱的购买力,始终是很高的。例如米价,洪武初一石约值五百文到一千文,成化十八年,因大江南北灾荒,斗米卖到七八十文,就说"民有饥色,野有饿莩"[1]。可见用铜钱计算的米价,没有多大涨落,从各种野史中,也可以看出整个明代铜钱购买力之高[2]。

实际上铜钱对白银还有上涨的倾向。洪武初白银一两合铜钱一千文[3]。成化时减为八百文[4]。弘治初再减为七百文[5]。正德年间也相同[6]。嘉靖时官价没有更动[7],但市价一两只能买到好钱三百文[8]。隆庆初,白银更加通行，钱价下跌，一两折金背钱八百文、火漆钱和镟边钱一千文[9]。万历四年也相同，后来金背涨价，五文就可抵银一分，若是嘉靖金背，只要四文[10]。十三年依户部建言，万历金背改以八文准银一分。十五年户部说嘉靖金背每五文折银一分，万历金背每八文折银一分，遵行已久。可见十三年时嘉靖金背已是五文折银一分。十七年，似乎万历金背也以五文折银一分，到三十九年市价是六十六文合银一钱[11]。所以制钱一贯所能换到的白银越来越多。

钱价上涨的原因，首先是因为铜价上涨，也即是银铜比价的变动。按照洪武元年的计赃时估来推算，当时一百斤铜值银五两；景泰四年红铜是每百斤六两；万历五年据山西巡抚高文荐的奏文，每百斤是银七两；万历二十五年以后是每百斤十两五钱[12]，所以到万历年间，以白银计算的铜价比明初已上涨一倍以上。

明代制钱兑价表

时期		每贯合银两数
洪武	元年（1368年）	1.00
成化	二年（1466年）	1.25
弘治	元年（1488年）	1.42857
嘉靖	八年（1529年）	
	官价	1.42857
	市价	3.33
隆庆	四年（1570年）	1.25
万历	四年（1576年）	1.25
	十三年	1.25—2.00
	十七年	2.00
	卅九年	1.515

第二个原因就是制钱分量的一再增加。洪武钱每文重一钱，弘治钱重一钱二分，嘉靖钱重一钱三分。这也使制钱本身的价值增加了。

第三是由于当局推行宝钞的关系，铸钱数量不多。大中通宝两次铸造总共只有四万二千二百二十贯，其中一部分大钱后来用来改铸洪武小钱。洪武钱的铸造数额，史书只载元年的八万九千多贯和八年的十九万九千八百四十九贯八百三十二文[13]。根据洪武二十六年的则例，当时除南京外，全国共有三百二十六个半炉座，一年可铸十九万零四百一十四贯八百文[14]，但实际上并不是年年铸造，而是时常停铸[15]。就是在铸造的年份，也不一定按照定额铸造。永乐钱铸造得更少，因为六年才由京师开铸，九年才叫浙江、江西、广东、福建四布政司铸。宣德钱到宣德八年才开铸，也只有京师的工部和四布政司从事鼓铸，史书说只铸造十万贯[16]。即使这铸额再继续了几年也不算多。宣德以后，大概有五六十年不铸钱，一直到弘治十六年才铸弘治钱，鼓铸弘治钱的炉座似乎有增加，因为除恢复洪武时的原有炉座外，还增加湖广、福建、云南、贵州四省，南京铸额也增加，每年似乎可以铸造二十五万贯[17]。但这只是当局的定制，这定制并没有贯彻执行[18]。嘉靖通宝每年的铸额大概也不过十把万贯[19]。二十三年铸造的大钱更少，因为只北京工部一局铸造，而且极少留传下来。至于所谓补铸九个年号的钱一事，大概根本没有实行。隆庆通宝铸了一年多，户部只进缴二百万文。一直到万历初年，铸钱数量还是不多，每年只铸两万锭，十三年增为十五万锭，二十年为九万锭[20]。二十七年以后，炉座才逐渐增加。所以明朝到16世纪底为止的两百多年间，铸钱的数目并不多，总共恐怕不过千把万贯，而且有一大部分积存在官库[21]，不参加流通，实际流通的以前代旧钱和本朝的私钱为主。而明廷对于各种缴纳，往往限用本朝制钱，或则以旧钱二文折合制钱一文[22]。所谓制钱，是指本朝官炉所铸的钱，是前朝旧钱或本朝私钱的对称。这名辞是明朝开始用的。在这种情形之下，制钱的兑价自然上升。

　　明钱不但铸造得少，而且有一部分流到外国去。永乐年间每年遣内官到外国和西北买马收货，每次带出铜钱几千万[23]。当时南洋的爪哇和三佛齐（浡淋邦）通用中国钱，锡兰也用中国钱[24]，这些地方的铜钱大概以宋钱为主。但日本却输入许多明钱，以洪武钱和永乐钱为最多，宣德钱次之。日本的镰仓幕府早已倾覆，代之而起的是足利氏的政权，这一百八十年（1338—1573年）称为室町时期，日本自己不铸钱，而因商业的发达，对于通货的需要很大，各地的封建地主（大名）全靠从事海外贸易的商人作经济上的支持，同时他们对商人则给以政治上的保护。许多商人是他们所派遣的。也有许多贸易是幕府所主持的，以进方物为名，来换取中国的铜钱。中国认为是"进贡"，照例按价给钱，作价很高。例如永乐二年对日本来使曾给钞五十锭，钱千五百缗[25]。以后时常如此[26]。有时甚且发生争执[27]。在宣德以前，明廷推行宝钞，铜钱不大流通，有时甚至禁止流通，大量制钱积存官库中，所以常用来作对外支付。宣德十年十二月梧州知府李本奏准兼行钱钞。那以后明廷不大肯给铜钱。于是日本许多私商就想从普通贸易上来取得铜钱。但明廷对外实行闭关主义，自太祖时就寸板不许下海，输出铜钱更是严禁。就是对于国外贸易，也有定例，例如日本在嘉靖六年以后，就只许十年一次，使人二百名，使船二只。违例就不接受。不过日本取得的铜钱，不一定是制钱，大部分恐怕是旧钱和私钱。当时中国一两白银可换七八百文铜钱，而日本一两白银只能换到二百五十文铜钱[28]，所以铜钱自然向日本流。当时日本商船到中国来，在福建的月港和浙江的双屿靠岸，进行贸易，铜钱即从这两地流出。而私铸也以福建和浙江最多。输往日本的大概多系私钱，这种私钱每千值银一两二钱，也即私钱三文合制钱一文。然而通盘看来，宣德以后流到日本去的铜钱数目应当是不多的，因为日本商人已开始输入中国货物，这种货物在日本可以卖很高的价格。例如宣德正统年间的丝价，中国是一斤二百五十文，日本是一斤五贯文[29]。利润远大于铜钱的输入，所以日本商人以输入商品为有利，有时甚至把铜钱输到中国来[30]。

　　由于以上这些原因，所以制钱的购买力很高，米价在洪武年间，大约五百文一石；正统年间，大约只要三四百文[31]；成化五年和八年都有三百文一石的记载[32]；十一年折价只一百六十文[33]。不过明代的米价，多以白银计算，所以单是这里所举的几种数字，不能完全代表制钱对米的购买力的倾向。如果将白银计算的平均米价折合成制钱，则每一公石米在洪武时约值四百六十文，永乐时二百八十五文，宣德时二百九十文，正统时二百五十几文，景泰时四百文，天顺时二百五六十文，成化时三百五十几文，弘治时三百六十几文，正德时三百三十几文，嘉靖时自一百七八十文到四百文，隆庆时四百七十几文，万历时自六百文以上跌到三百多文。但这种折算，意义不大；因为人民手中的钱，并不都是制钱，往往是旧钱或私钱。实际上宣德以前因推行宝钞，常禁止铜钱的流通，宣德十年才取消禁令。但市面流通的钱多是旧钱和私钱，洪武永乐等制钱贮在库中不发出来。这也就是说：制钱的购买力虽高，钱价并不完全稳定。情形是很复杂的。只有官钱比较稳定，对白银来讲，甚至增值，但旧钱和私钱则向相反的方向波动，而且这种波动是不规则的。旧钱是指明以前的钱，在万历以前，流通数量比明钱要多得多。旧钱的重量多是一钱左右，制作一般尚整齐，只是经过长期的使用，不免有磨损。明朝对于完整的旧钱，一般都和明钱同样看待[34]，只有弘治中因为推行洪武等制钱，曾规定若民间不用制钱税课，而用旧钱，则以二文当一文[35]。但民间可能有折使的情事[36]。嘉靖年间，旧钱中又分出等级来，中样旧钱二文抵好钱一文[37]。

明代钱价的波动，主要是表现在私钱上。私钱问题，自洪武初年就发生了。洪武六年便因私钱的使用，使制钱不能顺利流通，当局乃作价收买，以为改铸。每斤给官钱一百九十文[38]。在推行宝钞的初期，铜钱可能隐匿起来，连私铸也不利。但后来宝钞对铜钱跌价，而明代制钱铸造得少，铜钱购买力很高，于是私铸就盛行了。

私铸铜钱，无论在什么朝代，都是禁止的。明代在洪武元年就严禁私铸。但中国历代的私铸，很少因法令的禁止而停止，倒是由禁令的频繁反映了私铸的猖獗。实际上明朝只禁止私铸，并不禁止私钱的流通。

景泰七年，又因内外私铸者多，重申禁约。当时的私铸，主要造于南方的苏州、松江等处，运到北京去贩卖，私钱中都搀以铁锡，成色很低。北京的军匠人等，也有从事私铸的[39]。

成化十三年，苏、松、常、镇、杭州、临清等地的人还在从事私铸，各处的商贩加以收买牟利，政府又通令禁止[40]。但十六年十二月户部说伪钱盛行，白银一钱值得一百三十文，钱贱米贵，而且拣选太甚，请加禁止[41]。十七年二月又说京城内外，私钱滥行，旧钱阻滞，钱轻物贵，再下禁令[42]。可见法令是不大收效的。

自弘治以后，私铸问题，有增无减，名目繁多，有新钱及铅锡、薄小、低钱、倒好、皮棍等[43]。十六年鼓铸弘治通宝的时候，给事中张文陈铸钱事宜，说铸钱之费，一万文要费白银十两，反对铸钱，并提到朝廷的浪费[44]。这同私铸问题有关，私钱盛行，使官铸无利可图。成化弘治年间洪武等制钱大概很少流通[45]，弘治二年四川重庆府知府请铸钱，户部说本朝的洪武、永乐、宣德钱都积压不用。工部也说民间都不用洪武等钱[46]。都反对。到弘治末年，京师几乎专用私钱，以两文当好钱一文，谓之倒好[47]。

正德时曾一再禁止私铸，正德六年有人请求禁止使用低钱，专用本朝制钱和大样的旧钱。次年除破损铁锡等钱外，都许使用，以七十文折银一钱，禁止以两文作一文的办法。但私钱更加厉害。由倒好发展到倒三倒四，就是三四文折一文。当局也承认私铸之弊，岁久难变。有些恶烂不堪的，盛行所谓回倒四[48]。可能是八文当一文。

在嘉靖年间，私钱的问题更加恶化了。在一些偏远地方，特别是靠海的地方，私铸者可以贩到外国去。如福建的龙溪[49]和广东的新宁[50]都有这种情形。嘉靖三年政府曾出榜晓示京城内外的商人，好钱以七十文作银一钱，低钱以一百四十文作银一钱[51]，但六年时京师市面上流通的也全是私铸，制钱和前朝旧钱都不能流通，大概是被驱逐了。世宗说是官不为禁，其实是禁不住[52]。后来私钱对白银兑价由三四千文一两跌成六七千文一两[53]。十二年直隶的私钱有倒三、倒四、折六、折七等名称[54]，甚至有倒九、倒十的[55]。这种私钱，轻裂薄小，触手可碎，字文虽存，而点画莫辨；甚至不用铜而用铅铁，不以铸造，而以翦裁[56]。三十三年乃规定嘉靖钱和洪武等制钱以及前代完好的钱都以七文准银一分，其他的钱，依照其质量的高低，分成三等，或以十文准银一分，或以十四文准银一分，或以二十一文准银一分，至于那些不堪用的滥钱则加以禁止。可是政府发付文武官俸，却不论新旧，都作上等钱使用，以七文折银一分，于是官吏们也就以这行市强迫商民接受，民间骚然。结果允许小钱流通，六千文准银一两。又定嘉靖钱七百文、洪武等钱一千文、前代钱三千文抵银一两，于是民间都造嘉靖钱。后来只好取消作价的办法，各种钱任其自然涨跌，而课税和官俸，都用白银[57]。

　　隆庆初有许多人提出整顿币制的办法。第一是兵部侍郎谭纶，他说要使人民富足，必须重视布帛菽粟而贱银，贱银必须用钱；他主张恢复铜钱的法偿力。课税银三两以下都收钱，民间交易，一钱白银以下，只许用钱[58]。第二是靳学颜，他也反对用银而废钱，主张令民以铜炭赎罪，政府用来铸钱，一切开支，都银钱兼用[59]。第三是直隶巡按杨家相，主张铸大明通宝[60]，这大概是因为那些年号钱的流通情形很混乱，所以不用年号，以示革新之意。第四是高拱，他主张采取自由放任政策，不要朝议夕改，使人民不相信[61]。穆宗赞成高拱的办法，并铸造了隆庆通宝。据说从此钱法稍通。当时八文合银一分。

　　但私铸问题并没有消灭，嘉靖万历等钱之有所谓金背火漆镟边等名称，无非就是在既有的设备下，防止私铸，正足反映私铸的猖獗。

注　释

[1]　《明臣奏议》卷二王恕《乞取回中官王敬疏》。

[2]　《今古奇观》第九卷《转运汉巧遇洞庭红》："话说国朝成化年间，苏州阊门外有一人，姓文，名若虚……遇一个瞽目先生……伸手顺袋里摸了一个钱，扯住占一卦，问财气。"《西游记》第五九回："只见门外一个少年男子，推一辆红车儿，住在门旁，叫声卖糕。大圣拔根毫毛，变个铜钱，问那人买糕。那人接了钱，不论好歹，揭开车上衣里，热气腾腾，拿出一块糕，递与行者。"（嘉庆年间作）《隔帘花影》第一八回："细珠道，如今有良心的少，一个屠二沙嘴日日受

咱家恩，到了难中，还不肯借出一个钱买个馍馍给慧哥吃。"（万历年间作）《狯园》第四《玉龙山伞戏》："金笑曰，不才之子，何足道哉！给与钱数十文，令诣村店进少酒啖，乃出安宿，解人既获醉饱……。"

[3] 《明会典》卷一七九《计赃时估》中，是以银一两合铜钱一千文。见第六章第二节四注 [22]。《明史》卷八一《食货志五》："（洪武八年）每钞一贯，准钱千文，银一两，四贯准黄金一两。"

[4] 《宪宗成化实录》卷之三三，成化二年八月辛丑："给事中丘弘言十一事……一、通钱法，比者京师钱法不行，贸易不便，宜申令两京文武官员俸钞军官俸银俱各与钱兼支中半，一贯为钱四文，一钱八十文……上从之。"又卷之二一〇，成化十六年十二月甲子："户部言，京军民上言，前此京师钱价每银一钱易钱仅得八十文……。"又卷之二一二，成化十七年二月戊午："上曰，今后只许使历代并洪武永乐宣德钱，每八十文折银一钱。"

[5] 《孝宗弘治实录》卷之一一，弘治元年二月辛丑："户部请……每钱七文，折收银一分……从之。"又卷之七四，弘治六年二月庚戌："奉旨集廷臣议拟上三事……今后每钞一贯，折征银三厘，钱七文折银一分。"

[6] 《武宗正德实录》卷之九，正德元年正月辛亥："户部言，每七百文折银一两。"《明史·食货志五》："正德三年……又从太监张永言，发天财库及户部布政司库钱，关给征收，每七十文征银一钱。"

[7] 《明会典》嘉靖三年："今后只用好钱，每银一钱七十文，低钱每银一钱一百四十文。"《明史·食货志五》："嘉靖四年，令宣课分司收税，钞一贯折银三厘，钱七文折银一分。"三十三年也有同样的规定。

[8] 《续文献通考》卷一一《钱币考五》嘉靖八年九月直隶巡按魏有本奏："以钱言之，各处低钱盛行，好钱难得。官价银一钱值好钱七十文，时价每银一钱，买好钱不过三十文。"

[9] 《明史·食货志五》。《续文献通考》卷一一《钱币考五》说隆庆四年金背钱每八文折银一分，火漆钱镟边钱十文折银一分。

[10] 《续文献通考》卷一一《钱币考五》说万历四年凡嘉靖隆庆万历金背钱八文准银一分，火漆镟边钱十文准银一分，旧钱十二文准银一分。《神宗万历实录》卷之四九，万历四年四月壬申条也说："各直省止许铸用镟边，每十文准银一分。"但卷之一八七，万历十五年六月辛未条说："故嘉靖金背每五文折银一分，万历金背每八文折银一分，遵行已非一日。两月以来，将嘉靖金背悉置不用，而惟万历金背专用之。"两书对于嘉靖金背的作价不同。而《明史·食货志五》却说："初铸时，金背十文直银一分，今万历金背五文、嘉靖金背四文，各直银一分，火漆镟边亦如

之。仅逾十年,而轻重不啻相半,钱重而物价腾踊。"

[11] 上列几种兑价,都是根据《续文献通考》卷一一《钱币考五》。

[12] 项梦原《冬官记事》。万历四十四年也是这价钱。万历二十五年是指二火黄铜,四十四年是指四火黄铜。

[13] 《太祖洪武实录》。

[14] 洪武二十六年铸钱数各书所载稍有出入。《明会典》卷一九四《铸钱》项下的记载如下:

地区	炉座数	每年铸钱数
北平	21	12 830 400 文
广西	15.5	9 039 600 文
陕西	39.5	23 036 400 文
广东	19.5	11 372 400 文
四川	10	5 832 000 文
山东	22.5	12 122 000 文
山西	40	23 328 000 文
河南	22.5	13 122 000 文
浙江	21	11 664 000 文
江西	115	67 068 000 文
合计	326.5	189 414 800 文

但傅维鳞《明书》卷八一《食货志》说洪武时全国共有三百二十五座铸炉。而谈孺木的《枣林杂俎·钱炉》条所记数字又不符,说北平山东云南各二十二炉,山西四十炉,浙江二十炉,江西一百一十五炉,广西四川各十炉,陕西三十九炉,广东十九炉。如果我们仔细研究一下,就可以发现各书都有错误。当时每一炉座的铸额似有一定,每炉每年铸七千八百三十二贯。以这标准来看《明会典》的记载,则可以晓得北平不是二十一炉,而是二十二炉,这里《枣林杂俎》对了。浙江不是二十一炉,而是二十炉,也是《枣林杂俎》的数字正确。《吉羊》(《玄览堂丛书》)所载是二十座。剩下只有山东的炉数和钱数不符,但如果我们把钱数的一千二百多万改为一千三百多万,也就符合了。我几乎可以断言应当这样改,因此洪武二十六年的铸钱例应当是三百二十六座半铸炉,每年共铸一亿九千零四十一万四千八百文。各书都不记福建和湖广的炉座和铸钱数,可是洪武钱中背有福字的却比较多。

[15] 见本章第一节《货币制度》。

[16] 《宣宗宣德实录》卷之一〇六宣德八年九月乙亥。

[17] 弘治通宝的铸炉，北京照初年北平旧数，南京照北京加倍，山东、山西、河南、浙江、江西、广东、广西、四川等照旧，但另增四省铸钱，湖广照浙江数，福建照广东数，云南、贵州照四川数。总共炉数为四百二十九座，每年可铸钱二十五万零七百七十六贯。

[18] 《孝宗弘治实录》卷之二一三，弘治十七年六月庚辰："工部覆奏，南京……杨守阯等所言量减铸事，谓南京宝源局当鼓铸弘治通宝铜钱二千五百六十六万，所费不少，见今各处灾伤，南京特甚，乞暂停铸，俟年岁稍丰时再议。命量减原铸数三分之一。"又卷之二二四，弘治十八年五月己丑："先是太常寺奏铺户领物价中，有洪武等钱市不通行，负累未便，上令户部查究其故。户部言，本朝原铸有洪武等通宝，民间久未行用，而贮于官库者甚多。……各处所铸弘治通宝，今所铸者，才十之一二。"

[19] 《明会典》说嘉靖六年北京宝源局铸一千八百八十三万零四百文，南京宝源局铸二千二百六十六万零八百文，又令工部查照永乐宣德年间事例差官于直隶河南闽广去铸钱。宝源局的数字可能有错误，因为和前代的数字只相差一个字，若照弘治通宝的办法，则北京宝源局应为一千二百八十三万零四百文，南京宝源局加倍，即二千五百六十六万零八百文。但无论如何，既说是查照永乐宣德年间的事例，则铸钱数额大约也不过十万贯左右。

[20] 《明会典》卷一九四《铸钱》。

[21] 《孝宗弘治实录》卷之二九，弘治二年八月甲寅："户部以四川重庆府知府毛泰奏请铸钱，因言国朝有洪武永乐宣德钱，皆积不用，宜疏通之。"《武宗正德实录》卷之二九，正德二年八月壬申："……洪武永乐等钱，贮库虽多，给赏尚少。"万历四年十二月给事中丝训说："银库贮钱累千百万，壅积何益，宜令百官俸给四分支银，六分支钱。"

[22] 《续文献通考》引《春明梦余录》："弘治中……于是铸弘治通宝钱，官吏俸薪，并给通宝钱，诸税课衙门，一半收洪永宣三朝制钱，如无三朝制钱者，折收旧钱二文，以示惩罚。"《五杂俎》："山东银钱杂用，其钱皆用宋年号者，每二可当新钱之一。"

[23] 《续文献通考》卷一一《钱币考五》永乐十九年四月："侍讲邹楫言，朝廷岁令天下有司铸铜钱，遣内官赍往外番及西北买马收货，所出常数千万，而所取曾不及其一二。"

[24] 据黄省曾《西洋朝贡典录》，该两国的交易，都是用中国历代钱。那是郑和南巡时的情形。《续文献通考》卷一一引马欢《瀛涯胜览》："爪哇国通用中国历代铜钱，旧港国亦使中国铜钱，锡兰尤喜中国铜钱，每将珠宝换易。"十六七

世纪荷兰人初到那一带,也说是使用有孔的铜钱。如 Lindchoten 在其《航行记》(*Itinerarie Voyage*)中写道:"In sunda there is also no other kind of money than certain copper mynt called 'caixa', of the bigness of a Hollādes doite, but not half so thicke, in the middle where of is a hole to hang it on a string, for that commonlie they put two hundred or a thousand upon one string."(Quoted by R.Charlmer's *History of Currency in British Colonies*,p. 372.)

[25] 《太宗永乐实录》卷之三九,永乐三年十一月辛丑。

[26] 据《太宗永乐实录》所载,永乐五年五月明廷遣使到日本,赏银一千两,铜钱一万五千贯。六年五月对日本来使赏赐钞百锭,钱十万。九年又遣中官王进赴日赐钱五十缗。《英宗正统实录》卷之二三六,景泰四年十二月甲申:"礼部奏,日本国王有附进物。……比旧俱增数十倍。盖缘旧日获利而去,故今倍数而来,若如前例给直,除折绢布外,其铜钱总二十一万七千七百三十二贯一百文。"

[27] 成化五年日本的幕府足利义政派了三条船到中国来,据《善邻国宝记》,日本的国书称:"书籍铜钱,仰之上国,其来久矣,今求二物,伏希奏达,以满所欲,书目见于左方。永乐间多给铜钱,近无此举,故今库索然,何以利民?钦待周急。"《明实录》对这件事也提到。《宪宗实录》卷之六二,成化五年正月丙子礼部奏:"日本国所贡刀剑之属,例以钱绢酬其直,自来皆酌时宜,以增损其数。况近时钱钞价值贵贱相远……而使臣清启犹援例争论不已。"又二月丙戌朔:"日本使臣清启船凡三号……其三号船船土官玄树等奏称,海上遭风,丧失方物,乞如数给偿同国,庶王不见其罪。事下礼部,言……难以准给。上曰……但有国王效顺,可特赐王绢一百匹,彩段十表里。既而玄树又奏乞赐铜钱五千贯……上曰,玄树准再与铜钱五百贯,速遣之去。"

[28] 《筹海图编·古文钱》条下注:"倭不自铸,但用中国古钱而已。每一千文,价银四两,若福建私新钱,每千价银一两二钱。惟不用永乐开元二钱。"

[29] 小叶田淳《日本货币流通史》(改订增补版)第五九四页引楠叶入道(宣德正统年间随日本的遣明船来中国)的话。

[30] 正德六年日本船到宁波时,牙行孙瓒向船长赊到铜钱等物。但也不能说,宣德以后就没有铜钱流到日本去。近代日本在宫崎县西臼杵郡出土一批古钱,总计七千七百一十九枚,其中有宣德通宝九枚,弘治通宝二枚。不过比起洪武永乐等钱来,就微不足道了。洪武通宝有一千二百七十三枚,另有日本仿铸的一百二十三枚。永乐通宝二百枚,日本仿铸的二千五百九十枚,越南仿铸的三枚。

[31] 《英宗正统实录》卷之六八,正统五年六月戊寅:"今(广西)按察司奏,辅国将军赞忆复令家人杜胜雷椿收兴安等县禄米,每石逼折钱七百文,甚至

一千五百文，比时价加三四倍，民何以堪？"

[32] 《宪宗成化实录》卷之七一，成化五年九月壬辰："（山东）每米一石，折银二钱五分，或大绵布一疋，或钱三百文。"又卷之一一一，成化八年十二月庚午："（山东）每粮一石，籴铜钱三百文，或银三钱五分。"

[33] 同上卷之一四五，成化十一年十一月辛未。

[34] 《明会典》卷一九四《铸钱》："天顺四年令民间除假钱锡钱外，凡历代并洪武、永乐、宣德钱及折二、当三，依数准使，不许挑拣。"《宪宗成化实录》卷之二一〇，成化十六年十二月甲子："除伪造并破碎锡钱不用外，自余不问年代远近，无得拣选。"

[35] 见注 [22]。

[36] 《武宗正德实录》卷之八三，正德七年正月庚午："初司礼监太监张永奏，洪武、宣德、弘治等钱暨历代旧钱，例得兼行，但内无官给，外无征收，上下违隔，致令民间以二折一。"《续文献通考》卷之一一，正德七年："户部覆准榜谕.军民人等，不分远近钱样大小，但系团圆铜钱，每七文作银一分，不许以二折一。"

[37] 《明会典》嘉靖六年："又令晓谕京城内外行户人等，今后除私铸新破铅铁等项，首官易买不用外，但系团圆中样旧钱，每一百四十文，准银一钱，与洪武、永乐等钱随便行使。"

[38] 《太祖洪武实录》卷之八六，洪武六年十一月丙午。

[39] 《续文献通考》。

[40] 《续文献通考》卷一一《钱币考五》。

[41] 《宪宗成化实录》卷之二一〇，成化十六年十二月甲子。

[42] 同上卷之二一二，成化十七年二月戊午。

[43] 《名山藏·钱法记》。

[44] 《孝宗弘治实录》卷之一九七，弘治十六年三月戊子："工科左给事中张文陈铸钱事宜，谓铸钱之费，每岁一万，费银十两。……异时官铸盗铸相乘，恐又患其太多。往年专用旧钱，民犹私铸，今盛行鼓铸，是使之乘机作伪。……陛下诚能躬行节俭，以先天下，无三冗之费，有九年之积，则钱虽不铸，自可足用。"顾炎武在《天下郡国利病书·北直中》论到大名府的田赋志时，也认为自弘治以后.国势渐衰，人民负担加重，户口日耗。

[45] 陆容《菽园杂记》卷一〇："洪武钱民间全不行，予幼时尝见有之，今后不见一文，盖销毁为器矣。"

[46] 《孝宗弘治实录》卷二九弘治二年八月甲寅。

[47] 董谷《碧里杂存》："吾乡自国初至弘治以来，皆行好钱，每白金一分，

准铜钱七枚,无以异也。似拣择太甚,以青者为色上。正德丁丑,余始游京师,初至见交易者皆称钱为板儿,怪而问焉?则所使者皆低恶之钱,以二折一,但取如数,而不视善否,人皆以为良便也。既而南迁,则吾乡皆行板儿钱矣。好钱遂搁不行。不知何以神速如此。既数年.板儿复行拣择,忘其加倍之由,而仍责如数,自是银贵钱贱矣,其机亦始于京师。"陆深《燕间录》:"予少时见民间所用皆宋钱,杂以金元钱,谓之好钱。唐钱间有开通元宝,偶忽不用。新铸者(按指私钱)谓之低钱,每以二文当好钱一文,人亦两用之。弘治末,京师好钱复不行,而惟行新钱,谓之倒好。正德中,则有倒三倒四,而盗铸者锋起矣。"

[48] 《武宗正德实录》卷之八三,正德七年正月庚午:"时私铸之弊,岁久难变,至有以四折一,恶烂不堪者回倒四亦盛行云。"

[49] 《日本一鉴·铜钱》条之注:"《宋史》铜钱乾文大宝。《元史》遣商持金来易铜钱图书。私铸司罢铸已久,惟用中国古钱。每钱一文,价银四厘。向者福建龙溪地方私自铸钱市之,彼重中国之钱,不计龙溪之伪。"

[50] 明嘉靖刊本《新宁县志·食货·钱法》:"国初行洪武通宝时,设铸钱厂于郡城,新会民多为冶工,因窃其范法。自是本县蚝涌曹冈之民,咸铸伪钱,与真钱混行,每千文易好钱三百,有司累禁不能止。今其俗犹在,时与新会民交通,载往交趾广西,或下海售之。近来邑冶钱法颇通,所用多旧钱;每银一两,易钱一千。大略同于新会,与广城少异。然其中亦间有蚝涌伪钱相混。但民多能识别之者,故其钱本邑视他处反少云。"

[51] 《明会典》(嘉靖三年事)。

[52] 《明世宗嘉靖实录》卷之八三,嘉靖六年十二月甲辰。

[53] 《明史·食货志五》:"(嘉靖时)先是民间行滥恶钱,率以三四十钱当银一分,后益杂铅锡,薄劣无形制,至六七十文当银一分。"

[54] 《世宗嘉靖实录》卷之一四九,嘉靖十二年四月丙子:"孙锦《条陈畿辅事宜》……一、定钱法,直隶奸民巧为薄小铅烂等钱,立为道三、道四、折五、折六、折七等名,致钱法不通。"

[55] 《燕闲录》:"嘉靖以来,有(倒)五、六至九、十者。"

[56] 《明书》卷八一《食货志》嘉靖二十三年御史阎邻言。

[57][58] 《明史·食货志五》。

[59] 《明史》卷二一四《靳学颜传》:"隆庆初……应诏陈理财,凡万余言。言选兵铸钱积谷最切。其略曰:……臣又睹天下之民皇皇以匮乏为虑者,非布帛五谷不足也,银不足耳。……奈何用银而废钱。钱益废,银益独行;独行则藏益深,而银益贵,货益贱,而折色之辨益难。豪右乘其贱而收之,时其贵出之,银积于豪

右者愈厚，行于天下者愈少。……计者谓钱法之难有二，利不仇本，民不愿行，此皆非也。……诚令民以铜炭赎罪，而匠役则取之营军，一指麾间，钱徧天下矣。至不愿行钱者独奸豪尔。请自今事例罚赎征税赐赍宗禄官俸军饷之属，悉银钱兼支，上以是征，下以是输，何患其不行哉！"

[60][61]　《明史·食货志》。

三　晚明的铜钱贬值

明朝政权的经济基础，弘治正德以后，已渐露破绽，万历晚年，就动摇起来了。

万历以前的钱价问题，是指私铸而言。对于官炉制钱，只嫌其少；或受私钱的排挤，流通得不顺利。它的购买力是很高的。万历初年，制钱的供给还是很少，所以兑价很高。对外战争发生后，钱制才真正恶化。

对外战争给予明朝政权的财政基础一个重创[1]。郝敬建议铸大钱，分为当十、当三十、当五十三种，这是明代面额最大的铜钱，虽然没有实行，但这建议本身就反映了当时的困难。

万历二十年以前，铸钱还只有六十炉。由于糜费的对外战争，铸炉不断增加，起初添置四十炉，五十炉。万历二十九年加置一百炉。三十年户部府军仓附铸，加二百五十炉，应天府又置一百炉[2]。总共到底有多少炉数，恐怕谁也弄不清了。明代铸钱行钞，在洪武初年本由中书省担任，洪武十三年废中书省，宝钞由户部发行，制钱由工部鼓铸，在京师设宝源局。现在不但户部想铸钱，操院也要铸钱，后来连常平仓也铸钱。钱背的各种文字，无疑都是铸钱单位的名称。这些钱当时只在北京流通，因此购买力下跌，各军役匠作都不愿工资的三成用铜钱发付。同时，由于钱价下跌，物价上涨，铜商也抬高铜价，使得有些铸炉不得不停工，并遣散铸匠，于是私铸又猖獗起来，因为以前铸匠是一种世业，熟习的人少；自增加鼓铸后，许多人学会这种技术，他们被遣散之后，无以谋生，多从事私铸，而且铸出的钱和官铸差不多，私铸开销少，所以能以低价卖给私贩者，于是私钱就充溢市面了[3]。战前金背钱只要四五十文便可折银一钱，战后官价虽然不改，但市价则银一钱可易钱六十文[4]。

北京如此，南京也不能例外。明代铸钱，以南京为最多，弘治年间已照北京加倍。明末其他省份可能也有由南京代铸的。所以两京的钱价发生差异，万历四十六年南京以十文抵银一分，北京以六文抵一分[5]。泰昌年间北京制钱以六十三文为一钱，南京以百文为一钱[6]。因为南京铸的钱比北京的薄小。

自万历四十六年满洲人发动进攻之后，形势更加严重。努尔哈赤（清太祖）计划攻抚顺等地方的时候，朝议请发军饷百万，神宗止发十万。兵部援引征倭征播的先例，调兵十万，需饷三百万，然而国库不发。可见库藏的空虚。只好加税，但政府计算的结果，辽东一年需饷八百多万，而两次加编田亩税，加到每亩七厘，也不过四百万，农民早已不堪负担而逃亡。至于商税，则征多了只有使商人绝迹。在江南富庶的乡村，物价虽然还是很低[7]，但在紧张的军事区域，则物价上涨几倍[8]。

由于钱币数量的增加，而且有折二钱，使其对白银的兑价下降。天启元年王象乾因军需浩大，请两京和十三省设局鼓铸，规定以六百文为一两[9]。三年四川巡按御史温皋谟又请铸钱，以千文为一两[10]。我们单看银钱折价，也许不觉得严重，但我们要晓得：当时白银的购买力已大为降低，所以铜钱购买力的下降，要超过它对白银兑价的减低。

就在这时候（天启元年）王象乾提议兼铸当十当百当千三等大钱，当十钱的重量为小钱的一倍，当百钱五倍，当千钱十倍。支付时也有一定的比例，每百文搭用当十钱四枚，每千文搭用当百钱四枚，每万文搭用当千钱四枚[11]。假定小钱每文重一钱，而且各种钱的成色相同，那么，一万文的支付，应当可以用当千钱四枚，当百钱二十四枚，当十钱一百四十四枚，小钱二千一百六十枚，总重只有二百六十两八钱，原来应当是一千两，也就是说，这三等大钱制的推行，意味着减重成百分之二十六。其他情形不变，则物价至少要上涨三倍八。

三等大钱也许没有铸造，也许铸造了没有发行就收回改铸。但当十大钱是铸造过的，而且铸得很多，官铸私铸都有。天启二年，户部正式设立宝泉局来铸钱，由右侍郎主持，叫钱法堂。其铸额远超过工部的宝源局[12]，外地也有铸大钱的，如宣府、密云二镇。大钱厚重的虽在九钱以上，但轻小的不到五钱。而且因数量多，买东西的人，就是三五个钱的，也付大钱，使卖主找偿，发生许多纠纷，因而有人建议值十文或二十文的货物，则整数用大钱，零数仍用小钱。结果大概不大好，所以五月十日两京停铸大钱，但仍旧通用。六年才下令收回大钱，可是越收越多，乃规定各种税课都用大钱，政府用来改铸小钱。在收兑大钱的时候，并不是十足兑与小钱，而是好钱给八文，低钱给六文，但书办往往实行克扣，八文只给七文[13]。

天启小钱本身也实行贬值，初铸的每文有一钱三分重，以五十五文折银一钱。天启二年秋天，就减为每文七分许[14]，这是严重的减重。以前各朝铸钱，力求精整，所谓不爱铜、不惜工，只求防止私铸。天启钱有所谓白沙钱，比较工整[15]，可是不久就变了。史书说，当时"开局遍天下，重课钱息"[16]。铸钱的溢利的确很大。万历五年是百分之三十三点七，二十五年前后是百分之二十点三，但天启二三年间南京铸钱用本钱二十万九千零五十四两，获息十二万八千六百零六两八钱，溢利百分之六十一点五；天启四年用本钱十四万三千四百四十一两，获息十二万八千九百三十二两，溢利百分之八十九点九。这时的铜钱实等于辅币。而且铸局人员舞弊，铸造特别轻小的钱来充数，或降低铜的成色，应当是铜七铅三的，天启二年贬为铜铅各半。有些地方的制钱只有两三成铜，其余是铅砂，掷地可碎，百文不盈寸[17]。据说苏州等地的人民曾相约拒用天启钱到十个月之久[18]。

铜钱的减重和贬低成色，可能也由于铜价的继续上涨。前面说过，在万历年间，铜价已由明初的每百斤值银五两涨到十两五钱，但天启年间黄铜已涨到十二两，红铜则涨到十四两三钱[19]。一方面铜价上涨，同时铸钱溢利很大，这就可以想见钱币的滥恶了。

由于当局的横征暴敛，钱财流到严嵩父子及魏忠贤等少数人的地窖里去[20]，人民无心耕种，多逃亡他乡；稍有水旱，便引起饥荒；于是"盗贼"四起。天启末年陕西延安一带就有严重的饥荒，草根掘尽，竟以白石充饥，儿童和单身人出门，便为人所宰食。高迎祥、李自成、张献忠等人便是从这些饥民中产生出来的，张献忠便是延安人。

正当八旗军围攻锦州之后、陕西农民起义军横扫延安的时候，明廷又大铸崇祯钱[21]。起初每文重一钱二三分[22]，以六十五文折银一钱。崇祯元年南京的铸息约为百分之五十，计三万九千多两，北京户部的铸息为百分之二十点四，八个半月获息二万六千多两[23]。后来大概因私钱轻小，官炉不能竞争，有些炉座关歇，除南北两京外，只留湖广陕西四川云南及宣密二镇。而且铸息不尽归朝廷，有人建议派遣官吏到各省去采铜铸钱，于是铸局大开。主事朱大受说，荆州一地，一年可以四铸，四铸之息，两倍于南，三倍于北。朝廷就叫他专管铸钱。乃改定钱式，每文重一钱，每千文折银一两。但南京所铸，有轻到四分以下的，乃规定每文重八分[24]。而且搜括古钱古铜器[25]来改铸。史家说古钱销毁殆尽，这话倒未必真实，因为自启祯小钱发行后，厚重的古钱已隐匿起来，而且官吏们办公事的效率很低[26]，收买旧钱的工作，未必能做得彻底。明以后尚有许多古钱流通，就是明证。不过外省钱价低于北京。例如在崇祯十一年的时候，北京白银一两，仍旧是八百文许，但河南山东有到一千五六百文的，大概有私钱在内[27]。

明末的私钱，名目繁多，天启时有所谓宽边、大版、金灯。崇祯初有胖头、歪脖、尖脚[28]，后来京钱百文值银五分，外省钱百文值银四分[29]。崇祯十三年，苏州净钱一千，值白银五钱多。通行的钱，一千只值四钱五六[30]。又有所谓煞儿、大眼贼、短命官等，一两白银可以换到五六千文[31]。到清顺治四五年间，崇祯钱一百文，只值银一分，一斤重的铜钱值银二分五厘[32]。

明末的物价很混乱，在受到围攻的城镇，自然是米珠薪桂[33]，那是可以想象的。在一般地方，情形也不一致。崇祯十一年的时候，有人说当时米价约合千文一石，但因当时的量斗小，只有原斗的四分之一，所以名为一千文一石，实际上是四千文一石[34]。可是另外有人说，崇祯十七年的时候，一石米还不过七八百文[35]。无论如何，有些地方，可能有旧钱流通，而且好钱坏钱的购买力可能不一样，甚至可能有不用坏钱的地方，在这些情形下，物价一定要比较低，大家把铜钱看得重[36]。

关于明代官吏的所得，前面曾经谈到。那种所得在成化以前是用宝钞支付，所以随着宝钞的跌价而减少。后来一部分用白银支付，最后完全用白银支付，所以官吏的所得也曾有所改善。但劳动人民的所得总是维持在很低的水平上。这种所得以长年计算的有时用米或白银表示，短期的一般都用铜钱表示。正统初常熟县大概是五六两白银代役一年[37]，折算起来，每月合得一公石七斗米。万历年间，筑堤夫的工钱每月一两五钱[38]，可以买大米两公石多。佣工每日约可得铜钱三十文[39]，每月合得米两公石。但有时一天只能得二十四五文[40]，每月只有一公石一斗四升。到了崇祯年间，每日约可得六十文，但那时钱的购买力已下跌，大概实际所得还不到两公石米[41]。

崇祯十六年的时候，张献忠的军队在湖北湖南势如破竹，李自成则陷潼关西安等地，一步一步向京师进逼，当局想要发行钞票，又不能如愿，只好铸大钱[42]，不久明朝就亡了。

注　释

[1]　《明史》卷三二二《日本传》："自关白侵东国，前后七载，丧师数十万，糜饷数百万。"甚至有人以为明朝是亡于此。《幸存篇》引夏允彝的话说："贼之发难以何事起？天下嗷嗷，皆以加赋之故，然加赋于何年？皆以东彝发难也。"

[2] 王万祚疏。见胡我琨《钱通》卷二。

[3] 顾起元《客座赘语·铸钱》（万历年间作）。

[4] 《神宗万历实录》卷之四八八，万历三十九年十月戊子："商人刘伸智等告称，先年商价并未搭钱。万历一十七年间，户部议以五十文作银一钱，搭钱三分之一，每一万两可余银三千两，可以佐国。……今市价每银一钱易钱六十文，官仍遵先制，以五十文给商，每搭钱一万两，商折银三千两内外，商价一年不啻亏折数万余两。"

[5] 《神宗万历实录》卷之五七〇，万历四十六年五月丙辰户科官应震言。

[6] 《神宗万历实录》卷之五七五，泰昌元年十二月戊申工部主事覆南京监督铸钱主事荆之琦疏言："惟是南北各费，价料悬殊，故在南应从南议，以百文为一钱；在北应从北议，以六十三文为一钱。……上是之。"

[7] 《吴川县志》陈舜系《乱离见闻录》："予生万历四十六岁戊午。时……家鱼米之乡，斗米钱未二十文，鱼钱一二，槟榔十颗钱二文，柴十来钱，斤肉只鸭钱六七文，斗盐钱三百。"

[8] 《三朝辽事实录》卷之五，天启元年八月王在晋题："自金钱尽输于塞外，上颁转散于行间，决如壅泉，去如流水，而帑藏空。赋税既溢额以加编，叹潦又相仍而不已。……路狭人稠，商稀货少，米珠薪桂，百物沸腾，束草价增几倍，斗米贵至数钱。月饷未能周身，食力不堪糊口，兵之无以聊生易知也。"

[9] 《熹宗天启实录》卷之八，天启元年八月戊戌。

[10] 同上，卷之二五，天启三年正月丙午。

[11] 《续文献通考》卷一一《钱币考五》天启元年八月。

[12] 《续文献通考》卷一一《钱币考五》引《春明梦余录》："明初铸钱，专属工部宝源局，虞衡司员外郎监督其事。至天启二年始增设户部宝泉局，以右侍郎督理之，名钱法堂。加炉铸造，以济军兴。其政属于户部。而工部之所铸微矣。"

[13] 《熹宗天启实录》卷之六六，天启六年五月己酉、甲子、戊辰各条及《续文献通考》卷一一《钱币考五》。

[14] 《金陵琐事》："初铸之钱，钱千文重八斤八两，后虽渐轻，至天启二年秋，小薄之甚，掷地即碎，仅四斤八雨。较初铸者少四斤矣。此四斤之利，归之朝廷乎？官吏乎？工人乎？"

[15] 《金陵琐事》："天启初铸钱时，库有倭铅倭锡，杂铜铸钱，纯白色，字与轮郭分明，人呼为白沙钱，铜匠将白沙钱二文打小茶匙一张，可卖钱十文。故白沙钱最少，私铸者不能铸。"

[16] 《明史·食货志五》。

[17] 《续文献通考》卷一一《钱币考五》天启三年御史赵洪范言:"臣令楚时,见布政使颁发天启新钱,大都铜止二三,铅砂七八,其脆薄则掷地可碎也。其轻小则百文不盈寸也。一处如此,他处可知。其弊在鼓铸之时,官不加严,任凭炉头恣意插和,私杂铅砂,则铜价已经半润私囊矣。"

[18] 吴陈琰《旷园杂志》:"天启间,苏州逮周忠介公顺昌,民变,击毙校尉。后苏民倡议,天启无道,互戒天启钱不用;各州府县从而和之,积天启钱无算。后传至京师,各省出示劝谕,钱乃复行。私禁凡十阅月。"

[19] 侯恂《鼓铸事宜》。

[20] 《明书》卷一四九《严世蕃传》载籍没严嵩家财时有:"狰金一万三千七十一雨六钱零,纯金嵌珠玉珍玩壶杯盘盏共三千八百事有奇,重一万三千二百两有奇。纯金嵌珠玉猫睛宝石首饰六千五百五十事有奇,白金二百二万七千有奇。银合山屏人物等共重一万三千六百两零。王如汉始建国元年注水厄、晋永和镇宅世宝杯及玉人、玉马、玉炉、玉斗、玉壶等,共八百五十七件。又白玉、碧玉、黑玉、与夫嵌金镀金花素玉带共二百二条。金箔并花素犀角香等带共一百二十四条。金折丝纯金花素金箔珠玉带条环闹妆头箍三十三条。金箔壶玉寿鹿犀象玳瑁法蓝根盘瓯盆等共二千六百八十件……第宅田地山塘及各庄房牛马等共估价二十九万五千八百六十两有奇。此在江西原籍者然耳,他在京及扬州第宅庄田财物,犹不下数十万,皆没入官。……"关于严嵩父子的银窖和寄附品请参见本章第四节二注 [17] 和 [18]。《明武宗外纪·天水冰山录》另有资料。

[21] 《明史·食货志五》。《续文献通考》说户部自元年正月起到九月十五日止共铸钱一万二千九百四十八万九千九百八十四文。

[22] 《续文献通考·钱币考》天启七年十二月。

[23] 侯恂《鼓铸事宜》。

[24] 《明史·食货志五》。

[25] 陈麟《明史集脄》:"崇祯十一年戊寅,上将内库历朝诸铜器尽发宝源局铸钱,内有三代及宣德年间物。制造精巧绝伦。商人不忍旧器毁弃,每秤千斤,愿纳铜二千斤。监督主事某不可。谓古器虽毁弃可惜,我何敢为轻重。商人轻宝铜下炉,当存其质,至三代间物,则质轻清之极,下炉惟有青烟一缕耳,此则谁任其咎?监督谓圣惟猜疑甚重……罪不在我,于是古器毁弃殆尽。"

[26] 明末政府的腐败情形由张文衡对清太宗的奏文中可以看出来。他于天聪九年(即崇祯八年)说:"……不知中国惟有此时可取。彼文武大小官员,俱是钱买的。文的无谋,武的无勇;管军马者克军钱,造器械者减官钱。……上下里外,通同扯谎,事事俱坏极了。"(《明清史料》丙一)

图版七十　大明通行宝钞（壹贯）

大明宝钞不但是全国通行的纸币，而且是明朝唯一的一种纸币。大明宝钞至洪武八年（公元1375年）发行起，使用了约两百年；由于面额以一贯为最高，所以后来通货膨胀时大概是捆扎起来用，每千张称为一块。

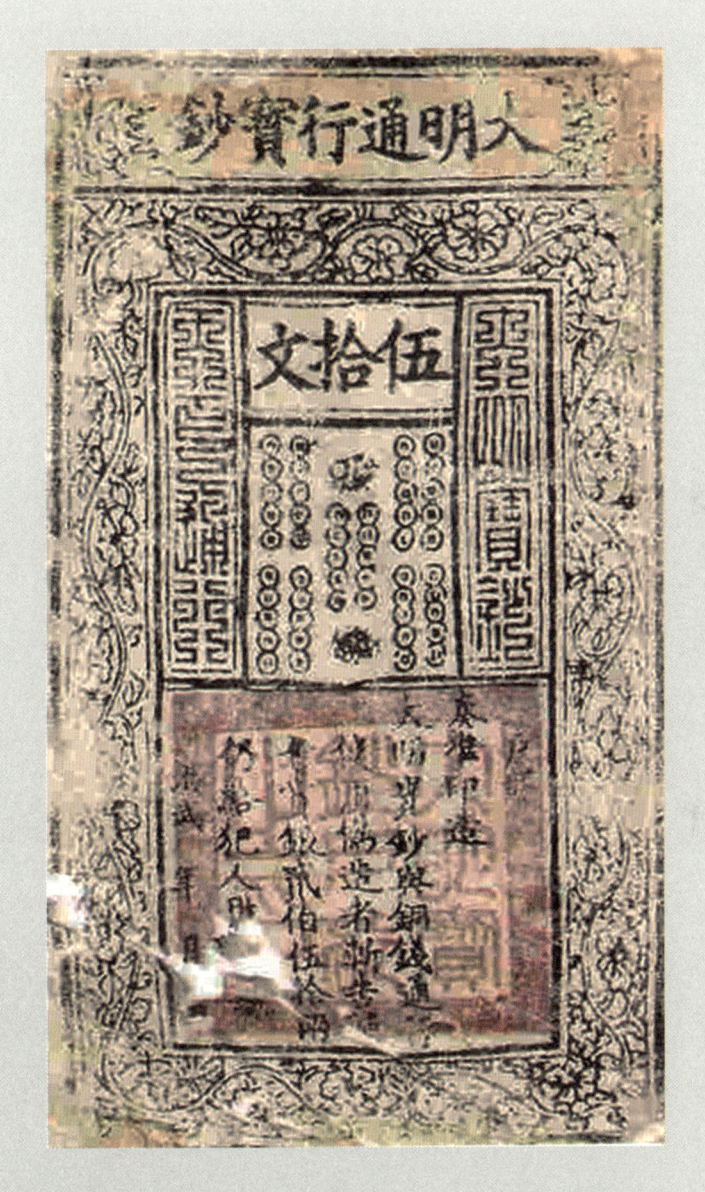

图版七十一　大明通行宝钞（伍拾文）

大明宝钞的面额原分为六等，即一贯、五百文、四百文、三百文、二百文、一百文。但洪武二十二年（公元1389年）又发行小钞五种，即十文、二十文、三十文、四十文、五十文。票面除金额和铜钱图案不同，以及幅广较小外其余文字完全和大钞一样。

图版七十二　明太祖朝的洪武钱

1. 洪武通宝。　2. 洪武通宝背一钱。　3. 背二钱。　4. 背三钱。　5. 背五钱。
6. 背一两，当十钱。　7—11. 各省所铸洪武通宝的背文：浙、北平、豫、桂、福。

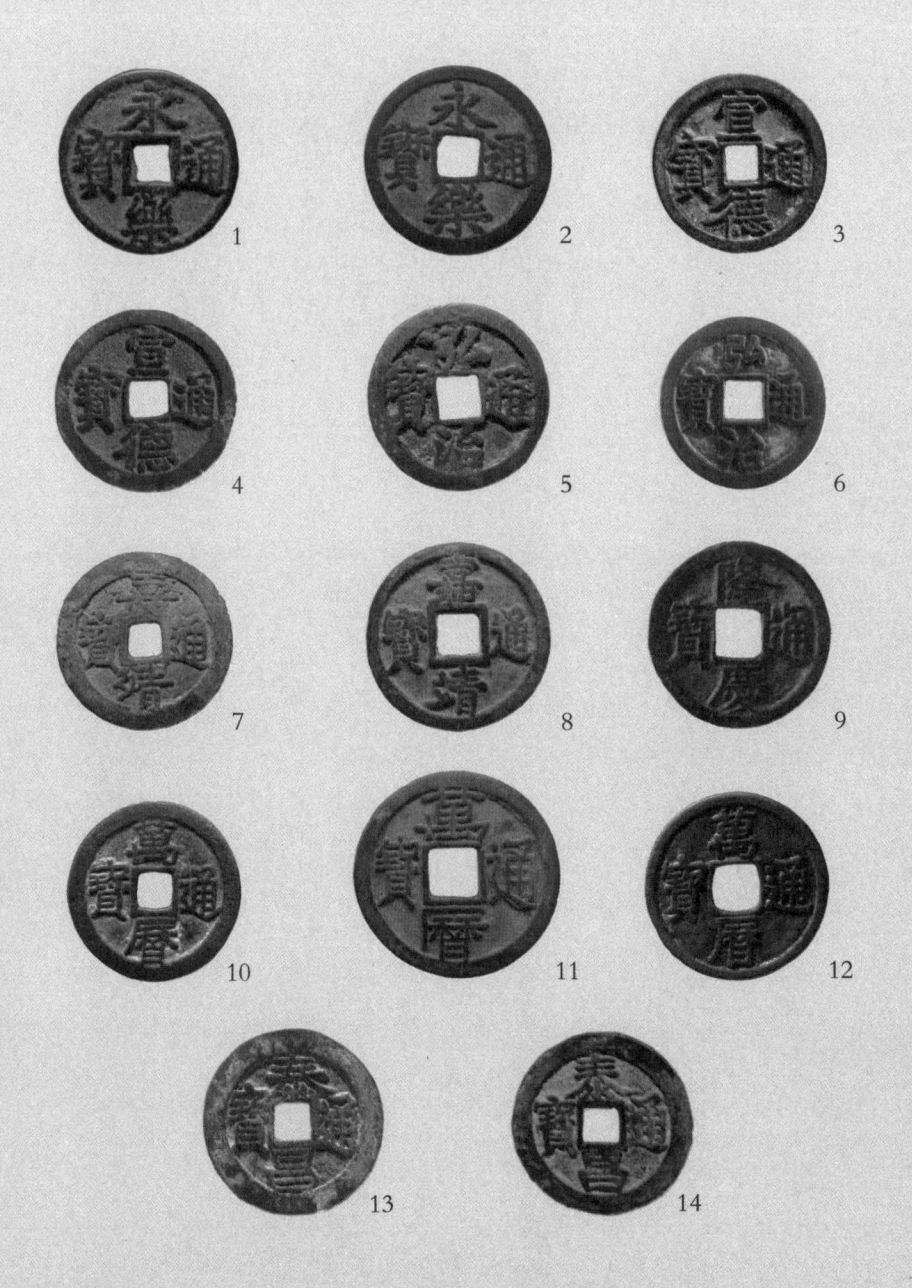

图版七十三　明代中叶的钱币

1—2. 成祖的永乐通宝。　3—4. 宣宗的宣德通宝。　5—6. 孝宗的弘治通宝。
7—8. 世宗的嘉靖通宝。　9. 穆宗的隆严通宝。　1.—11. 神宗的万历通宝。
12. 万历通宝折二钱。　13—14. 光宗的泰昌通宝。

图版七十四　熹宗朝的天启钱

1. 天启通宝。 2—6. 天启通宝的背文：户、工、浙、新一钱一分、云。 7. 天启通宝当十大钱。 8. 当十钱背府。 9. 当十钱背镇十。

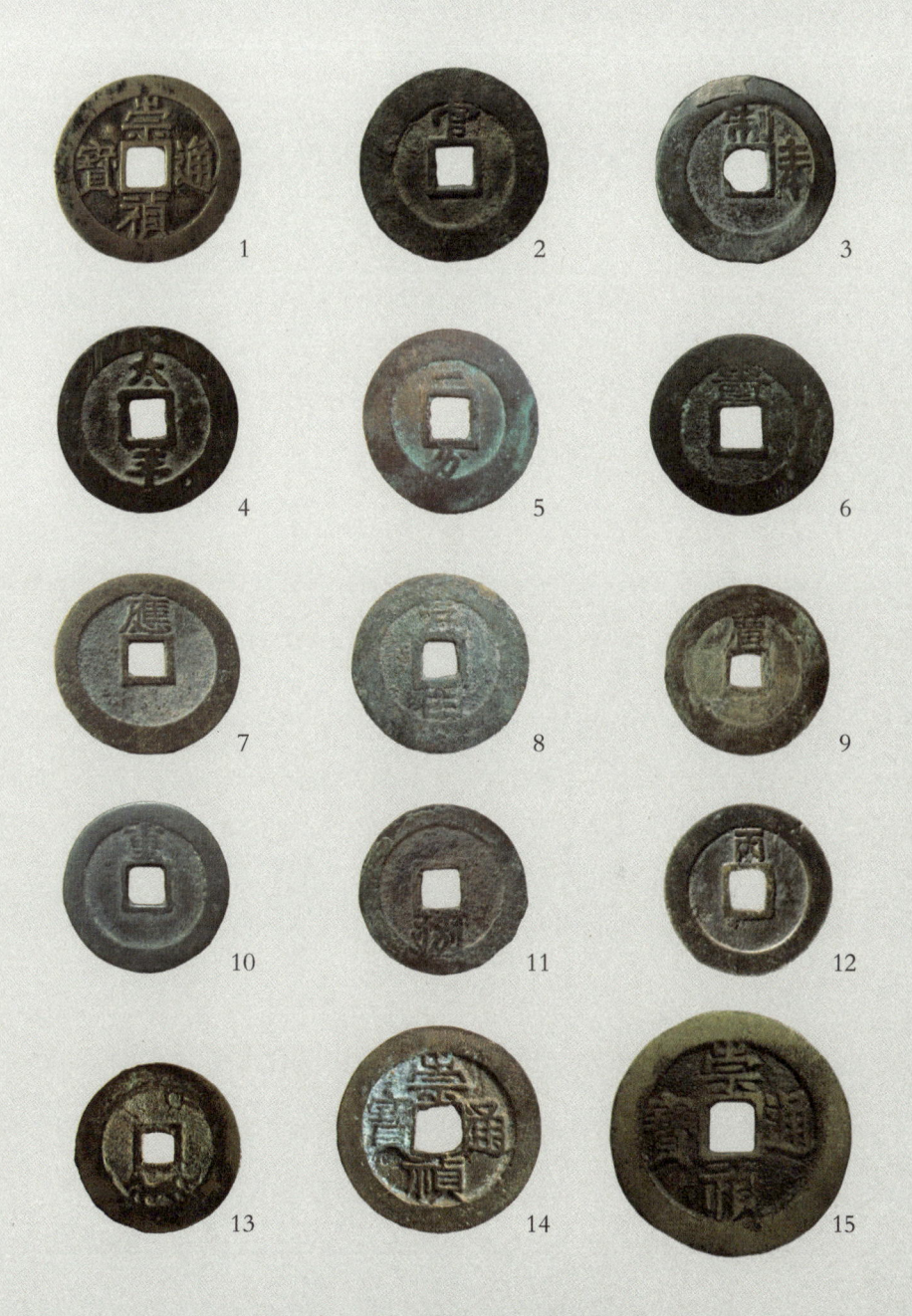

图版七十五　思宗朝的崇祯通宝

1.崇祯通宝。　2—12.崇祯通宝的背文：官、奉制、太平、一分（钱）、贵、应、户白、广、重、捌、丙。　13.跑马崇祯之背。　14.崇祯通宝折二钱。 15.崇祯通宝折五钱。

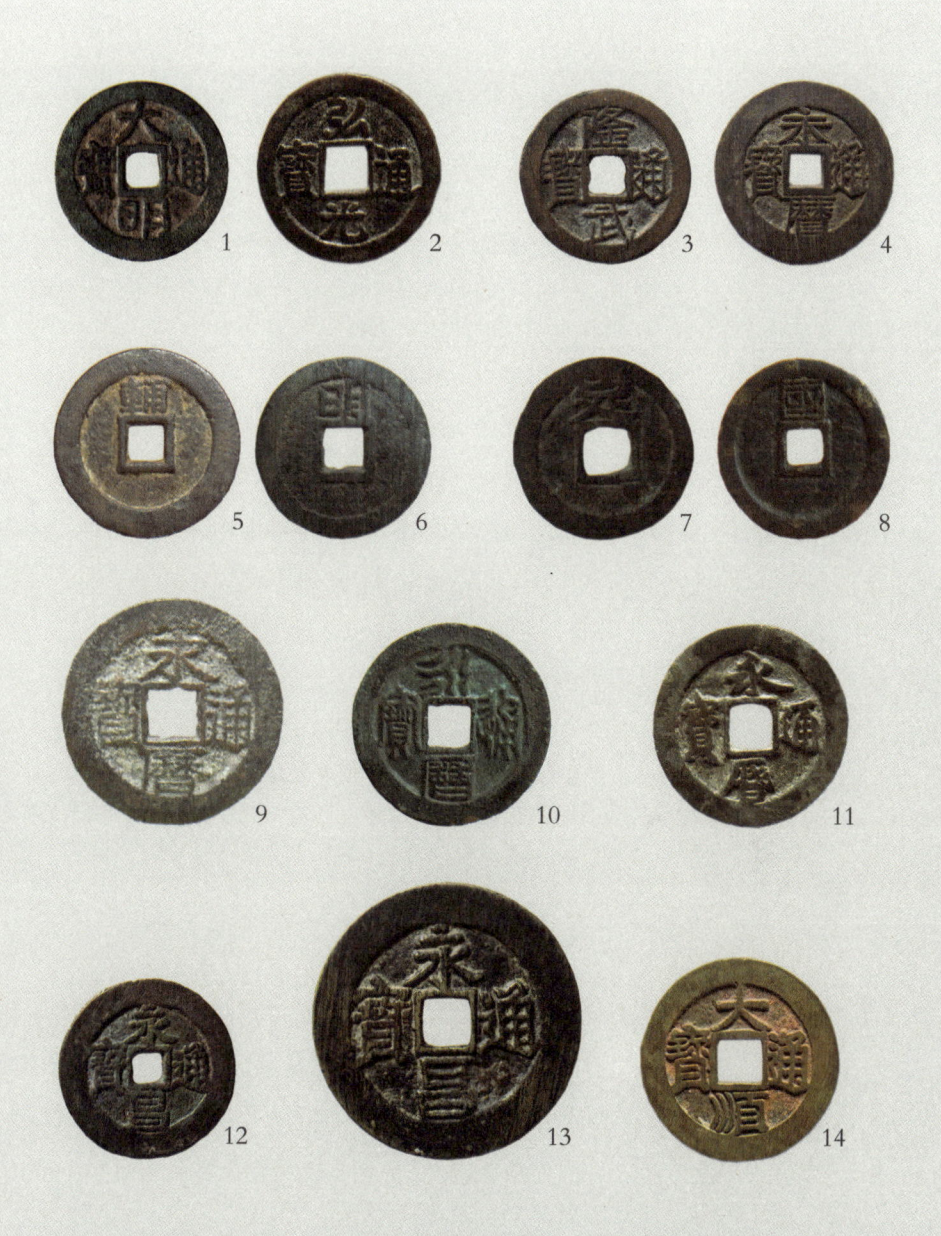

图版七十六　明末诸王的钱币（附李自成、张献忠的钱币）

1. 鲁王的大明通宝。　2. 福王的弘光通宝。　3. 唐王的隆武通宝。　4. 永明王的永历通宝。　5—8. 永历通宝的背文：辅、明、定、国。　9. 永历通宝折二钱（？）。　10. 篆书永历通宝。　11. 行书永历通宝。　12. 李自成的永昌通宝。　14. 张献忠的大顺通宝。

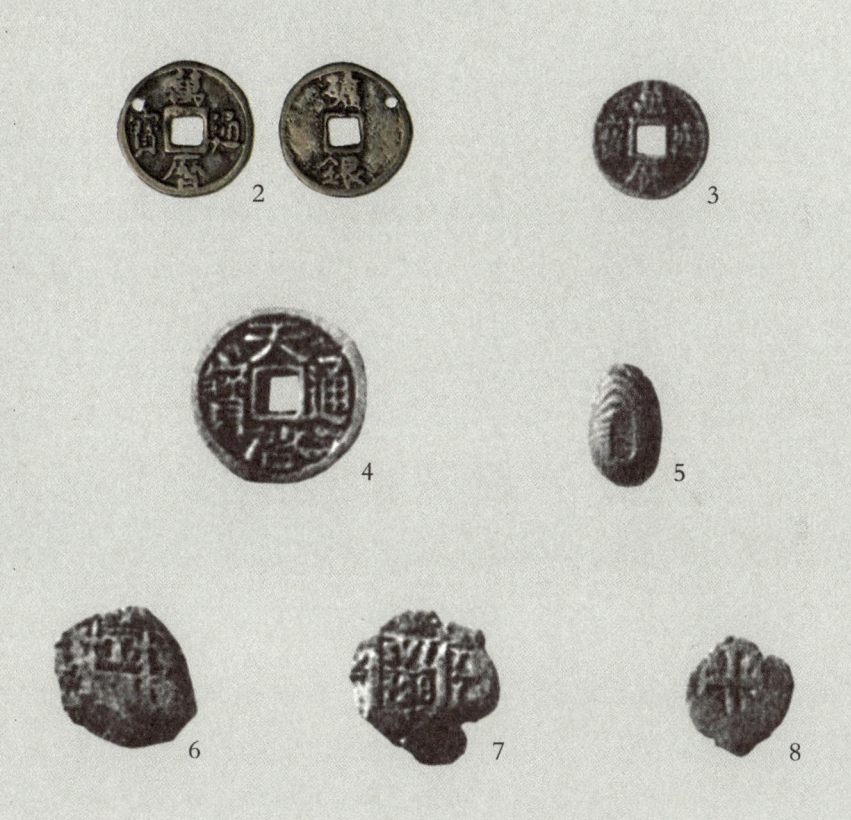

图版七十七　明代的银钱和银豆

1. 永历通宝银钱。 2. 万历通宝矿钱。 3. 小样万历矿银。 4. 天启通宝银钱。
5. 崇祯银豆。　6—8. 美洲的老双柱小银币。这种小银币为一利亚尔和半利亚尔。大概曾流到中国沿海地区来。

[27][28]　《续文献通考》卷一一《钱币考五》。

[29]　王逋《蚓庵琐语》："明朝制钱有京省之异,京钱曰黄钱,每文重一钱六分,七十文值银一钱;外省钱曰皮钱,每文重一钱,百文值银一钱。自崇祯六七年后,其价渐轻,至亡国时,京钱百文值银五分,皮钱百文值银四分。甚至崇祯通宝,民间绝不行使。"《续文献通考》卷一一《钱币考五》引某日谈往曰:"至十六年癸未,竟卖至二千矣,夏秋间二千几百矣。"

[30]　徐康《前尘梦影录》。见叶德辉《书林清话》（中华书局版）第一六六——一六七页。

[31]　《明书》卷八一《食货志》："崇祯中,内帑大竭,命各镇有兵马处,皆开炉鼓铸,以资军饷,而钱式不一,盗铸孔繁。末年每银一两,易钱五六千文,钱有煞儿、大眼贼、短命官诸号,因兆李自成之乱。"

[32]　《续文献通考》卷一一《钱币考五》。

[33]　《汴围湿襟录》记崇祯十五年围城时的情形说:"民间一粒如珠,官兵尚有余粮,皆括之大户之家,乡绅巨室觅买,但得粟而不计价,升粟卖至万钱。"徐世传《江变纪略》卷三记述涨价的情形如下:"城中斗米渐至会一金。""城中斗米至六金。""城中升米二金矣。""城中米至六百金一石。"

[34]　《续文献通考》卷一一《钱币考五》引慎言疏言。

[35]　《明清史料》乙编第六本崇祯十七年二月十六兵部行:"御前发下京营总督李国桢等奏稿……单粮军丁月米一石,往年谷贵之日,操点视今犹宽,人尚恋此升斗,今米石所值不过七八百文,间遇粒米朽红,其贱如土。"

[36]　康范生《仿指南录》绍武元年十月初八日:"余因作数字寄家人,托永新胡秀才附往。胡字义者与安福小童朱魁保皆在高部内,甚敬爱余。各持数钱见赠。且依依不忍别。"明末货币的购买力,可以从《醒世姻缘》一书中的物价上看出来。兹将其中比较重要的物价抄下,分为用银计算和用钱计算两种:

一、用银计算者:

棉花每斤一钱六分	青布夹袄每件四钱五分
潮蓝布每件三钱二分	绿梭布每匹四钱五分
平机白布每匹四钱八分	儿童学费（官家）每月一钱
儿童学费（中等）每月五分	小米每担五六钱
肉每斤一钱五分	好马每匹八十三两三三三
走骡每匹五十两	中等房子每月三两
地每亩二两	大松梁每根五六两
花红毛边纸每刀六两	谷每石五钱至八钱

粮每石五钱至一两三四钱　　教私塾（几个学生）每月一两
一家三口生活每月一两　　　细色稻米每石二两
单教一学生每年四两　　　　房子一栋四十五两
佛手每个四钱　　　　　　　赁三间小房连家具每月一两
旱磨每盘八钱　　　　　　　草驴子每头一两二钱
白麦每石九钱　　　　　　　绢罗每面五分
利息（复）每月二分　　　　松木棺材每具三两二钱
橄榄每斤一钱二分

二、用钱计算者：

膏药每张一文　　　　　　　学费（普通人家）每月三十文
猫每头三四十文　　　　　　银每两一吊
白银每两一千文　　　　　　赁两间房每月二百文
荸荠每个一百二十文　　　　簸箕每个三十五文
罗床每个二十五文　　　　　驴套每个十八文
筕子每个八十文　　　　　　铁勾担杖每副四十文
盘秤每连三十六文　　　　　炭每斤二文半

[37]《英宗正统实录》卷之一五四，正统十二年五月癸丑："常熟县致仕知县郭南……与之（邑民）约曰，尔辈若出来四石，准役一年，愿否？皆曰，往者一年之役，需银五六两，今若此只一两银耳，无有不愿者。"这里我们不能说正统十二年的工资是每月三斗多米，因为看语气便晓得这数字是低于当时的工资的。

[38]《天下郡国利病书》卷四《北直三》。

[39]《续文献通考》卷一一一《钱币考五》崇祯十一年九月条引慎言疏言："三十年前（应在万历三十六年前后）……当时佣力者，日得钱三十文上下，而可以饱妻子，今倍于是而不能。"

[40]《筹辽硕划》卷二九，万历四十七年詹府少詹事兼河南道御史徐光启题："都下贫民佣工，一日得钱二十四五文，仅足给食，三冬之月，衣不蔽体。"这里米价是以万历四十六年到天启七年的平均米价计算，即一两一钱许合一石米，白银一两以六百三十文计，工资每天以二十四文半计，正好每月得米一石，合一公石一斗四升。

[41] 见注[39]。

[42] 崇祯当五钱似乎没有发行流通，当十钱更少。顾景星《白茅堂集·步李逊卿燕京醉酒楼雪歌韵诗》（作于顺治二年即隆武二年）有："宝源新钱一当十，日暮提钱上酒楼。"可能是说顺治钱一枚当崇祯小钱十枚。《醒世姻缘》第五〇回费了一千多字写当十的折子钱或折钱，大概指的是天启当十钱。

四 白银的购买力

中国用银虽有很久的历史，但西汉及以前，只作工艺上的用途。西汉武帝时的白金币，可能锡多于银，而且一年多便废了。东汉以后偶有用作支付工具的。自五代时起，使用渐多，金人曾铸承安宝货。然而一直到元末，白银还算不得十足的货币。所以对白银购买力的研究，没有很大意义。到明朝英宗时放松银禁，于是各种物价多用银来表示，这样中国才真正成了一个用银之国，白银才真正货币化。至于其曾否铸成钱形，对于研究它的购买力，并不重要。外国古代虽有金银铸币，但流通时往往仍以重量为准。中国这种以银块来流通的办法，对于物价的研究，反而有许多方便之处。因为如果铸成银币，而物价以银币的个数计算，则因减重或贬值等关系，使各种物价数字，反而无从比较。欧洲由于金银铸币的流通，金银币的分量和成色随时随地不同，在物价史的研究上，凭空添上了许多麻烦。有些价值和价格的表示，由于无法确定钱币的质量，变得没有什么意义。例如在日耳曼帝国境内，在十四五世纪的时候，各地的银币分尼和赫勒尔等，成色由九成以上变成两三成，而各地又不一样；如果文献中说某一年的麦价或工钱是若干分尼或若干赫勒尔，那就很难算出到底等于多少白银，因而也就难以同过去或同别的地区进行比较。中国的银锭虽然也没有一律的成色，但相差比较小，而且用来表示价值时是要折合成纹银计算的，以白银计算的物价都是以纹银为标准，而不是指某种成色的白银为标准，这对于物价的研究方便多了。

在明以前，物价的记载太少，不能作有系统的研究。而且即有记录，也是以铜钱或纸币为单位，铜钱的轻重成色各代都不划一，严格说来，是不能比较的；纸币更是常常更张，最多只能研究某种纸币购买力的消长，不能作长期的比较。自明初开放银禁后，五百年间的物价，多以白银来表示，物价的记载也多了，不但前后可以比较，甚至同外国也可以比较。

中国的物价中，记录得比较详细的是米价，这正同欧洲的小麦价格一样。欧洲有人以为小麦价格，在长期看来，最足以表示物价的倾向[1]。中国的米价也是如此。所以在没有物价指数的古代，用米价来代表，是相当正确的。有时研究一种重要消费品的价格，比研究物价指数还更具体，尤其同外国作比较研究的时候。因为各国编制物价指数的方法不同，采用的商品的种类和数量也不同，比较起来，有时不能令人满意。倒是从某一种重要商品的价格的比较上，可以看出两国的情形来。

譬如中国同英国，在明朝以前，两国的物价，就无从比较。自中国正式用银后，便可以比较了。14世纪后半中国的小麦价格[2]，每公石约值白银十三四公分[3]，英国在同期间的小麦价格每公石约值银三十四公分[4]。由此我们得出一个结论：就是14世纪后半白银在中国的购买力要比英国高一倍以上。小麦在英国和中国都是主要的生活必需品，而且两国都有大量的生产。如果用米价来比较，所得的结论，就不大正确了，米价在14世纪后半的中国，是每公石值银十七公分一九[5]。而英国则要三百八十四公分[6]，比中国高二十倍，因为英国并不产米，日常也不吃米，它的米是从东方运去的，和香料并列，是奢侈品之一。

小麦对于中国人的重要性，仅次于米，可惜小麦价格的数据更加贫乏。好在明代小麦的价格，大体上相当于米价的八成。小麦和稻子所需要的气候不同，价格的变动，应当是不一致的，不过实际上，在各种文献中，麦价很少高于米价。

中国历代米麦比价表

年份		米麦比价	备注
秦　汉　间		1∶1.33	《九章算术》卷二的换算率稻（谷？）麦是二十比十五
东汉兴平	元年	1∶2.5	谷石五十万，麦二十万（《晋书》）
唐麟德	二年		米斗五文，麦不列市（《旧唐书》卷四《高宗》上）
北宋景德	四年	1∶2	淮蔡县麦价百文，粳米二百（《宋史》卷七）
大中祥符	元年	1∶2.5	麦一百二十文，米三百
南宋绍兴	六年	1∶1.2	麦一石二斗折米一石
乾道	六年	1∶2	麦石一千五百，米石三贯
庆元	五年	1∶1.4	麦五千，米七千（《宋会要辑稿》）
明洪武	元年	1∶1.25	米石二十五贯，麦石二十贯（《明会典》卷一七九）
	九年	1∶1.25	银一两折米一石，小麦减值十之二（《明实录》卷一〇五）
永乐	五年	1∶1.2	麦二十五贯，米三十贯（《明会典》）
正统	元年	1∶1	米麦折价二钱五分（《明史》卷七八）
	十二年	1∶1.2	麦一石二斗折米一石（《明实录》）
成化	六年	1∶1.25	麦四钱，米五钱
	十年	1∶1.5	米一斗或小麦一斗五升十贯钞
弘治	十四年	1∶1	米麦折银三钱
	十八年	1∶1	米麦折银六钱（《明实录》）

续表

年份		米麦比价	备注
正德	四年	1：1.33	麦三钱，米四钱（《明实录》）
	十年	1：1.33	麦三钱，米四钱（《明实录》）
嘉靖	二十一年	1：1	米麦均为四钱五分
万历	二十八年	1：1.5	麦四钱，米六钱
	二十九年	1：2	麦一两，米二两
	三十一年	1：1.25	麦四钱，米五钱
	三十八年	1：1.167	麦三钱，米三钱五分
崇祯	九年	1：1	米麦同价
	十六年	1：1.09	米石二两三钱，麦二两一钱（陕西石刻）

研究白银在中国的购买力，或研究米价，有几种困难是难以避免的。第一是度量衡的不统一，不但时代的先后有不同的标准，即同一时代，各地的标准也不尽同。第二是各地价格间的差异，这种差异的发生，是由于两种因素，一种是运费，古时有斗钱运斗米的话。因为中国的产米区在江南，北方食米有时要由江南运去。古代交通不便，运费往往高于原价。秦攻匈奴，自黄腄琅琊等郡运粟到北河，要费三十钟的成本才能运到一石，运输成本高于原价一百多倍。宋代绍兴四年，川陕宣抚吴玠调两川夫运米十五万斛到利州，平均要四十多贯才能运一斛[7]。所以有些米价中，一部分或大部分是运费。另一种因素是天灾。在一些小的国家，如遇水旱则整个国家受影响，各地物价一齐涨，差异比较小。在中国则不然，因为国土大，有时江浙水旱，四川可能丰收，所以各地物价有时相差很大。这两种因素常常结合在一起。例如唐代贞元初年，在关辅一带，连年丰收，而江淮一带却遭水灾。由于统治阶级的腐败，当初仍旧到江淮去籴米北运。那时淮南各州的陈年糙米也要卖一百五十文一斗，运到京师，每斗运费要两百，所以成本就要三百五十文一斗。可是京师的米价每斗只要七十文。淮南运去的陈米按质量每斗只能卖三十七文。由此可知，因为天时的关系，使南北米价已相差几倍，再加上运费，差距就更大了。第三种困难是中国的物价数字只有间接的记录，如各朝的实录及各种奏议，没有原始的文献。在英国，13世纪的交易账目还丰富地保存下来[8]，数字更加确实可靠；在中国就没有这种方便了。中国各朝实录中所记的米价，有些是各地方官吏的实情报告，有些是税粮的折价，这种折价在长期看来，是可以代表物价倾向的，

但个别的折价，却不一定同当时的市价相符。明朝有所谓军官俸粮，因明代官吏俸禄以米计算，有时实际以白银支付，其折算标准往往远低于市价，所以这种折价大部分不能用，否则使平均数失去其意义。

上面这些困难，在相当范围内，可以克服。克服的方法或条件，除对于价格记录的采用，须加以若干选择外，搜集的项目要多，如果项目多，则各地的不正常价格就为平均价格所冲平了。这正是中国几百年来的平均米价比欧洲各国的小麦价格波动得少的原因，欧洲的十年期小麦价格，与其说表示货币的购买力，不如说是反映天时的变化。中国的十年期的米价，更能反映货币购买力的消长。

明代在英宗以前，各种价格还是以宝钞计算。我们只能从白银的钞价来折算，然而因为记录的项目太少，可能同当时的真正市价不符。自正统元年（1436年）起，价格多以银计算，而且价格的记录也多了。自正统元年到永历四年（1650年），可用的米价搜集得四百多种，最多的每年有十三种记录，如嘉靖三十七年（1558年），次多的为十一种，如万历三十一年（1603年）和万历四十三年（1615年）；平均每年只有两种。这点比英国差得多，但其所表现的长期倾向，是相当正确可靠的。

如果把各皇帝治下的米价来作比较的研究，则洪武年间的平均米价每公石约值银四钱六分。永乐年间二钱八九分。永乐年间本是明朝一个膨胀的时期，但那是用宝钞膨胀，白银的购买力高而平稳。宣德年间每公石平均为二钱九分。正统到天顺的三十年间每公石也是二钱九，还是相当平稳。最高是景泰七年京师米价曾到过每石一两[9]，最低是天顺元年每石到过一钱。成化年间购买力稍降，每公石要四钱四分。其间于成化七年因山陕旱雹，每石曾到过一两以上；二十年山西荒旱，每石到过二两以上。最低价格则为二十二年山西每石约二钱的折价，弘治年间的平均价格每公石是五钱一分八厘。其间元年有北方各省的灾伤，每石粮约折银一两，四川二两。十五年因边方多事，每石约用银二两。最低也有每石一二钱的[10]。正德年间，每公石平均为四钱七分五。这十六年间灾旱比较少，最高是四年因河南灾伤，紫荆新城等处边仓每石定一两多。嘉靖年间平均每公石五钱八分多。仍属平稳。虽然嘉靖三十七年，因辽东大饥，每石卖到八九两，但为别省所扯平。万历年间灾荒较多，如十一年陕西每石二三两。连军士月粮都按每石二两计算。二十九年因畿辅、山东、山西、辽东、河南等省荒旱，每石又到二两；三十年贵阳遵义等地每石到过四两；三十四年河南又到过每石二两二钱；四十年关陕饥荒，每石到过三两。但整个万历四十八年的平均米价，每公石也不过六钱三四分。天启年间东北和西南已有军事行动，如元年沈阳陷后每石到过十二两；三年云南围城，每石高达一百九十两；但这种价格乃是特殊价格，不能用来平均。天启年间的平均价格是每公石九钱二分七。崇祯年间的米价更是混乱，史书所载，多是不正常价格；如十三年山东每石二十两，河南乃至一百五十两，十四年临清每石二十四两[11]，其他记录大部分都是每石一两以上。平均价格也当在一两以上。

明代米价表（一）

年号	每公石价格（单位：银两）	每公石值银（公分）数
洪武（1368—1398 年）	0.461	17.19
建文（1399—1402 年）	——	——
永乐（1403—1424 年）	0.285	10.63
洪熙（1425 年）	——	——
宣德（1426—1435 年）	0.291	10.84
正统（1436—1449 年）	0.254	9.47
景泰（1450—1456 年）	0.413	15.41
天顺（1457—1464 年）	0.256	9.56
成化（1465—1487 年）	0.441	16.44
弘治（1488—1505 年）	0.518	19.31
正德（1506—1521 年）	0.475	17.72
嘉靖（1522—1566 年）	0.584	21.78
隆庆（1567—1572 年）	0.591	22.05
万历（1573—1620 年）	0.638	23.81
天启（1621—1627 年）	0.927	34.59
崇祯（1628—1644 年）	1.159	43.22

然而我们研究白银的购买力，对于因天时所引起的变动，只能算是一种阻碍，我们要尽力设法消除或减少这种阻碍，才能求得白银购买力的真实变动情形。这种变动也不是各代帝王及其政府所操纵的结果，他们的注意力是集中在纸币购买力的维持，最多在钱价的维持，白银的购买力，是他们所不能操纵的。我们所要注意的是货币方面的因素所引起的变动。尤其是定期的变动，例如每十年的变动，或每五十年的变动。十年期米价的变动，虽然是很不规则的，但上涨的倾向是很明显的。

明代米价表（二）

期别	每公石值银（公分）数	期别	每公石值银（公分）数
1361—1370 年	11.12	1511—1520 年	17.83
1371—1380 年	34.73	1521—1530 年	20.14
1381—1390 年	17.35	1531—1540 年	21.30
1391—1400 年	13.02	1541—1550 年	20.48
1401—1410 年	10.59	1551—1560 年	22.75
1411—1420 年	——	1561—1570 年	22.60
1421—1430 年	12.87	1571—1580 年	19.66
1431—1440 年	9.63	1581—1590 年	25.18
1441—1450 年	10.41	1591—1600 年	25.22
1451—1460 年	12.38	1601—1610 年	26.60
1461—1470 年	15.07	1611—1620 年	22.57
1471—1480 年	15.33	1621—1630 年	36.37
1481—1490 年	18.39	1631—1640 年	33.57
1491—1500 年	22.31	1641—1650 年	47.11
1501—1510 年	21.30		

如果把期间定得更长一点，则波动更要少。以五十年为一期，则白银购买力变动的倾向，就表示得更要清楚。

明代米价表（三）

期别	每公石平均价格（单位：公分银）	每公斤白银所能购得之米（单位：公石）
14 世纪后半	17.19	58.17
15 世纪前半	10.84	92.22
后半	16.35	61.16
16 世纪前半	20.19	49.52
后半	23.00	43.48
17 世纪前半	32.19	31.07
平均	18.90	52.91

研究明代以白银计算的物价，有一事实引起我们注意，就是白银购买力的高。尤其是 15 世纪前半。这是宋元以来几百年间所未曾有过的事情。其原因恐怕大部分在于白银方面，而不是对米的生产力有什么提高。白银方面的原因，只能从白银的生产力和供需关系来解释。中国一向不大产白

银，产量最多算北宋；南渡以后，坑冶大部分废弃了，大概矿藏也枯竭了。中国的白银自南宋以后大概是靠外国的输入。元代欧亚交通方便，往来频繁，白银的移动毫无阻碍。蒙古人在统治中国之后，用纸币收兑中国的白银运往中亚和西亚，当时那一带地区完全以白银为货币，而中国反而禁止金银的流通。元初各地的商人把白银带到西南去，以一对五的比价收买当地居民的黄金[12]。可见当地居民是使用白银，而中国的白银流到那一带去。更有意义的是：中亚、西亚一带自11世纪初以来因白银外流本已停止铸造银币，可是在13世纪中叶又重新铸造了。他们所用的白银是中国去的，因为西亚产的白银多含铅质，故发黑，中国所产白银含锑，发白色；当时西亚各地如特列比松（Trebizond）和塞浦路斯（Cyprus）等所铸造的新银币竟以白为名[13]。由于中国白银的外流，一到明代正式用银时，就显得不够了。而欧洲自13世纪底到15世纪中，因为上层矿脉枯竭，深层积水无法排除，使白银生产力减退，许多城市与地方都禁止金银输出[14]。而中国方面对于白银的需要却增加了。白银在宋代只作一种辅助的支付工具。元代也不是普遍使用。到了明代，白银成了十足的货币，尤其是自15世纪的30年代起，政府正式取消用银的禁令，大部分的支付都用银。白银的购买力，也正是这时候最高。当时大明宝钞还在发行，民间则使用白银，特别是在纸币贬值的条件下，人民追求它来保存自己财富的价值，对于白银的需要，超过商品流通对于货币的正常需要。在这种情形之下，白银购买力的提高，是一件很自然的事。

  在东亚方面，金银的移动情况也有助于提高白银的价格。自南宋以来，西方的白银大概是流向中国，而中国的白银有流向日本的趋势。因为日本的银价高于中国，而金价则低于中国。

  但从整个明代来看，白银的购买力，仍有轻微的下跌。以15世纪后半和17世纪前半下跌得比较多。这种下跌，我们可以作两种解释：第一是铜钱的涨价。白银只通行于中上阶级，或用于大数目的交易。升斗小民，日常仍是使用铜钱；而人民中大部分是这种人，所以物价，尤其是零售价格，往往是以铜钱为标准，米的银价有时是由钱价折算出来的，所以钱价上涨，会压低银的购买力。第二是白银生产的增加。洪武间曾禁开银矿，洪武二十四年，只产银二万四千七百四十两[15]。永乐宣德间开陕州福建等地银坑，所以宣德五年，产银就增加到三十二万二百九十七两[16]。其间虽然又禁止几次，但为时很短，到天顺成化年间，又大事开采，单是云南，每年就有十万两的生产[17]。明代同南洋各地交易频繁，可能有白银的输入。

朝鲜的白银也可能有流到中国来的。朝鲜的金银比价在宣德七年（1432年，即朝鲜世宗十四年）的时候是一比十一点一到一比十一点七。四年之后，变为一比六点七到一比七点五。宣德六年中国的金银比价是一比六，所以朝鲜人以输送白银到中国来为有利。

至于17世纪前半的波动，也可以作两种解释：第一是天灾人祸使生产减少，物价上涨；第二是白银的增加。白银的增加可以分两方面，一方面是库藏白银的抛出，一方面是美洲低价白银的流入。

明代末年，极多糜费，糜费的原因，一是用兵，一是政府开支，用兵如宁夏之役和播州之役等。前后七年，费用以白银计，在二千六百万库平两以上。明廷的边防费，在弘治正德年间，每年只四十三万库平两，嘉靖时加至两百七十多万，万历年间加到三百八十多万。

除用兵之外，还有朝廷的奢侈糜费。各皇子结婚，要向国库支取二千四百万库平两，使户部宣告破产[18]。又如政府冗员之多，也是历来所少有的。刘体乾曾就这点作一比较，他说历代的官制，汉七千五百员，唐一万八千，宋朝冗员很多，到三万四千员，但本朝自成化五年起，单是武职就超过了八万人，文武职合计，在十万以上[19]。末年民谣有谓"职方贱如狗，都督满街走"[20]。

政府为应付这些开支，除了国库的白银尽量抛出外，并且从事开矿、增税、铸钱。三者性质是相同的，都是弄钱。因为中叶以后，大数目的支付，多是用银，所以非开矿采银不可。

采矿是万历二十四年开始的，当时朝鲜问题还没有解决。起初只限于畿内，后来推广到河南、山东、山西、浙江、陕西。这一举措，并没有引起物价狂涨，因为中国银矿根本不丰。不过影响是很坏的，因为这件事是叫宦官办理，先叫地方官报告矿脉所在，宦官就同这些地方官合采，如果采不到银，就叫当地居民出钱补偿；稍不听话，就加以逮捕。有些田地住宅，被他们硬指地下有矿藏而加以没收。廷臣谏疏前后百多次，闭居深宫的神宗总是不听。

然而开矿运动在16世纪乃是世界各先进社会的普遍现象。对于资本主义的发展，有过促进的作用。中国开矿运动的失败以及其所获得的恶评，固然是由于官吏的苛扰，但是民间落后思想的作祟，也是一个因素。封建社会的人迷信风水，不愿挖掘人家的祖坟，更不让别人挖掘自家的祖坟。中国旧日总是以山陵地带为墓葬的场所，这往往正是富于矿藏的地点。风水观念的产生有其客观的基础：人们生而希望得到公平的待遇，然而在实际生活中，却遇到许多不公平的事：个人的得失、家庭的盛衰，诸凡吉、凶、祸、福以及荣、辱、贵、贱，都不一定同个人的品德、才能、成就或贡献相适应。积极的人就拿起武器来斗争，想用武力来改变社会，消极的人就相信命运，相信风水。这点对于中国古代采矿业的不发达，是一个重要的原因。

明代万历年间增税和开矿是同时并进的，为了用兵曾加派田赋和田租；其他新增或加重的税，名目繁多，如天津店铺税，广州采珠税，两淮盐税，浙江闽广的市舶税，成都茶盐税，重庆名木税，长江船税，荆州店税，宝坻鱼苇税等，也是由太监主持，剥削无所不至，全国骚然。

上面这些情况，都可以使流通中的白银增加，而且流通速度加快；再加上外国低价白银的流入，那就难免要影响它的购买力了。

白银的流入有几个来源，首先值得一提的，是日本白银的输入。在明朝初年的时候，中国的白银常常作为对日本使臣的赠品而流到日本去，但数量不多。倒是朝鲜的金银流入中国，这些白银有一部分是间接来自日本的，因为在嘉靖年间，日本的白银生产增加，金银比价为一比十[21]，当时中国是一比六到一比七，所以无论中国商人或日本商人都以将日本白银输入中国为有利。实际上中国商人常到日本去，以中国货换日本银[22]，日本商人则运日本银到中国来买中国货[23]。当时日本在币制上对白银的需要不大，而中国则正是白银通行的时候。这些白银的流入中国，不仅仅是通过中国和日本的商人，而且还间接通过葡萄牙人和荷兰人的手运到中国来。葡萄牙人从澳门把中国的丝绢运到日本去，把日本的白银运回澳门来买中国的丝绢[24]。到了万历年间，日本的白银生产又有增加，白银在日本的购买力低于中国，如万历四十三年，一两白银在日本只能买到大米一公石一斗三升，而在中国可以买到一公石七斗四升。天启前后（1620—1630年）日本的金银比价为一比十三[25]，而中国为一比八到一比十，所以日本的白银由中国商人和荷兰商人运到中国来。当时荷兰人已取代了葡萄牙人的地位。这样流入中国的白银到底有多少，没有正式的统计，甚至没有全面的估计。据说自万历二十九年到永历元年那四十六年间约有两百八十万公斤[26]，合得七百五十二万库平两。

但白银流入中国的主要来源是美洲。哥伦布于弘治五年（1492年）到达美洲，于是美洲的巨额金银，陆续为欧洲人所取得，大部分送回欧洲，其中一部分由葡萄牙、西班牙、荷兰和英格兰等国的商人带到中国来买中国的货物。另一部分则直接由美洲运到东方来。葡萄牙人和荷兰人带来多少白银，已无从估计，因为其中一部分是日本银。西班牙人所带来的主要是通过菲律宾，他们把白银或银圆从美洲殖民地运到菲律宾向华侨买中国货，由华侨带回中国来。在嘉靖万历年间，对于由菲律宾来的船只，每艘要征收一百五十两白银，作为水陆二饷以外的加征[27]。这是对输入白银所征的进口税。至于输入中国的白银总数，则没有可靠的统计。万历十四年（1586年）马尼拉的德罗甲斯（Pθdro de Rojas）在其致西王菲律普二世的书信中说，每年有三十万披索的白银流到中国来，而在这一年则增到五十万披索以上[28]。万历二十六年马尼拉主教致菲律普二世的信中说，由西班牙（墨西哥和秘鲁等）每年运去的百万披索的银币，全数流到中国来[29]。所以自隆庆五年（1571年）马尼拉开港以来，到明末为止那七八十年间，经由菲律宾而流入中国的美洲白银，可能在六千万披索以上，约合四千多万库平两。

美洲的白银在运回西班牙的途中，一部分为英国人所拦劫。英国人到东方来做买卖就是使用这些美洲白银。这主要是通过东印度公司的手，该公司成立于万历二十八年，但到崇祯十年才派遣凯撒林号（Catherine）来中国。不久英国发生革命，船只来得很少，所以在明朝带到中国来的白银不多。

明末的对外贸易量有限，船只来往的数目不多，其所带入的银币，尚不致引起中国物价的剧烈波动。当时米价的上涨，一部分实由于生产减少，也可以说是由于兵与荒。因为明朝末年的苛捐杂税，使得人民不胜其负担而逃亡，灾荒加多，生产减少，白银的购买力自然显得更低了。

也许有人要说：明代米价的上涨，不是由于银价下跌，而是由于人口增加，土地收益递减的关系，这一假说有多少道理在内，很难评断；最足以表示白银跌价的，无过于铜价和钱价，铜价在洪武元年每百斤值银五两，万历五年涨成七两，二十五年以后涨成十两五钱。钱价明初白银一两值钱一千文，自成化元年以后只能换得八百文；弘治元年以后减为七百文，万历年间的金背钱曾涨到四百文一两；天启元年以后一两白银也止换得五百五十文。再看看别的物价也可以晓得上涨的不止是米价一种。试举绢价为例：绢价的记录不多，但自14世纪后半到16世纪底那两百年间本书所能搜集的二十几种绢价，也表示出一种上涨的倾向。

明代绢价表

期　　别	每匹价格（单位：银两）
14世纪后半	0.5
15世纪前半	0.44
后半	0.63
16世纪前半	0.7
后半	0.7

布价也有上涨的倾向。洪武元年每匹自一钱二分五厘到二钱五分。永乐五年照折价推算，每匹自三钱一分二厘五到三钱七分五。宣德元年折价为七分五到一钱；但这两个年份的数字不是真正的市价。成化五年每匹二钱五分；弘治六年每匹一钱五分；十二年三钱；明末自三钱到四钱。上涨的倾向很明显。但绢价上涨的速度似乎比不上布价上涨的速度，绢价上涨的速度慢于米价，而布价上涨的速度似乎要大于米价，所以不反映手工业的生产力和农业生产力的对比关系。也许由于布的质量前后不同，所以对上涨的程度反映得不正确。根据仅有的几种布和米的比价看来，则米价反而有相对下降的趋势，但这是嘉万以前的情形，嘉万以后米价上涨的速度加快，可惜没有布价来作比较。

明代布米比价表

年份	布一匹合大米石数	所据
洪武元年	0.4—0.8	《明会典》
永乐五年	0.83—1.0	《明会典》
宣德四年	1.0	《明实录》
天顺元年	0.75	《天下郡国利病书》
成化五年	1.0	《明实录》
弘治十二年	1.2	《明实录》
正德六年	1.0	《天下郡国利病书》
万历年间	0.2	《同文算指》
崇祯十六年	0.087	石刻[30]

从棉价上，看不出明显的倾向来，因为数据不够多。只能说，明代的棉价比前代低。元末棉一斤约值银一两一钱五[31]。洪武初年，一斤只合得

三十七文，或白银三分七厘。洪武二十八年和三十年都是每斤一钱。永乐五年到过三钱以上。洪熙元年和宣德四年是六分一斤，弘治六年又是一钱，十六年八分，正德三年和嘉靖十年是五钱，明末一钱六分，但受到灾荒的陕西要三钱二分。棉花和粮食一样，要受气候变化的影响。所以不但本身的价格不稳定，而且棉粮比价也不稳定。如果棉花和大米都以斤为单位，则历代的棉粮比价自一比二到一比一百以上。几乎看不出什么是正常的比价。差价大的时候，多半是棉花贵，但崇祯十六年是因粮价更贵；在棉粮都丰收的时候，也许是一比二十到三十。由于所用的棉价和粮价不是同时同地的价格，所以算出来的比价，很难说有多大的准确性。

历代棉粮比价表[32]

（括号中的比价不是同时同地的比价）

年 份	棉花一斤所能换得的大米斤数
宋　嘉祐中（1056—1063年）	（77—186）
熙宁七年（1074年）	15
元丰时（1078—1085年）	（187）
绍兴元年（1131年）	（20）
二年（1132年）	（124）
隆兴二年（1164年）	（127）
元　至正十五年（1355年）	108
明　洪武元年（1368年）	19
二十八年（1395年）	32
永乐五年（1407年）	134
宣德四年（1429年）	32
弘治六年（1493年）	（22）
十八年（1505年）	（16）
嘉靖十年（1531年）	（129）
明　末（17世纪中叶）	20
崇祯十六年（1643年）[33]	2

倒是米盐比价比较稳定：唐天宝年间斗米斤盐，是一比零点七五，宋宣和四年是一比零点四，元至正十二年是一比零点七，十五年是一比零点一九，明洪武元年也是一比零点七，永乐五年是一比零点七四。

从金银比价的变动上，也可以看出银价下跌的倾向来。中国金银价的消长是不规则的，但也不很乱。秦汉以后，金银比价相当稳定，到宋代才有很大的变动，即金价大涨。那以后金价回跌，到元朝是一比七点五到一比十，有些地方还用一比六和一比五的比价。明代两百多年间，白银对黄金有逐渐跌价的倾向。自明初的一比四或一比五，到明末的一比十和一比十三。

明代金银比价表

年　份	黄金一两所能换得银两的数目	所　据
洪武　元　年（1368年）	5	《明会典·钞法》
八　年（1375年）	4	《明史·食货五》
十八年（1385年）	5	《明会典·征收》及《明史·赋役》
十九年（1386年）	6	《明实录》及《续文献通考》
二十八年（1395年）	5	《明史稿·食货志》
三十年（1397年）	5	《明会典·征收》
永乐　五　年（1407年）	5	《续文献通考·钱币四》
十一年（1413年）	4.8	《明书》
宣德　元　年（1426年）	7.5	《明会典·征收》
	4	《明实录》
六　年（1431年）	6	《明实录》
成化　十七年（1481年）	7	《明实录》
弘治　十五年（1502年）	9	《明会典》
嘉靖　九　年（1530年）	6	《明会典》
十三年（1534年）	6.363	《天下郡国利病书》
隆庆　二　年（1568年）	6	《名山藏》
六　年（1572年）	8	《明实录》
万历　中（1596年）	7.5	《日知录》
四十八年（1620年）	8	《巴塔维亚日志》
崇祯　中（1635年）	10	《日知录》。东印度公司记录
	13	《日知录》记江左比价

铜价的上涨，也说明银价下跌的倾向。前面已说过：洪武元年一百斤铜值银五两；景泰四年六两，万历五年七两，二十五年十两五钱，天启年间十四两。所以银铜比价，由洪武元年的一比三百二十，变成天启年间的一比一百一十二。白银对铜的下跌程度几乎同对黄金下跌的程度相等。

明代银铜比价表

年　　份	白银一两所能换得铜两数	所据
洪武　元　年	320	《明会典》
景泰　四　年	266	《明实录》
万历　五　年	229	《明实录》
二十五年	152	《冬官记事》
四十四年	152	《冬官记事》
天启　年　间	112	《鼓铸事宜》

　　明代银价的下跌，从几种主要家畜的价格上也可以看出来，但比起前代来，明代的价格，就是在上涨之后，也还不算怎样高。万历年间的价格，大约等于洪武时的一倍。比元代也要高，那是因为蒙古人以畜牧业为经济基础，家畜价格特别低。同秦汉比起来，万历的价格就不算高了。拿马价来说，自唐代以来，就有下跌的趋势。贞观十年每匹只要二万五千钱[34]。安史乱后，曾涨到十六万，那是百物皆贵的时候，不足为奇。在北宋，马价每匹自一万多到三万多，而且是用省陌计算，平均是两万左右[35]；大概由于北宋不重视武备。明洪武元年《计赃时估》的价格，定得偏高。永乐四年兀良哈等处马市的作价，上等马值米十五石，绢三疋；下等马米八石，绢一疋[36]。米价以三钱一石计，绢价以四钱五分一疋计，则上等马每匹合得四两三钱五分或四千三百五十文，同西汉时西域的马价一样。景泰元年，京师马价每匹自六两到八两，山西每匹三两、四两到六两。考虑到地区的差价，这几种价格也相同。洪武元年牛价每头合得三两一钱二分五厘，一匹马等于三头牛，可见牛价更低。虽然西汉时一匹马也许可以换到三头牛，但唐永徽四年马价只等于牛价的一倍。会昌二年塞上牛价每头只要五百钱，只合白银三钱四五。到了辽保大五年（宋宣和七年）曾定马牛羊的价值，一匹马值粟五车，一头牛三车，羊一车。一匹马还值不到两头牛。明洪武元年羊价每头五钱，猪价倒要一两。西汉则猪羊同价。

历代六畜价格比较表　　　　　　　　（单位：库平银两）

	秦汉[37]	元代[38]	洪武元年[39]	万历年间[40]
马	22.46	14.37	10.00	20.00
牛	8.00	1.50	3.125	5.55
羊	1.46	0.59	0.5	0.54

	秦汉 [37]	元代 [38]	洪武元年 [39]	万历年间 [40]
猪	1.23		1.0	1.5
犬	0.45		0.125	0.12
鸡	0.11	0.04	0.04	0.45

实际上，万历年间的物价，很少有不比洪武年间贵的。例如胡椒，洪武初年只要白银一钱买一斤，万历年间要七钱一斤；朱砂在洪武初只要八钱一斤，万历年间要三两六钱一斤；铜一斤由五分涨到一钱五分；锡一斤由五分涨到九分；铁一斤由一分二厘涨到四分。

在物价中，书价有其特殊的意义。因为书是传播文化的重要工具，书的重要当然以内容为主，书的质量反映一个社会的文化高度，书价的高低，影响文化的广度，两者共同反映一个社会的文化水平，又会影响这水平。中国书价的历史，不好研究，因为资料缺乏。虽然自汉以来，就有书店，可是留传下来的书价记录很少。从原则上来讲，书价应当同其他物价的变动约略一致，共同反映货币的购买力，不过影响书价的，还有些特殊的因素，例如印刷术的发明，对书价就有很大的影响，这种影响同货币的价值变动就没有什么关系。至于一些稀有板本的价格，更是另外有其变动的规律。由于中国老早就发明并普遍应用了印刷术，所以宋元以来，中国的书价应当大有降低。宋代国子监的书板，可以借印，只需缴纳纸墨钱。官刻的书，也定价出卖。据说王琪刻印《杜工部集》一万部发卖，每部只卖钱一贯[41]。这大概是指嘉祐四年（1059年）的苏州板，二十卷附补遗。当时一贯约合白银一两，全书若分十册，每册只合得白银一钱，难怪士人争买。南宋绍兴十七年刻印的王禹称《小畜集》三十卷八册共十六万三千八百四十八个字，卖价五贯文省，约合白银一两七钱，每册约合二钱。绍兴二十八年孔平仲的《续世说》一部六册，印造成本只要八百十五文足，每册合得一百四十一二文。淳熙三年，曾穜的《大易粹言》一部二十册，定价八贯文足，约合白银二两六钱七分，每册只一钱三分许。若租板自印，只要租板钱一贯二百文足。十年象山县学刻的《汉隽》一部十卷二册，定价六百文足，约合白银二钱，每册一钱。若租板自印，只要赁板钱一百文足，工墨装背钱一百六十文足[42]。元代的书价数据还没有找到，仅有刻书的工价。至正三年张铉《金陵新志》十五卷十三册的雕造，共费中统钞一百四十三定二十九两八钱九分九厘。当时银价每两大概要中统钞三十贯，所以一百四十三定多的中统钞约合白银二百三十九两，每册十八两四钱[43]。如果一册以两万字计算,则刻一百字只要九分二厘银子,不算多。而且元代金银一般都禁止自由买卖,金银价估得低,所以用金银折算的物价偏高。明代刻工的工钱更低。刻一部《古注十三经》,只要一百多两。嘉靖年间,每叶约五百字的刻工工钱只要白银一钱五分多一点。崇祯末年也差不多,三分银子刻一百字[44]。所以明代书价更低。嘉靖年间,日本人在苏州宁波等地买书,《鹤林玉露》一部四册,费银二钱,每册只五分。《文献通考》一部,九钱。《本草》十册,四两九钱。《奇效良方》一部七钱[45]。这些书的价格有高有低,大概因为板本关系。例如《本草》大概是绘图本。而《文献通考》乃是一部三百四十八卷的巨著,只卖九钱银子,使人难以置信。可能记载错误或另有原因。总而言之,自印刷术发明及应用以来,中国的书价有下跌的倾向,而以明代为最低。这种倾向同白银购买力变动的倾向是相符合的。因为以白银计算的其他物价,明代也是低于宋元。

　　这里我们可以拿中国的书价同外国的书价来比较比较,特别是同西欧比较一下。西欧在15世纪中叶才开始应用印刷术,所以书价很高。试以意大利的帕维亚(Pavia)为例。帕维亚一度为朗巴地的首都,在中世纪以它的大学而闻名,这大学据说是8世纪查理大帝所创立的。所以帕维亚是一个文化水平比较高的城市。在14、15世纪的时候,医书最便宜,平均每册四个半佛洛林,合白银四两。一般书籍每册自十五到三十佛洛林,合白银十三两到二十六两。最贵的是法律书,每册自二十五到三十佛洛林。某些特殊的书有贵到一百佛洛林一册的[46]。所以在帕维亚买一本书的价钱可以在中国刻一部书板。这就不仅是书价的问题,而牵连到工钱的问题了。东西书价的差距,主要自然是由于科学技术水平的不同。欧洲在中世纪连纸都不会制造,书写要用经过加工的羊皮,成本昂贵。8世纪的时候,在西班牙一本《应答歌唱集》的价钱可以买到两头牛还有余。后来由阿拉伯人把中国的造纸术传入欧洲,但到13、14世纪才普及。一直到15世纪,还是全靠手抄本。而中国则不但刻工便宜,印工也便宜。《金瓶梅》提到印刷绢壳经一千部,每部只花三分银子。在帕维亚,两本《应答歌唱集》的抄写就花了三十六个佛洛林,插图和装帧花了十九个佛洛林,每册共花了二十四两银子。

　　书价上的差距反映了两个世界的文化水平,而且会影响这水平。1447年帕维亚大学教授的年俸是自七个半佛洛林到三百个佛洛林,实际支付的薪水平均为七十四个半佛洛林,合白银六十四两八钱,每月五两四钱。其中七十六名教授中,有四十六名的年俸是十个佛洛林到五十个佛洛林,合白银八两七钱到四十三两，每月七钱二分多到三两六钱，买不到几本书。所以 14 世纪时，一个医生兼教授，家中藏书只有三十册。另一个有钱有势的律师，只有四十六册。当时除了寺院和帝王的图书馆以外，私人藏书每人平均只有十册到五十册。佛洛兰萨的富比侯王的大财主柯西摩（Cosimo）为要成立一个私人图书馆，委任一个抄书业的老板。那人雇用了四十五名抄书人，工作了差不多两年，才抄了两百册，每人每年只能抄两本多一点。那是 15 世纪的事。其实就是寺院和帝王的藏书，也不怎样多[47]。中国的情况就不同了。中国在明代相当于大学教授的国子监五经博士是一个从八品的官，月俸米六石；儒学教授为从九品，月俸米五石。在 15 世纪中叶的时候，由于大明宝钞贬值，博士也好，教授也好，每月的收入还值不到一两银子，但正德年间改以白银支付，于是五经博士每月约可得到四两二钱银子，教授每月三两五钱。单从银两数目上看来，倒也和帕维亚大学的教授差不多，但对书籍的购买力，就有巨大的差别了。就是以帕维亚大学教授的最高年俸三百佛洛林来计算，每月约合白银二十一两七钱五分，只能买到一两本普通书。中国的五经博士每月可以买到像《鹤林玉露》那样的书八十四册。明末一个私塾的老师只要有三五个学生，每月就可以拿到一两银子[48]，就可以买到几十本书。所以中国的读书人藏书一般都比较多。我们且不谈历代的官府藏书[49]，只谈私人的藏书。早在战国时的惠施就有五车书。南北朝的沈约有两万多卷。宋代陈振孙有五万多卷[50]。元明两代，稍有地位的学者，都能藏书几千卷到几万卷[51]。毛晋藏书八万四千册[52]。当时这些人都是比较有名的藏书家，他们的藏书数不能算作一般读书人藏书的平均数。而且中国书的卷也不能同外国书的册平等看待。中国书一卷有时只有一两千字，超过一万字的比较少，合若干卷为一册。所以一个人着书往往就有几十卷、百卷。外国书一卷就是一册。但考虑到这些因素以后，仍不难看出：明代中国人所买的书要比欧洲人多。明初一个卖药的人，家里也有不少的书[53]。当然也有些读书人完全不藏书[54]。这只能算是个别的例子。

中国和欧洲的知识分子对书籍的购买力，不能代表他们对其他商品的购买力，不能代表他们的生活水平。帕维亚一个教授每月若拿到五两四钱银子，就可以买到十一公石以上的小麦[55]。正德年间一个国子监博士每月拿到四两二钱银子只能买到十公石多一点的小麦，若买大米，还不到九公石。而中国的数字比意大利的数字要晚几十年。至于帕维亚大学中少数高俸的教授，其收入就要远远超过中国的教授或博士了。甚至比中国的国子监祭酒的收入还要更加优厚。

　　并不是所有明代的物价都低于前代。有些物价要高于前代。例如田地价格，在秦汉间每亩大约值得白银二两三四钱（库平）[56]，西汉武帝时每亩合得六两[57]。东汉中平年间每亩三千[58]，约合白银十二两。五代后唐时，京城连店田地每亩自三千到七千，平均五千[59]，银价每两以八百文计，合得六两多。北宋每亩自一二千文[60]到七八千文[61]，合白银自一两到五六两。南宋每亩自三两到九两[62]。元代每亩自六七钱到一两八九钱[63]。但明代的田价一般都比较高。正德年间，徽州的田价，每亩自二三十两跌到五六两[64]，当时白银的购买力很高，二三十两一亩的价格，已算是很高了。到了万历年间，似乎中等田每亩也要三十五两以上了[65]。当然各个时代的亩，面积是不相同的，田地的质量也有高低，价格数据也不多，不一定能正确地反映白银的购买力；甚至不一定能反映田价变动的真实情况。田价的涨落，也不全由于银价的涨跌，还有其他原因，如人口的增减、租赋的轻重、社会的治乱等。在元代，蒙古人重畜牧、轻耕作，田价比较低是可以理解的。到了明代万历年间，粮价上涨，田价当然也跟着上涨。据说每亩有到百两的。但明末因为租税重，社会不安定，有田的人多减价出卖，有时甚至不得不弃地而逃，每亩只要一二两[66]。

　　一般说来，明代的物价，无论以银计算或是以钱计算[67]，都比宋元要低一点，这并不是说人民的生活水平提高了，因为明朝人民的货币所得也减少了。这从官吏的收入上便可以知道。历代官吏的收入是否同一般国民的收入成一定比例，不得而知。从某种观点看来，官吏收入虽然是取之于民，也是用之于民。可是由于中国人的紧缩习惯，官吏很少将货币收入全数用作消费，一大部分是用来窖藏，所以官吏收入增加，多少要引起紧缩现象。从另一方面来说，中国历代的统治阶级对于人民的榨取，也有一种限度，就是要使人民还能维持其生存，否则政权就会站不稳。明初也想把官吏薪俸定得相当高，使其真实所得，接近南宋的水平，但这种水平不能维持。大体上说来，中国官吏的生活水平自秦汉以后是渐渐提高，到唐宋就达到了顶点，南宋以后便渐渐下降了。元朝的时候，官吏的最高收入没有超过每月一百公石米的。明朝竟逐渐减到二十石。这种情形不能说完全是由于币值变动的影响，而应当从中国人的生产力不提高、人口的增加，以及行政机关和人员的无效能等因素来解释。正德以后，官俸九成用银，一成用钱，每石折银七钱。折钱数大概是照银一两合钱七百文计算，即一石米折钱四百九十文。这样计算，则正一品官每月可得白银五十四两八钱一分，另加铜钱四千二百六十三文许。共合白银六十两零九钱，照当时市价，可以买到一百二十公石以上的大米。正九品则一月可得白银三两四钱六分五厘，另加铜钱二百六十九文半。嘉靖末年以后，官俸全用白银支付。共合白银三两八钱五分，可以买到七八公石大米。但那时物价已上涨。崇祯年间的米价，差不多等于正德时的三倍，而俸额可能减半，所以收入应当减成正德时的六分之一左右。至于劳动人民的收入自然更低：嘉靖的三十年代，一个普通河工的工钱每日是白银三分，技术工匠每天大概可以拿到六七分[68]，当时米价每公石值银六钱，所以他们的工钱可以买到大米一石五斗到三石多。前面提到：万历年间，佣工的工钱每天自二十四五文到三十文，每月可以买到一两公石的大米；崇祯年间每天工钱可以拿到六十文，这时白银一两值八百文到一千六百文，每月约可买到大米一公石三四斗。有时守埤军雇穷人代役，每天只给三十文[69]，每月只能买到大米六七斗。这时（17世纪中叶前后）英国劳动人民的收入在货币金额上有很大的增加，可是物价也大涨，所以真实收入反而不如14世纪末。农业劳动者的工钱是四先令一个星期，一个月以四星期半计算，只能买到小麦八九斗。产业工人有时一个星期可以拿到六先令，每月合得小麦一公石二斗[70]。可见同中国劳动人民的收入差不多。

注 释

[1] 英国的洛克以为小麦的价格，在长期看来，最足以代表一般物价。亚当·斯密也以为小麦价格比任何其他价格更能表示真实价值或各种价值的真实关系。美国自1798年到1932年那百多年间小麦价格的变动和一般物价水平的变动几乎完全相同。（见 G. F. Warren and F.A.Pearson, *Gold and Prices*, p. 28. figure12。）

[2] 14世纪后半，小麦价格，仅洪武元年的《计赃时估》中提到，一石合二钱五（《明会典》），合米价的八成。洪武九年曾定银一两折输米一石，小麦减直十之二（《明史·食货志》），也是等于米价的八成。本文的小麦价，是以米价打八折计算，因为小麦价格记录太少，米价有洪武元年《计赃时估》中的每石三钱二分；九年的每石一两，十八年的每石五钱（《明会典》卷二九），三十年有每石二钱五和五钱两种价格（《明史·食货志》），平均每石三钱七分五。14世纪后半平均为每石五钱三分八厘。小麦每石约为四钱三分。

[3] 明代一石以一点零七三七公石计算。一两以三七点三公分计算（吴承洛《中国度量衡史》）。

[4] 英国小麦价格根据 James E. Thorold Rogers 的 *A History of Agriculture and Prices in England* 的数字折合。以每 quarter 合二点九零九公石。

[5] 见正文《明代米价表》（三）。

[6] 根据 James E.Thorold Rogers, *A History of Agriculture and Prices in England*. Vols. I and II 中的数字折算。

[7] 《宋史·漕运》。

[8] 英国在 13 世纪时的小麦价格，有时一年有八九十种至一百多种的记录，如 1289 年就有一百零三种小麦价格，1290 年有九十三种，1293 年九十二种。自 1259 年到 1400 年的一百四十多年间，总共有七千多种小麦价格。见 James E. Thorold Rogers, *A History of Agriculture and Prices in England*.

[9] 本段所引各价格，除另有注明者外，都见明代各朝《宝录》。某一年的价格是以明石为标准，某一年号的平均价格则以公石为标准，银两概以库平为标准。

[10] 弘治八年马文升的话，他只说"丰年用粮八九石方得易银一两"（见《弘治实录》及《明臣奏议》卷一一），并未指明是哪一年。

[11] 《明史》卷二七五《左懋第传》崇祯十四年疏："臣自静海抵临清……米石银二十四两。……去冬抵宿迁，见督漕臣史可法言，山东米石二十两，而河南乃至百五十两。"

[12] Marco Polo, *Everyman's Library edition*, ch. XLIII.

[13] Robert P. Blake, The Circulation of Silverin the Moslem East Down to the Mongol Epoch. (*Harvard Journal of Asiatic Studies*.Vol. II, 1937, pp. 291 & 328.)

[14] W. Sombart, *Modern Kapitalismus*. 中山文化教育馆译本第一卷第二分册第四篇第四〇五—四〇六页。

[15] 《明实录》。

[16] 《日知录·银》："国初所收天下田赋，未尝用银。惟坑冶之课有银。《实录》于每年之终，记所入之数，而洪武二十四年但有银二万四千七百四十两。至宣德五年，则三十二万二百九十七两，岁办视此为率。"《明史·坑冶》："永乐间开陕州商县凤凰山银坑八所，遣官湖广贵州采办金银课，复遣中官御史往窍之，又开福建浦城县马鞍等坑三所……宣宗初颇减福建课，其后增至四万余，而浙江亦增至九万余。"（《明实录》）。

[17] 《明史·坑冶》："天顺四年命中官罗永之浙江，罗珪之云南，冯让之福建，何能之四川，课额浙闽大略如旧，云南十万两有奇，四川万三千有奇，总十八万三千有奇。"不过中国产银也以云南为主。宋应星（明人）《天工开物》卷下《银》："凡银中国所出，浙江福建旧有坑场，国初或采或闭。江西饶信瑞三郡

有坑从未开。湖广则出辰州；贵州则出铜仁；河南则宜阳赵保山宁秋树坡户氏高觜儿……四川……甘肃……然合八省所生，不敌云南之半。……"

[18] 《明史》卷二〇《神宗一》万历二十七年闰四月："以诸皇子婚，诏取太仓银二千四百万两，户部告匮，命严窍天下积储。"

[19] 《明史》卷二一四《刘体乾传》。同书卷二七五《解学龙传》天启二年："上言辽左额兵旧九万四千有奇，岁饷四十余万，今关上兵止十余万，月饷乃二十二万，辽兵尽溃关门。……国初文职五千四百有奇，武职二万八千有奇，神祖时文增至一万六千余，武增至八万二千余矣。今不知又增几倍。"

[20] 《枣林杂俎·仁集》。

[21] 小叶田淳《日本货币流通史》。

[22] 朝鲜的《李朝明宗实录》八年七月辛未："日本国银子多产，故上国之人交通往来贩卖，而或因漂风来泊，作贼于我国海边。"

[23] 《筹海图编》："日本夷商惟以金银置货，非若西蕃之载货交易也。"

[24] Lindchoten《东印度航海记》。

[25] 《日本货币流通史》。

[26] 新井白石的估计，见小竹文夫《近代支那经济史研究》第五七页。

[27] 张燮《东西洋考》卷七《饷税考》。

[28] E. H. Blair & J. A. Robertson, *The Philippine Island*, Vol. VI. p. 269.

[29] 同上，Vol. X，P.145。

[30] 崇祯十六年陕西华州有人将当时物价若干种刻在一座小庙墙上的石上。其中有：稻米、粟米每斗二两三钱，小麦一斗二两一钱，盐一升银九分，清油一斤一钱六分，猪肉一斤一钱八分，棉花一斤三线二分，梭布一尺五分。这些物价由于崇祯八九年间的蝗旱和十三四年的大饥而非常高。（李子春《明末一件有关物价的史料》，见《考古》1960年十月号第五〇页）

[31] 《丁巨算法》："银每两值钞五两，绵每斤值钞五两七钱四分。"

[32] 米一公石以一百五十六市斤计，即七十八公斤。

[33] 陕西石刻。见注[30]。

[34] 《新唐书》卷五〇《兵志》。

[35] 《元史》卷四三《顺帝六》。

[36] 《太宗永乐宝录》。《明史·食货志·马市》载永乐马值四等，上马绢八疋，布十二疋；次马绢四疋，布六疋；又次马绢三疋，布五疋；下马绢二疋，布四疋。折算起来，平均每疋马为三两二钱三分四厘或三千二百三十四文，也差不多。

[37] 根据《九章算术》中的价格平均，折合成库平两。金价每两以

六百二十五文计（若以每斤六千五百二十钱计，则价格更高）。银价以一百二十五文计。每两以十九点二公分计。如果照《史记·货殖列传》的价格，要高十倍到百倍。

[38] 根据朱世杰《算术启蒙》中的数字平均，有几种可疑的数字不用。以五贯抵银一两。

[39] 根据《明会典》的《洪武计赃时估》。

[40] 马价牛价根据《同文算指》的价格平均，但其中有两项数字显系转抄《九章算术》，这里不用。又据《总督四镇奏议》（《玄览堂丛书》续集）卷六《请讨马价疏》中提到万历八年四月马每匹十二两到十八两，十四年兵部咨每匹照例征银三十两。三个数字平均也是每匹二十两。羊价犬价鸡价根据《宛署杂记》。

[41] 王士禛《居易录》。见叶德辉《书林清话》（中华书局本）第一八〇页。

[42] 这里几种书价都根据《书林清话》卷六所引的数字。另根据当时的银价折合成白银。

[43] 叶德辉不明了元代货币流通情况，以为中统钞一定是指白银五十两，因而算出每卷的刻工合用银四百四十余两。说"古今刻书之工，未有贵于此者"。疑心是当时浮支冒领（《书林清话》卷七《元时刻书之工价》）。其实中统钞一定自始即不等于白银一锭，到了至正年间更加跌成三十定合白银一锭。

[44] 《书林清话》卷七引徐康《前尘梦影录》。

[45] 小叶田淳《中世日支通交贸易史の研究》第四四七到四四八页引周良《两渡集》。书中用日本单位"匁"，稍重于中国的"钱"，但购买时必定是用中国标准，所以这里还原为中国的钱和分。

[46] Carlo M. Cipolla, *Money, Prices, and Civilization in the Mediterranean World* (Princeton University Press.1956), pp. 58—60.

[47] 意大利的蒙地卡西诺（Monte Cassino）图书馆被认为是中世纪最好的寺院图书馆之一，有十一二世纪的抄本八百卷［*Harmsworth Encyclopaedia*（1906年）Libraries 条］。1490年英国国王亨利第七的官廷图书馆只有善本书三四百册。只有匈牙利国王柯威努斯的藏书有五万册［*Chambers Encyclopoedia*（1895年）Library 条］。

[48] 《醒世姻缘》。见本节三注 [36]。

[49] 《齐东野语》卷一二："梁元帝江陵蓄古今图书二十四万卷。隋嘉则殿书三十七万卷。唐惟贞观开元最甚，两都各聚书四部至七万卷。宋宣和殿太清楼龙图阁御府所储，尤盛于前代，今可考者，崇文总目四十六类，三万六百六十九卷，史馆一万五千余卷，余不能具数。南渡以来，复加集录，馆阁书目五十二类，四万四千四百八十六卷，续目一万四千九百余卷。是皆藏于官府耳。"

[50] 周密《癸辛杂识》。

[51] 元代同恕藏书数万卷（《元史》卷一八九《儒学一·同恕传》）。明代杨维桢的父亲藏书数万卷（《明史》卷二八五《文苑一·杨维桢传》）。殷云霄藏书数千卷（《明史》）。良俊藏书四万卷（《明史》卷二八七《良俊传》）。胡应麟藏书四万余卷（《明史》）。

[52] 《书林清话》卷七第一九二页。

[53] 《明史》卷二八五《文苑一·王行》："吴县人，幼随父依卖药徐翁家。徐媪好听稗官小说，行日记数本为媪诵之。媪言于翁，授以《论语》，明日悉成诵，翁大异之，俾尽读家所藏书，遂淹贯经史百家言。"

[54] 《明史》卷二八六《文苑二·徐祯卿》："吴县人，资颖，特家不蓄一书，而无所不通。"

[55] 十四五世纪意大利的小麦价格没有资料。这里根据 Landrin and Roswag 的数字折算（请参阅本书第八章第二节四）。这些数字大概是以欧洲为标准。意大利的物价可能还要低一点。

[56] 《九章算术》卷七："今有善田一亩，价三百；恶田七亩，价五百。"金价每斤以六千二百五十文计，金银比价以一比五计，当时的两以十九点二公分计。当然这价格的假设性很大。若以一斤万钱的金价计算，则每亩只合得七钱七分白银。

[57] 《汉书·李广传》有三顷卖四十余万的话。金价以一斤万钱计。《居延汉简》中每亩一百钱。《汉书·东方朔传》所谓"亩一金"的田价不是正常价格。

[58] 樊利家买地铅券（光和七年）和房桃枝买地铅券（中平五年）都是每亩三千（《货币》第一五九号）。

[59] 《五代会要》卷二六同光二年勅。

[60] 《临川先生文集》卷七六上《运使孙司谏书》："鄞于州为大邑。某为县于此两年，见所谓大户者，其田多不过百亩，少者至不满百亩，百亩之直，为钱百千，其尤良田，乃二百千而已。"王安石知鄞县为庆历七年到皇祐元年。所指价格大概系以铜钱计算，银价每两若以一千四百文计，每亩合得七钱许到一两四钱许。《续资治通鉴长编》卷二六七熙宁八年八月戊午："苏州臣等皆有田。在彼一贯钱典得一亩。"

[61] 《宋会要辑稿·食货·水利上》七之三〇，熙宁九年："闻董村田亩旧值两三千，所收谷五七斗。自淤后其直三倍，所收至三两硕。"每亩以七千五百文计，银价每两以一千四百文计，每亩合得五两三钱六分。

[62] 《宋会要辑稿·食货·官田杂录》六一之二九，隆兴元年十一月户部言："昨上封者乞卖常州无锡县省田四十万亩，每亩直钱一十五千。得旨委两浙漕臣亲相度。今据申到，止有十六万六千余亩，每亩价直二贯，若许人承佃，岁得上

供，省苗近四万石，如行出卖，深虑赔失上供省额，乞……住卖，从之。"这里有两种价格，相差很大，必有一虚报。银价每两以三千文计，依第一种价格，每亩也是五两，依第二种价格，每亩仅六钱许。王楙《野客丛书》卷一〇《汉田亩价》："汉田每亩十千，与今大率相似。"王楙为绍兴到嘉定年间的人。当时银价每两约三千三四百，田一亩合得白银约三两。魏岘《四明它山水利备览》卷上《淘沙》："先是嘉定七年权府提刑程公覃捐钱千有二百贯，置田四十亩三角二十九步。当时银价每两约三千三百文。每亩合银九两一钱。"同书《赵都承淘沙米田牒魏都大》："山田地坐落价钞数目，内水田二十九亩三角二十五步，元契面钱计六百三十一贯七百文，九十八陌。"（嘉熙三年十月）当时银价每两当在三千五百文上下，每亩合银七两七钱。袁甫《蒙斋集·拾遗·教育言氏子孙记》："得缗钱六千三百，买田以亩计者四百五十，岁收入米之斛计者三百有八十。"当时银价每两三千三百，每亩合银四两二钱四分。

[63] 《元典章》一九《户部》卷之五。见本书第六章第二节三注[25]。至元二十四年银一两合中统钞十两，故每亩值银六钱六分七。至元三十年银每两以中统钞十五两计，每亩值银一两四钱七分。大德元年银每两仍以中统钞十五两计，每亩值银一两八钱五分。又朱世杰《算术启蒙》卷上有两种地价。《留头乘法门》有黄金一两买地六亩二分五厘的话。《九归除法》有"地六亩二分五厘值银一斤"的话。两者亩数相同，只一以黄金论价，一以白银论价，而且金银都是整数，恐怕是随便定出来的。若以两者平均，金银比价以一比七计，则每亩值银一两八钱四分。

[64] 俞弁《山樵暇语》："江南之田，唯徽州极贵，一亩价值二三十两者今亦不过五六两而已，亦无买者。"

[65] 利玛窦《同文算指通编》卷三有上中下三种田价，上田每亩四十三两二钱，中田三十八两五钱，下田二十五两。但《骨董琐记·启祯记闻录》说，万历初年每亩八钱，到崇祯十五年涨成四五两。

[66] 《醒世姻缘》第九回有每亩二两的地价。清道光五年钱咏《履园丛话》卷一《田价》："前明中叶，田价甚昂，每亩值五十余两至百两。然亦视其田之肥瘠。崇祯末年，盗贼四起，年谷屡荒，以无田为幸，每亩只值一二两。"

[67] 嘉靖年间的物价，可以从《金瓶梅》中得到许多宝贵的资料。其中多是以白银计算。《西游记》也是嘉靖年间的著作，但里面物价的记载比较少。兹先将《金瓶梅》中的物价录出：

住宅甲（夏延龄房，门面七间，到底五层，仪门进去，大厅两边房鹿角顶，
　　　　后边住宅花亭，周围群房，也有许多，街道又空阔）　　　一三〇〇两
住宅乙　　　　　　　　七〇〇两　住宅丙（居住小房）　　　　　五四〇两
住宅丁　　　　　　　　二五〇两　住宅戊（门面两间，到底四层）　一二〇两
住宅己（小房）　　　　　七〇两　住宅庚（四间）　　　　　　　三〇—四〇两
住宅辛（平房两间）　　　　三〇两　住宅壬（武大夫妇住的，上下两层四间）
　　　　　　　　　　　　　　　　　　　　　　　　　　　　　　　十数两
利率　每月　　　　三分到五分　黄金　每两　　　　　　　　　　　　五两
猪一头，羊一口，金华酒五六坛，又香烛纸札鸡鸭案酒之物　共计　　　四两
拆字　　　　　　　　　　一分　印刷绫壳陀罗五百部　每部　　　　　五分
印刷绢壳经一千部　每部　　三分　磨镜　　　　　　　　　　　　　五十文

《西游记》中有下列几种物价：

　　纸　每张　　　　　　　一文　棺木　每具　　　　　　　　　几两银
　　糕　每块　　　　　　　一文　猪　每头　　　　　　　　　　　二两
　　羊　每头　　　　一两二钱九分

[68] 崔旦《海运编》卷下《再上何公估计新河书》。文中有糯米每斗价银二钱的话，则粳米也应差不多。照这标准算来，则普通夫役每月只能买到四斗半米，技术工匠每月也只能买到九斗米。不过明代嘉靖年间米价没有那样贵。

[69] 冯梦龙《甲申纪事》（《玄览堂丛书》）："守埤军皆贵近家，诡名冒粮，临时倩穷代役，日给钱才三十文。"

[70] Thomas Babington Macaulay, *History of England* (Edinburgh edition), p. 342. 农业劳动者的工钱数系引自佩第（William Petty）的 *Political Arithmetic*。产业工人的工钱数系根据 John Basset 的话。小麦价格根据 Michael G.Mulhall, *Dictionary of Statistics* (London, 1892), p.468, 以 1641 年到 1660 年的价格为标准。

第三节 货币研究

一 货币理论

明代在货币理论方面可以划分为两个时期，在嘉靖以前，是以纸币问题为中心，嘉靖以后，是以铜钱问题为中心，各种理论都是环绕着这两个中心问题而提出来的。

成祖即位时，因为宝钞不行，问夏原吉（1366—1430年），原吉就说：

> 钞多则轻，少则重。民间钞不行，缘散多敛少，宜为法敛之。请市肆门摊诸税，度量轻重，加其课程，钞入官，官取昏软者悉毁之。自今官钞宜少出，民间得钞难，则自然重矣。[1]

他想借收缩通货来提高它的购买力。

主张户口食盐法的陈瑛，也有相同的见解，他在永乐二年（1404年）说：

> 比岁钞法不通，皆缘朝廷出钞太多，收敛无法，以致物重钞轻。莫若暂行户口食盐法……[2]

他的户口食盐法和夏原吉的增税主张，目的是相同的。

宣德年间，大大地提高税率来收缩通货，这是用降低人民生活水平的方法来稳定币值。刘定之反对这种办法。他认为要收回钞票，不妨向商人征收或使犯罪者用来赎罪，或则用金银和铜钱来收兑，不要加税。

刘定之（1410—1469年）在他的《策略》中，有两篇[3]专谈货币问题。《策略》成于宣德九年，当时他还在从事教育工作，没有做官，所以他是站在人民的立场说话。他说："法无古今，而便民者为良法；论无当否，而便民者为至论。"但他的立论，未必都正确，例如对于货币的起源，他认为系帝王权宜救急之计。他说：

> 愚尝考九府圜法之说，盖本于太公，以为黄金方寸而重一斤，钱

员函方,轻重以铢。宝于金,利于刀,流于泉,布于市,斯固钱之滥觞也。然禹汤之时,因九年之水,而铸历山之金,因七年之旱,而铸庄山之金,则盖非专以是为民用之所需,特从宜救急之计,而太公因之尔。

这种看法显然是受了宋代吕祖谦等人的影响,也是过于信古的关系。刘定之对于货币的职能强调其作为购买手段,认为纸币是代替钱币的。他说:

> 民之所以赖以生者谷帛,而一环之钱,诚若何所用者?然而钱可以致谷帛,则用钱可也。民之所赖以用者钱货;而一尺之楮又若何所用者?然而楮可以代钱货,则用楮可也。

又说:

> 珠玉金宝可以为用矣,而不能多得;谷粟布帛可以为用矣,而不能致远;腰万贯之缗,手方寸之楮,寒可以衣,饥可以食;不珠玉而自富,不金宝而自足,盖亦古人抚世便民之良规也。

他不但不反对货币,而且不反对纸币,实际上他强调纸币的方便。但他不是一个名目论者。千多年来,他似乎是第一个人说珠玉金宝有用,说有了货币寒可以衣,饥可以食。至少在字面上是同法家对立的。吕祖谦虽然承认"百工之事,皆资(钱)以为生",但还是说"钱之为物,饥不可食,寒不可衣"。所以在这重要问题上,刘定之同吕祖谦不是站在一边。

当时正是大力推行纸币的时候,所以刘定之的议论主要集中在纸币问题上。大明宝钞在永乐宣德年间,继续贬值:永乐年间,市价每贯只值银一分二厘,宣德元年官价也只值二厘五毫。他当然知道这是因为发行过多。他说:

> 自宋以来率用楮,而楮之弊在于贵贱不中。天圣一界印一百二十五万,绍圣一界印一百四十万,元符则增为一百八十万,建炎又增为三百七十万,孝宗一界以几千万计,宁宗一界以几万万计。中统既有钞,而至元钞一贯又准中统钞五贯,是方尺之楮直钱五十(应为千)文也,至元既有钞,而至大钞一贯又准至元钞五贯,

> 是方尺之楮直钱五万文也。夫少造之则钞贵，而过少则不足于用，多造之则钞贱，而过多则不可以行，必也如宋之天圣，元之中统，则庶乎贵贱得中矣。

他对于元代纸币值钱的数目是随便讲的，而所谓造钞须如宋之天圣和元之中统也太笼统，不是一个明确的标准。

刘定之虽不反对用纸币，但对当时的政策是不满的。他认为政府要么不收旧钞，改发新钞，政府赏赐俸给用钞支付，人民输纳赋役也以钞支付，这样钞就可以流通。如果政府打算收回旧钞，那就应当取之于商贾，以"厚本抑末"，"或取之于徒役，以赎罪示恩"，或用国库的现银去收兑。

> 若一槩取之于民，而为头会箕敛之下策，则古人利民之货，反为今日病民之本矣。草野之士，何敢尽言。

又说：

> 今也不然，钞之造于上也，有出而无纳，钞之行于下也，有敝而无换；及其征钞于民也，豪商大贾积钞于家，而无征，奸胥猾吏假钞为名，而渔猎间左，贫民鬻田产、质妻子，而后得钞以送之官。大臣谋国、扰郡县、暴间里，而后收钞以贮之库焉。呜呼！不意古人利民之事，而为今日病民之本也。且国家不行旧钞，则下令曰，不行之而已；欲行新钞，则下令曰，造之而已；钞贱则又以赋税收之，钞贵则又造一界增之，如是而已，此三尺童子之所知也。

愤慨之情，溢于言表。后来他做了大官，就不再提纸币问题。成为讽刺的是：在他临死的时候，宪宗还用纸币来赏他。那时大明宝钞一贯还值不到白银一厘。

成化年间的邱濬（1420—1495年）有许多看法同刘定之差不多，但更加深入一些。他在成化二十三年以国子监掌监事和礼部右侍郎的身分写《大学衍义补》一书，其中有《铜楮之币》两卷，专谈货币问题。他是采取一种史论的方式，先引一段史实，其次或引一段前人的言论，然后加上他自己的按语。

首先，他反对实物论者，反对贡禹的以布帛米谷代钱之说，说"此策决不可用"。

其次，他也同刘定之一样，认为货币的起源，系因水旱以救济饥困，不是专以阜通财货。这也是由于他相信禹汤铸金的说法。

第三，他对于货币的职能，也是强调流通手段，特别是作为购买手段。换言之，他不认为货币流通只是商品流通的反映，而认为商品流通是由货币流通来推动的。他以为货币流通是主，商品流通是从。他说：

> 所以通百物、以流行于四方者，币也。

又说：

> 盖天下百货皆资于钱以流通，重者不可举，非钱不能以致远；滞者不能通，非钱不得以兼济；大者不可分，非钱不得以小用。货则重而钱轻，物则滞而钱无不通故也。

又说：

> 古者以泉布流通天下之物，无非以便民而已。泉布出于上，货物出于民，民之货物，不能以皆有也，欲通其有无，必资钱以易物，然后无者各有焉。

他甚至要利用货币这一职能来调节商品流通。这就是所谓"钱以权百物"。所谓"权百物"可以作两种解释：消极方面是权衡百物的价值；积极方面是调节百物。他说：

> 然其物之聚也，有多有少；时之用物也，有急有缓。少而急于用则通，多而不急于用则滞。上之人因其滞也，则以泉布收之，俾其少而通焉，所以厚民生也。上既收之矣。下之人或有所急而需焉，则随其原价而卖之，所以济民之用也[4]。

他又说：

> 米谷有丰歉，非人力所能致，金铜则无丰歉，可以人力为之，故为之铸钱，使之博食以济饥也。

他是到处强调货币的积极作用的，几乎接近于货币拜物教了。他说：

> 钱之为利，贱可使贵，贫可使富。

他对于货币的其他职能，几乎没有提到。只有前面所引的"钱以权百物"和"大者不可分，非钱不得以小用"两句同价值尺度或价格标准有联系。然而他却接触到商品价值的根源或基础的问题，他把商品价值同劳动联系起来。他说：

> 世间之物，虽生于天地，然皆必资以人力，而后能成其用。其体有大小精粗，其功力有浅深，其价有多少。直而至于千钱，其体非大则精，必非一日之功所成也。乃以方尺之楮直三五钱者而售之，可不可乎？

这些所谓"功力"或"功"应当是指劳动。这就是说：商品价值的大小同所费劳动量或劳动时间有关，功力用得多的，价值就大，功力用得少的，价值就小。这种说法同 13 世纪意大利学者托马斯·阿奎纳斯（Thomas Aquinas, 1225？—1274 年）的观点差不多。阿奎纳斯认为一种物品的价值应当由制造它所需要的劳动来决定。他同邱濬一样，是从伦理上来考虑这问题的。他们两人，一个是受教会器重的神学家，一个是封建政府下的高官，能得出这样的价值和价格理论，很不寻常。本来，不论古今中外，对于劳动的报酬，总是按时间计算的；对于劳动生产品的价值，理应很容易同其所费劳动时间联系起来。但实际上这样做的人却不多。阿奎纳斯是在论到公平价格问题的时候提出这种理论的。他认为每一种商品有一种客观的真实价值，这价值应当决定于公认的生产成本，这生产成本主要是指所费的劳动。商品价格符合它的价值就是公平，否则就是不公平。但在他看来，并不是所有的劳动者的劳动时间是等价的，他也不是从劳动的质量或复杂程度来分，而是从劳动者的社会地位和生活水平来分。所谓公平价格是要使商品生产者能维持其习惯的生活水平。而且他也容许卖价与买价间的差距，即卖价高于买价。例如对商品加工，或把商品从一地运到另一地等。商品移动对其所有人的损失也算作成本之一。邱濬对此问题没有他那样深入,他的所谓功或功力是泛指一般劳动,而不加以区别。

邱濬对于通货膨胀,有尖锐的批评,他不但认为纸币贬值对人民不利,而且对统治阶级也不利,甚且可以动摇政权。他说:

> 自宋人为交会,而金、元承之以为钞。所谓钞者,所费之值,不过三五钱,而以售人千钱之物。……民初受其欺,继而畏其威,不得已而黾勉从之,行之既久,天定人胜,终莫之行;非徒不得千钱之息,并与其三五钱之本而失之,且因之以失人心,亏国用,而致乱亡之祸,如元人者可鉴也已。

然而他并不认为纸币绝对不可以用。他反对的是纯粹的纸币流通制度,他主张钱钞兼行,而以银为本位。他说:

> 本朝制铜钱宝钞,相兼行使,百年于兹,未之改也。然行之既久,意外弊生。钱之弊在于伪,钞之弊在于多。……所以通行钞法者,臣请稽古三币之法,以银为上币,钞为中币,钱为下币;以中下二币为公私通用之具,而一准上币以权之焉。

又说:

> 既定此制之后,钱多则出钞以收钱,钞多则出钱以收钞,银之用非十两以上禁不许以交易,银之成色,以火试白者为准。宝钞铜钱,通行上下,而一权之以银。足国便民之法,盖亦庶几焉。

嘉靖年间,纸币已同废纸,不成为问题了。白银在货币流通中取得了支配的地位,有些地方,连铜钱也不用。于是就有人出来倡用铜钱。例如何良俊就说,自然物财富都有限度,只有钱没有限度,所以他主张于两京、十三省及六盐运司共二十一处开局鼓铸。

谭纶在隆庆三年(1569年)说:

> 今之议钱法者,皆曰铸钱之费,与银相当,朝廷何利焉。臣以为岁铸钱一万金,则国家增一万金之钱流布海内。铸钱愈多,则增银也愈多,是藏富之术也。[5]

这是一种金属论的语调。他似乎并不反对白银。靳学颜更前进一步。他在隆庆四年提出《讲求财用疏》[6]，反对废钱用银，实际上他是极力主张行钱。这里没有什么大的理论问题，只是一种政策问题。他承认作为货币，钱和银差不多。他说：

> 夫银者，不过贸迁以通衣食之用，而钱与银异质而同神，奈何独用银而废钱乎？

这里可以看出：他对货币的职能是强调流通手段或购买手段。但他对银和钱还是加以区别，他认为钱比银好。他说：

> 独行（银）则豪右之藏益深，而银益贵；银贵则货益贱，而折色之辨益难。
>
> 臣闻钱者泉也，如水之行地中，不可一日废，用钱则民生日裕，国用益饶。

他的基本目的还是替统治者的利益着想，统治者对白银无法控制，对钱则掌铸造之权。他说：

> 臣闻江南富室有积银至数十万两者，今皇上天府之积，亦不过百万两以上，若使银独行，而钱遂废焉，是不过数富室之积，足相拟矣。

若是用钱，则：

> 此裁成辅相之业，惟人主得为之。故曰圣人之大宝曰位，因位而制权，因权而致用；故又曰：钱者权也。人主操富贵之权，以役使奔走乎天下，奈何废而不举？

其实用纸币应当更加符合他的理想。

隆庆、万历年间的郭子章也是一个金属论者，他把钱法看成一种万灵药。他在他的《钱法策》[7]里说：

> 钱法行，处其国于不倾之銮，藏其民于不竭之渊；天下之众，可以无饥；国家之富，可以长守矣。钱法者，不收之田，不计之海，不出之府库，无大损于国贮，而博利于民生，诚今日捄弊之急务也。

他所谓钱法包括六点：一是收铜之权，二是固铜之源，三是开铜之利，四是精铜之制，五是广钱之涂，八是富钱之官。其中最重要的是第一点把铜收归国有。他说：

> 铜一入官，铜尽钱也，而国家日富。圣王所以独持大柄而利天下者无出于此。故铜之权，不可不收也。

又说：

> 铜者，钱之质也。

他对铜的态度同欧洲15世纪的重金主义者或地金论者一样，可以说是一个重铜论者。中国历史上似乎还没有过这样彻底的金属论者。

又如杨成，他反对所谓铸钱无利说。他说：假定铸钱五文，成本银一分，等于七文，似乎亏本二文，但一分银并没有消耗，仍在人间，加上新铸的五文铜钱，可当银八厘，实际上变成一分八厘。所以他主张让人民铸钱，只须向政府领执照，自备铜料，就可作为政府人员从事鼓铸。政府征收一成，铸出的钱作为官钱流通。

到了天启崇祯年间，由于国用匮乏，银和钱都不能任意增加，因此又有人主张行钞。如天启年间的惠世扬、崇祯八年的何楷以及十六年的蒋臣等。在朝的倪元璐和王鳌永等也赞成蒋臣的行钞计划。蒋臣的办法和邱濬的主张基本上差不多，主张要十足准备，一贯合银一两（实卖九钱七分）或铜钱一千文。不过他有一点不切实际，他所谓准备，全靠用钞票去收换民间的白银。他估计当时民间的白银为两亿五千万两。他说：

> 今岁行五千万，五岁为界，是为二万五千万，则民间之白金约已尽出，后且不可继矣。故一界以后，以旧易新。五界既行，则通天下之钱数，又足相抵。[8]

关于蒋臣的计划，我们所知道的只是一些措施，没有什么理论。约略同时的陈子龙（1608—1647年），则谈到一些理论问题。他著有《钞币论》[9]一篇。他对可以兑现的钞票和不能兑现的钞票加以区别，前者是以券取钱，后者是以券代钱。他说：

> 楮非钱也，而可执为券以取钱，无远致之劳，有厚赍之用。是以飞钱、钞引，唐创行之，宋之交子会子乃自西蜀一隅通于天下。始于暂以权钱，久之以代见钱。迨元而钞遂孤行矣。终元之世，无一人知有钱之用，而衣于钞，食于钞，贫且富于钞，岂盖禁令使然哉。夫亦因民所便，而特以收换称提，时疏其滞也。

他所说元代无一人知有钱之用的话是不确实的。但他所说"钞遂孤行"的话在某些时期也是事实。清代货币学家称纯粹的纸币流通为"孤钞"就是起源于此。他认为钞票是可行的。他说：

> 今民间子钱家多用券，商买轻赍往来则用会，此即前人用钞之初意也。岂有可以私行、反不可以公行者？

为什么以前行钞失败呢？

> 患在官出以于民，则命曰钞贯；民持以还官，即弃如败楮。收之敝于无用，则于之不肯复收耳。故钞不行，上自格之也。

所以他主张一种钱钞并行制，人民对政府的各种缴纳用钞，不许用银钱，人民用银钱向政府领用钞票。各种官俸、兵饷和工钱用钞，人民也可以用钞票来兑金钱。

钱秉镫（1612—1693年）也区别可以取钱的钞票和直以为钱的钞票。他在《钱钞议》中提出一种名目论的看法。他说：

> 夫钞止方寸之楮，加以工墨，命百则百，命千则千，而愚民以之为宝，衣食皆取资焉，惟其能上行也。盖必官司喜于收受，民心不疑，自可转易流通，增长价例。[10]

后代货币国定说者的理论同这种见解很接近。钱秉镫认为禁止白银流通也没有什么不可。可是他并不坚持这一点，他说若不禁银，则可银钱钞三者并用。以法律来规定：每钱一千直银一两，钞一贯直钱一千，而银以五十两为锭。零用则钱，整用则钞，满五十两始用银。钱多折钞，钞多折银，而碎银以代钱钞之用者罪之。用整银不用碎银的办法很特别。但他以为银钱的比价可由法律来规定，仍是一种名目论的看法。

此外还有陆世仪，他在《论钱币》[11]中主张发行银券。

注 释

[1][2]　《明史·食货志》。

[3]　《刘文安公策略》卷六《户科》和卷一〇《工科》各有一篇。见《永新刘文安公全集》。

[4]　《大学衍义补》卷之二五《市籴之令》。

[5]　《明书》卷八一《食货志》。

[6]　《明史》卷二一四《靳学颜传》说他应诏陈理财，凡万余言。王鎏《钱币刍言·先正名言》中转录了五百二十字，此处引文系引自王书。

[7]　万历十年节生粤草本。

[8]　《崇祯长编》卷一。

[9][10][11]　王鎏《钱币刍言·先正名言》。

二　货币史和钱币学

明代的学风很不利于学术的发展。也许当时的唯心主义的哲学是一个原因，使一般知识分子养成一种浮夸的态度，研究问题不联系实际，不实事求是，只是凭空臆说。不论在货币史方面和钱币学方面都是这样，钱币学因为应当以实物为主，所以成就更加小。实际上明代没有真正的钱币学著作。

明初所修的《元史》，是历代官书中最坏的。从事的人既不通蒙古文，又草率从事，这样一部史书，只花了一年的时间，怎能不芜乱缺漏、误谬百出呢！《元史》有《食货志》五卷。在第一卷中列《钞法》一项，从中统钞的印造起到至大银钞的废除为止，仅仅八百二十九字，另有《岁印钞数》几百字。到了第五卷，忽然又列《钞法》一条，记至正十年发行新钞的事，共九百六十四字。其资料前者采自《经世大典》，后者采自《六条政类》和采访。这种体例上的错乱为旧史中所仅见。内容也太简略，对于钱币只提到至大通宝、大元通宝和至正通宝三种钱名。对于钞法也交代不清，例如对于中统初的丝钞和元宝钞就说得含糊其词；对于后来的至正交钞也是这样。显然作者们都没有把这些问题搞清楚，使得我们到现在还是莫名其妙。

明代没有可以同《文献通考》的《钱币考》相比的货币通史。成化年间邱濬的《大学衍义补》中有关货币的论述，但很简略。有人把其中一部分摘出来，名为《钱法纂要》，只有千把字，作为一卷。其中提出若干条古代币制的事例，以为他发挥议论的帮助，不能说是真正的货币史。而且所举的事例几乎有半数是不可信的，如禹汤铸币、太公的九府圜法、周景王铸大钱等。

钱币学方面，永乐洪熙年间有《董遹钱谱》一卷，非常简略，而且错误百出。如以汉初荚钱为当百钱、以永安五铢为南唐钱、以圣宋元宝为宋太祖所铸，甚至以朱元璋的大中通宝为北宋大中祥符年间所铸。有人疑其被人删节，然而删者只会删其错误部分，断不致删其精华。

嘉靖年间有陆深的《宝货志》和《钱谱》，都已佚，内容不详。他的《俨山外集燕闲录》提到一种《姚氏钱谱》（姚氏一作朱氏），说是"尽裒历代钱，穴纸谱之，奇形异状，无所不有，而各疏时代由来"。也许他自己的《宝货志》和《钱谱》比较好，可惜不传。

又有罗汝芳的《明通宝义》和《广通宝义》各一卷，也已失传。据说[1]罗汝芳曾督屯云南，因云南为铸钱的重心，写成此书，历引古来钱制，始自太昊、轩辕，下至唐宋。这种书不能说是钱币学的著作，应属于币制史一类。

隆庆万历年间有郭子章的《泉史》十三卷，已佚。郭子章是隆庆五年的进士，做过兵部尚书，著作很多[2]。《泉史》内容不详。

万历年间，有胡我琨的《钱通》、李元仲的《钱神志》。这些书既不是货币史，也不是钱币学，而是一种同货币有关的资料汇编。《钱通》[3]共三十二卷，是一部分量比较大的书。除卷一卷二为正朔一统、专记明代钱法外，其余按资料的性质分为十三类，即原、制、象、用、才、行、操、节、分、异、弊、文、闰。每一类又分成若干项。第三类《象》是属于钱币学范围的，占三卷，分为正品、杂品和奇品。有说有图，但内容多取自洪遵《泉志》，附图恐系摹自其他钱谱。全书的资料大部分是抄自历代《食货志》和《会典》，但也收录许多杂家的资料，有些也有参考价值。

例如第十二类的《文》，分为诏诰、奏对、论策、条议等项，如这方面的材料收得更多一些，价值还要大。

《钱神志》共七卷，分量也相当多，但不及《钱通》，内容也比不上。只收集一些古籍中关于钱币的轶闻，包括稗官、野乘、仙释、鬼神等方面的故事。《钱通》也有这一类材料，但比重比较小。

《鼓铸事宜》是一部同天启、崇祯年间的币政有关的书。作者侯恂是万历进士，据说在李自成下面工作过。

洪遵《泉志》的附图是万历年间的徐象梅所描画的。徐象梅字仲和，杭州诸生，是一个画家。据说摹米芾和吴镇的画如再生[4]，但他所摹钱图却有许多失实的地方，如赆化描作宝货，隋的白钱画成黑底白字，王莽刀布几乎全部画错，因而受到后代的批评。然而绝大多数的钱图是根据实物描出来的，就是画错的恐怕也是摹自其他钱图。例如《泉志》异布一种，只有大小尺寸，没有说明文字，徐象梅则画成釆一斩的倒书，而罗泌《路史》的少昊货，尺寸大小和这相同，而且正是根据这样的文字作解释的[5]。还有约略同时的《钱通》中的钱图也犯了同样的错误，两者可能是出自同一来源。而胡我琨的图比不上徐象梅的图。无论如何，这是现存钱币学著作中最早的插图。单在这一点上，就有一定的历史意义。据说徐象梅也有钱谱一种[6]，不传。

此外还有《古钱经》一种，为明人所引[7]，但不一定是明人的著作。其中提到战国时的赵钱，说是内外皆圜。这是以前未提过的，不知所据。

注　释

[1]　《四库全书总目》。

[2]　《泉史》，见《江西通志》。黄宗羲《明文海》也载有郭子章《钱法议》一篇。

[3]　根据钞文渊阁本。

[4]　《历代画史汇传》引《画髓元诠》。

[5]　《泉志》卷九的异布画作"尜飛"，而《路史》后纪卷七《少昊》条下引李钱谱异布一种，尺寸相同，面有"已舌尜"三字，这不正是釆斩的倒书么？大概徐象梅见过李孝美的《历代钱谱》。

[6]　见李佐贤《古泉汇》，不知所本。

[7]　董说《七国考·赵钱》下引。

第四节 信用和信用机关

一 高利贷和典当业

信用事业在明初没有什么新的发展，仍然是靠私人借贷和典当，中叶以后才有钱庄出现。

高利贷显然很盛行。明初的沈万三是有名的高利贷者[1]，老实的农民看见他有那么多钱，以为他拾到了聚宝盆，其实放高利贷就是他的聚宝盆。大概城市中放高利贷的人很多。据说正德三年的时候，各省布政司赴京朝见皇帝，刘瑾要他们每人送银二万两才放他们回去，他们只得向北京的"巨家"借贷，回到本省，括敛民财，以便加倍偿还[2]。高利贷者自然不限于城市，农村人民也在他们的盘剥之下，一些地主和退休的官吏很自然地成为这种资本家[3]，农民在歉收的年份或在急迫的时候，不得不向他们告借[4]。

明朝的当铺，名称极其繁多，如解库[5]，解铺[6]，典库[7]，典铺[8]，解典库[9]，解当铺，解当库[10]，典当铺[11]，当铺[12]，质库[13]，质铺[14]，印子铺[15]等。有些是承袭前代的称呼，有些是新名词，如当铺则成为日后的通称了。

明朝当铺的情形，只能从野史中看出一点。似乎已产生了等级，有所谓"巨典""短押"[16]之分。顾名思义，巨典自然是指资力大，但从短押一词的意义来看，巨典还包括当期比较长的特点。它们接当的金额大概也比较大，零星小交易不肯做。而短押则不但资力小，当期也比较短，自然收当也以零星微物为主，或以银押，或以酒米押；押者都是穷人，随质随赎。然而一般人对于名词是乱用的，小当铺不一定叫押店，有时叫小解铺、小当铺或小典。在资本方面，大概一家自一二千两到万两[17]。内部职员当然随规模的大小而定，如果有三个人，则一个管库房出纳，一个管会计发货，一个管营业[18]。主要的业务，自然是接当，但同时大概也作普通放款[19]，和元朝的解典库一样：只凭一张文契。然而朝奉作这种放款，往往是另有打算的，可能是企图霸占债务人的房地产[20]。甚至兼营各种副业，如买卖军粮[21]，兑换铜钱[22]等。所以当铺在明朝仍是一种主要的信用机关。在万历三十五年（1607年）单是河南一省便有两百十三家，多为安徽人所开[23]。安徽商人在明朝很活跃。当时正值政府财政拮据的时候，天启年间拟向典铺征税[24]，照本钱税十分之一，预计可收二十万两[25]。可见当时典当资本约为二百万两。

明朝自中叶以后，商业和货币经济有显著的发展，经营典当的也以商人为主。但一些官僚地主也有将其货币投到这方面去的[26]。这就表明当时官僚地主的货币财富已不再完全采取窖藏的方式，而有转化为高利贷资本的趋势。

明朝放款的利息，大抵按月两三分到五分[27]，大明律中规定，"凡私放钱债及典当财物，每月收利并不得过三分，年月虽多，不过一本一利"。

然而典当的剥削，不仅仅在于利息，还有其他方面；这就是在银两进出的时候，上下其手：兑出时轻一些，兑进时重一些；兑出的银两成色差一些，兑进的银两，一定要足纹。有时收进的珠宝，拣好的掉换自用；值钱的东西，使用各种借口，不许赎取[28]等。或则用低色金仿造十足金的首饰暗地掉换，粗珠换细珠、低石换好宝等[29]。

当票的形式和文字，不得而知，但借据的文字却可以用《金瓶梅》中的例子来代表：

> 立借票人蒋文蕙，系本县医生，为因妻丧无钱发送，凭保人张胜借到鲁名下白银三十两，月利三分，入手用度，约至次年本利交还，不致欠少，恐后无凭，立此借票存照。[30]

这就是嘉靖年间的期票了。所可注意的是借票上没有确切的偿还日期，这不是小说上的疏忽，大概实际情形是这样。因为有些放债的人，并不急于收回本金，他们无宁希望债务人长期欠下去，永远吃利息[31]。

注　释

[1] 关于沈万三的事，野史有许多记载，已成为传说中的人物。董汉阳《碧里杂存·沈万三秀》条载："太祖高皇帝尝于月朔召秀以洪武钱一文与之曰，烦汝为我生利，只以一月为期，初二日起至三十日止每日取一对合。秀忻然拜命。出而筹之，始知其难矣。盖该钱五万三千六百八十七万零九百一十二文；今按洪武钱每一百六十文重一斤，则一万六千文为一石，以石计之，亦该钱二万三千五百五十四石四十三斤零。沈虽富，岂能遽办此哉？圣祖缘是利息只以

三分为率，年月虽多，不得过一本一利，著于律令者此也。"

[2] 陈洪谟《继世纪闻》卷之二。

[3] 徐复祚《三家村老委谈》卷一《柳御史》："柳御史名彦晖，吴人。入京无资，贷富翁陆坦金五十缗，不立券。"又《张第》："东街有李奎者亦张氏仆，与第平日最昵，曾贷第钱二千。"《今古奇观》第三卷《滕大尹断家私》（永乐年间事）："北直顺天府香河县有个倪太守，……罢官鳏居，虽然年老，只落得精神健旺，凡收租放债之事，件件关心。"《狯园》（万历年间的书）第一一《广利王》："广利王庙，香火盛于岭南，积贮民间施舍金钱，许人告借。有买人持券借金，筮卜于神前凡三次，皆大吉，三次计借过数百金，才出洋，便遇海盗劫取。"

[4] 《弘治实录》卷一〇三，弘治八年八月马文升说："小民之粮尽拔京边上纳。……丰年用银，八九石方得易银一两，歉年则借取富室，加倍偿还。"

[5] 《西湖》二集卷一二："我朝弘治年间的人，姓徐名鳌……母舅张镇是个富户，开个解库，无料理，却教徐鳌照管，就住在东堂小厢房中。"《今古奇观》卷五《杜十娘怒沉百宝箱》（万历二十年间）："公子在院中阚得衣衫蓝楼，银子到手，未免到解库中取赎几件穿着。"

[6] 《拍案惊奇》卷一五《卫朝奉狠心盘贵产，陈秀才巧计赚原房》："陈秀才操惯了脾胃，一时那里变得转，却是没银子使用。众人撺掇他写了一纸文书契，往那三山街（金陵）开解铺的徽州卫朝奉处，借银三百两，那卫朝奉又是爱财的魔君，终是陈秀才名头还大，卫朝奉不怕他还不起，遂将三百银子借他，三分起息。陈秀才自将银子依旧去花费。"

[7] 《狯园》第七《小韩负心报》："而朝自谓用计之得，鬼神所莫知也。广张典库，纵娶少艾，遂为杭城富人。"《石点头》第六卷《乞丐妇重配鸾俦》："公佐白手得钱，积累巨万，从此开起典库。那典库生理，取息二分，还且有限，惟称贷军装，买放军粮，利上加利，取赀无算。不五年间，遂成盐城大户，声达广济故乡。"

[8] 《今古奇观》卷一四《宋金郎团圆破毡笠》（正德年间苏州昆山事），"门前开张典铺。"《金瓶梅》第五七回："如今又是秋凉了，身下皮袄儿又当在典铺里。"

[9] 《拍案惊奇》卷二二："元来那个大商，姓张名金.混名张多宝，在京都开几处解典库，又有几所绸锻铺，专一放官吏债，打大头脑的。至于居间说事，卖官鬻爵，只要他一口就带，就无不成，也有叫他做张多保的，只为凡事多是他保得过，所以如此称呼。"

[10] 《金瓶梅》第二一回："又打开门面两间，兑出二千两银子来委传伙计贲第传开解当铺，女壻陈敬济，只掌钥匙出入寻讨，贲第传写账目，秤发货物。传伙计……看银色做买卖。……李瓶儿那边楼上厢成架子阁解当库收下的衣服首饰古

董书画玩好之物，一日也当许多银子出门。"

[11] 《西游记》第七二回："你看那呆子，迎着笑道，师傅原来是典当铺里拿了去的。沙僧道，怎见得？八戒道，你不见师兄把他那些衣服都抢将来也。"《客座赘语》卷二《民利》："典当铺在正德前皆本京（南京）人开，今与绸缎铺盐店皆为外郡外省富民所据矣。"

[12] 《缀白裘》六集卷二，西秦腔，《搬场拐妻》："（丑）此去阳谷县有个金员外，他今开个当铺为生……"《隔帘花影》第七回："城里当铺盐店香蜡店绸锻店何止二三十处。"

[13] 《清平山堂话本》下《杨温拦路虎传》："周全茶博士道，我这茶坊主人却是市里一个财主，唤做杨员外，开着金银铺，又开质库。"《客座赘语》卷八《赏鉴》："张泽端清明上河图，旧云在南京一质库，后入魏公家。"

[14] 《客座赘语》："向有……禁质铺之罔利……"

[15] 《金瓶梅》第九五回："传伙计到家，……呜呼哀哉死了。月娘见这等合气，把印子铺只是收本钱赎讨，再不解当出银子去了。"《明宪宗成化实录》卷二〇九，成化十六年十一月壬辰，兵部尚书余子俊等言："近者京城内外……间巷恶少与各处逋逃罪囚结聚……开场赌博，博穷为盗，乃以所获衣物，质之于印子铺，抵取钱镪，苟图自给。"《熹宗天启实录》卷五二天启五年三月癸酉顾秉谦等题，"有中书官郑荣光等陈说前门绸缎印当等铺，一时俱关，且有逃去者，盖为陶朗先扳扯借贷各铺银，以抵赃欠。"

[16] 林西仲《挹奎楼选稿》卷一《徽州南米改折议》："徽民有资产者，多商于外。其在籍之人，强半贫无卓维，往往有揭其敝衣残襦，暂质升合之米，以为晨炊计者，最为可怜。然巨典高门，锱铢弗屑，于是有短押小铺，专收此等穷人微物，或以银押，或以酒米押，随质随赎。"

[17] 《醒世姻缘》第七六回："过了几日，狄希陈要在兵窪部儿开个小当铺，赚的利钱，以供日用。赁了房屋，置了家伙，叫虎哥辞了长班，合狄希一同管铺掌柜，……狄希发了一千本钱。"（大概是永历年间作品）《金瓶梅》中西门庆的解当铺是二千两资本，见注[10]。《豆棚闲话》第三则《朝奉郎挥金倡霸》："汪彦道，他年小性痴，且把三千两到下路开个小典，教他坐在那里看看罢了。……那平江是个货物码头，市井热闹，人烟凑集，开典铺的甚多，那三千两那里得觳。兴哥开口说，须得万金方行……那老朝奉也道他说得有理，就凑足了一万两。"

[18] 见注[10]。

[19] 见注[9]。

[20] 《拍案惊奇》卷一五《卫朝奉狠心盘贵产》："那陈秀才这三百两债务，

卫朝奉有心要盘他这所庄房，等闲再不叫人来讨，巴巴盘到三年，本利却好一个对合了。"

[21] 见注[7]。

[22] 《醒世姻缘》第五○回："狄宾梁问道，这折子钱那里有换的？黄桂吾道，东门秦敬宇家当铺里极多，要是好细丝银子还可一两换九十二三个哩！"又"高没鼻子走到前来问说……东门里秦家当铺，只怕还有，他还活动些，差不多就罢了。西门外汪家当铺也还有……除了这两家子，别家通没这钱了。"

[23] 《神宗万历实录》卷四三四，万历三十五年六月丁酉河南巡抚沈季文言："商贾之中，有开设典当者，但取子母，无赋役之烦，舟车之权，江湖之险，此宜重税，反以厚赂而得轻之。……今徽商开当，遍于江北，赀数千金，课无十两。见在河南者计汪克等二百十三家，量派银二千六百余两。"

[24] 《熹宗天启实录》卷五二，天启五年三月壬申："周汝谟疏言，东西缺饷，不得已于杂项中稍可取赢者有八：曰鼓铸，曰盐政，曰屯种，曰税契，曰典铺，曰散官，曰冗役，曰邮传。……典铺之分征有难易，盖冲大邑铺多而本饶，即百千亦不为厉。僻壤下县，徽商裹足，数金犹难取赢，故不独酌其轻重，而且定其有无，庶输者无难，而征者自易，此不平而平之法也。"

[25] 顾季亨《经世急切时务》（天启三年序）卷七《查核田粮》（《玄览堂丛书》）。

[26] 王世贞《弇州史料后集》卷三六："今吴兴董尚书家过百万，嘉兴项氏将百万；项之金银古玩实胜董，田宅典库赀产不如耳。"

[27] 《金瓶梅》第一九回（也有作第二○回的）："这个人道……你前年借了我三十两银子，发送妻小，本利该我四十八两。"又第三九回："伯爵道，哥若不做，叫他另搭别人，你只借二千两银子与他，每月五分行利，叫他关了银子还你。"

[28] 冯梦龙《警世通言》卷一五《金令史美酬秀童》。

[29] 凌濛初《拍案惊奇》卷一五《卫朝奉狠心盘贵产》："却说卫朝奉平素是个极刻剥之人。初到南京时，只见一个小小解铺，他却有百般的昧心取利之法，假如别人将东西去解时，他却将那九六七银子充作纹银。又将小小的等子称出，还要欠几分等头。后来赎时，却把大大的天平兑将进去，又要找足兑头，又要你补够成色；少一丝时，他则不发货。又或将有金银珠宝首饰来解的，他看得金子有十足成数，便一模二样暗地里造来换了。粗珠换了细珠，好宝换了低石，如此行事，不能细述。"

[30] 《金瓶梅》第一九回。

[31] 《警世通言》卷三一《赵春儿重旺曹家庄》说："放债人因利上生利，过了一年十个月，只倒换一张文书，并不催取。"

二 钱庄的兴起

在15、16世纪的时候，亚欧两洲，又有一种平行的发展。就是由于钱币的兑换而产生一种新的更进步的金融机关。

欧洲因为那些城邦流通的许多外国钱币，大小轻重不一，真假难分，商民感觉不便，所以有兑换业的产生。起初规模不大，有些商人只在市场摆一个钱摊[1]，或设一个钱柜或钱桌。后来因为贸易发达，交易的数目增加，因此成立比较大的信用机关，不但替商民估定并兑换钱币，而且供给一种存款的便利，于收到各种钱币之后，折合成标准货币，记在帐上，商人可以用这种账面货币清算债务，这样就可以免除秤称估价的麻烦。后来并且利用存款来作放款。这种机关盛行于15、16、17世纪，正当中国的明朝。永乐六年在日诺亚成立圣乔治亚金库（Oasa di San Giorgio）。威尼斯的利雅图银行（Banco di Rialto）是万历十五年（1587年）设立的。有名的阿姆斯特丹银行（Amsterdamsche Wisselbank）设立于万历三十七年（1609年），跟着有万历四十七年（1619年）的汉堡银行和天启元年（1621年）的纽伦堡银行。

中国方面，兑换业务有很久的渊源。唐宋就有金银铺，固然金银铺的业务是以打造器饰为主，买卖金银是副业。而且买卖金银在性质上和后代以铜钱为主的兑换究竟有点不同。贩卖铜钱，也有很久的历史。宋代就常常有这种事情。太平兴国时因两川铜钱作价高，商贾争以铜钱入川界换易铁钱。淳化年间荆湖岭南要用大钱纳税，商民用小钱二三枚换大钱一枚，官吏们也用俸钱来作兑换生意取利。崇宁年间私贩当十钱的事盛行，当局曾加禁止。契丹在宋仁宗嘉佑八年（1063年）时为防止私铸，也有禁止人民贩卖铜钱的事。元朝至正十六年（1356年）又有禁止贩卖铜钱的命令。不过那些例子还真正是贩卖，把铜钱看作一种商品，也许同私铸的人有关系。到了明朝正统年间，因为大明宝钞跌价，取消用银的禁令，于是银钱公开合法流通。后来因为私铸关系，钱的重量成色杂乱不一致，制钱和私钱对白银的价格发生差异，而且时常变动，因此产生许多从事兑换业的人[2]。嘉靖六年户部尚书邹文盛曾谈到当时豪商巨贾私贩铜钱的情形以及其弊害[3]。八年巡按直隶监察御史魏有本提到卖钞之家，则照官价，牟利于官；卖钱之家，则照时价，取利于民，利归于铺。他提议钞关暂停收钱钞，改收白银。户部的官员说，该司原设有卖钱钞铺户二十余人，称收商民银两，代纳钱钞数目，行之既久，奸弊很多，后乃加以禁止，但效果不大；因为嘉靖十五年阎邻提到八年的禁例，说当时奸党们私相结约，"各闭钱市，以致物货翔踊"，结果不得不放松禁令[4]。这里所谓钱市大概就是指钱桌或钱铺。

钱铺这名词[5]，最早出现于《金瓶梅》一书。当时正是政府大开铸炉之后，钱的数量和种类很多，单是制钱便有金背、火漆、镟边等。这是兑换业发展的机会。有些商人或其他经常收进铜钱的人，想要换成银两，就可以做贩卖铜钱的生意。例如寺观的僧道，平日收进施舍的许多钱米，就可以开一家钱米铺[6]。如果兑换业务发达，单靠换钱也可以维持，自然就有些人专门开钱铺了[7]。

钱铺在产生的初期，当然规模很小。万历五年庞尚鹏曾奏准设立钱铺，以市镇中的殷实之家充任，随其资金多寡，向官府买钱，以通交易[8]。万历年间的书中提到钱肆[9]钱庄[10]的时候，多透露出是一种赚钱事业的语气。此外还有兑店一名词，也是经营银钱间的兑换生意[11]，或许就是钱店的别名。

兑店同宋元间的兑坊不知有没有联系。如果有承继关系，那么，它的历史也许可以上溯到唐代的柜坊去。兑坊的兑字大概是指兑款，而兑店的兑字是指兑换。然而明代人对兑店的看法和宋元人对柜坊和兑坊的看法是相同的，总以为广开兑店是为害社会。

到了末年，钱庄已成为一种近代的金融机关，不但可以兑换铜钱和金银[12]，而且积极地揽作放款，对顾客供给签发帖子取款的便利[13]。但也有小规模的兑钱铺[14]这种机关于明末私钱盛行的情形下大概相当活跃。

不过中国明末的钱庄，同欧洲中世纪的银行比较，不但规模小，营业范围也小。欧洲的银行，由兑换而发展出存放款和汇兑的业务来；中国的钱庄，由兑换只发展出放款业务来。存款业务在明朝仍是没有进展，不论公家[15]或私人[16]，因为存款放利没有保障，都是实行窖藏。严世蕃那许多白银也都埋在地下[17]，不能供人利用。所以中国的放款，只是个人间的通融，数目不大，多供消费。

存款业的不发达，是因为在封建社会里，一个人的财产放在外面，毫无保障。除了最亲信的人，有时或许有存寄的事情外[18]，谁愿将自己的钱，存到素不相识的店铺里去。何况古时工商业不发达，由经营的途径发财的比较少，发财多是由贪污贿赂而来，这种人对于他的财产，更是需要保守秘密。

古时财产存放它处的没有保障，不限于中国，外国也是一样，威尼斯的兑换店因为将人民的存款放出去，收不回来，使存户蒙受损失，所以法律上禁止它们放款。后来那些银行的放款，也不是完全合法的。又如英国，在16、17世纪的时候，商民鉴于伦敦塔的坚牢，而且有政府的保护，多将金银财物存到那里去，谁知在1640年（崇祯十三年）的时候，政府因财政困难，查理第一竟挪用这笔财宝。于是人民都实行私藏。后来因为金店信用好，而且也有坚固的库房，大家又把钱财存到金店去，但金店因贪图利息，将钱借给政府，不久为了战争，国库停止支付债款，这种损失也是落到金店的存户头上去。这些都是存款业务失败的例子。中国唐朝建中年间搜刮僦柜一举，比英国还更厉害；英国帝王只是消极赖债或侵用存款，中国的统治者是积极抢劫存款，这样一来，谁还敢把钱存到公开的店铺去。

明朝的兑换，自纸币不用后，是一种三角兑换，即银钱的兑换、金钱的兑换和金银的兑换。黄金价值太大，不是真正的货币，所以它的价值只能从它同白银的比价上看出来。明初金价很低，但以后就一步一步上涨。

欧洲中世纪的银行，多作汇兑业务，但中国的钱庄，到明末还没有发展到这一个阶段。中国的汇兑业务，自北宋以后已没有人注意，因为纸币可以代替汇票。自明朝中叶纸币不用，硬币的输送又使人觉得不便，所以又恢复了汇兑的办法，仍是由政府办理。崇祯十六年（1643年）思宗曾下令叫户部对于兑会一事，多方鼓励，一面派人到各关去办理付现的事，一面禁止官吏勒掯少付，并奖励兑银特别多的官吏[19]。当时军需浩繁，政府想藉此收入一笔现款，这也是借债的另一方式。

汇兑是取汇票的方式，当时叫作会票，在一地的官肆中付款取得会票，到目的地后向其联号凭票取款[20]。这种会票渐渐取得流通工具的地位，变成钞票。

注　释

[1] 英文bank（银行）一字，原来是板凳（banck）的意思，起源于意大利，当初朗巴地的犹太人大概用板凳在市场中摆钱摊，叫作banco，若不能履行债务，债权人便将他的板凳打翻，叫作banco ratto，英文bankrupt（破产）一词便是由那字演变出来的。

[2] 《宪宗成化实录》卷二六〇，成化二十一年正月庚寅以星变赦下诏曰："一勋戚权要之家，不许霸占关厢渡口桥梁水陂及开设铺店，贩卖钞贯，抽要柴草；勒掯摆渡牙保水利等钱，侵害小民。"《武宗正德实录》卷一："皇亲勋臣及势要之

家……霸占关厢渡口桥梁及开设铺店停勒客货，贩卖钞贯，抽要柴薪。"

[3] 《世宗嘉靖实录》卷八三，嘉靖六年十二月户部尚书邹文盛奏言钱法："一严禁私贩，豪商巨贾，依凭势要，往来内外，或收买新钱，或收积好钱，乘其匮乏，因时贩卖，倏忽变更，展转射利。夫以匹夫之贱，而执泉货低昂之权．渐不可长，宜令尽数出首，官给其价，有隐匿者，罪如私铸。"

[4] 《嘉靖实录》卷一九一。

[5] 日本的汉史家日野开三郎在平凡社出版的《世界历史大系》第六册《东洋中世史》第三篇第三章第二节《金融机关の发达》中说，钱铺一名词，出现于宋代的文献中，但他并没有举出例证和出处，不足为凭。日野氏的结论，常出自臆测。例如北宋的交子，他说是柜坊所发行的。这也是一点凭据也没有。

[6] 《金瓶梅》第九三回："敬济自此就在晏公庙做了道士。……那时朝廷运河初开，临清设二闸，以节水利，不拘官民，船到闸上，都来庙里，或就福神，或来献愿，或求签开筮，或做好事。也有布施钱米的，也有馈送香油纸烛的，也有留松篁芦席的。这任道士将常住里多余的钱粮，都令家下徒弟，在码头上开设钱米铺，卖将银子，来积攒私囊。"

[7] 《金瓶梅》第九三回："这冯金宝收泪道……昨日听见陈三儿说，你在这里开钱铺，要见你一见，不期今日会见一面，可不想杀我也。"

[8] 《神宗万历实录》卷六六。

[9] 《狯园》第一三《焦家桥女鬼》："常熟城中居民开钱肆于焦家桥侧近……"

[10] 《隔帘花影》第三六间："第一李来旺一向得了南宫吉的本钱，在河下开了酒饭店，又卖青布，开钱庄，极是方便，吃的黑胖。"

[11] 万历年间范濂著《云间据目钞》卷二《记风俗》："行使假银，民间大害，而莫如近年为甚。盖昔之假银可辨，今则不可辨矣。昔之行使者尚少，今则在在有之矣。昔犹潜踪灭迹，今则肆无忌矣。甚至投靠势豪，广开兑店，地方不敢举，官府不能禁，此万姓之所切齿也。"

[12] 《醒世姻缘》第一一回："又想起那一日在钱庄上换钱，晃住正在那钱庄上换金子。"

[13] 《醒世姻缘》第一回："那城中开钱庄的，放钱债的，备了大礼，上门馈送。开钱庄的说道，如宅上要用钱时，不拘多少，发帖来小庄支取。等头比别家不敢重，钱数比别家每两多二十文，使下低钱，任凭拣换。"又"不十日内，家人有了数十名，银子有了数千两，日费万钱，俱是发票向钱庄支用。"又"日用杂费，也有一班开钱铺的愿来供给。"

[14] 《熹宗天启实录》卷七一，天启六年九月丁丑："崔呈秀条陈鼓铸事宜……

其余外京棍徒,潜往京城开兑钱铺,于货物中夹带私铸,来京搀和混杂,而潜带废铜出京,以为私铸之资,皆为钱之害。"

[15] 王鏊《震泽先生别集·震泽纪闻下》梁芳韦兴:"初内帑积金十窖,窖凡若干万,盖累朝储之,以备边围缓急,未尝轻费。"

[16] 周玄暐《泾林续集》:"族伯祖安夫饶于财,积银一瓮,手埋于书馆地下,期年发用,止松泥一道而已。心甚惊惶,随泥发之,将三尺许,银卒不见。适次子从窗前过,呼之告以故,意必为人所窃。子乃代父发土,直至槛边方得其瓮,启视一无所失。取银二锭授其子。后遂不复地藏。"《震泽先生别集·震泽纪闻下》万安:"安贪贿至巨万万,去时遗人一茶瓮,皆银也。买其宅者,于窖中得千金。及安死,妾媵子妇怀以奔人,家无遗者。"

[17] 《泾林续集》:"世蕃纳贿,嵩未详知。始置筍箧,既付库藏,悉皆充牣。蕃妻乃掘地深一丈,方五尺,四围及底砌以纹石,运银实其中,三昼夜始满,外存者犹无算。将覆土,忽曰,是乃翁所贻也,亦当令一见,因遣奴邀嵩至窖边。烂然夺目。嵩见延袤颇广,已自愕然,复询深若干,左右以一丈对,嵩掩耳返走,口中嗫嚅言曰,多积者多厚亡,奇祸奇祸!则嵩亦自知不免矣。此银败后车运至潞河,载以十巨艘犹弗胜,后俱籍没入官。"又"世蕃于分宜藏银亦如京邸式,而深广倍之。复积土高丈许,遍布椿木,市太湖石,累累成山,空处尽栽花木,毫无罅隙可乘,不啻万万而已。"

[18] 严嵩家也有钱寄存在外。《明书》卷一四九《严嵩传》:"上令既弃之市,而谓嵩畏子欺君,大负恩眷,并其诸孙见任文武职,俱夺为编氓。拘役籍其家,黄金可三万余两,白金二万余两……追其受寄金钱垂二十年不尽。"马从聘《参究鑽刺武官疏》:"若事得成,要谢礼银四百两……大源应允,止先备银二百八十八两,寄在卖绸相识宋汝奇铺内。至二十六日比张思田洪俊宇约定,先至宋铺等候,大源随后邀同胡藻一齐到铺,眼同将前银拏出验过,仍付宋汝寄铺内质放。"见《兰台奏疏》卷一。

[19] 《崇祯长编》卷一,崇祯十六年十月戊辰谕户部:"军需浩繁,兑会一事,奉行得宜,亦足济目前急需。着该部多方鼓劝,或一面兑会,一面差官赴各关照数支给。务使国用商资,两得便通。不许官胥勒掯减少,违者参治。其有兑银独多者,作何旌异,立限三日内议妥来奏。并察前次所兑商骠,曾否给足?如有厌欠不完,即行参处示惩。"

[20] 《云间据目钞》卷三《记详异》:"华亭有子弑父者……时有里人马姓者,携赀客于京,克温觇知之,往交纳。……乘间绐之曰,闻君将以某日归,而孤身涉数千里,得无患盗乎?我当为君寄赀徐氏官肆中,索会钞若券者,持归示徐人,徐

人必偿如数,是君以空囊而赍实货也。"《豆棚闲话·朝奉郎挥金倡霸》:"不一月间,那一万两金钱俱化作庄周蝴蝶,正要寻同乡亲戚写个会票,接来应手。"

第八章

清代的货币

第一节 货币制度

一 制钱

清朝的币制,大体上是银钱平行本位:大数用银,小数用钱,和明朝相同;只是白银的地位更加重要了。铜钱和银两之间,起初维持千文一两的比价,随时增减钱的重量,来适合银和钱的市场比价。但这是指新铸的制钱,对于旧钱,就不适用这种比价了,到了后来,连制钱也不维持这比价了。

清朝的铜币制,大致可以分为两个阶段:起初的两百多年,是承袭两千年来的传统,用模型铸造制钱。到了末年,才向外国买机器铸造新式的铜钱和铜元。

满洲人在入关以前,便开始铸钱。努尔哈赤在明神宗万历四十四年(1616年)建国称帝,用天命年号,铸造满文的天命汗钱(ᠠᠪᡴᠠᡳ ᡶᡠᠯᡳᠩᡤᠠ ᡥᠠᠨ ᠵᡳᡴᠠ)和汉文的天命通宝。满文钱大于汉文钱,大概是在宫廷中使用的。但汉文钱有当十大钱,同天启大钱一样,背面也有"十·一两"三字。天启七年(1627年)为清的天聪元年,又铸当十的满文天聪汗之钱(ᠰᡠᡵᡝ ᡥᠠᠨ ᠨᡳ ᠵᡳᡴᠠ),背面穿左有满文"十"字(ᠵᡠᠸᠠᠨ),穿右满文"一两"(ᠶᠠᠨ)字样。完全是仿天启大钱的形制。满人在万历二十七年才仿照蒙古文创制他们自己的文字,到天聪六年经过一次改革,所以天命钱和天聪钱上的满文,是旧字,是未加圈点的文字,后来的新字是有圈点的文字。

有人见过崇德钱,尚待证实。

顺治元年(1644年)仿照明朝的办法,由工部设置宝源局,户部设置宝泉局,开铸顺治通宝。制钱的金属成分是七成红铜,三成白铅,一千文为一串。钱的重量在元年定为每文一钱,二年改为一钱二分,八年改为一钱二分五厘,十四年宝泉局改为一钱四分。其他各省铸局停铸。十七年宝源局恢复铸钱,每枚也是一钱四分。银钱的比价,起初是仿明朝中叶的办法,每七文准银一分,旧钱十四文准银一分。二年(1645年)以后,改为每十文当银一分。

顺治钱有五种形式:第一种是光背,这是仿古钱。

第二种背面有一个汉字,标明局名,如户、工等字,或在穿孔之上,或在穿孔之右,户字是指户部宝泉局所造,工字是指工部宝源局所造。其余的字如临、宣、延、原、西、同、荆、河、昌、宁、浙、东、福、阳、襄等,是各省铸局的简称。这种钱是仿唐会昌开元和明大中、洪武的钱制。以上两种钱式大概是顺治初年所铸。

第三种是顺治十年所实行的一厘钱,即在背面穿孔右边铸明局名,左边直书一厘二字。局名共有十七,即户、工、陕、临、宣、蓟、原、同、河、昌、宁、江、浙、东、福、阳、云。听说还有荆和襄两种。所谓一厘是指值银一厘的意思,千文合银一两,是一种权银钱或折银钱,俨然和辅币一样。可见当时白银在币制上的重要性。这种权银钱,不只清朝政府铸造,当时许多其他政权也有铸造。例如南明永明王的永历通宝,背面有二厘、五厘和一分三种,就是对银而言。因为一分的永历钱大样的有六钱多重(二十三公分),当然不会是纪重。孙可望在云南铸的兴朝通宝,也有五厘和一分的。稍后的吴三桂所铸的利用通宝和昭武通宝,以及耿精忠在福建所铸的裕民通宝,都有对白银作价的。利用通宝除了光背和背有云字贵字的以外,有厘字、二厘、五厘、一分几种;昭武通宝篆书的大钱背面有一分两字;裕民通宝除光背的以外,有一分、一钱和浙一钱三种,都是对白银作价。只有吴世璠的洪化通宝不对银作价,大概那时权银钱的办法已被普遍放弃。顺治的一厘钱于十七年已停铸,十八年曾核准行使两年,到康熙二年收毁。所以这种钱,为时是很短的,但在中国货币史上,有其特殊的地位。

第四种是背面有两个满字,穿左为宝(ᠪ)字、穿右为局名,这是十七年停铸一厘钱后采用的,但限于宝泉(ᠪ)宝源(ᠪ)两局的钱。

第五种是满汉文钱,即背面穿左一个满字,穿右一个汉字,都是纪局名,总共只有十二种,即陕(ᡧ)、临(ᡜ)、宣(ᡧ)、蓟(ᡯ)、原(ᡧ)、同(ᡧ)、河(ᡧ)、昌(ᡧ)、宁(ᡧ)、江(ᡧ)、浙(ᡧ)、东(ᡧ)[1]。

康熙钱分两种:北京所铸的,背面只有两个满字,即宝泉和宝源,和顺治钱一样,也就是顺治钱的第四式。外省所铸的是采用顺治钱的第五式,即满汉文钱。但铸局的数目常有添废。起初外省只有十四局[2],后来加成二十一局[3],六十年(1721年)规定一省一局的原则,又裁减七局[4]。

遗留下来的康熙钱，除了宝泉宝源两种以及顺治钱第五式的十二种外，还有宝福（ᡦ）、宝苏（ᠰ）、宝南（ᠨ）、宝广（ᡤ）、宝台（ᡨ）、宝桂（ᡬ）、宝云（ᠶ）、宝漳（ᠵ）、宝巩（ᡬ）、宝西（ᠰ）十种。其中西字最少，其次是巩字。西字大概是康熙初年所铸的，宝西局不久就废了。西字康熙钱的通字同顺治钱相近。满文在经过改革后，书法还是有点变迁，大抵是由繁而简，所以同一字有几种书法，例如南昌的昌字，有时作ᠴ，有时作ᠵ；陕西的陕字，在顺治康熙时作ᡧ，后来改作ᡧ。

康熙二十三年（1684 年），钱重减为一钱，金属成分是铜六铅四。但四十一年又加成一钱四分。另外铸造一种小钱，每文重七分，称为轻钱，一钱四分的钱称为重钱。两者作价不同，轻钱每千作银七钱，重钱每千作银一两。轻钱大概是一时的制度，但一直到乾隆年间还是和重钱一样，有法偿资格。

康熙年间，宝泉局曾铸一种另外的康熙钱，铜色发金黄色，文字笔画稍有不同，熙字作熙，不作熈，俗称罗汉钱，有许多附会。也有人说是康熙帝六十岁时的祝贺钱，这也许可靠些，因为数量和板别都比较多。

雍正以后，制钱都是用顺治钱第四式，除正面的年号外，背面都是两个满洲字。但有例外，宝福局所铸的钱，局名有时用汉字，不过不是常制。雍正钱的局名除河、陕、昌、浙、福、云、苏、南、广、桂、巩、台等十二局系康熙时原有的以外，山西省局改为宝晋（ᠶ），山东省局改为宝济（ᠴ），另外新设的有三处，即湖北宝武局（ᡠ）、四川宝川局（ᡱ）和贵州宝黔局（ᡬ）。另外有一满字ᠨ，普遍认为南字，但少一点，应当是安字，为安徽所铸。安徽在雍正九年到十二年间曾在江宁府开设宝安局铸钱[5]。雍正十一年（1733 年）以后钱重又减为一钱二分。

乾隆时保持了雍正十七局中的十五局，因为宝河、宝巩两局已停。另外设立了直隶的宝直（ᡷ）局、伊犁的宝伊（ᠶ）局，以及回疆（即新疆南路）的几局，如叶尔羌（ᡬ，原名叶尔奇木〔ᠶ〕，乾隆二十六年改为叶尔羌）、阿克苏（ᡬ）、乌什（ᡱ）等。据说和阗和喀什噶尔也曾设局，但没有钱币留传下来，有人见过和阗的样钱，用黄铜铸，大概是北京宝泉局铸的。另外哈喇沙拉可能有铸局。新疆各局所铸的钱都是普尔钱，这是原来铜钱的单位，用红铜，形制则改用方孔钱，也称红钱。其中伊犁和哈喇沙拉的普尔钱和内地制钱通用，回疆的红钱都是每枚当制钱五文。这些钱的背文也有特点，穿孔左边是满文，右边是回文，连同正面的汉文，共有三种文字。

乾隆通宝红钱中，还有库车（ᡬ）[6]地名的，分普通和当十两种，当十的背面穿孔的上下有"当十"两个汉字。但库车设局，史无明文，乾隆时不应有当十钱，而且小平钱的成色和道光八年的当十钱相仿，大概是道光六七年间所铸的，因为乾隆以后，新疆铸钱，一部分还用乾隆的年号。另外还有阿克苏的当十钱，背面或有"当十"二字，或有"阿十"二字，这些都应当是道光八年以后所铸的，甚至有些比较薄的钱，背面虽然没有十字，也可以看作是乾隆以后所铸的。

乾隆钱的成色先后不同，各地也不同。乾隆五年（1740年）以前，铸钱不加锡，称为黄钱；五年以后加锡百分之二，叫作青钱[7]。六年宝泉局的青钱每卯[8]共铸钱一万二千四百九十八串[9]。所用金属成分红铜占百分之五十，白铅（锌）占百分之四十一点五，黑铅占百分之六点五，点锡占百分之二。铸造青钱的原因，是为防止私销。据说若将青钱再投入炉内熔化，就不能打造器皿，一击即碎。在外表上，青钱和黄钱是没有多大区别的。当时虽曾令各省改铸青钱，并使同黄钱一起流通，但后来铸钱的成分并不完全依照这一比例，而多用铜六铅四的比例，例如乾隆十七年所铸的内廷钱文和五十九年所铸的制钱，便是这样。

嘉庆钱和道光钱各有十九种，计有泉、源、直、晋、苏、昌、福、浙、武、南、陕、川、广、桂、云、黔、伊、阿克苏以及云南新设的东川府局，钱背为宝东，满文即用康熙钱的东字。

嘉庆四年铸钱用铜百分之五十二，白铅百分之四十一点五，黑铅百分之六点五。湖南贵州黑铅短绌，黑铅成分只有百分之三点二五。十年铸钱用铜百分之五十四，黑铅百分之八，白铅百分之三十六点五，高锡百分之一点五。但十一年又恢复四年的定例。宝伊局的普尔钱用红铜百分之七十，黑铅百分之二十九，点锡百分之一。但一般红钱所含红铜的成分，似乎比这百分比要大得多。

道光六年，新疆的张格尔反抗清军，攻陷回疆的喀什噶尔、英吉沙尔、叶尔羌、和阗四城，清军云集阿克苏，对军饷需要大增，钱价昂贵，当局乃添炉赶铸。大概库车局就是在这时设立的，那些薄肉的乾隆红钱大概也是在这时铸造的。七年虽然收回了四城，但张格尔尚在，八年张格尔被擒，但他的哥哥玉素继续和清军对抗，到十一年才平定。当局曾于八年开铸当十和当五钱，正面为道光通宝，背面除满回文的阿克苏地名外，穿孔上面有"八年"两个汉字，穿孔下面有一"十"字。当五钱则为"五"字。从此以后，新疆南路就不再铸小平红钱。库车也铸当十钱，背面有"库十"二字。另有"新十"一种。乾隆通宝中的当十钱大概是在道光八年以后所铸的。

嘉庆道光年间，因白银外泄，银价上涨，有人主张铸造大钱，如许作屏、梁章巨[10]、汪本铨和廖鸿藻等。都没有为当局所采纳。咸丰即位后，四川学政何绍基又力请实行，也没有准[11]。到三年，太平天国起事，局势一天一天严重，财赋一天一天困难，刑部尚书周祖培又疏请收民间铜器铸大钱[12]，终加以采纳。但大体上是用许作屏的办法。

咸丰时铸局大为增加，除嘉道以来原有的炉座外，以前停铸的宝河、宝蓟、宝济、宝台、宝巩、叶尔羌等局又重开了，而且新设了热河的宝德局（太）和喀什噶尔（丮）等局。咸丰二年每文改重一钱。

中国币制的复杂，前有王莽的宝货制，后有咸丰时的钱钞制。宝货制计值等级之多，空前绝后，但其他方面就变化少了，譬如同值的钱，文字相同，轻重有序；后世所见莽钱的不合标准，乃私铸的关系。咸丰钱就不同了。第一因随着币值的下跌，钱的分量常有变动，使得大小错出，轻重倒置：当五十的大于当百，当百的重于当千。第二因钱上有铸局名称，所以各局所铸，文字不同，而且福建所铸，除了计值以外，还有计重若干的文字。第三是文字种类多，宝货制只用汉文，咸丰钱则除汉文外，大部分有满文，新疆几局所铸的钱，兼有汉满回三种文字。第四是币材种类多，王莽时所用的金银，清代也有使用，而咸丰时还通行纸币。单就铸币来讲，还有铁钱和铅钱；铜钱中又分紫铜红铜黄铜。所以咸丰钱的复杂性要超过王莽时的宝货制。在计值方面，咸丰钱可以分为十六级：自一文到当千。

咸丰钱分类表

计值等级	铸造局名	附注
制　钱	各局多有铸造[13]	铜铁铅三种都有
当　四	伊犁宝伊局	红铜
当　五	宝泉、宝源等九局	有铜钱两种
当　八	迪化宝迪局	红铜
当　十	各局都有铸造	有铜铁铅三种
当二十	宝福、宝浙、宝苏	铜钱
当三十	宝浙、宝苏	铜钱
当四十	宝浙	铜钱
当五十	除宝晋、宝迪外多有铸造	有铜铁铅三种
当八十	宝迪	铜钱
当　百	除宝晋、宝迪、宝黔、宝昌外多有铸造	有铜铁铅三种
当二百	宝泉、克勤郡王所铸	铜钱

续表

计值等级	铸造局名	附注
当三百	宝泉（仅见《大清会典》及《东华录》的记载）	铜钱
当四百	宝泉（仅见《大清会典》及《东华录》的记载）	铜钱
当五百	宝泉、宝源、宝河、宝陕、宝巩、宝伊、宝苏等	铜铁铅都有
当 千	宝泉、宝源、宝河、宝陕、宝巩、宝伊、宝苏等	铜铁铅都有

咸丰钱本有一定的称呼，或为通宝，或为重宝，或称元宝。大抵制钱称通宝，当四到当五十称重宝，当百到当千称元宝。背面上下为当几字样，左右为满文局名。但有些例外，例如福建所铸，当五以上或全称通宝，或全称重宝，有两套。陕西、浙江有些钱用汉文标明地名。另有些钱根本不标明地名。

咸丰十一年，英法联合侵华的时候，咸丰帝躲在热河。将死时，展开了一场宫廷中的暗斗。咸丰帝同肃顺密谋立长子载淳为皇太子，李莲英告密，西太后得知其事。咸丰帝死后，载垣等人辅政，改元祺祥。但不久肃顺等被杀，废祺祥年号，改为同治。这一历史事件反映在钱币上，有祺祥通宝平钱和重宝当十钱，只有户工两局的样钱，不曾正式发行流通。但有私铸小钱曾参加流通，背有满文宝东字样。

同治年间铸钱很少，只有户工两局的当十钱同治重宝比较多。小制钱在咸丰年间就已停止铸造，而当十以上的大钱，也因民间不用而停铸。同治通宝小钱，只有宝浙宝苏比较多，其他如宝泉、宝源、宝川、宝福、宝昌、宝巩等都少见，有些省份，恐怕根本没有铸造。户工两局的当十钱在同治六年（1867年）铸的每枚重三钱二分，后来又减重。

回疆继续鼓铸当十红钱，计有阿克苏和叶尔羌两地的"当十"，另有"库十"和"新十"两种。这时南疆政治局势的变化也充分反映在币制上。同治初年，陕甘的回民，受太平天国的影响，起来反抗清朝政府；这种活动传到新疆，有库东的拉锡丁起事，自立为汗。当时浩罕汗国的汗裔布楚克同他的部将阿古柏乘机攻入新疆，逐渐夺取到南疆的八大城市。不久阿古柏排斥其主，在喀什噶尔自立为汗。后来拉锡丁也为他所杀。到光绪三年，为左宗棠、刘锦棠所灭。拉锡丁和阿古柏都曾铸造货币。阿古柏所铸造的是他本国式的金银币铁剌和天罡，属于中亚细亚的货币体系。但背面却用土耳其（奥托曼帝国）苏丹的名义，因为阿古柏接受土耳其的支持了自认为土耳其的藩属。拉锡丁在库车所铸的，却是中国式的红钱，只是两面都用回文，是记他自己的名称和头衔以及年份和铸地。这种红钱和当时的同治通宝普尔钱在大小厚薄上完全一样。

光绪元年仍是铸造当十钱光绪重宝，铜六铅四；九年（1883年）规定每枚重二钱六分。十三年才铸光绪通宝小制钱。光绪小钱比较多，所见到的除原有的宝泉、宝源、宝云、宝东、宝昌、宝直、宝川、宝黔、宝福、宝苏、宝河、宝陕、宝南、宝浙、宝晋、宝武等外，还有新局如宝津（ｊ）、宝沽（？ｊ）、宝吉（与宝蓟的满文同）等。后来用机器铸钱后，又恢复了宝漳，新设宝奉（ｊ）和宝宁（ｊ，即江南造币厂）。但光绪钱大半薄小不够分量。可能是各地的私铸。在回疆方面，有"阿十""库十""新十"和"喀十"等等，但喀十钱背面的满回文却不是喀什噶尔，而是阿克苏。光绪三十三年和三十四年的"新十"钱，正面不是光绪通宝，而是光绪丁未和光绪戊申，这在中国的钱制上是一种创制。但制作很窳劣。

宣统年间正式用旧法铸钱的，大概只有宝泉局，不过宝泉和宝源在光绪年间似乎已经裁撤。另外有宝广和宝福两种机器钱，以及一种有圆孔的大清铜币，每枚约三分重，因为当时铜价昂贵，各省竞铸新式铜元，岂肯亏本铸造旧式制钱？所见其他炉局的宣统钱只能看作是偶然铸造的。云南东川铸有红铜的宣统通宝和民国通宝小钱，两者制作完全相同，大概是辛亥革命后铸的。新疆在光绪末年也已开始铸新式铜元，但还见有"库十"的宣统通宝，大小和光绪钱一样，有乌什的满文名。

注　释

[1]　顺治钱背文所代表的局名如下：

陕（陕西省局）、河（河南省局）、临（山东临清局）、昌（江西省局）、宣（直隶宣府局）、宁（甘肃宁夏府局）、蓟（直隶蓟州局）、江（江苏江宁府局）、延（陕西延绥局）、浙（浙江省局）、原（山西省局）、东（山东省局）、云（山西密云镇局）、福（福建省局）、西（或为山西省另一炉局名）、阳（山西阳和镇局）、同（山西大同府局）、襄（湖广襄阳局）、荆（湖广荆州局）、云（云南省局）。

[2]　河南省局（河）、陕西省局（陕）、临清府局（临）、宣府局（宣）、蓟州府局（蓟）、山西省局（原）、另一山西省局（西）、大同府局（同）、江西省局（昌）、宁夏府局（宁）、江宁府局（江）、浙江省局（浙）、山东省局（东）、福建省局（福）、云南省局（云）。

[3]　康熙六年以后增设，有江苏省局（苏）、湖南省局（南）、广东省局（广）、广西省局（桂）、甘肃巩川府局（巩）、福建漳州府局（漳）、台湾局（台湾）等七处。

[4] 所废的是临清、宣府、大同、宁夏、江宁、漳州等七局。

[5] 《清朝文献通考》卷一五《钱币考三》："雍正九年……安徽开局于江宁府，设炉四座，钱幕满文铸宝安二字。……十二年……停安徽宝安局鼓铸。"按是时安徽布政使司驻扎江宁府城，故江宁局钱幕用宝安字。

[6] 库车所铸的红钱，背面的满文，先后写法不一样。乾隆钱上是♁，道光钱上是♁，同治的库十线是♁或♁，光绪的库十钱作♁或♁。道光年间的《泉布统志》卷九《回疆地名清书表》中以♁为库车，但上面那些写法似乎是同一字的变体，大部分像是宝源局的源字，也许当时用宝源局的名义。红钱中另有"新十"一种，背面满文在道光钱上是♁，在同治钱上也相同，在光绪钱上是♁或丈。道光和同治钱上的字似乎也是源字，光绪钱上的字第一种是源字，第二种大概是新字。《新疆图志》卷三十四《食货》载嘉庆十二年四月藩司魏光焘的详文中曾提到库车宝新局。光绪年间迪化也设宝新局，大概写作丈。应当指出：红钱中的乾隆年号钱不全铸于乾隆年间，一直到光绪年间还在铸乾隆通宝。

[7] 《红楼梦》第一八回记元妃省亲，以青钱一千串赏与贾母。可见《红楼梦》一书是乾隆五年以后写的。

[8] 卯是一期所铸的数目。《皇朝通志》卷八九《食货略九·钱币》："开铸以一期为一卯。计数以千钱为一串……以一万二千串为一卯，每年铸额三十卯。"

[9] 《清会典》卷二一四《钱法》。《皇朝文献通考》卷一六《钱币考四》。当时每炉设炉头一人，其所需工价有八行匠役，即看火匠、翻砂匠、刷火匠、杂作匠、锉边匠、滚边匠、磨钱匠、洗眼匠。原料和工具则要用煤、罐子、黄沙、木炭、盐和串绳。

[10] 梁章巨《归田琐记》（道光二十五年）卷二《请铸大钱》："余在广西巡抚任内，曾有请铸大钱之奏，为户部议格不行。嗣由江苏巡抚任内，引疾得请，于陈谢摺内，复申此说，则留中未发。比年于邸报中知某御史亦有以此事陈请者，大约亦必被部驳不行。……今年回福州，廖仪卿观察（鸿藻）亦主此议。……因并录前后二稿示之。近日复读吾乡许画山（作屏）《青阳堂文集》中，亦有《请铸大钱》一疏稿。画山官职非可奏事，当是为某大僚所拟。……其疏后所拟十款，则皆切实可行。……三曰精选铜。选铜之法，请专用红铜，我朝五代之钱，惟雍正钱间有用红铜者，然多经私毁，改造铜器，民间现存者百不得一。……四曰妙给价……今定以交铜之第三年正月令各直省藩司将各州县所解到铜斤，开局鼓铸，先铸当千大钱及当五百大钱。当千者作银一两，当五百者作银五钱。每花户交铜一斤，给当千者三枚，计作银三两；又给当五百者六枚，计作银三两。共合银六两。……五曰擅赢余。……每铜一斤，可铸当千大钱八枚，作银八两，除鼓铸工料之费，每铜

斤去银四钱，又除州县运铜脚费每铜斤去银五分……实存银七两五钱，今以六两给花户作铜价，计每铜斤净余银一两五钱，通计各直省共一千三百余州县，每州县通算约三万家，家输红铜约五斤，每县可得铜十五万斤。各直省通算约可得铜一万九千五百万斤。……约可得银二万九千二百五十万。且随时开采……。六曰精鼓铸……阴文曰嘉庆通宝……。"

[11] 咸丰帝对于何绍基的主张批评说："小钱大钱，制虽异，用实同，现铸小钱，铜尚不足，何况大钱乎？汝知一未知二也。"何绍基的大钱是不减重的，当十钱的重量即为小钱的十倍。

[12] 《清史列传》周祖培疏："军兴以来，糜费帑金至二千数百万之多。军事一日未竣，帑饷一日难省。……惟近来铜斤短少，不能增卯多铸……其京城大小官员之家，若铜盆铜炉之类，散之则有限，聚之则充裕。凡五斤以上铜器，似应付局呈缴。……更可仿照汉唐成法，铸当十当百当千之大钱，因古制而酌今宜，又在部臣之妥为筹议也。"

[13] 新疆仅宝伊有小钱，其余各局自当五起。此外宝晋、宝济、宝蓟也没有见过小钱。

二 太平天国的钱币

清咸丰初年，爆发了太平天国革命，建立了独立的政权，占领了全国一大部分地区。在这地区内，太平天国政权以及天地会在响应太平天国革命而建立起来的政权另外发行了货币。

太平天国正式发行货币大概是在定都南京之后，那是太平天国三年（清咸丰三年即 1853 年）春天以后的事，特别是以"圣宝"为名的钱币。但由于行军的关系，或由于其他原因，在太平天国范围内，货币制度并不是统一的，各地将领似乎自行铸钱的事，他们可能得到天京的核准，可是钱币的文字和制作是不一律的，甚至钱的等级，各地也不一定相同。

太平天国的钱币中，有三套比较成系统，因而比较重要。第一套是楷书阔边的太平天国背圣宝直读，共分五等，料想为小平、当五、当十、当五十、当百，这一套大概是在天京铸造的[1]，因为多出现于江苏、安徽一带，它的特点是锉磨得比较规矩，文字和制作很像宝苏局的阔边咸丰大钱，几乎使人疑心是在苏州铸造的，但苏州到太平天国十年才由太平军取得，铸钱不应当这样迟。无论如何，宝苏局咸丰钱的影响是很明显的。有人说太平天国的钱币只有四等，没有五等，只是小平钱有大小之分。这是为了强求制度的统一而想出来的话。这一套的五等制是相当明显的，为什么仅仅小平钱有大小，而其他几等没有大小呢？就重量来说，最小的重三公分，其次五公分，再其次是八公分，最大的两种是十二公分半和三十一公分。小平钱不应有五公分重，而清代不流行折二的办法。恰巧宝苏局的咸丰钱有当五的一级，这是别的省份所少有的。咸丰大钱中，当五十以上的在咸丰四年以后已不流通，而用纸币，所以太平天国钱币的分量，比起同一等级的咸丰钱来要轻一些，这是很自然的。

第二套是方体宋字，钱文及其排列的方式和第一套相同，但分量稍重，铜色发白，锉磨得不精，看起来好像沙铜一样，这是一般太平天国钱币的特点。其所以用方体宋字，大概钱范是由书板的雕匠所刻，足见不是利用旧有的炉局铸造的。就其出现的地区来说，大概是铸于衡阳，传说当时衡阳设有铸局。这一套共分四等，大概是小平、当十、当五十和当百。有一枚特别大的，直径有七十七厘米，同最大的至正权钞钱一样大，文字楷书像第一套，但铜色和制作以及发现地区和第二套相同，它又不是花钱，有可能是试铸的当千钱。

第三套是隐起文楷书，所谓隐起文就是文字笔画不深而且高低不平。钱文和前两套相同，但背面的圣宝二字不是直读，而是分列穿孔的两旁。这一套也分为四等，也出现于湖南。黄铜铸，略轻于第二套。

除了上面那三套自成体系的钱币以外，还有许多零星而不大成系统的钱币，如绍兴一带出现的厚肉楷书太平圣宝背天国横读，大小有三种，三种相差不很大，自五公分到八公分，但文字书法不大相同，似乎不是同时铸的，因而可能都是当十钱。又有楷书的天国太平背圣宝横读，大小两种，不成套，小的广穿，大的狭穿，文字笔画也不尽相同。这种钱大概仍应读作太平天国圣宝，只是将天国二字抬头，所以读起来应当先横后直。又有楷书天国圣宝背太平小钱。还有天国圣宝四字钱，一面为天国，一面为圣宝，都是直读，都是楷书，有普通和隐起文两种，而且有大小两种，但不成套，大的重约三十一公分，也有轻小的，板别很多，多见于南京，大概是当百钱[2]，小的大概是小平或当十。另有天国通宝一种，一面为天国，一面为通宝，制作和上面一种相同，大概时间比较早，钱币上还没有用圣宝的名称。

从上面这些钱币中，可以看出两个特点，这两个特点也许可以认为是太平天国钱币的特点。第一是钱币称圣宝，这是太平天国宗教信仰的表现，是容易理解的。第二是钱币上没有纪值的文字。有一些钱币不符合这两个特点，可是在钱的制作上显然同太平天国钱相近，这些钱币要么不真正是太平天国的钱币，要么是在特殊情况下铸造的，例如在制定圣宝的钱名以前铸造的，或为了特别用途而铸造的。

研究太平天国钱制最困难的一个问题就是作价的问题。由于钱上没有纪值的文字，料想在当时就已在流通上造成一些不便，但特别是对于我们后代的研究者增添许多麻烦。实际上有人认为太平天国钱币中，比小平钱大一号的是折二，大号的天国圣宝是当十[3]。大号天国圣宝的重量同最大的太平天国圣宝一样，应当是当百。至于那些比较轻的，那是减重的结果。只有折二钱的问题需要进一步探讨。

折二钱盛行于宋代，特别是南宋。那时以前，中国的钱币基本上都是小平钱，只有在特殊情形下才铸造大钱，而且总是得不到人民的信任。南宋的折二钱比小平钱用得多，这是由于南宋用纸币，物价偏高。那时折二钱几乎等于小平钱的一倍大，容易识别。元代和明初采用多级制，如洪武钱，自小平钱到当十，其中包括折二，但通明代，除小平钱以外，其余都行得不顺利。万历崇祯年间也曾铸折二钱，也不很成功。所以清代基本上不用折二钱，就是到了咸丰年间，由于应付太平天国革命，不得不大规模地实行货币减重，铸造各种面额的大钱，有当四、当五、当八，却没有折二钱，这不是偶然的。经验证明：折二钱没有必要，铸得小了同小平钱差不多，铸大了成本贵，得不到减重的好处。所以当时人民没有使用折二钱的习惯。太平天国政府为什么要铸造折二钱呢？所以我认为：除了小平钱本身可能稍有大小外，其显然大一号的钱不是当五，就是当十，一般说来，都是当十，只有京苏一带可能有当五钱。

铜钱之外，似乎还有银钱的铸造。李秀成于同治元年送给一个英国人银钱二十元、青钱十元[4]，这种银钱没有遗留下来，大概系花钱一类的东西，不是正用品。

有一些钱币，不称圣宝，而称通宝。如天国通宝，宋体字，一面天国直读，一面通宝横读，发现于南京。还有杭州出现的永圣文武一套，即天朝通宝背永、皇帝通宝背圣、太平通宝背文、开元通宝背武，四钱的文字近方体宋字，铜色不一。而且也稍有大小，普通见到的每枚重量自三公分八到四公分。皇帝通宝还有背面铸宝浙二字的，而且宝字是满文。显然不是太平天国时期所铸，因而使人怀疑上面那四种钱也不是真正的太平天国钱，至少不是正用品。太平军到太平天国七八年间才攻浙江。

这时候有些不称圣宝的钱大概是天地会的政权所铸造的。在推翻清朝政权的运动中，天地会是一股很大的势力，它的根扎得比太平天国还深，只是没有太平天国那种统一的组织，所以成就不大。但有些地区的天地会也成立了政权，并发行货币。例如广西的大成国和上海的大明国，都有钱币的铸造。

大成国的钱币是指几种平靖钱，见诸著录的共有九种，一种小钱称平靖通宝，背面穿右有一"中"字。其余八种称平靖胜宝，又可分为三类，第一类背面有营名，包括前营、后营、左营、右营、中营五种，分列穿孔的两旁；第二类背面有军名，包括长胜军和御林军两种，分列穿孔的上面和两旁；这两类钱比通宝钱大。第三类是一枚当千大钱，背面穿上有"兴汉灭满"、穿右有"祷天福"、穿左有"武正军"、穿下有"当千"等文字。这些平靖钱虽有大小不同，铜色、制作和文字却都一样。除当千大钱出于杭州外，其余都是在湘桂一带发现的，特别是湖南的湘潭和广西的桂林。起初大家认为是太平天国的钱币，因为钱背军营的名称多同太平天国的制度相符。有人疑是太平天国四年收复靖江后为颁赏将士而铸造的纪念币[5]。但文字同太平天国钱币不一样，而且太平天国钱币称圣宝，不称胜宝。近年有人说是大成国李文茂所铸[6]。李文茂在1856年冬称平靖王，亲率大军攻入柳州[7]，大概就是这时候铸的。大成国是天地会的政权，天地会的山堂喜用胜字，如洪胜堂、太胜堂、恒胜堂、连胜堂、得胜堂、义胜堂、聚胜堂等，同胜宝的钱文配得上，发现地区也相符。至于军营分为前、后、左、右、中的办法，乃是当时湘桂一带天地会、三合会起义军通行的办法[8]，并不限于太平天国的军制。然而大成国铸钱为什么不用洪德年号[9]，至少应由陈开来铸，而不应由第二号人物李文茂来铸，除非后来李文茂单干。大概那时候李文茂已想单独干了[10]。当千大钱有人怀疑，它不出于广西，而出于杭州；而且是在杭州有人假造太平天国钱的时候。钱背的祷天福似乎是基督教的用语，不是天地会的用语。太平天国《诰谕四民檄》文中有"以受天福"的句子，太平天国的《三字经》中也有"遵天诫、受天福"的句子。此外，不论太平天国钱币或其他天地会政权的钱币都不纪值，而这钱忽作当千，太突然了。就是清朝政权在南方发行的咸丰钱中也没有当千的，宝苏局的咸丰钱有当千的，大概系试铸性质。

此外还有嗣统通宝、明道通宝背天和光背以及皇建元宝，铜色和制作都像太平天国钱，至少时代应当差不多。嗣统通宝有人认为是石达开入川后所铸，因为出自四川，但有人说是张保山所铸[11]。明道通宝和皇建元宝出于江西，无从考据。

上海小刀会在太平天国四年建立大明国政权，铸造两种太平通宝，一种背面穿上下有日月文[12]，隐明字，称为日月钱；另一种背面穿上有月文，穿下一明字。他们是以反清复明为口号的。

注　释

[1]　李圭《金陵兵事汇略》："偏搜废铜铸钱，其文一面为圣宝或重宝字样，狂悖可哂，而轮廓肉好，亦颇整齐。至今或见之，盖销毁未尽者也。"

[2]　一般研究太平天国历史或钱币的人，都说是当十，这完全是受了过去钱币学家和钱币商人只重大小不重分量的习惯。他们只论直径，不论厚薄。他们不知历代政府铸钱多规定重量，而不大规定大小。而且他们谈到太平天国钱币的大小，是同咸丰钱来比，而不向太平天国钱币去寻找它本身的规律。这种天国圣宝大样的在大小方面的确比大样咸丰当十钱大不了多少，可是厚重得多，咸丰当十钱没有重到三十公分以上的。如果这是当十钱，那么，南京铸的那套太平天国圣宝中最大的一枚也是当十钱，因为它们的重量相等。这样一来，其余几种是当几呢？

[3]　一般钱币商人都这样说，使有些研究太平天国钱制的人受到影响，如岑子潜、岑立虎在《太平天国的货币》（《文物参考数据》1957年第十二期）一文中便主此说。

[4]　李秀成致英国翻译官福民书。

[5]　《古钱大辞典》下编补遗五画《平靖胜宝》引戴葆湘语。

[6]　最初提到李文茂铸平靖钱的似乎是简又文《金田之游平靖泉考》一文。北京历史博物馆《近代史参考图片集》上集第一四一页说是李文茂为平靖侯时铸于柳州。但当时如果铸钱，应当由秀京（即浔州）铸造，李文茂仅为一封侯，铸钱也须用当时的年号（洪德），岂能用他自己的爵名？郑家相《大成国的钱币》（《文物》1960年第一期第五〇页）说是李文茂在浔州称平靖王时所铸。

[7]　谢兴尧《太平天国前后广西的反清运动》第六二页。该书说李文茂死于1858年（第六三页），但第二三六页表中似乎1859年7月尚在。

[8]　谢兴尧《太平天国前后广西的反清运动》第五五页说陈永秀的部队即采行五营制。

[9]　同上，第六三页说陈开铸洪德通宝。这是不确的，洪德通宝是越南钱。

[10]　《陈开自述》："我在浔城，设官封职，铸造钱文。""李文茂攻得柳州后，声势浩大；我虽为主，他有不从之意。……他在柳州得到几个城池，造钱、唱戏庆功，自为一王，各立其势。"（梁岵庐《关于陈开自述》，1962年3月28日《光明日报》）

图版七十八　后金的钱币

1—3. 天命通宝。　4—6. 满文天命汗钱。　7. 满文聪汗之钱。

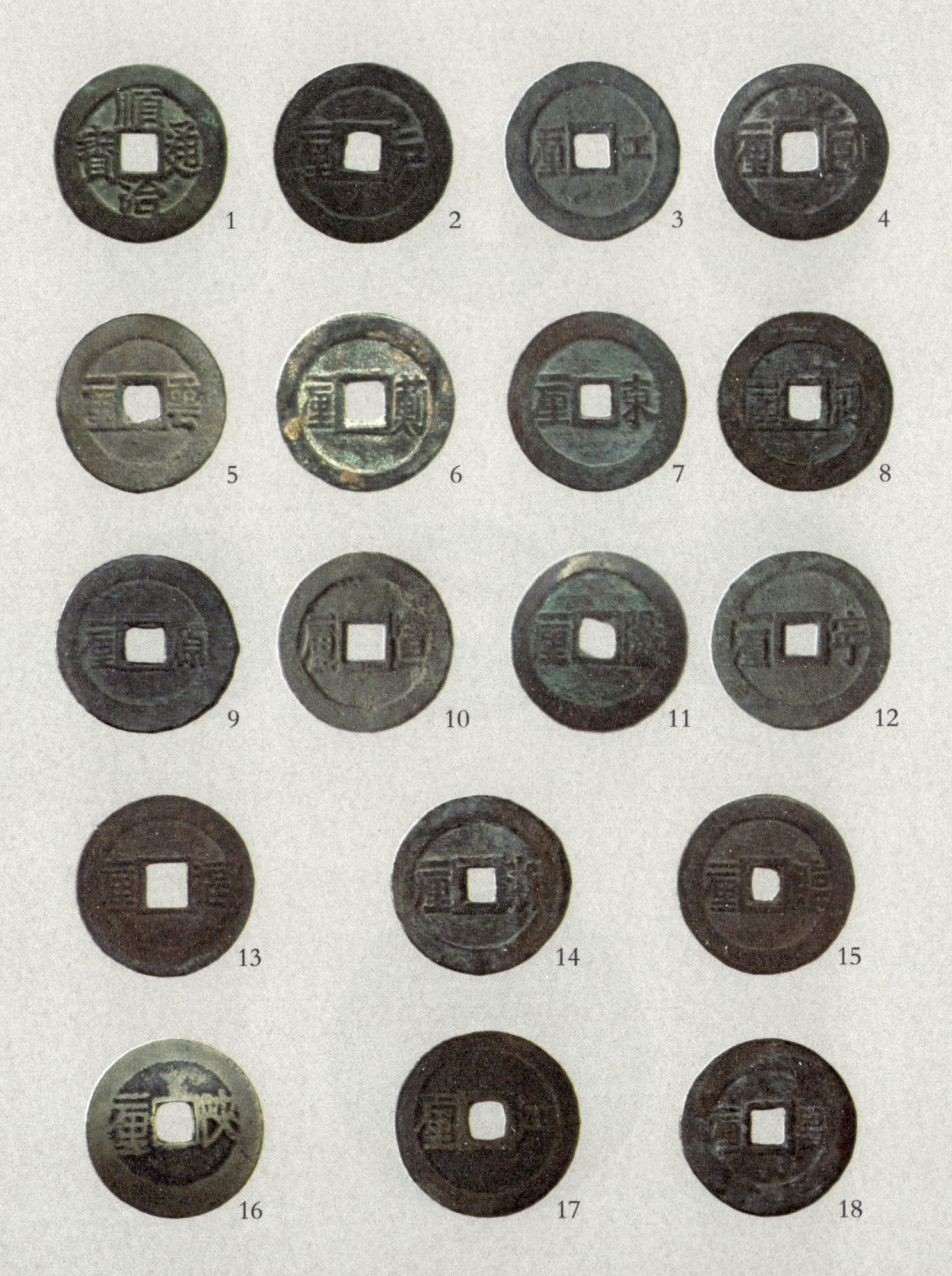

图版七十九　清世祖朝的顺治通宝一厘折银钱

1.顺治通宝。　2—18.顺治通宝折银钱的背文：户一厘、工一厘、同一厘、云一厘、蓟一厘、东一厘、河一厘、原一厘、宣一厘、阳一厘、宁一厘、福一厘、浙一厘、临一厘、陕一厘、江一厘、昌一厘。

图版八十 清初的折银钱

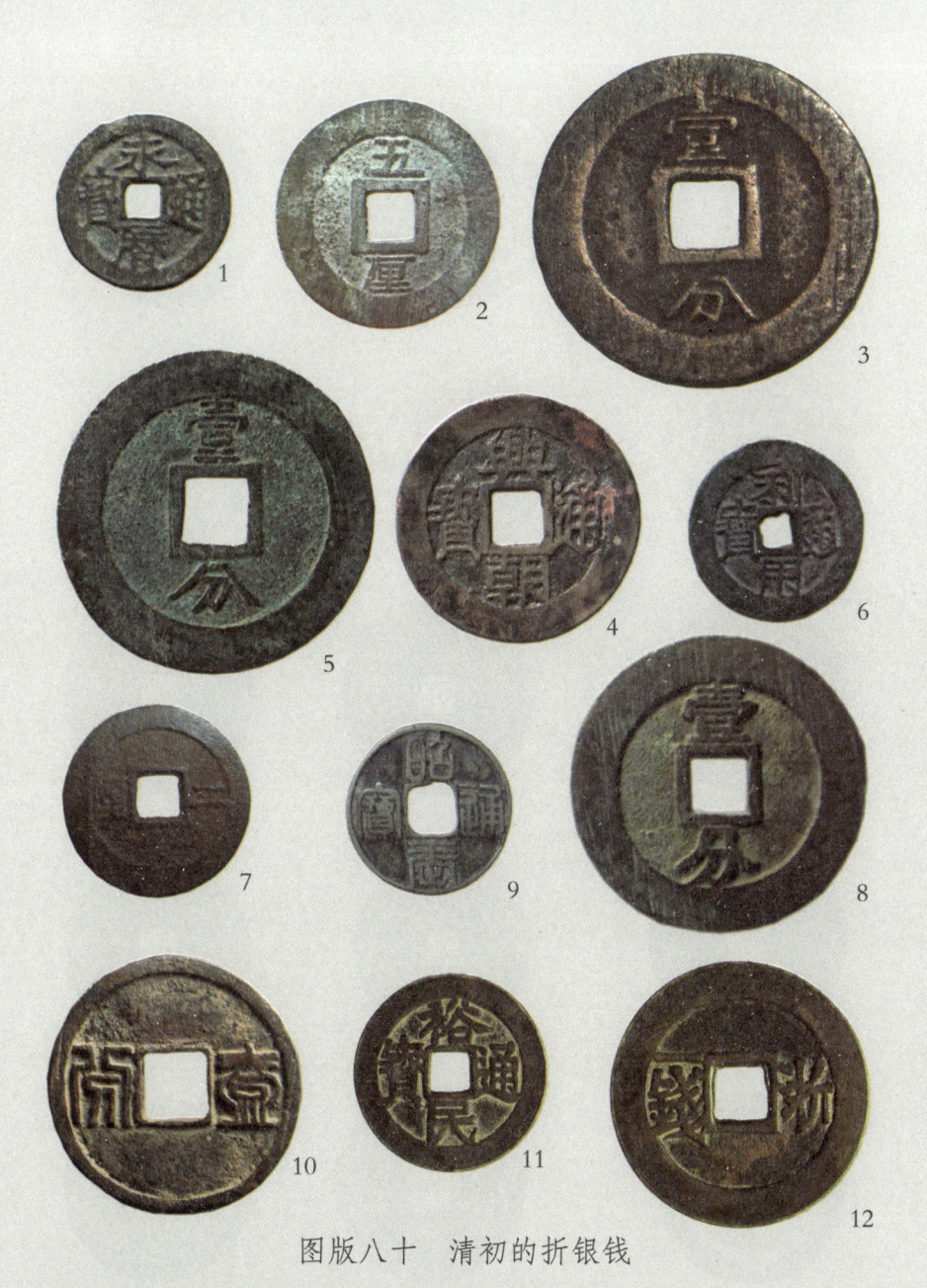

1. 折银二厘的永历通宝。 2. 永历通宝背五厘。 3. 永历通宝背壹分。 4. 孙可望的兴朝通宝（背五厘）。 5. 兴朝通宝背壹分。 6. 吴三桂的利用通宝（背厘）。 7. 利用通宝背二厘。 8. 利用通宝背一分。 9. 昭武通宝。 10. 昭武通宝背壹分。 11. 耿精忠的裕民通宝（背一分）。 12. 裕民通宝背浙一钱。

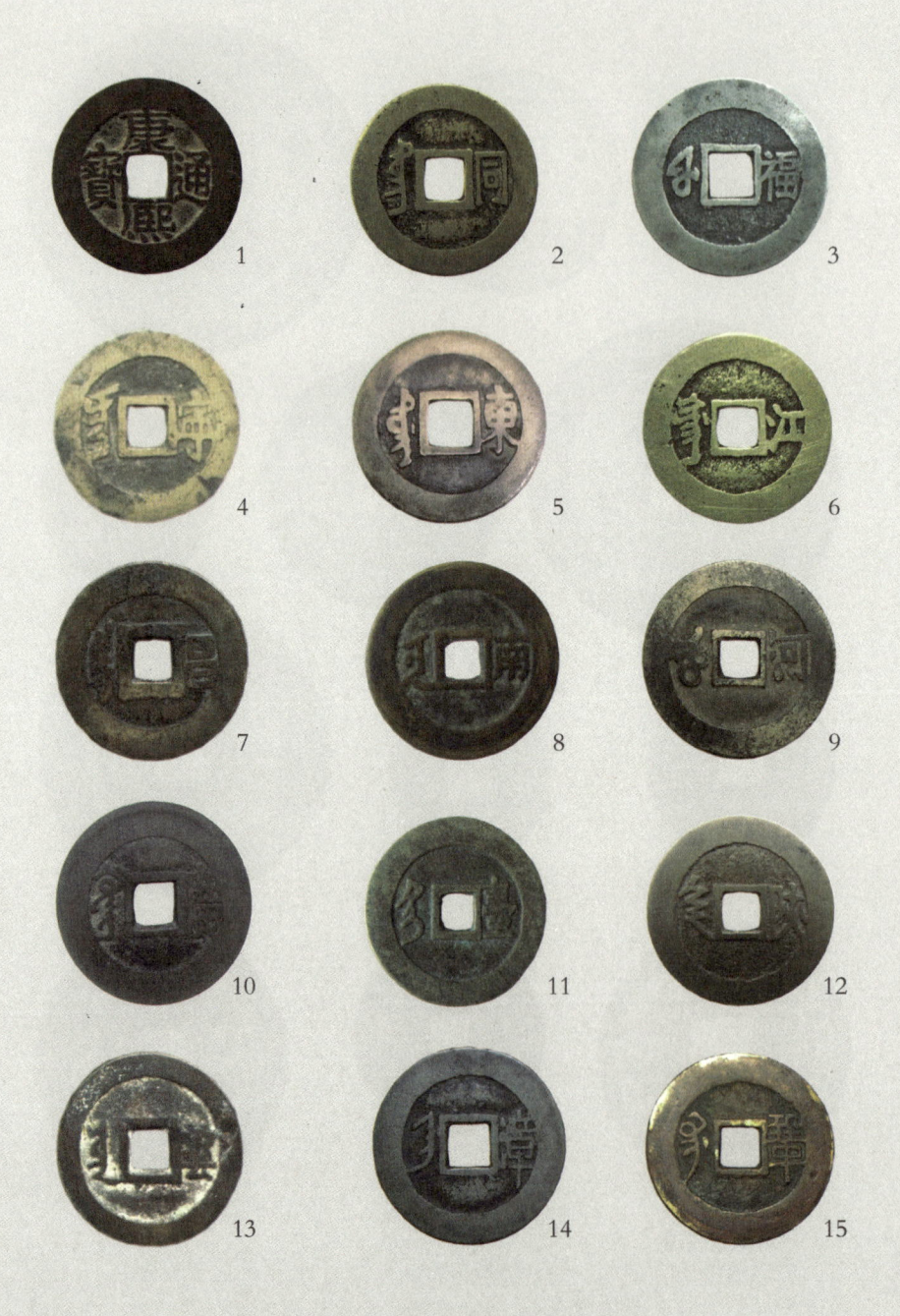

图版八十一　圣祖朝的康熙通宝

1.北京宝泉局所铸康熙通宝。　2—15.各省局所铸康熙通宝的背文：同、福、宁、东、江、昌、南、河、广、台、陕、雲、漳、巩。

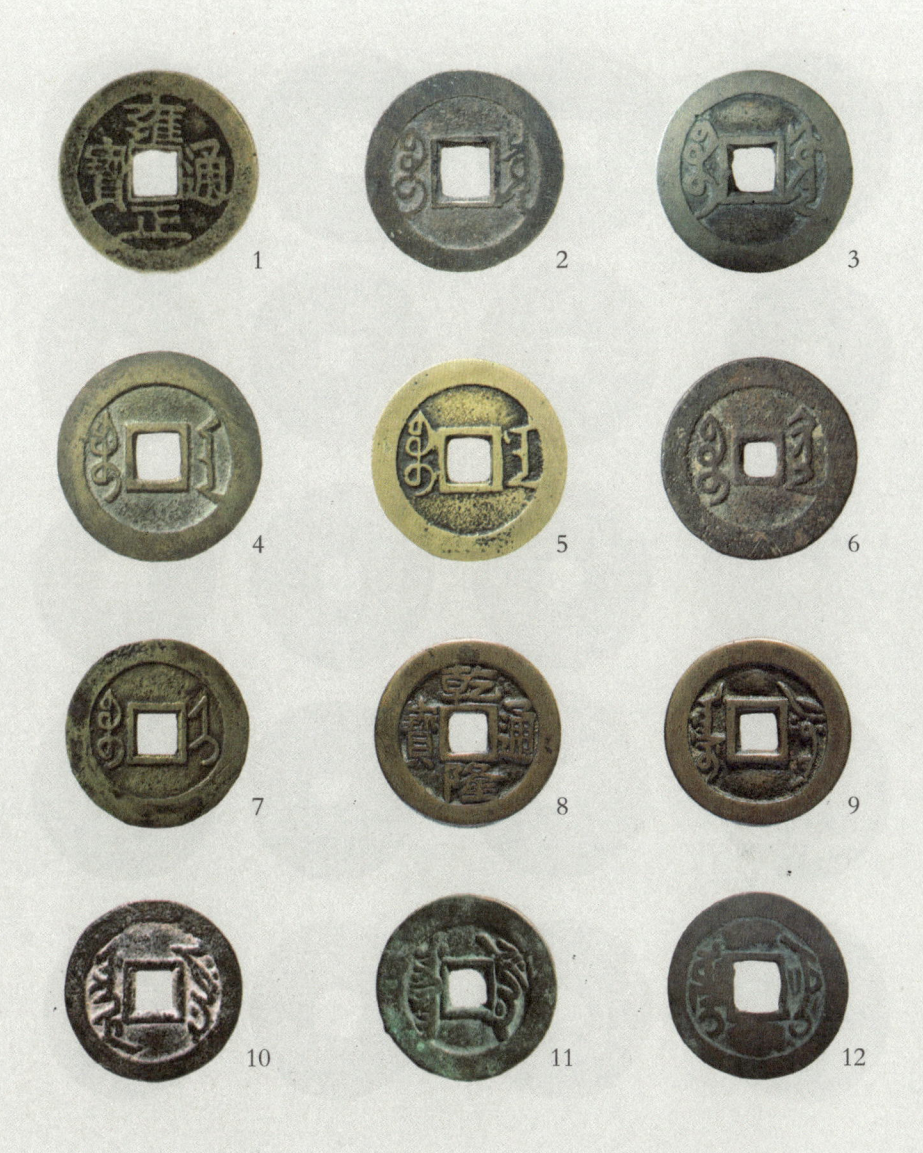

图版八十二 世宗、高宗朝的钱币

1. 世宗的雍正通宝。 2—7. 雍正通宝的背文：宝泉、宝源、宝安、宝南、宝黔、宝济。 8. 高宗的乾隆通宝。 9—12. 乾隆通宝的背文：阿克苏、叶尔启木、叶尔芜、乌什。第9—12四品是新疆的普尔钱，左边为满文，右边为回文。

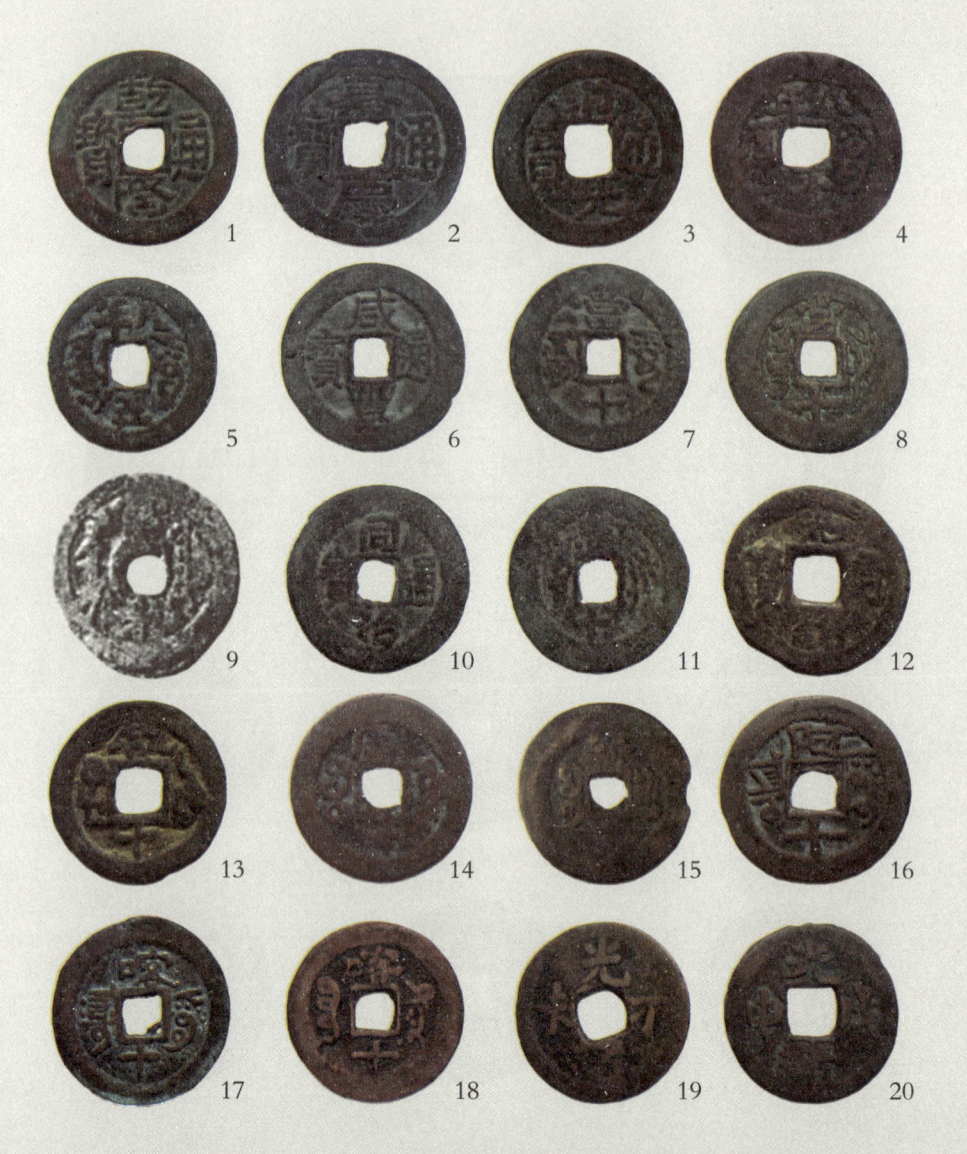

图版八十三　新疆的普尔钱（红钱）

1.乌什铸的乾隆通宝。　2.阿克苏铸的嘉庆通宝。　3.阿克苏铸的道光通宝。　4.道光八年所铸道光通宝当十钱之背。　5.道光八年所铸道光通宝当五钱之背。　6.阿克苏铸咸丰通宝。　7—9.咸丰通宝的背文：阿克苏、叶尔羌、喀什噶尔。　10.同治通宝。　11.同治通宝之背叶尔羌。　12.光绪九年库车铸光绪通宝。　13—18.光绪通宝的背文：九年十、库十、新十、阿十、喀十（满回文阿克苏）、喀十（满文宝新？）。　19.光绪丁未。　20.光绪戊申。

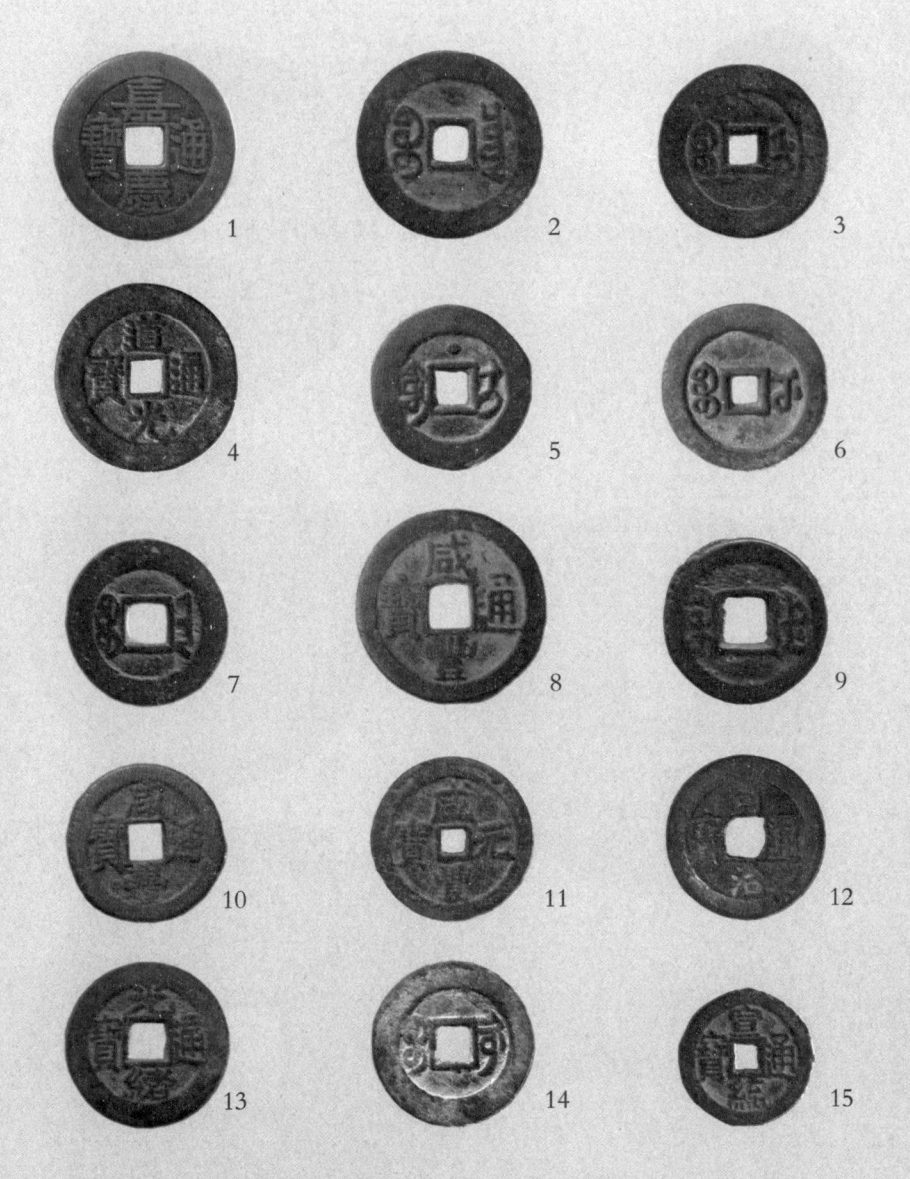

图版八十四 清中叶以后的钱币

1. 仁宗的嘉庆通宝。 2—3. 嘉庆通宝的背文: 宝川、宝直。 4. 宣宗的道光通宝。 5-7. 道光通宝的背文: 宝伊、宝武、宝晋。 8. 文宗的咸丰通宝。 9. 咸丰通宝背宝德。 10. 咸丰通宝铁钱。 11. 咸丰通宝铅钱。 12. 穆宗的同治通宝。 13. 德宗的光绪通宝。 14. 光绪通宝背宝沽(?)。 15. 宣统帝的宣统通宝。

图版八十五　宝泉局的咸丰大钱

1.咸丰通宝小平钱。　2—6.咸丰钱的背文：当十、当五十、当百、当五百、当千。　7.当十铅钱之背。

图版八十六　宝福局的咸丰当百钱

此钱重库平五两，是中国最重的钱币。

图版八十七 太平天国的钱币

1. 天国（背圣宝）。 2—6. 楷书太平天国背圣宝。 7. 宋体字太平天国（背圣宝）。 8. 厚肉太平天国（背圣宝）。 9. 天太国平（背圣宝）。
10. 上海小刀会的太平通宝背日月。

第1—6品出于南京一带。其中第2—6品应为一套，虽然前两品同后三品有细微的差别，那大概是先后铸的关系。第7品出于衡阳。第8品出于绍兴。

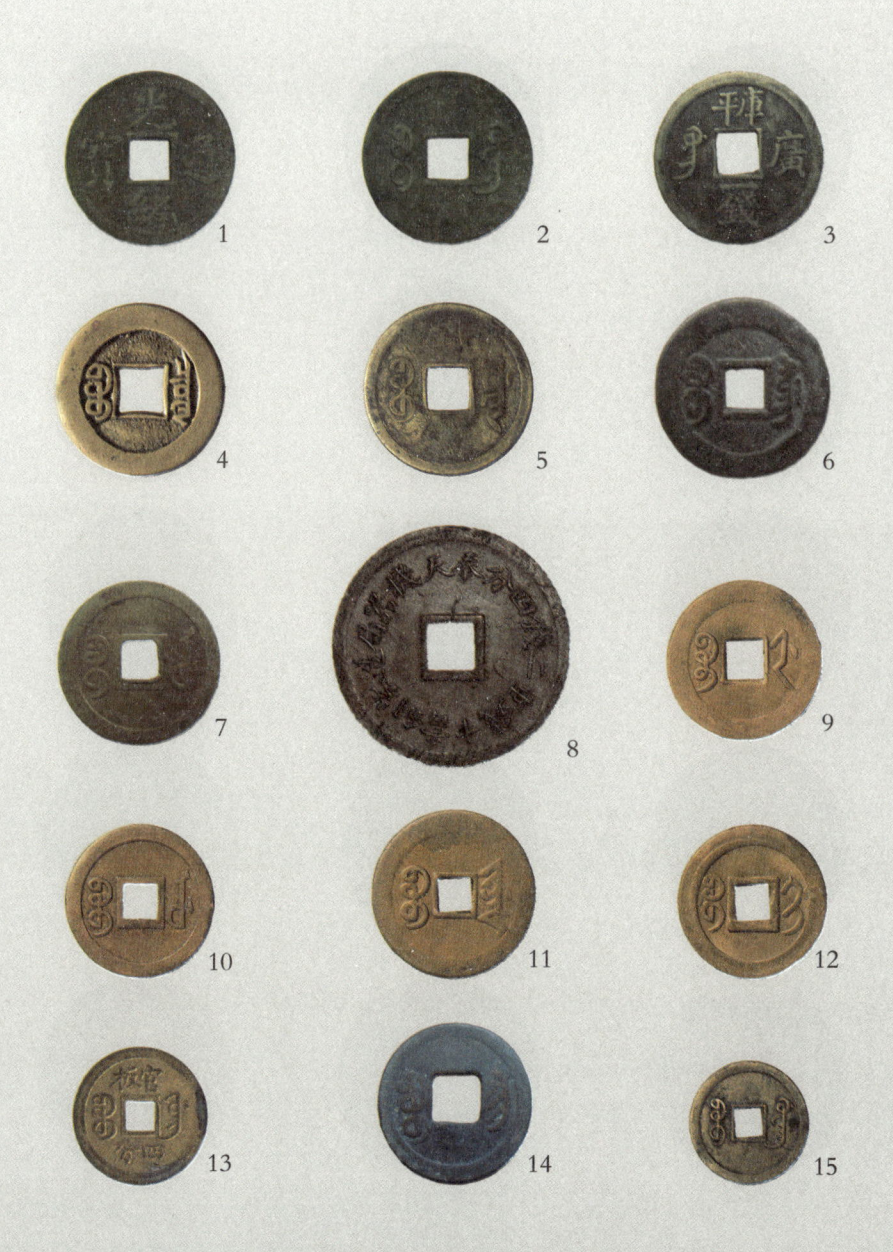

图版八十八　机器铸造的光绪通宝

1.广东铸光绪通宝。　2.同上之背。　3.广东铸库平一钱。　4—15.各省所铸光绪通宝的背文：宝泉、宝源、宝东、宝武、奉天机器局造紫铜当十钱重二钱四分、宝浙、宝武、宝津、宝吉、宝奉官板四分、宝漳、宝广。

图版八十九　各省所铸光绪元宝当十铜元

1. 广东省造光绪元宝。　2. 湖南省造。　3. 江西省造。　4. 湖北省造。
5. 河南省造。　6. 北洋造。　7. 江苏省造。　8. 安徽省造。　9. 福建官局造。　10. 四川省造。　11. 浙江省造。　12. 山东省造。　13. 吉林省造。
14. 新（疆）省造。

图版九十　清末各种新式铜币

1.北洋一文。 2.湖北省造光绪元宝一文。 3.直隶省造光绪一文。 4—6.大清铜币二文。 7.户部铸光绪元宝五文。 8—9.大清铜币五文。 10.奉天省造光绪元宝当十铜元。 11—12.大清铜币当十铜元。 13.光绪元宝当二十铜元。 14.大清铜币当二十铜元。 15.新疆铸宣统元宝当红钱十文。

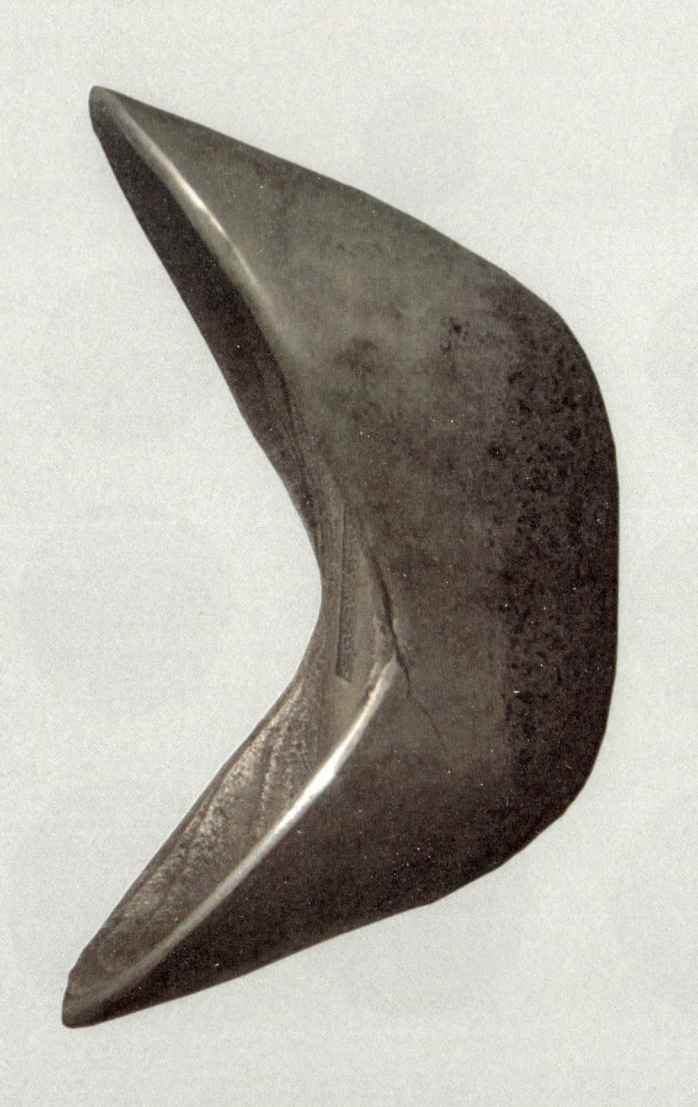

图版九十一　清代的元宝（沐园藏品）
上有"山东运司咸丰三年月日张崇堂"等字样，重五十两。

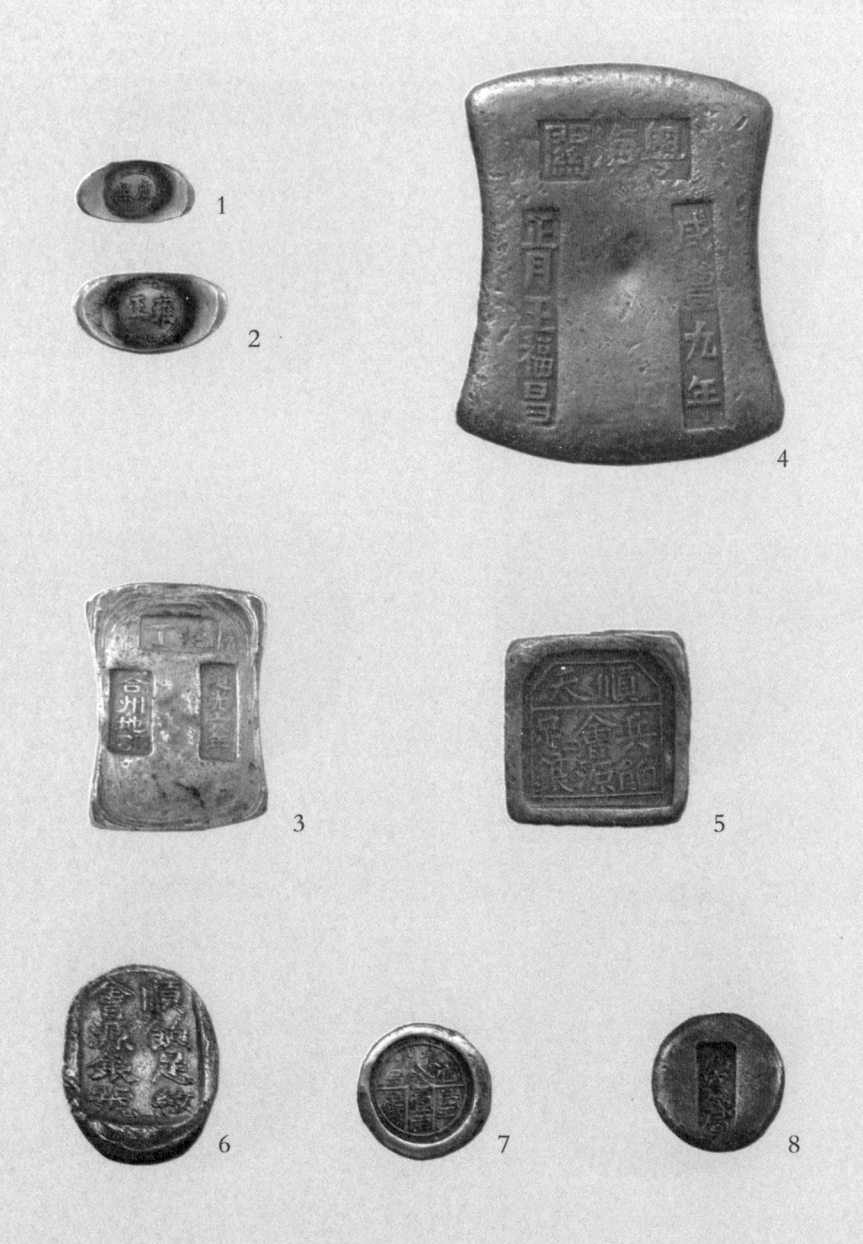

图版九十二　清代的银锭

1. 康熙一钱小元宝。　2. 雍正小银锭。　3. 道光年间的银锭。　4. 咸丰十年粤海关的十两银锭。　5. 顺天兵饷方宝。　6. 顺天兵饷银锭。　7. 贵州官局估平足纹壹两锞子。　8. 贵州官钱局锞子。

图版九十三　清初流入的外国银币（一）

1. 日耳曼帝国的塔勒（1692年）。　2. 荷兰的银元（1704年）。
3. 法国的埃居（1734年）。　4. 奥国的双鹰银元（1780）。
5. 美国银元（1795年）。

[11] 黎庶昌《拙尊园丛稿》卷二第五七页说，咸丰十年张保山"为遵义县令郑公尔巽所斥，乃往投白号，诡称明代后裔，众惑之，尊立以为秦王。总其众，号朱民悦，或称朱王，铸嗣统钱散之，使民坚其信"。显然同天地会有关系。又丁东衡《荷香馆琐言》转录太平天国的告示中说到以天德三年为嗣统元年的话。那种告示也是天地会人假托的。

[12] 黄本铨《枭林小史》："时城中（上海）富有金银，而独缺钱库。……至是收废铜悉铸之。文曰太平通宝。背作日月二形。"

三 清末的钱制改革

清末在钱币的铸造技术上，发生了一次革命。中国造币的方法，自春秋战国时期到光绪年间，两千多年，全是用范铸[1]，进步很少，北宋以后反有退步。外国古代，也曾用范铸的办法，例如罗马最早的铜币阿斯（as），就是范铸的，但比它更早的希腊的银币已经是打造的。那是中国的战国时代。后来罗马所铸的银币德纳留斯（denarius）也是打造的。打造的办法，需要更多的设备和更高的技术，不容易假造、盗铸。中国历代的货币问题，有一大部分是私铸问题，许多次的物价波动，是私铸所引起的。引起私铸的原因自然很多，其中铸钱方法的简单，也是一个因素。因为方法简单，几乎人人可以铸钱。不过中国也有不能用打造办法的原因。外国货币，自古以来就用金银，数目少，价值大，便于打造。而且他们的货币实际上没有深入民间；即到近代，还有许多人终生没有见过一次金币，可见需要的数目比较少。中国情形则不同：中国的货币，自古即以铜钱为主，而且自秦汉以来，就普及到民间去了，而中国又是一个大国，需要极大的数量，一枚一枚打造起来，实在不方便。早期的银币如寿星、如意、笔宝等似乎是打造的，而咸丰银饼和咸丰七年宝苏局的丁巳银钱和铜钱则介乎打造和机器铸造之间。

不论是打造也好，范铸也好，都是一种手工业的生产方式，是封建社会的办法。其结果就是钱币品质的良莠不齐和铸造费的高昂。在钱币的品质方面，我们且不说里底亚的淡金币中金银比例的不一致，也不说罗马帝国时代银币的贬值[2]，以及欧洲中世纪的低银币[3]。就是近代的英国，在使用机器铸造之前，也同样存在这种现象。17世纪英国的克朗（crown）银币，最轻的每枚值四先令九便士，最重的每枚值五先令三便士[4]。中国历代的铜钱，在形式上常有错笵和流铜等现象，使钱币不整齐美观；在重量和成色上都是千差万别。在重量上，本来应当十二铢的秦半两，重的在库平六钱以上，轻的还不到两钱。就是同一炉所铸的钱，重量也不一定相同。在成色上更是难以辨别。古代流行所谓即山铸钱，钱的成分，随各地铜矿的成分而定。后代则故意和以铅锡铁镴。

至于铸造费，欧洲在以前用打造方法的时候，金币是千分之六，大银币是百分之一点五到百分之三，小额币是百分之八到百分之二十五[5]。中国用笵铸，手续比较简单，然而中国是用铜钱，本身价值小，所以铸造费的比重显得大。历代常因成本高而停铸，例如南齐永明八年就因成本高而止铸[6]。南宋四川铸钱也常常因成本过高而罢铸[7]。金大定时也有同样情形[8]。万历四年工部提议铸钱事宜，估计一万文要用银十四两八钱九分[9]，当时银价每两八百文[10]，铸造费等于百分之十五。清乾隆初年的铸造费占金属价值自百分之九点七七到百分之二十二以上，全国平均为百分之十五以上[11]。乾隆年间在西藏所铸的银币，铸造费也占百分之十一。手工业铸造的两种困难，因使用近代机器铸造而解决了。近代各国铸造货币的成色和重量，同法定标准相差不会到千分之三以上，铸造费则金币也减到千分之三以下。

同治年间就有人提议用机器铸钱。同治六年福建船政后学堂监督刑部主事钟大焜曾奏请添置输机仿照西法鼓铸，但他又怕力有未逮，而提议仿照私铸的办法[12]。大概他指的是银币。

光绪八年（1882年）吉林曾用机器铸造银币的铜样。九年慈禧叫当局买洋铜交机器局铸钱，户部称不便，乃叫李鸿章在天津开铸。大概没有照办。闽浙总督杨昌濬在光绪十一年就请利用船厂输机铸钱，每枚重八分五厘。据说行得很成功。但这种钱没有遗留下来。所见宝福局的机器钱都是三分重的小钱。恐怕是后来铸的。十三年政府叫直隶、江苏等省从事铸造机器钱[13]，直隶宝直局有几种机器钱，其中有大样的可能是当时所铸。江苏宝宁局有机器钱。广东的张之洞在光绪十三年计划铸库平一钱的机器钱[14]，到十五年才正式开铸。这种机制钱同白银有固定的比价，民间愿以银易钱的，可以到各银店兑换，愿以钱易银的，也可以到官钱局去兑换，都是每千文换银一两，所以是一种银钱两本位制。这种钱背面原为"库平一钱"四字，但光绪帝的朱批，叫改用宝广两个满字，不用库平一钱字样[15]。实际上两种都有铸造，而且铸得很多，曾广泛流通。可见在获得北京政府核准之前，已有铸造。另有当五和当十两种，大概系样钱或试铸，没有正式流通。当十的重约八公分六，合库平二钱三分。宝广局似乎还曾代宝源局铸造过机器钱，因为制作同宝广局的一样。宝津局在光绪十三四年还是以土法铸钱，到二十二年四月才由机器局试铸。宝浙局在同年五月开铸。其他省局铸机器钱的还有宝泉、宝直、宝沽、宝吉、宝奉、宝武、宝川、宝东、宝漳、山东等，但重量并不一律。光绪十三年曾令京局和例应鼓铸制钱的各省以每文一钱为准，其他各省则照福建办法，每文八分五厘。可是实际上宝津局的重八分，宝浙局的重七分，奉天的重四分。光绪二十一年两江总督刘坤一奏准每文重七分，次年湖广总督张之洞奏准每文六分。光绪三十二年广东改铸重三分二厘的机器钱。其他各省也未必遵照北京规定的标准。宣统年间广东福建等省的机器钱都是小型的。奉天曾用红铜铸造了一种当十的机器钱，正面也是光绪通宝，背面环以"奉天机器局造紫铜当十钱重二钱四分"字样，这可以说是向当十铜元过渡的一种形态。安徽曾试铸一种当十的机器钱，大小完全同后来的当十铜元一样，只是中央有穿孔。

　　清末不但在钱币的铸造技术上有大的改革，而且在钱币的形制上也发生了一次革命。中国自秦汉以来，差不多完全使用方孔钱，例外很少，例外都是不重要的或暂时的。清末的钱币没有方孔了。"孔方兄"一词，在中国历史上和文学作品中表达了各种各样的感情，从此成为历史上的名词了。这一革命，不限于中国，它是整个方孔钱体系内的革命。日本在明治维新（1870年）以前就开始了这次革命，铸造一些椭圆形的铜币，但方孔钱继续流通，直到明治维新制定新的币制，才完全采用了欧洲式的钱币。朝鲜也曾改革它的币制，于光绪十七年发行没有方孔的新式钱币。越南对旧的货币文化保持得久一些，虽然它铸造新式银币远在日本和朝鲜之前，可是它的方孔钱一直铸造到最近，在20世纪的中叶，它还铸造了保大通宝的机制方孔钱。它的银币上也保留了旧的货币文化的痕迹，最早的银圆仍叫通宝，如明命通宝和绍治通宝。有些绍治通宝中间仍加方孔。稍后的嗣德通宝也有方孔。从整个历史看来，越南铸造的方孔钱的种类和数量较多，一般人民对于使用方孔钱的习惯，也更加根深蒂固。中国虽然在清朝政权被推翻以后，基本上不再铸造方孔钱了，但方孔钱的流通，在农村，尤其是一些偏僻地区，还继续了一段很长的时期，在纸币贬值的时候，它们又重新开始流通。就是在朝鲜，各种方孔钱，也继续流通到20世纪[16]。印尼一些地区，在第二次世界大战期间，还使用方孔钱。

　　光绪二十六年，广东开始铸造铜元。每枚重二钱，铜百分之九十五，铅百分之四，锡百分之一。正面为光绪元宝四字，中间没有方孔，而有宝广两个满字。下面靠近外郭有"广东省造，每百枚换一圆"字样。背面是蟠龙花纹，下面近外郭有英文"KWANGTUNG ONE CENT"（广东一分）字样。可见最初的铜元是对银币作价，大概是想用作辅币。后来把背面的ONE CENT改为TEN CASH（十文），而正面不变，于是正面的中文是对银作价，而背面的英文是对制钱作价。到光绪三十年才把正面的"每百枚换一圆"的文字改为"每元当制钱十文"。后来这种铜元成了一种实币，对银币没有一定的比价，可是对制钱却始终是十与一之比。

新铸铜元制作整齐精巧，大受人民欢迎，而政府也获大利，因此各省先后仿行。到光绪三十一年有十二省铸造铜元，计有广东、直隶（北洋）、山东、河南、安徽、江苏、江西、浙江、湖南、湖北、福建、四川等省。

清末的新式铜币，面额分为五等，即一文、二文、五文、十文、二十文。根据光绪三十一年七月颁布的《整顿圜法章程》，铜币的金属成分是铜百分之九十五，铅百分之五；或铜百分之九十五，铅百分之四，锡百分之一。重量则当二十的铜元重库平四钱，当十铜元二钱，当五一钱，当二四分。当时当二铜元没有铸造，当一则用制钱。但后来北洋和湖北等省局曾铸造一文的小铜币，福建有二文的小铜币。而在流通方面，最通行的是当十铜元，即所谓单铜元或单铜板。当二十的铜元或双铜元只流通于北方和湖南湖北江西等省份，当五很少流通。

铜元在中国不过流通二十几年，但种类繁多，千变万化，在中国钱币学上成为一个独立的部门。不过重心在于当十铜元。因为当十铜元在各种铜元的总额中，要占百分之九十七八。当二十的不到百分之二，其余如当五和一文、二文，都不到千分之一[17]。清朝的这种铜元分为两大类：一类是光绪元宝，一类是大清铜币。光绪元宝花样板别最多，正面中央的文字是光绪元宝四字上下右左分列。上缘为铸造的省名或地名，或写某某省造，或单写局名，计有湖南、江西、湖北、河南、北洋、江苏、安徽、福建、广东、广西、四川、浙江、山东、吉林、奉天、江南、清江、新省等。下缘是作价，或对银圆作价，如广东初铸的铜元是"每百枚换一圆"，或对银两作价，如新疆所铸是"市银二分五厘"。大部分是对制钱作价，但措辞也有各种各样，单是湖南省造的铜元就有许多种写法，有"每元当钱十文""当十黄铜元""当十铜元""当钱十文""当十"。此外大都还有满文标明铸局，或置于中央，或分列于边缘的两旁，但北洋和清江等局所铸，只有光绪元宝四个满字在上缘，没有满文局名；江南省造的则有满文在背面。至于新疆省的有些虽有回文，有的则全是汉文，既无满文，也没有回文，也没有英文，这是一个奇特的例外。其余的当十铜元，背面周围总用英文标明省份和作价，作价时一般都用"TEN CASH"（十文），可是吉林作"TEN CASHES"，而安徽有作"ONE CEN"和"ONE SEN"的。背面的图形是蟠龙纹，这是最千差万别的，蟠龙的形状，龙旁的云朵和边缘的星点，都变化很多，钱币收藏家根据这些小分别而整理出许多板别来。每省总有几十种。至于大清铜币倒比较简单统一，最中央是一个小字或两个小字，代表省名，计有湘、赣、鄂、汴、直、苏、皖、闽、粤、川滇、川、滇、云、浙、奉、宁、吉、东、淮等，也有无地名的。上端是大清铜币四个满文，满文的两旁是年份如丙午、丁未；左右边缘分列户部二字，后来有用度支部三字的。也有把丁未二字放在户部二字的地位上的。下面一律是"当制钱十文"。背面中央也是蟠龙，变化比较少，上缘是"光绪年造"或"宣统年造"，下缘是英文"TAICHING TI-KUO COPPER COIN"（大清帝国铜币）。

这次钱币形制的变革，差不多比得上秦始皇的一次变革。秦始皇把各种大小的刀布改为方孔圆钱，肯定是前进了一步；清末把方孔钱改为没有方孔的铜元，就不一定是进步了。作为一种具体措施，是无可非议的，因为当时流通的钱币，轻重参差，大小不等，一律改用机器制造的铜元，确有一新耳目的效果；对当时的货币流通，也发生了一些好的作用。但在长期看来，这种变革的价值是值得怀疑的。方孔钱是中国两千多年来的传统，这种传统完全没有打破的必要。从艺术的角度看来，欧洲式的钱币，是雕刻家的园地，特别是人像的雕刻。实际上欧洲的钱币艺术，是以人像雕刻为中心。中国美术家长久不重视人像雕刻，因而中国新式的银铜币上也不以人像为图形。清末只有四川卢比也用人像，那个人像就雕得非常坏。其他新式银铜币的图形也没有什么可取。当时如果用机器铸银铜两种或金银铜三种方孔钱，也是完全符合要求的。

注 释

[1]《皇朝文献通考·钱币考》雍正三年："鼓铸之法，由红炉、翻砂、刷灰、剉边、滚边、磨、洗，而后成钱。今私铸钱每文止重八九分，一炉之外，别无剉滚磨洗等事，俗称为沙板，为锤扁，既省铜斤，又省工力。"《皇朝文献通考》卷一六《钱币考》乾隆六年："凡铸钱之法，先将净铜錾凿成重二钱三分者，曰祖钱。随后造重一钱六七分不等者，曰母钱。然后印铸制钱。每遇更定钱制，例先将钱式进呈。其直省开局之始，亦例由户局先铸祖钱、母钱及制钱各一文，颁发各省，令

照式鼓铸云。"钱咏《履园丛话》（道光五年）卷三《钱笵》："翁宜泉太守有钱母说，即朱竹垞所谓泉笵，以铜为之，所以鼓铸也。今官局鼓铸皆用翻砂。所云板板六十四者。余尝亲至钱局看鼓铸，有一板成二三十，有一板成四五十不等，未必定是六十四也。今钱笵亦不等：有五铢泉一板成八枚者，有大泉五十一板成六枚者，亦有四枚两枚者。笵为两块合成，中有二小笱，作牝牡形，所以符合，取不移动也。"

[2]　A.R.Burns，*Money and Monetary Policy in Early Times*，p.412.

[3]　法国依据1359年3月15日的法律所造的银币（denier blanc a l'étoile），成色只有百分之十二点五为银，其余为铜。(见 A.Del Mar, *Money and Civilization*, p.199.)

[4][5]　W.Sombart, *Modern Kapitalismus*. 见中山文化教育馆译本，第一卷第一分册第二六章贰第三一四页。

[6]　《南齐书》卷三七《刘悛传》。

[7]　据《建炎以来朝野杂记》，建炎初邛州铸钱十二（万）缗，本钱要二十一万，因而罢铸。绍兴十年利州铸钱要两千文成本才可铸一千文。见本书第五章第二节四注 [34]。

[8]　《续通典》大定二十九年。

[9]　明《神宗万历实录》卷四九。隆庆到万历年间，金背钱都是八百文合银一两（请参阅本书第七章第二节）。

[10]　隆庆元年银每两折八百文（《古今图书集成》引《明会典》"隆庆元年令买卖货物，值银一钱以上者，银钱兼使，一钱以下者止许用钱，国朝制钱及先代旧钱每八文折银一分"）。万历二十六年郝敬《条议钱法》，说人民用银向政府换钱是每钱八十五文，该纳银而用钱的则每钱八十三文（见《续文献通考》），则平均银每两合八百四十文。

[11]　《大清会典》（商务光绪戊申本）卷二一《户部钱法》注中记载有宝直、宝晋、宝苏、宝昌、宝福、宝浙、宝武、宝南、宝陕、宝川、宝广、宝桂、宝云、宝东、宝黔以及大定等十六局的钱本，约分四项，即铜斤价脚银，铅斤价脚银，工料银及局费。但仅宝昌有局费。铜铅的价脚银都以银两计，而工料费则只有六局以银计，十局以串计。以银计的六局中，宝直的铸造费是百分之九点七七，大定的铸造费是百分之二十二点二。这是最低和最高的。如果把以串计的十局以一千五百文折银一两，而把十六局总计起来，则全国铸钱的工料费是百分之十五点三三。《皇朝文献通考》卷一六《钱币考》乾隆四年工部侍郎韩光基言："宝泉宝源两局额铸钱各四十一卯，宝泉每年应给炉头工料钱九万串有奇，宝源局半之，共需十三万余串，是经年鼓铸之费，钱未出局，已于炉头项下耗去十分之二而有余。"文中若卯数没有错误，而每卯以一万二千八百八十贯计，则炉头应为百分之十二点七八。不过一

卯往往不到定额。

[12] 《皇朝政典类纂·钱币一》。见杨端六《清代货币金融史稿》。

[13] 光绪十三年正月二十七日军机处醇王奕譞等奏。

[14] 光绪十三年正月二十四日张之洞《购办机器试铸制钱折》说："今拟即拟此式（开元钱），每一文重库平一钱。并拟于钱文背面上下铸'库平一钱'四字。"（见《张文襄公全集》卷一九《奏议》一九）。

[15] 光绪十五年八月初六日张之洞《开铸制钱及行用情形折》（《张文襄公全集》卷二五《奏议》二五）。

[16] 日本大正三年（1914年）7月的《考古学杂志》第四卷第一一号说当时朝鲜流通的古钱中有中国的唐、南唐、北宋、南宋、金、明、清六朝的钱币。另有安南钱、日本钱和朝鲜钱。最多的是中国北宋钱。

[17] 根据1913年12月财政部泉币司调查各造币厂开办以来所铸铜元数目（见《中国近代币制问题汇编》（二）第七九七、七九八页）。其中缺广西省的数字，而广东省另加制钱一项，应当扣除。

四 白银和银币

清朝的币制，虽然是一种银钱平行本位，但在政府看来，重点是放在白银上[1]，而且有提倡用银的明白表示[2]。官俸也是以银计算和支付，不过官吏的收入，并不全是货币，还有禄米，可见实物经济的成分仍然存在，只是比前代少一些。

清朝用银，可以分为三个阶段，第一个阶段是最初的一百年，国内大部分的地方，专用银块，虽然铸成锭形，但仍以两计算。第二个阶段是嘉庆以后的八九十年间，即19世纪的大部分，外国银圆渐深入中国内地，在中国变成一种选用货币。第三个阶段是清末的几十年间，中国自己铸造银圆，并赋以法偿资格。当然在第二第三两个阶段里，银两还是通行。

银的名称和形式，种类繁多，在乾隆年间，江南浙江有元丝，湖广江西有盐撒，山西有西镏水丝，四川有土镏柳镏和茴香，陕甘有元镏，广西有北流，云南贵州有石镏和茶花；此外还有青丝、白丝、单倾、双倾、方镏、长镏等[3]，名目极多。大体可以分为四种：第一是元宝，普通叫作宝银，也叫作马蹄银，因为像一只马蹄，大元宝每只重五十两。这种元宝也有各种形式，所谓方镏长镏就是根据它的形式而起的名称。第二是中锭，重约十两，也有各种形式，多为锤形，也有作马蹄形的，叫作小元宝。第三是小锞或锞子，像一只馒头，但也可以随意铸成各种形式，重一二两到三五两，也叫小锭。第四是散碎的银子，有滴珠、福珠等名称，重量在一两以下。

应该指出：白银的形式并没有法令上的规定，完全随各地的习惯和方便而定；银楼几乎可以任意铸造。所以轻到一钱或一钱以下的白银也有铸元宝形的。我见过库平一钱的小元宝，上面打了康熙年号，制作很规矩。另有雍正年号的小元宝，只有三公分重，制作比较草率。

旧日秤砝不统一，同是所谓两，种类也很多，各地不一样。最重要的是库平两[4]、海关两[5]、广平两[6]和漕平两[7]四种。库平是国库收支所用，为全国纳税的标准秤。海关两适用于关税，这是咸丰八年（1858年）成立海关以后采用的。广平是广东的衡法，因为广东同外国接触得早，所以比较重要。漕平是漕米改征折色以后所用的标准。这四种衡法本身也没有一定的标准，随时随地不同。大体上以海关两为最重，广东两次之，其次是库平两，漕平两最轻。

银两的成色，自古即不划一。清初政府虽以纹银为标准，但民间所用的白银，自很低一直到所谓十足，随时折合纹银计算，而纹银也不是十足的纯银，只是一种标准，实际上是不存在的，所以称为虚银两，实际流通的是宝银。

宝银就是指元宝，如苏宝银和武昌宝银等。从成色上看来，有足宝、二四宝、二五宝、二六宝、二七宝等。所谓足宝就是一种标准的纹银。二四宝就是说五十两重的宝银，在流通的时候，要申水二两四钱，换句话说，就是五十两重的二四宝银所含的纯银，等于五十二两四钱纹银所含的纯银。

所谓纹银是一种全国性的假想的标准银，成色是千分之九三五点三七四[8]，实际上并不存在。不过其他各种银两都是根据它来计算的。例如上海商界用作计账单位的银两规元，其成色就是等于纹银的百分之九十八。所以称为九八规元。市面上的元宝，在支付时，先要折合成纹银，然后再换算成规元。例如一只二七宝银，等于五十二两七钱的纹银，再以百分之九十八去除，所得的五三点七七五五就是合规元的数目，换言之，一个五十两重的二七宝银，等于规元五十三两七钱七分五厘五毫。不过上海是以漕平为标准。但所谓九八规元的九八，到底是指成色还是指重量，也没有人能说得出，虽然实质上没有多大区别。

规元是上海的记账银两单位，天津的单位叫作行化，成色是千分之九九二。汉口的单位是洋例。这种银两单位的采用，本来是因为市面没有一种标准的货币，使商业上的计算很不方便。譬如上海，本是以西班牙的本洋为标准，但自本洋停铸后，来源断绝，乃采用过去豆商的计算单位规元为单位，用意和中世纪威尼斯的银行货币相同。然而各地有各地的标准货币，在全国看来，就等于没有标准了。

宝银的铸造，虽然多是银楼银炉的事，但有些机关用自己的名义发行宝银，如海关、官银钱局以及银行等。贵州官局曾发行估平足银一两的锞子。华俄道胜银行曾铸造一两以下小元宝几种，分一两、五钱、三钱、二钱、一钱。

元宝铸成后，即送公估局鉴定，并用墨笔批明重量和成色，这样就可以照批定的重量和成色流通，所以可以说是一种铸币。但散碎的银子还是要随时计较。而且公估局的批定只在当地有效，到了外地，只能按实际含银量计算，换言之，即须另行鉴定。由于各地衡法的不同，各地都设有银炉，将外地运来的宝银或银条改铸成当地通行的宝银。这种银炉多为当地的钱业所设。在上海，宝银多是装成箱，大约六十锭一箱，重约三千两。直到清末，实际上直到1933年的废两改元以前，上海各银行间的清算，还是用宝银。每日结算之后，即用人力或车力运送。由此可知：宝银是金融界和商界最重要的储备金。

由于银色的纷繁，我们可以想象流通时人民所感到的不便。尤其是散碎的银子，一次交易，要把各种不同成色的银子折合计算[9]，不知要费多少心思；至于秤称的麻烦[10]还在其次。难怪人民乐于用钱；更难怪外国银圆流入内地时，经过短期的试验后，便大受欢迎，而且作价高于它的实价了。

外国银圆，自明代起已流入中国。那时中国同欧美人已有接触，一方面有葡萄牙人来到澳门、广州、泉州、宁波等地经商，同时菲律宾的华侨，往来于中国和菲律宾之间，这些都是外国银圆流入中国的途径。

顺治四年（1647年）曾限制外人只许在澳门贸易，但实际上他们的活动范围，一天一天推广，外国银圆流入中国的，也一天一天多了。当时的中外贸易，几乎是单方面的，因为中国人不用外国货，外国商人要买中国的丝、茶、瓷器，就必须用白银来买。所以他们到中国来的船，载的全是银圆，而回去的船载的是货。

康熙年间，流入中国的外国银圆，除双柱外，还有杜卡通（ducaton）、埃居（écu）和所谓国家银圆或国家塔勒。杜卡通是指威尼斯、佛罗伦萨和荷兰等地17世纪前后所铸的大银币。据说当时流到中国来的是威尼斯银圆。埃居是法国钱币的名称，凡是币面有盾形的钱币都叫埃居，包括金币和银币，有各种大小。流到中国来的自然是大银圆，重约库平七钱八分。大概上面有路易十四的像，路易十四和康熙帝约略同时。当然可能还有路易十四以前的银圆流进来。所谓国家银圆或国家塔勒是北欧和荷兰等国的银圆的名称[11]。这些银圆中，论成色，当时以杜卡通为最好，其次是双柱和埃居，国家银圆较差，所以在康熙四十二年（1703年）发生贴水的现象，每百元贴水五元。当时外国银圆的流通，还是凭重量，而不是凭个数。

乾隆年间，外国银币更加通行，除了购买中国土产外，还有一部分是为中国的高利率所吸引进来的。当时广州的利率自年息一分八到两分，以复利计算；有大批的银钱自印度流入中国。在乾隆四十四年（1779年）的时候，估计广州商人欠外商的债在三百八十万元以上，而他们实际借到的本金或赊到的货物不过一百万元[12]。中国人称外国银币为洋钱，广东人则称之为番银[13]。乾隆初年在中国最通行的外国银币有三种：最大的是马钱，其次是花边钱，再次为十字钱[14]。马钱或马剑是荷兰（尼德兰）在1659年同杜卡通银币同时铸造的，每枚重约三十二公分，合中国库平八钱六七分。一面为全副盔甲的骑士，手舞宝剑，骑在马上。另一面为狮像。这种银币17世纪不会大量流出，因那时银价下跌。18世纪前半，银价上涨，于是大量外流。各省所铸，图形稍有不同，如同中国清末的铜元一样。花边钱是指双柱，因为自1732年起墨西哥城用机器铸造新式的双柱银币，边上有麦穗纹。当时的马剑是光边的，所以双柱被称为花边，这名称后来变成银圆的通称。新式双柱的图形略有改动：两柱之间有东西两半球的图案，而且两柱上各有卷轴裹着，成 $$ 形，这是银圆记号 $ 的由来。当时双柱有大小几种都在中国流通。大的重七钱二分，小的有半元和四分之一。还有八分之一、十六分之一和三十二分之一的，大概没有流到中国来。十字钱有许多种，因为十字乃基督教的教徽，自中世纪以来，许多国家的大小银币都用十字为图案或图案中的一部分。17世纪日诺亚的银币和西班牙的一种银币（cob dollar）上也有大十字。但中国在18世纪所用的大概是葡萄牙的十字钱（crusado），大号的重约五钱六分。此外，还有各种人像的银币。

嘉庆四年（1799年）抄查和珅的家产，有洋钱五万八千圆[15]。可见洋钱已流到北京了。当时清朝政府发觉一方面外国银币流入，同时中国的银块则有流出，有人主张加以禁止。因为外国银币成色不过九成多一点，中国的银块是纹银，以为是十足的。中国人因为喜欢外国银币铸造得精致，所以看同纹银。外人用银币和中国的纹银等量交换，运往印度加尔各答，可以赚钱[16]。

道光年间，洋钱已深入内地，自广东福建一直到黄河以南，都有流通。

当时对于各种洋钱有许多名称，如大髻、小髻、蓬头、蝙蝠、双柱、马剑等[17]。其中除双柱和马剑以外，其余就不容易确定是指什么银圆了。大髻小髻的名称出现于嘉庆后半期或嘉庆以后，当时西班牙费迪南七世的胸像银圆（铸于美洲）已有几种版别，发髻有大小，而查理三世和四世都是大髻。蓬头大概是指美国的早期银圆。美国在 1794 年发行的第一种银圆，上面的自由神是蓬头[18]。法国革命时欧洲船不能来华，美国商船在中国活跃，带来不少这种银圆。至于所谓的蝙蝠，大概是指墨西哥的鹰洋。中国人把鹰看成蝙蝠，也许是取其吉利的意思，蝠和福同音。后来中国自己某些戏制或试铸的金银币上，就有以蝙蝠作为图形的。外国银币上，似乎没有用蝙蝠为图形的。还有所谓三工、四工、工半[19]的名称，这也是指西班牙的查理银圆，三工是指查理三世的银圆，因为拉丁文的三字（Ⅲ）俨然三个工字的连写，而四工和工半是指查理四世的银圆，因为拉丁文数目字的四字有时写作Ⅲ，有时写作Ⅳ。

在中国流通过的外国银圆，总共有几十种。但鸦片战争前后那几十年间，最通行的莫过于西班牙银圆，普通叫作本洋，包括双柱、两种查理银圆和费迪南七世的银圆，多是在墨西哥铸造的。人像银圆，广东人也称之为佛头。英国东印度公司向中国买茶，绝大部分是用本洋，因为英国政府禁止输出它本国的银币。自康熙二十年（1681 年）到道光十三年（1833 年）那一百五十三年中，输入中国的银圆和银块纯额有七千多万两，合银圆约一亿。大部分是东印度公司输入的；中国输入鸦片，也是用本洋偿付。自嘉庆十二年（1807 年）到道光十三年那二十七年间，单是东印度公司便输出七千多万元到印度去[20]。墨西哥独立以后，停止铸造本洋。中国各地久以本洋为主要的货币，现在来源断绝，于是发生申水的现象。后来上海就采用规元的银两单位，实际流通则用宝银，而墨西哥的新币鹰洋以及南美洲的各种银圆也有流通。结果鹰洋代替了本洋的地位。但本洋在长江流域一带的势力，一直维持到 19 世纪末，尤其是在安徽，直到 1900 年，每枚还值白银九钱以上。

鹰洋是从 1823 年开始铸造的。上面有一只鹰、嘴里咬着一条蛇、站在仙人掌上，这是墨西哥的国徽。墨西哥银币的图形，虽然常常有一点更动，但这国徽总是保持着的。所以通称为鹰洋，也有误称为英洋的[21]。鹰洋的成色比较好，而且多年不变。所以后来它的势力要超过以前的本洋，在中国各都市成了标准货币，许多早期的兑换券都规定以鹰洋兑现。自 1877 年到 1910 年墨西哥输出银圆共四亿六千八百多万元，其中一大部分是流到中国来。

英国因为禁止本国钱币出口，所以中国境内没有英国钱。同治五年（1866年）香港设立造币厂，铸造银圆。正面为维多利亚女王的头像，背面图形中有"香港银圆"四个中国字。但因含银量低于鹰洋，而香港的中国人用惯了鹰洋，所以同治七年便停止铸造，并将机器卖给了日本政府[22]。后来这香港银圆也通行了。此外英国还在1895年在远东发行了一种银圆，正面有不列颠尼亚女神手持叉杖的站像，并有英文一元字样，背面有中文和马来文一圆的文字。这种银圆多是孟买铸造的，但加尔各答和伦敦也有铸造，在上海、香港、新加坡、槟榔屿等地由英国的银行发行出来，中国人称之为站人洋或杖洋。

日本自宋代以来，通用中国钱，到丰臣秀吉的时候，恢复了铸钱。在德川幕府时代，实行一种金银平行本位。明治维新（同治七年即1868年）后采用银本位，用从香港买来的机器铸造银圆，后来虽改为金本位，银圆仍继续铸造，在通商口岸使用，想借此驱逐鹰洋，当时日本市场也是盛行鹰洋。日本银圆，也有称为日本龙洋的，因为背面也有蟠龙纹。

美国贸易银圆（trade dollar）是专供对远东贸易使用的，和本洋鹰洋的性质不同，本洋鹰洋在它们本国也是通行的货币，而且在南北美洲也普遍通行。美国同中国贸易，最初也是使用本洋。19世纪后半，因白银生产增加，于是在同治十二年（1873年）铸造贸易银圆，币面是女神坐像，手中有一枝花，反面是鹰像。美国想用这种银币来抢夺鹰洋的地位，但成色低于鹰洋，所以终归失败，只行了十四年便收回去。这和1866年的香港银圆的情况一样，恶币驱逐良币的法则不能发生作用。这里人民的习惯或意志起了决定性的作用。

各种外国银币流到中国，起初只当银块流通。但自19世纪初起，就凭个数流通，而不再加以秤称。这样一来，使成色特别好的威尼斯银圆和分量特别重的荷兰马剑很快就隐匿了。另一方面，使外国银圆的流通，又向前推进一步。使中国朝野对这种情形，不能再完全漠视。

中国自西汉的白金以后，只有金人的承安宝货，正式以银为货币。历代铸有金银钱。这种金银钱清朝也有铸造使用[23]，但不能算是正式的货币。正式的银币要以西藏为铸造得最早。

在乾隆五十六年以前，西藏除使用碎银之外，由廓尔喀人和巴勒布人铸造银币运到西藏从事贸易。每枚重约库平一钱五分，大概就是章噶。乾隆五十六年清朝军政当局曾在商上铸造这种银币。但廓尔喀人的银币成色比较好，而巴勒布和商上所铸的银币成色比较差，所以廓尔喀人想提高他们的银币的作价。清朝政府乃决定改革币制，在西藏设局铸钱[24]，分为三等。大的每枚仍重一钱五分，六枚当纹银一两；中样的每枚重一钱，以九枚当纹银一两；小样的每枚重五分，以十八枚当纹银一两。三种银币都有一成的铸息，作为铸造费。民间使用须补足差额十分之一，叫作"水火工钱"。廓尔喀人所铸银币作为纹银流通，而巴勒布旧钱和商上所铸的银币，则以八枚当纹银一两。新币正面用汉字铸乾隆宝藏四字，背面用唐古特字，也是乾隆宝藏四字。

三种银币中，只有一钱和五分两种银币流通顺利，一钱五分一种受到阻碍，因为同是一钱五分重的银币，旧铸的每两银子可换八枚，新铸的只能换得六枚，所以商民不肯接受，当局不得不停铸一钱五分重的一种，原有的一钱五分重的银币也以九枚作银一两[25]。实际遗留下来的，以一钱重的一种为多。大概因为五分重的一种铸息比较低，所以少铸。不过这些银币的实际重量大都不合标准，等于是一种价值符号。

西藏银币除乾隆宝藏以外，还有嘉庆宝藏和道光宝藏。这些银币，成色很好，但钱身很薄，俗称薄片。薄片的币面不但有汉文，而且中央还有一方形框纹，象征方孔，只是没有打穿。钱币上面不但有年号，而且还有年份。如最初所铸的，边缘上有"五十八年"四个汉字，分列在上下左右。后来还有五十九年，六十年两种。但乾隆以后，似乎并不是年年鼓铸，至少没有反映在钱币上。

据说乾隆年间广东布政使即已允许银匠仿铸洋钱[26]。嘉庆年间（18世纪末）银业方面曾仿造新式银圆，以本洋为模本，后来因成色花纹不划一，且有贬值的现象，终被禁止。

道光年间，各地曾仿铸本洋，有所谓广板、福板、杭板、苏板、锡板、土板（江西所铸）、吴庄、行庄等名称，成色很低[27]。这些都是仿造，在中国的币制上，没有什么重要性。

据说林则徐任江苏巡抚时，因苏常各府民间喜用洋钱，曾自铸七钱一二分重的银饼。起初也曾通行，不到一年，因伪造很多，终废不行[28]。市上拆之为零银。关于这种银饼的形制，不得而知。根据各家的记载，似乎不是仿造本洋。道光十三年林则徐在奏折中曾提到有人建议铸造五钱重的道光通宝银钱，两枚合纹银一两[29]。这一办法大概没有实行，因为重量和七钱一二分的银饼不符。有人说，他的银饼"其形如棋"，重七钱三分，市缠用而未行[30]。似乎是一种厚而小的银饼。又咸丰五年周腾虎说林则徐的银饼"其制渺小，全无法度"[31]，不知是什么意思。

中国的早期新式银圆中，最重要而且还有留传下来的是福建漳台一带所铸的几种。根据它们的图形和文字，可以分为两类，一类是有寿星、如意和笔宝等图形，另一类没有图形而有花押签字的。

第一类中，以寿星银饼为最早。正面铸一寿星像，手执拐杖。左边有篆书"道光年铸"四字，右边有"足纹银饼"四字。寿星的腹部有"库平柒弍"四字。背面中央有一鼎，上下右左有ᠪ ᠴ ᠶ ᠪ（台湾府铸）四个满字。边纹为卐，这种卐字有大小两种。重量都是库平七钱二分，有不合这标准的当系后来减重的结果。这种银饼的铸造年份和历史背景都不见于文献记录。但由于这一类的银币多是作为军饷发放出来的，所以人们很容易把它同军事行动联系起来，特别是人民的起义。道光十二年有张丙、陈办等人在台湾嘉义县起事，凤山也有人起来响应。但只有两个月的时间。道光十七年台湾有禁止纹银出洋的命令[32]，这一禁令可能作两种解释，一方面它可能说明那时还没有铸造银币，但另一方面它也许正说明禁止纹银出口是为了铸造银圆。也有人说，它是道光十七八年张温在台南州新党郡起事时所铸的，甚至说在道光二十二年以后，逐渐减重，二十五年减轻百分之五[33]，这话不知有什么根据。银饼的减重是事实，但可能是恶币驱逐良币的结果。因为寿星银饼的成色很好，而当时流通的外国银圆只有九成，每枚含银还不到七钱，所以后来寿星银饼的重量减到七钱以下。这种银饼遗留下来的都是凿痕满面，完整的很少。背面有两个小戳印，文字不可识，大概是银号的名称，是通过它发行出来的。其他凿痕则是在流通过程中打凿上去的，以验真假，这是当时习惯。寿星银饼是现存中国最早的银圆，在东亚也是铸造得比较早的。越南的明命通宝铸于道光十三年。暹罗的郑明通宝大概也是那时铸的，可能还要晚几年。缅甸的卢比铸于咸丰二年。柬埔寨的银圆铸于咸丰十年。日本的龙洋铸于光绪十四年。寿星银饼不但有各种轻重，而且有各种板别。如寿星的线条、衣褶，文字的笔画，零星的花饰等都有差异。背面的鼎有虚线实线之分。然而由于凿痕太多，研究起来，很不方便。

如意银饼正面为一对交叉的如意，右左分列"足纹通行"四字，背面有一聚宝盆，盆内有灵芝、万年青等物。盆腹有一"宝"字，右左分列"府库军饷"四字。两面周围都有回纹花饰，边纹仿本洋。重六钱八分。正面在如意的上端有"升平"二字的戳印，下面有"六"字的戳印。这些戳印不是铸造时打的，也不是在流通过程中商店所打的，而是在发行时由发行的银号所打的，所以有一定的意义。大概"升平"就是发行银号的名称。

这种银币上没有年份，也没有年号。看它的重量，应当是在寿星银饼之后，因为同减重后的寿星银饼相同。有人说是咸丰三年（1853年）林恭在台湾凤山县起事时县政府铸造的[34]。

笔宝银饼正面有一对交叉的笔，中间横贯一枝如意；右左分列"府库"二字，下面有"六八足重"四字。另一面也是一聚宝盆，盆腹有"宝盆"二字，盆外左右分列"军饷"二字，下面有"足纹通行"四字。两面周围有锁壳纹花饰，边纹也仿本洋。重量也是六钱八分，但有较轻的。在笔宝图案上面有"通记""粮""库"等字的戳印，也是发行单位所加的。这种银币同如意银饼有许多相同的地方，不但同在台湾发现，而且时间也应相近。有人说是同治元年（1862年）三月戴潮春在彰化县起事时所铸，但上面明明有"府库"二字，而且聚宝盆中的万年青是影射满清万年的意思，应当是官方所铸。

同戴潮春起事有关的一种银币大概是另一种寿星银饼。正面也是寿星像，显系仿道光年间的寿星。右边有"嘉义县铸"四字，左边有"同治元年"四字；背面中央直书"军饷"两个大字，两旁分列"足纹通行"四字。重六钱八分。戴潮春曾围攻嘉义县有两三年之久。所以这种银饼也是官方所铸的。但只发现了一枚。

没有图形的银币有三种。第一种正面上部横列"军饷"二字，下面是一个花押，很像是"谨慎"二字的合书。背面有"足纹通行"四字。这种银币虽然除文字外，没有别的图案，可是两面都有花星，花星数目有多有少，或面背各二花，或各四花，或各六花，有时另外有卍字。以二花的比较多，有两种边纹，也系仿本洋，或稍加变化。重量都是七钱二分。这种银币有两种制作。一种小而厚，一种大而薄；小的一种文字高挺，大的一种比较平夷。两种的文字、花押、花星和边纹都不相同。例如上面的"通"字，小的一种头部作"マ"，俗称マ头通；大的一种为"コ"，俗称コ头通或方头通。只有小的一种上面有卍字。又如花星，小的一种有蕊，大的一种没有；换言之，小的一种，花星由五笔构成，大的一种由四笔构成。两种正面都有"协""昌"两个小戳印。

另外两种同第一种差不多，更加简朴，没有花星。"军饷"二字改为"漳州军饷"四字，花押和边纹也不同。一种是斜纹边，一种是锁壳纹边。两种花押都难识，过去有人说斜纹边的一种是"曾"字，是同治三年曾国荃在漳州打败太平军后所铸；锁壳纹边的一种是"左"字，是同治四年左宗棠攻占漳州后所铸[35]。也有人把所谓的"曾"字看作"为七十四"或"为七钱四"的连书。据说漳州民间把这些银币称为郑成功大元[36]。这些都是穿凿附会。这两种银币不仅花押不同，还有制作上的差别，斜纹边的一种小而厚，锁壳纹边的一种大而薄；小的一种通字也是"マ'头，大的一种也是"コ"头。所以从这一点来看，似乎两种漳州军饷和"谨慎"军饷是同一地方的两个炉局所铸造的，好像其中一炉先后铸造小而厚的"谨慎"军饷和斜纹边的漳州军饷，另一炉先后铸造大而薄的两种。但谨慎军饷只在台湾发现，漳州似乎没有[37]。

这几种简朴的军饷银币的铸造年代很难确定。但上限不能早于乾隆。首先，从货币流通的角度来看，乾隆以前不大可能铸造这种库平七钱二分重的银币，这种重量是本洋的重量，一定要本洋在中国取得凭个数流通的资格以后，中国人才会仿铸。而一直到乾隆初年，外国银圆还是凭重量流通，所以同时有各种轻重的银币在流通，马剑每枚在库平八钱以上，葡萄牙的十字钱只有五钱多。实际上，许多外国银币被改做成银锭。台湾曾被荷兰人占领过，情况可能有点特殊，但据文献记载，还是在西班牙的王面银圆通行后，贸易才以此为准[38]。所谓王面银圆是指查理第三的银圆或以后的银圆，那是乾隆三十七年（1772年）开始铸造的。这以前，美洲没有铸过有头像的银币。

其次，从钱币制作上来看，这些军饷都有边纹。谨慎军饷的边纹显然是仿查理第三的银圆，只有微细的差别。两种漳州军饷的边纹虽不是仿本洋，斜纹边是仿荷兰的马剑，锁壳纹边可能是受本洋边纹的启发而设计出来的。总之，钱币上铸边纹不是中国自己的制度，而是外来的制度。英法两国的钱币，在17世纪就有加铸边纹的，但铸的是文字，同军饷上的边纹没有关系。福建漳台一带所流通的外国银币，自明末以来就是西班牙殖民者在美洲所铸的银币经过菲律宾流进来的，这点有文献资料和出土资料来证明，文献资料如《东西洋考》和菲律宾的西班牙殖民当局对西班牙国王的报告等。而且台湾出土过早期的这种银币。美洲早期所铸的银币是老双柱和切币（cob dollar），两者都是光边。到雍正十年（1732年）才使用螺旋滚压机铸造有边纹的新式双柱，这种边纹为麦穗纹。当时荷兰的马剑还是光边，所以新双柱流到中国来就取得了花边的称号，这是乾隆初年的事。当时双柱只是许多外国银圆中的一种，还是各种大小的外国银圆混合流通，凭重量合成银两。而军饷的边纹也不是仿这种双柱的边纹，而是仿乾隆三十七年开铸的查理第三银圆的边纹。

所以这些军饷银币的铸造时期，如果看得早一点，也许同乾隆五十年林爽文的起义有关，因为自郑成功抗清失败以后，以林爽文的起义规模最大，时间最长。那一次起义是福康安镇压住的，几年后这同一福康安在西藏铸造乾隆宝藏银币。然而这只是一种随便的假设，没有别的根据。我们不能因为这些军饷的制作简朴，就以为它们必定是在寿星银饼之前。钱币的制作同铸造当时的具体情况有关，如物质设备、技术水平，以及时间的缓急等。实际上，同治元年的寿星银饼就比道光年间的寿星银饼更加简率。在林爽文之后，台湾有过许多次抗清事件，漳台一带一定经常驻有重兵，随时都可以铸造军饷银币。据说道光二十四年漳州试铸过银圆，初铸重七钱四分，后减轻百分之五，而且很快就退出流通[39]，这就很像是指漳州军饷。该年台湾有洪协起义。两种漳州军饷应当是同时同地所铸，甚至谨慎签字的一种也可能是同一地方铸的，只是炉局不同，或时间稍有先后。上面的花押或签字只是监铸人员的标记，重要性不大。要对漳台地区的历史做一番彻底的调查研究之后，才可以作出结论来。

咸丰四年十月浙江巡抚黄宗汉说要查照福建省章程增造银洋钱三项，由票局推行。这里所指福建所造的银洋钱，不知是不是指上面那些军饷银币。也许它们可以看作是太平天国运动的副产品。虽然台湾地区历代都有人起义，但咸同年间特别多，而且都是一些民间的秘密组织如八卦会等所主持的。可能是受了太平天国运动的鼓舞。不过由于这些银币上或者有满文，或者有清代年号，或者有万年青等物，应当是官方所铸，而不是起义者所铸。张温自称兴明大元帅，如何肯用满文和道光年号呢？万年青是影指满清万年的意思，更和起义者的希望相背。

咸丰六年年底，上海有几家银号曾发行银饼，饼上只有文字，没有图形。文字面背都是四行，每行四字。正面是"咸丰六年上海县号商某某某足纹银饼"，背面是"朱源裕监倾曹平实重壹两银匠某某造"。面额分一两和五钱两等。发行一两银饼的有王永盛、经正记、郁森盛三家，但郁森盛所发行的又有两种，一种银匠为丰年，一种银匠为平正。发行五钱的只有经正记和郁森盛两家。这种银饼的铸造经过也不知道。据说是用钢模铸造的，曾流通半年，主要是用来发军饷，后因仿铸很盛，成色低劣，很快就停铸了[40]。发军饷和仿造的说法得不到旁证。因为这些银饼不见有当时的仿造品遗留下来，所见的仿造品都是后人所为，容易辨认。在上海市场，一直到咸丰初年，还是以本洋为主要的货币；咸丰元年，本洋供应不继，上海才改用南市豆行的计算单位规元银两，而实银则用漕平，咸丰银饼的重量正和漕平两接近，即三六点六五公分[41]。也许这种银饼的铸造，是由于本洋的缺乏，而其他各种外国银圆重量成色都不划一，数量也不够多，乃采用规元的银两单位，并由三家银号试铸银饼，以作实际支付流通，当然也可能用来支付军饷，当时上海的形势是：小刀会占领上海等地之后，一些资本主义国家同苏松太道台吴健彰勾结，夺取了上海海关的行政权，成立了上海工部局，并联合镇压小刀会，使小刀会的军队不得不于咸丰五年二月退出上海。这是铸造银饼的前一年。但小刀会退出之后，太平军还在上海附近，随时准备进攻上海，清廷自然会准备应付。在这种情况下，铸造银饼也是可以理解的。但几种银饼全是咸丰六年发行的，没有其他年份的，而六年的银饼，数量也不多，这就证明通行得不很顺利。也许租界中的外国人加以阻挠，他们是支持外国银圆的。后来墨西哥的鹰洋取代了本洋的地位，但规元的计算单位却保持了几十年。

咸丰七年宝苏局曾用钢模铸造咸丰通宝银钱，背面有满文宝苏二字，上下有丁巳的纪年。重七公分。同治年间有同治通宝，更精整，同机器铸币没有区别。背面穿上有寅字，似乎是指同治五年。左右有福寿二字，大概是祝贺用的。但对于研究中国的铸币制度有意义。

同治六年，香港因自铸银圆失败，为了开展它的造币厂的业务，曾企图替上海铸银币，并代为设计上海一两的银币的图形，上面竟有英国的国徽，没有被清廷所接受。

浙江有些地方的银号曾铸造七二银饼，制作很原始，也许同古代银饼的形制差不多。上面只有戳记，标明地名、银号名以及库平七钱二分等文字。铸造时期不明，大概因当地一时缺乏通行的外国银圆，以此来代用。发行这种银饼的有鄞县、萧山、钱塘等地。

光绪年间，湖南长沙曾铸造许多种银饼。这种银饼在形制上同福建、台湾等地的银饼大不相同，也不同于浙江的银饼。其特点是饼小而厚，上面只有文字，周围环以点线。发行单位有四，即阜南官局、湖南官钱局、大清银行和长沙乾益字号。阜南官局设于光绪二十二年二月，所以我们知道：这些银饼是光绪末年的东西。乾益字号是一家私人银号，它的银饼同阜南官局的银饼比较多。光绪二十九年成立湖南官钱局以后，主要靠发行钞票，银饼流通渐少，所以铸得不多。这种银饼的面额大概是自一钱到一两，只有一两的比较多些，其余都少见。

此外，贵州和山东等省也曾铸造银饼。贵州有贵州官局估平足银一两和贵州官钱局的一两，都是锞子形。黎平官局也有铸造。光绪十四年贵州官炉铸造黔宝，重七钱二分，仿新式银圆，但图形为中国式。十六年又有新铸,图形又不同。山东于光绪十六年由山东制造局铸造足纹一两的银饼,较新式银圆小而厚,但比湖南银饼大而薄。

听说台湾有一种壹两银饼[42],正面中央有"壹两"二字,直书,环以圆圈,圈外上下右左有"足纹省银"四字,四字之间有一回字花饰,边缘又有一圆圈。背面也是双圈,中央有一老虎坐立翘尾的图案,下面左右有宝台两个满文。这种图形同当时钱票上的图章一样。我只见过拓本。据说重量不到七钱。

中国用机器铸造银币,似乎以吉林为最早。吉林在光绪初年,制钱缺乏,市面流通各种钱票,银价和物价上涨,当局计划由机器局铸造银钱,代替当时的纸币。用所谓十足成色的纹银铸造一钱、三钱、五钱、七钱、一两等五种面额,一面刻监制年号,一面铸刻轻重银数、吉林厂平、满汉文字[43]。这种中间有方孔的银钱,只有五钱的一种有遗留下来,正面为"光绪元宝"四字,背面穿上横列"厂平"二字,厂平是吉林的银两名称。穿下横列"五钱"二字,穿右为汉文"吉"字,穿左为满文"ᡤᡳ"(吉)字,外郭有花纹。另外还有西式银币的铸造。西式银币有两种板式:一种是光绪八年板,正面除花饰外,有"厂平壹两"四字,背面在方框内有篆书"光绪八年吉林机器官局监造"十二字。这一种板式仅有样币遗留下来[44],银币和铜币都有,铜样币也鎏银。另一种是光绪十年板,分一两、七钱、半两、三钱、一钱五等,文字和八年板大致相同,"监造"二字改为"监制",花饰却不一样,而且十年板正面有满文,八年板没有满文。十年板虽然也不多见,但有整套遗留下来。吉林的这几种银币,只有光绪十年的一种似曾发行流通过,八年的属试铸性质。

光绪十三年(1887年)两广总督张之洞看见中国市面全是外国银币,奏请自铸银圆,以谋抵制。于十四五年由广东银圆局试铸银币,正面是光绪元宝四字,中央有四个小满文,也是光绪元宝。背面是蟠龙纹。每枚重量是库平七钱三分,比当时通行的鹰洋重一分,想用以抵制鹰洋。币面用中英满三种文字,中央的"光绪元宝"等字用中文和满文,周围的省名和币重用英文,由政府下令作为法币行使,完粮纳税,都能通用。这是中国最早的正式新银圆。在钱币学上叫作七三番板(或反板),因为同后来通行的银圆相反,英文刻在正面。但因分量重于鹰洋,终为鹰洋所驱逐,后乃改为七钱二分重。这是所谓七二番板。样币送到北京时,户部觉得正面的英文不妥,叫把英文移到背面去,把背面的中文移到正面来,这才是后来广泛流通的广东龙洋。据张之洞的奏议,则七三龙洋似乎也没有发行过。然而遗留下来的实物却有打过戳子的,这证明确曾流通过。

自广东龙洋出现以后，因有利可图，各省纷纷仿铸。张之洞调湖广总督后，于光绪十九年在湖北武昌设立银圆局，援广东例，于次年铸造龙洋，只将"广东省造"四字改为"湖北省造"。另在背面龙纹的两旁分铸"本省"二字，当初也许想限于本省流通，大概铸出后觉得不妥，没有发行。光绪二十二年改铸没有"本省"二字的龙洋。

直隶也在光绪二十二年由天津的北洋机器局试铸银圆。正面中央有"壹圆"二字直书，环以点圈，圈外环以满文十三字，再环以点圈，圈外又环以汉文"大清　光绪二十二年　北洋机器局造"十四字。背面为蟠龙纹环以英文。到光绪二十三年才正式开铸。另有光绪二十四年的。成色都不好。光绪二十五年改铸正规的龙洋，即上端有"北洋造"三字的光绪元宝，同广东和湖北的龙洋同一体制。但背面的英文记有年份，有光绪二十五年、二十六年、二十九年、三十三年和三十四年五种。成色都比以前的好。三十三年天津的造币总厂又曾铸造龙洋，背面有汉文年号和英文大清国银币。

江南于光绪二十三年十二月在南京铸造龙洋。有两种边纹，一种仿本洋，另一种同其他龙洋一样是齿纹边。自光绪二十四年起，在正面边上加铸干支年份，自戊戌（1898年）到乙巳（1905年），每一年份又有不同板别。一般称没有年份的为老江南，有年份的为新江南。

安徽也是在光绪二十二三年开铸龙洋。二十四年在正面上端省名前面加铸"二十四年"和"戊戌"字样。

四川在光绪二十四年铸造龙洋。

吉林龙洋的种类最多。吉林自光绪八年和十年铸造厂平后，十几年间似乎没有铸造其他银币，直到光绪二十四年才开铸龙洋，这种龙洋的特点是正面中央没有满文，而有一盆万年青。背面有两个满文。光绪二十五年起，也加铸干支纪年，自己亥到戊申，庚子年的中央有万年青和太极图两种。辛丑以后都用太极图，丙午和丁未又用万年青，戊申年的则有万年青、二满文和阿拉伯数字"11"三种，"11"表示值"11"角，可见当时吉林小额银币已贬值。二角的中央有"2"，一角的有"1"。

奉天的情形同直隶差不多。光绪二十四年，由奉天机器局铸造银圆，币面的排列方法同北洋机器局的银圆相仿，不过最外面的一圈是十三个满字，其次一圈是英文奉天省，中央是"一圆"二字。背面在龙纹的四周有"大清光绪二十四年奉天机器局造"十四个汉字。另有光绪二十五年的。小额银币没有英文。光绪二十九年改铸正规的龙洋，正面有癸卯二字。中央有宝奉两个满字,这两个满字有时左右倒置。光绪三十三年改铸"东三省造"的龙洋,以期扩大流通范围。

浙江以铸造小额银币为主,但光绪二十八年曾铸过一元的龙洋,流传不多。

福建也在光绪二十八年由福建官局铸造一元龙洋,存留极少,大概没有流通过。

云南在光绪三十三年铸造龙洋。一般称为老云南。后来另外铸造一种小字的,而且背面没有英文,一般称为新云南。

新疆和陕西也有一元龙洋发现,都是外省代铸的样币。新疆省造的龙洋背面有英文 Sungaria 一词,是准噶尔的对音。

此外湖南只有二角和一角的;台湾有二角、一角和五分的;山西只有二角的,而且像是私铸。黑龙江只有半元的样币。北京的京局也曾于光绪二十六年试铸二角和一角两种。这也是天津代铸的,铸模一套共五种,自一元到五分,但只试铸两种。这套模型后落入私人手中,曾翻铸几套,且有金版。

各省的龙洋在形式上虽差不多,重量和成色却不完全一律。因为当时的币政是不统一的,各省的银圆局几乎是独立的。银币的流通也有地方性。曾经有过统一的企图。例如天津和北洋机器局于光绪二十八年改为北洋铸造银圆总局。光绪三十一年又成立铸造银钱总厂,这是户部的造币总厂。当时全国银圆局铜元局共有二十处。次年将各省局归并为九厂。宣统二年五月曾制定造币厂章程,总厂设于天津,另以武昌、成都、云南、广州四处为分厂,奉天设立暂时的分厂。这时四家分厂改铸宣统元宝。只有造币总厂仍铸光绪元宝,而在背面改为"宣统年造"四字。

统一的企图还表现在大清银币的铸造上,这也是龙洋的一种。大清银币的名称不始于宣统年间。户部在光绪二十九年就在天津造币厂试铸一两的大清银币,只是没有发行流通,湖北在光绪三十年也铸有库平一两的大清银币,而且发行流通过,但上面标明省名,显然不是作为全国性的货币而铸造的。天津造币厂在光绪三十三年还铸有北洋一两的大清银币,文字制作完全仿二十九年的户部一两,但重量成色有不合标准的,也许连正式的样币都算不得。同年新疆喀什噶尔也铸有大清银币一套,分湘平一两、五钱、二钱三种。上面的"喀什"二字有作"喀什造"三字的,纪重的数字有的大写,有的小写。吉林在光绪三十四年也曾铸有库平一两的大清银币,中央有一"吉"字,也是地方币的性质,而且大概是天津所代铸的样币。我们上面所指有统一意义的大清银币是天津造币总厂成立后所铸的金银铜三种钱币，即大清金币、大清银币和大清铜币。金币铸于光绪三十二年和三十三年，都以库平两为单位，数量很少。银币也是这两个年份的，但三十二年的以两为单位，下有五钱、二钱、一钱三种，币面中央有一"中"字，两旁分列"户部"二字，背面环以"光绪年造"四字和英文大清帝国银币字样。三十三年改以圆为单位，下有五角、二角、一角三种，上面的丙午改为丁未，没有"中"和"户部"等字，背型相同。但这些钱币都没有发行流通。

宣统三年的大清银币有几种雕模，俗称长龙须、短龙须、反龙、大尾龙、曲须龙等，发行流通的限于最后一种。

这些龙洋，不管是光绪元宝也好、宣统元宝也好、大清银币也好，一般都是成套的，一元以下，有五角、二角、一角和五分。但并不是每一套都齐全，有些缺五分的，有些缺一元的，如前面所指出的，黑龙江只有半圆一种样币。一元以下的小银币，称为角子或小洋。小洋原是作为辅币而铸造的，所以成色比一元币低，一般都规定为千分之八二〇。但当时各省的督抚，把铸币看成一种财源，往往实行贬值，而且数量不加限制，人民拿到这种小洋不能按平价兑成大银圆，终于失去辅币的资格，而凭其本身的币材价值来流通；吉林一种银圆标明了换小洋十一角，就是由于这种原因。

正当各省大铸银圆的时候，朝野对于币制问题讨论得很热烈。有主张采用金本位的，有主张采用银本位的。就是关于银圆的铸造，也有各种不同的主张，最重要的是七钱二分说和一两说[45]。实际上光绪二十九年户部曾铸造一两银币。三十年湖北所铸的一两银币且曾流通过。此外还有几省铸造过一两的银币。光绪三十三年曾就单位问题征询各省督抚的意见，有十一省主张以两为单位，八省赞成以七钱二分为单位。张之洞力主一两说，他说以前所铸七钱二分的银圆，原系在各口岸流通，用以抵制外国银圆，是暂时的办法。结果在次年九月间由会议政务处会同资政院议定大清币的制度，拟以一两为单位，成色为九八足银。度支部认为九八成色不大适宜。后来在宣统元年（1909年）设立币制调查局，二年颁布《币制则例》[46]，正式采用银本位，以圆为货币的单位，重量为库平七钱二分，成色千分之九百，名为大清银币。宣统二年、三年铸造了几种，原定限期收回其他各种大小银圆，但还没有发行便发生辛亥革命。宣统二年的大清银币，是仿照本洋的系统，即一圆、五角、二角五分、一角几种，宣统三年铸的则分一圆、五角、二角、一角，这种银币在辛亥革命后，以军饷的形式发放出来，后来流通比较广。但五角的是用宣统二年板，其余都是用三年板，而以一元的为主。

自龙洋出现后,并没有驱逐各种外国银圆,而是和它们一起流通[47]。由于清朝政府的无能,对于这种混乱的情形,没有采取什么有效的措施。

辅币中流通最广的,是二角的银币,即所谓双毫。这是因为大小适中。欧洲有许多国家的货币单位就是这样大小的银币,包括全部拉丁货币联盟的国家的货币单位。德国的马克和英国的先令也是这样大小。这又一次证明了中国古代五铢钱的优越性。因为双毫的大小,正是同五铢钱差不多。中国的双毫有光绪元宝、宣统元宝和大清银币三类。而以光绪元宝的种类最多,各省都有铸造。

在边疆地区通行的银币常常和内地的不一样,如新疆和西藏。新疆用银的历史比内地久,但他们喜欢用银块。同治年间阿古柏在喀什噶尔铸造天罡银币,重两公分弱,两面回文,圆而不整。当时布哈拉和基瓦也有类似的货币。所谓天罡,大概也是从腾格演变出来的,是同一个字。这种小银币一直到民国年间还有流通。光绪年间的龙洋大概是由外省代铸。没有发行流通。后来的银币是以两为单位,而且是用湘平,因为阿古柏是为左宗棠平定的,左是湖南人。光绪三十三年曾铸湘平壹两和伍钱的大清银币,数目不多。实际流通的是五钱银币,种类非常多。也有少数四钱、二钱和一钱的,或称光绪银圆,或称光绪元宝,或称大清银币,或称饷银;有时冠以地名如喀什和迪化,或称喀造,上面大抵都有回文。

西藏在宣统年间曾铸造宣统宝藏两种,制作同旧日的薄片不一样,钱身比较厚,有一钱和二钱两种。四川曾有印度银币流通过,光绪年间四川曾铸造一种卢比与印度卢比对抗,俗称四川卢比。印度卢比正面是英女皇维多利亚的半身像,中国则用光绪帝的半身像,但币面没有文字,背面只有"四川省造"四字在花纹的中央上下左右分列。这种银币是有历史意义的;它标志着中英间的一场货币战争。而且它是中国最早的人像币,也是唯一有中国帝王像的货币。

清末,谈论金本位的人很多,但中国很少铸造金币。同治末年阿古柏在新疆的喀什噶尔铸造铁剌金币[48]。铁剌每枚重约三公分八,合天罡二十枚,天罡一枚合普尔钱五十文。这些钱币上都没有汉文。西藏在宣统年间也曾铸造金币,重十一公分三。图形是西藏风格:中央有狮形,周围有八吉祥的花饰,背面有藏文。制作有两种:一种作薄片形,另一种略小而厚。天津造币厂在光绪三十二年和三十三年曾铸造库平一两的大清金币两种,但目的不是为流通,实际上也没有流通。清末真正使用过而且有汉文的金币,只有光绪三十三年新疆机器局所铸的饷金两种,一为饷金一钱,一为饷金二钱,背面有龙纹,环以回文,同饷银属于一个体系。饷金一钱抵饷银三两。金银比价是一比二十,这是光绪三十二年的比价,次年比价已变成一比三十,再过一年变成一比三十八,饷金自然被人收藏或销镕。

注 释

[1] 《皇朝文献通考·钱币考一》:"大抵自宋迄明,于铜钱之外,皆兼以钞为币。本朝始专以银为币。夫因谷帛而权之以钱,复因钱之艰于赍运,而权之以币。钞与银皆为权钱而起,然钞虚而银实,钞易昏烂,而银可久使;钞难零析,而银可分用;其得失固自判然。前代恐钞法之阻滞,并银与铜钱而禁之,至于用银者,以奸恶论,以钱交易者掠治其罪,亦为不揣其本末矣。"

[2] 《皇朝文献通考·钱币考》乾隆十年:"嗣后官发银两之处,除工部应发钱文者仍用钱外,其支用银两,俱即以银给发,至民间日用,亦当以银为重。"

[3] 《皇朝文献通考·钱币考四》乾隆十年。

[4] 《户部则例》第四条案语说,库平系指农工商部会同户部奏定划一度量衡章程,内称库平一两,合法国衡数三十七格兰姆(即公分)又千分之三百零一。

[5] 关平一两约重三七点六八公分。清末曾做过各种实验,结果不大相符。一般以漕平一百零二两八钱等于关平一百两。这样算来则关平一两应等于三七点六六公分。但漕平的重量也没有一定的标准。在支付关税时,上海系以规元一百一十一两四钱折合关平银一百两。

[6] 广平一两约等于三七点五七公分。

[7] 光绪十六年上海海关的马丁(Pascal Martin)曾在上海公估局做实验,九百五十公分称得漕平二十五两九钱三分,故漕平一两等于三六点六四公分。但另一次实验则一百盎司的砝码称得漕平八十四两八钱六分,漕平一两应合三六点六五二七公分。而各地的砝码并不完全相等。实验结果,每两自三六点六四七公分到三六点六五八公分,平均为三六点六五公分。(见 Report on the Introduction of the Gold-Exchange Standard into China, the Philippine Islands, Panama, and Other Silver-Using Countries, p.245.)

[8] 纹银成色是化验宝银所推算出来的。先算出一块合规元一两的宝银是五六五点六九七英厘重,其中含纯银五一八点五五五英厘,成色是九一六点六六六;规元成色既等于纹银的百分之九十八,所以纹银的成色是:916.666÷98/100=935.374。

[9] 《野叟曝言》(康熙时作品)第一二回:"敬亭把银打开,只有一锭是九三,其余多是九成散碎的,竟有许多八成在内。因说道,这银还合不上九成,差

了四五色，如何使得。有谋道，契写九五，规矩原是九三，这银子牵算足有九二，下炉交易作九三是极公道的。素臣笑道，据老翁自己也只说是九二，怎写得九五上契？且银已九折，杂费俱无，老翁大号有谋，真可谓名不虚传。有谋被这几句话说红了脸，只得胀胖了颈脖又添上一钱八成银子。"

[10] 《石头记》（乾隆时作）卷五一："宝玉道，王太医来了，给他多少？婆子笑道，……这个新的来了，一次须得给他一两银子。……宝玉听说，便命麝月去取银子。……于是开了抽屉，才看见一个小筐箩内放着几块银子，倒也有一杆戥子。麝月便挈了一块银提起戥子来，问宝玉那是一两的星么？宝玉笑道，你问的我有趣儿。你倒成了是才来的了。麝月也笑了，又要去问人。宝玉道，拣那大的给他一块就是了。又不做买卖，算这些做什么？麝月听了，便放下戥子，拣了块掂了一掂，笑道，这一块只怕是一两了。宁可多了些，别少了叫那穷小子笑话。不说咱们不认得戥子，倒说咱们有心小气似的。婆子站在门口笑道，那是五两的锭子，夹了半个，这一块至少还有二两呢？……"

[11] 摩斯（H.B.Morse）在其《东印度公司编年史》（*The Chronicles of East India Company Trading to China*, 1635—1834, Oxford, 1926）中，不能肯定所谓国家塔勒（rixdollar）的国籍，只说来自北欧或日耳曼帝国。按 rixdollar 一字乃英文，而英美没有这种银圆，所以系译名。丹麦称为 rigsdaler，瑞典称为 riksdaler，日耳曼帝国称为 Reichsthaler，荷兰称为 rijksdaalder。荷兰的这种银圆，成色比其他荷兰银圆低。1583年所铸的为百分之八十八点五，1606年以后减为百分之八十七点五，其他荷兰银圆成色都在九成以上。

[12] *Chronicles of East India Company*, Vol. II, p.43.

[13] 《清高宗实录》乾隆五十六年四月谕。

[14] 《皇朝文献通考》卷一六《钱币考》乾隆十年："福建广东近海之地，又多行使洋钱。其银皆范为钱式，来自西南二洋。约有数等：大者曰马钱，为海马形；次曰花边钱；又次曰十字钱。花边钱亦有大中小三等：大者重七钱有奇，中者重三钱有奇，小者重一钱有奇。又有刻作人面，或为全身，其背为宫室器皿禽兽花草之类，环以番字。亦有两面皆为人形者。闽粤之人，称为番银，或称为花边银。凡荷兰佛兰机诸国商船所载，每以数千万圆计。"

[15] 《庸盦笔记》，查抄和珅住宅花园清单。

[16] *Chronicles of East India Company*, ch. LXVIII, p.230.

[17] 《清宣宗实录》卷一六三，道光九年十二月乙亥谕。

[18] 东印度公司的纪录把美国的第一版银圆上的自由神看作华盛顿像。这种错误在美国本国也有人犯过。美国钱币学界称这种银圆为 flowing hair，为披发的意思，

译为蓬头,也无不可。

[19] 诸联《明斋小识》卷一二《洋钱》:"闻古老云,乾隆初年,市上咸用银。二十年后,银少而钱多,偶有洋钱,不为交易用也。嗣后洋钱盛行,每个重七钱三分五厘。有小洁、广板、建板、闽板、浙板、锡板、苏板之名,三工、四工、工半、正底、反衣之别。"

[20] 关于白银输入的数字,请参阅本章第二节四《清代白银输入表》(一)。这是最低额。自嘉庆十二年到道光十三年东印度公司由中国输出的白银而有确数可查的是七二、四三九、九六九元,其他国家曾输出四、〇七三、八一六元(根据 Chronicles of East India Company)。这就说明自康熙二十年到道光十三年输入中国的白银总数当在一亿七千万元以上。

[21] 邹弢《三借庐笔谈》(光绪初年)卷五《鹰洋》:"英法两国所用之洋,各有款式,彼此不能通用。今中国所用之洋,面上有鹰,遂误鹰洋为英洋,谓洋自英吉利所铸,而不知非也。此洋皆铸自墨西哥,运来中国;实与英吉利无与。此洋亦不能用于英国。"

[22] W. F. Spalding, *Eastern Exchange, Currency & Finance*, p.368.

[23] 《东华续录》乾隆一一二,乾隆五十五年十二月乙丑:"御书寿字以赐,以为新春吉庆。并加赏金线葫芦大荷包一对,小荷包四对,内分贮金钱二个,金八宝一分。"《高宗实录》卷一四九第三乾隆六十年十二月谕曰:"……特赏福康安和琳……金银钱各二枚。"

[24] 《高宗纯皇帝实录》卷一四一第四乾隆五十七年十二月。《东华续录》乾隆一一六,乾隆五十七年十二月谕:"再所定藏内鼓铸银钱章程,亦只可如此办理,藏内既不产铜,所需鼓铸钱文铜斤,仍向滇省采买。自滇至藏,一路崇山峻岭,购运维艰,自不若仍铸银钱,较为省便。但阅所进钱模,正面铸乾隆通宝四字,背面铸宝藏二字,俱用唐古特字,模印并无汉字,于同文规制,尚为未协;所铸银钱,其正面用汉字铸乾隆宝藏四字,背面用唐古特字亦铸乾隆宝藏四字。……"《大清会典》卷二一《户部》也有记载。

[25] 《卫藏通志》卷一〇《钱法》。

[26] C. F. Remer, *Readings in Economics for China*, p.327.

[27] 《清史稿·食货志五·钱法》道光十三年黄爵滋《奏纹银洋钱应并禁出洋疏》。同书卷一七二《祁寯藻传》:"道光十九年……并禁漳泉两府行使夷钱夹带私铸者。"林则徐《苏省并无洋银出洋折》(道光十五年):"内地镕化纹银,仿铸洋银,如原奏(指黄爵滋)苏板、吴庄、锡板等名目,向来诚有此种作伪之弊,然仿铸原以牟利,自必搀杂铜铅,然后有利可牟。而民间近来兑验洋银,极为精细,

苏板等类，较洋板成色悬殊，以之兑银，价值大减，是以客商剔出不用。"《宣宗成皇帝实录》卷二四一道光十三年七月庚申谕："兹据该御史（黄爵滋）奏称，纹银出洋有禁，而洋银出洋无禁，内地仿铸洋银者多，诚恐不能尽绝偷漏。"盛子履《泉史》（著于嘉道年间）卷一四《洋钱》："特洋钱盛行之后，内地仿铸者兴。洋钱通行。且外洋铸钱，本非足色好银，仿铸者银色更低。甚至包铜和锡，纷纷作伪。夫以七钱二分之低银，可易千余文之制钱，贸易货物，则又虚抬其价，于是沿海奸民，视为利薮，足色好银搀和铅铜，以铸洋钱。"

[28] 光绪三年三月初七日《申报·论自铸银钱之便》。又冯桂芬《罢关征议》："侯官林文忠公，造银饼。初亦使用，未几即质杂，市中折之为零银，银饼遂废。"（《校邠庐抗议》卷下）

[29] 《林文忠公政书·江苏奏稿》卷一《会奏查议银昂钱贱除弊便民事宜折》。

[30] 《平贼纪录》。

[31] 周腾虎《铸银钱说》。见《皇朝经世文续篇》卷五八《户政·钱币上》。

[32] 连雅堂《台湾通史》（著于1920年）第八九页。

[33] S. Well Williams, *The Chinese Commercial Guide* (1863), p.270.

[34] 连雅堂《台湾通史·度支志》："咸丰三年，林恭之变，攻围郡治。塘报时绝，藩饷不至；而府库存元宝数十万两，滞重不易行；乃为权宜之策，召匠鼓铸，为银三种，曰寿星，曰花篮，曰剑秤；各就其形以名，重六钱八分，银面有文如其重。又有府库二字，所以别洋银也。是为台湾自铸银圆。"这里所谓花篮，应当是指如意银饼背面的聚宝盆。剑秤是指笔宝银饼，笔和剑相像。寿星银饼是道光年间开铸的，也许咸丰年间续有铸造。但如意和笔宝似乎不应当是同时同地为同一单位所铸造。如果是同一单位，那么，时间上应稍有先后。

[35] 曾左之说见1939年出版的蒋仲川、王守谦合著的《中国金银镍币图说》（有些版本用蒋的名义，有些版本用王的名义）。关于曾国荃漳州军饷的原文是："同治三年（1864年）太平天国军在漳州起事，清廷派曾国荃讨伐，事平，即在漳州铸造漳州军饷，正面有曾国荃签字，计重库平七钱强。"又说左签字的为"同治二年清廷派左宗棠为闽浙总督，四年（1865年）五月左军克服漳州，铸左宗棠签字之漳州军饷，计重库平七钱弱。"蒋仲川是袁世凯的外孙女婿，自己又是军界中人，这些资料大概是从军界方面听来的。然而所谓曾签字左签字乃是捕风捉影，即使所谈的历史背景可信，也不会由曾左等人签字画押，大概是出于下面监铸人员之手。

[36] 郭沫若《由郑成功银币的发现说到郑氏经济政策的转变》（《历史研究》1963年第一期）和《再谈有关郑成功银币的一些问题》（《历史研究》1963年第二期）。在第一文中，认为所谓曾签字的应为国姓大木，郑成功被赐明朝的国姓，

原名大木。所谓左签字的应为朱成功三字的合写。两者铸于 1649 到 1652 年间。我曾提出两点意见。大意是：一，乾隆以前，外国银圆在中国不以个数流通，中国不会铸造外国式的银圆。二，漳州军饷有边纹，这边纹是仿本洋的边纹，但本洋的铸造是 18 世纪的事。在郭的第二文中对我的两点意见提出了答复。对于我第一个问题引连雅堂的《台湾通史·度支志》中的一段：

"永历二十八年（康熙十三年，1674 年）……当是时，海舶通商于西南洋者络绎于道，故钱货多随商务以来，而吕宋银尤火，是为西班牙政府所铸。面画王像，则台人所称佛银者也，重六钱八分，市上贸易以此为准。"

这一段讲的是台湾的情形，本不一定适合于漳州。台湾曾被荷兰人侵占过，可能情况有点特殊。可是这一段话证明我的论点也适用于台湾。不管其第一句用的是什么年份，到西班牙的面画王像的佛银经吕宋流入以后，贸易才以此为准。所谓佛银，也叫佛头银，即指有西班牙国王查理第三头像的银圆，查理第三是乾隆三十七年（1772 年）即位的，那以前西属美洲殖民地只铸过老双柱、切币和新双柱，没有铸过"面画王像"的银圆。因此不可能在永历年间就有流通。对于我的第二个问题的答复是：

"我也请教过专家，据说：花边的出现不始于墨西哥所铸的本洋，在墨西哥本洋之前，如荷兰币乃至德国币等，在 17 世纪前半，甚至以前，都早已有了花边，起初是锁边（边纹跨到正反两面，如西式座垫的缝口），后来出现了切边。这些都是有实物根据的。"

首先，我所谈的是西属美洲银圆切边的历史，不是西欧银圆切边的历史。其次，若就西欧银圆切边的历史来说，应以英法为最早，在 17 世纪已开始了。但边上铸的是文字，而且英国钱币没有听说流到中国来。法国银圆有少数流到广州来，重量同本洋不一样。第三，17 世纪前半，荷兰和德国银圆都是光边的，我有一枚 1742 年的荷兰马剑，还是光边。后来银圆的边是斜纹边，而且重量在库平八钱以上。如果是仿荷兰银圆，时代只有更晚，而不是更早。"为七钱四"的一种正是斜纹边。

[37] 关于几种台湾银币的发现，我曾向上海钱币业做过一些调查。据戴葆庭说，约在 1925 年前后，他在漳州收到漳州军饷十二枚，两种花押都有；同时收到明命通宝若干枚。没有收到谨慎签字的军饷。似乎当时钱币学界还不知道有那种银币，所以蒋仲川的《中国金银镍币图说》也没有著录。在漳州发现安南的明命通宝是一件有趣的事。这是道光十三、四、五年间铸造的一种新式银圆，重库平七钱二分，斜纹边。因此使人怀疑：漳州军饷中的斜纹边也许不是直接仿马剑，而是仿这种明命通宝。另外一件有趣的事是：乾嘉年间安南所铸的压胜钱上（如景兴通宝和景盛通宝）有锁壳纹的花饰。锁壳纹见于中国古铜器，但中国钱币上没有使用过。安南

钱币在福建沿海有大量流通（请参阅本章第二节六），所以锁壳纹边的漳州军饷也许受到安南压胜钱的影响。抗日战争胜利后，王守义两次到台湾收购钱币，除七枚漳州军饷外，收到十六枚谨慎签字的。另外有几十枚如意和笔宝银饼以及上千枚的寿星银饼。但没有同治元年的寿星银饼。这种同治元年的寿星银饼是近年一个外国收藏家在汉口发现的，图见施嘉幹的《中国近代铸币汇考》，但不清晰，很难看出年份来，我在本书的再版中以为也是道光年间所铸。可见漳州军饷在台湾也有流通，只是数量比较少。但也不稀奇，据估计，单是上海藏家就收有三十枚以上。

[38] 《台湾通史》，见注 [36]。

[39] S. Well Williams, *The Chinese Commercial Guide (1863)* , p.270.

[40] 关于咸丰银饼英人韦利（Wylie）在咸丰七年曾提到王永盛银饼（Coins of the Ta-tsing, or Present Dynasty of China）。

[41] 英人伍德华（Woodward）曾秤过各种咸丰银饼的大小厚薄和重量，但他把仿制品也包括在内。兹选录其中的真品的重量于后，并由英厘化为公分（A. M. Tracey Woodward, The Coins of Shanghai, *The China Journal*, Vol. XXVII, No.2, August, 1937）。并同我所藏的几枚的重量附于后面。

	伍德华所藏	本书作者所藏
王永盛一两	三六点六七公分	三六点八四公分
郁森盛一两	三六点六四公分	三六点四七公分
经正记一两	三六点五六公分	三六点七五公分
郁森盛五钱	一八点一六公分	一八点四公分
经正记五钱	一八点〇六公分	一八点三五公分

可见是互有轻重的，我另有枚王永盛的一两饼重三六点六四公分。根据伍德华的藏品，每两平均重三六点五二二五公分，根据我的藏品五枚计算，每两平均重三六点六七八公分。十枚合计，每两重三六点六〇四公分。当时的标准重量应比这平均数要高一些。

[42] 王侠民1946年在台南发现一枚。另外有仿铸的，图形粗劣。

[43] 光绪十年十一月二十四日希元附片。见《吉林通志》卷四〇第八、第九页。片中所指显系方孔银钱。

[44] Dr. Guiseppe Ros 的《吉林の两货币》（《货币》第三九号）仅提到铜质样币，但另有银质的。

[45] 《清史稿·食货志》。当时对于本位币的重量，有很热烈的争执，主张也很多，最重要的是一两说和七钱二分说。一两是中国固有的重量单位，清末也有用作价值单位的，如上海的规元等。七钱二分说是仿照鹰洋的重量，当时中国各

省自己所铸的龙洋也略为七钱二分。而且当时一圆合制钱一千文。除了这两说外，还有五钱（即半两，因一两太重，价值太高），三分之一两（卫斯林所主张，用这单位可不必铸造千分之一的小单位，小额钱币成本比较高），十八公分（银币总重二十公分，含纯银十八公分，合制钱一千文），六钱六分六厘（即新币一枚半合银一两），六钱四分八厘（鹰洋含纯银的分量）等说。

《愚斋存稿》卷一四《附各省督抚币制奏议摘要汇录》：

（两江）刘坤一："似不若仍旧为便。"（以为改铸一两及五钱二钱一钱等式银圆，无流通之把握。）

（湖广）张之洞："京师银圆局断宜铸一两以下四等……至外省现铸之七钱二分暂仍其旧。"

（闽浙）许应骙："若改铸一两及五钱二钱等圆，仍与用纹银无异。……至闽省贸易，向论圆，不论两，尤不适用。"

（云贵）锡良："滇似以仍铸减成之七钱二分并各小银圆听民行使为便。"

（湖广）赵尔巽："若用一两银圆，各国信用与否不可知。"

（两广）张人骏："若改用十成足色之一两暨五钱银圆为主币九成之一钱暨五分……无论主币杂质工耗亏赔甚巨。"

（吉林）朱家宝："若铸一两十足银币，则与旧日生银无异，恐价贱则奸商屯积，价贵则销毁出口。"

（黑龙江）程德全："今若以一两银圆为主币，窃恐外元之侵灌，相率抬高其价，以七钱二分之银圆，有时与我之一两之实银相等往来。"

（河南）林绍年："设若改定银币，……民间视此国币仍与生银相等。各自为价，势必仍旧，是亦何贵有此一改乎。"

（江西）瑞良："袪除积弊画一币制，非改用圆不可，用圆而仍系之以两，是人人心目中，仍有一两字之见存，则生银无废用之期。"

（浙江）冯汝骙："两为衡法，枚为圜法，既铸币宜以圆计，勿以两计。"

（贵州）庞鸿书："若改用一两银圆为主币，恐商情未易转移。"

[46] 宣统二年的《币制则例》规定发行下列各种货币：

银币：一圆（本位币）　　总重库平七钱二分　　成色百分之九十
　　　五角　　　　　　　三钱六分　　　　　　百分之八十
　　　二角五分　　　　　一钱八分　　　　　　百分之八十
　　　一角　　　　　　　八分八厘四毫　　　　百分之六十

镍币　
铜币　}另定

[47] 日本改革台湾的币制时，曾由台湾银行化验中国境内的各种银圆，其结果如下（见康有为《金主币救国议》及梁启超《读币制则例及度支部筹办诸折书后》）：

名　称	重　量（英厘）	成　色
广东龙圆	420.88	900
美国银圆	412.5	900
美国贸易银圆	420	900
本洋	416.5	898
乙种本洋	414.98	896
丙种本洋	414	894
旧香港银圆	419.052	900
甲种香港银圆	416	900
乙种香港银圆	416	900
日本银圆	416	900
日本贸易银圆	420	900
甲种墨西哥银圆	417	902 或 903
乙种墨银	417.74	902.7
丙种墨银	416.5	898
甲种新墨银	416.16	未明
乙种新墨银	416	900

[48] 耿爱德（E. Kann）说，这种金币极薄（见 The Coinage of Gold in China, 1941），中国有些钱币书也说是薄片，这是因为他们没有见过实物。这种金币并不薄，在制作上近似18世纪欧洲的金币，同欧洲中世纪的薄片金币以及西藏以前的薄银币完全不同。

五　钞票

清朝的钞票，也可以分为三个阶段，而且是很显明的三个阶段。第一是顺治年间的钞贯，第二是咸丰年间的官票宝钞，第三是光绪以后的兑换券。

满洲人是金人的后裔，大概对于他们祖先那段通货膨胀的历史，有深刻的印象。所以对于发行钞票一事，非常慎重，以不用为原则，只于不得已时才行之，难关一过，就加以废止。

第一次用钞是顺治八年（1651年），当时在军事上闯王虽已失败，福王也早被执，但许多地方在鲁王和永明王的旗帜下，还有坚强的抵抗。顺治八年正当清军进攻四明和舟山的时候，开支很大。在政治上，睿亲王多尔衮已死，顺治帝亲政，正由魏象枢整顿财政，就是普通预算也是入不敷出。这是发行钞贯的背景。但钞票发行每年不过十二万八千一百七十二贯四百七十文，而且十八年永明被杀，大局平定，纸币就停止发行；前后只用了十年，共一百二十八万一千七百二十四贯七百文。

关于这一期间的钞贯，资料非常缺乏，形制如何，完全不知道。史书说是仿明旧制，应当同大明宝钞差不多。从发行数字的纪录上，可以推想钞贯的面额大概是自十文起到一贯，也和大明宝钞一样。由于发行数目不多，而流通时期又短，所以重要性不大。

自从钞贯停发以后，清朝政府有一百九十多年没有发行过钞票，吴三桂反清，延及十省，前后八年，也不见有纸币的发行。其后间或有人提议用钞的，当局都不采纳，甚至加以谴责。例如嘉庆十九年（1814年）侍讲学士蔡之定提议使用楮钞，不但没有被采纳，而且被认为妄言乱政而受惩处[1]。道光年间王鎏著《钱币刍言》，主张采用纸币制度，以铜钱为辅助货币，废止用银[2]，这种主张似乎也没有引起当局的注意。咸丰二年（1852年）福建巡抚王懿德又奏请用钞，当局仍以为窒碍难行[3]。其实当时清朝政府的财政已入于困境，非用钞票不可了。

政府虽不发行钞票，市面上却早有钞票的流通。这种钞票产生的经过以及它的形制，也都不得而知。除了会票[4]以外，自清初以来典当业和钱业所发行的银票也可以辗转流通[5]。银票是一种定期付现的本票[6]。到了嘉庆道光年间，除了银票会票之外，还有钱票[7]，钱票的起源，也无法考据。当初可能也是一种期票，临时填写[8]，其和银票不同的地方，大概只在于银与钱的区别。也许银票的面额大一点，钱票的面额小一点，因此钱票的流通性要更加大一点。根据各种野史的记载，钱票的面额有五百文、一吊、两吊、两吊五百文到五吊或五吊以上[9]。但各省情形不同，名称也繁多，例如山西一省便有所谓凭帖、兑帖、上帖、壶瓶帖、期帖等，前三种是即期票，可以说是真正的钞票，后两种相当于后来的定期本票[10]。

道光咸丰年间，不但有本国钱庄银号所发行的银钱票在市面上流通，而且外国钞票也已出现了，王懿德的奏折中已经提到番票[11]。大概限于福建广东等地方，那时已开放五口，英国已在中国设立银行了。

清廷第二次发行钞票是咸丰三年，王懿德的奏折无疑有很大的影响。

当时因太平军的进逼，主张发钞的人很多[12]，结果发行了两种钞票，一种是大清宝钞，以制钱为单位，又叫作钱票或钱钞，初分二百五十文、五百文、一千文、一千五百文和二千文几种。后来膨胀到五千文、十千文、五十千文和百千文的面额。另一种是户部官票，以银两为单位，又叫作银票。分一两、三两、五两、十两、五十两等许多种。这两种钞票的形制，略仿大明宝钞，但比较小。用白皮纸。宝钞比官票又要小。但官票和宝钞又各有大小，大抵金额大的，票形也大。官票上面有户部官票四字，左满右汉，皆双行；中标二两平足色银若干两。所谓二两平是说每百两比北京市平少二两的意思，比库平则少六两。下曰："户部奏行官票，凡愿将官票兑换银钱者与银一律，并准按部定章程搭交官项，伪造者依律治罪不贷。"四周有龙纹。钱钞则上面横题大清宝钞四汉字，中间是准足制钱若干文，两边分题天下通行，均平出入，下面写"此钞即代制钱行用，并准按成交纳地丁钱粮，一切税课捐项，京外各库一概收解，每钱钞贰千文抵换官票银壹两"。钞票的名称即导源于此，为宝钞和官票的总名。起初钞票之名专指政府发行的纸币，民间的钱票不包括在内[13]。但后来不再发行，于是商民所发行的银钱票也称为钞票了。

当时对于市面的私票，并不取缔[14]，而官票宝钞也不是完全的法偿币，缴纳钱粮，只能搭用三成或五成[15]。由于通货膨胀，在咸丰末年（1861年）就不得不加以清理[16]。所以这第二次的票钞和第一次的钞贯一样，是短命的。但民间的私票仍继续流通。

鸦片战争以后，中国都市已有外商银行的设立。这些银行大都在中国发行钞票。至迟在咸丰年间就开始了。它们的钞票可以分为两种，一种是用中国货币单位，一种是用外国单位。前者如麦加利、汇丰、德华和花旗等，它们都发行银圆和银两两种钞票，这正是当时中国通行的单位。银圆票分一元、五元、十元、五十元、百元五种；银两票有一两、五两、十两、五十两、百两五种。这些钞票在长江流域有很大的势力。用外国单位的如帝俄在东三省所发行的卢布票、日本于日俄战争时在东北发行的军用票、后来日本横滨正金银行的金票，以及华南所通行的港币。那时的港币也是英商银行所发行的。

这些外国钞票，虽然当时就有人批评[17]，但清朝政府不但不加以取缔，并且不知道加以检查管理，对于发行数目，准备情形，完全不过问。于是有人主张中国也设银行发行钞票[18]，然而清廷观望了许多年才知道加以仿效。

当时中国的私票，主要是由银号钱庄和当铺等店铺发行，以钱文或银两为单位，即钱票和银票。没有以银圆为单位的。最早的银圆票，据现在所知，要算北洋铁轨官路总局和台湾所发行的。两者同是在光绪二十一年发行，但北洋铁路局早两三个月。它的钞票是在英国伦敦印制的，这或者要算中国最早的新式钞票。在形制上和旧式钞票不同，旧式钞票是竖形，新式钞票是横形，旧的大，新的小，而且新式钞票用中英两种文字。正面为火车过桥的图案，环以"光绪岁次乙未三月吉日制"等字样。是否尚有比这年份更早的，不得而知。但光绪二十四年的钞票上是用山海关内外铁路局的名称，年份改为"大清光绪二十有四年造"字样，其他图案相同。背面都用英文，用"Imperial Chinese Railways"（中华帝国铁路局）的名义，所以这可以算作是官方的货币。第一次中日战争之后，台湾设立台南官银钱票总局，发行官银票，分壹大员、伍大员、拾大员三种[19]，在形制上完全是旧式钞票，竖形，分竹纸和毛纸两种，和咸丰时的宝钞和银票差不多。

圆和元的名称并不是自外商银行发行钞票开始的。早在乾隆年间就已使用。例如乾隆五十四年闽浙总督奏明厦门到鹿耳门的船价就是以圆计算[20]。西藏铸的银币，在当时的公文中也称为圆或元[21]。

光绪二十三年（1897年）清廷才接受盛宣怀的建议，设立中国通商银行，次年发行银两银圆两种钞币，这是中国最早的银行兑换券，也是新式钞票，用中英两种文字。该行的英文名是 The Imperial Bank of China（中华帝国银行），辛亥革命后改用 The Commercial Bank of China（中国商业银行）。

各省官银钱局中，最先发行新式银圆票的，大概要算湖北，其次是广东。湖北原有官钱局，发行面额一千文的钱票。这是一种旧式的钱票。光绪二十五年，在张之洞任湖广总督的时候，首先发行新式银圆票，由日本大藏省印制，纸张和印刷都比较精美，但仍是竖形。背面有张之洞和湖北巡抚于荫霖二人具名的告示。光绪三十年改印新票，背面告示具名的改为张之洞和端方。广东的银圆票也是在光绪三十年发行的。当时广西有黄和顺起义，声势浩大，清廷调岑春煊署理两广总督，筹款镇压；结果由广东钱局发行银圆票三种，即壹元、伍元、拾元。也是由日本大藏省印制，但用横式，正面除了双龙图案外，左右还分列广东龙洋的图样。背面有岑春煊和广东巡抚李兴锐二人具名的告示。

光绪三十年（1904年）户部才开始筹备设立政府银行，发行钞票。三十一年给事中彭述曾提供意见，主张最初要十足的现金准备，等到信用确立了，再增加发行额到现金准备的一两倍。对于私票则用印花税的办法来限制[22]。户部也奏称设立银行发行钞票的好处，并请先就北洋报局印制户部银行钞票[23]。年底就成立户部银行。次年户部奏请派员到日本考察纸币印刷的情形。并由商务印书馆印制大清户部银行兑换券。正面有满汉文，背面完全用英文。票上都印有地名，限当地通用。

大清户部银行的钞票，根据章程是分为两种：第一是银两票，分一两、五两、十两、五十两、一百两五种。第二是银圆票，也分一圆、五圆、十圆、五十圆、百圆五种。不过银两票的面额并不一定依照章程的规定，因为所见有二两的，听说还有百两以上的。而银圆票只发到十圆的面额为止。

户部改为度支部以后，银行名称改为大清银行。光绪三十三年的钞票改用大清银行的名义，而图案不变。当局曾有创办印刷厂及造纸厂的拟议，但没有实行。宣统元年委托美国钞票公司印制，自一圆到百圆，共五等，改用新的图案，上附李鸿章的胸像。遗留下来的还有一种钞票，上有当时度支部尚书载泽的胸像和龙海图案，设计非常美观，而且是中国自己印制的。但所见多系样票，似乎没有流通。

大清银行的发行数字逐年增加，特别是银圆票增加得快。宣统三年闰六月底，银两票共发行五、四三八、九一〇两七五九，银圆票共发行一二、四五九、九〇七圆八九八。

新式钞票发行以后，还有保持旧形式的。大抵钱票、铜元票和银两票多保持旧的形式，不论是私营的钱庄、银号、当铺发行的也好，各省官银钱局发行的也好，基本上都是竖形的，只有银圆票以横形的为多。例如同是江西官银钱总号所发行的，制钱票和银两票都用竖形，而银圆票用横形，但湖北、湖南和浙江等省官钱局的银圆票也用竖形，而新式银行所发行的，则银两票也多用横形。竖型又有两种：一种是单面印写，另一种是两面印刷。单面印写是保持历代纸币的格式，钞板有时是木刻，用中国自产的竹纸或毛纸印制。例如光绪二十一年台南官银钱总局所发行的银员票，格式就像咸丰时的户部官票。一些私营钱店银号的银钱票也有毛边纸的，票上的文字用墨笔写，另外加盖许多不一定有内容的戳记，以防假造。两面印制的则多用洋纸如道林纸。

各省官银钱号所发行的银钱票，背面通常印有关于该银钱票发行情况的告示，这些告示对于研究当时当地的货币流通情况，提供了很好的资料。如果没有告示，那么，正面多加说明。如裕宁官银钱局的钱票，背面没有告示，就在正面印有"此票准交纳本省公款及关税盐课厘金，如有私刻假造者，照私铸例治罪"。该局的铜元票则背面有告示，同时又在正面印有和钱票上相同的文字。并加印："官票足串，各埠分局底串不同，该地照市折算，以便商民通用。"

清末的货币流通由铜钱过渡到铜元，这种过渡反映在钞票上。例如江南裕宁官银钱局在光绪三十三年以前发行的钞票，单位是九八制钱，光绪二十九年发行的钱票，票面本印有"凭票发迬制钱壹串文"字样，后来新式铜元通行，就在票面加盖"兑斌当拾铜元壹佰枚"的红戳。到光绪三十三年就正式发行"凭票取当十铜元壹百枚"的铜元票。

所以清末兑换券的发行制度是十分混乱的。拿发行单位来说，约有五类：第一是旧式的信用机构，包括钱庄、银号、票号和典当，它们的发行，已有两三百年到三四百年的历史，每一单位发行的数量虽然不多，可是全国合起来却不少。因为这些机构不但遍布于全国性的都市和省级城市，而且深入到县级的市镇去。第二是各省的官钱局或官银号。这是各省的官方金融机构，所以每省应当有一家，有些省份有两家，如江南就有裕宁和裕苏，新疆则两家以上。它们的分支机构可能设到外省去。它们的单位发行数量比第一类多。第三是新式银行，包括外国银行和中国人自设的银行。这一类的数目比较少。外国银行从事发行的在清末约有十二三家，如英国的麦加利、汇丰，德国的德华，日本的横滨正金、朝鲜，俄国的华俄道胜，法国的东方汇理，美国的花旗，比利时的华比，荷兰的和嘲等。中国人自设的银行从事发行的在清末也只有十几家，如中国通商、大清、交通、四明、殖边、浙江兴业、浙江、上海的中国信成、汉口等地的信义工商储蓄、北京储蓄、宝善、扬州和太、华商通业等。这种新式银行，家数虽然不多，可是规模比较大，特别是外国银行，有雄厚的资本，远非中国自设的任何金融机构所可比拟。加上不平等条约的关系，使得在它们所从事发行的地方，货币流通几乎就有由它们垄断的趋势。第四是其他机构，包括政府机构如铁路局等以及各种商店。这一类机构发行的兑换券，增加了币制的不统一性。此外还有外国钞票流入中国的，如俄国的卢布票（俗称羌帖）、日本的军用票和日圆票等。

拿货币单位来说，也是极其复杂的。由于兑换券只是金属货币的符号，所以当时在中国流通的金属货币的种类，都反映在兑换券上。主要有三大类：第一是钱票，这是历史最久的一种兑换券，以钱文为单位，有些小钱庄的钱票没有一定的金额，临时应客户的需要填发。大一点的发行单位的钱票，虽然印有金额，如五百文、一串文（或一吊，即一千文），但因各地的流通习惯不同，而有各种计算方法，如奉天用东钱，以一百六十文为一吊；北京山东等地用京钱，一千只合得制钱五百文；新疆用红钱，四百文合银一两；其他省份用制钱，但也有各种标准，例如江南裕苏官银钱局的钱票以足钱计算，裕宁官银钱局和湖北官钱局的钱票则以九八制钱计算，即一千文实付制钱九百八十文。甚至同一家发行单位的钱票，前后标准不同。例如江西官钱局，光绪二十八年发行的钱票是按十足制钱计算，二十九年和三十年的钱票是按九五制钱计算。这种钱票后来有以铜元支付的，如安徽裕皖官钱局的钱票上注明："凭票发铜元足钱△△文"。第二是银两票，这也是旧有的单位，面额也有临时填写的，但各地所用银两单位不同，所以银票上也注明银两的种类：北京有时用库平两，有时用京平两。汇丰银行的银票注明兑上海纹银，上海通商银行的银票也注明兑上海通用银两，大概是指规元。湖南用省平，即湘平，新疆也用湘平。陕西大清银行的银票用陕议平，江西的银票用该省的市平。第三是银圆票。这单位用在兑换券上是比较新近的事，先由外国银行使用。面额比较一致，一般分一元、五元、十元、五十元、百元。小钱庄不大发行大金额的，也有个别发行二元的。但由于各地通用的银圆不同，所以兑换券上也反映了这一点。许多兑换券都笼统地标明兑换当地通用银圆，还有许多兑换券标明兑鹰洋或英洋。光绪末年和宣统年间的兑换券也有标明兑龙元的。当然也有不作规定的。

上面几种标准是交叉着的，同一家银行发行几种单位的兑换券。如江西官银钱总号在光绪三十三年同时发行钱票、银两票和银圆票。湖南官钱局除了这三种之外，还发行铜元票。又同一家银行同时在各地发行兑换券，这种兑换券上往往加印地名，只能在当地通用，到外地或则须要贴水，或则根本不能流通。因为同一家银行的银两票，在各地所能兑取的银两标准是不同的。

宣统年间，当局曾企图加以整顿和统一。例如宣统元年（1909年）曾由度支部奏定《通用银钱票章程》，不许官商银钱行号增发钞票，已经发行的逐渐收回。二年又奏定《兑换纸币则例》，由大清银行统一发行，并规定五成现金准备，各省商号所发行的每年收回二成，五年收尽。但这些办法还没有来得及实行，辛亥革命已经爆发了。

注 释

[1] 《清朝续文献通考》嘉庆十九年谕:"侍讲学士蔡之定奏请行用楮票一折,前代行用钞法,其弊百端,小民趋利若鹜,楮币较之金钱,尤易作伪,必致讼狱繁兴,丽法者众,殊非利民便民之道。且国家经费,量入为出,不致遽行匮乏,何得轻改旧章,利未兴而害已滋甚乎。蔡之定着交部议处,以为妄言乱政者戒。"

[2] 王鎏所拟《钱钞条目》如下:

一、钞分七等:千贯、五百贯为大钞,百贯到五十贯为中钞,十贯三贯一贯为小钞。钱分三等:当百当十当一。

一、造钞必特选佳纸,洁白光厚耐久者。既用造钞,即禁民间不得买卖此纸。

一、大钞须精选天下善书者十人书先正格言……千贯之钞约费本五十千文,一贯之钞费本一百文。

一、以金玉水晶银铜镌为玉印。

一、大钱用白铜,中钱小钱用黄铜红铜。

一、以钞与大钱发与钱庄,即禁其私出会票钱票。如领钞及大钱满一万贯者,半年之后,核其换银若干,以一分之利与钱庄,止收银九千贯之数,又以一分之利与百姓,止收八千贯之数。

一、钞既行,凡钱粮关税,悉皆收钞,一贯以下悉收钱。

一、造钞约已足天下之用,则当停止,俟二三十年之后,再行添造,仍如旧式,不必改法也。

一、五年或十年之后,钞法盛行,则民间之银,不得更以为币。

一、商人与外洋交易,但准以货易,不许以银,如彼国以银来,则令其先易中国之钞,然后准其买卖也。

[3] 《清史稿·食货志》:"钞尝行于顺治八年,岁造十二万八千有奇,十年而罢。嘉庆年间侍讲学士蔡之定请行钞。咸丰二年福建巡抚王懿德亦以为请,廷议以窒碍难行,却之。"《清文宗实录》卷六四咸丰二年六月丁未:"先是福建巡抚王懿德奏筹行钞法,以济急需。命军机大臣会同户部议奏。至是奏称,民间行用铺户银钱各票,乃取银取钱之据,若用钞则钞即为银,钞即为钱,与铺户各票之持以取银钱者不同,必致民情不信,滞碍难行,该抚所请改行钞法之说,应毋庸议,报闻。"

[4] 《野叟曝言》第七七回:"但文爷媒运虽发,财运不发,替天生如包为媒,白折了一万会银。"

[5] 《野叟曝言》第一二回:"壁上贴着立誓不入银会,不借当物的纸条。"

[6] 《野叟曝言》第二七回:"管帐道,如今给了他(现钱)怕他变卦,小

人同他到解铺里发一银票与他,候出殡过给他银子才是一了百了。"

[7] 《清宣宗实录》卷三一二,道光十八年七月山西巡抚申启贤奏:"查民间贸易货物,用银处少,用钱处多。是以江浙闽广等省,行用洋钱,直隶河南山东山西等省则用钱票。若一旦禁绝钱票,势必概用洋钱。……现查晋省行用钱票有凭帖、兑帖、上帖名目,均系票到付钱,与现钱无异,毋庸禁止。此外又有上帖壶瓶帖、期帖名目,均非现钱交易,应请禁止。"梁恭辰《北东园笔录》初编(道光二十二年)卷五《贫家赠米》:"廖仪卿观察言其祖光禄公,曾官百夫长,家贫岁暮,萧然无办。日晡独坐,有学射生送年敬一函,启视之钱票一千耳。……乃怀票牵马出门,往碓坊市米五斗余。"又《拾遗不还》:"廖仪卿又言,其家旧在城北之夹道坊……一日……则案上遗一小布包,解视之,当票二纸,钱票五百余千。"许楣《钞币论》(道光二十六年七月):"议者曰民间多用钱票会票,每遇钱庄歇闭,全归无用。"又"百姓苦用银之重滞,故乐于用票,易之以钞,则顺民心之所欲。"

[8] 《北东园笔录》三编(道光二十五年)卷三《生日做功德》:"无锡有许长生者……时年六十,亲友劝之曰:凡过生日,必做一桩功德……许问以所费几何,亲友对以约计三百余千文。许允诺,即于生日前数日将钱如数分写钱票若干张,先赴贫穷各亲友家散送……。"

[9] 《品花宝鉴》第三回:"那卖玉器的那里肯信,道,老爷没有银子,就使票子。聘才道,连票子也没有。"又第九回:"到了次日,只得央了许顺借了十吊钱的票子,分作两张,写了一封字,叫四儿送与叶茂林。"又第一三回:"其观停了半晌向套裤里摸出一个皮帐夹,有一搭钱票,十吊八吊的凑起来,凑了二百吊京钱,递与蕙芳道,二百吊先拿去使罢。"又第二三回:"便叫跟他小使王保拿了五吊大钱放在胡同口烟钱铺内换了十张票子。"

[10] 见注[7]。

[11] 《清史稿》卷二一四《王懿德传》咸丰二年奏言:"自海防多事,销费渐增,粤西军务,河工拨款,不下千数百万。目前已艰,善后何术?……与其筹画多银,不若改行钞引,历考畿辅山左,以及关东,多用钱票,即福建各属,银钱番票参互行使,便于携取,视同现金,商民亦操纸币信用。况天下之主,国库之重,伤造宝钞,尤易流转,惟钞式宜简,一两为率,颁发藩库,通喻四民,准完丁粮关税,自无窒滞。……疏入谕军机大臣同户部议行。"

[12] 《清朝续文献通考》咸丰三年:"户部奏咸丰二年九月奉上谕花沙纳奏请行钞法一折……因胪列造钞行钞换钞三十二条,并敷陈用钞十四利等因,……并请于京城内外招商设立官银钱号三所,每所由库发给成本银两,再将户工两局每月交库卯钱,由银库均匀分给钱票在官号支取,俾见钱与钱票相辅而行,辗转流通,

兵民两有裨益。至在京王公百官俸银……拟请世职自亲郡王以下伯以上，文职自四品以上，武职自二品以上，均给与期票五成，统限于八月初一日持票赴库关支其秋季俸银。"又"两载以来，军需河饷……筹划为艰，中外臣工志切国事者，无不竭力殚忱，各抒所见，而请行钞法者为多。"

[13] 鲍康《大钱图录》所附《与闫丹初论钞书》（咸丰四年事）对宝钞和官票通称为钞票，以与民间的钱票对立。

[14] 《清朝续文献通考》咸丰三年："又谕……即照所请定为官票名目，先于京师行用，俟流通渐广，再行颁发各省，一律遵办。……其民间银钱私票，行用仍听其便。"

[15] 《清史稿·食货志》："定议票银一两，抵制钱二千，钞二千抵银一两。票钞亦准是互相抵，民间完纳丁粮税课及一切官款，亦准五成，京外应放库款亦如之。"又"七年令顺天直隶各属钱粮，自本年上忙始，以实银四成、宝钞三成、当十铜铁大钱三成搭交，一切用项亦按成搭放。"

[16] 《清朝续文献通考》："同治元年谕……据称京师自上年清理官钱票后，钱价渐平。"

[17] 郑观应《盛世危言》（光绪十八年）卷四《银行》上："若今之洋商所用之银票，并不由中外官吏验看虚实，不论多少，惟所欲为。闻英商汇丰银票在粤通用之票百余万，该行已获利二百余万之谱。虽有华商股份，不与华商往来。"

[18] 光绪二十年左右盛京将军依克唐阿《条陈请行钞法并设银行折》："方今时势急迫，仓猝聚亿万之财，收亿万之利，舍钞法别无良图。欲行钞法，舍银行无以取信。……夫泰西各国之富，犹赖钞法以济用，则行钞之利可知矣。查日本维新以前，国势凌弱，行钞法而即转为强。俄罗斯昔时地广民贫，行钞数十年国用充裕，至今赖以周转。此皆仿西法而著明效者。奴才于光绪初年在黑龙江副都统任内，亲见爱珲商贾，行用皆系俄帖，且华商购办货物，必须以银易帖，始可易货，以致边界数百里，俄帖充溢，不下数百万。迨后调任珲春，见华俄互市，仍以俄帖为重，由今思之，中国如早行钞票，则以票换帖，自足相抵，亦可堵塞边隅漏卮。"《清史稿》卷二三《德宗本纪》光绪二十一年五月谕："近中外臣工条陈时务，如修铁路，铸钞币，造机器，开矿产。"

[19] 这种钞票系钱币业的王守义在台湾发现的，一大员票发现二十张，五大员票十张，拾大员票六张。

[20] 《高宗纯皇帝实录》卷一三四五。

[21] 《卫藏通志》。

[22] 彭述奏文有谓："至于经久无弊，则在出票必有限制。西人言计学者，

以储银得票之二成为足数兑换。惟中国当民信未孚之日，未可遽涉虚浮，必须开办之初，估计库款实储若干，制票即如其数；俟票已畅行，再酌量渐增，多于现储之一倍二倍而止。仍随时考察市面银根之盈绌而衰益之。其民间之私票，不必遽禁，俟官票通行，即无私票，亦足以资周转，自应量加限制。可仿印花税之法，凡商民出私票者，多黏印花，课以值百抽几之税。惟制票应由户部慎选工匠，严密监造，闻各省在外洋制票及印花，颇有伪造，不可不防。"（《财政部币制汇编》）

[23] 户部奏折有谓："查银行为财政之枢纽，而纸币又为银行之枢纽。各国银行之设，平时发行纸币，收集金银现款。……大致银行通例，按照纸币数目，至少须储款十分之三；其余即以所购公债票及各项产业为抵；是以帑项可得周转之益，而兑换亦无匮乏之虞。臣部上年三月间，奏定试办银行章程，本有发行纸币之条。今该给事中请行钞票，核其所陈办法……均与臣部拟议者，大略相同。……惟购机器，选募工匠，非迟至年余，不能集事。银行急须开设，确难久待。查北洋官报局，备有印刷机器，所印票纸，颇极精良，且系中国官局，与外洋定制不同，现已饬该银行总办等与该局妥订合同，俾先制备应用。俟臣部购机设厂后，再行自制……。"（《财政部币制汇编》）

第二节　货币的购买力

一　清初钱价的波动

清朝货币的购买力，继续下降。三百年间，白银的购买力，约减成三分之一，以铜钱计算的物价，涨成六七倍。然而除了咸丰年间曾发生过一次大规模的货币贬值之外，币值的变动，是渐进的。

清朝政府的开支，差不多完全用银，而且奖励民间用银。不过白银的购买力究竟比较大，而且因为不加以铸造，一分一厘的秤称，有其麻烦。所以日常的零用和小民的交易，仍是以铜钱为主。这种现象，在乾隆年间便已明显。到了咸丰以后，因银少而贵，甚至纳粮也是以铜钱计算了。

币值虽少剧烈的变动，但小的波动是常有的，尤其是同人民生活关系密切的钱价，在清初的百年间，是一个麻烦的问题。

清廷方面，当时不懂得主币和辅币的道理，只晓得银和钱之间最好有一种固定的比价。这种比价，他们定为银一两合钱千文，自顺治二年（1645年）以后，就是想维持这种银钱比价，特别是十年以后所铸的厘字钱，标明每枚值银一厘。其他制钱也是时常增减分量来维持这个比价。但市场比价变动无常，因此流通的制钱有轻有重，而且轻钱重钱的购买力发生差异，而引起私销和私铸，即销镕重钱，铸造轻钱。本来清朝的制钱分量比明朝的制钱重，尤其是在顺治十七年把钱的分量加成一钱四分以后，对白银的作价并不提高，使铜钱的实价超过名价。毁钱为铜，获利以倍[1]。

毁钱的结果使制钱的数量减少，钱价上涨。这种现象在康熙十八年便为当局所注意了。到二十三年（1684年）银一两只能换得八九百文。以铜钱计算的日用饮食品的价格很低，一碗面只要十个钱，一碟馒头只要四文钱[2]。四百钱便可以买一头猪[3]。吏部侍郎陈廷敬提议减轻钱的分量，由一钱四分减成一钱，使铸钱的数目，可以增加四成，当时北京的宝泉宝源两局每年铸四十万四千八百串，减重之后，可以增加十六万一千九百二十串[4]，这大概是那一年减重的原因。

减重之后，钱价就下跌，物价上涨，康熙三十六年（1697年）一千文只能换得白银三钱二三分[5]。比二十三年时相差三四倍，超过减重的程度，这无疑是私铸的关系。

康熙四十一年（1702年）又恢复一钱四分的重量，另外铸造一种七分重的轻钱，大制钱每千文作银一两，小制钱千文作银七钱[6]。但由于制钱轻重不一，购买力也有大小不同，使钱的名称也繁多，有新钱，有老钱，有大钱，有小钱。京师以小钱为主，外省以大钱为主，所以大钱在北京以五十为一百，京钱二百，实际上是一百。曾有人主张废止小钱，但另有人说废小钱民间会惊扰，而且大钱数量不够。结果大小钱兼用，预计等到大钱数目多了，渐次销毁小钱。但实际上到乾隆三十六年湖南布政使吴虎炳奏请查禁古钱和小钱时，当局还声明康熙年间的小制钱不在禁例。

制钱加重之后，对白银的市场比价马上提高了。以前白银一两可以换钱八百八十文，康熙六十一年（1722年）只能换得制钱七百八十文[7]。不过这是指京师的大钱。小钱和私钱，情形则不一样。在雍正三年（1725年）的时候，湖广河南等省私铸的风气很盛。七年因直隶奉天等处钱价过低，曾下令规定白银一两只许换制钱一千文。可见当时市价一两不止换一千文，然而乾隆二年（1737年）京师的大制钱仍只要八百文就可以换得白银一两。

私铸和私销是同时进行的，因为中国当时产铜有限。自康熙年间起便靠输入日本铜[8]。乾隆三年京局改用云南铜，江浙等省仍用日本铜。数量都不很多。至于私铸大部分是靠销熔大制钱，甚至有因为铜器贵而销钱为器的，这事在雍正年间常有所闻。当时官价白银一两换钱千文，市价止换得八百多文，制钱自然隐匿。因此又实行贬值和减重。乾隆五年铸造青钱，就是一种贬值行为。乾隆三年曾有人提议铸当十大钱，每文只重四钱[9]，没有获准。但通政使李世绰请将制钱重量减为一钱，五年直隶减为七分，九年湖北改为一钱，十一年两湖改为八分[10]，这些减重行为大概受到人民的反对，所以后来又恢复一钱二分的重量。由此可见钱价问题在于铜钱对白银作价太低。

乾隆初年，当局对于钱价问题，费了一番心血。起初有人主张在北京城内外开设官钱局十所，听人民兑换铜钱，以收进的银两，酌量向各当铺收兑铜钱，因为人民赎当多用铜钱。当铺在需要铜钱的季节，也可以向官局兑换。但有人反对这种办法，以为只要政府规定银钱的比价，让市上的经纪铺户照这比价按日领买若干串，并使他们稍有利润，这样铜钱就会顺利流通[11]。结果似乎是设立官局和钱行经纪，不过钱价仍没有平。

乾隆九年（1744年）大学士鄂尔泰等提议疏通铜钱的办法八条[12]，大意是：一、集中铜匠，以监督其进铺铜斤及镕造。二、放款于当铺，收钱交官局。三、官米局卖米收钱，不必存贮，轮流上市易银。四、各当铺积钱送局一并发市。五、钱市经纪归并一处，官为稽查，以杜抬价。六、京城各粮店收买杂粮，宜禁止使行钱文。七、京城钱文宜严禁出京兴贩。八、近京地方囤钱宜严行查禁。

各种办法都不能有很大的成效，当局想奖励用银，以减少对于制钱的需要，如乾隆六年广东粮道朱叔权曾奏请叫各地方官劝民银钱兼用，自数两以上，不要专用钱[13]。十年当局曾下令申明政府以用银为主的初衷。然而民间用钱的风气，有增无减。当局终于采取一种放任政策。因为问题的症结是白银跌价。这促使日本的宽永钱流到中国来[14]。

清代铸钱炉座的生产力似乎又有提高。宝泉局共有正炉五十座，勤炉十座，每月铸钱少则一二卯，多则六七卯，一卯是一万二千四百九十八串[15]，可见一炉的最高生产力是年额一万七千四百九十七串，比明初增加一倍以上，等于唐代的五倍以上。不过上面的数字是后来的数字。

大体上说来，清初的百多年间，钱价比较稳定。铜钱虽每年铸造，但因铜的供给有限,不能大量增加,全国每年铸钱数目,平均大概有三十万万文[16],赶不上人口的增加,所以铜钱多少有一点紧缩的现象。历代的用钱政策,也还算稳健,雍正年间更是实行紧缩。除产铜的云南以外,制钱对白银的价格是很高的。

清代制钱市价表(一)

年 份	白银一两合制钱数[17]
顺治 元 年(1644年)	700
康熙 九 年(1670年)	1250(北京)
二十三年	800—900(北京)
六十一年	780(北京)
雍正 四 年(1726年)	845
乾隆 二 年(1737年)	900
	800(京师)
四 年	830(北京)
五 年	800(各省)
	700(江苏)
六 年	800(恶钱)
	800(江苏青钱)
八 年	700—815(广东)
十 年	720—740(陕西)
十三年	750(山东)
十四年	800(直隶)
十六年	781(山西)
	820(京师)
十八年	830—870
二十四年	885(甘肃)
二十五年	880
三十一年	1100(云南)
三十五年	1150(云南)
四十年	955(京师)
四十一年四月	955(京师大钱)
五月	885(京师大钱)
四十三年	890(陕西)
	1200(云南)
四十四年	880(京师)

续表

年　份	白银一两合制钱数[17]
四十五年	910（直隶及近省）
五十六年	1550（四川）
五十九年	2450（云南）
	1400（闽浙）
六十年	1000（山西）

这里我们有一点要注意：就是所谓钱价，乃是对白银而言，不是对物价而言。清朝政府的各种计算，是以白银为标准，铜钱在他们看来，和商品差不多。而清初的百多年间，银价有下跌的趋势。尤其是乾隆年间，国内又有战争，支出多用银。虽然收支平衡，甚至国库常有剩余，但因外国银价下跌，白银大批流入，所以用白银计算的物价，上涨得相当厉害。杨锡绂在乾隆十年时说，他家乡的米价，在康熙时每石不过二三钱（银），雍正时涨到四五钱，现在每石要五六钱[18]。清朝政府的政策，既是极力维持银钱间的比价，而实际上在清初的百多年间，白银一两所换得制钱的数目自七八百文到八九百文，所以用铜钱计算的物价，在康熙雍正时很低[19]，到了乾隆时，银铜比价发生变化，即铜价稍涨；云南金钗厂的低铜每百斤价银九两，高铜十一两，江苏买洋铜本为十四两五钱，但市价涨到十九两八钱，于是官价也不得不于十四两五钱之外，另加水脚银三两[20]。不过由于铜钱的减重，使以铜钱计算的物价也跟着上涨[21]，例如面价，康熙年间十个钱一碗[22]，雍正末年或乾隆初年涨成十六个钱一碗[23]。甚至可以说：上涨的程度比用白银计算的物价还要厉害一点。米价便是如此。

清代米价表（一）[24]

期　别	每公石合制钱数（单位：文）
1651—1660 年	843
1661—1670 年	600
1671—1680 年	456
1681—1690 年	604
1691—1700 年	626
1701—1710 年	821
1711—1720 年	787
1721—1730 年	719

续表

期　别	每公石合制钱数（单位：文）
1731—1740 年	853
1741—1750 年	915
1751—1760 年	1381
1761—1770 年	1515
1771—1780 年	1347
1781—1790 年	1465
1791—1800 年	2750

在新疆流通的普尔钱，则发生了严重的贬值现象，乾隆二十四年还是五十文作银一两，那时的钱很厚重。不过这种作价恐怕是一种征课性质，不符合银铜的自然比价。实际上也是维持不住的。二十五年喀什噶尔就改以七十文作银一两，次年增为一百文。三十六年乌什的普尔钱每文减成一钱五分。不久又增为一百五六十文，库车等地也要一百二三十文。后来改铸当十钱，重量反比以前的平钱轻。所以要四百文才能抵银一两[25]。

一个时代的人民的生活水平，不单由币值或物价来决定，还须看人民收入的增减。换言之，人民的生活水平，要看人民的真实所得如何。清朝劳动人民的收入很低，康熙九年两河工程所给夫役工食每天是银四分，合四升米；服役远方的每天六分[26]，合六升米，折合铜钱约自三十二文到四十八文。乾隆十五年永定河工是每天一升米，折给制钱十文，另加盐菜钱五文[27]，十八年挑木打炭和烧火砍柴的佣工每天工钱也是十五文[28]。所以真实工资是每天一升五合米，比康熙时相差很远。如果这两项纪录足以代表清初劳动人民收入的动向，则人民的真实所得比货币的购买力减得更快。康熙帝到了末年，也只说是四海承平，而承认没有做到家给人足。雍正帝则承认汉人生活困难。就是"殷实之家"，每天吃肉的也很少。贫乏的则"孳孳谋食，仅堪糊口"[29]。有些农民常靠卖田度日。所以一般人所认为太平盛世的清初，也是表面的繁荣。

英国在康熙二十四年的时候，一个步兵的兵饷每星期只有四先令八便士，一个月合二十一先令。如果没有经过剪凿，则合得库平三两三四钱银子。普通农民的工钱每月合得二两七钱。技术工人约四两，都多于中国河工的收入。可是当时英国的钱币够分量的很少，一般都经过剪凿，只剩下一半多一些。因此英国物价比中国高。据估计，当时英国的平民大约有八十八万户，其中一半每星期可以吃到两次肉，其余一半或则每星期最多吃一次，或则完全不吃肉。面包是很少见到的，一般人民几乎全吃菜麦、大麦和燕麦[30]，换言之，全吃杂粮。

注　释

[1]　《皇朝文献通考》卷一四《钱币考》康熙十二年。

[2]　见《野叟曝言》第二一回和第一六回。康熙年间的物价，可以从该书的记载上看出来。第一六回有："又李道，你这茶几个钱一壶？店家道，茶是两文一壶，馒头、糖片、瓜子、腐干都是四文一卖。又李在顺袋内摸出两文钱来道，拏钱去，我止吃你半杯茶也算一壶了。"

[3]　《虞初新志》卷之一九《讱庵偶笔》康熙十二年上海事。

[4]　《皇朝文献通考》康熙二十三年陈廷敬疏："欲除毁钱之弊，求制钱之多，莫若铸稍轻之钱……总计宝泉宝源二局，每年各处动税课银二十五万三千两，办解铜三百八十九万二千三百七斤有奇，内除耗铜三十五万三百七斤有奇，净铜三百五十四万二千斤，见铸钱四十万四千八百串，今若改每文重一钱，计每年可多铸钱十六万一千九百二十串，此利于民而亦利于国者也。"按陈廷敬所引铸钱数字，和《清实录》及《东华录》所记数字不符。据《清实录》及《东华录》所载，康熙二十三年前后，每年铸钱均为二十九万四千多贯。减重后也未加铸。或者《清实录》所载乃宝泉一局之数。

[5]　《清史稿》卷五四《萧永藻》："康熙三十六年……疏言，钱多价贱，每千市价三钱二三分。兵领一两之饷，不及数钱之用……请暂停鼓铸。"

[6]　《清史稿》卷五三《汤右曾》。

[7]　《皇朝文献通考·钱币考》。

[8]　《皇朝文献通考》卷一七《钱币五》。

[9]　《东华续录》乾隆八，乾隆三年八月乙酉："谕御史稽鲁……奏请铸当十钱，每钱一文重四钱，当小钱之十，见今制钱之五。大钱四十文得铜一斤，则钱价浮于铜价，盗销之弊，可不屏自除，并请复设钱行经纪等语……持论悖谬，妄欲变乱成法……稽鲁着交部严加议处。"

[10]　唐与崑《制钱通考》。

[11]　《皇朝经世文编》卷五三《户政》二八《钱币》下，乾隆二年给事中田懋上《平钱价疏》。

[12]　《东华续录》乾隆二〇。

[13]　《清高宗实录》卷一三九乾隆六年三月癸未："广东粮道朱叔权奏称钱

贵由于钱少……昔年交易但用银，且古钱与银兼用，今则用银者多改用钱，用古钱者多改用今钱。即如黄河以南及苗疆各处，俱系用黄钱。……用饬地方官，劝民银钱兼用，自数两以上，毋专用钱，庶钱价平减。从之。"

[14]《东华续录》乾隆三六："十七年七月甲申谕军机大臣等，向闻滨海地方，有行使宽永钱文之处。乾隆十四年曾经方观承奏请查禁，朕以见在制钱昂贵，未令深究，且以为不过如市井所称蒯边砂板之类，仍属本朝名号耳。乃近日浙省搜获贼犯海票一案，又有行使宽永钱之语，竟系宽永通宝字样。夫制钱国宝，且系纪元年号，即或私铸小钱，搀和行使，其罪止于私铸，若别有宽永通宝钱文，则其由来不可不严为查究。又闻江淮以南，米市盐场，行使尤多，每银一两，所易制钱内，此项钱文几及其半。既铸成钱文，又入市行使，则必有开炉发宝之处。"又尹继善庄有恭等奏："宽永钱文乃东洋倭地所铸，由内地商船带回江苏之上海，浙江之宁波、乍浦等海口，行使尤多。"

[15]《大清会典》卷二四。

[16]《清实录》所载顺治、康熙、雍正三朝铸钱数字如下（应系北京宝泉局一局的数字，请参阅本节六）：

顺治　元　年　　71 663 900 文有奇
　　　二　年　　443 751 760 有奇
　　　三　年　　624 823 960 有奇
　　　四　年　　1 333 384 794
　　　五　年　　1 449 494 200 有奇
　　　六　年　　1 096 910 000 有奇
　　　七　年　　1 682 424 510 有奇
　　　八　年　　2 430 509 050 有奇（另旧铸钱 213 370 文）
　　　九　年　　2 097 632 850 有奇（另旧铸钱 201 210 文）
　　　十　年　　2 521 663 740（厘钱）（旧铸钱 213 370 文）
　　　十一年　　2 488 544 460（厘钱）（旧铸钱 201 210 文）
　　　十二年　　2 413 878 080（厘钱）（旧铸钱 186 210 文）
　　　十三年　　2 604 872 380（厘钱）（旧铸钱 213 370 文）
　　　十四年　　2 340 870 816（厘钱）（旧铸钱 201 210 文）
　　　十五年　　140 173 990（厘钱）（旧铸钱 201 210 文）
　　　十六年　　191 805 710（厘钱）（旧铸钱 213 370 文）
　　　十七年　　280 394 280（旧铸钱 201 210 文）
　　　十八年　　291 584 600
康熙　元　年　　297 896 380　　　　三十二年　　289 958 670

二　年	295 735 360	三十三年	236 536 550
三　年	295 909 500	三十四年	236 940 670
四　年	298 652 400	三十五年	237 063 050
五　年	295 879 800	三十六年	238 063 060
六　年	293 953 600	三十七年	238 065 400
七　年	287 133 400	三十八年	238 065 400
八　年	287 656 560	三十九年	238 065 800
九　年	290 543 250	四十年	238 065 800
十　年	290 475 830	四十一年	238 065 800
十一年	298 652 400	四十二年	238 066 800
十二年	293 476 680	四十三年	238 065 900
十三年	293 477 530	四十四年	238 065 900
十四年	293 476 600	四十五年	238 075 800
十五年	231 365 360	四十六年	238 085 900
十六年	231 365 360	四十七年	268 422 600
十七年	231 365 360	四十八年	294 942 600
十八年	231 365 360	四十九年	297 963 400
十九年	231 365 360	五十年	374 933 400
二十年	231 398 600	五十一年	374 936 800
二十一年	294 851 480	五十二年	375 629 800
二十二年	294 851 480	五十三年	386 559 900
二十三年	294 851 480	五十四年	386 559 900
二十四年	294 851 480	五十五年	398 969 900
二十五年	289 869 080	五十六年	399 167 300
二十六年	289 936 700	五十七年	413 268 800
二十七年	289 869 080	五十八年	437 455 800
二十八年	289 930 650	五十九年	437 325 800
二十九年	289 930 600	六十年	437 325 800
三十年	289 921 050	六十一年	461 700
三十一年	289 925 400		
雍正　元年	499 200	七　年	748 480 000
二　年	409 200	八　年	757 865 000
三　年	675 160	九　年	1 048 759 660
四　年	675 160	十　年	910 171 120
五　年	723 528 000	十一年	684 362 000
六　年	746 304 000	十二年	685 390 000

[17]　表中数字是根据《清实录》《清朝文献通考》和《大清会典事例》《皇

朝经世文编》等书所列。其中除顺治元年的一项以外，都是市价。若论官价，则在变更钱重时多有规定。后来当局大体想维持千文一两的比价。

[18] 《清史稿》卷九五《杨锡绂传》。

[19] 雍正年间的物价，可从《儒林外史》（作于雍正末年或乾隆初年）一书的叙述中看出来。无论以白银计算或以铜钱计算，物价都相当低廉。第一四回描写马二先生游西湖的情形如下："马二先生独自一个带了几个钱，步出钱塘门，在茶亭里吃了几碗茶……起来又走了里把多路，望着湖沿上接连着几个酒店……马二先生没有了钱买了吃……只得走进一个面店，十六个钱吃了一碗面，肚里不饱，又走到间壁一个茶室吃了一碗茶，买了两个钱处片嚼嚼，到觉有些滋味……只管在人窝子里撞，女人也不看他，他亦不看女人，前前后后跑了一趟，又出来坐在那茶亭内……吃了一碗茶。柜上摆着许多碟子，橘饼、芝麻糖、粽子、烧饼、处片、黑枣、煮栗子；马二先生买了几个钱，不论好歹吃了一饱。……看见有卖蓑衣饼的，叫打了十二个钱的饼吃了……马二先生大喜，买了几十文饼和牛肉。"《儒林外史》中所记的物价有下列各种：

点心		二文	塾师包饭	每日	二分银
处片		二文	面	每碗	十六文或八分银
馒头	每个	三文	杂烩	每买	一钱二分银
烧饼	每个	二文	租房子	每间	十两
塾师馆金	每年	十二两银	一桌席		四两银

[20] 《制钱通考》。

[21] 钱泳《履园丛话》卷一《米价》："康熙四十六年苏松常镇四府大旱。是时米价每升七文，竟涨至二十四文。次年大水。四十八年复大水；米价虽较前稍落，而每升亦不过十六七文。雍正乾隆初，米价每升十余文。二十年虫荒，四府相同，涨至三十五六文。饿死者无算。余连岁丰稔，价渐复旧，然每升亦祇十四五文，为常价也。至五十年大旱，则每升至五十六七文。自此以后，不论荒熟，总在二十七八至三十四五文之间，为常价矣。"

[22] 《野叟曝言》。

[23] 《儒林外史》，见注[19]。乾隆初年大概没有大涨。乾隆二十一年，扬州郑燮（板桥）曾作一九人会，每人各携百钱，以为永日欢，其中还有画家黄慎（瘿瓢）、书法家王文治（梦楼）（《题兰竹石调寄一剪梅》，见《郑板桥集》第一七四页）。这些人都是些才子，会吃会喝。可见东西还是便宜。大概到乾隆末年才贵起来。

[24] 清代官方米价多以白银来表示。表中数字，系从银价折算出来的。

[25] 《大清会典事例》卷一六三《新疆赋税》。

[26] 《清圣祖实录》卷三四。

[27] 《清高宗实录》卷三七八。

[28] 乾隆十八年江西巡抚疏，见倪模《古今钱略》卷首。

[29] 《皇朝文献通考·国用考》："今汉人谋生，尚知节俭，殷实之家，每日肉食者甚少，其贫乏之人，孳孳谋食，仅堪糊口。"

[30] 麦考伦《英国史》第三章（T. B. Macaulay, History of England, chap. Ⅲ.）对于1685年英国的情况有详细的分析。

二　太平天国革命时清朝政府的通货贬值

清朝自乾隆末年起，吏治已坏。各级官吏，贪污聚敛，人民的劳动所得，集中在少数人手里。嘉庆初年，政府的岁入是七千万两，而和珅个人的贪污所得，恐怕还不只此数[1]，而且贪污岂止和珅一人[2]。所以表面上看来，清初的赋税并不重，但人民的实际负担是很重的。这就引起人民的反抗。直接反映在各种教团的成立上，如白莲教、八卦教等。当局为谋应付，赋外加赋，横征暴敛，使社会矛盾加深。嘉庆道光年间，连接不断的事件，都证明清廷的无能为力。嘉庆十五年（1810年）有天理教徒的暴动，道光初新疆伊斯兰教教徒也起来反抗。及至鸦片战争之后，各地天地会的起义更是前仆后继，不久就产生了太平天国革命运动。

银钱的关系，嘉庆年间是一个转折点。以前是钱贵银贱，嘉庆以后，变为银贵钱贱了。钱贱的原因在于私铸小钱和外国轻钱的流入。乾隆末年，小钱如水涌山出，贩者马骡重载[3]。道光间，亦复不少[4]。

嘉庆年间铸钱的数目恐怕也增加了。根据嘉庆七年修纂的《户部钱法则例》，每年宝泉局以及直隶、江西、湖北、云南、山西、福建、湖南、广东、贵州、江南、陕西、广西等省局就可以铸造六百零七万四千零二十八串，还有宝源局和四川、浙江两省不知确数，伊犁为一千五百二十串[5]。如果全部铸足，那就远超过北宋元丰时的铸额了。

银贵的原因，在于白银的外流，这和鸦片贸易有关。铜钱减重，白银减少，结果是银价上涨。清初白银一两易制钱七八百文。嘉庆年间可以换到一千多文，道光咸丰年间，有换到二千文的。如果是所谓京钱还要更多[6]，于是人民就重银轻钱了[7]。

清代制钱市价表（二）[8]

年 份	白银一两合制钱数[9]
嘉庆 四 年（1799年）	1450（江苏）
七 年	1450—1650（山东）
二十三年	1300余（闽浙）
道光 二 年（1822年）	2000以上（直隶京钱）
	3000以上（同）
八 年	2600（山东京钱）
	1300（苏松）
	2550（京钱）
九 年	1400（河南）
十 年	2700（山东京钱）
十二年	1250（湖州）
十八年	1650
二十二年	1650（浙江）
二十六年	1500（江南）
	1500（河东）
二十七年	2000（湖广）
咸丰 元 年（1851年）	2000
二 年	1500（京师）
三 年	1600
	1850
四 年	2000
五 年	1600
七 年	1190（上海）[10]
十一年	1650
同治 元 年（1862年）	1550—1650
六 年	1500—1600（各省）

银钱比价的变动，对于物价自然会发生影响，但影响的性质，要看物价是根据什么计算的，用什么来支付；如果是用银支付，物价应当有下跌的倾向，至少不会上涨；如果是用铜钱支付，则应当有上涨的趋势。有些物价是以银为标准，而用铜钱支付，这种物价一定会上涨。实际上嘉庆三年（1798年）就有人说物价比百年前涨了几倍[11]，这从米价数字得到证实。18世纪底用铜钱计算的米价，等于17世纪底的四五倍。在道光年间以白银计算的物价还是低廉[12]，但铜钱因为私铸和外国钱的流入，都已减重，虽然道光年间有十一省停铸[13]，而且自嘉庆元年到道光末年的五十五年间，

人口增加一半，但用铜钱计算的物价，在19世纪的前半，比18世纪后半增加约一倍。不过这种增加是渐进的。

银钱比价的转变，对于农民是一种打击；因为他们卖粮的收入是以铜钱计算和支付，而纳税要用白银。如果银价对铜钱上涨五成，即意味着农民的租税负担要增加二分之一。嘉庆末年到咸丰初年，东南的产米区，每石大约卖钱三千，但银价涨到每两二千，所以农民卖出一石米的钱，只能缴纳一两五钱的税[14]。这样使他们的生活水平降低，并且一定有许多人无力缴纳租税，因而影响政府的财政。所以嘉庆以后，一方面政府的剥削和官吏的勒索加强了，另一方面人民的生活更苦了，逼得起来反抗，如白莲教和八卦教等民间结社就是在这个时期兴起的。终于引起太平天国的革命运动。

清代币值，变动得最剧烈的一次，是在太平天国得势的时候。道光二十七年广西大饥馑，三合会的人起义，打反清复明的旗帜。咸丰元年（1851年）洪秀全领导的太平军就占领永安州，不到两年便占领南京，东西八九省，前后十五年，各种情形和明末李自成、张献忠的时候相像，而政治意识则更进一步。清朝在那时便应当覆亡了。可惜太平天国内部分化，而清廷罗致的一些人仍想维持旧日的秩序，后来又得到英美等帝国主义国家的帮忙，所以竟延长了腐化的清朝政权的寿命。

咸丰三年的时候，军饷已用了两千万，而太平军的进攻，势如破竹，赋税收入大为减少。当时鸦片贸易已合法化，白银不但不能增加，而且不能禁止其向外流出。云南的铜也因交通线被太平军切断而运不来，那么怎样应付呢，只有铸造大钱和发行纸币了。

首先铸造的大钱是当十大钱，那是咸丰三年三月发行的，每枚重六钱。雍正以来制钱的标准重量是每文一钱二分，咸丰二年曾减为一钱重，但系试行性质。所以铸造当十大钱，就等于减重百分之五十。七月间王懿德请在福建添炉铸当十当二十当五十当百大钱[15]，这些钱减重不多，因为当百钱有库平五两重。八月宝泉局铸当五十大钱，每枚重一两八钱，等于减重百分之七十。十一月又议加铸当百当五百和当千的大钱，当百钱每枚重一两四钱，减成九分之一；当五百的每枚重一两六钱，减成三十七分之一；当千的每枚重二两，减成六十分之一。这些大钱都在咸丰四年正月呈样开铸[16]。并将当五十大钱的分量减为一两二钱，当十大钱减为四钱四分，成色不变。此外加铸铁钱，制钱每文重一钱二分，当五重二钱四分，当十的重量不详，证诸实物是四钱五分上下。又有铅制钱，每文重一钱二分。

当千等大钱一出，私铸者风起云涌。用铜四两，铸大钱两枚，可以抵白银一两，以之买旧钱，可得净铜六十两。这样套下去，最后可使制钱绝迹。当时政府铸造大钱的数目，由于铜的供给有限，大概铸得不多[17]；但私铸[18]的数目可能超过官铸。所以大钱跌价。当千和当五百大钱，在咸丰四年七月间每千文只值得四五百文[19]，当百和当五十大钱自每千值五六百文跌到三百多文，到十月间甚至没有行市[20]。

然而单靠大钱，还是不够应付战争的开支，所以又发行纸币。先发行银票，那是咸丰三年的事。当时发行不多，流通不广，所以产生的影响不大。到年底（即1854年年初）发行钱票，三四个月就发行了一百几十万串[21]，后来为了收回当千当五百大钱，发行更有增加。使领到纸币的人，不容易兑到现钱。因为总局收钞，隔日一次，每次限收几十个号数，每号又限不得过一百张；所以持钞的人，多守候整日而换不到钱[22]。私人钱庄的钱票，信用比较好，所以人民重私票而轻官钞。这使钞价下跌。起初实钞一千文还可以值得四五百文，这正是咸丰四年七月间当千大钱所值的数目。咸丰六年十二月银票一两在北京只值制钱八九百文，京外更少[23]。当时清朝政府的各种开支，都用纸币搭放，甚至只发出而不肯收进；人民拿纸币去买东西，商人或则故意加价，或则把货物藏起来；人民拿纸币去向官号兑现，即使能兑到，也是大钱[24]；加以官吏作弊，滥发纸币[25]，使其价值大跌。咸丰九年十一月银票每两在北京只值得京钱五六百文，合制钱两三百文，而实银则每两值京钱十二千以上，这就是说，要二十两官票，才抵得实银一两[26]。

在大钱贬值和纸币膨胀的情形下，物价自然要受影响。咸丰四年，北京一带丰收，乡下粮价很低，北京却缺粮，因为大钱和纸币主要是在北京城内流通，农民不愿把粮食运进城去贩卖。所以乡下小麦每斤只要制钱十六七文，城中却要三十七八文，一城之隔，相差一倍[27]。这就说明当时当百当五十大钱的购买力已减低一半。中秋以后，形势更加严重，当铺停止收当，粮店纷纷关闭，使物价进一步上涨[28]。七年春间，粟米一石，要京钱十几千，八年正二月间涨到二十几千[29]。彭蕴章也说"自改用大钱，城中米贵"[30]。所以该年四月间当局不得不增加兵饷，每兵饷一两加一千文[31]。十一年六月间米价每石涨到纸币六七十千，每千仅值铜制钱六十二文[32]。当时劳动人民每天所得不过几百文，只能买一二升米[33]。

膨胀期间，大部分物价，是以制钱计算；大钱和纸币，多按市价折合成制钱。买东西的时候，搭用几成大钱，物价就上涨几成[34]。所以人民持钱买物，价格不一样。在咸丰七年春天的时候，若用铜制钱来买，则物价比起战前来，并没有多大涨跌；若用铅铁制钱来买，则物价就要高百分之二三十；若用当十铜钱，物价就要加倍；纸币和当十铜钱相同；若用当十铁钱，则物价还要高几倍[35]。

铁钱局设于咸丰四五年间。铸小制钱和当十钱。起初有东西南北四厂，八年添设中厂，共有二百二十五炉，每炉五卯，一个月铸钱二十六万五千六百二十五串，到九年四月共铸九百几十万串。当初每月搭放二成兵饷。因制作精整，民间并不加以歧视，甚至比当十铜钱还受欢迎。在八年春间，铁制钱每千文可抵当十铜钱二千文。但后来开始跌价，到九年春天，就和当十铜钱平价流通[36]；七月间当十铜钱二百文可换铁制钱一千[37]。因为铁钱不仅有制钱，还有大钱，大到当千为止，而以当十钱铸得最多，也以当十钱的问题比较大。这当十铁钱最不受人欢迎。在咸丰七年正月初十日，北京商人拒不肯用，十一日所有米店和零卖食物的铺户大半关闭，等于罢市[38]。少数继续营业的店铺，也用各种办法来拒收大铁钱。譬如白面，若以当十铜钱去买，虽然价格要比制钱价格高得多，但到底还买得到真面；若用当十铁钱去买，则不但价钱要高五倍，而且商人在面中搀杂他物，以至不能食用[39]。

这次通货膨胀，前后虽然也有几年之久，但膨胀的重心是在北方，譬如当五百和当千的大钱，只有北方几省铸造过；南方似乎完全没有铸造，这因为南方各省老早就为太平军所攻占，许多省份，连当百钱都来不及铸造。而在北方，膨胀得最厉害的地方是北京，各种大钱，在外省不大流通；钞票的使用，大概也多集中在北京等大都市。至于太平军所占领的许多省份，自然不受清廷货币政策的影响，它们有它们自己的币制。

新疆的币制本来自成一个体系，它的红钱在其他省份不大流通，其他省份的青钱也不能在新疆流通，就是在新疆也限于南路八城，北方的吐鲁番和东方的哈密都不用。论理不应当受到其他省份货币贬值的影响。然而清廷在新疆也实行贬值。迪化（乌鲁木齐）宝迪局铸有当八、当十和当八十三种钱。伊犁宝伊局铸造当四、当十、当五十、当百、当五百和当千几种大钱，这些都不是真正的红钱。回疆的四城阿克苏、叶尔羌、库车和喀什噶尔也铸有自当五到当百等钱。其中除阿克苏和库车的铸局是原有的以外，叶尔羌是重新恢复鼓铸的，而喀什噶尔的铸局完全是新设的。这些铸局的钱币的减重的程度比其他省份更加厉害。试拿各省的当百钱来比较一下就知道。各省的当百钱本身就是轻重不等，单就我手头所能秤称的咸丰当百钱中，其最轻的也都在一库平两以上，只有新疆叶尔羌和阿克苏两局的当百钱不到一两。

在清朝政权下的物价既多根据制钱计算，而制钱的供给不但不能增加，反因销镕而减少，因此在通货膨胀中，又发生钱荒的现象[40]。所以用制钱计算的物价并没有上涨。这从米价上可以看出来。

各省局咸丰当百钱重量比较表

省局名	重量（公分）	备 注
福建宝福局	186.5	官定库平五两
直隶宝直局	76.5	
陕西宝陕局	67.3	重的在九十公分以上
热河宝德局	56.0	
山东宝济局	54.4	
直隶宝蓟局	54.4	
甘肃宝巩局	50.9	
湖北宝武局	49.8	重的在五十六公分以上
河南宝河局	48.5	
江苏宝苏局	41.8	重的在一百公分以上
北京宝源局	41.0	
新疆宝伊局	41.0	重的在五十四公分以上
北京宝泉局	40.0	重的在四十八公分以上
四川宝川局	40.0	重的在五十一公分以上
新疆叶尔羌局	32.0	
新疆阿克苏局	13.8	重的也不过十九公分

清代米价表（二）

期别	每公石合制钱数（单位：文）
1751—1800 年	1626
1801—1810 年	3262
1811—1820 年	3330
1821—1830 年	2524[41]
1831—1840 年	3548
1841—1850 年	3871
1851—1860 年	2914

币制的整理也费了许多年的时间。当千和当五百的大钱，只用了几个月，咸丰四年七月便停止铸造。当时两种大钱发行数目共计为

二十九万四千多串，当局估计可以用三分之一数目的制钱去收回来[42]，实际上大概是用纸币去收回。总之，那以后的大钱问题便是当百和当五十大钱的问题。这两种大钱不知道怎样处理，大概在咸丰四年十月以后已不流通。只有当十钱继续铸造行用，一直到光绪末年才停铸。不过，它的重量于同治初由每枚四钱四分减为三钱二分，光绪九年又减为二钱六分[43]。私钱自然更轻。它的流通限于北京城内。它的作价不断减低，咸丰九年四月间曾跌到和制钱平价，于是发生私销，因为销毁一枚，可改铸制钱三四文[44]，以作轻薄制钱则可得五六文[45]。自同治光绪年间减重后，当十钱一般是作两文制钱使用。

在太平天国范围内，币制是比较稳定的。我们不能拿太平天国的当百钱来同咸丰当百钱比较，这样比较，则太平天国的钱币要轻于咸丰钱；因为假定最高一级的太平天国钱为当百钱的话，每枚只有三十一公分上下，只比阿克苏的咸丰当百钱重，比其他各省的咸丰当百钱都要轻。但这种比较是不恰当的。咸丰当百钱只用于咸丰三四年间，后来清廷以推行纸币为主。换句话说，当清朝政权下使用纸币和铅铁钱的时候，太平天国范围内却一直使用铜钱，这样比较，才可以看出哪一方的货币购买力比较稳定，这才是全面的比较。当然，太平天国范围内的货币，也有贬值的现象，譬如南京一带的天国圣宝大钱，就有减重的现象。但太平天国没有使用铁钱、铅钱和纸币，这就使人民能享受比较安定的经济生活。

纸币在咸丰十一年几乎已成废纸，只有一部分可以在捐纳方面搭用，或用来赎当，一千文只值当十钱一百多文[46]，约合制钱二十三文。这就是说，丧失了百分之九十七的购买力。同治初，政府下令叫直隶、山东、河南、四川等省的各种税课，停止收钞，改收实银；各种开支，也不用钞[47]。但实际上直隶省还是继续使用，地粮收入以银九票一的比例搭收，用款则以银票各半的比例搭放，一直到同治七年以后，江西省也有同样的情形[48]。不过在全国看来，纸币流通已成为过去了。

太平天国失败后，币值才稳定下来。乡村物价看来还是低廉[49]，但一般地说起来，经过这次战争之后，物价是提高了。这由同治年间少铸制钱这一点便可以知道。那时流通的多是战前所铸造的旧钱。其中有许多外国钱如越南钱和日本钱。

注 释

[1] 关于和珅家产，《东华续录》等所记不全，《庸盦笔记》中有一《查抄和珅住宅花园清单》，共计一○九号，其中有八三号尚未估价，已经估价的只有二十六号，合算共值银二亿二千三百八十九万五千一百六十一两。若照比例推算，总数当不下八万万两。当然这种机械的推算法是不妥当的，而且这清单本身也不是十分可靠，但当时还有人以为和珅还有隐寄在外的财产。只因嘉庆帝不愿根究，所以没有查个明白。至于和珅的家产中，有多少是贪污所得，多少是高利贷收入，则难以确定。不但他的全部财产数目不得而知，他设的银号和当铺的资本也没有确实可靠的数目。但无论如何，贪污所得应占绝大比重。

[2] 在和珅的时候，各省督抚司道，少有不贪污的，如国泰、王亶望、陈辉祖、福崧、伍拉纳、浦霖等人，都因赃款而起大狱。赃款之多，往往至数十百万（邱鸾章《清鉴》卷四乾隆四十四年五月）。嘉庆四年列举和珅的二十大罪中，其最后一项是："家仆虽至贱，有二十余万资产。"

[3] 岳震川《兴安郡志·食货论》："圣清五朝之钱，顺治康熙多青铜，雍正青铜赤铜各半，乾隆六十年之钱，暨今上嘉庆钱，赤铜为多。……惟乾隆五十年后，承平日久，奸宄潜滋；山南二郡，小钱之多，如水涌而山出，西同乾凤诸郡无此患. 兴汉二郡，其患独深，则以南连蜀山，东接楚泽，奸民之渊薮，盗铸之巢穴也。贩小钱者或马骡重载，或舟舫潜贮，百方掩匿，期于不败。……十千可办之物，二十千弗可得。"（《皇朝经世文编》卷五三《户政》二八《钱币》下）

[4] 《清史稿·食货志五》："至道光年间，闽广杂行光中、景中、景兴、嘉隆诸夷钱。奸民利之，辄从仿造。"《东华续录》道光十八，八年谕："御史张曾奏，风闻广东省行使钱文，内有光中通宝、景盛通宝两种最多，间有景兴通宝、景兴巨宝、景兴大宝、嘉隆通宝，谓之夷钱.搀杂行使，十居六七，潮州尤甚，并有数处专使夷钱，内地奸民利其钱质浇薄，依样仿铸。"

[5] 倪模《古今钱略》卷首。《户部钱法则例》仅记卯数或炉数，计宝泉局七十五卯、宝直四十八卯、宝昌二十四卯、宝武二十一卯、宝云三十八卯、宝晋十二卯、宝福三十六卯、宝南三十六卯、宝广三十六卯、宝黔七十二卯、宝苏二十八卯、宝陕二十四卯、宝桂三十六卯、宝伊一千五百二十串、宝川四十炉、宝浙十炉。一卯应为一万二千四百九十八串，但一炉铸多少卯则不得而知。又，没有宝源局的数字。

[6] 《品花宝鉴》第三回："那卖玉器的……道……整的不要要碎的，如今索性拉交情，整的是六两银，碎的是六吊大钱，十二吊京钱。"

[7] 《清史稿》卷二○八《朱嶟传》道光二十六年疏："方今盐务疲敝，皆

以银贵银贱为词，以盐卖钱而不卖银也。"又"今钱值日贱，物价日贵，泉府费两钱而成一钱，官兵领一钱，则仅当半钱。"《品花宝鉴》第八回："那些妙处无不令人醉心荡魄，其实花也有限，不过七八吊京钱，核起银子来，三两几钱。在南边摆一台花酒也还不够。"第三四回："若说这个缺，一到任就有两万银子的现成规矩，这三千吊（谢仪）钱算什么，核银子才一千二百两。"

[8] 大部分是根据《清实录》的记载。嘉庆二十三年和同治六年数根据《皇朝政典类纂》，咸丰元年数根据曾国藩奏疏，见《曾文正公全集》。

[9] 除了注明京钱的数字外，都是指大制钱。清末京钱只是一种价格标准，支付时用普通制钱，京钱二文合制钱一文。

[10] 咸丰七年上海英人收买制钱，故钱价贵（见《清文宗实录》卷二三五）。

[11] 《清史稿》卷一一一《管幹贞传》引嘉庆三年蒋兆奎的话："旗丁运费，本有应得之项，惟定在数十百年前，今物价数倍，费用不敷。"

[12] 《争春园》（道光二十九年出版）第一三回："就是我弟兄二人，日间三餐，晚间的酒肴连房钱与你一两银子一天。小二听见说是一两银子一天，心中大喜。"

[13] 《东华续录》道光四十四，道光二十一年八月丙申谕户部："见据该部查明，停铸省份至十一省之多，且停铸多年，恐钱法渐至废弛，不足以资民用，着……各督抚务照每年应铸卯额，迅速开铸。"

[14] 咸丰元年十二月十八日曾国藩《备陈民间疾苦疏》。

[15] 《清文宗实录》卷一〇一。

[16] 咸丰大钱铸造日期，各书记载不同，例如当千当五百大钱各书多说是咸丰三年十一月铸造，但据《清实录》和《大清会典事例》，都说是咸丰四年才开铸。

[17] 《大清会典事例》卷二一四《钱法》载咸丰四年铸钱数目如下（以制钱为单位）：

当千	29 114 000	当五百	27 794 000
当百	1 410 500	当五十	1 554 000
铅制钱	24 990 000	当百当五十	43 161 200
当百当五十	43 488 100	又	62 423 600
又	31 245 000		

又卷二一五《户部钱法》曾提到当二百当三百当四百的大钱，但大概没有发行。黄钧宰《金壶遯墨》卷二《大钱》："咸丰五年秋，道过清江，闻车声辚辚然来，视之钱也。问何为，曰铸钱。曰曷为以钱铸钱，曰帑金不足，官府费用无所出，今毁制钱为当十大钱，计除工费，十可赢四五，则何为而不铸？是年冬再过清江，闻车声辚辚然来，视之大钱也。问何为，曰铸钱，曰曷为又以大钱铸钱，曰大钱不行，

报捐者买之当十祗值一二,今毁大钱为制钱而又小之,和以铅砂,计除工费,一可化三四,则何为而不铸?"

[18] 《文宗显皇帝实录》卷一八五,咸丰五年十二月癸巳谕:"闻通州所辖地方及长兴店左近西山之内,均有私炉窃铸当十大钱,每银一两换私钱至十千有零,故钱愈贱,而银愈贵。"

[19] 《光绪顺天府志》。

[20] 咸丰四年十月十五日仙保《奏为官私钱铺奸商谋利致坏钱法折》。

[21] 王茂荫《再议钞法折》(《王侍郎奏议》卷六)。

[22] 杨重雅《流通钞法宜筹实济疏》。

[23] 张修育奏折。但《清朝续文献通考》说,咸丰五年时银票一两只值制铸四五百文。

[24] 《清史稿·食货五·钱法》。

[25] 《清史稿》卷一七四《宗室·肃顺》:"咸丰八年……户部因军兴财匮行钞,置宝钞处,行大钱,置官钱总局,分领其事。又设官号,招商佐出纳。号乾字者四,宇字者五。钞币大钞无信用,以法令强行之,官民交累,徒滋弊窦。肃顺察宝钞处所列宇字五号欠款,与官钱总局存档不符,奏请究治,得朦混状,褫司员台斐音等职,与商人并论罪,籍没者数十家。又劾官票所官吏交通,褫关防员外郎景雪等职,籍没官吏亦数十家。"

[26] 高延祐《银钞壅滞折》。

[27] 唐壬森《请推广大钱以足食便民折》。

[28] 仙保官《私钱铺奸商谋利致坏钱法折》。

[29] 陈鹤年《大钱壅滞物价日昂……折》。

[30] 《清史稿》卷一七二《彭蕴章传》。《清史稿》卷二〇九《袁希祖传》咸丰九年疏:"咸丰初以道梗铜少,改铸大钱,未几当百当五十皆不行,惟当十行之,始直制钱三五,近则以十当一,银直增贵,百物腾踊,民间重困,旗饷月三两,改折钱十五千,致无以自活。向日制钱重一钱二分,大钱重四钱八分以之当十,赢五钱四分,今以十当一,是反以四钱八分铜,作一钱二分用也。民间私镕改铸,百病丛生。"

[31] 户部片。

[32] 李慈铭《越缦堂日记》辛集上,咸丰十一年六月十二日。

[33] 福宽《变通钱价以救民生折》。

[34] 《畿辅通志》引《陛见恭记》载咸丰七年二月山东藩司吴廷栋奏见:"上即问直隶能否行大钱?对曰,直隶市肆前曾出示行使大钱二成,今春复推广行使三

成。小民谨遵功令,原属行使。其实市中买卖,价值百文之物因行使大钱二成,即索价百二十文;今行使大钱三成,即索价加三成,暗中折算除去三成大钱不算。"

[35] 普安《奸商恶风把持行市……折》。

[36] 恩霙《京城铁制钱现形壅滞……折》。

[37] 刘有铭《奸商牟利居奇折》。

[38] 张修育《铁大钱壅滞不行有妨民食折》。

[39] 普安奏折,同注[35]。

[40] 《花月痕》第三一回:"痴珠……道……我是不止说这个,还有许多时事,通要编成乐府叹……第四是铜钱荒,第五是钞币弊……。"

[41] 1821至1830年用京钱计算的米价为每石四、六三〇文,白银每两合京钱二、一五七文。表中数字系将京钱折合成制钱,二京钱等于一制钱。

[42] 户部《遵旨再行妥议具奏折·附片》(咸丰四年七月二十六日)。

[43] 《清史稿》。

[44] 《清文宗实录》卷二九三,咸丰九年九月谕:"御史徐启文奏《请严禁私销私铸以通钱法》一折,据称京师现行之铜当十钱,最为饶裕,近日骤行短绌。推原其故,京中铜当十钱,一文仅抵铜制钱二文,若改铸制钱,可得三四文,必有奸民牟利盗销改铸之弊。"

[45] 《文宗实录》卷三一八,咸丰十年五月谕:"御史朱潮奏……佥称大钱短少,并有奸民将当十大钱,毁质私铸,计当十大钱一枚,可作轻薄制钱五六文。"

[46] 刘毓楠《官票壅滞……折》。

[47] 沈葆桢《官票碍难停止酌拟办理情形折》(《沈文肃公政书》卷二)。

[48] 刘坤一《遵议酌提制钱解津备用折》。

[49] 《信征润集》(同治七年作)卷上《草鞋翁》:"西城外有一周顺兴,年六十余,开一零卖酒店,列桌数张,来饮者二文一杯,发芽豆一钱一碟,用五六文钱便可饮醉。……有卖草鞋者,隔数日即来饮。……其所卖之草鞋,七文钱一双。"《信征载集》(同治九年作)卷下《孽缘》:"有赵生某,往水德庵看演戏。午后至桥边小店内,酒三文钱一杯,五香煮豆二文钱一碟,用钱不多,已得半醉。"《信征别集》(同治六年作)卷下《田佣》:"乃来本寺放牛,及年力壮,则守耕耘之事。暇则洒扫担水柴火泥土重致远,力所能为者,无不为之,问工钱若干,曰初来数年则无,近二三年月得三百钱亦足衣食之需。"

三　清末币值的变动

自咸丰年间到同治初年，铜钱对白银的比价，曾有不规则的波动。自同治十年起，银钱的关系，又发生一次转变：就是和清初一样，钱贵银贱。那时欧洲国家，先后采行金本位，对白银的需要大减，同时白银产量增加，银价下跌，铜价上涨。白银每两所能换得的制钱数目，逐渐减少。在咸丰年间，每两曾换过制钱二千文，同治十年还能换到一千八百多文，但光绪三十一年，每两只能换到一千零几十文了[1]。

清代制钱市价表（三）[2]

年　份	白银一两合制钱数	年　份	白银一两合制钱数
同治　九　年（1870年）	1856	光绪　十五年	1569
十　年	1856	十六年	1473
十一年	1856	十七年	1481
十二年	1782	十八年	1536
十三年	1787	十九年	1536
光绪　元　年（1875年）	1760	二十年	1493
二　年	1705	二十一年	1648
三　年	1660	二十二年	1364
四　年	1582	二十三年	1364
五　年	1604	二十四年	1292
六　年	1636	二十五年	1312
七　年	1673	二十六年	1315
八　年	1668	二十七年	1336
九　年	1668	二十八年	1331
十　年	1634	二十九年	1265
十一年	1633	三十年	1213
十二年	1631	三十一年	1089
十三年	1530	三十二年	1386
十四年	1564	三十三年	1485—1683

因为白银跌价，铜钱涨价，所以用铜钱计算的物价，在同治到光绪前半期那三十年间，有下跌的趋势。

清代米价表（三）

期　别	每公石合制钱数（单位：文）
1801—1850 年	3267
1851—1860 年	2914
1861—1870 年	4480
1871—1880 年	2991
1881—1890 年	2311
1891—1900 年	3449
1901—1910 年	5250

但在整个清朝看来，以铜钱计算的物价还是上涨。最后的十年涨得更多。如果以五十年为一单位时间，来看整个清朝的两百多年，则米价约上涨五倍。

清代米价表（四）

期　别	每公石合制钱数	百分率
17 世纪后半	614	100.00
18 世纪前半	816	132.90
后半	1626	264.82
19 世纪前半	3267	532.08
后半	3152	513.35

用铜钱计算的物价的上涨，不由于产米的减少，或人口的增加，而是由于铜钱价值的减低。铜钱价值的减低也不是因为铜价下跌，而是因为铜钱减重[3]。铜钱减重，主要不是通过制钱，因为制钱的重量，在长期看来，几乎是不变的。顺治元年的制钱，每文重一钱；光绪年间广东的机器制钱，每文也是一钱重。清初三朝的制钱，甚至有增重的事实。但乾隆以来，私铸猖獗；咸同以后，更是厉害。私钱比重很大，而私钱总是不够分量的，光绪钱有轻到三分以下的。到了末年，就是机器制钱也有减作四分重的。

物价的上涨，既非由于铜价下跌，而是由于铜钱减重，所以物价和铜钱的重量或含铜量成反比例变动。以中国人尤其是北方人最重要的食物馒头来说，康熙年间大约是一文钱一只[4]，雍正年间要两文钱一只[5]，光绪年间就要四五文钱一只[6]了，约高于清初三四倍。如果清朝政府能始终维持一文一钱的重量，则以制钱计算的物价，一定要平稳得多。

光绪二十六年开始铸造铜元,这在中国货币史上,是一次大的变革;这种变革不只是制度上的,同时还影响了人民的生活水平,因为铜元的采用引起一次物价革命。所谓物价革命和普通的通货贬值或通货膨胀不同。中国历史上有过许多次货币贬值和通货膨胀,但在膨胀过后,物价多少总是恢复以前的水平。所以过去的货币贬值和通货膨胀所引起的物价变动,只是一种暂时的波动。好像一个人患病一样,病体复元之后,往往不现形迹。中国自汉以来,不管统治阶级用金也好,用银也好,用钞票也好,一般老百姓总是使用铜钱,甚至冒禁使用。而实际上,政府禁来禁去,最后总是让铜钱流通。铜钱的分量和成色虽然代代不同,常常减重,但减来减去,结果总是恢复到一钱或相近的标准重量去。过去之所以有那种情形,是因为两千年间,一般人民是以铜钱为货币单位。政府方面虽然也曾屡次发行过大额的货币,但人民总是极力抵抗,而且最后都得到胜利。先有王莽的大钱,后来又有咸丰的大钱,都没有得到人民的信任,结果总是恢复小钱。自铸造铜元以后,情形就大不同了。从制度上说起来,使用铜元,和使用当十大钱,并没有什么不同[7]。咸丰时的当十大钱最初每枚有六钱重,后来经过几次减重,每枚还有二钱六分重。而当十铜元每枚只有两钱重。当十大钱一出不久就跌价,后来一枚只值制钱两文。而铜元虽也对白银和银圆跌价,但对制钱只有短时期内在个别地区曾跌价,一般说来,始终保持当十的身份。这是铜元和大钱不同的地方,也就是物价革命的关键。中国人民经过了两千年才找到并接受了一种新的货币单位,以代替旧式的铜钱。以钱文计算的物价,应当要上涨几倍。不过这一次物价革命在清末只是一个开端,到民国年间才完成。

人民之所以接受铜元,和他们接收银圆是同一理由,就是形制精巧,大小一致。因为铜元减重最少。也可以说是机器战胜手工,或资本主义战胜封建主义。所以初出的时候,市价竟超过它的名价,原定银圆一元当铜元一百枚,而实际上在光绪二十八年时,银圆一元只能换到八十枚到九十枚[8]。而铜元的成本则每百枚只要白银四钱四分左右[9]。差不多有对倍的利润,各省官僚认为这是发财的捷径,于是大买机器,从事鼓铸。在光绪三十一年,设有铸造局的有十二省,共十五局,有机器八百四十六具。据当时上海外国商会的估计,这些机器如果全数开工,则每年应制造铜元一百六十四亿一千三百七十万枚。全国人口以四万万计,每人占四十枚。幸而这些机器只有十分之六开工,有些机器,还没有运到。后来因为有人劝告，曾停铸一个短时期，但到清末止，铜元铸造的总数，应有二百亿枚[10]。因此价格下跌。银圆一元，由八十枚增到一百三十多枚。

清末上海铜元市价表[11]

年份（每年十二月）	银圆一元兑当十铜元数（单位：枚）
光绪　二十八年	80
二十九年	84
三十年	90
三十一年	107
三十二年	110
三十三年	116
三十四年	123
宣统　元　年	127
二　年	131
三　年	134

　　在以前，大钱跌价，人民就用制钱，物价又复原。这次铜元跌价，都市人民的生活费就跟着涨了。例如刻书的工价，从明末以来，几乎没有什么上落；可是清末却变动很大。光绪初年，湖南刻书，每百字五六十文，中叶以后，增至八九十文；宣统初，增至一百三十文[12]。为什么几百年间不变，而在几十年间变动得这样厉害呢？这就是物价革命。现在再也没有人主张废铜元用制钱[13]，这就是物价革命的一个特点。而且铜元跌价并不是因为白银涨价的关系，实际上在这个期间，白银本身也在跌价中，这就涉及物价革命的基本原因了。

　　中国同外国接触虽有很久的历史，但中国的物价以及生活水平是孤立的，一向不大受外国的影响。这因为在生活必需品方面，中国大部分能自给。自太平天国失败以后，西方国家对中国侵略加深，与外贸易额也逐渐增加，中外的物价多少有接近的趋势。接着欧美各国采用金本位，银价大跌，中国各种支付，是以银计算，因此物价难免被牵动而上涨。

　　银价的下跌，对于人民的生活，是一种严重的威胁。尤其是靠工资生活的劳动人民，生活水平要显著地降低。在西汉末年，代役钱每月三百，顾更钱每月两千。宋初一个兵每月可拿到三五百钱。到了清末，城市工钱有时用银计算，但乡村多用钱，工钱的数目没有增加。比如同治年间的田佣，每月仍是三百钱[14]。西汉三百钱约可买到半公石米，同治年间恐怕一斗也买不到。清末城市的劳动人民的工钱比较高：在天津，皮匠、织花毯工、弹花匠、磨刀匠等，每天约可得三百文[15]。即使天天有工作，一个月也不过九千文，只能买到大米一公石多。比不上西汉时的顾更钱。上海的单轮车夫每天所得的力钱只有一百三四十文到三百五十文，一个月平均劳动二十五天[16]，共可得六千文，买不到一公石米。所以清末的工资，并没有比过去提高。

注　释

[1]　《中外大事汇记》（光绪二十四年）《京师钱业》："京师用钱，名目繁多，有票钱，有大个钱，有二路钱，有原串钱，背铸当十二字，均系一文作两文用。大个钱质地厚重，向用于内城及近内城外一带市面。原串钱质地极薄，如外省一文作一文用之沙壳钱相等，惟多当十二字，亦以一文作两文用；向用于外城一带者也。自奉旨禁钱店挑剔钱色后，于是近内城一带人入市买物者，均不用大个钱，而改用原串钱。原串与大个钱约八与十之比例，如兑洋一元，大个钱八百，原串钱可作一千。商人以奉旨禁挑，不敢争论，于是向日所用之大个钱，即有商人贩运出京，改铸二路原串等钱。约大个钱一文，可铸二路钱二文，原串钱三文；是真绝好一桩利市三倍之生意也。"（十月《国闻报》）

[2]　表中数字系根据海关统计，见梁启超《各省滥铸铜元小史》（《饮冰室文集》二一）。但原数字系以海关两为标准，兹为求统一并为比较便利起见，将海关两换算成库平，按库平一两等于关平九钱九分计算。

[3]　据上海英国领事馆的报告，乾隆以后的制钱，每百文的重量如下（见梁启超《各省滥铸铜元小史》）：

乾隆钱	一二点一九盎司	嘉庆钱	一〇点七三盎司
道光钱	一〇点八〇盎司	咸丰钱	九点〇〇盎司
光绪旧钱	九点八〇盎司	光绪新钱	六点八〇盎司

[4]　《野叟曝言》第一六回说馒头是四文钱一卖，一卖大概是四只，至少是两只。

[5]　《儒林外史》第一七回："于是走进一个馒头店……那馒头三个钱一个，三公子只给他两个钱，就同那馒头店里吵起来。"可能当时正是由两文钱一个涨到三文钱一个的过渡期间。

[6]　《官场现形记》（光绪二十九年作品）卷二："后来又说他今天在路上买馒头，四个钱一个，他硬要五个半钱一个；十二个馒头便赚了十八个钱，真是混账东西。"

[7] 光绪二十三年御史陈其璋《请饬户部添铸铜圆折》:"议者或谓铜圆无异当十大钱,与其改造铜圆,何如整顿大钱,尚属我行我法,不知大钱虽系当十,而轻重不一,大小不齐,势不能信用于各省。"(见左宗棠《光绪乙未后奏议辑览》卷六)

[8] 据海关报告,光绪二十八年,银圆一元,苏州作八十八枚,杭州作九十枚。胶州为八十枚,安庆九十五枚。三十一年上海为九十二枚到九十五枚。宁波为九十五枚。(耿爱德《中国货币论》第三九〇页)

[9] 梁启超《各省滥铸铜元小史》:"各局之铸铜元,其原料,每铜一千斤而掺以亚铅五十斤,铜之市价每担约三十五两内外,亚铅每担则一两内外,故铜元原料每担所值实不及三十五两,而可以铸八千枚。故龙圆每元应得百六十九枚,库平每两应得二百二十八枚。更以制钱比较之,现行制钱一千文中,含有纯铜量二斤八两,专就铜以求其比价,则铜元百枚,等于制钱六百九十四文,而制钱现在之市价约每千五百文而易一两,故铜元当二百十三枚而易一两。每百枚应值银四钱叫分八厘。"(《饮冰室文集》二一)

[10] 梁启超所记各年份铜元铸额如下:

年　度	原料铜(担)	铸成铜元数(千枚)
光绪三十年	255 771	1 741 167
三十一年	749 000	4 696 920
三十二年	213 673	1 709 384
三十三年	356 400	2 851200
三十四年	178 500	1 428 000
	1 753 344	12 426 671

光绪二十八九年及宣统年间所铸的不在内,此外还有民间及外国人私铸的。梁启超估计在清末有铜元一百四十亿枚(见《饮冰室文集》二一《各省滥铸铜元小史》)。这数字似乎太少。另据民国二年十二月财政部泉币司的调查,大小铜元铸行之数已达二百九十余亿枚,所以清末铜元铸造额应有二百亿枚。

[11] 根据张家骧《中华币制史》第五编第三五页。

[12] 叶德辉《书林清话》卷七《明时刻书工价之廉》。

[13] 光绪三十四年给事中高润生《整顿圆法宜权利弊而定指归以为划一币制基础折》说:"铜元既非民所宝,宜毅然罢去,而规复旧制钱本位,并急定银币之制,俾制钱与银圆直接相权,除去大小铜元数层间隔。"这种见解的确与众不同,但当时不大有人响应。

[14] 《信征别集》卷下《田佣》。

[15][16] 《中国经济全书·清末工匠之赁银及其支给之法》。

四　白银的购买力

清代白银的购买力，是承继明代以来的倾向，虽然比铜钱的购买力要稳定一些，但仍有逐渐减低的趋势。以兵饷来说，清初每人一日银五分，太平天国失败以后，每人一日二钱。又如治河，清初黄河泛滥一次约费百万两，到道咸年间，一次要用千万两。如果以米价为标准，则十五世纪到十九世纪那五百年间白银的购买力减成百分之十七，平均每百年，米价上涨百分之五十五，五百年间涨成五六倍。

白银购买力变动表

期　别	每一公斤白银所能购买的大米（单位：公石）	每公石米之价格（单位：公分银）
15 世纪	75.11（100.00）	13.31（100.00）
16 世纪	46.44（61.83）	21.53（161.73）
17 世纪	31.40（41.80）	31.84（239.19）
18 世纪	20.87（27.78）	47.91（359.84）
19 世纪	13.05（17.37）	76.63（575.56）

在这种长期平均之下，米价的上涨或白银购买力的下跌，好像是机械的、定期的，实际上并不然。每一百年间的上涨，并不是平均分摊的，其中波折很大。不但明代如此，清代也如此。就是以十年期的平均价格来说，每公石自二十四公分到一百四十五公分，相差七倍。

清代米价表（五）[1]

期　别	每公石之价格（单位：公分银）	期　别	每公石之价格（单位：公分银）
1641—1650 年	47.11	1781—1790 年	60.01
1651—1660 年	44.81	1791—1800 年	73.28
1661—1670 年	31.94	1801—1810 年	81.13
1671—1680 年	24.31	1811—1820 年	80.19
1681—1690 年	32.22	1821—1830 年	72.44
1691—1700 年	27.50	1831—1840 年	90.19
1701—1710 年	36.01	1841—1850 年	84.13
1711—1720 年	34.53	1851—1860 年	63.72
1721—1730 年	32.84	1861—1870 年	97.84

续表

期　别	每公石之价格（单位：公分银）	期　别	每公石之价格（单位：公分银）
1731—1740 年	37.37	1871—1880 年	64.88
1741—1750 年	42.69	1881—1890 年	53.72
1751—1760 年	61.06	1891—1900 年	89.72
1761—1770 年	64.22	1901—1910 年	145.28
1771—1780 年	56.75		

由米价数字可以知道：清初物价还高。到康熙初年，慢慢下跌，然后稳定了五十年。自18世纪中叶起，开始上涨，直到19世纪中叶，涨风才停；而且一时有回跌的样子。但19世纪末到20世纪初又上涨。不过这次上涨中的数字，因偏重上海市场的缘故而偏高，上海米价大体上要比各产米区高一倍。

当福临到北京即位时，米价有时还高到每石四五两。就是平均价格也是相当高的，和明末是同一阶段。崇祯时的平均米价是每公石一两二钱。顺治朝的平均米价每公石也是一两一二钱。这在中国的物价演进史上还算太高。所谓太高，就是说其中一部分不是货币的原因，而是因社会秩序没有恢复，物资缺少的缘故。这只要拿顺治朝的米价同康熙雍正朝的米价一比较便可以知道。康熙朝的平均米价是每公石五钱九，几乎等于顺治朝的半价，正好同明代嘉靖朝的米价接得上。雍正朝比康熙朝稍微高一点，每公石约值银八钱七，还是低于顺治朝米价。史家称清初三朝为盛清，大概就是这个缘故。

乾隆以后情形就大不同了，如果以清初三朝为初期，则乾隆到道光是中叶，这一时期的物价突然上涨，乾隆朝米价平均是每公石一两四五钱，超过顺治朝的米价。嘉庆朝每公石平均二两一钱，比乾隆朝上涨百分之四十以上。道光朝每公石二两一钱六，比嘉庆朝稍高。咸丰朝白银购买力稍有增加，每公石米值一两九钱九。但同治朝物价又上涨，到光绪朝末年和宣统朝，涨势更凶。

清代米价表（六）

朝　别	每公石平均价格（单位：库平两）	每公石值银（公分）数
顺治	1.15	43.00
康熙	0.59	21.91
雍正	0.87	32.34
乾隆	1.48	55.19

续表

朝　别	每公石平均价格（单位：库平两）	每公石值银（公分）数
嘉庆	2.10	78.31
道光	2.16	80.75
咸丰	1.99	74.34
同治	2.27	84.84
光绪	2.17	80.84
宣统	4.04	150.91

乾隆年间米价的上涨，曾引起当时人的深切注意。涨风自乾隆一即位便开始。乾隆十年，杨锡绂上疏，指出谷价上涨的现象及其原因，他的理由第一是户口加多，第二是奢侈，第三是田归富户，农民也要买谷，价钱就贵了[2]。乾隆十三年（1748年）当局曾通令各省，询问米价上涨的原因。各省的答复[3]几乎异口同声说是人口增加，偶然有人提到风俗的奢侈、酿酒以及其他技术问题。但没有一个说是白银跌价或白银数量增加。山东巡抚阿里衮明明看见布帛丝棉之属，样样涨价，甚至铜钱也涨价，而对银价的下跌，竟熟视无睹，一口咬定是生齿日众的缘故。

户口的增加，当是事实，但增加并不自乾隆时开始。清代每年有户口报告，我们不知道当时的督抚们曾否见过这些人口报告，如果见过，也许是受这些数字所蒙蔽。因为这些数字是不可靠的。据《清实录》所载，顺治十八年比八年增加百分之八十，这可以解释作版图扩大的结果。至于雍正九年到乾隆六年，十年间增加到四倍半，那是绝不可能的事。其中原因是自康熙年间起，便有许多人不报户口，以逃避税役。这种现象当局慢慢也知道，所以康熙五十一年下谕照当时钱粮册目，无增无减，永为定额，这就是所谓永不加赋的人口，但结果人口报告增加还是不多。康熙乃清代的盛朝，政简费轻，人口的增加率应当是很大的，而米价却很平稳，可见人口增加对于白银购买力的影响不大。至少乾隆年间银价的下跌，不是以人口增加为主要的原因。

乾隆年间物价上涨的表面原因，是开支增加，因为边疆各地，很多军事行动，单是乾隆二十二年，"平定"新疆，就花了两千多万两。四十一年，大小金川战争，前后用去七千多万两，然而乾隆年间物价上涨的基本原因，是美洲的低价白银流入中国。论理哥伦布到达美洲是在明朝中叶，而欧洲人到中国来通商也是明代的事，为什么白银到清朝才影响中国的物价呢？这一点只要明了当时欧洲情形和欧亚通商经过便知道。

美洲的金银对欧洲物价的影响，时间也并不一致；西班牙的反应最快，因为金银是先运到西班牙。所以西班牙的一般物价水平在 16 世纪中叶便开始上涨，17 世纪初涨成四倍[4]。而英法的上涨则晚于西班牙五十年，到 17 世纪中叶才达到顶点[5]。这种时差是容易理解的，因为必须经过若干时候，美洲的金银才会由西班牙流入英法。

中国物价的上涨，比英法又慢一百年，而且上涨的程度没有英法那样厉害，正同英法的上涨没有西班牙那样厉害是一样的，时间上和空间上的距离把那种涨势冲淡了。中国银价下跌之所以晚于英法一百年，是因为白银的流入中国，是经由菲律宾华侨和英国东印度公司之手。由西班牙到英国既需要五十年，则由墨西哥和英国到中国，一百年并不算多。

西班牙殖民者自占领菲律宾之后，两百多年间，经常将中国商品转运墨西哥销售，而由墨西哥运回银圆和白银，作为货款以及在菲律宾的行政补助费。1598 年马尼拉的大主教致菲律普二世的信中说，新西班牙（墨西哥和秘鲁等）每年有百万披索的银币运到菲律宾去，但结果都流到中国来[6]。1665 年（康熙四年）六月六日勒令规定每年为二百五十万披索，其中二百万披索为铸币[7]。康熙五十九年曾限制马尼拉商人的对华贸易，雍正五年（1727 年）又取消禁令，但有多少白银流入中国，则不得而知。据估计，自 1571 年（隆庆五年）马尼拉开港以来，到 1821 年（道光元年）墨西哥独立为止，由墨西哥运到马尼拉的白银总额有四亿披索之多，其中至少有四分之一即一亿元流入中国[8]。

日本方面，在这个时期，也有白银流入中国。这种流入一部分是中国人去日本的长崎从事贸易带回来的，另一部分是荷兰人由日本带到澳门，间接流入中国的。据说自顺治五年到康熙四十七年那六十年间，有一亿元的白银流入中国[9]。因为自明以来，白银在日本的购买力低于中国。一公石米在万历四十三年在日本要三十三公分纯银，而在中国只要二十三公分。在康熙三十四年，中国只要二十九公分，日本要一百公分。康熙五十年，日本要七十八公分，中国只要四十一公分[10]。

但资料最多而且比较可信的是英国东印度公司所输入的白银数。

葡萄牙人虽然在明代中叶就来到中国，可是他们的买卖不大，船只很少，不能带来许多白银。英国东印度公司于崇祯十年曾派凯撒林号（Catherine）来中国，但不久他们国内发生革命，没有继续前来，直到康熙年间，东来的船只每次还只一艘，而且几年一次，带的银圆也不多。例如康熙二十年的巴纳迪斯顿号（Barnardiston）只带来六万元，大部分是用来买日本货。到康熙五十九年（1720年）广州商人组织公行，次年起船只来的才多，每年有四艘。雍正十年除东印度公司的船以外，还有其他商船和荷兰、瑞典、西班牙等国的船。以后渐渐增加。乾隆六年（1741年）广州曾到有法、瑞、荷、丹等国的船共十四艘。当时外国船到中国来，所带的东西，十分之九是白银，因为中国人不需要欧洲的其他货物，而外商向中国采办丝茶等货，三分之二必须用白银偿付货款，最多三分之一能用他们本国货来抵偿，有时四分之三的货款要用现银支付。根据东印度公司的记录，自康熙二十年到道光十三年那一百五十三年间，欧洲船只输入中国的白银，其有确实数字或可约略估计出来的，总计在七千万两以上。但自道光初年起，白银已开始外流，所以在道光以前的一百四十年间，欧洲船只输入的白银数量要在八千万两以上。如果加上来自菲律宾和日本等地的白银，恐怕有几亿两之多。

清代白银输入表（一）

期　别	输入数（单位：两）[11]
1681—1690 年	196 627[12]
1691—1700 年	140 840
1701—1710 年	775 206[13]
1711—1720 年	6 358 250
1721—1730 年	2 304 147
1731—1740 年	2 546 542
1741—1750 年	646 622
1751—1760 年	415 772
1761—1770 年	3 436 015
1771—1780 年	7 618 783[14]
1781—1790 年	16 549 464
1791—1800 年	5 196 690
1801—1810 年	26 850 828
1811—1820 年	10 003 955
1821—1830 年	（出）2 298 468[15]
1831—1833 年	（出）9 994 185
纯输入额	70 741 088 两或 2 638 643 公斤

东印度公司所记录的数字，自然不能算是正式的统计，有些年份，没有确实的数据，无法列入，如1754年到1774年那二十年间，因东印度公司的档案已遗失，表中的数字仅系一小部分。就是其他年份的数字，也不是绝对正确，因为东印度公司的记录，虽然包括其他国家的船只，但有时候仅是估计数或竟至于阙漏。所以通过这条途径实际流入中国的白银，可

能在一亿两以上[16]。不过当时的贸易，大部分是在东印度公司手里，所以这些数字大体上是有代表性的。而且把这些数字拿来同当时中国的米价一比较，马上可以看出两者的关系。不过有两点需要注意：第一，白银不是消耗品，同米谷不一样，所以1726年到1750年那二十五年间，输入的白银虽没有前一个二十五年间之多，但米价却仍是上涨，白银的增加应当每期累积起来计算才对；第二，18世纪第三个二十五年的白银数字仅系实际的一部分，所以同米价上涨的程度似乎不符。我并不是说，物价的上涨，和白银数量的增加，有机械的联系。那时世界白银的价值是已减低了，但在中国这一地区，对白银的生产力，还没有提高到世界其他地区的水平，所以白银还是维持着原有的购买力，一定要等到中国人能充分利用低价的白银，那时白银在中国的购买力，才会同它的价值相符。

白银输入与米价比较表

期　别	白银输入数（单位：两）	米价指数
17世纪后半	331 467	100.0
18世纪前半	12 630 767	117.1
18世纪后半	33 216 724	198.9
19世纪前半	24 562 130[17]	246.0

咸丰朝因太平天国革命，发生一次钱钞的贬值，可是白银的购买力，反而有增加的倾向。换言之，在19世纪后半，米价对白银有下跌的趋势。这种趋势，是白银的减少所引起的。而白银的减少，则为鸦片输入的结果。

中国知道鸦片虽然很早，但从前是作为一种药剂，使用的分量极少。到近代英国东印度公司的船员私带鸦片输入中国，才日见其重要。

根据东印度公司的记录，第一次带鸦片到中国是康熙四十三年（1704年），斯特列塞姆（Stretham）号取自印度的马德拉斯，数量微不足道。雍正七年（1729年）曾下令禁止输入。当时输入鸦片的数目每年只有两百箱。乾隆二十二年（1757年）东印度公司取得印度鸦片的专卖权，于是鸦片贸易逐渐发展。乾隆三十八年时每年输入增至一千箱。嘉庆以后，输入的数目激增：嘉庆年间每年约四千箱，道光初每年八千多箱，末年增到三万箱以上。咸丰年间每年曾到过六万多箱。

美洲白银的输入中国，大部分本是经由英商之手，但因为鸦片贸易的关系，自18世纪末，输入白银的数目就大减。19世纪初，英船就开始输出白银了。嘉庆七年（1802年）东印度公司自中国输出白银两百四十多万两,以后,几乎年年有输出,少则几十万两到百多万两,多则五六百万两。据道光年间的鸿胪寺卿黄爵滋说,道光三年以前,每年白银流出几百万两,三年到十一年每年一千七八百万两;此外福建、浙江、山东、天津各海口,还有几千万两[18]。林则徐也说历年中国之银耗于外洋者,不下几万万[19]。他们这些数字,大概是根据鸦片输入的数字推算出来的。实际上白银流出的数目,没有那样多。例如在19世纪最初的十年间,东印度公司已是按年输出白银,可是中国的白银还是入超,因为美商大量输入银圆向中国买茶[20],美商在1833年以前的五十年间输入中国的白银数,据估计有六七千万两[21]。后来美商改用伦敦付款的汇票,不用现银,于是白银才成为出超。而米价也就跟着下跌了。

当时中国在朝的人,对于鸦片贸易的看法,多由金属论的观点出发。他们所忧虑的,不是鸦片有害国民健康,而是怕因此使中国损失白银。道光十六年太常寺少卿许乃济曾上书论禁止鸦片贸易之不当,他说只须以物易物,不得用现金支付[22]。

鸦片战争以后,鸦片的输入更是增加,白银的进出口没有统计。有人说:这期间中国很少输入白银[23],但也有人举出个别年份的进口数字,如1856年进口银圆共二千零四十万元,1857年一千七百五十万元[24],这大概是指上海一地,全国的情形,不得而知。不过鉴于墨西哥鹰洋的广泛流通,料想逐年多少有点进口。这种情形,继续到光绪十四年,次年有六百万两白银输入,但那以后又有三年的出超,到光绪十九年(1893年)白银才又变成入超,一直到19世纪底。

清代白银输入表(二)[25]

期　别	输入数(单位:库平两)
1871—1880年	32 880 000
1888—1890年	588 802
1891—1900年	96 648 231
1901—1910年	(出)87 823 974
纯输入额	42 293 059两(1 577 521公斤)

清末有两种似乎矛盾的现象:第一,中国国际贸易是长期入超,而19世纪最后的三十年间反有白银进口。第二,20世纪第一个十年间白银流出八千多万两,而米价反而骤涨。这两种现象要放在当时的国际和国内的金融形势下来看,就不觉得矛盾了。

欧洲的金价，自17世纪中叶以来，便是十五换上下，很少有大的波动，这种稳定的比价，维持了两百年之久。所以各国用金用银或用金银复本位，都没有什么大不方便。但自19世纪的70年代起，银价开始下跌。下跌的原因有二：一是白银生产力的增加；二是白银需要的减少。

白银的生产自17世纪以来，每年约在千万两左右，19世纪前四十年，每年平均生产约为二千万两，那以后生产额渐增。到19世纪底每年平均生产一亿两以上。

晚清世界白银生产额表[26]

期　别	生产额（单位：库平两）
1851—1860 年	240 068 027
1861—1870 年	325 072 872
1871—1880 年	592 384 114
1881—1890 年	837 616 200
1891—1900 年	1 347 731 956
1901—1910 年	1 522 714 428

偏偏在白银生产力大增的时候，世界各国先后采用金本位，使白银的用途大减。计在19世纪后半采行金本位的有葡、德、美、丹、瑞、拿、芬、海地、阿根廷、埃及、日、俄等国，另外有些国家采金汇兑本位制，如印度。又有些国家虽没有改用金本位制，但停止银币的自由铸造，而成为跛行本位制，如法国和其他拉丁货币联盟的国家，于是有大批的白银向国际银市场抛出，虽然黄金的生产力在同一期间也曾大增，还是把金价抬得很高。三四十年间涨了一倍。

晚清世界金银比价表[27]

期　别	黄金一两合银两数
1851—1860 年	15.36
1861—1870 年	15.48
1871—1880 年	16.92
1881—1890 年	19.88
1891—1900 年	30.28
1901—1910 年	35.99

当时中国的一般老百姓甚至商人，对于金银的生产情形自然不知道，但市上金价上涨，他们是不会不知道的。而他们日常所用的是银钱，以白银计算的物价，并没有上涨，于是许多人就把祖传的金饰拿出来变卖。在二十几年间，输出的黄金值八千多万海关两[28]，其中大部分是19世纪中输出的，计自1888年到1900年那十三年间，输出的黄金值七千三百六十九万二千海关两，由此就可以晓得为什么在同时期内白银的输入有七千零六十二万多海关两了。物价的开始上涨，也是这个缘故。

至于清代最后的十年或20世纪最初的十年为什么又有大量白银的流出呢？这一部分是因为历年来的入超关系；而主要是因为有大批赔款的汇出。根据马关条约的对日赔款二亿多万两和庚子赔款四亿五千万两，都是在那一时期开始分批偿付的。至于白银有流出，国内物价为什么反而大增呢[29]？这是因为当时中国钞票发行数量大增，而钞票的流通速度比白银快。钞票虽然原则上是可以兑现的，但实际上有许多私票随时有停止兑现的，大银行的钞票也没有十足的现金准备，而发行数量又不是根据需要，物价自然上涨。

白银在中国的购买力，虽有逐渐减低的倾向，但其趋势，比起欧洲来要缓和一点，尤其在19世纪中。这点只要比较一下中国的米价和欧洲的麦价便可以知道。欧洲的小麦价格，自15世纪到19世纪，上涨了九倍以上，而中国的米价，在同一期间，上涨还不到六倍。16世纪，白银对中国的大米和对欧洲的小麦几乎有同样的购买力。17世纪前半，欧洲白银的购买力甚至高于中国。中国米价稍高于欧洲的麦价。因为在中国，麦价是低于米价的[30]，尤其在北方。照明清两代文献中的数字来看，米价要高于麦价两成以上。宋代差价更大。所以15世纪和17世纪前半白银在东西两方面的购买力算得接近。其余则中国白银的购买力高于欧洲。

五百年来中外白银购买力比较表

期　别	中国每公斤白银所能购买的大米（单位：公石）	欧洲[32]每公斤白银所能购得的小麦（单位：公石）
15世纪	75.11（100.00）	57.36（100.00）
16世纪	46.44（61.83）	45.67（79.62）
17世纪前半	31.07（41.37）	36.53（63.68）
后半	31.78（42.31）	28.13（49.04）
18世纪前半	27.38（36.45）	22.65（39.49）
后半	15.92（21.19）	13.70（23.88）
19世纪前半	12.30（16.38）	6.76（11.78）
后半[31]	13.87（18.46）	6.15（10.72）

中国白银购买力在五百年间跌成五分之一以下，即以白银计算的物价涨成五倍以上。这种物价上涨，完全是由于货币的原因。而且完全是由于用银的关系。如果中国不用白银，而用黄金或铜，物价就不会这样上涨。关于黄金，下面另做分析。这里只谈谈用铜的情形。铜价在五百年间涨成七倍，洪武元年（1368年）每百斤铜值银五两，光绪三十四年值三十五两。所以五百年间，米价和铜价几乎同比例地上涨。如果以铜为价值尺度，则米价只有暂时的或地区的波动，长期看来，几乎稳定不变，甚至要下跌一些。

由于中外关系的接近，使中国货币的对外价格，也渐渐重要起来了。在外国用银的时候，中外货币的汇价应当是稳定的，波动的范围，不能超过现银输送点。自外国改用金本位以后，中国货币的对外价值就跟着金银比价的变动而变动了。中国货币汇价的变动，虽然也要受国际收支差额的影响，但这种影响比较小。大部分是受金银比价变动的影响。在同治十年以前的两百年间，金银比价最为稳定，平均为一比十五点四一。同治十年以前的十年间的平均金价是十五换四八三，中国关平银一两约合英金六先令七便士，以这为基数，则可以看出清末中国货币对外价值跌落的情形，以及同国内物价的关系。这种关系，并不是很密切的；长期的倾向虽然相同，但两者每年的涨跌，并不相符。由此可以知道：中国国内物价的变动，不是受汇价的影响，而是汇价和物价受一共同因素的影响，即受银价下跌的影响。

清末银两对内对外价值比较表

期　别	白银一两的对英汇价[33]（百分比）	银一两对米的购买力（百分比）
1851—1860年	100	100
1891年（光绪十七年）	68	98
1892年	56	114
1893年	47	71
1894年	40	87
1895年	41	74
1896年	44	55
1897年	45	59
1898年	39	50
1899年	40	55
1900年	42	72
1901年	42	71

续表

期　别	白银一两的对英汇价 [33]（百分比）	银一两对米的购买力（百分比）
1902 年	35	37
1903 年	36	44
1904 年	38	45
1905 年	41	64
1906 年	45	57
1907 年	42	33
1908 年	36	35
1909 年	35	46
1910 年	36	34
1911 年	36	31

清朝银价的下跌，对于吏治的败坏，有相当的影响。清朝官吏的待遇是以白银支付。他们的真实所得，比起明朝在大明宝钞膨胀下的官吏来，是比较高些，但比起明初的标准来，却差得远，而是和明末相衔接。收入是按年计算。一般说来，一品官的年俸是白银一百八十两，禄米一百八十斛或九十石。九品是白银三十三两许，米十六石多一些。高级官吏的年俸比不上北宋官吏的一月所得。乾隆二年起，官俸加倍发付，但乾隆年间白银购买力下跌，官吏的真实收入更加减少。白银的购买力在嘉庆年间已跌成康熙年间的三分之一以下，而官吏的生活却更加奢侈了。一则由于洋货进口的增加，二则贪污本身就可以促进铺张浪费；中国俗语所谓"冤枉来，冤枉去"。所以后来官吏的养廉费的数目比正俸要大得多。然而在有些官吏看来，这养廉费还不是他们的廉耻的公平价格。所以在卖给清朝政府之后，还以黑市价格反复地在自由市场兜售。这样就造成乌黑一团了。

一般人民的生活也受到银价下跌的影响，因为他们以白银计算的收入不变，例如画家便是受到影响的。乾隆初年，郑板桥卖画，中幅四两[34]。道光年间戴醇士卖画也是四两一幅[35]。可是道光年间四两白银的购买力就不如乾隆初年了。又如刻书的工钱，明末刻一百字三分银子[36]，清光绪初年每百字连写带刻只五六十文[37]，也不过三分银子多一点。明末三分银子可以买到两公升大米，清光绪初年的三分银子只能买到一升四合大米。其他劳动人民的生活受白银跌价的影响也差不多。清末的工资，多用银洋计算，由于白银跌价，使工人的真实收入减少。例如在上海，纺织男工的工资是每日二角五分，女工是二角二分。泥水匠和木匠每天四角，船渠工算是技术高的，每天也不过六角到八角五分[38]。上海是全国工资最高的地方，天津、汉口还要更低。凡是这种按日计算的，大概都是临时性质，不能以每月三十天计算。再据调查燮昌自来火公司的工资，男工每月自四元到六元，由公司供应伙食；女工是按日计算，每日五分，伙食自备，每月只合得一元五角，只能买到两三公斗大米，不能维持本人的生活。即以每月六元计算，在宣统年间，也只能买到一公石大米。这种工资，不要说比不上一些经济比较发达的国家，就是比起中国古代来也不如。如果以铜钱为支付工资的手段，则受害更大，因为铜钱减重的结果，购买力跌得更厉害。官吏可以通过贪污取得额外的收入，劳动人民就无法维持自己的生活了。

注　释

[1]　清代米价数字共搜集了约九百种，每年平均约三种。最多的年份有到二十八种的，如乾隆十六年。乾隆三年也有二十三种。不能用的不在内。数字的来源以清代各朝《实录》为主，另外参考了《东华录》和《清史稿》等书。清初米价记录比较少，这和明末一样，所以有些数字是得自各种野史。但限于有年份可考的。咸丰以后《实录》的记载也不详，一部分数字得自当时各家的奏疏，如《曾文正公全集》《左恪靖侯奏稿》《沈文肃公政书》《李肃毅奏议》《岑襄勤公奏稿》《陶云汀奏议》等。光绪以后，上海米价已有记录。平均数计算的方法，和明代相同，即先计算出每年的平均数，再求每十年或每二十五年的平均数，五十年期的平均数是五个十年期的数字的平均。百年的平均数，是两个五十年期数字的平均。至于每年的平均数，则系把该年内的各种米价数字相加后平均，包括实际交易和折价。特殊价格除了少数足以过分歪曲平均数者外，也都计算在内。普通情形下平均时不分地区。但有时某一省份遭天灾，米价很高而且报告的次数也多，在这种情形下，则先求出该省的平均价格然后再同他省的价格平均。末年渐多偏重上海米价，但上海米价约较内地米价高一倍。有些外人（如Jamieson）的数字，是根据一担一百斤计算的，这里也将其化成清石，然后加入计算。以银圆计算的价格则照一元合七钱二分折合。清石以 1.0355 公石计算。

[2]　《清史稿·杨锡绂传》乾隆十年疏："……户口多则需谷多，价亦逐渐加增。国初人经离乱，俗尚朴醇，数十年后，渐习奢靡，揭借为常，力田不给。甫届冬春，农籴于市，谷乃愈乏，承平既久，地价日高，贫民卖田，既卖无力复买，田归富户，十之五六，富户谷不轻售，市者多而售者寡，其值安得不增。"

[3]　《清高宗实录》卷三一一乾隆十三年。各省答复如下：

安徽:"户口繁滋,采买过多。"

江西:"生齿日繁,地方官奉行未善。"

湖北:"户口渐增……谷价贵,势所必至,且民生既繁,争相置产,田价渐贵,农家按本计利……"

湖南:"米谷之贵,由于买食者多,买食者多,由于民贫,积渐之势有四:一曰户口繁滋,一曰风俗日奢,一曰田归富户,一曰仓谷采买。"

两广:"一在禁止质当。贫农耕作之际,家中所靡不在质库之中,待至秋成逐件清理,御冬之具,更所必需,每以食米转换寒衣,交春又以寒衣易谷。……向者出入于当铺,每石不过钱许之利,今则买米必须现银,买价与卖价相较,每石多至六七钱,少亦三叫钱。"

云贵:"米贵之由,一在生齿日繁,一在积贮失剂……雍正八九年间每石尚止四五钱,今则动至一两外,最贱亦八九钱。……国家定蜀百余年,户口之增,不下数十百万……"

贵州:"黔省崇山峻岭,不通舟车,土瘠民贫,夷多汉少。……雍正四年初莅黔省……省会暨通衢各郡邑人烟疏散,铺店无几,士庶一切酬酢,率皆质朴,偏远乡曲,从无酒肆。……现今省会及各郡县铺店稠密,货物堆积,商卖日集,又如士庶一切冠婚丧祭,争趋繁华,风俗日奢,且……酿酒日多。"

山东:"米贵由于生齿日众。逐末遂多,凡布帛丝棉之属靡不加昂,而钱价昂贵,尤与米谷相表里。"

[4] 美洲金银流入西班牙的数量及其物价指数的变动情形如下(引自 G. F. Warren and F. A. Pearson 的 *Gold and Prices*。每 Peso 等于四二点二九公分纯银):

期　别	金银流入数量 (单位:Peso)	物价指数 (1573—1531 年=100)
1503—1510 年	1 187 293	40.1
1511—1520 年	2 188 751	40.7
1521—1530 年	1 172 609	50.9
1531—1540 年	5 588 124	54.4
1541—1550 年	10 462 718	63.0
1551—1560 年	17 864 531	74.3
1561—1570 年	25 348 752	90.6
1571—1580 年	29 158 552	99.5
1581—1590 年	53 180 243	109.4

续表

期　别	金银流入数量 （单位：Peso）	物价指数 （1573—1531年=100）
1591—1600年	68 643 364	121.7
1601—1610年	55 808 536	136.8
1611—1620年	54 640 581	129.3
1621—1630年	51 965 206	129.8
1631—1640年	33 425 457	131.3
1641—1650年	25 534 351	
1651—1660年	10 654 883	132.1

[5]　Willard L. Thorp and George R. Taylor, Price History. (*Encyclopaedia of the Social Sciences*) 关于英法的物价参阅本节五《黄金的购买力》中的《五百年来中外粮价比较表》。

[6]　E. H. Blair & J. A. Robertson, *The Philippine Islands*, Vol. X, p.145.

[7]　J. Foreman, *The Philippine Islands*, pp.243—244.

[8]　J. B. Eames, *English in China*, p.63, De Comyn's Computation.

[9]　P. R. Martin, China, Vol. I, p.176. 另据小竹文夫《近世支那经济史研究》第五六——五九页。

[10]　日本米价根据《大日本货币史》，但以当时流通的丁银的实际含银量计算。

[11]　折算率系根据摩斯书中的标准。一英镑作三两，一银圆作七钱二分，或一二〇点八盎斯作一百两。这是广平的标准，这里折成库平两。广平两以三七点五七公分计，库平两以三七点三公分计。

[12]　《东印度公司纪年史》第一册后面附表（Table of Ships Which to China for the East India Companies）中1681、1682、1687年三年合计输入白银数共十三万五千两。其中1687年仅十六万五千两，但据本文中（第六二页）则该年除伦敦号带来银圆十一箱外，另外曾派二船到厦门，载货共值一万四五千镑，其中大部分为银圆。

[13]　由1701到1732年都是根据《东印度公司纪年史》的表格，再就本文中数字，加以补充，因外国船所载白银未列入表内。各船所载十分之九是白银。

[14]　1771年到1804年输入的白银多以箱计，每箱四千元。

[15]　（出）表示白银出超，因鸦片输入关系，白银外流。

[16]　摩斯在其对克拉克大学（Clark University）讲演《中国与远东》（*China and the Far East*）时说：1830年以前的一百三十年间，欧洲各国，特别是英国输入到中国的白银，至少不在五亿元以下。但马丁（R.M.Martin）则以为只有五千万元。

[17] 仅到1833年为止。

[18] 《东华续录》道光三十七,道光十八年黄爵滋上《禁烟议疏》。

[19] 《信及录·谕洋商责令夷人呈缴烟土稿》。

[20] 第一艘美船中国皇后号(Empress of China)于乾隆四十九年(1784年)来到中国。后来英葡等国商人因鸦片贸易而输出的白银,多赖美商输入的白银所抵消。例如在1807年到1820年那一期间的白银输出情形如下(Chronicles of East India Company):

年 份	输 入		输 出	
1807年	美	6 128 000元	英	3 377 070元
	葡	500 000元		
1808年			英	4 102 660元
1809年	美	2 896 500元	英	1 564 518元
	西	150 000元		
1810年	美	2 679 126元	英	1 402 461元
1811年	美	1 433 500元	英	1 158 685元
	英(私商)	75 000元		
1812年	美	321 000元	(因拿破仑战争不能输往英国)	
	英	120 000元		
1815年	美	1 214 220元		
	荷	92 000元		
	瑞典	107 700元		
	英	1 520 400元		
1816年	英	3 557 088元		
1817年			英	2 000 000元
1818年	美	7 330 000元	英	3 088 679元
			葡	3 000 000元
1819年	美	6 297 000元	英	861 410元
			其他	1 600 000元
1820年	美	2 023 000元	英	495 000元
	英	2 754 084元	其他	900 000元

[21] 皮特京(T. Pitkin, Statistical View of the Commerce of the U. S. A.)的统计为九千万元以上(小竹文夫《近世支那经济史研究》第六七—七〇页引自 R. S. Latourette, *The History of Early Relations between the United States and China 1784—1844*, pp.27—28)。马丁估计为一亿元。

[22] 许乃济说:"防遏鸦片之输入,乃至停止通商,此绝不可也。自来法令愈严,贿赂愈多,下级官史愈多刻薄。……防止秘密输入,而不能奏效者,以有绝大收入之希望存也。吸鸦片者,社会之蠹贼而已,吾人可以不顾,惟救济国家流出之现金,其处置岂可不讲哉。"(《清朝全史》所引)

[23] 英国驻上海领事杰米逊(G. Jamieson, *The Silver Position in China*)说,1893年以前的几十年间,中国输入的白银很少。

[24] 摩斯说:大英公司于1853年11月26日输一百五十四万四千元;1854年三次共输入二百一十万二千七百元;1856年两次输入共二百八十万元;1857年三次输入共五百五十三万五千五百元。这些数字都是指上海一地,而且是由大英公司一家的轮船输入的。他又说:1856年全年输入银圆二千零四十万元;1857年一千七百五十万元。(H. B. Morse, *The International Relations of the Chinese Empire*, chap. XVIII, p.467.)

[25] 根据海关所发表之统计,与杨端六侯厚培编《六十五年来中国国际贸易统计》第二十表中的数字不尽符。单位原为海关两,这里改为库平两。海关两以三七点六六公分计,库平两以三七点三公分计。

[26] 根据 Edward Kann 在 *The Currencies of China* 中所自变量字折算,每盎斯以三一点一公分计,库平两以三七点三公分计。

[27] J. L. Laughlin, *Money, Credit and Prices*, Vol.I, p.56, University of Chicago Press, 1931.

[28] 1888—1910年黄金出口情形如下:

年　份	输　出
1888—1890 年	5 036 000 海关两
1891—1900 年	68 656 007 海关两
1901—1910 年	13 565 469 海关两
合　计	87 255 476 海关两

数字中,1890年以前系根据 G. Jamieson 的 *The Silver Position in China*。1891年以后,根据杨端六侯厚培编《六十五年来中国国际贸易统计》。两者都说是以海关两为单位,自然是以价值计算,所以实际输出黄金多少,不得而知。

[29] 南开经济研究所根据进出口物品的价格编有一种《白银购买力指数》(见 Andron B. Lewis and Chang Lu-luan, *Silver and the Chinese Price Level*.)。中国是一个自足性很大的农业国家,进出口商品价格本不一定能代表一般物价水平。但实际上和中国米价的动向差不多。兹改以1871—1880年为基期,并以十年为一单位,比较于下:

白银购买力指数表（1871—1880年=100）

期　别	对米价（本书作者编）	对进出口商品价格（南开经济研究所编）
1871—1880年	100.0	100.0
1881—1890年	120.8	101.4
1891—1900年	72.3	71.0
1901—1910年	44.6	47.6

[30] 清以前的米麦比价，已见第七章。清朝情形也差不多。乾隆二十六年，上等米每石二两五钱，次米一两八钱，麦价只要一两。四十八年米每石一两七钱，麦一两四五钱。五十六年米价二两，麦价一两四钱八分。道光十二年粳米一千七百文，麦一千五百文。所以中国的米麦比价，在宋朝是1:1.8，明朝是1:1.26，清朝是1:1.25。十年来平均是1:1.4。明清两朝的麦价，大体上是照米价打一个八折就对了。

[31] 仅有1851—1880年的数字。

[32] 欧洲小麦价格，根据Landrin and Roswag的数字折算。原数字见Michael G.Mulhall的 The Dictionary of Statistics。原为每盎斯白银所能购买小麦的数量，以镑为单位。资料源没有说明，大概是以整个欧洲为对象。这里折算以一百七十六磅小麦为一公石。

[33] 同治十年以前的十年间（1851—1860年）的汇价是根据汇兑平价算出来的，按黄金每盎斯合三镑十七先令十便士，依该十年间的平均金银比价一比十五点四一折算每海关两（三七点六六公分）值英币数。光绪十七年（1891年）到宣统三年（1911年）的汇价依据H. F. Bell的平均数（见宫下忠雄译《カン支那通货论》，第七四五——七四六页）。这些数字同其他书中（为陈重民《今世中国贸易通志》）所引海关数字不大相符。但本表中的数字主要是用来反映白银对外购买力变动的倾向。

[34] 郑板桥《卖画润格》（乾隆二十四年）："大幅六两，中幅四两，小幅二两，条幅对联一两，扇子斗方五钱。"（《郑板桥集》，中华书局版，第一九三页）

[35] 戴熙《古泉丛话》卷二《靖康通宝》："今晨客携此钱来适有以白金九十六铢润余画笔者，遂易之。"

[36] 徐康《前尘梦影录》。

[37] 叶德辉《书林清话》卷七《明时刻书工价之廉》。

[38] 《中国经济全书·清末工匠之赁银及其支给之法》。

五　黄金的购买力

研究中国的金价，有两种意义：第一是看看中国金价和欧洲金价的关系，看看两者怎样从两个孤立的市场渐渐接近，终至将两地的价格扯平。第二是看看中国金价变动同银价变动以及物价变动的关系，看看如果中国采用金本位，是否使物价比在银本位之下更加稳定。

黄金在中国，从来没有正式货币化，但也不是一种普通的商品，他在各时代担任了各种不同的货币职能。而宝藏手段的职能和国际购买手段的职能，是在任何时代都具备的。

中国黄金的没有铸币化，反而使古代各种关于黄金购买力的记载更有意义。中国历代的金银比价，差不多都是市场比价，即一两纯金对一两纯银的自然比价。可是外国的比价，许多是法定比价，这种比价由于金银币成色的变动而失去其意义。有时候同一年内铸造各种成色的金银币，因而产生许多不同的金银法定比价。

金价在中国一向比较低。所谓低，就是比外国低。除了埃及古代据说银比金贵[1]、巴比伦在公元前2000年时金银比价为一对六[2]以外，自公元前5世纪即中国春秋时代起，西方国家的金价就到了十三换。其间也曾低到十一二换，最低是罗马时代，曾跌到九换，以后又涨。而中国则自汉以来，就是五六换。其实古代的真实银价应当比史书中所记载的数字还要高。因为古代分解术不发达，白银的成色一般都很低。譬如遗留下来的汉代银铤，多发绿锈，可见里面铜质很多。所以所谓朱提银的价格特别高。王莽时黄金对所谓朱提银只合得三换一六。所谓朱提银，是指四川犍为县朱提山所产的银，大概成色比较好[3]，因此汉代银价和金银比价，至少应当以朱提银为标准。可能朱提银还不是纯银，而古代黄金的成色却是很好的。宋室南迁前后，因情形特殊，曾涨到十三四换，但不久就回跌。元朝起初是七换五，后来是十换，边远地方如云南，有低到五六换的。明代因为白银通行，需要增加，而且有许多白银在元朝时被输出国外，所以白银对黄金的比价很高，往往是四换或五换，到嘉万以后，黄金对白银的比价才提高[4]。如果用一种加权法来求出明代金银的平均比价来，则整个明朝的金银比价都在十换以内，而欧洲则自罗马帝国成立以来，就很少在十换以下[5]。

明代金银比价表[6]

期　别	黄金一两合银两数
14世纪后半	5
15世纪前半	5
后半	6
16世纪前半	7
后半	7.5
17世纪前半	10
后半	10

中国同欧洲，自古即直接或间接有贸易上的往来。明代虽然采取一种闭关政策，但对外关系，并没有完全断绝，不论陆路水路，总是通的。为什么自宋元时代双方的金银比价曾相当接近以后，距离又远起来了呢？为什么没有把金价扯平呢？第一，因为贸易量不大。第二，古代奢侈品如香料和丝帛的贸易比金银兑换的利润厚。中外金价的相差不过一倍，而香料丝绢等的贩卖，利润不止一倍。第三，古代中国同欧洲的贸易并非直接的，而是由阿拉伯、印度等国人经手。阿拉伯和印度的金银比价既没有同欧洲的比价拉平，则中国的比价自然不会受欧洲的影响。第四，一国的金银比价要能影响他国，必须数量多，可以自由无限制地输出输入，可是欧洲和中国古代金银数量都不多。15世纪欧洲的比价是一对十一[7]，印度是一对六到一对八，中国也是一对六上下。自近代的海运发达以后，情形就不同了。尤其是自欧洲获得美洲的巨额金银以后，东方国家的金银比价就渐渐不能维持其孤立性了。

17世纪后半，欧洲金价是十五换，中国还是十换。欧洲商人到中国来，把主要的货物办完之后，剩下的钱，用在中国的金饰上，是一种很好的投资。例如英国东印度公司于崇祯十年派到中国来的船，回去时所带的货品中，就有两项是黄金，一项是值四千三百三十银圆的碎金，一项是十四条金练。

清初一百多年间，欧洲商船到中国来，很少不买黄金的，尤其是船员的私货。东印度公司规定船员带货，由英出口限带白银、珊瑚和琥珀，由中国出口只许带黄金和麝香，因为这些东西占的地位不大。

当时中国的黄金，多制成马蹄形，也有金条，约重十两，成色自百分之七十五到百分之百。交易起来，要折算金银两者的重量和成色，相当麻烦；但利之所在，大家仍是乐于为之。康熙四十三年（1704年）斯特列塞姆号的大班花了一万八千八百两银子买到二千两足金，本银只值得六千二百五十英镑，买到的黄金若带回伦敦却值得九千三百五十镑，赚百分之五十。而且还有额外的利润，因为东方的黄金中多掺有白银，买黄金时只算出黄金的纯量，其所含的白银完全不计，所以成色越低的黄金，买者反而越占便宜。

这样流出的黄金，到底有多少，虽不得而知，料想不会十分多[8]。因为各船始终以办货的余款来收兑黄金，从来没有专来中国收买黄金的。一则因为当时普通贸易的利润，比买黄金的利润还是要大。二则因为当时日本的黄金比中国更便宜，如果他们要买黄金，会到日本去买[9]。

雍正十年（1732年）广州金价开始上涨，第一年约涨百分之五或六，第二年涨到十一换四五。乾隆三年（1738年）涨到十一换七；五年为十二换五；三十三年广州的金银比价，已接近欧洲，即十五换左右。四十年中国金价涨到十六换以上，欧洲商人在广州购买黄金，反而要赔本，因此开始输入黄金。有一个时期，在广州，黄金一两可换得白银十八两，而欧洲金价还在十五两以下。不过四十五年便因黄金输入过多而跌价。四十七年浙江当局没收四千七百四十八两黄金，而移送北京的是七三，五九四两白银，合十五换半[10]。还是比欧洲高。欧洲当时是十四换四二。不过随着中国同欧洲接触的频繁，双方的金价就慢慢扯平了。所以乾隆以后，广州的外商，就不大买黄金了。

18世纪中外金银比价对照表

期　别	中国金银比价[11]（每两黄金合银两数）	欧洲金银比价[12]（每两黄金合银两数）
1701—1710年	10.0	15.27
1711—1720年	10.0	15.15
1721—1730年	10.25	15.09
1731—1740年	10.90	15.10
1741—1750年	11.77	14.93
1751—1760年	14.9	14.55
1761—1770年	15.0	14.81
1771—1780年	15.47	14.64
1781—1790年	15.23	14.76
1791—1800年	15.4	15.42

我们根据的数字，除小部分外，都是广州的价格。但因为广州有外商的收购，金价常比国内其他地方要高。例如乾隆元年（1736年）广州金价是在十一换以上，而北京政府的估价是九换到十换[13]。不过广州所买卖的黄金，并非全靠本地所藏，而是有人到各地收购的，如苏州、南京，甚至有来自陕西的[14]。所以随着交易量的增加或交通的发展，各地间的金价，正如中国和欧洲间的金价一样，相差是不会很大的。

当然中国和欧洲双方的比价，短期的局部的背离，是常常有的，例如太平军攻打南京的时候（1853年），上海的金价曾涨到十八换五[15]，这和欧洲的金价自然没有关系。除了这种局部的波动以外，中国的金价往往仍要低于欧洲。例如光绪二年（1876年），欧洲金价平均是十七换七五，而中国是十六换六[16]。因为外国用金，中国用银，双方需要相反，这种差异是难免的。

总之，19世纪及以后，中国的金价，大体上同欧洲的金价接近。尤其是鸦片战争以后，更是以伦敦的市价为转移。例如19世纪后半，欧洲银价大跌，金价大涨，中国的黄金马上向外流，结果把中外的金价又扯平了。

研究金价的主要目的，是要看看它的购买力如何，就是它同商品的相对价值如何。古代物价和金银价格，都不大有记录遗留下来。自五代起，白银的货币性才增加。宋代对于金银价格和米价的记录渐多。虽然仍是以铜钱和交会为流通工具，但是已经可以折算成金银的价格。宋末物价资料特别缺乏，元代和明初的记录也不多。自宣德年间起，我们对于金银的购买力，才能作出一个比较可靠的统计来。明清两代五百多年，真正使用白银，所以物价比纸币制下的物价，或甚至比铜钱制下的物价，要稳定一点。但在长期看来，以白银计算的物价，实在并不稳定。如果以米价为标准，每百年要上涨百分之五十以上。如果自明代以来，中国用金，而不用银，则物价会要更加稳定，至少米价要稳定得多。每百年上涨还不到百分之二十。19世纪的平均价格比15世纪上涨不过一倍。如果从10世纪后半算起，到20世纪前半为止，以五十年为一单位，则白银的购买力在一千年间减成三十八分之一以下，即丧失了百分之九十四以上；而黄金的购买力还保存百分之四十以上。以涨跌的幅度来说，白银计算的米价，每公石自十公分到两百五十七公分，相差二十几倍。可是用黄金计算的米价，每公石自一公分六八到六公分多，相差不过四倍。

千年来金银购买力比较表[17]

期　别	每公斤黄金所能购得的大米 （单位：公石。括号中为百分数）	每公斤白银所能购得的大米 （单位：公石。括号中为百分数）
10世纪后半	444.64（247）	71.11（1828）
11世纪前半	319.16（178）	50.97（1323）
后　半	263.16（146）	32.89（845）
12世纪前半	149.78（83）	11.47（308）
后　半	262.20（146）	21.85（562）
13世纪前半	242.40（135）	20.20（514）
后　半	242.42（135）	30.30（779）
14世纪前半	223.41（124）	22.34（574）
后　半	388.58（212）	58.17（1495）
15世纪前半	594.09（330）	92.25（2371）
后　半	354.73（197）	61.16（1572）
16世纪前半	331.78（185）	49.52（1273）
后　半	318.71（177）	43.48（1118）
17世纪前半	262.54（146）	31.07（796）
后　半	317.87（177）	31.78（817）
18世纪前半	290.70（161）	27.38（704）
后　半	246.91（137）	15.92（409）
19世纪前半[18]	192.31（107）	12.30（316）
后　半	261.09（145）	13.87（356）
20世纪前半	179.71（100）	3.89（100）

中国以黄金计算的物价，不但比用白银计算的物价要稳定，而且比欧洲国家用黄金计算的物价也要稳定。这只要比较一下中国的米价和英法两国的小麦价格便可以知道。

五百年来中外粮价比较表

期　别	中国米价 （每公石值 黄金公分数）	英国小麦价[19] （每公石值 黄金公分数）	法国小麦价 （每公石值 黄金公分数）
15世纪前半	1.68（100.00）	0.87（100.00）	1.60（100.00）
后半	2.82（167.86）	0.76（87.35）	0.80（50.38）
16世纪前半	3.01（179.17）	1.41（161.84）	1.56（97.50）
后半	3.11（185.12）	2.68（308.50）	4.23（264.50）

续表

期　别	中国米价 （每公石值 黄金公分数）	英国小麦价[19] （每公石值 黄金公分数）	法国小麦价 （每公石值 黄金公分数）
17世纪前半	3.80（226.19）	5.08（583.63）	4.51（282.15）
后半	3.14（186.90）	5.14（590.71）	5.47（342.10）
18世纪前半	3.44（204.76）	4.32（496.55）	3.95（246.95）
后半	4.05（241.07）	5.98（687.71）	4.21（262.54）
19世纪前半	5.20（309.52）	8.42（968.27）	5.92（370.15）
后半	3.83（227.97）	5.28（606.90）	6.19（387.22）[20]

中国以黄金计算的米价，在15世纪和16世纪前半那一百五十年间，要高于英法的小麦价格。这是因为当时欧洲黄金难得，价值增加。16世纪后半，中国内外多事，使得生产受阻，物资缺乏，黄金购买力减低。但同时期的英法，因为受了美洲金银的刺激，黄金的购买力大跌，17世纪前半物价就超过中国。自17世纪后半到19世纪前半，中国物价逐渐上涨，英法在18世纪前半，物价回跌。但后半因为拿破仑战争，使英国物价又激涨，19世纪前半涨得更凶。法国在19世纪前半也上涨。19世纪后半，三国物价都比较平稳，英国是战后所应有的回跌。中国下跌是因金价上涨，而中国用银。当时以白银计算的米价也是下跌的，不过跌的程度比较轻一点。

自15世纪到19世纪那五百年间，从米麦的价格看来，中国只上涨一倍多一点，英国上涨六倍以上，法国也上涨三四倍。如果以五十年为单位，则中国最低和最高的平均米价，为一百与三百零九之比；英国的最低和最高的平均小麦价格，为一百与一千一百之比，法国约为一百与七百七十四之比。

如果几百千年来，中国是用黄金来流通，那么它的购买力可能比上面的折算还要稳定，因为在那种情形下，对于黄金的需要大为增加，虽然这种需要会促使对于金矿的开采，但中国金矿似乎并不丰富，所以黄金的购买力一定还要高。

黄金购买力在中国之所以特别稳定，有两种解释：主要自然是因为中国黄金的生产力和数量变动得不大剧烈。英法的采矿技术进步，而且取得美洲的黄金，后来讲究重商主义，极力从其他国家吸收金银，物价自然上涨得更厉害。中国黄金的数量，千年来不大有突然的增减，清以前虽然历代有黄金输入，但数量不会很多，清初黄金的输出也不会怎样多，金银比价的调整，大部分是由于银价下跌。而中国历代产金量也不很大。1907年中国产金只有六七千公斤，占世界产金额的百分之一[21]。其次也因为中国面积大，平均价格波动的幅度小，英法的面积，各相当于中国的一省，平均价格受天时的影响大，波动的幅度自然也大。

注　释

[1]　A. R. Burns, *Money and Monetary Policy in Early Times*, p.474. 1926 年于希腊的 Dendra 村附近发现公元前 3000 年前的古墓，其中有镀银的金杯。公元前 2 世纪 Agatharcides 曾谓当时的三千年前银一两可换金十两。（Edward Kann 引 Samuel Montagu 商会报告，见宫下忠雄译《カン支那通货论》第三七九页。按该译本系根据耿爱德著作的第三次改订版，译本反在原书出版之前。）

[2]　A. R. Burns, *Money and Monetary Policy in Early Times*.

[3]　明曹学佺《蜀中广记》卷六七第四页引《南中八部志》："朱提山在犍为属国，旧有银窟数处，诸葛亮书'朱提银采之不足以自食'。韩愈诗'我有双饮盏，其银得朱提'是也。《汉志》朱提银以八两为一流，流直千五百八十，他银一流直千。"

[4]　关于明代的金银比价见第七章第二节四。

[5]　欧洲金价根据 J. L. Laughlin, *Money, Credit and Prices*, p.95.

[6]　表中平均金价的计算，是将五十年的金价用算术平均法求得，凡没有金价记录的年份，就用前一年或最近一年的金价。请参阅第七章第二节四的明代金银比价。

[7]　根据 W. A. Shaw, *The History of Currency 1252—1894* 第 40 页表中意、法、英、德等国 15 世纪的金银比价的平均数为 1：10.93，西班牙不包括在内，因为西班牙的比价受了阿拉伯的影响。另据 G. F. Warren and F.A.Pearson 的 *Gold and Prices* 第 260 页引 Laughlin 的数字，则把 527—1453 年的金银比价笼统地列为 1：15。

[8]　18 世纪最初三十年间，东印度公司船员在广州买黄金而有记录的，不过二万一千七百五十九两九钱四分（Chronicles of East India Company）。

[9]　据说当时日本的金银几乎同价。1545 年葡人平脱（Mendez Pinto）的船被风吹到日本，大概将这种情形报告在宁波的葡萄牙商人。一两年后就派了九条船到日本去探险，仅一条船生还，但这条船的货物全换成了黄金。从此欧洲人通日本的门就大开了。不到五十年，日本的金银存量有三分之二被葡人运走了。（A Del Mar, *Money and Civilization*, p.379.）又据说到 1598 年止，西、葡两国人在澳门和马尼拉收到两千箱金银，值几千万镑，大部来自日本（Henri Martin, *Histoire de France, Paris*, 1862.），自 1601 到 1708 年，日本流出的黄金有六百一十九万多两（本庄荣治郎、黑正岩合著《日本经济史》）。

[10]　《东华续录》。

[11]　中国金价非十年的平均数，有时十年中仅一二年有金价数字。最初两个十年期的价格系大约数，以后则系根据各年的实际金价平均。平均时如某年无价格，则以上年金价为准。

[12]　欧洲金价系十年间的平均数，根据 J. L. Laughlin, *Money, Credit and Prices*。

[13]　乾隆元年纂修之《九卿议定物料价值》卷一："头等赤金每两银玖两台钱五分，今核定银拾两。二等赤金每两银八两八钱五分，今核定银九两。"

[14]　Chronicles of East India Company 记 1768 年 12 月 14 日驻广州代表团向伦敦总公司理事会所报告的情形。

[15]　上海金价在 1850 到 1852 那三年间广平每两值二十一元六角八分。1853 年 2 月南京陷落前一月，涨到二十五元七角，1853 年年底为十七元四角七分。1855 年年底跌成十四元六角九分。(H. B. Morse, *The International Relations of the Chinese Empire*, ch. XVIII, p. 467.) 1853 年欧洲的金价平均为十五换三二。

[16]　《沈文肃公（葆桢）政书》卷六，光绪二年闰五月初七日《奉覆唐定奎被讦折》："……其由台湾带回赤金一万二千两……价值约需银二十万两有奇。"

[17]　表中数字，在 15 世纪以前，仅根据少数近似正常米价的数字计算。13 世纪前半金银比价以十二换计算。15 世纪以后，米价记录比较多，但即在 20 世纪，也不能有完整的统计数字，本书的资料，以收到民国三十八年五月二十四日为止，就是其他年份，因当局常常禁止市价的登载，所以也不齐全。又 19 世纪及以前的数字是全国性的数字，即包括各地的价格，20 世纪的数字，尤其是民国年间的数字，完全是上海的价格，这种数字比全国性的数字要高一点。请参阅各该章节本文。

[18]　19 世纪的金银比价系根据欧洲的平均数。见 J. L. Laughlin, *Money, Credit and Prices*。

[19]　英法两国的小麦价格，系根据 Sir Morton Eden 及 Marquis Garnier 的数字。(*The Dictionary of Statistics*, p. 468.) 以黄金一盎斯合三镑十七先令十便士折算。原表英法两国仅到 1899 年止，这里英国部分根据十四版 *Encyclopoedia Britannica* 的 Prices 条下补足 1890 年到 1900 年的数字。英国的小麦价格在 19 世纪最后十年间下跌很多，法国大概也有同样的情形，如果能补足最后十一年的数字来平均，则 19 世纪后半的数字大概也要低于前半。

[20]　仅 1851 年到 1889 年的数字。

[21]　美国造币厂估计中国于 1907 年的产金额为六、七七一公斤纯金，该年世界产金额为六一七、七八四公斤，故中国占全世界的百分之一点零九六。(*Das Geld*, von Prof. Dr. Karl Helferich, *Fuenfte Unveranderte auflage*, Leipzig, 1921, S. 115.)

六 清末的货币数量

清末在物价上涨的过程中，货币的数量也增加了。清末中国货币的种类非常多，大致为银币、铜币、纸币三类。每一类货币中，又包含许多种。例如银币中有银圆、银角和银锭；银圆有外国银圆和中国银圆；铜币包括铜元和铜钱；钞票不但有外国钞票和中国钞票之分，而且还有银两票、银圆票、铜元票和铜钱票之别。极其复杂。这些货币的数量，都没有确实的统计数字。我们只能根据一些零星的数字和估计来做一个总估计。在这估计分析的过程中，也可以看出鸦片战争以后百年间中国货币流通的情况，这是一种半封建半殖民地的货币流通。

银币中主要是银圆。关于银圆的数量有各种不同的估计，彼此相差很大，自一二千万元[1]到十一二亿元[2]，使人无所适从，不得不另作估计。银圆中大部分是外国银圆，这是大家所公认的[3]。所以我先来估计一下外国银圆的数目。我打算从两方面来估计清末外国银圆的数目：第一是按银圆种别从它们的原铸额来估计其输出额以及流到中国来的数额；第二是按外国银圆流入的途径综合地估计一下各种银圆流入的数量。

清末在中国流通的外国银圆主要不外五种：即本洋、鹰洋、杖洋、越币（即法国贸易银圆）和日本龙洋。本洋的铸造额没有确实的统计，它同小型银币混在一起。自1537年到1821年共铸二十八亿八千二百万元[4]。如果大银圆占八成，就有十六亿元左右；这些银圆绝大部分是供输出用的；输出的目的地包括南北美洲在内。若以其中四分之一为流入中国的数目，就有四亿元。这是鸦片战争以前流入中国的。鸦片战争前后，由于鸦片的大量输入，中国用外国银圆偿付，大部分是用本洋，姑以二亿元计，则清末还剩下两亿元。主要流通于长江中游，特别是安徽。但有一相当大的部分被人收藏和被销镕。鹰洋的铸造额，包括各种面额在内，自1821年到1903年，共为十四亿六千六百万元，其中大银圆应当占八成以上；因为单是从1874年到1903年那三十年间就铸造了大银圆六亿七千四百万元。鹰洋的输出额，在铸造总额中大概要占八成以上[5]，约九亿六千万元。流入中国的总不下于三亿元。因为19世纪后期，有些用外国银圆的国家都自行铸造银圆，甚至采用金本位制，所以流到中国来的数目要占更大的比重。鹰洋的流通范围是长江下游，包括江苏、浙江、湖南、湖北、福建、安徽等省，而以江浙两省为主，特别以上海为大本营。杖洋到1903年为止共铸了一亿五千多万元，后来续有铸造，估计至少有八千万元流到中国来，在华北的直隶、河南、甘肃、山西、陕西、绥远等省有广泛的流通。越币到 1903 年止共铸了六千八百多万元[6]，日本龙洋到 1897 年止共铸了一亿六千五百多万元[7]，两者流入中国的合计总有两三千万元。越币流通于广东、广西和云南等省。日本龙洋流通于福建、江西和广东等省。此外还有鸦片战争以前所流入的葡萄牙银圆、荷兰银圆以及其他国家的银圆。鸦片战争以后，还有其他南美国家的银圆。这些银圆绝大部分都已倾铸成银锭或则在清末用来改铸龙洋。当然有一部分本洋或鹰洋也被改铸。所以清末在中国流通或随时可以投入流通的外国银圆大概在五亿元左右[8]。这数字只有不够大，不会是过大。

关于外国银圆的流入，也可以从转口地的不同来研究。因为外国银圆流入中国的途径不外几个方面。第一是菲律宾华侨所带回来的。有人估计为一亿元[9]。这一项可以说全是本洋。第二是欧洲商船直接运到中国来的，主要是英国东印度公司的船所带来的。关于这一方面有各种估计，自五千万元[10]到五亿元[11]，大概有三亿元左右。这一项也以本洋占大部分，但包括其他许多国家的银圆。第三是美国船所带来的，有人估计为一亿元[12]。这里有美国银圆，但大部分大概是本洋。第四是葡萄牙人通过澳门输入的以及日本的白银。有人估计日本的白银有一亿元以上流入中国[13]，日本的白银不一定是银圆，但其中一定有银圆，包括本洋、荷兰马剑和葡萄牙的十字钱。上面这几个方面都是鸦片战争以前的事。鸦片战争以后，有鹰洋、南美各国的银圆、日本龙洋、越币、杖洋等的流入。据海关的统计，自 1871 年到 1900 年共输入一亿一千八百多万海关两，约合一亿六千万元；但 1901 年到 1910 年有八千万两的输出。可能输入的是银圆，输出的是宝银；而且 1871 年以前没有数字。还有不经过海关的输入。例如八国联军进攻中国时外国军队所带来的银圆就不会包括在内[14]。据说自菲律宾运来三百多万元鹰洋[15]。所以鸦片战争以后到清末为止，流入中国的外国银圆总计大概在三亿元以上，其中以鹰洋为主，约占三亿元。所以到清末为止，流入中国的银圆为九亿元上下，另加一些银块或小银币等。其中一亿元在流入后不久就倾铸成银锭，二亿元因鸦片贸易而流出，另外一亿元在清末被销镕改铸。剩下五亿在流通界或随时可以投入流通界。

中国银圆也没有确实的统计数字。宣统二年度支部根据光绪十六年到三十四年各省局厂报告的铸数，共约四十余兆，即四千多万。有人以为太多[16]，其实不是太多，而是太少。北洋军阀时期的财政部对龙洋的铸额曾先后作过几次估计，自二亿元到二亿八千多万元[17]。最后一个数字大概包括了民国年间所铸的。清末姑以两亿元计。主要是广东、湖北、江南等省的龙洋，流通于本省。但全国性的大城市中，各种银圆都能作价流通。所以清末中外银圆合计有七亿元[18]。这些银圆好像商品一样，各有价格，而且各种银圆在各地的价格不一样。平均每元以一吊三百四十文计[19]，则七亿元合得九亿三千八百万吊。

银角包括五角、二角、一角和五分四种。关于银角，没有清末的统计数字。民国二年财政部泉币司调查为二亿八千六百多万元，清末应当要少一点。以二角的占绝大部分，其次是五角和一角；云南曾大量铸造五角银币。全国各种面额合计，应可值二亿五千万元[20]。所以清末的各种银币将近有九亿五千万元。或白银约六亿八千四百万两。

清末还使用宝银。除了各种大小的元宝、锞子等旧式银锭外，还包括湖南省的银号所发行的厚银饼和华俄道胜银行发行的各种大小的元宝。明末有人估计全国白银为二亿五千万两，这估计得过低，但真能参加支付流通的恐怕不过一、二亿两。后来由于美洲白银的输入而大量增加了。因为初期输入中国的外国银圆多被改做成银锭。不过这些银锭一部分又为外人所输出，一部分在清末用来改铸新式银币。剩下的银锭虽然无法统计，但应当比中国自铸的银圆要多一点，不但偏远地区用作宝藏手段，就是大城市如上海，也有大量的宝银发挥货币的职能。宣统三年上海银钱业库存现银除银圆一千二百零七万元外，有宝银二千三百六十七万两及大条银一千六百三十二条，约合一百六十多万两，两共约两千五百多万两[21]。宝银约等于银圆的一倍。全国的宝银应有二亿五千万两，以七钱二分作一元计，合银圆三亿四千七百万元[22]。

其次，让我们来看看清末的铜币。铜币包括新式铜元和旧式铜钱。清末正是由旧式铜钱流通向新式铜元流通的过渡时期，两者的比重是年年不同的，很难捉摸。

新式铜元的数目，据邮传部尚书陈璧到各省调查所得的数字，到光绪三十一二年间止，共铸大小铜元折成当十铜元一百零五亿一千二百五十万零一百一十五枚[23]。另据梁启超的统计，自光绪三十年到三十四年五年间各省共铸铜元一百二十四亿多枚，加上光绪二十八九年间和宣统年间所铸，以及民间和外国人的私铸，估计在清末有铜元一百四十亿枚[24]。陈璧的数字仅包括十三省，吉林、奉天、广西等省不在内，光绪末年和宣统年间的铸额也不在内。梁启超的数字所包括的省份不详，恐怕也嫌估计过低，因为民国二年十二月财政部泉币司调查得十七省局（广西不在内），大小铜元铸行之数折合当十铜元已达二百九十多亿枚。梁启超在民国三年九月说，历年各官局所铸铜元有三百万万枚[25]。我们姑以二百亿枚来计算。清末要一百三十四枚铜元才能换一枚银圆，所以二百亿枚铜元合得银圆约一亿四千九百多万元。清末铜元的流通，限于都市，乡村几乎全用铜钱；在较小的市镇中，则铜钱和铜元兼用，就是大城市中也还是有铜钱的流通。

铜钱的数目最难估计。光绪二十一年十二月监察御史王鹏运谈到日本人购买中国的铜钱去提炼金银，他以为只要一万万两白银便可以买尽中国的制钱[26]。当时银钱比价是一千六百四十八文合银一两，一万万两合得一千六百四十八亿文，这个数字恐怕估计过低。清代铜钱的供应可以说得上正常，而且资料也比较多。在清廷方面，除了顺治厘字钱和咸丰大钱以外，将制钱收回改铸的事比较少。虽然顺、康、雍三朝的制钱有许多被人销镕，但销镕是为了改铸，数量只会更多。到清末才有一部分被用来改铸新式铜元。此外清钱落土的也比较少。这就是说，清代所铸的制钱，大部分都留在流通界或随时可以投入流通。不过清朝两百多年到底铸了多少钱呢？资料也不齐全。《清实录》所载顺、康、雍三朝总共铸了约四百三十四亿文，平均每年为四亿三千万文。这恐怕只是北京宝泉局的数字，不是全国的数字。照《大清会典》所载，宝泉局每年应收滇铜四百十万六千八百八十斤，贵州白铅二百九十四万斤，黑铅三十二万五千四百七十六斤，湖南黑铅五万五千五百五十五斤，如果解足，则宝泉局每年就可铸约九亿文。单是云南一省每年就有几亿文[27]。据估计，清代铸钱每年要用一千多万斤铜，约可铸三十亿文。嘉庆五年户部制定各省每年铸额也在二十亿文以上[28]。根据嘉庆七年修纂的《钱法则例》，每年全国要铸六十亿文以上。就是铸额比较少的同治年间，据说每年还有二十四五亿文[29]。不过这些数字可能是计划鼓铸的数字，实际上没有铸那样多，而且所铸的多是当十钱，每枚作两文用，所以要按铸额的五分之一计算。如果按每年三十亿文计，则整个清代两百多年应有八千亿文。因改铸、少铸和落土的关系以五成计，还有四千亿文。但清末流通的铜钱中，并不全是清钱，还有一些前朝的旧钱和外国钱。这些旧钱和外国钱在铜钱中所占的比重各地不一样。在我的家乡江西省安福县西乡的严田，在民国初年的时候，可以说是专用清钱，顺治康熙等大钱不少，要想收集一套（二十种）康熙钱并不是难事，乾隆、嘉庆、道光等钱也很多。南乡有些地方偶然有五铢和开元钱以及日本的宽永钱。但江西流通的钱币中，清以前的钱币一向不多。乾隆三十六七年间已只有千分之一、二[30]。另外有些地方，旧钱和外国钱所占的百分比要大得多[31]。大体上，闽广一带，越南钱占的比例很大，例如厦门，在光绪中叶，越南钱要占铜钱总流通量的百分之四十以上，清钱只占半数多一点，其余为日本的宽永钱和宋明等朝的旧钱[32]。福州情形也差不多。在台湾，清钱约占百分之七十六点六，越南钱百分之十三点六，日本钱百分之五点五，宋钱百分之三点一，明钱百分之一点一，唐钱千分之一，据说山东济南也大同小异[33]。但江浙一带，越南钱就不能流通，只有少数宽永钱和旧钱。北京在清末专用当十钱，不用小平钱。附近乡村则间有越南的光中和景兴等钱[34]。四川重庆，则以乾嘉以来的小钱居多，顺、康大钱比较少；间有宽永、光中、景兴等外国钱以及五铢、货泉、开元等古钱。总之，全国看来，流通的铜钱中，大概有百分之五的外国钱和旧钱。另外还有许多私钱，清末这种私钱占的比重很大，若以四千亿文的百分之二十计，就是八百亿枚。照这样计算，清末应有铜钱五千亿文或三亿七千三百万元。

最后来看看钞票。这是一个非常麻烦的问题，难以估计。照理发行钞票，应当有账可查，但是清末的发行单位，真是千头万绪。即使有账目，也大部分遗失了。钞票的复杂，第一在于发行单位多，有中国的发行机构和外国的发行机构；中国的发行机构包括新式银行、各省的官银钱号、私人的钱庄、银号、当铺、铁路局，以及各式各样的商店。第二在于货币单位多，有铜钱票、铜元票、银两票和银圆票。铜钱票中又有各种计算方法，有足钱票、九八钱票、九五钱票、京钱票、当十钱票等。铜元票有当十铜元票、当二十铜元票等。银两票根据各地银两标准而有不同，上海用规元银两、北京用京平银两、湖南用省平（即湖平）银两、天津用化宝银两、陕西用议平银两、江西用九三八平市银两。银圆票有大洋票和小洋票。大洋票有些地方用鹰洋兑现，有些地方用龙洋兑现。这笔账恐怕永远算不清了。而且清末在货币流通上是一个过渡时期，铜钱向铜元过渡，铜钱票向铜元票过渡。例如在江西，光绪二十八年江西官钱局发行足制钱票，但市面通行九五制钱，所以在光绪二十九年另发九五制钱票；三十三年又由官银钱总号发行钱票、银两票和银圆票。第三在于价格不同，货币本身而有价格，已是一件奇怪的事，但清末各种货币之间的比率是经常变动的，称之为兑换率也可，可是当时大家都把这些货币看成商品，而称银价、洋价、钱价、钞价等。例如黑龙江广信公司的钱票，在宣统初年，发行额为三千多万吊，三吊八百四十文合小洋一元。哈尔滨的江省广信公司也有六千多万吊。民国三年秋发行额为一亿四千余万吊，八吊多才合小洋一元。

对于一些全国性的大银行和一些省份的官银钱号的发行，过去曾有数字发表过,但那些数字的年份不同,而且不全可靠[35]。我只能在那些数字的基础上,加以修正,作出新的估计来。例如铜钱票,主要是各省官银钱局和私人钱庄、商店所发行的。但各省官银钱局的数字不全。单是黑龙江官银号和广信公司就有一亿吊以上[36]。吉林永衡官银钱号也有七千多万吊。河南、湖北、江西和江南等省的官钱局都有钱票的发行。可以想象:其他省份也有钱票的发行,特别是城市的钱庄。而各省的钱票又不能加以平等看待,因为它们所代表的价值是不相等的。如吉林的永衡官帖,要四吊五六百文才合得小洋一元,所以若要折合成标准钱票,即折合成每一吊三百四十文合银圆一元的钱票,则七千多万吊恐怕还值不到两千万吊铜钱。但我们又不能以吉黑两省的数字为标准来计算其他省份的钱票。因为当时东三省的纸币在全部货币中所占的比重比其他省份大,其中本国钞票主要是钱票,这些钱票都不是以铜钱兑现,而是对小洋作价,所以到底应当算是铜钱票还是小洋票,是一个不大好决定的问题。这里姑认作钱票。其他省份中,湖北有钱票一千七百多万吊,河南只有十一万吊。我们姑以每省三百万吊计,全国以六千万吊计。这些都是官票。还有私票或私帖。所谓私票不是指假票,而是指私营钱庄、商店等所发行的。这种私票的数量也应不少,因为它遍及全国各大小城镇[37]。据中国银行对东北的调查[38],奉天省的四十六县就有五百四十八万多吊和三百一十一万余元。这是民国八年的调查,据说清末更多。所以平均每县应有二三十万吊。又吉林各县的屯帖,多则三四十万吊,少则二三十万吊,平均应为三十万吊。全省应共有一千二百六十万吊,合制钱六百三十万吊。别的省份使用金属货币,钞票的比重要小得多,假定其他省份的私票,每县等于东北各县的一半,即每省三百万吊,全国约六千万吊,另加一些大城市的私票一二千万吊,全国官私钱票合计一亿三四千万吊[39],或一亿元。铜元票[40]就包括在内,不另计算。

  银两票数目比较少,也没有确实数字。据各家已发表的数字,约为一千二三百万两,这显然有遗漏。例如中国通商银行曾发行银两票,但各家都不列入。江西、湖北、热河等省的官银号也曾发行银票,私人银号也有发行银两票的。而且银两票有大票面的,不比钱票和银圆票,大票不多。所以全国至少应有两千万两[41]或两千七八百万元。有人说[42]银两票除外国银行发行的以外,根本不曾流通,这话不确。

  银圆票的流通数似乎比银两票要多,但比铜钱票要少。因为东北几省的钞票除了外国银行发行的以外,几乎全是钱票。不过据说奉天兴业银行在清末曾发行一千二百多万元的钞票。实值恐怕没有这样多。湖北也以钱票为主。而其他省份却没有专用银圆票的。发行银圆票最多的自然要算大清银行，在清末有一千二百多万元。其他发行单位虽然很多，但比起发行钱票的单位来要少得多。一些商业银行在清末发行的银圆票大概不到两百万元。各省官银钱号和省银行的银圆票合计大概有八九百万元。各地钱庄银号等，尤其是比较大的城市的钱庄银号等，也发行银圆票，但数额不多。所以全国合计，大概不超过五千万元。这数目包括小洋票。

剩下的是外国钞票。这里包括外国银行在中国发行的钞票和外国银行或外国政府在外国所发行的钞票而流入中国并在中国流通或随时可以投入流通的。这一方面也没有统计。因为外国或外国银行所发表的数字，只是发行总数，包括在中国流通的和在外国流通的，而专在中国流通的外钞还是少数。有人估计清末八家外国银行发行而在中国流通的钞票为三四千万元[43]。但这个数字不能代表当时在中国流通的外钞的数目。如英籍银行的钞票，除了在上海等地区发行的以外，还有在香港发行而流入广东的。日商台湾银行的钞票在清末应已流入中国。但最重要的外钞地盘是东北。有人估计，在八国联军入侵中国的时候，俄国在东北付出五亿到六亿卢布，大部分大概是用作建筑中东铁路的费用。因此羌帖（即卢布票）在东北就获得了广泛的流通。1902年俄国军队撤退后，羌帖信用动摇，持有羌帖的人，纷纷兑成现银。日俄战后，羌帖的流通范围大为缩小。1904年运到上海和天津、烟台三地兑现的就有一两亿卢布[44]。以后流通限于北满一带，如哈尔滨、黑河、满洲里等地。由于中东铁路规定必须使用羌帖，论理东北的羌帖在清末应当还有两三亿卢布，可能绝大部分是在银钱业的库中，作为一种外汇储备金，实际流通的大概不多，姑以合五千万元计算。南满一带用日本的钞票，包括日本银行和横滨正金银行的钞票。据说在日俄战争的时候，单是日军在中国发行的军用票就有一亿五千万元[45]。后来大概用正金银行的钞票收回，但没有收完，日本人说在1911年还有二百万元左右没有收回[46]。而且收兑后论理正金银行的钞票应大为增加，但这一点也难以估计。清末东北流通的日钞还有朝鲜银行和日本银行的钞票，数目不大。日钞总额姑以三千万元计，则日俄两国合计为八千万元。但这一项是最难估计的，说成一倍也没有什么不可以。全国流通的外钞应在一亿元以上。全国各种钞票合计为二亿七八千万元。这是指全部纸币所代表的价值，不是面额的总和。

清末中国货币数量分类估计表

货币种类	数额	折合银圆	百分比
银币		1 297 000 000	61.85
中国银圆	200 000 000 元	200 000 000	9.54
外国银圆	500 000 000 元	500 000 000	23.84
银　角	250 000 000 元	250 000 000	11.92
银　锭	250 000 000 两	347 000 000	16.55
铜币		522 253 731	24.90
铜　元	200 000 000 000 枚	149 253 731	7.12
铜　钱	500 000 000 000 文	373 000 000	17.78
纸币		277 777 777	13.25
银两票	20 000 000 两	27 777 777	1.33
银圆票	50 000 000 元	50 000 000	2.38
铜钱票	134 000 000 吊	100 000 000	4.77
外国钞票	100 000 000 元	100 000 000	4.77
合计		2 097 031 508	100.00

根据上面的估计，清末全国的货币数量共约二十一亿元或二十八亿吊或十五亿两。全国人口若以四亿计，每人约占五元二角四分，或白银三两七钱七分或铜钱七吊多。值得注意的是：第一，金属货币占有压倒性的比重，百分之八十六以上，纸币只占百分之十三多一点，这表示中国经济的落后。特别是白银地位的重要性。但金属货币中有相当大的部分被人收藏，特别是在农村，不论是银锭、银圆或铜钱，即使不被收藏，流通速度也是很慢，一枚银圆在农村每年恐怕难得转手一次。至于银锭，几乎不参加流通，即在大城市中也只作大额的支付，不作一般流通手段，大部分是用作储备金。所以真正流通的货币要比表中的数字小得多。第二，外国货币在货币总额中占有很大的比重，近百分之三十，这反映了当时中国经济的殖民地性。

一国的货币数量同一国的经济发展水平是息息相关的，所以研究一个时期的货币数量，对于这个时期的生产力的研究是有帮助的。它反映当时的生产力。但反映生产力时不能单靠货币的数量，而是货币数量乘它的单位价值。而且还要同别的时代或别的国家比较才有意义。

西汉末年的货币数量，主要是那两百八十亿文五铢钱，另外还有私铸，而且四铢半两料想继续流通，这两者以七十亿文计，合计有三百五十亿文铜钱，即三千五百万贯。七十万斤黄金姑不计。米价每公石以六百五十文计，三百五十亿文铜钱共值米五千三百八十五万公石。人口以五千九百六十万计，每人摊得五百八十七文，值米九公斗。唐代安史乱前的货币数量估计四五千万贯，开元以前每年约铸造十万贯，共约九百万贯；开元年间每年以二十万贯计，共五百八十万贯；天宝年间每年以三十万贯计，共四百五十万贯；私钱数大概同官钱差不多，合计约三千八百六十万贯；前朝旧钱以四百万贯计，总共四千二百六十万贯，米价每公石以三百三十六文计，约值米一亿二千七百万公石。人口以五千二百九十万人计，每人摊得七百二十文，值米二公石半。西汉每人摊得的货币数量不如盛唐那样多，而其价值还要更低，这就说明唐代的生产比西汉发达。在北宋熙丰年间，货币数量估计有铜钱二亿贯，铁钱二千万贯，交子二百五十万贯，也是对铁钱作价，铁钱以两文当铜钱一文计，铜钱以七十七陌计，共合足钱约一亿四千七八百万贯；前朝旧钱以四千万贯计，共一亿九千万贯。米价以熙丰间的平均米价计算，每公石足钱约一千文，共值一亿九千万公石。宋代人口的记录显然不可靠，因每户只合两人，若改以每户五人计，熙宁八年的户数是一千五百六十八万四千五百二十九户，合七千八百多万人，每人摊得约二千四百多文，值大米二公石四斗。明末的货币包括白银和铜钱。白银以一亿五千万两计。铜钱的数目远比不上北宋，因明代铸钱少，末年才增加。我估计官钱、私钱和前朝的钱合计最多只有五千万贯，因为宋钱在乱世落土很多，有一部分已外流，还有一大部分在明末被销镕改铸。当时银价每两合制钱八百文，但合私钱加倍，若以一两合千文计，货币总数量为二亿贯或二亿两白银。米价每公石一两一钱六分，全部货币值米一亿三千万公石。人口以六千万人计，每人摊得货币量两贯五百文，值米两公石多一点。清末每人摊得货币七贯许，比任何朝代都多。清末米价每公石以五千二百五十文计，每人货币量值米一公石三斗三升。只比西汉多。比其他朝代少。

历代货币数量比较表

朝　　代	货币数量（贯）	每人摊得数（文）	折合大米（公石）
西汉末年	35 000 000	587	0.90
唐开宝间	42 600 000	720	2.14
宋熙丰间	190 000 000	2436	2.44
明　　末	200 000 000	3333	2.87
清　　末	2 097 031 508	7326	1.33

这些数字不是很精确的。即使大体上正确，也还各朝有各朝的具体情况，例如西汉没把黄金计算在内，明清两代却把白银计算在内。虽然西汉的黄金同明清的白银性质不同，但明末的白银同清末的白银性质也不完全一样，明末用银是凭重量，清末则用银铸币，所以明末的各种数字应当还要打一个折扣才能同清末和前代比较。同是铜钱，流通速度也是不会相同的。就是在清末，各种货币的构成，几乎年年变动。拿钞票来说，在光绪二十六年的时候，单是东北就有几亿元外钞，可是过了几年，就减成几分之一了；其他种类的货币，自然会相应地增加。又，由于历代人口数字的可靠性不一样，所以算出来的每人摊得的货币数量及其价值也就不是十分可靠了。此外，清末每人摊得的货币数量折合大米的数量是根据上海的米价，这种米价比起农村的米价来，可能要高一倍，若依农村的米价，则数字要加倍，不至于比明末少得多。

总之，清末的货币数量，空前庞大。可是由于货币购买力的下降，特别是由于银价的下降，以及人口的增加，使得每人所摊得的数量并没有同比例地增加；从它的价值来看，反而减少了。这就是说：清末的货币数量，不是太多，而是太少；但太少的问题，不是增加货币数量所能解决，必须扩大生产，才能增加货币数量。

注　释

[1] 梁启超估计只有一二十兆，他无疑是以百万为兆，一二十兆就是一二千万元（宣统二年梁启超《读币制则例及度支部筹办诸折书后》）。

[2] 张公权在其《论英龙洋之消长及英洋之自然消灭》（见民国六年七月上海《银行周报》）一文中说宣统二年度支部调查到外国银圆有十一万万元。

[3] 梁启超说："外币之数必多于各省旧铸之币数倍。"（《读币制则例及度支部筹办诸折书后》）

[4] *Report on the Introduction of the Gold-Exchange Standard into China, the Philippine Islands, Panama, and other Silver-Using Countries*. Washington, Government Printing Office, 1904, p. 491.

[5] 自1877—1901年墨西哥所铸银币中有百分之七十七点七四输出国外，但大银圆输出的百分比应当还要大一点。见注 [4] 所引书。

[6][7] 见注 [4] 所引书第四九一页。

[8] 据叶德景（J. Edkins, *Chinese Currency*, Shanghai, 1901, p. 68.）的估计。

但他的数字包括宝银和小额银币在内，不限于大银圆。

[9][10]　R. M. Martin, *China*, Vol. I, p. 176.

[11]　H. B. Morse, *China and the Far East,* Clark University's Lecture.

[12]　R. M. Martin, *China*, Vol. I, p. 176.

[13]　同上。另有日本的新井白石估为一亿四千万元以上（见小竹文夫《近代支那经济史研究》，弘文堂书局昭和十七年，第五九页）。

[14]　J. Edkins, *Chinese Currency*, Shanghai, 1901, Preface.

[15]　见注 [4] 所引书第四七七页。

[16]　梁启超《读币制则例及度支部筹办诸折书后》。

[17]　民国二年十二月十七日财政部泉币司的调查为二亿零六百零二万八千一百五十二元。同年的《币制节略》说是二亿三千五百三十九万八千零五十元。梁启超引民国三年四月的调查为二亿一千二百十六万八千五百九十一元（民国四年一月梁启超《余之币制金融政策》，见《中国近代币制问题汇编》（一）第五六○页）。民国八年的调查为二亿八千六百三十五万一千四百十三元。耿爱德即根据这个数字作出他的估计。但他说1933年流通的银圆为二十亿元。

[18]　民国二年曾在币制委员会任委员的刘冕执说，当时中国有银圆十七万万元（见《中国近代币制问题汇编》（二）第一四四○页《能力本位制》），他没有说明数据源。

[19]　宣统三年，银圆一元在上海合单铜元一百三十四枚（见张家骧《中华币制史》第五编第三五页。单铜元一枚以合制钱十文计）。

[20]　银角的估计，曾参酌耿爱德（E. Kann 的日文本《近代支那货币史》第一一九页至一二四页）的数字。他的估计是1939年的数字，不过他所根据的一些数字多是有年限的，如某省的五角银币自某年到某年有多少枚等。有些数字是他自己的估计。综合他的各种数字，清末的银角共约值银圆一亿八千万元。但他的数字并不全面，例如浙江省就没有包括在内，私铸也没有计算在内。所以总数应有两亿元。梁启超（民国三年九月为币制局总裁时的呈大总统为胪陈铸币计划文附说帖）说："历年各官局所铸银角铜元通行市面者，计五角小银圆三千二百余万枚，二角小银圆十二万二千余万枚，一角小银圆二万三千余万枚，五分小银圆五百余万枚。"（《中国近代币制问题汇编》（一）第五四四页）照面额计算为二亿八千五百五十万元。另据李芳转引财政部泉币司民国二年冬的调查共为二亿八千六百四十七万三千八百零六元四角五分。其中有二角五分的。

[21]　张家骧《中华币制史》第五编第四七页。

[22]　银锭成色比银圆高，实际上清末有些外国银圆在某些地区只能作六钱

多白银行使,但在另外的地区。也有作八九钱行使的,所以这里还是以七钱二分为一元。

[23] 陈璧《望岩堂奏稿》卷六《陈报考查各厂情形片》。所奏各省铸额如下(单位:单铜元枚数):

河南(光绪三十二年十一月二十九日止)	230 545 850.0
湖北(光绪三十二年十二月十五日止)	3 548 327 055.0
江宁(光绪三十二年十二月底止)	1 603 984 850.0
广东(光绪三十二年年底止)	958 606 000.0
福建(光绪三十一年年底止)	347 244 868.5
直隶(光绪三十三年三月底止)	182 180 520.5
四川(光绪三十二年年底止)	275 512 944.0
江苏:清江浦(光绪三十二年七月底止)	7 885 585.0
苏州(光绪三十二年五月十二日止)	529 430 867.0
安徽(光绪三十二年四月十六日止)	519 361 334.0
山东(光绪三十二年十二月十四日止)	296 274 556.0
江西(光绪三十二年十月底止)	379 722 376.0
浙江(光绪三十二年十二月底止)	821 107 384.0
湖南旧局(光绪三十二年八月底止)	179 959 100.0
湖南新局(光绪三十二年十二月初八日止)	632 356 825.0
	10 512 500 115.0

[24] 梁启超所记各年份铜元铸额如下:

年 份	原料铜(担)	铸成铜元(千枚)
光绪 三十年	255 771	1 741 167
三十一年	749 000	4 696 920
三十二年	213 673	1 709 384
三十三年	356 400	2 851 200
三十四年	178 500	1 428 000
合 计	1 753 344	12 426 671

[25] 《呈大总统为胪陈铸币计划》。

[26] 《请通饬开办矿务鼓铸银圆折》。

[27] 严中平《清代云南铜政考》第二四页和第八九——九四页。

[28] 张家骧《中华币制史》第二编第九六页。嘉庆五年户部制定各省每年铸造额表(单位:串):

省 别	铸造额	省 别	铸造额	省 别	铸造额
北 京	899 856	陕 西	87 360	云 南	附加 84 924
直 隶	60 666	陕 西	附加 43 204	贵 州	94 860
江 苏	111 804	四 川	179 259	山 西	174 72
江 西	41 928	四 川	附加 14 868	湖 南	47 880
浙 江	129 600	广 西	24 000	伊 犁	1122
湖 北	84 000	云 南	94 860	广 东	34 560
合 计					2 052 223

[29] 同治四年（1865年），制钱的铸造额如下（E. Kann 在其 *The Currencies of China* 第三版日文本第五四页引 S. W. Bushell 的数字）：

省 名	地 名	厂 名	每年铸造额（文）
直 隶	北 京	宝 泉	899 856 000
直 隶	北 京	宝 源	449 928 000
直 隶	保 定	宝 直	60 756 840
山 西	太 原	宝 晋	17 472 000
江 苏	苏 州	宝 苏	111 992 052
江 西	南 昌	宝 昌	42 037 992
福 建	福 州	宝 福	43 200 000
浙 江	杭 州	宝 浙	129 600 000
湖 北	武 昌	宝 鄂	84 420 000
湖 南	长 沙	宝 南	48 054 000
陕 西	西 安	宝 陕	94 589 040
四 川	成 都	宝 川	157 733 333
广 东	广 州	宝 广	34 560 000
广 西	桂 林	宝 桂	24 000 000
云 南	云 南	宝 云	125 682 480
云 南	腾 冲	宝 腾	44 886 600
贵 州	贵 阳	宝 黔	67 329 900
贵 州	大 定	宝 黔	22 443 300
伊 犁	固尔札	宝 伊	1 122 000
合 计			2 459 663 537

日译本表中文字有些错误，如宝源作宝元，宝晋作宝普。而湖北武昌并非宝鄂，而系宝武。但最大的问题在于数字的真确性。Bushell 的数字自然是引自中国的资料。但一个留心清钱的人，对此不免怀疑。同治钱是清钱中最少见的，表中有许多省局

所铸的钱,从没有人见过。可能表中的数字是官方拟议铸造的数字,实际上由于成本高,许多炉局没有铸造。民间所流通的以旧钱为主。

[30] 《泉布统志》(道光五年)卷首《条奏》引《京报》《江西收买古钱照苏省一体办理》。

[31] 据一位广东的朋友说,他家乡(广东西南一带)的钱币中,宋钱的比重很大,一直到民国年间还是这样。而且不大用铜元。但可能是安南所铸。

[32] W. J. Clennell, Copper Cash Current in Amoy (China Review.Vol. ⅩⅩ, No.5,1892—1893)。文中没有提到各种钱的确实的百分比,只说清钱不超过半数许多。

[33] 泳山楼主人《台湾钱整理私见拔萃》(《货币》杂志第一八八号第十七页)。系明治三十年的情形。作者认为足以代表清末情形。嗣后他在济南也从事调查,结果也大同小异。

[34] 有些外国人说,北京在清末有许多琉球钱,这话不可靠。也许他们误以光中景兴等钱为琉球钱。

[35] 中国钞票一项,张家骧的《中华币制史》有一些数字,但不仅不全,而且许多数字不可靠,所用货币位也有错误,发行单位的名称也不正确。现在我尽可能将他的数字和行局名称加以修正作成一个表,不过只能供参考用,不能作为正式的统计表。

清末各银行和各省官局发行情况表

行局名	年 份	银两票	银圆票	铜钱票(吊)
大清银行	宣统三年	5 438 911	12 459 908	?
交通银行	民国元年		1 102 164	
中国通商银行	光绪三十一年		1 500 000	
浙江兴业银行	宣统二年		728 100	
四明商业银行	民国三年		190 000	
直隶省银行	宣统二年	384 500		64 794
东三省官银号	民国三年		8 700 000	
吉林永衡官银钱号	宣统三年			78 958 364
黑龙江官银号	宣统二年		1 190 000	
广信公司	宣统元年			100 000 000
山东官银号	光绪三十四年	881 330		
河南豫泉官银钱局	宣统三年	1 800 000	160 000	300 000
山西官钱局	宣统三年		60 000	
江苏银行	民国元年		500 000	

续表

行局名	年份	银两票	银圆票	铜钱票（吊）
安徽裕皖官钱局	光绪三十二年后		400 000	300 000
江西官钱局	光绪二十九年			400 000
福建官钱局	民国元年		400 000	
浙江银行	宣统元年		600 000	
湖北官钱局	清末		1 600 000	17 000 000
湖南官钱局	光绪二十九年	2 027 600	375 700	4 800 000
陕西官银钱号				1 000 000
奉天兴业银行	清末		12 000 000	
甘肃官银钱局	宣统二年	173 000		59 000
新疆省城官钱局	清末	1 000 000	15 000 000	
伊犁官钱局				
四川银行	宣统三年			
广东官钱局	宣统三年		1 000 000	
广西官银钱号	民国二年		2 187 600	
贵州官钱局	清代	554 055		
热河官银钱号	民国元年		50 000	

上表中大清银行有钱票，数目不详。交通银行所发为银圆票，但以银两计算，这里每元以七钱二分的标准折成银圆。东三省官银号的数字为银两票、大龙圆票、小银圆票、东钱票四种的总数。所谓东钱是以制钱一百六十文为一吊。吉林永衡官帖每四吊多合银圆一元。黑龙江数为银圆票和铜元票的合计。山东数为银两票和京钱票的合计。热河数为银两票、银圆票和铜钱票的合计。此外关于江西省，表中只列光绪二十九年江西官钱局的数字，其实光绪三十三年改为江西官银钱号以后曾发行银两票和银圆票。

[36]　章宗元（《中国泉币沿革》）说广信公司发行一亿吊钱票。另加黑龙江官银号的京钱票。

[37]　摩斯（H. B. Morse）曾在清末向中国各地区的外国人调查货币流通情况，从牛庄、陕西、甘肃、南京以及福州等地的回答都说是通行钱票。牛庄约有钱票三百万吊，没有别的银行券。（*Report on the Introduction of the Gold-Exchange Standard*, pp. 263—265.）

[38]　《东三省经济调查录》。编于民国八年。

[39]　民国七年的《币制节略》说钱票有 64 393 761 串和 371 813 619 吊。

[40]　《币制节略》说全国铜元票（折合当十铜元）有 470 287 210 枚，另 60 261 069 串）。清末铜元票远没有过样多。

[41]　耿爱德（E. Kann）在其日文本《近代支那货币史》（第一四五页）中说，1908 年 2 月户部银行的资产负债表中纸币发行额共为二亿九千六百十五万二千四百十五两。这数字可能不是专指银两票，而是各种钞票的合计。而且单位大概有错误，因为下文两处都以百万为亿。

[42]　摩斯（H. B. Morse）的调查，见注 [4] 所引书第二六三页。

[43]　献可《近百年来帝国主义在华银行发行纸币概况》引用我在本书初版中的数字，误作度支部的调查，说是估计过高。并在第五七——五八页说，1910 年外籍银行在华发行纸币及外币在华流通额有三五、三七〇、二七九点五元，其中包括英籍的麦加利、汇丰，美籍的花旗，日籍的横滨正金，德籍的德华，法籍的东方汇理，比籍的华比，及俄籍的华俄道胜。又说 1912 年为四二、九四八、三五九点八元，包括上列八家中的七家，只东方汇理一家不在内。

[44]　1904 年美国驻牛庄领事的报告（见注 [4] 所引书第二八〇——二八二页）。

[45]　侯原培、吴觉农《日本帝国主义对华侵略》第六章第三节。今村忠男《支那新通货工作论》说是一亿四千万元。献可《近百年来帝国主义在华银行发行纸币概况》说是一亿九千万元。

[46]　今村忠男《支那新通货工作论》第三二五页。

第三节　货币研究

一　货币理论

在清朝的两三百年间，欧洲的政治经济学理论，突飞猛进。而当时中国在这方面还很落后。

中国社会中，到了清代，自然经济还是占有重要的地位。并且在思想上反映出来。黄宗羲（1609—1695 年）虽不是纯粹的实物论者，可是他极力强调粟帛的重要。他的主张废金银、用铜钱，实际上带有实物论的色彩。因为在发挥货币职能方面，金银具有更大的优越性。他说：

> 废金银其利有七：粟帛之属，小民力能自致，则家易足，一也。铸钱以通有无，铸者不息，货无匮竭，二也。不藏金银，无甚贫甚富之家，三也。轻赍不便，民难离其乡，四也。官吏赃私难覆，五也。盗贼胠箧，负重易迹，六也。钱钞路通，七也。[1]

这些话差不多都是前人讲过的。他不从货币本身来谈货币，而从其他角度来谈货币。他也不主张废货币，但他又不从积极方面来利用货币，而从消极方面来防避货币。实际上假若废止货币，更能达到他的目的。他虽然以小民生活为念，而且希望无甚富甚贫之家，但这不是空话，便是空想。他要使小民不能离其乡，毕竟只对封建地主有利。实际上他是站在封建统治阶级的立场说话的。他的第一句话就是"后之圣王而欲天下安富，其必废金银乎"。他是在回溯自然经济过渡到货币经济的历史之后说这番话的。他首先是缅怀古代的粟帛经济。但因太不合时宜，不得不容忍钱币的流通，并以钱币来抵挡金银。其原因是金银尽被富商、大贾、边官、猾吏敛尽，地主想不到手，封建统治者又无法控制。

乾隆年间，美洲的白银大量流入中国，使中国的货币经济又受到一次刺激，新兴的商业资本家是拥护货币经济的，郑燮也许可以说是他们的代言人，虽然他自己未必肯承认这一点，但他不愿当封建统治阶级的一员，却不肯离开商业资本最发达的扬州，他在那里过卖画生活。乾隆二十三年他以自我解嘲的口吻自书润例，并说：

> 凡送礼物食物，总不如白银为妙；公之所送，未必弟之所好也。送现银则中心喜乐，书画皆佳。礼物既属纠缠，赊欠尤为赖账。年老体倦，亦不能陪诸君子作无益语言也。[2]

他讲话的态度虽然不大严肃，但这样露骨地招认对货币拜物教的信念的人，在中国历史上还少见。但在乾隆年间，大概不算十分稀奇，因为袁枚也说：

> 解用何尝非俊物，不谈未必定清流。
> 千古帝王留字去，万般人事让兄骄。[3]

乾隆年间，银价下跌，物价上涨，但提到物价的，往往不明白货币同物价的关系。例如杨锡绂在乾隆十年说：

> 户口多则需谷多，价亦逐渐加增。[4]

他这话不但忽视了生产方面的因素，而且忽略了货币的因素，所以无论从理论上来看或从当时的实际情形来看，都有毛病。从理论上来说，人口的增加固然需要更多的米谷，但是也可以生产更多的米谷，而且需要更多的货币。唐朝天宝以后人口减少[5]，物价大涨；建中以后，人口增加[6]，物价反而下跌；就是因为生产和货币价值变动的关系。从实际情形看来，乾隆时物价的上涨，其中一个重要的原因是白银的跌价。

清初留心钱法的人，只是想维持银钱间的比价，对于银钱本身的价值，反而不大注意，最多只谈谈用银用钱的得失。为了要维持银钱间的比价，常常加减制钱的重量，以使铜钱跟着白银涨跌，他们只想维持铜钱对白银的比价，没有人主张维持货币同商品的比价，山东巡抚阿里衮也许是第一个提出这种要求的，他主张随着铜价的上落，而减轻或增重铜钱的分量，使铜钱的购买力不变。这是一种"补正铜钱制"的思想，他在乾隆十三年说：

> 米贵由于生齿日众，逐末遂多，凡布帛丝棉之属，靡不加昂，而钱价昂贵，尤与米谷相表里……补救之方……一、钱法宜变通。钱法与铜斤为子母，铜价平则钱应加重，铜价贵则钱应减轻。[7]

嘉道年间，谈论货币问题的人渐多。那时的货币流通已露出更大的破绽，银贵钱贱的趋势，使人民的负担加重，政府的财政反而更加困难，因此有人提议用钞。嘉庆十八年蔡之定的提议便是一例，但道光年间的王瑬（1776—1843 年）是一个更重要的代表。他著有《钱币刍言》[8]，提出"行钞法、禁铜器、铸大钱"的具体建议。钞票面额自一贯到千贯，分为七等，另铸铜钱三等，即一文、当十和当百。一贯以上用钞，一贯以下用钱；白银不再作货币，而为器饰的原料，人民可用白银向政府换领钞票。及时换钞的少出一成白银，办理的钱庄又可以扣留一成白银，这是王瑬所谓予民的二分之利。千贯和五百贯大钞由国内善书者书写先正格言，装成手卷，俾使持有人当作艺术品宝藏。发行钞票时，官俸加倍，钞法通行之后，又加几倍。他的计划的中心是行钞，他列举行钞的许多优点[9]。如洋钱不禁自废，鸦片的祸害可除，胥吏的侵渔可绝，边界的生衅可弭，物价可平，水利可兴，开垦可行，等等。

应当指出：王鎏是一个专门研究货币问题的学者，这在过去的历史上是少有的。他的计划不是一时冲动写出来的，而是三十多年思索的结果，他的《钱币刍言》是从《钞币刍言》改写的，而且还有《续刻》和《再续》的补充。他曾研究宋元以来关于行钞的言论，作为《先正名言》，收录在他的著作中，并加上自己的按语。他也曾同当时的朝野名士通信，说明或讨论他的主张。他所建议的措施中，有些看来是荒唐的，或是自欺欺人的，这限于他的认识水平，但他是经过全面考虑的，不仅对国内的一些现实问题考虑过，连对外贸易问题也注意到，他知道纸币只能在国内有效，世界货币必须用银，所以商人出国许用钞换银，回国时再将银换成钞票。所以几乎发展成为一种有完整体系的学说。他对这学说信仰很深，以一种宗教的热诚来推荐和宣扬。《钱币刍言》作为一种著作，组织得很松弛，可是自头到尾，贯穿着他的主张，所以与其说是一种学术上的著作，不如说是一种参加争论的小册子。字数也并不多。它在当时的经济学界的确也引起了相当大的风波。据说学士大夫往往宝藏其书[10]，可见赞成的人不少，包括一些在朝的人[11]；但鉴于蔡之定的罢官，这些人不敢公开推荐他。同时反对他的人也很多，包世臣不完全同意他的主张，许楣和许楣两兄弟完全反对他，许楣且写了三万字的《钞币论》来逐条反驳。王鎏认为反对的人是门外汉，不负责任。他反问说：

> 州县办公之竭蹶，胥吏舞文之情伪，不加其俸、厚其禄，何以舒其困、止其奸乎？河工海塘之经费，何以无绌于度支乎？……试思舍钞而别求理财之策，田赋可以加乎？关税可以增乎？开矿可以兴乎？捐例可以恃乎？行西北之水利可以不费工本乎？用东南之海运可以不为后虑乎？[12]

如果他只作为一种币制改革而提出一些措施，那就不值得我们在这里来深入介绍批评，但他的主张牵涉到理论问题，他把行钞当作一种万灵神药，如同明代郭子章认为行钱是万灵神药一样，以为可以解决当时的一切问题，可以利国利民，富国富民。他认为明朝的亡，在于废钞。他认为行钞不会对任何人有害处，而是人人有利的事情，他的相信行钞，很像18世纪的约翰罗（John Law）。如果他知道和他同时的法国圣西门主义者有联合人民

来剥削地球的理想,他一定会说,行钞就可以实现那种理想。他说:

> 行钞乃天地间别增此一种之利。[13]

又说:

> 举天下之利权而尽操之于上,然后可以加惠于四海之民。[14]

王鎏对于纸币的本质,显然理解不深。他一方面不否认纸币本身没有价值,却又说是一种独立的利源,而且取之不尽。纸币本身既没有价值,势必系反映其他真实财富的价值,只要真实财富不增加,则纸币总数量无论怎样增加,其所代表的真实价值是不会增加的,因而每个纸币单位所代表的真实价值将随其总数量的增加而减小。如果增发钞票时,各人手中的钞票同比例地增加,物价也同比例地上涨,那么,谁也不受害,但谁也没有利。如果不是同比价,那就对有些人有利,对另外一些人有害。没有一种变动能使人人有利。王鎏自认他的办法利国利民,但首先得到好处的是增加俸禄的官吏,最大的受惠者毕竟还是操钱币之权的统治者,人民将自己的白银去换取纸币,将不会有什么利可言。当然,如果行得顺利,币制会更加统一,外国银圆也许可以肃清。如果通过行钞来进行建设,增加生产,对于人民也不是没有好处,但这只是一种理想,没有把握。王鎏似乎也知道这点,但他的思想是混乱的。他说:

> 惟行钞则能使国家尽有天下百姓之财……又人人顿获二分之利,斯其策之所以为神妙而无穷也。[15]

天下百姓的财富既全部归国家,这些百姓怎样又顿获二分之利呢?这岂不是变戏法?他还说是:"姑以二分言之,其实即使民获倍利也可。"这第二种利是名义上的,是虚假的,第一种利才是真实的。头脑比较冷静的包世臣就指出:"尽有天下百姓之财,虽有其理,然书之颇不雅,幸更酌之。"[16]

王鎏是一个名目论者,他不但承认纸币是无用之物,而且认为铜也是饥不可食、寒不可衣的无用之物[17]。他同时又是一个数量说者。他说过:

> 物价之所以贵者,以物少而钱多也。今以钞易银,钱不为之多,而物不为之少,物价何以腾踊乎?[18]

他正是承认货币的价值是由数量来决定，所以他说只要纸币的数量不变，价值就可以不变，物价就不会涨。他对于当时中国需要多少货币，也是考虑过的。包世臣对他说：国家岁入每年约为四千万两，他就说：造钞之数当要能通三十年之用，这就是十二亿两，或十二亿贯。包世臣说是太多，他自己主张只造一倍于岁入之数。假定白银一两合钱一贯，那就只有八千万贯。这不代表两人对中国货币流通量估计的分歧，而是两人对货币的构成意见不一致，包世臣主张用钱钞二币，只不用银[19]。他在另一处又说钱钞每样一半，那样，全国货币只有一亿六千万贯，那肯定是不够的。王鎏似乎是以钞为主。他的数字不算太大，因为大钞是一种公债票与活期储蓄券的性质，大概不大会参加流通。

王鎏虽是一个名目论者，但是并不彻底，因为他还要用钱。而且他的著作的名称由原来的《钞币刍言》改为《钱币刍言》，他承认"钞实所以辅钱"[20]。这等于承认钱为实、钞为虚，钱为主、钞为辅。而且钞票可以兑现。果然如此，则他就不能说是一个十足的名目论者。而他所主张的制度，仍然是铜钱本位制的变种。他所计划的三种钱中，大钱不是足值货币，但小钱是足值货币。他拟规定民间藏钱不得过一千贯，这大概是指一户而言，平时自然不会家家户户藏铜钱，也没有这能力，但是如果纸币贬值，那就有必要而且有这能力了。而且必定都藏小钱。当时全国约有八千万户[21]，将需要一千亿贯，只要人民对钞票的信用稍一动摇，就会用兑现的方式把钞票全部送回国库，这大概是王鎏所没有料到的，他一定相信不会发生这种现象。他一定以为需要铜钱的数目不会多，这也是他在理论上的漏洞。他对包世臣说过：

> 既用钞，正欲民间之重钞，何以反有重钞轻币之疑？正用则钞，零用则钱，其法至简而易行，不必拘宋人钱会相半之说，尤不可杂用银也。[22]

他不知就算纸币流通顺利，铜钱的需要量还是很大的，因为日常交易多在一贯以内。

反对他的许楣，虽有专著行世，但只批驳王鎏的主张，自己没有建立一种新的理论。王鎏生活在鸦片战争前的一段时间，看到当前的困难，认为行钞可以解决这些困难。许楣的《钞币论》出现于鸦片战争刚刚结束以后（1846年），自然也看到更大的困难。但他说行钞不能解决这些困难。

因为行钞对于人民不利，结果国家也得不到预期的利益。他说：

> 取民九倍十倍之银，而偿以丈尺之纸，国家利矣，其如民之不利何？民既不利，钞必不行，九倍十倍之利，必不可得。[23]

这对王鏊所力主实行的那种钞票制度的剥削性说得很清楚。许楣对于纸币数量同它的价值的关系有所论列。他谈到政府应付财政开支的办法，说：

> ……惟以增钞为事。然不增则国用不足，增之则天下之钞，固已足用，而多出则钞轻，国用仍不足。[24]

这是他概括宋金元各朝行钞的经验而得出来的结论。他指出财政发行同纸币的稳定之间的矛盾。不增加发行就不能应付财政上的需要，增加发行，一时可以弥补财政赤字，表面上似乎够用了，可是发行数字超过了商品流通所需要的数量，这就使钞票跌价，物价上涨，结果国用仍旧不足。他的所谓"多出"，应当理解为超过正常需要的数量。

许楣的哥哥许梿似乎也是一个金属论者。他只承认纸币数量会影响它的购买力，但金银却不会。他说：

> 凡以他物为币，皆有轻重变易，惟金银独否。……时代有变迁，而此二物之重，亘古不变。锱铢则以为少，百千万不以为多。至于钞，骤增百万即贱，骤增千万则愈贱矣。[25]

又说：

> 多出数百千万之钞于天下，则天下轻之；多散数百千万之金银于天下，天下必不轻也。亦可见物之贵贱，皆其所自定，而非人之所能颠倒矣。[26]

这种看法同亚里士多德的看法差不多。亚里士多德认为别的商品的价值数量多就会跌价，但作为货币的白银却不会因数量多而跌价，因为无论怎样多，还是有人要。许梿认为纸币本身没有价值，他认为金银是有价值的，而且它们的价值,不受数量的影响,但金银的价值是怎样来的,他没有指出。

吴嘉宾虽然不一定是一个金属论者,但他非常重视铜钱;实际上,他为了重视铜钱,不惜反对用银。他说:小民粟帛余羡及佣工手艺尚可易钱,白银则须再通过铜钱去买。他主张维持铜钱的足值货币的身份。道光二十五年,他在他的《钱法议》中说:

> 窃谓用钱当以斤两权之,铸钱轻重,亦当于铜价准之。钱贱于铜,则有私毁之患,钱贵于铜,则有私铸之患。

同样意思的话,历代都有人讲过,但前人讲的,主要是所谓不爱铜,不惜工;没有吴嘉宾说的这样明确。他明白地说出要使钱的名目价值和它的币材价值相符。这一主张就表示:他认为中国的铜钱,至少他那时的铜钱的名价和实价是不相符的。这是一个很复杂的问题,很难一句话就说明的:中国历代的铜钱是不是足值货币的问题。而且在封建社会那种手工业铸钱的条件下,是否要提出这个问题,也是值得讨论的。由于铸造费等因素的关系,就是金钱币的币材价值也不是完全等于名目价值的。

马昂从货币起源的角度来反对名目论。中国的法家或名目论者总是认为货币是王者所为或法所定。虽然有些人说是起于商贾,但不是针对法家的论点而提出来的,马昂是第一个这样做的人。他提出《货布之制创自春秋战国诸地商民说》。他说:

> 范铜为货,始于春秋,非国君所创,乃创自商民;民以为便,便则通行。国君未有禁令,铸不为私。而秦以前则由民自铸,并非国君所令也。[27]

道光年间还有一些数量说者,如朱嶟和魏源。道光二十六年(1846年)御史刘良驹条奏银钱划一的办法,政府叫各省督抚议奏,朱嶟就上疏说:

> 物贱由乎钱少,少则重,重则加铸而散之,使轻。物重由乎钱多,多则轻,轻则作法而敛之,使重。一轻一重,张弛在官,而权操于上。[28]

这些话历代都有人说过。

魏源是一个彻底的数量说者。他说:

> 论者曰：楮币行于宋元，然皆行于始而敝于终，何耶？万物以轻重相权，使黄金满天下，而多于土，则金土易价矣。天下非物之贵也，楮之多也；非楮之多也，国之贫也。[29]

魏源这种论调，同百年前法国的孟德斯鸠（Charles Louis de Secondat Montesquieu, 1689—1755）的论调很接近。后者曾说，如果自发现西印度群岛后，欧洲的金银增加到二十倍，则物价也应当增加到二十倍[30]。但魏源不只是一个数量说者，而且不承认历代的通货膨胀是由于纸币发行过多，他说是国家穷。这是替统治阶级的膨胀政策做辩护。当然，如果生产发展，商品数量能适应那许多货币，那么，物价也涨不起来；从这一点看来，他的话也不无道理。

许楗、许楣虽然反对行钞，但没有从理论上来反对名目论。到咸丰年间的王茂荫（1796—1865年）才明白指出名目论的错误。王茂荫并不反对行钞，他在咸丰元年任陕西路监察御史时还曾提出《奏请行钞并胪陈钞法十条折》，主张发行十两和五十两两种钞票，不过他是用钞来辅银，不是舍银而从钞。而且他主张对于发行数要加以限制，所谓"行之渐，限之以制"。他说：

> 钞无定数，则出之不穷，似为大利；不知出愈多，值愈贱。[31]

咸丰三年初他却以"银票亏商，银号亏国"为理由，反对发行纸币。这是指不兑现的纸币。十一月间政府要开铸当百、当五百和当千大钱，当时一般人以为只要把钱的面额定得高，分量减轻也不会影响它的购买力。他批驳这种思想。他说：

> 论者又谓，国家定制，当百则百，当千则千，谁敢有违？是诚然矣，然官能定钱之值，而不能限物之值。钱当千民不敢以为百，物值百民不难以为千。[32]

这段话把货币的额面价值或名目价值和购买力分别得很清楚。王茂荫所谓钱值，是指钱的额面价值；物值则是指商品价格或钱的购买力。政府虽能决定货币的名目价值，但不能决定它的购买力。这是一种正确的见解。

鸦片战争以前谈到货币理论的主要就是这些。创见不多。譬如关于货币的起源，本来有两种说法，一种说是官方制定的，陆贽、杨于陵和苏辙等人都有这种主张，陆贽说是官所为，杨于陵说是王者所制，苏辙说是国之所为，都是一个意思。另一种说是起于商贾交易，司马迁和叶适有这种看法。但没有人就这两种说法加以比较、分析，深入下去。法定说的人不批判交易说，交易说者也不反驳法定说，两者好像井水不犯河水，几千年来，大家只是自言自语，对他人的意见，不加理会。清代的马昂才是有的放矢，但他没有深入下去。又如关于货币的购买力与其数量的关系问题，自从《管子》一书说过"物多则贱、寡则贵"的话以后，两千多年，赞成其说的人，只知重复那句话。南朝的何尚之说："数多则物重"，唐代的刘秩也跳不出多则轻、少则重的圈子，宋代的李觏也是说："钱多则轻""钱少则重"，袁燮对于纸币也说"多则贱、少则贵"，明代的夏原吉也是说"钞多则轻、少则重"。一直到清代的朱𡺈，还是那几句老话。

在这两千多年间，也有一些独到的见解，例如唐代刘秩提到货币购买力同人口的关系问题、宋代沈括对于货币流通速度的见解、元代许衡提出通货膨胀是对人民欠债的话、明代陈子龙否认纸币是货币的话、清代阿里衮稳定铜钱购买力的主张等，这些只是刹那间的闪光，没有引起人的注意，没有人从前人所达到的基础上发展出一套有系统的学说来。所以在货币理论方面，两三千年间，中国处于一种停滞的状态，不但没有质的提高，而且没有量的扩大。这是什么道理呢？保守思想、思想上的懒惰、统治者的不提倡、士大夫的轻视经济问题等都是因素。但这些恐怕是表面的原因。因为欧洲在封建时期也是这样，直到资本主义初期，货币理论的研究才有进一步的发展。真正的原因大概是由于货币问题在封建社会中还不是一个中心问题，士大夫阶级的生活不大受到货币贬值的威胁，他们生活的基础在于土地，土地的收益大部分不是货币。到了资本主义社会，资本家代替地主成了统治者，资本家的收入都是货币，货币问题就被看成了经济问题的中心；货币购买力的变动，对于资本家是一个头等重大的问题。所以他们需要一批学者来研究这些问题。

注　释

[1]　《明夷待访录·财计一》。
[2]　《郑板桥集》（中华书局本）第一九三页。

[3] 《咏钱》。

[4] 《清史稿》卷九五《杨锡绂传》。

[5] 天宝十四年有八百九十一万四千七百零九户，五千二百九十一万九千三百零九人（《通志·食货一》）。广德二年只有二百九十三万三千一百二十五户，一千六百九十二万零三百八十六人（《旧唐书》卷一〇《代宗纪》）。

[6] 建中元年有三百零八万五千零七十六户（《旧唐书》卷一二《德宗纪上》）。长庆时有三百九十四万四千五百九十五户（《通典》）。《旧唐书》所载元和末及长庆初户口数不全。

[7] 《高宗纯皇帝实录》卷三二三。

[8] 王鎏原名仲瑬，有些人写作王瑬。他于道光八年刊行《钞币刍言》一卷，后毁板重写，改名为《钱币刍言》。这《钱币刍言》可能也经过改订，最后的一次版本刻于道光十七年。另有《续刻》和《再续》。

[9] 王鎏对行钞的大利，条数是越来越多的。在《钞币刍言》中提出十二大利，但在道光十七年的《钱币刍言·钱钞议一》中提出行钞之大利二十二点。在其他地方又说有三十大利。二十二大利如下："凡以他物为币皆有尽，惟钞无尽；盖造百万即百万，造千万即千万，则操不涸之财源，其大利一也。万物之利权收之于上，布之于下，则尊国家之体统，其大利二也。百姓便于行钞，洋钱不禁自废，则免外洋之耗蚀，其大利三也。海船载鸦片烟土，每岁私易中国银累千万以去；若用钞则彼将无所利而自止，则除鸦片之贻祸，其大利四也。民间多用钱票、会票，每遇钱庄歇闭，全归无用，今若行钞，则绝钱庄之亏空，其大利五也。百姓苦于用银之重滞，故乐于用票；易之以钞，则顺民心之所欲，其大利六也。钞法既行，然后禁打造银器，而以重价收铜；铜既多，乃铸钱为三等：当百、当十、当一，则极钱法之精工，其大利七也。国赋一皆收钞，则无火耗之加派，其大利八也。钞文书明定数，虽欲上下其手而不能，则绝胥吏之侵渔，其大利九也。钞直有一定，商贾不得低昂之，则去民心之诈伪，其大利十也。奸民倡邪教，蓄逆谋，类皆以财利要结人心，国家财用不绌，缓急有备，则戢奸回之逆志，其大利十一也。边疆起衅，每因抢夺银币而然，今易以钞，彼此无所觊觎，则弭边界之生衅，其大利十二也。天下有银若干，悉来易钞，则供器皿之鼓铸，其大利十三也。用银有白纹、元丝、洋钱之不同，钞则归于画一，则同天下之风俗，其大利十四也。富家间以土窖藏银，历久不用，一闻变法，悉出易钞，则去壅滞之恶习，其大利十五也。钞式宜变从前，分为几等，大小钞皆书印格言，俾民识字，则寓教民之微意，其大利十六也。货物壅滞之处，以钞收之，物价必平，则致百物之流通，其大利十七也。造钞有局，办钞有人；且因财足而兴水利，务开垦，则广谋生之途径，其大利十八也。每遇赈恤兴筑，不假

富户捐输,则杜官吏之勒捐,其大利十九也。国计大裕,捐例永停,则清仕途之拥挤,其大利二十也。凡漕务河务盐务,皆有积弊之当厘,而不敢议者,恐经费不足耳,行钞可无虑此,则除万事之积弊,其大利二十一也。一切取民者从薄,予民者从厚,则行千载之仁政,其大利二十二也。"

[10]　许楣《古均阁遗箸·钞币论叙》。道光二十六年。

[11]　王鎏在《钱币刍言·自序》中说:"尝以质之于世,通政顾南雅先生以为天下之至言,今日之急务。侍郎陈硕士先生谓可见之行。尚书何仙槎先生深许其说。马慎庵观察以为策奇而确。包慎伯明府谓为富国富民无上妙谛。吴仲伦明经叹为目前第一经济。可知茫茫天壤,闻吾说而许为同志者,正不乏人。"

[12]　王鎏《与陈扶雅论钞书》。见《鎣自园初稿》道光丁酉艺海堂藏版。

[13]　王鎏《与包慎伯明府论钞币书》。见《钱币刍言·友朋赠答》。

[14]　《钱币刍言·钱钞议二》。

[15]　《钱币刍言·钱钞议八》。

[16]　《与包慎伯明府论钞币书》。见《钱币刍言续刻》。

[17][18]　《钞币议·附钞币问答三十》。见郑振铎《晚清文选》。

[19]　包壮臣《与张渊甫书》。见《钱币刍言·友朋赠答》。

[20]　《钱币刍言·目录》。

[21]　《东华续录》说道光十五六年间为四亿多一点,每户若以五人计,则应为八千万户。

[22]　王鎏《与包慎伯明府论钞币书》。

[23]　许楣《钞币论·钞利条论一》。

[24]　同上《造钞条论七》。

[25]　许楣《钞币论·钞利条论一》。

[26]　同上《造钞条论一》。

[27]　《货布文字考·说》。

[28]　《清史稿》卷二〇八《朱嶟传》。

[29]　《元史新编》。

[30]　*De l'esprit de lois*, 1747.

[31]　《王侍郎奏议》卷一。

[32]　同上卷六。

二 晚清的货币思想和币制改革运动

鸦片战争以后，中国的知识分子逐渐留心外国事物。特别是甲午中日战争之后，老的一些理论已经不能应付新的复杂的局面，资本主义文化和学术开始被介绍到中国来。在这方面出过一些力的有黄遵宪、严复、康有为、郑观应、梁启超等。这些人大都到过外国，甚至是在资本主义国家受过教育的人，例如严复，便是出国学习最早的一批。他们都想把资本主义制度介绍到中国来。

黄遵宪（1848—1905年）是一个早期的代表。他在日本住过，接触过新鲜事物。光绪初年，着《日本国志》[1]，其中有《食货志》，论到币制问题，他是赞成行钞币的。他说到钞票的优点：

> 夫在唐有飞券，在宋有钞引；今银行、钱店，罗列于市廛，人亦争出其宝货以易空楮。经商四海者，携尺寸之券，虽在数万里海外，悉操之则获，不异于载宝而往。

又说：

> 挽近以来，物侈用糜，钱之直日轻，钱之数日多；值轻而数多，则其致远也难，成色有好丑，铸造有美恶，权量有轻重。民有交易，奸诡者得上下其手，以肆其诈伪，而金银铜之便以用者，又增其繁重矣。代以楮币，则以轻易重，以简易繁，而人争便之，虽以中人之赍，设市易银纸币，尚足以行，况以国家之力，有不趋之若鹜者乎？

他关于钞票的性质，说是以楮币代金银则可，指楮币为金银则不可。可见他所主张的是兑换券，而不是纸币，换言之，他不认为纸币是真正的货币。所以他主张要有十足的金属货币为准备。他说：

> 有金银铜使楮币相辅而行则便于民，无金银铜凭虚而造，漫无限制，吾立见其败矣。

晚清那些接触过外国事物的知识分子中，了解货币问题比较深的，恐怕无过于严复（1853—1921年）。他没有关于货币的专门著作或论文，他的意见散见于他所译的《原富》[2]的案语中。从这些案语中,可以知道:他曾阅读过当时英国重要的经济学著作。他并不完全赞同亚当·斯密的见解,有时他还提出补充的意见。例如在《论泉币之始》一篇的案语中,他指出金属货币的四种优点:即易挟、不腐、可析和值不骤变。这当然不是他自己想出来的,而是当时英国其他经济学者所说过的。他认为由于矿产日多,第四种优点不易保持。这里就露出他对于货币和商品价值的看法。他认为商品的价值完全决定于供求关系,所以他不完全赞同斯密的劳动价值观点。他说:

> 案斯密氏以产物之功力为物之真值,值之高下,视功力之难易多少为差。其言虽近理,然智者千虑之一失也。盖物无定值,而纯视供求二者相剂之间。供少求多难得则贵,供多求少易有则贱。方其难得,不必功力多;方其易有,不必功力少也。一亩之地,处僻邑边鄙,价数金而莫售;及在都会之中,虽万金而争买。此岂有功力之异耶。一树之果,向阳者以甘大而得善价,背日者以小酢而人弃之,此岂又有功力之异耶?故值者直也;两相当之名,而对待之数也。以功力言,则物物所独具,而无随时高下之殊矣。此所以后之计学家,皆不由斯密氏物有真值之说也。(《论物有真值与市价异》案语)

这种观点大概受了李嘉图后期思想的影响。其实劳动价值说者并不否认供求的影响。

严复认为货币只是价值符号,本身没有价值。他说:

> 夫泉币所以名财,而非真财也。使其所名与所易者亡,则彼三品者,无异土苴而已。(《论币之始》案语)

所以他在价值论上近于数量说,在本质论上属于名目论。然而他对于物价变动的真正意义,有深切的理解,知道单看货币数字没有什么意义,一定要同人民的收入和生活必需品价格相比较。他说:

> 如在明初,英国可考者,铁每吨价六镑,铅每吨价五镑;今则前约五镑,后乃二十镑;然此仅以泉币言,不得实也。欲得其实,则须知五百年以来,英之谷麦工庸,以民生日优、金银日溢之故,其价增

者九倍；以此而较，则铁虽仅减一镑，其值今之方古，祇什一耳。而铅值以金论虽四倍乎前，而实则廉至四分之一也。故徇名忘实者，不足与言国计。（《释庸》案语）

他并且想利用各种理论来调整人民的收入和租税负担，以稳定人民的生活。他认为当时中国的田赋和官禄都不合理，粮价已涨，而官禄不变，怎能责人以廉洁奉职。他说：

国家沿元明制禄，时殊世异，已五百年，而用其易中（严复以"易中"指交易媒介，这里应系指货币）不改。故以诏稽言，使今日仕者而廉，必非人而后可耳。然则居今而言治理，不自更定田赋官禄始者，虽圣者为之，犹无裨也。（《论泉币》案语）

更定田赋官禄的准则是编制物价指数，按照指数的升降来调整官禄和租税。这种见解在英国虽不算稀奇，介绍到中国来却是很先进的。当时中国知识分子对于当时的官禄制度正在讨论。

此外他对于金银复本位制的不能维持以及纸币的优点等也有所论列。

康有为（1858—1927年）在光绪二十一年第三次上书中列举救国之法，第一便是钞法。他也是一个行钞论者。他认为发钞可以聚举国之财，急筹巨款[3]。光绪三十一年著《理财救国论》，其中有一篇是《币制论》，三十四年改名为《金主币救国议》[4]出版。这是一篇约七万字的论文，只能说是一种关于货币制度的著作，不是一种货币理论的著作。历史叙述多于理论的分析。但也触及一些理论问题。例如第一小题《币制出于不能已之市易物交说》就讲到货币起源的问题。康有为显然不认为货币是帝王或法律所创造的，而是自发产生的，他说：

夫市易者，小之为一人不能已之事，大之为国家之事。……然物太繁重，已非人情所便，况物多粗重，彼此相抵，必难适平。欲析则不能，失均则不可，于是必思得一代品以为易中。于是有一易中之代物，能令彼此各得其均者，尤人情所共愿也。于是货币起焉。盖人愈多愈智，交易愈繁，则必创新法以利用前民，皆时势不能已者也。

他认为货币是作为流通手段和价值尺度而产生的。他所谓"不能已"无非是指一种自然规律，一种必然性。他也谈到纸币的性质，他知道纸币是金银铜铁钱的代表，金属货币是"实金"，纸币是"名金"，人民之所以信任纸币，是因为背后有金属货币；如果金属货币不足，纸币就不能维持；若完全没有金属货币，纸币就不能行；若金属储备雄厚，则纸币数量可以倍增，正如人的影子可以因形而扩大一样。他说：

> 夫古者理财用实金则有限，今之理财者善用虚金则无穷。然而以虚为虚，无所丽则不能行，行必依于实；以实为实，无所拓则不能滋，故必运于虚。故无实不立，无虚不行。

又说：

> 金银块其形，而纸币为其影也。影可大于形。公债者其拓影也，而银行为之神。银行以金为本，作为准备，而发纸币焉。国家以公债票与之银行，而银行以纸币与之国家而买公债，银行得公债以作纸币之保证准备，可出纸币而易实金焉。

后面一段话无非介绍英格兰银行的办法。

谈到银行问题的，康有为并不是第一人，咸丰九年洪仁玕（1922—1864年）在《资政新篇》中就谈到兴办银行发行银纸的好处。他说：

> 此举大利于商贾士民，出入便于携带，身有万金，而人不觉；沉于江河，则损于一己，而益于银行，财宝仍在也；即遇贼劫，亦难骤然挈去也。

光绪十八年，郑观应（1842—1921年？）著《盛世危言》，其中有《银行》上下两篇，极力提倡银行。他举出银行的十便：

> 银行之盛衰，隐关国本。上下远近，声气相通，聚通国之财，收通国之利；呼应甚灵，不形支绌，其便一。国家有大兴作，如造铁路、设船厂，种种工程，可以代筹，其便二。国家有军务、赈务、缓急之需，随时通融，呼嗟立办，其便三。国家借款，不须重息；银行自有定章；无经手中饱之弊，其便四。国家借款重叠，即或支应不敷，可以他处

> 汇通，无须关票作押，以全国体，其便五。中国各殷实行家、银号、钱庄，或一时周转不灵，诸多窒碍，银行可力为转移，不至败坏市面商务，藉可扩充，其便六。各省公款，寄存银行、各海关官银号，岁计入息约共数十万两，需用之时支应，与存库无异，而岁时入息，仍归公项，不致被射利之徒暗中盘算，其利七。官积清俸，民蓄辛赀，存款生息，断无他虑，其便八。出洋华商，可以汇兑，不致如肇兴公司，动为洋人掣肘，其便九。市面银根短绌，可藉本行汇票流通，以资挹注，其便十。

他已经看到外国银行不受中国的检查，而中国商人反受外国银行歧视的情形，更加强了他提倡设立银行的论点。他说：

> 若今之洋商所用银票，并不由中外官吏验看虚实，不论多少，惟所欲为。闻英商汇丰银票在粤通用之票百余万，该行已获利二百余万之谱；虽有华商股份，不与华商往来；即有殷实华商公司股票，也不抵押。惟外国公司货物股票均可抵押。西商操其权，而华商失其利；华商助其资，而西商受其益。

张謇（1853—1926 年）在他的《变法平议》中，也有《行金镑、改钱法》《立银行、用钞币》两节。

梁启超（1873—1929 年）关于货币的著作不少，光绪二十三年有《论金银涨落》一文，主要是批评杨宜治的《奏请仿造金银钱折》，指出中国不能用辅币来作为国际支付手段，这是正确的。他也顺带提到货币的性质问题，他说：

> 今夫币也者，饥不可食，寒不可衣，要之持之，可以得衣食，实为衣食之代数而已；人人共享之代数，斯为真数焉。夫代数者，必务极其简易轻便，则于人之性也愈益顺。

这段话不大明确，所谓代数似乎是指购买手段，而且他重视其简易轻便，显然他把流通手段放在第一位。他虽然喜欢标榜学理，但他讲的往往有自相矛盾的地方。例如他否认中国可以铸造不足价的先令来作对外支付，同时却说巨款之尾数可以使用。其实尾数也是不能使用的。

光绪三十年他写了《中国货币问题》,专为批评介绍精琪的《中国新圜法条议》,共万多字,谈的多是些实际问题。宣统二年又写了《币制条议》《各省滥铸铜元小史》和《读币制则例及度支部筹办诸折书后》等。

上面这些人,在晚清的思想界,是站在前列的人物,然而如果我们要想从他们的著述和言论中,找到对于货币理论上有什么创见,一定会失望。他们没有接触到高深的理论问题,甚至没有发展过去已有的那些理论。他们所做的只是一些启蒙的工作,把一些关于货币制度问题的新知识介绍进来,如本位问题、自由铸造问题、主币与辅币的关系问题、恶币驱逐良币法则的问题、货币的职能问题等,这些问题,在过去的中国,或则没有人提过,或则提得不明确。他们只是企图把欧美日本各资本主义国家的货币学教科书上的一些常识介绍过来。实际上他们自己也未必把这些问题弄清楚了。例如梁启超,无论对于学理或实际问题都是不够深入的。他知道国家不能以法律来强定金银的行市,可是他以为国家能强定金银的比价[5],这是自相矛盾。这里他显然落后于严复。

在那个时代,前面提到的那些改革者或维新者,在货币和信用方面的言论只是想把资本主义的货币信用制度介绍到中国来,使中国也采取这样一种制度。所以他们的著作和言论,多是围绕着币制改革问题的。他们没有白喊,由于他们的提倡,在清末已掀起一次狂热的币制改革运动,许多人就不尚空谈,而直接提出方案来,甚至清朝政府也被迫研究改革中国币制的问题。

改革币制并不自甲午中日战争以后开始,王鎏在鸦片战争以前就大声疾呼了。咸丰三年(1853年)给事中张祥晋就奏请将内府旧藏金器改铸金钱,颁行天下,与白银并用。四年八月陕西巡抚王庆云又以银少价昂,主张三金并用,以黄金红铜辅银而行。他不主张铸金币,只以生金块流通,一两折银二十两。后来署陕西巡抚戴龄也赞成这办法[6]。不过那是在战时,通货不够,想用黄金来补充的意思,不是主张金本位。不过这些人的改革意见还是旧式的,同清初或清以前的改革意见没有什么不同。不能归属于清末的币制改革运动。

同治末年,欧洲许多大国都实行金本位,白银跌价,中国货币的对外价值不断下跌,而对外贸易的入超反而一年一年增加。这在当时的人看来,是对中国极不利的。因此主张改革币制的人渐渐多了。尤其在甲午中日战争之后,中国偿还外债和支付赔款,无形中负担加重,因为借款和赔款是以黄金为标准的。所以主张改革币制的,都是以采用金本位为目的[7]。

光绪二十一年（1895年）顺天府尹胡燏棻提出变法自强案，主张各省口岸设局开铸金银铜三品之钱，并由户部设立银行，发行钞票。二十二年盛宣怀也奏请改革币制，主张在京师设立银圆总局，其他省市设立分局，开铸银币，每元京平九成银一两，再酌铸金钱及小银钱并行。禁用元宝小锭。同时在京沪开设银行。此外还有许多人主张币制改革，如杨宜治、彭谷孙、胡维德等，不过都没有提出具体的办法[8]。直到光绪二十六年八国联军侵略中国以后，几万万两的赔款要折成金币偿付，银价越下跌，中国的负担越重，非设法稳定本国货币的对外汇价不可。因此才有各种具体办法提出来。

第一是光绪二十九年（1903年）江苏候补道刘世珩条陈的《圜法刍议》，主张采用金币本位，铸造五圆、十圆、二十圆的金币，及银铜的辅币，并设立国家银行发行钞票。本位币（指一圆的金币）不必铸造，只规定等于库平银一两的价值。二十圆的金币则重库平六钱二分五。成色九〇三[9]。他没有说明如果金银比价变动时怎么办。

第二是同年海关总税务司赫德（Sir Robert Hart）条陈的《中国银价确定金价论》[10]。主张采用金汇兑本位制。由政府设立统一的造币厂，铸造一两、五钱、二钱五分、一钱四种银币和铜币作流通用。本位币不必铸造，只规定维持新币八两合英金一镑的比价。但银币可以自由铸造，所以成了一种金汇与银币的复本位制。

第三是精琪（一作琦）的计划。美国在光绪二十九年（1903年），在国会中设立一个国际汇兑委员会，以研讨稳定用金国和用银国之间的汇价，精琪（Geremiah W. Jenks）是其中委员之一。他于光绪二十九年著《中国新圜法条议》和《中国新圜法案诠解》，提出他的十七点建议。也是主张金汇兑本位制，以相当于白银一两的黄金为单位，人民得自由请求铸造这个单位的倍数的金币。同时铸造银币，金银间维持一对三十二的比价。由政府在伦敦等地开立信用户，出售金汇票以维持比价。他主张中国政府聘请一外国人为司泉官，让他全权处理。这一点受到中国朝野猛烈的抨击。认为有伤国家主权[11]。

第四是光绪三十三年（1907年）出使英国大臣汪大燮条陈采用虚金本位制，把银币的作价提高两成，用来作对外支付。度支部认为汪大燮不懂货币原理，另行提出四种办法。第一是先将银圆的价值提高二成，然后规定对黄金的比价。第二是先规定金银比价，然后提高银圆的价值二成。第三是除照第二办法外，参用纸币，以代银圆。第四是发行兑金纸币以吸收市面的白银，人民要求兑现时也用白银支付[12]。汪大燮以为采用金本位之后，中国可以用估值过高的银辅币来偿付一切赔款和铁路赎款[13]。可见他是一个名目论者，以为货币的价值可以由政府任意决定。

第五是卫斯林的金汇兑本位制计划。清末政府聘请荷兰的卫斯林（G.Vissering）为顾问，后来他著有《中国币制改革刍议》[14]。主张分三个阶段来改革。第一是采定金单位为记账货币，设立银行发行金单位的钞票，积贮金准备。第二是规定虚币和新辅币的重量和成色。第三是逐渐收回旧银币、纹银及制钱等。

清末那些主张改革币制的人，异口同声要采用金本位。然而结果为什么在宣统三年采用银本位呢？原因自然很多很复杂。反对金本位的人如张之洞，以为外国物价贵，生活程度高，可以用金本位；中国的贫民一天饮食只花一二十文铜钱，沿海市镇则用银，黄金价值太大，不适于中国[15]。这话表面上很有理由：当时中国的物价革命还在演进中，人民的日用计算，只由制钱提高到铜元，最多由用铜进到用银，用黄金的机会的确很少。但金本位不一定要使用金币，金本位的目的是求汇价稳定，并不是要人民使用金币。西亚各国如波斯等，在中国的春秋时期（前6世纪）就用金币了，中国本身自战国到两汉，大体是以黄金作为计算标准，那时波斯人和中国人的生活程度也不会很高。英国在南宋理宗宝祐五年（1257年）是用金银复本位，但英国人中大部分人一生见不到金币。采用金本位只是把中国的币值钉住在黄金的价值上，人民仍可以用银币或铜元铜钱，不一定要提高生活程度。

当时不只反对金本位的人不懂得货币学，就是主张的人，也都是外行。刘世珩所主张的金单位竟根据银两来决定，并且认为这是最为关键的，似乎有意要维持金银间的比价，使银币成为一种实币。这样如何能说是金本位呢？汪大燮以为可以用估价过高的银辅币来偿付外债，那真是异想天开。至于几个外国人，对于货币问题虽然有所认识，但居心不良，蓄意侵略中国，所以精琪要中国请外国人来管理中国的币制，这点是张之洞等痛驳的主要对象。就是金汇兑本位制本身，也引起中国人的怀疑，因为当时采用金汇兑本位制的全是殖民地。

那些侵华分子，虽然掌握了货币学的一些知识，然而只是书本上的知识，不切实际的知识。其中有些人也对中国情况做过一些调查，但只是浮面的调查。例如精琪，只是搜集了一些在中国的外国人所写过的一些意见，如美国驻华的外交官、在中国海关任职的外人的意见，一些外国传教士的报告等，根据这些意见就向美国国会提出报告[16]，他所得到的只是一些支离破碎的技术方面的资料，对于中国的社会没有全面的了解。其至怀有不正当的目的，想把中国的币制，变成他们本国货币制度的附庸，故意在一些技术问题上弄些玄虚，以掩盖他们的政治企图。

至于中国的学者，对于货币问题，本不大了解，看到了外国的一些表面现象，又受到那些侵华分子的计划的欺骗，变得过分相信制度，费了许多笔墨来辩论货币的单位和种类问题，以为货币制度定得好，国家就可以富强，许多人以为改革币制为增加岁入的一种方法。他们以为货币制度的好坏，在于单位和货币种类的选择。这是本末倒置。他们不知道一种稳定的货币制度，关键不在于货币单位的大小，也不在于货币的种类，而在于财政和一般经济的稳定。不从政治和经济方面着想，没有稳定的经济基础，单是你上一个条陈，我提一个建议，丝毫也不能解决问题。

注　释

[1]《日本国志》著于光绪初年，光绪二十四年浙江书局重印。

[2]《原富》译于光绪二十七年。这里根据1933年商务印书馆《严译名著丛刊本》。

[3]《四上书记》。

[4]《金主币救国议》宣统二年十二月广益书局出版。自序说稿成于光绪三十四年。

[5]《币制条议》。

[6]《清朝续文献通考》。

[7]《清朝续文献通考·钱币考》光绪二十三年通政使参议杨宜治奏："查江海关刘麒祥来电称，本日英金镑价规平银一两合二先令四本士，次日传询总税务司赫德，声称，近来镑价自七两涨至八两有奇……各等语，镑价愈涨，则中国征收所入，使费所出，无一不加倍吃亏。借款一项，吃亏尤巨……臣曩年周历各国……各国之币，皆可通行，惟金钱尤便。……同治年间，每镑合中国规银三两三钱三分。光绪十三年春，每镑合规银四两一钱六分五厘……今则一金镑合规银八两有奇。"杨氏于请仿造金银钱折中以为英国先令，只重一钱五分，而足抵四钱四分生银之用，以为我国也可以把一钱五分的生银，铸成和英国先令同式等重的华先，来购买船械，偿还借款，也抵四钱四分白银。当时梁启超已加以反驳，说英国先令的支付，只限于十九枚内可用，二十枚以上就用金镑（见《时务报》三十九《论商务》）。

[8]《清朝续文献通考》。

图版九十四　清初流入的外国银币（二）

1. 荷兰的马剑。　2. 小马剑。　3—5. 美洲双柱。　6. 葡萄牙的十字钱。

图版九十五　西班牙的本洋

1. 查理第三银元。　2. 查理第三半元。　3. 西班牙的十字银元。　4. 查理第四银元。　5. 费迪南第七银元。

图版九十六　清末流入的外国银元

1.墨西哥的鹰洋。　2.美国的贸易银元。　3.日本龙洋。　4.英国的贸易银元。

图版九十七　西藏的金银币

1. 大样乾隆宝藏。　2. 中样乾隆宝藏。　3. 乾隆宝藏之背。　4. 乾隆六十年的乾隆宝藏。　5. 嘉庆宝藏。　6. 嘉庆宝藏之背。　7. 道光宝藏。　8. 道光宝藏之背。　9. 小样道光宝藏。　10. 西藏金币。　11. 章噶银币。

图版九十八　台湾的银饼

1. 道光年造的寿星银饼。　2. 如意军饷。　3. 笔宝军饷。

图版九十九　"谨慎"签押的军饷银币

1.方头通（即㇕通）。　2.三角头通（即㇜通）。

第1品通字头作方形，俗称方头通，或㇕通。第2品通字头作三角形，俗称三角头通，或㇜通。前者大而薄，边文完全仿本洋；后者小而厚，边文稍有变化。两品似乎是两炉同时铸的。重量都是库平七钱二分。但第2品更少。

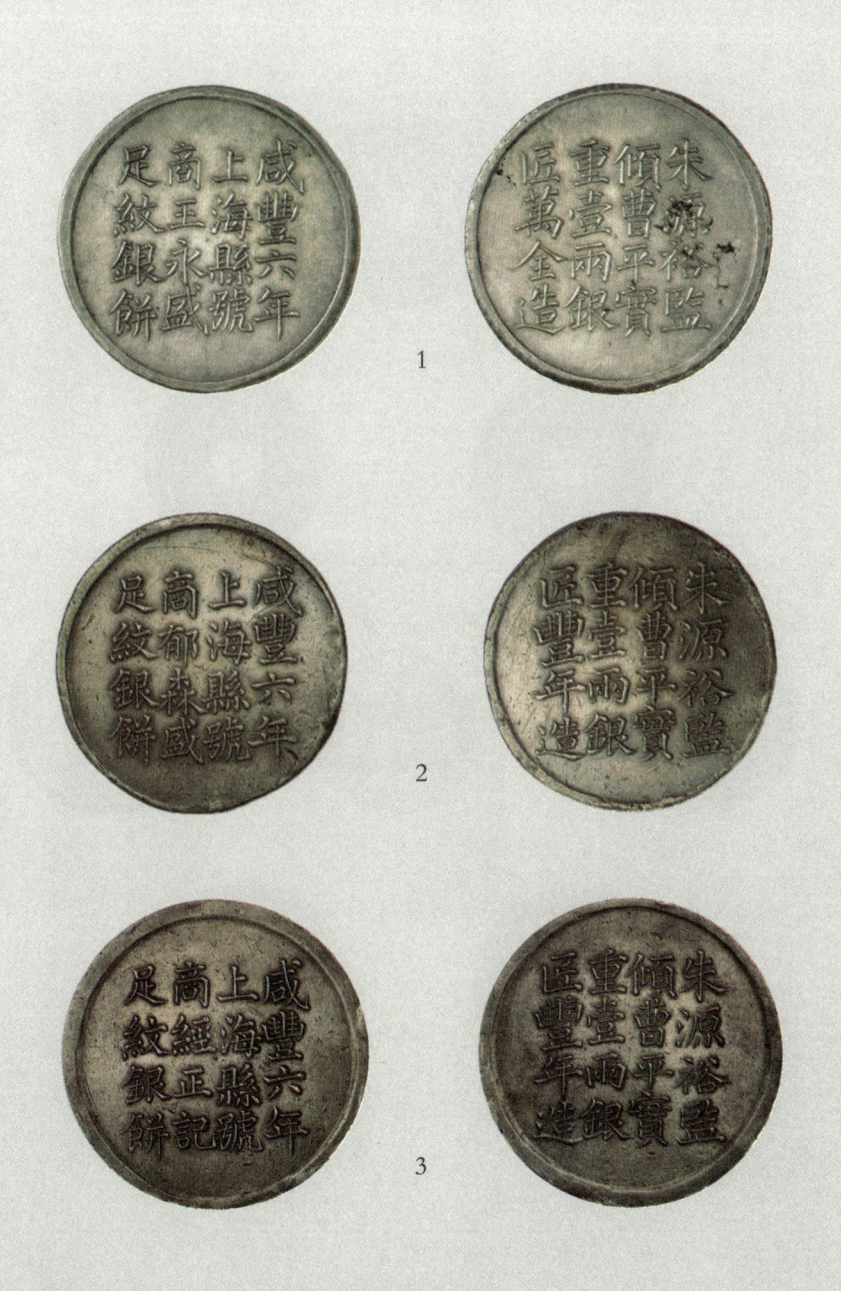

图版一百　咸丰六年上海的银饼

1.王永盛一两银饼。　2.郁森盛一两银饼。　3.经正记一两银饼。

图版一百零一　清代的银钱和银饼

1. 顺治通宝银钱。　2. 新疆阿克苏铸的道光通宝银钱。　3. 同治通宝银钱。
4. 湖南阜南官局的一两银饼。　5. 阜南官局的四钱银饼。　6. 湖南官钱局造一两银饼。　7. 长沙乾益字号的一两银饼。　8. 浙江鄞县的七二银饼。
第1品背面穿左有满文东字，穿右有汉文河字，穿上下似乎有字，已被刻去。第2品同普通尔钱一样，系官炉所铸。第3品背面穿上有一寅字，穿右福字，穿左寿字。这三种银钱中只有第2品是正品。

图版一百零二　各省龙洋（一）

1. 广东龙洋。　2. 湖北龙洋。　3. 老江南龙洋。　4. 安徽龙洋。　5. 老云南龙洋。

图版一百零三　各省龙洋（二）

1. 四川龙洋。　2. 奉天龙洋。　3. 吉林龙洋。　4. 东三省龙洋。　5. 造币总厂龙洋。　6. 北洋龙洋。

图版一百零四　宣统年间的大清银币

1—4. 宣统二年的大清银币。　5—7. 宣统三年的大清银币。

图版一百零五　清末各省的双毫

1. 广东双毫。　2. 湖北双毫。　3. 湖南双毫。　4. 北洋双毫。　5. 安徽双毫。
6. 四川双毫。　7. 福建双毫。　8. 浙江双毫。　9. 云南双毫。　10. 东三省双毫。
11. 奉天双毫。　12. 吉林双毫。　13. 北洋机器局双毫。　14. 造币总厂双毫。
15. 山西宣统元宝双毫。　16. 奉天机器局双毫。　17. 东三省宣统元宝双毫。

图版一百零六　清末各种地方银币

1. 四川卢比。　2. 湖北的一两银币。　3. 新疆的饷银一两。

图版一百零七　新疆的金银币

1. 喀什的大清银币湘平一两。　2. 喀什造大清银币湘平五钱。　3. 饷金一钱。
4. 饷银二钱。　5. 饷银二钱。　6. 饷银五钱。

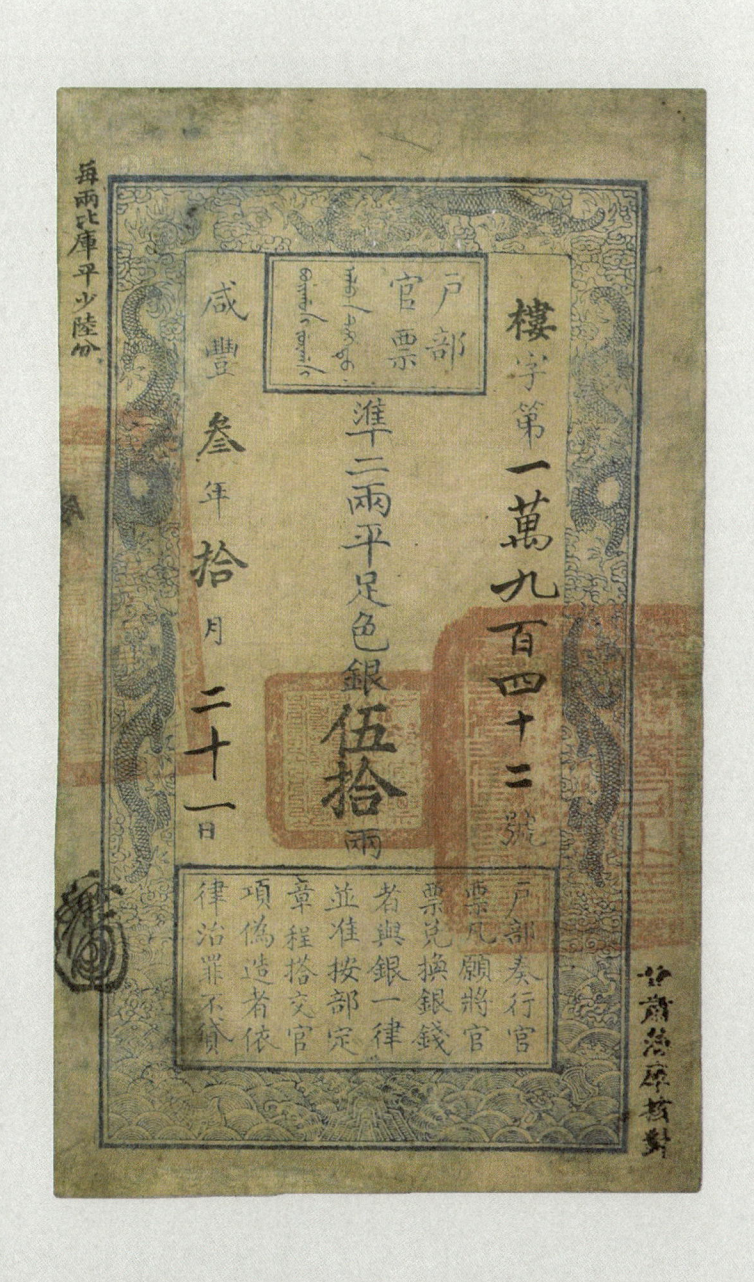

图版一百零八　咸丰时的户部官票

清朝政府于咸丰三年（1853年）为应付太平天国革命而发行这种纸币，以银两为单位，额面分一两、三两、五两、十两、五十两五种。

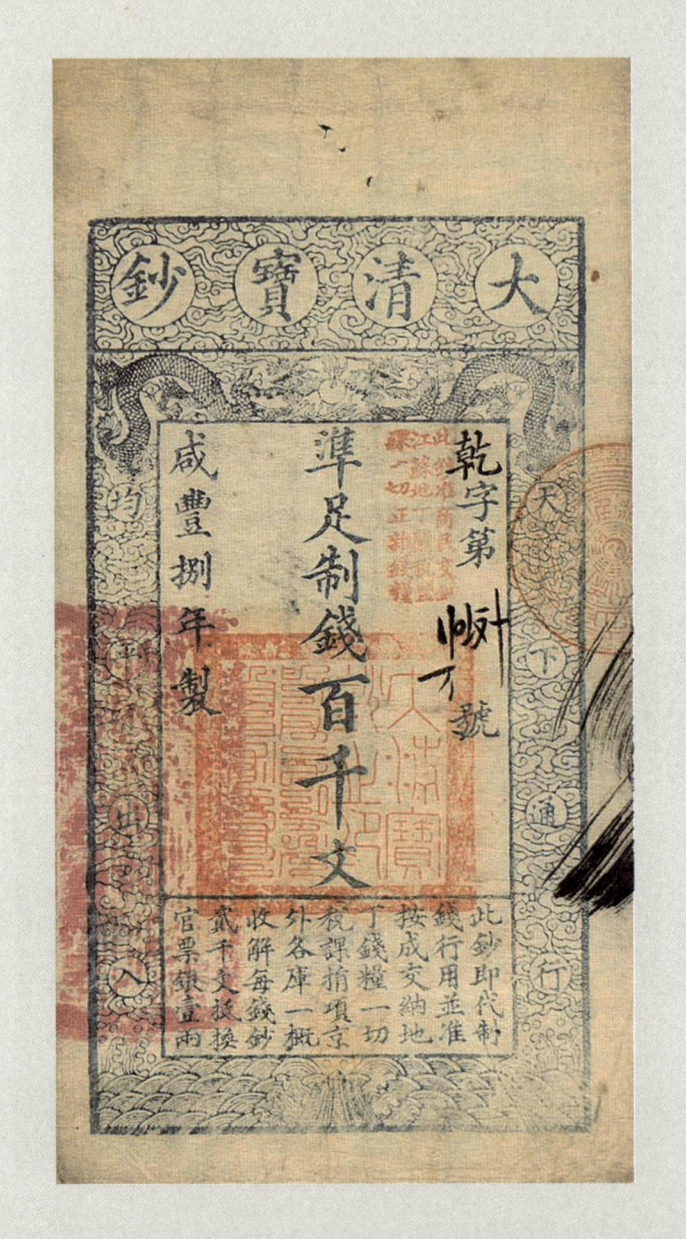

图版一百零九　咸丰时的大清宝钞

大清宝钞也是咸丰三年起发行的，以钱文为单位，分五百文、一千文、一千五百文、二千文、五千文、十千文、五十千文、百千文八种，以二千文合官票银一两。

[9] 刘世珩《圜法刍议》内容如下（《清朝续文献通考》）：

一、制三等之币，以金为本位，以抵制各国之圜法。

二、一国制币必归一局。……宜于京师设立一局，专铸三等制币，通行各省，其各省向设局所，宜停止归并。

三、请先设分析局一所于京师造币局之旁，聘用精于化学分析者主之。凡铸出货币由分析局分析其成分，列表示众。

四、先与通商各国议订金银汇兑酌中之价，三等之币，以金单数本位为主，而此金本位一元须价值库平银一两之金质，故金银之价，此为最要关键。

五、练设全国巡警警察，以防私铸。

附拟三等制币：

一、金币	二十倍	金二十圆	库平六钱二分五、成色九〇三、铜一〇〇
		十圆	三钱一分二五
		五圆	
		金本位	（此币可毋庸铸）
银币	十分之一	银五钱	二钱　一钱
白铜	百分之五	五分	
紫铜	百分之二	二分	一分
寻常铜币		五厘	二厘　一厘

二、限期收兑铜质通宝钱，改铸一厘二厘铜币，以便内地之民用。

三、行使钞票以代表金圆：1. 寻常通用钞票一元、五元、十元、二十元、五十元、百元、二百元、五百元。共发九千万元。2. 内地各埠往来汇兑票。3. 外国各埠往来汇兑票。4. 国民积存金票。5. 公债票。

四、设立国家银行，分布各处，以流通圆法。

[10] 赫德提案内容如下（见金国宝《中国币制问题》）：

一、中央政府自行设一造币总厂，铸造新币，现行各省之造币厂，一律停闭，庶几成色重量，可以划一。

二、新币价格准照库平定为一两、五钱、二钱五分、一钱四种，均为银币。铜币则分一分、一厘二种。银与金之比价，须永远固定。凡新币八两，常等英金一镑。

三、造币总厂技师须请外国有经验者充当，各省造币厂机器须一律送交总厂备用。

四、银币成色一两及五钱者为九成，二钱五分及一钱者为八成。

五、此新币厂得准人民自由铸造，至于旧币暂时可以流通，但至一定时期以后不准通行。

六、此币厂开铸之后，外国货币与生银，不准通行，有生银者得换给新币。

七、外国商人只准使用新币，凡外人持有金币者，得照法价换取新币。

八、换得之金币宜行存储，以备支付外债及改铸金币之用。

[11] 精琪的十七点建议见 Gold Standard in International Trade, Report on the Introduction of the Gold-Exchange Standard into China, the Philippine Islands, Panama, and other Silver-Using Countries and on Stability of Exchange（1904）。反对精琪提案最激烈的为刘世珩和张之洞等人，梁启超也于光绪三十年著《中国货币问题》，加以介绍评论。

[12] 《清朝续文献通考·钱币考》。

[13] 《清朝续文献通考·钱币考》光绪三十三年度支部奏："该大臣原奏：大率以用金之国日多，金价日昂，故用银之国，必改用金。日本为最后用金之国，其金币银币原质之较量，不过以二十八而准一，其制成银币，高于银块时价十分之二。若以日本银币为率，借以稽我国输出之款，则赔还洋款赎回铁路以及约计武备等费，皆节省二成，计年可省银一千七八百万。又以中国人民四百兆，当铸八百兆银币，银币既高于银块十分之二，若岁铸银币一百兆枚，则可得铸羡一千四百余万。又以八百兆为银币准数，而以五之一制钞，可得钞羡一千四百余万。"

[14] Chinese Currency.

[15] 光绪三十年七月张之洞《奏驳虚金本位疏》："查外国商务盛，货价贵，民业富，日用费，故百年以前多用银，或金银并用，百年以来，欧洲各国专用金者始渐多。三十年来，各国遂专用金，盖商日多，费日广，货日贵。一物之值，一餐之费，罕有仅值洋银数角者；中人一日之需，断无仅值洋银一圆者，故以用金为便。中国则不然，民贫物贱，工役获利微，庶民食用俭，故日用率以钱计；其贫民每人一日口食仅止一二十文，中人一日口食仅止六七十文；……其沿海沿江通商大埠，尚参用生银银圆，而内地土货，无论巨细，买卖皆用铜钱积算，虽大宗贸易，间用生银折算，然总以钱为本位。大率两广滇黔及江浙之沿海口岸市镇，则用银者十之七八，用钱者十之二三；其上游长江南北之口岸市镇，则已银钱兼用，若长江南北内地之州县，则银一而钱九，至大河南北各省，则用钱者百分之九十九，用银者百分之一二。今计中国全国，仍是银铜并用，而用铜之地，十倍于用银之地。大率中国国用皆以银计，民用仍多以钱计。是中国虽外人名之为用银之国，实则尚是用铜之国。……目前中国情形，若欲行用金币，不但无金可铸，即有金可铸，亦非所宜。……窃谓此时唯有先从银铜二币入手，讲求划一畅行之策，然后酌定银钱相准之价，每

银一两，限定值钱若干……二十年后……果须参用金币，再行斟酌试办。……五十年后……中国已成为用银之国，则必可兼用金币矣。"（《张文襄公全集》卷六三《奏议六三·虚定金价改用金币不合情势折》）《清朝续文献通考》光绪三十三年："自精琦议行金汇兑本位制，国人和者继起。张之洞奏陈痛驳，梁启超至斥为童稚之言。平心论之，所驳虽未中肯，而环顾中国现象，却亦未可轻试。盖金汇兑本位，必负汇票贴平之义务。主是制者亦认此亏，谓有银币抬高之利挹注有余。不知我国银币尚未统一，民间习用生银铜元已久，一时不易变更，是所谓利，尚属理想，而汇兑之亏，无可逃避。"

[16] 见 Gold Standard in International Trade, Report on the Introduction of the Gold-Exchange Standard into China, the Philippine Islands, Panama, and other Silver-Using Countries and on Stability of Exchange, Submitted to the Secretary of State, October 22, 1904, by the Commission on International Exchange.Washington, Government Printing Office, 1904, pp. 41—282.

三 货币史

学术在清代有显著的发展。有人把清代的两百多年称之为中国的文艺复兴时期。单就学术方面而言，是可以肯定的。由于清代学术以考证学为代表，这考证学同史学有特别密切的关系，所以对史学起了推动的作用。唐以后的史书，多由官方设局编修，这种官书常不及个人的著作。但官书中，清初所修的《明史》却比较好。这不是偶然。然而《明史》中，钱钞部分还没有占到半卷的分量，总共不到四千字。可见当时对于货币史是不很重视的。

乾隆时，设三通馆，纂《续三通》和《皇朝三通》。这对货币史的研究，又推进了一步。在体制上，没有什么创作发明，完全是模仿原来的《三通》，只是补充原书以后的史料。《续通典》有《钱币》三卷，自唐到明，共约二万七千字。《清朝通典》有《钱币》一卷，自清初到乾隆年间平定回疆为止，共约一万字。《续通志》的钱币部分自唐穆宗长庆元年到明末，共二千七百零九字；《清朝通志》钱币部分共约六千字。《续文献通考》有《钱币考》五卷，自南宋宁宗嘉定七年到明末，共约六万四五千字；《清朝文献通考》有《钱币考》六卷，共约八万字。可见各书关于钱币的详略也是仿照原著的，而清朝的三通所包括的时期大致相同，内容只有繁简之分，只需读《通考》一种就可以概其余。它们的史料价值是应当肯定的。然而若论史料价值，则历代的《会要》或《会典》等书也同样有价值。

私人著述方面，有万斯同（1638—1702年）的《明史稿·食货志》、魏源的《元史新编·食货志》以及柯劭忞的《新元史·食货志》，都有关于钱币的部分。但在这方面没有什么值得特别称述的。《元史新编》和《新元史》只不过没有官书那样芜杂罢了，并没有创造性的发展。

清代由于考证学的盛行，学者不大喜欢著作，而喜作札记式的文章。这种文章什么都谈，常常有涉及货币史的，如顾炎武（1613—1682年）的《日知录》和赵翼（1727—1814年）的《廿二史札记》。这两人利用一些历史资料来证明自己的观点，比起明人的空疏来，确实前进了一步。然而朴学家的缺点在于支离破碎，缺乏整体观念，不能探求到问题的本质。而且就是从资料方面来看，也不能说是搜集得详尽。例如关于黄金问题，顾炎武和赵翼都有专文讨论。《日知录》中的《黄金》条只举一些实例，证明汉多黄金，萧梁以后，黄金罕见于史。至于其原因，他只引杜镐的话，说是两汉时佛寺未兴，故金价甚贱。显然顾炎武相信这种说法。他自己几乎没有提出任何解释。只在结尾时说了一句："呜呼，俭德之风远矣！"这似乎就是写那篇千把字的札记的目的了。《廿二史札记》中的《汉多黄金》条，性质也差不多。赵翼对汉代赐金的例子举得比顾炎武多一些，但还是随手拈来，没有下过功夫。他对于后世黄金日少的原因，首先说是产金之地已发掘净尽；其次是佛教传入中国后塑像涂金。同顾炎武一样：不知道汉代的衡法同唐以后的衡法不一样。他们不知道王莽的六七十匮黄金只及得刘瑾的黄金的三分之一。

当然，学者收集资料，不能求全，资料是收不尽的，别人或后人很容易添上几条。问题在于结论，如果仅仅的几条资料能够引导出正确的结论来，那正表示作者的敏锐的洞察力；如果结论不正确，那么，无论其资料如何丰富，它的价值就不能超出资料以外。如果正是由于资料不足才得出不正确的结论，那就必须寻找更多的资料。

乾嘉以后的考证学家对货币有兴趣的，多致力于钱币实物的研究，不肯专在文献资料上下功夫。所以清代在钱币学方面的成就远远超过货币史方面的成就。

鸦片战争以后，一部分知识分子，对于本国的一切，渐渐失去信心，而开始留心外国的事物。起初是在技术方面如枪炮、轮船、铁路等，慢慢扩大到一般文化。这些醉心于西学的人，是想要利用西学来改进中国的现状，对于过去的历史，就少有人过问了。因为只有对本国有信心、对本国的一切感到骄傲的时候，才会想到自己的祖先是怎样惨淡经营，留下这份遗产的。现在既然觉得自己样样不行，对过去只有感到沮丧和加以否定，谁还肯去研究呢？这种情形，随着帝国主义势力的扩大而更加厉害，使得历史科学在自古以来就特别发达的国家，反而成了冷门。到后来，关于本国各方面文物的历史反而靠翻译外国人的著作。

中日甲午战争后，留心货币问题的人，竟以为日本的强大在于它的币制的健全，因而在中国掀起了一次币制改革运动。这也不是没有好的一面，在长期的自我陶醉以后，借这个机会来吸取一点外面的新鲜空气是有必要的。自然也有少数人，用不服帖的态度来保持民族自尊心，认为样样是自己好，这种故步自封的态度丝毫不能解决问题。在学习外国的过程中，他们会发现：外国有人对中国的历史感到兴趣。如叶德景（J. Edkins，也叫艾约瑟）等人就曾写过有关中国货币史的著作[1]。

清末有几部关于货币史的专著，如蒋黼（1866—1911年）的《中国货币史》、刘映岚的《中国货币沿革史》[2]和梁启超的《各省滥铸铜元小史》等。蒋黼是一个金石学家，不是一个经济学家，他的《中国货币史》只见部分的引文，未见全书，也许应当归之于钱币学的范围。刘映岚的《中国货币沿革史》于宣统三年在日本印行，内容不详。梁启超的《各省滥铸铜元小史》作于宣统二年，这是货币史中的专史。可见这方面的著作，还处于一种萌芽状态，大家对于货币史应当包括些什么内容，是没有主意的。保守一点的人，或承袭历代食货志的钱币部分的写法，进步一点的则谈一些货币制度问题，很少能够把历代的货币问题同当时的经济问题和人民的生活问题联系起来，加以分析和概括。

注 释

[1] 叶德景关于中国货币史的著作有光绪二十七年的《中国通货》（*Chinese currency*, Shanghai, 1901），另有《中国的银行业与物价》（*Banking and Prices in China*, Shanghai, 1905）。《中国通货》共一百五十一页，分为五篇：一，中国的通货；二，铜；三，白银；四，黄金；五，关于中国通货的十八篇论文。全书虽然也按时代分先后，但不是一本有系统的历史著作，而是一百三十篇短文的集子。此外还有布锡尔（S. W. Bushell）和拉库配里（Terrien de Lacouperie）等人也研究中国货币，

但对象是钱币。摩斯的著作中也注意中国货币问题。

[2] 宣统三年日本秀光社印本，上下二卷。见赵丰田《晚清五十年经济思想史》，哈佛燕京学社出版，1939年8月下篇第八章《增岁入》。

四　钱币学的发展

中国的钱币学，虽然发生得很早，但宋以前的著作，没有遗留下来，就是洪遵的《泉志》，也很简略，总共不过两三万字，十分之九是引用前人的话，他自己的按语只有两千多字，他自己所藏的钱币只有一百多种。元明两代，也没有什么重要的发展。这种水平一直保持到清中期。清初有些钱币书还是无中生有，荒唐可笑。如康熙时朱多燦的《古今钱谱》和乾隆时朱枫的《古金待问录》。就是乾隆初年的几种著作也还是简括的。例如张端木的《钱录》，只能作为《泉志》的续编，补充了一些洪遵以后的资料。

乾隆十五年（1750年）梁诗正等人奉勅纂辑《钱录》，一年而成。这是中国钱币方面的第一部官书。共十六卷，收录钱币五百六十七枚，但最后两卷全是厌胜等钱。清代钱币学家对这部《钦定钱录》只有恭维的话，没有人敢提出批评。其实是一部毫无价值的书。编者自言：上古部分采用《路史》的说法，并批评洪遵《泉志》所名不必原有是钱，然而它自身的可信之处不及《泉志》。除了把汉兴钱归之于李寿一事是一点改进外，其他错误全部承继了下来，加上新的错误，如把赆四化、赆六化读作天赞，把南宋钱牌上的省字解作官名，以为是指中书、门下、尚书三省所铸。其所附图，编者说是照内府的藏品按状成图，编者中有董邦达、钱维城等会画的人，照理应描得像。但明清的文人画家强调作画不求形似，大概同原钱相差很远，把垣字环钱画成方形。

约略同时有一部撰人不详的《钱币考》，全书只有四五万字，内容比《钱录》要好一些，但大部分是抄录史书或旧谱。把古币放在历代钱之后，这就使得全书的体制显得不伦不类。而且认为刀布是三皇五帝的东西，把蚁鼻钱、明月钱看作厌胜钱，以垣字钱、宝化、永光、通行泉货和太平兴宝等为不知年代品。据说原书有图[1]，但刊本[2]没有附图。

然而清代考证学的发展，不可避免地要影响到金石学和钱币学。考证学发源于顺康年间，但研究钱币学的人，一时还没有受到这种考证方法的熏陶。他们还保留明代理学那种主观唯心论的治学态度：不重视实物，不实事求是，不严肃，不忠实，只知模仿抄袭。到了乾嘉年间，考证学已渐普及于学界，于是史学、小学、辑佚、典章制度、金石等学，一齐发展，研究钱币的人，往往兼治其中的一两门。实际上清代有些金石学家或考证学家兼治钱币学，如张廷济、陈介祺、吴大澂等。专攻钱币的人，在研究方法上，也不再凭空臆想，必求诸实物，所以成就比较大。江德量、翁树培、初尚龄和倪模就是比较早的一批人。

江德量（秋史，1752—1793年）生长于扬州一个知识分子的家庭，原籍安徽。是乾隆四十五年（1780年）的榜眼，后来任过御史。他是一个花卉画家，但更爱研究钱币，而且精小学，所以对于钱币的释文方面有一定的贡献，如明（刀）、蒦人（小布）、蔺、两甾等。他着有《钱谱》二十四卷，有图有说，但没有刊行，而且稿子没有下落[3]。倪模曾借阅几个月，在《古今钱略》中著录了它的卷目，并引用它的一些内容。除了一些正确的释文外，还把钱同农具联系起来，这是难得的。当然，就是在释文方面也有错误，如把安邦释为安邑。而且收罗了一些假钱，如次布、扬字开元、明德元宝、顺治背川、背午等。这部《钱谱》有《洋钱》一卷，这是中国人著录近代外国钱币最早的。

翁树培（宜泉，1765—1809年）的《古泉汇考》是清代最重要的一部钱币学著作。也可以说是一部总结性的著作。作者积了几十年的心力，写成这部二三十万字的书，把中国的钱币学推进到一个新的水平。全书分为八卷，前六卷叙述历代钱币，自上古到明代，卷七为外国和不知年代品，卷八为撒帐、吉语、厌胜等钱。作者死时还是一种草稿形式，道光年间经刘喜海加以整理订正，在钱币学界传阅。该书的优点是资料比较丰富，作者把古代载籍中同钱币有关的资料抄录下来，特别是《永乐大典》中的资料赖以保存下来。固然这只是资料工作，但资料的搜集是科学研究的一项重要的工作，一件不可缺少的工作。其次他是第一个致力于钱币板别的人，这是他本人的贡献。如果说文献资料是从书本上抄来的，那么板别的资料就只能从实物的研究上才能取得。可见他是书本与实物两者并重的，无怪钱币学界把《古泉汇考》看作钱币学的总汇。

但是《古泉汇考》也有缺点。第一，刀布方面收录得太少，而且对于刀布的时代，仍然附会旧谱，自燧人氏开始。作者说，古谱这样讲，未必尽无依据。这种保守思想还表现在他的收留撒帐、吉语、厌胜等钱的作法上。他明明知道这些东西不是钱，只因旧谱收录，由来已久，因而加以保留。

实际上全书的结构同其他钱币书没有什么两样。第二，他的研究方法虽然比较进步，但是还不够全面。他说他研究北宋对钱的方法是："辨之于其字、于其形、于其色、于其质、于其声；兼此五者，而精审焉。"这实际上也是他研究一般钱币的方法。这里他漏掉一个极端重要的方面，即钱币的重量。《古泉汇考》中，主要是谈钱币的文字和大小，对于钱币的轻重，比较不重视，特别是刀布部分，几乎完全不记重量。这一缺点不仅仅是指《古泉汇考》本身，更重要的是对后人的影响。由于翁树培受到后来的钱币学家的推崇，因而他所提出的研究方法也受到重视。后来的钱币学家，就专在字、形、色、质、声五个字上下功夫，于是钱币的轻重就受到忽视了。戴熙甚至以研究钱币的大小轻重为迂。其实《古泉汇考》中并不是完全不谈钱币的轻重。第三，该书的内容虽有二三十万字，但绝大部分系抄录前人的话，作者自己的按语只有八九万字，这八九万字又大部分系板别的著录，而且不附图样，使人读起来枯燥无味。固然当时还没有影印的办法，作者自己也说过：图样难于摹印。但总算一个缺点。而且除板别的罗列外，没有作出什么好的分析和发明。对于板别也没有建立一套名称。此外，作者在序中注意到古代货币之贵而少，而且还提到几种物价，可惜没有向钱币的购买力一方面的研究发展。钱币学家不关心钱币的购买力，乃中外的通例，但并不是应当这样。实际上只有钱币学家才具备研究钱币购买力的条件。这一点不能算是《古泉汇考》的缺点。我们对那个时代的人，不能提出这样高的要求。钱币本来可以从两个角度来研究，文化的角度和经济的角度，钱币学家重视文化，轻视经济。

初尚龄（渭园）是山东莱阳人。他说他花了四十年的时间收集和研究钱币，著了《吉金所见录》十六卷，于嘉庆二十四年（1819年）开雕，次年刊行。他能看到自己著作的出版实是一件幸事，因为江德量和翁树培都没有做到这一点。这书有图有说，钱图共一千二百十种，文字约七万多。它的最大贡献是把刀布断归春秋战国，打破了旧日对三皇五帝的附会。初尚龄是根据出土实物来进行研究的，所用的方法基本上是合乎科学的。有些论断是很有见地的。他所引刘师陆（青园）的话也多中肯。刘师陆的《虞夏赎金释文》一文是不值得介绍的，但他有些好的意见却保留在《吉金所见录》中。然而这部书也不是没有缺点或错误。在排列上是按照历史次序，但卷之一的所谓周正品，包括宝化三品、东周、垣、长垣一所、共等七种，这里除东周环钱外，都不是周钱。他把铲币放在平首布之后，虽然他认为"细玩其铜质篆文，似在前诸布之先"。有些错误是沿袭前人的，如以宝化为周景王钱，以永安铁钱为北凉沮渠蒙逊钱，以小泉直一为刘宋废帝的鹅眼钱，以王莽的布泉为梁武帝钱，以天福镇宝为石晋钱，以太平兴宝为辽钱，以治平圣宝为徐寿辉钱，以天定通宝为大理国钱等。甚至收入一些根本不存在的钱，如五凤等。此外，他也不是每一枚钱币都根据实物，例如王莽的十布中，壮布TTT百作七百，次布TTTT百作九百。然而《吉金所见录》仍不失为钱币学方面的名著。一部钱币学著作完全不犯错误是很困难的。至于沿袭前人的误谬，更不能由他负责，一个人不可能把所有的疑难都解决[4]。

倪模（迂存，1750—1825年），安徽人，嘉庆四年（1799年）进士，做过知县。他的年岁，比江德量和翁树培早，但他收藏和研究钱币，是受了江、翁等人的影响。他的《古今钱略》三十四卷，在卷目上和江德量的钱谱差不多。体例ügi乱。大体分为文字和钱图两个部分。卷首是关于清初钱制的资料如钱价、私铸私销、铜价、钱政等。卷二十七以后则为楮币源流、历代谱录、历代钱制、古钱附录、古今收藏姓氏、《钱略》叙传等，都是抄录旧文献或翁树培的《古泉汇考》，大部分不属于钱币学的范围，但有资料价值。自卷一到卷二十六为钱图，但包括钱范和各种厌胜钱、马钱和各种稀奇古怪的东西。钱图部分也有简单的说明，创见不多，刀布多附会旧说，错误和假钱是难免的，如以永安铁钱为西夏钱、把南唐大开元和闽开元列为唐钱。并收录假钱如百金、大定平一百、六铢、太和货泉、扬字开元、康定元宝、咸淳背九、背十、太平元宝、沁字洪武、壹百文省钱牌等。总之，质量不如《吉金所见录》，但收罗钱图四千多种，所以板别相当多，明刀有一百九十五品，内齐明刀一品；朝鲜的常平通宝也收了一百多种。值得注意的是外国品中的洋钱一部分，大概是仿照江德量钱谱的。有金银铜三种，银币最多，有西班牙的查理银圆、双柱、马剑、美国银圆以及许多早期的日耳曼银圆，还有一些牌子，当时是凭重量接受的。金币有西班牙和葡萄牙的，还有荷兰的杜卡特。铜币多是俄国的。《古今钱略》成于道光初年，但到光绪年间才由他的后人刊行。刻者不识外文，洋钱往往印成反文，很难识别。

道光年间，主要的钱币学家有蔡云、戴熙、刘喜海和马昂。

蔡云（铁耕，1764—1824年）的《癖谈》六卷成于道光初年[5]，有说无图，偏重于考证，不是一部完整而有系统的著作，而是用札记的形式。内容包括衡法、布币、刀币、环钱和圆钱。他的考证也不限于钱币实物，而兼及古文献中同货币有关的语句。有些论断是有创见的，例如对西汉的五分钱和三分钱，不作大小轻重解，而作对十二铢（即半两）的比重解，很有见地。自然也免不了有武断和穿凿之处。例如他把《诗经》中"抱布贸丝"的布和《孟子》中"廛无夫里之布"的布都解作是指金属货币。又如把鬼脸钱上的文字释为晋字,名之为晋币,自称面目一新。

戴熙(醇士,1801—1860年)的《古泉丛话》[6]成于道光十七年。也是一种札记体的作品,但侧重于趣味。文字比较生动,而且有些见解是值得注意的,例如他说:"藏钱以足补史传之缺者为贵,故异钱可考者上也,无可考者次也,厌胜下也。"[7]所谓无考者次要的话虽值得讨论,但贬低厌胜品的重要性,应当说是正确的。至少对货币来说是这样。他是有名的大齐通宝的发现人,也是万历矿银的最初著录者,但他对于钱币的判断力和鉴别力不一定比人家高。他把大齐通宝看作黄巢钱,没有看出它的制作同大唐通宝相像。他也把建文通宝、天顺通宝、成化通宝和弘治之宝等薄小的安南钱看作明朝钱。

清末以来的钱币学家,往往以刘喜海(燕庭)的《古泉苑》同翁树培的《古泉读考》并提,这是不恰当的。两者唯一的共同点是没有刊行。翁书有说无图,刘书有图无说。《古泉苑》所收的图有四千六百多种,并有钱范图几十幅。钱图对于钱币学的重要性是明显的。而且刘喜海藏钱有四十年之久,精品很多。尤其是两宋的铁钱,为旧谱所没有。《古泉苑》所收的不限于他个人的收藏,实包括当时各家的藏品。但正如翁树培所说:"仅摹拓其文,胪列成册,而无一语之考订,在收藏家供鉴赏、娱心目,自不可少。但既不成书,仅侪近世印谱之流。"翁树培的话不是对《古泉苑》讲的,但对《古泉苑》恰是一个适如其分的批评。刘喜海是整理《古泉汇考》的人,倒是在《古泉汇考》中有他的按语将近万字。就这些按语来看,刘喜海只能说是一个收藏家,他所谈的尽是一些关于钱币转让买卖的事,例如何年何月向某人买到某种钱、或某种钱是在某人手中等,不是钱币学的主要内容。他另有《嘉荫簃论泉绝句》[8]二卷,也不能说是一部钱币学著作。在每首诗后虽然也略引文献,间引翁树培的话,但没有什么考订,更没有创见。他把钚字读作化金,重一两十二铢读作重一两十三铢。他的钱图中有扬字开元,钱范中有齐刀铜范,都是不可靠的。

马昂(伯昂)的《货布文字考》四卷刊于道光二十二年(1842年)。专考订刀布的文字,不是一部真正的钱币学著作。不过刀布的文字也是钱币学家所要研究的,所以大家还是把它同其他钱币学著作并列。对于这部书的评价,颇不一致,有人说它失之穿凿[9],另外有人说它的作者超轶流辈,博学精思,能自为一家言[10]。作者的确不肯追随别人,而想有所发明,但结果往往弄巧成拙。一般人以为他把铸币归之于列国,是他一种贡献,其实初尚龄在他以前就说过了。他说初尚龄的话不够明确。他的错误正在于文字的解释。他说古代的贝货是铸币，不是天然贝壳，并以贝字的古文贝是半两二字的合文。说鬼脸是秦国所铸，为"当半两"三字的合文。又说古以六铢为一金，古文献中的金和溢都是指六铢重。他释杏为合，杏甘为合同，安阳刀为匽阳刀，造邦刀为通邦刀，以8为互，以贻化为燕货，以戈邑为虎邑，以匋阳为宓阳，以中都为仲吾，以虞一钅斤为魏斤一金，以京一钅斤为赵斤一金，以阕为关，以阕半为关分，等等。

嘉道年间还有一些钱币学的著作。如嘉庆五年吴文炳的《泉币图说》六卷，十一年瞿木夫的《泉志补政》二十卷，这是补洪遵《泉志》，不久又作《泉志续编》二十卷。另有盛子履的《泉史》十六卷不知著于哪一年。这些著作刻图失实，内容平凡，而且以转抄为主。

道光五年有孟逸冈的《泉布统志》，罗列一批假造的唐宋宝钞[11]，荒谬绝伦，贻误后人不浅。他还自夸"似有神助"。他把日本的神功开宝说成是唐中宗周武氏钱，同样无稽。但它是最初著录西字和巩字康熙钱的，并附有满文。它也提到大齐通宝，说是齐黄巢钱。如果该书的著作年份可靠，那么，这一著录比《古泉丛话》还早。

乾嘉年间和以后钱币学的发展，同钱币的出土也有关系。中国关于钱币的出土，清以前不大有记录，因以前的钱币学家不大留心这方面的事情。考证学的发展，才使研究者注重实物，不尚空谈。初尚龄的《吉金所见录》之所以有价值，正因为他那时候，钱币出土很多，而且他知道根据钱币的出土地点来断定文字和所属。例如空首布，元明以前没有人提到，但乾嘉年间出土渐多。初尚龄根据它们的铜质和文字，断在各平首布之前。又因多在中州出土，别的地方没有，山右靠近中州的地方也间有出土，所以他断为卫币。又如平阳小布同长子、屯留等一道出土，他断为赵的平阳所铸；中都小布也同襄垣、屯留等一齐出于山右，所以他断为晋布。又如齐刀，初尚龄说都出在他的故乡。所以断定为齐制。他并且列举他所亲见的五次出土。第一次是乾隆五十一年（1786年）昌阳城南赵旺庄掘出百余品，三字者居多，间有四字的。第二次是嘉庆六年（1801年）即墨东北皋虞古城掘得即墨刀数十品，内有安阳刀数品。第三次是道光元年（1821年）嵩阳城西阎家村掘得齐刀数十品，内有即墨、安阳刀数品。第四次是道光二年在即墨城东台上庄掘得即墨刀数十品。第五次是道光三年在昌阳城东南泽上庄掘得齐刀数百品。三十几年间在他故乡山东莱阳百多里之内出土五次。他并且说，间或有郦伯刀出土。这些都是可贵的出土报告。又如明刀，一向有人认为是莒刀，但初尚龄因为当时在河间易州于败井颓垣中有成千出土，而他在故乡莒地却从未见过，所以断为燕刀。

戴熙提到乾隆年间浙江临平出土太平百钱和定平一百的事[12]。那以前这两种钱是绝少见的，所以关于这两种钱还是依照千多年前顾烜的说法：什么龟背，什么水波文。自这次出土两瓮以后，这两种钱就遍布东南，所以翁树培等人就能根据自己的观察来叙述了。不过翁树培所见的还不是精品，所以讲的还是不正确。又如刘宋的孝建四铢，本来也是少见的，道光末年，毗陵出土一罂[13]，这钱就流布天下，吕佺孙收到几百枚，拓出五十四种板别，装订成册，于咸丰二年寄赠陈介祺，这是现存《毗陵出土孝建四铢拓本》的来由。

咸丰以后，主要的钱币学家有唐与昆（西源）、李佐贤（竹朋）和鲍康（子年）。

唐与昆著有《泉币汇考》和《制钱通考》。后者系前者的一部分，专谈清代钱制，到道光时为止，有说有图，作者自言钱图都是根据拓本，可是乾隆宝藏等西藏薄片摹成方孔钱，而且钱文也不对。

李佐贤的《古泉汇》雕于同治三年，因收罗钱图近六千种，超过《古泉苑》，而为当时和后世所重视。有人甚至把它看成清代最重要的钱币学著作，这就评价过高了。就文字方面来讲，几乎值不得一提。除了在附图之后的一点简单说明外，首集的四卷大部分是抄自他书。该书的重点是钱图，数量比较多一些，但质量没有比前人提高，这表现在内容上，表现在假钱上，表现在雕板的技术上。内容上，一些同钱币没有关系的所谓无考别品、变体奇品、压胜正品、压胜吉语、压胜生肖、神圣仙佛、无字花纹、打马格钱等就占了全部钱图的差不多四分之一。在真正的钱图中，有许多是小板别，例如明刀的背型，就有三百多种，占了四五卷，许多是重复的。虽然书法上有小分别，但先秦的刀、布本来就没有完全一样的。该书收罗的假钱不少，刀币中如九字刀和齐之化刀，方孔钱中如重十二朱、太元货泉、天祐元宝、德祐元宝、景炎通宝、乾亨通宝（辽）、太平元宝等，都是根本没有的钱，而作者却相信不疑；并以九字刀为孤品而沾沾自喜。明代有许多年号没有铸钱，他却将一些假钱补入，其中有一些是安南钱。至于仿造、改刻的钱更是多了[14]。由于当时他的知友们的标榜，后人不分青红皂白，所以这部书贻害就大了。附图的特点是板别比较多，板别多对于研究的人是一件值得欢迎的事，然而这部书是木板书，钱图刻得并不好，甚至比不上以前的书。重要的细微的分别以及钱币的艺术性表达不出来。例如造邦刀背有〇形的，正固的缘有两种制作，一般是不断缘的，但有些有断缘的痕迹，由于李佐贤和雕板人没有注意到这一点，所以完全没有反映在该书的两枚这种造邦刀上。中国钱币上的文字，有些原是有艺术价值的，但是在这部书上却刻成一样。李佐贤还有《续泉说》一种，这里他不但没有创见，而且不肯吸收人家的好意见，例如他否认空首布同钱镈有联系，他反对斩字和畏字的释法。

鲍康（子年，1810—？）的著作有《观古阁丛稿》《观古阁泉说》《大泉图录》和《续泉汇》。《丛稿》尽是题跋一类的短文，且有题咏，没有什么大的价值。《泉说》的体裁近似戴熙的《古泉丛话》，是关于他个人所见所闻以及耆旧风流、交游韵事。《大泉图录》包括咸丰、同治两朝大钱，附新疆钱以及清代开炉钱等。《续泉汇》是续李佐贤的《古泉汇》。鲍康是比较受人重视的人，也只是在鉴别方面比人家强一些。他也以此自负。但他对九字刀不加怀疑，并且说会昌开元中以扬字为最少，可见他在鉴别方面也不是没有疏漏的。他的研究方法和内容还是老一套。他以宝德局咸丰钱为湖南常德所铸，并且误认叶尔羌为乌什。永字龙凤通宝是首先由他著录的（《续泉汇》），他以为是仿造韩林儿的龙凤钱。不过这钱至今还没有人知道它的来历。文字有点像洪武钱，但钱的制作够不上。

道咸以后，钱币还是继续出土，数量很多，但是未见过的钱币越来越少。因此后来的钱币学家只能作些零星的补充，在看法上也只有一些个别的发明，没有称得上划时代的著作。这方面可以胡义赞（石查）和吴大澂（清卿）为代表。

清代的钱币学著作有三种类型。一种是通史体，从古到今，作全面的叙述，取材力求完备，如翁树培的《古泉汇考》。清以前的钱谱、钱志大都属于这一类，只有繁简不同。另一种是专史体，或专一个朝代，如唐与昆的《制钱通考》，只谈清钱，到道光时为止；或专一类钱币，如鲍康的《大泉图录》，专收大钱；或有一定的重点，如马昂的《货布文字考》，专论刀布的文字。第三是札记体，只谈本人的心得，不求系统性；如蔡云的《癖谈》和戴熙的《古泉丛话》。在考证方面，蔡云比戴熙深入一些，文字方面则《古泉丛话》比《癖谈》写得生动些，因其从趣味出发，以掌故为主；但同其他许多著作一样，内容支离破碎，不是一个互相连贯的整体。无论如何，清代钱币学著作的这种有类可分的现象是一种进步的现象，尤其是第二种类型的著作表现出一种专门化的倾向，对钱币学的钻研越来越深了。

应当指出：嘉道和咸同年间的这些人都是官场中的人物，能书善画，也作作诗。彼此熟悉。即使不识，也会因为嗜好相同而结识起来。同在一地的人往往定期碰头，出示新得，进行讨论，或交换拓本，可谓极一时之盛。这种情况是前代所没有的。这对于钱币学有很大的促进作用。那一班人著书，不是为利，而是从好玩出发，多少带一点交游应酬性质，所以书中往往互相标榜。钱币的出藏、转手，为他们生活中的大事。正由于此，所以他们虽然另有正业，却肯穷毕生精力来研究钱币。这种热情，加上他们的财力以及所享受的闲暇，论理应当使这一门科学提到很高的水平。然而由于他们的研究方法还不十分合乎科学，知识面不够广，逻辑性不够严密，所以许多论断似是而非，成就还是不如理想，甚至有些不应有的错误。当然，考证上的错误和判断上的错误，有时是难免的，是可以原谅的。钱谱中往往有伪品，几乎没有一部钱谱能免，只是多少的问题。在这方面，总是后来者居上，不但由于方法的进步，参考数据也越来越多。所以我们应该体念前人的困难。但有些错误是应当可以避免的。例如官修的《钦定钱略》把南宋临安府行用的钱牌上的"省"字解作中书省的省，这就证明那些翰林们只想做官，不肯读书，其实宋代文献提到省陌的地方是很多的。又如唐与昆明明没有见过西藏的乾隆宝藏，偏偏要在《制钱通考》中画出不伦不类的图样来，居然自称拓印，可是他做学问的态度不够严肃。

当时也不是完全没有批评和反批评。比如陈介祺就曾对《古泉汇》中的一些释文进行批评，李佐贤也有辩论，在李佐贤的《续泉说》里，将陈介祺的评语同时刊出，这不能不说是一种好风气。清代钱币学之所以有显著的发展，这种良好的风气也是一个重要的原因。然而陈介祺究竟主要是一个金石学家，所以他说刀、布、圆法以摹文、释文为第一，记斤权为第二，图形制为第三[15]。这种标准施之于铜器也未必完全妥当，对于钱币肯定是不适宜的。可是鲍康在《续丛稿》中说：论斤权须以初次鼓铸者为断，铸久则寖轻小。这完全是从衡法的考证着想，不能说是全面的看法。

清代和清以前的钱谱，图样都系木刻，与原钱形制，不无出入，这对于小板别的研究是一种障碍。倪模的《古今钱略》有《洋钱》一项，雕板人不懂外文，几乎尽失原形，无法辨识。李佐贤的《古泉汇》也受了同样的限制。所以在影印的办法通行以后，旧日的木刻钱谱几乎可以不看。

清代关于钱币学的著作，自然不只上面提到的那些，如道咸间刘师陆的《虞夏赎金释文》，书名就犯错误。张崇懿的《钱志新编》，伪钱很多。此外如《泉宝所见录》，以转抄为主。一般钱谱所列书名很多，对于书的内容则不加审查分析，只是有闻必录，所以一些毫无价值的书却不断地被人介绍，不加评论。这种情况不限于钱币学方面，而是过去中国学术界的普遍现象：喜欢罗列，没有轻重，没有选择，没有分析批评。一部价值很大的著作，同一本毫无价值的书，在史书中往往受到同样的重视，占据同样多的篇幅。

清代钱币学的发展，同收藏家之多以及他们的努力也是分不开的。有些收藏家同那些著书立说的人经常有接触交往，他们也参加研究和讨论，其中有些有一定的造诣，他们的造诣不一定低于有著作的人，只因他们不述不作，不为后人所知。他们的贡献往往包含在他们的亲友的著作中。例如离石、罳、屯（纯）等字是胡义赞释出来的，陈介祺说九字刀全是假的，赒字是刘心源认出来的，等等。

清代关于钱币的书虽然很多，但钱币学上还有许多问题没有得到解决。例如明代的崇祯钱，就没有一个人好好地做过研究工作；他们最多只把各种背文罗列下来，以多见自负，但是到底某种背文是什么意思，就不去求解答了。近代中国研究历史的人，倾向于抓两头，忽视中间。钱币学方面也是这样。大部分人不是喜欢近现代的金银铜币和纸币，便是喜欢古代的刀布，中间一大段就不么热门，特别对于明代钱币，很少有人专门研究。如果把钱币学真正当作一门科学来研究，那就一定要关心那些薄弱的环节，使这门科学得到全面而平衡的发展。

注　释

[1]　倪模《古今泉略》引潘毅堂存抄本，说原有图而未及摹。

[2]　商务印书馆《丛书集成》本。

[3]　《古今泉略》说江秋史《钱谱》二十四卷，第一卷为清朝钱，二卷至五卷为古刀布，六卷至一七卷为周至明历代钱，一八卷奇品，一九卷杂品，二〇卷厌胜，二一卷伪品，二二卷外国，二三卷洋钱，二四卷钱范和钞。全书有图有说，各加考据议论。并说：江德量死后，由宋葆淳（芝山）交给初尚龄的哥哥彭龄代刻，后来没有下落。

[4]　丁福保说：江德量《钱谱》的精华，已采录于《吉金所见录》（见《古钱大辞典·例言》），这使初尚龄蒙上了篡夺嫌疑。丁福保大概是根据倪模的话推想出来的，他自己没有见过《江谱》，如何知道《初录》采录了《江谱》的精华呢？查江德量死于乾隆五十八年，《吉金所见录》在嘉庆五年经过一次改写，在时间上的确可以采纳《江谱》的资料；但《吉金所见录》中没有蕫人（布），而把関字释作黄字，也没有安邦刀。《江谱》所犯的一些错误，也不见于《初录》。有些共同

的释法如甘井和潞,初尚龄是引刘师陆的话,除非这是有意的避开。实际上,初尚龄是不大欢喜抄袭的,倒是倪模喜欢抄袭。又《初录》和《江谱》两者卷目的内容和编排也不一样,《初录》没有清钱,也没有洋钱。看来这一公案值得进一步探究。

[5] 书后有道光丁亥(七年)夏五月果泉陆准的跋语。

[6] 戴熙此书原只有稿本,由他自己用瘦金体书写,大概附有图样。现存的刊本是他死后根据鲍康和胡义赞两人的抄本经过核对后由吴大澂编修并手录的,同治十一年才出版。

[7] 《古泉丛话》卷三《大齐通宝》。

[8] 《嘉荫簃论泉绝句》出于《古泉苑》之后,有道光十八年张开福跋,刊于咸丰乙卯(五年)。

[9] 鲍康《观古阁泉说》。

[10] 罗振玉《俑庐日札》。

[11] 书中附有图样的有唐高宗的大唐宝钞壹贯、拾贯。武宗的大唐颁行宝钞一贯到十贯十种。宣宗的大唐军纪宝钞拾文、壹佰、壹贯。懿宗的大唐通行宝钞拾贯和壹佰贯。昭宗的大唐通行宝钞伍贯、伍拾贯、伍拾伍贯、壹佰贯。天祐年间的大唐便民宝钞壹贯、拾贯、佰贯。敬宗的大唐宝钞壹拾贯、壹佰贯。还有大周通行宝钞、大宋便民宝钞等。这些大概是作者受伪造者之欺。但后人竟有相信的,如王孝通《中国商业史》和 E. Kann 的 *Chinese Paper Currency* 都曾加以引用。

[12] 《古泉丛话》《太平百钱·定平一百》条下。

[13] 鲍康《观古阁泉说》:"孝建四铢,一面薤叶文,一面小篆;最不易得。泉话所谓都下一枚辄索二三万钱也。道光末年,南中忽出土一罂,尧仙收得数百,曾以分饷,不特大小各异,或一面倒置,有左读右读及一字正一字倒之殊,或一面横置在穿上下,有向左向右之殊;或一面倒置,一面传形;或两面传形,并四星、四圈、四决文等。孝建有两面同文,或倒置、横置、传形之别;四铢亦有两面同文、并穿上下亦作四铢字者,种种奇特,多至五十四种。"

[14] 郑家相《古泉汇伪品》(见《古钱大辞典·总论·伪泉》)指出许多翻沙和改刻的钱币。

[15] 《续泉说·东周泉》。

第四节 信用机关

一 银铺和典当业

中国的信用机关，比起欧洲国家来，也和货币理论一样，在清朝落后了。欧洲各国的银行制度，都是在这两三百年中形成的。近代第一家发行银行瑞典银行是在顺治十三年（1656年）设立的。英格兰银行成立于康熙三十三年（1694年），这是第一家大规模的现代银行。康熙五十五年（1716年）约翰罗在法国设立一家银行。乾隆三十年（1765年）非德烈大帝在柏林创设皇家银行。连新兴的美国也在乾隆五十六年（1791年）设立美国第一银行。但中国则在光绪以前，各种信用业务仍是在许多小规模的旧式金融机关手中，如典当、银铺、钱庄和票号等。

银铺在清朝还是相当重要，因为清朝完纳钱粮多用白银，而银的成色重量不一，多先交给银铺倾铸成锭，然后缴纳。有些银匠暗加戥头，多方勒索。有时乡村的税银运到州县，又要另叫银匠镕铸大锭，才送到布政司去，这又是一次揩油的机会。所以当局屡有禁令[1]。中国最初自造的银币，便是银匠所铸的。

银铺的主业还是在于器饰的打造。兼营金银的买卖，其中有一种银炉，以镕铸银锭为专业，可以说是银铺的变形。后来上海金融市场发达，银炉的地位很重要，有些地方没有公估局，银色的鉴定就由银炉担任。

银炉这名称，在明朝便有了[2]。但清朝更多[3]。有时也叫炉房，并有所谓官炉和私炉。官炉的设立要经过户部的核准。但末年限制放宽了。他们兼营钱业，而且发行钞票[4]。

炉房也有兼营信用业务的。例如营口的银炉，本来是替人铸造元宝的，自营口开放为商埠后，交易发达，制钱不够应付，白银使用增加。一般商民平日收到的零星银块，因成色不划一，不便流通，多送到银炉去铸成元宝，后来请求铸造的人多，应接不暇，银炉方面，乃于收到银块之后，扣去亏耗和手续费等，折成营宝分量，出一收据，这种收据就在市面流通，如同钞票或支票一样。有些商家，特意把银块存入银炉，开立往来户，以取得这种便利。甚至没有现银，也商请炉房开立户头，发行凭条。这样使银炉成了一种真正的信用机关。光绪九年（1883年）的时候，营口各银炉曾成立公议会，决议每年以三月、六月、九月、十二月的初一日为结账期，叫作卯期。后来在第一次中日战争时，在义和团运动时，在日俄战争时，受到几次打击，倒闭的很多[5]。但光绪末年还有三十三家之多。自光绪三十四年最大的东和顺倒闭之后，不久西义顺和厚发合也相继倒闭，从此银炉就衰落了。

典当业在清朝仍占很重要的地位。顺治九年（1652年）规定各省当铺每年纳税银五两，北京的当铺则照铺面的大小征收[6]。康熙三年（1664年）又重新规定每年五两的当铺税[7]。当时每年约可收入十一万多两[8]，可见当铺的数目有两万多家。以山西省为最多，有四千六百九十五家，其次是广东，有二千六百八十八家，再其次是直隶、福建、甘肃、贵州等省。

当铺在清初还有叫作解铺[9]的，康熙以后多叫当铺[10]或典铺[11]，质典的行为多称典当[12]，嘉庆以后有称典押[13]的。

清朝典当业的规模比以前大了，从野史中可以知道典当的资本是一朝一朝增加的：

历代当铺资本额表

朝代	一家当铺所需资本
宋 明	300—500 贯[14] 1000 两（小当铺）[15] 2000 两（城中解当铺）[16] 3000 两（繁盛区小典铺） 10 000 两（繁盛区大典铺）[17]
清乾隆年间	1000 余两（村镇典铺）[18] 4000 两（中等城市小当铺）[19] 80 000 两[20]
咸丰年间	20 000 余两（咸丰年间北京小当） 30 000—40 000 两（同上中当） 40 000—50 000 两（同上大当）[21]

当铺的资本既加多，业务也扩充了。不但作放款，而且接受存款。清初叫作生息银，乾隆三年因宁夏镇发生地震，次年政府曾下令豁免被灾各当铺所领的生息本银八千五十七两[22]。十六年云南开化还设了两家所谓生息当铺，似系政府资本[23]。但这里所谓生息当铺，并不是指接受存款的当铺，而是说这种当铺通过他们的业务而产生利息（实即利润）[24]。有些地方当

局就利用公款自行开设典当。例如乾隆二十四年广西巡抚鄂宝提到广西赏恤兵丁营运银四万一千两的事，就是用来开设典当，并且规定要以二分取息，已行了三十几年[25]。可见剥削的厉害。山西省库闲款交存当铺也可以得到一分以上的利息[26]。四川也有官营当铺[27]。嘉庆初宣布和珅的罪状中，就有一条是说借款十余万于通州附近之当铺钱店，以生利息[28]。这里所谓借款，实际上就是存款；只因中国古来存款业不发达，存款这名词不大有人用。本来存款和放款并没有多大分别，是同一种信用交易的两种名称。而且并不限于正式的信用机关，普通商店也常接受这种存款[29]。道光年间地方政府曾将捐输钱六十万串存入典铺生息[30]。

典当业发行信用货币的事大概是普遍的，它们接当时不付现钱，而付与可以随时兑现的钱票。信用好的当铺，所发行的钱票自然能在市面流通。也可以发行银票。银票起初可能是一种本票的性质，即定期付现的期票[31]，应存户的请求而发。后来存户可以直接签发，就变成支票了。

清初闹钱价问题的时候，政府屡次想利用当铺来稳定钱价。乾隆二年（1737年）田懋在《平钱价疏》里曾提出这主张。九年（1744年）鄂尔泰等所提《疏通钱法八条》，也是要谋取当铺的合作。当时北京城内外大小当铺有六七百家，有些是官吏开的，有些是商营的。钱文出入最多。所以想对它们增资，叫它们吸收铜钱送官局发卖[32]。当时钱庄似乎是同政府站在对立的地位，政府说它们有意操纵钱价。当铺倒成了半官式的信用机关了。我们也可以说：当铺代表封建官僚的利益，而钱庄在当时是代表商人阶层的利益。

当铺同政府合作，对人民则进行剥削。这种剥削不仅仅在于取利之厚，还在于作弊。许多典当用两种戥子，兑进银两则重，兑出则轻。所以它们当时喜欢用银，不喜欢用钱；因为用银则在成色和分量方面容易取巧[33]。

嘉庆年间因为财政困难，有人建议向典当业募债，分五年偿还。这计划虽然没有实现[34]，可见当时典当业还是重要的信用机关，而且那也是清廷募集公债的先声。

五口开放以后，都市商业发达，典当又有进一步的发展，而分出等级来。以前也有等级，即所谓大当小当，但后来各等级有其特别的名称。最大的是典铺，不但资本多，当期也长，普通为十八个月；利息也比较轻；而且对于质物的数额，不加限制。其次是当铺，当铺如果财力不够，可以婉辞拒当。再次是质铺。最小的是押店。押店期限最短，普通是六个月到八个月，利息也最重。详细情形各地方不同，甚至名称也不完全一致。

光绪年间，北京大约有两百家当铺。在八国联军侵入北京的时候，都被抢劫一空，连门窗户壁以及地砖都拆走了[35]。在上海一地，据光绪三十一年（1905年）的调查[36]，南北两市和租界共有典当一百五十多家。

此外还有一种印局，性质和当铺差不多。应当就是明朝的印子铺。也许同印子钱有关系。印子钱是一种高利贷的形式，自清初便盛行，和元朝的羊羔息相同。印局的放债，金额比较小，每次自京钱一串到二三串，要熟人担保，按日或按月计算。

注 释

[1] 《皇朝文献通考》卷一五《钱币三》："雍正二年……刑部尚书励廷议奏言，完缴钱粮，例易银上纳，民间买卖色银，未必即系足纹，必投银铺倾镕，而后入柜。官银匠当倾镕之时，每苛酷成色，横加勒索，各有戳字为认。对州县拆封后，再发匠另镕大锭，方始解布政司，银匠见非其字戳，必以成色低潮禀官，责令完户重补，以致重耗累民。嗣后请严禁银匠借口成色包揽需索之弊。"《皇朝通志》卷八三《食货略·赋税上》："康熙三十九年乃设立滚单法……甲内首各挨次滚催令纳户自封投柜，不许里长银匠柜役称收。"又"先是四川火耗较他省独重，自雍正年间陆续截减，有司不得中饱，因有暗加戳头，百两重至一钱有余，而收粮之书吏，倾销之银匠，又从而侵渔之。"《东华续录》乾隆八，乾隆三年十二月丙申谕："向来四川火耗较他省为重……今闻该省耗银无减，而不肖有司巧为营私之计，将戳头暗中加重，有每两加至一钱有余者，彼收粮之书吏，倾销之银匠，又从而侵渔之，则小民受剥削之害不小矣。"

[2] 文秉《烈皇小识》卷五："天启十一年四月真定巡按李模疏监臣'贪肆非常'事曰……乃令郭旗鼓向每营将官索要三千两，各先送过五百两，独火功营将王震仲素负骨气，不肯应承……送银炉银如意各一件……"

[3] 《儒林外史》第六回："那开米店的赵老三，扯银炉的赵老汉，本来上不得抬盘的。"

[4] 徐珂《清稗类钞·农商类》第四六页《炉房》："炉房，亦称银炉，专铸马蹄银。京师天津上海汉口均有之。亦兼营钱业，发行纸币，流通市中，其效力与庄票同。自银币通行，炉房之业遂衰。"

[5] 张家骧《中华币制史》。徐珂《清稗类钞·农商类》第六六页《营口银市之变迁》："营口之炉银，即过帐银也。以炉房为过账机关，故名。营口开埠之初（按系1858年），商界交易，均用营平现宝；其后市面日盛，进出口货交易日巨，

现宝求过于供，不敷周转，特行此炉银以代之。惟定每年三、六、九、十二四个月朔为结码变现之期，即曰卯期，到卯凡有炉银，一律变成现银收付。商民称便。相沿既久，遂成一种习惯。及小银币通用，营市金融为之一变。小银币日渐见多，现宝遂日渐见少。炉银到卯变现，自不能不因时势之所趋而随与转移。于是定有每炉银一锭计重五十三两五钱到卯变为现小银币八十一元之价格。光绪庚子'拳匪'之变，甲辰日俄之役，奉天商号倒闭频仍，皆由炉房藉口商业受损，任意操纵。到卯不能变现应付，以致炉银信用渐失。虽历经当道整顿，终未克规复八十一元之定格也。然炉银一锭，市价尚在小洋六七十元之间。"

[6]《皇朝通志》卷八二《食货略三·赋税》上。

[7]《皇朝通志》卷九〇《食货略一〇·行帖》。

[8]《大清会典事例》卷二四五《牙帖商行当铺税》。各省当税数额如下（内吉林与四川包括牙税）：

山西	23 475 两	直隶	9835
广东	13 440	福建（包括台湾）	8630
甘肃	8125	盛京	2197.5
贵州	8001	云南	2012
陕西	7410	江西	1675
江苏	6665	四川	1485.8
浙江	5360	广西	985
安徽	4435	湖南	690
山东	4370	吉林	456.5
河南	2775	共计	112 042.8

[9]《野叟曝言》（康熙时作）第二八回："过两日上坟之后，大姨三姨合管帐家人，都来缴帐，连解铺发票，共用四百八十余两银子。"

[10]《雨花香》（雍正时作）第二八种《亦佛歌》："扬州大东门有个开当铺的许长年……虽有几万之富，为人最贪最吝。"《石头记》卷四八："内有一个张德辉，幼在薛蟠当铺内揽总，家内也有二三千金的过活。"又卷五七："忽见湘云走来，手里拿着一张当票……黛玉瞧了不认得。"又卷八一："王夫人道……那个人叫作什么潘三保，有一所房子卖与斜对过当铺里，这房子加了几倍价钱，潘三保还要加，当铺那里还肯。"《品花宝鉴》（道光年间作）第一三回："这潘老爷叫潘其观，是本京富翁，有百万家财，开了三个银号，两个当铺……原籍山西。"《笑林广记》（光绪年间作）《不识货》："一徽州人开当铺，不识货，

有人拿单被鼓来当,报曰皮锣一面,当钱五百。有拿笙来当,报曰斑竹酒壶一把,当钱八百。有拿笛来当,报曰丝里火筒一根,当钱二百。……"《官场现形记》(光绪末年作)第一一回:"且说邹太爷拿了衣包一走,走到当铺里,柜上朝奉打开来一看,只肯当四百铜钱。"

[11] 《东华续录》乾隆一一七,乾隆五十八年六月丙子谕:"书麟等奏,审拟溧水县知县陈璜干县民陶仁广在无服族祖陶宇春典铺内为伙,窃物潜逃。"

[12] 《儒林外史》第二六回:"这人是内桥胡家的女儿,胡家是布政使司的衙门,起初把他嫁了安丰管典当的王三胖。"《争春园》第七回:"莫伦说道,我怎敢变卖,言毕竟自出门去了。拿着这对金镯,那里去典当,就三文不值二文的他就与人家兑换了七十多两银子……写了一张假当票。"

[13] 《信征前集》卷下《十金得官》:"嘉庆年间……杨赶马生业逐年不顺……资斧已竭,店主讨火食银甚迫,检衣出门欲典押以偿,才入当铺门口,有坐玻璃轿者来……"

[14] 《新编五代史平话》中慕容三郎准备以三五百贯钱开一家解库。

[15] 《醒世姻缘》。

[16] 《金瓶梅》西门庆家解当铺的资本。

[17] 《豆棚闲话》第三则汪念想用三千两叫他儿子到平江去开个小典,他儿子说要一万才够。

[18] 《东华续录》乾隆一一七,乾隆五十八年谕:"村镇典铺资本不过千余金,而陶仁广所窃估赃竟多至三百余两。"

[19] 《儒林外史》第五二回:"且说这毛二胡子,先年在杭城开了个绒线铺,原有二千余两的本钱,后来攒到胡二公子家做篾片,又赚了他两千银子,搬到嘉兴府开了个小当铺。"

[20] 和珅在通州、蓟州等地方曾开设当铺,但对资本的估计,则各书所载不同。《中国内乱外祸历史丛书》所收《查抄和珅家产清单》中说:"银号十处,本银六十万,当铺十处,本银八十万。"平均每家八万两。陈其光(同治十一年)著《庸间斋笔记》(见《笔记小说大观》)作"当铺七处,本银八十万两"。《庸盦笔记》的列表中估价每家平均三四十万两,大概过高。

[21] 见张修育奏折。

[22] 《清高宗纯皇帝实录》卷八八。

[23] 《清高宗纯皇帝宝录》卷三九九乾隆十六年九月云南开化镇总兵张凌霞奏:"再开化设有生息当铺二处,因原定以钱一千一百文作银一两,出入之数,与市价高低不一,恐有亏折,概不当钱。兵民不乐赴当,遂至生息不敷。现搭换制钱

二千余串，银出银入，钱当钱赎，原本无碍。"

[24] 《清高宗纯皇帝实录》卷一一六八乾隆四十七年十月谕："据何裕城奏，陈辉祖交伊妻舅申兆仑银三万两，令开当铺生息。"

[25] 《清高宗纯皇帝实录》卷五九五。

[26] 《清高宗纯皇帝实录》卷五一七乾隆二十一年七月山西巡抚明德奏："查晋省当商颇多，亦善营运，司库现存闲款，请动借八万两，交商以一分生息。五六年后，除归新旧帑本外，可存息本银七万余两，每年生息八千六百余两，足敷通省惠兵之用。……得旨允行。"同书卷一一七六乾隆四十八年三月又谕："各省存公款项，交典商生息名色，本不应有，但闻商人等向俱乐于承借官项，以其轻于民间之三分利息也。"

[27] 《清高宗纯皇帝实录》卷七三五乾隆三十年四月四川总督阿尔泰奏："川省兵红白事件赏需银……经前督臣……奏请将川省各营内交商生息之项，全数征回，归还原本。其重庆夔州二处，向无民当，营中自行开设，生息充赏，仍令照旧开设。……而重夔二当本银四万一千九百余两，每年息银仅获五千三四百两，较之钱局悬殊。……不若将营员所设官当概停，其当本银……酌留一万九千余两交钱局随卯带铸。……得旨皆如所议行。"

[28] 《庸盦笔记》。

[29] 袁枚《子不语》卷一二《银隔世走归原主》："告以生此子三日掘地埋胞衣，闲得此金，以无所用，付之布肆中取息，已五年矣。"《续子不语》卷一《伏波滩义犬》："乃出券示之，曰，此项现存某行，执券往索可得。"《清高宗纯皇帝实录》卷一四四六乾隆五十九年二月谕："诺穆三者同系协领（吉林），何以赀财独厚，即据现经奔出房地外。诺穆三尚有寄存帽铺银一千两，钱铺银二千两；托蒙阿交有寄存泰来当商一千两，杂货铺银五百两。"

[30] 《东华续录》道光五八，道光二十八年七月壬子谕："前据御史杨彤如奏……前贾鲁河完工后，经该抚奏明将捐输钱六十万串交典铺生息，作为岁修之用。今既责令各员赔修，此项钱文毋庸再作开销等语。"

[31] 《野叟曝言》第二七回："管帐道，如今给了他，怕他变卦，小人同他到解铺里发一银票与他，候出殡过给他银子，才是一了百了。"

[32] 《东华续录》乾隆二〇，乾隆九年鄂尔泰等的疏通钱法第二条和第四条如下：

"一、京城各当铺，宜酌量借给赀本银，收钱发布流转。查京城内外官民大小当铺，共六七百座，钱文出入最多。见在平减钱价，各当铺如得官借赀本，收钱上市发卖，在当铺既多添赀本，而在市逐日又多添钱文发卖。两有裨益。应将京城各当铺，无论官民，每大当赀本丰厚，应派给银三千两，听其营运。将所领银两存留作本，每一日交制钱二十四串，运送官局上市发卖，每制钱一串，加钱十文为局费；其卖出银，仍交各当铺收回作本。至于小当，赀本原有多寡不等，有情愿借银者，准赴局具呈，查明现有架本，酌量借给，所缴钱文并卖钱易回银两，俱照大当一例办理。再借给大小当铺赀本约银五六十万两，核算每日时收钱数千串，须设公局收贮，派员经理。一、京城各当铺见在积钱，宜酌钱数送局，一并发市。查京师当铺六七百座，每于秋冬之际，存贮钱最多。此项虽系各当铺营运之赀本，以济小民一时之缓急。似堆积过多，未能流通，转于民用不便。现在钱价昂贵，开设官钱局平价。而开设之始，钱尚不能充裕。在各当铺时当冬令，正值闲贮之际，应将京城内外大小当铺，无论官民，每大当一撤出制钱三百串，小当一撤出制钱一百串，俱自行运送官局交局员发卖，陆续易银给还。如运局钱卖将及半，各当铺陆续运送补足，倘小常一时不能如数，令将一百串之数陆续送足交局，如已经颁借官局赀本，前项钱免交。"

[33] 《清高宗纯皇帝实录》卷三五二乾隆十四年十一月。

[34] 《东华续录》嘉庆三十七，嘉庆十九年二月戊午谕："大学士会同户部议驳百龄朱理奏请江苏及各省当铺按照成本多寡将息银输纳二成分作五年给还一折。……至原折内称，当商等多系仕宦旧族，各有报效之心；此语尤属虚诞，仕官家固亦有治生营运者，然此辈大抵市侩居多，强其所不欲，而滥及名器，亦太不计利弊重轻矣。"

[35] 仲芳氏《庚子记事》（中国科学院历史研究所第三所编辑）七月二十七日："合京城当铺二百余家，钱铺三百余家，俱被匪徒勾结洋人，抢劫无遗。"又八月初三日："内外城仅存当铺二处，一在驴驹胡同，一在骡马市，今日亦被土匪所抢。"同书杨典诰《庚子大事记》："自十七以来，京师大乱。……西半城之当铺，尽被……土棍、左右小户贫民抢劫一空。……若东城内城之当铺……尽被义勇、溃军、洋兵、土匪先后抢劫，靡有孑遗。"又"京城内外城当铺二百余户，连门窗户壁以及地砖，靡有孑遗。其未被劫或劫之过半者，不满十户。堆烂面胡同一户，缘备有快枪在房上守望……故幸免于劫。南柳巷之汇丰，出现四千两以保险，廿四仍被劫一空。"

[36] 民国二十四年《上海市年鉴·上海典押业》。

二 钱庄和银号

钱庄的规模和业务，在明末清初的时候，有进一步的扩充。它们利用私铸的猾獍，从中渔利[1]，甚至囤积制钱[2]，操纵钱价[3]，有些摊子式的钱桌[4]，可能慢慢扩充成钱店，本来是兑换铜钱的，变成作存放款的信用机关。

钱庄的主要业务，就是到了清朝，也还是兑换。所以也叫兑换钱庄或兑庄[5]。兑换自然附带评定金银的成色和重量[6]，评定银色是兑换的基本知识。元明以来银铺的兑换生意，很快就给钱店抢去了。

存放款的业务，只有资本多、规模大的钱庄才能够经营。应当是放款业务先发展，存款业务的发展比较晚。明末已经有作放款的，收受存款大概是清朝的事。清初仍有银票会票的使用[7]。银票是期票，钱庄当铺等机关都可以发行，存款收据也叫作银票[8]，后来似乎存户也可以签发，命令钱庄或当铺付款[9]。会票本是异地的支付命令书[10]，但因为发行的庄铺信用好，所以也能在市面上辗转流通，和银票差不多[11]。这是从汇兑业务中产生出来的，道光初年就已使用汇票[12]的名词。

清初另有一种信用机关出现，叫作银号。这一名称的起源，还不能确定。可能是由银铺发展出来的。在同时代的英国，的确有这种事情。英国的金店因为把人民的存款放给政府，在康熙十一年（1672 年）为了同荷兰打仗，政府不能偿还，金店大受打击，结果发生分化，一部分金店回复打造器饰的专业，另一部分则演变成纯粹的信用机关。中国的银铺虽然没有受到什么打击，但因为兑换业务乃至评定银色的工作，都被钱店抢去了，其中一部分就索性把业务重心放在兑换上，以和钱庄竞争，也是自然的事；后来并且作存放款，就和钱庄一样了。不过传统式的银铺自然仍旧存在[13]。由于银号和钱庄业务差不多，一般人对两种机关不大加以区别[14]，有人把规模较大的称为银号。也有人说北方的信用机关多称银号。但乾隆年间北京有钱店和银号并存，经营兑换金银等业务[15]。

清初就有官钱铺的设立。这是政府的信用机构。设立官钱铺的原因，可能是由于当局想将粜卖常平仓所贮米谷所得的钱文换成银两，便于存贮。雍正九年因钱价昂贵，户部叫官钱铺担任调节钱币流通的工作，政府粜米所收的钱文，交由官钱铺收兑白银，兑入白银又照时价收钱，这样就使钱币循环流转[16]。

乾隆二年（1737 年）户部和提督衙门奏请在京师内外开设官钱局十所，

用银两向当铺收进制钱再向市面抛出，以平钱价[17]。

钱庄和银号在乾隆年间很为活跃[18]，钱价的波动，多少受它们的操纵[19]。例如乾隆五年闰六月浙江因钱少价昂，当局开炉鼓铸，但因官钱的兑价低于市价，钱铺串通投机分子加以收买以牟利[20]。所以当局的应付，也是以钱庄为对象[21]。当时它们的存款业务已相当发达；政府的公款，往往存在钱店中，这样提高它们的信誉不少，因而更能获得私人存款[22]。

钱庄的放款利息，比典当要低得多。乾隆年间的典当利率大概总在二分以上。它们对存款也给一分以上的利息。而钱庄的放款利率不到一分。乾隆四十三年牛庄用住房向钱店押款，利率是八厘[23]。

嘉庆年间，北京的钱铺不但从兑换中取利，而且发行钱票，有些甚至陡然歇业逃匿，使持有钱票的人无从兑现[24]。

道光年间还是盛行这种投机倒把的事。当时北京城内大概总有四五百家，有些是康熙乾隆年间开设的。但无疑有许多是资力薄弱的，即使不是有意欺骗，也可能因经营不善而倒闭，倒闭后对于持有钱票的人，最多只能付以几成现钱。道光十年由都察院奏定新章程，规定关于歇业钱铺的处理办法。并规定新设钱铺要由五家钱铺担保；如果这五家中有倒闭的，就要找一家补保。然而这种规定只是官样文章。

道光年间，清廷也曾设立政府的信用机关，由内务府在北京设立官钱铺五家，发行钱票。另外在各通商口岸设立官银号，鸦片战争以后，外国商人的税银，都由官银号代收。例如广州就在道光二十二年（1842年）由海关设立一家银号，除收入关税外，还做普通信用业务。银号工作人员自四十人到六十人。以税收的千分之八作为经费，但另有其他收入，特别是在纹银的作价上，可以取得很大的利润。因为海关是以纹银计算，而实际付款多用银圆，兑换率由银号决定。这家海关银号有两家分号[25]。

咸丰三年，太平天国革命在北京的钱业界曾引起一次挤兑的风潮。二月中旬，北京谣言很盛，持有钱票的人，一齐到钱铺去兑现；昼夜填街塞巷，大家争先恐后；钱铺措手不及，纷纷倒闭，十五日一天内就关闭了两百多家。有些粮店也受到影响而倒闭。但到咸丰九年九月间，北京城内又有五百十一家钱铺，其中有三百八十九家是道光十年以前设立的，没有互保关系；其余一百二十二家是有联保的。另外还有金店、参店、烟店、布店等，不挂钱幌，但也兼营银钱兑换业务。钱铺虽有互保，但五家铺保中，总有一二家或三四家已经关闭，它们发行钱票的数目，总是等于它们的资本许多倍。一家钱铺关歇，往往有盈千累万的钱票在人民手中，这些钱票最多只能兑到几成现钱；人民一点保障也没有。县署的承办房书接受贿赂，不照章程办事；贿赂若少，则多方留难，贿赂若多，则房书代为捏写保状，甚至有用关闭几年的铺户来担保新开的钱铺。所以咸丰九年九月间当局又定出限制章程，加强互保制度[26]。

咸丰三年福建的钱铺也发生挤兑的现象。这也是由于准备金不够，钱票不能维持兑现。军警也弹压不住。五月十七日甚至引起民变，一些钱铺受到损失。

咸丰年间也设立了许多家官钱铺。四家所谓天字官钱铺，五家乾字官钱铺，五家宇字官钱铺，总共十四家。目的是为推行大钱和纸币。但清朝的私营钱铺，同政府多少处于对立的地位，乾隆年间是这样，咸丰年间还是这样；譬如在咸丰四年的时候，一般钱铺对于政府发行的纸币就采取不合作的态度，有意压抑，以致一般人民重私票轻官钞。所以官钱铺总是难以持久的，咸丰年间的这十四家官钱铺，不到几年都关歇了。

咸丰六年年底，上海有几家银号曾发行银饼。从事发行的有三家，即王永盛、经正记和郁森盛；详情已在前面叙述了。这几家银号似乎是私营银号，但币面注明由朱源裕监做，这朱源裕可能是官方或半官方的人。实际铸造则由银匠经手，银匠的名字也铸在银饼上。

咸丰年间已通行期票的名词，官吏俸银，给与期票，到期向银号取款[27]。

同治年间，钱铺关歇的问题，还是严重。北京城内，几乎每月有几家关歇，甚至有些资本比较大、历史比较久的，如乾源、公源、源隆等，也在同治八年关歇了。这种关歇行为的动机多是不好的，每家所收揽的存款，自五六万串到一二十万串。这些存款很少是官吏或富人存进去的，因为他们对自己的财产知道怎样保护；大半为佣工贩贾的零星存款，由一两串到二三十串。这些人的需要是很迫切的，如果钱铺关歇，就是将来有全部付清的希望，也是缓不济急的，所以总是听任司坊皂吏用两三成现钱将钱票加以收买，等到法院判决清偿的日期到了，有钱有势的人，可以亲自到官署去照数面领，穷人则不容易进衙门，而且手中存票也不多，即使能领到两三成，也恐怕还不够应付衙门里的勒索，所以多放弃权利。一家钱铺若是发行十万串的钱票，关铺后只要用一二万串便可以了事。

钱票似乎是根据存款而发行的，至少他的起源大概是这样。所以他的形式和收据差不多。收到顾客的现钱，即填发一张"寄存现钱若干文"的收据，这种收据既是认票不认人，自然会慢慢地在市面流通起来。后来除各种印章以外，连"寄存现钱"等字都不必用笔写，而用印章了。

钱铺和银号是采取独立经营制，不是分支连锁制，所以单位多而规模不大。不论官营或商营，都是这样。但也有例外，特别是在晚清；例如上海源丰润银号，就有分号十七处，分设在各省城及商埠。但一般钱庄银号，在规模上，比不上同时代欧洲的银行。例如英格兰银行一成立便有一百二十万镑的资本，一镑以合白银三两计，共值三百六十万两。固然当时欧洲的私人银行，规模要小得多，但中国的银号，普通只有几万两的资本。乾隆年间和珅的银号，每家资本平均就不过六万两[28]。中国的钱庄银号，数目多、规模小、独立、分散，不过同当铺比起来钱庄和银号要算是发展得快。当铺经过千年的演进，业务的扩充改进很为有限。而后起的钱庄银号，倒在一两百年之间，就走到当铺的前面去了。

银号和钱庄的业务虽差不多，但因为有一部分钱庄还是以兑换为专业而没有能力作存放款。而银号大概很少专作零兑的，因此大家觉得银号规模比较大。道光年间已经有所谓烟钱铺[29]，卖烟兼换钱，这是日后都市上最多的一种店铺，和明朝中叶的钱米店的性质差不多，要算是最低级的钱庄了。

晚清几十年间，是钱庄银号的最盛时期。它们的活动中心，渐移到长江流域，尤其是集中在上海。然而其间也遭受过几次打击：第一次是太平军攻打上海的时候。南市的钱庄倒闭的很多。战后上海异常繁荣，不过钱业的重心移到北市去了。光绪二年（1876年）单是汇划庄便有一百零五家之多[30]，其中设在南市的有四十二家，设在北市的有六十三家[31]。所谓汇划庄就是上海的大钱庄，他们组织一家汇划总会，作为一种清算机关，加入汇划总会的就叫作汇划庄。

第二次打击是光绪七年（1881年）中法战争的时候。上海市面很萧条，也有许多家钱庄倒闭。八九年间发生倒帐风潮。有一丝栈亏空倒闭，钱庄中被连累的有四十家。倒闭的商店也有二十家。九年开市，南北两市的大小钱庄只有五十八家[32]。

第三次是光绪二十三年的贴票风潮。当时因贩运鸦片有厚利，市面对现款需要殷切，因此钱庄出重利吸收存款，以放给商贩。有些奸商利用商民贪利的心理，假设钱庄来骗取存款，到期不能付现，因而影响正当的钱庄，结果倒闭也很多。

北京天津一带的信用机构在光绪二十六年八国联军入侵的时候，遭到一次重大的打击。抢掠之后，继以焚烧；库银房屋和契据都荡然无存。当时北京的钱庄有三百多家，大概没有一家幸存的[33]。其中最大的四家，即所谓四大恒,现银全被联军抢去,搬运了三天[34]。清朝的金融中心本在北京,自太平军失败之后,上海日渐繁荣;经过义和团运动后,中国的金融中心,乃真正移到上海来了。

第四次是宣统二年(1910年)的橡皮风潮。当时有一外国人在上海开设橡皮股票公司,大事宣传,说橡皮事业怎样可以赚钱,许多商人向钱庄借钱买股票,钱庄自己也购买;后来那外国人卷款逃回本国,大家才知受骗,倒闭的钱庄有几十家。例如上面所提到的源丰润就在九月初六日倒闭,共亏公私款项两千多万两。

上海的汇划庄又叫作大同行。其余的钱庄统称为小同行。小同行中分为元亨利贞四个等级。元字庄叫作挑打钱庄,有时候也经营存放款,但数目比较小。从前运送制钱,都用人挑送,当时称之为挑担钱庄,后来讹为挑打钱庄。亨字庄又叫作关门挑打,对于每天的收解,都托汇划庄和元字庄代办。利字庄不做存放款,只做银钱的趸批买卖,也做零兑,所以又叫作拆兑钱庄。贞字庄最小,就是所谓现兑钱庄,专做零兑生意,兼卖香烟[35]。

光绪二十三年(1897年)中国设立第一家新式银行,里面职员多为钱业界的人。但仍不能同钱业竞争。单就存款来说,各省各关存解的官款,仍旧存在私营的银号钱庄,而不存到奉旨设立的银行去[36]。至于一般商民,自然更是同钱庄往来。光绪二十六年(1900年)义和团运动的时候,外国人为保护他们在上海的产业,曾同钱业合作,以维持上海金融,可见他们承认钱庄在上海的重要性[37]。

清末钱庄的业务,大概多少受了外商银行的影响。除普通存放款以外,还有贴现[38],这是中国旧时所没有的业务。当时市面上的票据有期票[39]、庄票[40]、汇票[41]、银票[42]等。在法律上,钱庄在清末已包括在银行之内。光绪三十四年(1908年)的《银行通行则例》所列举银行经营的业务如票据贴现、短期拆息、存放款、买卖生金银和兑换、代收票款、发行汇票和银钱票等,都为钱庄所经营。

上海一地清末有两百多家钱庄,其中有四十家汇划庄。他们的资源除了资本和存款外,常向外国银行借款,利息是七厘,转放给商人,则为一分[43]。其他各省市的钱庄或银号数目,没有统计。康有为说:广州有银号二百七十三家[44]。

清末各省纷纷设立官银钱局。这无疑是仿照中央政府和海关的办法。最初似乎是招商设立,所谓官督商办,不用本省的名义,后来改为官营或官商合办,往往冠以省名。吉林在咸丰六年就设立通济官钱局,发行银票。

光绪二十二年改设永衡官帖局，二十四年又改为吉林官银钱号，发行永衡官帖。奉天原设有华丰官银号，光绪三十一年改为奉天官银号，宣统元年再改为东三省官银号。山东也有通济官钱局，后来改为山东官银号。新疆所设的官钱局，都冠以地名，如迪化官钱局、伊犁官钱局等。光绪二十年代所设立的机构大抵都冠以省名，如陕西官银钱号、湖南阜南官钱局、湖北官钱局、河南豫泉官银钱局等。有些省份的机构名称先后不同。除吉林奉天外，湖南阜南官钱局后来改为湖南官钱局，陕西官银钱号于宣统二年改为秦丰官钱局。江西在光绪二十八年设立江西官钱局，但在光绪三十三年改为江西官银钱号，在南昌设有总号和分店，各属设有分号[45]。有些省份不止一家，如新疆有迪化官钱局、伊犁官钱局、塔城官钱局、阿克苏官钱局和喀什噶尔官钱局。江南则在南京有裕宁官银钱局，在苏州有裕苏官银钱局。到清代末年，设有这种机构的还有广东、广西、黑龙江、热河、安徽、福建、浙江、甘肃、贵州、山西等。几乎所有的省份都有自己的金融机构。

从各省机构的名称上，就可以看到：官钱局和官银号有等同起来的倾向。有些省份在当初也许考虑到这两个名称的原意，如果计划发行钱票，则设立官钱局，发行银票，则称为官银号；但后来就不加以分别了，因为许多机构既发行钱票，也发行银票，因而就统称或改称为官银钱号或官钱局。例如在直隶，天津银号于光绪二十九年发行银两和银圆两种钞票，保定于光绪三十一年正月、天津于三十二年二月发行银两票。又如江西，在光绪三十三年以前，只发行钱票，所以设立官钱局，但光绪三十三年同时发行钱票、银两票和银圆票，所以就改称官银钱总号。可见这种机构的主要工作就是发行纸币。

有些官银号附设银炉，镕铸银锭。这就把银炉和银号结合在一起了。例如江西，原在宝昌局内设有银炉六座，镕铸银锭。后来设立官银钱号，将银炉撤废，在官号内附设官炉，镕铸方宝、圆宝、圆锭等银锭。

注 释

[1]《皇朝文献通考》："顺治十四年……定私铸铜钱禁例。……其卖钱之经纪铺户有兴贩挽和私钱者，杖一百，流徙南阳堡。"

[2]《皇朝文献通考》卷三二《市籴考》："乾隆三年御史陶正靖等条奏裁革，嗣是囤钱各铺无人说合，转致居奇，请照旧设立牙官十二名……再铺户囤积钱文，

第八章　清代的货币

向有例禁，未经核定数目，仍属虚文。"

[3]《皇朝文献通考》卷一六《钱币考四》："乾隆二年……户部会同提督衙门奏言，见在京城……兑换之柄，操之于钱铺之手，而官不司其事，故奸商得任意高昂，以图厚利。"

[4]《崇祯长编》卷一，崇祯十六年十一月己酉谕户工二部都察院："屡有旨疏通钱法，本欲足国便民，近闻贱滥愈甚，小民翻成苦累。……其京城内外，所有钱桌、钱市，着厂卫五城衙门严行禁缉，仍将获过数目，一月一奏。"

[5] 乾隆二十四年徐扬所画《盛世滋生图》中有九家钱庄，一家兑庄，一家兑换钱庄，两家兑换银钱（见《文物》1960年第一期李华《从徐扬〈盛世滋生图〉看清代前期苏州工商业的繁荣》）。

[6]《儒林外史》第一四回："晚间果然烧起一炉火来，把罐子顿上那火，吱吱的响了一阵，取罐倾了出来，竟是一锭细丝纹银。马二先生喜出望外，一连倾了六七罐，倒出六七锭大纹银，心里疑惑，不知可用得否。当夜睡了，次日清晨上街到钱店里去看，都说是十足纹银，随即兑换了些铜钱拿回收好，赶到洪憨大仙下处来谢。"《石头记》卷二四："且说贾芸偶然碰了这种事，心下也十分稀罕，想那倪二到果然有些意思……因走到一个钱铺内，将那银子称了一称，分量不错，心中越发欢喜。"《镜花缘》第七六回："紫芝等的发燥，只得上前拱手道，诸位请了，我要兑换几两银子。青钿道，此话怎讲？紫芝道，这里钱亦有，算盘亦也，不是要开钱店么？青钿道，开钱店倒还有点油水，就只看银水眼力还平常，惟恐换亦不好，不换亦不好，心里疑疑惑惑，所以不敢就开。"

[7]《野叟曝言》第一二回："壁上贴着立誓不入银会，不借当物的纸条。"

[8] 许楣《钞币论》（道光二十六年）："银票虽存本取息，亦须易易其票。"

[9]《东华续录》嘉庆十三，嘉庆七年正月乙未谕："本日军机大臣会同刑部审讯袁锡等开圈聚赌一案，将袁锡供词进呈，内有曾托鄂罗锡叶勒图向明安说情，交给一千两银票之语。"《信征绪集》卷上《争气》："卢曰，既恐货不能售，我一人买之，照簿原值给价，物不可移动半件，计物给值，共银一万四千三百两，卢先给银票一万两，令先到看水银店认明收清。"《天豹图》第二回："李荣春闻了店主人此言，默默不语，少间遂应道，罢了，你去算算该多少价钱，我就赔你。那主人约略一算说，共该银三百八十四两。李爷道，我写一张银票与你，到如春银号去取。那店主人道，多谢大爷。李荣春写完了银票，直向花家而来。"

[10] 陆世仪《论钱币》："今人家多有移重贵至京师者，以道路不便，委钱于京师富商之家，取票至京师取值，谓之会票。此即飞钱之遗意。"（《皇朝经世文编》卷五二《户政》二七《钱币》上）《红楼梦》第一六回贾琏同贾蔷商量南下

购置元春省亲物事时:"贾蔷道,刚才也议到这里,赖爷爷说,竟不用从京里带银子去,江南甄家,还收着我们五万银子。明日写一封书信会票,我们带去先支三万两,剩二万两存着等置办彩灯花烛,并各色帘帜帐幔等使用。"(乾隆初年事)许楣《钞币论》:"若会票则交银子于此,取银于彼,从无空票。"

[11] 《野叟曝言》第八〇回:"但文爷媒运虽发,财运不发,替天生如包为媒,白折了一万会银。"(康熙末年事)许楣《钞币论》:"议者曰,民间多用钱票会票,每遇钱庄歇闭,全归无用。"又:"今之会票有至累千金者。"又:"钱会有辗转相受,不取钱者。"毛祥麟《墨余录》(同治九年)卷二记癸丑沪陷时事:"盖洪杨之取金陵也,大江以南,岌岌如不终日。……时余以各捐户俱以现银缴局,数虽未集,已有七八万之多。睹此时艰,因持请于袁公,令捐生各出会票,俟营员提饷时,集银面缴。"

[12] 《宪宗成皇帝实录》卷一三五道光八年。

[13] 《东华续录》乾隆七十二:"三十五年七月辛酉谕迈拉逊等,查审陆宏方国秀控告刘永相偷用寄放银两一案,省城银铺与藩司吏胥表里作奸,最为弊薮,今何彪年承领藩库倾换钱粮银两,辄敢私行挪用,……其原告陆宏方国秀领出官银寄放银号,系向来常有之事,且因其情急控告,始得究出银铺舞弊情形。"

[14] 嘉庆帝在宣示和珅罪状时说:"附近通州蓟州地方,均有当铺钱店。"后面又说:"况银号当铺尚未抄毕,已有数千余万两。"(《中国内乱外祸历史丛书·殛珅志略》)

[15] 潘荣陛《帝京岁时纪胜》(乾隆二十三年)十二月市卖:"……初十外则卖街书,门神,挂钱,金银箔,锞子,黄钱,销金倒酉马子,烧纸,玻璃镜,窗户眼,请十八佛天地百分。钱店银号;换押岁金银小梅花海棠元宝。"

[16] 《世宗宪皇帝实录》卷一〇八雍正九年七月戊辰。

[17] 田懋《平钱价疏》:"户部会同提督衙门奏称,工部现有余钱八万串,请于京师内外开设官钱局十处,令各部派员管理。再于京城内外当铺赎当钱文,令各官局将兑收银两酌量各当铺存贮钱文之多寡,依照市价公平易出,以为官局输转之资。将来交春之际,各当铺须钱,仍许向各官局兑换,以作资本。"(《皇朝经世文编》卷五三《户政》二八《钱币》下)

[18] 王棨华《局外散人消闲戏墨》:"乾隆末年,白金价高,腾踊日甚,郡内天实钱铺郭某兴隆钱铺李某各赍千金赴白沟河买粮,到彼投某粮店解装,尚未议及粮价何若。郭见窗间置邸报,取来翻阅,有某御使一折,言银钱通壅,轩轾不行,请发帑银,以平时价云云。郭心动. 私语李曰,买粮胜负,尚未可知,若帑银一出,银价必暴缩。何不乘人未觉,将此买粮之银,暂且易钱,十天半月,可获倍

图版一百一十　麦加利银行银圆票

图版一百一十一 汇丰银行一两银票

图版一百一十二　德华银行银圆票（公元1907年）

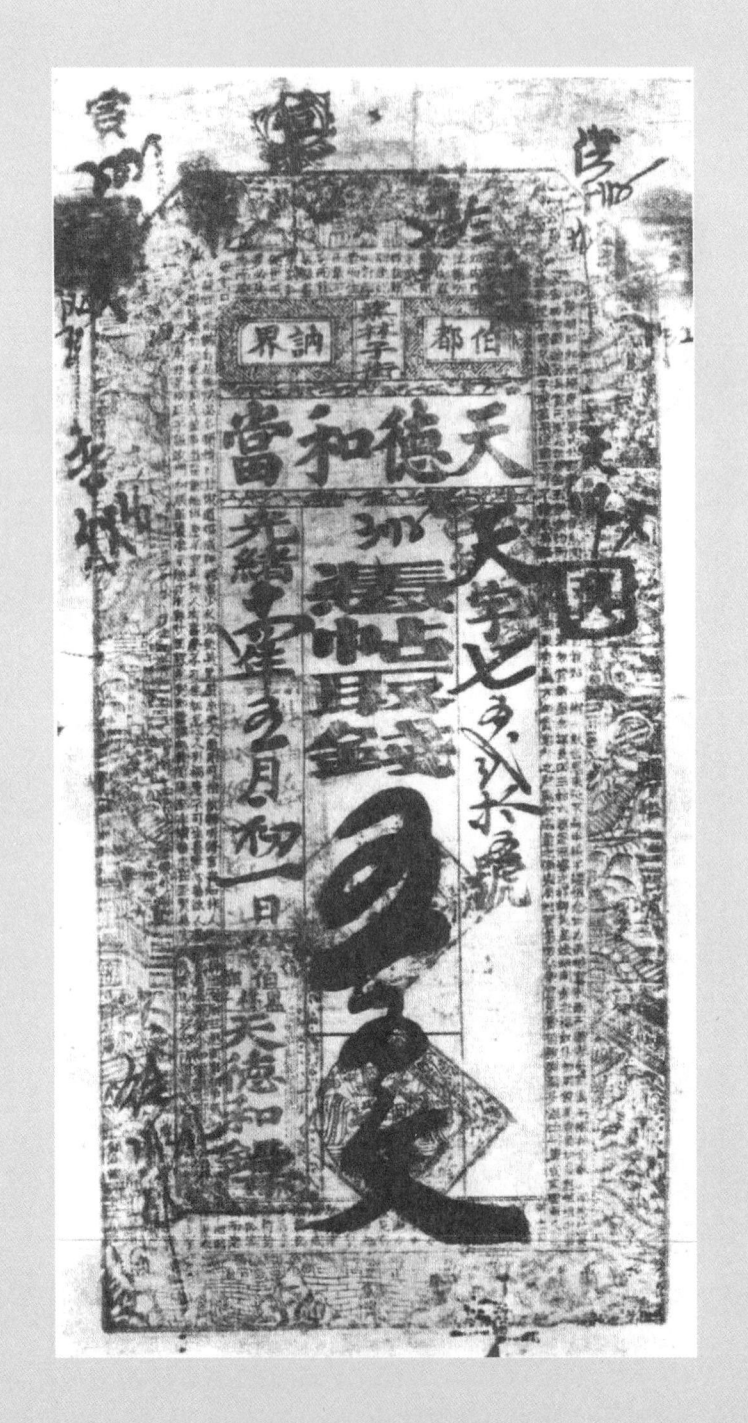

图版一百一十三　天德和当铺的五百文钱票（光绪十四年）

图版一百一十四 山海关内外铁路局银元票（光绪二十四年）

图版一百一十五　中国通商银行一两银票（光绪二十四年）

这是中国最早的银行券。

湖北官錢局

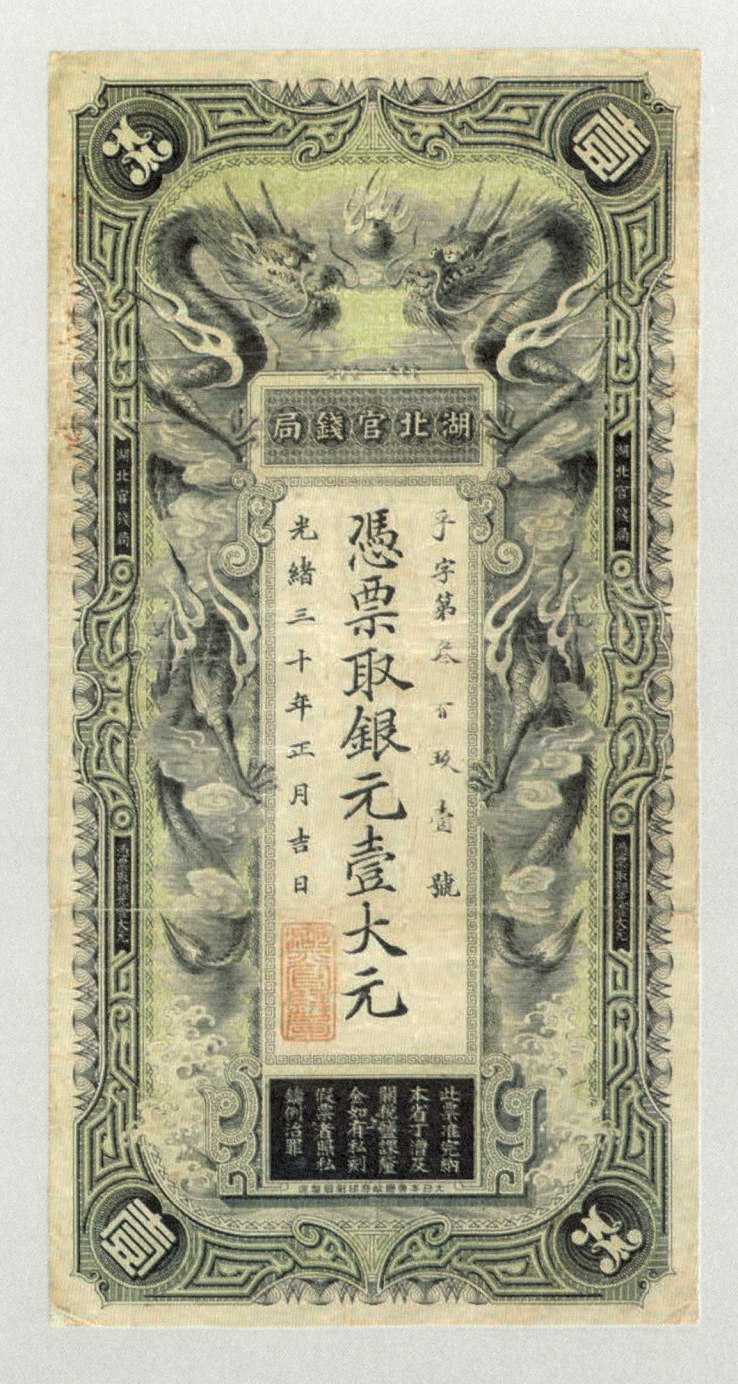

子字第叁百玖拾 號

憑票取銀元壹大元

光緒三十年正月吉日

此票准定納
本省丁漕及
關稅雜糧釐
金如有挑剔
撥票宜照私
鑄例治罪

圖版一百一十六　湖北官錢局銀元票（光緒三十年）

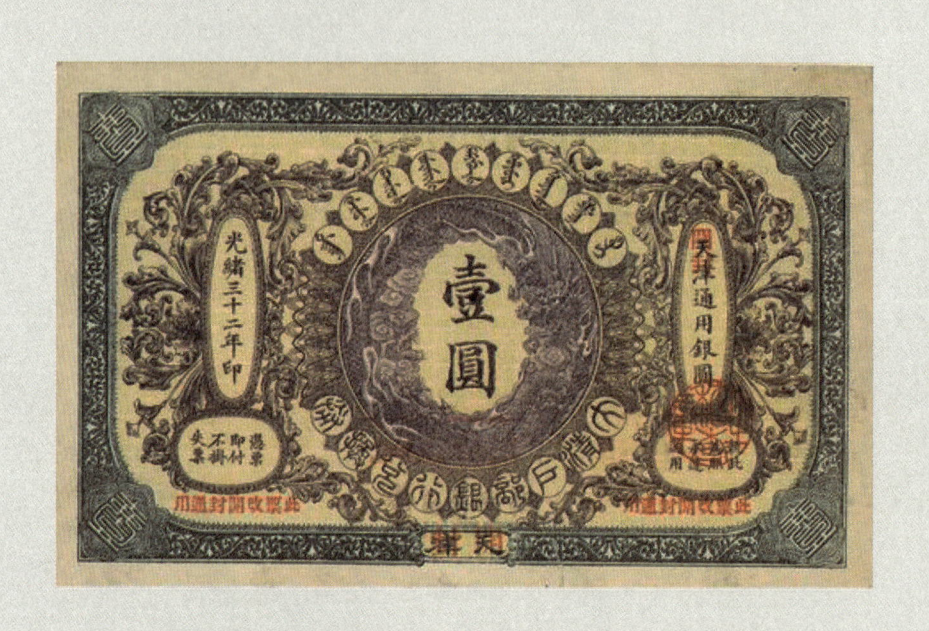

图版一百一十七　大清户部银行兑换券（光绪三十二年天津版）

图版一百一十八 交通银行兑换券（宣统元年南京版）

图版一百一十九　大清银行兑换券（样票）

图版一百二十 大清银行兑换券(公元1909年)

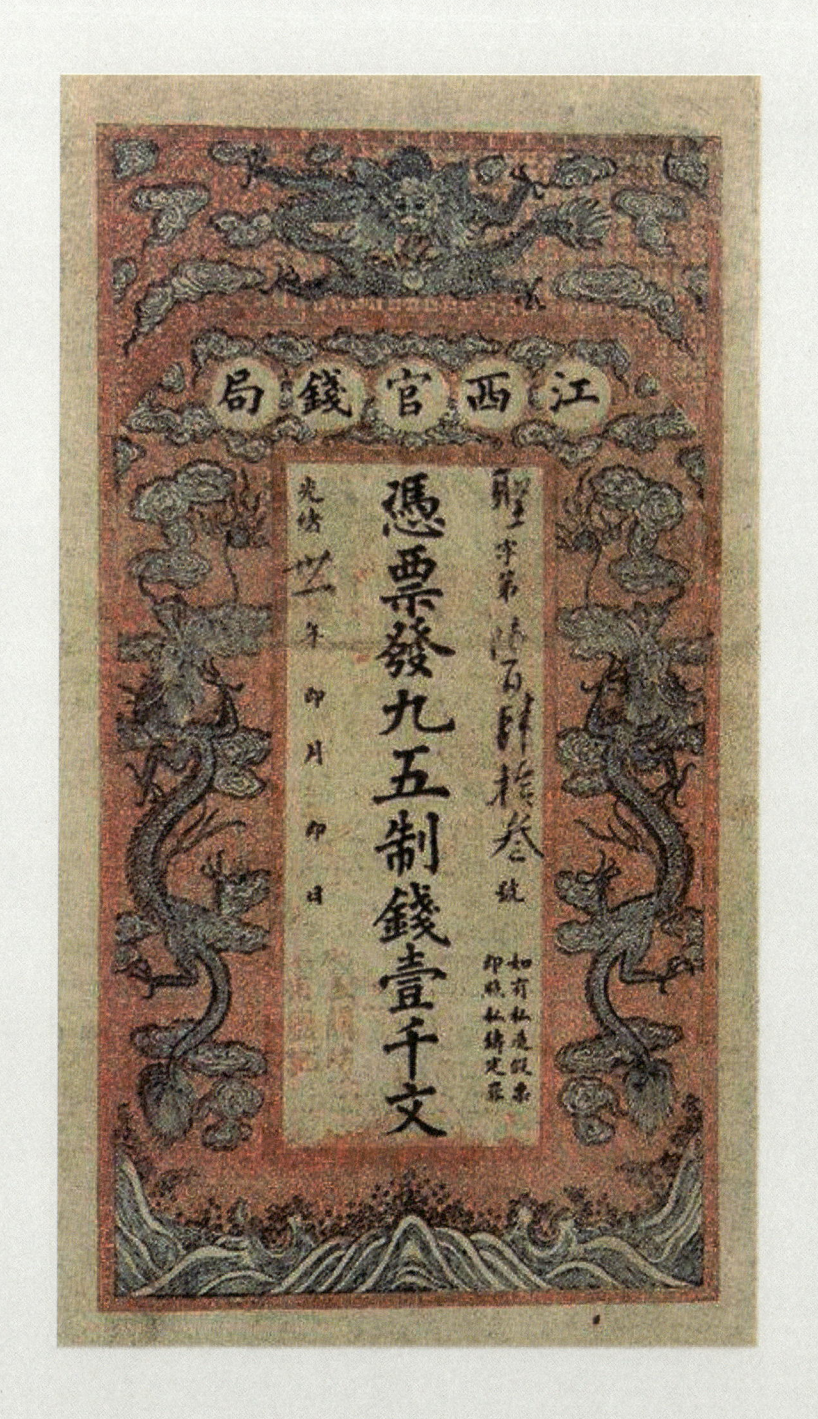

图版一百二十一　江西官钱局钱票（光绪二十八年）

此其丁切與官律通熙

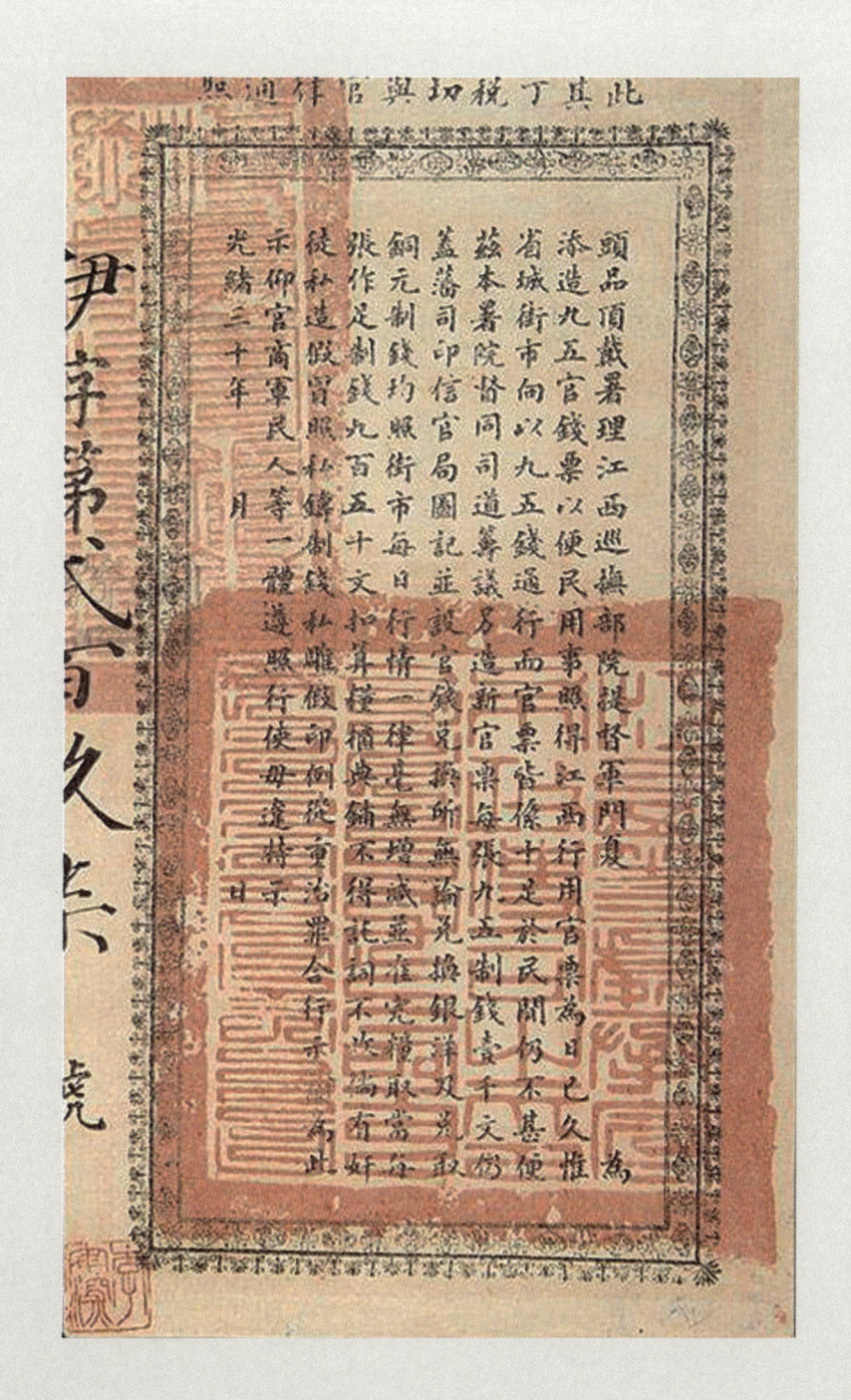

頭品頂戴署理江西巡撫部院提督軍門復為

蓋藩司印信官局圖記並設官錢兌換所無論銀洋及制錢均一律並鋪不得託詞不收稍有好張作足制錢九百五十文扣算搭搭銅元制錢均照街市每日行情一律兌換當鋪不得託詞不收稍有好省城街市向以九五錢通行而官票皆係十足於民間仍不甚便茲本署院督同司道籌議另造新官票每張九百五制錢壹千文份添造九五官錢票以便民用事照得江西行用官票為日已久推徒私造假冒照私鑄制錢例從重治罪合行示示仰官商軍民人等一體遵照毋違特示

光緒三十年　月　日

圖版一百二十二　江西官錢局錢票背面的告示（光緒三十年）

息,再来买粮未迟。李亦然之。乃……束装奔省垣,定更时仅能进城,投金泰钱铺,将二千银随行合钱批帖过账。酒饭毕请客安寝。盖银行生意人最机警,金泰号疑此二人来之有因,命将客房加锁,夜间客若呼唤,切莫应声。即着人载四千银星夜出城赴定州探听行情。……及天明……二人……脱驰而回,到铺金泰号之人尚未行,两家各买二千金对月钱,多加二数,业已成交,无可换回。此风一播,银价骤减,一二日内,两家赔钱四五百缗。帑银未出,钱价已平。"

[19] 《皇朝文献通考》卷三二《市籴考》乾隆二十七年:"向来每大制钱一千文,市例扣底四文,近来钱铺竟有短至二十文者,此又暗中增价巧于取利之一端。"

[20] 《高宗纯皇帝实录》卷一二一。

[21] 《东华续录》乾隆二十,乾隆九年鄂尔泰等所提《疏通钱法》第五条:"钱市经纪宜归并一处,官为稽查,以杜抬价。查钱市向设经纪十二名,各铺户有高抬钱价者,责成经纪,严谕平减,不许垄断。但该经纪等散居各处,早晚时价难归划一,向无专员约束,或与钱铺通同勒索。查正阳门外为商贾云集之地。应令经纪等聚集一处,每日上市招集买卖铺户商人遵照官定市价,公平交易,以杜私买私宝之弊。"

[22] 《北东园笔录》四编(道光二十八年)卷二《雷州太守》:"罗茗香曰,道光九年在京师阅邸报抄,有部选雷州知府某行至高邮,遇雷震死。……此人……初选知府时……置簪母于京师,托言资斧不足……且言所住屋已给房租三年,并有经折,可向某钱店,按月取钱若干为养赡……乃甫一月而房东即来催租,某钱店亦不复发钱,始知房租仅给过一月,而钱店亦止存钱数千也。"

[23] 《东华续录》乾隆七。

[24] 《仁宗睿皇帝实录》卷二二五嘉庆十五年二月。

[25] 1878年12月20日广州海关的威廉·卡特赖特(William Cartright)致北京海关税务司赫德的信。Report on the Introduction of the Gold-Exchange Standard into China, the Philippine Islands, Panama, and other Silver-Using Countries.

[26] 张祥河等《遵旨查明京城钱铺数目酌议限制章程折》。

[27] 《王侍郎奏议》卷三《条奏部议银票银号难行折》。

[28] 《庸盦笔记》所录清单中有银号四十二座,资本银四千万两。所以每家平均是九十五万余两。另据《中国内乱外祸历史丛书》所收《查钞和珅家产清单目录》中则有"银号十处,本银六十万两。"每家平均只有六万两。同治年间的《庸间斋笔记》也说是"银号十处,本银六十万两"。

[29] 《品花宝鉴》第二三回:"话说子玉逛运河这一天,李元茂向子玉借钱。少顷账房送出八吊大钱。李元茂心花尽开。又想到,这些身上难带,不如票便当,便叫跟他的小使王仆拿了五吊大钱放在胡同口烟钱铺内换了十张票子。"

[30] 《上海市年鉴·金融》。

[31] 王孝通《中国商业史》第三编第一章第一四节《清代之金融机关》。

[32] 光绪八年旧历十二月月初,有金嘉记源号丝栈因亏折款项五十六万两,突然倒闭,因而发生风潮,各钱庄赶将放款收回,但正当年底。据十二月三十日之调查,为银根紧所累而倒闭的商号有二十家。总数计一百五六十万两。钱庄中有一半停业清理。(王孝通《中国商业史》)

[33] 《庚子记事》,见本节一注[35]。

[34] 徐珂《清稗类钞·农商类》第五二页《京师四大恒》。

[35] 潘子豪《中国钱庄概要》,引《时事新报》。

[36] 《光绪二十四年中外大事记·户部奏》。

[37] 《西巡回銮始末记·南省保卫记》:"西人以各国产业在上海者最巨,故尤注意。所有订约互保上海章程如下:……五、沪市以钱业为大宗,而钱业须赖银行零拆转输。若银行不照常零拆,或到期收银迫促,钱市一有拥倒,生意必皆窒碍。市面一坏,人心即震动不安,应请中外各银行东及钱业董事,互相通融缓急,务使钱行可以支持。六、钞票应照旧行用,只须道台会同各领事出示晓谕,声明各行并于收银搭几成钞票,由各钱业照付。"(《中国内乱外祸历史丛书》)

[38] 《官场现形记》卷三四:"回到局里一看,是一张期票。远水救不得近火,……只得托本局账房朋友,花了几块洋钱到小钱庄上去贴现。"

[39] 咸丰年间就有期票的名词。王茂荫《王侍郎奏议》卷三《条奏部议银票银号难行折》:"及大员俸银,给与期票,令其届期关支。"《官场现形记》卷四:"他这人生平顶爱的是钱。自从署任以来,怕人说他的闲话,还不敢公然出卖缺差。今因……有的是现钱,就是出张到任后的期票,这位大人也收。"

[40] 《官场现形记》卷六:"次日上府果然带了一张三千块钱月底期的庄票。"又卷八:"起初每次出门,陶子尧一定要到钱庄带几百银子庄票,一二百块洋钱钞票在身边。"

[41] 《官场现形记》卷八:"抚台亦到了,把公事谈完,随手在靴页子里掐出一张四万银子的汇丰银行的汇票。"

[42] 《官场现形记》卷三:"胡理也不答言,靴掖子里拿出一张银票,上写凭票付京平银二十五两正,下面还有个图书,却是一个四恒的票子。"

[43] J. Edkins, *Banking and Prices in China*, pp. 33—34. 但在另处(第二页)又说一千两放款每月收五两为利息。

[44] 《金主币救国议》。

[45] 这里各省机构的名称和年份凡同它书不一样的多系根据纸币上的名称和

年份改正的。关于江西，张家骧《中华币制史》说是光绪二十八年设立官钱号，用十足钱票。继又设官银号。二十九年将官银号归并官钱号，改为官银钱总号，并另设分号，添造九五官票。另据1933年江西省政府经济委员会所编的《江西之金融》说，江西的纸币始于江西官银钱总号；也说该号设于光绪二十九年，发行纸币为十足钱票及九五官票两种。这两书的记载显然与事实不符。根据遗留下来的钞票，光绪二十八年所发行的为十足制钱票。二十九年和三十年改发九五制钱票。在二十九年的官票背面有告谕，但因票旧字小，看不清楚。三十年的票背也有三十年的告谕，说明添造九五官钱票的原因系由于省城街市向以九五钱通行，以前发行的十足官票于民不便。三十年的官票上仍为江西官钱局的名义，不见另有什么官银号。到光绪三十三年才有江西官银钱总号发行的钱票、银两票和银圆票。

三　票号的兴衰

票号完全是清朝的产物，而且和清朝同时衰亡。

关于票号的起源，说法很多，有些外国人，说票号起源于隋末唐初[1]，或把唐宪宗时的飞钱和票号连在一起[2]。中国人方面，意见也不一致。有人说是明朝中叶产生的，在清初因战争的摧残，消灭殆尽[3]。有人说是起于明末清初，因李闯王败走时，把军中所有的金银财宝，放在山西太原康家的院子里，康家拾得八百万两，就用来创设票号[4]。甚至有人说票号中的规则是顾炎武所拟订的[5]。另外有人说是创始于康熙乾隆时代[6]。这几种说法，都不能提出证据来。中国自明朝中叶以后的小说，如《金瓶梅》《狯园》《隔帘花影》《醒世姻缘》《儒林外史》《红楼梦》《镜花缘》等，都有关于钱庄的事，但都没有提到票号。清初书中偶尔提到西客[7]，有人说西客是票号的别名。实际上西客只能说是山西客商[8]，不能说都是山西票号。而且明末的汇兑业务，还是由政府办理，这也可以证明当时没有票号。一直到道光二十六年，山西巡抚吴其浚还提到山西省钱店日增、钱票日广的话[9]，可见那时候即有票号，也还在发展的初期。

比较可信的是发源于日升昌颜料铺的说法。据说在乾隆嘉庆年间，有山西平遥人雷履泰在天津开设日升昌颜料铺，所贩颜料中，有铜绿一种，产于四川，因自往重庆制造铜绿运到天津。当时现银的运送，数目多的则由镖局保送，但有时仍有被劫的事，雷履泰于是创办汇兑的办法[10]。后来就改称票庄。

汇兑的办法，并不是雷履泰所创办的，唐的飞钱和宋的便换不必说，明清[11]都有会票的办法。雷履泰不过加以仿效罢了。这一点不重要，重要的是票号出现于什么时候，换言之，就是日升昌或日升长[12]颜料铺什么时候改成日升昌票庄。据说该庄平遥总号的经理说是道光年间，北京的经理则说是道光十一年。

对于票号的起源，虽有各种说法，但有两点是大家一致的。第一是票号和汇兑的关系，第二是票号和山西人的关系。山西人从事商业的，一向很多，几乎每家必有人出外经商。南至粤桂，北至俄国的莫斯科，都有他们的足迹。清初的野史中，常常提到西商[13]。经过清初百多年间的太平，资财颇有累积[14]，乃能从事信用事业。清朝中叶以后，山西人在中国信用事业上，特别活跃，无论银号[15]、典当[16]或放私债[17]都以山西人为多。至于票号，可以说百分之九十是山西人开的，里面办事人员也是山西人。

票号的发达，大概是在咸丰年间，可能是在咸丰末年，因为咸丰初年的汇兑，似乎还是由银号办理[18]。咸丰四年已有票局的名称，似乎是指推行官票的机构，后来也任收买官票的工作，也许就是银号或钱庄。也许票号的名称就是由一部分银号或钱庄转化的，它们一面推行官票，一面承做汇兑。咸丰时国内各地治安不好，不便于运送现金，清朝政府在对太平天国和捻军作战的时候，各省的协饷输送中央，中央也有款项须要汇往各省，大概票号就是这样兴起来的[19]。有人说，太平天国的时候，票庄损失很大，几乎一蹶不振，因为咸丰十一年日升昌总庄屡催广东和汉口的分庄收歇，而河南方面的分庄则已经收歇[20]。但这恐怕是一时的现象，同战事有关，不能说成是票号业的衰落。

官书中到同治年间才提到山西的票商。同治六年左宗棠知道山西运城票号有许多现银，就请在上海将现银付与票号，换取银票到运城收兑[21]。这大概是指向洋商所借到的一百二十万两。这笔款子是为镇压西北回民用的。光绪年间是票号的最盛时期，国库省库几乎全由它们经理。

票号因为以汇兑为主，所以采取分支连锁制，在外地设立分庄或联号。因此票号虽是山西人开的，但各省都有联络，远到广东、新加坡和日本的大阪、神户。有时叫作票庄、汇兑庄或汇号，日升昌的分号有二十四处之多[22]。票号职员中有通各种语文的，比如有的通蒙古语，有的通满族语，在俄国边境的通俄语[23]。它们的汇兑方法和现代银行的办法不一样。除汇条外，还有所谓符节或飞符，就是一种暗号或凭证，多用银制。形式有各种各样，或方或圆或椭圆。一种飞符总是分作两半，彼此有往来的联号各存一半,汇款时两符相合为凭,还是唐朝合券取款的遗制。汇兑手续办完后,飞符的另一半退回原发行汇票的机关[24]。

票号和钱庄当时同为中国的信用机关,但有许多明显的不同点。在制度上讲,钱庄是独立经营制,票号是分支联锁制。就地方性来讲,钱庄是以南方为中心,多为江浙人所开设;票号则以北方为大本营,大多数为山西人所主持。从业务上来说,钱庄是起源于兑换,而票号是起源于汇兑。从顾客来说,同钱庄往来的,多是商人;同票号往来的,多是政府官吏。

但正如钱庄的起源是兑换,而后来业务不限于兑换一样,票号的业务也不限于汇兑。到了后来,存放款对于它们恐怕还更重要。它们的势力,也是从放款给政府和官吏而来的。它们的目的,自然是取得政府的公款,所以对于政府官吏的联络,可以说是不遗余力。钱庄并不是不想联络官吏[25],只因为它们的重心在于商业区的南方,没有票号那样方便。

从前读书人进京赴考,由于携带现金不便,往往先把款子交票号汇去[26],有些人甚至向票号预借旅费,尤其是考中了的人,多向票号借钱。因为赴考的有许多比较贫穷的人,及第以后,只有少数人留在北京做官,大部分总是分派到外省去。封建官吏爱面子,好应酬;一旦发表做官,非有巨款不能应付场面。票号也乐于承做这种放款:第一,本利稳妥可靠,官吏一到任便有钱[27],而且新官为面子关系,很少拖欠。第二,利息很大,而且往往先扣。新官上任,对于利息是不大计较的。第三,同这些官吏发生交情后,他们所管辖内的官款,就会存进来。第四,同官吏有交情就能提高本身的地位,不但有种种实际的便利,而且商民也更信任它们。

票号因为各地有联号,所以消息灵通[28],如某地有官出缺,它们先知道。一般官吏最需要这种消息,这使票号容易同官吏发生关系,再加上信用上的往来[29],使官吏更要倚赖票号,而至于互相勾结了[30]。

特别突出的是蔚盛长的交结庆亲王,百川通的交好张之洞,协同庆的交好董福祥等[31]。这几家票号都是资力比较大的。有些票号经理跟着官吏跑,官吏调任,他们同行,例如大德通的高经理追随赵汝翼,赵调到东三省,他就到东三省;赵到北京,他也到北京;赵放四川,他也到四川。大德通简直成了赵汝翼的账房[32]。这使人想起欧洲在原始资本积累时期的那些银号或高利贷者。如德国的富格尔(Fugger)银号就同哈普斯堡(Hapsburg)王朝结成不可分离的关系,也是亦步亦趋。当然,中国票号的势力还没有那样大。

光绪十年时的征课问题和停止汇款问题,便充分表现出官吏们同票号的密切关系。票号因为后起,活动比较自由。比如捐税,典当业早就要按年缴纳,而汇兑票号却反而免税。这种消极的奖励,也可以算是票号发展得快的一个原因。然而票号也有经营不良的,倒闭时公私方面都受损失。光绪九年的阜康及胡通裕票号倒闭,便引起当局的注意,因而制定请领部帖的办法,而且每家每年要缴纳六百两银子,各省每年还要将省内的票号造成清册陈报政府[33]。这一命令发下之后,在天津的李鸿章便上疏说天津汇兑票号是由北京所分设,只替北京上海各庄传递信息,函运银两,并非自做生意,所以无力完课[34]。又当政府想停止由票号汇兑公款时,四川的丁宝桢就替四川的九家山西票号辩护,强调它们的功绩[35],说它们同南帮的钱庄银号不同,说它们都是殷实可靠的[36]。而且说得路上怎样不安全,运送现金很多风险等。福建的许应骙也作同样的辩护。

新式银行成立以后,一般官吏仍旧同票号往来,因为票号对于账目保守秘密。官吏们都不敢把贪污得来的钱存到新式银行去,恐怕万一事发,要被政府没收。存到票号去就没有这种风险,因为就是官吏受抄查处分时,票号也不以实告。

光绪二十年代在北京大约有三十家票号,资本总额约为一千零七十万两[37]:

清末北京票号资本额分类表

资本额	家数	资本额	家数
10万两的	2家	30万两的	7家
15万两的	1家	40万两的	7家
20万两的	6家	50万两的	4家
25万两的	1家	100万两的	2家

其中有两家最大的是南帮,其余多是西帮。除总号外,分号共四百十四家,分布于二十一省(十八省和东三省)及蒙古、新疆。北京、天津、汉口、上海和沙市是票号最多的五个都市,约占总数百分之二十五。若以省份论,则以山西、直隶、江苏、湖北、四川五省为最多,约占总数百分之六十二[38]。

票号的组织很为特别,为一种封建式的劳资合营性质,有出钱的股东,称为银股;有出力的股东,称为身股。招募的职员,多选年少略知写算的,起初作为伙计,过了几年,若主管人员认为他可以造就,就给他身股。不给工资,只每年供给衣物的费用。三年结账一次,按股分利。使大家都尽职。

这无非是一种笼络的方法。伙计没有得到身股时，不许回家。稍有过失，即予开除，别的票号也不用[39]。而且职员既多是山西人，若有作弊情事，老板很容易找到他的家族追究。这正是他们爱用同乡的一种理由。

内部的组织有正掌柜、副掌柜、外账房、内账房、跑街、招待、管银、小伙及司务等。正掌柜权力很大。

票号的存款分定期和活期两种。定期自三个月到半年，利率为月息四五厘到八厘，活期由两厘到四厘。放款利率自五厘到一分。

票号比钱庄还更保守。光绪二十九年袁世凯任北洋大臣的时候，曾招山西商人经办天津银号，他们不肯。三十年创办户部银行的时候，又邀他们入股，他们也拒绝。政府终于将官款改存新式银行，票号大受影响[40]。当时火车轮船已通行，交通方便，不但银行承做汇兑，邮局和信局也做汇兑业务，因此票号就衰落了。票业中有人主张改组为银行，但为山西的总号所反对。

注　释

[1]　叶德景（Joseph Edkins）在其 Banking and Prices in China（1905）一书中，因在山西皆发现罗马的钱币，就说罗马商人在山西买铁，山西商人游行远近各地，招揽生意，成为金融业者。这是穿凿。

[2]　S. R. Wagel 在其 Chinese Currency and Banking 中完全根据叶德景的说法。并说自九○○年（唐昭宗光化三年）就已经起手经营这种事业。

[3]　上海《银行周报》第七号第八号有东海《山西票号》一文，说是明朝中叶兴起的，"当时成立未久，势力犹尚薄弱，营业区域，仅限于北京之少数地方。及至李闯之'乱'，消灭殆尽。"日本大正四年（民国四年）的《支那》杂志第六第七两号载有《山西票庄》一文，也有同样的说法。（见陈其田《山西票庄考略》第七页）

[4]　日本明治四十年（清光绪二十九年）出版的《支那经济全书》（中文译本名《中国经济全书》，宣统二年出版）第三辑第五编《山西票庄》最初作这种主张（见《山西票庄考略》第八页）。大概是中国的一种传说。

[5]　徐珂《清稗类钞》："相传明季李自成掳巨资，败走山西。及死，山西人得其资以设票号。其号中规则极严，为顾炎武所订。遵行不废，称雄于商界者二百余年。"袭用此说的人最多。陈其田在其《山西票庄考略》中（第十页）疑心是自《支那经济全书》演绎而来。这话不确。第一《清稗类钞》所提顾炎武规则的事，不见《支那经济全书》，第二《支那经济全书》所记绝非杜撰，一定是在中国调查

的结果。大概这是中国当时最通行的一种传说。

[6] 《山西票庄成败记·序》。

[7] 《野叟曝言》。

[8] 《石头记》第八四回:"凤姐道,'人参家里常有,这牛黄倒怕未必有,外头买去,只是要真的才好。'王夫人道,'等我打发人到姨太太那边去找找。他家蟠儿是向与那些西客们做买卖,或者有真的,也未可知'。"《清高宗纯皇帝实录》卷一○六八乾隆四十三年十月又谕:"兹据依龄阿奏,查得本年三月内有西客张名远从口外来苏,后来四月间有高朴家人李姓等住在他家,携带物料甚多,约值价银数十万两。……高朴家人……贩卖玉石,肆行牟利,值价数十万两。"

[9] 《吴官保公奏议》卷四《遵旨复议银钱轻重折》。吴在道光二十三年时为湖南巡抚,二十六年可能已迁山西。

[10] 《山西票庄考略》引《晋商盛衰记》。另有平遥李宏龄序《山西票商成败记》说票庄创始于康熙乾隆年间。范椿年《山西票号之组织及沿革》说李正华出资三十万两,雷履泰出资二万两,于嘉庆二年创设日升昌票号。

[11] 顾炎武在《日知录》中说当时有会票的办法。康熙年间的《野叟曝言》中也有"壁上贴着立誓不入银会"的话。

[12] 北京日升昌经理说,该号在颜料铺时代是叫日升长,道光十一年改为票庄,才称日升昌。(见《山西票庄考略》第二六页)

[13] 纪昀《阅微草堂笔记》中常提到西商,《如是我闻四》有:"新城王符九言,其友人某,选贵州一令,贷于西商,抑勒剥削,机械百出……。"又《滦阳续录五》有"山西人多商于外,十余岁辄从人学贸易,候蓄积有赀始归,纳妇后仍出营利,率二三年一归省,其常例也。"

[14] 徐珂《清稗类钞·农商类》第六九页《山西多富商》:山西富室,多以经商起家。亢氏号称数千万两。实为最巨。今以光绪时资产之七八百万两至三十万两者,列表如下:

姓	资 产 类	住 址
侯	700万—800万两	介休县
曹	600万—700万两	太谷县
乔	400万—500万两	祁县
渠	300万—400万两	祁县
常	百数十万两	榆次县
刘	100万两内外	太谷县
侯	80万两	榆次县

续表

姓	资产类	住址
王	50万两	榆次县
武	50万两	太谷县
孟	40万两	太谷县
何	40万两	榆次县
杨	30万两	太谷县
冀	30万两	介休县
郝	30万两	榆次县

[15] 《品花宝鉴》第一三回："这潘老爷叫潘其观,是本京富翁,有百万家财,开了三个银号,两个当铺……原籍山西。"

[16] 《信征补集》卷上《惠慈》："李翁陶赟……昆明人……曰,吾乡典当皆山陕人垄断焉,月利三分,年限二载,穷民可悯也。翁乃自开典当,禀请宪示,减月利作二分,宽年限作三载。山陕人讼之,由县府道司以至督抚,翁馈送各衙内外丰厚,理直讼赢。不逾时翁又曰,月息二分,穷民难应,可悯也。又禀请宪示,减作分五厘,山陕人再讼之,翁再馈送各衙内外如初.理再直,讼再赢。未久又减作押至十金,月利一分。于是山陕人皆歇业而去。"

[17] 《信征增集》卷下《辨冤》："本夫姓田,山西人,以放账为业。"《信征闰集》卷上《草鞋翁》："有高姓者山西人,放债为业。"

[18] 杨以增《军务河工待饷孔亟请通行官票以济要需折》(咸丰三年十一月十九日):"查各省银号汇兑银两,盈千累万。"

[19] 李宏龄《山西票商成败记·序》:"洎乎咸丰初年,筹饷例开,报捐者纷纷,大半归票商承办其事,而营业渐次扩张。嗣遭洪氏之变,南七省用兵筹饷,急如星火,而道路梗塞,转运艰难,朝廷环顾各商,惟票商一业忠实可恃,于是军饷丁粮,胥归汇兑。同治以后,基础愈固……"

[20] 卫聚贤《山西票号之最近调查》,载《中央银行月报》第六卷第五、六号。

[21] 《穆宗毅皇帝实录》卷二〇一。

[22] 徐珂《清稗类钞·农商类》第七二页《山西票号之沿革》。

[23] 徐珂《清稗类钞·农商类》第七一页《山西票号》。

[24] 郑行巽《中国商业史》。

[25] 《官场现形记》卷二七:"王博高……竟往前门大栅栏黄胖姑钱庄而来。……黄胖姑便知他来历不小。……连忙亲自出来相陪。……王博高先问道,有个贾润孙贾观察,阁下可是一向同他相好的?黄胖姑是何等样人,一听这话,

便知话内有因，就不肯说真话。慢慢的回答道，认虽认得，也是一个朋友介绍的，一向并没什么深交，就是小号里他也不常来。"又卷二一："顷刻间打麻雀的已完，别的赌友也来的多了，双三爷一一引见，无非某太守某观察……当中还有几个盐商的子弟，参店的老板，票号钱庄的挡手。"

[26]《官场现形记》卷二四："单说贾大少爷这一趟差使，钱亦赚饱了，红顶子也戴上了，送部引见也保到手了。正是志满心高，十分得意，在家里将息了两个月，他便想进京引见，谋干他的前程……预先把赚来的银子托票号里替他汇十万进京。"

[27]《官场现形记》卷四："这一接印，一分到任规，一分漕规，再做一个寿，论不定新任过了年出京，再收一分年礼，至少要弄万把银子。"

[28]《官场现形记》卷一〇："子尧……对来人说道……他这信息是那里来的？那人道，听说是个票庄上的朋友说的，据说王观察那边昨天已经着山东电报机器照办，不够的银子由山东汇下来。"

[29]《官场现形记》卷四："三大人说，昨天九江府出缺，今天一早票号里一个朋友接到他那里的首县一个电报，托号里替他垫送二千银子求委这首县代理一两个月。"

[30]《官场现形记》卷一九："黄三溜子虽然有钱，但是官场上并无熟人，只好把他一向存放银子有往来的裕记票号里的二掌柜的请了来，同他商议，请他画策。二掌柜的道，这事情幸亏观察教到做晚的……现在这位中峰面子上虽然清廉，骨底子也是个见钱眼开的人。前个月里放钦差下来，都是小号一家经手替他汇进京的，足有五十多万。后来奉旨罢任又把银子追转来，现在存在小号里。为今之计，观察能够拨出两万银子，做晚的替你去打点打点，大约可保无事。"

[31] 范椿年《山西票号之组织及沿革》，见《中央银行月报》第四卷第一号。

[32] 陈其田《山西票庄考略》第一五二页。

[33]《皇朝道咸同光奏议》卷二六上《户政类·理财上·户部遵旨会议开源节流事宜疏》："光绪十年九月初五日钦奉……谕旨……一汇兑号商人咨给帖。查农民力田，皆完纳丁漕，贩商当商，亦纳厘税，惟京外各处富商分设汇兑票号，毫无交官之款。凭票周利，坐拥厚资。即以银钱而论，查刑部定例，不准私自开设，不准私自出票。……乃近来票庄纷纷任意添设，全无限制，奸商设为骗。……上年胡光墉所开阜康及胡通裕票号倒欠公私款项极多，尤为可恶。嗣后京内外汇兑票号，应令请领部帖，以便稽查。拟参仿牙帖办法。如有汇兑票号……每号每年应令纳帖课银六百两。各省于前一年八月以前，造具简明清册……如无部帖，私自开设银号，即照私自开设钱铺例治罪。"

[34] 同上，李鸿章《议覆开源节流疏》。

[35] 同上，光绪十一年六月初二日丁宝桢《议覆户部开源节流各条疏》："川

省开设汇兑票号，只有天成亨、协同庆、蔚丰厚、协和、新泰厚、元丰玖、百川通、日升昌、蔚泰厚等九家，均由山西平遥介休等县承领东本来川开设店号。川省因近年报解京饷及各省协拨等款甚多，以道路远近不一，又值各省多事，委解颇难。皆令该九号承认分领汇兑，以期省便。此外该号贸易之多少有无，并不得知。……该商等咸称上年山西大灾之后，东号出本渐次收小，兼之近年生意萧条，易放难收，各处均系勉力支持，万无能力缴兹巨款，以领部票。且本号各有东家，即须办理，亦必责之号东，乃可承办等语。"

[36] 同书卷二六下《理财下》丁宝桢《川省应解京饷仍发商汇兑片》："再臣准户部咨开片奏停止汇兑一案……查川省情形，与他省不同，西商银号与南商迥异。他省南商银号，或根底未深，或交易太滥，不免凌虚蹈空之弊。其倒闭实由自取。川省银号，向无南商，止有西商，均系家道殷实，懋迁有无，多历年所，公私款项，从无亏短。与南省康阜有别。川省西号现在承领官项者有九家，皆连环互保，以每次解银二十余万两计之，每号每次不过汇兑银一万余两，为数无多，交纳不致迟误。即有意外之虞，一家倒闭，八家分赔，断不能同日歇业。……且该西商谂知每年必有银两汇京，亦必预为筹备，京都市廛，贸易亦可借此周转。……近闻山西各处，亦多抢劫之案。"此外福建的许应骙也请仍由商号汇兑。

[37] 日本的横滨正金银行北京分行代理行长泽村荣太郎在清末曾做一次调查，说共有票庄三十三家，资本总额约为四千万两。但他只举出三十家的名字，而且资本合计只有一千零七十万两。三十家名号及其资本数如下（见《支那经济全书》）：

志一堂（四十万两）　　三晋源（三十万两）
蔚长厚（四十万两）　　长盛川（二十万两）
新泰厚（四十万两）　　大德玉（三十万两）
协同庆（五十万两）　　恒隆光（二十万两）
大德恒（三十万两）　　公合全（十五万两）
天德隆（二十万两）　　日升昌（五十万两）
裕源永（二十万两）　　蔚盛长（四十万两）
协成乾（四十万两）　　永泰庆（三十万两）
蔚泰厚（四十万两）　　大盛川（二十万两）
百川通（五十万两）　　大美玉（三十万两）
协同信（三十万两）　　福成德（二十五万两）
大德通（五十万两）　　公升庆（十万两）
合盛元（二十万两）

义盛谦（十万两）	南　帮
存义公（五十万两）	义养源（百万两）（合肥李氏）
蔚丰厚（四十万两）	源丰润（百万两）（宁波人）

陈其田在其《山西票庄考略》根据《支那》半月刊，《晋商盛衰记》，《山西票号之组织及沿革》等书补充成四十九家，但各书调查的年代不同，所以这里不录。

[38] 根据《支那经济全书》的数字，计盛京二十二家，吉林一家，直隶五十八家，蒙古二十五家，江苏四十六家，安徽三家，山东七家，山西一百二十家，河南二十一家，陕西二十二家，甘肃十一家，新疆二家，福建九家，浙江一家，江西五家，湖北四十家，湖南二十三家，四川二十七家，广东十二家，广西六家，云南一家，贵州一家，未知者五家。其中有几家不是西帮，另有几家疑是钱庄（《山西票庄考略》）。又 J. Edkins 在其 *Banking and Prices in China*（1905）一书说上海有二十家票号，但没有说明究系分号，还是总号。

[39] 徐珂《清稗类钞·农商类》第七〇页《山西票号》。

[40] 光绪三十四年京都祁、太、平票帮致山西总号的公函说："乃自甲午庚子以后，不惟倒欠累累，即官商各界生意亦日见萧疏。推原其故，固由于市面空虚，亦实以户部及各省银行次第成立，夺我权利。而各国银行复接踵而至，出全力与我竞争。默计同行二十余家，其生意之减少，已十之四五。存款之提取，更十之六七也。即如户部银行所到之处，官款即全归其汇兑，我行之向做交库生意者，至此已成束手之势。我行存款至多向不过四厘行息，而银行则可得五六厘，放款者以彼利多，遂提我之款，移于彼处。且彼挟国库藩库之力，资财雄厚，有余则缩减利息，散布市面，我欲不减不得也。不足则一口吸壶，利息顿长，我欲不增又不得也。彼实司操纵之权，我时时从人之后，其吃亏容有数乎？至于外国银行，渐将及于内地，所有商家贸易，官绅存款，必将尽为所夺，外人之素习商战，更非我所能敌。"（引自陈其田《山西票庄考略》第四〇页）

四　银行的兴起

银行这一名词，虽然是外国名词的译语，却有浓厚的中国传统色彩。自唐代起，金银在价值上虽有贵贱不同，其在币制上，地位已约略相等，而白银有得势的倾向。宋以后，白银比黄金用得多，所以到清朝道光年间，白银在中国币制上占优势，已有千年的历史。银字往往就代表货币。而历朝的信用机关多用银字为名，如银店、银铺、银号等。行字在以前虽然是指一种职业，如唐代的金银行，元代的银行，是一种集体的称呼。康熙年间广东有银行会馆[1]。但后来就有用作商号的意思。明代称店铺为铺行[2]。清初有公行的名称。后来外国的商店多称洋行。乾隆致英皇的第二封信中，提到洋行的次数很多，而且另有货行的名称。所以后来把新式信用机关译为银行，是一件很自然的事[3]。

中国人在什么时候起使用银行这一名词呢？嘉庆二十四年（1819年）英人穆里逊（R.Morrison）的《汉文字典》（*Dictionary of the Chinese Language*）里面，只有银铺、银票，而没有银行[4]。道光二十九年（1849年）的《英汉历》（*Anglo-Chinese Calendar*, 1849）里，广州的外人名单中，有 Oriental Bank（东方银行）一家，仅注译作"银房"，可见那时还没有用银行这一名词。不过当时对于各种商店既有称行的习惯，如隆顺行、公司行等，大概后来对于专门处理银钱事务的行号就称为银行。

最早提到银行一词的似乎是咸丰六年（1856年）香港出版的《智环启蒙塾课初步》一书，其中 Bank note 译作银行钱票。而咸丰九年太平天国的干王洪仁玕著的《资政新篇》中也有"兴银行"一条。洪仁玕正是来自香港，可见当时银行一词在香港已通行了。同治五年（1866年）香港出版的《英华字典》中的 Bank 一字下，第一个译语就是银行，其次才是银铺、银号、钱铺等。同年英国的 Oriental Bank 所发行的钞票，中文名为东藩汇理银行。

与其说外国银圆在中国的流通是代表资本主义势力的侵入中国，不如说外国银行的出现于中国是代表资本主义势力侵入中国。因为外国银圆的流入中国，明朝就开始了，清初已盛行。而且流入中国最多的银圆，并不是后来侵略中国最厉害的英法俄日等国家的，而是对中国关系比较不大的西班牙的银圆和同中国几乎完全没有敌对关系的墨西哥的银圆。这些银圆不但在中国流通，而且在其他许多国家流通，甚至英国也用过西班牙银圆，美国更是长期使用过。外国银行的情形就不同了。外国银行在中国的势力完全同资本主义列强的侵略势力一致，它们出现于中国的迟早，也和各资本主义国家对中国实行侵略的迟早一致；它们在中国分布的地区，也和各国的势力范围一致；它们在中国经营的业务，很明显带有侵略性，侵害了中国的主权。

侵入中国最早的国家莫过于英国，所以最早出现于中国的外国银行便是英国人开设的。英国人在嘉庆年间便在印度开设银行，在中国比较晚。有人说[5]在鸦片战争之前，就有英国商人计划在广州等地开设印度银行和亚细亚银行，但为东印度公司所阻止。那时英国在远东的商务，由东印度公司所垄断。同时中国政府也反对。所以当时广州的信用机关仍是银铺[6]。自开放五口通商以后，外国商人在中国的活动就没有阻碍了。道光二十二年或稍后，英国在香港设立西印银行（Bank of Western India）的分行，总行在孟买。二十五年改名为东方银行（Oriental Bank），总行迁伦敦[7]，在香港称为东藩汇理银行。汇理银行是汇兑银行的意思，为当时经营外汇业务的外国银行所通用的名称。广州分行大概设于道光二十五年，数年后又在上海设分行。英国政府且授权该行在中国发行钞票。该行在广州或上海大概是叫丽如银行，因为同一家银行，在香港和别处的译名有时是不一样的。咸丰元年（1851年）汇隆银行（Commercial Bank of India）在广州设分行，四年在上海设分行。有利银行（Mercantile Bank of India, London and China）[8]也于这年在上海设分行。当时在广州又有一家新银行，即阿格拉银行（Agra and United Service Bank）[9]。麦加利银行（Chartered Bank of India, Australia and China，香港称为渣打银行）于咸丰七年也在上海设立分行。

同治三年（1864年）中、英、美、德和波斯等国的商人合设汇丰银行（Hongkong and Shanghai Banking Corporation），后来因为中美等国的资方退出，而成了一家纯粹的英商银行，总行设在香港，上海设立管辖行，另外在福州、厦门、汉口、天津、北京、重庆、广州、大连等地设立分行。它在中国的银行史上占有极重要的地位。几十年间，中国的关税收入和盐税收人由它独家保管，几十年间，作为英国的代理人，对中国的财政金融起一种支配的作用。

除了英商银行之外，最重要的是帝俄的金融势力，这势力是以华俄道胜银行（Русско-Китайский Банкъ）为代表。该行成立于第一次中日战争之后，因俄法德三国压迫日本归还辽东半岛给中国，而由中国增加赔款的数目，这笔赔款是向俄国借的，当年（光绪二十一年）便创设这家银行。名称虽叫华俄，却是由帝俄和法国出资成立的，管理权也在俄法两国手里。成立后第二年准许中国政府存入五百万库平两白银，并得分红。这就叫作合办。在光绪二十九年（1903年）就有十五处分支行，分设于哈尔滨、吉林、海拉尔、奉天、铁岭、旅顺、营口、天津、北京、上海、汉口、香港、张家口、库伦及乌里雅苏台等地。并取得中东铁路的建筑权，后来由该行所收买的中东铁路公司的股票，转交帝俄政府。日俄战争之后，该行遭受打击。到宣统二年（1910年）依照法国方面的建议，同北方银行合并，俄文名改为Русско-Азiатский Банкъ（俄亚银行）[10]，中文名称不变。另外发行股票两万四千多股，其中只六分之一是在俄国推销，其余大概落在法国资本家的手里[11]。此外俄国在哈尔滨还有借款银行，是宣统元年开设的。

日本方面多是由日本本国的特殊银行到中国来活动。最早是横滨正金银行，在光绪二十三年便有分行设在上海和香港，不久又在天津、牛庄、营口、大连、奉天、长春、铁岭、安东、公主岭等地添设支行。台湾银行在光绪二十六年以前便到厦门设分行。但日本的金融势力在东北特别雄厚，尤其是在日俄战争之后，极力排斥俄国的势力，而想取得垄断的地位。除了正金银行以外，还有朝鲜银行和正隆银行等。朝鲜银行是清末和民国初年打入东北的。正隆银行是光绪三十一年在营口设立的，宣统三年改组后，总行迁大连，另在营口、奉天、长春、旅顺、开原、天津等地设支行。此外还有一些小银行如铁岭银行等。

法国在中国有巴黎贴现银行（Comptoir d'Escompte de Paris）和东方汇理银行（Banque de l'Indochine）。巴黎贴现银行是法国一家大商业银行的分行。东方汇理银行则是一家殖民地银行，总行虽设在巴黎，却作为越南的中央银行，垄断越南的发行。在暹罗、新加坡等地也有分行。在中国的上海、汉口、天津、北京、广州、梧州、昆明等地有分行。

比利时在中国有华比银行（Banque Sino-Belge）和法比合办的义品放款银行（Credit Foncier d'Extreme Orient）。华比银行于光绪二十八年设于比京布鲁塞尔，同时在上海设分行。三十二年又在天津设分行。以向中国的铁路投资为主。义品放款银行的总行也设在布鲁塞尔，光绪三十三年设分行于天津，不久又在上海、汉口等地设分行，作房地产抵押放款。

德国有德华银行（Deutsche-Asiatische Bank），设于光绪十五年，总行在柏林，中国青岛、上海、汉口等地有分行。曾在中国各地发行钞票，包括银两票和银圆票。

荷兰有荷兰银行，1824年设于荷京，光绪二十九年在上海设立分行。曾发行钞票。

美国有宝信银行和花旗银行。宝信银行设于同治三年。花旗银行（International Banking Corporation）于光绪二十七年在上海设立分行，后来在北京、天津、汉口等地设立分行，而以上海行为管辖行。在各地曾发行钞票。

所以到清末，中国境内的外国银行一共在二十家以上[12]。

这些外国银行，吸收存款[13]，发行钞票[14]，对当时的政权提供放款，并通过这些放款在中国取得许多特权。这方面以英、美、日、法、德、俄等帝国主义国家的银行最为活跃。例如光绪三年新疆有阿古柏等人的入侵，而帝俄占据了伊犁。清朝政府为了应付这种局势，曾向汇丰银行借五百万两，以温州、广州、上海、汉口的海关收入为担保。这是帝国主义国家攫夺中国海关管理权的开始。光绪四年为创办海军，向德华银行借二百五十万马克，利率五厘五。五年又向汇丰作一千六百十五万两的财政借款，利率七厘。二十一年为了对日本支付甲午战争的赔款，向俄法两国银行团借四亿法郎（一千五百八十二万英镑）。次年对日第二次付款，向汇丰和德华两银行借一千六百万英镑。这些借款都是以关税为担保。宣统三年盛宣怀为了把粤汉铁路收归国有，奏请向日本的正金银行借一千万圆，激发了湖南四川等省人民的保路斗争。这时候，英国的汇丰、法国的东方汇理、德国的德华、美国的摩根财团、孔洛布公司和纽约市第一国民银行等合组四国银行团，企图垄断对中国的放款。第一次大借款就是宣统三年三月度支部尚书载泽出面借的一千万英镑，名为整理币制、振兴实业，实际是为弥补行政开支。美国想通过这次放款在中国东北同日俄两国对抗，因日俄阻挠，只预付了四十万英镑。

这些外国银行对于中国的生产事业是没有什么帮助的，对于中国的资本家有时反加以歧视，不相往来。中国公司的股票也不能向它们抵押。这种喧宾夺主的情形，自然不是没有人注意到。中国最早主张开办银行的是太平天国的干王洪仁玕，他在咸丰九年就主张兴办银行来发行纸币[15]。郑观应等在光绪十八年（1892年）也力言中国自己设立银行的重要[16]。中日战后，主张的人更多了。终于接受盛宣怀的意见，于光绪二十三年四月二十六日在上海设立中国通商银行，这是中国第一家新式银行。接着在天津、汉口、广州、汕头、烟台、镇江、北京等处开设分行。

中国通商银行本是由政府创设的，有政府资本；当初原想作为一家政府银行，所以名称上冠以"中国"字样，而且英文名叫 The Imperial Bank of China（中华帝国银行）。但张之洞主张商办，而由政府加以稽查[17]。所以不能看作一家纯粹的私营银行。

中国第一家资本主义银行产生在上海不是偶然的。这说明上海已成了中国的金融中心。后来有些银行把总行设在北京，那只是为了政治上的联系，它们的业务中心还是在上海。

中国通商银行样样以汇丰银行为蓝本，经理也是聘请英国人担任，另外从钱业方面找一个人做华经理。这家银行虽然带有一点政府银行的性质，但实际上在开办之后，各级政府的公款还有存放票庄银号的，而都市上商民的钱，仍旧存在外国银行。

郑观应所主张的银行是政府银行，由关税中拨四成作为资本。当时各海关每年收入二千二百多万两，四成当有八九百万两。此外北京的英商福公司（Pekin Syndicate）曾在光绪二十四年向清廷"建议"由其代为筹办中国官银行，称为大清银行，以五十年为限，资本一千万镑，其中六百万镑为华股，每年纯利中支付八厘股息，剩下的以百分之三十归中国国库，百分之七十由银行保持[18]。这种办法无疑是想援英格兰银行的例，因为英格兰银行也是商人同政府讲条件设立的。但当时中国金融界已经为外商所把持，中国正想要自设银行来挽回利权，怎能让外国人来经办政府银行呢。

设立政府银行的需要，主要是为整理币制。当时中国可以说没有一种标准的货币。光绪二十八年的《中英通商条约》中竟至规定中国要设法发行一种有法偿资格的统一货币。光绪三十年乃由户部奏请设立国家银行，当年就决定成立大清户部银行，资本四百万两，股东限于中国人。但民间对于认股毫不踊跃，因为中国人还不晓得银行的性质，有钱的人多喜欢买房地产，没有投资的习惯。结果由政府先拨出二十万两，到第二年才在北京的西交民巷开业，其余资本数目，到光绪三十四年才陆续付足。由于营业不坏，竟增资为一千万两。户部银行的总行设在北京，另在上海、天津、汉口、库伦、恰克图、张家口、烟台、青岛、营口、奉天等处设分支行。

光绪三十二年九月户部改称度支部，乃将银行名称中户部两字除去，称为大清银行，从新颁布《大清银行则例》，赋以代理国家发行纸币并代理国库的权限。

自官商合办的户部银行创设以后，别的新式银行也渐多了，例如光绪三十一年四川的濬川源官银行，是第一家省银行。三十三年的交通银行，是由邮传部奏准设立的，也是官商合办，股本总额为库平银一千万两，先收一半。除普通银行业务以外，并经理路电邮航四种官款，也发行钞票。所以交通银行的地位和户部银行是差不多的。

自光绪三十三年起，股份银行渐次发展，这一年就有浙江兴业银行等两家，次年又有四明银行等四家。宣统元年有浙江银行；二年有北洋保商银行，三年有殖边银行等三家。所以在清末，中国已有了十几家新式银行，如果连外国银行在内，当不下三四十家。

光绪三十四年，在颁布《大清银行则例》的同时，又颁布了《银行通行则例》，规定银行的九项业务，即一、票据贴现，二、短期拆款，三、存款，四、放款，五、买卖生金银，六、兑换，七、代收票据，八、发行票据，九、发行银钱票。凡是经营这九种业务的店铺，都称之为银行。所以票号、银号和钱庄都适用这一则例。又规定银行的资本构成可以为独资、合名或合资，但对于资本的数额却没有规定。

实际上各省的官银钱号在清末已开始改称银行。如浙江官钱局于宣统元年改为浙江银行。广西官银号于宣统二年改为广西银行。福建官钱局于宣统三年改为福建省银行。贵州官钱局改为贵州银行。

在关于发行银钱票的项下，规定在纸币法律尚未颁布以前，各种官私行号，都可以暂时发行银钱票。只有官设行号，每月要将发行数目及准备金数目，按期咨报度支部，该部也可以随时派员前往稽查。而私设行号，似乎反而不受管理。宣统二年才拟定《兑换纸币则例》，规定发行准备须有五成现金，五成有价证券。

当时的银行，不论是官商合办的或私营的股份银行，差不多全是着眼在发行钞票，也可以说全靠发行钞票来维持和赚钱。本来银行的作用在于扶助工商业，应当以存放款为主要业务。但当时中国的工商业不发达，除非银行方面有积极发展工商业的计划，而采取主动，否则当没有适当的工商业可以扶助。当时办银行的人，很少为社会增进福利着想的。在人民方面，有钱的人，除买置房地产以外，剩下的多加以埋藏[19]。所以银行无法收集大额的存款。少数的存款，都被外国银行和本国的票号钱庄所取得。所以清末的新式银行不能有一种正常的发展。

注　释

[1]　广东银号所组织的银业忠信堂内，有一挂钟，钟铭有银行会馆字样，并有康熙五十三年日期。（日本长崎《高等商业学校研究馆年报》第三册武藤长藏《关于银行一词的考证》。又《银行周报》第一三卷第四七期《"银行"名词之考证》）

[2]　《明神宗万历实录》卷六六，万历五年闰八月辛卯福建庞尚鹏《商为政条议不法十四事》："议将铺行诚实有身家者，听其愿领铸钱，存留官银，以为资本。即照原定折易之数，以钱还官。"

[3]　日本方面，有人说银行一词是日本在明治五年制定《国立银行条例》时所翻译的。明治五年是1872年，即清同治十一年。那时中国早已使用银行的名词。

[4]　该书第三部为英汉对译，其中Bank bill译为银票，Banker译为银铺，可是Bankruptcy译为倒行。

[5]　A. S. J. Baster, *The International Banks*.

第八章 清代的货币 837

[6] 林则徐《信及录·谕洋商责令夷人呈缴烟土稿》(己亥二月四日行)："况夷馆系该商所盖，租与夷人居住。……附近银铺皆与该商所与交易者，乃十余年来，无不写会单之银铺，无不通窑口之马占。"

[7] A. S. J. Baster, *Imperial Banks*, London, 1929.chap. Ⅲ.

[8] 光绪十八年（1892年）改名 The Mercantile Bank of India。

[9] 道光二十八年到咸丰五年间的各外商银行的原名，见1848、1849、1851、1855年四个年份的《英汉历》(*Anglo Chinese Calendar*)。例如东方银行（即丽如银行）在道光二十八年（1848年）的《英汉历》上作 Oriental Bank, Hongkong（香港东方银行），但后来的文献中都作 Oriental Banking Corporation（东方银公司）。该年广州已有这银行，而没有提到上海设立该行的事。道光二十九年的《英汉历》上也没将提到上海。道光三十年的《英汉历》我没有见到。咸丰元年（1851年）的《英汉历》上才有 Oriental Banking Corporation, Hongkong, Canton and Shanghai。所以上海的丽如银行可能设于这一年，也可能设于道光三十年，但也可能更早一两年，那就是假定《英汉历》漏载。不过当时香港英国企业还不多，该行的管理人员应当见过《英汉历》，如有漏载，理应马上会纠正。近年国内一些书刊都说上海分行设于道光二十八年，但很少提出什么根据。

[10] 关于华俄道胜银行的情形请阅 D. K. Lieu, *Foreign Investments in China*, 1929. 及 C.F.Remer, Foreign Investments in China。

[11] 亚特拉斯（M. C. АТЛАС）着彭健华译《苏联银行国有之史的发展》(НАЦИОНАЛИЗАЦИЯ БАНКОВ В СССР) 第八页。

[12] 《官场现形记》卷三三："次日轮船到了上海。上海县接着迎入公馆，跟手进城去拜上海道。见面之后，叙及要到银行查账之事。上海道道，但不知余某人的银子是放在那一爿银行里的。藩台大惊道：难道银行还有两家吗？上海道道：但只英国就有麦加利汇丰两爿银行；此外俄国有道胜银行，日本有正金银行；以及荷兰国，法兰西，统通有银行，一共有十几家呢。藩台听说愣了半天，又说道，我们在省里只晓得有汇丰银行，汇丰洋票；几年头里兄弟在上海的时候，也曾使过几张，却不晓得有许多的银行。"

[13] 郑观应《盛世危言》卷四《银行》上："西国有官银行，有商银行。昔年西商在香港上海招集中外股本创设汇丰银行，许人以零星洋银随意存入，凡有零星之款，自一元至百元，皆可陆续寄放，一月之中，存银者以百元为率，百元之外，则归下月。一年以一千二百元为度；满五千元则归并大行，不在零存之列。息银则以三厘半按月计算，以本月所存入最少之数为准。"《孽海花》第二二回："郭掌柜笑道……他的主意很高，有的银子，都存给外国银行里，什么汇丰呀，道胜呀，

我们中国号家钱庄，休想摸着他一个边儿。可奇怪，到了今天，忽然变了卦了，要想把银子匀点出来，分存京津各号。"

[14] 《盛世危言》卷四《银行》上："若今之洋商所用银票，并不由中外官吏验看虚实，不论多少，惟所欲为。闻英商汇丰银票在粤通用之票百余万，该行已获利二百余万之谱，虽有华商股份，不与华商往来，即有殷实华商公司股票，亦不抵押。惟外国公司货物股票，均可抵押。西商操其权，而华商失其利。华商助其赀，而西商受其益。强为区别，是诚何心？"

[15] 洪仁玕《资政新篇》："一，兴银行。倘有百万家财者，先将家赀票报入库，然后准颁一百五十万银纸，刻以精细花草，盖以国印图章。或银货相易，或纸银相易；皆准每两取息三厘。或三四富民共请立，或一人请立，均无不可也。此事大利于商贾士民：出入便于携带；身有万金，而人不觉；沉于江河，则损于一己，而益于银行，财宝仍在也；即遇贼劫，亦难骤然拿去也。"

[16] 《盛世危言》卷四《银行》上："中国钱庄赀本二三万，放款数十万，稍有倒欠，呼应不灵，所谓倒持太阿，授人以柄，非欤？为今之计，非筹集巨款，创设银行，不能以挽救商情，而维持市面也。"

[17] 《张文襄公全集》卷四六《遵旨会同核议银行利弊折》。

[18] 《光绪二十四年中外大事汇记·京师福公司请设官银行说帖章程》。

[19] 毛祥麟《墨余录》卷四《掘藏》："江南自兵燹后，田园荒废，民无以生，而当乱时迁避者，所有赀财，多掘地窖藏。因是失业贫民，惟日在瓦砾中搜剔。……常州某姓兄弟二人……依方掘之，深丈余果得如藏单之数。遂将此银行运。今已起屋开银铺于甘棠桥，称富有焉。"

中国货币史大事年表

说明：1. 年号钱中史书未记发行年份的都系于元年。
　　　2. 非年号钱中发行年份不明的不列。
　　　3. 元代庙宇钱或近似庙宇钱的不列。
　　　4. 外国货币史上有世界意义的或同中国货币史有关的重大事件附列在括弧内。

公元前

3000—1122	贝壳从装饰品发展成支付手段。
1500—1122	开始铸造铜贝。
1154—1122	传说殷纣王厚赋税，以实鹿台之钱。
1122	传说周武王克商，散鹿台之钱。
800—700	早期空首布产生。
700—600	（小亚细亚和希腊铸造金银币，这是西方铸币之始。）
613—591	传说楚庄王改小钱为大钱，孙叔敖谏止。
524	传说周景王铸大钱。
521	（波斯铸金银币。）
403	晋分裂为韩、赵、魏三国。
386	田和称齐公，齐造邦刀或铸于此时。
361	魏迁都大梁，当寽币的铸造当在此以后。
336	秦惠文王行钱。（马其顿的亚历山大铸金币。）
290—200	（罗马铸重阿斯铜币。）
284—279	燕军攻占齐国七十余城，齐明刀应铸于此时。

278	楚迁都陈。
248	（安息铸银铜币。）
241—223	楚迁都寿春，铸郢爰等金币。
221	秦始皇统一全国币制，推行半两，黄金以镒为单位。
204	西汉政权建立，半两开始减重，黄金以斤为单位。许民铸钱。
190	（罗马铸德纳留斯银币。）
186	半两减为八铢。禁民铸钱（？）。
182	半两减为二铢四絫，称五分钱。
175	铸四铢半两。又许民铸钱。
144	定铸钱伪黄金弃市律。
140	汉武帝铸三铢。
136	废三铢，复行半两。三朱、四朱方形和圆形小钱当铸于此时。
119	发行白金和皮币。
118	铸五铢。
117	废白金。
115	行赤侧五铢，一当五。
114	颁布告缗令。
113	废赤侧五铢当五制，集中全国铸币权于上林三官。
95	铸麟趾袅蹄金。

公 元

7	王莽第一次改革币制：铸错刀、契刀和大泉。
9	王莽第二次改革币制：废刀币，专用大小泉。
10	王莽第三次改革币制：采宝货制。
14	王莽第四次改革币制：铸货泉和货布。调整金银价格。
24	刘玄（淮阳王）铸五铢。
30	公孙述铸铁钱。
40	东汉光武帝恢复五铢。
184	黄巾军起事。

186	灵帝铸四出五铢。
190—193	董卓铸小钱。
208	曹操为丞相，恢复五铢。
214	刘备在益州铸直百五铢。
221	曹丕废五铢，用谷帛。
227	曹魏再复五铢。（波斯萨珊王朝铸金银币。）
236	孙权在江东铸大泉五百。
238	孙权铸大泉当千。
246	孙权收回大泉。
312	（君士坦丁改革罗马帝国币制。）
313	张轨在河西恢复五铢。
319	石勒铸丰货。
324	沈充被杀，沈郎五铢当铸于此以前。
338	李寿铸汉兴。
376	太元货泉或铸于此时。
430	刘宋铸四铢。
447	刘宋制大钱当两。
448	取消大钱当两制。
454	刘宋铸孝建四铢。
465	刘宋铸永光和景和。
490	萧齐在四川铸钱。
491—518	（拜占庭铸币开始。）
495	北魏铸太和五铢。
502	萧梁铸五铢和公式女钱。
510	北魏铸五铢。
524	萧梁铸铁五铢。
529	北魏铸永安五铢。
540	西魏改铸。
543	东魏改铸永安五铢。
546	西魏第二次改铸。
552	萧梁铸当十钱。
553	北齐铸常平五铢。

557	萧梁铸四柱钱，一当二十。
561	北周铸布泉。河西诸郡用西域金银币。
562	陈铸五铢。
574	北周铸五行大布。
579	陈铸太货六铢。北周铸永通万国。
589	隋铸五铢。
590	许杨广在扬州铸钱（白钱？）。
598	许杨谅在并州铸钱。杨广又在鄂州铸钱。杨秀在益州铸钱。
621	唐高祖废五铢，铸开元通宝。
666	铸乾封泉宝当十钱。
667	废乾封钱，复用开元钱。
695	（阿拉伯正式制定币制。）
708	（日本铸和铜开珎。）
732	令市面通用绫罗绢布杂货。
750	安禄山在上谷铸钱。
755—768	（法国铸德涅银币，为欧洲中世纪铸币之始。）
758	铸乾元重宝当十钱。
759	铸重轮乾隆元重宝当五十钱。史思明在洛阳铸得壹元宝和顺天元宝当百钱。
762	大小乾元钱和开元钱平价流通。
766—779	大历元宝铸于此时。
780	行两税法。
780—783	建中通宝铸于此时。
796	令市井交易以绫罗绢布杂货与钱兼用。
817	禁止蓄钱。
845	唐武宗废全国佛寺铜像编会昌开元。
870	桂阳监铸咸通玄宝。
907	后梁铸开平通宝。
911	楚马殷铸天策府宝。前蜀王建铸永平元宝。
916	王建铸通正元宝。闽王审知铸开元通宝铅钱。
917	王建铸天汉元宝。大越刘岩（即刘龑）铸乾亨重宝。

918	王建铸光天元宝。南汉刘岩铸乾亨重宝铅钱。
919	蜀后主铸乾德元宝。
922	契丹铸天赞通宝。闽王审知铸开元通宝大铁钱。
924	闽王延羲铸永隆通宝大铁钱。
925	蜀后主铸咸康元宝。契丹铸天显通宝。楚马殷铸铅钱。
926	后唐铸天成元宝。马殷铸乾封泉宝大铁钱，市肆以契券指垛交易。
938	后晋许民间铸天福元宝。后蜀铸广政通宝。
942	闽王延羲铸永隆通宝。
944	福建殷王延政在建州铸天德通宝大铁钱。
948	后汉铸汉元通宝。
951	辽铸应历通宝。
955	后周世宗毁全国佛寺铜像铸周元通宝。
959	南唐铸永通泉货当十钱，又铸唐国通宝和大唐通宝。
961	宋太祖铸宋元通宝。
962	后蜀行广政通宝铁钱。
964	南唐后主发行铁钱。
968	辽铸保宁通宝。
970	（越南丁部领铸太平兴宝。）
971	北宋定伪造黄金罪。
976	铸太平通宝。
980	白银取得纳税的资格。
983	契丹铸统和通宝。
990	铸淳化通宝。
994	李顺在成都铸应运元宝和通宝铜铁钱。
995	成都商民私以交子为市。铸至道通宝。
996	（朝鲜铸乾元重宝铁钱和铜钱。）
998	铸咸平通宝。
1004	铸景德通宝。
1008	铸祥符通宝。
1017	铸天禧通宝。
1023	设置益州交子务。铸天圣元宝。

1024	政府在益州发行第一界官交子,自一贯到十贯。
1032	契丹铸重熙通宝。
1034	铸景祐通宝。
1039	交子改分五贯和十贯两种。铸皇宋通宝。
1041	因西夏战争铸当十铁钱。
1045	铸庆历重宝当十铜铁钱。
1053	西夏铸福圣钱。
1054	铸至和元宝小钱和至和重宝折二、折三钱。
1055	契丹铸清宁通宝。
1056	铸嘉祐元宝和通宝。
1064	铸治平元宝。
1066	辽铸咸雍通宝。
1068	交子改分一贯和五百文两种。铸熙宁元宝。
1069	置猫潞州交子务,交子行于河东路。
1070	罢潞州交子务。
1071	交子行于陕西。铸熙宁重宝当十钱。
1072	交子两界流通。
1073	改当十钱为折二,这是折二钱通行之始。
1074	辽铸大康元宝和通宝。
1076	罢陕西交子。西夏铸大安钱。
1078	铸元丰通宝。
1083	辽铸大安元宝。
1092	辽铸寿昌元宝。
1093	铸元祐通宝。
1094	铸绍圣元宝和通宝。
1098	铸元符通宝。
1101	铸圣宋通宝。辽铸乾统元宝。
1102	陕西复行交子。西夏铸贞观钱。
1103	蔡京铸崇宁重宝当五和当十钱。
1104	京西路行交子。
1105	外路改交子为钱引。通行区域扩大到京东、京西、淮南、京师等地。发行额增至天圣原额的二十倍。

	铸夹锡钱。
1107	四川交子务改为钱引务。铸大观通宝,自小平到当十。
1109	四川发行钱引,旧交子作废。
1110	辽铸天庆元宝。
1111	废当十钱。铸政和通宝。
1118	铸重和通宝。
1119	铸宣和元宝和通宝。
1120	西夏铸元德通宝和元宝。
1126	铸靖康通宝和元宝。
1127	南宋铸建炎通宝。
1131	铸绍兴通宝和元宝。刘豫铸阜昌钱。
1137	吴玠在河池发行银会子,这是中国最早的银本位制。
1149	西夏铸天盛元宝。
1151	金人发行交钞。
1157	金人铸正隆通宝。
1160	东南会子由户部发行。
1163	湖北发行直便会子。兴元府发行铁钱会子。
1165	铸乾道元宝折二钱。
1166	两淮用交子。
1168	改革会子的发行制度,以千万贯为限额。
1171	西夏铸乾佑钱。
1173	金设公典,称流泉。
1174	铸淳熙元宝。
1178	金铸大定通宝。
1180	钱背加铸年份。(英国铸银便士。)
1188	金添设流泉务二十八所。
1189	金取消纸币的分界制,交钞永远通行。
1190	铸绍熙元宝。
1194	西夏铸天庆钱。
1195	铸庆元通宝。
1197	金铸承安宝货银锭。
1201	铸嘉泰通宝。金铸泰和通宝和重宝。

1205	铸开禧通宝。
1208	铸嘉定通宝。
1210	西夏铸皇建元宝。
1211	西夏铸光定元宝。
1215	金改发贞祐宝券。
1217	金改发贞祐通宝。
1222	金改发兴定宝泉。
1223	金发行元光珍货。
1225	铸大宋元宝。
1227	蒙古国统治区内何实在博州印置会子。
1228	铸绍定通宝。
1233	金在蔡州发行天兴宝会,数月后为蒙古人所灭。
1234	铸端平元宝。
1236	窝阔台发行交钞。
1237	铸嘉熙通宝和重宝。
1240	蒙古统治区内刘肃在邢州发行楮币。
1241	铸淳祐元宝。四川铸淳祐通宝当百钱。
1247	会子永远通行。
1249	川引以十年为一界。
1251	北方各地纸币互不通用,蒙哥定银钞相权法。
1252	(佛洛兰斯铸佛洛林金币。)
1253	铸皇宋元宝。
1259	铸开庆通宝。
1260	铸景定元宝。蒙古人发行中统钞,收回北方各地杂钞。
1264	贾似道发行金银铜钱关子。十七界会子作废。
1265	铸咸淳元宝。
1266	(法国路易第九仿阿拉伯的迪尔亨姆铸格罗银币。)
1276	忽必烈统治江南,用中统钞收兑南宋纸币。伯颜铸银圆宝。
1285	卢世荣提出整治钞法计划。铸至元通宝。(威尼斯铸杜卡特金币。)
1287	元世祖发行至元钞。

1292	设公典广惠库，资本钞五千锭。
1294	（波斯伊尔汗国仿行中国钞法。）
1295	铸元贞通宝和元宝。（日本行钞。）
1297	铸大德通宝。
1309	元武宗实行币制改革，发行至大银钞，并铸大元通宝和至大通宝。
1311	仁宗收回至大银钞，废至大钱。
1350	币制改革，发行至正交钞，铸至正通宝。
1353	张士诚铸天佑通宝。
1355	韩林儿铸龙凤通宝。
1358	徐寿辉铸天启通宝。
1359	徐寿辉铸天定通宝。
1360	陈友谅铸大义通宝。
1361	朱元璋铸大中通宝。
1368	明太祖铸洪武通宝，颁布洪武通宝钱制。
1375	发行大明宝钞。停止宝源局铸钱。
1376	停止各省铸钱。
1377	恢复各省铸钱。
1389	恢复宝源局铸钱。
1393	再停止各省铸钱。
1394	禁用铜钱。
1397	再停宝源局铸钱。禁用金银。
1399	恢复铸钱，改定钱制。
1400	再改钱制。
1408	铸永乐通宝。
1411	金银解禁。
1425	再禁金银。
1433	铸宣德通宝。
1436	放松用银禁令。
1448	禁用铜钱。
1457	（琉球铸大世通宝。）
1460	恢复铜钱流通。

1465	令商税课程钱钞各半兼收。
1503	铸弘治通宝。
1518	（日耳曼帝国铸塔勒大银圆。）
1527	铸嘉靖通宝。
1557	葡萄牙人侵入澳门。
1570	铸隆庆通宝。西班牙人侵入吕宋，开本洋流入中国之路。
1576	铸万历通宝。
1596	采矿热潮开始。
1616	满人铸天命钱。
1621	铸泰昌通宝和天启通宝大小钱。王象乾请铸三等大钱。
1625	（日本开铸宽永通宝。）
1627	满人铸天聪钱。
1628	铸崇祯通宝。
1637	英国东印度公司船初来中国。
1643	铸崇祯当十钱。蒋臣提行钞计划。
1644	清世祖在北京铸顺治通宝。福王在南京铸弘光通宝。李自成在西安铸永昌通宝。张献忠在成都铸大顺通宝。
1645	顺治钱增重为一钱二分。唐王在福州铸隆武通宝。
1646	鲁王在绍兴铸大明通宝。
1647	永明王在肇庆铸永历通宝。
1649	孙可望在云南铸兴朝通宝。
1651	发行钞贯。顺治钱增重为一钱二分五。日本铸永历通宝助郑成功。
1653	铸一厘钱。
1657	顺治钱增重为一钱四分。
1662	铸康熙通宝。
1663	（英国铸畿尼金币。）
1674	吴三桂铸利用通宝。耿精忠在福建浙江铸裕民通宝。
1678	吴三桂铸昭武通宝。吴世璠铸洪化通宝。
1684	康熙钱减重为一钱。
1702	康熙钱又增为一钱四分。另铸七分重的小钱。

1706	日本实行货币减重，宽永钱开始流入中国。
1720	广州商人组织公行，外国银圆大量流入。
1723	铸雍正通宝。
1731	北京设立官钱局。
1733	雍正钱减为一钱二分。
1736	铸乾隆通宝。
1737	北京开设官钱局十所，以平钱价。
1743	禁用光中景兴等外国钱。
1745	停闭官钱局。
1759	新疆开铸普尔红钱。
1793	西藏设宝藏局，铸乾隆宝藏银币。
1794	（美国开铸银圆。）
1796	铸嘉庆通宝。
1814	广东设立粤海关官银号。
1816	（英国实行金本位制。）
1821	铸道光通宝。
1828	新疆铸造当五和当十红钱。
1830	奏定关于处理歇业钱铺办法新章程。
1832	（墨西哥开铸鹰洋。欧文发行劳动券。）
1837—1838	台湾铸寿星银饼。
1848	英商丽如银行在广州设分行。
1851	铸咸丰通宝。
1852	咸丰钱减为一钱。
1853	因太平天国革命北京发生挤兑风潮。铸咸丰当十钱。北京设立官银钱号三家。令各省设立官钱局。发行户部官票和咸丰宝钞。太平天国政府在南京等地铸太平天国圣宝。
1854	正月铸当百、当五百、当千大钱，后用宝钞收回大钱。英国的有利银行和汇隆银行在上海设分行。
1855	铸铁钱和铅钱。
1856	上海几家银号用钢模铸咸丰银饼。小刀会在上海铸太平通宝日月钱。

1857	北京商人罢市，拒用大铁钱。宝苏局用钢模铸咸丰通宝银钱。英国麦加利银行在上海设分行。
1862	官票停止流通。铸同治通宝。
1864	汇丰银行成立。拉锡丁在新疆库车铸回文钱。
1866	香港铸造银圆。
1870	（日本铸造龙洋。）
1873	（美国铸造贸易银圆。）
1875	铸光绪通宝。
1882	吉林试铸厂平银币，为中国机器铸币之始。
1885	福建用机器铸钱。
1887	广东铸龙洋。
1889	广东铸机器钱。
1890	广东铸造银角。
1893	湖北设立银圆局。
1895	华俄道胜银行成立，发行钞票和银圆宝。英国在远东发行杖洋。
1897	中国通商银行成立，发行钞票。日本的横滨正金银行在上海等地设分行。
1900	广东铸当十铜元。
1901	规定银圆每枚重库平七钱二分。
1904	湖北铸造一两重大清银币。
1905	户部在天津设立银钱总厂。大清户部银行成立。
1906	大清户部银行发行兑换券。天津造币厂试铸一两重大清金币。
1907	新疆机器局铸饷金。交通银行成立。当局向各省督抚征询银币单位的意见。
1908	大清户部银行改名大清银行，颁行《大清银行则例》。
1909	铸宣统通宝。设立币制调查局。
1910	颁布《币制则例》，采用银本位制，制定《造币厂章程》，铸造大清银币。